中研院歷史語言研究所集刊論文類編

歷史編・明清卷

二

中華書局

朝鮮壬辰倭禍中之平壤戰役與南海戰役

兼論『中國戲曲小說中的豐臣秀吉』

李 光 濤

日人青木正兒所著的『中國戲曲小說中的豐臣秀吉』，隋樹森君由日本『黑潮』雜誌中爲之譯出，載文史周刊第六十六期（三十六年十一月三日中央日報）。此文內所引的參考書不外以下數種：

(1)明萬曆年間袁黃所著的短篇小說『斬蛟記』。

(2)明天啓年間四明山環溪漁父所作的戲曲『蓮囊記』。

(3)清康熙年間夏敬渠所著叫做『野叟曝言』的一部裏長篇小說第一百十六、一百二十九、一百三十各回。

(4)錢牧齋初學集所記的『東征二士錄』。

(5)明史『朝鮮傳』及『日本傳』。

以上各書的內容，都是道聽塗說或展轉抄錄所成。而明亡之後，中國士夫一時頗屬望日本出兵，援助南明諸藩以抗清，所以對於這些傳說，也不願爲之剖辨。考明朝戡定朝鮮倭禍，朝鮮文集記載甚多，吾人研究此期的歷史，最好能依據東國朝鮮的史料，因爲他利害切身，見聞自確，不似明之廟堂文人隔岸觀火，愛憎各異，因而爲說怵謬顛倒，很難憑信。即如明史所記的平壤大捷，寥寥數百字，遠不及東國人士談起來的有聲有色，至今凜凜有生氣。又如錢謙益的「東征二士錄」，則因別有用意，故意的顛倒事實，完全抹去了平壤輝煌的戰績，以遂其希圖特別地表彰其所謂二士片言說服清正的大功，以見此朝鮮倭禍才能由此告了一段落的。此書之妄，如依當初朝鮮國王的眼光觀之，當曰『此最可恨』。因爲朝鮮國王對於明朝之仗義出師『再造藩邦』，曾曰：『賊退專倚天兵』。又曰：『自開闢以來所未有之大功也』。（宣祖實錄卷一三七葉十六，簡稱宣錄）以此爲例，則二士錄一書，當然也

就是憑空揑造的無賴之言了。所以清修明史時不採此一條，最爲有見。

　　至於袁黃所撰的『斬蛟記』，則更言之可笑，蓋因萬曆二十年朝鮮的倭禍雖曰『關白作難』，其實也只是許多中原的叛民在那裏活動罷了，見拙著『記明季朝鮮倭禍之中原漢奸』（在出版中）。叛民附倭者既如是之多，於是其時的明人和韓人都認爲秀吉也是中國的亡命。此或因唐人倭人相混了已久的關係，所以才容易有此傳說的。由此傳說，可見從前明人之視日本平秀吉，也不過等於中原逃亡的漢奸罷了。所以袁黃『斬蛟記』之作，正如朝鮮所云『倭奴甚於禽獸』之類（宣錄卷四十五葉二十六）。同時又可說，東征之役，只不過爲朝鮮除害安良而已。此外如『蓮囊記』等書，都是些後來好事者穿鑿附會之說，其價值只等於齊東野人之語，毫無信史的價值，不妨置而不論。

　　現在只就『中國戲曲小說中的豐臣秀吉』的著者靑木正兒所有寫出的意見，分段引論於後。

一

　　靑木正兒的第一個意見，則爲不肯置信平壤的大捷，如云：

　　明史所謂如松軍大勝的內幕，大概像是糊糊塗塗的捷報。

又云：

　　但這大概是掩飾事實的政治報告書，好像都是根本的誤傳。

以上兩條，都是專就平壤之役而言，曰『糊糊塗塗的捷報』，曰『都是根本的誤傳』，好像作者連朝鮮實錄也未曾看見過，所以才如此言之，朝鮮實錄，日本在戰前影印了十幾部，作者置而不論，這本不是學者嚴正的態度。現在我們爲欲明瞭平壤大捷的故事起見，特就（一）『宣錄』（二）『宣廟中興誌』（三）柳成龍的『懲毖錄』（四）宋應昌的『經略復國要編』一些重要的文籍，爲之略論於後，將來當更爲『明季戡定朝鮮倭禍始末』求正於國人，俾日本的學者也不致再爲明人的妄說所誤。

　　說起平壤的大捷，我又應該先說說所有大捷前夕的種種情節，以見明人之攻克平壤，並不是一件偶然的事。

（甲）雙方的實力

（一）日本方面的　秀吉之犯朝鮮，據宣錄，初謂其擧國入犯，繼又云二百萬或云一百萬，後來又稱分據八道的倭賊共計三十五萬，而佔據平壤的則爲大賊，其說如下：

在平壤者乃是大賊，先除平壤之賊，則北賊自當奪氣。（卷二十九葉十八）

平壤之賊，乃是先鋒精銳所聚，一級可當十級。（卷三十葉三）

李恆福曰：聞平壤賊數甚多，不能皆容於城中，設幕城外張其聲勢，江邊之賊防禦甚盛。……李誠中曰：人言箕城之賊，幾滿二萬云。

平行長平義智平調信平戶島主者，皆主平安道，在平壤。所領賊衆最爲精銳，諸賊莫及，摧鋒陷陣，皆賴此陣。今若先摧平壤，勢甚破竹。

禮曹判書尹根壽啓曰：沈遊擊卽刻來到龍灣館，臣面見遊擊……遊擊曰：……平壤先鋒……（臣）又問平壤城中倭賊之數幾何：答曰：二萬數千，而不滿於三萬云。（卷三十三葉三）

（二）明朝方面的　當朝鮮之突遭倭禍，中朝初不置信，以爲是謠傳。及至朝鮮體使赴北京請援，作申胥之哭，明朝始下令動員。同時又因朝鮮請兵過於急迫的關係，所以在時間上也有些來不及，只匆匆促促的派去了一枝兵。總數雖曰四萬，然都是些一時的湊合，有西兵（宣府大同以西的兵），有遼兵，有南兵，當中又老弱居半，眞正能戰的精兵只有二萬，與豐臣秀吉蓄謀多年的情形大大不同。茲將明朝兵力舉證於後，宣錄卷三十三葉二十九：

同知閔汝慶啓曰：臣二十三日平明，遇得提督於鳳凰城前路……提督曰：原發兵馬八萬，俺之加請又三萬，而見到者僅四萬，師期稽滯，待此故也。

又復國要編有云：

各路兵馬，原請數有七萬，實至者不滿四萬。（卷五葉四十五）

我兵過朝鮮者僅三萬六千餘……且內多疲弱不堪臨陣，所選精銳不過二萬。（卷五葉八及卷六葉二十三）

（乙）朝鮮君臣的推測

由於明朝的兵種不齊，以及人數的過少，關於能否擊敗平壤的大賊，當時朝鮮

君臣討論此事都不免很是十分懷疑的，據以下所引宣錄的記事，其情也就可見了。

李恆福曰：……臣觀平壤城，天兵亦人耳，恐未易拔也。(卷三十三葉十四)

上曰：天兵止四萬耶？以四萬可以殲賊耶？……恆福曰：臣意賊若出戰，則破之必矣。(卷三十三葉八)

上曰：諸卿以平壤爲可拔耶？尹斗壽曰：天意未可知，而以人事言之則可矣。李誠中曰：豈可易爲之。(卷三十四葉三)

(丙)關於士氣的表現

(一)平行長之聞風膽怯，宣錄亦言之，如：

校理李尙毅……曰……平壤賊每曰：天兵何日來乎？此必畏之也。(卷二十九葉六)

都元帥從事官柳熙緒以祕密啓達事來，卽爲引見……上曰：倭子自入平壤後，不犯其旁近縣邑，其意何在？熙緒曰：必憚其天兵聲息，觀望而不能輕進也。(卷三十二葉三十一)

(二)宣錄記李如松鎮定之狀以及痛恨倭賊之情形有云：

執義李好閔自遼東馳啓……李提督痛恨倭賊，無以泄憤，放大礮三度矣。(卷三十三葉十二)

同副承旨沈喜壽回自鳳凰城，上引見於便殿，……喜壽曰，……臣未知李如松之爲人……但帥師出塞，劻寇在前，而乃與狎友戲六博，似無畏敵之意也。(卷三十三葉二十七)

上曰：提督到鳳凰城，與狎友爲戲，而不見我國使臣，此非大臣所宜爲，欲鎮衆心而然耶？恆福曰：若欲鎮定人心，則當爲之於順安等處耳。(卷三十三葉二十八)

參以上所引的史料合而觀之，據守平壤的倭寇，雖曰『大賊』，雖曰『最爲精銳』，但當明朝的大兵尙未大至之時，便先已爲明兵聲威所懾伏，膽怯怯地不敢越雷池一步，這眞有些出乎當初朝鮮人士的意料所不及了。再就李如松言之，則雖所率的僅止精兵二萬，然因目中無敵，雖當劻寇在前，猶爲六博之戲，鎮靜如此。經略宋應昌說：『中國制倭長技，全恃火器』。這時中國火器，實在遠非日本所及，所以明

人對於平壤的必拔，已具十分的信心。此一決定性之戰爭，實爲中日戰爭史上最光榮的一頁，我們今日旣討論及之，便應該要多多據實直書，多多的介紹於國人。我的用意，只在表明當年的明人有此一段勇於赴義爲朝鮮復國的歷史，同時又更可以知道制倭的方略。這些歷史，如果細細的寫起來，恐怕要寫成幾厚册以至十餘册，玆爲篇幅所限，我只能取其比較最爲精采的附論於後，以供國人的參考。

平壤大捷，爲萬曆二十一年正月初八日午前之事，據復國要編卷五葉四十二載云：

> 近日節據訪報：倭奴斬首者一千六百二十，生擒者不在此數，火箭薰燒死者萬餘，逃回者僅十分之一，帶傷者半之。

此爲明人一面的記載，果否如此？自應覓取比此更爲有力的報告，凡此報告，當又以宣錄一書比較爲最詳最實：

> 癸巳正月甲子（初九），尹根壽來啓曰：聞初八日李提督進戰於箕城，倭將使張大膳請曰：願暫退天兵，奉表納貢於福建。提督答曰：爾等欲降，則二千出城外，聽我命可也，爾等何敢出退天兵之說也，退兵則決不可從。張大膳曰：然則老爺自爲之。李提督戰時，倭將亦督戰於西門，天兵戰進，斬殺無數，祖總兵李寧領我軍入南門。天兵放三穴鳥銃，倭軍盡斃，只餘三四百，盡入松林間。李如松汝（如）梅等，進迫大同門，倭軍中多發片箭，（光濤按，此爲朝鮮叛民之投倭者。）中者甚多。天將曰：你國之人甚惡云云。倭死者滿城，而李提督不令斬一級云。（卷三十四葉九）
>
> 都體察使柳成龍馳啓曰：初八日巳時，唐將已爲接戰，四面攻城，放礮之聲，如雷如震，天兵破七星門而入。時方厮殺，平壤似已收復，不勝喜幸之至，謹先馳啓。（卷三十四葉十。懲毖錄卷九葉一同）
>
> 丙寅，都巡察使李元翼馳啓曰：今見黃州牧使金進壽飛報，天兵攻城之後，逃遁之賊約四千餘名，夜向黃州。牧判官及防禦使軍追至洞仙峴，斬馘百餘，射殺千餘名云。（卷三十四葉十三）
>
> 初，李提督如松領兵三萬，以副總兵楊元爲中協大將，副總兵李如柏爲左翼

大將，副總兵張世爵爲右翼大將，副總兵任自強祖承勳孫守廉查大受參將李如梅李如梧方時春楊紹先李芳春駱尙志葛逢夏佟養中遊擊吳惟忠李寧梁心趙文明高徹施朝卿戚金沈惟高昇錢世禎婁大有周易王問等諸將屬焉。壬辰十二月二十五日渡鴨綠江，癸巳正月初五日駐劄於順安縣。先遣副總查大受，約會倭將於斧山院，平壤賊將平行長，令其禆將平後寬往迎之。大受拿致於提督軍中，夜，賊數名見機而逃，衆軍追殺之，仍堅鎖平後寬。初六日曉，提督進諸軍抵平壤城下，部分諸將，圍住本城。豎白旗書曰：朝鮮軍民自投旗下者免死。倭賊出一千餘兵，據城北牡丹鋒，建靑白旗，發喊放礮。又分軍約五千餘名，自北城至普通門，擺立城上，前植鹿角柵子，擁楯揚劍。其中大頭兒領勁兵數百餘名，立大將旗，吹螺鳴鼓，巡視城上指麾諸賊。提督出一枝兵由牡丹峯上佯若仰攻者然，賊乘高下放鳥銃，衆軍引卻。賊蹤城出追，天兵棄鐵盾數十面而去，賊爭取之，天兵回擊之，賊入城。晡時，提督鳴金，收軍還營。是夜，賊數百餘名含枚潛出，來襲右營。天兵一時撲滅旗燈，從拒馬木下齊放火箭，光明如晝，賊遁還入城。初七日己未，三營俱出，抵普通門攻城，佯退，賊開門出追，天兵還戰，斬三十餘級，逐之及門口而回。初八日早朝，提督焚香卜日，傳食三軍訖，與三營將領，分統各該軍兵，環城外西北面。遊擊將軍吳惟忠原任副總兵查大受攻牡丹峯，中軍楊元右協都督張世爵攻七星門，左協都督李如柏參將李芳春攻普通門，副總兵祖承勳遊擊駱尙志與本國兵使李鎰防禦使金應瑞等攻含毬門。諸軍鱗次漸進，望見冰路馬跑，飛屑雜塵，如白霧漲空，初日下射盔鎧，銀光燦爛，眩耀萬狀，奇恠奪目。賊亦於陴上多張五色旗幟，束長槍大刀，齊刃向外，爲拒守計。提督領親兵百餘騎進薄城下，指揮將士。俄而發大礮一號，各陣繼而齊發，響如萬雷，山嶽震搖，亂放火箭，烟焰彌數十里，咫尺不分，但聞吶喊聲雜於礮響，如萬蜂鬧閙。少選，西風忽起，捲礮烟直衝城裏，火烈風急，先著密德土窟，炎焰亙天，延爇殆盡，城上賊幟，須臾風靡。提督鼓諸軍薄城，賊伏於陴中，亂用鉛丸湯水大石滾下拒之，衆軍稍卻。提督手斬懾退者一人，巡示陣前。提督挺身直前，呼曰：先登城者賞銀五千兩。吳惟忠中九

傷胸，策戰益力，駱尚志從含毬門城，持長戟，負蔴牌，聳身攀堞，賊投巨石，撞傷其足，尚志冒而直上，諸軍鼓噪隨之，賊不敢抵當，浙兵先登，拔賊幟，立天兵旗麾。提督與左協都指揮張世爵等攻七星門，賊據門樓，未易拔，提督命發大礮攻之，礮二支著門樓撞碎，倒地燒盡，提督整軍而入，諸軍乘勝爭前，騎步雲集，四面砍死。賊勢縮，迸入諸幕，天兵次第燒殺幾盡，臭聞十餘里。賊將行長逃入練光亭土窟，提督命運柴草，四面堆積，將爲火攻計。已而七星普通等諸窟之賊，堅守不可猝下，提督會諸軍仰攻之，賊從中放丸，天兵僵屍相續，提督所騎馬中丸，諸將請提督少退休兵。晡時，提督以賊窟難拔，衆軍飢疲，退師還營，使張大膳諭行長等曰：以我兵力，足以一擧殲滅，而不忍盡殺人命，姑爲退舍，開你生路，速領諸將來詣轅門，聽我分付，不但饒命，當有厚賞。行長等回報曰：俺等情願退軍，請無攔截後面，提督許諾。其夕，令通官分付于平安兵使李鎰撤回中和一路我國伏兵，夜半，行長玄蘇義智調信等，牽餘賊乘冰渡大同江脫去。中和黃州一路連營之賊，聞平壤礮聲，先已捲逃，黃州判官鄭曄截行長之後，斬九十餘級。賊飢窘甚，或入人家，或投寺刹，而被斬者又三十餘級。至鳳山之洞仙峴，賊益疲倦，而黃海直路，絕無堵截者，渠魁俱得全還。是日，天兵當陣斬獲一千二百八十五級，生擒二名，幷擄浙江人張大膳，奪馬二千九百八十五匹，救出本國被擄男婦一千二百二十五名。初九日，提督率諸軍入城，先酹陣亡將卒，身自痛哭，慰問孤寡，翌日祭箕子廟，始遣先鋒諸將聲言追賊，至黃州而還。是戰也，南兵輕勇敢戰，故得捷，賴此輩，而天兵死傷者亦多，呼飢流血，相繼於道。後山東都御史周維韓（翰）吏科給事中楊廷蘭上本，以爲李如松平壤之役所斬首級，半皆朝鮮之民，焚溺萬餘，盡皆朝鮮之民，中朝因此令布政韓就善巡按周維翰等，親至平壤查覈眞僞，且令本國據實以聞，本國亦爲辨明。（卷三十四葉十三至五）

平壤旣拔，厥後二月乙未，國王李昖更具了一道表文，奏達于明帝，表內情節，因有關參考，亦摘錄於後。其辭略曰：

正月初九日，陪臣諸道體察使柳成龍馳啓云：本月初六日，有欽差提督薊遼

保定山東等處防海禦倭軍務總兵官都督同知李如松，統率大勢官軍，直抵平壤城外，部分諸將，圍抱本城。有倭賊二千餘名，登城北牡丹峯，建青白旗，發喊放礮。又有倭賊一萬餘名，擺立城上，前植鹿角柵子，擁楯揚劍，勢甚猖獗。又有倭賊四五千名，建大將旗，鳴鼓吹螺，巡視城中指揮諸賊。本城裏外設險，勢難遽攻，總兵收軍迴營。本日黃夜，有倭賊三千餘名，含枚潛出，襲都督楊元都督李如栢都指揮張世爵等營，被本官等統兵殺退。初七日夜，倭賊約八百餘名，復斫都督李如栢營，又被本官殺退。初八日黎明，總兵焚香，卜日得吉，喫飯訖，與三營將官，分統各該將領官軍人等，擺陣於七星含毬善（普）通等門外。總兵領親兵二百餘騎，往來指揮，將士踴躍（躍），咸思盡力。辰時，諸軍鱗次漸進，各樣火器，一時齊發，聲震天地，大野晦冥，火箭一枝，著密德土窟，俄而赤焰亙天，延藝（熱）殆盡。守陣倭賊亂用鈆丸湯水石塊，以死拒守。又用長鎗（槍）大刀，向外齊刃，森如蝟毛。總兵手斬畏懦者一名，號示陣前，諸軍鼓噪簿（薄）城，負蔴牌，持茅戟，相雜齊進。或發射放礮，或仰刺守陣之賊，賊不能支吾，稍自引退。總兵挺身先登，督諸將進入，天兵一把與本國官軍入含毬門，一把入普通門，一把登密德赤城，騎步雲集，回（四）面砍殺，衆賊崩潰。天兵當陣斬獲首級一千二百八十五顆，生擒倭賊二名，并通事張大膳，奪獲馬二千五百八十五匹，得獲倭器四百五十五件，救出本國被擄男婦一千一十五名。天兵乘勝縱火，悉燒房屋，衆賊投竄，被燒死者，臭聞一十餘里。餘賊躱入風月樓小城，總兵督運柴草，四面堆積，仍用火箭飛射，一時焚燒，俱成灰燼。七星普通牡丹等處諸賊仍據土窟，堅固難拔。總兵收兵傳食曰：賊必夜遁，就遣副總兵參將等官李寧祖承訓葛逢夏等領兵埋伏，總兵同楊李張三副將，由大路進趕，本賊四散遁去，被李寧等伏路邀截，斬獲首級三百五十九顆，生搶倭賊三名，餘賊棄甲拋戈，驚亂遁走，巴嶺迤西，悉底蕩平。

（卷三十五葉十三）

自平壤大捷之後，各道屯結之倭皆聞風而逃，據復國要編云：

惟是倭奴自海上起兵以來，直破朝鮮八道，所向無敵……平壤之倭獨當前

鋒，更爲精銳，今一旦大遭挫敗，僵屍蔽野，數日來，各道屯結倭奴皆望風
逃回，是天實欲倂亡之耳。（卷五葉四十八）

平壤倭奴，原係勁銳，今旣喪敗，八道之倭且將瓦解。近據牒報，中和黃州
劍水鳳山諸郡倭奴聞風逃回，捉獲生倭二名，執稱：咸鏡倭子一萬，起兵赴
平壤，行至中途，亦皆聞風逃回王京。（卷五葉十）

此與宣錄所云『中和黃州連營之賊，聞平壤破聲，先已捲遁』（見前）的舉動，實
爲一事。蓋因大勢已摧，雖欲不逃，亦不可得，如宣錄記慶尙道觀察使韓孝純馳啓
曰：『倭賊所持牛馬，盡爲斥賣。』（卷三十五葉三十三）此當係受了京城倭賊亦
將潰散的影響，觀同卷葉五十七又云：『京城之賊，盡燒房屋束裝以待，將有潰散
之勢。』據此，可見平壤戰後，所有倭賊皆欲捲歸本土。不但此也，平壤戰役影
響於倭之士氣尤鉅，蓋宣錄內更有許多倭賊怕死的記事，如『一敗之後，縮頭不
出，』如『奔走不暇，』（卷三十五葉五十一）如『賊不敢向西，天朝之力，』
（卷三十六葉五十一）如『倭賊龜縮入城，』（卷四十葉九）如『賊知天兵來到，
舉陣驚駭奔散，』（卷四十一葉九）如『賊蹂躪屠戮，所向無前，獨其所畏者天兵
耳。』（卷四十一葉二十九）如『走且不瞻，』（卷一八八葉五）這些情形，也夠
瞧的了。還有盤據咸鏡道的淸正，如前文記云：『咸鏡倭子一萬，起兵赴援平壤，
行至中途，亦皆聞風逃回王京。』據宣錄癸巳正月乙巳都巡察使李元翼工曹判書韓
應寅漢城判尹李德馨（自平壤）馳啓曰：

正月十一日朝，天將招前日生擒賊中軍稱名人而問之曰：倭賊精兵在何處？
咸鏡道賊數幾許？倭人對曰：精兵都在此城，咸鏡道之賊，當初約一萬餘
兵，多被殺傷，今不滿萬矣。天將曰：我率十五萬衆，直向京城，此後又有
十萬軍馬繼來，渠能當我乎？倭人扣頭曰：老爺威聲震動京城，及咸鏡之賊
聞之，則必盡遁矣，何必過動兵馬如是之多乎？（卷三十四葉二十六）

又二月乙未，咸鏡道巡察使洪世恭馳啓曰：

被擄人領府事金貴榮妾子金闉及臨海君肆奴子石乙毛赤等，今月二十六日逃
出列陣。詳問其根因，則賊聞天兵蕩滅平壤後，十餘萬兵蹂越安邊，大爲驚
動，被擄人物，多數殺害，賊將淸正率兩王子及倭二十餘名去咸興府，將爲

合陣欲歸之計。（卷三十五葉十六）

由上兩條，頗可證明咸鏡倭奴之盡遁，實因畏大明的兵威而遁，當然也就不是『東征二士錄』所說那麼一回事了。總而言之，平壤一戰之威，誠如宣錄所云，『委爲前史所未有。』（卷三十五葉十四）此語前文雖曾引及，然檢宣錄內更有兩段談話，比之前面所說的更爲有力，如甲午三月戊戌，李德馨面啓國王之言曰：

平壤陷城時見之，則雖金城湯池，亦無奈何。上曰：以何器陷之乎？德馨曰：以佛狼器虎蹲礮等器爲之，距城五里許，諸礮一時齊發，則聲如天動，俄而火光燭天，諸倭持紅白旗出來者盡僵仆，而天兵駢闐入城矣。上曰：相持幾時乎？德馨曰：辰時接戰，巳初陷城矣。上曰：以我軍決不可憑仗矣。且後世非火攻，不能成功矣。軍數三萬云，此不多，而素所節制者，故能戰矣。（卷四十六葉十八）

又癸巳二月乙巳

引見接伴使知中樞府事李德馨平安道監司李元翼右承旨洪進……上曰：天兵火礮之制，如何？如我國大將礮耶？元翼曰：其制百般，不可容易學得也。其放之聲聲似有倫理，及其齊放也，天地裂破不可形言。……上曰：銃筒（倭人鳥銃）之聲，不與天兵之火礮同耶？德馨曰：倭銃之聲，雖四面俱發，而聲聲各聞，天兵之礮，如天崩地裂，山原震蕩，不可狀言。上曰：城石亦可觸破耶？元翼曰：觸之無不裂破，犯之無不焦爛。洪進曰：此地（蕭川）距平壤似不近矣，而於此亦聞其聲云矣。上曰：軍勢如此，則可不戰而勝矣。（卷三十五葉四十）

然經略宋應昌於此，似乎尚有幾分的遺憾，如復國要編有云：

大將軍礮亦有至者，以此擊之，必爲齏粉，迺倉皇之際遺此一着。（卷五葉二十三）

所以平壤之役，平行長等之所以未能全部就殲者，亦只此一原因而已。然當其逃出時所有狼狽不堪的情形，就朝鮮方面自倭中逃回之金德澮的供詞亦可見一斑，如云：

今此平壤之敗，問之將倭，則曰……入京城時，敗賊皆閉目而去云。（卷三

十五葉四十三）

按，平行長平日固嘗以『虎』自稱的（日本外史卷十六），及至平壤一挫之後，他
的部下都閉目而去，活現黔驢之技。朝鮮君臣於此一役，因而也就得到了很多的經
驗，據宣錄舉例如下：

　　禦敵之用，莫過於礮手。（卷四十葉六十一）

　　倭子甚畏礮手。（卷三十五葉十八）

　　禦敵之道，不可以鳥銃當之，以火礮與火箭用之。（卷六十五葉十五）

　　中國火箭一發，則千萬人不能當。（卷四十五葉五十）

　　臨戰之制，莫如火攻，脫使項羽再生於此時，無火攻，則不得為萬人敵矣。

　　（卷五十葉十八）

　　賊之全勝只在於大礮，天兵之震疊亦在於大礮，我國之所短亦在於此。（卷
　　三十九葉四十二）

這些史料，見於宣錄者，實記不勝記，茲姑錄出數則於右，以為例證。據此所載日
人的全勝，既係於大礮，但因明朝的大礮比他的更兇，（日人初不知大礮，此役能
用大礮，還是中原的叛民教給他的，見拙著「記明季朝鮮倭禍之中原漢奸」。）所
以日人才從平壤一直退到海濱，故曰『天兵之震疊。』至於明朝大礮更兇的比較，
則應以參將戚金面語國王之言為證，如曰：

　　大礮勝小礮，多礮勝少礮。（卷四十八葉四十二）

此一記事，似乎是朝鮮人看見日本人以『小礮敵大礮，』以『少礮敵多礮，』其結
果自然是『賊知天兵來到，舉陣驚駭奔散，）以及『走且不贍』了。平壤大礮的眞
相為何如？看了上面許許多多的史料，大家自然都會明白的。反之，其在日本人青
木正兒所說的『誤傳』和『糊糊塗塗的捷報，』當然也就是虛語了。

　　當平壤大捷之後，提督李如松倘能善用其鋒，俾南方礮手得盡其所長，則朝鮮
倭寇，就其『勢將潰散』和『斥賣牛馬』等情推之，只須於俄頃之間便可以全面肅
清。不幸正月二十七日碧蹄之役，李如松輕敵貪功，不帶南兵，只率家丁千餘騎，
（註一）致為倭奴所乘，此實李如松所不得辭其咎者。據日本外史卷十七記此戰的結

果有曰：

> 遂大破明軍，斬首一萬，殆獲如松，追北至臨津，擠明兵于江，江水爲之不
> 流。

此似指明兵全軍覆沒的口氣。然檢宣錄（卷三十五葉七及葉三十四），則如松之軍
死者只數百人，而斬賊之數則逾六百餘級，或又云通計千餘級，可謂『與賊死傷
相當。』而當時明人於此，則反云，『如松僅以身免，』明史又記曰，『死亡甚
多，』與宣錄所載死亡之數，俱出入甚大。特是李如松自此一跌之後，銳志全消，
暮氣難鼓，則係實情，據宣錄，不曰『正月吾本命對衝不吉，』（卷三十五葉九。
懲毖錄卷九葉十一同）卽曰『常於軍中夢魘云，』（卷四十四葉七）拘忌如此，自
然不能再如昔日在平壤時躬親督戰的氣象。而倭寇在平壤一役以後，也得了一些經
驗，他們此後總是堅守據點，不再浪戰，而那時大礮攻堅的能力還是有限得很，所
以李如松後來更昌言曰：『我寧塡死於溝壑，賊決不可擊。』兼之軍中病疫，（倭
疫更甚，但有漢奸許儀後在巨濟爲倭救治。）馬之倒斃者乃至一萬餘匹，同時還有
天時地利以及糧草的不足，都爲李如松頓兵不進的原因。後來則更『夜長夢多』經
督不和，彼此大鬧意見，戰爭之不能進展，固又理勢之所必然者。其實『機會敲人
門只有一次』，當初的事機旣誤，後來在堅城之下死亡纍纍，卽欲鳴鼓再進，其勢
亦絕不可能了。（參懲毖錄卷九葉二十一）於是李如松不得不稱病求去，撤兵西
歸，而朝鮮之役因而也就拖延了七年之久，結果還是水兵南海之戰，才將日人驅除
朝鮮境外。

二

青木正兒的第二個意見，則爲利用明史記事的錯誤而更誇張的加以發揮的，其
辭云：

> 這一役，前後亘七年之久，明朝喪師數十萬，仍然不能達到得勝的目的，正

（註一）見宣錄卷三十五葉六。又同卷葉三十四記李德馨啓云：『正月二十七日祖承訓査大受張彥
　　忠李寧等率三千餘兵往碧蹄，與賊相値……辰時，提督以單騎馳往……臣在軍後望見，則
　　賊數十倍天兵，無慮累萬。』又懲毖錄卷九葉六，有『賊衆多於天兵先鋒數倍』語。

在衰弱不堪的時候，恰巧秀吉死去，日本軍完全撤退，因此明人始免於難，略得享高枕無憂的日子。

日人之立言，自來都是以『顧全國體』爲重，其爲誇張之辭，本不足異，可異者，莫如明史朝鮮傳和日本傳的妄斷，如云：

自倭亂朝鮮七載，喪師數十萬，糜餉數百萬，中國與屬國迄無勝算，至關白死而禍始息。

此說當係本于明人之浮議，如董其昌容臺集六筆斷記萬曆二十七年二月十九日吏科給事中陳維春一本有云：

臣按倭以平秀吉之死，因而憒歸，非戰之功也。

明史之纂修，當康乾之世，其時明之遺民雖在恢復望絕之後，但其初所希冀之海外援師，卽在日本，此時自不暇亦不願爲之辨正。眞正之倭情，惟朝鮮知之最諳，如宣廟中興誌，戊戌（萬曆二十六年）五月倭將木下金吾撤兵還去條：

金吾與平秀嘉等二十餘將撤兵歸國，惟淸正行長義弘義智甲斐守等十餘壁留屯沿海。平秀吉盡屬其營將而告之曰：朝鮮之事，迄未結束，何也？源家康等皆曰：朝鮮大國也，衝東則守西，擊左則聚右　縱使十年爲限，了事無期。秀吉泣曰：公等以我爲老矣，我之少也，以天下爲無難事，今老矣，死亡無幾，與朝鮮休兵議和，如何？其下皆曰：幸甚。（卷二葉五十五）

日本之撤兵，是活秀吉之事，與死秀吉無關，且出於活秀吉的哭泣之所爲。此種哭聲，當然也就是日本豐臣秀吉侵韓失敗日暮途窮的結局，與明史所云『至關白死而禍始息』的話正完全相反。所以明史一書，尤其是東征一役的記事，對于當初的倭情，都是有些隔閡而不大明瞭的。

再說上面所引的中興誌內還有留屯沿海的十餘壁，我也應當將他們所有留屯的原因說一個大概。第一，倭衆之至朝鮮，其初本來是分四運而來的，所以當他們撤退的時候，也是要分作數批才能運走的，這樣的運法，不外由于分配船隻的問題罷了。第二，則爲秀吉平日對于一班許多異己的倭將好像有些『養之不得其術』的樣子，所以他最怕的便是此輩，因秀吉會云：『我知舉國大小之人皆欲害我，我與其坐而受禍，寧肆其遐威而死也云云。』（宣錄丙申十二月癸未）此一情節，更有義

弘之言可證，如曰：『我與秀吉爭衡，一無見敗。』（宣錄卷一五八葉二）於是秀吉不得不轉其目光，以爲對付此輩，惟有發動侵韓的戰爭，驅之於海外，才是釜底抽薪之計，才能消弭日本本土的搗亂，但他當初並沒有想到明朝的大兵東出，（秀吉未動兵之前，他曾用了一個離間計，令漢奸許儀後飛辭明朝說朝鮮願爲日本嚮導以入中國，結果明朝不上他的當，所以他的離間計才告失敗了。）朝鮮戰事打不通，打到結果至於聚集許多倭將哭泣於一堂，因而他才『打退堂鼓』而爲撤兵之計的。然而此時問題又來了，便是秀吉對於朝鮮一役頗有些能發不能收之勢，例如留屯沿海十餘壁的當中關於義弘的一枝，他與秀吉結怨已久，對於秀吉的命令未必肯服從，反之，其在秀吉對於義弘的生命，也是一樣的置之於度外，也不必爲他而撤兵。（參日本外史卷十六）有這些原因，所以如義弘之流，也就希望永遠在朝鮮住下。他們更常常的說：『朝鮮誠樂國，日本誠陋邦。』（中興誌下葉七十四）據此，可見義弘輩對於秀吉撤退的計劃，未必就甘心服從。所以義弘當秀吉已死了數月之久的時候，他還僥倖的在泗川贏了總兵董一元一陣，（註一）那時明人因爲義弘與秀吉本來一向都是對立的，以爲不妨姑與之議和以間之。義弘當時聽了此議和之說，他便乘機放出許多的大話，不但不肯離開朝鮮，好像更有入遼的口氣。據中興誌戊戌十月癸丑條云：

> 一元……收軍劄營……卽馳入星州……茅國器語曰：義弘素怨秀吉，可間也。一元乃使國器參謀史世用詣義弘營議和，義弘大言曰；我今大捷，當先破星州，次取王京，鼓行而西，爾可見我於遼東也。

時去平秀吉之死已數月，而義弘猶爲此狂言，可見日本人不是力量不夠是決不肯走的。於是同條又云：

> 世用報於軍門，邢玠大怒曰：勿復言和，我先斬汝矣。今宜速去，語賊曰：

（註一）一元之敗，據趙士禎神器或問有云：『近日朝鮮泗川之兵，因軍中火起，爲倭所乘，將勝轉敗，是火器反爲兵累矣。』又中興誌戊戌十月亦有云：『董一元戰於泗川，敗績。』又小注：『癸丑朔，一元進逼賊城，鄭起龍領先鋒兵與游擊將軍彭信古用大槓擊碎寨門，因破城梁，信古兵爭功先進，誤失火於藥檻，赤焰漫空，軍中大亂，人馬自相蹂踐，賊遂大呼乘之，追擊至望晉峯前，步兵死者三千餘人，騎兵多墜崖死，失軍糧二萬餘石，一元僅以身免。』日本外交記此次明兵損失，作『斬首三萬級。』

提督方整兵來也，世用震怖而退，復入義弘營，如其語語之，義弘色沮不能答，遂棄糧馬撤兵入海。（卷下葉六十）

邢玠此怒，有『除倭務盡』的決心。此一怒，與前面所記平秀吉的哭泣正可兩相對照。邢玠一怒，便要『再整兵來，』義弘此時只有退却一途。繼此之後，便是朝鮮海面殺倭殆盡的壯舉了。此一壯舉，尤以義弘的一枝死得最多，據中興誌，賊船五百艘，義弘僅以餘兵五十艘脫走。其詳情形如下：

戊戌（萬曆二十六年）十一月，島津義弘援平行長，陳璘李舜臣邀擊大敗之，舜臣及副總兵鄧子龍死之，行長義弘等皆渡海遁去。

又小注云：

初舜臣至順天，召諸將問計，軍官宋希立曰：賊已據形便難以力取，今天兵我軍水陸俱下，若以陸軍進迫曳橋，水軍扼獐島，以遏嶺南海途，使賊內外俱阻，腰脅中斷，則泗川之賊，必不能助，設欲相助，彼此號令不通，則無以相應，待其師老糧竭，氣挫勢窘，然後四面薄之，行長可成擒也。舜臣喜曰：正吾意也。遂與陳璘進據獐島洋口，燒其積聚，使慶尙右水使李純信截露梁水路，劉綎權慄亦據曳橋西北，而分兵截蟾津陸路，以斷泗川聲援。相守數月，行長果糧竭勢窘，璘舜臣連日進攻，水軍皆捷。……行長計窘，募人以千金將告急於島中諸屯。先請於璘曰：願送人諸屯同約渡海。璘……許之，賊小艘乃出，舜臣聞之大驚。宋希立曰：賊此去，必刻期請援，潛通號令，諸賊不日當至，我若在此應之，則腹背受敵，吾衆立盡，不如移兵大洋決一死戰。海南縣監柳珩曰：賊邀援關我而爲自脫計，今若急却援賊，可斷歸路。舜臣曰：然。遂定計而告於璘，璘始驚懼自責。十八日己亥，島津義弘，與南海賊將平調信等合兵來援，將近露梁，與行長舉火相應。舜臣與璘爲夜攻計，蓐食潛發。——舜臣於船上焚香祝天曰：若殲斯讎，死亦無憾。……璘舜臣分軍爲左右協，伏兵浦嶼間，整束以待。夜半，賊船五百餘艘，自光州洋直過露梁，於是兩軍左右突發，賊散而復合，兩軍亂投薪火，延燒賊船，賊不能支，退入觀音浦港口，天已曙矣。賊既入港，而後無歸路，遂還兵，殊死戰，諸軍方乘勝感之。舜臣親自援枹先登，賊反圍舜臣船

急，璘犯圍直入救之。賊倂圍璘，兩賊躍上璘船，幾及璘，璘子九經以身捍之，被賊所刺，血淋漓，猶不動，旗牌官文煒以戈斬之。賊船鱗集璘船下，圍若鐵桶，賊兵復振。璘令下碇不動，鼓譟放大碙，諸賊仰放鳥銃，飛丸四集，璘令軍依挨牌而伏，賊見之，一時挺劍而登。天兵齊起，以長槍俯刺之，落水死者以千數，將士皆捨死搏戰。已而璘忽搖鐸收兵，船中寂然無聲，賊疑之，稍却，天兵從高散噴筒於賊中，火盛風駛，賊艘數百，頃刻煨燼，大海盡赤，舜臣亦衝圍而進，合力血戰。副總兵鄧子龍船中火起，一軍避火驚擾，船爲之傾，賊乘之，殺子龍，焚其船。我軍望之，誤相指認曰：賊船又火矣，遂勵氣爭先。而李純信又燒賊船十餘艘，我軍益歡呼，賊酋三人坐大樓船督戰，舜臣盡銳攻之，射殪一酋，賊皆捨璘船來救，璘得出，與舜臣軍合，發虎蹲碙，連碎賊船。而飛丸中舜臣左掖（腋），舜臣謂其下曰：戰方急，勿言我死，急命以防牌蔽之，言訖而絕。麾下士依其言，秘不發哭，麾旗督戰自如。柳珩宋希立皆中丸悶絕，少頃復起，裹瘡而戰。日午，賊兵大敗，追焚二百餘艘，賊兵燒溺俘斬殆盡，義弘等僅以餘兵五十艘脫走，行長乘其間潛出貓島西梁，向外洋而遁。（卷下葉六十二——四）義弘之敗，可謂『僅以身免。』義弘平日固嘗自矜曰：『我與秀吉爭衡，一無見敗。』（見前）曰人未曾遇過大敵，每每狂妄如此。

又宣錄記海上之捷，一則曰：『可知其壯捷也。』再則曰：『則可謂壯捷也。』同時更稱：『東洋之捷，萬世之功。』又記出來的倭子自稱，是役倭奴死者（傷的當然不算）共一萬四千餘。凡此史料，都很十分重要的，亦轉錄數條於後，以見水軍海上壯捷之狀：

戊戌（萬曆二十六年）十一月乙巳，軍門都督啓曰：卽者陳提督差官入來曰：賊船一百隻捕捉，二百隻燒破，斬首五百級，生擒一百八十餘名，溺死者時未浮出，故不知其數，李總兵一定死了云。（卷一百六葉一四）

己亥（萬曆二十七年）二月壬子……上曰：行長……何以退遁乎？李德馨曰：蓋畏水兵而退遁矣。連日血戰，唐船體小，若於大洋中則不好，而其出入小浦，放丸用劍極其精妙。二十八日之戰，倭屍不知其數，初三日之戰，

倭死亦多。小臣登高見之，則行長之家在於東邊，唐火箭落於其家，西邊之倭，全數東走救火，若於此時陸兵進攻，則可得成事。臣招李億禮請於劉提督曰：此時可以進擊云。則劉竟不從矣。

德馨又有曰：

十八日（萬曆二十六年十一月），李舜臣言於陳璘曰：賊之援兵，數日內當到，我當先往邀擊，陳將不許。李舜臣不聽，決意邀擊，吹角行舡。陳將不得已隨後，唐舡則體小，且在後尾，只示聲勢而已，但鄧子龍陳璘登板屋舡入戰云矣。上曰：水兵大捷之說，恐是過重之言也。李德馨曰：水兵大捷，不是虛言也，小臣遣從事官鄭毅往探，則破舡木板蔽海而流，浦口倭屍積在，不知其數。以此見之，可知其壯捷也。……本國出身十五人同載於鄧子龍之舡而皆死，公州出身一人生還，問其相戰曲折，則可謂壯捷也。（卷一百九葉七）

又丁巳條：

上幸陳都督館，行接見禮。（原注云：露梁之戰，來賊退逃，竟收全捷，成功則天也。）璘曰：……南海素多賊糧，前於煨燼之餘，尙有三萬餘斛，已令地方官收拾矣。石蔓子與行長初有久駐之計，此穀所以儲也。上曰：賴大人神算，八年勦賊一朝就滅，含恩感德不知所喩。璘曰：方賊圍把時，俺舡懸鼓先登，鄧子龍李舜臣二將左右夾攻，二將皆爲賊所斃，而俺冒死直前，不動聲色幸免其敗，此亦數也。上曰：順天之賊，其數幾何？璘曰：賊可二萬有餘，而生還者僅十數隻，賊之所恃者鳥銃，而我以九銃撞破其舡，故兒賊不得抵當，所以敗也。適以無風，未得邀擊，尙有遺恨。（卷一百九葉一四）

又癸丑條：

陳都督來，入幕次，行揖，上曰：大人海上血戰，倭賊破膽，賊之退去，由於大人之功。都督曰：俺別無功勞，軍門經理之功也。上謂承旨曰：此大人鬚髮盡皓，形容盡變，殊異於曩日接見之時，必用盧於戰場之故也。（卷一百九葉十）

又三月丙戌條曰：

> 上幸黎通判民化館（原注云：管糧通判，爲人溫雅，比他將稍優焉。）……
> 通判曰：倭子十名，出來釜營，言陳尤吉露梁戰捷時，倭奴死者一萬三千，
> 劉提督所殺亦千餘矣。（卷一百十葉三）

又四月庚午條：

> 上幸陳都督璘館，行酒禮。上曰：東洋之捷，萬世大功，小國之不亡，皆大
> 人之賜也。今者大人將爲西還，不穀爲之缺然。陳都督璘回禮，以禮物來
> 獻，上辭受如儀。（卷一百十葉一七）

此外，還有正宗實錄所記副總兵鄧子龍『俘獲無計』的一條，則爲前面所引的中興
誌所不及，亦附錄於後，以見當日明人海戰壯烈之一斑，如十六年壬子（乾隆五十
七年）八月乙酉，敎曰：

> 近閱李忠武（李舜臣）遺事，追想露梁之戰，不覺撫髀長嘆。天朝副總兵鄧
> 子龍以七十老將，提二百勇士縱恣於海上，唾手而矢滅狡夷，其氣豪膽麄，
> 可謂大丈夫哉。況欲居首功，躍上忠武之舟，直前奮突，所俘獲無計，偶觸
> 火器，中流延爇，賊乃傅之，而猶力戰，忠武馳救之，與之同死，其詳在徐
> 希辰東征記。（卷三十五葉四十三）

按，東征一役，立功最多最大的當以南兵爲第一，而南兵之中，老將又實居多數，
如鄧子龍，如陳璘，如吳惟忠，如駱尚志，皆是。然皆不服老，每戰皆賈勇先登，
其陳鄧二氏，自有海上之捷不必再論外，但言吳惟忠駱尚志在平壤之役所立的戰
績。彼時二氏皆年逾六十，當激戰之日，據前文，或中丸傷胸，策戰益力，或賊投
巨石，撞傷其足，猶奮勇直上，所以關於平壤之克，可說都是他們的首功。駱尚志
事蹟，正宗實錄卷三十五葉三十七及葉六十六記之甚詳，是「惟此復城之績，專由
駱將之功」語。這些老將在戡定朝鮮倭禍史上實佔最光榮的一葉。正宗實錄另外
還有一條，論明人東援之功，如云：

> 竊稽我穆陵朝重恢之業，始基於平壤之捷，終成於南海之戰。（卷四十九葉
> 六）

此卽言明人東征一役，陸戰勝，水戰亦勝之事。陸戰勝，不外如宋應昌所云：『中

國制倭長技，惟恃火器。』水戰勝，則有朝鮮之言爲證，如云：『禦倭之策，戰艦
爲上。』（世宗實錄卷一〇三葉十一）又記倭滕九郎亦有曰：『予觀諸國兵船，唐
舩爲上，琉球國次之，朝鮮爲下。』（卷一〇六葉十二）據此，可以明瞭當初明人
之制倭，惟在火器與戰艦而已。所以朝鮮重恢之業，『始甚於平壤之捷，終成於南
海之戰。』可作爲明史東征一役的定論。觀此，則明史所云『至關百死而禍始息』
之說，自然是曲筆，而非傳信之言了。

<h2 style="text-align:center">三</h2>

　　青木正兒的第三個意見，則爲描寫明人好像有些應付不了朝鮮倭寇的樣子，如
云：

　　　　是役，在日本是極端的壯舉，但是對於明朝，不消說實在是萬分煩累的頭痛
　　　　的。

此條內所說的『壯舉』，自有前面許多『壯捷』的記事，可以將『壯舉』之說全盤
推翻的，所以這裏也不用再說。現在我所要說的只是所謂『實在是萬分煩累的頭痛
的』不是明朝方面而是日本的豐臣秀吉，如日本外史卷二十，記秀吉厭兵之事有
云：

　　　　秀家再伐朝鮮，與明人戰不決，自外興師至此，前後七年，丁壯苦軍旅，老
　　　　弱罷轉漕，秀吉亦自倦，乃置軍事於度外。獨與秀賴及諸姬侍日爲宴樂，窮
　　　　極奢侈，媮取快一時。

秀吉的壯舉不過如此，依『倭情』的常態推之，圖外的事勢不成，則必移之而及
內，觀後來源家康之盡滅秀吉的一族，便是證明。（宣錄卷一三六葉二十三於此，
有「天道禍淫之理，亦不可誣」語。）而秀吉只因死得早一點，否則恐怕也要及禍
的。外史又云：

　　　　秀吉汰侈喜事，諸輕銳小人承旨進說，會其愛兒死，欲用兵朝鮮以自遣，浮
　　　　田秀家首慫慂之。

以弄兵爲消遣之方，可謂殘忍已極。又日本外史卷十六：

　　　　彈正少弼進曰……臣視殿下近狀……爲野狐所憑爾。秀吉拂然扣刀而跪曰：

吾爲狐憑，有說乎？無說則死。少弼對曰：有說也，饒使無說，臣固不辭
死，且如臣等頭雖到千百，何足惜乎？顧天下纔定，瘡痍未愈，人人希休息
無爲，而殿下乃興無故之師以殘異域。

當時的日本人還知道秀吉這種壯舉，乃是『興無故之師以殘異域，』這些話正可以
使青木正兒一班好戰的狂徒清醒清醒。要知道好戰的結果，還是自食其報的；彈正
少弼又說：

使我父子兄弟暴骨於海外，哭泣之聲四聞，加之漕轉賦役之相因，所在盡爲
荒野，當是之時，殿下一舉趾，則六十六州之寇賊雷動風起……臣恐殿下舟
師未達釜山，而根本之地已爲他人所據，是勢之最易覩者。使殿下有平昔之
心，豈有不察於此，故謂之狐憑耳。鄙語曰：鼈欲啖人反啖於人，殿下之謂
也。秀吉益怒曰：狐乎？鼈乎？吾其舍諸，以臣罵君，不可舍也。

好戰的結果，當然是把自己的人民向海外送死，觀少弼所說，假使再遷延下去，日
本還要發生內亂的，我們看當時在朝鮮作戰的就有許多『前途倒戈』的事，如朝鮮
朴桓（珪壽）瓛齋集卷七葉三十三載云：

粵在宣廟壬辰，倭寇登陸之初，其前茅將沙也可見我民物衣冠，以爲三代禮
儀盡在於此。投書邊帥，以其精銳三千，卽日歸化，倒戈前導，屢立奇功。
宣廟召見，賜姓名金忠善以獎之。忠善慕華之心，忠義之誠，蓋出於天
性。……今見大邱地山谷中有所謂友鹿洞者，忠善之墓在焉。

戰事愈久，這種倒戈之事也就愈多，此在宣錄內更習見之：

甲午八月戊午，傳曰：倭將投降，事機關重，速令備邊司回啓。……備邊司
啓曰：臣等更爲諮見倭書，則末端盟文，雖不知何語，而有血點斑爛之痕，
必是自刺出血以示誠信於我國也。（卷五十四葉十三）

上引見大臣，……上曰：降倭事，所關非輕，何以處之？柳成龍曰：今日他
大臣不來，小臣獨來，不知所處，大概與賊對壘，而渠欲出來，拒則近於
無策，受之亦爲難處，然臣之意，則以爲似不得不受。……（卷五十四葉
十四）

又癸亥，傳曰：降倭事，移咨於上國事啓下矣。當此告急之時，以降倭多數

出來告之，則恐或以爲倭賊連續出來，必是賊勢歇後不足虞，則移咨非計，徐爲觀勢處之不妨。且降倭入送於北兵使處使之另加撫恤，作爲牙兵，當此胡人凌侮之時，一二部落乘機擊破，則必能威攝逆胡，商議以啓。（卷五十四葉二十一）

又丁丑，備邊司啓曰 ： 近日遼東布政等咨文 …… 有投降倭衆與被脅朝鮮人民，令楊布政會該國從便安插招募云。（卷六十一葉四）

乙未二月戊寅，備邊司啓曰：沙古所予等十五名，自前年春在李薲陣中，馴擾已久，性度恭順，皆以李爲姓，蓋從李薲姓也。放礮煮藥，無不慣熟，留在京中，屬於訓練都監，使之各効其技，而延古等六人則平安道，山汝文等七人咸鏡道分送，宜當。（卷六十一葉五）

又四月辛酉，政院以備邊司降倭供招啓曰：臣持酒饌與譯官朴大根往餽降倭助四郎老古汝文等十一名，而探其事情，則對曰：俺等上年正月始渡海，各隨主將，或隸薺浦屯行長管下將有馬修理大夫，或隸平戶島法印，或隸東萊屯樹下等將之軍，而苦戍之際，聞朝鮮厚接，每欲逃來，實未知其情，而未然焉。今年春三月間，有一全羅兵營軍官者，以騰換釼事來赴行長之陣，而誘俺等曰：汝等從我言出到我陣，則必有好事。俺等信其言而出來，到陣中之日，兵使有言曰：此處不可留矣，汝等上京 ， 然後必有極好 ， 信勿疑訝而上京云云。俺等旣降於朝鮮，而死生亦在於朝鮮，故不敢辭上京，別無他意。（卷六十二葉二十八）

由上引史料，可以看出其時日本士氣的頹喪，同時投降的誓書則更血點班班的以示他們的眞心投誠，並且一面又發爲自誓之辭曰：『俺等苦戍，每欲逃來。』又曰：『俺等旣降於朝鮮，而死生亦在於朝鮮。』其情如此，其痛恨戰事可知，所以他們後來都掉轉頭來而反爲日本豐臣秀吉的勁敵，替朝鮮出了很多的死力以及立了很多的大功，據懶齋集：如『密贊兵機，大破萊蔚兩路之寇。』如『追擊梁山機張之間，一月之間奏捷七八。』如『丁酉之甑城大捷。』（卷七葉三十四）皆是。此在朝鮮方面言之，可說是降倭輩『不世之奇功，』然如站在日本的立場觀之，不消說是一件自古未有的奇辱。

日本降倭『倒戈前導』的行爲，日本外史卷十七，以爲此輩皆鷙鷹俊狗之類，養之不得其術，亦必至噬人，如云：

> 譬之鷙鷹俊狗，其噬嚙搏擊之力用而有餘，則必至逼人，故朝鮮之役，是令天下羣雄肆其噬嚙搏擊以殺其力者也。然徒殺其力而使其無所獲，則彼將不復我之馴服而反施其噬嚙搏擊於我，嗚呼，養之而不得其術，安往而可也。

『徒殺其力而使之無所獲，』正是日本人不能戰勝明人的供狀，所以這一戰爭感到萬分煩累的頭痛的是日本而非明朝。如宣錄丙申十二月癸未通信使黃愼回自日本國書啓中所記日人要時羅的親口談話有云：

> 要時羅曰：……關白非生長深宮，不知民間疾苦，渠亦曾自下賤崛起，知徒步之苦，知負薪負米之苦，矣喫人打罵之爲可慍，知受人獎賚之爲可喜，而今渠遇下如此不恤勞苦。日本大小之人皆怨入骨髓，決無善終之理。渠亦自知之，常曰：我以親任爲子，富之貴之，而反欲害我，我知舉國大小之人皆欲害我，我與其生而受禍，寧肆其逞威而死也云云。

出師之初，內情便是如此的糟糕，自然後來的結果優勢在明而劣勢在日本的。日本之劣勢，秀吉亦最明白，如云：

> 吾不幸生於小國，兵力不足，使我不克遂耀武八表之志，奈何奈何，悵然久之。（日本國志五）

明朝的實力，則又與此極端的相反，例如明帝嘗有旨諭邢玠曰：『朕以東事專付於卿，決不中制，亦不爲浮言所惑，中外各該衙門都要協心共濟，以圖成功。』又曰：『合志用心期於平賊，利鈍久速皆所不拘。』又曰：『倭奴逆天悖德，當以盡勦爲期，前旨朕所獨斷。』所以明朝對於朝鮮的倭禍頗有些不罷不休之勢。即後來大亂戡定援兵撤歸之日，猶有曰：『盡撤之後，此軍兵留住遼東用於城遼之役，後日如有倭變，則此兵又用於遼東。』顧護朝鮮如此的澈底，也只是因爲大明『國大』和『人衆』而已。除此，再依日人源家康所自稱『朝鮮大國也』（見前）的看法合而觀之，則是關於秀吉的生事朝鮮，差不多是以一『小國』而敵兩『大國』，當時哭聲遍野，也無怪其然了。

日本外史一書，其記秀吉之事，固然有一部分可採，因爲與他們的『殷鑒』有

關，所以必要說實話，不惜極斥秀吉的罪惡，例如哭泣之人亦迫令作戰，以及不顧在外軍士的生命，而置軍事於度外，皆是。至於對外的記事，大概又因有關日本的『國體』，所以不妨多誇張，如日本外史卷十六記秀吉臨終之言，則又極不一致，如曰：

> 勿使我十萬兵爲海外鬼。

又召石田三成而命之曰：

> 汝赴朝鮮收我兵，不能收，則遺家康，家康有不可往，則遺利家，二人遺一，雖有百萬敵不能尾也。

此段記事，似以秀吉爲至仁，而日本則又似最強，於是乃更誇張整軍而還之狀曰：

> 明兵不敢復追躡，我軍盡達對馬。十一月，諸軍整軍至那古邪，兩奉行遞之，宣秀吉遺命，……論征韓功。

此云『明兵不敢復追躡』，考中興誌卷下葉六十五，則當是日人深懼明兵追躡的意思，如戊戌十二月條云：

> 倭中訛傳唐鮮水軍將攻對馬島，國中洶洶而不敢言救，平義智竄伏倭京不出，良久乃定。

此時日本的本土，很有些『風聲鶴唳草木皆兵』之勢，其一種不勝驚懼之狀，不難想像而知。按，所謂『平義智』，即壬辰之役的禍首，可見彼等所遭遇的敗挫誠有些不堪設想的。由於此一敗挫，於是後來的日人都後悔了，至罵秀吉爲『平賊』或『萬世之賊。』宣祖修正實錄卷二十五葉十一小注云：

> 丁酉之變，我國有一士人擄入日本，丐食民間，遇一老僧，言秀吉於朝鮮爲一時之賊也，於日本爲萬世之賊也。

又肅宗實錄，四十六年庚子，即康熙五十九年（西一九二〇，去壬辰倭禍已一百二十九年）正月辛卯有云：

> 通信使洪致中副使黃璿從事官李明彥等還自日本，世子召見。……致中曰……壬辰事，則日本至今悔之，至呼秀吉爲平賊，人心如此。……明彥曰：平秀吉之搆亂也，渠既桀驁，一時諸將亦多應時而出，故能蹂踐我國，而渠輩傷亡亦多，故至今懲創云。（卷六十五葉四）

此所云『懲創』，當係日本民間相傳的實錄，由此可見日本懲於朝鮮之役，卽在一百三十年後元氣猶未能恢復，則其當初受創之重，不言可知。自此之後，倭賊不敢爲患於朝鮮者凡三百年，而朝鮮之得享太平安定無事者亦三百年，（在同一時期內，清朝沿海之無倭患，亦係明人東征之賜。）因而朝鮮不忘東征之賜，特於王京之漢城設立大報壇，又稱報恩壇，以紀念明帝再造之恩。凡此情節，當時的明人如何會知道？而後來纂修明史的又從何處去質證？（清修明史，如宋應昌之復國要編，且列爲禁書，則其情可知。）所以明人旣有許多浮議於前，而明史又不得不因之於後，以致將一椿可以昭示百代的奇功寫得非常的黯淡無光了。

出自第二十本上（一九四八年六月）

洪武二十二年太孫改律及三十年律誥考

黃 彰 健

　　余讀明史刑法志，於洪武二十二年太孫改律，及三十年太祖之制定律誥，最滋疑義。

　　實錄，三十年五月大明律誥成，史志同。然余檢今存明律，卷首有三十年御製序，其名曰律，並非律誥。豈實錄訛誤，抑今本明律非三十年所定？其歧異之故，史志未之解釋，何也？

　　今本既不名爲律誥。予考實錄，二十二年所定者名大明律，四百六十條。今本名稱條數並同，豈今本明律係二十二年所定？如係二十二年定，則何以無是年御製序，而僅有三十年序？其捨三十年之晚年定制不用，何故？是今本明律不可謂爲二十二年所定者也。

　　史志，二十二年制律四百六十條之後，太孫旋更易七十八條。成祖實錄云，成祖入金川門，盡革建文之所更，豈三十年律誥及二十二年律，其中之律有太孫所改易者，故廢之不用，而今本爲二十二年太孫所未改之本乎？然考今藏東洋文庫朝鮮抄本大明律洪武直解三十卷，附洪武乙亥金祇跋，此二十八年本明律，據楊鴻烈中國法律在東亞諸國之影響頁八十八所引，與今本並無不同，如今本爲二十二年太孫未改之本，則不應與二十八年本同，如有異同，楊氏不應不言，是今本明律，又非二十二年太孫未改之本也。

　　今本明律，既非二十二年所定，復非太孫未改之本，審首有三十年序，史志亦云「天下斷獄一準三十年所頒」，是今本當爲三十年定，其不名爲律誥，而名曰律者，非實錄訛誤，卽本有誥字，以誥後來不用，遂刪之耳。

　　然制律乃國家之大事，實錄敍此，豈容有誤？如謂誥後來不行，故刪之，則書係欽定，孰敢擅刪？其廢而不用，奉何明詔？實錄史志，均未言此，是此說仍不能

令人無疑也。

　　實錄律序之乖異，旣無由解決，而太孫所改與律誥之內容，史志亦言之不詳。此一代創業之主，其晚年所制定，竟莫之能明，讀史至此，誠不能令人無疑也。

　　凡此諸疑，余積思久之。一日讀弘治興化府志刑紀，見所引三十年欽定律誥條例，始於律誥之內容，得知一二。更持校諸司職掌及會典，偶計及職掌所載條數，曩之所疑，始渙然冰釋。太孫改律七十八條，當係職掌所載眞犯死罪雜犯死罪七十八條之傳訛，係條例而非律之正文，太孫改律，不見於實錄，余初以爲史臣不欲褒美建文，故削而不書，未曾置疑改律之不可信，蓋猶未深考也。[●]職掌係二十六年定，於時太孫已冊立，此條例之訂定，太孫或與謀議，野史所傳，或有所本，未必全誤也。[●]太孫旣未改律，而據實錄律序及律誥條例，知三十年之議律，著重條例之修定，故三十年所定，其律與二十二年定者無異，[●]惟二十二年定者，無例，卽有例亦不附律，而三十年所定，則有例附律而行，此其異也。觀職掌所載條例，與律誥條例不同，故二十二年，卽令有例，亦當與誥律條例異，故有明刑律，只可謂依據三十年所定，不可謂爲依據二十二年所定也。三十年之議律，旣著重條例之修定，故竊意實錄所謂大明律誥成，卽指此律誥條例而言，而明律則通名全書，此二者並不抵觸也。今本係依據三十年所定，而非依據二十二年所定，其分別甚微，後人多忽略之，故薛允升唐明律合編卷首錄明史刑法志，僅至二十二年制律四百六十條止，於太孫改律及律誥，卽未之錄，余所見明律，中央圖書館所藏朝鮮光武七年刊本，僅具明律正條，本所所藏皇明制書本，卷首雖錄六贓圖，有雜犯斬絞字樣，然亦無三十年所定之眞犯雜犯條例。條例中之眞犯雜犯，其涵義與律不同，依律則受贓亦爲眞犯，而非雜犯，今不錄條例，則例之雜犯，將令人誤從律之所釋，此可以知其謬矣。三十年所定眞雜犯例，不見於實錄會典，故其因革損益，史志不能言，今與會典所載弘治十年所奏定者校，知三十年所定，其重於律者，均屠而不

　　● 仁宗實錄記，仁宗爲皇太子時，太宗欲天下歸心於帝，凡有寬貸，悉付帝行之。竊意太祖之於太孫，亦係如此。

　　● 黑口本職制律頁五十二引解頤云：「律中有規避規避二字不同者，因初頒之律爲規避，續降之時爲規避，不知因何而改，不敢妄臆。」此初頒之本，不知指何年所定者，俟改。

行，後世所行用者，僅雜犯死罪律九條而已。而此九條，後世亦間有修正，其廢而不用，及雜犯死罪律之修正，均始於永樂時，非一朝一夕之所致。弘治十年所奏定者，其中多前此所行之事例，特是年又曾歸一處，重新奏定，以便斷獄而已。律書之刻，貴乎實用，律誥既多不行，故後來所刻之律，多不附律誥條例。余所見明律集解附例，及玄覽堂叢書本昭代王章，皆只錄弘治朝所奏定。由此年所奏定，仍可知條例雜犯之所指，尚不為誤，而皇明制書本及朝鮮光武七年本明律，乃並此而無之，此真疏忽之至，頗疑刻是書者，於明代刑律不甚了然也。律誥之真雜犯，本有明之創制，而為清律所沿襲，以律誥罕見，故真雜犯之源流，清史稿刑法志僅上溯至弘治，而其本義，即沈薛諸名家，亦多誤解。律誥之發見，可以補實錄會典史志諸書之闕遺，而一代刑律之源流得失，亦始可得而論列，固不僅釋實錄律序之乖違而已。

今先論太孫改律，次言律誥，以次證成鄙說。健學殖粗淺，尚祈方聞君子，不吝賜正為幸。

史志云：

> 太祖諭太孫曰，「此書首列二刑圖，次列八禮圖者，重禮也。顧恐民無知，若於本條下，即註寬恤之令，必易而犯法。故以廣大好生之意，總列於名例律中，善用法者，會其意可也。」太孫請更定五條以上，太祖覽而善之。太孫又請曰，「明刑以弼教，凡與五倫相涉者，宜皆屈法以伸情，」乃命改定七十三條，復諭之曰，「吾治亂世，刑不得不重，汝治平世，刑自當輕，所謂刑罰世輕世重也。」

此謂太孫所改者七十八條。明史恭閔帝本紀云：

> 太孫亦佐以仁厚，嘗請於太祖，遍考禮經，參之歷朝刑法，改定洪武律畸重者七十三條，天下莫不誦德焉。

則謂太孫所改者七十三條，與史志異。蓋修書者非一手，所據之史料不同，未嘗斟酌劃一，其作七十三條者，當以五條屬名例律，遂未之計，此二者並不抵觸，自以史志所言為正也。

史志之所云，實錄未載，係依據野史。野史如趙士喆建文年譜，於太孫改律，

僅列入附錄，未曾繫年，且云所改者爲條例。條例與律，其義不同，史志之謂太孫改律者，當據建文卽位時上諭：

> 大明律皇祖所親定，命朕細閲，較前代往往加重，蓋刑亂國之典，非百世通行之道，朕前所改定，皇祖已命施行。……

改律，實錄所必書。今二十二年後，三十年前，實錄未言改律，故知其祖孫同堂討論，卽在二十二年四百六十條已成之後，而爲時亦相去不久。原始要終，實錄本可牽連書之。特以不敢褒美建文，遂略而不書耳。

正史例不載考異，其信太孫改律，而繫之二十二年，或以此。然余考是時太孫方十二歲，皇太子尚存，太孫尚未册立，改律大事，何致詢及之？是太孫改律，姑不論其可信與否，其繫於二十二年，誠未見其可也。

藝文志著錄更定大明律三十卷，自注云：

> 洪武二十八年命詞臣同刑官參考比年律條，以類編附，凡四百六十條。

沈家本歷代刑法考律令九云：

> 明律更定在二十二年，藝文志乃云二十八年，或後來又經修改歟？

似建文改律，又可繫之二十八年。然核之實錄，是年二月戊子，刑官請改律，帝曰，「定律久矣，何用更定？」實錄此年並無改律之事。實錄記二十二年改律，其文與藝文志注略同，藝文志著錄洪武六年律，未著錄二十二年律，竊疑藝文志所云二十八年，此「八」字乃「二」字之誤。二十八年二月不允改律，刑法志卽誤作二十五年。明史年月日之誤，以實錄校之，不勝枚舉，不得據藝文志之字誤而謂二十八年曾改律，更不得據此兩改繫太孫改律於二十八年也。

太孫改律，旣不可繫之二十二年及二十八年，如在二十二年後其他各年，則改律大事，史臣儘可曲筆，烏可略而不書？今實錄未書，是改律之說，斷不可信矣。余觀野史有謂太孫所改者係條例，而野史所引上諭，如釋爲條例，說亦可通，故竊意太孫改律七十八條，當係諸司職掌所載眞犯死罪雜犯死罪七十八條之傳訛也。

諸司職掌五云：

> 眞犯死罪
>
> 律令

（1）十惡。（2）變亂成法。（3）矇矓奏啓。（4）棄毀制書印信。（5）漏泄軍情大事。（6）強占良家妻女。（7）背夫在逃解嫁。（8）收父祖妾及伯叔母嫂弟婦。（9）拒捕（會典引此係第十一條）。（10）失誤軍機。（11）殺傷來降人及逼勒逃竄。（11）激變良民，失陷城池。（13）造妖書妖言。（14）強盜（會典引此係第十五條）。（15）盤詰奸細。（16）盜制書印信。（17）誣執翁姦。（18）刦囚。（19）白晝搶奪傷人。（20）發塚見屍。（21）略人略賣人，因而傷人。（22）謀故鬬毆等項殺人。（23）威逼期親尊長致死。（24）奴婢毆罵家長（會典引此係第二十三條）。（25）妻妾毆夫篤疾。（26）強姦（會典引此係第二十七條）。（27）姦家長妻女。（28）竊盜三犯。（29）詐偽。（30）誣告故入人死罪已決。（31）告謀逆不受理，以致攻陷城池。（32）罪囚反禁在逃。（33）故禁故勘平人致死。（34）放火故燒人房屋盜財物者。（35）邀取實封公文。（36）從軍征討私逃再犯。（37）秋糧違限一年之上不足。（38）三犯逃軍。（39）師巫假降邪神及妄稱彌勒佛會。（40）軍人私出外境擄掠傷人。（41）死囚之子孫爲父母等自殺。

大誥

（1）僧道不務祖風。（2）說事過錢。（3）冒解罪人。（4）逸夫。（5）濫設吏卒。（6）耆民赴京面奏事務阻當者。（7）擅立幹辦等項名色。（8）閭民同惡。（9）官吏下鄉。（10）擅差職官。（11）魚課擾民。（12）經該不解物。（13）不對關防勘合。（14）關隘驅民。（15）居處僣上用。（16）市民爲吏卒。（17）造作買辦不與價。（18）慶節和買。（19）空引偸軍。（20）臣民倚法爲奸。（21）官吏長解賣囚。（22）寰中士夫不爲君用。（23）鄉民除惡。（24）阻當者民赴京。

雜犯死罪

律令

（1）盜倉庫錢糧。（2）官吏受贓過滿。（3）稱訴冤枉，借用印信封皮。（4）私越冒度關津出外境。（5）私將人口出外境及下海。（6）投匿名文書告人罪。（7）毆制使及本管長官折傷。（8）凌虐罪囚致死者。（9）遞送逃

軍妻女出京城（會典引此係第八條）。

大誥

（1）官民犯罪，買重作輕，或盡行買免。（2）攬納戶。（3）安保。（4）斷指誹謗。

此七十八條，正德會典卷一四三，萬曆會典卷一七三並著錄。正德會典標明係引諸司職掌，萬曆會典則謂係洪武初定。按會典體例，不知其年者以「初」字代，今用「初」字，蓋萬曆會典之疏也。

此七十八條，數目相合，與野史所謂條例者合，職掌係二十六年定，實錄僅記其成，職掌大綱尚不錄，矧為條例？野史記建文朝事，本多傳訛，余考王艮王良事，曾推論及之，此又其一例也。

據此七十八條以校史志，則所減輕者僅雜犯死罪十三條，而其中復包括大誥四條在內，律之減輕者僅九條。史志云減輕七十八條，又係野史誤傳也。職掌載合編充軍二十二條：

（1）販賣私鹽。（2）詭寄田糧。（3）私充牙行。（4）閑吏（萬曆會典一七四引此係第五條）。（5）私自下海。（6）應合鈔劄家屬。（7）積年民害官吏。（8）誣告人充軍。（9）無籍戶。（10）攬納戶。（11）土豪（會典引此係第六條）。（12）舊日山寨頭目。（13）更名易姓家屬。（14）不務生理。（1 ）游食。（16）斷指誹謗。（17）小書生。（18）主文。（19）幫虎。（20）伴當。（21）野牢子（會典引此係第十九條）。（22）直司。

沈家本充軍考云：

　以上二十二條，乃洪武間辦法，其中亦有律所已具，而不在充軍之列者，則後來已減從輕矣。

今考律所載死罪，不止職掌條例之所載，豈此時皆減輕乎？竊意職掌既未言斷獄只依此，則不見於此條例內者，當仍行用，未必減輕也。

　　　*　　　　　*　　　　　*　　　　　*

論太孫改律竟，今論三十年太祖所定之律誥。

本所所藏同治十年重刊本明弘治興化府志，其刑紀引欽定誥律條例，前有三十

年五月勅，按實錄當作律誥條例，今作誥律，當係翻刻誤倒。余來京師，於江蘇省立國學圖書館得見八千卷樓舊藏明刊黑口本大明律三十卷，此本又分上下二卷，卷一之十二名例吏戶禮三律係上卷，卷十三之三十兵刑工三律係下卷，上卷末引重校為政規模節要論律解辨疑總目金科一誠賦，卽繼之以欽定律誥該載，今以二本互校，以方志本為主，錄其全文，並注其異同於左。

欽定誥律條例（黑口本作）欽定律誥該載

欽定誥律不准贖死罪共一百二十四條（健按以下文律一○二條加誥十二條只得一百一十四條）

律一百零二條（此二行黑口本僅「不准贖律死罪」六字）。

（1）十惡。（2）強盜。（3）刼囚。（4）強姦。（5）詐偽。（6）蠱鎮蠱毒。（7）失誤軍機。（8）朦朧奏啓。（9）拒捕傷人。（10）詐傳詔旨。（11）變亂成法。（12）越皇城者。（13）盤詰奸細。（14）發塚起屍。（15）竊盜三犯。（16）私鹽拒捕。（17）朝覲留難。（18）激變良民。（19）失陷城池〔健按依律應係一條〕。（20）軍人私出外境擄掠傷人為首。（21）故禁故勘平人致死。（22）軍官臨陣先退及圍困敵而逃。（23）秋糧違限一年之上。（24）近侍官員漏泄軍情重事於人。（25）謀故鬬毆等項殺人。（26）在朝官員交結朋黨紊亂朝政。（27）故殺夫之兄弟子者。（28）投匿名書入舖舍告人罪者。（29）威逼期親尊長致死。（30）毆制使本管長官折傷及篤疾者。（31）私鑄銅錢為首幷匠。（32）毆妻致死，及毆妻之父母致篤疾。（33）受財故縱黨逆強盜。（34）偽造制書寶鈔印信曆日等。（35）失火延燒宗廟及宮闕。（36）盜制書印信及夜巡銅牌。（37）姦邪進讒言佐使殺人（黑口本此條在第三十四條之前）。（38）殺傷來降人及逼勒逃竄。（39）棄毀軍器二十件以上。（40）略人略賣人因而傷人者。（41）軍官受財賣放軍人者。（42）從車駕而逃。百戶以上者。（43）向宮殿射箭傷人及死者。（44）主將不固守。因而失陷城寨。（45）軍人私於已附地面擄掠。（46）私將人口軍器出外境及下海。（47）私越冒度關津出外境者。（48）罪囚反獄在逃。（49）棄毀幷盜官文書事干軍機錢糧者。（50）漏泄軍情大事。（51）男婦誣執親翁，弟婦誣執夫兄期親。（52）邀取寶

封公文。(53)誣告因而致死隨行有服親屬一人。(54)大臣專擅選官。(55)
奴婢毆家長，及毆妻前夫之子致死。（健按依律爲二條，皆見鬪毆律，一
係奴婢毆家長條，一係毆妻前夫之子條。）(56)強占良家妻女。(57)皇家
祖免以上親被毆篤疾及死者。(58)持杖入宮殿門。(59)妻妾夫亡改嫁。罵
故夫祖父母父母。(60)上言大臣德政。(61)本衙門首領官及統屬官毆長官
篤疾。(62)阻當上書陳言。(63)非理凌虐罪囚，及尅減衣糧，因而致死。
(64)造妖書妖言。(65)姦夫因姦自殺親夫，姦女雖不知情者。(66)妻毆卑
屬致死。(67)奴及雇工人姦家長妻女及期親之妻。(68)交結近侍官員。犯
罪律該處死，大臣小官諫免，暗邀人心。(69)白晝搶奪傷人者。(70)威力
制縛人，於私家拷打監禁，因而致死。(71)擅入御膳御在所。(72)家長及
期親幷外祖父母故殺僱工人。威逼人致死者。（黑口本分爲二條，健按一
係鬪毆律奴婢毆家長條，一係人命律威逼人致死條，分爲二條，是也。）
(73)嫡繼慈養母故殺違犯教令子孫，致令絕嗣。(74)宮殿造作罷不出。
(75)私竊放囚人逃走，竊而未得，因而殺人爲首。(76)擅開閉皇城門者。
(77)收祖父妾及伯叔母，兄亡收嫂，弟亡收弟婦。(78)放火故燒人房屋，
盜取財物及係官積之物。(79)各衙門官吏，將奏准合行事理，妄稱奉旨追
問。(80)與囚金刃及解脫枷鎖之具，致囚反獄及殺人。(81)起解軍需隨征
供給，而管送違限，以致臨敵缺乏。(82)監臨之官，因公事於人虛怯去
處，非法毆打致死。(83)僞造朝參文武官及內官廚子校尉入內懸帶牌面。
(84)賊人臨境，其望高巡哨之人，失於飛報，因而陷城損軍。(85)刑部並
大小衙門官吏，不執法律，聽從上官主使，出入人罪。(36)守禦官隄備不
嚴，撫馭無方，致有所部軍人反叛，棄城而逃。(87)文武非有大功勳於國
家，所司朦朧奏請，輒封公侯爵者。(88)官司差人追徵錢糧，勾攝公事，
而抗拒行差人致篤疾。(89)軍官軍人從軍征討，私逃還家，及逃往他所
者，初犯卽坐，幷守禦軍逃三犯。經斷人朦朧充當近侍及宿衛。（健按依
律當分爲二條，因一在宮衛律一在軍政律。）(90)聞知朝廷及總兵官討襲
外番，及收捕反逆賊徒，機密大事，而輒漏泄於敵人。(91)軍臨敵境，而

從征軍人托故違期，三日不至。(92)妻妾背夫在逃改嫁。(93)告謀逆不受理，致攻陷城池。(94)故入人死罪已決。(95)子孫於祖父母父母，及奴婢雇工人於家長墳墓，熏狐狸，因而燒死者。(96)棄毀制書印信及夜巡銅牌。(97)誣告人死罪已決。(98)棄毀緦麻以上尊長屍。(99)子孫棄毀祖父母父母，及奴婢雇工人棄毀家長屍。(100)抬遺朝參文武官及內官，懸帶牌面，詐帶朝參，及在外詐稱官員名號，有所求為者。(101)死囚令人自殺，若見招服罪，而囚之子孫為祖父母父母，及奴婢雇工人為家長者。(102)官司差人追徵錢糧，勾攝公事，及捕獲罪人，聚衆中途打奪，因而傷人及殺人，聚至十人為首。

誥十二條（黑口本係「誥死罪」三字）。

(1)朋奸欺罔。(2)說事過錢。(3)代人告狀。(4)詭名告狀。(5)戴刑肆貪。(6)空引偽軍。(7)醫人賣毒藥。(8)臣民倚法為奸。(9)妄立幹辦等名。(10)阻當耆民赴京。(11)秀才斷指誹謗。(12)寰中士夫不為君用。

欽定誥律准贖死罪共三十三條

律九條（此二行黑口本僅「准贖死罪律」五字）。

(1)軍官犯死罪不請旨論功上議。(2)內府交納餘剩金帛，擅將出外。(3)官吏受贓過滿，(4)若塜先穿陷，及未殯埋，開棺槨見屍。(5)盜倉庫錢糧。(6)盜內府財物。(7)詐稱冤枉，借用印信封皮。(8)遞送逃軍妻女出京城。(9)衝入儀仗，並訴事不實。

誥二十四條（黑口本無「二十四條」四字）。

(1)逸夫。(2)居處僭分。(3)閑民同惡。(4)官吏下鄉。(5)擅差職官。(6)攬納戶。(7)冒解罪人。(8)慶節和買。(9)關隘騙民。(10)濫設吏卒。(11)長解賣囚。(12)官民有犯。(13)魚課擾民。(14)錢鈔貫文。(15)路費則例。(16)造作買辦。(17)市民為吏卒。(18)經該不解物。(19)阻當鄉民除惡。(20)僧道不務祖風。(21)有司不許聽事。(22)不對關防勘合。(23)有司逼民奏保。(24)交結安置人。

黑口本「交結安置人」後多此數語：

　凡法司今後議擬罪名，除繁文，燒毀卷宗，更名易諱，軍人關賞征進在
逃，死罪充軍工役在逃，在京犯奸盜詐騙，仍依定例處治，及軍官私役軍
人因而致死一名償命外，其餘有犯。務要依律與夫大誥擬罪，照今定條例
發落，並不許將遞年各衙門禁約榜文等項條例定罪，敢有違者，以變亂成
法論！

　徒流等罪

　　欽定律誥該載終

黑口本所多，蓋方志本所引不全也。余以之與諸司職掌及會典所引七十八條相
校，見正德會典一四三萬曆會典一七三均錄有洪武三十年所定，與此不同，今亦錄
之於左：

　洪武三十年定：

　　決不待時

　（1）十惡。（2）強盜。（3）刦囚。（4）激變良民，失陷城池。（5）罪囚反
獄在逃。（6）告謀逆不受理，致攻陷城池。（7）偽造制書寶鈔印信曆日
等。

　　秋後處決

　（1）詐偽。（2）強姦。（3）越皇城者。（4）失誤軍機。（5）朦朧奏啓。
（6）朋奸欺罔。（7）背夫在逃，因而改嫁。（8）收祖父妾，及伯叔母殷弁
弟婦。（9）棄毀卷宗。(10)說事過錢。(11)更名易諱。(12)盤詰姦細。
(13)發塚見屍。(14)向宮殿射箭。(15)奴婢殿家長。(16)妻妾殿夫篤疾。
(17)誆執翁姦。(18)竊盜三犯。(19)拒捕傷人。(20)造妖書妖言。(21)盜
制書印信。(22)拒捕。(23)姦黨。(24)從軍征討私逃再犯。(25)守禦軍逃
三犯。(26)大臣專擅選官。(27)強占良家妻女。(28)經斷人朦朧充當近侍
及宿衛。(29)漏泄軍情大事。(30)邀取實封公文。(31)放火故燒人房屋盜
取財物。(32)殺傷來降人及逼勒逃竄。(33)持杖入宮殿門。(34)略人略賣
人因而傷人。(35)軍官私出外境擄掠傷人。(36)阻擋耆民赴京。(37)誣告

一二十人。(38)從車駕而逃百戶以上。(39)謀故鬪毆等項殺人。(40)棄毀
制書印信。(41)威逼期親尊長致死。(42)交結近侍官員。(43)故禁故勘平
人致死。(44)宮殿造作罷不出。(45)在京偷盜詐騙犯姦。(46)擅入御膳御
在所。(47)死罪工役充軍在逃。(48)白晝搶奪傷人。(49)擅開閉皇城門。
(50)故入人死罪已決。(51)誣告人死罪已決。

工役終身

(1)逸夫。(2)變亂成法。(3)朝見留難。(4)私鑄銅錢。(5)交結安
置。(6)居處僭用。(7)空引偷軍。(8)閑民同惡。(9)官吏下鄉。(10)
受財故縱。(11)鄉民除惡。(12)擅差職官。(13)冒解罪人。(14)慶節和
買。(15)關隘騙人。(16)濫設吏卒。(17)興販番貨。(18)長解賣囚。(19)
不立文案。(20)盜內府財物。(21)市民爲吏卒。(22)經該不解物。(23)盜
倉庫錢糧。(24)僧道不務祖風。(25)臣民倚法爲奸。(26)師巫假降邪神。
(27)官吏受贓過滿。(28)官吏犯死罪，不請旨論功上擬。(29)妄立幹辦等
名。(30)造作買辦不與價。(31)內府交納餘剩金帛擅將出外。(32)私將人
口軍器出外境及下海。(33)秋糧違限一年之上。(34)稱訴冤枉，借用印信
封皮。(35)容留恩軍撥置寫發。(36)私越冒度關津出外境。(37)投匿名文
書告人罪。(38)毆制使及本管長官折傷。(39)遞送逃軍妻女出京城。(40)
衝突儀仗，幷訴事不實。(41)姦家長妻女。(42)死囚之子孫爲祖父母等自
殺。

　　會典所載，僅云三十年定，不言何月，然則二者孰先孰後孰爲律誥乎？余再三
推校，竊意當以方志黑口本所錄者爲律誥，至會典所錄乃律誥前之條例，非後來所
依據者也。正德會典一四四萬曆會典一七四均載弘治十年所奏定之眞犯雜犯死罪，
取與方志黑口本所錄者相校，其雜犯死罪律皆僅九條，與會典三十年定者不合，方
志黑口本所錄，爲太祖晚年定制，明矣。實錄三十年五月甲寅上諭：

　　其雜犯大小之罪，悉依贖罪之例論斷。

實錄三十年五月所載贖罪事例云：

　　凡內外官吏，犯笞杖者記過，徒流遷徙者以俸贖之，三犯罪之如律。雜犯死

罪者，自備車牛運米輸邊，本身就彼爲軍。民有犯徒流遷徙者，發充遞運水
夫。凡運米贖罪者，甘肅車一輛牛四頭米十石，山丹加一石，永昌加二石，
西涼加三石，雲南曲靖普安如西涼之數。

今會典三十年定，係工役終身，而非充軍，與實錄不合，其非律誥，又明矣。

　　方志黑口本所載眞犯死罪律，有二條較律爲重，「監臨官因公事于人虛怯去處
非法毆打致死」，按決罰不如決律，其「罪止杖一百，徒三年，追埋葬銀十兩，」
不至於死也。又「軍官軍人從征私逃初犯卽坐」，按從征官軍守禦逃律，「初犯止
杖一百，仍發出征，再犯始絞，」初犯並不致死也。似此二條，未依律序所云「只
依律與大誥議罪」。然余觀雜犯死罪三十三條，在律與誥，本皆死罪，今乃雜犯准
贖，則此在律不致死，定爲眞犯不准贖，似無不可。方志黑口本所載較律與大誥，
有輕有重，然其罪名，律與大誥皆有之，反觀會典三十年定者，卽有三條，不見於
律及大誥。如興販番貨條，大誥無文。按舶商匿貨律。

　　凡泛海客商船舶到岸，卽將貨物盡實報官抽分，若停塌沿港士商牙儈之家，
　　不報者杖一百，雖報而不盡者，罪亦如之。

是律並不禁興販番貨也。按實錄二十七年正月甲寅：

　　禁民間用番香番貨。先是上以海外諸夷多詐，絕其往來，唯琉球眞臘暹羅許
　　入貢，而緣海之人，往往私下諸番，貿易番貨，因誘蠻夷爲患，命吏部嚴禁
　　絕之，敢有私下諸番互市者，必寘之重法。凡番香番貨，皆不許販鬻，其見
　　存者，限以三月銷盡，民間禱祀止用松栢楓桃諸香，違者罪之。其兩廣所產
　　香木，聽土人自用，亦不許越嶺販賣，蓋慮其雜市番香，故倂及之。

是興販番貨，卽此年所定之禁例，故不見於律及大誥矣。又如容留恩軍撥置引發
條，按實錄二十七年三月癸酉：

　　詔兵部，凡以罪謫充軍者名爲恩軍。

恩軍之名始此，大誥雖有用囚辦事專條，然囚與恩軍，其義不同，此條應屬大誥與
否，疑莫能定也。又如誣告一二十人條，按律惟誣告致死隨行有服親屬一人者絞，
誣告人死罪已決者反坐，無誣告一二十人罪名。大誥實錄，亦未之見。實錄二十五
年三月乙未所記：

處州青田縣民詣闕言，往年官軍平溫州山賊葉丁香，其餘黨勦滅未盡者尚數

十人，上曰，「寇平已久，今復來言，必有罪者恐他人發其奸，故來訴耳，」

乃遣人詣其鄉里，果得誣狀，斬之。

亦疑據洪武元年令誣告人謀反坐抵，未必因誣告數十人而當以死罪也。以上三條，
律與大誥無文，或有而不盡相合，而與販番貨，又明係不見於律與大誥之例，旣未
如律誥該載之聲明仍依定例處治，如爲律誥，則與御製序只依律及大誥議罪迕，會
典所載三十年定，非律誥，此又一證也。余嘗疑，正德會典係官書，何以置律誥不
錄，而錄前此之事例？豈以律誥見之其時律首，戶有其書，故從略歟？正德會典不
錄，萬曆會典遂遺之炎。

　　方志及黑口本所載旣係律誥，而其中所載大誥諸條目，不可謂非峻令，然則史
志所言：

　　　　自律誥出，大誥諸峻令未嘗輕用。

沈家本大誥峻令考所言，「二十三年帝諭楊靖推恕行仁之後，大誥峻令卽不復用，」
蓋皆非史實矣。沈氏寄簃文存七大誥跋，疑明志所舉十條目——攬納戶，安保過
付，詭寄田糧，民人經該不解物，灑派包荒田土，倚法爲奸，空引偸軍，躥刺在
逃，官吏長解賣囚，寰中士夫不爲君用——卽所謂取大誥條目，附載於律。而律內
只有詭寄田糧，攬納稅糧，說事過錢，押解人故縱罪囚，餘並無文，沈氏又疑律誥
別爲一書。今以方志黑口本所引及諸司職掌校之，知此十條目亦出於職掌。此十條
目並不全見於十八年所定大誥，萬曆會典未標明係引職掌，致史志誤繫於十八年，
蓋未覆檢大誥原本。職掌所載，僅可謂之合編，職掌合編充軍二十二條可爲其證，
係條例附職掌而行，不可謂附於律後也。以大誥條目附載於律，亦非謂律文據大誥
修改，取大誥爲律，沈氏之所疑，誤也。大誥條目，如說事過錢，二十二年所定明
律有此罪名，然考皇明詔旨錄所載洪武七年十一月詔：

　　　　諸人但係故犯及知情故縱聽行藏匿引送說事過錢並出入人罪之類，一應眞
　　　　犯，並不在赦下。

與下文所引常赦所不原律同，則洪武七年律已有，非據大誥增入者也。姜宸英湛園
未定稿卷一明史刑法志總論擬稿云：

竊按明律比前世加峻，復本大誥意，創設上言大臣德政及姦黨暗邀人心交結近侍諸條。

今按上言大臣德政條，律文大臣上有宰執二字，明此條係洪武十三年未廢中書省以前所定。文官不得封公侯，其律之制定當在洪武四年十二月乙未，於時已有有司朦朧奏請請者授者皆罪之之語，實錄甲辰十二月丁巳記太祖懲元之弊，謂元末

　　　貴戚擅權，奸邪並進，舉用親舊，結爲朋黨，中外百司，貪墨無恥，由是法
　　　度日弛，紀綱不振，至於土崩瓦解，今創業之初，若不嚴立法度，以革奸
　　　弊，將恐百司因循故習。

是明律之猜防臣下者，洪武初年當已有之，不必俟十三年胡惟庸案發，更不必本十八年所頒大誥之意矣。沈氏所舉攬納稅糧諸條，當亦二十二年以前律所原有，亦當較誥爲輕，大誥所載峻令，如遊食等，今律無文，觀職掌所載條例，及祖訓所言後嗣止許用律與大誥，仍律與誥並舉，下文又言律係常經，頗疑二十二年之改律，並未斟酌大誥入律也。

　　實錄二十八年二月戊子：

　　　刑部臣奏，律條與條例不同者，宜更定，俾所司遵守。上曰，「法令者，防
　　　民之具，輔治之術耳，有經有權，律者常經也，條例者一時之權宜也，朕御
　　　天下將三十年，命有司定律久矣，何用更定？」

刑部臣所謂條例，當指職掌所載眞犯死罪雜犯死罪。其雜犯死罪律較律爲輕，誥較律爲重，故有司欲更定劃一，惟未爲太祖所採納耳。太祖謂律係常經，職掌所載係一時之例，是帝意二十二年所定律，實後世應守之中制，可以垂後者，其二十八年六月己丑諭後嗣止許用律與大誥，特人主護前，不肯顯言己過，故其言行，遂自相矛盾耳。二十六年所定職掌，其條例不如三十年所定之完備，而其性質則同。依二十八年律係常經之言，則三十年所定，亦僅係一時之例，而後世乃視爲定則，與律並行，此雖與三十年律序所言合，然而非太祖二十二年定律之意矣。

　　實錄三十年五月甲寅：

　　　大明律誥成，上御午門，諭羣臣曰：朕有天下，傚古爲治，明禮以導民，定
　　　律以繩頑，刊著爲令，行之已久，然而犯者猶衆，故於聽政之暇，作大誥以

昭示民間，使知趨吉避凶之道，古人謂刑爲祥刑，豈非欲民盡生於天地間哉？然法在有司，民不周知，故命刑官，取大誥條目，撮其要略，附載於律，凡榜文禁例悉除之，除謀逆並律誥該載外，其雜犯大小之罪，悉依贖罪之例論斷。今編次成書，刊布中外，令天下知所遵守。刑期無刑，庶稱朕恤民之意。

明律卷首三十年五月御製大明律序云：

朕有天下，倣古爲治，明禮以導民，定律以繩頑，刊著爲令，行之已久，奈何犯者相繼，由是出五刑酷法以治之，欲民畏而不犯，作大誥以昭示民間，使知所趨避，又有年矣。然法在有司，民不周知，特勅六部都察院官，將大誥內條目，撮其要略，附載於律，其邇年一切榜文禁例，盡行革去，今後法司只依律與大誥議罪，合黥刺者，除黨逆家屬並律該載外，其餘有犯，並不黥刺。雜犯死罪幷徒流遷徙笞杖等刑，悉照今定贖罪條例科斷。編寫成書，刊布中外，使臣民知所遵守。

實錄作律誥，而律序作明律，上諭之文，與序亦異。上諭與序異，此蓋史臣刪潤所致。律序所云，「其餘有犯，並不黥刺」，係二十八年六月己丑所定，故史臣略之。雜犯死罪係此年所新定，亦此年始附於律，不僅律有，而誥亦有之，故於律序「除黨逆家屬幷律該載」，「律」下加一「誥」字，以與下文雜犯死罪接，此在文意，當如此潤色也。實錄所載詔令，與皇明詔旨錄校，有改竄失眞者，此修史所恆有，不足異也。實錄作大明律誥，黑口本作欽定律誥該載，方志作欽定律誥條例，其名皆異，以此年所定與會典職掌所載條例校，惟此次所定最爲完備，亦惟此次所定附律，故實錄於前此之條例皆不書，而此次所定則書之。竊疑實錄大明律誥成，卽指此次所定之條例而言。疑是年刊本，書名大明律，而條例則名大明律誥，仍如今本之附之卷首。黑口本之欽定律誥該載，方志之欽定律誥條例，則以意增損者也。如謂三十年定，其全書初名律誥，其後始易名曰律，則實錄未見此詔，此說恐不足信也。

律誥既係附律，竊疑律序所謂「將大誥條目，撮其要略附載於律」，卽附載於此例內，未必錄大誥原文，附於律文相近之條後也。其贖罪事例，前引實錄，亦係

其節略，今存明律卷首之納贖諸圖，亦非三十年所定之舊也。

律誥之定在三十年，而翌年太祖歿，太孫卽位。太孫喜更易祖制，中經成祖革除，仍未淨盡，此余論皇明典禮一書時當詳言之，今不備論。至其於律，據成祖洪武三十五年七月壬午詔：

> 建文以來，祖宗成法有更改者，仍復舊制，刑名一依大明律科斷。

又同詔：

> 建文所頒一應榜文條例，盡行除毀。

是建文於刑律，亦必有所更定也。

成祖旣倡言復祖制，故三十五年七月丁未諭天下誦讀大誥三編，永樂二年三月丁巳江陰年六歲能記御製大誥，卽賜衣鈔，而三年二月丁丑洪堪乞申明教民榜文，命里老從公判決，帝亦嘉納。成祖之起兵，復祖制爲其藉口，故卽位後，不論建文之更易之當否，亦一切俱復祖制。觀其令民讀大誥，亦可證建文之於律誥，其於律是否有更改今不可知，其於誥及條例，必有更易也。成祖洪武三十五年九月甲午卽令雜犯死罪及流罪赴北平種田，此雜犯死罪，當依三十年所定，而其贖罪事例則不同，蓋太祖所定，本因時地制宜，而靖難戰後，北京附近，田野荒蕪，故成祖改發雜犯死罪赴北京種田也。

三十年所定條例，其中誥及仍依定例處治者，皆較律爲重，其不援用誥及定例，而用律科斷，最早之記載爲楊士奇東里集卷十四故嘉議大夫大理寺卿虞公墓碑銘，碑銘云：

> （謙）爲大理少卿，都察院論誆騙罪準洪武榜例梟首示警，公奏言，「比奉詔書，自今準律斷罪，誆騙在律當杖而流，梟首非詔書意。」上曰虞謙言是，竟從律。

宣宗實錄卷二十六及明史一〇五謙本傳並同。按明律詐欺官私取財條云：

> 若冒認及誆騙局騙拐帶人財物者，亦計贓準竊盜論，免刺。

明律竊盜條云：

> 一百二十貫，罪止杖一百，流三千里。

此虞謙之所以謂準律當杖而流也。都察院謂準洪武榜例梟首，則似指黑口本欽定律

誥該載所云：

> 在京犯奸盜詐騙，仍依定例處治。

惟多在京二字耳。按明律在京犯罪條云：

> 凡在京軍民，若犯杖八十以上者，軍發外衛充軍，民發別郡爲民。

薛允升唐明律合編引箋釋云：

> 此所以肅清京師也。然今在京軍民犯罪，俱不引此律，照常發落而已。

又薛氏云：

> 現在京城犯罪加重懲辦，見於各條例者不一而足，雖不依此律，而實祖此律
> 之意。

據此，是欽定律誥該載之在京犯奸盜詐騙例，其意當在肅清京師，如在京犯此，卽
依此定例，如不在京犯此，則當從輕也。觀都察院謂準榜例當梟，知此亦在京所
犯，如不在京犯此，而援用此例，恐都察院不至如是疏忽也。如謂指此定例以前之
例，則明律序已謂「其歷年一切榜文禁例盡行革去」，成祖洪武三十五年七月詔書
謂「刑名一依大明律科斷」，其不得引用前此之例明甚，恐都察院亦不至如是疏忽
也。

　　洪武榜例，旣知所指，見於三十年所定條例中，然則虞謙言此究在何時？其謂
「比奉詔自今準律斷罪」，係何年所下詔乎？

明史刑法志云：

> 成祖詔法司問囚，一依大明律擬議，毋妄引榜文條例爲深文，永樂元年定誣
> 告法。

又云：

> 二十九年大理卿虞謙言，誆騙之律，當杖而流，今梟首，非詔書意。

今考永樂元年前成祖所下詔書，其言及刑律一依大明律擬議者，惟三十五年七月壬
午詔書，並無「毋妄引榜文條例爲深文」之言，此言惟永樂十九年四月十三日詔書
有之，史志記於永樂元年之前，敍次顛倒。永樂無二十九年，虞謙之言此，在爲大
理少卿時，而非大理寺卿。其任大理少卿，據實錄，在成祖洪武三十五年九月丙
申，於永樂七年六月乙丑卽升任都察院左副都御史。碑銘敍此在爲副都御史巡視揚

州等處之前，明爲永樂七年升任副都御史前之事，史志繫於二十九年，卽令「二」字爲衍文，亦誤也。

　　予檢皇明詔旨錄及成祖實錄，卽位後至永樂七年之詔書，語氣與自今準律斷罪合者，惟洪武三十五年七月壬午詔：

　　　　建文以來，祖宗成法有更改者，仍復舊制，刑名一依大明律科斷。

準此詔，參以實錄所記雜犯死罪諸事，其所謂一依大明律科斷，明如律序所言，包括三十年所定條例在內，不得如虞謙所釋只及律而不及例也。如虞謙所釋爲是，或另有他明詔，都察院豈容不知？此反可證虞謙之所釋，係一己之私見，並不正確也。都察院之所釋，蓋據律序，及律誥之所言，「敢有違者以變亂成法論」，律之含義，包括三十年所定條例，係廣義者；而虞謙之所釋，則着重律例之效力，其所謂律，僅指律而不及三十年之例，係狹義者。二者着眼不同，各有所據，故以虞謙之爭，而此案竟從律斷也。成祖詔書，嚴格言之，如云一依三十年所定律例，如後來之律書之名明律集解附例，則其文意，最爲明晰，不致有曲解，當時旣無此名，全書又通名大明律，則成祖詔書之云一依大明律斷罪，則亦理所宜然也。

　　虞謙之所言，後來恐並不以爲例。皇明詔旨錄載永樂四年十二月初六日詔書云：

　　　　見在各處立功拏賊軍官旗士人等，若律該死罪，應赦者各復職役，官支與半俸，旗士人等支與原糧。其犯徒流遷徙笞杖並議罪及照榜例者，各復職役，照舊關支俸糧，俱就本處備禦。

　　　　釋放文職官幷監生吏典人等，幷照榜例及犯徒流以下罪未與議罪名者，各復職役，照舊支與俸糧，已降者不動。

又實錄永樂十一年五月丁亥：

　　　　上諭行在刑部都察院大理寺臣曰，「比來罪人連坐及誤犯者多，其情蓋有可矜，爾等同戶部詳議，果所犯罪重不可容者，殺之，有於法當死，而其情可矜，及罪不至死者，責贖鈔以懲。」至是三法司及戶部議覆奏，「除公罪依例紀錄收贖，及律該死罪情重者，依律處治，其情輕者，斬罪贖鈔八千貫，絞罪及榜例死罪六千貫，流罪三千貫，徒罪二千貫，杖罪一千貫，笞罪五百

貫，無資贖者，依前議發遣種樹，」從之。

其永樂四年之詔，不知在虞謙之言前抑或後，此文所引律該死罪及榜例死罪，依上文所言，亦可有二種解釋，其一即狹義之解釋，律僅指律之正條，而榜例則指三十年所定之條例及成祖所新定之榜例，（榜例即榜文條例之省稱，明制，懼人不曉，故揭榜，使人知所畏避。）其另一則廣義之解釋，律包括三十年所定之條例，而榜例則指成祖之新定者。此二種解釋，鄙意以前一說為妥，蓋三十年所定條例，雖附律，然畢竟係例而非律，條例所定之死罪，在律多不致於死，新定之榜例在明初亦多較律為重，律之死罪，多係情節重大應死者，故當肆赦特恩減降之時，此條例所定之死罪，自當與律該死罪之死罪，不為一類也。此律該死罪之律字，作狹義之解釋，亦不足證一依大明律斷罪之律，亦係狹義之解釋，由榜例二字，即可知成祖非僅用律而不用例者，且雜犯死罪律九條，有明一代所遵用，此亦可證虞謙之所言，用律不用例，此狹義之解釋，其能邀俞允，蓋係一時之寬典，出之偶然耳。

實錄記永樂十九年四月初八日奉天殿災，十三日帝下詔曰：

法司所問囚人，今後一依大明律擬罪，不許深文妄引榜文條例。

此所謂大明律，依廣義之解釋，自當包括三十年附律之條例，而所謂不許深文妄引榜文條例，則當指外此之榜文條例。惟三十年所定之例，畢竟係例，較律有深文者，苟依狹義之解釋，依此詔之依律及不許深文，則三十年條例之較律為深文者，不許行用，而其不深文者，則仍可行用也。三十年所定，真犯雜犯屬於誥者，皆較律為重，其屬於律不准贖者亦有二條較律為重，惟雜犯死罪律九條，較律為輕，後來弘治十年所定者，惟較輕之雜犯死罪律九條與律誥條例同，疑即據此詔而始於此時也。成祖洪武三十五年九月甲午令雜犯死罪及流罪赴北平種田，帝諭法司曰：

前令罪人入米贖罪，以省轉輸之勞，近聞有貧不能致米者，往往憂戚以死，非朕本意，自今除十惡死罪外，其餘犯罪及流罪，令挈家赴北平種田，流罪三年，死罪五年後錄為良民，其徒罪令煎鹽，杖罪輸役如故。

有明刑律，雜犯死罪准徒五年亦始此。有明一代，太祖創業，成祖更易，後嗣多循用成祖之所定，而刑律蓋亦其一端也。

成祖用法，本極嚴峻，四月十三，雖有此詔，然至四月二十四，又謂敢有譏侮

謗訕者不饒，仁宗曾謂，羣臣阿旨，甘爲酷吏，是成祖此詔，法司不一定遵守，故仁宗卽位永樂二十二年八月丁巳復申明「斷獄一依律，不許深文，」正德會典一三二閏擬刑名事例，僅錄仁宗詔書，未錄成祖詔，其卽以此乎？仁宗洪熙元年正月丙戌詔曰：

> 朝廷建置文武官，所以統治軍民，其間有官非其人，不得軍民之心者，軍民動輒綁縛凌辱，有傷大體，今後凡有害軍害民官吏，許被害之人，赴合干上司陳告，上司不爲准理者，許訴於朝，不許擅自綁縛，違者治罪。若受贓及反逆逃叛者，聽綁縛前來，不拘此例。

蓋自此之後，大誥之綁縛害民官吏，亦予廢止。後來所行者，惟頒誥時所謂大誥減等而已。

＊　　　　＊　　　　＊　　　　＊　　　　＊

今進言眞犯雜犯之義，及雜犯死罪律之修正。唐律十惡反逆緣坐條云：

> 諸犯十惡故殺人反逆緣坐，獄成者，雖會赦猶除名，卽監臨主守於所監守內，犯姦盜略人若受財而枉法者亦除名，獄成會赦者，免所居官。其雜犯死罪，卽在禁身死，若免死別配及背死逃亡者並除名（皆謂本犯合死而獄成者），會降者聽從當贖法。

疏議云：

> 其雜犯死罪，謂非上文十惡故殺人反逆緣坐監守內姦盜略人受財枉法中死罪者。

又唐律十惡條云：

> 九曰不義（謂殺……見受業邸）。

疏議云：

> 謂服膺儒業而非私學者，若殺訖入不義，謀而未殺自從雜犯。

刑統卷二十七頁十六（嘉業堂本）引疏議云：

> 雜犯輕罪，觸類尤多。

又卷二十頁七引疏議云：

> 又如鬭殺凡人，斷爲殺緦麻尊長，會赦十惡不免，改爲雜犯，免死移鄉。

明律常赦所不原條云：

　　凡犯十惡殺人盜係官財物及強盜竊盜放火發塚受枉法不枉法贓詐偽犯姦略人
　　略賣和誘人口若姦黨及讒言佐殺人故出入人罪者知情故縱聽行藏匿引送說事
　　過錢之類，一應眞犯，雖會赦並不原宥（謂故意犯事得罪者雖會赦皆不宥）。
　　其悞犯罪（謂過失殺傷人及悞毀遺失官物之類）。及因人連累致罪（謂因別
　　人犯罪連累以得罪者，如人犯罪失覺察關防鈴束及干連聽使之類），若官吏
　　有犯公罪（謂官吏人等因公事得罪及失出，入人罪若文書遲錯之類），並從
　　赦宥（謂會赦皆得免罪）。其赦書臨時特立罪名（謂赦書不言常赦所不原，
　　臨時定立罪名寬宥者，特從赦原），及減降從輕者，不在此限。

合此諸條，可知眞犯雜犯之分，蓋因有赦降之制。故於死罪之中，又分別其輕重。
明律之眞犯雜犯，具見常赦所不原條，與職掌會典及律誥所載者異，律誥等三條例
之分雜犯眞犯，蓋律所謂赦書臨時特定罪名及減降從輕不在此限者也。

　　實錄記雜犯死罪之事，如：

　　洪武五年九月戊子，上以時營中都，恐力役妨農，詔自今犯死罪可矜者，免
　　死發臨濠輸作。

　　七年十一月丙寅，眞犯但笞罪以上，俱各不原，其餘詿誤過失因人致罪者悉
　　皆宥之。

　　八年二月甲午，勑刑官，自今凡雜犯死罪者，免死輸作終身。

　　八年十一月癸巳，上諭，糧長雜犯死罪及徒流，止杖之，免其輸作，使仍掌
　　稅糧。

　　九年十月丁丑，上曰，欲盡以刑之，又恐殄身者衆，特姑緩刑章，俾之力
　　役，冀其格心。

　　十四年九月辛丑，勑唐虞之法，罪疑惟輕，四凶之罪，止於流竄，……自今
　　惟十惡眞犯決之如律，雜犯死罪皆減死論。

　　十六年一月丁卯命刑部，眞犯死罪處決如律，雜犯死罪罰戍邊。

　　十七年四月壬午上諭，雜犯准工贖罪，眞犯奏聞審決。

　　二十三年十二月癸亥，諭楊靖，自今惟犯十惡殺人者死，餘死罪皆令輸粟北

邊以自贖。

二十五年一月辛丑，宥死囚輸粟於邊，重囚得宥者四百四十八人。

二十六年三月庚午諸司職掌成。

二十六年四月庚寅，命十惡及殺人眞犯依律，其餘雜犯死罪輸粟北平以自贖。

洪武五年以前，未見記雜犯死罪事。葉伯巨疏謂「權神變之法，制不宥之刑，近者特旨雜犯死罪充軍，」❶卽指此。其所謂制不宥之刑者，係指吳元年律，吳元年律今無傳本，由實錄及大明令尚可推知一二。大明令贖刑條於流罪注云：

流三千里，贖銅二百六十斤。

死罪無注，又大明令於老小廢疾收贖及犯罪存留養親，犯死罪者，亦不適用，此與唐律及二十二年定明律異，蓋後來據唐律修改矣。

實錄所記眞犯雜犯，依常赦所不原律，其中當有如律之所指，亦當有臨時特定之罪名，旣可係臨時特定之罪名，故其條目可不一致，此由上引職掌會典所定之不一致，可爲余推測之佐證者也。旣係臨時特定罪名，則依赦降通例，其犯在赦前可宥，而犯在赦後者不宜援用，令實錄謂自今凡雜犯死罪者免死輸作終身，此自今二字，究指犯罪在赦前者可用，抑如後來之不分赦前赦後乎？如就實錄之三令五申言，則極似係一時之寬典，僅適用於犯在赦前者，惟如此則不得視之爲條例，鄙意此說恐不甚妥。眞雜犯之制定，在洪武時，如不視爲條例，而僅係臨時特定之罪名，則諸司職掌中何以載之？且三十年所定，明云依照今定條例發落，職掌中所載明與三十年定同一性質，明當視爲條例也。故鄙意實錄之三令五申，係改易其贖罪事例，或改易其條目，不可據此而謂其僅係一時之寬典，而無例之性質也，史志謂「三十年制律之後，例輔律而行，」鄙意三十年制律之前，例雖未附律，而卽已輔律，其所異者，則在太祖之於眞犯雜犯，常有更易，而三十年所定，則附律之外，更有「敢有違者，以變亂成法論」之論，故後世於雜犯死罪律九條逐沿用，雖有修正，而無新增，此其異耳。

---

❶　雜犯死罪免死充軍，據太祖文集卷十四道德經序，知由太祖閱道德經，至「民不畏死奈何以死懼之」一句，大受感動所致。

雜犯死罪，依律本係臨時特定罪名，依律本不可爲例，而在洪武朝即爲例，即輔律而行者，蓋以於時，嚴刑峻法，誅不勝誅，且於時大亂之後，田野荒蕪，邊防軍伍糧餉，在在皆待充實，故有此權宜之制，上引實錄諸條，即可說明其意也。

以係權宜之制，而律則係常經，故太祖於例，亦不一定遵守，如洪武二十六年已定受贓過滿爲雜犯死罪，而實錄二十七年九月戊戌朔記：

> 浙江布政使司左布政使楊允左參政羅鐘右參政李文華湖州府知府王禎俱以事被逮，上以其罪非貪墨，俱宥之，復其官。歸安縣丞高彬亦連坐，耆民詣闕言。「彬在任公廉，未嘗以事擾民，民得安業，今坐死繫獄，乞加寬宥，」上以其得（民）心，即詔釋之。

是貪墨者罪當不宥矣。又實錄二十八年閏九月丁卯：

> 吏部尚書翟善以受賄當死，其父謙訴於朝，乞宥其子死，從軍終身以贖，命宥之，降爲南寧府宣化知縣。

善父之訴，雖屬援例，亦必乞哀，始有此寬典，葉伯巨謂太祖權神變之法，蓋至晚年猶然矣。

雜犯死罪，就其條目及贖罪事例之常有更易言，猶存臨時特定罪名之意，其爲例則與律文之意有殊，惟其仍保存眞犯雜犯之名，則仍與普通之例異，沈家本歷代刑法考四釋雜犯死罪云：

> 諸家舊說，但云有死罪之名，而無死罪之實，以其罪難免，而情可矜，故准徒五年以贖之，雖貸其死，而不易其名，所以示戒也。又云，竊盜滿數是眞絞，監守常人滿數是雜犯，推立法之意，不欲因盜錢糧官物而即殺之也。

其謂不易其名，所以示戒，其言是也，其謂不欲因盜錢糧官物即殺之，則證以上所引實錄，迥非其定條例之初意矣。薛允升唐明律合編盜內府財物條按語云：

> 唐律無所謂斬絞罪名，凡命案外，均謂之雜犯死罪。

鄭競毅法律大辭書頁二一七二云：

> 眞犯雜犯之別，法律無正條之犯罪人曰雜犯，其有正條之犯罪，主犯人稱爲眞犯。

皆不知就唐律反逆緣坐條明律常赦所不原條立證，蓋雜犯死罪，沿用既久，與例無

殊，故不知其本係臨時特定，而其本義遂晦，律詁一書既罕見，故沈薛諸名家，均不克剖晰其源流，而論其含義之演變也。

　　有明贖罪事例之訂定，本與當時之兵制邊防財政有密切之關係，故恆視時地之宜，定立一期限，而令輸粟充軍於某一地，當時既以此為充實邊防之一策，而又係祖制，則自不能輕易革除，而只可視其流弊，圖謀補救之道。雜犯死罪律，當時論者，恆謂臣民得便已私。犯贓而利其不致於死，此亦當時沿用之一因矣。

　　雜犯死罪，其最先修正者為盜內府財物條，明律盜內府財物條云：

　　　　凡盜內府財物者皆斬（盜御寶及乘輿服御物皆是）。

是盜乘輿服御物，亦係雜犯死罪，及觀弘治十年所定，則盜內府財物，仍係雜犯，而盜乘輿服御物，則係真犯斬罪。仁宗實錄永樂二十二年九月乙酉記：

　　　　誅光祿寺丞蕭成……上曰，其罪當斬者非止盜內府物，……

是此條之修正，當在此前矣。此條中之盜御寶是真犯，抑或雜犯，弘治十年所奏定者，無明文規定，此當時刑官之偶失檢也。

　　此條以牽涉內府，利害最迫切，故最先修正，而其他各條，則仍沿用，此與有明一代政風之不善，頗有關係。仁宗初即位，諭都察院，「輸罰工作之令行，有財者悉倖免，宜一論如律，」然不旋踵，其禁令即弛。宣宗即位，詔官吏犯贓者不赦，宣宗之換劉觀而代以顧佐，謂不如是則貪汙風氣不滅。英宗時侍講劉球言，「輸罪非古，自公罪許輸贖外，宜悉依律，」時不能從。及至嘉靖二十九年，卒有所更定，明律集解附例卷首錄萬曆十三年奏定真犯死罪充軍為民例云：

　　　　沿邊沿海錢糧，有侵盜銀二百兩糧四百石草八千束錢帛等物值銀二百兩以
　　　　上；漕運錢糧，有侵盜銀三百兩糧六百石以上，俱照本律，仍坐真犯死罪，
　　　　係監守盜者斬，奏請定奪。

　　　　沿邊沿海錢糧，有侵盜銀二百兩糧四百石草八千束銀帛等物值銀二百兩以
　　　　上；漕運錢糧，有侵盜銀三百兩糧六百石以上，俱照本律，仍坐真犯死罪，
　　　　係常人盜者絞，奏請定奪。

其侵盜銀二百兩以上，仍係真犯死罪，據會典一七四，知嘉靖二十九年所定，即已如是。是年所定，不分監守常人，但滿數俱坐以真犯斬，此較萬曆十三年所定之分

絞斬爲嚴，蓋於時屯田鹽法俱壞，各邊年例日增，邊事日非，庫藏支絀，因時制宜，遂有此更定，然於受贓過滿，則仍沿祖制，未之易也。夫貪汚是否僅憑峻法卽可防止，此另一問題，然在當時，只能恃此，故明祖猛政，雖不能根絕貪汚，而明初風氣，畢竟比後來爲愈。清律雜犯，仍沿明律，惟受贓過滿，改爲實絞，與明制異，蓋懲明弊。及乾隆定爲完贓減罪之例，貪汚風氣，卽較康雍時遠勝，此與明事，如出一轍矣。

受贓之爲雜犯，據世宗實錄霍韜亦曾建議修改，九年三月夏言疏謂，「韜嘗奏言有祿人受枉法贓八十貫律絞，欲將在外知縣以上等官，但犯贓八十兩，卽逮赴京，絞諸市曹，不許准徒，」實錄六年十二月記刑部覆霍韜疏，謂韜言誠切時弊，但所稱贓罪改從雜犯准贖，亦係高皇帝所定，後又定爲謫戍之例，惟今行之不嚴，以致吏易犯法，」上是其言，詔「今後官吏犯枉法贓者，追贓入官，仍問軍發遣，不得故出，以長貪風，」韜言仍未盡行，惟問軍發遣，復三十年所定贖罪事例之舊，較成祖所定准徒五年爲重而已。霍氏以議郊祀，與夏言不合，讒夏變亂成法紊亂朝政，九年三月夏言疏駁霍韜，卽讒霍氏之改雜犯爲眞犯，係變亂成法，原夏氏之意，蓋以三十年律之附例，太祖頒行，曾云敢有故違者，以變亂成法論耳。其實三十年所定條例，其重者後來已多不行，則變亂成法，亦已久矣，何不可改之有？三十年所定條例，旣不入律，係附律而行，明與成法有異，則成法二字之解釋，亦可有廣義狹義之異，夏氏之所言，蓋從其廣義者也。上文於律，亦有廣義狹義之解釋，仁宗劉球之所言一依律，是否亦以輸罰工作較條例之問軍發遣爲輕，欲復律所載條例之舊？惟詳玩其言，見其與輸罰工作對舉，又謂惟公罪許輸贖，鄙意當仍作狹義之解釋，係指依律，而非指依三十年附律之條例也。仁宗卽位詔所言一依律不許深文，此詔在永樂二十二年八月，而諭都察院言輸罰工作之令輕，則在是年十月，在十月始諭不依三十年所定之條例，明在前仍依用，則卽位詔之所言一依律，又係廣義之解釋，而其所謂不許深文，則又可作狹義之解釋，此其異也。史志引成化元年令，讞囚一依正律，盡革所有條例，今三十年律卽附有條例，觀三十年所定雜犯死罪律九條，係一代所循用，則盡革所有條例者，係指三十年以後所定之例，而三十年所定條例當不在革除列也。然則成化之年令所云一依正律，此正律之解

釋，又當係廣義而非狹義者矣。當時所謂律及條例，其所指有廣狹之別，其解釋之
歧異，正由三十年所定附律而行，及律誥之言變亂成法所致，夫例者一時之權宜，
律者百世之常經，太祖既已知之，如視例為成法，則當入律，而不當附律，如視例
為一時之權宜，則不當云，敢有故違者，以變亂成法論，太祖用成法二字，此太
祖用字之失，後世解釋之所以歧異，真雜犯例之沿用，不由律誥，幾無由知其故
矣。

　　夫雜犯真犯之分，本因有赦降之制，而始有此需要，其所謂雜犯死罪，或係臨
時特恩減降，故較律輕或重，尚無大礙，不可視為例也。在太祖時，雖為例而常有
更改，其失猶不大。及後世沿用為定則，則與律何異？竊盜三犯係真犯絞，而監守
常人盜乃雜犯准贖，後來雖監守常人盜，三犯不分革前革後，仍比竊盜三犯律絞，
其輕重亦失平，律例牴牾，條例紛繁，蓋自太祖時已然矣。史志云，三十年所定，
律與例已有異同，史志又謂羣臣有稍議更改，即坐以變亂祖制之罪，是史志之作
者，容或見及律誥，然史志又謂「至三十年始中劃一之制，所以斟酌損益者至纖至
悉，」余不知其損益至纖至悉者果何在也？史志之言此，則又似未見律誥也者，然
則律誥之發見，其亦治有明史事，及律學諸君子，所樂聞者歟？

三十五年三月初稿，三十六年六月改定。

　　　　　*　　　　　*　　　　　*　　　　　*　　　　　*

附記：

本文寫畢，得見朝鮮總督府中樞院調查課所編李朝法典考，其頁八八云．

　　今洪武二十二年に頒佈された明律は見當らぬが，洪武二十八年の跋文ある
　　朝鮮版の大明律直解及大明律講解の條文と，洪武三十年頒佈されたといふ
　　明律の條文及明の正德版大明會典と，萬曆版大明會典中の明律條文を對照
　　するに，其の條目と條文數は五者共相一致し四百六十條になつて居る。尚
　　條文の字句に就ては講解と直解とは條文の前後と誤記の文字と認めらるる
　　ものはあつて互に相一致し又洪武三十年頒佈の重版明律と正德版並萬曆
　　版の明律とは其條文か一致して居る。しかし乍ら前二者と後二者との條文
　　は多數達つて居る。此等の事實に據つて推斷すれば直解及講解の條文は洪

武二十二年前の條文であつて現在流布されて居る明律は洪武三十年詳定の明律なりと信ぜらる。

其大意云，洪武二十八年跋文之大明律直解，及大明律講解，其條文與大約洪武三十年頒佈之明律條文，及正德萬曆二會典所載之條文對照，其條目及條文之數目皆四百六十條，惟條文之字句，前二者與後二者有異，故推斷前二者係根據洪武二十二年以前之條文，而後二者則係洪武三十年所定，作者之對照自屬不誤，惟其謂爲係二十二年前所頒行之條文，則當云係二十二年所頒行之條文，因二十二年以前之條文，並不止四百六十條，今此書條文旣只四百六十條，故知絕不能早於二十二年也。條文有時間性，當時之援用明律，自應援用明廷所正行用之明律，亦不致援用其已改者也。此書旣與今本明律有異同，此書異同自不會指律中之中國地名之改爲朝鮮地名，故拙作所云，「三十年所定之律，與二十二年所定者無異，」此語亦應據此修正。朝鮮總督府所編朝鮮圖書解題，後附直解影頁二半頁（圖見後頁）。

取此二半頁與今本明律對校，卽有異同二處，凡八議，今本下有者字，明白招服，今本作明白招狀，其文義均今本爲優，然則拙文附註二，所謂初頒續頒，窺避規避之異，此初頒之本，亦當指二十二年所定者，惜不得取直解一校，以證實余說也。二十二年律與三十年律，文句有異同，惟觀三十年上諭及律序，均未言改律，故鄙意三十年之於律，仍着重條例之修定與附律，其於律文，或無甚重要之修正也。大明律直解一書，朝鮮總督府中樞院曾刊行，又花村茂樹氏亦有一文研究大明律直解，載在日本法學協會雜誌，惜皆未見，謹誌於此，以俟訪求焉。

　　　　　　　　　　　　　　　　　　　　　　　　　　　三十七年八月

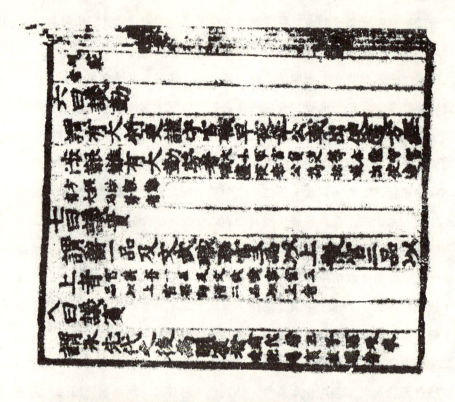

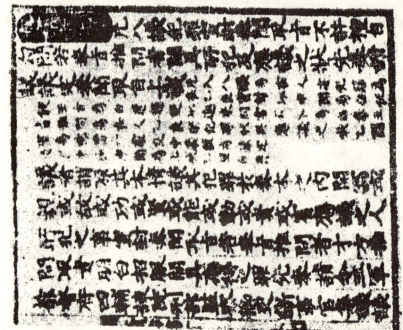

大　明　律　直　解

出自第二十本下（一九四八年十二月初版，一九六四年一月再版）

清末漢陽鐵廠

全漢昇

一　引言

　　近代世界各國的工業化運動，發源於英國。英於十八世紀下半及十九世紀初年發生工業革命，大大的提高了工業的生產力，而農業、交通及其他部門也跟着受到影響，從而生產較前更多的貨物，或提供較前增加的役務。這一股工業化運動的浪潮，約自十九世紀中葉左右開始，由英國出發，沖激到世界上其他各國的岸上去。中國於鴉片戰爭（1840—42）後，對外貿易由閉關改爲開關，因爲與歐洲交通較前頻繁的結果，漸漸也呼吸到這種世界性的工業化運動的大潮流，從而開始採用「西法」。可是，由於種種的障礙，中國近代工業化運動的成績，事實上遠趕不上差不多和她同時開始工業化的其他國家，如西歐各國、美國、日本等；因此直到現在，中國還是一個工業落後的國家。

　　說到中國近代工業化運動遲滯的原因，本文不擬廣泛的加以討論，只打算就鋼鐵業方面作一考察。鋼鐵業是一種鎖鑰工業 (key industry)，卽各種工業的鎖鑰，必須先有這條鎖鑰，各種工業的門纔能打開，從而舉辦、發展；因為各種工業所用的機器都是用鋼鐵來造的，沒有鋼鐵，一切生產工具簡直無從談起。不特如此，農業的機械化，交通的現代化，也都需要大量的鋼鐵纔能實現。因此，如果能夠對近代中國鋼鐵業發展的歷史作一研究，我們對於中國工業化問題一定會較前瞭解得多。漢陽鐵廠是中國近代第一個新式製煉鋼鐵的工廠，故我們研究牠的歷史，意義非常重大。

　　清末漢陽鐵廠的歷史，約可分爲兩個時期．第一個是官辦時期，約自光緒十六年（1890）創辦時起至光緒二十二年四月止；第二個是官督商辦時期，約自光緒二十二年四月起至光緒三十四年止。光緒三十四年，鐵廠與大冶鐵礦及萍鄉煤礦合併爲漢冶萍煤鐵廠礦有限公司，自此以後，又另是一個局面，不在本文探討之內。

二　官辦時期

（1）漢陽鐵廠創辦的原因與經過

　　由於過去傳統的文化勢力的強大，晚清人士自五口通商後雖然已經漸漸接觸到西洋的物質文明，初時多半採取鄙視的態度，並不怎樣熱心去仿效，從而建立新式工業。到了同治年間（1862—74），他們這種態度漸漸轉變。因爲在太平天國革命(1850—64)時，幫助清朝平亂的外國軍隊，利用他們的槍礮輪船，打了不少的勝仗。清朝一部分士大夫親眼看見了這些新式武器及交通工具的效能之大，再加上當日由於對外戰爭屢次失利而起的國防問題的嚴重，逐漸漸覺悟到從前那種妄自尊大的態度的不對，從而採用西法，開始建設那和國防最有密切關係的軍需工業和造船工業。早在同治元年（1862），李鴻章卽已在上海設立製礮局。四年，由於他和曾國藩的奏請，政府在上海設立江南製造總局。在北方，天津機器製造局於同治六年建設成立。此外在各省又有其他機器製造局的成立。說到造船業，左宗棠於同治五年在福州附近的馬尾設立馬尾船政局。同時，上海的江南製造總局也製造新式輪船。❶

────────

　　❶　參考襲駿編中國新工業發展史大綱頁一四至二一。

　　曾、左、李等在同治年間建立的兵工廠和造船廠，利用機器來自己生產當日國家最需要的軍火和船隻，不失爲自強的辦法。但事實上這只能治標，並不能治本。他們興辦的機器製造局和造船廠，因爲軍械和輪船的製造都以鋼鐵爲主要原料，都成爲鋼鐵的大消費者；可是當時本國不能製煉鋼鐵，必須自外國購入。❶這種情形，一直到了光緒中葉，還沒有多大改變。例如政府於光緒十六年初要在天津建立槍礮廠，還發生這一問題：『建廠鑄械，必須有鋼鐵供用。刻下礦尙未開，開後尙須煎鍊，非咄嗟可辦。是否建廠以待，抑俟鐵有成效，煉有成數，再行舉辦建廠？』李鴻章以爲應先建廠，輸入外國鋼料來製造槍礮，不必等候自己會製煉鋼鐵幾去做。他說，『查煉鐵煉鋼，事物繁賾，功力艱深，非三五年間所能告成。至欲仿製克鹿卜小礮，必需極精純之礦鋼。……中國試辦伊始，豈能仿造？是以張督前奏有槍管鋼料及鑵鍊鋼礮開鑄時暫向德國購用之語。滬局仿造美國林明敦鎗，係由洋廠購運鋼管。日本東京創設製造後膛槍廠，聞亦向西洋購用槍管鋼料。固知此事非一蹴可幾也。今鈞意謂俟鐵有成效，煉有成數，再行開辦，洵屬自強遠圖。但所訂機器已尅期來華，若存擱過久，必致潮濕鏽蝕，終歸無用；似須先建廠設機，以立根基，而免損壞。』❷

　　因爲同、光間國內製造武器和輪船的工廠，需要外國鋼鐵作原料來製造，故外國鋼鐵的進口日有增加。據 Remer 的研究，在 1885—98（光緒十一年至二十四年）期間，廢舊鋼鐵的入口額，有增加的趨勢。❸根據貿易總册所載，光緒十二年（1886）各省進口鐵條、鐵板、鐵片、鐵絲、生鐵、熟鐵、鋼料等，共一百一十餘萬擔，鐵針一百八十餘萬密力（每一密力爲一千針），合共鐵價針價約值銀二百四

---

❶　例如創辦馬尾船政局時，法人日意格於同治六年『六月十四日派夾板船一號，由該國載船廠器具並鐵二百五十餘頓，八月十八日又派夾板船一號，載鐵廠一半器具並鐵二百餘頓』來華（沈葆楨沈文肅公政書卷四洋將勝器屆工詳悉情形摺）。又同治十一年五月十五日李鴻章也說，『船礮機器之用，非鐵不成，國運各廠日需外洋煤鐵極夥，中土所產多不合用。……無怪洋鐵銷售日盛……也。』（江南製造全案卷一）

❷　李鴻章李文忠公海軍函稿卷四覆安圍槍礮廠（光緒十六年正月初七日）。

❸　C. F. Remer, *The Foreign Trade of China*, Shanghai, 1926, p. 159.

十餘萬兩。❶這種鉅額鋼鐵的入口，雖然佔總入口值不算太大，但對於國外貿易的均衡是要發生不利的影響的。

這還是就平時說的。如果發生戰事，或因沿海海岸給敵人封鎖，或因鋼鐵供應國家就是敵國，鋼鐵不能進口，以致國內的兵工廠和造船廠因原料缺乏而不能繼續開工生產，情形更為嚴重。左宗棠曾經想到這個問題，故他主張要自己設廠煉鐵，他說，『製礮之鐵，與常用鐵器煉法不同，必須另開大礦，添機煉冶，始免向外洋購鐵。』❷張之洞的主張尤為透切，他說，『鎗礮、路軌各廠，皆以鐵廠為根。船版鍋爐及各機器，皆須精鋼。礮鋼尤精。中國向未解煉鋼之法。今日煉鋼尤為自強要務，必宜速為講求，則船、礮及各機器所需鋼料皆不外求，庶免受制於人。』❸又說，『各省製造軍械、輪船等局所需機器及鐵鋼各料，歷年皆係購之外洋。上海雖亦設煉鋼小爐，仍是買外洋生鐵，以煉精鋼，並非華產。若再不自煉內地鋼鐵，此等關繫海防邊防之利器，事事仰給於人，遠慮深思，尤為非計。』❹又說，『武備所需，及輪船機器，民間日用，農家工作，無一不取資於鐵。……實力開辦，可大可久；自強之圖，實基於此。』❺總之，無論就平時或戰時來說，鋼鐵不應該永遠倚賴外國供給，必須在本國設法製煉，這可說是當日人們一致的要求。

上述同、光年間因興辦兵工廠和造船廠而起的對於鋼鐵需要的增大，自然要影響到當日在國內建立鐵廠的要求。但除此之外，光緒中葉政府所以要開辦鐵廠，還有一個很重要的原因，那就是鐵路之開始大規模的修築。當時人們已經感覺到鐵路在國防民生各方面的迫切需要，不再像從前那樣連英國商人造好的淞滬鐵路，中國政府也要把軌購回拆毀。因為要連繫南北，同時又要避免和運河的競爭，當日朝野人士都主張修築盧漢鐵路（由北平附近的盧溝橋到漢口，卽後來的京漢路或平漢路）。但鐵路是鋼鐵的大消費者，二千餘里的盧漢鐵路，光是鋼軌一項，就得要消

❶ 張之洞張文襄公奏議卷二七籌設煉鐵廠摺（光緒十五年八月二十六日）。
❷ 左宗棠左文襄公奏稿卷六四請旨敕議拓增船礮大廠以圖久遠摺（光緒十一年正月二十五日）。
❸ 張之洞張文襄公電牘卷一六致海署（光緒十八年三月二十六日）。
❹ 張文襄公奏議卷三三籌籌鐵廠成本摺（光緒十九年二月二十五日）。
❺ 同書卷二九勘定煉鐵廠基籌辦廠工暨開采煤鐵事宜摺（光緒十六年十一月六日）。

耗大量的鋼鐵鑄成。如果自己不設法製煉，中國『購買鐵料，取之海外，則漏巵太多，實爲非計。』⑱由於這些考慮，張之洞認爲鐵廠的興建，實是當時客觀形勢的要求。

當清廷計劃要修築盧漢鐵路的時候，張之洞正在廣州任兩廣總督。他考察廣東工商業的情形，發見那裏每年都有大量的鐵貨出口。例如鐵鍋一項，由於內地手工業的發達，每年由佛山出口運往新嘉坡、新金山（Sidney）、舊金山等處，約五十餘萬口；由汕頭出口運往的，約三十餘萬口；此外由廉州運往安南銷售的，約四萬餘口。其他鐵器，如鐵鎚，每年由廣東運往澳門等處約五六萬斤；又如鐵線，光緒十五年（1889）以前每年運往安南約十餘萬斤。根據這一事實，他認爲『兩廣地方產鐵業多，而廣東鐵質尤良。』廣東旣然產鐵，他遂擇定於廣東省城外珠江南岸的鳳凰岡地方建立鐵廠，並致電出使英國大臣劉瑞芬，代爲在英國定購鐵廠所用機器，計『訂定鎔鐵大爐（即化鐵爐，blast furnace）二座，日出生鐵一百噸，並煉熟鐵、煉鋼各爐，壓板、抽條兼製鐵路（軌？）各機器。』⑲

張之洞所以要在廣州設立鐵廠，顯然是因爲他在那裏做官，便於照顧的原故。事實上，廣東設立鐵廠的條件並不具備。他所說的廣東鐵貨的出口，只能表示當日廣東手工業的發達，故能把鐵加工製造成鐵鍋、鐵鎚、鐵線等用品；但並不能表示廣東出產的鐵，在品質及數量方面，足夠開設一個現代式的煉鐵工廠之用，因爲廣東每年輸入的洋鐵也是很多的。㉑因此，他於光緒十五年冬調任湖廣總督後，繼任做兩廣總督的李翰章，便以粵省礦產不易供應將來化鐵爐對於鐵砂的大量消費，及粵省財政不能籌款營建廠屋和墊支鐵廠其他費用爲理由，反對在粵建立鐵廠。④在另一方面，張之洞自廣州移官武昌後，即派人帶同英德各國礦師洋匠四出探勘煤、

⓫ 張文襄公奏議卷二五請緩造津通鐵路改建腹省幹路摺（光緒十五年三月初三日）。又參考同書卷二七遵旨籌辦鐵路謹陳管見摺（光緒十五年九月初十日）。

⓬ 同書卷二七籌設煉鐵廠摺（光緒十五年八月二十六日）。

⓭ 同上註。

⓭ 張文襄公電牘卷一二附海署來電（光緒十五年十二月二十七日）；李文忠公電稿卷一二寄伯兄恩督（光緒十六年正月初二日）。

鐵等礦，除湖北外，湖南、江西及四川各地都有人前往調查。❶ 結果，查明光緒三年（1877）盛宣懷督率英國礦師勘得的大冶鐵礦，其鐵砂含鐵質約百分之六十四左右，而且露出山面者約有二千七百萬噸之多。同時又在附近的興國州（今湖北陽新縣）發見錳礦，這也是煉鋼所必需的。❷ 因此，張之洞也就同意把鐵廠從廣東移設到湖北來——好在那時（光緒十六年）在英國定購的機器還沒有運粵，把牠改運往湖北是不會太麻煩的。

鐵廠決定改設湖北以後，廠址究竟應該在湖北的什麼地方，也成問題。主要由於管理上的方便，張之洞決定在武昌附近，漢陽大別山下購地建廠。那裏原來是一大塊民田，雖然比較寬敞，但地勢低窪，故須大規模的填土修堤，築高地基，以便安置機器。同時又須在江邊建築碼頭，和在碼頭與廠屋間安設鐵路，以便運輸。❸

建廠之外，機器的購置也很費力。各種機器，除如上述在英定購者外，其餘有關機件，多半在比利時定製。❹ 因為這樣大規模的設備在中國是一種創舉，主事者對於各種機件的起卸和安置，在在都感到很大的困難。例如張之洞說，『此項工程之艱鉅，實為罕有，機器之笨重，名目之繁多，隨地異宜，隨時增補，洋匠亦不能預計。而起卸之艱難，築基之勞費，爐座之高大，布置聯貫各機之精密，……尤非他項機器局可比。……每一批機器物料運到，多至數萬件，或十餘萬件，必須數十日方能點清。每一種機器必須四五個月方能安配完好。』❺

有了廠屋和機器以後，如果要鐵廠生產鋼鐵，必須大量的鐵砂和煤能夠繼續不斷的供給纔成，因為製煉鋼鐵是要消費鉅額的鐵砂和煤的。故張之洞於建廠購機之外，又要開採煤、鐵各礦。上述盛宣懷發見的大冶鐵礦，名叫獅子山礦區，他於光緒十六年（1890）轉售與漢陽鐵廠。同時張之洞又購買大冶縣的象鼻山、尖山兒及

---

❶ 張文襄公奏議卷二九勘定煉鐵廠基籌辦廠工暨開采煤鐵事宜摺（光緒十六年十一月初六日）；張文襄公公牘稿卷九咨呈海署約估籌辦煤鐵用欵報名立案（光緒十六年十一月九日）。

❷ 張文襄公公牘稿卷一二附盛道覆稟；胡鈞編張文襄公年譜卷三光緒十六年三月條。

❸ 張文襄公奏議卷二九勘定煉鐵廠基籌辦廠工暨開采煤鐵事宜摺。

❹ F. R. Tegengren, *The Iron Ores and Iron Industry of China* （丁格蘭著中國鐵礦誌，地質調查所地質專報甲種第二號），p. 373.

❺ 張文襄公奏議卷三三豫籌鐵廠成本摺（光緒十九年二月二十五日）。

光山諸礦區。開採鐵礦的機器，都自德國購入。因爲礦區離長江沿岸的石灰窰還有五十多里，他特地修築了一條鐵路，以便鐵砂自礦區運至江邊，再經長江轉運往漢陽。因爲要便利鐵砂的運輸，沿途水陸碼頭也建築了好些個。[9] 此外，水道比較淤淺的地方，又要開濬，運輸效率纔能增大；因爲『鐵廠每日需礦砂、灰石、煤斤共六百餘噸，內港及南湖開濬淤淺，必須四時能通千石內外之船出江，便於輪拖，方可濟用。』[2] 這裏說的灰石，即石灰石 (limestone) ，與鐵砂放在一起來化煉，結果石灰石與鐵砂中的雜質化合成廢渣自化鐵爐中流出，生鐵便製煉成功。這一種煉鐵所必需的石灰石，也是要由大冶運往漢陽的。至於煤礦，『訪尋兩年有餘，試開礦口數十處 ， 始得此兩處堪以煉鐵之煤。』兩處是大冶縣王三石煤礦 ， 和江夏縣（今武昌縣）馬鞍山煤礦。因爲要在這兩處採煤，『須用西法鑿堅石數十丈以下，……既開直井，又開橫篋，又須開通氣之井，及開煤之巷，出煤乃多。又須購製鑽地、壓氣、抽水、起重、洗煤、挂線、運煤各機，又須造煉焦炭爐數十座。』[3] 總之，開採煤、鐵各礦的工程也是非常艱鉅的。

以上興辦鐵廠的種種工程，在當日中國缺乏技術人才的情形下，自然需要外國技術人員或工程師的幫助。因爲『大舉製煉鋼鐵，事屬創舉。中國工匠未經習練，一有差池，貽誤匪小。故必多僱洋匠，藉資引導。』[4] 同時又派中國工匠赴比利時煉鋼廠學習。[5] 他們學成歸國後，即幫同各洋匠在鐵廠中各部分工作。[6]

從光緒十六年起，經過三年左右的種種繁難艱鉅的工程的完成，漢陽鐵廠終於光緒十九年九月全部建設成功 。 全廠計包括十廠，即煉生鐵廠、煉貝色麻 (Bessemer) 鋼廠、煉西門士 (Siemens-Martin) 鋼廠、造鋼軌廠、造鐵貨廠、煉熟鐵廠等六個大廠，和機器廠、鑄鐵廠、打鐵廠、造魚片鈎釘廠（製造鐵軌接合處用的魚尾

---

❶ 張文襄公奏議卷三三豫籌鐵廠成本摺（光緒十九年二月二十五日），及丁格蘭中國鐵礦誌頁一二二。

❷ 張文襄公公牘稿卷二四批大冶縣裏鐵山運道情形（光緒十六年十一月十六日）。

❸ 張文襄公奏議卷三三豫籌鐵廠成本摺。

❹ 張文襄公公牘稿卷九咨呈海署約估籌辦煤鐵用款報明立案。

❺ 張文襄公年譜卷三光緒十八年正月條。

❻ 張文襄公奏議卷三四鐵廠著有成效請獎出力各員摺（光緒二十年七月二十四日）。

片和鈎頭釘）等四個小廠，煉生鐵廠內有兩座百噸化鐵爐，每座每天（日夜二十四小時）能把鐵砂煉成一百噸的生鐵 (pig iron)。煉貝色麻鋼廠內有貝色麻煉鋼爐 (Bessemer converter) 兩座，每座容量八噸。煉西門士鋼廠內有西門士馬丁煉鋼爐 (Siemens-Martin open-hearth furnace) 一座，容量十噸。這兩廠都是把生鐵製煉成鋼的。這三個廠把鐵砂煉成生鐵，再煉成鋼，可說是整個漢陽鐵廠中最重要的部分。❶生鐵爐於光緒二十年（1894）五月初烘乾，於五月二十五日升火開煉，二十七日出鐵。❷出鐵之日，上海洋報館即日刊發傳單，發電通知各國。』❸因爲在那個時候，『地球半東面，凡屬亞洲界內，中國之外，自日本以及南洋各國各島，暨五印度，皆無鐵廠。或以鐵質不佳，煤不合用；或以天時太熱，不能舉辦。』❹在這種情形下，中國居然能夠在遠東創設出一個新式的鋼鐵廠來，着實是當日全世界一件大事。張之洞辛勤創辦的魄力和功勞，可與差不多和他同時在俄國從事經濟建設的維特 (Count S. Y. Witte) 互相媲美。

可是，我們不要過於樂觀！這個震動全球而在遠東比日本八幡製鐵所成立還要早的漢陽鐵廠，從牠呱呱墮地的時候起，即已遭遇到很大的困難。牠生產出來的物品，『成本太重』；❺品質方面也並不好。張之洞曾把漢陽鐵廠出產的鋼鐵，計生鐵一千餘噸，鋼及熟鐵二十餘噸，於光緒二十年，發至上海耶松洋廠及義昌成洋行試銷。結果鋼及熟鐵的賣出價格和洋產銷價大約相同，但『生鐵較洋價減少』。❻根據這一事實，可知漢陽鐵廠煉出的生鐵一定是品質趕不上外國的那麼好，故就是在上海出售，價格也較洋產爲賤。至於號稱和洋產價格大約相同的鋼，在品質上也有問題。張之洞本人承認，『鐵廠所煉之西門馬丁鋼，製他器則已稱精良，製槍礮則尚非極致。』❼又光緒二十一年（1895）八月八日皇帝的上諭也責備他說，『湖

---

❶ 張文襄公年譜卷三光緒十九年九月條，張文襄公奏議卷三三豫籌鐵廠成本摺，沈桐生輯光緒政要卷二一光緒二十一年十月條，李鳴龢輯漢冶萍公司全誌（中國鐵礦誌頁二四五）。

❷ 張文襄公奏議卷三四鐵廠著有成效請獎出力各員摺（光緒二十年七月二十四日）。

❸ 張文襄公奏議卷三九查覆煤鐵槍礮各節並通盤籌劃摺（光緒二十一年八月二十八日）。

❹ 同書卷三三豫籌鐵廠成本摺。

❺ 張文襄公電牘卷一七致天津盛道台（光緒十九年九月十二日）。又張文襄公奏議卷三四擬定鐵廠開辦後行銷各貨章程摺（光緒十九年十月二十二日）也說，『開辦之初，工本較鉅。』

❻ 與註三同。

北鐵政經營數年，未著成效，即如快槍一項，至今尚未製成。着張之洞通盤籌畫，毋蹈前失。』❶按鐵廠設立的一個主要目的是製造槍礮所用的鋼，如今成績這樣不好，其品質自然是不能滿意的。復次，鐵廠的另一任務爲製造鋼軌，故張之洞在鐵廠將要完成的時候，便致電主持修築關東鐵路（自營口至琿春）的李鴻章，請該路所用鋼軌在漢陽鐵廠定購，不要購買洋軌。但李鴻章回電說，『鄂軌鐵料等件，俱照洋價照章試驗，自無不用之理。已飭局核覆。惟造路專任洋匠，彼以華廠試造不若洋廠精熟可靠。』❷果然，漢陽鐵廠開始生產後，其製煉出的鋼軌，因爲含磷過多，容易脆裂，並不適用。❸

這個在東亞最早成立的鐵廠，在官辦時代（自光緒十六年到二十二年）一共耗費了官款五百餘萬兩銀子，❹但在開始生產以後，其出品卻是品質劣而成本高，以致『銷塲未廣』，有維持不了的趨勢。❺爲什麼牠會這樣倒霉？因爲要解答這個問題，讓我們在下面分別檢討牠在當日所遭遇的困難。

（2）燃料問題

漢陽鐵廠開辦後的最大困難，爲可供煉焦炭（或作焦煤，coke）用的煤之缺乏。

由鐵砂製煉成生鐵，除鐵砂、石灰石及錳等原料外，又須消耗大量的焦炭作燃料。因爲化鐵爐『開爐以後，即須盡夜鎔煉，不能停火，停則與爐有礙，且多耗費，』❻故在開爐以前，鐵廠必須存儲着大量的可以煉焦的煤或焦炭，而在開爐以後，這些燃料更必須能夠源源不絕的供給。爲着要滿足鐵廠對於煤的鉅額消費，張

---

❶ 張文襄公奏議卷四七槍礮局派廠製造請加撥經費摺（光緒二十四年閏三月十三日）。

❷ 王彥威輯清季外交史料卷一一一七旨着張之洞通籌湖北鐵政局毋蹈前失電（光緒二十一年八月初八日）。

❸ 李文忠公電稿卷一四覆鄂督張香帥（光緒十八年十二月初三日）。

❹ 漢冶萍公司全誌（中國鐵礦誌頁二四六）。

❺ 當日每年政府歲入爲八千餘萬兩（見劉錦藻纂清朝續文獻通考卷六六賦斂雲光緒歲入總數），故這一數字等於全國歲入十五分之一左右。

❻ 張文襄公奏議卷四四鐵廠招商承辦擬定章程摺（光緒二十二年五月十六日）。

❼ 張文襄公奏議卷三三豫籌鐵廠成本摺。又張文襄公電牘卷一七致江寧劉制台（光緒二十年六月十七日）也說，『現在鐵廠已經開爐，日需礦煤數百噸，不能稍有間斷停待；一間斷，則爐必壞。』

之洞於籌辦鐵廠的時候，卽設法獎勵民間開採煤礦，俾煤由鐵廠出價收買。[1] 可是民間只用土法採煤，『煤窿開至深處，甫見好煤，卽爲水阻，以致此窿卽成廢棄，』[2] 因此產量不多，不能滿足鐵廠的大量需要。張氏有鑒於此，認爲『煤爲全廠之根，必須自開自煉，方能一律適用，而且多出不竭。』[3] 他於『光緒十五、十六、十七等年，派德、比各國礦師及委員、礦學學生分投查訪煤礦，前後五六次，所到不止數十處。』[4] 除湖北各地外，湖南、江西、四川東部、陝西南部及貴州東部都有這些調查煤礦的人的行蹤。[5] 但好些產煤的地方，都因爲『煤質不佳，或煤層不厚，或距廠太遠，』而沒有大規模開採的價值。他們只看中兩個地方：一個是湖北大冶縣王三石煤礦；另外一個是江夏縣（今武昌縣）馬鞍山煤礦。[6] 張氏遂決定在這兩個地方投放鉅額資本，利用新式機器來從事大規模的開採。

　　但結果卻出乎他的意料之外。王三石煤礦，本來認爲煤層較厚，故『購置各種大機器，開採兩年，已得煤不少。』[7] 可是煤井『開至數十丈，已費盡人工機器之力，煤層忽然脫節中斷，』[8] 冒出大水來。[9] 如果把水抽出，或另外開鑿煤井來採取，都要耗費不少的錢。在當日財力有限的情形下，只好放棄這個煤礦，不再開採。復次，鐵廠對於馬鞍山煤礦也有鉅額的投資。那裏的煤井開鑿至地面下三十餘丈，配備有外洋的大洗煤機及運煤用的鐵挂線路，此外又設置洋式焦炭爐三十五座，以便就地利用採得的煤來煉成焦炭。[10] 可是開始生產以後，又發見『馬鞍山煤

　　[1]　張文襄公公牘稿卷九札當陽縣盛春頤委辦荆當煤務（光緒十六年十月十一日），電牘卷一四致上海盛道台（同年四月入日）。

　　[2]　同書卷二八曉諭商民開采煤礦示（光緒十六年十月初七日）。

　　[3]　張文襄公奏議卷三四煉鐵全廠告成摺（光緒十九年十月二十二日）。

　　[4]　同書卷三九查覆煤鐵槍礮各節並遵籌劃摺。

　　[5]　張文襄公公牘稿卷九咨呈海署約估籌辦煤鐵用款報名立案，

　　[6]　張文襄公奏議卷三九查覆煤鐵槍礮並遵籌劃摺，卷三三豫籌鐵廠成本摺。

　　[7]　與註四同。

　　[8]　張文襄公奏議卷三四請添鐵廠開煉用款摺（光緒二十年七月二十四日）。

　　[9]　張贊宸萍鄉煤礦節略（顧琅中國十大礦廠調查記第三篇頁七），吳承洛今世中國實業通志卷上頁六三，江西省政府經濟委員會編江西萍鄉安源煤礦調查報告（民國二十四年）頁一四。

　　[10]　張文襄公奏議卷三四鐵廠著有成效請獎出力各員摺，煉鐵全廠告成摺，及卷三九查覆煤鐵槍礮各節並遵籌劃摺。

質礦多灰多，取製焦炭，不宜鎔煉。』❶ 因此，無論是王三石煤礦，或是馬鞍山煤礦，鐵廠雖然用鉅額資本來經營，卻不能在那裏得到大量的焦炭來煉鐵。

馬鞍山出產的煤，旣然因含有多量的硫礦而不能單獨用來煉鐵，張之洞便把牠『攙合湘煤，或搭用開平焦炭』來製煉。可是『開平之炭，道遠價昂，不可久恃』；❷ 而『攙用寶慶白煤，火力不足，幾致鐵液融結不流，爐座受損。』❸

由於燃料取給的困難，漢陽鐵廠雖然設置了兩個化鐵爐，在最初生產的時候只能暫開一爐來製煉生鐵。『惟生鐵僅開煉一爐，每年勻算，可出鐵一萬五千餘噸。其鐵路、運道、馬頭及洋匠人工，原備生鐵兩爐之用。若僅開一爐，成本虧折甚鉅，斷難持久。』❹ 這就是說，鐵廠的機器、運輸及其他一切設備，卽鐵廠的固定資本 (fixed capital)，和外國技術人員，都是爲兩個化鐵爐齊開而設置的，故必須兩爐一齊開煉，生產成本的種種開支纔能比較經濟。如今因焦炭的缺乏，只開一爐，結果生產出來的鐵數量甚小，從而每一生產單位或每噸鐵所負擔的固定成本卻特別的大。不獨如此，湖南的煤旣然因火力不夠而不能大量使用，就是單開一個化鐵爐所用的焦炭，也要購自河北的開平煤礦及英、比、德等國。❺ 可是，『開平一號塊焦，每噸正價連雜費、蔴袋、裝工、水脚，需銀十六、七兩；道遠價昂，且不能隨時運濟。』❻ 在另一方面，『若外洋焦炭自運，每噸價銀十七、八兩，滙買

---

❶ 張文襄公公牘稿卷一二附盛道覆稟。又奏議卷四四鐵廠招商承辦議定章程摺也說，『惜馬鞍山煤礦直層不能多取，礦重不合化煉。』又漢冶萍公司全誌（中國鐵礦誌頁二四五）也說，『又於各處詢覓煤礦。最後得馬鞍山煤礦，所費又不貲。……而不知馬鞍山等廠之煤，灰礦並重，實不宜於煉焦也。』

❷ 張文襄公奏議卷四四鐵廠招商承辦議定章程摺。

❸ 張贊宸萍鄉煤礦節略（中國十大礦廠調查記第三篇頁七）。

❹ 張文襄公奏議卷三五鐵廠擬開兩爐請飭廣東借撥經費摺（光緒二十年十月初二日）。又卷三三籌備鐵廠成本摺也說『開辦之初，必須多用洋匠，而一切運鐵之輪剝 (barge) 各船、鐵山、運道、煤井各事，雖止一爐，所費亦不能甚少。』

❺ 漢冶萍公司全誌（中國鐵礦誌頁二四五），今世中國實業通志卷上頁六三及頁一一〇，萍鄉煤礦節略（中國十大礦廠調查記第三篇頁七）。

❻ 萍鄉煤礦節略（中國十大礦廠調查記第三篇頁七）。但張文襄公公牘稿卷一二附盛道覆稟（約光緒二十二年）說，『借資開平頭等焦炭，運到每噸需銀十三兩。』兩書記載開平焦炭價格不同，大約時間不盡相同，而後者又不包括運費及其他雜費在內所致。

每噸價二十餘兩。』❶按漢陽鐵廠的一、二號化鐵爐（卽張之洞經手購置的兩座），須消耗一・一噸的焦炭纔能煉出一噸生鐵。❷而當日『生鐵每噸不過值銀二十兩左右，無不虧本；熟鐵鋼料，皆由生鐵轉造，更無不虧本。』❸因此，在光緒二十年五月下旬纔開始製煉生鐵的一個化鐵爐，到了是年十月便被迫停爐不煉。❹

　　化鐵爐雖然因焦炭取給的困難而停煉，鐵廠在停辦遣散工作人員以前，除却不必花錢購買各種原料外，對於固定資本的利息及工資等開支，也是一樣要負擔的。這樣一來，鐵廠長期有出無入，危機自然更爲嚴重。張之洞於化鐵爐停煉七八個月以後，也想到此點，他說，『若爐久不開，每月徒有工費，而無出貨，成何事體？每月總需七八萬金。以後用款無從羅掘；以前欠債無從籌還。鄙人實無顏再向朝廷請款，亦無詞以謝謗讟之口，是死證矣！……現有旨飭議辦鐵路，若鄂廠無軌，朝廷詰責，將奈之何？』❺由於這些考慮，鐵廠遂於光緒二十一年七月將化鐵爐重復開煉。❻可是，『鎔鐵必須借資開平及萍鄉、日本各處焦炭，每噸通扯需銀十數兩，且恐轉運不及，斷續堪虞。閩外洋焦炭至多不過銀六兩。……所煉鋼鐵，難與洋貨爭銷。』❼按燃料用費在製煉鋼鐵的成本中佔一個很重要的地位，當日漢陽鐵廠購用焦炭的價格幾乎三倍於外國同業所付的價格，其生產成本自然要遠較外國鋼鐵爲大，從而在市場上無法與之競爭了。故張之洞也承認，『目前遠運焦炭，……恐鋼價比較外洋每噸略貴數兩。』❽

　　總之，官辦時代的漢陽鐵廠，雖然有大冶鐵礦來供給豐富而優良的鐵砂，其大量消費的燃料卻因爲在附近找不到宜於製煉焦炭的煤礦而不能得到充分的供應——

---

❶ 張文襄公奏議卷三九查覆煤鐵槍礦各節並通盤籌劃摺。

❷ 中國十大礦廠調查記第一篇頁三〇。

❸ 張文襄公公牘稿卷一二附產道覆稟。

❹ 張文襄公奏議卷三九鐵廠煤礦擬招商承辦並裁止用款片（光緒二十一年八月二十八日）。

❺ 張文襄公電牘卷二六致武昌蔡道台（光緒二十一年六月初四日）。

❻ 張文襄公奏議卷三九查覆煤鐵槍礦各節並通盤籌劃摺，鐵廠煤礦擬招商承辦並裁止用款片。

❼ 張文襄公公牘稿卷一二附產道覆稟。又據宣懷愚齋存稿卷二湖北鐵廠改歸商辦並購造軌條採煤情形摺（光緒二十四年三月）也說，『至於洋煤更不足恃。外洋用五六金一噸之焦炭，我纔三倍其價。鋼鐵成本懸殊，勢無可敵。』

❽ 張文襄公奏議卷四四鐵廠招商承辦擬定章程摺。

就是從開平及外國買到一些焦炭，也因爲遠道運輸，必須支付很大的代價，而且供給量也有限制。故鐵廠從開始生產的時候起，由於焦炭問題的嚴重，只把兩座化鐵爐中的一座開爐煉鐵，有好幾個月甚至完全停爐不煉。鐵廠中的大規模的設備，必須能夠充分發揮牠的能力，卽從事大規模的生產，生產纔能經濟。可是，當日鐵廠卻因爲焦炭供給的困難和價格的昂貴而不能這樣做，其製成品的生產成本自然要遠高於市場上的價格，從而要因虧本而不能維持下去了。

（3）機器設備問題

除燃料外，漢陽鐵廠的機器設備也很成問題。

當張之洞決定開辦鐵廠，委託中國駐英公使代爲在英訂購鐵廠各種機器的時候，英國機器廠要求中國把鐵砂寄廠化驗，俾決定那種煉鋼爐較爲合式。那時張氏正在廣州任兩廣總督，打算把鐵廠設在廣州城外的鳳凰崗，還沒有想到鐵廠將來究竟使用那個鐵礦作爲原料的取給地，故他只能回答說，中國之大，何處無煤、鐵佳礦，但照英國所有者購辦一份可也。』英國機器廠旣然不知道中國鐵砂的性質，遂『照英國所用酸法配成大煉鋼爐（卽貝色麻爐， Bessemer converter ）二座，每座容量八噸，另以鹹法製一小馬丁爐 (Siemens-Martin open-hearth furnace) 勝之（容量十噸）。』❶

貝色麻 (H. Bessemer) 於 1856 年發明自生鐵中除碳 (carbon) 煉鋼之法。這在工業史上是一大革命。在十八世紀，人們需要三個星期纔能煉出鋼來。到了十九世紀下半，用貝色麻爐煉鋼，只要二十分鐘便成。❷ 結果，鋼的產量較前激增，價格則較前銳減。這種廉價的鋼 (cheap steel) 之大量供給，一方面影響到歐美各國大規模的建築鐵路，他方面使西洋近代工業化運動踏上一個新的階段。

可是，貝色麻爐雖然能夠大量煉出廉價的鋼，卻以含磷 (phosphorus) 較少的鐵（英國鐵礦所產鐵砂含磷不多）來製煉爲條件。如果鐵中含磷較多，貝色麻爐於化煉時不能把牠除去，便製造不出好鋼來。爲着要彌補這個缺憾， 1867 年西門士

---

❶ 漢冶萍公司全誌（中國鐵礦誌頁二四五）。

❷ Frederick L. Nussbaum, *A History of the Economic Institutions of Modern Europe,* New York, 1937, p. 290.

(C. W. Siemens) 和馬丁兄弟 (Emiie and Pierre Martin) 合作研究，發明西門士・馬丁煉鋼爐，即上述的馬丁爐，於煉鋼時把鐵中的磷除去，從而煉成純鋼。 ❶

張之洞自廣州調往武昌就任湖廣總督後，決定改在漢陽設立鐵廠，而以大冶鐵礦爲原料的取給地。大冶鐵砂含磷百分之〇・一左右，製成生鐵含磷百分之〇・二五左右。如果用貝色麻爐來煉鋼，因爲生鐵中所含的磷難以除去，煉出的鋼含磷百分之〇・二左右。可是用來製造鐵路路軌的鋼，其所含磷須在百分之〇・〇八以下，纔不至於脆裂。上述張氏自英國購回的煉鋼爐旣然以貝色麻爐爲主，煉出的鋼自然要因爲含磷過多，容易脆裂，不宜於作鋼軌之用。❷ 這和張氏當初開辦鐵廠來製煉鋼軌的理想可說完全相反。

以上我們說漢陽鐵廠設置的貝色麻煉鋼爐，因爲是酸性的，和含磷較多的大冶鐵砂的性質不大相合，故煉出的鋼品質不好。現在我們更進一步看了鐵廠機器設備的規模，是否要影響到生產成本的增大。工廠設備的規模越大，則生產越多，從而成本越低廉。故在近代工業化的國家，大規模生產的經濟特別受到重視，舊式小規模的手工業生產則漸漸沒落下去。對於這個道理，張之洞也很明瞭，他說，『大抵西法作事，必須成本厚，機器全，工程經久。其初費用鉅，則其後之獲利愈豐。其先成功遲，則其後之出貨愈速。』❸ 張氏創辦的鐵廠，就當日遠東工業的落後情形來說，設備的規模不能不算很大；可是，如果和同時候西歐工業先進國家的鋼鐵廠比較起來，卻仍然是小巫見大巫。當日『各國之鋼鐵廠資本皆以數千萬計，化鐵爐、煉鋼爐皆以數十座計。鄂廠化鐵僅有兩爐，……貨出愈少，則合價愈貴。』❹

---

❹　Bowden, Karpovich and Usher, *An Economic History of Europe since 1750*, New York, 1937, p. 393. Meredith Givens, "Iron and Steel Industry," in Edwin R. A. Seligman (ed.), *Encyclopædia of the Social Sciences*, New York, 1948.

❶　漢冶萍公司全誌（中國鐵礦誌頁二四六），中國十大礦廠調查記第一篇頁五。

❷　張文襄公奏議卷三九査覆煤鐵槍砲各節並通盤籌劃摺。

❸　愚齋存稿卷三遵旨具陳練兵籌餉商務各事宜摺（光緖二十五年十月）。據張文襄公奏議卷三九査覆煤鐵槍砲各節並通盤籌劃摺，官辦時代的漢陽鐵廠，如果把『貝色麻鋼廠、西門士鋼廠、熟鐵廠三廠並煉，每日可出精鋼熟鐵共一百餘噸，每年可出精鋼、熟鐵三萬噸。』和牠同時候的外國鋼廠的產鋼能力，作者手頭沒有材料。但作者在一九四七年參觀的美國鋼鐵大王經營的格里鋼廠 (Gary Steel Works)，每年產鋼五百七十萬噸。拿這個數字來和漢陽鐵廠的年產三萬噸（而且包括熟鐵在內）比較一下，後者設備的規模可就小得可憐。

官辦時代的漢陽鐵廠，前後一共不過花去官本銀五百餘萬兩，其設備和資本以數千萬計的外國鐵廠比較起來，當然是差得多了。故就大規模生產的經濟來說，漢陽鐵廠是不能與外國鐵廠競爭的。

（4）廠址問題

漢陽鐵廠的生產成本所以較高，廠址選擇的不妥當也有關係。

鐵廠在生產過程中對於焦炭和鐵砂都有大量的消耗。兩者都是體積重量大而價值小的物品，如果都需要遠道運輸，鐵廠便要負擔很重的運費，從而影響到生產成本的增大。故最理想的鐵廠廠址，是在煤礦和鐵礦都集中在一起的地方。張之洞在粵省作官的時候，要把鐵廠建立在廣州附近鳳凰崗，以便他容易管理。可是，在當日以廣州為中心的廣大區域內，旣沒有重要的鐵礦，也不出產可以煉焦的煤，如果張氏眞的在那裏建立起鐵廠來，由於生產成本的特別昂貴，鐵廠非早日關門不可。因此，隨着張氏的調任湖廣總督，鐵廠也決定改在湖北設立。但湖北雖然有產量豐富、品質優良的大冶鐵礦，卻沒有可以大量煉焦的煤礦，卽張氏所謂『鐵聚而煤散』，[1] 故鐵廠到底應該設在湖北的什麼地方，初時也很成問題。

煤、鐵聚在一起的地方旣然找不到，不得已而求其次，鐵廠應該設在煤礦的所在地，因為自鐵砂煉成生鐵，再轉煉成鋼，要消耗特別大量的煤。世界上鋼鐵工業最早發展的英國，在 1925 年要消耗三‧四噸的煤纔能煉成一噸的鋼軌。[2] 這還是多年技術改良的結果。在此以前，由於製煉鋼鐵技術的比較幼稚，煉一噸鋼所消費的煤當然更多。故從運費的節省上着眼，鐵廠以在煤產區域設立較為經濟。事實上，世界上的重要鋼鐵工業中心，除建立在煤、鐵集中在一起的地方外，在煤礦地帶遠多於在鐵砂產區。例如自十八九世紀以來，瑞典和西班牙的鐵砂多運往煤產豐富的英國和德國來製煉；法國因為煤產缺乏，所產鐵砂多運往德國去；在德國，薩爾 (Saar) 出產的鐵砂，多運至魯爾 (Ruhr) 流域來煉，因為後者是重要產煤區域；在美國，畢茲堡 (Pittsburg) 是世界著名的鋼鐵工業中心，因為那裏四週是重要煤

---

❶　張文襄公電奏會一三致天津李中堂（光緒十六年三月十七日）。

❷　D. L. Burns, *The Economic History of Steel Making 1867-1935*, Cambridge, 1940, p. 365.

田的所在地，但所用鐵砂則須老遠的從蘇比利亞湖 (Lake Superior) 畔運往。❶ 在中國方面，李鴻章對於鐵廠應該設在煤礦附近的理由也很瞭解，他於光緒十六年（1890）三月十五日致電張之洞說，『鐵礦運遠煤，費用更鉅。或謂西洋多以鐵石就煤，無運煤就鐵者。爐廠仍宜擇煤礦近處安設。』❷ 但張氏對於這一提議，卻以湖北煤礦分散各處，其可能開採者多在長江上游，鐵砂不便逆水運往為理由，而加以拒絕。他於同年三月十七日覆電給李鴻章說，『詳詢礦師，外洋有移煤就鐵者，但視所便，不拘一格。此間鐵聚而煤散，鐵近而煤遠，鐵逆水而煤順水。且煤在鄂省上游及湘省內河，若運鐵石往煉，煉好又須運下武漢，是煤一次而鐵兩次矣。故鄂事以運煤就鐵為宜。從前博師敦勘議，亦議運荊煤就冶鐵也。』❸

　　湖北既然沒有煤、鐵集中在一起的地方，也沒有合適的煤礦地帶，可供設立鐵廠之用，為節省原料運輸的費用起見，鐵廠自以設立在鐵礦所在地的大冶縣為較妥當。可是，張之洞卻放棄大冶，而以他駐在地武昌附近的漢陽為鐵廠廠址。他把鐵廠設在漢陽，而不設在大冶的理由，在致盛宣懷的電報中說得很清楚，他說，『鐵廠宜設武昌省城外。（大冶）黃石港地平者窪，高者窄，不能設廠，一也。荊、襄煤皆在上游，若運大冶，雖止多三百餘里，回頭無生意，價必貴，不比省城。鋼鐵煉成，亦須上運至漢口發售，並運至省城煉槍礮。多運一次，不如煤下行，鐵礦上行，皆就省城，無重運之費，二也。大冶距省遠，運煤至彼，運員收員短數攙假，廠中所用以少報多，以劣充優，繁瑣難稽，三也。廠內員司離工游蕩，匠役處冒懶惰，百人得八十人之用，一日作半日之工，出鐵既少，成本即賠，四也。無人料理，即使無弊，製作亦必粗率，不如法煉成；製成料物，稍不合用，何從銷售，五也。鐵廠、礮廠、布局三廠並設，鑛物化學各學堂並附其中，安得許多得力在行大小委員分投經理？即匠頭‧繙譯、繪、算各生亦不敷用。三廠若設一處，洋師、華匠皆可通融協濟，煤廠亦可公用，六也。官本二三百萬，常年經費貨價出入亦二百

---

❶　張之洞也知道，『鐵國克虜伯廠煉鋼煉鐵，為地球第一大廠。其礦石（即鐵砂）自西班牙國運來，遠在數千里之外。』（張文襄公奏議卷三九查覆煤鐵槍礮各節並通盤籌劃摺）。

❷　李文忠公電稿卷一二寄鄂督張香帥，或張文襄公電牘卷一三附李中堂來電。

❸　張文襄公電牘卷一三致天津李中堂。

餘萬。廠在省外，實缺大員，無一能到廠者，歲糜巨款，誰其信之？若設在省，則督、撫、司、道皆可常往閱視，局務皆可與聞，旣可信心，亦易報銷，七也。此則中法，非西法。中法者，中國向有此類積習弊端，不能不防也。卽使運費多二三萬金，而工作物料虚實優劣，所差不止數十萬金矣。』❶綜觀張氏列擧的七個理由中，有四個（三、四、五、七）完全着眼於鐵廠管理方面。換句話說，因爲他須駐在武昌，不願鐵廠廠址距離他太遠，以致管理不週，弊漏叢生，故放棄距離較遠的大冶，而選擇近在咫尺的漢陽來建廠。

張之洞着眼於鐵廠的管理或工作效率，從而犧牲鐵礦所在地的大冶，而在漢陽設廠的措施，對於鐵廠生產成本的提高也要負一部分責任。這可分三點來說：

第一，鐵廠製煉生鐵，除須消耗大量的焦炭外，又須消耗不少的鐵砂和石灰石作原料。張氏在那裏設置的化鐵爐，製煉一噸生鐵須消耗一‧七噸鐵砂，⊙‧四六噸石灰石。❷如以每次煉鐵所用原料計算（該廠一、二號化鐵爐每日夜二十四小時煉生鐵六次，每次費四小時），每一化鐵爐須消耗鐵砂四‧五噸，石灰石一‧五噸。❸這些鐵砂和石灰石都產於大冶，距離鐵廠所在地的漢陽約一百二十公里。如果鐵廠設在大冶，就地取用鐵砂和石灰石來製煉，便可節省這一百二十公里的運費。但張之洞因爲不放心和他距離太遠的鐵廠員工，寧願讓鐵廠長期負擔這一筆運費。對於這種措施，盛宣懷最爲反對，他曾致電李鴻章討論鐵廠的廠址問題說，『大冶江邊煤、鐵、錳礦與白石均在一處，天生美利。如在江邊設廠，百世之功。惜在（漢陽）大別山上，轉運費力。屢諫不從，將來轉徙不易。』❹盛氏說大冶江邊有煤可用，後來證明不確，因爲王三石煤礦開探後，煤井冒出大水，只好放棄。但他說鐵廠設在漢陽，則大冶的鐵砂及石灰石等『轉運費力』，卻是事實。

第二，上引張之洞說大冶不能設廠的第一個理由，是因爲在那裏江邊的『黃石

---

❶ 張文襄公電牘卷一四致上海盛道台（光緒十六年四月八日）。又同書卷一四致海署（光緒十六年七月二十二日），奏議卷二九勘定煉鐵廠基籌辦廠工暨開采煤礦事宜摺，及卷三九查覆煤鐵檢驗各節暨通盤籌劃摺也有相似的記載，茲從略。

❷ 中國十大礦廠調查記第一篇頁三〇。

❸ 中國鐵礦誌頁二五四至二五五。

❹ 李文忠公電稿卷一二寄鄂督張香帥（光緒十六年十月十六日）。

港地平者窪，高者窄。』但據專家觀察，漢陽也不免『地址狹小』，鐵廠將來發展不易。❷而且，漢陽地勢非常低窪，如果在那裏建立鐵廠，須先大規模的塡土築高地基纔成。『統計全廠地面，東西三里餘，南北大半里，各廠基自平地起，至鐵柱墩及爐座機器諸石墩止，均須塡高一丈一二尺不等。大小十廠，均須連爲一處，共應塡土九萬餘方。』❸這一塡土築基的工程，花費了鐵廠的鉅額資金，❹自然要影響到生產成本的增大。

最後，撇開煤、鐵的地理因素不說，由於氣候的特殊，漢陽也不是理想的煉鐵地方。因爲『漢陽空氣冬燥夏濕，濕則化鐵之力減而需焦多，故每爐夏季出鐵較之冬季出鐵約只合九折。』❹化鐵爐在夏季旣因氣候潮濕而消耗焦炭較多，煉出生鐵較少，後者的生產成本自然要提高了。

由此可知，張之洞捨棄大冶，選擇漢陽來建立鐵廠，固然有他的苦衷，但生產成本因此增加，卻也是不能避免的事。

三　官督商辦時期

（1）從官辦到官督商辦

根據上述，我們可知官辦時代的漢陽鐵廠，自張之洞以官本創辦後，眞是多災多難。牠製煉出來的鋼鐵，品質旣劣，成本又高。故自光緒二十年（1894）五月下旬開始生產後，還不到兩年，到了二十二年（1896）四月，便因爲政府無力籌措解救鐵廠危機的資本，而由官辦改爲官督商辦。因此，鐵廠從光緒十六年（1890）開辦時起，到二十二年四月改爲商辦時止，我們可稱爲官辦時代；以後則進入官督商辦時代。

對於鐵廠當前困難造成的原因，張之洞也很瞭解，他認爲，『鐵廠目前（光緒

----

❶　中國鐵礦誌頁二四五（漢冶萍公司全誌）及二四八。

❷　張文襄公奏議卷三四煉鐵全廠告成摺。又同書卷二九勘定煉鐵廠基籌辦廠工暨開采煤鐵事宜摺也說，『全廠地基關繫最重，其生熟鐵爐座基址，須塡築丈餘，餘亦酌量墊高堅築。』

❸　漢冶萍公司全誌（中國鐵礦誌頁二四六）云，『廠基塡土以及馬鞍山掘礦兩項，已耗去不止百餘萬。』

❹　中國鐵礦誌頁二五三。

二十二年）支持局面，必須將化鐵爐兩座齊開，添購各項機器，將來推廣，必須另開大煤礦一處，並就太冶添造生鐵爐數座，方能大舉保本獲利；否則萬無轉圜之法。』❶『另開大煤礦』是解決鐵廠燃料恐慌的有效辦法。『添購各項機器』及『添造生鐵爐數座』，目的在改良及擴張鐵廠的機器設備，以便因生產規模的增大而減輕成本。『就大冶添造生鐵爐數座』，是要『就鐵』設廠，不負擔原料運費，以糾正在漢陽設廠的錯誤。

可是，這幾種解救鐵廠困難的工作，必須再來一次鉅額的投資纔成，因爲巧婦是難煮無米飯的。不幸得很，政府在當日的財政狀況之下，卻絕對不能籌措這一大筆款子來解除鐵廠的危機。光緒二十年，即甲午年，中國對日作戰，結果失敗。翌年，與日簽訂馬關和約，賠款二萬萬兩。政府戰時對於軍費的籌措本來已經很困難，戰後一時自然無力賠償這筆鉅款，只就先借外債來償付。以後因爲要攤還洋債的本利，每年歲出比戰前增加二千餘萬兩。因此，光緒二十年甲午之役以後，政府財政連年入不敷支，非常困難。❷在這種情形下，財政大臣翁同龢極力主張節用，❸挽救鐵廠困難所需的鉅額官本自然無法籌措。❹

由政府籌集資本來發展鐵廠，在當日國家財政極度困難的情形下，旣然不能辦到，爲免於關門計，鐵廠自然只好招集商股，改爲商辦。本來，早在光緒十八年（1892）的冬天，當鐵廠還沒有竣工的時候，盛宣懷卽已提議把鐵廠改由商辦。但那時張之洞以爲，『若歸商辦，將來造軌製械，轉須向商購鐵，雖塞洋鐵之漏卮，究非自強之本計。』其後，到了光緒二十年十月，張氏仍舊堅持國防工業須由官辦

---

❶　張文襄公奏議卷四四鐵廠招商承辦議定章程摺。在同一奏摺中的另一處，張之洞也說，『現已議定，俟尋覓佳煤礦後，除漢陽廠兩爐齊開外，必須在大冶之石灰窰一帶添設新式生鐵大爐四座。』又張文襄公公牘稿卷一二附盛道覆稟也說，『必須在昆江一帶趕緊覓求上等煤礦。俟得到煤礦，添募商本，再就大冶添設生鐵爐兩座，方能保本，漸圓利益。』

❷　羅玉東光緒朝補救財政之方策，中國近代經濟史集刊第一卷第二期。

❸　張文襄公書札卷五致翁叔平尚書（光緒二十一年九月初三日）云，『今日度支艱難，節用爲亟。計相苦衷，外間亦能深喩。……鐵政、槍礮諸局，……旣發其端，勢不能不竟其緒。用款繁鉅，實非初議籌料所及。……比年來無米爲炊，政如陳同甫所謂牽補度日者，倘何敢不力來撐節。』

❹　張文襄公奏議卷四四鐵廠招商承辦議定章程摺云，『惟是經費難籌，……當此度支竭蹶，不敢爲再請於司農之舉，亦更無羅掘於外省之方。』

的主張，他說，『若不速開兩爐，則鐵料難供銷售，經費益無所出。必不得已，仍可交商領辦；而臣愚總以爲非計。蓋方今時局，開鐵路，製鐵艦，製造礮械等事，從此必須逐漸擴充，認眞籌辦，無待煩言而決；而一切船、礮、機器，非鐵不成，非煤不濟。』❶可是到了光緒二十一年六月十三日，鑒於財政赤字的增大，清廷給張氏以鐵廠招商承辦的諭旨；故到了翌年四月，鐵廠遂正式改歸商辦，由盛宣懷主持其事。

盛宣懷是清末一個精明能幹的企業家，他辦理輪船招商局和電報局都有很好的成績，爲各商所信服。鐵廠原料主要取給地的大冶鐵礦又是他發見的，他對鐵廠的前途當然非常關心。因此，當政府無力再爲鐵廠籌集資本的時候，招商承辦的責任便放在他的肩上。他於光緒二十二年（1896）『四月十一日，將漢陽廠內廠外各種爐座、機器、房屋、地基、存儲煤、鐵料物各件，以及凡關涉鐵廠之鐵山、煤礦、運道、馬頭、輪剝各船一律接收。』因爲在此以前政府對鐵廠的投資額約共五百數十萬兩，鐵廠於商辦後變爲政府的債務人，故由政府委派盛氏爲該廠的督辦。這可說是『官督商辦』名稱的由來。

商辦以後，鐵廠爲商人所有，『嗣後需用廠本，無論多少，悉爲商籌。從前用去官本數百萬，概由商局承認，陸續分年抽還。…… 俟鐵路公司向漢陽廠訂購鋼軌之日起，即按廠中每出生鐵一噸，抽銀一兩，即將官本數百萬抽足。還清以後，仍行永遠按噸照抽 ，以爲該局報效之款 。』這是商辦後鐵廠對政府過去投放資本處理的辦法。按官辦時代的鐵廠共用去官本『庫平銀五百五十八萬六千四百十五兩零。』❷

除對鐵廠官本的歸還，規定商辦以後每出生鐵一噸，抽銀一兩外，因爲鐵廠必須有可靠的銷路纔易於募集商股，政府特地保障鐵廠的國內市場。鐵廠最重要的出品爲建造鐵路的鋼軌，製造槍礮的鋼鐵；牠最大的主顧爲鐵路公司和兵工廠。因此政府規定以後國內建築鐵路所需的鋼軌，各省槍礮廠及製造廠所用的『鋼鐵料件』，都要『一律向鄂廠定購，不得再購外洋之物。』關於出賣的價格，因爲那時要『遠

---

❶ 張文襄公奏議卷三五鐵廠擬開兩爐請飭廣東借撥經費摺。

❷ 同書卷四七査明煉鐵廠用款咨部立案摺（光緒二十四年閏三月十三日）。

運焦炭，多用洋匠，恐鋼價比較外洋每噸略貴數兩，當爲存記。將來長江續開煤礦，大冶添設化鐵爐，華匠智棟可用，鋼價必能比較外國更賤，自當如數補還路局。』本來當日外國鋼價雖然低於中國所產，只要課以較高的進口稅，國產鋼鐵在國內市場自然受到保護，但不幸得很，自南京條約簽訂以後，中國已喪失保護關稅的權力，故不能這樣做。因此，爲着要保障鐵廠出產鋼軌的銷路，政府特地於光緒二十二年九月，命漢陽鐵廠督辦盛宣懷同時『督辦鐵路公司事務』。❶製造鋼軌的漢陽鐵廠，和牠的大主顧鐵路公司，旣然完全由盛氏一個人經理，就是成本較貴，此後也不愁沒有銷路了。不特如此，因爲『欲與外洋鋼鐵爭衡，非輕成本不能抵制。』故政府對於鐵廠的出品又准予免稅；免稅的期限最初爲五年，但光緒二十七年（1901）滿期後又復展期五年，及光緒三十二年（1906）期滿又再展限五年。❷

　　政府對於鐵廠商辦雖然給予這些鼓勵，盛宣懷招集商股的成績並不怎樣滿意。因爲『當時（光緒二十二年）煤礦未成，化鐵甚少，外狀頗危，人情觀望。尚賴輪、電兩局各華商，及通商銀行、紡織公司各華商力顧大局，陸續湊入股分銀二百萬兩，以立根本。』但事實上因擴展鐵廠而必須興辦的工程是那麼多，二百萬兩的商本那裏夠用？盛宣懷只好『重息借貸，百計騰挪，開闢萍鄉煤礦，以濟冶鐵之需；添造新式機爐，以精煉鋼之法。鐵路、輪船、碼頭、棧駁，處處鉤連，無一可缺。借貸利息，愈久愈增。』鐵廠這樣大量的借債，不獨利息的負擔很重，而且因爲『抵押居多，息重期促，轉輾換票，時有尾大不掉之虞。』❸

　　鐵廠商辦後，一方面固然因爲招集商股少而借債多，他方面又由於生產量不如預期而虧本。張之洞預定鐵廠於招商承辦後，即另開煤礦，擴充機器設備，俾『每年可出生鐵約十餘萬噸。』❹但事實上鐵廠『自商等接辦之日起，至二十五年年底

　　❶　大清歷朝實錄德宗朝卷三九五光緒二十二年九月丙午條。

　　❷　以上材料，除特別註明者外，均根據張文襄公奏議卷四四鐵廠招商承辦議定章程摺。關於鐵廠免稅事，又見於愚齋存稿卷五湖北鐵廠免稅展限摺（光緒二十七年九月），卷一三漢廠免稅續請展限摺（三十二年八月），及卷六九寄北京稅務處鹽商會唐侍郎（三十二年十月二十一日）。

　　❸　愚齋存稿卷一四漢冶萍煤鐵廠礦現擬合併擴充辦法摺（光緒三十四年二月）。又據同書卷七二資張中堂，到了光緒三十三年七月，鐵廠『商股僅集二百五十萬兩』。

　　❹　張文襄公奏議卷四四鐵廠招商承辦議定章程摺。

止，共只煉出生鐵八萬四百七十一噸六百二十啓羅，』❶和預期的生產目標着實相差太遠。因此，盛宣懷『招商接辦，……甫歷三載，……商本賠折已逾百萬。』❷及光緒二十八年（1902）九月，鐵廠『虧折商本至一百四十餘萬之鉅。』❸其後，到了『三十一年（1905）三月，照該廠商董呈送帳略，實已折閱銀二百餘萬兩。官本商資，交受其困，廠務幾有不支之勢。』❹

　　以上是漢陽鐵廠從官辦到官督商辦的大概情形。以下讓我們進而分別探討鐵廠商辦後急待解決的幾個問題。

（2）燃料問題的解決

　　漢陽鐵廠在官辦時代，遺留下一個很嚴重的燃料問題，等待招商承辦後加以解決。因此，鐵廠在商辦的初期自然得不到充分焦炭的供應。這時鐵廠附近既然沒有可供煉焦之用的煤礦，焦炭的可能取給地是英、比、德等歐洲國家，日本及開平。

　　從歐洲遠道運來的焦炭，當日稱為洋焦、或洋煤。經過這樣遠的道路運來，洋煤的運費本來已經夠貴。在另一方面，從十九世紀的七十年代以來，因為各國相繼採用金本位，銀在世界市場上的價格銳減，而中國仍然使用銀本位，故她的貨幣在國外的價值日形低落。例如中國每一海關兩在倫敦和英鎊的比價，在鐵廠商辦前後的變動是這樣的：

第一表	倫敦每一海關兩的兌換率❺
光緒十六年（1890）	5s. 2 1/4d.
光緒十七年（1891）	4s. 11d.
光緒十八年（1892）	4s. 4 1/4d.
光緒十九年（1893）	3s. 11 1/4d.
光緒二十年（1894）	3s. 2 3/8d.
光緒二十一年（1895）	3s. 3 1/4d.

❶ 愚齋存稿卷三五附鄂督張香帥來電（光緒二十六年二月二十日）。
❷ 同書卷四稟陳各公司局廠艱困情形片（光緒二十六年二月）。
❸ 同書卷八鐵廠派員出洋片（光緒二十八年九月）。
❹ 同書卷一三漢廠免稅鐵請展限摺（光緒三十二年八月）。
❺ C. F. Remer, *The Foreign Trade of China*, p. 250.

光緒二十二年（1896）	3s. 4d.
光緒二十三年（1897）	2s. 11 3/4d.
光緒二十四年（1898）	2s. 10 5/8d.

中國銀兩價值既然一年比一年低跌，鐵廠自然要感覺到『鎊貴洋煤難買』❶了。

洋煤既因鎊貴而難買，東洋焦炭又怎樣？張之洞對牠曾抱有相當的希望，❷但『日本非無資本，索價每噸二十兩，』❸未免太貴；而且『日本焦樣礦多灰重，又不合用。』❹

洋煤及東洋焦炭既然都不能滿足鐵廠的需要，鐵廠便把希望寄託在開平煤礦身上。就製煉生鐵而論，鐵廠『一爐歲需焦炭三萬六千噸，兩爐同開卽倍之。化鋼煉軌之焦煤尚不在內。』可是，對於鐵廠這樣大的焦炭消費量，開平煤礦只能供應一極小部分。盛宣懷接辦鐵廠後，卽『與開平礦務局道員張翼按照時價訂購焦炭』，但結果光緒二十三年全年只購到一萬三千噸。❺其後屢次談判，開平煤礦也只答應於光緒二十四年供給一萬五千噸；❻但到了是年正月，又復發生變動，『開平祇允運焦八千噸。』❼這大約是因為距離較遠，『開平運焦易碎』❽的原故。在另一方面，開平焦炭價格也很昂貴，每噸約售銀十五、六兩至十七兩左右。❾因此，開平煤礦不能滿足鐵廠大量需要❿的結果，鐵廠雖然設有兩個化鐵爐，仍然只能暫開一

---

❶ 愚齋存稿卷二八寄香帥（光緒二十三年七月二十五日）。

❷ 張文襄公電牘卷三三致上海盛京堂（光緒二十三年十月初六日）。

❸ 愚齋存稿卷二八寄張香帥（光緒二十三年十月初八日）。

❹ 愚齋存稿卷三〇寄香帥。又同書卷九九寄王夔帥（光緒二十二年八月二十六日）也說『倭煤太器』。

❺ 同書卷一湖北鐵廠煉軌請臨用開平焦炭片（光緒二十三年九月）。

❻ 同書卷二八寄王夔帥（光緒二十三年九月二十六日），及附夔帥來電（同年九月二十九日）。

❼ 同書卷三〇寄香帥。

❽ 張文襄公電牘卷三二致天津王制台（光緒二十三年三月十九日），或愚齋存稿卷二六寄夔帥。

❾ 愚齋存稿卷二八寄張香帥，中國十大礦廠調查記第三篇頁一一三。

❿ 同書卷二湖北鐵廠改歸商辦並疏通造軌採煤情形摺片，『顧鑄鐵非焦炭不可。連年因本廠無就近可恃之煤，呼籲於開平，謀濟於洋產，價高而用仍不給。』又說，『開平華礦，誼當與漢陽華廠休戚相關。年來懇切籌商，上煩憲聽。奈煤價已加至極昂之致，而交煤仍難應漢廠之求。』

爐來煉鐵，❶有時甚至要停爐不煉。❷

　　漢陽鐵廠改歸商辦後不久，政府即開始大規模的修築盧漢鐵路，在南北兩端同時動工建造。這樣一來，國內對於鋼軌的需要便激劇增加。鐵廠如果老是因爲開平煤礦不能充分供應焦炭而只開一個化鐵爐來生產，便不能大量製造建築鐵路所需要的鋼軌，從而後者只好向外國定購。可是，當日『鎊價翔貴，購外國鋼鐵逾平價三四成。如……軌料橋料莫不取資洋廠，盧漢幹路多擲二千萬以貽外人，而漢廠將一蹶不振，工藝均廢，漏卮日大，利權坐失。自強利鈍之機，無有大於是者。』❸由於這些考慮，鐵廠很早就決定放棄長期倚賴開平煤礦來供給焦炭的政策，積極的派人帶同礦師『於沿江上下、楚西、江、皖各境，……搜求鑽試，足跡殆遍。』❹經過兩年的調查工作，果然發見『江西萍鄉所產，礦輕灰少，煉焦最佳。』❺於是決定在那裏從事大規模的開採，以張贊宸爲萍鄉煤礦總辦來主持其事。❻

　　萍鄉煤礦雖然生產可以煉焦的煤，但從開採到煉焦，再把焦炭運往漢陽，須先作鉅額的投資纔能辦到。張之洞也知道，『開礦不用機器，不能深入得佳煤；煉焦不用洋爐，不能去燐成佳鋼；運道不用鐵路、輪剝，不能濟急用而輕成本。』❼由此可知，大量的固定資本的投放，實是鐵廠自萍鄉煤礦取得充分焦炭的先決條件。事實上，萍鄉煤礦所需的機器設備，煉焦爐、鐵道以及其他有關的建設，到了光緒三十三年（1907），一共用去五百數十萬兩，❽約與漢陽鐵廠在官辦時代所投下的資本相等，然後纔能有效的解決鐵廠的燃料問題。

　　因開採萍鄉煤礦而前後用去的錢，可以拿來像張之洞那樣另外創辦一個鐵廠，

---

　　❶　同 85 頁註十。又同書卷三五附郭督張香帥來電（光緒二十六年二月二十日）也說，『因探購焦炭道遠價昻，僅開漢陽廠一爐。』

　　❷　如同書卷三〇寄香帥說，『呂柏因開平未批焦炭不好，……年底（光緒二十三年年底）停爐。』

　　❸　同書卷一湖北鐵廠煉軌請購用開平焦炭片。

　　❹　同書卷二湖北鐵廠改歸商辦並陳造軌採煤情形摺。

　　❺　張文襄公公牘稿卷一二札知縣撢積查勘萍鄉煤礦（光緒二十二年五月十八日）。

　　❻　萍鄉煤礦節略（中國十大礦廠調查記第三篇頁入）。

　　❼　張文襄公奏議卷五〇查明招商局保借洋款擴充萍礦有益無礙摺（光緒二十五年六月十七日）。

　　❽　愚齋存稿卷七二寄張宮保（光緒三十三年四月初三日），及寄武昌張中堂（同年六月二十二日）。

我們可以想像到這個煤礦規模之大。這裏我們要問：偌大的萍鄉煤礦的資本，是怎樣籌措得來的？漢陽鐵廠需要大量的焦炭纔能製煉鋼鐵，和萍鄉煤礦的關係最大，自然要提供多量的資本。復次，鐵路、輪船對於煤的消費都很大，感覺到有自開煤礦的必要，故鐵路總公司和輪船招商局也願意投資。所以張之洞說，『目前造軌，將來行車，需用煤焦，皆屬極鉅。路、廠與萍礦互相聯屬，皆爲杜塞中國漏巵要畢。至輪船招商局每年用煤，爲出款大宗。上年（光緒二十四年）因開平煤不及接濟，多購洋煤，虛糜二十萬金。以故竭力籌辦萍煤。至今已用銀五十萬兩左右，係由湖北鐵廠認股二十萬，鐵路總公司、輪船招商局各認股十五萬，均以其相需甚殷也。』❶五十萬兩的股本，當然不夠用，但後來繼續招股，到了光緒三十三年（1907），也『只有股分一百五十萬』。❷超出這個數目的用款，都自借債得來。例如煤礦所用『機器各件，多由德商禮和洋行 (Carlowitz and Co.) 躉購，爲時已鉅，』故向該行借債四百萬馬克，約合銀一百五六十萬兩，以招商局上海洋涇濱一處棧房產業作保，分十二年歸還。❸

　　煤礦機器既然購自德國，工程師自然也以自德國聘請爲妥，故萍鄉煤礦的總工程師由德人賴倫 (Gustavus Leinung) 充任。由於他多年的努力，到了光緒二十三年左右，居然打穿石層，把煤礦大槽開通。『煤井深遠六七里，內用電氣。車巷如棋盤。……仿用西法，以洗煤機滌盡渣滓，以煉焦爐製成焦塊，極合溶化鋼鐵。』❹因爲配有這些新式設備，煤礦在光緒二十五年（1899）『每日出煤二三百噸』，每年出煤在十萬噸以下，及光緒三十三年，每年『可出煤四十五萬噸，充其量可出九十萬噸。』❺

　　煤在萍鄉大量生產及煉成焦炭後，還須走約五百公里的路，纔能到達漢陽鐵

❶　張文襄公奏議卷五○查明招商局保借洋款擴充萍礦有益無礙摺。

❷　愚齋存稿卷七二寄張宮保。

❸　同書卷八鐵廠派員出洋片（光緒二十八年九月），卷三四寄傅相（光緒二十五年四月二十二日），及張文襄公奏議卷五○查明招商局保借洋款擴充萍礦有益無礙摺。

❹　愚齋存稿卷一一四請奬賴倫寶星片（光緒三十四年四月）。

❺　同書卷一一四寄總理總局（光緒二十五年三月二十四日），及卷七二寄武昌張中堂（光緒三十三年六月二十二日）。

廠，以供煉鐵製鋼之用。在這一條漫長的路上，交通設備必須作大規模的改良，煤及焦炭纔能減輕運費的負擔，而大量的運往消費。因此，在最初開礦的時候，張贊宸卽『造築萍安鐵路十四里，由安源（煤礦中心區域）直達宋家坊水次，俾煤焦機器物料出入，俱獲利便。』❶ 其後，這條鐵路向西伸展到洙州（卽今湖南株洲）。本來，如果預先計畫的粵漢鐵路修好，煤便可由此北運武漢。但當日粵漢鐵路因事延工，故向洙州以北改用輪駁來在湘江運送。及光緒三十三年，因爲湖南『昭山，一名易家灣，至洙州十二英里，曲折灘多，輪駁難駛。』又計畫把鐵路向洙州向北修至昭山，俾煤運到這裏纔改由湘江運往漢陽。❷ 但這一小段鐵路在當日究竟築成了沒有，因一時查不出確實記載，待考。

由於萍鄉煤礦的開採，及有關運道的改良，自（光緒）二十四年（1898）起，結至三十二年（1906）閏四月底，萍礦共已運到漢陽鐵廠焦炭三十八萬八千餘噸，生煤二十萬零四千餘噸。卽就焦價一項計之，每噸洋例銀十一兩，較之從前購用開平焦，每噸連運費一切開銷，需銀十六七兩者，實已爲鐵廠省銀二百餘萬。若購用洋焦，則更不止此數矣。』❸ 因此，鐵廠在官辦時代最令到張之洞感覺頭痛的燃料問題，到了商辦時代，經過盛宣懷等人多年的努力，便告完滿解決。

萍鄉煤礦對於漢陽鐵廠的燃料供應，固然幫助後者的生產成本減小得多，但如果嚴格的說，這樣成本的減輕實在還沒有做到很理想的地步。第一，在由煤煉成焦炭的過程中，如果能利用其副產品如天然氣 (natural gas) 等，焦炭的成本自然更可減小。可是當日萍鄉煤礦卻沒有注意到這點。其次，煉焦的地點到底應該在煤礦產區，或是在消費地的漢陽鐵廠，也是值得研究的問題。如果焦炭在煤礦附近製煉，然後運往消費地去，因爲煤煉成焦炭後重量較輕，運費自然可以較爲節省。但在另一方面，焦炭經過長途搬運之後，粉碎甚多，從而不合煉鐵之用。因此，各國

---

❶ 萍鄉煤礦節略（中國十大礦廠調查記第三篇頁八）。

❷ 愚齋存稿卷一四請卹張贊宸摺（光緒三十四年四月），卷七二寄武昌張中堂（三十三年六月二十二日），卷一〇〇寄南昌瑞廉臣中丞良（同年十二月初一日），及寄武昌趙制軍爾巽（同年十一月二十七日）。

❸ 中國十大礦廠調查記第三篇頁一三。

的鋼鐵廠多設有煉焦爐座，自己就近製煉焦炭，以避免因遠路運輸而引起的損失。美國印第安納州的格里鋼廠就是其中的一個例子。當萍鄉煤礦最初開採的時候，中國方面也『就鐵廠添設洗煤機、洋煉焦爐，將歐陽令柄榮運到（萍鄉）油煤，於鐵廠及馬鞍山分別試煉。均以船戶攙雜過重，難以煉焦。』❶ 因此，焦炭只好在萍鄉煤礦區域設爐製煉，然後運往漢陽，而由鐵廠忍受遠路轉運的折耗。❷

（3）機器設備的改良與擴充

漢陽鐵廠的機器設備，是官辦時代遺下的急待解決的另一問題。上面曾經說過，鐵廠在最初開辦時，對於將來使用那一個鐵礦並無把握，更不知道將來要用的鐵砂的性質，故除一小馬丁爐外，又設置了兩個八噸的貝色麻爐來煉鋼。及開始生產，纔覺得不對。原來大冶鐵砂中含燐甚多，煉成生鐵後亦復如此。由生鐵再煉成鋼，如用小馬丁爐來煉，煉出的鋼軌零件，如魚尾板等，也非常之好；但如用貝色麻爐來煉，煉出的鋼軌却含燐太多，容易脆裂，並不合用。

當日鐵廠的主管人並不知道問題癥結的所在，但却爲煉出鋼軌的不合用而着急。鐵廠在招商承辦後，認爲有改良鋼軌製造的必要，故於光緒二十六年（1900）派李維格帶同洋員彭脫（Thomas Bunt）及賴倫（Gustavus Leinung）出國考察，並把鐵廠中所用原料及造出的成品帶往英國化驗。英國鋼鐵化學專家梭德（J. E. Soad）代爲化驗的結果，始判定過去漢陽鐵廠煉出的鋼軌所以不好，由於貝色麻爐不能把其中所含的燐除去；反之，用小馬丁爐煉出的鋼，因爲燐已除去，品質却非常之好。因此，鐵廠遂決定改用大號的馬丁爐來煉鋼。

約在漢陽鐵廠改歸商辦的前後，日本也創辦八幡製鐵所，利用九州筑復煤田生產的煤來製煉鋼鐵。但日本本國鐵礦的蘊藏並不豐富，故製鐵所所用鐵砂要從中國輸入。光緒二十四年（1898），日本派伊藤來購買大冶鐵砂，預付貨價日金三百萬元。漢陽鐵廠遂利用這筆資金來『擴充鋼廠，將原有之貝色麻煉鋼爐暨十噸小馬丁爐拆去，易以三十噸鹼性馬丁煉鋼爐四座，一百五十噸大調和爐一座，而軋鋼廠、鋼軌廠、鋼板廠、車轆廠、竣貨廠均同時建設。……光緒三十三年，新鋼廠全部告

---

❶ 萍鄉煤礦節略（中國十大礦廠調查記第三篇頁七）。

❷ 中國鐵礦誌頁二五五，及江西萍鄉安源煤礦調查報告頁六三至六四，

成。於是漢廠規模煥然一新，出貨多而銷路亦暢矣。』❶

　　以上是鐵廠於商辦後改良煉鋼設備的情形。復次，鐵廠在當日對於化鐵爐也有一翻整頓。官辦時代遺留下來的兩個化鐵爐，大約因爲所用焦炭有好有壞，而且時常停爐，到了商辦時代屢次出險，必須重造或加以修理，纔能繼續生產。盛宣懷曾爲此事非常着急，他於光緒二十五年十二月二十九日致電張之洞說，『一號化鐵爐忽出險，須拆造。二號歪斜，亦須全行拆改。停工，一不了；修費，二不了；要買外洋鋼軌，三不了。求賜教益。』❷ 結果他因爲要重造化鐵爐座，工程浩大，虧折商本甚多。❸

　　兩個舊有化鐵爐修好以後，雖然恢復煉鐵能力，但因爲容量太小，生產規模不大，仍然不能夠怎樣減輕成本。因此，擴大製煉生鐵的設備，在當日實在有牠的必要。本來：遠在光緒二十二年鐵廠要改歸商辦時，張之洞已經說過，『將來推廣，必須……就大冶添造生鐵爐數座，方能大舉保本獲利。』❹ 但到了光緒二十九年（1903）二月一日，盛宣懷致電張氏說，『至添爐，若就大冶另設新廠，非借洋債數百萬，猝難就諸。現擬就漢廠照舊式添造一爐或兩爐，機軸稱是，使能接造粵漢、滬寧路軌。』❺ 結果在漢陽鐵廠『添建二百五十噸化鐵爐一座，於光緒末年（三十四年）始行告竣。』❻ 這和鐵廠最初商辦時要添建化鐵爐數座的目標自然相差很遠，但總算是朝着這個方向走的。

（４）新廠址的建議

---

❶ 以上主要根據漢冶萍公司全誌（中國鐵礦誌頁二四六至二四七）。又參考愚齋存稿卷九八寄周玉帥（光緒三十一年四月二十九日），寄武昌張宮保（同年八月十七日），寄寧督周玉山制軍（三十二年八月十日），附錄杏蓀府君行述，中國十大礦廠調查記第一篇頁五，及今世中國實業通志卷上頁一一一。按『預付貨價日金三百萬元』的時間，漢冶萍公司全誌沒有說清楚。漢陽鐵廠於光緒二十九年向日本借債日金三百萬元，規定於三十年內以鐵砂償還本息，（清季外交史料卷一七九日使內田致外部大冶礦局借款合同請飭訂定節略）所謂預付貨價或即指此而言。

❷ 愚齋存稿卷九四寄郭督張香帥。又參考同書卷三五附郭督張香帥來電。

❸ 同書卷八鐵廠派員出洋片。

❹ 上引張文襄公奏議卷四鐵廠招商承辦擬定章程摺。

❺ 愚齋存稿卷六○寄江寧張宮保。

❻ 漢冶萍公司全誌（中國鐵礦誌頁二四七）。

　　張之洞因爲着眼於管理上的方便，選擇旣不產煤又不產鐵的漢陽來建立鐵廠。及開始生產後，鐵廠長期大量消耗的煤、鐵，須從別的地方運來，要負擔很重的運費，結果成本大增，很不上算。所以鐵廠於商辦後，對於廠址問題有重加考慮的必要。但鐵廠中有很笨重的機器和其他固定設備，當安置好了以後，要再來搬一次家，卻不是一件容易的事。因此，不得已而求其次，鐵廠只好決定於擴大機器設備時，竭力避免再在漢陽設立，以期減輕成本。

　　上述張之洞於鐵廠改歸商辦時有『就大冶添造生鐵爐數座』的計畫，但後來卻因爲資本不足而沒有成爲事實。其後到了民國二年，漢冶萍公司向日本『續借一千五百萬圓，其中以九百萬圓爲大冶添設新爐之用。』[1]張氏的計畫纔告實現。不過，在商辦時代，鐵廠對於『建立大冶添爐基址』，[2]仍然是很賣力氣去做的。

　　張之洞在鐵廠招商承辦時所以光是提出在大冶添設化鐵爐的計畫，並不是因爲他不知道鐵廠應在煤礦附近建立的好處，而是因爲那時鐵廠對於將來開採那個煤礦還沒有把握的原故。及萍鄉煤礦大規模的開採，鐵廠主管人員看見焦炭及煤從五百公里以外大量運來消費的不經濟，便打算要在萍鄉煤礦附近另建新廠，以便節省運費和焦炭因搬運而起的折耗。張氏於光緒三十年（1904）三月十五日致電盛宣懷說，『聞張道贊宸言，距醴陵數十里，距洙州亦數十里，有地寬廣，可以建廠。李維格議設化鐵爐於此，地名記憶不清。該處是否醴陵所屬，距水口遠近如何？祈速電示。』[3]盛氏於同日回電說，『李維格議在湘東設化鐵爐，以就煤鐵。其地已通鐵路，濱臨湘河，屬萍鄉縣，距城三十華里，與湘境毗連。距醴陵縣城六十華里。醴陵至株州路線三十英里，自造鐵路，限來年四月通車，洙州卽與粵漢幹路相接軌。未通前，煤礦極大機件，發水時亦由河道直運湘東。』[4]這個新廠本來預定由

---

　　[1]　張文襄政閑錄卷九漢冶萍官商合辦設略（民國三年）。

　　[2]　愚齋存稿卷五九寄張宮保（光緒二十九年正月初四日）。

　　[3]　同書卷九七附蕪湖張香濤宮保來電。

　　[4]　同書卷六四寄香帥。又清季外交史料卷一八三鐵路督辦盛宣懷咨外部擬借日本銀行款擴充漢陽鐵廠文也設，『將來就萍鄉煤礦添設新爐，不僅就煤，並須就近採取萍鐵。』又魏允恭編江南製造局記卷二也載光緒『三十年兩江總督魏光燾、湖廣總督張之洞會奏：……今漢陽鐵廠商董旣議於萍鄉之湘東鎮創設化鐵爐，而萍鄉鐵路已接過該處，則將來煤鐵可以籌資。』

江蘇、安徽、江西、湖北、湖南及四川六省合力擧辦，但後來卻因爲『六省合辦，
恐事權難一，……財力艱窘，』而作罷論。❶

（5）鐵廠的產品及其銷路

漢陽鐵廠自商辦後，由於上述種種的改革，生產量漸漸較前增加。例如生鐵的
產額，隨着燃料問題的解決和舊有化鐵爐的重造或修好，自光緒二十六年起，到三
十四年止，除二十八年及三十一年減小外，每年都有增加的趨勢。關於當日生鐵的
產額，我們現在得到兩種記載，因爲數字略有不同，現在一齊列表如下：

第二表　漢陽鐵廠生鐵年產額（單位：噸）

年　　份	丁格蘭的統計❷	顧琅的統計❸
光緒二十六年（1900）	25,890	
光緒二十七年（1901）	28,805	
光緒二十八年（1902）	15,800	15,800.500
光緒二十九年（1903）	38,875	38,837.180
光緒三　十　年（1904）	38,771	38,770.570
光緒三十一年（1905）	32,314	32,324.350
光緒三十二年（1906）	50,622	50,622.175
光緒三十三年（1907）	62,148	62,248.250
光緒三十四年（1908）	66,410	66,409.775

至於鋼的年產額，我們只知道自改建貝色麻爐時起，光緒三十三年爲 8,538 噸，三
十四年則增加到 22,626 噸。❹

說到鐵廠產品的銷路，因爲張之洞建造鐵廠的主要目的是修築盧漢鐵路（即今
平漢路），故『鐵廠利源所在，以盧漢鐵路鋼軌爲大宗。』❺計鐵廠在盛宣懷負責

---

❶　愚齋存稿卷六四寄魏午帥（光緒三十年三月十七日）。
❷　F. R. Tegengren, *The Iron Ores and Steel Industry of China*, p. 399.
❸　中國十大礦廠調查記第一篇頁四四至四五。
❹　同註二。
❺　愚齋存稿卷五湖北鐵廠免稅展限摺（光緒二十七年九月）。

招商承辦以後，一共供應了八萬噸的鋼軌和一萬六千噸的鋼軌零件給盧漢鐵路。 ❶其次，關於粵漢鐵路的建造，張之洞曾『與湘、粵各紳議定粵漢三省鐵路需用鋼軌一切鋼料等件，均向漢廠訂購，不得向外洋購買，自保利權。俱已應允列入會議條款。』❷復次，正太鐵路興築時，『正太工程司來函定軌三千噸，明年（光緒三十三年）西四月起交。』❸此外，淞滬、寧滬（今京滬路）、滬杭甬、津浦、廣九及川漢等鐵路，都是在此時或稍後由漢陽鐵廠供給鋼軌的。❹當日『各省鐵路需造鋼軌每年計銀數百萬，』❺可見鐵廠的鋼軌買賣是相當不錯的。

　　鐵廠在初歸商辦時，因爲成本昂貴，曾經打算以『比較外洋每噸略貴數兩』的鋼軌價格賣給鐵路，而於將來成本減低時補還。❻這個辦法後來大約沒有實行，因爲鐵廠賣與鐵路的鋼軌及種種材料，其價格都是按照外國產品在中國的市價來徵收的。例如關於賣與盧漢鐵路的價格，盛宣懷說，『京漢歷年所有漢廠軌件，本照外洋運至中國之價目，不能專顧商廠成本。此商務通例。』❼關於賣與粵漢鐵路的價格，張之洞說，『連日與湘、粵諸紳議粵漢三省鐵路條款，所有需用鋼軌一切鋼鐵料，鄙人囑其統向漢陽鐵廠訂購，不得向外洋購買。……鋼鐵軌料各價，只可與外洋各廠比較。如係同價，則必須用漢廠之物。』❽關於賣與正太鐵路的價格，唐紹儀說，『正太復稱，軌板零件俱照外洋時價，運費在內。』❾中國自鴉片戰事失敗，簽訂南京條約後，即已喪失關稅自主權，不能利用增加進口稅的方法來提高外

---

❶　F. R. Tegengren, op. cit., p. 368.

❷　愚齋存稿卷六九附張宮保來電（光緒三十一年十一月初八日）。又張文襄公電札卷八致英國駐漢總領事法磊斯（同年七月十九日）也說，『粵漢鐵路需用……鐵軌係用漢陽鐵廠所造』。

❸　愚齋存稿卷六九寄唐少川侍郎（光緒三十二年閏四月二十三日）。

❹　張文襄公電牘卷三二致天津王制台（光緒二十三年四月十六日），愚齋存稿卷二七寄榮中堂（二十三年四月十四日），卷六三寄張宮保（三十年三月初七日），中國十大礦廠調查記第一篇頁四一及七〇。

❺　愚齋存稿卷二三請准李維格暫緩調部電奏（光緒二十九年九月初二日）。

❻　上引張文襄公奏議卷四四鐵廠招商承辦議定章程摺。

❼　愚齋存稿卷六九寄張宮保（光緒三十一年十一月初十日）。

❽　同書卷六九附張宮保來電（光緒三十一年十一月初九日）。

❾　同書卷六九附唐少川侍郎來電（光緒三十二年閏四月二十八日）。

國鋼鐵在國內市場的價格。這樣一來，再加上外國鐵廠生產條件的優越，其出品運來中國銷售，價格自然比較低廉。漢陽鐵廠出產的鋼軌及其他器材，在國內雖然有新興的鐵路作主顧，但其價格只能按照外來同樣貨物的市價來徵取，不能因本身生產成本的昂貴來提高，自然要吃很大的虧。鐵廠開辦後所以老是虧本，這當是主要原因之一。

除鋼軌及其有關零件外，鐵廠其他鋼鐵製品，也有牠的國內市場。例如國內的自來水管，用生鐵鑄成，是由漢陽鐵廠供給的。❶ 鐵廠所煉的鋼，又『可作甲船鋼甲之用。』❷ 至於各兵工廠，例如和鐵廠在一起的槍礮廠，其製造槍礮所用的鋼，自然要取自鐵廠。❸

漢陽鐵廠的出品，不特有牠的國內市場，而且出口運至外國銷售。除和鐵廠有關的大冶鐵礦，其鐵砂大量運往日本外，鐵廠煉出的生鐵在商辦時代的出口量約如下表：

第三表　漢陽鐵廠生鐵出口量❹

年　份	數量（單位：噸）
光緒二十九年（1903）	138
光緒三　十　年（1904）	12,334
光緒三十一年（1905）	25,130
光緒三十二年（1906）	84,326
光緒三十三年（1907）	33,326
光緒三十四年（1908）	30,890

這些出口的生鐵，以日本爲主要市場。盛宣懷說，『漢廠……生鐵一項，……以日

---

❶ 愚齋存稿卷六九附張宮保來電（光緒三十一年十一月初八日）說，『自來水鐵管等件，自當訂用漢廠。』又參考同書卷六九寄張宮保（同年同月初十日）。

❷ 同書卷九三鄂督張香帥來電（光緒二十四年九月十六日）。

❸ 如同書卷三遵旨具陳練兵籌餉商務各事宜摺（光緒二十五年十月）云，現今湖北所造槍礮，均用鄂廠自煉鋼鋼。』

❹ F. R. Tegengren, op. cit., p. 399.

商所購爲大宗貿易。』❶ 例如光緒二十九年『三月，漢陽廠商董與三井日商訂立合同，購運生鐵一萬六千噸，在漢、滬交貨，分批運往長崎、大阪通商口岸。』❷ 這一批貨到光緒三十年還沒有完全交淸，故上表中光緒二十九、三十兩年的生鐵出口量，合起來也不夠一萬六千噸。日本在地理上距離中國較近，從中國購買生鐵所負擔的運費自較從他國購買爲低廉，因此成爲漢陽鐵廠的好主顧。此外，美國和澳洲也購買漢陽鐵廠煉出的生鐵；❸ 自然，其數量遠不如日本那麼大。

四　結論

以上是漢陽鐵廠在淸末官辦時期及官督商辦時期的大概情況。光緒三十四年 (1908)，漢陽鐵廠與大冶鐵礦、萍鄉煤礦合併爲一，成立董事會，呈請商部註册，名曰漢冶萍煤鐵廠礦有限公司，取消『督辦』名義，由盛宣懷充任『總理』。❹ 此後漢陽鐵廠遂變爲漢冶萍公司構成的一份子。故我們探討淸末漢陽鐵廠的歷史，到光緒三十四年可暫告一段落，因爲官督商辦時期至此爲止，以後則進入漢冶萍公司時期。

這個在遠東最早出現的鐵廠，在官辦時期和官督商辦時期，連年虧折，簡直沒有賺過什麼錢。以後到了漢冶萍公司時期，其盈虧情形約如下表：

第四表　　　漢冶萍公司歷年盈虧淨數（單位：元）❺

宣統元年（1909）	盈	15,400.53
宣統二年（1910）	盈	64,151.71
宣統三年（1911）	虧	2,301,500.85
民國元年（1912）	虧	2,872,075.52

---

❶ 愚齋存稿卷六三寄張宮保（光緒三十年三月初七日）。

❷ 同書卷六三寄外務部（光緒三十年三月初七日）。

❸ 中國十大礦廠調查記第一篇頁七〇。

❹ 愚齋存稿卷一四漢冶萍煤鐵廠礦現擬合併擴充辦法摺（光緒三十四年二月），淸季外交史料卷二〇六漢冶萍督辦盛宣懷奏來股商請改督辦爲總理片（三十三年九月十二日），及今世中國實業通志卷上頁一一一至一一二。

❺ 謝家榮第二次中國礦業紀要（地質調查所地質彙報丙種第二號）頁一二六至一二七。

民國二年（1913）	虧	1,538,389.82
民國三年（1914）	虧	100,967.97
民國四年（1915）	虧	388,105.93
民國五年（1916）	盈	1,878,496.83
民國六年（1917）	盈	2,801,872.20
民國七年（1918）	盈	3,779,904.47
民國八年（1919）	盈	2,918,463.63
民國九年（1920）	虧	1,279,588.44
民國十年（1921）	虧	511,835.03
民國十一年（1922）	虧	3,666,876.36
民國十二年（1923）	虧	2,952,609.86

可知除去宣統元、二年因國內大修鐵路，略有盈餘，及叨歐戰的光，在戰爭那幾年因鋼鐵市價激劇上漲而賺了一些錢外，其餘時間漢冶萍公司都要虧本。因爲虧折得太厲害，到了民國十一年，漢陽鐵廠乾脆停止工作；及十三、四年，開辦不久的大冶煉廠也跟着停工。❶

漢陽鐵廠爲什麼會這樣倒霉？丁格蘭以爲其中一個很重要的原因是鐵廠先後向日本大量借債，按照預定價格來出賣鐵砂和生鐵，以致當後者價格激劇上漲時，也因爲契約的束縛而不能把價格提高來賣。❷這裏我們要問：爲什麼漢陽鐵廠要向日本借這樣多的債，以致喧賓奪主，控制權給人家拿去？

爲着要解答這個問題，我們先要明瞭鐵廠的性質。鐵廠必須有大量的固定資本，纔能煉鐵製鋼。這種固定資本的規模越大，成本越要低廉。因此，鐵廠於成立後，在自由競爭的情形下，如果要能夠站得住脚，必須不斷的增加資本，以擴大生產的規模。但當日鐵廠卻由於種種不利因素的影響，老是虧本，賺不了錢；這自然不能鼓勵人們作大量的投資，以致資金不足，須向日本借債。

所謂『不利因素』，本文中所提出的足以增加生產成本的因素，當然包括在

---

❶　侯德封第三次中國礦業紀要（地質專報丙種第三號）頁一四二。

❷　F. R. Tegengren, op. cit., p. 370.

內。但除此以外，中國關稅的不能自主，更是其中一個重要因素。本來，工業幼稚的國家，當生產條件不如工業先進國家優越，無力與之競爭的時候，如果要發展工業，保護關稅是一種很有效的手段。在十九世紀下半，德國和美國都高築關稅壁壘，擋住英國價廉物美的工業品的進口，纔能把廣大的國內市場保留給本國的新興工業，從而後者纔能發展起來。中國人口衆多，土地廣闊，其國內市場之大足以鼓勵本國工業的發展。可是，中國自鴉片戰爭後，由於恊定關稅的束縛，卻不能隨便增加進口稅來抵抗外貨在國內市場的廉價傾銷。這樣一來，國內市場給外國工業品佔領的結果，由於競爭能力的薄弱，中國新興工業的脆弱的嫩芽便很容易折斷。漢陽鐵廠就是這樣的一件犧牲品！鐵廠的最大主顧是鐵路；如果在清末國內大舉修築鐵路的時候，中國政府能夠向外來鋼鐵課徵較高的進口稅以提高其在國內市場的售價，鐵廠賣給鐵路的鋼軌等物的價格自然可以跟着提高，從而不至於虧本。這是德國和美國在發展鋼鐵工業的過程中曾經有效用過的一種手段。可是漢陽鐵廠卻因爲南京條約的束縛而得不到關稅的保護，暴露於工業先進國的同樣貨物的競爭之下，結果牠賣給鐵路的鋼軌等物，不能按照較高的成本，只能按照同樣外貨在中國的價格來定價。鐵廠所收的貨價旣然和生產成本脫節，自然要長期虧折，終於不能維持下去了。

　　一國的鋼鐵業發展了，機器設備主要由鋼鐵製造的其他各種工業自然也跟着發展；此外，農業的機械化，交通的現代化，都和鋼鐵業的盛衰有很密切的關係。因此，鋼鐵業實是一種鎖鑰工業，牠的盛衰不僅影響到一國的國防，而且有關於整個工業化運動的成敗。可是中國第一個煉鐵製鋼的漢陽鐵廠，卻遭遇到這樣惡劣的命運！中國近代工業化運動所以得不到多大的成績，我們在這裏當可知道一些消息。

　　　　　　　　　　　民國三十七年八月十三日，南京北極閣山下。

出自第二十一本第一分（一九四八年十二月初版，一九六四年一月再版）

朝鮮『壬辰倭禍』與李如松之東征

明清之際史事論叢

李　光　濤

　　朝鮮『壬辰倭禍』初與清人無關，但日人市村瓚次郎於其所著『明代之滿洲』（見王桐齡譯「滿洲先世與清室淵源」，在國立編譯館出版中。）一文內，則以『朝鮮之役』與『建州奴兒哈赤』相提並論。市村氏於此，更爲結論曰：『明援朝鮮無功，於是奴兒哈赤乃乘機而起』。（奴兒哈赤之崛起，原因甚多，其得志之初，乃萬曆四十七年事，去萬曆二十年朝鮮「壬辰倭禍」已二十餘年，可見奴兒哈赤之亂，與所謂「朝鮮之役」根本不是一回事，參中央研究院歷史語言研究所集刊第十二本拙著「記奴兒哈赤之倡亂及薩爾滸之戰」。）蓋其時代適相銜接，所以本文亦因之，編入明清之際史事論叢之列，俾研究此期史事者，正可資以對照。此外，又有日本黑潮雜誌一書，載青木正兒所撰中國戲曲小說中的豐臣秀吉一文，更爲許多荒唐之論，其論李如松東援之役，則不肯置信如松平壤的大捷，如云：『明史所講如松大勝的內幕，大槪像是糊塗塗塗的捷報』。又云：『但這大槪是掩飾事實的政治報告書，好像都是根本的誤傳』。此種論調，與市村氏所說的『明援朝鮮無功』一語，不外都是些謬妄之論，不足信據。考明史，當一五九二年（萬曆二十年壬辰）第十六世紀之末，朝鮮之突遭倭禍幾致亡國，（宋應昌經略復國要編卷首載朝鮮國王乞援疏有云：小邦將卒初敗績於海上，再敗於尙州，三敗於忠州，四潰於漢江，遂致京城不守，平壤見陷，國中形勢盡爲賊據。）此時明朝兩次仗義出師，再造東國，實爲當時東方震耀古今之第一大事。（朝鮮宣祖實錄有曰：「賊退專倚天兵」。又曰：「自開關以來所未有之大功也」。）此段大事，尤其是關于提督李如松東援之功，更值得朝鮮人士的極端稱誦，如曰：『東援之功，莫大于平壤之捷』。又曰『纘嗣我穆陵朝（宣祖李昖）重恢之業，始甚於平壤之捷』。都足以證明

平壤之捷實爲朝鮮『壬辰倭禍』中一個決定性的戰爭，同時也就是中日戰爭史上最光榮的一頁。此頁歷史，得之亦非偶然，至其間立功最多最大的還以南兵爲第一位，而南兵之中，老將輩又實居首功，如參將駱尚志，如副總兵吳惟忠等，皆是。總此情節，作者過去曾討論及之，撰有論中國戲曲小說中的豐臣秀吉一文，載中央研究院歷史語言研究所集刊第二十本，惟是此篇論文的內容，當初因爲受了討論範圍的限制，所以有些史料都未能充分的收入，現在本文旣以『李如松之東征』爲題，不妨創將前此刊落未用的史料再借此一談。當然地，前篇論文內所已說過的，這裏也毋須更引，但如間有一二重要的史料，今爲便於逑叙起見，自然仍當不避複擧，藉省讀者翻檢之煩。總之，我的用意，只在說明了平壤戰役前前後後的情節，介紹於國人之前，俾爲當世博雅君子作一個參考之資而已。

一、平　壤　之　捷

　　據宋應昌經略復國要編載萬曆二十一正月二十一日與平倭李提督（如松）書賀正月初八平壤捷功有云：

> 近日節據訪報：倭奴斬首者一千六百二十，生擒者不在此數，火箭薰燒死者萬餘，逃囘者僅十分之一，帶傷者半之。不佞與大將軍休戚相關，得仗神威，遂下平壤，門下之功，卽不佞功也。（卷五葉四一）

此所云『逃囘者僅十分之一』，檢朝鮮宣祖實錄（簡稱宣錄），卽據守平壤倭酋平行長的精賊三萬，逃遁者僅四千餘名之事。實則此四千餘名，當其於八日夜間逃向黃州之際，又爲朝鮮的官兵跟蹤追至洞仙峴地方，計斬馘百餘，以及射殺了千餘名。（卷三三葉三及卷三四葉一四）據此，則平壤三萬之倭，其因逃遁而得生命者最多不過三千之數而已。自此平壤大捷之後，據復國要編，各道屯結之倭，也都聞風而逃了。（卷五頁四八及葉五〇）同時宣錄亦記云：

> 中和黃州連營之賊，聞平壤礮聲，先已捲遁。（卷三四葉一四）

> （慶尚）倭賊所持牛馬，盡爲斥賣。（卷三五葉三三）

> 京城之賊盡燒房屋，束裝以待，將有潰散之勢。（卷三五葉五七）

綜此諸端言之，平壤戰後倭寇將欲捲歸本土之情，不難想見。蓋因平壤的大勢已

摧，不得不出於此。凡此情事，東國記載甚多，如宣錄，如宣廟中興誌，如柳成龍懲
毖錄不能盡舉。玆但將宣錄所記明兵恢復平壤城情形，舉例於後，以見明兵的威力實
不可響邇。如甲午三月戊戌，李德馨面啓國王之言曰：

　　平壤陷城時見之，則雖金城湯池，亦無奈何。上曰：以何器陷之乎？德馨曰：
　　以佛狼器虎蹲礮滅虜礮等器爲之，距城五里許，諸礮一時齊發，則聲如天動，
　　俄而火光燭天，諸倭持紅白旗出來者盡僵仆，而天兵騈闐入城矣。上曰：相持
　　幾時乎？德馨曰：辰時接戰，巳初陷城矣。上曰：以我軍決不可憑仗矣。且後
　　世非火攻不能成功矣。軍數三萬云，此不多，而素所節制者，故能戰矣。（卷
　　四六葉一八）

又癸巳二月乙巳：

　　引見接伴使知中樞府事李德馨平安道監司李元翼右承旨洪進……上曰：天兵火
　　礮之制，如何？如我國大將礮耶？元翼曰：其制百般，不可容易學得也。其放
　　之聲聲似有倫理，及其齊放也，天地裂破不可形言。……上曰：銃筒（倭人鳥
　　銃）之聲，不可與天兵火礮同耶？德馨曰：倭銃之聲，雖四面俱發，而聲聲各
　　聞，天兵之礮如天崩地裂，山原震蕩，不可狀言。上曰：城石亦可觸破耶？元
　　翼曰：觸之無不破裂，犯之無不焦爛。洪進曰：此地（肅川）距平壤似不近矣，
　　而於此亦聞其聲云矣。上曰：軍勢如此，則可不戰而勝矣。（卷三五葉四○）

然宋應昌於此，則以爲威力尚未盡施，如復國要編有云：

　　大將軍礮亦有至者，以此擊之，必爲齏粉，迺倉黃之際遺此一着（卷五葉二三）

所以平壤之役，平行長等之所以未能全部就殲者，亦只此一原因而已，然當其逃出
平壤時所有狼狽不堪的情形，就宣錄所記自倭中逃回之金德淪的供詞亦可見一斑，如
云：

　　今此平壤之敗，問之將倭，則曰……入京城時，敗賊皆閉目而去云（卷三五葉
　　四三）

當時倭寇頹喪失望之狀，竟至如此。考明人之所以如此能戰者，據復國要編說，則爲
『中國制倭長技惟恃火器』而已。又宣錄也有同樣的記事，其言曰：

　　臨戰之制，莫如火攻，脫使項羽再生於此時，無火攻，則不得爲萬人敵矣。

（卷五〇葉一八）

當時明人能將火器集中使用，故有『天兵之礮如天崩地裂，山原震蕩，不可狀言』，及『觸之無不裂破，犯之無不焦爛』的記事。當時已有如此優越戰略，故能不崇朝而拔平壤一堅城，如『辰時接戰，已初陷城』，總共不過兩小時的時間，便解決了平壤城內之三萬勁敵，這是東方戰事史上未有的奇捷。及檢一六六九年日本山鹿素行所作的配所隨筆一書，則反云：『本朝（指日本）的武勇，爲異國所恐懼』。又云：『這是因爲武器非彼國（指明）所可及的原故』。按日人所說的『武器』，當指鳥銃而言，實際鳥銃並不足畏，如宣錄載國王與巡邊使李時言問答之辭有云：

上曰：卿與倭戰乎？時言曰：臣始自倭賊入城之後，大小百餘戰，與倭相戰極難矣。倭賊各爲戰，一聞其將分付，必以力戰勝敵爲期，所以難於戰也。……然若馬戰則不足畏矣。上曰：其於放礮何？時言曰：銃筒雖可畏，若能審視，則可以免矣。……我國人皆以走爲善策，走且不及，則爲賊所殺，賊見我國之人或走或死，樂爲之赴戰，是以倭之氣增長而我之氣沮喪矣。

此爲日人遇弱則戰之事，然一遇明兵，則倭之善走亦學朝鮮人之走了。如時言又曰：

臣曾從道山之戰，得見麻貴所率獞子二百餘名，皆持環鞭亂打如雨，迅雷不及掩耳，銃筒亦不暇放，賊兵之走亦如我國人之走。以此見之，銃筒於馬戰亦末耳。上曰：倭子不及放礮耶？時言曰：不及放矣。走且不贍，況能放礮乎？

（卷一八八葉五）

據此，可見明人不徒僅恃火器，其行軍實亦極富機敏。足使日人所自誇的『日本兵强』之聲譽爲之不隆。更由此推之，可知日人之鳥銃，若一遇走馬衝鋒的野戰，則又爲無用之物。且此類記事，據宣錄，可以常常見到：

備邊司啓曰……往日慶州之戰，天兵一人偶持火箭，放中一賊，滿身火起，衆賊來救，亦爲火箭所燼，欲赴水不得，仆死中道云。（卷四五葉七四）

此又可見明人不僅能使利用西洋之佛郎器，且於火器之外，更有火箭之發明。凡此情形可說『明人的武勇，爲日本所恐懼』。又可說『這是因爲武器非日本國所可及的原故』。語云：『知己知彼，百戰百勝』，可惜一五九二年的日本豐臣秀吉既不知己，又不知彼，因而他才發動了朝鮮之役，同時他又很驕傲的而放出許多的大話：

日本是弓箭堅強之國，而中國則是長袖國，其文弱有如處女，故日本之征伐中

國，有如大山壓卵。（見毛利家文書三之九〇三號及九〇四號秀吉朱印狀）

此一記事，實當初日人之通病，即『未戰皆能浮言』之類。如宣廟中興志所附倭情錄

有云：

凡衣服言語，皆浮虛無實，未戰皆能浮言，臨戰各自寒心，未戰皆能舍生，臨

陣各自圖生。（卷下葉七二）

其人短小無力，我國男子與倭角力，倭人輒屈（光濤按，成宗實錄卷一〇一葉

五亦曰：我國人與倭相搏必勝）而其所謂輕生而忘死者，亦不能每人而得之。

（卷下葉七三）

又倭情錄於此，更有一結語曰：『茲乃俘人之所親見，足以破萬古愚氓潰卒之惑』。

據此，可見明朝之應付『倭奴』，只須應付得當，制之並非難事。例如所謂『臨陣各

自圖生』之說，檢朝鮮朴桓（珪壽）瓛齋集，即前途倒戈的行為：

壬辰倭寇，登陸之初，其前茅將沙也可……以其精銳三千，即日歸化，倒戈前

導。（卷七葉三三）

此在宣錄內乃習見之事，即所謂『降倭』，這裏也不必多舉，要之，其為『臨陣各自

圖生』之計，總是真情實事。至於還有『其所謂輕生而忘死者，亦不得每人而得之』

一情節，則證據更多，參宣錄，如『一敗之後，縮頭不出』，（卷三五葉五一）如『賊

不敢西向，天朝之力』，（卷三六葉五一）如『倭賊龜縮入城』，（卷四〇葉九）如『賊知天

兵來到，舉陣驚駭奔散』，（卷四一葉九）如『賊蹂躪屠戮所向無前，獨其所畏者天兵

耳』，（卷四一葉二九）諸如此類甚多。除此之外，再就本文前面所引的記事，如『各

道屯結之倭，皆聞風而逃』，如『京城之賊將有潰散之勢』，以及『走且不贍』等舉動，

合而觀之，與『輕生忘死』一言，都是極端的相反。善乎朝鮮世宗實錄之言曰：

倭賊譎詐，以劫掠為生，弱則馴服，強則跳梁。此其常性。（卷一〇一葉二一）

又明宗實錄亦曰：

倭奴之貪毒，甲於羣蠻，而詐譎倍之，觀其所安，唯利是急。其力足以制人，

則朝吾納款而夕犯我邊境矣。其力不足以制人，則蹴爾與之亦必搖尾而求食

矣。（卷二二葉一七）

此形容『倭寇』反覆無常之狀，眞千古一轍。所以日本當平壤大敗之後，隨而乞封乞貢之請，也就因此而起了。至於後來封事之不成，則因明帝『准封不准貢』於彼無所利而已。據宣錄：「但有封王之事，而無（貢市）實利，故終不成矣」。（卷九三葉九）此是後話，且不在本題討論之內，此下但將李如松 碧蹄之失附論於後，以明李如松 平壤戰役一事之始末。

二、碧 蹄 之 役

　　當平壤大捷之後，提督李如松倘能善用其鋒，俾南方礮手得盡其所長，則朝鮮倭寇就其『勢將潰散』和『斥賣牛馬』等情推之，只須於俄頃之間便可以全面肅清。不幸正月二十七日碧蹄之役，李如松輕敵貪功，不帶南兵，只率家丁千餘騎（一云三千人），致爲倭奴所乘，此實李如松所不得辭其咎者。據日本外史卷十七記此戰的結果有曰：

> 遂大破明軍，斬首一萬，殆獲如松，追北至臨津，擠明兵於江，江水爲之不流。

此似指明兵全軍覆沒的口氣。然檢宣錄之記載，則如松之軍死者只數百人，而斬賊之數則逾六百餘級，或又云通計千餘級，可謂『與賊死傷相當』。其詳如下：

> 癸巳二月庚寅，接待都監啓曰：當日南兵千戶吳惟珊，以調兵事過去，言前月二十七日晌（响）午，天兵爲我國哨兵瞞報所誤，謂倭賊已退，京畿已空，領兵前進。倭賊曾已埋伏，反被中截圍掩，斬倭僅一百二十餘，天兵死傷一千五百，提督今住臨津江邊，雨雪如彼，定然退屯開城云。惟珊乃袁主事差來體探人，南兵與提督有隙，雖不可信其必然，所言如此，且云將官死者十四人，姓名則未及知，我軍無一人死傷云。（卷三五葉五）
>
> 初李提督既拔平壤，乘勝長驅，正月初十日夜，入開城府，……牌催劉綎兵馬，以爲進兵之計。二十六日，自臨津下流涉灘以過，進次坡州。二十七日早朝，欲親審京城道路形勢，單騎馳向碧蹄。時京城之賊尚有數萬，提督先遣查大受祖承訓領精騎三千，與本國防禦使高彥伯遇賊於迎曙驛前，大受與彥伯縱兵急擊，斬獲六百餘級，諸將因此益輕敵。賊將聞其前鋒爲大受所破，悉衆而

來，陣於礪石峴，大受見賊騎勢大，退屯碧蹄。賊分佈山野，看看漸逼，提督
方行路上，見彥伯軍官詳聞賊勢，遂馳往碧蹄，路上馬蹶，墜落傷臉。時南浙
礮兵俱未及到，只有手下精騎千餘，提督卽麾已到之兵進陣于野，與賊對陣。
先放神機箭，初一交戰，賊少却，而已見天兵小（少），左右散出，冒死突出，
直衝中堅，天兵全無器械甲冑，徒手搏戰。提督與手下驍將數十人親自馳射，
勢不能支，麾兵四退，提督殿後而還。賊三千餘入直逼提督，提督且射且退，
賊遂乘銳亂斫，天兵死者數百，李備禦馬千總皆死於賊，提督下馬痛哭，本國
糧餉在碧蹄者，散失殆盡。先是，提督以糧餉不敷，中分其一半留鎮東坡，一
半渡江，至是勢急，急遣人促召後軍，繞過瓮巖，前軍已罷還矣。賊追至惠任
嶺，望見大軍，不敢踰嶺，奔還京城。時天兵遠來疲弊，又有馬疾，戰馬死者
至一萬二千餘匹，及碧蹄之敗，死傷甚衆，已而清正還自咸鏡道，合陣於京，
賊勢益盛，提督因此不敢爲再舉之計。（卷三五葉六）

辛卯，都體察使右議政兪泓馳啓曰：本月二十七日，李提督領兵發行，聞査副
總高彥伯同往體探，適逢賊六七百名，斬獲四百餘級，則賊衆無數出來，副總
兵倒退碧蹄，賊徒追至云。提督卽往碧蹄，抄率已到精兵，鋪陣接戰，而礮手
及諸軍在後，兵勢不重，不能勦滅，反至手下二把總喪亡，日暮時退兵坡州，
今二十八日將回到東坡。體察使柳成龍都元帥金命元面陳不可退軍之意，則以
芻草不足，地勢非便，回到休養數日，當大舉云。已時發行回去，査副總兵亦
自碧蹄過坡州云。（卷三五葉七）

甲辰未時，上御靈巖院，引見中樞府事李德馨右承旨柳夢鼎注書沈彥明待敎趙
守翼檢閱趙維韓，上曰：提督何以回軍？德馨曰：因糧草不敷，黃海道則雖已
蕩敗，稍有餘粟，而京畿則盡經焚蕩，村落丘墟，所見慘酷。正月二十七日，
祖承訓査大受張彥忠李寧等，率三千餘兵往碧蹄，與賊相值，一人或斬六
十級，或四十級，通計千餘級矣。査大受請提督來觀賊形止，辰時，提督以單
騎馳往。臣進往于惠任嶺，令從事官及軍官一人先往碧蹄，措辦支供矣。官軍
急馳還來，言倭賊無數出來云。臣在軍後望見，則賊數十倍天兵，無慮累萬，
臣大驚馳往，則提督馬蹶傷股，良久而起云。上曰：提督獨往，而張世爵等不

隨去乎？德馨曰：世爵往矣。上曰：接戰時，卿見之乎？賊持弓矢乎？持銃筒乎？騎乎步乎？接戰先用何技？德馨曰：提督挺身獨進，火礮諸具並不輸去，只放神機箭。賊則放礮，先來天兵，直突搏戰，則賊少退。未幾賊左衝右突，一時直前，天兵不得抵敵，一邊使諸將領兵結陣，一邊使疲卒先退矣。上曰：我軍不往乎？德馨曰：李蘋在新院近處，都元帥率軍百餘在天兵之後矣。天兵退還時，軍糧器具棄置狼藉，馬不得馳。臣上惠任嶺見提督與諸將且戰且退，天兵三百餘名與倭搏戰。退北之際，擺撥急督南兵來救，若以此兵進擊，則勢似可捷。而提督以其手下家丁多死，李文升戰亡，故痛哭悲傷，固不進兵，還師坡州矣。今日以戰馬多死，親自設祭。適天氣微陰，提督使人言天雨則此處無房屋，不可住，必還開城，休兵以進。更請少駐，而終不聽，只留南兵礮手於江邊，乘馬則盡還開城府，不知何意？大抵提督於二十七日獨引家丁，輕進不利，因此退駐東坡，而諸將中如張世爵，尤主退兵之議。今又退駐開城，雖云休兵更進，而亦難料其必然。賊兵尚留京城，若大兵從此遽退，則大事將去矣。上曰：天兵所棄之物，有收聚者乎？德馨曰：李蘋軍得軍糧若干，甲二百餘部，納于提督，則提督只留甲十餘部，其餘則還給矣。上曰：天兵之死者，其數幾何？德馨曰：與賊死傷相當，幾至五六百矣。上曰：提督用兵如何？德馨曰：提督甚好人，而但南北兵不相得，訴罵提督者亦多矣。上曰：南北兵不相得，予已知矣，其論功何如是乎？上曰：張世爵與提督同鄉人耶？謂有功則可矣。至錄於首功，則未可也。德馨曰：南兵不顧生死，一向直前，吳惟忠之功最高。查大受浮誕愚人也，今此碧蹄之敗，大受輕進，故世爵力主大軍撤回之議云。（卷三五葉三四）

三月己未，上引見接伴使李德馨……德馨曰：臣見奏本中，碧蹄之戰，以勝捷為言，極為未安。如曰殺傷相半，則庶乎其可也。上曰：是也。德馨曰：天兵齊進，則事可易濟，而懲於一跌，不欲進戰，故南軍叱提督者，必曰髠達子，怕他不戰云矣。（卷三六葉五）

又懲毖錄卷九葉六載正月二十九日馳報李提督進軍碧蹄不利啟云：

二十六日，提督由開城府過東坡，水渡臨津淺灘，駐兵于坡州。二十七日，提

督及李都督率家丁百餘名，馳向碧蹄，將欲自體探于京城，諸軍皆不動。是日曉頭查總兵與防禦使高彥伯馳到昌陵近處，賊多設伏兵于山谷間，先出數百餘人誘引，總兵揮兵掩擊，賊披靡散走，斬獲殆盡。欲引退之際，賊後隊大兵繼至，提督行到惠陰嶺，聞有賊兵，馳馬突進，路中馬蹶墜落，頗微傷，良久而起，因前突賊陣。賊衆多於天兵先鋒數倍，而天兵之繼進者未及到，天兵因爲賊所逐，提督殿後而退，大軍鱗次退來，還駐坡州。天兵死傷者數百餘人，提督家丁親信者一人亦死，提督馬上痛哭，到坡州，夜間亦哭，臣等即爲問安。

先是經略宋應昌於平壤大捷之後，爲恃重慮後之計，特致書參軍鄭文彬 趙汝梅等授以方略，囑其與提督李如松細爲講求，務使萬全，共建千古偉績。其最後一段且申明制倭之要曰：

> 往後凡遇戰陣，當離倭營四百餘步，我先以大將軍礮挑擊之，彼必以鳥銃抵我，使其放盡，方以大兵進之，必獲全勝。（復國要編卷五葉二四）

此書以正月十四日傳至軍前，結果由於李如松不納宋應昌之言，致有碧蹄之失（經督不和始此）。當時應昌以爲彼此事屬同舟，禍福共之，故於二月六日致書李如松，特申規戒之意：

> 奮勇當先，躬冒矢石，英風偉志，令人傾羨固矣，然輕犯敵鋒，幾致不測，非所以爲社稷重也。（復國要編卷六葉一四）

據此，可見李如松 碧蹄之戰，其失則在於自恃匹夫之勇冒險歷進而已。此一戰役，如松之軍損失雖曰數百人，然當陣斬級之數則至盈千，如兩相比較，亦足以抵償而有餘。及檢萬曆實錄二十一年七月辛酉浙江巡撫彭應參題，則竟輕信浮言，曰『大將僅以身免』，明史又記曰『死亡甚多』，與朝鮮所記死亡之數俱出入甚大。特是李如松自此一跌之後，銳志全消，暮氣難鼓，則係實情，據宣錄，不曰『正月吾本命不吉』，（卷三五葉九，懲毖錄卷九葉一一同），則曰『常於軍中夢魘云』（卷四四葉七），拘忌如此，自然不能再如往日在平壤時躬親督戰的氣象。而倭寇在平壤一役以後，也得了一些經驗，他們此後總是堅守據點，不再浪戰，而那時大礮攻堅的能力還是有限得很，所以李如松後來更昌言曰：『我寧填死於溝壑，賊則決不可擊』。（卷四五葉四）兼之軍中病疫，（倭疫更甚，一番頭痛便死，但有漢奸許儀後在日濟爲倭救治。參宣錄卷三九葉

四七，及拙著：朝鮮壬辰倭禍與中原漢奸）馬之倒斃者乃至一萬餘匹， 同時還有天時地利以及糧草的不足，都爲李如松頓兵不進的原因。後來則更『夜長夢多』，經督不和，彼此大鬧意見，戰爭之不能進展，固又理勢之所必然者。其實機會敲人門只有一次， 當初的事機旣誤，後來在堅城之下死亡纍纍，卽欲鳴鼓再進， 其勢亦決不可能了。如懲毖錄癸巳二月三十日馳啓北賊盡聚京城云：

> 近日北賊自淮陽鐵原連續上京……必有奸謀……當初平壤戰勝之後， 賊皆奪氣，其在京都者大半南逃，若能乘此機會及其北賊未來之前，鼓行剿滅，其勢甚易。不幸天將一跌於碧蹄，遽爲旋師，我軍則坐待天兵遲留過時，使難得之機容易蹉過，極爲痛心。（卷九葉二一）

據此，可見自李如松碧蹄一跌之後，失勢之倭又潰而復合。再觀此時之如松，旣非初時出來之比，且又多拘忌，則其怯於進剿之實情自不待言。因而軍中皆怨提督用兵之失當，如云：

> 提督之軍作歌謳吟，曰小坡羊小詞十餘章，皆思歸怨苦之言，軍心如此，極爲可憫。大槪皆言提督用兵失當，致令久留于外云。（宣錄卷四一葉一九）

此乃當時北兵的情形，至南兵則務於進取，如懲毖錄記云：

> 大槪南將則務於進取，只緣不能自擅，難於決計，誠可痛恨。（卷一一葉九）

> 近觀天將所爲，只因南軍北軍未能和協，大功遷延，實在於此。（卷一○葉九）

然中興志則云：『李如松北將也，恐南軍成功，故沮之』。（卷下葉五）因此南兵甚憤，於是更轉恨李如松的畏怯，至有『鬆達子』三字之稱。此一名詞。當時又惹動了朝鮮的注意，宣錄癸巳閏十一月壬午條：

> 上御便殿，引見領議政柳成龍……上曰：前聞平安監司李元翼之言，駱尙志謂李提督鬆的人，鬆字何義耶？我國音聲何音耶？成龍曰：與松字同音，其義與床花餅浮起之狀也。提督一自碧蹄敗後，畏賊甚，常於軍中夢壓云，如此而何能討賊乎？（卷四四葉七）

因李如松之畏賊而不能討賊， 所以懲毖錄內更有一條詳言如松決計旋師之事，題爲『天將已定旋師，非緣糧餉乏絕狀』。其言云：

> 今見提督咨文，緣各處運糧不繼，難於前進，至有還師之語，垂成大功將虧一

　簣云。朝廷遠在，凡百措置，全委于卿，而莫重銷糧不爲趁措，至於提督移
咨，有此旋師之意，予心猶爲缺然，卿宜竭其心力，十分周旋，無使乏絕事，
本月初三日左副承旨成貼，有旨書狀，臣在開城府祗受。京畿人力殫竭，彼此
輪運之間，不無掩留遲滯之事。至於今日，則南方運糧連續來泊，時在江口
者，米豆並一萬餘石，提督還師之計，不必在於糧餉乏絕。不幸自碧蹄輕進一
跌之後，遂爲退縮，自碧蹄退坡州，自坡州退東坡，自東坡退開城，其意可
知。今日已定旋師之計，臣呈文陳辭，前後懇乞，力已竭矣。自中已定之計，
不以微言而有所移易，大事將去，莫非臣等無狀之罪，伏地痛泣，不知所達。

（卷九葉一五）

此處天將糧料，大槩前已馳啓，今據戶曹判書李誠中分戶曹判書朴忠侃所報，
米豆幾至四萬餘石，天兵糧餉稍可支吾，至於馬草，時方陸續輪運。當初提督
退兵，非因糧乏一事，只緣碧蹄輕進蹉跌，轉輾至此，坐失機會，眞可痛心。

（卷一〇葉一〇）

　『大兵未動，糧餉先行』，朝鮮之如此盡心盡力措辦糧餉，卽爲希望大兵足餉足食庶乎
可以鼓腹前進之意，然李如松於此猶決計不爲進兵，則當與乏糧的問題無關。如再進
一步言之，則又可以斷定李如松所常說的甚麼天時和地利不便於進兵的話，當然也不
外只爲一種畏縮不前的藉口。例如在同一環境同一時期內，日人如何反能以數十萬衆
攻陷晉州，麋了六萬人，而如松則坐視不救。敵旣能來，我何獨不能往，由此一事，
益足證明如松所說的天時地利等情節，皆是託辭畏縮而已。此項推論，再照下面所引
李德馨等面啓國王之言，更足斷定『畏縮』二字固係千眞萬確的事實。

　　癸巳三月乙未，上引見接伴使李德馨調度使尹承勳……承勳曰：南人則給糧之
　　際，亦不雜亂，而遼薊之卒與獷子無異，將官亦任其恣取，難於禁斷。且天
　　將云：若糧絕，必將印信文字進呈云。其意欲執此爲班師之計也。

又曰：

　　放糧之際，人多疊受，且除出餘數之料，換貿紬疋。上曰：大將不禁耶？德馨
　　曰：似非大將所知也。且天將倘有急救之心，則當問糧餉多小（少），而觀其
　　意，有若不知者然。蓋糧餉盡，則欲爲回軍之意也。（宣錄卷三六葉四）

又按朝鮮之措糧，據宣錄卷三五葉六雖有『本國糧餉在碧蹄者散失殆盡』的記事，但此後卽彌竭人力絡繹輸將。李如松之欲還，本不以糧餉不繼爲其實因已如上述，其處事之失當，宣錄更有一條，如云：

> 上曰：當初李提督率三萬兵出來，見之有若天神，後見平壤事，以爲果如其人矣。至於求馬不卽給爲怒，且長驅直下而不爲防後計，若賊潛出安州以絕其後，則何以爲之乎？以此見之，非高將也。雖有長驅之勢，猶不可如此，況勢不可長驅乎？成龍曰：前以大軍臨之，從間道絕其後路，乃是上策，而失此不舉，其將可知。（卷四四葉七）

此批評李如松處，所謂『非高將』云者，自然也就是『庸才』二字的代詞。以庸才之人而竟拜大將之命，其中當有他故，如朝鮮英宗實錄記國王之言曰：

> 李如松於神宗皇帝爲戚里。卿等知之乎？讀卷官李天輔曰：出於何文？上曰：小說有之，如松之妻，鄭貴妃之弟也。（卷七九葉一四）

此一條，直是說明了李如松的大將一職，完全由婦人身上得來。除此之外，子亦可以父貴，如李宗城之於李言恭，揆之李如松之於李成梁，正同一情節。

又以如松之庸才，參後文所記遊擊王必廸面數如松『不令而戰』之失，亦可見一斑，如云：『平壤攻城之日，不令而戰，故軍士不及炊食，爲將者不念軍士之饑，而遽使攻城，是謂不仁也』。驅枵腹之士以與倭戰，更是如松最大的失策。然據復國要編載李如松塘報，則爲：『（萬曆二十一年正月）初八日五鼓造飯，黎明分佈諸將』。（卷七葉九）其後經略宋應昌卽據如松之言具疏入奏於朝廷，可謂矇蔽已極。至於後來論功之不均，其情形亦如此而已。

> 懲毖錄：提督攻城取勝，全用南軍，及其論攻之際，北兵居上，以此軍情似爲乖張。（卷九葉一二）

> 宣錄癸巳二月壬子……上又曰：提督論功不公云。然耶？物論又何云耶？參贊官沈友勝曰：以本國之言觀之，則南兵之功多矣。上曰，然則此提督未盡處也。（卷三五葉五六）

> 又四月乙巳，初平壤開城府旣已收復，李提督如松世居北邊，凡用軍議功之際，右北軍而退南兵，由是南北軍不和。（卷三七葉二七）

處此情形之下，則李如松之軍實已不能再用，何況更有碧蹄一戰為崇，其氣已摧，正如宣錄所云：『用兵如用劍鋩，刃若鈍，則必須更磨，然後可用』。（卷四四葉五）於是李如松不得不稱病求去，撤兵西歸，而朝鮮之役因而也就拖延了七年之久。（宣錄卷五二葉二三，載甲午六月丙寅謝恩使金晬啓曰：臣等回到山海關，見主事張棟，行禮訖，主事……又言曰……前事蹉過，言之無益，但攻克平壤之後，乘破竹之勢，驅至王京，則倭患不至今日矣）結果還是水兵南海之戰，才將日人驅除朝鮮境外。

三、平壤戰役與南兵

自古戰陣之間，往往有許多立大功者，在當時的地位，每每都是些與朝廷素不識面之人，他不具論，卽如平壤之役，南兵之有功不錄，便是一例。此等南兵，嘉靖之際，卽已馳名於倭中，素為倭奴之所畏。所以壬辰之役，其時朝廷有識之士，嘗主張多募南兵以制倭，至有『禦倭不可無南兵』（萬曆實錄二十三年十月庚申）之說。（大學士張位則以為南兵不可用，張為北人，與後來楊鎬同一見解，東征之役，關於南北軍情之不調，大概不外這類的原因）迨朝鮮遣使請兵，其意亦在於南兵，以此請兵之辭有曰：『南兵一當百云』。又曰：南兵則雖五六千，可以有為』。（宣錄卷三一葉一二）欲明斯義，須先研究南兵之根因，然後始可有料量，欲略知南兵的根因，又必須先從浙兵殲倭無遺之事說起，如宣錄乙未二月辛未記浙兵平定倭變之狀有云：

> 戶曹判書金晬秘密書啓：昨夕陳遊擊（雲鴻）……謂臣等曰：天朝嘉靖某年間，四十八個倭來犯浙江，其時不得防守，與你國一般，任你厮殺，乘勝長驅，直至福建南京等處，殺傷人民不知幾萬，於中國不共戴天之讎。厥後倭賊謂中朝不足畏，更率四萬兵入寇，朝廷遣吳經略禦之，經略豈不知不共戴天之讎，而知其力不能剿滅，故姑為羈縻之計，題本奏請除授高爵，厚贈金帛以誘其心，賊甘心信服，散處安居，吳公密謀圖之，殲滅無遺。賊雖兇狡，亦可謂愚矣。（卷六〇葉四八）

此吳經略乃胡宗憲之誤傳，江浙人讀吳如胡，朝鮮人得自傳聞，所謂姑為羈縻之計，乃指招降徐海 汪直之事而言。其後倭寇不復為害於東南者，則實戚繼光訓練浙兵之功，故當時有『浙兵之強甲於天下』之說。如宣錄甲午十月乙丑備邊司啓曰：

以中原之事觀之，江南之兵最號懦怯，不如北方之健兒，自古有言矣，故嘉靖
年間，浙兵數千不能當一倭，誠若眞不可敵？及戚繼光以一偏裨之將起于行伍
，設法操鍊（練），數年之後，浙兵之強甲於天下，至今所恃以禦倭者，不在於
燕代而在於江南。以此論之，兵豈有常勢哉？其強弱勇怯，惟在於將帥之運用
如何耳。(卷五六葉五一)

邇時朝鮮君臣對于此等軍，也就特別的常常加以討論，如同書又云：

上曰：倭賊每寇浙江 蘇 杭等處，此等軍非不在矣。而有累陷之患何也？(李)
德馨曰：有中原士人呂應周者以書示之曰：嘉靖年間，倭賊陷蘇 杭，其後措
備有方，故今則無患云矣。(宣錄卷三五葉三九)

同卷葉四十又記德馨之言曰：

浙江以詩書文物為事，而不習武備，故累為倭寇所侵，嘉靖殺掠之後，武備一
事，時時為習，故如是能之耳。

此處於南兵所以詳記如是者，蓋為證明南兵為強為弱，南兵之人一而勝敗異者，『惟
在於將帥之運用如何』以及士之致死與不致死之故而已。(宣錄卷三五葉三五記南兵之
勇有云：南兵不顧生死，一向直前) 南兵卽『礮手』，或曰『浙兵』，或又曰『江 浙營
倭兵』，(宣錄卷二九葉二〇) 所以後來東南的海防專恃以禦倭者，惟在於此兵。(同安
林次崖集談兵一則內論浙兵捕殺倭賊之事有云：自來捕賊者，皆伺之於海，以大船衝之，
則無不破碎) 及朝鮮壬辰之役，大明出師東援，其所恃以勝倭者，亦在於此兵。因而
朝鮮請兵之初，便專以南兵為請，當時明廷亦以為『禦倭不可無南兵』，於是也就允許
了朝鮮的請求，特遣南兵數千人，另外又更配合了大隊的北兵，同渡鴨江以解東國之
倒懸。一面又因朝鮮請兵過於急迫的關係，有『雖得天兵數百，小邦亦可恃以無恐』
語。所以南兵一枝，又不得不先期送出，以安朝鮮之心。蓋南兵為步軍，北兵為馬
兵，步兵行軍比較便捷，不難奉調卽行，不似馬兵有許多裝齎之煩，征調實費時日。
卽此言之，可知朝鮮之役，倘專用南兵而不用北兵，不但軍需方面所省實多，卽就戰
略而論，南兵之制倭亦可收速戰速決之效，何至後來紛紛不決在朝鮮境上相持了七年
之久。此為另一問題，這裏可以不必多說，現在只說一說關於南兵過鴨綠江時所有
『游泳而渡』之狀，據宣錄壬辰（萬曆二十年）八月庚子條，舉例於後，以見南兵行軍便

捷之一斑。

　　司諫李幼澄啓曰：小臣昨日承命過江（鴨綠江）……臣路上見南兵來到，皆是步
　　軍，所持器械皆便捷，多帶倭銃筒火礮諸具，其人皆輕銳，所著巾履與遼東
　　北京之人不同。有駱遊擊者領來，其人善使八十斤大刀，力舉八百斤。南兵渡
　　江時，臣則未及見，下人等見之，皆不肯上船，只持所持之物於船中，游泳而
　　渡，或有不捨所持之物而游泳者，極爲從容渡涉云矣。（卷二九葉一八）

此枝南兵，雖曰『步軍』，然就其『從容渡涉』（倭奴則憚於涉水，參附記一）的情形
觀之，不但可用之於陸戰，且更可以用之於海上，謂之爲『水陸皆宜』亦無不可。而
林次崖談兵的一則，稱浙兵善於捕倭，自然亦爲紀實之言。凡此南兵，其參加平壤戰
役者，姑據宣錄卷三四轉錄如下：

　　（1）備禦王玠領步兵二千七百，皆礮槍手。（葉一　王玠記事僅此，別無所見）
　　（2）統領浙直調兵神機營左參將都指揮駱尙志，領步兵三千名。
　　（3）統領浙兵遊擊將軍吳惟忠，領步兵三千名。
　　（4）統領嘉湖蘇松調兵遊擊將軍戚金，領步兵一千名。
　　（5）統領南兵遊擊將軍王必廸，領步兵一千五百名。（以上俱葉一六）

此所記兵數，只係當時朝鮮姑據明人開報之數作一個存案而已。如爲精確之統計，則
尙有很大的出入，例如小華外史續編王人姓名記載吳惟忠一則云：

　　吳惟忠號雲峯，浙江金華府義烏縣人，壬辰十二月，以欽差統領浙江遊擊將
　　軍領步兵一千五百出來。

吳惟忠所領的步兵，宣錄曰『三千』，（卷三六葉五同）此則曰『一千五百』，還差一
千五百名。再按宣錄本身的記事，原來亦矛盾甚多，如駱尙志的部隊，固亦曰『三千
名』，但檢卷三六葉五，則又少了二千名，而曰『駱尙志所率一千』。（實數僅六百人，
見同卷葉二二）此外，同書內更有兩條不同的紀錄，卽李元翼李德馨等嘗以南兵的總
數，面啓於國王，前者則曰『南兵只三千人』，（卷三五葉九）而後者又曰『若以（南兵）
五千人急擊（賊），則蔑不濟』，（卷三六葉五）似乎是說明前項的南兵實數不足五千人。
如此解釋，雖稍牽強，意亦可通。其實也可以不必細細解釋，這一次請調之兵，根本
就有很多的有其數而無其兵。據宋應昌復國要編，其當初所請之兵本爲七萬，後來因

爲時間的關係只調到四萬數千，而實際開到朝鮮的不過三萬六千，（李如松亦云今行
吾兵三萬有餘，見宣錄卷三六葉一一）且中間又老弱居半，至於眞正作戰的精兵，則
只有二萬而已。此二萬精兵，關於南兵的五千，當然一併總括在內，不待細說。惟是
此枝南兵，人數雖只五千，然因南兵有『一可當百』之勇（見前），所以平壤之役，他
們在朝鮮境上都曾表現了十足的威力，於頃刻之間便立下了一個千古的奇績。此一奇
績，裏面還帶了一個功案不明的問題，就是當初平壤論功之際，關於考核的不公，
（宣錄‧卷四六葉五：平壤攻城之後，南兵功多，而不得賞。又卷三五葉二九言李如松論
功不均有云：駱世爵鐵嶺衞人也，以世爵爲首功，以南軍居下，其心可知）有如明史
一書的記載。其弊卽在此。玆爲解釋該問題，姑先借此說明一事，庶幾前後情節，始
可通融一致。當萬曆二十年七月內，遼東副總兵祖承訓，曾以遼撫郝杰之命，帶了三
千馬兵至義州，專爲接救國王一行之用，並非爲大舉之計。承訓本勇將，慣與虜戰，
意輕倭賊，欲於接救國王之便，乘機以立大功，故逕抵平壤，於十七日黎明直薄平壤
礮城。時倭賊不意兵至，不及城守，惟於城內據險伏兵以待。承訓縱兵直入七星門，
賊左右發丸齊射，適大雨泥濘，漢兵馬陷，遊擊史儒千總張國忠馬世隆等皆中丸
死，於是承訓乃引兵退。是役士卒損失共三百餘人，但箕子廟前松林中，倭之死者亦
僵屍如麻。（參宣祖修正實錄卷二六葉二四，及宣錄卷二八葉二七）此種情形，就實際
言，當然也正是所謂『與賊死傷相當』之類。乃明人於此，則反捏造不實之言，如宣
錄卷三三葉二七：

　　上曰：今見聞見事狀，則云遼兵三千渡江無一還者。中原人亦多虛言矣。（尹）
　　根壽曰：敗歸時，天將點兵于控江亭，則馬失千匹（多在路中倒斃），人亡三
　　百，而追來者亦多，豈至於如是之多乎？

後來清人纂修明史時，卽係因襲了明人『遼兵三千渡江（鴨綠江）無一生還』的妄說，
以入明史本紀（萬曆二十年）及朝鮮傳日本傳，書：『七月甲戌，副總兵祖承訓帥師
援朝鮮，與倭戰於平壤，敗績』。又書：『副總兵祖承訓……僅以身免，中朝震動』。
此一記事，幸而上面有朝鮮國王之言爲證，否則我們幾爲明史的謬論所誤。所以我們
現在研討李如松的平壤戰役，尤其是關於南兵眞正血戰的奇功，便當另闢尋求材料的
途徑，而須盡量利用朝鮮方面的史料，蓋因朝鮮的史料，利害切身，見聞眞確，其稱

頌南兵記事有云：『惟此復城之績，專由駱將之功，觀其衝冒白刃，挾礟投屍，雄膽猛氣，摧山倒河，雖古之名將無以過之』。形容南兵之勇，可謂『英氣如生』，足使『倭奴喪膽』，足使『千古震驚』。凡關此類的記載，今爲徵信起見，據實直書，以糾明史之失，以彰南兵之功。

(一)明史 李成梁傳附如松傳云：

如松字子茂，成梁長子……朝鮮倭患棘，詔如松提督薊 遼 保定 山東諸軍，尅期東征。弟如栢 如梅並率師援剿。(萬曆二十年)十二月，如松至軍，沈惟敬自倭歸，言倭酋行長願封，請退平壤迤西，以大同江爲界。如松叱惟敬憸邪，欲斬之，參謀李應試曰：藉惟敬紿倭封而陰襲之，奇計也。如松以爲然，乃置惟敬於營，誓師渡江。二十一年正月四日，師次肅寧館，行長以爲封使將至，遣牙將二十人來。如松檄遊擊李寧生縛之，倭猝起格鬬，僅獲三人，餘走還。行長大駭，復遣所親信小西飛來謁，如松慰遣之。六日次平壤，行長猶以爲封使也，跨風月樓以待，群倭花衣來道迎。如松分佈諸軍，抵平壤城，諸將逡巡未入，形大露，倭悉登陴拒守。如松按地形，東南並臨江，西枕山陡立，而迤北牡丹臺峯高地要，倭列拒馬礟以待。如松遣南兵嘗之，倭佯退。是夜襲如栢營，擊却之。明旦，如松下令諸軍無割首級，攻圍缺東面，以倭素易朝鮮軍，令副將祖承訓詭爲其裝，潛伏西南，令遊擊吳惟忠攻牡丹峯，而如松親提大軍直抵城下，攻其東南。倭礟矢如雨，軍少卻，如松斬先退者以徇。募死士，授鈎梯直上，倭方輕南面朝鮮軍，承訓乃卸裝，露明甲，倭大驚，急分兵捍拒。如松已督副將楊元等軍自小西門先登，如栢等亦自大西門入。火器並發，煙燄蔽空，惟忠中礟傷胸，猶奮呼督戰。如松馬斃於礟，易馬馳，墮塹，躍而上，麾兵益進，將士無不一當百，遂克之，獲首功千二百有奇，倭退保風月樓，夜半行長渡大同江遁還龍山。寧及參將查大受率精兵三千，潛伏東江間道，復斬級三百六十，乘勝逐北。十九日，如松遂復開城，所失黃海 平安 京畿 江源四道並復。

(二)宣祖修正實錄：

二十六年(萬曆二十一年癸巳)正月朔丙辰，提督李如松領三協將楊元 張世爵

李如柏等，屯於安順。先遣副總兵查大受約倭酋會于山院，投書云：沈遊擊將至。平行長使裨將平後寬領家丁數十之迎之，玄蘇獻詩納欵，大受領還順安陣中，李如柏李寧等追至，執縛後寬，斬其家丁，三倭脫還。李如松追至，治失脫之罪，杖副總李寧。

翌日，（原注：初六日）進逼平壤。提督促大軍行，都元師合諸陣兵從其後，分軍圍住，賊乘城拒守，又據牡丹峯乘高放銃。提督令眞定兵仰攻，不克而退。賊踰城追趕，天兵同擊之，賊敗入城。是夜賊犯遊擊吳惟忠營，惟忠按兵不動，齊發火箭，光明如畫，賊退走，追斬十餘級。初七日，禺（疑誤）中三營俱出兵攻普通門，賊開門迎戰，天兵斬三十餘級，賊走入門。初八日，提督傳令三營一時進兵，環成（城）擺陣，我兵逼南城，浙兵逼西城，提督跑馬往來督戰，萬礮齊發，聲震天地，白日晦暝，東風忽變西風，礮焰延薰密德士窟，賊從睥睨間用礮石拒之，提督手斬㤉退者一人，巡示之。大呼曰：先登城上者賞銀五十兩。駱尚志奮戰先登，浙兵趵嗓而從之，拔賊幟立天兵幟，賊不能抵當，退入土窟，我軍繼登。提督與張世爵等攻七星門，用大礮碎門板，整軍而入，於是李如柏由含毬門，楊元由普通門，乘勢爭前，斬獲一千二百八十餘名，燒殺亦過半，並擒投倭浙人張大膳，救出本國被虜男婦一千二百餘人，收獲馬匹器械無算。行長入據練光亭土窟，諸酋連據諸窟，皆從穴放丸如雨，天兵攻之，多中傷。提督止營，使張大膳諭行長曰：不忍盡殺人命，開爾生路，可速領諸酋來聽約束。行長答曰：俺等當退，請無攔截後路。提督慮其窮寇致死，麾下親近亦有開說，乃許行長。傳令我軍撤一路伏兵，夜半，行長率餘衆乘氷過江進（遁）去（卷二七葉一）

(三)宣錄：

癸巳正月己巳，都巡察使李元翼工曹判書韓應寅漢城府判尹李德馨馳啓曰……諸將中傷鐵丸者，更問：則遊擊吳惟忠領南兵進攻密德牡丹峯士窟，其軍力戰，死傷尤多，遊擊亦中鐵丸，千總一員，則竟至殞命。駱參將亦先登入城，跌傷頗重，而極力督戰，故管下斬級幾至數百。（卷三四葉二七）

二月乙巳，引見接伴使知中樞府使李德馨平安道監司李元翼右承旨洪進，上

曰：意外提督被參，我國不幸，事適如此，奈何？德馨曰：……大概南北之事，最爲可慮，南人多用權，北人勢孤，故如此也。此後更無他事，但當於提督前，以賊勢殘弱，必須終成大功之意懇言之，又於宋侍郎前，移咨請兵爲當。……元翼曰……城中諸將駱尙志 吳惟忠等，每言于臣曰：須以進兵及使民耕種勿失事，急急咨文于宋處云矣。萬一賊勢持久曠日，而在外之賊，來與京城合勢，則大事去矣。……上曰：斯言是矣。上曰：向義孼子，或見我國之人，必斬首削髮云，然耶？如此之事，提督豈能盡知之。元翼曰：然無人處見之，則必斬而獻之，吏民及城中男女往來之人，斬頭斷髮者亦多矣。上曰：如此之事，南將亦知其由乎？元翼曰：北軍之所斬，南軍必指而爲斬朝鮮人之頭也。袁主事與提督相對而言曰：老爺何爲如此之事乎？提督怒曰：可惡老和尙，何處得聞此語，攘臂大叱。袁潢曰：此是公論。其後潢謝以所聞之誤，則北將亦叩頭謝罪云爾。且主事以書遺駱尙志曰：凡論功之事，俱書而送之，皆以公等爲有功，以報朝廷，公等將有大功，宋侍郎亦已知之云云。上曰：……以功言之，南兵之功爲首耶？抑北兵爲首耶？元翼曰：南兵着五色衣者先爲登城闌入，其功最重。上曰：登城時，緣堞而登耶？元翼曰。李如柏謂曰：旣造沙橋，又多裝空石，盛沙而積之云。則南將不答，終不用其橋，扶其城石而上之，賊越而斬之。南兵又以手下其屍，相繼而登，斬一賊頭，軍之死者五六人，爭先闌入，無數以登，開門之後，北兵追後騎馬馳入，但斬死賊之頭而已。前於祖總兵處細問之，則（賊）騎馬只用短刀，步者以長槍觸之，賊於水澤山谷間亂走以戰，騎兵路險，不能追戰，步軍隨後擊之云矣。……德馨曰：提督每言南兵之功，而李如柏 張世爵等性皆不順，每毀短之，且毀王必廸之爲人，南軍以此怨之。提督至開城，諸將遊擊以下皆跪而聽令，王必廸獨立而言曰：老爺不智不信不仁，如此而能用兵乎？提督怒曰：何謂也？必廸曰：平壤攻城之日，不令而戰，故軍士不及炊食，爲將者不念軍士之饑，而遽使攻城，是謂不仁也。圍城之日，俺在軍後，聞之老爺馳馬城外督戰曰：先上城者，與銀三百兩或授以都指揮僉使（事），今者先登者衆，而三百兩何在？指揮僉使（事）又何在焉？是謂不信也。大軍不爲前進，只率先鋒往擊，一有蹉跌，大軍

挫氣而退，以是言之，非不智而何，如此而可以攻城耶？提督聞其言，卽出銀給南兵云。上曰：定爲不令而發軍耶？元翼曰：前日卜之，雖曰明日約戰，而不言其時，猝然舉事，故軍不及食云。德馨曰：聞王必廸之言，則不可一有蹉跌而遽爲退師，豈有如此而爲大將乎？必廸等留之於臨津，謂李麒壽曰：吾們以馬兵爲恃，而今如是，那有此事。元翼曰：南兵必以馬兵爲聲援，故如是言之。……上曰：吳惟忠名將耶？元翼曰：與駱尙志齊名矣。上曰：吳惟忠先登之說，然耶？元翼曰：二將皆先登焉。上曰：此將在開城之軍耶？元翼曰：開城若有此二軍，碧蹄之戰，寧有蹉跌之理乎？……上曰：撤兵而退，其志欲守遼東而不欲救我國耶？德馨曰：北兵謂朝鮮多水田，不可馳突，故欲分兵遼右以待秋冬地凍，然後征之。上曰：舍騎軍而南兵可能獨當耶？元翼曰：南兵只有三千，若加一萬，則可以成事。吳惟忠每言：若加二萬兵，則使國王在陣後，亦無患矣。上曰：南兵壯耶？元翼曰：臣放牡丹峯撤毀土窟時，常目見之矣。上曰：倭之土窟，未知其制，意謂掘土而爲屋，如土室之類也。今聞之，則以土爲牆，如塗壁云，如是而謂之土窟何也？是豈完久之計哉？元翼曰：其制或寬或窄，寬者可容萬餘人，至爲堅實，吳惟忠之軍，至死於土墻之前。上曰：土墻不可越亦不可毀耶？元翼曰：全地掘成，踰亦難，毀亦難。上曰：以石爲之云，然耶？元翼曰：從石勢而築之，無攀附之處矣。……（卷三五葉三六——九）

三月己未，上引見接伴使李德馨調度使尹承勳同副承旨李好閔……德馨曰：……因駱尙志聞南軍之言，諸將皆言旣不擊賊，又不同軍，怏怏者多，皆言若以五千人急擊，則蔑不濟矣。臣聞天津薊遼等地，有防戍礮手一萬五千云，汲汲請來，則可用也。好閔曰：經略云：天津礮手，切於防戍。必不許也。上曰：寧遠五百屯駐之兵，何處去耶？德馨曰：時方散處傍近諸邑。古語曰：師之所過，荆棘生焉。糧盡不繼，師老不用，我國生靈，自是糜爛。……德馨曰：……平壤攻城時，臣之軍官見之，倭兵五人揮刃出來，遼兵則追之被害，南兵五人奮擊盡剿云。且南人之言曰：南方亦多水田，雖夏日亦豈不戰乎云？上曰：南兵留在者幾何？德馨曰：吳惟忠所領三千，駱尙志所率一千，駱言軍兵不必

滿萬然後可戰，蓋駱之爲人，表裏如一。……德馨曰：天將言你國大小之臣泛
然悠然，有臣如此，無怪乎喪亡之歸也。上曰：我國之人，舊習則然矣。自今
學中朝人之事，變其舊習，親自執役，無委下吏可也。然如有親執之人，則人
必笑其失體矣。予在義州時，聞駱參將造車之時，親持其役，少無持重云矣。
……德馨曰：駱尙志言：俺只畏皇帝，其餘不足畏，若有皇上之命，則我率我
軍，雖死必擊。駱之爲人，體甚肥大，而於平壤登城之日，爲投石所壓，終無
大傷，眞壯勇之人也。上曰；所謂傷於石者，何也？德馨曰：登城之時，倭賊
以石投之，故被傷云矣。（卷三六葉四──五）

丁卯，備邊司啓曰：伏見接伴使韓應寅書狀，提督近日將向臨津云，未知畢竟
作何處置，極爲悶慮。其所謂以駱參將（原注：名尙志）代李提督，專用步兵
討賊之言，以事勢言之，不無取勝之理。……（原注：駱參將氣槪雄豪，言論慷
慨，功之成否雖未可必，而其爲天朝將官之傑出者也）（卷三六葉二一）

戊辰，西川君鄭崑壽還自平壤啓曰：……臣以諸將中駱參將尙志吳遊擊惟忠錢
遊擊世禎皆有功於平壤，……不可無禮物，故以角弓及乾魚肉實果斟酌分贈，
而駱吳錢三將……則臣皆往見。駱參將謂曰：前日碧蹄之戰，若大軍前進，盡
殺倭奴，則國王可安頓王京，天兵亦已陸續回還，而提督輕敵貪功，不帶南
兵，只率家丁，幾死賊手，大敗而歸，誤了一場事，自後畏惻無前進之心，甚
欲班師，而不便擅便。……提督視我如讎，至於欲殺而無可指之罪，故不能害
也。參將又曰：我所領南兵只六百，選擇貴國精兵四百，着我軍之服，添入我
軍以補之，及可成一千，此意轉奏國王。一百名則巡察已選之矣，今須選得三
百可也。（卷三六葉二二）

上引見西川君鄭崑壽……崑壽曰：……駱尙志隣人爲提督策士，故提督所爲，
駱也無不知之云。……駱尙志深恨不爲進兵，且言提督若有進兵之意，則火車
何以回來耶？（卷三六葉二三）

辛巳，禮曹參判李忠元啓曰：昨夜臣承命往駱參將寓處問安，呈物膳禮單。仍
告曰：國王自義州屢次欲會而未獲，每聞老爺盡心小邦之事，尋常感激，今來
此城，切擬奉慰，而老爺氣適不平，未參諸將之會，國王心甚缺然。答曰：平

生之志，惟在官事，不在金帛，前者我先領兵而來，不就拜國王，避人言也。今日之疾非他，近有快饗之事，未得參進，況受命之事才了，何敢受此饋乎？至以暮夜三知之說却之。臣再三請之曰：國王爲將軍之心甚隆，而此數種海味弓矢之具至微，不害於禮接之間，而以將軍大度拒之至此，臣亦慙愧，何以報國王也。因出辭帖示臣，親捧內賜物件及膳品。駱將言曰：前者火具未來時，用貴國天字銃筒，毀城子殺倭甚快。臣答曰：小邦雖有火器，不能用，唯將軍能用之，他人則豈能然乎？駱將又言：且俺前日請擇貴國精勇四百餘名，服中國衣帽，以補吾軍，則可做千兵云。（卷三六葉四七）

己卯，李尙信還自駱參將下處，啓曰：臣告以自上請見之意，則答曰：近有疾病，且以和議之故，心甚痛恍，今若强疾進參，則吾性急，不能容忍，必發排和之語，諸將應以爲未便，回還時，可得一會國王，今不必來見。提督實主和議，而每推之於經略，國王回還時，簡率輕裝，馳往懇乞於經略，則大事可期云。（卷三六葉四六）

甲午正月朔辛巳，右議政尹斗壽馳啓曰：……見提督牌文，奉侍郎分付，以吳遊擊慶州之敗，謂遊擊開釁生事，歸罪於遊擊，此其本心可見。他日雖有此等之變，萬無對敵之理。竭一國之力，以奉天兵饋餉，而厥終乃至於是，謂之奈何。（卷四七葉二）

乙酉，……兵曹判書李德馨曰：今聞吳遊擊云，此將於平壤之戰，多有功勞，今乃革免，則亦冤枉也。上曰：我國未可措辭伸枉也（耶）？總兵之去，予甚缺然，予欲作揭帖請留何如？柳成龍曰：彼若以兵部之命撤歸，則似難請留。（卷四七葉五）

癸巳，上幸南別宮，接見總兵駱尙志遊擊吳惟忠王必迪胡尙忠谷燧葛逢夏六將。上曰：海邊醜類，屯聚不歸，而諸大人今皆撤還，小邦之危亡，迫在朝夕，不勝悶迫。吳惟忠曰：去十月初三日奉聖旨，倭賊盡退，唯有朝鮮亂民屯結，速撤入國云。國王何不具其終始達於朝廷乎？上曰：安有亂民乎？行長在釜山浦，淸正在西生浦，賊之留屯，大人皆知矣，倭賊若已盡渡海，則沈遊擊豈入賊陣乎？且前後奏聞，非一非二，而中路阻遏，不得上達。惟忠厲聲曰：

朝廷以俺安康之戰，爲捕殺亂民，乃至參劾㦲官，李提督輩報以賊退，前者攻平壤時，俺之一軍皆上牧丹峯，得以獻捷，平壤之收復，咸我續也。葛逢夏顧語惟忠曰：俺與君共破平壤矣。上曰：大人㦲官，今始聞之，不勝驚駭。惟忠曰：此則不少掛念，但邊報阻攔之事，俺甚痛惋，須以賊情詳報朝廷。　（卷四七葉一一）

甲午正月乙未，以馬粧一部，豹皮一張，三枝鎗一雙，腰刀一把，弓子一張，狼尾筆二十枝，油煙墨十笏，霜華紙五卷，白貼扇二十把，下于政院。仍傳曰：吳遊擊平壤之戰，實是先鋒，身中鐵丸，功冠諸營，非徒不蒙賞曲，反以我國之事，至於被參㦲職，不勝悲憤，直欲籲天而無從。經年辛苦，今其還矣，無物可贈，今下物別送，以此意作揭帖，以致予意。（卷四七葉一四）

(四)宣廟中興誌

吳惟忠天性清嚴，號令明肅，與士卒同甘苦，往往張幕野宿，人勸入廨舍，不從，曰：士卒暴露，吾豈可獨安耶？所過不折一草，南民懷惠雲附，處處立碑頌之，識者謂有大將才。駱尚志時年六十有餘，勇力不衰，登陣跳盪，無敢當者。（卷二葉二二）

初平壤之復也，上詣謝李如松，問天兵前後勝敗之異。如松曰：前來北方之將，恒習防胡戰法，故戰不利，（參前引祖承訓記事）今來所用，乃戚將軍紀效新書御倭之法，所以全勝也。（參二葉二三）

(五)小華外史續編王人姓名記：

駱尚志，號雲谷，浙江紹興府餘姚人。壬辰十二月，以欽差統領浙直調兵神機營左參將，領步兵三千出來，膂力絕人，能舉千斤，號駱千斤。平壤之戰，尚志先登，賊從陣上滾下巨石，中其腹，尚志不爲動，奮身直上，賊披靡，諸軍從之，遂復平壤城。莊孝王（正宗）壬子，追配武烈祠。

(六)正宗實錄：

十六年壬（乾隆五十七年西一七九二年）午八月辛未，平安道觀察使洪良浩狀啓言：竊伏念我東方再造家邦，莫非皇朝之恩，而抑由東援諸將仗義奮武之功也。東援之功，莫大於平壤一捷，肆我宣祖大王，特遣畫工圖寫石尚書暨提督

李如松總兵楊公元李公如栢張公世爵之像，蓋石公力主東援之議，提督三總兵
收復平壤，傑然爲功宗，亂既定，建祠于平壤，卽今之武烈祠是也。臣赴任之
初，……謹稽當時事蹟，抑有一事未舉者。平壤志詳載復城始末，而其略曰：
癸巳正月六日，提督李如松領三協將楊元李如栢張世爵，率兵四萬二千七百餘
人，進陣城北。倭將望見天兵之紅衣者，曰：元浙江兵也，勁悍無敵，憮然有懼
色。八日黎明，提督鳴鑼一聲，三軍齊進，一軍攻七星門，一軍攻普通門，一
軍攻含毬門，賊徒上用長槍大劍，齊叉下垂，森如蝟毛，矢丸雨下，人不敢
近，提督手斬退縮者一人，徇示陣前。參將駱尚志奮身先登，諸軍鼓噪從之，
尚志腋挾大礮，大呼連放，煙焰漲天。又手攫死屍擲之城上，賊大驚，以爲天
兵飛上城，退保內城。尚志打破城門，乘勝剿殺，賊窮縮走入土窟，多穿孔
穴，望之如蜂窠，從穴中亂發銃丸，天兵多死者。提督收軍還營曰：獸窮則
搏，不如姑與生路。夜三鼓，賊從大同門遁，一日夜至平山，道多顚仆而死。
經略宋應昌奏捷，曰：倭兵死者二萬餘人，鮮人被俘者一千二百人，各還其居
云云矣。惟此復城之績，雖藉提督諸公協力耀兵之威，而至若奮身獻城，掃蕩
巢窟，專由駱將之功。觀其衝冒白刃，挾礮投屍，雄膽猛氣，摧山倒河，雖古
之名將無以過之，豈不偉哉。至今箕城之人，傳說如昨日事，欲報其功，實合
家尸戶祝，而當時之不列於腏享者，厥有由焉。提督總兵，皆是大帥，駱公乃
其麾下偏裨將，故未入於圖像之中，遂漏於秩祀之列，可勝惜哉。且臣嘗聞前
輩之言，駱將勇冠三軍，號稱駱千斤，當時討倭之役，每多摧陷之功。贊書使
李時發與之周旋行陣，服其肚勇，義氣相契，結爲兄弟，駱將載唐書數千卷以
贈之，李氏之家遂以多藏書稱。以此觀之，其於卻穀之詩書，關公之春秋，庶
幾近之，可謂稀世之奇男子也。以若人物，有若功績，在我國豈無表揚酬報之
典，而況於箕城已建之祠何靳一體之祀乎？方當祠屋增修之日，從以配食時則
可矣。伏乞將臣此啓下詢禮官，特命皇朝參將駱尚志躋享於武烈祠，則不啻爲
邦人報功之誠，抑有光於聖朝尊周之義矣。

上回諭曰：……噫，駱參將之有大功偉勞於我國，而尙闕一體之祀，實爲曠典
欠事。月前起感於神皇諱辰，有一二表章崇報之舉，而參將事未及記憶，不能

並提於伊日之敎。卿能敷陳若此，尤可謂得體，詢于掌禮之臣，豈有別見，特
許狀請，卿其涓吉，造版妥靈。（卷三五葉三七）

右引史料共六種，除明史外，其餘皆係轉錄朝鮮之史料，總五千餘字。昔人云：『溫
公通鑑之成，能讀之至竟者，祇王益柔一人，其餘未及一卷，卽欠伸思睡』。玆作者
於此，姑不必計較，總因朝鮮各書，差不多沈屈了數百年，忽得吾人爲之整理而收用
之，以獻於讀者，也就不必問其卒讀與否，也就不必細細研究其內容，要之，其表彰
南兵殺倭克城（宣錄卷三四葉三七：大繫駱吳二將攻破此城，功無與伍。又卷二九葉
二五：若破平壤之賊，則自有破竹之勢。又卷三二葉一九：必先取平壤，通其咽喉，
然後始可圖也）之功，至少亦足使一五九二年的南兵爲之吐氣。明史李如松傳記南
兵，但只略略地附帶了幾句話，一曰：『倭列拒馬礮以待，如松遣南兵嘗之』。二曰：
『令遊擊吳惟忠攻牡丹峯』。三曰：『惟忠中礮傷胸，猶奮呼督戰』。完全埋沒了南兵先
登之功。其於參將駱尙志，則更一字不提，所幸現在有朝鮮的記錄爲證，於是乎尙志
之功，始彰彰在人耳目。如宣錄載李元翼同啓國王曰：『南兵着五色衣者，先爲登城
闌入，其功最重』。所謂五色衣，參正宗實錄，卽專指駱尙志的戰服（宣錄卷三六葉三
一記南兵戰服云：天兵戰服，最合於示威賈勇，我國之軍並當庚服云）而言。如所引
平壤志記『惟此復城之績，專由駱將之功』條有云：『倭將望見天兵之紅衣者，曰：
元浙江兵也，勁悍無敵，憮然有懼色』。此係從倭將眼中寫出一見浙兵便不禁爲之奪
氣，而至於說出了『憮然有懼色』的話，是眞從古以來所未有的第一快事。毋怪乎駱
將之功，『至今箕城之人，傳說如昨日事』。毋怪乎『浙兵之强甲於天下』云者，也就
馳譽於遠近了。

又浙兵之强，尙有若干條，亦可附記於後，如中興誌所載：

賊兵數千，自蔚山猝至，諸將出戰，大敗，……賊乘勝逐之。駱尙志奮雙戟大
呼盪陣，一發貫四人，賊大驚而退。（卷二葉一八）

又宣錄：

壬辰十月癸巳，上敎政院曰：駱參將來在城中，可抄精銳，學其釰術。（卷三一
葉五）

己亥，上敎政院曰：我國絕無釰手，而天將來此非偶然，令人限來月學習試

才，而有成就者，直赴殿試。(卷三一葉九)

癸巳六月庚寅，上命史官招尹根壽備邊司堂上兵曹判書李恒福，上曰：……以我國生疏之卒，學劍術未易習熟，駱將在義州敎我國人時，手持其劍而敎之，必得如駱將者，學其妙術，則庶可習熟。(卷三九葉一一)

甲午九月戊寅，傳曰：……今唐人多用雙劍，前在義州時，目視有一唐人能用雙劍，浮若青虹，纏繞其身，其捷疾之狀，如飄雪舞回風，不可正視，心常奇之，頃日平壤人亦頗傳習矣。又聞唐人於馬上用雙劍云，此尤難矣。(卷五五葉三)

朝鮮實錄每於稱述南兵處，必特別點出南兵所用之武器，如火礮，如雙戟，如雙劍，以及所謂『戚將軍禦倭法』，(見前)諸如此類甚多，不必殫述。其時朝鮮即因受了南兵的影響，至有訓練都監之設置，同時並千方百計購得戚書(紀效新書)一部，下于都監使之練習，(參中興誌卷二葉二三及肅宗實錄卷四七葉三九)專為禦倭之用。(附記二)

　　實際南兵之足為朝鮮法，也不止一端，如駱尙志之恒信有曰：『俺只畏皇帝，其餘不足畏，若有皇上之命，雖死必擊(賊)』。此條如加以解釋，則只為『畏法不畏敵』而已。其將如此，則其兵之畏法更可知，如宣錄有云：『南北兩兵，非但勇懦各異，沿路作弊，皆是北軍』。(卷三七葉三六)南兵之守法如此，可謂『有律之師』。所以當平壤大戰之日，他們都本了『畏法不畏敵』的精神，才樹立了一個『自開關以來所未有之大功』。此一大功，不僅為朝鮮『除凶雪耻』而已，其於糾正朝鮮的士心，尤有莫大的貢獻，蓋朝鮮當平壤大戰之前，據宣錄，其兵心民情則為：

我國善敗，兵非不多也，器非不精也，地非不固也，特以國無紀律，將不畏法而然。(卷一八八葉一四)

壬辰年大賊出來，其勢滔天，一未交鋒，軍皆潰散。(卷一九一葉一五)

倭賊天下強寇，雖不能當之，若能治兵，則此虜豈足畏哉？中原鍊(練)兵之政，亦不如我國之疏，故東征西伐，皆得奏捷矣。(卷一九一葉一九)

及至前項南兵在平壤擊敗『倭奴』之後，於是朝鮮之人心乃為之一振，一洗從前『一未交鋒軍皆潰散』之耻，而曰『小邦之兵恃天兵而買勇』。(宣錄卷三五葉五七)比如

其年（萬曆二十一年）二月二十三日，全羅道觀察使兼巡察使權慄大破『倭奴』三萬（一云七萬）於幸州，殺死『倭奴』無數，(附記三) 曰『幸州大捷』，(宣錄卷三五葉四八) 便是一個最有力的例證。朝鮮傳聞幸州大捷時，李如松駐節鳳山，亦欲鼓勇而南，據宣錄載都體察使柳成龍馳啓曰：『傳聞李提督時駐鳳山，頗有悔恨（當初不該回兵）之意，欲還師南指云』。(卷三五葉五三) 可見李如松所有頓兵不前的種種理由，不外都是些誤事之根而已。(附記四)

　　再說本文所引南兵的記事，試單就駱尚志言之，他當初在提督李如松統轄之下，不僅立下如此大功，他更『載唐書數千卷以贈贊畫使李時發，李氏之家遂以多藏書稱』。(見前) 所以壬辰之役，南兵所給予朝鮮的印象，在種種方面，都非常的深刻。因而其時朝鮮於大明，嘗自比為『同胞』之列，又稱『兩國一家，休戚是同』。凡此口氣，在朝鮮方面，無論出之於何時何處，總而言之，都是專為紀念南兵而已。卽如一七九二年的時候，其時去一五九二年的倭禍，已有二百年之久，正宗實錄還在那裏大書特書以頌南兵之功，則其所有傾心南兵之狀，可謂『實出情慮之表』了。

附　記

(一)宣錄癸巳六月乙卯，備邊司啓曰：……上年賊變時觀之，則倭賊易於搜山，而憚於涉水，水及馬腹，則不敢輕涉，如江東淺灘，每來窺探，亦不肯渡，此外如漣川楊根等，凡涉有水處，皆不犯矣。(卷四〇葉三)

(二)朝鮮顯宗實錄元年庚子 (順治十七年) 八月甲申，兵曹判書金佐明進紀效新書。紀效新書者，皇朝名將戚繼光之所著也。繼光於嘉靖年間，起自行伍，募浙閩鄉兵，屢殄倭寇，以其練兵制敵之方，常所歷試而取勝者，著為一篇。壬辰之難，故相臣李德馨從李提督如松平壤之戰，觀浙兵之布陣用技攻城廓賊之狀，因詢其教練訓習之方，遂得是書，以獻於朝。癸巳之後，首設訓局軍兵，其制置之法，實遵乎此。且以印頒於國中，今垂七十年，屢經變亂，散逸殆盡。佐明以為是書，真是今日練兵制敵之要法，而中外大小將領之人所不可一日無者也。於是印出若干件，分送于三南各營鎮，而以粧績五件，上疏投進，以備睿覽。(卷九葉一一)

宣錄甲午四月乙丑，上御便殿，引見大臣……上曰：頃見習陣，則頗善爲
之，此兵判（李德馨）敎之效也。德馨曰：臣之鄰里有學刀槍者曰：槐葉方
嫩之時，拉食充腸，猶可踴躍爲之，今則枵腹不能運身云矣。然近來月明之
夜，家家皆習礮及刀槍，兒童亦皆效而習之，皆言曰：今則雖逢倭，不至於
曩日之無氣就死云耳。（卷五〇葉二〇）

(三)宣錄甲午十一月壬辰載慶尚右兵使金應瑞接見行長副將羅江戒底母此問答
之辭云，兵使曰：爾等在京城時有大敗之處，其時倭子死者幾何？倭使曰：
果於城西二十里之外接戰而不勝，死者多至四百餘人矣。兵使曰：何以四百
言之耶？爾等不能輸去而委置路傍者，收拾而斬之，猶過四五百，燒火之骨
亦如丘山，此其只四百餘人乎？倭使笑曰：死者亦多而傷者亦多矣。其時諸
將不勝其憤，各刺指出血而相誓，期欲更戰報復，招聚近處之倭十餘萬，卜
日舉事。而其朝鮮將帥移陣坡州，坡州山城，則尤難于幸州，故行軍中途而
還歸矣。兵使曰：坡州陣軍其數不多，以汝十萬兵，何以半途而罷歸乎？倭
使曰：幸州則陣外巖石間間有之，自上轉石，托身石間，或有免死者矣。坡
州之陣，則少無避石之處，以此爲慮，而不果戰矣。朝鮮將帥結陣於高峰，
而多積石塊，則我兵萬無來近之理矣。（卷五七葉二六）

(四)李如松之誤事，不止一端，如朝鮮於幸州大捷之外，其後更能連戰連捷，
檢懲毖錄癸巳三月二十九日有『馳啓我軍勝捷狀』一則，亦摘錄於後，以證
明李如松所有委實畏懦無能之狀。

第一段云：兼三道防禦使李時言平安防禦使鄭希玄京圻防禦使高彥伯平安助
防將朴名賢助戰將朴震男等牒呈……本月二十五日夕時，蘆原坪三角山底牛
串洞等處，潛師先送埋伏左右諸將，而二十六日未明時，率大軍進陣樓院洽
井峴隱伏待變。辰時，京城倭賊不知其數出來，蘆原牛串洞遍滿原野，諸將
等率軍與前埋伏之軍左右相應，一時馳突挾擊之際，都元帥軍巡邊使李薲軍
義僧將惟政軍自東繼至，合力博擊，射矢如雨，賊徒驚潰敗遁，諸將士卒爭
先賈勇，追至京城十里許，乘勝轉鬪，多數射殺，斬首四十七級。

第二段云：又本月二十七日，倭賊多出焚蕩於水落山等處，高彥伯軍及僧軍

等，乘高發射，賊之死傷者無數，皆扶載以歸，但以衆寡不敵，而賊在山
下，未能下山斬獲，而射殺則甚多，有賊中出來之人到龜山舟師，言水落山
倭賊中矢之多，不下於前日幸州之戰云。今此一戰，諸將合軍並力，頗爲近
日大捷，惟政之軍亦頗精銳，而同事僧義嚴自備軍糧，使不匱乏，近日之
戰，每爲先登賈勇，賊必奔潰，其功可嘉，各別褒賞，以勸其餘。（卷一一
葉一一）

出自第二十二本（一九五〇年七月）

記朝鮮宣廟中興誌

李　光　濤

　　宣廟（即朝鮮第十四世國王後來稱爲宣祖之李昖）中興誌，又名中興錄，朝鮮傳抄本，分上下二卷，凡十萬餘言，不載撰人姓名，蓋記日本豐臣秀吉侵朝鮮，中國出師援救『再造藩邦』之事。也就是從萬曆二十年壬辰（朝鮮稱「壬辰倭禍」。又稱「自開闢以來所未有之大變」。）到二十六年戊戌，凡七年的一部詳盡正確之中日戰爭史。此書乃已故張溥泉先生，當民國十八年，寓北平大佛寺後大取燈胡同三號時，由東國兪鎭泰氏自朝鮮京城水標町四十二號所寄贈的。我於三十六年四月在南京時，因王獻唐先生介紹，曾承張先生出以見示，故得借錄之。是書具有重要價值，因爲『壬辰倭禍』，朝鮮利害切身，見聞自確，所以其中有許許多多的情節，爲一般史籍所不能看得到的。其記明朝援救經過，大抵以爲是役，不外『天朝不忘朝鮮，朝鮮誠常藉天兵』，以及所謂『兩國一家，休戚是同』之故，於是請兵請餉，無求不應，七年對壘，兩次出兵，凡十六萬六千七百餘人，費餉銀八百八十三萬。自與『倭奴』接觸以來，有平壤之戰（朝鮮嘗稱：恢復之業、始基於平壤之捷），碧蹄之戰，曾經退出王京，曾經送還王子陪臣，曾經講貢講封觀望不決四五年，曾經再度動兵而有南原之戰，稷山之戰，島山之戰，泗川之戰，南海之戰。凡此情形，前後亙達七年之久。結局倭兵只有退出朝鮮，歸還本土。此退出之事，據明史曰：

　　　　自倭亂朝鮮七載，喪師數十萬，糜餉數百萬，中國與屬國迄無勝算，至關白死
　　　　而禍始息。

此實明史之妄斷，（清修明史，宋應昌之經略復國要編，且列爲禁書，則其情可知）不足置信。至於所有日本眞正撤退之原因，惟朝鮮知之最審，如誌有云：

　　　　金吾與平秀嘉等二十餘將撤兵歸國，惟淸正行長義弘義智甲斐守等十餘壁留屯
　　　　沿海。平秀吉盡屬其營將而告之曰：朝鮮之事，迄未結束，何也？源家康等皆

> 曰：朝鮮大國也，衝東則守西，擊左則聚右，縱使十年爲限，了事無期。秀吉
> 泣曰：公等以我爲老矣。我之少也，以天下爲無難事。今老矣，死亡無幾，與
> 朝鮮休兵議和，如何？其下皆曰：幸甚。（卷二葉五十五）

日本之撤兵，是活秀吉，非死秀吉，活秀吉且曾哭泣。此種哭聲，當然也就是日本
豐臣秀吉侵韓失敗日暮途窮的結局，與明史所云『至關白死而禍始息』的話正完全相
反。所以明史一書，尤其東征的記事，對于當初的倭情，都是有些隔閡而不大明瞭
的。

　　再說上面所引記事內，還有留屯沿海的十餘壁，我也應將他們所有留屯的原因，
在此說明一下。大概倭衆之至朝鮮，其初本來是分四運而來的，所以當他們撤退的時
候，也是要分作數批才能運走。這樣的運法，不外由于分配船隻的問題罷了。然而在
豐臣秀吉哭泣情形之下而退兵，其事又難一槪而論，其於在外軍士的生命，說句老實
話，實際上也顧不得許多的了，如清正等之敗遁而去，即其一例。誌云：

> 二十六年九月（提督）麻貴破平清正於蔚山。

又小字：

> 貴至慶州，令解生等以六千人先發。解生直抵島山，敗賊兵千餘人於柵外。二
> 十二日申時，貴領大軍至島山下，選精騎挑戰，清正兵乍出乍入，已而大出合
> 戰，千總麻雲以二百餘騎，出其不意橫衝之，賊大駭奔迸，溺水死者甚衆。天
> 兵乘勝奪外柵，盡燒房屋糧草，賊入保內城，放丸如雨，天兵不能近。貴日出
> 遊兵挑戰，或變陣佯退，而清正終不出。（卷下葉五十八）

同月又載被擄姜沆在倭京以密疏奏曰：

> 臣聞清正方飛使請救，云唐鮮兵船自西海來，倭城十六，幾盡受圍，吾朝暮且
> 死，援兵若不早出，吾自劃腹，不受人刄。家康（日本六將源家康）等議援未
> 決。

並云：

> 家康欲遣援，而諸將多不肯行。（卷下葉六十）

又十月載：

> 平清正渡海遁去。（卷下葉六十二）

有了上面所引幾條史料，尤其是『家康欲遣援，而諸將多不肯行』之一情節，可見日本之國力已很夠受影響了。按清正生平，據日本外史及征韓偉略兩書，其記清正之處，簡直誇張到了不得，至有虎將之稱。今觀清正遇強則遁的行爲，可知日人著述的眞實性，究竟到什麽程度。

除清正之外，尚有義弘之一支，也是日人所最稱賛的，其實義弘之遁走，更爲日人的一大慘敗。據誌下葉二十六記南海之戰有云：『賊船五百餘艘，義弘僅以餘兵五十艘脫走』。此條記述，更有小注千餘字，寫起來都是些最饒興趣的，只因原文太長，這裏也不必細說。總而言之，義弘之敗，可謂『僅以身免』。日本的虎將也往往如此，姑附著於此。

豐臣秀吉侵韓的失敗既如上述，再考日本外史卷十六記日本之撤兵，則又多誇張之辭，如記秀吉臨終之言有曰：

> 勿使我十萬兵爲海外鬼。

又召石田三成而命之曰：

> 汝赴朝鮮收我兵。不能收，則遣家康。家康有不可往，則遣利家。三人遣一，雖有百萬敵，不能尾也。

其誇張整軍而還之狀則曰：

> 明兵不敢復追躡，我軍盡達對馬。十一月，諸軍整軍至那古耶，兩奉行迎之。宣秀吉遺命。……論征韓功。

按此云『明兵不敢復追躡』，兹檢誌下葉六十五，則當是日人深懼明兵追躡，戊戌十二月條云：

> 倭中訛傳，唐鮮水軍將攻對馬島，國中洶洶，而不敢言救。平義智竄伏倭京不出，良久乃定。

此時日本的本土，很有些『風聲鶴唳，草木皆兵』之勢，其一種不勝驚懼之狀，不難想像而知。桉，所謂『平義智』，卽壬辰之役的禍首。可見彼等所遭遇之敗挫誠有些不堪設想的。由於此一挫敗，於是後來日人都後悔了，至罵秀吉爲『平賊』（肅宗實錄卷六十五葉四），或『萬世之賊』（宣祖修正實錄卷二十五葉十一小注）。據此，則秀吉之爲秀吉，抑更可知，而所謂『征韓偉略』云者，當然也就不是那麽一回事了。

　　以上所記明人援韓之功，就中興誌全書言之，也不過僅僅佔去了百分之一二而已。此百分之一二的史料，已然糾正了許多史籍的謬妄，則是其書之可貴，即此可知。此外尚有其他許多物資之接濟，以及精神上所予朝鮮之鼓勵，由我們現在的眼光來看，都是值得極端讚美的。姑舉數條於後，以見所謂『兩國一家休戚是同』之一斑：

　　二十三年九月，天朝賜穀種及牛隻萬餘頭。

　　二十六年四月，帝命運山東米粟百餘萬石，以賑飢民。

　　二十六年正月，帝令本國慶尚右兵使鄭起龍兼領天朝副總兵，時人榮之。楊鎬麻貴又皆以票牌獎賞之。

　　二十六年七月，帝令賜李舜臣都督符印。

右錄各條，尤其最後一條，『賜李舜臣都督符印』一事，又稱『皇朝八賜』，且云『賜李忠武』，中興誌於此，曾大書特書之，以為東國之光。其八賜如如下：

一都督印一　　　銅鑄，高六分，長五寸，廣二寸六分，鈕高二寸三分，廣二寸二分，厚五分。

二令牌二　　　用木為之，長一尺五分，廣一尺，作八稜，一面黑漆，刻令字填紅，一面塗紅，書大將二字，鹿皮匣畫豹，又用鹿皮為雙綬。

三鬼刀二　　　双長二尺七寸五分，廣二寸三分，脊厚三分，柄用檀木，刻竜首，呀口，含鬼母，鬼母頷下有鬼子，足踏竜齒，手執鬼母之耳環。鬼身竜首並朱漆，竜首用雜彩繪龍鈴，通長四尺四寸五分。刀環鎏鐵桐葉樣，鞘用桐木裏（裏）紙，朱漆雜彩繪龍鈴，飾以鎏鐵，竜頤貫黃銅環，注朱絲綬。

四斬刀二　　　刃長五尺九寸五分，廣二寸，脊厚三分，柄長二尺二寸五分，裏（裏）鮫皮朱漆，牛皮條纏刃環，銅鏤玲瓏菊花樣，鞘用木，裏（裏）牛皮，朱漆，飾鎏鐵，柄貫朱絲綬。

五督戰旗一　　　用藍緞制，方三尺四寸，紅緞補書督戰二字，正中又書，凡軍臨敵不用命者處斬十字。桿長十尺，朱漆，端插鎗，刃長一尺五寸，廣一寸五分，鐵鐏長八寸五分，桿注紅髦，又垂朱絲纓三條。

六紅小令旗二　　　用紅緞制，方二尺八寸，藍緞補書令字，桿長十尺，朱漆，

端(插)鎗，刃長八寸，廣一寸三分，鐵鐏長六寸，桿注紅旄。

七藍小令旗二　用藍緞制，紅緞補書令字，制並同紅小令旗。

八曲喇叭　銅鑄，豊(豐)口曲項，凡有四節，長七尺五分，口徑八寸五分，項障六寸，自項至吹哨，漸然而細，係朱絲綬。曲其項者，閣於般舷，仰其口而吹之，可免醮水。統營囉叭，夈(率)效其制，聲特激壯。

八賜之外，更有前前後後『頒給』的銀兩，宣祖實錄中載之甚多，今不必詳記。要而言之，其意義所在，不外爲提高朝鮮之士氣而已。考朝鮮一役，當大兵未至朝鮮之前，據宣祖實錄，其兵心民情則爲：

我國善敗，兵非不多也，器非不精也，地非不固也，特以國無紀律，將不畏法而然。(卷一八八葉一四)

壬辰年，大賊出來，其勢滔天，一未交鋒，軍皆潰散。(卷一九一葉一九)

倭賊天下强寇，雖不能當之，若能治兵，則此虜豈足畏哉？中原鍊(練)兵之政，亦不如我國之疏，故東征西伐，皆得奏捷矣。(一九一葉一九)

及至明兵出來一鼓擊敗平壤大敵之後，於是朝鮮之人心乃爲之一振，一洗從前『一未交鋒軍皆潰散』之恥，而曰：『小邦之兵恃天兵而賈勇』(宣祖實錄卷三五葉五七)。此如前文所引家康之言有曰：『朝鮮大國也，衝東則守西，擊左則聚右，縱使十年爲限，了事無期』。便是一個最有力的例證。所以朝鮮復國之後，其感戴明帝之恩，亦無所不至，如仁祖實錄卷四十三葉四載云：

惟我列聖際會皇明，明德恤小，地育天涵，數千里封域，如赤子之在父母懷中，恃以無恐。……往在壬辰，而一隅龍灣，父母孔邇，故卒乃轉敗爲功。

又肅宗實錄卷十八葉四載：

上曰：神宗皇帝於我國，有萬世不忘之功矣。當壬辰板蕩之日，苟非神宗皇帝動天下之兵，則我邦其何以再造得有今日乎？

又卷三九葉二載：

上曰：我國自立國初，受皇朝恩，錫號朝鮮，視同內服，列聖相承，至誠事大。其壬辰之變，宣廟遠狩龍灣，至欲內附。神宗皇帝竭天下之力，東出兵救之，得以再造邦家。吾東方昆蟲草木，何莫非皇靈所被也。

厥後朝鮮更於王京之漢城，設立大報壇，又稱報恩壇，以紀念明帝再造之恩。『人情久則易忘』，茲朝鮮於明朝，不但不忘，並且念之愈久而愈篤，其至誠如此，是眞所謂『永有辭於天下後世』了。

出自第二十二本（一九五〇年七月）

清季的江南製造局

全　漢　昇

（一）

　　近代以機械化的生產為主要特點的工業化運動，在十八九世紀間發源于英國。到了十九世紀中葉前後，隨着世界水陸交通的突飛猛進，其他國家也多半或先或後的因為受到影響而開始工業化。由于這種具有世界性的工業化運動的影響，在清朝同治（1862—1874）、光緒（1875—1908）年間的中國，也發生採用"西法"的"自强"運動。可是，這許多國家因受到世界性的影響而開始工業化運動的時間雖然差不多相同，她們實行工業化的步驟却由于各國國情的特殊而並不一樣。在歐、美，多數國家的從事工業化運動，主要着眼于一般生產力的增大，故國民所得增加，生活水準提高。在中國，同、光年間的自强運動主要起因于國防問題的嚴重，故中國近代工業化運動的第一個階段以解決國防問題為目的，對于一般人民生活的改善並沒有什麼直接的幫助。

　　江南製造局的創辦人李鴻章，對于西洋機器的好處瞭解得相當透切。例如他說，"洋機器于耕、織、刷印、陶埴諸器，皆能製造，有裨民生日用，原不專為軍火而設。妙在借水火之力，以省人物之勞費。仍不外乎機括之牽引，輪齒之相推相壓，一動而全體俱動。其形象固顯然可見，其理法亦確然可解。……臣料數十年後，中國富農大賈，必有仿造洋機器製作，以自求利益者。"（註一）可是，西洋機器雖然能够以低廉的成本來大量製造各種不同的物品，由于當日國防問題的嚴重，李氏却主張應先集中力量來以機器製造槍礮和輪船。說到中國的國防，在近代海洋交通特別發展以前，都以西北邊境為最重要，因為在那裡中國須防禦匈奴，突厥等民族的侵略。及近百餘年來，隨着世界海洋交通的發達，中國東南沿海各地再也不能像以前那麼安全，而海防問題便特別嚴重起來。這一種國防方面的大變化，李氏認為是"數千年來未有之變局"。

（註一）　李鴻章李文忠公奏稿（以下簡稱奏稿）卷九置辦外國鐵廠機器摺（同治四年八月初一日）。

不特如此，這些由海道前來騷擾中國國防的外國軍隊，"輪船、電報之速，瞬息千里；軍器、機事之精，工力百倍；礮彈所到，無堅不摧；水陸關隘，不足限制：又爲數千年來未有之強敵。"（註二）把這些敵人的武裝配備和中國原來使用的比較一下，我們可以發見，"中國向用之弓矛小鎗土礮，不敵彼後門進子來福（Rifle）鎗礮；向用之帆蓬舟楫艇船礮划，不敵彼輪機兵船。是以受制于西人。"（註三）中國既然因爲沒有這些精利的新式兵器而對外作戰失敗，仿效西洋人那樣製造鎗礮和輪船，自然是鞏固國防的當前的急務；故李氏以爲"中國但有開花大礮、輪船兩樣，西人卽可斂手。"（註四）

由此可知，中國在十九世紀中葉以後，當和其他國家一樣因爲接觸到具有世界性的工業化的潮流而在本國發動工業化運動的時候，其工業化運動的第一個階段的特點却與他國不同，卽由于國防上的迫切需要而專門注重國防工業的建設。這可說是同、光年間自強運動的背景。因爲有了這樣特殊的背景，故自強運動的頭一種建設是製造鎗礮和輪船的江南製造局的成立。

江南製造局原名江南製造總局，或稱江南機器局，上海製造局，或上海機器局，于同治四年（1865）在上海成立。在此以前，太平天國（1850—1864）革命軍佔領了清朝的半壁河山。在同治初年（1862），當江、浙各地大部分被太平軍佔領，上海及附近地區陷于孤立的時候，李鴻章奉命前往上海，以上海及附近地區爲根據地來收復各地。李氏抵達上海後，一方面利用擁有西洋鎗礮的外國軍隊（常勝軍）來作戰，他方面改造本國軍隊使用的武器，"盡棄中國習用之擡鳥鎗，而變爲洋鎗隊"，並且成立開花礮隊四營。（註五）這些洋鎗和開花大礮固然購自外國，可是在繼續作戰的時候，礮隊所用的礮彈有大量的消耗，因爲要滿足這種消耗，必須能够得到繼續不斷的供應纔成。由于客觀形勢的需要，李氏遂先後在蘇州成立三個礮局來製造礮彈。這三局中之一爲西洋機器局，派英國人馬格里雇洋匠數名照料鐵鑪機器，又派直隸州知州劉佐禹選募中國各色工匠帮同工作。一爲副將韓殿甲之局。一爲蘇、松、太道丁日昌之局。

（註二）　奏稿卷二四籌議海防摺（同治十三年十一月初二日）。
（註三）　奏稿卷一九籌議製造輪船未可裁撤摺（同治十一年五月十五日）。
（註四）　李鴻章李文忠公朋僚函稿（以下簡稱朋僚函稿）卷三上曾相（同治二年四月初四日）。
（註五）　奏稿卷九覆陳牟盲賫軍河洛摺（同治四年十月初八日）。

皆不雇用洋人，但選中國工匠，仿照外洋做法。"（註六）韓殿甲主持的礮局雖然沒有雇用西洋技術人員，但他曾督率中國工匠，從"英、法弁兵通習軍器者"學製開花礮彈。丁日昌曾經"在粵先後鑄造大小硼礮三十六尊，大小硼礮子二千餘顆，均已將螺絲引藥配好，足敷應用"；因為他有這樣豐富的經驗，故李氏特地自粵調他來主持礮彈的製造。（註七）這三個礮局成立于軍需緊急的時候，設備自然比較簡陋，故"苦機器未能購全，巧匠不可多得，造成礮彈雖與外洋規模相等，其一切變化新奇之法，竊愧未惶。"（註八）

　　因為不滿意于各礮局的設備的簡陋，李鴻章便設法擴充。他于同治四年派人探知"上海虹口地方，有洋人機器鐵廠一座，能修造大小輪船及開花礮、洋鎗各件，實為洋涇濱外國廠中機器之最大者"，便把牠收買過來，並把原來由丁日昌及韓殿甲分別主管的兩個礮局和牠合併，改稱江南製造總局。在此時以前，兩江總督曾國藩曾派容閎出洋購買機器；及機器運到時，也歸併入局內。（註九）此後十年，廠屋及機器設備都續有增加。到了光緒元年（1875），"綜前後營造計之，局以內工藝正副各廠，及庫房、畫圖房、方言館、公務廳共十七座；局以外船、礮、藥彈各廠，及洋樓、輿圖局共十五座，大船隖一區。"其中製造火藥子彈的工廠，是在"局西十里之龍華地方，分廠治具，如法開造，約計每日出藥千磅，出林明敦（Remington）彈子五千顆。"（註一〇）再往後，自光緒十七八年左右開始，江南製造局又先後增設了三個廠，即鍊鋼廠，栗色藥廠及無煙藥廠。鋼廠內有每日能鍊出三噸鋼的鍊鋼鑪一座，以便製造礮筒和鎗管。栗色藥廠製造栗色餅藥，以供新式巨礮之用。無煙藥廠所製的無煙火藥，則供快礮快鎗之用。（註一一）

　　這個製造鎗礮輪船的工廠是官營的企業，故其中投放的資本，均來自政府。"自同

（註六）　奏稿卷七京營弁兵到蘇學製外洋火器摺（同治三年七月二十九日）。
（註七）　奏稿卷四催調丁日昌來滬專辦製造片（同治二年八月二十日）。
（註八）　奏稿卷七京營官弁習製西洋火器漸有成效摺（同治三年十二月二十七日）。
（註九）　奏稿卷九置辦外國鐵廠機器摺，魏允恭編江南製造全案卷一，盛宣懷愚齋存稿卷七請建上海李鴻章專祠摺（光緒二十八年七月）。
（註一〇）　奏稿卷二六上海機器局報銷摺（光緒元年十月十九日）。
（註一一）　魏允恭編江南製造局記卷二，張之洞張文襄公奏議卷三七江南製造局廠充機器請撥專款摺（光緒二十一年四月初六日），清朝續文獻通考卷二三八光緒二十二年條。

治六年五月動支洋稅（關稅）之日起，截至十二年十二月底止，共收江海關二成銀二百八十八萬四千四百九十七兩九錢八分九厘四毫，共用購器、製造、建廠、薪工等項銀二百二十三萬六千二百二十四兩六錢八分九厘一毫，實存料物等項銀六十四萬八千二百七十三兩三錢三毫。"（註一二）這裡記載用款的數字把固定資本和流動資本包括在一起，故我們很難分開。不過我們由此可以推知，在同治年間江南製造局每年的經費大約爲銀四十萬兩左右。其後，到了光緒年間，隨着江海關洋稅收入的增加，江南製造局的經費也因之增加，因爲政府曾經指定每年江海關洋稅的二成作爲牠的經常費用。在光緒二十三年，當牠因添製快鎗而增加經費的時候，一年經費更是"逾百萬（兩）以外"。（註一三）

江南製造局創辦不久，便能够製造出各種物品。創如在同治九年，該局緣"開設數年，已造成輪船四隻，洋鎗、大小開花礮、洋火箭等項，接濟各軍應用者，均不下數千件。出貨較多，而用款並不甚費。"（註一四）在甲午戰爭的前夕，李鴻章認爲，"上海機器局爲各省製造最大之廠。"（註一五）李氏爲該局的創辦人，他所說的話或者不免過于誇大，可是江南製造局對于中國近代軍需工業的貢獻，却是爲當時許多人所承認的。例如在較早的時候，沈葆楨說，"江南機器局……現製槍礮子藥，凡直隸督臣飭撥之項，及江南通省應用之項，皆取給焉。"（註一六）在較晚的時候，端方說，"江南製造局設立上海，逾四十年，所製鎗礮彈藥，較之從前，確有進境。……臣自抵任後，迭飭該局總辦力圖整頓，近來鎗礮、子藥、鍊鋼等廠，成效昭然。"（註一七）在追悼創辦人李鴻章的時候，盛宣懷認爲"金陵、天津、福州、廣州、漢陽諸廠，次第興起，實師上海（製造局）之成規。"（註一八）這裡說的各廠，除福州是指造船的馬尾船政局來說以外，其餘都是製造軍火的機器局、製造局或槍礮廠。這些兵工廠及造船廠的成立，旣然都曾經效法江南製造局的成規，由此我們自然更可以看出後者在中國近代

（註一二）　奏稿卷二六上海機器局報銷摺。
（註一三）　張文襄公奏議卷四七槍礮局添廠製造請加撥經費摺（光緒二十四年閏三月十一日）。
（註一四）　奏稿卷一七籌辦天津機器局片（同治九年十月二十六日）。
（註一五）　奏稿卷七七上海機器局請獎摺（光緒十九年六月十六日）。
（註一六）　沈葆楨沈文肅公政書卷七籌議海防經費並機器局未便停工摺（光緒四年三月十四日）。
（註一七）　端方端忠敏公奏稿卷一二保獎製造局人員摺（光緒三十四年七月）。
（註一八）　愚齋存稿卷七請建上海李鴻章專祠摺。

軍需工業中之地位的重要了。

　　可是，如上所述，我們可以看出李鴻章創辦江南製造局的主要目的，在製造西洋人所特長的槍礮和輪船，以便應付數千年來未有的強敵，來鞏固國防。現在我們要問，江南製造局到底有沒有完成這一個任務？自江南製造局成立以後，中國屢次對外作戰，如光緒十年（1884）中、法甲申之戰，二十年中、日甲午之戰，以及二十六年的庚子事變，都相繼失敗了。由此可見，同、光年間的自強運動是失敗的。自強運動所以失敗，固然有種種不同的原因，可是作爲這個運動的先驅者的江南製造局，既然是在中國第一個仿效西法用機器來製造槍礮和輪船的官營企業，自然要負一部分主要的責任。因爲這個製造局的主要業務是製造槍礮和輪船，現在我們可以分別就這兩方面來檢討一下。

<h2 style="text-align:center">（二）</h2>

　　江南製造局在開始生產的十幾年內，雖然一方面要製造槍礮及彈藥，他方面又要製造輪船，可是自光緒二年（1876）以後，由于業務過于繁雜，即已不再製造輪船，（註一）而集中精力來製造槍礮和彈藥。故槍礮和彈藥的製造，可說是江南製造局的最主要的業務。

　　江南製造局在同治四年（1865）成立以後，在晚清四十餘年中雖然仿效西法製造了不少的新式槍礮，在中國近代軍需工業上起了一個很大的革命，可是由于資本的缺乏，機器設備的簡陋，牠的產品總是不能跟着時代走，而落在時代之後，以致和西洋新製產品比較起來，往往相形見拙。比方就洋鎗來說，江南製造局的造鎗機器以仿製美國林明敦鎗爲主。中國能够仿造，自然要比在製造局成立以前光是向外洋購買爲好。可是，隨着時間的遷移，由于西洋製鎗技術的改良與發明，林明敦鎗變成“外洋陳舊不用之式”。（註二）早在光緒七年，李鴻章已說，“各國皆有新式後膛鎗，林明登（卽林明敦，Remington）已爲中下之品，滬局（卽江南製造局）能造而各營多不願領。”在這種情形下，江南製造局也想仿製新式洋鎗，可是“每種造鎗機器，非二三十萬金莫

　　（註一）　據江南製造局記卷三，該局在光緒十一年曾製成一艘輪船名保民，是例外。
　　（註二）　張文襄公奏議卷六，籌辦移設製造局添建槍礮新廠摺（光緒二十九年二月十九日）。

辦；加以建廠鳩匠，爲費不貲。”（註三）新式造鎗機器旣然不易購置，而原來製造的林明敦鎗又嫌舊式落伍，故江南製造局經過長時間的試驗，便把原有的機器設備加以改造，而製造成快利新鎗。可是，“快利新槍係就舊機參用人工所造，亦頗便利，究嫌費繁工多，出鎗甚少。”（註四）到了光緒二十四年（1898）左右，張之洞在湖北漢陽創辦的槍礮廠，製造出小口徑毛瑟（musket）鎗，性能較好，故政府命令“各軍改用小口徑毛瑟鎗”，而江南製造局也奉命改製這種洋槍。可是，製造小口徑毛瑟槍的新式機器，“需款百萬”，因爲“一時無此財力”，故只好將就改造原有的機器設備，再加上使用大量的人工來製造。結果，“滬廠槍機不能全備，必須兼以人工剉磨，並非全係機器所成，故費工多而出槍少。近年陸續添機，漸次整頓，每日仍只能出槍七枝，一年只能出槍二千餘枝。旣不合算，且于武備大局無裨。”（註五）因此，就製造這種新式洋槍的能力來說，老大哥的江南製造局着實遠不如後起之秀的漢陽槍礮廠那麼大。關于這一點，連製造局的上司劉坤一（兩江總督）也承認，他說，“至仿造小口徑毛瑟槍，僅祇湖北、上海兩廠。其機器一係新購專門，一係舊式更改，能力所限，造槍之數目多少懸殊。”（註六）

　　造鎗以外，江南製造局製造大礮的成績也不很好。在製造局成立後的第八年，李鴻章檢討該局的造礮成績說，“滬上機器局……大礮則熟鐵來福礮尚未多造，遑論鋼礮？前以輪船用自造銅礮太壞，飭令多購布國（Prussia）克虜卜（Krupp）後門鋼礮，以應急需，非得已也。”（註七）製造局造礮的成績所以這樣不好，主要由于“機器未備”。可是，當日“外國每造槍礮機器全副購價須數十萬金；再由洋購運鋼鐵等料，殊太昂貴。”（註八）因此，由于資金的缺乏，江南製造局的造礮機器仍然沒有完全添置好。自此以後，“上海機器局曾仿造阿姆斯脫郎（Armstrong）式，造鐵箍鋼管前膛大礮。……

　（註三）　朋僚函稿卷二〇復黎召民廉訪（光緒七年二月初二日）。
　（註四）　清朝續文獻通考卷二三九光緒二十五年條。又張文襄公奏議卷六〇籌議移設製造局添建槍礮新廠摺也說，“江南製造局……兩年以前所造，係快利鎗，乃滬局應造之式，亦不適用。故鎗機新舊湊冗，出數無多。”
　（註五）　清朝續文獻通考卷二三九光緒二十五年條，張文襄公奏議卷六〇籌辦移設製造局添建槍礮新廠摺。又張文襄公電牘卷六七致江寧魏制臺（光緒二十九年六月二十六日丑刻）也說，“查滬局造槍機器皆係舊式改造小口徑快槍，日僅數枝，糜工費時，仍不合用。”
　（註六）　清朝續文獻通考卷二三九光緒二十五年條。
　（註七）　朋僚函稿卷一三復李雨亭制軍（同治十二年六月初一日）。
　（註八）　奏稿卷二四籌議海防摺。

…此類礮式，外洋均已停造。"（註九）可見製造局仿效西法製造的大礮，和外洋新製的比較起來，着實是非常落伍。因此，在創辦人李鴻章死後不久，張之洞對于江南製造局的造礮成績曾作激烈的批評，他說，"江南製造局……礮機亦未完備。……其礮廠所造車礮亦不盡適用。"又說，"滬局所造……小口徑礮，均不適用，亟應停造，以節糜費。"（註一〇）

這個在同、光間自强運動聲中最先創立起來的用機器製造槍礮的工廠，爲什麼製造槍礮的成績是這樣的不能令人滿意？關于這個問題的答案，除散見于上文的字裡行間外，張之洞在當日曾經提供一些銳敏的見解，他說，"查滬局槍礮非全由機器所成。因歷年機器係陸續添置湊配，故必須參用人工，以致不能精密一律，且出槍不能甚多。"（註一一）張氏這幾句話，如果我們改用現在的語句來加以表達，這就是說：江南製造局的製造槍礮，雖然採用西法，可是並沒有完全機械化，所以產品不能標準化，從而不能大量生產。這樣一來，製造槍礮的成績自然不會太好了。

不特如此，製造槍礮要消耗大量的鋼來作原料，可是同、光間中國的鋼鐵工業尚未萌芽，故江南製造局長時期 "造礮所需之鋼料、鋼彈，造槍所需之鋼管，必須購自外洋，其價值運費已不合算。且平時購運往來雖尚稱便，誠恐一旦海上有事，海程梗阻，則輪船不能抵埠，而內地又無處探買，勢必停工待料，貽誤軍需，關繫實非淺鮮。"（註一二）由于這些考慮，江南製造局遂于光緒十七八年左右設立鍊鋼廠，購置鍊鋼鑪，"仿照西法鍊成純鋼，捲成礮管、槍筒並大小鋼條"。可是，在產鋼能力方面，"現購鑪座，僅有三噸者一具，出鋼尚不能多。"（註一三）在原料供應方面，"現在鍊鋼所用之生鐵、鐵石等件，尚向外洋購買。"（註一四）過了數年，據榮祿的報告，由于燃料與原料的缺乏與昂貴，鍊鋼的工作常常停頓。他說，"至上海製造局，購有鍊鋼機器，因

（註九）　清朝續文獻通考卷二三八光緒十二年條。

（註一〇）　張文襄公奏議卷六〇籌辦移設製造局泰建槍礮新廠摺，張文襄公電牘卷六五致上海製造局鄭道臺（光緒二十九年正月初一日戊刻）。

（註一一）　張文襄公奏議卷六二會籌江南製造局移建新廠辦法摺（光緒三十年四月十八日）。

（註一二）　江南製造局記卷二。

（註一三）　奏稿卷七七上海機器局請獎摺。

（註一四）　江南製造局記卷三。

其地不產煤、鐵，採買製鍊，所費不貲，以致開鑪日少。"（註一五）再過數年，據張之洞的話，鍊出的鋼的品質也不很好。他說，"查滬局歷年所造大礮，其礮管皆自外洋購來，並非自鍊。滬局鍊鋼廠止能鍊西門、馬丁（Siemens-Martin）鋼，尙非極精之品。"（註一六）由此可知，江南製造局在設立鍊鋼廠以前，固然要老遠的花很多錢從外國買鋼來製造槍礮，就是在鍊鋼廠成立以後，雖然能够自己鍊鋼，可是鍊出的鋼却又因爲品質和產量都有問題而不能滿足槍礮製造的需要。

　　除却製造槍礮以外，槍礮所消耗的彈藥，江南製造局也從事製造。上文說過，製造局在上海龍華設立了一個製火藥和子彈的工廠，每日約生產火藥一千磅，林明敦槍所用的子彈五千顆。這樣的生產量，在當日並不能够滿足國防上的需要，故李鴻章說，"滬……機器局所製子彈，數非不多，而以之應操則有餘，以之備戰則尙少。"（註一七）其後張之洞也說，"滬局所造雜槍各種子彈，……均不適用。"（註一八）這是專就槍彈說的。至于礮彈，如上述，江南製造局前身的礮局固然已經從事製造，可是隨着時間的進展，西洋造礮技術的改良，江南製造局對于新式大礮所用的彈藥並不能製造。例如在同治十二年（1873），當中國自普魯士（布國）買回克虜卜後門鋼礮以後，李鴻章說，"然礮雖購，而其合用之子藥（江南製造局）尙不能仿製。"（註一九）其後，到了甲午戰爭（1894）前後，因爲新式巨礮要用栗色餅藥，快礮要用無煙火藥來造礮彈，江南製造局遂添設栗色藥廠及無煙藥廠。可是，根據後來張之洞的報告，我們可以知道，這兩個製造彈藥工廠的產品也不能令人滿意。張氏說，"至滬局所造無煙藥，迭經臣等考察，製煉尙未能純淨得法。……其栗色礮藥一種，久經前北洋大臣考驗，不適于用，此時亦不宜造。如存藥用罄，可隨時向外洋購買。"（註二〇）由此可見，無論是鎗或是大礮所消耗的彈藥，江南製造局製造的成績都不很好，不獨不如外國，而且不如在本國比較後起的漢陽槍礮廠；故張之洞于甲午戰後說，"今鄂局（漢陽槍礮局）所造鎗

（註一五）　同書卷二。
（註一六）　張文襄公奏議卷六〇籌辦移設製造局添建槍礮新廠摺。
（註一七）　奏稿卷三二軍火畫一辦法並報銷口令事宜摺（光緒四年七月初二日）。
（註一八）　張文襄公電牘卷六五致上海製造局鄭道臺（光緒二十九年正月初一日戌刻）。
（註一九）　朋僚函稿卷一三復李雨亭制軍。
（註二〇）　張文襄公奏議卷六二會籌江南製造局移建新廠辦法摺。

礮子彈，合計較滬局多逾數倍，機廠多少大小較滬局相去懸絕。”（註二一）

這個在近代中國軍需工業上第一個用機器來生產的企業，成績所以這樣不好，其原因除在上文零星提到外，我們在這裏還可以舉出三點來討論一下。第一是機器設備的不完善。例如周馥在製造局成立後的第四十年說，“查滬廠所造彈丸、火藥、練（鍊）鋼、製礮等事，皆由摹仿而成，非由心得，終未精良。……且滬廠機器不全，……”（註二二）第二是管理的不完善。例如朱恩紱在製造局成立後的第四十五年說，“考察江南製造局，……就管理論，除礮彈一廠頗能核實外，其餘則糜工費料，內容之複雜，尤以鎗、礮、鍊鋼三廠爲甚。及查辦事章程，非不立有成法，而弊卽生于其中。員司工匠之冗，購料用料之濫，以及出入款目之未能明晰，有非意料所及者。”（註二三）除此之外，江南製造局設立的地點也不很適宜。關于此點，李鴻章在製造局最初創立的時候卽已經感覺到，他說，“上海虹口地方設局，于久遠之計，殊不相宜。稍緩當籌款另建房屋，移至金陵沿江偏僻處。”（註二四）上海所以不宜于設廠製造槍礮等物，當製造局因須製造礮管、鎗筒而自己設廠鍊鋼的時候，情勢尤爲明顯。鍊鋼廠需要多量的鐵砂提鍊成生鐵來作原料，又需要大量的煤提煉成焦煤來作燃料，然後纔能開工製鍊。可是，如上所述，上海“不產煤、鐵，採買製鍊，所費不貲，以致開爐（鍊鋼）日少。”換句話說，由于原料和燃料的供應的困難，和價格的昂貴，上海並不宜于設廠鍊鋼來製造槍礮。因此，鍊鋼廠成立以後，不斷的有人提議把製造局自上海遷移至湖南接近煤、鐵礦的地方；後來張之洞等更具體的提議移設至江西萍鄉附近的湘東，以便獲得廉價的煤之大量供應。可是，事實上，“滬廠地段甚廣，工程甚大，一經遷移，機墩煙囱，地基石工，全歸無用。……此拆彼安，遠道搬運，機器易損，糜費亦多。”由于這許多考慮，江南製造局始終沒有遷離上海，（註二五）從而要長期間因爲原料和燃料的運費的負擔而連累到製造成本的加重。

（註二一）　張文襄公奏議卷三九懇廢湖北槍礮廠經費摺（光緒二十一年八月二十八日）。

（註二二）　清朝續文獻通考卷二三九光緒三十一年條，

（註二三）　同書卷二四〇宣統二年條。

（註二四）　奏稿卷九置辦外國鐵廠機器摺。

（註二五）　江南製造局記卷二，張文襄公奏議卷六〇籌辦移設製造局暨建槍礮新廠摺，卷六二會籌江南製造局移建新廠辦法摺。

（三）

除了槍礟及彈藥的製造之外，江南製造局的另外一種主要業務是輪船的製造。

在江南製造局成立以前，早在同治元年（1862），當曾國藩駐軍安慶，與太平軍作戰的時候，卽已在那裡設立軍械所，仿造火輪船。可是，這次的試造，“全用漢人，未僱洋匠，雖造成一小輪船，而行駛遲鈍，不甚得法。”次年，曾氏派容閎赴美國採購機器；這些機器後來歸併入江南製造局內，想與製造輪船有關。（註一）及同治四年，製造局初成立時，曾購置有機器鐵廠一座，能夠修造大小輪船。再往後，製造局又添置大船隝一區。這一個造船廠，比左宗棠創辦的馬尾船政局成立得還要早。

江南製造局的造船廠，“將船殼、鍋爐、滊機分爲三門，以洋匠三人領工，華人數百且助且學。”（註二）在同治七年（1868），造成了第一艘船。以後直至光緒二年（1876），差不多每年平均造成輪船一艘；可是自此以後，只在光緒十一年（1885）再造成一艘船，便再也沒有新船下水了。據江南製造局記卷三所載，該局歷年所造輪船如下：

表名　　　　　江南製造局歷年所造輪船

船名	馬力（單位：匹）	受重（單位：噸）	年份
惠吉	392	600	同治七年
操江	425	640	同治八年
測海	431	600	同治八年
威靖	605	1,000	同治九年
海安	1,800	2,800	同治十二年
馭遠	1,800	2,800	光緒元年
金甌	200		光緒二年
保民	1,900		光緒十一年

這些造成的輪船，除其中三兩艘是較大的兵船外，“其餘各船皆僅與外國小兵船根撥（gunboat，有時作“根駮”）相等。”（註三）這些產品，有如較晚成立的馬尾船政局所

（註一）　江南製造全案卷一，清朝續文獻通考卷三八六。
（註二）　奏稿卷二六上海機器局報銷摺。
（註三）　奏稿卷二四籌議海防摺。

造的船那樣，連創辦人李鴻章都非常不滿意。例如他說，"上海機器局輪船又成一隻，祗載礮十餘尊，雖似小兵船式，然斷不及外洋兵船之堅利。" 又說，"閩、滬現成各船，裝載不如商輪之多，駛行不如商輪之速。" 又說，"如該監督（日意格，Giquel）所云，巡海快船行十四迷（miles），水雷船行十六七迷，固屬難得。……閩、滬各廠現船每點鐘能行十一迷者，已僅見矣。"（註四）又說，"如閩、滬各（船）廠所製者，皆西洋舊式，只可作無事時巡防，有事時載兵運糧之用，實不宜于洋面交仗。" 又說，"從前閩、滬輪船，多係舊式，以之與西洋兵船角勝，尙難得力。"（註五）綜括李氏這些話，我們可知江南製造局造出的船，和馬尾船政局的一樣，都免不了性能太差，速度太慢，式樣太舊，無法在海洋上和堅利的西洋軍艦作戰。

　江南製造局製造的船，性能雖然不好，成本却非常之貴。由于本國技術人才的缺乏，和其他工、礦業的不能配合發展，當日 "滬局各船雖係自造，而大宗料物無非購自外洋，製造工作亦係洋匠主持。"（註六）因爲 "物料、匠工多自外洋購致，是以中國造船之銀，倍于外洋購船之價。"（註七）換句話說，江南製造局造船所用的材料須老遠的從外國買來，造船所需的技術人員也須老遠的自外國聘用，故因造船而支付的原料價格和薪金都非常之大，從而影響到生產成本的增加。不特如此，"就滬…機器…局情形推之，凡西人製器，往往所製之器甚微，而所需以製器之器甚鉅。……且以洋匠工價之貴，輪機件數之繁，倘製造甚多，牽算尙爲合計。若製器無幾，逐物以求分晰工料之多寡，則造成一器，其價有逾數倍者矣。凡造槍、礮、輪船等項，無事不然。"（註八）這就是說，具有鉅額的固定資本的造船工業，如果能够繼續不斷的大量生產，使大規模的機器設備和高薪水的外國技術人員能够盡量利用，每艘船的生產成本自然可以減低；可是，同、光間的江南製造局，前後不過製造出幾艘不像樣的小兵船，顯然不能大量生產，故生產成本很高，高 到 "倍于外洋購船之價"。關于這點，我們又可以

（註四）朋僚函稿卷九復曾相（同治八年四月初十日），卷一一復曾相（同治十年十二月十一日），卷一六復丁春帆京卿（光緒二年八月二十三日）。

（註五）奏稿卷三五籌議購船選將摺（光緒五年十月二十八日），卷三九議覆梅啓照條陳摺（光緒六年十二月十一日）

（註六）奏稿卷二六成船用款摺（光緒元年十月十九日）。

（註七）奏稿卷二四籌議海防摺。

（註八）奏稿卷一九籌議製造輪船未可裁撤摺。

提出李鴻章給沈葆楨的信來作例證。在一封信中，他說，"敝處招商局在英國購製三船，裝貨多而用煤少，行駛亦速，或值七八萬至十萬不等。……滬……廠工料過昂，每船減算成本，似須十數萬。"在另外一封信中，他又說，"洋廠定購新式康邦機器（compound engine）一百五十四馬力輪船，不過十餘萬金。……滬……廠所造舊式機器百五十四馬力之船，連工本員弁薪水合算，約三十萬。"（註九）

　　江南製造局于製造槍礮之外，所以還要製造輪船，其目的本來是要鞏固中國沿海的國防，以對付數千年來未有的強敵。可是，如上所述，江南製造局以很高的生產成本製造出來的輪船，不過是一些根駁小兵船和極少數的大兵船。就作戰的性能上說，"根駁不若大兵船之堅猛，兵船又不若鐵甲船之堅猛。以鐵甲船禦兵船，當之輒糜，況根駁乎？"（註一〇）因此，在當日西洋各國及日本的海軍艦隊都以鐵甲船為作戰主力的時代，"中國卽不為窮兵海外之計，但期戰守可恃，藩籬可固，亦必有鐵甲船數隻游弋大洋，始足以遮護南北各口，而建威銷萌，為國家立不拔之基。"（註一一）可是，事實上，"江南機器局……欲仿造鐵甲船，尚恐機器未全，工匠未備。"（註一二）而且，在原料方面，"船身鐵壳，必須開采試鍊；添募碾捲鐵板，掉鍊熟鐵之洋匠，殊為費手。"（註一三）總之，關于製造鐵甲船所需的機器設備、技術人才及原料，江南製造局都無法解決，故該局在"同治十三年（1874），試造小鐵甲船，不能出海，礮位布置亦不合法。"（註一四）製造局旣然試造小鐵甲船都要失敗，較大的鐵甲船自然更無法製造了。故該局自光緒二年（1876）以後，除在光緒十一年再造成一艘船外，便不再製造輪船，以便集中力量來製造槍礮和彈藥；至于當日新建設的海軍所用的兩艘鐵甲船，定遠及鎮遠，則花費一大筆外滙來在德國購買。（註一五）

（註九）　朋僚函稿卷一三復沈幼丹船政（同治十二年閏六月初六日），卷一五復沈幼丹制軍（光緒元年十一月十九日）。

（註一〇）　奏稿卷一九籌議製造輪船未可裁撤摺。

（註一一）　奏稿卷三五籌議購船選將摺（光緒五年十月二十八日）。

（註一二）　奏稿卷三九議覆梅啓照條陳摺。

（註一三）　朋僚函稿卷一六復吳春帆京卿（光緒二年十月十五日）。在同一信中，李鴻章又說，"惟中國若不開採鐵礦，講求鍊鐵鍊鋼之法，則無論何等新式（輪船），俱苗繪不出，深為焦急。"

（註一四）　與註一二同。

（註一五）　奏稿卷四〇鐵甲籌辦分別續造摺（光緒七年四月二十七日），卷五五驗收鐵甲快船摺（光緒十一年十月十八日）。

對于江南製造局的造船成績的惡劣，李鴻章也很感覺到失望。他在寄給曾國藩的信中慨歎的說，"興造輪船、兵船，實自強之一策。……滬造船已六載，成效不過如此。……師門本創議造船之人，自須力持定見。但有貝之才，無貝之才，不獨遠遜西洋，抑實不如日本。"（註一六）這裡說的"有貝之才"（財），指的是資本；"無貝之才"，指的是技術人才。換句話說，中國新興的造船工業，無論是在資本或是在技術人才方面，都遠不如西洋各國和日本，故結果是這樣的不好。

光緒三十一年（1905），由于南洋大臣周馥的提議，政府"將船塢與製造局劃分，特派海軍人員管理。"（註一七）自此以後，造船廠的設備便脫離江南製造局，改歸海軍人員管理，以便作爲修理兵船和招商局輪船之用。（註一八）

（四）

由于具有世界性的工業化運動的大潮流的影響，中國在同、光年間也發生採用西法的自強運動。江南製造局就是在這種自強運動的氣氛中最先採用較大規模的機器來製造槍礮和輪船的官營企業。這個作爲中國近代軍需工業的先驅者，而在國防上肩負起重大使命的企業，自創立以後，却因難重重，製造出來的產品在數量、品質及成本方面都不能令人滿意，以至不能滿足國防上的需要。在清季的對外作戰中，中國屢次失敗，江南製造局當然要負一部分責任。在另外一方面，因爲國防工業的建設構成了中國近代工業化運動的第一個階段，而江南製造局又是在當日國防工業建設聲中最先創立起來的企業，故牠的製造成績的惡劣又表示中國在近代工業化運動中的第一次挫敗，其意義不可謂不大。

江南製造局的成績所以不好，原因很多，如資金籌措的困難，機器設備的不完善，技術人才的缺乏，以及管理的不良，上文都已經分別提到，這裡不必重贅。我們在這裡要特別討論的，是在當日江南製造局等軍需工業發展聲中，其他工、礦業不能作有計劃的配合發展，以致成績不好。近代世界各國工業化所以能够成功，有賴于煤、鐵

（註一六）　朋僚函稿卷一復曾相（同治十一年正月二十六日）。

（註一七）　清朝續文獻通攷卷三八六。

（註一八）　同書卷二三四，江南製造局記卷二，愚齋存稿卷六八寄周玉帥（光緒三十一年三月初六日）。

等工、礦業的發展。因爲近代工業最主要的特點是利用大規模的機器來生產，而機器需要動力纔能轉動，動力又以煤爲最主要的來源；在另外一方面，就機器的本身來說，也需要大量的鋼鐵作主要原料纔能製造出來。故煤礦與鋼鐵等重工業的發展，實是一國工業化成功的主要條件。在各種工業中，製造槍礮和輪船的工業，旣然要利用機器來生產，而這些物品本身又需要鋼鐵來作主要原料，當然更有賴于煤、鐵等基本工業的發展。比方德國克虜卜礮廠製造出來的槍礮所以很好，主要由于本國煤礦工業和鋼鐵工業的特別發展。李鴻章也知道，"船、礮、機器之用，非鐵不成，非煤不濟。英國所以雄強于西土者，惟藉此二端耳。"（註一）可是，中國在近代工業化運動的第一個階段中，有鑒于國防問題的迫切，政府却只注意到與國防最有直接關係的軍需工業和造船工業的建立，而沒有注意到煤、鐵等基本工業的配合發展。當江南製造局在同治四年（1865）成立的時候，中國的煤、鐵礦並沒有作大規模的開採，新式的鋼鐵工業更談不到。可是，槍礮及輪船却都要消耗大量的鋼鐵作原料，及大量的煤作燃料纔能製造出來，故江南製造局要花費一大筆運費和外滙來購買外國的原料和燃料纔能從事生產。這樣一來，製造的成本自然要特別加重了。當製造局長期間遭遇到這種困難的時候，李鴻章也曾屢次設法開採各地的煤、鐵礦。可是，由于技術與資本的缺乏，內地交通的困難，結果並不很好。例如在光緒二年（1876），他寫信給人說，"弟前于（河北）磁州議開煤、鐵；奈派人覆勘，礦產不旺，去河太遠，旋暫中止。旋奏請試采鄂省廣濟煤礦；經營年餘，尚無佳煤，深爲焦急。"（註二）其後，他又派人于安徽池州及湖南寶慶、衡州等地"試采煤、鐵，但官紳禁用洋法機器，……其功效茫如捕風。"（註三）其中只有河北"開平煤礦，用及三百萬，經營十餘年，今（光緒十·三年，1887）始源源收息。"（註四）這一個煤礦開採有成績的時候，距離江南製造局的成立時間已經二十二年了。至于鐵礦和鋼鐵工業，如大冶鐵礦及漢陽鐵廠，開採及建立的時間更晚，當開始生產（但成績却不好）的時候，中、日甲午戰爭（1894）已經打起來，那

（註一）　奏稿卷一九籌議製造輪船未可裁撤摺。

（註二）　朋僚函稿卷一六復丁稚璜宮保（光緒二年八月二十六日）。

（註三）　同書卷一七復郭筠仙星使（光緒三年六月初一日）。

（註四）　李鴻章李文忠公海軍函稿卷三籌論餉源並山東熱河各礦（光緒十三年六月二十六日）。

時距離江南製造局的成立時間已經將近三十年了。(註五) 由此可知，江南製造局製造槍礮及輪船的成績所以不好，當日煤、鐵等基本工業之不能作有計劃的配合發展，着實要負擔一部分重要的責任。

(註五)　拙著清末漢陽鐵廠，國立臺灣大學法學院社會科學論叢第一輯。

大明律誥考

黃 彰 健

（一）

明太祖之於明律，是費過苦心，屢次修訂，想斟酌歸於至當的。吳元年律二八五條，洪武七年律六〇六條，今俱無傳本，僅可由今存大明令與太祖實錄中，推測一二。洪武二十二年律四百六十條，三十年又頒大明律誥。今存明律，卷首有三十年御製大明律序，其間律四百六十條，但所謂律誥，亦卽律序所謂，將「大誥內條目，撮其要略，附載於律」者，全不得見。也正因律誥之罕見，因此明史刑法志，及律學前輩沈家本薛允升諸氏，考論明律時，均不免錯誤。洪武二十二年太孫改律七十八條，這件疑案，史志也無法解決。三十年所定律誥，其所謂雜犯眞犯，有異於前代，而爲清律所沿襲，以律誥罕見，故清史稿刑法志，敍其源流，僅上溯至弘治，而眞雜犯之本義及其演變，沈薛諸君子所釋，也因此有可商之處了。律誥的發現，使我們對明代刑律的因革，可以有一些新的認識的。

（二）

現存的明律，我所得見的，有明刊皇明制書本，明刊大明律例本，玄覽堂叢書影明刊昭代王章本，中央圖書館所藏朝鮮光武七年刻本，以及沈家本氏所翻刻的明萬歷本明律集解附例。此外明刊本正德會典萬歷會典，也都引有明律全文。這些本子，都無所謂律誥，只有同治十年重刊本明弘治興化府志，其刑紀引有欽定誥律條例，前有三十年五月勅，與實錄所記三十年五月頒大明律誥者相合，這應該就是律誥了。依實錄應作律誥，今作誥律，可能係翻刻誤倒。抗戰勝利，余來京師，於江蘇省立國學圖書館得見八千卷樓舊藏明刊黑口本大明律三十卷，此本又分上下二卷，卷一之十二，名例吏戶禮三律係上卷；卷十三之三十，兵刑工三律係下卷；·上卷末引重校爲政規模

節要論，律解辨疑總目，金科一誠賦，卽繼之以欽定律誥該載。此欽定律誥該載等，並未附於全書之首，或全書之末，故丁氏善本書室藏書志卷十三著錄此書時，卽忽略未曾提到。今以二本互校，以方志本爲主，錄其全文，並注其異同於下。

　　欽定誥律條例.黑口本作欽定律誥該載。

　　欽定誥律不准贖死罪共一百二十四條（健按，以下文律一〇二條加誥十二條，只得一一四條）

　　律一百零二條。(此二行黑口本僅「不准贖律死罪」六字)

　　（1）十惡。（2）强盜。（3）刼囚。（4）强姦。（5）詐僞。

　　（6）魘鎮蠱毒。（7）失誤軍機。（8）朦朧奏啓。

　　（9）拒捕傷人。（10）詐傳詔旨。（11）變亂成法。

　　（12）越皇城者。（13）盤詰奸細。（14）發塚起屍。

　　（15）竊盜三犯。（16）私鹽拒捕。（17）朝覲留難。

　　（18）激變良民。（19）失陷城池。(健按依律與激變良民應係一條)

　　（20）軍人私出外境擄掠傷人爲首。

　　（21）故禁故勘平人致死。

　　（22）軍官臨陣先退及圍困敵而逃。

　　（23）秋糧違限一年之上。

　　（24）近侍官員漏泄軍情重事於人。

　　（25）謀故鬪毆等項殺人。

　　（26）在朝官員交結朋黨紊亂朝政。

　　（27）故殺夫之兄弟子者。

　　（28）投匿名書入鋪告人罪者。

　　（29）威逼期親尊長致死。

　　（30）毆制使本管長官折傷及篤疾者。

　　（31）私鑄銅錢爲首並匠。

　　（32）毆妻致死，及毆妻之父母致篤疾。

　　（33）受財故縱黨逆强盜。

　　（34）僞造制書寶鈔印信曆日等。

（35）失火延燒宗廟及宮闕。

（36）盜制書印信及夜巡銅牌。

（37）姦邪進讒言佐使殺人。（黑口本此條在第三十四條之前）

（38）殺傷來降人及逼勒逃竄。

（39）棄毀軍器二十件以上。

（40）略人略賣人因而傷人者。

（41）軍官受財賣放軍人者。

（42）從車駕而逃，百戶以上者。

（43）向宮殿前射箭傷人及死者。

（44）主將不固守，因而失陷城寨。

（45）軍人私于已附地面擄掠。

（46）私將人口軍器出外境及下海。

（47）私越冒度關津出外境者。

（48）罪囚反獄在逃。

（49）棄毀並盜官文書，事干軍機錢糧者。

（50）漏泄軍情大事。

（51）男婦誣執親翁，弟婦誣執夫兄期親。

（52）邀取實封公文。

（53）誣告因而致死隨行有服親屬一人。

（54）大臣專擅選官。

（55）奴婢毆家長，及毆妻前夫之子致死。（健按律應為二條，皆見鬥毆律，一係奴婢
    毆家長條，一係毆妻前夫之子條）。

（56）強占良家妻女。

（57）皇家袒免以上親，被毆篤疾及死者。

（58）持杖入宮殿門。

（59）妻妾夫亡改嫁，罵故夫祖父母父母。

（60）上言大臣德政。

（61）本衙門首領官及統屬官毆長官篤疾。

（62）阻當上書陳言。

（63）非理凌虐罪囚，及尅減衣糧，因而致死。

（64）造妖書妖言。

（65）姦夫因姦自殺親夫，姦婦雖不知情者。

（66）妻毆卑屬致死。

（67）奴及雇工人姦家長妻女及期親之妻。

（68）交結近侍官員。犯罪律該處死，大臣小官諫免，暗邀人心。

（69）白晝搶奪傷人者。

（70）威力制縛人于私家拷打監禁，因而致死。

（71）擅入御膳御在所。

（72）家長及期親並外祖父母故殺雇工人，威逼人致死者。（黑口本分二條，健按一係鬥毆律奴婢毆家長條，一係人命律威逼人致死條，分爲二條是也）

（73）嫡繼慈養母故殺違犯教令子孫，致令絕嗣。

（74）宮殿造作罷不出。

（75）私竊放囚人逃走，竊而未得，因而殺人爲首。

（76）擅開閉皇城門者。

（77）收祖父妾及伯叔母，兄亡收嫂，弟亡收弟婦。

（78）放火故燒人房屋，盜財物及係官積之物。

（79）各衙門官吏，將奏准合行事理妄稱奉旨追問。

（80）與囚金刃及解脫枷鎖之具，致囚反獄及殺人。

（81）起解軍需隨征供給，而管送違限，以致臨敵缺乏。

（82）監臨之官，因公事于人虛怯去處，非法毆打致死。

（83）僞造朝參文武官及內官厨子校尉入內懸帶牌面。

（84）賊人臨境，其望高巡哨之人，失于飛報，因而陷城損軍。

（85）刑部並大小衙門官吏，不執法律，聽從下官主使，出入人罪。

（86）守禦官隄備不嚴，撫馭無方，致有所部軍人反叛，棄城而逃。

（87）文武非有大功勳于國家，所司朦朧奏請輒封公侯爵者。

（88）官司差人追徵錢糧勾攝公事，而抗拒行差人致篤疾。

（89）軍官軍人從軍征討，私逃還家及逃往他所者，初犯即坐，並守禦軍逃三犯，經斷人朦朧充當近侍及宿衛。（健按依律當分爲二條，因一在宮衛律一在軍政律）

（90）聞知朝廷及總兵官討襲外番，及收捕反逆賊徒，機密大事，而輒漏泄于敵人。

（91）軍臨敵境，而從征軍人托故違期三日不至。

（92）妻妾背夫在逃改嫁。

（93）告謀逆不受理，致攻陷城池。

（94）故入人死罪已決。

（95）子孫于祖父母父母、及奴婢雇工人于家長墳墓、薰狐狸、因而燒死者

（96）棄毀制書印信及夜巡銅牌。

（97）誣告人死罪已決。

（98）棄毀緦麻以上尊長屍。

（99）子孫棄毀祖父母父母、及奴婢雇工人棄毀家長屍。

（100）拾遺朝參文武官及內官懸帶牌面、詐帶朝參、及在外詐稱官員名號，有所求爲者。

（101）死囚令人自殺、若見招服罪、而囚之子孫爲祖父母、父母、及奴婢雇工人爲家長者。

（102）官司差人追徵錢糧、勾攝公事、及捕獲罪人、聚眾中途打奪、因而傷人及殺人，聚至十人爲首。

誥十二條。（黑口本係「酷死罪」三字）。

（1）朋奸欺罔。 （2）說事過錢。 （3）代人告狀。

（4）詭名告狀。 （5）載刑肆貪。 （6）空引偷軍。

（7）醫人賣毒藥。 （8）臣民依法爲奸。

（9）妄立幹辦等名。 （10）阻當耆民赴京。

（11）秀才斷指誹謗。（12）寰中士夫不爲君用。

欽定誥律准贖死罪共三十三條

律九條（此二行黑口本僅「准贖死罪律」五字）。

（1）軍官犯死罪不請旨論功上議。

（2）內府交納餘剩金帛、擅將出外。（3）官吏受贓過滿，

（4）若塚先穿陷、及未殯埋、開棺槨見屍。

（5）盜倉庫錢糧。（6）盜內府財物。

（7）詐稱冤枉、借用印信封皮。

（8）遞送逃軍妻女出京城。（9）衝入儀仗，並訴事不實。

誥二十四條。（黑口本無「二十四條」四字）。

（1）逸夫。（2）居處僭分。（3）閑民同惡。（4）官吏下鄉。

（5）擅差職官。（6）攬納戶。（7）冒解罪人。

（8）慶節和買。（9）關隘騙民。（10）濫設吏卒。

（11）長解賣囚。（12）官民有犯。（13）魚課擾民。

（14）錢鈔貫文。（15）路費則例。（16）造作買辦。

（17）市民爲吏卒。（18）經該不解物。（19）阻當鄉民除惡。

（20）僧道不務祖風。（21）有司不許聽事。

（22）不對關防勘合。（23）有司逼民奏保。

（24）交結安置人。

黑口本「交結安置人」後多此數語：

凡法司今後議擬罪名，除繁文，燒毀卷宗，更名易諱，軍人關賞征進在逃，
死罪充軍工役在逃，在京犯奸盜詐騙，仍依定例處治，及軍官私役軍人因而
致死一名者償命外，其餘有犯，務要依律與夫大誥擬罪，照今定條例發落，
並不許將遞年各衙門禁約榜文等項條例定罪，敢有違者，以變亂成法論。

徒流等罪

欽定律誥該載終

這兩個本子，名稱不同，黑口本作欽定律誥該載，此該載係計開之意，自非書名。

方志本作欽定誥律條例，此條例亦係指其非律，僅係例之性質而已，其名稱應作欽定律誥。這兩個本子，方志所引不全，黑口本所引是較爲完備的。

（三）

由方志所引，使我聯想到正德會典一一四三，萬曆會典一七三也錄有洪武三十年所定條例，性質一樣，而條目則不同。其間決不待時計十惡等七條，秋後處決計詐僞等五十一條，工役終身計逸夫等四十二條。其罪名亦大多見於律與大誥。在明律與大誥中，本爲死罪的，如受贓過滿與逸夫，在欽定律誥中，可以是准贖死罪，而在此也正是准其不死，工役終身的。此二者皆是就律與大誥中的那些死罪，定那些仍然是死罪，那些則可以贖，可以不死，其性質是一樣，不過條目不同罷了。會典所引，僅云三十年定，未言何月。會典係官書，是不是會典所引才是律誥呢？假如不是律誥，則二者之釐定，孰爲時在前呢？

當我加以分析，就發現到，在律中所有可以判人死罪的罪名，在方志所引律誥中，無不列舉，定那一種准贖，那一種不准贖；而在會典中所引，則掛一漏萬，並未通盤考慮。在方志所引律誥中，其准贖死罪律共九條，後來弘治朝奏定眞犯死罪雜犯死罪，其所定雜犯死罪律與此相同，而與會典所引三十年定者不合，這可證弘治朝所定，當係遵依祖制，而祖制當然是取其最後施用的。這樣看來，會典所引的條例，其制定爲時是應該較前的。

會典所引之非律誥，現在看來，有兩個證據。實錄三十年五月甲寅上諭：

其雜犯大小之罪，悉依贖罪之例論斷。

實錄三十年五月所載贖罪事例云：

凡內外官吏，犯笞杖者記過，徒流遷徙者以俸贖之，三犯罪之如律。雜犯死罪

者，自備車牛運米輸邊，本身就彼爲軍。

今會典三十年定，係工役終身，而非充軍，與實錄不合。可證其非律誥，這是第一點。

大明律序云，「將大誥內條目，撮其要略，附載於律，今後法司，只依律與大誥議罪」，今觀會典三十年定，即有二條，不見於律及大誥。如工役終身之興販番貨條，大誥無文。按舶商匿貨律：

　　　凡泛海客商船舶到岸，卽將貨物盡實報官抽分，若停塌沿港土商牙儈之家，不

　　　報者杖一百，雖報而不盡者，罪亦如之。

是律並不禁興販番貨的。實錄二十七年正月甲寅：

　　　禁民間用番香番貨。先是上以海外諸夷多詐，絕其往來，唯琉球眞臘暹邏許入

　　　貢，而緣海之人，往往私下諸番，貿易番貨，因誘蠻夷爲患。命吏部嚴禁絕之，

　　　敢有私下諸番互市者，必寘之重法。凡番香番貨，皆不許販鬻……違者罪之。

是興販番貨，當係二十七年所定之禁例，故不見於律及大誥。又如秋後處決之誣告一

二十人條，按律惟誣告致死隨行有服親屬一人者絞，誣告人死罪已決者反坐，並無誣

告一二十人罪名。大誥實錄，亦未之見，興販番貨，既有確年可考，既未如律誥該載

之聲明「仍依定例處治」，如爲律誥，則與御製序「只依律及大誥議罪」迕，會典所載

三十年定，可證其非律誥，這是第二點。

（四）

　　　方志所載，前有三十年五月勅，黑口本又名爲欽定律誥，其爲律誥，是可無疑義

的。今觀其中所載，如不准贖死罪誥十二條，此在律多不致死，不可謂非峻令。而其

中准贖死罪誥二十四條，雖然准贖，然而也比律文所處罰爲重。大誥之爲峻令，此沈

家本大誥峻令考，業已考證。今大誥條目，既已撮其要略，附載於律，自然也見之實

行，這樣看來，史志言「自律誥出，大誥諸峻令未嘗輕用」。沈家本大誥峻令考言，

「二十三年帝諭楊靖推恕行仁之後，大誥峻令卽不復用」，是不合史實的。

　　　律序所言，「將大誥條目，撮其要略，附載於律」，由律誥看來，當卽附載於此例

內。大誥既爲臣民所誦讀，則亦不須再錄大誥條目，及其原文，附於律文有關各條

之後的。全書仍名大明律，律誥則僅其中之條例，律誥並非全書之名。故今存明律，

卷首三十年御製序，仍名大明律，而不作大明律誥者，當以此。

　　　三十年所定，着重在律誥之附律，故實錄僅記大明律誥之成。律書之刻，本求實

用，律誥後既不行，故今存明律，多棄之不載。久而久之，也就不知有律誥這一回事

了。前引黑口本所多數語，昭代王章首卷上層法家引例中亦引之，(見首卷九十三頁)

卽未言係律誥，明刊大明律例續集頁二十八至三十三引問囚則例，下忽亦附此數語，

亦未言係律誥。如非黑口本尚存，就不知其附此數語，是怎麼一回事了。

正德會典係官書，紀一代刑律之因革，照理應錄三十年所頒律誥，今不錄律誥而錄同年之事例，此正係會典編纂者之疏忽，數典忘祖，或者他也不知律誥是怎麼一回事。正德會典不錄，萬曆會典遂亦忽略之了。

律誥既罕見，因此後人對於他的體例，不免有些錯誤的推測。沈家本寄簃文存七大誥跋，疑明史刑法志所舉「攬納戶，安保過付」等十條目卽所謂「取大誥條目，附載於律」。而律內只有「詭寄田糧，攬納稅糧，說事過錢，押解人故縱罪囚」，餘並無文，沈氏又疑律誥別爲一書。現在看來，沈氏疑律誥非此十條目，這是對的。不過，律序所謂，「取大誥條目，附載於律」，如鄙釋不誤，係指附載於律中之律誥內，今沈氏從律文條目中去尋找大誥條目，以證十條目非律誥，這無異於說律文曾據大誥修改，曾以大誥入律，這是誤解了律序的。此十條目，出於洪武二十六年所定諸司職掌。並不全見於十八年所頒大誥。萬曆會典未標明係引職掌，致史志誤繫於十八年，蓋未覆檢大誥原本。此十條目，係條例附職掌而行，也不是附載於律的。

（五）

由於此一問題之牽涉職掌，使我在職掌中，發現一與律誥性質相同，而條目又不同之條例。由於此條例之比較研究，使我更明瞭律誥准贖死罪律之性質，同時，也使我對洪武二十二年太孫改律七十八條，這件疑案的解決，得到一新的啓示。

明史刑法志說：

太祖諭太孫曰，「此書首列二刑圖，次列八禮圖者，重禮也。顧愚民無知，若於本條下，卽註寬恤之令，必易犯法。故以廣大好生之意。總列於名例律中，善用法者，會其意可也」。太孫請更定五條以上，太祖覽而善之。太孫又請曰，「明刑以弼教，凡與五倫相涉者，宜皆屈法以伸情」，乃命改定七十三條。

此謂太孫所改者七十八條；明史恭閔帝本紀云，「太孫亦佐以仁厚。嘗請於太祖，遍考禮經，參之歷朝刑法，改定洪武律畸重者七十三條」，則又只七十三條，少五條未計。由刑法志看來，大概以這五條是屬名例律，係字句之潤飾，與律之輕重無關的。

史志說太孫改律，這件事實錄未載，野史如趙士喆建文年譜，於太孫改律，僅列

入附錄，未曾繫年，且云所改者爲條例。條例與律，其義不同。律者國家之常經，而條例則係一時之權宜，補律文之未備的。史志之說太孫改律，而非條例，當據建文卽位時上諭：

> 大明律皇祖所親定，命聈細閱，較前代往往加重，蓋刑亂國之典，非百世通行之道。朕前所改定，皇祖已命施行。……

而這個上諭，也只見於野史。改律，實錄所必書，今二十二年後，三十年前實錄未言改律，故知其祖孫同堂討論，卽在二十二年四百六十條已成之後，而爲時亦相去不久。原始要終，實錄本可牽連書之。特以修太祖實錄者，以礙於成祖，不敢褒美建文，遂略而不書的。

正史例不載考異，其繫之二十二年，其理由我推測，或係如此。不過是時，太孫方十二歲，皇太子尚存，太孫尚未冊立，改律大事，何致諮詢及之？是太孫改律，其繫於二十二年，是斷不可信的。

明史藝文志著錄更定大明律三十卷，自注云：

> 洪武二十八年命詞臣同刑官參考比年律條，以類編附，凡四百六十條。

沈家本歷代刑法考律令九云：

> 明律更定在二十二年，藝文志乃二十八年，或後來又經修改歟。

核之實錄，二十八年二月戊子，刑官請改律，帝曰，「定律久矣，何用更定」。實錄此年並無改律之事，實錄記二十二年改律，其文與藝文志注略同。藝文志著錄洪武七年律，未著錄二十二年律，竊疑藝文志所云二十八年，此「八」字乃「二」字之誤，二十八年二月不允改律，明史刑法志卽作二十五年，姜西溟撰大明刑法志（圖學圖書館藏繡谷亭鈔本），亦作二十五年，明史殆襲其誤。明史這種小小錯誤，以實錄等原料校之，固不勝枚舉的。

太孫改律，旣不可繫之二十二年，余觀野史有謂太孫所改者係條例，而野史所引上諭，如釋爲條例，說亦可通。故竊意太孫改律七十八條，可能係諸司職掌所載眞犯死罪雜犯死罪七十八條之傳訛。

諸司職掌刑部都官科拘役囚人條云

眞犯死罪：

律令

（1）十惡。 （2）變亂成法。 （3）矇朧奏啓。 （4）棄毀制書印信。

（5）漏泄軍情大事。 （6）强占良家妻女。 （7）背夫在逃改嫁。

（8）收父祖妾及伯叔母嫂弟婦。 （9）失悞軍機。

（10）殺傷來降人及逼勒逃竄。 （11）拒捕。 （12）激變良民失陷城池。

（13）造妖書妖言。 （14）縱詰奸細。 （15）强盜。 （16）盜制書印信。

（17）誣執翁奸。 （18）刦囚。 （19）白晝搶奪傷人。

（20）發塚見屍。 （21）略人略賣人因而傷人。 （22）謀故鬭毆等項殺人。

（23）奴婢毆罵家長。 （24）威逼期親尊長致死。 （25）妻妾毆夫篤疾。

（26）奸家長妻女。 （27）强奸。 （28）竊盜三犯。 （29）詐僞。

（30）誣告故入人死罪已決。 （31）告謀逆不受理以致攻陷城池。

（32）罪囚反禁在逃。 （33）故禁故勘平人致死。

（34）放火故燒人房屋盜財物者。 （35）邀取實封公文。

（36）從軍征討私逃再犯。 （37）秋糧違限一年之上不足。

（38）三犯逃軍。 （39）師巫假降邪神及妄稱彌勒佛會。

（40）軍人私出外境擄掠傷人。 （41）死囚之子孫爲父母等自殺。

大誥

（1）僧道不務祖風 （2）說事過錢。 （3）冒解罪人。 （4）逸夫。

（5）濫設吏卒。 （6）耆民赴京面奏事務阻當者。

（7）擅立幹辦等項各色。 （8）閑民同惡。 （9）官吏下鄉。

（10）擅差職官。 （11）魚課擾民。 （12）經該不解物。

（13）不對關防勘合。 （14）關隘騙民。 （15）居處僭上用。

（16）市民爲吏卒。 （17）造作買辦不與價。 （18）慶節和買。

（19）空引偸軍。 （20）臣民倚法爲奸。 （21）官吏長解賣囚。

（22）寰中士夫不爲君用。 （23）鄉民除患。 （24）阻當耆民赴京。

雜犯死罪

律令

（1）盜倉庫錢糧。（2）官吏受贓過滿。（3）稱訴冤枉借用印信封皮。

（4）私越冒度關津出外境。（5）私將人口軍器出境及下海。

（6）投匿名文書告人罪。（7）毆制使及本管長官折傷。

（8）遞送逃軍妻女出京城。（9）凌虐罪囚致死者。

大誥

（1）官民犯罪買重作輕或盡行買免。（2）攬納戶。（3）安保。

（4）斷指誹謗。

諸司職掌所載，眞犯死罪律令計十惡等四十一條，誥僧道不誤祖風等二十四條，雜犯死罪律令計私越冒度關津出外境等九條，誥斷指誹謗等四條，合計七十八條。

此七十八條，正德會典一四三，萬曆會典一七三並著錄。正德會典標明係引諸司職掌，萬曆會典則謂係洪武初定。按會典體例，不知其年者以「初」字代，今用「初」字，這是萬曆會典之疏失。

此七十八條，數目巧合，與野史所謂條例者合。職掌係二十六年定，實錄僅記其成，職掌大綱尙不錄，例爲條例？野史記建文朝事，本多傳訛，余考王艮王良事，曾推論及之，此又其一例而已。

據此七十八條以校史志，則所減輕者僅雜犯死罪十三條，而其中復包括大誥四條在內，律之減輕者僅九條。史云減輕七十三條，又疑係誤傳了。

職掌之釐定，在二十六年。於時太孫已冊立，太孫或曾參與謀議。太祖欲太孫得民心，也可能將寬貸之德政，悉歸諸太孫之名下。明仁宗實錄記仁宗爲皇太子時，成祖欲天下歸心於帝，凡有寬貸，悉付仁宗行之，太祖之於太孫，或者也如此，因此才會有這種誤傳了。

實錄二十八年二月戊子：

> 刑部臣奏，「律條與條例不同者，宜更定，俾所司遵守」。上曰，「法令者，防民之具，輔治之術耳。有經有權，律者常經也，條例者一時之權宜也。朕御天下將三十年，命有司定律久矣，何用更定」。

刑部臣所謂條例，現在看來，當指二十六年職掌所定之眞犯死罪雜犯死罪。其雜犯死罪律較律文爲輕，誥較律文爲重，律誥並用，輕重失倫，故有司欲更定劃一，惟未

爲太祖所採納耳。在律文與大誥並用之時，顯然的要令有司不知所適從，假若不依律將誥改輕，就得依誥將律改重，然而太祖却說，「律係常經，條例係一時之權宜」，律與誥仍並行。他這種態度，一直至會典三十年所定時，都是如此的。由他所說，「律係常經」，「定律久矣」，顯然的，明律在二十二至二十八年之間不曾有何修改的。繫太孫改律於二十二年既不可能，實錄又無二十二年以後改律之記載，野史既然有說太孫所改者係條例，錯誤的傳說中，也未嘗無眞的史實，因此我疑心是職掌所定七十八條之傳訛，雖然是出乎揣測，未必不對的。

（六）

職掌所定之七十八條，分爲眞犯死罪雜犯死罪二大類，律誥則分爲不准贖死罪准贖死罪二者，由律序言，「雜犯死罪並徒流遷徙笞杖等刑，悉照今定贖罪條例科斷」，此可証雜犯死罪係准贖死罪，而眞犯死罪則係不准贖者。律誥所列准贖死罪律九條，考明律集解附例書首所錄，弘治朝所奏定，也正是列爲雜犯死罪的。

死罪之分爲眞犯與雜犯，也有其原故。按唐律十惡反逆緣坐條云。

> 諸犯十惡故殺人反逆緣坐，獄成者，雖會赦猶除名，（疏議云，大赦除名，常赦不免）即監臨主守於所監守內，犯姦盜署人若受財而枉法者亦除名，獄成會赦者，免所居官。（會降者同免官法，疏議云，常赦不免）其雜犯死罪，即在禁身死，若免死別配及背死逃亡者並除名，會降者聽從當贖法。

疏議云：

> 其雜犯死罪，謂非上文十惡故殺人反逆緣坐監守內姦盜略人受財枉法中死罪者。

又唐律十惡條云：

> 九曰不義。（謂殺……見受業師）。

疏議云：

> 謂服膺儒業而非私學者，若殺訖入不義，謀而未殺，自從雜犯。

明律常赦所不原條云：

> 凡犯十惡、殺人、盜係官財物、及强盜、竊盜、放火、發塚、受枉法不枉法贓、詐僞、犯姦、略人略賣和誘人口、若姦黨及讒言佐殺人、故出入人罪、若知

情故縱、聽行藏匿、引送、說事過錢之類，一應眞犯，雖會赦並不原宥。(謂故意犯事得罪者雖會赦皆不宥)。其慢犯罪，及因人連累致罪，若官吏有犯公罪，並從赦宥。其赦書臨時特立罪名，及減降從輕者，不在此限。

合此諸條，可知眞犯雜犯之分，蓋因有赦降之制，故於律中所列之罪名，不得不分別其輕重，定那一種罪名可以赦，可以減輕，那一種罪名，是不可赦，不可減輕，這正是事實上有此需要的。明律之眞犯雜犯，具見常赦所不原律。與職掌二十六年定，會典三十年定，及律誥所定者皆異。律誥等三條例之分眞犯雜犯，依常赦所不原律看來，正是律所說，「赦書臨時特定罪名及減降從輕者不在此限」的。正以如此，故在常赦不原律中非眞犯死罪，而在律誥中可以係眞犯死罪，在律中係眞犯死罪，而在律誥中，又可以是雜犯死罪。因係臨時特定，所以可以有此出入的。

其所以命名爲眞犯雜犯，在此也應予解釋。在唐明律中，律條分成很多門類，其雜亂無類可歸，不在這些門類者，統列入雜律雜犯，依此，則不屬十惡反逆常赦不原之死罪，自亦可名之爲雜犯死罪，而十惡反逆那些死罪，既然是遇常赦而不原，那正是眞眞犯了死罪，因此就命名爲眞犯死罪了。太祖實錄三十年六月諭，「實犯死罪依律，雜犯死罪准贖」，此正眞犯可訓爲實犯之證。明律受贓過滿爲雜犯，淸律改爲實絞，由下文所引「竊盜滿數是眞絞」證之，此亦訓眞爲實的。

常赦不原律中，其死罪遇赦不原，故名爲眞犯死罪，不在此列者爲雜犯死罪；依此引伸，則在臨時特定，減降從輕時，其不原免的，也可名爲眞犯死罪，而那些減輕的，不在此列的，自可名爲雜犯死罪了。這樣看來，眞犯死罪雜犯死罪有二，一指律中常赦所不原之所規定，一則係臨時特定之恩例，這是不可不分別的。前引疏議，「若殺訖入不義，謀而未殺，自從雜犯」，此「雜犯」係指十惡反逆緣坐條常赦所可原者，而職掌之所謂眞犯雜犯死罪，則係臨時特定，其中包含之罪名，是可以與前者不同的。

明律之於眞犯，又有一新的界說，明律常赦不原條「一應眞犯，雖會赦並不原宥」下小字注云，「謂故意犯事得罪者」，似眞犯之義應爲故犯，然余考皇明詔旨錄所載洪武七年十一月詔。

諸人但係故犯及知情故縱聽行藏匿引送說事過錢並出入人罪之類，一應眞犯，並不在赦下。

此可證故犯係屬於眞犯，並不可訓眞犯爲故犯的。明律在這裡作小字注，係因律文此
條言「其悞犯罪，並從赦宥」，故作此補充說明，此「故意犯罪」正對「悞犯」而言，
也可說係與眞犯一新的定義。

　　實錄中記眞犯雜犯之事，其可考者如下。

　　洪武五年九月戊子，上以時營中都，恐力役妨農，詔「自今犯死罪可矜者，免
　　死發臨濠輸作」。

　　七年十一月丙寅，眞犯但笞罪以上，俱各不原，其餘註誤過失因人致罪者悉皆
　　宥之。

　　八年二月甲午，勅刑官，「自今凡雜犯死罪者，免死輸作終身」。

　　八年十一月癸巳，上諭，「糧長雜犯死罪及徒流，止杖之，免其輸作，使仍掌
　　稅糧」。

　　九年十月丁丑，上曰，「欲盡以刑之，又恐歿身者衆，特姑緩刑章，俾之力役，
　　冀其格心」。

　　十四年九月辛丑勅，「唐虞之法，罪疑惟輕，四凶之罪，止于流竄……自今惟十
　　惡眞犯決之如律，雜犯死罪皆減死論」。

　　十六年一月丁卯命刑部，「眞犯死罪處決如律，雜犯死罪罰戍邊」。

　　十七年四月壬午上諭，雜犯准工贖罪，眞犯奏聞審決。

　　二十三年十二月癸亥諭楊靖，「自今惟犯十惡殺人者死，餘死罪皆令輸粟北邊以
　　自贖」。

　　二十五年一月辛丑宥死囚輸粟於邊，重囚得宥者四百四十八人。

　　二十六年三月庚午諸司職掌成。

　　二十六年四月庚寅，命十惡及殺人眞犯依律，其餘雜犯死罪輸粟北平以自贖。

洪武五年以前，未見記雜犯死罪。明史葉伯巨傳葉氏疏謂「權神變之法，制不宥之刑，
近者特旨雜犯死罪充軍」，當卽指此。其所謂制不宥之刑者，由大明令可證。大明令贖
刑條於流罪注云，「流三千里，贖銅二百六十斤」。死罪無注，又大明令於老小廢疾收
贖及死罪存留養親，犯死罪者，亦不適用，此與唐律及三十年明律皆異，這是後來據
唐律修改的。這也可見明初刑律之嚴了。

　　自十七年四月至二十三年十二月，其間未見記雜犯死罪事。考大誥頒於十八年十月，續編頒於十九年三月，三編頒於十九年十二月，大誥武臣頒於二十年十二月。大概這幾年正是太祖用法最嚴酷的時候。

　　實錄所記眞犯雜犯，大都是臨時特定罪名，不會是依照常赦所不原律所規定的，實錄所記很簡略，究竟包含那些罪名，是無法確指的。

　　明代眞犯雜犯之分，由上引實錄，可證並不始於諸司職掌。

　　眞犯雜犯，既與赦宥之制有關，因此那些罪名，雖然已不致於死，然而仍得保存其死罪之名，並注明雜犯二字，以與那些徒流等罪，加以區別。

　　此既然係臨時特定減輕，與赦宥之制有關，則依理應只適用於犯在令前者，而犯在令後者，則仍依律處治，然而由實錄所記，「自今凡雜犯死罪者免死輪作終身」，此「自今」二字，顯然並無赦前赦後之別，那就有條例之性質了。前引職掌所載，即屬條例，律誥所謂，「今後法司議罪，務要依律與誥，照今定條例發落」正是認此爲例的。這一種改變，顯然的只有由當時刑獄之繁，予以解釋。刑法嚴，犯法者衆，不分別犯在令前令後，這倒是省事，而且公平的。明代之眞犯雜犯，其異於前代者當在此。

　　此雖屬條例，然而至三十年欽定律誥，則更附於律。並謂「今後法司議罪，務要依律與誥，照今定條例發落，敢有違者，以變亂成法論」。則更上躋於成法之列了。

　　由赦宥而條例而附律爲成法，這是牠的演變三部曲。牠具有這三種性質。你說牠是赦宥特恩減降罷，牠又是條例。你說牠是條例罷，牠又保存了雜犯字樣，與普通的條例有別。而且牠又附之於律，可以視爲成法，禁止擅改，亦與普通的條例不同的。然則你說牠是律罷，那牠顯然又不是律，只是附律，又可視之爲條例的。

　　牠就是一個不倫不類，前所未有的。了解了這一種特殊之處，才可以了解律誥後來的命運，後來行用時所發生的一些問題，這一點後面要繼續討論。

　　牠這一種特殊之處，我們很不容易簡單的予以界說。過去律學諸名家對眞犯雜犯的解釋，如沈家本歷代刑法考四云：

　　　　諸家舊說，但云「有死罪之名，而無死罪之實，以其罪難免，而情可矜，故准徒五年以貸之，雖貸其死而不易其名，所以示戒也」。又云，「竊盜滿數是眞絞，監守常人滿數是雜犯，推立法之意，不欲因盜錢糧官物而即殺之也」。

薛允升唐明律合編盜內府財物條按語云：

　　唐律無雜犯斬絞罪名，凡命案外，均謂之雜犯死罪。

鄭競毅法律大辭書頁二一七二云：

　　真犯雜犯之別，法律無正條之犯罪曰雜犯，其有正條之犯罪，主犯人稱爲真犯。

薛氏之說法是錯誤，而沈鄭二氏的說法，則不够完備，律誥實錄本皆罕見，故均不克
剖析其源流演變了。

　　由太祖文集卷十四道德經序，知太祖之寬宥死罪，係由其誦道德經，至「民不畏
死，奈何以死懼之」，大受感動所致。於時大亂之後，田野荒蕪，兵源之補充，邊防糧
餉之充實，皆有賴於此，明太祖言「律係常經，例係權宜」，其所謂權宜，由前引實錄
證之，也即指此。沈家本氏引舊說謂，「雜犯死罪，不易其名，所以示戒」，這是不明
瞭當時情形的。

　　在三十年定律誥的時候，其贖罪事例係運米於邊，本身就彼爲軍，這種事例，有明
一代，也常視需要而改變。明成祖即位，洪武三十五年九月令「自今除十惡死罪外，
其餘犯罪及流罪，令挈家赴北平種田，流罪三年，死罪五年後錄爲良民」，有明一代，
雜犯准工，始於太祖，而准徒五年則始於此。沈家本所引舊說，即不知此例之始於成
祖，律誥實錄罕見，舊日律註之有誤，實不足異的。

（七）

　　律誥之定在三十年，而翌年太祖歿，太孫即位，是爲建文帝。太孫之喜更易祖制，
此姜氏秘史中俱有紀載，惟其於刑律之改革，則無可考。由成祖洪武三十五年七月壬
午詔看來。

　　建文以來，祖宗成法有更改者，仍復舊制，刑名一依大明律科斷。（見成祖實錄）
又同詔：

　　建文所頒一應榜文條例，盡行除毀。

是建文之於律，其更改與否不可知，至其於例，是可能有所更定的。

　　成祖之起兵靖難，復祖制是其藉口之一。故其即位，即詔「刑名一依大明律科斷」。
此所謂大明律，自指三十年所定者，律誥既附於律，而律誥又言「敢有違者，以變亂

成法論」。則自亦包括律誥在內。不過，律誥畢竟係例而非律，因此成祖此詔，可以有不同之解釋，認爲只指律文，而不包括律誥在內的。楊士奇東里集卷十四故嘉議大夫大理寺卿虞公墓碑銘云：

　　（謙）爲大理少卿，都察院論誆騙罪準洪武榜例梟首示警，公奏言，「比奉詔書，
　　自今準律斷罪，誆騙在律當杖而流，梟首非詔書意」。上曰「虞謙言是」，竟從律。

宣宗實錄卷二十六及明史一〇五謙本傳並同。按明律詐欺官私取財條云：

　　若冒認及誆騙拐帶人財物者，亦計贓準竊盜論，免刺。

明律竊盜條云：

　　一百二十貫，罪止杖一百，流三千里。

此虞謙之所以謂準律當杖而流的。都察院謂準洪武榜例梟首，則似指黑口本欽定律誥之「在京犯奸盜詐騙，仍依定例處治」，惟多「在京」二字而已。按明律名例律在京犯罪軍民條云：

　　凡在京軍民，若犯杖八十以上者，軍發外衛充軍，民發別郡爲民。

薛允升唐明律合編引箋釋云，「此所以肅清京師也」。據此，是欽定律誥之在京犯奸盜詐騙例 其意亦在肅清京師。如在京犯此，卽依此定例。如不在京犯此，則當從輕的。觀都察院謂準榜例當梟，知此亦在京所犯。如不在京犯此，而援用此例，恐都察院不至如是疏忽的。如謂此洪武榜例指此定例以前之例，則明律序已謂「其遞年一切榜文禁例盡行革去」，成祖洪武三十五年七月詔書謂「刑名一依大明律科斷」，其不得引用前此之例明甚，恐都察院亦不至如是疏忽的。

　　虞謙之言此，據碑銘係在任大理少卿時，其任大理少卿，據太宗實錄，在成祖洪武三十五年九月丙申，於永樂七年六月乙丑虞氏卽升任都察院左副都御史。碑銘敍此在爲副都御史巡視揚州等處之前，明爲永樂七年升任副都御史前之事。明徐學聚國朝典彙清姜西溟大明刑法志皆繫此於永樂二十九年，且作大理寺卿；永樂無二十九年，其爲訛誤顯然，明史刑法志亦作二十九年，蓋又沿襲其誤了。

　　予檢皇明詔旨錄及成祖實錄，卽位後至永樂七年之詔書，語氣與「今準律斷罪」合者，也只有前引洪武三十五年七月壬午詔。明史刑法志說

　　成祖詔法司問囚，一依大明律擬議，毋妄引榜文條例爲深文，永樂元年定誣告法。

今考皇明詔旨錄與明典章所載成祖所下詔書全文,其言及「毋妄引榜文條例爲深文」者,惟永樂十九年四月十三日詔書有之,史志記於永樂元年定誣告法之前,是敍次顛倒的。

由洪武三十五年七月壬午詔看來,此所謂「一依大明律科斷」,是當如律序所言,包括三十年所定律誥條例在內的。不得如虞謙之所釋,只準律而不用例。例之行用,這可由弘治朝所定雜犯死罪之沿襲律誥,可以證明。如虞謙所釋爲是,或另有他明詔,都察院豈容不知?此反可證虞謙之所釋,僅係其個人之私見,並不正確的。都察院之所釋,蓋據律誥。而虞謙之所釋,則着重律例之性質。此案以虞謙之爭,竟邀寬典,蓋亦偶然耳。成祖詔書,如謂「依三十年所定大明律例」,如後來律書之名明律集解附例,則其文意最爲明晰,不致有不同之解釋,當時既無此名,全書又通名大明律,則成祖詔書之云,「依大明律科斷」,又理所宜然的了。

誣騙之不梟首,恐卽自此爲例,其後對誣騙罪之處罰,其變遷,可參考皇明成化條例及弘治條例,這裏不討論了。

這種解釋之不同,主要係律誥附律,與律誥言「不許變亂成法」之所致。這種解釋之岐異,此在後來也發生的。依律誥　受贓係雜犯,故太祖以後,貪風甚盛。世宗實錄嘉靖六年霍韜奏言,「有祿人受枉法贓八十貫律絞,欲將在外知縣以上等官,但犯贓八十兩卽逮赴京,絞諸市曹,不許准徒」,六年十二月刑部覆,「韜言誠切時弊,但所稱贓罪改從雜犯准贖,亦係高皇帝所定,後又定爲謫戍之例,惟今行之不嚴,以致吏易犯法」,上是其言,詔「今後官吏,犯枉法贓者,追贓入官,仍問軍發遣,不得故出,以長貪風」,結果受贓仍係雜犯,惟問軍發遣,較准徒五年爲重而已。霍氏以議郊祀與夏言不合,譏夏氏變亂成法,紊亂朝政,九年三月夏言疏駁霍韜,卽譏霍氏之議改雜犯爲眞犯,係變亂成法。原夏氏之意,蓋以三十年律之附例,太祖頒行,曾云「敢有違者,以變亂成法論」耳。霍氏以變亂成法攻夏言,豈有不知受贓雜犯准贖之爲成法,此不過他們二人對成法二字解釋有不同,霍氏指律,而夏氏則兼及律誥而已。

這種解釋之岐異,萬曆實錄中也可考見,現在不必舉了。

（八）

成祖詔,「刑名一依大明律科斷」,律誥言,「敢有違者,以變亂成法論」,但後來

對律誥也仍有所修正。

　　律誥中不准贖死罪律，有二條較律文爲重，「監臨官因公事于人虛怯去處非法毆打致死」，按決罰不如法律，其「罪止杖一百，徒三年，追埋塟銀十兩」，是不至於死的。又軍官軍人從軍私逃初犯即坐，按從征官軍守禦逃律，「初犯止杖一百，仍發出征，再犯始絞」，初犯並不致死的。此二條較律爲重，誥亦較律爲重。這些較律爲重的，至弘治朝奏定眞犯死罪雜犯死罪時，均不之見，惟雜犯死罪律九條較律爲輕者，仍承襲律誥。這些不見了的條文，是不是至弘治朝才失掉其効力呢？這是很難說的。

　　成祖實錄記，十九年四月初八日奉天殿災，十三日帝下詔曰，

　　　法司所問囚人，今後一依大明律擬罪，不許深文妄引榜文條例。

成祖時所頒之榜文禁例，自然不許行用，惟三十年所定，畢竟係例，較律有深文者，假如依此詔之不許深文，那律誥中較律爲重的是應該不許行用，而雜犯死罪律九條則可是例外的了。這種解釋對不對，也很難說。

　　成祖此詔，仁宗永樂二十二年八月即位時，又重復申明。成祖用法，本極嚴峻，其頒詔後不久，又言「敢有誹謗者不饒」。仁宗曾謂，群臣阿旨，甘爲酷吏，其即位之重申，或以此。故正德會典一三二問擬刑名事例，僅錄仁宗詔書，未錄成祖此詔。仁宗洪熙元年正月丙戌詔曰：

　　　朝廷建置文武官，所以統治軍民。其間有官非其人，不得軍民之心者，軍民動輒綁縛凌辱，有傷大體。今後凡有害軍害民官吏，許被害之人，赴合干上司陳告。上司不爲准理者，許訴於朝，不許擅自綁縛，違者治罪。若受贓及反逆逃叛者，聽綁縛前來，不拘此例。

大誥之綁縛害民官吏，此詔始予以限制，以後就少見了。大誥與後來刑律之關係，僅頒誥時所謂減等而已。

（九）

　　律誥中之雜犯死罪律九條，後來雖沿襲，然亦有部份修正。

　　明律盜內府財物條云

　　　凡盜內府財物者皆斬（盜御寶及乘輿服御物皆是）

此在律誥則爲雜犯，及觀弘治朝所定，則盜內府財物雖係雜犯，而盜乘輿服輿物則係眞犯斬罪。盜御寶爲眞犯或雜犯，並無明文，至嘉靖朝乃列盜御寶爲眞犯斬。

　　律誥盜倉庫錢糧係雜犯，而竊盜三犯則係眞犯，依律處絞。盜倉庫錢糧，並無累犯不准贖之規定，因此北方養馬之所在，人民喜盜官馬，而不盜民馬。因爲盜民馬，三犯絞，而盜官馬是准贖，不致於死的。故至成化年間乃修正，監守常人盜三犯，不分革前革後，仍比竊盜三犯律絞，奏請定奪，（見成化條例十七年正月刑部覆趙鏜疏），到嘉靖萬曆朝乃又更定。萬曆十三年奏定者云。

　　　沿邊沿海錢糧，有侵盜銀二百兩糧四百石草八千束錢帛等物値銀二百兩以上，
　　　漕運錢糧，有侵盜銀三百兩糧六百石以上，俱照本律，仍坐眞犯死罪，係監守
　　　盜者斬，常人盜者絞，奏請定奪。

其侵盜銀二百兩以上，仍係眞犯死罪，按萬曆會典一七四，知嘉靖二十九年所定，卽已如是。是年所定，不分監守常人，但滿數俱坐以眞犯斬，比較萬曆時所定之分絞斬爲嚴。蓋於時屯田鹽法俱壞，各邊年例銀日增，邊事日非，庫藏支絀，因時制宜，於祖制不得不有此更定的。

　　至於受贓之爲雜犯，終明世似未更定。明仁宗實錄永樂二十二年十月戊申記：
　　　通政使司引興化縣民奏，知縣李遜苛刻苦民，且有子貪黷不可堪，錄其贓有金
　　　銀數百兩，錦綺數百匹，他物稱是，皆赦後所犯，併執以聞。上命付都察院鞫
　　　之，諭都御史劉觀曰，朝廷擇守吏使養民，乃厲民如此，父爲之不足，又縱其
　　　子，民何以堪！且赦後不改，是終不改矣，必論之如律。又曰，近年人情敢肆
　　　行犯法者，恃有罰工作之令，故有財者，悉得倖免，自今凡有罪者，死生輕重，
　　　一斷如律，庶幾有所懲勸。

李遜之被執，顯然的是害軍害民，致爲興化縣民援大誥例所綁縛。仁宗謂自今死生輕重一斷如律，此所謂一斷如律，究竟是說的自今依律坐眞犯死罪，而不雜犯死罪，係狹義的律，只指律之正條而言，抑或是說的輸罰工作之令輕，自今應依三十年定律時贖罪條例之問軍發遣，係指廣義的律而言呢？假如是前者，那受贓之爲雜犯，三十年所定之例，至此皆一筆勾銷，我們看史志之解釋，卽似如此。明史刑法志說：
　　　三十年命部院議定贖罪事例………自是律與例，互有異同，及頒行大明律，御

製序「雜犯死罪徒流遷徙等刑，悉視今定贖罪條例科斷」，於是例逐輔律而行。

　　仁宗初卽位，諭都察院言，「輸罰工作之令行，有財者悉倖免，宜一論如律」，久之其法復弛。

由其上文言例輔律，此律字係狹義，只指律之正條而言，故其下文所謂一斷如律，此律字亦當係狹義，其意蓋謂，「自今一斷如律，而不用例」，但後來仍用例，因此史志才加上一句，「久之其法復弛」的。史志之解釋，現在看來，很成問題。律誥附律，因此明代律字有廣狹二義。狹義只指律四百六十條，如前所引虞謙說只準律斷罪是；廣義則包括律誥，如前所引成祖詔，「刑名一依大明律科斷」是。成化元年令「讞囚一依正律，盡革所有條例」，由憲宗實錄及皇明成化條例看來，我們不能說三十年所定眞雜犯之分，亦在革除之列。三十年所定眞雜犯例，儘管以年遠，有些不合實際，可以部份不用，但只要仍分眞雜犯斬絞，照例發落，那就讞囚沒有一依正律，因此這個律字，本身還是廣義的，這是不得不分別的。我們且看仁宗實錄，永樂二十二年十月丙寅記。

　　山東按察司僉事任敏以受贓罷爲民。

洪熙元年三月丁酉

　　湖廣布政司右參政李淸坐受贓謫戍邊。

這都沒有依律處以眞犯絞，再以明史刑法志來說：

　　是時(宣宗時)官吏納米百石若五十石，得贖雜犯死罪，軍民減十之二，諸邊衛十二石，遼東二十石，於例爲太輕，然獨嚴贓吏之罰，命文職犯贓者，俱依律科斷，由是用法輕而貪墨之風亦不甚恣。然明制重朋比之誅，都御史夏迪催糧常州，御史何楚英誣以受金，諸司懼罪，明知其寃，不敢白，迪竟充驛夫憤死。

由迪之充驛夫看來，顯然此「依律」不過是指的充軍擺站，並不是坐以眞犯死罪的。仁宗之所謂「如律」，疑亦如是。史志之作者，對於明代律字之有廣狹二義，似乎是不大淸楚的。

　　英宗時，侍講劉球言，「輸罪非古，自公罪許輸贖外，宜悉依律」，劉氏只同意律贖，而反對例贖，故此律字係狹義者，劉氏之建議未爲當時所採納。

（十）

由於律誥中之雜犯死罪律九條爲後來所沿用，因此我們大體可以這樣說，明代的刑律是眞犯死罪依律，雜犯死罪依例，而這個例，是根據三十年所定的。

在洪武二十二年時，律雖四百六十條，但這年所定律並未附例，即有例亦不會與三十年所附者同，因此有明刑律，我們只能說是依據三十年所定，不能說是依據二十二年所定的。這個分別很微，後人多忽畧之，如薛允升，其唐明律合編卷首錄明史刑法志，僅至二十二年定律止，於三十年頒律誥即不錄，但其比較唐明律，却仍然是以例去比較，他好像不知道雜犯死罪例，即係三十年所定的。自然，薛氏之書，仍不失爲律學名著。

律書之刻，本貴實用。律誥既多不行，因此棄之不載，而僅錄弘治朝所奏定，此並不爲誤。皇明制書本及朝鮮光武七年刻本，乃並弘治朝所奏定者而無之，皇明制書本卷首有六贜圖，中有「雜犯斬絞」字樣，今既不錄弘治朝所奏定，則此眞雜犯將令人誤從常赦所不原律之所規定，此眞疏忽之至。刻是書者，於明代刑律，大概是不大曉然的。

由律誥的發見，使我有這樣的感覺，明太祖說，「律係常經，例係權宜」，例既係權宜，則臨時減降從輕，或較律爲重，「用重典以懲一時，酌中制以垂後世，猛烈之政，寬仁之詔，相輔而行」（史志語），此尚無大礙。及後世沿用，以係祖制，不敢擅改，則與律何異？律與例之有異同，這就難免輕重失倫之譏評了。

例係權宜，則律誥之頒，即不應言，「敢有違者，以變亂成法論」。律簡畧，已需要訂新的例，而律與律誥之衝突，更需要定新的例。明代律例之紛繁，輕重之失倫，後世對成法二字解釋之有岐異，這些都應該由律誥負責的。明史刑法志，乃將律例之紛繁，歸咎於後人，我看是不對的。

太祖頒大誥時，也說「斯令一出，世世守行之」，而其實，及身已多所更正。太祖頒律誥，說「今後照條例發落，敢有違者，以變亂成法論」，假設太祖再多活幾年，說不定又有所更定，他自然不會料到三十一年他會死的。他之死，使律誥成爲太祖晚年之定制，遂使後世沿用下去。太祖對律，誠然是斟酌損益，頗費苦心，然而正因律誥之沿用，破壞了律文輕重之一致，使太祖往日之苦心，成爲白費。律誥對明代刑律的影響是太大了。

附記（一）

　　本文寫畢，得見朝鮮總督府中樞院調查課所編李朝法典考。由頁八八所述，知其曾以朝鮮刊本大明律直解與今存明律對校。發現此二者條目與條文數一致，而條文則多數相違。此本前有洪武二十八年金祗跋，故其中律文當係二十二年定，而今存明律則誠然係三十年所定的。我以前因二十二年律與三十年律皆四百六十條，覽錄律序並未言改律，且連年所釐定者皆係條例，故以爲三十年律與二十二年律當無甚異同，而不信太孫曾改律。現在看來，野史所載建文上諭是可信，太孫是曾改律的。二十八年本，與今本明律不同，故今本明律之修定，當繫於三十年，史志繫建文改律於二十二年則仍然是不對的。

　　此二本其異同究竟如何？李朝法典考並未列舉，惜不得大明律直解一校。亦未見其所修改者恰爲七十八條。故竊意太孫改律七十八條，仍可能係定條例七十八條之傳訛。三十年太孫改律，與二十六年定條例，此本二事，特野史誤傳，致混而爲一罷了。

　　謹誌所疑於此。

　　又花村茂樹氏亦有一文，論大明律直解，惜亦未見。

　　北平圖書館藏何廣律解辨疑，係洪武朝刊本，此書美國國會圖書館有 microfilm，惜亦未見。

附記（二）

　　頃讀讀律佩觿，此書係清康熙時人王明德所撰，其官銜係奉差督理通惠河道刑部陝西清吏司郎中，則嘗亦行家也。然王氏未見律誥，故其論眞雜犯，即有可商者。今特錄其原文，而頂格附以鄙見云。

　　讀律佩觿卷二頁十五律限「雜」字條云：

　　　　刑律第十八卷賊盜篇內第七條盜內府財物下，正文云，「凡盜內府財物者皆斬」，註云，「雜，但盜即坐，不論多寡，不分首從，若未進庫，止依常人盜，內庫字要詳」云云。謹按此條本註，最極詳明，無容復贅，惟是註內雜字，未經提明，以是國初讞獄君子，因「皆斬」二字下，無「監候」字樣，認爲眞斬立決，始自一人悞認而讞之，後竟相沿而傳之，遂令興朝二十餘年，沿習爲例，互相邅迴而莫覺，後雖改爲眞絞立決，而遍爲詳查，則實非本朝特奉之新令也。蓋雜者，雜犯死罪，准徒五年，非眞斬眞絞也。

按此可見其時刑官，律學非其素習，致忽畧讀律註中之「雜」字。

　　　　雜對眞言，眞犯死罪，自十惡而外，强盜人命採生折割蠱毒魘魅諸項，凡爲常赦所不原，及舊律內，著以監候及立決者皆是。若賊盜一項，惟强盜響馬及竊盜拒捕傷人而已，餘盜皆不足與適也。

按王氏已知註中雜字之所指，然其釋眞犯，仍不知常赦所不原律之眞犯，與律誥例中之眞犯有別。此雜字係對律誥例中之眞犯而言，非對常赦所不原律之眞犯而言也。

　　　　是以六臟圖於上一格，通寫雜犯二字于上，死字居中，而絞斬分隸於下，各貫于二格四十兩三格八十兩之上。蓋前代六臟無死律，故其圖內，如監守盜滿乎四十兩，枉法及常人盜滿乎八十兩，並一百二十兩之科者，止被以斬絞之名，而不一如其實。律義若曰，彼之所盜所枉也，其臟遂至此乎，可殺也！若以斬絞之名，備載爰書，上之天子，用以大白於天下，雖云貸以不斬不絞焉，實與已斬已絞同焉，雖有孝子慈孫，百世而下，其能爲之改乎？

按「前代六臟無死律」，此「律」字應易爲「例」字，蓋依律則固死罪，依例則始雜犯准歷也。其言「律義若曰」，亦純係揣測之詞。

乃本朝定律之初，則未詳先賢制律明道之本義，遂于枉法不枉法，及竊盜贓滿一百二十兩，改而益之為償斬償絞，各監候，是又本朝一代新制，而非歷代相傳之古制矣。

案清律受贓等之改為償犯，蓋懲前明之弊。枉法贓唐明律中均有死罪，其雜犯准贖，則明代所定之例始如此，王氏謂此係歷代相傳之古制亦非。

若盜內府財物償斬之懼，雖于今上（康熙帝）親政之初，改而正之，行已數年，未之或廢，然不詳為申明，恐後之或有更以本朝國初所行定例為詞者，反似新為改正者之執法，而非本律之正義矣，故特為加詳而備著焉。

或曰，六贓圖內，歷代帝王舉以雜犯死罪准徒五年，而不舉以償絞償斬者，其義果何居耶！

案雜犯准徒五年係明制，「歷代」二字非是。

曰，是道也，有何深義之難見耶！不過體先賢寧有湯臣之微義，一就全律中謀反叛逆交結朋黨紊亂朝政諸條，上下比量，審定輕重而為之酌定者耳。倘丁監守盜常人法枉法不枉法及竊盜贓滿一百二十兩，即坐以償絞償斬監候焉，設有不止于監守盜常人盜受枉法不枉法及竊盜之贓滿一百二十兩者，又將何加焉？此漢廷尉張釋之所以免冠流涕，卒不奉詔以遂其行者，蓋從源頭處熟思審處，特為其詳其審，以期適得其平也。世安得釋之其人，更為免冠執奏，以復返其舊歟？

案此亦不知明代償雜犯例訂定之沿革，故有此揣測。

余文中未詳錄律家舊註，特附錄於此。

讀明史王艮傳

黃　彰　健

解縉文集有王艮墓誌，謂艮以辛巳九月卒。辛巳在建文三年，成祖之入金川門，在建文四年壬午，是艮已前卒，未嘗殉壬午之難。而明史王艮傳則謂艮係殉難死節，其言略云。

> 燕兵薄京城，與妻子訣曰「食人之祿者，死人之事，吾不可以復生矣」。解縉吳溥與艮靖（卽胡廣）比舍居，城陷前一夕皆集溥舍，縉陳說大義，靖亦奮激慷慨，艮獨流涕不言，三人去，溥子與弼尚幼，嘆曰，「胡叔能死，是大佳事」，溥曰，「不然，獨王叔死耳」。語未畢，隔牆聞靖呼，「外喧甚，謹視豚」，溥顧與弼曰，「一豚尚不能捨，肯舍生乎」？須臾艮舍哭飲鴆死矣。

此與艮墓誌所載，實相牴觸。

王艮之卒，在建文三年辛巳，姜氏祕史張芹備遺錄據艮家譜亦云然。艮家譜余未之見，而解縉所撰墓誌，固可能爲家譜所依據，或亦載諸家譜中也。

明史與諸書記艮死節者，非不知有艮墓誌。顧於艮墓誌多不之信。黃景昉國史唯疑謂

> 解楊（士奇）敍遜國事多微辭，由媿艮所致。

周書槐書解文毅公集後（湖南文徵卷九十）謂

> 爲艮門戶避追戮，故諱莫如深。

而許相卿革朝志（原書未見）更謂

> 此係吳康齋（與弼）述所目覩。

其謂解楊之言，有微辭，免追戮。蓋亦言之成理，脗合當時情勢。君子成人之美，此明史與諸書之所以仍謂艮死節也。

夫解縉晚節不終，其言誠不足爲證，然余檢與弼康齋文集，未見其言革除時事，

許相卿所言，不知有何根據。而艮之前卒，不及殉壬午之難　則更有他證，似不可以人廢言也。

周是修枹螘集卷三送周判官詩文序，記建文開館修類要事云

于時俊髦，若……建寧李鐸……邵武劉仲美大興李敏金華方叔衡……暨余二十三人，皆與是選。命文翰博士天台方孝孺總裁之，命侍讀紹興唐愚士金華樓璉吉郡胡靖三人者副之，命修撰吉郡王艮編修荊州楊溥二人董督而討論之，實建文庚辰十月十二日也。居無何，愚士艮鐸敏相繼物故，……未幾叔衡仲美又以疾卒於官。

周氏城陷時殉節，當燕兵薄京城時，恐無作此文之閑情逸致。文中既記艮卒，則艮之卒當遠在「城陷前一夕」之前，艮之非死節明矣。文中謂艮之卒在唐愚士之後，李鐸李敏方叔衡劉仲美之前，李鐸諸人之卒，其年月待考，唐愚士之卒，在建文三年閏三月二十三日，見遜志齋集二十三方孝孺所撰墓誌，艮墓誌謂艮以辛巳九月七日卒，正在唐愚士之後，與周文合。似不可謂為圖免禍，周氏此文亦經解縉及艮家之改竄也。

艮雖前卒，不及殉壬午之難，然余觀解縉所撰墓誌，以艮比賈誼劉蕡，是艮亦憂時忠節之士，本不必以遲死死節而提高其聲價。推原其誤，當由浙江按察使王良焚印死，艮良形近而誤，遂更以餧豬事傳之耳。乾坤正氣集本致身錄頁五「浙江按察使王良」下小字注云。

彙編，艮官編修，按察使名王良，自焚死。

鍾惺明紀編年卷二云

史館修撰王良死，

是王艮王良，其名及官可互誤。又明史陳瑛傳

瑛劾奏黃觀廖昇王叔英周是修王良顏伯瑋，其心與叛逆無異。

皇明世法錄九十一廖昇傳記此作王艮，而卷九十二陳瑛傳又作王良，李贄續藏書卷六廖昇傳復作王良。王良死節，陳瑛劾奏，事俱見成祖實錄，自以良為是。艮良形近而誤，遂有此訛傳，此其證矣。

明史王艮傳記廣呼餧豬事，按徐開任明名臣言行錄王艮周是修傳俱載其事，徐書卷七是修傳云

公約楊士奇胡廣金幼孜黃淮胡儼同死，首至胡廣門，見其方令家人飼豬，乃歔

退，餘悉負約。

徐書亦雜採請書而成，明爲一事之傳訛也。楊士奇東里集是修傳僅謂公託以後事，不

言約死，此或係諱辭，明史是修傳謂託士奇以後事，又謂初約死　蓋調停之論。朱國

楨遜國臣傳卷四韓永傳，謂同約死者三十五人，又屬傳聞異辭矣。野史謂士奇語是修

子，「我若死，誰與爾父作佳傳」，蓋解胡楊之不死，清議所不許，謗議紛然，廣之呼

餵豬，蓋亦其類也。廣之餵豬，蓋由明初俸薄所致，明初執法嚴，故官吏多廉謹，不得

以習見後世官吏之貪污奢華，遂嘆此爲荒唐不經也。

　　王良之訛爲王艮，蓋其始當爲無心之誤，及傳鈔彙編，不克別白，或因仍其誤，

或以意調停彌縫，而刪其可疑之處，此比校諸書，可得而知者，所幸有周集以斷其訛

誤耳。

　　明史記建文諸臣事，多本諸野史。野史展轉鈔襲，苟排比之，而觀其演變，則

王艮王良之誤，固所在多有，此觀胡適之先生論建文遜國傳說之演變一文（見集刊第

一本），即可發吾人深省。昔朱鷺建文書法儗亦曾疑建文朝臣黃魁卽黃觀之誤，黃希范

卽陳彥回之誤，其所疑蓋不少，惟以佐證不足，故明史多不之探。明史以正史體裁，

例不載考異。今日原料多不存，野史亦不易盡見，卽排比之，亦不易斷其同異，此誠

事之無可如何者，因考論王艮事，輒書所感於此。

　　此文所論甚小，顧余考論明律，謂太孫改律七十八條，係諸司職掌例七十八條之

傳訛，有需此文以爲佐證者。苟不明瞭建文朝史料之多傳訛，鮮不以余之推斷爲妄，因

特錄附，刊載於此。

　　　　　　　　　　　　　　　　　　　一九五二年七月二十八日改稿。

明 外 史 考

黃 彰 健

圖書集成引明外史一書，不著撰人名氏，各家書目均未著錄，論明史纂修者亦未言及。今考其書，有新舊本之分，新本卽王鴻緒康熙時所上之明史列傳稿，而舊本撰著之時代則在前。苟取舊本與今傳明史列傳殘稿對校，復有可補時賢考論明史纂修之未備者，因特論之於此。

（一）

圖書集成經籍典卷三五五至三五八，凡四卷，皆引明外史儒林傳，其卷三八五首小字注云，「以下皆明外史新本」，則上三卷所引當屬明外史舊本。

上三卷中有吳與弼劉觀魏校三傳，今按學行典卷一六七與一七二亦引之，取與相校，則其行文具見由繁削簡之迹，而其議論亦有同異。然則學行典所引，當屬新本。

今表列吳與弼魏校二傳於此。

吳與弼（經籍典卷三五五）	吳與弼（學行典卷一六七）
按明外史儒林吳與弼傳	按明外史吳與弼傳
與弼字子傅崇仁人，司業溥之子也。	與弼，字子傅，世稱康齊先生，崇仁人，父溥，建文時爲國子司業，永樂中爲翰林修撰。
姿稟穎異，幼讀書鄉校，卽嶷然有立，侍父京師。年十九，好伊洛淵源錄，讀至程子嘗見獵心喜，曰，「吾今乃知聖賢必可學也」，遂棄舉子業，謝人事，獨處小樓日翫四書諸經先儒語錄，一意收斂身心，不下樓者二年。	與弼年十九，見伊洛淵源圖，慨然嚮慕，遂罷舉子業，盡讀四子五經洛閩諸錄，不下樓者數年。

以用功過苦致疾，父遣之歸娶，江行遇大風，舟幾覆，獨正襟危坐，或問之，曰，「守正以俟耳」。既婚不入室，走南京復命，乃復歸。其往來國學，緼袍敝履，人不知為司業子也。好讀書，不知晝夜，或途次，或枕上，或田間，默誦精思，不雜他念，即天文地志歷律醫卜，亦皆究其說，其要歸於居敬窮理。志古聖賢，嘗形諸夢寐，性剛疾惡，法明道和易以自克，每遭逆境，力加含忍，久乃渾然。居恆動必以禮，雖嘲誚四至，屹然不移，其人多自化。

中歲家益貧，躬親耕稼，手足胼胝，非其義一介不取。

慨師道不立，四方來學者，不納其贄。嘗被蓑笠，荷耒耜，率之並耕，因與談易，歸則解犁，共茹糲飯，一日刈禾傷指，血流不已，曰，「何可為物所勝」，竟刈如初。

晚而道益高，名益著，長吏咸為加禮。正統十一年山西僉事何自學上言，「自古有國家者，必獎懷才抱德之儒，勸勵風俗，竊見崇仁儒士吳與弼，守素尚義，好古通經，上無所傳，聞道甚早，待妻子如賓客，視財利如鴻毛，年逾五旬，不求聞達，弟子樂從，鄉人敬式，真儒林之清節，聖世之逸民，乞敕取赴京，授以文學高職」。其後御史涂謙撫州知府王宇復薦之，俱不出。嘗嘆曰「宦官釋氏不除，而欲天下治

中歲家益貧，所居不蔽風雨，躬親耕稼，非其義一介不取。
四方來學者，約已分少，飲食敎誨不倦。
正統十一年山西僉事何自學薦於朝，請授以文學高職。
其後御史涂謙撫州知府王宇復薦之，俱不出。嘗嘆曰，「宦官釋氏不除，而欲天下

平，難矣」。

景泰七年十一月御史陳述又上言，「江西儒士吳與弼，居家孝友，理學深醇，守道安貧，動遵矩矱，年逾六十，躬耕隴畝，教育鄉人，其施教之方，本之以小學四書，持之以躬行實踐，久而益勤，人多嚮化，有司屢徵，俱不屑就，乞優加禮聘，俾侍經筵，或用之成均，教育冑子，必有益於聖朝」。詔吏部檄江西巡撫韓雍備禮敦遣，竟不至。

天順元年十月，石亨用事尙恣，知物論不予，其門客謝昭勸以蔡京薦楊時故事，請徵與弼收人望。亨謀之李賢，賢力贊之，即令賢草奏以上，左右尼之，數日不報，帝以咨賢，賢又力勸，乃命行人曹隆齎勅書禮幣以往。與弼見使者，即言聖眷如此，當赴闕謝恩，意本不受官，就辭幣帛。數月未至，帝以爲問，明年五月抵通州，隆先入報，帝喜問宜何官，賢曰，「今東宮講學，正需老成，宜授宮官」，帝問何職，賢曰，「庶子諭德皆可」，帝曰，「諭德善」，賢曰，「既廷見，請召之至文華殿，備宮問以重之」，帝曰「然，仍以文幣賜之」，賢曰，「再與舘次供張尤善」。帝可之。明日進見，帝召吏部，命爲左諭德，朝士爲動色相驚，與弼退，具疏懇辭，且繳還前幣，優詔不允。

治平，難矣」。

景泰七年御史陳述，又請禮聘與弼，俾侍經筵，或用之成均，教育冑子，詔江西巡撫韓雍備禮敦遣，竟不至。

天順元年，石亨欲引賢者爲己重，亨謀之大學士李賢，屬草疏薦之，帝乃命賢草勅，加束帛，遣行人曹隆，齎璽書齎禮幣，徵與弼赴闕，且至，帝問賢曰，「與弼宜何官」，對曰，「宜以宮僚侍太子講學」，遂授左春坊左諭德，與弼疏辭，賢請賜召問，且與舘次供具。

又明日，賢引見文華殿，帝曰，「久聞高義，特聘爾來，何不受職」？與弼初不對，賢趣之，良久，乃稱年已六十八，疾不任職，帝曰，「宮僚優閒不必辭」。對曰，「朝廷之職，臺諫之次，宮僚爲重」，帝曰，「宮僚亦衆，不專煩先生」，與弼終不拜命，乃賜宴文華，命賢侍，復賜文幣四表裏及羊酒薪米，令中官牛玉送至館，帝顧賢曰，「此老非迂闊者，務令就職」。與弼再疏辭，請以儒衣冠入侍，次日又疏辭，願聽辭職，令入祕閣觀書，帝不允辭，但允其觀書之請。與弼終不受，稱病益堅，帝謂賢曰，「與弼既來，如何不受？受之亦不相拘，俟秋涼欲歸，朕當聽之，以祿終其身，不亦可乎」，命賢諭意，復不可。既留京兩月，不敢再具疏，詣賢第乞還，賢固勸之，終不可，明日賢見帝，具言與弼之意，帝曰，「果爾亦難留」，賢乞始終加禮，帝曰，「既以行人聘來，仍以行人送去」，乃賜敕書銀幣，令有司月給米二石終其身。與弼疏謝，且陳十事，曰崇聖志，廣聖學，堅聖德，子庶民，謹命令，敦教化，清百僚，齊庶政，廣言路，聯泰交，帝復優詔褒答，延入便殿，眷注有加，且命行人長途謹護，朝野聞之，莫不嘆聖天子崇儒重道，而宰相能曲成善類也。

自仁宣後，徵辟久不行，及是以布衣拜

於是召見文華殿，顧語曰，「聞處士義高，特行徵聘，奚辭職爲」。對曰，「臣草茅賤士，本無高行，陛下垂聽虛聲，又不幸有犬馬疾，束帛造門，臣慙被異數，匍匐京師，今年且六十八矣，實不能官也」。帝曰，「宮僚優閑，不必辭」，賜文綺酒牢，遣中使送館次，顧謂賢曰，「此老非迂闊者，務令就職」。時帝眷遇良厚，而與弼辭益力，又疏稱學術荒陋，苟冒昧徇祿，必且曠官，詔不許。乃請以白衣就邸舍，假讀祕閣書，帝曰，「欲觀祕書，且勉受職，徐聽還山可也」。命賢爲諭意。與弼留京師二月，遂請疾篤，賢請曲從放還，始終恩禮，以光曠舉，帝然之，賜敕慰勞，賚銀幣，復遣行人送還，命有司月給米二石，與弼乃上崇聖志廣聖學等十事，表謝而歸。

宮僚，人多矜爲希濶之遇，與弼顧堅辭不
就，士論莫不頌其高，而小人之忌嫉者乃
益甚。

　　當與弼之始至也，賢首以賓師禮事之，
推之上座，而已與相對，適編修尹直至，
坐於其側，乃大慍，出門即肆爲謗言，而
朝士承其聲名，坐門求見，與弼又不能盡
接，謗議益起。既還鄉，知府張瓚謁見不
得，恚甚，朝貴有惡之者，令人訟之，久
無應者。乃嚴法令他人代弟往訟，牒入，
即遣使攝之。門人勸用官服往，與弼不可，
竟以民服入，瓚大加侮慢，始禮遣之，
與弼無慍色，亦心諒非弟意，友愛如初。
編修張元禎不知，遺書誚讓，有上告素王
正名討罪，豈容先生久竊虛名語，遠近從
而和之，與弼聞不辨也。

　　以成化五年十月卒，年七十有九，海內
稱康齋先生。所著日錄，悉自言平生所得，
學者稱之。

　　其初應聘，以出自石亨爲恥，及見亨權
勢熏灼，知其必敗，遂潔身遠引，故門生
有問者，告之曰，「吾欲保性命耳」，其後
亨果敗，論者益嘆其知幾，獨其跋亨族譜，

　　初與弼應詔時，以勅書隆重，直聘以伊
傅之禮，意當大用，而宮僚無事，懼不得
即行其志，以塞人望，故卒不受。成化五
年卒，年七十九。

　　與弼始至京，賢推之上座，以賓師禮事
之。編修尹直至，令坐於側，直大慍，出
即謗與弼。歸家，知府張瓚謁見不得，募
人代其弟投牒訟與弼，立遣吏攝之，大加
侮慢，始遣還。與弼諒非弟意，友愛如初。

編修張元禎不知其始末，遺書誚讓，有上
告素王正名討罪，豈容先生久竊虛名語，
直復筆其事於瑣綴錄，

又言與弼跋亨族譜，自稱門下士，士大夫
用此訾與弼，後顧允成論之曰，「此好事者
爲之也」。與弼門人後皆從祀，而與弼竟不
果。

自稱門下士，爲士論所譏，後之議從祀者，悉以此爲累云。

魏　校（經籍典卷三五六）

按明外史儒林魏校傳，

校字子才，崑山人。

弘治十八年進士，授南京刑部主事，歷員外郎郎中。

每訊重囚，齋居默念，務期得情。會審監刑，衆彩衣莅事，事訖宴飲爲歡，校獨慘然淡服，不飲酒食肉。

守備中官劉琅驕恣，他人望塵奔謁，校獨不往。琅蔑視法官，時判牒至，莫有抗者，校獨行己意自如。

有經歷姚元者，從子利其貲，誣以姦狀，賄校爲之地，校竟直之。

暇則與諸曹郎余祐夏尚樸王道輩，講明正學，時望蔚然。

正德九年召爲職方郎中，時江彬方握重兵，而寧王宸濠顯有異志，遂移疾歸。

世宗嗣位，用薦起廣東提學副使，力以師道自任，崇德行，略文藝，毀淫祠，興社學，禁火化，厚人倫，諸生咸以爲得師。曹溪僧寺有唐慧能相傳衣鉢，取而焚毀之，曰，「無使惑世誣民也」。

嘉靖二年大計群吏，詔「治行卓異者，賜衣及宴，其在任者，撫按官遣人賚賜綵

魏　校（學行典一七二）

按明外史魏校傳

校字子才，崑山人，其先本姓李，居蘇州葑門之莊渠，因自號莊渠。

弘治十八年成進士，歷南京刑部郎中。

守陵太監劉琅，藉劉瑾勢張甚，或自判狀送法司，莫敢抗者。校直行己意，無所徇。

改兵部郎中，移疾歸。

嘉靖初，起爲廣東提學副使，悉廢諸佛寺，斥其產，過曹溪，焚大鑒衣，取鉢碎之，曰，「無使惑後人」。

幣羊酒」，校與焉。

尋以憂去，五年復計群吏，科道官拾遺，坐校不及當調，吏部言，「校學行素優，以嚴召謗，不當謫」，乃以故官起江西兵備，改河南，復督學政，七年召爲太常少卿，移大理，明年三月遷國子監祭酒，直經筵，八月以進講不稱旨，復爲太常少卿，進本寺卿致仕。

二十年言官會薦，輒報罷，又四年卒，贈禮部右侍郎，諡恭簡，鄉人立祠祀之。

校之學，私淑於胡居仁，以立本研幾爲主，愼獨以通於性命，稽古以協於明誠，始博而終約，貫動靜而一之，爲近世儒宗。學者稱莊渠先生，始與王守仁論學，守仁言心體常動，校怫然起去，晚而悔之，謂「恨不究極其說」，初疑象山爲禪，後始知爲坦然大道，其於居仁主敬宗旨又稍變矣。

丁憂服闋，補江西兵備副使，累遷國子祭酒太常卿，尋致仕。

校私淑胡居仁主敬之學，而貫通諸儒之說，擇執尤精。嘗與余祜論性，略曰，「天地者陰陽五行之本體也，故理無不具。人物之性皆出於天地，然而人得其全，物得其偏」。又曰，「古聖賢論性有二，其一性與情對言，此是性之本義，直指此理而言；其一性與習對言，但取生字爲義，非性之所以得名，蓋天所生爲性，人所爲曰習爾。先儒因性相近一語，遂謂性兼氣質而言，不知人性上下，不可添一物，繞着氣質，便不得謂之性矣。荀子論性惡，揚子論性善惡混，韓子論性有三品，衆言淆亂必折之聖，若謂夫子性相近一言，正論性之所以得名，則前後說，皆不謬於聖人，而孟子道性善，反爲一偏之論矣。孟子見之分明，故言之直捷，但未言性爲何物，故荀揚韓諸儒得以其說亂之，伊川一言以斷之，

著有大學指歸六書精蘊等書。

> 曰性卽理也，則諸說皆不攻自破矣。所著
> 有大學指歸六書精蘊，卒諡恭簡。

　　由表所載，舊本與新本，其行文具見由繁削簡之迹，故據此可斷舊本當爲新本之所自出。

　　此新本取與王鴻緖康熙時所上明史列傳稿校，僅有三處小異；魏校傳「其先本姓李」，列傳稿作「其先本李姓」，「守陵太監」，列傳稿作「守備太監」，吳與弼傳「且至」，列傳稿作「比至」，其餘一字不異。

　　余所見集成有二本，一影印本，另一係光緒朝石印本，余曾取石印本集成經籍典三五八所引明外史新本儒林傳，與列傳稿對校，其中余祐周瑛羅欽順張邦奇陳茂烈歐陽德吳悌王時槐陳嘉謨許孚遠鄧以讚張元忭諸傳，一字不異。其異者，僅

閻禹錫傳

督畿內學（按影印本作「學政」）　列傳稿作「學政」，學行典一七二引，正有「政」字，是也。

　　　　段堅傳

刊正小學　　　　　　　　　　列傳稿「正」作「布」，是也。

超擢萊州知府　　　　　　　　列傳稿「尋超擢萊州知府」

諓聞取譽　　　　　　　　　　列傳稿作謏聞取譽，是也

仝列仄目　　　　　　　　　　列傳稿作仝列爲仄目

　　　　潘府傳

屏跡南山　　　　　　　　　　列傳稿作屏居南山，學行典一七二引作屏南山

　　　　邵寶傳

正穎考叔祠基　　　　　　　　列傳稿作「正穎考叔祠墓」，是也。

　　　　楊廉傳

永言遇大政宜召大臣面議　　　永作末，是也，學行典一七二引正作末。

內宮及帶刀人員　　　　　　　宮作官，是也，學行典引此仍作宮

驅馳於萬里　　　　　　　　　列傳稿於作千，學行典引仍作於。

　　　　呂柟傳

咸寧李挺字正立　　　　　　　列傳稿立作五，非是。

　　　　　崔銑傳

永勝無已　　　　　　　　　　列傳稿永作求，是也，學行典一七二引此正作求。

但多有其書，故不載　　　　　列傳稿但作世，是也，學行典未引此句，蓋有刪節。

　　　　　韓邦奇傳

坐試錄謬誤，摘南京太僕丞　　案二本均誤作摘，應作讁

所撰樂志　　　　　　　　　　列傳稿作志樂，是也。

未幾病卒，年三十六　　　　　列傳稿無「未幾」二字，年三十六下多「未幾，邦奇
　　　　　　　　　　　　　　　亦以參議涖大同，父老因邦靖故前迎，皆泣下，邦
　　　　　　　　　　　　　　　奇亦泣」凡二十六字。

　　　　　唐伯元傳

時吏部推補請疏皆留中　　　　列傳稿請作諸，是也。

　　　　　賀欽傳

年七十四　　　　　　　　　　列傳稿，「卒年七十四」，是也。學行典一七二引不誤。

　　　　　吳仁度傳

仁度名家子　　　　　　　　　列傳稿作名父子是也。

　　　　　李材傳

而間討抗命夸阿坡　　　　　　列傳稿夸作夸。

總兵官沐昌祚　　　　　　　　列傳稿沐作沐，非是。

　　　　　孟化鯉孟秋傳

全活甚多　　　　　　　　　　列傳稿無甚字

萬曆七年京察坐貶　　　　　　列傳稿七作九

　　其間同異，大都係形近而訛，或係鈔刻偶脫。其間有新本訛誤，幸賴學行典所引，足以校正，知其原本並非有異於明史列傳稿。書經鈔錄刊刻，即不能無誤，即以列傳稿而論，沐之誤作沐，讁之誤作摘，此在原刻即已不免，何況集成為轉引者。其有小小同異，此正情理所應有的。集成引明外史，其刪節，亦常見，韓邦奇傳之少二十六字，當以此。在今日苟欲證新本非明史列傳稿，必其所引文章議論異於明史列傳稿者始可。

集成所引新本，大都同於明史列傳稿，其小小出入，大都傳抄刊刻之所致。故竊意新本仍係康熙時王氏所上之明史列傳稿。此舊本既爲新本之所自出，故舊本亦卽明史列傳稿之稿本。

（二）

此舊本既爲王鴻緒康熙時所上明史列傳稿之稿本，然今存明史列傳殘稿六册，中有五色筆批改，據侯仁之氏王鴻緒明史列傳殘稿一文所考訂，（見燕京學報第25期），此殘稿亦係王氏康熙時所上明史列傳稿之稿本。

侯氏曾取殘稿與王氏康熙時所上明史列傳稿對校，謂「殘稿大小二百三十餘傳中，兩稿相同者二十五，爲列傳稿所無者二十二，餘一九一，雖不盡同，俱見由繁删簡之例，由是知所謂殘稿，實卽王氏草列傳時之殘稿，依此再加删訂，遂爲列傳稿，故又可稱爲明史列傳稿之過渡稿本」。此既亦爲王氏康熙時所上列傳稿之稿本，然則此二本其撰著之時代，究孰先孰後呢？

此明史列傳殘稿六册，原藏北京人文科學研究所，今歸本所善本書室。取與明外史舊本對校，其異同有可得而言者。

殘稿有段堅傳，按集成經籍典三八五，宦常典六一七亦引有明外史段堅傳，經籍典注明所引係新本，宦常典所引傳文，與之大有異同，故當屬舊本。今表殘稿段堅傳與舊本列傳稿之異同於此。

明史列傳殘稿之未改稿（省稱未改稿）	明外史舊本（宦常典617）	殘稿之改稿（省稱改稿）	明史列傳稿（省稱列傳稿）
段堅，字可大，蘭州人。早歲受書，卽有志聖學，舉於鄉，卒業國子監。景泰元年上書言，「王振以刀鋸小人，竊國大柄，幸崇天誅，已赤其族。彼同惡之人，散在四方，肆虐猶故，不悉正刑章，患何由止。且奄侍預政，國命必危，況可授之兵柄？如陝西天下重鎮，西寧蕃族	全文同未改稿 惟無「已赤其族」四字	首段同 惟改「卒業」作「入」。上書删節爲，「景泰元年上書請悉徵還四方監軍，罷天下佛老宮，選僧道以實軍伍」疏奏不	全文同改稿 惟「聖學」作「聖賢」

雜居，今悉令宦者鎮之，臣恐軍民蒙害，將帥掣肘，將來西北多事，必自此始。竊見宦官用事，每著譏前史，臣不欲後之觀史者，亦猶今之掩卷太息也。請悉徵還四方監軍，復闤闠之役，近異敎盛行，竭民膏血，以創寺觀，不知梁武侫佛，餒死臺城，宋徽好道，隕身沙漠，果何益哉。請罷天下佛老之宮，選天下僧道以實軍伍，卽以天下尼師女冠配之，戶口旣蕃，武備亦足，陛下何憚而不爲哉」！疏奏不行。	行。 無「竊見宦官至太息也」凡二十八字。 哉作此	
五年擧進士，授福山知縣，甞申五敎，以德化民，刊布小學，俾士民講誦，福山俗陋，至是一變，窮阨僻澨，皆有絃誦聲，成化初，賜勑旌異，尋超擢萊州知府，期年化亦大行。	二段同，惟窮阨僻澨改爲村落二字。 亦字刪	惟更省「甞申五敎以德化民」八字。福山二字刪。
以憂去，服除，改知南陽，慨近世風敎衰歇，父兄訓督子弟，及有司鄉里所推尙，率取科擧業，無有明經飭行者，致風俗日媮，乃台州縣學官，具告以古人爲學之旨，使轉相勸誘，創志學書院，聚秀民講說五經要義，及濂洛諸儒遺書，又建節義祠，祀古先烈女，由是士奮於學，里俗亦淳，堅不以煦煦爲仁，	刪「慨近世至風俗日媮乃」凡三十九字。 媮作偷，台作召 又字刪。 刪「由是至底於平」凡三十三字。	台改爲召 仍增「去豪强貪墨必盡而訟獄徧

殘稿之未改稿			
去豪强貪墨必盡，而訟獄徭賦務底於平，居數年，頌聲大作。然堅自知道不合時，竟引疾去，士民號泣送者，踰境不絕，及聞其卒，祀之志學書院，又別立祠春秋祀之。堅之學私淑於河東薛瑄，務致知而踐其實，不以訑聞取譽，故能以儒術飾吏治，其門人王鴻儒曰，「使南陽人士知有二南之化，而耻淫荒，蓋自吾師始」。		刪「頌聲至合時竟」凡十三字。	賦務底於平」二語。「居數年頌聲大作」作「居數年大治」。
		於字刪。	
	訑作諛	訑改爲諛	
		刪「其門人至吾師始」，凡二十六字。	
子㞈，進士，翰林檢討，諂附焦芳劉瑾，預修孝宗實錄，狗芳意，顛倒是非，同列瓦目不敢爭，瑾敗落職，隳其家聲焉。	落作露	刪不敢爭三字。	

由表所列，知殘稿之未改稿，其行文較舊本更繁冗，由下表孫燧許逵傳，更可以看得出，故知此殘稿之未改稿，其撰著之時代有早於舊本的。殘稿之未改稿，時有訛字，如諛誤作訑，乃誤作台，此明係書胥抄寫之誤，蓋據早期之稿抄錄，以供史舘諸公之改削的。

列傳稿與殘稿之改稿，其異同甚微，有爲改稿所刪，而列傳稿又據未改稿增者，如表所列「去豪强貪墨」二語是，此改稿與明史列傳稿不盡同，故侯氏謂此殘稿係明史列傳稿之過渡稿本，其言實不誤。殘稿之改稿，較舊本更簡潔更接近於列傳稿，所以我判斷殘稿未改稿之抄錄與夫改削，是在舊本之後的。

殘稿中又一卷係錄孫燧許逵黃宏周憲宋以方傳，今取黃宏周憲宋以方傳與集成所引明外史舊本校，亦可證殘稿之刪改，當在明外史舊本後。

如黃宏傳

殘稿之未改稿	舊本（官常典七四〇）	殘稿之改稿	明史列傳稿
有令在，	同	有字省	同未改稿

輒片言折之	輒作卽	同未改稿	同未改稿
加俸一等	加俸二等	同未改稿	同未改稿
剽掠九江上下	同	掠字省	同改稿
賊走匿宸濠祖墓中	同	賊字省	同改稿
有死而已	同	有字省	同改稿
及宸濠反	同	宸濠二字省	同改稿
以僞命治歛	以爲僞命治歛	同未改稿	同未改稿
扶歸	扶而歸	同未改稿	同未改稿
備盜盜不敢犯	同	首二字省	同改稿
吾往欲觀之	同	往字省	同改稿
及被執繫獄	同	及字省	同改稿
思聰不屈	同	思聰二字省	同改稿
俱下禮官議	無俱字	同未改稿	同未改稿

如周憲傳

殘稿之未改稿	舊本（官常典七三九）	殘稿之改稿	明史列傳稿
憲安陸人	憲湖廣安陸人	同未改稿	同未改稿
憲承總督陳金檄督兵進繳	同	憲字省，督兵進繳省	同改稿
禽廬山左湖盆塘賊數百人	同	禽數百人	同改稿
於是進逼華林	同	於是二字省	同改稿
遣諜者詭言飢困狀	者字省	同未改稿	同未改稿
賊下木矢如雨	木作矢	同未改稿	同未改稿
幹前救之	同	之字省	同改稿
墮崖死	墜崖死	同未改稿	同未改稿
憲創重，被執，罵不絕口	憲首中刀，血流被面，左髀中槍不能動，猶罵不絕口	同未改稿	同未改稿
帛二匹	帛二匹以斂之	同未改稿	同未改稿

如宋以方傳

殘稿之未改稿	舊本　官常典七四〇引	殘稿之改稿	明史列傳稿
理倉儲	同	同	理倉
出爲瑞州知府	同	同	遷瑞州知府
當是時宸濠謀逆有萌	是時宸濠謀逆有萌	宸濠逆謀有萌	同改稿
迫鎮守劾之繫南昌獄	同	之字省	同改稿
其明日	其明年	其明日	同未改稿
乃械置舟中	同	械舟中	同改稿
載與俱行	同	與俱行	同改稿
黃石磯江西人語則王失機	同	改語字爲音	同改稿
道出以方斬之	同	遂斬以方	同改稿
後賊平	賊平	後賊平	同未改稿

　　此所引明外史，多同於未改稿，以此知其與列傳稿之異，並非集成傳寫刊刻之誤，其爲舊本無疑。且宋以方傳更附楊宣事蹟，爲列傳稿所無，益可證其爲舊本。今列傳稿既多同於改稿，而異於舊本，此亦可證此殘稿之改稿，其刪改當在舊本之後。

　　由上引三傳觀之，列傳稿多同於改稿。然由孫燧許逵傳觀之。

孫燧傳

殘稿之未改稿	舊本　官常典七四〇引	殘稿之改稿	明史列傳稿
爲刑部主事	授刑部主事	爲刑部主事	同未改稿
遂得罪	同左	遂字省	同改稿
則毒之	同左	則字省	同改稿
乞歸逾年死	得疾乞歸逾年死	同未改稿	同外史
代傑者爲任漢代漢者愈諫	代傑者任漢愈諫	同左	同左
欲得才節大臣口鎮	無往鎮二字	同左	同左
乃遣家累還鄉	乃遣妻子還鄉	同左	同左
謂宸濠且暮且爲天子	同	爲字改爲得	同改稿
皆附黨	諸黨附	同未改稿	同外史

群盜依倚者相助爲聲勢	群盜相依倚作聲勢	同未改稿	同外史
亦多爲宸濠耳目	無宸濠二字	同左	同左
多與之謀	之字省	同左	同左
又鑒胡世寧事	鑒作懲	鑒作懲，刪事字	同外史
恐坐罪不測	無此句	坐字省	同外史
患建昌縣多盜	同左	縣字省	同外史
撫州旣不得復	省州旣二字	同左	同左
請重兵備權	請重兵備道權	同未改稿	同外史
便控制	以便控制	同未改稿	同外史
駐戈陽	駐弋陽	同左	同左
又恐宸濠一旦起劫兵器	無一旦起三字	同未改稿	同外史
因假討賊盡出之他所	因字省	同左	同左
瞯燧意圖己	無意字	同左	同左
使人語吏部尙書陸完及諸幸臣令去燧	使人語諸幸臣去燧	同左	同左
笑而却之	而字省	同左	同左
出沒鄱陽湖行劫	行劫二字省	同左	同左
是夜大風雨	是字省	同左	同左
走匿宸濠林墓間不可得	無不可得三字	同左	同左
爲宸濠邏者所獲	爲宸濠邏獲	同左	同左
見時勢叵測囊藉是少緩其謀	無首五字	同左	同左
盡發其不軌狀	盡發宸濠不軌狀	同未改稿	同外史
詔遣重臣宣諭	遣字省	同左	同左
宸濠聞之	之字省	同未改稿	同外史
值宸濠生日	值字省	同左	同左
抱養民間子	養字省	同左	同左

諸司股栗不知所出	後四字省	同左	同左
二人且被縛且罵	被字省	同左	同左
已至惠民門外同遇害	已遇害惠民門外	同左	同左
于是巡按御史	首二字省	同左	同左
首遣夔伯徇地進賢	地字省	同左	同左
又遣人招鑾賊	首三字省	同左	同左
大索兵器城中	大索兵器於城中	同未改稿	同外史
比伍文定起義兵	同	比字省	同外史
負義挺然不撓	負義二字省	同未改稿	同外史
屍猶未變	猶字省	同左	同左
常有黑雲蔽之	常有二字省	同左	同左
燧子塈聞父訃	燧子塈在家聞父訃	同未改稿	同外史
慟哭挾刄率兩弟塈塈赴之	首四字省	同未改稿	同外史

許逵傳

殘稿之未改稿	舊本　官常典七四〇引	殘稿之改稿	明史列傳稿
諸州縣率閉門自守	同	自字省	同改稿
開寶如圭許才可容人	啓圭寶才容人	可字省	同外史
令曰守吾令	同	同	曰字訛作日
違者軍令從事	令作法	同未改稿	同外史
未幾賊果至	無未幾二字	同左	同左
後數來犯	無來字	來字省	同左
逵先事築鑿	逵先事築城鑿池	逵築城鑿池	同改稿
邀之于滄州	于字省	同左	同左
逵追擊進殲之	追擊二字省	同左	同左
副使惟有赤心耳	有字省	同左	同左
我不能殺許逵耶	許逵二字作汝	同左	同左
天子還能殺汝	還字省	同左	同左

易復哭	易服哭	同左	同左
必吾兒也，吾兒得死所矣	下句省	同	同
贈左副御史	下有諡忠節三字	同未改稿	同外史
既蔭一子	無既字	同未改稿	同外史
復蔭一子百戶	無一字	同未改稿	同外史
嘉靖九年	九作元	同未改稿	同外史
詔謂遘死事尤烈	謂字省	同	同
而瑒乃因之得官	而字省	而之二字省	同改稿
以孝稱于時	于時二字省	同左	同左
何以見先忠節地下	地下上有於字	同未改稿	同未改稿

此孫燧許逵傳，有異於列傳稿。但以其同於殘稿之未改稿，故知此歧異，並非集成傳抄刊刻之誤，集成所引外史孫燧許逵傳，其爲舊本無疑。

前已言之，列傳稿多同於改稿。今孫燧許逵傳，其同於外史者反不少。此蓋後來又據外史刪訂的了。

殘稿中，每於抄胥之誤，文句意義不明處，輒批云，「查原稿」，殘稿中有賀逢聖傳謄清稿，於「爲應城敎諭」處，紅筆加「家貧」二字，蓋亦據原稿增，殘稿另冊中有賀逢聖傳，正爲此淸稿之所自出，正有「家貧」二字，此可證當時之刪訂，是可能羅列諸次刪訂本，反覆改定的。

明外史舊本，率較殘稿未改稿爲簡淨。余所考明外史舊本，如曹鼐闕墏王佐丁鉉鄧棨諸傳，（並集成官常典七三八所引），尤世威傳（官常典七五二引），大都如是。惟前引周憲傳，傳尾字句稍多，當時修史，可據原稿，反覆增刪，自亦可有此現象的。

集成所引明外史，重複零亂，除經籍典所引四卷，注明新舊本外，餘悉未注。前引新本，已與列傳稿字句小有異同，故集成所引，苟無堅強佐證，其小有異同者，卽不敢確定其爲舊本。且新本與舊本，其文句固可異，然亦未嘗不可相同，如經籍典三八五所引舊本葉儀傳，卽與列傳稿（新本）無一字之異，他處自亦可有此現象。惟旣無以確定其爲舊本，則只好視之爲新本了。且集成，其於某一人傳，未嘗不可去其複重，只錄新本，而不錄舊本。故殘稿所載諸傳，欲一一以舊本校之，蓋亦不易之事。今

第就上所校者而言，其殘稿之未改稿，有早於舊本者。然由其刪改在後而言，則其未改稿之有遲於舊本者，自亦可能之事，如前所言賀逢聖傳謄清稿，即其一例。

上引諸舊本，其時代均在改稿之前。此改稿每卷之首，率列諸人之名，而標以「抄過」二字，其筆跡與他卷所書者相似。然則我所推測的，舊本在改稿之前，或不致有以偏概全之弊的。

（三）

余觀察殘稿，覺其中有可注意者。殘稿段堅傳首大題明史，未書卷數，而小題則書「列傳九十七」；孫燧傳首大題明史，亦未書卷數，而小題則書「列傳一百十二」，其注明列傳次第者，亦只此二傳。此數字非可隨意書者，必有所據。由其有數目字，可證其所根據之史館底稿，是已有卷數，至少其列傳亦將近成書。殘稿蓋即抄錄此稿而加以刪改，再粘貼重編的。此段堅孫燧，本在另一史稿列傳卷九十七卷一百十二之首，因刪改剪貼，遂偶然保存罷了。

今考段堅傳傳首所列，其原與段堅同傳者，計

段	堅245/1a	閻禹錫245/2b 白良輔245/4a		羅	倫245/4a 涂棐245/7b
莊	㫤245/8a	黃仲昭245/9a 宋端儀245/10a		陳	選245/10b 父員韜245/14a
賀	欽245/14a	陳茂烈245/16a		周	瑛245/17b
張	吉245/18a	丁 璣245/19b	（按引得體例，一頁分兩面，a指第一面，b指第二面下同）		

今檢八十九種明代傳記綜合引得所引抄本萬斯同史稿之列傳目，此諸人俱在萬氏史稿二百四十五卷，其次序具見上列，與殘稿次序脗合。

其與孫燧全傳者，據殘稿孫燧傳傳首所列計

孫	燧260/1a 丁堪260/4a 塈260/4a	許	逵260/4b 子瑒260/6a	瑒子姖260/6b
黃	宏260/6b 馬思聰260/7a 周憲260/7b	宋以方260/8b	萬木等260/9a	

今檢八十九種明代傳記綜合引得，此諸人俱在萬氏史稿二百六十卷，其次序亦相合。

案列傳一注云九十七，一注云一百十二，相差十五，今以二百六十減二百四十五，亦正得十五，此亦相合。

此孫燧諸人，以同殉宸濠之難，而周憲以殉其時江西賊黨故附入，其名字次序相合，不足異；至若段堅諸人，其次第乃巧合如是，則不得不謂殘稿所錄此二傳之未改

稿，卽今存所謂萬氏史稿了。

此萬斯同史稿，北平圖書館善本書目乙編著錄，一題明史四百十六卷目錄三卷，清萬斯同撰，舊抄本。一題明史紀傳三百十三卷，存二百九十二卷，配補十七卷，清萬斯同撰，舊抄本。此二萬稿據李晉華明史纂修考九十七頁所考訂，此三百十三卷本，時代更在前。而引得所據則係四百十六卷本，以其引李自成傳作四百零八卷，可證也。

此四百十六卷本。謝國楨晚明史籍考亦曾著錄，謝書卷一云。

> 明史四百十六卷。不知撰人名氏，是書傳抄極舊，篇目爲本紀二十六卷，志一百十一卷，表十二卷，列傳二百六十七卷，（原作二百六十二，據李晉華明史纂修考一百零八頁改），較明史及王鴻緒明史稿，均卷帙加多，與明史多有出入之處。據楊椿再上明鑑綱目館總裁書謂，「康熙時監修徐公發凡起例，十二年而史稿粗就，凡四百十六卷」，但方望溪撰季野墓表則稱本紀列傳四百六十卷，全謝山萬貞文傳則云「明史稿五百卷」，徐公之發凡起例，王氏之彙爲一書，季野均身與其役，此書說者爲萬季野原作，其原作與否，固不可知，或者康熙時初修四百十六卷本也。

今以本紀二十六，志百十一，表十二，加殘稿所引列傳次第九十七與一百十二，則所得係二百四十六與二六一，與引得所載二百四十五，二百六十者不合。

由於這一不合，而且殘稿大題明史未注卷數。顯然的，殘稿所錄之未改稿，與此四百十六卷本，自非一書。但其間畢竟有上述種種巧合處，因此殘稿所錄之未改稿，如段堅孫鐩諸傳，其內容可能與四百十六卷本非常接近，或者簡直完全相同。

在修史未作最後定稿之前，可能有一暫定稿，而此一暫定稿本身也可以隨時變動，所以這其間有出入，這是不足驚異的。

由於段堅卷首所列，其次序與四百十六卷本同，我判斷殘稿段堅傳之未改稿與四百十六卷本非常相近，或者可能完全相同，我前已考證殘稿段堅傳之未改稿，其時代在舊本之前，因此我判斷四百十六卷本亦當在明外史舊本之前，而且與明外史舊本亦並非一書。

這還有一個理由，那就是集成引明外史，未引本紀表志，而四百十六卷本是有紀表志的，這亦可使我們想像得到，明外史舊本是應該與四百十六卷本不同的。

（四）

分析至此，試更取集成所引舊本明外史儒林傳目，與四百十六卷本相校。集成所錄舊本儒林傳，凡三卷，今列其目，而注四百十六卷本之次序於其中。

范祖幹 ^(汪與立)383/2a	葉　儀383/2b ^(何壽朋383/3a)	謝應芳383/3a	汪克寬383/4b
梁　寅383/4a	趙　汸383/5b	陳　謨383/6b	趙　謙383/7a
張　洪383/8a	曹　端383/9a	黃潤玉383/10b	劉　觀383/12a
吳與弼383/12b	陳獻章383/16b	胡居仁383/20a	婁　諒383/21b
胡九韶383/22b	謝　復383/22b	鄭　伉383/23a	陳眞晟383/23a
劉　閔380/24b	吾　晜383/25b ^(鄭滿383/26a)	周　蕙383/26b ^(李昶)	薛敬之383/27a
李　錦383/28a ^(王爵383/28b)			
蔡　清384/1a	王　宣384/2b	易時中384/2b	趙　逯384/3a
陳　琛384/3b ^(林希元384/4b)	蔡　烈384/5a ^(林祺)	夏尚樸382/10b⑴ ^(潘潤384/11b⑴)	湛若水384/6a
張　詡384/8a	李承箕384/9a	陳　庸384/9b	林　光384/10a
魏　校384/11b	倪　復384/13a ^(戴圭384/13b)	汪　禔384/14a	何　瑭384/14b ^(李宗杖384/15b)
范　瓘384/16a	盧可久384/16b	陳時芳384/17a 陳正道384/17b 呂一龍384/17b	季　本384/18a
李舜臣384/19a	柯維祺384/20a	任　瀚384/21a ^(熊過384/21b)	蔡元偉384/22a
李經綸384/23a	周述學384/24b	張　基384/26a ^(孫世偉384/26b)	
朱陛宣384/27a	徐師曾384/27b	沈端臨384/28b 張恆384/28b 姚舜牧384/28b	歸有光384/29a ^(歸子慕384/30a 吳志遠384/30b)
王應電384/30b ^(李如玉384/31b)			
尤時熙385/1a	張後覺385/2a ^(趙維新385/2b)	朱　恕385/3a ^(韓貞385/3b 夏廷美)	
呂　潛385/5a ^(郭梓385/5b 張　節385/5b 李珽385/5b 王之士385/6a)		朱睦㮮152/22a	朱謀埠385/6a
王敬臣355/7a	來知德385/8b	鄧元錫385/9a	劉元卿385/10b
章　潢385/11b	馮子咸385/12a	杜　偉385/13b	陳履祥385/14b
徐三重385/15b	焦　竑385/16a	郝　敬385/19a	吳桂森385/21b ^(許世卿384/22a)
辛　全385/22b	顧大韶385/23b	卓爾康385/24b ^(鄭光弼385/25b)	
黃淳耀385/26a ^(弟淵耀385/27a)	朱朝瑛385/27a ^(張次仲385/27b)	岳　薦385/28a	

由吳與弼陳獻章之名列此卷，可證四百十六卷本此數卷亦當係儒林。表中范祖幹由2a

始，這大概第一頁係儒林傳序。此二本，其不同之處，僅四百十六卷本儒林無劉閔李昶林祺夏廷美朱睦㮮五傳。至如潘潤，係在384卷，而夏尚樸反在382卷，我疑心引得有誤。舊本次序，大體與四百十六卷本合，其每卷人名之起迄，亦大體相同，此可證集成所錄舊本大體仍係其舊，段堅閻禹錫諸人，此本不在舊本儒林傳內，故集成編者據新本外史補錄的。

　　殘稿於段堅傳傳首所列，段堅閻禹錫陳茂烈周瑛諸人之名，每人名上墨筆批入儒林三字，於賀欽則未批，又眉批云「皆有得於道學者入儒林」，又紅筆批云，「段閻二君何處附見足矣」。此均其擬議未定時事。此諸人本不在舊本儒林傳之列，此亦可證此殘稿未改稿之抄錄與夫改削，是在舊本之後的。前僅據改稿之內容較接近列傳稿，以證改稿在舊本之後，今取四百十六卷本儒林傳目以校其同異，無意中又得一有力的證據。

（五）

　　此舊本與四百十六卷本，由前引舊本儒林傳目觀之，其出入尚微。至新本列傳稿則幾大異。前所引新本明外史儒林段堅閻禹錫諸人傳，此諸人固係新本所增。而舊本所列，如劉閔，則列傳稿改入隱逸，周述學改入方伎，趙謙柯維祺歸有光焦竑郝敬任瀚熊過改入文苑，黃潤玉盧可久季本朱睦㮮朱謀㙔馮子咸顧大韶諸傳，則悉移出，歸於別卷。至若張洪吾晜鄭滿李昶林祺潘潤陳庸林光倪復戴圭汪褆何塘李宗枋范璣李舜臣蔡元偉李經綸張棐孫世偉朱陞宣徐師曾姚舜牧張恒沈端臨吳志遠朱恕韓貞夏廷美杜偉陳履祥徐三重吳桂森許世卿辛全卓爾康鄭光弼朱朝瑛張次仲岳薦諸人，則並削其傳。蓋新本已迥非舊本面目了。

　　余觀集成所引循吏忠義等傳，其中即有多傳為列傳稿所無，今姑舉儒林傳，固可以概其餘的。

　　舊本儒林傳有歸有光，據陳守實明史抉微所言，「喬萊撰明史儒林傳即以歸氏入儒林」，外史殆即襲其舊，今新本即已改入文苑了。

　　其列傳分合，亦有可考者，如南居益傳，集成官常典七百五十四所引者，傳首即言南企仲事，與列傳稿同，然集成官常典七百四十三復引明外史南企仲傳，其文與此不同，此可證南企仲在舊本原係單傳。今殘稿南居益傳，仍未附南企仲事，此蓋至新

本始合併之了。

　　集成所引明外史，就其文筆而言，舊本遠不如新本，舊本之繁冗，是應當刪改的。就其議論而言，其間亦有同異。如吳與弼傳，舊本謂其不受職係「潔身遠引」，而新本則謂係嫌諭德官小，與詔書聘以伊傅之禮不稱。今按黃宗羲明儒學案卷一崇仁學案，即斥此爲世俗無根之謗，認爲無如此校量官職之理，則是新本之議論不足取，此至乾隆朝所定明史，即刪掉了，這是對的。

　　又如魏校傳，舊本謂其「晚而始知陸係坦然大道」，此與明儒學案所引魏氏語錄相合，舊本儒林歸有光傳，謂歸氏「初師同邑魏校，得默而成之不言而信指要，」舊本儒林王敬臣傳亦謂「敬臣受業崑山魏校，獨默坐澄心」，「得默成之旨」。此所謂「默成」，「默坐澄心」，此象山一派正是如此的。新本於魏校歸有光傳所記魏氏宗旨近陸之語句，悉行刪去，獨王敬臣傳「得默成之旨」此數字未刪，這顯然係其疏忽，有失劃一，而且與魏校傳「私淑胡居仁主敬之學」這一句話是相衝突的。魏氏思想晚年究竟如何，我僅見節本莊渠文集，不敢多所論列。新本之增入與余祐論性書，此書言「性即理也」，顯然新本是以魏氏係始終程朱一派。

　　由於舊本文筆之較繁冗，其議論也不同，其儒林傳之分合，二本迥然異其面目，很可能新舊二本非出一人之手筆。書皆出於史館，以成書有早晚之分，遂分爲新舊二本，以尚未經朝廷正式頒佈，故集成編者避明史之名，而名之以明外史。

（六）

　　分析至此，不妨排列所考各稿撰著之先後，以與當時纂修之經過相印證。

　　上列各稿撰著之先後，其次序是如此。

　　　①三百十三卷本明史稿　　②四百十六卷本明史稿　　③明外史舊本

　　　④明史列傳殘稿　　　　　　⑤王鴻緒康熙時所上明史列傳稿。（即明外史新本）

　　　⑥王氏雍正時所上紀表志俱全之史稿　　　　　⑦明史

　　此①與②之次序，係依李晉華所考，見李書（九十七頁）。

　　此②③④⑤之次序，則係作者所排列。其理由可總括簡述於此。

　　殘稿之改稿較舊本更接近於明史列傳稿，故舊本排在殘稿之前。

　　殘稿之未改稿，如孫燧段堅傳，有出於四百十六卷本之可能，其文筆遠較舊本爲

繁冗，故列舊本於四百十六卷本之後。

此先後之排列，全有賴於明史列傳殘稿之對校。

現在再錄明史纂修之經過於下。

康熙十八年，修明史，徐元文監修。延萬斯同主其事。

二十一年，王鴻緒湯斌徐乾學爲總裁。

二十六年九月王氏丁憂囘籍。

三十年，「監修徐公，發凡起例，歷十二年而史稿粗就，凡四百十六卷」(楊椿孟鄰堂文鈔再上明鑑綱目館總裁書)

三十一年正月丁丑上諭，「前者纂修明史諸臣所撰本紀列傳，曾以數卷進呈，朕詳悉披閱，並命熊賜履校讎，熊賜履寫籤呈奏，于洪武宣德本紀訾議甚多。(見東華錄)

三十三年張玉書熊賜履任監修，陳廷敬與王任總裁。王復荷「頒賜坐名敕書，專其責任」，時「張玉書修志書，陳任本紀，王任修列傳，各專一類，然後會校」。(據王氏進呈明史稿疏)

王氏延萬斯同館其家

四十一年四月八日萬斯同卒。

「四十一年冬，熊公來商於諸公，猶以徐稿進呈，上覽之不悅，命交內閣細看」。(楊椿前書)

「大學士臣熊賜履續奉監修之命，徵臣列傳諸稿，卽備錄以往。仍具陳缺略者尚須撰補，成篇者尚待校讎。後臣賜履具摺進呈，臣玉書臣廷敬及臣皆未參閱，夙夜循思，惟恐臣稿尚多舛誤」(據王氏進呈明史列傳稿疏)。

「旣大學士臣熊賜履續爲監修，賜履隨獨進史本，於明事缺而未全，未奉先帝裁定」(王氏進呈明史稿疏)

萬子建世標手書明史原稿流散目錄云。

先君子明史原稿家間所有者。本紀四本……

名臣列傳……儒林文苑傳有……

其原稿皆在儼齋(王鴻緒)先生家。至橫雲山人集所刻史稿，止得十分

之一，皆係錢亮功改本，如后妃諸王外國諸傳，不涉忌諱者，又仍先君
原本。熊中堂進呈之史，又倩人改過，另是一冊進呈，在壬午年二月初
二日，先君卒於史館在壬午年四月初八日，……雍正三年乙巳七月四明
萬世標據實直書。（見國風半月刊四卷四期）

四十二年四月，上發出熊賜履呈覽明神宗熹宗以下史書四本……崇禎死難太監，
果係王承恩，而非王之心，應遵照諭旨改正……（東華錄）

四十八年春，王氏「奉旨以原官解任回籍，遂發列傳史稿細加刪潤」（王氏進呈
史稿疏）。

「王公歸，重加編次，其分合有無 視萬錢稿頗異……王公重編時，館客某刻
薄無知，於有明黨案及公卿被劾者 不考其人之始終，不問其事之眞僞，深
文巧詆，羅織爲工，而名臣事蹟，則妄加刪抹，往往有並其姓名不著者。蓋
是非毀譽尚不足爲憑，不特紀志表傳自爲異同己也。」（楊椿書）

五十三年，王氏進呈明史列傳稿。

雍正元年，王氏進呈紀表志俱全之明史稿。

此中所言各稿先後之次序則係如此

　　①四百十六卷本　　②熊氏進呈本　　③王氏重加編次　　④明史列傳稿。

這一次序，與上所考各稿之先後，頗有可印證之處。

　　殘稿是與舊本儒林傳大不同的，王氏說他「重新編次」，楊氏說他「館客無知妄加
刪抹」，很可能殘稿就是王氏四十八年歸田後的改稿。殘稿之改稿，據侯仁之氏所考
訂，其筆跡與王氏合，與萬季野錢名世皆不同。而且這個殘稿，據侯文（P222）所引
馮貞群之言，也是由王氏家中散出的。

　　熊氏所進本，我疑心就是明外史舊本，這裡也有幾個巧合。

　　熊氏所進呈者，王氏不滿意，而舊本却正與王氏列傳大不同的。

　　萬世標說，「熊中堂所進本，又另倩人改過」，假若四百十六卷本係萬稿，則舊本
正是與四百十六卷本有出入的。

　　楊椿說，「熊氏以徐稿進呈」，就舊本與四百十六卷本接近而言，則視之爲徐稿，
固無不可。王氏爲總裁，則其視之爲己稿，而言「徵臣列傳以往」，亦與情理並無不合。

萬世標說「二月進呈」，而楊氏則謂係是年冬，可能楊氏見聞較眞。

還有一點是，殘稿之未改稿，較舊本爲繁冗。照道理說，此二稿假若出諸一人之手，則明史列傳殘稿之刪改，是應該根據自己已經改得較簡潔的本子再行刪改的，今不據較簡潔之明外史舊本，而據較繁冗之未改稿刪改，顯然的，舊本與改稿，非出一人之手筆，而且他對舊本是不滿意的。就文献之記載看來，熊氏所進呈之本，却正爲王氏所不滿意。

熊氏所進本，未奉朝廷裁定，最後自然是發交史館，王氏列傳稿有與舊本同者，可以此一理由解釋。

此四百十六卷本，與殘稿及楊椿之記載有相合者，我認爲很可信。不過却不可只認其爲康熙三十年之暫定稿，因爲修史，當其未作最後定稿之前，此暫定稿內容是可以隨時變動的，而且楊氏也明白說的是「史稿粗就」。並不是定本。

集成之編纂，始於康熙朝，至雍正初才完成，何以他不錄有本紀表志之四百十六卷本，而僅錄明外史之列傳，這似乎只能由明外史舊本曾進呈這一點予以解釋。四百十六卷本，未進呈，則只是史館之草卷而已。我們沒有理由相信，史館會讓集成編者採用史館草卷。在一個修史忌諱很多的時代，也沒有理由相信，集成編者會採用史館之未定稿，其正式進呈者自在例外。明外史新本是已經成書，且正式進呈，則舊本應亦如是，這是我判斷舊本爲熊氏所進本之另一理由。

集成引明外史，只引列傳，未見其引本紀表志、很可能明外史就只有列傳，王氏說，「熊氏徵其列傳」，並沒有說徵陳廷敬所修之本紀進呈，這一點也似乎相合。

以上不過是就文献之記載，與今傳各稿之內容，配合起來，所作的一個推測。除此以外，我還未想出一個更合理的解釋。

（七）

分析至此，可以進而討論柳翼謀先生明史稿校錄中所錄之明史稿。柳文見國學圖書館第四年刊。

此史稿凡十二冊，據柳先生審定，「信爲康熙中明史館纂修諸公手畢，但不敢遽斷爲萬先生書」。而侯仁之氏則惋惜柳氏未曾審定其筆跡。（見侯文二二三頁）

今按此史稿，據沈昌祐氏萬季野先生遺著目錄彙誌所言，爲蕭山朱鄮卿君所得。

沈文載建修萬季野先生祠墓捐册，而此史稿史應蛟傳之照片，則載諸建修萬季野先生祠墓紀念刊卷首。

此照片注明藏朱鄰卿家，與沈氏所言合。其傳文與柳先生文中所載者全同。其爲史稿十二册中之一部份，自無疑義。

此照片，旁附民國二十六年奉化孫詒跋，孫氏定爲萬季野明史稿墨蹟，必有所據。

余以侯氏所曾引用昭代名人尺牘中之萬氏墨蹟，與照片對校。覺其用筆筆意極近，其中如易不甚三字皆極似，前輩陳槃庵先生李光濤先生均認爲「就筆跡而言，應出萬氏之手」。史館底稿，固多鈔胥所錄，以供删修，然決不致如此之潦草。此史應蛟傳改者之筆迹，與正文一致，很明顯的非出諸鈔胥之手。孫氏定爲萬氏史稿，或者可信。

侯仁之氏曾以明史列傳殘稿中之孫原貞劉中敷諸傳，與柳氏所錄者對校。謂「柳氏所錄者又似此殘稿之底稿」，亦卽殘稿未改稿之所自出。今按侯氏所言是也。今姑舉劉中敷傳，以見一斑。如柳氏所錄，「宣德三年，用荐將召爲卿貳，會山東缺右參政，遂以命之」，此在殘稿之未改稿則作「宣德三年遷山東右參政」；柳氏所錄者，「時英宗冲年踐阼，慮群下欺已，嘗用重典」，此「嘗用重典」四字改爲「治尙嚴」，而此在殘稿之未改稿，則正作「治尙嚴」三字。柳氏所錄者，較殘稿更繁冗，而其所改竄，又正爲殘稿之未改稿所因襲。此均可證柳氏所錄之史稿，其撰著之時代是在前的。

柳文所載列傳太少，我還未找到明外史舊本以與之對校。不過，由其爲殘稿未改稿之所自出而言，則前已考證殘稿未改稿在舊本之前，則柳氏所錄之史稿，其撰著之時代，也應該在明外史舊本之前的。

四百十六卷本藏北平圖書館，柳先生所見之明史稿，國學圖書館亦曾錄副，判斷此二本之先後，這只好俟之異日了。

這一史稿之分析，似乎還不足以改變我上節所作的臆測。

（八）

明史進書表云，「竊以舊臣王鴻緒之史稿，經名人三十載之用心」，故王氏列傳稿之多本萬稿，此本無疑義之事。王氏人品本不足取，在殘稿未發現之日，一般人震於萬氏之盛名，自然很容易低估或抹殺王氏的功績。

官修之書，照例只題監修或總裁者之名，如資治通鑑卽是。王氏康熙時進呈之明

史列傳稿，雍正時進呈之明史稿，侯氏據王氏進呈疏「繕寫進呈」諸語，定爲係寫本，此不誤。以情理言之，奉勅編撰之書，其進呈也不會用自己的集名。這只有當其不爲皇帝所滿意，而又不願意埋沒自已之成績而加以刊刻時，才會題名爲「橫雲山人集」的。其題奉勅撰，這是事實。而其題「橫雲山人集」，則正表示未經欽定，而且可與將來朝廷所欽定之明史，不相混淆，這是對的。王氏雍正時所進呈者，黃綾包面，今藏北平圖書館，李晉華明史纂修考書尾，曾附其照片，李氏定爲內府寫本，非是，此書板心正只題敕修明史稿，與刊本之題集名，是不同的。

王氏以史稿入集，此亦有前例。如湯斌尤侗等卽均以史稿入集。魏默深書明史稿二謂，「以版心雕橫雲山人集，遂礛頒發」，魏氏並斥之爲攘竊，此全不明當日之情事。

明史列傳殘稿，如僅由其筆跡而定爲係王氏之手改稿，這是很危險的事。不過，如綜合明外史舊本之分析，再參之以文献之記載，而判斷其爲王氏「重加編次」時之草稿，我覺得這尙可信的。

修史，自不容易。尤其草創，較繼述更難。萬氏草創之功，固不可沒。但由明史列傳殘稿看來，其遺留下的，卻是那樣繁冗待刪，而且有些記載還需查其出處，與考訂其眞僞，王氏之能編成一書，其功亦不在萬氏之下。侯氏之替王氏洗刷，是不錯的。

就文筆而言，王稿之雅潔，不待言。古人修史，爲了怕卷帙繁重，鈔刻誦讀之不易，而喜言事增文省。爲了事增文省，結果也就可能將同等重要的史實，此存彼刪，埋沒了古人的精神，而同時也容易使文章寫得呆板，不如史漢之生動。卽以前引吳與弼傳而論，其「法明道和易以自克」，假如讀過明儒學案所引康齋日錄，就覺得不應該刪去，而應該加意描寫的。

再就史稿之內容而言，其中史事之審核，議論褒貶等等，我就不敢輕易的否定楊椿之所言，而認爲王稿後來居上。我上文所比較的吳與弼魏校二傳，就似乎舊本比列傳稿好。

在通鑑考異之後，修正史也應該有考異，以說明其去取。沒有考異，則其是非去取，斟酌損益，其苦心勢必白費。這裡我再舉兩個例子。如林希元，舊本儒林傳說他「坐考察不謹，冠帶閑住」，「居鄉不檢，爲士論所不稱」，而此在列傳稿，則刪去此數言，林氏遂成爲好人了。又如舊本儒林郝敬傳，說郝氏「偃蹇不得志，遂投劾歸」，這

倒沒有甚麼，但至列傳稿，則說他「貪污不檢，物論皆不予，遂投劾歸」，郝氏遂由儒林而改入文苑，這就成爲壞人了。因爲沒有考異，我就不知列傳稿究竟有何根據，我是不敢輕信那一方的。

王氏列傳稿，其校讎是不夠精細的。前面已舉了一些例子，如沐之誤作沬，謫之誤作摘，吳與弼字子傳之誤作子傅，皆是。我現在再舉一個例。如列傳稿四十三陳選傳云，「憲宗卽位，嘗劾……鴻臚卿齊政，救修撰羅倫，學士倪謙錢溥。言雖不盡行，一時憚其風采」。今按殘稿之改稿，却是作「嘗劾……鴻臚卿齊政學士倪謙錢溥」的，殘稿之未改稿，與集成官常典節使部名臣列傳所引明外史舊本，其文全同。其原文云。

　　學士倪謙錢溥，以中旨召用，亦皆抗章論列。

則倪錢係走的宦官門路，非端人正士可知。其爲陳氏所劾，而非救，應無疑。至如羅倫，則自然是個好人。殘稿於此處改得太不清楚，致抄胥抄於「救羅倫」之下，王氏未校正，而明史也就照抄了。

這一類的錯誤，其實卽無舊本殘稿，我們也可據早期的材料加以校正。我們要比較今傳各稿之異同，評定其優劣高下，也得先對早期之材料，作過全面的精密的研究才可。

　　　　　　　　　　　　　　　一九五二年十二月二十二日改定。

〔附　記〕

王氏列傳稿，其進呈寫本，與刊本也可以有出入。如明史列傳稿儒林傳陳獻章傳云，「瑛門人李承箕」，瑛字下挖去數行。此必記周瑛事，後發現周瑛已另立傳，故刊刻時臨時挖去的。此在進呈寫本，當有此數行。可惜康熙時進呈本，今無由得見。北平圖書館所藏者係雍正時進呈本。

集成所引舊本，其中如韓邦奇傳，少二十餘字，也最好能與康熙時進呈之寫本一校。繕寫進呈本與刊本有異同，這不足異。既未經欽定，有錯誤，是可以隨時改正的。文中所引舊稿照片，因原照微黑，不便複製，並此聲明。

　　　　　　　　　　　　　　　　　　一九五二年十二月三十一日

清史稿順治朝疆臣表訂誤

李　光　濤

　　十餘年前，余在北平整理內閣大庫檔案，獲見順治朝督撫年表草本（簡稱庫本）兩冊，此冊每本十八葉，每葉爲一年，共十八年。其中最大之長處，莫如年月確姓名詳之類，參之明清史料及滿漢名臣傳（名臣傳抄本，凡一百二十本，僅編至乾隆年爲止，嘉慶以下無）皆有文可徵。其或間有不能詳盡者，則於本文之下原有『——』號以代之，表示闕疑之意。當時余曾抄錄副本一分，埋置故篋中，殆已十六七年矣。茲因讀清史稿之便，偶爲檢出前項之抄本，覈之清史稿疆臣表，竟發現錯誤處甚多，此表係出吳廷燮手，當其纂疆臣表時不易見此庫本年表也。茲爲訂正順治朝疆臣表。

　　×　　×　　×　　　×　　×　　×

清史稿　治朝疆臣表與庫本異文表一（總督）

年	庫本	清史稿
三	山陝　王來用三月命（甲編葉三七有山陝四川總督王來用揭帖）	無
	江南　馬鳴珮二月命（名臣傳馬鳴珮傳順治三年以戶部侍郎銜總督江南又檔案內有「順治失年正月二十八日江南總督馬鳴珮奏繳收放米豆等事」題本）	無
四	川湖　羅繡錦（九年改祖澤遠）	湖廣　羅繡錦（九年改祖澤遠）
	無　（以下五年至九年同，從略）	四川　無（以下五年至九年同，從略）
六	漕運　吳惟華五月兼鳳陽巡撫	淮揚　吳惟華
八	漕運　吳惟華三月革沈文奎四月命（名臣傳沈文奎傳順治八年四月受命往淮揚總督漕運）	總漕　吳惟華三月庚子罷四月辛酉沈文奎總督漕運
十	無　（以下十一年至十四年同，從略）	湖廣兩廣雲貴　洪承疇（以下十一年至十四年同，從略）

十一	浙閩　劉清泰七月致仕屯泰七月命屯泰譯佟岱	浙閩　劉清泰七月壬辰病免丙辰屯泰總督浙閩
十二	漕運　吳庫理十月命	總漕　蔡士英總督漕運
十四	川陝　馬之先（丙編葉九三一有陝川總督馬之先揭帖）	川陝　馬之光

清史稿順治朝疆臣表與庫本異文表二（巡撫）

年	庫本	清史稿
三	甘肅　黃圖安七月革張俏十月任	甘肅　黃圖安七月戊辰罷周伯達署甘肅巡撫
	湖廣　何鳴鑾一高士俊六月命（丙編葉五三三有順治三年二月湖廣巡撫何鳴鑾揭帖）	湖廣　高士俊六月壬辰湖廣巡撫
四	宣府　馮聖兆（九年四月裁缺甲編葉二四三順治六年有宣府巡撫馮聖兆塘報）	無
	偏沅　高斗光（丙編葉五六四有偏沅巡撫高斗光揭帖）	偏沅　高光斗
五	順天　……楊興國……	順天　……楊國興……
	甘肅　……周文燁（丙編葉七四五有甘肅巡撫周文燁揭帖）	甘肅　……周文葉
	安徽　王懬五月降	安徽　王懬五月壬午調
	福建　佟國鼐五月解任張學聖八月命	福建　佟國鼐八月乙卯張學聖巡撫福建
七	廣西　郭肇基二月革王一品二月命	廣西　郭肇基二月甲午王一品巡撫廣西
十	河南　吳景道七月致仕雷興七月命未任卒亢得時十一月命	河南　吳景道八月丙戌雷興巡撫河南十一月戊申亢得時代
十五	延綏　馮聖兆五月解任周召南正月命	延綏　馮聖兆正月甲寅養（疑誤）丙寅周召南巡撫延綏
十六	江寧　……蔣國柱……十二月革	江寧　……蔣國柱……八月乙卯罷

　　觀上兩表，順治一朝，僅共十八年，清史稿疆臣表錯誤即達二十餘處之多。至其錯誤最大者，莫如竟將人名地名之漏去，如山陝總督王來用江南總督馬鳴珮以及宣府

巡撫馮聖兆等，此其一。總督年表內，順治二年至九年，湖廣四川本爲一總督，稱川湖總督，如川湖總督羅繡錦祖澤遠等，皆是。考清史稿，則又分而爲二，曰湖廣總督，曰四川總督，但此二總督之人物，又缺四川一格而不書，惟於湖廣總督一格內書羅繡錦或祖澤遠，此種書法，似以爲當初四川總督一職，有其官而未有其人，此其二。順治十年五月洪承疇之經略湖廣江西廣西雲南貴州，本爲臨時特設之官，非經制官之比，與總督一職無關，清史稿於此，則又誤書之，而書洪氏爲湖廣兩廣雲貴總督，此其三。以上三端，皆爲錯誤之大者，苟不加以說明，則讀史者無從了解當初設置疆吏之沿革。除此之外，還有關於人名之錯誤以及日期之失確，則有表文可以兩相對照，不必殫舉矣。

出自第二十四本（一九五三年六月）

重編順治朝督撫年表（依庫本）

（一） 總督

年	各總督（自右至左）
元年	兩廣 佟養甲 五月命／川湖 羅繡錦 改浙閩 十一月／命 十一月／浙江 張存仁 四月命／陝西 孟喬芳／宣大 吳孳昌 七月命／河道 楊方興 七月命／天津 駱養性 六月命 十月革
二年	兩廣 羅繡錦／浙閩 張存仁 十一月／江南 馬鳴珮 三月命／川湖 改浙閩 十一月／陝西 孟喬芳／山陝 國柱 十月命／陝西 李鑑 二月革 月降馬 月命九／宣大 吳孳昌／漕運 王文奎／河道 楊方興
三年	兩廣 羅繡錦／浙閩 張存仁／兩江河南 馬鳴珮 朝紀七／江南 王來用 三月命／山陝 羅繡錦／川湖 馬國柱／陝西 孟喬芳／宣大／漕運 王文奎／河道 楊方興
四年	兩廣 佟養甲／浙閩／兩江河南 馬鳴珮 七月調／陝西 孟喬芳 月命／山陝 國柱 十月罷／宣大 王來用 十月命／西省督餉 楊聲遠 十月命／漕運 王文奎 正月革 正月命 吳惟華／河道 楊方興／浙閩 張存仁 七月命
五年	兩廣 羅繡錦／浙閩 陳錦／兩江河南 馬國柱／陝西 孟喬芳 月命／陝西 佟養量 數十二／宣大 王來用 申朝紀 三月命 耿焞／西省督餉 吳惟華 三月命／漕運 楊方興／河道／革 佟養 十二月
六年	兩廣 羅繡錦／浙閩 陳錦／兩江河南 馬國柱／陝西 孟喬芳／陝西 佟養量／河南 直隸山東 張存仁 八月命／西省督餉 吳惟華 五月兼 鳳陽巡 撫／漕運 楊方興／河道
七年	兩廣 羅繡錦／浙閩 陳錦／兩江 馬國柱／陝西 孟喬芳／浙閩 佟養景／直省 張存仁／宣大 王來用／西省督餉 吳惟華／漕運 楊方興／河道
八年	兩廣 張存仁／浙閩 陳錦 — 馬／川湖 羅繡錦 光輝十 九月命／陝西 孟喬芳／兩江 王來用 閏二月／直省 裁缺／宣大 留任 十月 九月解／西省督餉 吳惟華 三月革／漕運 沈文 奎四月 命／河道 楊方興
九年	兩廣 陳錦 月過害 七／浙閩 馬國柱／川湖 羅繡錦 七月命／陝西 孟喬芳／遠祖澤／兩江 孟喬芳／直省 王來用／西省督餉 佟養量／宣大 馬光輝／漕運 沈文奎／河道 楊方興／泰九月 劉清／命五月

—139—

十年 河道 楊方興 漕運 沈文奎 直省 馬光輝 宣大 佟養量 陝川 孟喬芳 六月兼四川十二月致仕 兩江 馬國柱 浙閩 劉清泰 湖廣 祖澤遠 六月四川改屬陝督 兩廣 李率泰 六月命

十一年 河道 楊方興 漕運 沈文奎 九月降 直省 馬光輝 二月致仕 李蔭祖二月命 宣大 佟養量 二月解任 馬鳴珮二月命｜月調兩江 馬之先｜月命 川陝 孟喬芳 正月卒 金礪 正月命 浙閩 劉清泰 七月致仕 屯泰七月命 屯泰譯佟岱 湖廣 祖澤遠 兩廣 李率泰 兩江 馬國柱 九月休 馬鳴珮｜月命

十二年 河道 楊方興 漕運 吳庫里 十一月命 直省 李蔭祖 宣大 馬之先 川陝 金礪 兩江 馬鳴珮 浙閩 屯泰 湖廣 祖澤遠 兩廣 李率泰

十三年 河道 楊方興 漕運 吳庫理 ｜｜蔡士英｜月命 直省 李蔭祖 十二月調湖廣 宣大 馬之先 三月調川陝 張懸錫 五月命 川陝 金礪二月致仕 馬之先三月命 兩江 馬鳴珮 閏五月解任 郎廷佐 閏五月命 浙閩 屯泰二月解任 李率泰二月命 湖廣 祖澤遠 九月降 胡全才十月命 尋卒 李蔭祖十二月命 兩廣 李率泰 二月調浙閩 王國光 二月命

十四年 河道 楊方興 五月致仕 朱之錫七月命 漕運 蔡士英 八月解任 亢得時九月命 直省 張懸錫 正月命 宣大 張懸錫 正月調直省 盧崇峻 正月命 川陝 馬之先 八月卒 李國英九月命 兩江 郎廷佐 浙閩 李率泰 湖廣 李蔭祖 兩廣 王國光

十五年 河道 朱之錫 漕運 亢得時 兩江 郎廷佐 川陝 李國英 浙閩 李率泰 七月改閩督另設浙督 直省 張懸錫 五月降 同月裁 缺 宣大 盧崇峻 七月裁 缺 湖廣 李蔭祖 兩廣 王國光 六月解任 李棲鳳六月命 浙江 趙國祚 七月革 福建 李率泰 七月命

十六年 河道 朱之錫 十一月假 楊茂勳十二月署 漕運 兼鳳撫 亢得時 七月故 蔡士英八月命 兩江 郎廷佐 川陝 李國英 湖廣 李蔭祖 兩廣 李棲鳳 浙江 趙國祚 福建 李率泰 雲貴 趙廷臣 正月命

十七年 河道 朱之錫 漕運 蔡士英 兩江 郎廷佐 川陝 李國英 湖廣 李蔭祖 二月解任 張長庚四月命 兩廣 李棲鳳 浙江 趙國祚 福建 李率泰 雲貴 趙廷臣

十八年 河道 朱之錫 漕運 蔡士英 ｜｜林起龍十月命 湖廣 張長庚 浙江 趙國祚 九月調山東督 趙廷臣九月命 福建 李率泰 山東 趙國祚 九月命 十月調山西督 四川 川陝改 李國英 九月命 江南 兩江改 郎廷佐 九月命 廣東 兩廣改 李棲鳳 九月命 十二月休 江西 張朝璘 九月命 陝西 白如梅 九月命 雲南 雲貴改 卞三元 九月命 河南 劉清泰 九月命 廣西 于時羅 九月命 直隸 苗澄 十月命 貴州 佟延斗 十月命 楊茂勳十二月命 山西 祖澤溥 十月調山東督 趙國祚 十月命

(二) 巡　撫

宣府　元年　李鑑五　月命
甘肅　四月命　焦安民　二年
寧夏　月命　雷興四　李棲鳳
陝西　督吳　升川湖　十一月
河南　羅繡錦

雷興十　天津　月命
王文奎　保定　七月命
馬國柱　山西　七月命
宋權故　明原官　宣府　命
羅繡錦　河南

山東　方大猷　七月命
登萊　陳錦七　月命
河南　羅繡錦
順天　宋權故　七月命
山西　明原官　馬國柱

順治　宣府　焦安民　月命
保定　宋榦
山東　王文奎　五月隆
漕運　郝普五　天津　月命
江寧　陳錦七　雷興四

鳳陽　李棲鳳　十月命
甘肅　黃圖安　四月命
保定　王正志　延綏　四月升大
登萊　陳錦七
河南　趙福星　七月命
...

— 141 —

鄖陽　正月命　金廷獻
偏沅　線緝正　月革
浙江　漕督　蕭起元　缺歸併
湖廣　遲日益
鳳陽　缺　五月裁　王一品
安徽　劉弘過　五月裁
江寧　士國寶
延綏　董宗聖　四月命
操江　李日芃
甘肅　李鑑
寧夏　周文燁
河南　吳景道　祝世昌
山西　呂逢春
登萊　朱國柱　九月命
山東　夏玉
宣府　馮聖兆　月裁缺
廣東　李國英
廣西　郭肇基　五月命
四川　張學聖
天津　夏玉五　缺
福建　劉武元
保定　于清廉　八月裁
南贛　朱延慶
順天　楊與國
江西　趙兆麟

六年

（品二月　至一品）
命二月　十二月
鄖陽　金廷獻
偏沅　郭肇基　二月革
浙江　蕭起元
湖廣　遲日益
鳳陽　金廷獻
安徽　金廷獻　南贛
江寧　士國寶
延綏　董宗聖
操江　李日芃　十月革
甘肅　李鑑
寧夏　周文燁
河南　吳景道
山西　劉弘過　二月命
登萊　李鑑十　五月降
山東　朱國柱
宣府　馮聖兆　二月命
廣東　李國英
廣西　黃爾性
四川　張學聖
登萊　夏玉
福建　劉武元
宜府　馮聖兆
山東　朱國柱
順天　楊與國
江西　佐十二　周國佐

七年

解任
品二月　十二月
鄖陽　金廷獻
偏沅　遲日益
浙江　蕭起元
湖廣　遲日益
偏沅　金廷獻
江寧　士國寶
延綏　周文燁
操江　李日芃
江寧　李日芃
甘肅　三月命
寧夏　馬之先
河南　馬之先
陝西　吳景道
山西　劉弘過
登萊　夏玉
山東　朱國柱
宣府　馮聖兆　四月裁
廣西　陳維新
廣東　李國英
四川　張學聖
福建　劉武元
宜府　楊與國
南贛　朱延慶
順天　楊與國
江西　趙兆麟

八年

（四川　張學聖）
命　正月
鄖陽　趙兆麟
偏沅　遲日益
浙江　蕭起元
湖廣　遲日益
偏沅　金廷獻　十一月
江寧　李日芃
操江　周國佐
延綏　孫茂蘭
甘肅　周文燁
寧夏　馬之先
河南　吳景道
陝西　朱國柱
山西　劉弘過
登萊　夏玉
山東　缺　四月裁
宣府　月命　四月裁
寧夏　馬之先
廣西　陳維新
廣東　李棲鳳
順天　王來用

九年

（解任）
鄖陽　解任
偏沅　遲日益
浙江　蕭起元
湖廣　遲日益
江寧　李日芃
操江　周國佐
延綏　周文燁
甘肅　周文燁
寧夏　馬之先
河南　吳得時
陝西　馬之先
宣府　雷
廣西　吳景道
廣東　李國英
福建　劉武元
南贛　蔡士英
江西　國柱正
操江　李日芃
十一月　金廷獻
致仕
閏六月　劉武元

十年

二月革　張學聖
福建　七月命
宣武元
四川　蔡世　英四月命
河南　劉弘過
山西　夏玉
山東　王來用
廣東　李棲鳳
廣西　陳維新
順天　佟國器

十一年

鄖陽　袁廓宇　正月命
偏沅　林天
寧夏　遲日益　二月革
甘肅　掌二月
岡安二　任黃
延綏　周文燁
操江　李日芃
浙江　蕭起元　四月降
江西　蔡士英　月命
南贛　宜永貴
河南　亢得時
廣西　陳維新
廣東　李棲鳳
四川　佟國器
山西　耿焞二　月命
登萊　劉弘過　二月降
宣府　月降
福建　宜永貴
江西　月命
順天　王來用

朱國柱　正月解
任胡
坌才正

闽巡 南赣 任 佐二月 宜永贵 山东 蔡士英 二月降 郎廷 江西 胡全才 郧阳 袁廓宇 偏沅 林天擎 湖广 月命 调操江 陈应 浙江 张中元 秦世祯 十二月 调操江 冯圣兆 操江 李日芃 十一月 卒泰 世祯十 二月命 江宁 张中元 浙江 陈应 泰世祯 十二月

十二年 顺天 董天机 山东 耿焞 山西 陈应泰 十二月 调浙抚 白如 梅十二 月命 亢得时 陕西 陈极新 宁夏 黄图安 甘肃 周文烨 延绥 冯圣兆 操江 秦世祯 九月降 卒泰 柱十月 蒋国 命 江宁 张中元 浙江 陈沥泰 湖广 林天擎 十月降 张长 十一 偏沅 袁廓宇 郧阳 胡全才 十月升 江西 郎廷 佐闰五月 升总督 张朝五 南赣 月命

十三年 顺天 董天机 福建 佟国器 三月命 山东 耿焞 赣抚 佟国器 三月调 江西 宜永贵 河南 亢得时 广东 李国英 广西 李楼凤 甘肃 黄图安 于时跃 七月致 仕佟 延年 正月 月命 延绥 冯圣兆 操江 秦世祯 九月降 江宁 张中元 浙江 陈沥泰 湖广 陈应泰 林天擎 庚 月命 偏沅 袁廓宇 郧阳 胡全才 江西 张尚 十月升 郎廷 佐 福建 佟国器

十四年 顺天 董天机 福建 宜永贵 山东 耿焞 山西 解任 刘汉祚 河南 白如梅 亢得时 九月升 四川 李国英 广东 李楼凤 广西 陈极新 陕西 九月命 甘肃 贾汉复 宁夏 黄图安 延绥 佟延年 甘肃 冯圣兆 江宁 张中元 延绥 冯圣兆 浙江 陈沥泰 五月解 湖广 陈应泰 张长庚 正月 南赣 佟国 器 福建 佟国器 四川 刘汉祚 命 湖广 张长庚 李国英 偏沅 袁廓宇 郧阳 民赡 高 九月升 广东 张尚 江西 张朝璘 广西 于时跃

十五年 直隶 董天机 九月革 广东 李楼凤 六月升 山东 耿焞 十月降 山西 白如梅 光十月 河南 保定 保 九月升 四川 魁七月 广西 贾汉复 陕西 九月命 山西 二月命 河南 买汉复 陕西 陈极新 河南 宁夏 佟延年 陕西 陈极新 甘肃 政五月 刘秉 江宁 冯圣兆 四月降 江宁 江安徽 蒋国柱 甘肃 命 延绥 佟延年 革 命六月 助三月 云南 月命 三月革 张仲 江西 张仲 浙江 张中元 湖广 命 张长庚 偏沅 袁廓宇 四月升 郧阳 杨茂勋 江西 张朝璘 南赣 苏弘祖 郧阳 张尚 三 月降

十六年 直隶 祖重光 保定 祖重光 李楼凤 潘朝选 广东 高民赡 二月命 山西 许文秀 河南 白如梅 广西 于时跃 贵州 于时跃 九月命 陕西 买汉复 山西 白如梅 宁夏 三月命 黄图安 四月降 河南 命元正 政五月 朱衣 陕西 张自德 甘肃 命六月 延绥 革宜 周召南 三月革 三月调 云南 永贵八 月命 宁夏 甘肃 刘秉政 江宁 张仲第 延绥 佟延年 林天擎 甘肃 正月命 延绥 张仲第 江宁 朱国治 浙江 正月命 二月革 佟国器 湖广 功三月 张长庚 命 杨茂勋 江西 六月命 张朝璘 南赣 苏弘祖 福建 刘汉祚 刘汉祚 福建 蕊弘祖

十七年 直隶 祖重光 保定 祖重光 潘朝选 李楼凤 高民赡 三月解 任远四 月刘 山西 九月命 河南 白如梅 贵州 于时跃 月升 六 陕西 买汉复 正月升 山东 王登联 山西 许文秀 河南 买汉复 七月解 彭有 义八月 陕西 张自德 三月解 甘肃 张眚 延绥 佟延年 蒋国 命三月 张眚 四月命 宁夏 刘秉政 延绥 张仲第 江宁 朱国治 浙江 史纪 功三月 湖广 张长庚 命 六月命 张朝璘 偏沅 袁廓宇 月降 张尚 三

鳳陽　林起龍
命三月　袁懋功
正月革
林天擎　雲南
宜南　安徽　操江
于時躍　貴州　卞三元
命九月
廣東　董應魁
廣西　彩九月
命
七月革　高民瞻
四川　徐永禎
福建　蘇弘祖
南贛　張朝璘
江西　四月命
白秉貞

延綏　張仲第
五月解　林天
貴督　劉斗十
月命
佟延年　十月升
甘肅　劉秉政
寧夏　張璿
陝西　彭有義
河南　命
陝督　楊熙十
白如梅　九月升
山西　命
許文秀　十月解
蔣國
山東　王登聯
保定　江寧撫
十月調
福建　蘇弘祖
十月升　袁廓宇
休周　又七月
召南又
鄖陽　七月命
江西　白秉貞
江西督
張朝璘　九月升
南贛　命
江西督　董衛
國命　十月
南贛　蘇弘祖
徐永禎　三月致
四川　命
月命
世昌四
廣東　佟鳳
彩
董應魁　三月致
興祖五
廣西　命
于時躍　九月改
林天　警六月
江寧　朱國治
世琦十
韓
浙江　史紀功
命
貴州　卞三元
九月升
雲南　羅繪錦
朱
屈盡
賓西督
美十月

楊茂勳　張
湖廣　宜永貴
月命　昌祚四
直隸　祖重光　韓
世琦命　月命
十月　月命
麟十二　偏沅
劉兆　月命
雲南　鳳陽
月命　袁懋功
貴督　林起龍
升貴督　十月升
十二月　漕督
張尚賢
十月命
朝珍四

十八年

─144─

張　獻　忠　史　事

李　光　濤

　　明史流賊傳，記張獻忠與李自成，雖然二人並列，但於並列之中，亦有輕重之別，於李自成則詳，於張獻忠則略，一詳一略，其間看法自有不同。大抵當初大勢，尤其陷都之役，李自成勢大，黃河南北，均其號令之所及。張獻忠勢弱，只不過侷促於四川之一隅，且又將士離心，卽欲稱霸一方亦不可能。總之，流賊之局，就全面而論，李自成旣亡，張獻忠也不能獨生，這是一定之理，也不用深說，例如順治二年五月初八日定西侯唐通於『剿撫西秦』後隨又上一啓本有云：『今臣……設計再圖張獻忠，恨不得一日一統，以報王上。』一唐通如此，衆唐通可知，而張獻忠之滅亡，也只是旦夕之事而已。

　　考張獻忠當崇禎十六年李自成入陝之日，彼則由湖北轉掠湖南各屬，旋更東犯江西，陷吉安袁州建昌撫州永新安福萬載南豐諸府縣，廣東大震，南韶屬城官民盡逃。賊有獻計取吳越者，獻忠憚左良玉在，不聽，遂決計入川中，川撫陳士奇不爲備，獻忠乃得長驅深入，直抵成都。據懷錄十七年載：

　　正月乙巳 (十六日)，蜀撫陳士奇，無策略，恃有文名自大，又劾免夔門十三外隘，皆不設守兵。獻賊至巫山梅子坡，糧盡，無禦者，得入夔州。時士奇守重慶，巡按劉之渤守成都。

　　(原注)：若堅守夔門，六十萬何處得食，不戰而屈之矣。(卷十七葉二)

　　五月，是月，四川賊勢兩急，川北固有搖黃二賊，肆掠順慶通江巴州間，闖賊漢中兵逼保寧廣元昭化降賊。東境則獻賊已自萬縣湖灘西向，健卒十餘萬，負擔者倍之，置陣四十里，兩岸步騎夾舟而進。涪州險要地，水路所必由，守將閩人曾英先爲裨將，立功夔門，道臣劉麟長器重之，與麟長同守涪。巡撫陳士奇在重慶，遣趙榮貴守梁山，陸道賊至，榮貴走，英戰而敗，退至望州關，追

— 21 —

賊斫傷顙，手殺數賊，得免，同麟長走川南。(卷十八葉十五)

六月己巳(十三日)，獻賊入涪州。銅鑼峽爲重慶門戶，在城東四十里，重兵守之，獻賊遣舟師泝流攻峽，而自以精騎越山西馳百五十里，破江津，順流而下。乙亥，奪佛圖關，反在重慶西，官兵驚擾。賊發墓取凶具，負之以鑿城址，火砲擊堞，平之，城上人不敢立，丁丑，重慶陷，士奇與太守王行儉巴令王錫皆被殺。害瑞王，王出漢中時，關南道陳羽白隨之行，士大夫多挈家以從，故衣冠死者甚衆。(卷十八葉十五)

七月戊戌(十三日)，獻賊自瀘州泝流向成都。(卷十八葉十七)

乙卯(三十日)，蜀撫龍文光總兵劉佳胤，率官軍三千，自川北至成都，欲設守，諸王大家已逃盡。(卷十八葉十七)

八月庚申(初五日)，獻賊騎兵從資陽，水兵從洪雅新津，薄成都。總兵劉佳胤戰敗，巡撫龍文光遣人往灌縣決堰水，注城濠。獻賊薄城，填塹竟進，肉薄苦攻。藩府懸巨鋌爲守城修堞者賞，官吏訴曰：何不早爲之。(卷十八葉十八)

甲子(初九日)，成都大雷電，雨如注，守陴者不能立，獻賊以重慶法攻城西北坂，錦江樓崩，灌縣水至，城已陷，蜀王率宮眷投井，巡撫龍文光總兵劉佳胤投浣衣溪死，巡按劉之渤被執，罵賊，射殺之。推官劉士斗成都知縣吳繼善華陽知縣沈雲祚皆降賊。□□知縣崇明施文炳死城上，其叔父□□在任，已丑秋得歸云。繼善爲獻賊作郊天表，祗(紙)短綆之，賊怒，脫其皮，實以芻，加故衣冠，坐以其輿，舁(舁)之周游城中。乃知諸家所記皆失實，史貴直筆，不敢以族人而隱之。獻賊撫南將軍劉文秀安北將軍李定國平東將軍孫可望定西將軍艾能奇，後皆稱王，又有張能第張能奇馬化龍馬元利等十餘人，皆養子也。獻賊欲盡殺城中人，定國流涕苦陳，乃止。列兵于道，過民其中，壯男少婦皆入營，巷市一空。(卷十八葉十八)

己巳（十四日），朝天關邏者獲成都諸生顏天漢等通闖賊書，(獻賊)怒，詭稱開科，不就者誅及甲里，既至，盡殺之青羊宮，凡二萬餘，積筆研如丘陵，邛州有不至者，屠其城。殺諸生不已，又殺民，十人一縛，駆至中園坑之，婦人嬌已卽殺，曰厲刀。(卷十八葉十八)

詐其衆曰：有天書夜墜大庭中，上帝命勦絕蜀人，違者有重譴。與汪兆麟謀，遣張能奇馬元利等分屠郡邑官民，搜岩洞，發窟室，登高以望，兵既過之地，有炊烟者，殺其屠人者，賊黨不忍其酷，或自殺。縣民有先期聞令者，買酒索醉，酒家一日累千金，大喜，已又大慟，人皆叉手以就剐割，成都一府無或免者。謂兵有婦女財物，不肯致死，凡移營之日，金銀必弃，婦女必殺，其留屯久者已有子女，每軍行發令，闔營大哭。其在成都也，毀中園一浮圖，穴其下，置砲崩之，兵壓死者萬人。伐木造船數千，由山路拽入水，或數十里或百里，稍怠者至死。有合營犯法，裝大艦溺之江中，人不堪其酷，雖左右親信，心皆不附。涸錦江更鑿而深之，集民間寶物實其中，覆以土石，與江底平，決水使流，名曰錮金，欲使後人不得發。殿既焚，碎其砌屋，既毀塡其井。人既盡殺，又殺牛羊，並捕猫搜鼠殺之。欲屠保寧，有禪僧破山愍之，曰：吾捨一身，爲民請命。見獻賊，說以止殺。獻賊以犬豕肉進曰：噉此，則從汝。破山曰：王毋食言，遽盡數臠。獻賊笑曰：吾生平貴信，言殺則必殺，言免則必免，不似朱家以空言誘人也，遂捨之去。破山，天童悟和尚得法弟子也。獻賊性與人殊，恒醉柔而醒暴，一日不殺，如有所失。厭苦禮法，朝會已，擲冠于地，踏之，仍著大帽。過錦州，見嚴錫命屋壯麗，卽斬之。前獻賊攻成都時，城中有董卜蠻發兵以出戰，殺賊萬人，賊銜恨，故屠蜀人。(卷十八葉十九)

十一月庚子(十六日)，獻賊卽僞位于成都，稱西王，國號大西，改元大順。設六部尚書于殿前，賜袍服，以蜀府門外屋爲朝房，僞相以下，朝罷議事，開科取士，以漢川樊某爲狀元。賊自爲一文，歷評古帝王，以楚霸王爲最，謂之御製萬言策，頒佈天下。自爲聖諭曰：天以萬物與人，人无一物與天，鬼神明明，自思自量，刻諸石。(卷十八葉二十一)

讀上錄記事，其可以資研究者，茲爲述之如下：

(一)野史記獻忠殺人，多奇怪之事，其紀載之體，直類乎小說之娛人。凡此娛人之筆，初無是非之可論，然修明史者既嘗據之以入流賊傳，現在這裏也正當錄其若干於上，以見正史的材料大致也只是探之於野史罷了。

(二)張獻忠之計取重慶，頗得兵家之妙，如云：『獻賊遣舟師泝流攻峽，而自以精

騎越山西馳百五十里，破江津，順流而下，奪佛圖關，反在重慶西，官兵驚擾……重慶陷。』看此一段，雖孫吳兵法，諸葛之奇，亦無以過之。如此人物，當初若爲明朝用，一面又使知兵有方略者如洪承疇之類，督之捍『奴虜，』如秋風掃落葉，可以一空。無奈封疆之臣 (如熊文燦輩)，動以勒賄爲事，遂使豪傑生心，不爲朝廷用，而爲綠林用，所以明季流賊之難討，此當爲重要的因素。

（三）明季諸親藩之陷賊，大概俱爲『守財』之故而陷賊。據懷錄，於崇禎十四年正月河南福王被害之役，則云：『王宮寶貨山積，悉爲賊有。』(卷十四葉一) 於秦府則云：『西安兵久乏餉，人勸秦王給以綿衣，弗應。天大寒，傳餐結氷，賊傅城，守將王根子開門納賊。』(卷十六葉二十二) 於楚府則云：『十六年四月……獻賊攻漢陽，楚府積金百萬，故相賀逢聖見王請計事，王命中人出高皇帝分封時金裹交椅子，曰：以此佐軍，他無所有，逢聖哭而出。三司官長跪貸餉，亦不應。……五月辛酉，獻賊逼武昌府……壬戌，賊攻城……城破，獻賊入楚宮，笑曰：有如許財而不能用，朱鬍子誠庸才也。……六月癸亥朔，獻賊沉楚王于江，妃自殺。』(卷十六葉七——一○) 茲成都之陷，蜀王又蹈前面各王之覆轍，平日但知聚財而不肯捨財，到得兵臨城下，死在旦夕，才知道『懸巨鋌，爲守城修堞者賞，』此等舉措，既不及時，亦爲失當，其結果止足以貽人一笑。而所謂明季的諸王，大約都是犯了『庸才』二字的通病。

（四）張獻忠『錦江錮金』之說，後世多注意之。其實獻忠沉河之金，乃隨錮隨發，隨被當時人取用以盡，蓋當獻忠錮金之際，川將楊展嘗自成都逃出，至嘉定，糾合義旅以討賊，其後此枝義旅又與清人抗，順治四年以乏餉故，於是『楊展取獻賊沉河之金億萬』以助餉。甲申剩事葉八載有此一條，特揭出之，以破世人之惑。
總上野史記事，是爲張獻忠入據四川歷史之一頁，以下再將多爾袞之用兵四川擧其大概說一說。當順治二年五月李自成平定之日，多爾袞卽移其目標於四川而以張獻忠爲問，如攝政王日記 (順治二年) 閏六月十二日載：

　　王問曰：張獻忠今安在？大學士等奏云：張獻忠聞據四川，地險而富，負固未
　　服。

三年正月己巳，多爾袞特命肅親王豪格爲靖遠大將軍，暨多羅衍禧郡王羅洛宏貝勒尼堪貝子屯齊喀滿達亥等，帥師征四川。豪格之行，檔案內有其令旨一道，載丙編葉五

二五：

　　欽命行靖遠大將軍事肅王令旨，諭 (原空二字)等處地方府州縣營衛文武官員軍民
人等知悉。朝廷命將出師，削平寇亂，一年之內，席捲風靡，勢成一統。念爾
西南人民，或爲盜賊註誤，見脅凶威，或因僻處驚疑，阻兵自固，以致聲教不
通，生靈塗炭，是用特發大兵，救民水火。所過地方城市鄉村各安本業，毋得
驚恐，所需糧米草料，即當預備，送赴軍前支用，此外秋毫不擾。爾文武官員
軍民人等，有合謀起事者，有勉强脅從者，一切不論。但望風投順，即與敍
錄，若敢抗違不服，除本身誅戮外，仍將妻子爲奴。其開城歸降，各加陞一
級，恩及子孫。能擒獲渠首及各頭目來獻者，量功大小破格超陞，賞延帶礪。
諸土司等官，能率先效順者，一體陞賞□□□甚切。凡懷才抱德，識時俊傑，
正□□□□用，共立功名，若猶豫不決，坐□□□□□無及。□諭。(年月缺)
前多爾袞答吳三桂書，曾特別大聲疾呼曰：『期必滅賊，出民水火。』茲豪格令旨
內，又以張獻忠爲對象，復利用多爾袞的老調，曰：『特發大兵，救民水火。』凡此
云云，自然都是些極好的話，凡此極好的話，不可絮煩，一絮煩，反不中聽，反令人
想到了他們從前的根柢。其根柢，據『論建州與流賊相因亡明』一文內所記『建禍視
流賊爲烈』之一情節，正見他們所說的『救民水火』四字，無非都是埋伏了『一團殺
氣，』無非都是在那裏『塗炭中原』而已。所以凡讀清初史事者，切切不可忘却了清
人的舊典。

　　再說豪格之師，當其尚在途中之日，而張獻忠內部便已起了一個極大的變亂，此
變亂之起，也不前，也不後，剛剛起于順治三年豪格大舉入川之日，『旺氣在東方，』
也不必爲諱，而豪格之破獻賊易于反掌，其最大的幸運，乃在於獻忠的內部爲之作鄉
導而已。又變亂記事，爲說亦不一，虛虛實實，現在也不必爲之分別，姑據手邊書籍
備錄於後，以見當初相爲傳說之情形，至于去取之際，或探或不探，惟在讀者參酌
之。

　　順治三年二月，陝甘巡按魏琯揭帖：

　　爲緊急軍情事，二月十三日辰時，據臨洮府知府朱受祜塘報：本月十二日申
　　時，蒙臨鞏總鎮范蘇鎮票，二月初八日，據四川趙總兵傳牌內云：張獻忠惡燄

已盈，賊數已終，同類相殘，被帳下王進張可望張安邦將獻忠於本月初七日殺死。(丙編葉五三一)

甲申剩事葉七：

> 順治二年九月，獻賊又欲屠蜀人之爲兵者，其將劉進忠守廣元，多統蜀兵，將執而坑其衆，一軍聞之皆逃。進忠降肅王于漢中，王問獻賊何在？進忠曰：在金山舖，當西充鹽亭二縣之間，去此千四百里，騎兵疾馳五晝夜可至。獻忠以廣元有守，初不意兵至，冬十月戊寅(初六日)，進忠以兵入賊營，指示善射者曰：此獻忠也，矢中額，走伏薪積下，執斬之，其下多走雲貴。獻賊女壻汪兆麟，桐城辛未進士，國士之季弟，辛巳，獻賊攻桐城，掠得之，時年十九。獻賊無子，唯一女，以配兆麟，親信威權，冠于諸賊，凡獻賊剝皮剖腹抽筋剔骨鋸解斧斯諸惡毒之刑，皆兆麟導爲之，所殺以萬計，賊黨久積恨，獻賊既死，衆生割兆麟，噉之。

明史流賊傳張獻忠條：

> 順治三年，獻忠盡焚成都宮殿廬舍，夷其城，率衆出川北，又欲盡殺川兵，僞將劉進忠故統川兵，聞之，率一軍逃。會我大淸兵至漢中，進忠來奔，乞爲鄉導。至鹽亭界，大霧，獻忠曉行，猝遇我兵於鳳凰坡，中矢墜馬，蒲伏積薪下，於是我兵擒獻忠出，斬之。……獻忠既誅，賊黨可望能奇文秀定國等潰入川南……後皆降於永明王。

淸史稿肅武親王豪格傳：

> 三年正月己巳，命爲靖遠大將軍，偕衍禧郡王羅洛渾貝勒尼堪等西征。……十一月入四川，張獻忠據西充，遣巴牙喇昂邦鼇拜先發，師繼進，抵西充，大破之，豪格親射獻忠殪，平其壘百三十餘所，斬首數萬級。捷聞，上嘉奬。四年八月，遵義夔州茂州榮昌隆昌富順內江寶陽諸郡縣悉定，四川平。

張獻忠當崇禎之世，猖獗了十餘年，其間也曾有過幾次遭受極大的挫敗，如穀城之困，如瑪瑙山之役，得之本非難事 (流寇長編序於此，有「獻賊既得，闖賊焉能復起」語)，乃因人事未盡，卒皆不死而得生。茲豪格於獻忠只須一箭，便足以了之，而明季的滔天大禍，也就由此而完結，自古戡定大難，未有若斯之易者。雖然，此一功業，當初的明

人非是不可以優爲之，所可怪者，可以優爲而終不肯爲，如左良玉之縱張獻忠，其時良玉之箭差不多已在弦上，當此之際，只須良玉一舉手之勞，引滿一發，即足以除此禍本而安明室。無如良玉別懷鬼胎，有箭而不發，有功而不立，偏要留此禍本而爲淸人造時勢。武臣之存心如此，則是明季之內憂外患當然也都無法收拾了。當然也只有『明朝天下淸人收』而白白地讓給多爾袞討此一大便宜了。

張獻忠消滅之後，還有淸人之有意淆亂是非，以及四川之殘破是否果盡獻忠之故？也當借此爲之說明於下。

（一）懷錄記獻忠之勦殺蜀人一書之內是非互見，如八月十四日條，則曰：『成都一府無或免者。』是言蜀人果眞勦絕之意。再檢同書初九日條，又與此說異，如曰：『獻賊欲盡殺城中人，定國涕泣苦陳，乃止。』此一記載，似乎是又說明張獻忠並非全無人理，有時亦能了解『肯惜人情』四字的意義，所以一聞李定國之『涕泣苦陳，』則立時大做人情『放下屠刀』而不殺。且張獻忠之允李定國之請，本係實話，原非虛語之比，因獻忠固嘗自許曰：『吾生平貴信，言殺則必殺，言免則必免，不似朱家以空言誘人也。』據此，則獻忠亦有一節可取。除此之外，更有一義，就是說，張獻忠盤踞四川，自甲申年（即崇禎十七年，亦卽順治之元年）正月起，至丙戌年（順治三年）十月死時止，通共只有二年零十個月，獻忠之殺人，自然衆多，不過以時間論之，也大是問題，短短時期內，獻忠也不會走遍了全川的地方，也不會屠盡了川人。此姑不算，獻忠如果殺盡了川人，其部隊所需之糧餉以及馬匹之草料，又將出自何處？再如糧餉和草料都有了出處，運輸一項，更是大費人力，是否也需要當地的人民替他去擔任運輸？凡此種種，當初張獻忠自有解決的辦法，這裏也用不着替他去研究。總之，『盡信書不如無書，』何況蜀人之強者，更所在皆是，豈盡甘心受戮？豈盡不謀抵抗？凡此情節，參同書卷十八葉二十二，有『四川諸將起義討賊』之一條，由此記事，足以證明川中的生民依然大有人在。如云：

四川諸將曾英與其舊部曲涇陽李占春項城于大海起兵合州，王祥起兵遵義，楊展起兵犍爲，曾勛起兵黎州，大學士王應熊縞素誓師，達州僉事行巡撫事馬乾，傳檄討賊。

此四川諸將，其中單說曾英的一枝，據甲申剩事葉七，便有衆二十萬。餘者也不必求詳，乾脆說一句，有民有兵，總是實情。例如葉八更載云：『嘉定完實，民能供兵。』諸如此類，皆足以證明張獻忠之兵力固亦有限，其殺戮所及並不能徧及於四川的全境。卽如嘉定地方，去成都不過三百里，可謂至近之地，而此至近之地，猶有民有兵，且又『完實，』則張獻忠之不能殘害全川，卽此可知。及順治三年清人入境，滅獻之後，又更剷除南明之義兵義民（卽不肯薙髮之兵民），而明清史料內之所云『叛賊』『賊衆』『逆孽』等等名稱，卽此義兵義民之類。同時還有許多『完實』之區，也都是由于清人『開關』（卽剿殺的意思）之故，無一或免而盡遭殘破了。

（二）清人之淆亂是非，只因當初張獻忠在四川時曾經殺過許多人，他們便利用這一點，無論官私的記載，都皂白不分，凡關四川境內前前後後殺人的案件，尤其順康之際，悉全部推之於張獻忠之一身，同時且更虛張其數乃至捏造了無數倍之多，以爲欺世之談。如蜀碧一書，是其最甚者，茲不採，姑據道光二十四年六月葉晴峯所輯崇正(禎)叢書十二種內之流寇瑣記一書，舉例如下：

　　獻賊在川，先屠儒，次屠民，繼屠川民之爲兵者，復檢各衞軍及各營新兵年十五以上者盡殺之。所殺衞軍七十五萬有奇，家口不計，兵二十三萬六千有奇，家口三十二萬，自成都北威鳳山起至南門桐子園，綿亘七十餘里，屍積如喬嶽。又命孫可望等四將，分道出，屠川民，可望一路，殺男五千九百八十八萬，女九千五百萬，文秀一路，殺男九千九百六十餘萬，女八千八百餘萬，定國一路，殺男七千九百餘萬，女八千七百餘萬，能奇一路，殺男七千六百餘萬，女九千四百餘萬，賊自領者名爲御營老府，其數自計之，人不得而知也。又令各營分剿川北川南，約不減可望等所戮之數。以殺人多者受重賞，一卒日殺數百人，立擢至都督。營中公侯伯甚多，皆屠川民積功所得也。蜀民於此，真無孑遺矣。

此條內所記張獻忠之殺人，單就孫可望等四路所殺的數目計之，便爲六萬七千八百四十八萬零，他如川南川北之分剿，則又有云：『約不減可望等所戮之數。』二者合而計之，差不多近於十四萬萬之多，其數字之大，直當於今日全世界的人口。凡此記載，當然也都是迂濶不切的妄說，無待考辨之必要。特是其最後一言，如所云『蜀民

於此，眞無孑遺矣，』原非鑿空之說，檢王錄，當係根據雍正七年九月癸未的上諭而來。茲爲對照起見，錄其全文如左：

> 我朝之於明，則降國耳（此所謂降國，據太祖武皇帝實錄記朝鮮來書，則爲「大明爲君，吾二國爲臣」之類）。且明之天下，喪於流賊之手，是時邊患四起，倭寇騷動，流寇之有名目者，不可勝數。而各村邑無賴之徒，乘機刼殺，其不法之將弁兵丁等，又借征剿之名，肆行擾害，殺戮良民請功，以充獲賊之數，中國人民，死亡過半。卽如四川之人，遂致靡有孑遺之歎，其偶有存者，則肢體不全，耳鼻殘缺，此天下人所共知。康熙四五十年間，猶有目覩當時情形之父老垂涕泣而道之者。且莫不慶幸我朝統一萬方，削平羣寇，出薄海內外之人於湯火之中，而登袵席之上。是我朝之有造於中國者，大矣至矣。

此道上諭，是又爲雍正『數典忘祖』之事。雍正之忘祖，參『論建州與流賊相因亡明』一文，忘却了嘉定屠城記，忘却了揚州十日記，忘却了天聰四年永平屠城記，忘却了滿洲大兵在四川境內『剿除』了二三十年，忘却了所謂『太宗文皇帝』的天聰實錄稿，此實錄稿一書，說起來都是些最毒最辣殺人的手段，如曰：

> 我兵近邊，將近京市堡，盡行焚毀，殺其人民，戮力攻戰，何所不成。

又曰：

> 邊內有城，可取則取之，難攻者，則殺其人民，焚其廬舍，屠掠而行。

又曰：

> 徧閱邊城，乘瑕而入，殺其人，取其物，令士卒各滿所欲。

凡此殺人屠掠之語，自天聰元年至崇德八年，卽天啓七年至崇禎十六年，檔案中所記載者，不勝列擧。凡此記載，徵之後來順治年之用兵，仍前後一轍。姑擧四川境內殺戮情形言之，如丙編葉七二○，四川巡撫李國英揭帖：

> ……發滿漢兵丁……於……（順治）五年十二月二十九日寅時……星趲潼川……自午攻圍潼城……我兵奮勇攻入城內……所有殺死叛賊，不計其數。

同書葉九五八，順治十六年正月二十日，陝川總督李國英關于揭報攻取渝城之狀云：

> 殺死賊衆不計其數。

及

　　殺死逆擊飄落江水者，不計其數。

凡此之類，是皆淸初塗炭四川之例證。由此例證，則可見所謂『四川之人，逐致靡有孑遺之歎』云者，並不關張獻忠一人之故，而李國英揭內之『滿洲大兵，』當然也是摧殘四川之一，也不能一推干淨。 關于此點，茲更總說一句，就是說，由甲申年 (卽崇禎十七年，亦卽順治之元年) 正月起，至丙戌年 (順治三年) 十月張獻忠死時爲止，前後共二年零十個月，在此時期內，凡關四川境內之殺人，則全爲張獻忠一人之事，初與淸人絲毫無干。其丙戌十月以後，卽順治三年十一月起，迄順治十八年止，是爲淸人經略南疆之役，再自康熙十二年起，至康熙二十一年止，是又爲淸人平定吳三桂之役，總此兩役，淸人在四川境內攻殺共二十餘年之久，在此長久時期內，凡干川中之殘破，以及所謂『肢體不全 ， 耳鼻殘缺』者 ， 則又全屬淸人之所爲，其於張獻忠也根本無關，不可不知。實際淸初之屠殺行爲 ， 也不僅限於四川一省，而乃是極普徧之事，據甲乙丙丁各編明淸史料之記載，凡滿洲大兵攻殺所至 ， 其惟一的景象 ， 便是不外『沿山搜山，』『城內搜殺，』以及所謂許許多多的『城空野空』等情節。不過當初淸人之塗炭中國，亦有口可藉，如順治六年正月二十日刑科給事中陳調元揭(未出版)云：『不得已而動大兵勦之，民賊相混，玉石難分，或全城俱殲， 或殺男留婦。』此所云『全城俱殲，』卽指當時屠城之事， 以屠城謂爲不得已， 可見淸人之殺人，更巧于卸責。於他省如此，於四川可知，何況張獻忠盤踞四川時原來亦爲殺人的渠魁，何況又『敗者爲寇，』是以天下之惡皆歸獻忠， 而淸人之殺人無數， 也都寫入獻忠的眼中，直至後來一般讀史者又皆信之，此實誤後人不淺了。

出自第二十五本(一九五四年六月)

多爾袞入關始末

李　光　濤

　　當多爾袞未入關之前，卽流賊李自成未直至都下的前期，據歷史語言研究所第十二本集刊所載『論建州與流賊相因亡明』一文，淸人之破壞明朝本來是不擇手段的，因而才將一個明朝的局面弄成了一個『淸人爲流賊造時勢』的局面。當此之時，而淸人所常常望洋與歎的『他家天下二三百年，他家疆域橫亙萬里，他家財賦不可計數』轉眼便將都是流賊的了。於是多爾袞又在那裏心慌了，以爲如此，於彼亦不利，因爲他們汗馬三十年，破壞中國無虛日，爲的是甚麼？所以多爾袞除一面於順治元年正月二十六日遣使致書李自成約以『倂取中原，富貴共之』(明淸史料丙編第八十九葉，簡稱甲編乙編丙編) 等情外，一面則又盡抄遼民數十萬，無論七十老翁和十歲小兒都須從軍，牧馬關下，將欲逐其『虜因寇衋而蹈瑕』的那一套，希圖與流賊合勢倂力以亡明朝，庶幾使流賊不至於獨享漁人之利。據此，可見崇禎十七年，卽無李自成之陷都，而明朝之『甲申虜變』亦必有之。及崇禎帝自殺，於是『流賊又爲淸人造時勢，』因之淸更乘機而遂堂堂正正的長驅入關以覆明室了。　茲將多爾袞入關始末，分爲四段敍之於後：(一)李自成之陷都(二)吳三桂之乞師(三)山海關戰役的眞相(四)李自成之敗亡。

一、李自成之陷都

　　李自成之攻陷燕都，其攻陷的情節，並非『流賊果强』勢不可敵，總因當時明朝處處失人心，以致舉朝昏昏而爲流賊所乘罷了。卽如崇禎十六年二月當楚豫盡陷之日，其時一般憂時之士，便以『流賊如野燒，隨處可發』爲慮，無如朝廷不爲意，於是賊勢又延及陝西。陝西之陷沒，據崇禎十六年十一月 初一 日兵部題「山西巡撫蔡塘報」稿云：

　　　　賊 (李自成) 于本月 (十月) 十一日攻開陝西，將秦王逐去，安在司 (布政司) 內，

日給銀兩以爲度用。秦府闖賊住座，改爲理政府……十六日考在省秀才，十八
日考各州縣秀才。

自此之後，各地守軍，不是逃走無影，便是賫印迎降，如崇禎十七年正月十九日兵部
行「御前發下宣大總督王機諜題」稿云：

據岢嵐兵備道聶明楷報稱：本年十二月十九日據西路管糧同知艾泰徵塘報：本
月十三日申時據塘報快手溫存善等報稱：西賊自黃甫川起身，至河邊用□墊
路，撥馬已過唐家會，至河保營，其餘大賊陸續行走。

又云：

河會汪守備逃走無影，等情……河曲縣梁快頭等已賫印遠迎矣。各營防兵聞
警，盡數潰散矣。

又云：

看得逆賊自攻陷楡林，人心驚惶，到處□迎，兼以僞牌訛言，姦計鼓惑，人情
洶洶，全無固志。……賊……若傾巢而來，誰爲堵禦，兵不成兵，稍爲實備，
卽思鼓譟，月餉屢催不至。

又云：

賊假仁假義，惑亂人心，所在迎順，兼以將悍兵驕，□不應手，深爲可慮。

當此之時，不但人無固志，卽塘報賊情亦多不確，如懷陵流寇始終錄 (簡稱懷錄) 十六
年十二月庚辰條：

闖賊自沙窩渡黃河，至山西，時朝無確報，以爲叛兵相率。自安新進士程源言
于給事光時亨庶吉士李長祥劉廷琮楊廷鑑，請與閣輔言，晉地大壞，如此泄
泄，恐賊臨城下，亦不知也。皆不以爲然。

此十二月庚辰，卽十二月二十日，賊渡黃河，卽賊陷山西平陽府之事，平陽旣陷，因
『朝無確報，』厥後歷時月餘之久，閣臣李建泰猶面奏明帝曰：『臣家在平陽，願以
家財佐軍。』時明帝亦全無主意，卽因建泰之請，命往山西視師，如懷錄十七年正月
乙卯條：

上召閣臣問曰：賊强兵弱，餉又罄盡，何策得全。李建泰奏曰：臣家在平陽，
願以家財佐軍，可資萬人數月之糧，請提兵急行。上大喜，慰勞再三，告廟，

丙辰，御正陽門宴餞。臨行，上曰：先生此去，如朕親行，目送良久。敕曰：
卿代朕親征，鼓勵忠勇，選授雄傑，其怯將貪吏，以尙方劍從事，行間一切事
宜，俱不中制，早蕩妖氛，銘功鐘鼎。……行至涿州，夜，逃者甚衆，逡巡不
進，日行三十里。

又小注云：

遼東孫德新云：建泰實奉密旨，封闖爲秦王，求罷兵也。

又崇禎十七年正月二十二日兵部題：

崇禎十七年正月十四日，本部奉內閣口傳聖諭，輔臣李建泰前往山西視師，所
有應用兵馬錢糧，令臣部酌議。……該臣等議得闖賊肆虐，十有餘年，今且陷
我三秦，漸及三晉，罪焰滔天，莫可窮極。賴皇上神武，赫然震怒，特遣輔
臣，以彰九伐之靈，用褫厶魔之魄。而輔臣李，文武爲憲，忠貞自矢，毅然以
天下爲已任，掃蕩澄淸，以襄中興之烈，于斯見之。但臣察從來閣臣專征，必
用兵數萬，餉數十萬，調發騷然，需以時日，今賊勢燃眉，有萬萬不能待者，
而此時兵馬單虛之象，錢糧匱乏之實，欲按舊額而求，亦有萬萬不能者。

又云：

但密勿大臣，統數千師以肩一將之任，無論旌旄不揚，有褻國威，而狡寇奸
民，反有以窺國家之虛實。

李建泰以宰輔督師，兵食俱絀，所携又僅寥寥數千人 (明史作五百人)，甫出都，山西已
盡陷，建泰逗遛不敢進，不僅『有褻國威』而已，嗣更投降於李自成，使『狡寇奸
民，反有以窺國家之虛實。』此所謂『國家之虛實，』姑舉宣鎭爲例，如崇禎十六年
十二月二十五日宣府巡撫朱之馮題：

宣軍久饑，先猶月有逃者，近則日有逃者，每至點察，有深藏而願開除者，有
涕泣而願汰革者，甚至該弁亦多求斥，鎭城守軍，而亦召之不來者。

像這些情形，在當時乃是普徧之事，殘餘檔案內見之很多，也毋煩多舉，總而言之，
『一鎭如此，各鎭可知，各鎭如此，天下可知。』卽間有一二嬰城固守者，大槪又由
於調援無兵，所以結果不免人馬城池同歸於盡。例如闖賊入山西，所經各郡邑，差不
多都是人無固志，隨到隨破，惟『欽差鎭守山西等處地方，兼提督代州三關總兵官，

太子少保，中軍都督府左都督周遇吉』初則拒賊於代州，殺賊數萬，繼又與賊戰于寧
武關，遇吉嘗告急於大同，巡撫衛景瑗遣總兵姜瓖往援，瓖不行。於是遇吉只有以孤
軍獨與闖賊戰，卒因衆寡不敵致沒於陣。據懷錄十七年二月條：

> 是月……闖賊自太原以兵向寧武關，副將周遇吉設伏邀擊，賊怒，督戰益進，
> 遇吉不能拒，與寧武道王胤懋嬰城自守。賊攻之急，遇吉免冑大呼，自墜城下
> 曰‥周總兵在此。賊縛遇吉至演武堂殺之。三月己丑朔，城破，衛（疑課）胤懋
> 死之。遇吉妻劉氏率婢僕，持仗列陣廳事前，積薪□後，熅火以待，射殺數十
> 賊，矢盡，皆投火中死，城被屠。賊自謂從襄陽至太原，無如是人。

又兪曲園薈蕞編引王原居業堂集記周將軍殺賊事有云：

> 崇禎十七年正月，賊圍太原，分兵向寧武，周將軍再戰再捷，殺賊萬餘人。賊
> 益兵來攻……周將軍血戰兩日夜，殺賊數千人，力竭被執，大罵不屈，賊磔
> 之。

按，周遇吉之善戰，不但賊畏之，即如當初的清人，也是一樣的怕得很，據王士禎池
北偶談卷七，崇禎十五年清人入犯之役，遇吉嘗以兵五百騎邀擊清人於楊柳青地方，
自辰鏖戰及酉，殺死清人無數，及甲申清人入關後，猶常常舉此以告人，謂：『往來
數千里，惟見此一戰。』所以甲申以前，清人每每入犯，總不能得志於中原，總只是
搶掠而歸，其故即在於最怕此等兵，不可不注意。據此，可見明季疆場之事，如周將
軍者多用於疆場，則內靖羣賊，外却建州，也並非難事。可惜好漢不常有，而逆弁逆
閹又常多，例如大同宣府之相繼陷沒，即陷於此輩之手。明史列傳一五一衛景瑗傳：

> （崇禎）十五年春……巡撫大同……十七年正月，李自成將犯山西，宣大總督王
> 繼謨，檄大同總兵姜瓖扼之河上，瓖潛遣使納欵而還，景瑗不知其變也。及山
> 西陷，景瑗邀瓖插血守。瓖出告人曰：衛巡撫秦人也，將應賊矣。代王疑之，
> 不見景瑗，永慶王射殺景瑗僕。……三月朔，賊抵城下，瓖即射殺永慶王，開
> 門迎賊入，紿景瑗計事。景瑗乘馬出，始知其變也，自墜馬下，賊執之，見自
> 成，自成欲官之，景瑗據地坐，大呼皇帝而哭。賊義之，曰：忠臣也，不殺。
> ……初六日自縊於僧寺。賊歎曰：忠臣。移其妻子空舍，戒毋犯。殺代王傳
> 燿，及其宗室殆盡。

又朱一馮傳：

十六年正月……巡撫宣府……明年三月，李自成陷大同，之馮集將吏於城樓，設高皇帝位，歃血誓死守，懸賞格，勵將士，而人心已散，監視官杜勛且與總兵王承允爭先納欵矣。見之馮叩頭，請以城下賊。之馮大罵曰：勛，爾帝所倚信，特遣爾，以封疆屬爾，爾至即通賊，何面目見帝。勛不答，笑而去。俄賊且至，勛蟒袍鳴騶，郊迎三十里之外，將士皆散。之馮登城太息，見大礮，語左右爲我發之，默無應者。自起爇火，則礮孔丁塞，或從後掣其肘，之馮撫膺歎曰：不意人心至此，仰天大哭。賊至城下，承允開門入之，訛言賊不殺人，且免徭賦，則舉城譁然皆喜，結綵焚香以迎。左右欲擁之馮出走，之馮叱之，乃南向叩頭……自縊而死。

防賊之策，莫如守城，守城之具，莫如大礮，茲有城而不守，有礮而不放，逆弁逆閹所爲，眞是別有心肝。然如後來逆弁姜瓖降淸之後，因爲不能遂其封王的欲望，於順治五年十二月初三日又以大同抗淸人，當時竟以善守聞。淸人攻之九月而不下，中間多爾袞且親征兩次，終不能如之何（多爾袞攻城之無能，由此役可以看得最淸楚，而淸人的兵力果强與否？也就不難由此加以估計了），六年八月乙卯，還是大同城內發生內變，開門獻城，大同之役才告結束的。據此，可見大同一城，實易守難攻，使逆弁姜瓖當初亦以此禦賊，何賊不摧，無如可守而不守，可戰而不戰，其時情形，眞匪夷所思。總之，『地利不如人和，』人心既去，雖有金城湯池之險，亦爲無用之物了。當此之時，明帝束手無策，惟有下詔罪已，以告於天下。據懷錄，詔凡六百三十餘字，讀之極爲痛切，可錄可勸，特備載於後：

三月己亥（十一日），下詔罪已曰：朕守洪緒十有七年，深念上帝陟降之威，祖宗付托之重，宵旦兢惕，罔敢怠荒。乃者災害頻仍，虜寇並急，生民塗毒，靡有寧居。惟彼狡虜猶曰犬羊，非我族類，若流寇則分屬君臣，誼兼臣子，忘累世之豢養，肆廿載之兇殘，赦之益驕，撫而輒叛，反以殺人爲仁，掠財爲義，甚有受其煽惑頓忘敵愾者，深可痛傷。朕爲民父母，不得而卵翼之，民爲朕子，不得而襁褓之，坐令秦晉丘墟，豫楚腥穢，貽耻宗社，負咎黔黎，罪在朕躬，誰執其咎。所以使民罹鋒鏑，蹈水火，血流成河，骸積成山者，皆朕之過也。

— 35 —

使民輸芻輓粟，居送行齎，加賦益無藝之征，預支有稱貸之苦者，又皆朕之過也。吏民室如懸罄，田牽汙萊，望烟屋而無門，號冷風而絕命者，又皆朕之過也。使民日月告凶，旱潦洊至，師旅所處，疫癘爲殃，上干天地之和，下蓄室家之怨者，又皆朕之過也。至于任大臣而不法，用小臣而不廉，言官首鼠而議不清，武將驕懦而功不舉，皆由朕撫馭失道，誠感未孚，中夜以思，蹐蹐無地，己實不德，人則何尤。用是大告天下官吏軍民人等，朕自今痛加創艾，深省夙愆，匪設虛文，確循實事。要在惜人才以培元氣，守舊訓以息紛囂，行不忍之政，以收人心，蠲額外之征，以養民力。念用兵征勦，原非得已，各省直撫按官，亟勑所屬所司，多方勸諭，無失撫字，倘有擅加耗羨，朦朧行征，及濫罰行政，致民不堪命，立行拿問面奏，請正其罪。其有流亡未歸，除盡豁逋賦，仍加意安插賑恤，毋致失所。至于罪廢諸臣，有真正公忠廉能才堪應用者，不拘文武，着吏兵二部確覈推用，以彰使過。若草澤豪傑之士，有能恢復一郡一邑者，便與分官世襲，功等開疆。卽陷沒脅從之流，有能除逆反正率衆來歸者，准與赦罪立功。若能擒斬闖獻，定予通侯之賞。於戲，忠君愛國，人有同心，雪恥除兇，誰無公憤，懷列祖之厚澤，助底定之大功，思免厥懲，歷告朕意，宣佈遠近，咸使聞知。(卷十七葉十三)

此詔各書多有記載，大抵俱大同小異，不必備述。時闖賊亦假仁假義，到處大張僞榜，有『殺一人如殺吾父，淫一婦如淫吾母』語。又有『開門迎闖王，不當差，不納糧』語。都是些『言近而指遠』的宣傳品，最是深入民心的，比之詔書之言，似乎不可同日而語。

　　還有明季朝廷之憒憒，說起來更有些『不可思議。』例如山西之盡陷，流賊檄文已傳至都下，據懷錄十七年二月乙丑(初六日)，科臣韓如愈猶云是訛傳，同時明帝聖旨則又云『都城守備有餘，』好像也大有所恃的樣子。聖旨全文如下：

　　都城守備有餘，援兵四集，何難刻期滅賊，敢有訛言惑衆，私發家眷出城，捕官卽便恭拏正法。(卷十七葉五)

然考明帝本心，並不如此，明帝本心，其初頗有南遷之意，如同書十七年二月十五日甲戌載：

翠永固入朝，上詢時務。永固說上南遷，可得義兵數萬。上曰：義兵何易。永固曰：果如臣策，卽數十萬可致，若固守京師，玩敵已久，祗坐困無益也。不聽。

其後項煜于經筵中微言及之，上屢顧閣臣魏藻德，迄無一語，上聳身舒足仰歎，不終事而起。（卷十七葉六）

又同月丁亥：

賊信愈急，上召廷臣問計，左諭德李明睿密陳曰：在今惟有南遷，山東小路，二十日可至淮安。上問路費如何？對曰：是須內帑。上曰：內帑如洗，一毫無措。對曰：祖宗三百年積蓄，度不至是。上曰：其實無有。對曰：行至中途，賞賜不足，區處甚難，或諭戶部預先籌措。上曰：彼不可恃。對曰：事不宜緩，毋至臨渴掘井，明睿復前膝密陳，上首肯。蓋上之意實欲南遷，陳演泄泄，科臣光時亨露章諫阻，上不悅，召閣臣，獨捨演，演不安，求去，與蔣德璟俱罷，不敢出城。

都中人士云：時亨受闖賊密旨，爲高阿那肱，故阻上行而先降。次年誅時亨于南京。

海運郎中沈廷揚，受（懷錄作者嵐山吳受）之鄉人，上曾有密旨令治海舟，受聞其事甚確。特耻于自發，欲廷臣力勸而後行之，衆議不同，反有諫者，是以慈憤思自殺，觀三月十八夜走齊化門，更可信矣。

毛甡曰：懿安皇后與周后，皆欲南行，周后嘗曰：南中我家裏甚可居，惜政府無有力持之者。（卷十七葉八）

又明季北略三月初三日條：

大學士范景文都御史李邦華少詹項煜，請先奉太子撫軍江南，給事中光時亨大聲曰：奉太子往南，意欲何爲？將欲爲唐肅宗靈武故事乎？景文等遂不敢言。上復問戰守之策，衆臣默然。上歎曰：朕非亡國之君，諸臣盡亡國之臣爾，遂拂袖起。

又初九日丁酉條：

兵信屢至，內閣或蹙額相向，或談笑如常，范景文數舉南遷之議，方魏以爲惑

衆，力止勿言。本兵張縉彥別無佈置，但出示沿街擺砲，扎營各衚衕口，更于城上懸簾，以待賊至而已。（卷二十葉三十九）

以上所引各條，假使其時朝廷能接受他們的意見，則將見南遷之後，明室不難中興的。且其中之建議者，如鞏永固范景文李邦華等，後來皆以身殉國，可見彼等當初所上的條陳，乃所以爲國而非以避死。獨是後世之儒者，對於此南遷之議，見仁見智，亦各有所見，姑舉明季北略爲例，如云：

南行之說，亦有未盡善者，使上驟行于賊未至時，則人心駭懼，都城勢若瓦解，後世必謂輕棄其國。上若遷于賊之將至時，則長途荆棘，未免爲賊所伺，而有狼狽之憂。故爲上計，不如死守社稷，得古今君道之正。若太子者，天下之本，宜及賊未近時，令大臣默輔南行，以鎭根本之地，以繫天下之心。設北都有急，亦可號召東南，爲勤王之擧，即不然，亦不至父子一網打盡。且非獨太子宜南，即永定二王，亦宜分藩浙粵，伏意外之圖。奈何一堂聚處，如燕巢于幕，禍及而不知也哉？（卷二十葉三十六）

此條內關于所有批評南遷的意見，其是是非非，姑置不論。總之，善論事者，須究其始終以及其利害得失之所在，不可徒執一端之見，即如明之南京和北京，其初原無輕重之分，反正都是國家的都城，反正都是皇帝所應往之地（正德下江南，即駐於南京），比之春秋戰國的局面原自不同。列國之君，等於一個地方官，『輕棄其國，』也就等於輕棄地方的城池差不多。至若堂堂的皇帝，則與此絕異，皇帝以四海爲家，其一身實係『天下』之安危，焉往而不可（清代的皇帝還不是隨意的出巡，熱河且專設行宮，一住便是經年累月，當時也並沒有甚麼「輕棄其國」的議論），倘亦效匹夫之見而與一城一地爭存亡，則其結果也就等於大將之『輕戰損威。』縱以身殉，也功不掩罪。所以古人不死三敗之辱，其志即在於雪恥。是大將有時猶可以不必死（不能雪恥的，又當別論），則是所謂『皇帝之尊』當然更要權衡輕重，能守則守，不能守不妨易地改圖，以建中興之業，以慰『天下』人民之望（沒得地方可以立足的，當然不能當俘虜，當然又應以死爲正）。所以甲申之變，我現在說一句老實話，就是說，所謂『崇禎之殉國，』也只怪崇禎自己沒有甚麼作用罷了。

此外，又如崇禎所說的『諸臣盡亡國之臣，』今大槪言之，總因此輩小人，不識時務之故，所以當時不知誤了多少事體。此輩當賊信益急之日，全無擔當之心，直是

如同太平無事一般，因爲他們早就預備了決計附賊，有『此處不留人，自有留人處』
之說。明帝股肱之臣多如此，天下如何會太平。

　　再，南遷建議之外，更有科臣吳麟徵（後來死節最烈）一奏本，也很值得一說。例如
當宣大未失之前，吳氏以爲賊禍已迫在燃眉，曾疏請不如放棄關外的寧遠一孤城，調
吳三桂精兵入衞，時諸臣呶呶，未曾說着痛癢，惟吳氏此疏切要有用，惜乎朝廷又猶
豫不決。據懷錄十七年二月二十一日庚辰，記廷臣浮議云：『廷臣恐後日上究棄封疆
事罪大，不敢決，遂已。』(卷十七葉八) 當決而不決，是爲朝廷最大的弱點。弱點卽『陰
事，』凡此陰事，據明季北略說，賊無一不知：

　　　　賊自破中原，旋收秦晉，久窺畿輔空虛，潛遣其黨齎金錢璫廝，飾爲大賈，列
　　　　肆于都門。更遣奸黨挾貲，充衞門掾吏，專刺陰事，纖悉必知。都中日遣撥馬
　　　　探之，賊黨卽指示告賊，賊掠之入營，厚賄結之，撥馬多降賊，無一騎還者。
據此，則可見當時都中的大小官員，無非都是流賊的耳目。耳目如是之多，無怪乎明
稿殘件說：『賊之探兵，確于兵之探賊。』又說：『見今我兵之大勢厚積于東，賊知之
稔矣。』按，所謂『厚積于東，』卽指吳三桂大兵駐防寧遠以禦清人之事。當時有此
一枝兵，可惜明朝不知利用，不知移之關內以制賊，則是朝堂之失策可知。延至三月
初六日，宣府告急，因關內無兵可調，於是又議寧遠兵，如明季北略記云：『始棄寧
遠，徵吳三桂率兵入衞。』(卷二十葉三十) 此寧遠撤退之擧，惜乎又爲時太晚，因爲寧
遠的兵民，凡數十萬衆，區處尚須時日，吳三桂之兵，也不能奉調卽行。由此一事，
可見明帝優游之病，實自貽伊戚。及宣大既陷，賊兇謀更狡，乘勢長驅，於是乎昌平
之破，居庸之降，又連續而至，如明季北略三月十二日賊破昌平條：

　　　　庚子日，賊破昌平州，諸軍皆降，惟總兵李守鑅罵賊不屈，手格殺數人，人不
　　　　能執，諸賊圍之，守鑅逐拔刀以自刎。(卷二十葉四四)
又十五日陷居庸關條：

　　　　賊自柳溝抵居庸關，柳溝天塹，百人可守，竟不設備，總兵唐通太監杜之秩等
　　　　迎降。撫臣何謙僞死，私遁。(卷二十葉四五)
時去『煤山之禍』只數日，於是明帝更心慌意亂，密召駙馬都尉鞏永固，再商南幸之
計，據懷錄：

> 甲辰，上召考選諸臣問計，忽傳報昌平失守，上變色還宮。密召鞏永固商南
> 幸。對曰：前者賊尙遠，人情畏賊，扈從南遷者必多，今賊已逼，人心瓦解，
> 誰能從行，臣不敢誤陛下也。（卷十七葉十五）

此計旣不行，明帝又別無妙策，結果只有仍倚重賊臣而已。賊臣卽奸臣，如同書又
載：

> 辛丑，上召廷臣問禦寇方略，皆不能對，上憤惋，斥兵部尙書張縉彥負國，縉
> 彥頓首乞罪。（卷十七葉十四）

> 壬寅，起用司禮監太監曹化淳守城。化淳曾比魏忠賢，奏忠賢若在，時事必不
> 至此。（卷十七葉十四）

天下事，『無巧不成話，』明朝的天下，大致都是壞於張姓人之手，張鳳翼（張鳳翼善奸
相溫體仁，居中樞五載，賊勢之蔓延，卽由于張鳳翼之矇蔽所致）已償事於前，張縉彥又繼之而起，
明朝可謂無人。所以明季野史相傳流賊檄文有云：

> 公侯皆食肉紈袴，而倚爲腹心，宦官悉乾糠犬豕，而作其耳目。

據此，則大臣太監輩正是『一邱之貉，』而明帝於此輩反托以腹心耳目之寄，結果欲
求其不負國如何可能。如前面所引壬寅條又載：

> 化淳逆璫，久怨朝廷，乘危進身，以開門降賊。

又甲辰（三月十六日）條：

> 京官凡有公事，必長班傳單，以一紙列姓銜，單到，寫知字。兵部提塘官杭州
> 衞某，是日遇一所識長班，急行。扣其故，于袖出所傳單，乃中官及文武大臣
> 公約明日開門迎賊也，皆有知字。首名中官則曹化淳，大臣則張縉彥。（卷十七
> 葉十五）

此時滿朝文武大臣，大概總是受了白蓮敎邪說的影響，以爲大明氣數已盡，李闖王當
興，所以大家都相約從賊，好像都有些『只待闖王來，各自奔前程』之槪。再由此論
之，諸文武謀變已形，大司馬從賊已著，崇禎帝猶然只知『諸臣盡亡國之臣，』不知
『諸臣盡從賊之臣，』傳諭諸臣助餉。此道聖旨，等於與虎謀皮，當無效果可言，不
說別人，卽以皇親周奎言之，也是一樣變了心，有拔一毛利天下而不肯爲的樣子，如
明季北略載：

上按籍令勳戚大璫助餉。進封戚臣嘉定伯周奎爲侯，遣太監徐高宣詔求助，謂休戚相關，無如戚臣，務宜首倡，自五萬至十萬，協力設處以備緩急。奎謝曰：老臣安得多金。高泣諭再三，奎堅辭。高怫然起曰：老皇親如此鄙吝，大事去矣，廣蓄多產何益？奎不得已，奏捐萬金。上少之，勒其二萬。奎密書皇后求助，后勉應以五千金，令奎以私蓄足其額。奎匿宮中所畀二千金，僅輸三千。太監……王之心最富，上面諭之，對以家計稍乏，僅獻萬金。諸內官各大書于門，此房絕兒，復雜出古玩諸物陳于市以求售。後賊拷夾王之心，追十五萬，金銀玩器稱是。周奎抄現銀五十二萬，珍幣復數十萬，人皆快之。 (卷二十葉四十一)

此即清人所嘗云『皇親太監輩家財何止數百萬』之類。家財如是之多，當必從掊克而來，畢竟還爲流賊所拷掠以去，可爲貪得者之鑒。

除令大臣助餉之外，一面明帝又特令兵部尙書張縉彥『速調兵勤王。』並召對文武諸大臣，相向泣下。當時閣臣魏藻德又爲朦蔽之言曰：『大司馬四周調發，兵餉皆足。』(懷錄卷十七葉十六) 此魏藻德後來亦爲從賊之臣，其所謂『四周調發』云者，也不是說官兵，正是說李自成調發大賊包圍京城四周之事。崇禎中，皇城凡被包圍兩次，第一次爲崇禎二年金人之突逼京畿，其時城外只因有一袁崇煥力戰却敵，故得安全無事。至是明帝則因『衆叛親離』差不多如同孤立，城外旣無袁督師其人，城內又更有許多『臣盡從賊之臣，』於是乎煤山之禍也就成了一個終天之恨了

二、吳三桂之乞師

吳三桂乞師的動機，當初並非全由於畏懼李自成的聲勢浩大而乞師，總因多爾袞收馬關下，也不懷好意，朝鮮金墭等曾經馳啓於國王，有『九王將乘虛直擣』之說。時吳三桂旣以『君父之仇不共戴天』號召於『天下，』爲三桂計，當然只有掉首東向而與多爾袞合作，一則可釋後顧之憂，一則又很可以挾清兵的聲勢期收一戰而勝的全功。如張怡謏聞續筆載李自成率兵追吳三桂條有云：

桂念腹背受敵，勢不得全，乃與清師約云：從吾言，並力擊賊，吾取北京歸汝，不從吾言，等死耳，請決一戰。問所欲，曰：毋傷百姓，毋犯陵寢，訪東

— 41 —

宮及二王所在立之南京，黃河爲界，通南北好。清師許之，鑽刀說誓，而以兵若干助桂擊賊。

吳三桂乞師之書，據順治元年實錄稿，以四月十五日壬申至多爾袞軍前：

壬申，睿親王軍次翁後，明平西伯吳三桂遣副將楊珅遊擊郭雲龍自山海關來致書曰：三桂初蒙我先帝提拔，以蚊負之身，荷遼東總兵重任，王之威望，素所深慕，但春秋之法，交不越境，是以未敢通名，人臣之義，諒王亦知之。今我國以寧遠右偏孤立之故，令三桂棄寧遠而鎮山海，思欲堅守東陲，而鞏固京師也。不意流寇逆天犯闕，以彼狗偷烏合之衆，其何能成，但京城人心不固，奸黨開門納欵，先帝不幸，九廟灰燼。今賊首僭稱尊號，擄掠婦女財帛，罪惡已極，誠赤眉綠林黃巢祿山之流也，天人共憤，衆志已離，其敗可立而待矣。我國積德累仁，謳思未泯，各省宗室，如光武文公之中興者容或有之，遠近已起義兵，羽檄交馳，山左江北，密如星布。三桂受國厚恩，憫斯民之罹難，拒守邊門，欲興師問罪，以慰人心，奈京東地小，獨力難成，特泣血求助者，以我國與北朝通好二百餘年，今無故而遭國禍，北朝應惻然念之，而亂臣賊子亦非北朝所宜容也。夫除暴剪弱大順也，拯危扶顛大義也，出民水火大仁也，興滅繼絕大名也，宣威定霸大功也。況流寇所聚金帛子女，不可勝數，義兵一至，皆爲所有，此又大利也。王以出世英雄，值此摧枯拉朽之會，誠難再得之時也。乞念亡國孤臣忠義之言，速選精兵長驅直入，三桂率其所屬，合兵以抵都門，滅流寇于宮闈，示大義于中國，則我國之報北朝者，豈但財帛，將裂地而與之不虛矣。王得書，卽遣學士詹巴李賚往錦州諭烏金超哈，令齎紅砲向山海關進發。

同書十六日癸酉，睿親王軍次西拉塔拉，復與三桂書曰：

向欲與明修好，各處致書，明君臣不念國家喪亂，軍民死亡，曾無一言相答，故三次統兵肆其擄掠者，實欲挾使必從也。若今日則不復出此，惟有底定國家，與民休息而已。故一聞流賊滅明，不勝髮指，率仁義之師，沈舟破釜，誓不返旌，期必滅賊，出民水火。及得平西伯遣使致書之由，深爲喜悅，急統兵前進。夫平西伯思報主恩，而流寇不共戴天，誠忠臣之義也，雖向鎮守遼東，

與我爲敵，今亦勿因前故，尙復懷疑。古者管仲射桓公，後桓公用爲仲父，以成霸業，伯若率衆來歸，必裂地分封，晉爲藩王，一則國仇得報，一則身家可保，世世子孫，永享富貴，如河山之永也。至一應官員，若來歸附，則亦榮以功名，恩養不絕，其軍民降者，秋毫無犯，安堵如故。

越四日丁丑，卽順治元年 (崇禎十七年) 四月二十日，時睿親王軍屯連山，據實錄稿又載吳三桂第二次復遣郭雲龍孫文煥來致書曰：

觀王來書，知大軍已至寧遠，救民伐暴，扶弱除强，義聲遠播，其所以相助者，實爲我先帝，而三桂之感戴猶其小也。三桂承王諭，卽選銳卒往山海以西要處，設計誘賊。今賊親率羣黨屯于永平，環如蟻聚，是其自蹈于陷阱中，而天意從可知矣。三桂欲相機勦滅，已出精兵勇將，速整虎旅，直抵山海，首尾挾攻，逆賊可擒，京東西傳檄而自定也。又仁義之師，首重撫民，所發檄文，諒期必信，更祈令大軍秋毫無犯，則民心服而財土亦得，更何事不成哉？王得書，卽拔營連夜起行，過寧遠，宿于沙河。

又二十二日己卯，記多爾袞大兵入關情形云：

己卯，軍抵山海關，吳三桂率衆出迎。王大喜，設儀仗，奏軍中樂，同向天行禮畢，三桂率所屬各官以禮謁王。王以三桂部下皆漢人，與敵無辨，恐致誤殺，令各以白布繫肩爲號，前導，遂同入關。

同日又載多爾袞更有出師的告示，亦附錄於後，以資參考。

諭各處官民，此番出師，原欲甦爾民命，滅流寇而定天下，非如從前擄掠。爾等勿畏我軍，商者商，農者農，各安堵如故。更與諸將誓，若入漢境，勿殺無辜，勿掠財物，勿焚廬舍，不如約者罪之。

以上所引實錄稿記事，俱山海關決戰前夕的情形，其中尙含有若干極端複雜的內容，應特別揭明如下：

(一)吳三桂之乞師，全是爲身家着想，並非爲明室，如後來之鏟除明宗，爲淸人屠殺中原的同胞，可以洞見其心肝。

(二)多爾袞之出師，也不是仗義之舉，只是利用吳三桂向彼請兵的機會，放棄了勾結李自成的辦法而堂堂正正的自稱爲『義師，』與吳三桂『并力西向』以收中原而

已。其致三桂書雖以『破釜沉舟，誓必滅賊』等語爲號召，然所謂滅賊者，蓋卽於滅賊之後，而更乘機以滅明朝。或者不能滅賊卽進而勾賊，亦勢所必至。如後來李自成的丞相牛金星父子之得官與保全，便是一實證，見丙編葉六一八順治四年八月十九日吏科給事中杭齊蘇題本。

(三)清人從來『惟以搶掠爲生，』其與李自成張獻忠實相等夷。茲多爾袞所出的告示，只因與三桂開關迎降，龍袍上身，便改頭換面，而曰『非如從前擄掠。』乃知龍袍，正是演劇的行頭。

(四)多爾袞的告示，多爾袞自己並不能爲之，據同書，原來還是出于漢人洪承疇之手。蓋多爾袞之行，洪承疇亦與之同來，在多爾袞軍中替他運籌一切。多爾袞嘗以軍事諮于洪承疇，於是洪承疇卽敎之曰：『爲今之計，宜先遣官宣王令，此行特掃除亂逆，勦滅流寇，漢兵若抗者亦必誅。毋屠人民，毋焚廬舍，毋掠財物，如是則遠近告說，聞聲而服矣。……布告各府州縣，法在必信，此要務也。』此所云『聞聲而服，』最是實情，如朝鮮仁祖實錄 (簡稱仁錄) 二十二年八月戊寅條：『上問文學李秱曰……入關之後，九王措畫，可以成大事耶？對曰：入關之初，嚴禁殺掠，故中原人士無不悅服。』(卷四五葉四四) 考多爾袞之所以必以軍事諮于洪承疇者，總因當初清太宗之留養洪承疇而不殺，卽大有深意，蓋當承疇向清太宗屈膝之日，太宗曾大宴作樂，其時清國君臣間之問答，既曰『究竟欲何爲乎？』又曰『欲得中原耳。』由『欲得中原』的期望，於是太宗更作詼諧的口氣，以得一洪承疇如得一鄉導，如語諸將 (多爾袞亦包括在內) 曰：『譬之行者，君等皆瞽目，今得一引路者，吾安得不樂。』太宗既爲此言，則是清初諸將之無能 (松錦之役，多爾袞三弟兄都是洪承疇手下的敗將)，可由此知之。所以多爾袞山海關之獲捷，以及後來之統一中國，其最大的原因，惟賴一洪承疇爲之『引路』而已。

(五)閱吳三桂與多爾袞往來書札，須再閱順治元年正月二十六日多爾袞致李自成『倂圖中原』一書稿，以及王氏東華錄 (簡稱王錄) 順治元年三月甲辰關于準備『大舉進討』(卽清人所常說的，去搶西邊) 的記事，則所謂山海關大戰的內幕，才可以一覽了然的。

三、山海關戰役的眞相

多爾袞與李自成山海關之戰，據明史流賊傳，乃四月二十二日事，一戰摧之。姑

先摘錄於左，然後再詳細說明。

> 初三桂奉詔入援，至山海關，京師陷，猶豫不進，自成刼其父襄作書招之，三桂欲降，至灤州，聞愛姬陳沅被劉宗敏掠去，憤甚，疾歸山海，襲破賊將。自成怒，親率賊十餘萬，執吳襄於軍，東攻山海關，以別將從一片石越關外。三桂懼，乞降於我大清。四月二十二日，自成兵二十萬，陣於關內，自北山亙海，我兵對賊置陣。三桂居右翼末，悉銳卒搏戰，殺賊數千人，賊亦力鬬，圍開復合。戰良久，我兵從三桂陣右突出，衝賊中堅，萬馬奔躍，飛矢雨墮，天大風，沙石飛走，擊賊如霰。自成方挾太子登高岡觀戰，知爲我兵，急策馬下岡走，我兵追奔四十里，賊衆大潰，自相踐踏，死者無算，僵屍徧野，溝水盡赤，自成奔永平，我兵逐之。三桂先驅至永平，自成殺吳襄，奔還京師。

李自成之敗，是年五月初七日甲午，多爾袞曾頒捷書於朝鮮，如仁錄卷四五葉二八載：

> 清國付勅書于譯官之出來者有曰：四月十三日，有明總兵官吳三桂差副將楊新遊擊柯遇隆至軍請降。言流賊已刼北京，崇禎皇帝及后俱自縊，賊酋李志誠三月二十三日卽位稱帝，國號大順，建元永昌，屢差人招吳總兵，吳總兵不從，率家屬及寧遠兵民堅守山海關，欲附清國，以報故主之仇云。九王答書付來官，許以裂土封王，遂兼程前進，二十一日至山海。賊酋李志誠領馬步兵二十餘萬，執崇禎太子朱慈照，並其第二第四子，及太原府晉王潞安府潘王西安府秦王平涼府韓王，又有西德王襄陵王山陰王，及吳三桂之父吳襄於陣前，欲降三桂，三桂不降。賊恐奔投我國，差僞總兵官唐通率兵數百，從一片石出，要截其路，是晚遇我前鋒，殺死百餘，唐通夜遁入關。次日，吳三桂開關出降，我兵入關，正值賊兵陣於關前。北至山，南至海，時值大風，塵土飛揚，對馬不相識，而賊兵多近海，九王向海迎敵，吳總兵隨右側布陣，進兵，大風卽止，不意直抵賊營，敗其兵，追殺四十餘里，橫屍遍野，晉王被我所獲。今大兵帶神威大將軍砲，及吳總兵馬步兵前驅北京。故諭。

以上兩條，俱出於清人之口，因與糾謬有關，姑漫引之而已。以下再將朝鮮世子從臣之日記及報告，亦錄其一二，以見當初戰況之一斑。如瀋館錄卷七葉十三載：

（四月二十二日）平明，清兵進迫關門五里許，烟塵下，砲聲大發。俄而吳三桂率
諸將十數員，甲數百騎，出城迎降。九王受拜降禮於陣中，進兵城中數里許，
下馬而坐。漢人清人頻數往來，清兵左右陣，一時馳入。關門豎白旗於城上，
然後九王繼而入關，蓋吳將與流賊交兵而出城矣。兩陣酣戰于城內數里許廟堂
前，飛丸亂射于城門，世子依城底柴圍墻壁而坐，九王所駐處纔隔五六家矣。
九王請世子，世子卽就入見，坐未定，九王便起上馬曰：世子亦當隨往戰所。
世子不得已，黽勉隨行，躬擐甲冑，立于矢石之所，禁軍披甲者只四五人，其
餘陪從之人，皆戰服而已。炮聲如雷，矢集如雨，清兵三吹角，三吶喊，一時
衝突賊陣，發矢數三巡後，劍光閃爍。是時，風勢大作，一陣黃埃，自近而
遠，始知賊兵之敗北也。一食之頃，戰場空虛，積尸相枕，彌滿大野。賊騎之
奔北者，追逐二十里，至城東海口，盡爲斬殺之，投水溺死者，亦不知其幾
矣。初更，九王還陣于關門五里許戰場近處，世子隨還陣外止宿。

又仁錄二十二年五月甲午條：

文學士李葆馳啓曰：世子之行，自發瀋陽，連日作行。十五日早發，隨至山海
關。總兵官吳三桂遣將官二人請於九王曰：皇城爲流賊所陷，皇帝自縊，后妃
以下皆自焚，關內諸城皆見陷，惟山海關獨見存，朝暮且急，約與貴國致討
云。二十日，又錦州城西止宿，漢人又來告急，清兵遂急馳。二十二日朝，進
迫關門，吳將率諸將出城納降，開門迎入，則漢人已與賊兵接戰於關內數里許
大野中，清兵直衝賊陣，一食之頃，僵屍蔽野，賊皆奔北，追殺於海口，至
夜還陣關內五里許。二十三日朝，行軍直向北京云。世子則常在九王陣中，交
兵之際，亦不得出陣。

讀朝鮮記事，如讀李華『弔古戰場文，』所云『一食之頃戰場空虛，』又云『一食之
頃僵屍蔽野，』形容李自成之敗，只此二句足以盡之，『轉眼興亡，眞一局棋耳。』此
一興亡，是爲明季『虜寇交訌』的結局，而多爾袞與李自成之別，眞所謂天堂地獄
『其間不能以寸』而已。然而問題又來了，卽朝鮮記事內所有稱述多爾袞大捷之狀是
已，因爲李葆的馳啓最後曾經特別加以說明云：『世子則常在九王陣中，交兵之際，
亦不得出陣。』據此，可見瀋館錄中四月二十二日之日記，以及李葆之報告大捷，其

來源當然亦係得之於清人之口，參多爾袞頒捷之勅書，也並無多大的出入。實則當初
山海關之戰，非身歷陣前參加血戰者不能說明其眞相，若只據時人記時事之成例，以
爲可探可信，則其結果往往不免有『一字之差，相去千里』之異。茲因整理內閣大庫
殘餘檔案，查出順治元年十一月初三日，山海衞儒學訓導署教授臣郭應龍，爲『草茅
微績，遵詔冒陳，仰祈聖鑒，以廣皇仁，以彰激勸事』一奏本 (簡稱郭奏)　，另外又有
北京大學藏順治元年八月山海關統領鄉勇都司臧國詔吳自得解國本爲『關門血戰，效
順獨先，祈敕優敍，以彰盛典，以信恩綸事』一啓本 (簡稱臧啓)　，總此兩本，合而觀
之，才知道前說都有些含混不明，蓋當四月二十二日之前一日，卽四月二十一日的辰
時，吳三桂的部隊卽已與李自成鏖戰終日，凡連殺數十餘陣，是日戰，有『斬獲賊級
無數』之報，又有『大獲奇捷』之報。凡此『奇捷』與『斬級無數，』俱吳三桂獨力
血戰之功，初與多爾袞無關，詳瀋館錄記四月二十一日多爾袞行軍之狀，可以爲證。

　　是日黎明行軍，至四十里許，少駐卽發，我行員役或饑，過中後所前屯衞中前
　　所，至關外十五里許，日已昏黑，屯兵不進，一晝夜之間，行二百里矣。(卷七
　　葉十二)

此晝夜兼程之事，參順治實錄稿元年四月庚午條，亦係由于洪承疇之指揮，不可不
知。然卒因四月二十一日趨至關外十五里許時，『日已昏黑，』兼且人饑馬乏，不能
鼓勇更前，於是乎只好『屯兵不進。』而是日吳三桂在關內之血戰終日，大敗賊衆，
多爾袞不但無關，而且似乎更有些毫無所聞的樣子。據此，則檔案內發見之文件，其
在明清史上實爲一極端重要的文獻，不可不備錄於後，以資研究明季流寇史事者之參
考。

　(一)臧啓：

　　慨自流賊橫肆，慘及神人，臣等仰仗天威，並蒙吳王牌委練兵剿賊，破格陞
　　授。卽會同贊畫宋元善等盡將鄉勇傳赴敎場，誓師揷血，嚴緝奸宄。先後擒獲
　　奸細張有起張五，俱轉解吳王梟示祭旗訖。臣等奮勇捐軀，協同佟副將列營排
　　陣，自龍王廟起，至譚家頗羅止，分撥中營參謀寗弘猷千總侯天祿把總吳成功
　　任進忠左營參謀冷如蘭千總李通把總張存仁張得盛右營參謀童宗聖千總李本植
　　把總馬成功陳得功督陣廩生孔啓秀張大道趙廷臣等十六名，統集鄉勇三萬餘

人，隨與王官兵協力夾剿。臣等身作前鋒，與賊死戰，自辰至酉，連殺數十餘
陣，斬獲賊級無數。賊復突衝佟副將營內，臣等領兵進攻，大獲奇捷。恭逢殿
下親提義旅，立掃狂氛，臣等欣迎駕至，踴躍投誠，欽奉令旨，歸順官生加陞
一級，敬此敬遵。伏念戡亂剿賊，論功關門爲首，堵禦血戰，臣等拚命當前，
又因巡緝餘黨，不敢擅離地方，仰覩聖明有功必錄，是以披瀝上陳，伏乞殿下
俯鑒。臣等剿賊血戰，歸順尤先，敕下該部，從優陞敍，則錄功信賞，炳如日
星，而趨事竭忠，風動寰宇矣。爲此具本，謹啓以聞。

硃批：歸順各官，已有旨通候彙敍。兵部知道。

（二）郭奏：

恭惟我□上義師掃賊，救民水火，臣等得沐□化，不勝慶幸，又復何功可言。
近讀恩詔內一欵，一大兵入關以來，文武官紳，倡先慕義，殺賊有功，以城池
歸順者，該部通行查敍，具奏定奪。當入關時，蒙諭關門首順官生，功爲第
一，又奉令旨，凡歸順官生，各加一級，間有軍功，不次優擢。大哉王言，炳
如日星。切思關門兵單餉匱之時，逆闖逼犯，充斥郊原，彼時山海撫部鎮道一
臣俱缺，臣以訓導，業蒙平西王憲委，公同統練，督率生員趙雲翰孫貽英趙雲
翔張瑞揚王應庚于騰蛟郭允中孟曰吉劉廣志余一貫張承胤林洐呂調元等，輸助
糧餉七千八百五十餘兩，稽察戰馬一百二十餘匹。於四月二十一日，逆賊蜂至
關門，諸生糾率鄉勇數萬，前赴西河劄營助敵，自辰至酉，鏖戰□□□□，以致
生員李松譚有養劉以禎等戰沒賊營，高□□□傷陣前。於二十二日，幸王師雲
集，諸生率衆迎駕，仰賴□威一鼓撲滅。茲諸生之微績，實係倡義殺賊，開國
首順，皆皇上所洞鑒者也。今諸生不敢自敍，臣本職微，曷敢濫狥，但堵禦剿
賊，朝夕共事，雖績非顯著，而忠義之血誠，實超閭庠之士。除申報平西王
外，謹遵詔冒昧上陳，伏乞皇上俯念微功，大彰激勸，庶□恩廣被於疆場，而
天下咸思歸順之誠矣。

硃批：郭應龍以教官妄奏敍功，不准行。該部知道。

由上一啓一奏，現在有兩個解釋：

（一）臧啓雖多稱述功績，但於日期一項則毫不涉及，其言敗賊情節，似乎很有些是

『仰仗天威』的意思。此一啓本，以當時章奏的體例言之，可謂最爲得體，卽『功歸
朝廷』而已。如云：『統率鄉兵三萬餘，隨吳王……與賊死戰，自辰至酉……大獲奇
捷。恭逢殿下親提義旅，立掃狂氛。』再考之前面所引明史大致亦正相彷彿：『四月
二十二日，自成兵二十萬陣於關內……我兵對賊置陣，三桂居右翼末，悉銳卒搏戰…
…戰良久，我兵從三桂陣右突出……賊衆大敗。』兩兩相較，都是些含混不明之辭。
據此，則前項啓本，當然亦爲多爾袞所樂聞，所以硃批內特許令『通候彙敍，』以錄
其功。

　　（二）郭奏所言，則全爲書生之見，據日直書，揆之臧啓，大不相侔。書：『四月二
十一日，逆賊蜂至關門……諸生糾率鄉勇數萬……自辰至酉，鏖戰……。』又書：『二
十二日，幸王師雲集，諸生率衆迎駕，仰□天威，一鼓撲滅。』由此書法，可以看出
山海關之戰，尤其是四月二十一日之戰，卽清人尙未合戰之日，有關上數萬鄉勇之
衆，以及吳三桂所率關寧的精兵，亦足以制賊。再由此推之，則四月二十二日之役，
多爾袞卽不出一兵，似亦不足爲輕重。總因李自成山海關之役，當未出師之前，『敗
形已著，』軍心已呈動搖之象，動搖而至於『皆泣下，』（懷錄）則其動搖之大可知。
何況吳三桂事先又更有制勝之策，如『夷灶塞井』使流賊無所得食，『困敝殊甚，』
（懷錄）卽其一例。據此，則李自成之必敗，已成必然之勢，也不消細說。特是其時之
大勢，關內外實同時並急，而多爾袞之『乘虛直擣』更是勢所必至，眞所謂『東呼西
應，』『請亦來，不請亦來。』（參王錄順治元年三月甲辰「大舉進討」條）吳三桂於此，自然也
很大傷腦筋，『顧東不能顧西，禦賊不能禦虜。』於是乎世所稱之『吳三桂請清兵』也
就在這種委曲求全情形之下而實現了。凡此委曲，可以說，全是由於『郭奏』所發
明，而所謂山海關戰役的眞相也就可以從此大白於天下後世了。因爲如此，則當初多
爾袞對于『郭奏』之深惡痛恨也就可想而知了，所以硃批內不准旌其功，且加以申斥
曰：『郭應龍以教官妄奏敍功，不准行。』其實郭奏非妄，只不該說實話，特別提出
『四月二十一日』之戰役而已。

　　此外又有『功成身退』者，據懷錄卷十八葉九記吳三桂與流賊死鬪條，亦舉例如後：
　　　時有副總兵胡太乙者，吳襄之結盟兄弟，三桂常稱爲伯父。山海永平之勝，半
　　出其力，不欲顯名，盡以功歸三桂，三桂歲奉銀六百兩。又以貧告，三桂界之

二十萬，老死于家。

自來有心于世者，往往隱遁山林，<u>胡太乙</u>『不欲顯名，盡以功歸三桂，』可以『<u>明季逸民</u>』四字稱之。凡此逸民，以及『<u>藏啓</u>』『<u>郭奏</u>』內許許多多力戰而死之士，其在<u>明</u>季時，俱爲朝廷所素不識面之人，結果他們當國家多難之日，反能替國家出死力盡了『國家興亡，匹夫有責』的義務。總此盡義務之事，例子也很多，卽如從前<u>崇禎皇帝</u>勸諸大臣捐輸助國之日，諸大臣應命者反寥寥，反有些觀望不前『漠不關心』的樣子。後來還是一班無名的小民忠義激發，『當仁不讓，』傾其所有以輸于國家，據懷錄卷十七葉十六：如『<u>厚載門</u>外小民捐銀三百兩，』如『一老人舉平生所積銀四百兩輸戶部，』皆是。又如當<u>李自成</u>入京之日，諸文武大臣都爭先恐後以迎降，惟獨有些布衣之士反以屈膝于賊爲恥，據同書卷十七葉十八：『布衣<u>湯文瓊</u>書其衣襟曰：位非<u>文</u>丞相之位，心存<u>文</u>丞相之心。遂自殺。』此又義民『爲國死難』之一例。據此，可見<u>崇禎</u>之世，<u>中國</u>並非無人，有人而當時朝廷不能用，實際乃與無人同。但一聞<u>李自成</u>『犯闕弒君』罪惡滔天，則又有人出頭了，大家又都奮袂而起了，如<u>山海關</u>之鄉勇，一呼而集者便達三萬餘人，可見義民之衆。凡此義民，他們沒別的，他們只爲要想抓住機會以報效國家，沒想到此一機會又爲<u>多爾袞</u>所掠奪以去，於是殺賊的義士，如<u>胡太乙</u>之類，也就失去了建功立業之一好機會。讀史者至此，眞可以說，<u>山海關</u>之戰，並非如<u>清</u>人所云，『滿兵之强，天下無敵，』而只是由於一個<u>吳三桂</u>無端的成就了一個<u>多爾袞</u>而已。

四、李自成之敗亡

甲申之役，<u>多爾袞</u>之掃除流賊，據攝政王日記，不啻如摧枯拉朽，有『本朝大兵平流賊甚易』之說。但如後來順治之用兵南疆，竭其全力而不能應付一<u>李定國</u>，使非<u>洪承疇</u>之效忠新朝以亡<u>南明</u>，則<u>明清</u>成敗之數正未可知。此<u>李定國</u>之外，據殘餘檔案，<u>清</u>兵又嘗有敗於流賊<u>小袁銀</u>之事，如崇禎十六年正月初二日（卽壬午虜變之役）<u>清</u>人在海州地方與<u>小袁銀</u>兵之連戰連敗，更是一確證。而此<u>小袁銀</u>之力戰，尤足使<u>清</u>人爲之膽寒，就是說，<u>小袁銀</u>的兵礮打箭射刀砍三者一齊來，殺得<u>清</u>人不但遇强則遁，而且還更花費了許多銀子向<u>小袁銀</u>乞饒買命（甲編葉九五五）。此一戰役，如果寫在<u>清</u>初的

開國方略上，當然又是清人最大的醜事了。由此類推，則是多爾袞所說的『本朝大兵
平流賊甚易，』自然又別有原因，自然又不外包括許多的漢兵而言了。而這些漢兵的
平賊，說起來又正是可恨之事，例如吳三桂之一軍，素稱關上勁旅，昔日明帝未嘗用
之以制賊，及國破身亡之後，此關上勁旅，反爲清人始終所利用，據仁錄卷四五葉三
十，多爾袞之乘勢直下，卽係得力於吳三桂爲之前驅：

> 世子遣禁軍洪繼立以手書馳啓曰；九王以下諸陣，大破流賊之後，已得破竹之
> 勢，而且吳三桂先移文帖于前路州縣，使皆迎降。

吳三桂之外，更有許多『媚寇辱國』之武臣，言之尤爲可恨。蓋此輩始則從賊以傾明
室，及多爾袞入關後，又皆相率脫離賊籍而投順清人，且亦以『誅滅流賊，爲故君報
仇』作爲傾心歸誠的藉口，如大同總兵姜瓖、定西侯唐通、鳳翔總兵董學禮等，不一
而足。此輩生平最是反覆無常，心中只常以『富貴』二字爲前提，等於後來之孫可望，
順治元年七月二十日，工科給事中朱鼎藩有一啓本，敍述明季武臣窮兇極惡之狀，卽
係指總兵姜瓖等而言。其啓本有云：

> 今鎮帥每言，新制迥異往昔，總兵位敵諸王，脅令監司以下皆行屬禮。

又云：

> 今日窮兇恣妄之武臣，卽明季媚寇辱國之武臣，以之靖寇偏怯，以之侵民偏
> 猛，民殘轉相爲寇，寇熾民生日蹙。

天生此輩，是明朝大啓殺運之機，如依清人言，當曰：『良有天意。』或者又該曰：
『恰似天使他們成就一個大清帝國。』因爲多爾袞之掃除流賊，卽係由于此輩同心僇
力效命新朝之所致，清實錄於此，則皆埋沒而不書，但只歸功多爾袞以及英王阿濟
格、豫王多鐸（二王俱多爾袞同母弟兄）等之『所向無敵。』其實多爾袞弟兄當初何嘗能與
明人敵，參攝政王日記（二年）閏六月十二日條，並歷史語言研究所集刊第十七本洪承
疇一文，均足以看出清初諸將領之生平，這裏也不用細表。現在只說一說效命清朝之
武臣，俾得了解多爾袞之所以能够消滅流賊之故。

　（一）姜瓖　　順治元年七月十六日，掛征西前將軍印，鎭守大同等處地方總兵
官，後軍都督府右都督姜瓖塘報：

> 據分守冀北道李惟讓報稱：爲接報闖寇情形事，本月十三日，據朔州城守備姚

印業報稱：據材官郭虎稟報：探得南僞鎮發牌二面，一面爲曉諭事內稱：今報長安二府由綏德漢中高趙從西河驛過河，統領夷漢番回馬步兵丁三十萬，權將軍劉統兵十萬過河，從平陽北上。又報：皇上統領大兵三百五十萬，七月初二日從長安起馬，三路行兵，指日前來，先恢剿寧武代州大同宣府等處，後赴北京山海，剿除遼左，至叛逆官兵盡行平洗，順我百姓無得驚逃等語。永昌元年七月初七日。……看得逆闖連誅，南賊宵遁，不思天亡可待，駃騃不遑，輒敢盤踞忻州太原等處，疊遣僞牌，妄圖復逞，此雖虛聲恐喝，伎倆自當立窮，而在我之嚴加防守，力爲進勦，固不可一日綏也。除將僞牌打毀外，一面嚴飭各該地方愈加固守，一面遣發副將王鉞王進朝等統領馬步官丁，直抵忻口一帶，相應擒勦。（甲編葉七十三）

又八月初六日啓本云：

賊氛未滅，偃武無期，誠不知何策以處此矣。言念及此，寢食俱廢，憂心如焚，伏乞廟堂之上，內外合籌，邊腹並重，蚤定兵食之大計，默消呼籲之隱憂，封疆幸甚，軍民幸甚。（甲編葉七十六）

(二)唐通　順治元年十月十一日，原任欽封定西伯唐通奏本：

今臣身旣歸順皇上，死而不返，大丈夫之所爲耳。臣雖係武夫，頗有血氣，斷不作二心人也。今將臣始末心跡，作一祭文，差官叩於先皇陵前，告知臣一點忠心，卽九泉之下，亦當瞑目矣。

若皇上旦夕發兵，令能將統領繇偏關從河保營過河，與臣在黃甫川會兵，臣兵引道，先取榆林一帶，延綏一復，陝西全省可定矣。

又二年正月十五日到，新封定西侯唐通稟：

老恩師洪……臺座前：竊念門通智無一得，勇乏兼人，謬荷聖明優寵，老恩師破格栽培，眞千載異數，頂戴何膝。惟有矢此赤心，竭此痴忠，仰報朝廷，並報老恩師之鴻恩於萬一耳。（甲編葉九九）

又二年五月初八日，定西侯鎮守保德州等處地方充總兵官臣唐通啓本云：

爲查□年冬底大兵自保德過河……至河保營唐家會下營，黃甫川清水營木瓜園孤山鎮□永興神木大柏油柏林堡葭州，皆臣勦撫之微功也。

本年正月初五日，臣自綏德赴雙山，與賊寫戰書一紙，將一切利害與賊高一功說明，要戰，卽約定日期卽來交戰，如不戰，領兵困城，正月十二日，差炭窰上百姓投書，十四日未時，賊走楡林。

陝西州縣，臣處處盡心，不敢稍懈，白廣恩等望風投順者，皆王上封臣定西侯之恩，諸將感激王上破格用人，可以不戰而建太平矣。……今臣同刑部左侍郎臣孟喬芳同心戮力，勦撫西秦，設計再圖張獻忠等，恨不得壹日一統，以報王上。

(三)董學禮　　順治二年三月二十二日，鳳翔總兵董學禮揭帖：

為備述微臣投誠效命始末苦衷，仰懇聖鑒，並陳謝悃事。職在明朝原任寧夏花馬池副總兵，闖賊破關入陝，尋陷燕京，職力不能爭，勉受僞職，將圖待時報復。及天兵收復懷慶，職時守郭家灘，於順治元年八月初二日，就葉淸王等固山傾心歸順。……十一月內，奉豫王令旨，調赴隨營，十二月十五日，征進關陝。職奉本王令旨，為大兵前探，仰藉天威，破關入省，逆闖敗遁。又職差中軍叅將王元等，招降巡撫黎玉田總兵馬科副將馬德高汝利石國璽叅將馬寧武大定等明朝兵將一萬有奇，又招漢南副將胡向化士兵一萬餘。職移書奉王令旨，招回固原總兵白光(廣)恩蘭州總兵鄭嘉棟甘州總兵左勳副將謝禎等，素與職相知，駐劄在省，陝省大勢已定。

此處於明季武臣，所以縷述如是者，蓋欲彙輯此輩行事為一書，刊而行之，名曰明季叛臣錄。錄中最奇者，有所謂『老恩師洪』云者，頗可資談助。洪卽洪承疇，洪承疇一生事蹟，考之此類之叛臣，正可合作一傳。所以明淸之際，淸國沒打緊，最可畏者卽為當初之漢奸，如丙編葉一四載金國汗勅諭巡撫白養粹等稿云：

其南朝事體，小民情節，朕未必曲盡詳知，雖用言撫慰，民心半信半疑，卿等當為朕用心撫字，宜朕至意，上者下之倡，民惟觀卿等何如耳。卿等宜念休戚相關，不以暫苦為苦，以日後有福為念。

據此，是知當初之淸太宗對于明朝事體及小民情節猶云『朕未必曲盡詳知，』則多爾袞又非太宗之比 (太宗嘗指多爾袞等為瞽目，見禮親王昭槤嘯亭雜錄卷一葉二)，其不能詳知之處，更可想而知。所以多爾袞於此，不得不利用洪承疇，其借重洪承疇之處，或當引昔日

太宗之言曰：『上者下之倡，民惟觀卿等何如耳。』至於洪承疇自屈膝清人之後，其在清國之地位，當然亦以『休戚相關』四字爲念，惟其如此，故洪承疇當入關之日，卽專以解散賊黨以孤賊勢爲己任，如唐通之具稟投誠自述勦撫之功，如董學禮(崇禎中，洪承疇任三邊總督時，董學禮卽隸其部下)關于陝省大勢已定一揭帖，說起來都與洪承疇的線索有關，都是『惟老恩師之馬首是瞻。』(吳三桂於洪承疇，亦同此情形)而李自成之一敗再敗一直敗到底，原因卽在於此。凡此情節，與當初平定流賊的史事俱關係重大，同時又爲清人所不言，故特附此一說，以見李自成之所以奔潰之故。

　　再，陝省大勢之平定，平定者，雖止一隅之地，然正因此一隅之地，足以決定李自成之命運，因爲自成固嘗云：『陝故鄉，十燕京不與易也。』茲故鄉亦不能立足，則在當初所有得失之大，孰有過於此者。於是乎清人之乘勝直追，也就成了一個自然而然的趨勢，檔案內，有順治二年四月二十九日河道總督楊方興一塘報，卽爲報告大兵追趕李闖之事。其辭云：

　　　　爲塘報事………據河南鎮守歸德總兵孔希貴塘報………內稱：四月初十日至南陽府，聞□王爺(英王阿濟格)統大兵將闖逆追至湖廣承天府，三月二十六日打杖，將闖逆殺敗，老營趕散，擒獲大頭目一名，名雙喜，係闖逆乾子。八王爺仍將闖逆所擄河南百姓，俱發回本處。等情。

此時之李自成，只因大勢已摧，所以百戰百敗，其逃至湖廣承天府之日，更隨到隨敗，卽欲稍事喘息也勢不可能了。又按，李自成承天府之敗，塘報作三月二十六日，及檢懷錄，則爲二月二十一日戊寅。由此觀之，可知前人之書縱極善盡，然一經檔案之校對，則又如『字經之寫烏焉成馬』之類，愈傳愈訛，檔案卽直接史料，所以研究已往之歷史必以直接史料爲貴者，其說卽在此。

　　又三月二十六日之戰，是爲李自成最後之一戰，繼此之後，據懷錄附錄『甲申剩事』葉五順治二年四月條，便該是李自成碎首而死之事。自成之死，其時傳說有二，一云爲村民所擊死，一云死于鄉團亂刄之下，總之，天下事已往者，皆成冷風蕩烟，究竟眞相也不得而知，姑據野史附錄於後，以見李自成之結果總歸不得其死而已。

　　　　闖賊欲東下發兵……庚辰至蒲圻，沿途殺掠，闖賊令嚴，軍行不敢反顧。通城有九宮山，又名羅公山，上有眞武廟，闖賊自以二十騎殿，過山下，止從騎，

獨身登山，見像下拜，若爲物所擊，久不能起。村民方賽神，疑爲盜，擊以鍤，首碎，搜之，見裏衣非常，又有金印，大駭散走。從騎待久，登山求之，已死，殺近山居民。

督師何騰蛟達疏于福建則曰：臣料闖賊見左 (良玉) 兵東去，勢必覬楚 (原注：闖之死在乙酉，即以此語爲斷，有紀闖死丙戌者，非也)，檄道臣傅上瑞章曠推宮趙廷璧姚繼舜咸寧知縣陳鶴齡等，聯絡鄉團待勦。闖賊因于雨者踰月，住武昌二日，拔營而起，欲據湖廣，而伏兵四起，死于亂刃之下。其徒追呼李雙喜曰：李萬歲爲鄉兵所殺。賊皆哭，登山覓屍，已踐爲血糜。臣撫其餘黨郝搖旗于湘陰袁宗第藺養成于長沙王進才于新墻云。

闖賊死後，田見秀以其兵走岳州，進才故革賊之黨，既反正復叛，與見秀合，屯于荆州草坪。李過亦至，賊中素尊事之，立爲主，見秀得闖賊所遺明璽以獻，請稱帝，不敢當。合得騎兵三萬，步兵六七萬，攻荆州，清將鄭四維固守，貝勒兵至，擊破之，殺劉芳亮，兵死者萬數，李過奔西山，見秀奔當陽。

何騰蛟疏內的小注，所謂『闖死在乙酉，』乙酉爲五月初四日。如再說一句，便該說，李自成死于順治二年之五月初四日，然否？姑不論。茲所討論者，則爲騰蛟疏中又載有『李雙喜』三字之稱，此與前面楊方興塘報內所云之『雙喜』當是一人。但可異者，彼是承天事，此是通城事，彼是三月二十六日事，此是五月初四日事，彼是李自成生前事，此是李自成死後事，彼是當陣擒獲事，此是其徒追呼事，凡此諸點，亦可見史之問題無論大小，只須加以質證和研究，則所謂是是非非不難有過水落石出的。

又何騰蛟收撫自成之餘黨，除郝搖旗等之外，尙有一批，亦據同書六月己卯 (二十八日) 條錄如下：

……李過高必正以其黨走長坂……楚督何騰蛟遣長沙知府周二南招之，賊許騰蛟至乃降。騰蛟急往，賊帥驚喜，下拜，一時驟增兵數萬。時唐王自立于福建，改元隆武，以騰蛟爲東閣大學士，封定興侯，賜李過名赤心，封興國侯，封高氏忠義夫人，高必正等封伯，諸降將皆授總兵官。俄糧乏，袁宗第等解散，郝永忠王進才猶從騰蛟。

同時清人亦遺使分途招撫自成部隊，以爲除滅南明之用。其招撫之數比何騰蛟所撫者
更大，據順治二年十月初十日到，八省總督軍門佟代殘揭帖，共招過侯四員，伯二
員，總兵二員，官兵二十二萬四千零五十員名。其詳情如下：

　　一、六月初十日，差官吳天榮招總兵馬進忠王允成，至七月二十日，二鎮帶領
　　馬步兵五千至武昌，職委馬進忠鎮守荆州，王允成鎮守岳州。

　　一、十三日，招得李自成下副將王復遠兵八千。

　　一、七月初九日，進武昌，卽日差都司王自成持書並告示，招光山伯劉體純，
　　報馬步官兵三萬，磁侯劉芳亮，報馬步官兵一萬，義侯張鼐，係李自成乾兒
　　子，總兵郝搖旗，報馬步官兵四萬，總兵劉體統，報馬步官兵二萬。

　　一、初十日，差官王自成招副將王進才牛萬才……八月初五日，副將王進才帶
　　領叅將十員，遊擊三十一員，都司四十四員，守備五十三員，千總十六員，馬
　　步共七萬六千名，隨加該副將總兵劄付，賞貂鼠皮襖一件，袍一件，銀二十四
　　兩。牛萬才帶領叅將七員，遊擊一員，都司五員，守備五員，馬步兵四千二百
　　五十名，隨加該副將總兵劄付，賞貂鼠皮襖一件，袍一件，銀二十四兩。

　　一、八月十四日，招李自成下澤侯田見秀，報馬步兵七千，太平伯吳汝義，報
　　馬步兵二萬。

　　一、十七日，差官王成招李自成下綿侯袁宗第，報馬步兵三千，差叅將任吉祥
　　投順，職加以副將劄付，賞蟒袍一件，銀十兩，本侯與地方安插兵馬完日方求
　　見。

當此之時，亦有不受清人招撫者，如殘件又云：

　　延安府敗下餘賊一隻虎，在荆州一帶，職差人持書招撫數次不順，已遺總兵張
　　應祥賈三省郝效忠帶官兵二萬撫勦。

此處之一隻虎，卽何騰蛟所撫之李過，隆武帝嘗賜以嘉名，曰『李赤心，』自是之
後，李赤心『生爲南明人，死爲南明鬼，』應入南明忠烈傳，不可不記。除此之外，還
有郝搖旗等之歷史，亦當表而出之，如殘揭內所報招撫人馬，雖列有『總兵郝搖旗』
一欵，但此並非『傾心投誠』之比，『兵不厭詐，』只不過一時緩兵之計而已。因爲
郝搖旗之乘機入據鄖陽茅麓山以與清人抗，凡二十餘年之久，至死不屈，卽自此時

始，見王錄康熙三年八月己卯條。

又清人於自成死後，不但收其人，且更掠其財，如順治四年七月十八日到，江西巡按吳贊元揭帖：

順治二年八月內，奉總督佟養和示：照得我兵追殺闖逆，零星逃散，自襄抵九江，無處不有，比時賊寇狼狽，逃命不暇，所有拋棄金銀寶貝婦女騾馬衣物器械等項，皆爲本地方居民檢拾。看得此物，我兵千辛萬苦，捨命追落，豈容漁人得利。合再曉諭，有居民檢拾流賊前項各物，據實報部，將所得之物，三分之內給賞得主一分，如隱匿潛藏，被人舉首，將隱匿之家，定行抄沒，其舉首之物，三分之內給賞舉首之人一分，如兩隣朦朧不報，一體連坐。出示曉諭。

此告示一則，是爲清人變相之『擄掠，』而前日多爾袞所云『非如從前擄掠』之說，並非真不擄掠，只是多爾袞之貪心比前更大，其兩隻眼光以及全副的精神，惟在於李自成之財物而已。蓋當初洪承疇以制賊方略敎多爾袞之時，曾如此言之，見順治實錄稿元年四月庚午條。流賊的財物，既爲清人所得，而李自成至是可謂『人財兩空，』另外，自己又更賠了一條命。自成前後辛苦了數十年，結果也不知『爲誰辛苦爲誰忙？』據孫可望則云：『清享漁人之利。』那麼，是真有些值不得了。總而言之，流賊輩，本蠢蠢無知之徒，責之無益，今略識於此，以見其徒爲異賊作驅除而已。

出自第二十五本（一九五四年六月）

甲午戰爭以前的中國工業化運動

全 漢 昇

(一)

十八九世紀間的工業革命，使英國成爲現代世界上第一個工業化成功的國家。這一股工業化運動的浪潮，並不以英國爲限；在英國工業革命成功以後，牠一方面跨越北大西洋而沖激到東西兩岸上去，他方面又隨着世界海陸交通的進步而把種子散播到遠東以及世界其他地區。

工業化的最主要特點 是機械化的生產，即以機器 代替人工來生產 各種貨物與勞務。由于機器的幫助，工業化國家的生產力自然要增加，故生產出來的貨物與勞務，不獨數量激增，品質改良，而且生產成本特別低廉。像工業革命策源地的英國，因爲工業化成功的時間較早，在十九世紀長時期成爲"世界的工廠"，不獨使馬爾薩斯在人口論中所發愁的陰影爲之煙消雲散，而且使國力增強，大英帝國的光輝幾乎照耀到地球上的每一個角落。這一股龐大的經濟力量，在尾隨英國之後而工業化成功的國家也表現出來；如德國之力能發動兩次世界大戰，美國之成爲現代世界上最富有的國家，當然和自英國散播出來的工業化的種子有很密切的關係。

和其他國家比較起來，中國和西方工業文明的接觸，在時間上並不算太晚，從而中國開始工業化的時間也相當的早。早在一八四○至一八四二年（清道光二十至二十二年），由于雅片戰爭，工業革命老家的英國已經迫使中國放棄閉關政策。這和美國培理提督 (Commodore Perry) 于一八五三至一八五四年始迫使日本開關 (註一) 的時間比較起來，還要早十年有多。中國在同治四年（一八六五）創立江南製造局的時候，作爲日本工業化的主要關鍵的明治維新（一八六八）還沒有發生。在光緒十九年

(註一) K. S. Latourette, A Short History of the Far East, New York, 1946, pp. 390-391.

（一八九三），當漢陽鐵廠快要建設成功的時候，鐵廠的創辦人張之洞也誇口的說，"地球半東面，凡屬亞洲界內，中國之外，自日本以及南洋各國各島，暨五印度，皆無鐵廠。或以鐵質不佳，煤不合用；或以天氣太熱，不能舉辦。"(註一)可是，中國因受到世界性的工業化潮流的影響而開始工業化的時間雖然比較的早，工業化的速度却來得非常之慢，工業化的成績却非常惡劣，以致直到現在還滯留在經濟落後的階段。

中國雖然約略和其他國家同時受到英國工業革命的影響，爲什麼不能像他國那樣工業化成功？爲着要研究這個問題，作者擬就清季五十年（一八六二至一九一一）的工業化運動作一檢討；因爲中國在這半個世紀中工業化的得失，和現代中國工業化的成敗有很密切的關係。

說到清季五十年的工業化運動，我們可以拿甲午戰爭（一八九四至一八九五）作分界線而約略分爲兩個時期來加以考察。在甲午戰爭以前，即約自同治元年（一八六二）至光緒二十年（一八九四），當朝野上下提倡自強運動的時候，中國工業化的重點爲國防或軍事工業的建設。在甲午戰爭以後，即約自光緒二十一年（一八九五）至宣統三年（一九一一），中國工業化的重點爲鐵路與民用工業的建設。在甲午戰爭以前，因爲國防或軍事工業的建設與國家安全有關，政府必須負起建設的責任，故工業以官辦爲主，資本多來自政府。在甲午戰爭以後，因爲工業化的重點自國防或軍事工業轉變至民用工業，故工業自官辦轉爲商辦，資本多來自私人，連本來由官辦的漢陽鐵廠也改爲官督商辦。此外，在甲午戰爭以前，中國工業化的資本以來自國內爲主。可是，中國因爲在甲午戰爭中失敗，于光緒二十一年被迫與日本簽訂馬關條約，准許日人"在中國通商口岸任便工藝製造，各項機器任便裝運進口，只交進口稅。"(註二)同時，過去自命爲天朝的中國，因爲給小國日本打敗，積弱暴露，列強便乘機在中國奪取建築鐵路的特許權。因此，無論在工業方面，或是在鐵路方面，外資在甲午戰爭以後都躍居重要的地位。

因爲篇幅的關係，本文擬先對甲午戰爭以前的中國工業化運動作一考察。將來如有機會，當再爲文探討甲午以後的情況。

（註一）張之洞張文襄公奏議卷三三豫籌鐵廠成本摺（光緒十九年二月二十五日）。
（註二）清朝續文獻通考卷三五八。

　　在清朝末葉，當中國人士開始與西方工業文明接觸的時候，他們已經深深感覺到，"洋機器于耕、織、印刷、陶埴諸器，皆能製造，有裨民生日用，……妙在借水火之力，以省人物之勞費。"(註一)關于開關以後洋貨大量進口的對策，李鴻章等人主張"設機器自爲製造，輪船、鐵路自爲轉運"，以便"爲內地開拓生計"。(註二)由此可見，作爲西方工業文明的主要特點的機器，能夠以低廉的成本來生產大量的貨物與勞務，以改善人民的生活水準，在清季的朝野人士是有深刻的認識的。

　　可是，西洋機器雖然因爲生產力的增大而"有裨民生日用"，在清朝末葉，由于國防問題的嚴重，朝野上下却認爲利用機器來製造槍礮和輪船，以保障國家的安全，更爲重要得多。說到中國的國防，在近代海洋交通特別發展以前，東南沿海的廣大地區，以海洋爲國家的天然防線，可說是外患最少，全國最安全的地方。可是，到了明代，中國東南沿海各地已經屢受倭寇的侵擾；及近百餘年來，隨着世界海洋交通的發展，東南沿海的防務更有越來越吃緊的趨勢。舉例來說，道光二十至二十二年（一八四〇至一八四二）的雅片戰爭，咸豐七至十年（一八五七至一八六〇）的英法聯軍之役，同治十三年（一八七四）的日本侵臺之役，光緒十至十一年（一八八四至一八八五）的中法戰爭，光緒二十至二十一年（一八九四至一八九五）的甲午戰爭，以及光緒二十六年（一九〇〇）的庚子事變，都是在中國東南海岸及其附近地區打起來的。當日"東南海疆萬餘里"在國際上所發生的這樣大的變化，李鴻章認爲是"數千年來未有之變局"。而這個"數千年來未有之變局"所以發生，又由于"數千年來未有之强敵"，能夠製造和利用"瞬息千里"的輪船，"工力百倍"的軍器，"無堅不摧"的礮彈，以及其他精銳的軍事配備。(註三)因此，爲着要擊退"數千年來未有之强敵"，鞏固東南沿海的國防，中國在因與西方工業文明接觸而開始工業化的時候，有加緊建設國防或軍事工業的必要。

　　英國槍礮和軍艦的威力，中國人士在雅片戰爭中已經領略到，故在雅片戰爭結束

(註一)　李鴻章李文忠公奏稿卷九置辦外國鐵廠機器摺（同治四年八月初一日）。
(註二)　同書卷二四籌議海防摺（同治十三年十一月初二日）。
(註三)　同上。

的道光二十二年（一八四二），魏默深卽已提出在廣東建立國防工業的建議，他說，
“宜師夷長技以制夷。夷之長技有三：一、戰艦；二、火器；三、養兵練兵之法。……
…請于廣東虎門外之沙角、大角二處，置造船廠一，火器局一。……計每艘中號者不
過二萬金以內，計百艘不過二百萬金。再以十萬金造火輪舟十艘，以四十萬金造配炮
械。所費不過二百五十萬，而盡得西人之長技，爲中國之長技。”(註一)可是，當日風
氣未開，朝野根本沒有覺悟，仍然不承認敵不過“外夷”，而以爲雅片戰爭所以失敗，
是朝廷不能始終信任林則徐的原故。而且，道光皇帝崇尙節儉，並不願意動支鉅欵來
從事國防工業的建設。

　　雅片戰爭後魏默深建設國防工業的計劃雖然沒有實行，但再過二十年左右，當
太平天國革命(一八五〇至一八六四)，佔領了半壁河山的時候，政府因爲要沿着長江
用兵來收復失地，便開始感覺到有利用西洋輪船和槍礮的迫切需要。例如負責和太平
天國作戰的曾國藩，早在咸豐十一年(一八六一)，卽已經主張採用西洋輪船和槍礮來
作戰，他說，“本日復據奕訢等奏請購買外洋船礮一摺，據稱大江上下游設有水師，
中間並無堵截之船，非獨無以斷賊接濟，且恐由蘇、常進勦，則北路必受其衝。據赫
德稱，若用小火輪船十餘號，益以精利槍礮，不過數十萬兩。……臣查髮逆盤據金
陵，……所佔傍江各城，爲我所必爭者有三：曰金陵；曰安慶；曰蕪湖。……傍江三
城，小火輪儘可施展，……制水面之賊，……至恭親王奕訢等奏請購買外洋船、礮，
則爲今日救時之第一要務。”(註二)除購買以外，曾國藩于同治元年（一八六二）駐軍
安慶的時候，又在那裏設立軍械所，仿造小火輪。在東戰場方面，李鴻章奉命以上海
爲根據地來向西收復失地，也在本國軍隊中成立洋槍隊和開花礮隊，同時又利用擁有
西洋槍礮的外國軍隊（常勝軍）來作戰。因爲在繼續作戰的時候，開花礮隊對于礮彈
有大量的消耗，故李氏又在蘇州先後成立三個礮局來製造礮彈。(註三)

　　由于東南沿海國防問題的嚴重，再加上西洋槍礮和輪船在與太平天國作戰時所表
現出的威力，同治年間（一八六二至一八七四）朝野上下對于國防與西洋槍礮和輪船

（註一）　魏默深海國圖志卷一籌海篇三。按魏氏此書共一百卷，其中頭六十卷完成于道光二十二年。
（註二）　曾國藩曾文正公奏稿卷二覆陳購買外洋船礮摺（咸豐十一年七月十八日）。
（註三）　拙著淸季的江南製造局，國立中央研究院歷史語言研究所集刊第二十三本（民國四十年十二月，臺灣臺北市）。

的關係自然有新的認識。早在咸豐十一年，卽同治元年的前一年，曾國藩卽已說過，
"輪船之速，洋礮之遠，在英、法則誇其所獨有，在中華則震于所罕見。若能陸續購
買，據爲己物，在中華則見慣而不驚，在英、法亦漸失其所恃。"(註一) 到了同治元
年，曾氏更提出自行製造的主張。他于是年五月的日記中說，"欲制夷人，……欲求
自强之道，……以學作炸礮，學造輪舟等具，爲下手工夫。但使彼之所長，我皆有
之。順則報德，有其具；逆則報怨，亦有其具。"(註二) 再過一些時候，李鴻章對于採
用西洋機器來製造輪船和槍礮的政策，討論得更爲詳細。他于同治三年(一八六四)寫
信給人說，"外國利器强兵，百倍中國，內則狃處輦轂之下，外則布滿江海之間，實
能持我短長，無以扼其氣餒。……若不及早自强，變易兵制，講求軍實，……可危實
甚！……今昔情勢不同，豈可狃于祖宗之成法？必須……廢棄弓箭，專精火器，……仿
立外國船廠，購求西人機器，先製夾板火輪，次及巨礮兵船，然後水路可恃。中士士
夫不深悉彼己强弱之故，一旦有變，曰吾能禦侮而破敵，其誰信之？"(註三) 到了同治
九年(一八七〇)，李氏上一奏摺說，"臣查製器與練兵相爲表裏。練兵而不得其器，
則兵爲無用。製器而不得其人，則器必無成。西洋軍火日新月異，不惜工費，而精利
獨絕，故能橫行于數萬里之外。中國若不認眞取法，終無由以自强。"(註四) 其後，到
了同治十一年(一八七二)，李氏又上一奏摺說，"西人專恃其槍、礮、輪船之精利，
故能橫行于中土。……居今日而曰攘夷，曰驅逐出境，固虛妄之論。卽欲保和局，守
疆土，亦非無具而能保守之也。彼方日出其技，與我爭雄競勝，挈長較短，以相角而
相凌，則我豈可一日無之哉？自强之道，在乎師其所能，奪其所恃耳。"(註五)

(三)

　　由于太平天國戰爭以後朝野上下的覺悟，清朝在同治、光緒年間遂有"自强運動"
的發生。由同治初年至光緒二十年左右，卽在甲午戰爭以前的三十年內，朝野上下所

(註一)　與上頁註二同。
(註二)　曾國藩曾文正公日記 "治道"。
(註三)　李鴻章李文忠公朋僚函稿卷五復陳筱舫侍御 (同治三年九月十一日)。
(註四)　李文忠公奏稿卷一七籌議天津機器局片 (同治九年十月二十六日)。
(註五)　同書卷一九籌議製造輪船未可裁撤摺 (同治十一年五月十五日)。

提倡的自強運動，以採用西法來建設國防工業爲特點，可說是近代中國工業化運動的頭一個階段。

在同治、光緒之交因東南海防的迫切需要而建設起來的國防工業，以製造槍礮和輪船爲最重要。現在先說前者。早在同治元年（一八六二），當太平天國革命尚未平定的時候，由于開花礮隊的繼續不斷的消耗，李鴻章已經在蘇州先後成立三個礮局來製造礮彈。以這些礮局爲基礎，繼續增加機器設備，到了同治四年（一八六五）李鴻章便在上海成立江南製造局。江南製造局原名江南製造總局，又稱江南機器局，上海製造局，或上海機器局，一方面生產槍礮和彈藥，他方面又製造大小兵船，在甲午戰爭以前被稱爲"各省製造最大之廠"。(註一)除此以外，同、光年間還有天津機器製造局、金陵製造局、漢陽槍礮廠，以及廣東、湖南、四川、山東等省的機器局或製造局的設立。(註二)這些製造局相當于後來的兵工廠，採用西洋機器來製造軍火，以滿足國防上的需要，可以說在近代中國軍需工業上起了一個很大的革命。例如天津機器製造局在光緒初年製成的軍火，"以之應付直隸、淮、練諸軍，關外征防各營，及調援臺灣、奉天之師，均能儲備有餘，取用不遺。"(註三)這個製造局的規模相當龐大，設備相當完善，故甲午以前朝鮮國王要建設國防的時候，也要派該國工匠前來學習製造。(註四)其次如金陵製造局，規模雖然較小，但在國防方面也有貢獻。例如在光緒十年（一八八四）中法戰爭的時候，"自六月起，該局撥應各省者，以言礮位，廣東有十二磅來福銅礮十尊之案，雲南有後膛礮四尊之案，⋯⋯且以上所有礮位，尚須配齊子彈架具，必充必備，以否取用，而南北洋之所需者不計焉。"(註五)和上述各製造局比較起來，在時間上成立較晚的要算漢陽槍礮廠；可是這個槍礮廠在機器設備方面非常完善，可說是後來居上的一個兵工廠。例如其中設有"造槍機器一副，每年能造新式連珠十響毛瑟槍一萬五千枝；造礮機器，每年能成克魯伯（Krupp）七生的半至十二生的行營礮，及臺礮，共一百具。"漢陽槍礮廠因爲機器設備比較完善，故"所造各械，皆係

(註一) 拙著清季的江南製造局，集刊第二十三本。
(註二) 清史稿兵志一一。
(註三) 李文忠公奏稿卷二八機器局動用經費摺（光緒二年八月二十一日）。
(註四) 同書卷三八妥籌朝鮮武備摺（光緒六年九月初四日）。
(註五) 光緒朝東華續錄卷七一光緒十一年六月辛未條。

南北洋、廣東、山東、四川等省製造局所無者。至鄂廠所造克魯伯各種車礮，尤爲邊防海防及陸道戰守必不可少之利器。"(註一) 由此可見這個槍礮廠在近代中國軍需工業上所佔的地位的重要。

除却槍礮和彈藥的製造以外，因爲要着眼于東南海防的鞏固，中國在同、光年間的自強運動聲中又有造船工業的建設。早在同治元年（一八六二），當曾國藩駐軍安慶，與太平天國作戰的時候，他已在那裏設立軍械所，仿造火輪船；可是造成的小輪船，却行駛遲鈍，成績並不滿意。其後，到了同治四年（一八六五），江南製造局成立，除製造槍礮和彈藥的機器設備以外，又有機器鐵廠一座，能够修造大小輪船。後來造船設備更加擴充，添置大船隖一區。這一個造船廠，在同治七年（一八六八）造成了第一艘船。以後直至光緒二年（一八七六），差不多每年都造成輪船一艘；可是造成的輪船，除却三兩艘是較大的兵船以外，其餘各船都不過是根撥 (gunboat) 一類的小兵船而已。(註二)在江南製造局成立的第二年，即同治五年（一八六六），左宗棠又在福建馬尾創辦馬尾船政局，或名福州船廠。這一個造船廠的成立，有賴于法人日意格 (Prosper Giquel, 一八三五至一八八六) 等的幫助。日意格原來在法國海軍中服務，曾于一八五七年參加圍攻廣州之役。到了一八五九年，脫離法國海軍，改在中國海關中任職。他于一八六六年與閩、浙總督左宗棠簽訂設立船廠的合同，合同中規定在五年內製造輪船十六艘至十八艘，並設立學校，以製造及駕駛輪船的方法教授給中國人。船廠的經費每年約爲銀六十萬兩，頭五年的費用約共一百萬英鎊。船廠中僱用歐洲人七十五名，大部份爲法人，約有二千五百名中國工人在他們指導下工作。到了一八七四年日意格離華返國的時候，福州船廠已經製造及配備好輪船十五艘，其中有十艘每艘排水量都在一千噸以上。這一艦隊的噸位共一萬六千噸，船上配備了大礮七十五門，由一千五百名訓練過的水手來駕駛。(註三)

中國在因與西洋工業文明接觸而開始工業化的時候，由于國防方面的迫切需要而特別着重槍礮與輪船的製造，實在是很自然的事。可是，當這些軍需工業建設起來以

(註一)　清史稿兵志一一。
(註二)　拙著清季的江南製造局，集刊第二十三本。
(註三)　Stanley F. Wright, Hart and the Chinese Customs, Belfast, 1950, pp. 462, 492-493. 又參考
　　　　王信忠福州船廠之沿革，清華學報第八卷第一期（國立清華大學，民國二十一年十二月）。

後，人們自然要感覺到，國防問題的完滿解決，絕對不能以槍礮與輪船的製造爲限，而有開發本國煤、鐵等礦產資源來與之配合的必要。在自強運動聲中建設起來的製造局或造船廠，當最初成立的時候，其所用的機器設備，固然可以購自外國。但這些機器設備在工廠中安置以後，必須繼續消耗多量的煤作燃料，纔能轉動來從事生產。同時，槍礮或輪船的製造，必須使用大量的鋼鐵來作原料。等到製造出來以後，槍礮所用的彈藥，又要消耗不少的煤來作燃料纔能製造；同樣，輪船中的鍋爐也要燒大量的煤，纔能轉動機器，行駛于海上。煤、鐵等礦產資源的開發，既然與國防工業的生產有這樣密切的關係，故"自同治十三年（一八七四）海防議起，（李）鴻章卽瀝陳煤、鐵礦必須開挖。"(註一)同時，李宗羲也上疏說，"自福建創設機器局，上海繼之，江寧、天津又繼之，皆由槍礮而推及輪船。……煤、鐵乃中國自然之利，若一一開採，不獨造船造礮取之裕如，且可以致富強。"(註二)其後，到了光緒四年（一八七八），御史曹秉哲上一奏摺說，"近來各省開設機器等局，需用煤、鐵甚多，請由內地仿照西法用機器開採轉運，鼓鑄製造，既省買價，並濬財源。"(註三)再往後，張之洞也說，"武備所需，及輪船機器，……無一不取資于鐵，而煤之爲用尤廣。實力開辦，可大可久，自強之圖，實基于此。"(註四)又說，"一切船、礮、機器，非鐵不成，非煤不濟。"(註五)可是，利用西洋機器來大規模開採本國煤、鐵礦的需要雖然是這樣的迫切，實行起來却遭遇到種種的困難。例如在光緒三年李鴻章向朋友訴苦說，"目下鷄籠（卽今臺灣基隆）煤礦已有成效；武穴（在今湖北廣濟縣）、池州（今安徽貴池縣）均甫開局；魏溫雲亦在（湖南）安慶、衡州等處試採煤、鐵。但官紳禁用洋法機器，終不得放手爲之。凡此皆鄙人一手提倡，其功效茫如捕風。"(註六)在當日全國各地嘗試開採的礦產中，只有河北的開平煤礦（又名唐山煤礦），經過長期的經營，與鉅額的投資，到了光緒十二年（一八八六）左右，因"仿西法開採，日出煤八九百噸。北洋兵船、機器局實賴此煤應用，以敵洋產。"(註七)煤礦以外，鐵礦的開採和冶煉，在時間上更要晚得

(註一)　李文忠公朋僚函稿卷一七復郭筠僊星使（光緒三年六月初一日）。

(註二)　清史稿列傳二一三李宗羲傳。

(註三)　李文忠公奏稿卷四三試辦織布局摺（光緒八年三月初六日）。

(註四)　張文襄公奏議卷二九勘定煉鐵廠基籌辦廠工暨開采煤鐵事宜摺（光緒十六年十一月初六日）。

(註五)　同書卷三五鐵廠擬開兩爐請飭廣東借撥經費摺（光緒二十年十月初二日）。

(註六)　與註一同。

(註七)　李鴻章李文忠公海軍函稿卷二擬覆奏底（光緒十二年十月十六日）。

多。到了光緒十六年（一八九〇），當漢陽槍礮廠的機器已經定購的時候，海軍衙門還提出這樣的問題，"建廠鑄械，必須有鋼鐵供用。刻下礦尚未開，開後尚須煎煉，非咄嗟可辦。是否建廠以待，抑俟鐵有成效，煉有成數，再行舉辦建廠？" 對于這個問題，李鴻章以爲，"所訂（槍礮廠）機器已刻期來華，若存擱過久，必致潮濕銹蝕，終歸無用。似須先建廠設機，以立根基，而免損壞。"(註一) 事實上，這時張之洞已經自廣州調往武昌就任湖廣總督，一方面着手開採大冶鐵礦，他方面籌辦漢陽鐵廠。經過數年的籌備，到了光緒二十年（一八九四），官辦的漢陽鐵廠終于開爐來煉鐵製鋼。(註二) 可是，開爐不久以後，中、日甲午戰爭便打起來了。

中國在開始工業化的時候，以國防爲着重點的機械化的生產，並不以生產各種工礦產品爲限，而且要生產勞務。換句話說，在模仿西法來實行工業化的頭一個階段，中國利用機器來從事槍礮、輪船的製造，和煤、鐵礦的開採，固然着眼于國防方面的需要，就是和現代交通發展最有密切關係的鐵路建設，也從國防的觀點來加以考慮。早在同治十一年（一八七二），李鴻章卽已認爲鐵路的建設，有如煤、鐵礦的開採那樣，和國防實力的增强有密切的關係。他在這年寫信給朋友說，"中土若竟改……土車爲鐵路，庶足相持。……俄人堅拒伊犁，我軍萬難遠役。非開鐵路，則新疆、甘、隴無轉運之法，卽無戰守之方。俄窺西陲，英未必不垂涎滇、蜀。但自開煤、鐵礦與火車路，則萬國踏伏，三軍必皆踴躍；否則日蹙之勢也。"可是，這時風氣未開，"聞此議者，莏不咋舌！"(註三) 其後，李氏于同治十三年（一八七四）"冬底赴京，叩謁梓宮，謁晤恭邸（恭親王弈訢），極陳鐵路利益。……邸意亦以爲然，謂無人敢主持。復請其乘間爲兩宮言之。渠謂兩宮亦不能定此大計。從此遂絕口不談矣。"(註四)．因此，英國商人在這時前後修築的吳淞鐵路，通車不久，也于光緒三年（一八七八）給滿淸政府交涉購回拆毀。(註五) 可是，再過一些時候，到了光緒六年（一八八〇），隨着中、俄沿邊形勢的緊張，鐵路在國防方面所佔的重要地位又復被人注意。最先提出這個問

（註一）　同書卷四議安置槍礮廠（光緒十六年正月初七日）。
（註二）　拙著淸末漢陽鐵廠，社會科學論叢第一輯（國立臺灣大學法學院，民國三十九年四月）。
（註三）　李文忠公朋僚函稿卷一二復丁雨生中丞（同治十一年九月十一日）。
（註四）　與上頁註一同。
（註五）　拙著淸季鐵路建設的資本問題，社會科學論叢第四輯（民國四十二年九月）。

題的人是劉銘傳，他于是年以前直隸提督的資格，奉召入京，上一奏摺說，"自古敵國外患，未有如此之多且强也。彼族遇事風生，欺淩挾制，一國有事，各國圖窺。而俄地橫亘東西，北與我壤界交錯，扼吭拊背，尤爲心腹之憂。……俄自歐洲起造鐵路，漸近浩罕；又將由海參崴開鐵路，以達琿春。此時之持滿不發者，非畏我兵力，以鐵路未成故也。不出十年，禍將不測！日本一彈丸國耳，其君臣師西洋之長技，恃有鐵路，動逞螳螂之臂，藐視中華，亦遇事與我爲難。臣每私憂竊嘆，以爲失今不圖自强，後雖欲圖，恐無及矣。自强之道，練兵造器，固宜次第舉行，然其機括則在于急造鐵路。鐵路之利，……于用兵一道，尤爲急不可緩之圖。中國幅員遼濶，北邊綿亘萬里，毗連俄界；通商各海口，又與各國共之。畫疆而守，則防不勝防；馳逐往來，則鞭長莫及。惟鐵路一開，則東西南北，呼吸相通，視敵所驅，相繼策應。雖萬里之遙，數日可至；雖百萬之衆，一呼而集。無徵調倉皇之過；無轉輸艱阻之虞。且兵合則强，兵分則弱。以中國十八省計之，兵非不多，餉非不足。然各省兵餉主于各省督撫，此疆彼界，各具一心。……蓋一國分爲十八疆界也。若鐵路造成，則聲勢聯絡，血脈貫通，裁兵節餉，併成勁旅，十八省合爲一氣，一兵可抵十數兵之用。……若一下造鐵路之詔，顯露自强之機，則氣勢立振，彼族聞之，必先震驚，不獨俄約易成，卽日本窺伺之心，亦可從此潛消。"（註一）對于劉銘傳這種議論，李鴻章首表贊同，他說，"竊臣承准軍機大臣密寄……劉銘傳奏籌造鐵路一摺，……中國與俄接壤萬數千里，向使早得鐵路數條，則就現有兵力，儘敷調遣。如無鐵路，則雖增兵增餉，實屬防不勝防。蓋處今日各國皆有鐵路之時，而中國獨無，譬猶居中古以後而屏棄舟車，其動輒後于人也必矣。……從來兵合則强，兵分則弱。中國邊防海防各萬餘里，若處處設備，非特無此餉力，亦且無此辦法。苟有鐵路以利師行，則雖滇、黔、甘、隴之遠，不過十日可達，十八省防守之旅，皆可爲遊擊之師。將來裁兵節餉，併成勁旅，一呼可集，聲勢聯絡，一兵能抵十兵之用。……京師爲天下根本，……而外人一有要挾，卽欲撼我都城。若鐵路旣開，萬里之遙，如在戶庭，百萬之衆，剋期徵調，四方得拱衞之勢，國家有磐石之安，則有警時易于救援矣。……劉銘傳見外患日迫，兼憤彼族欺淩，亟思振興全局，先播風聲，俾俄、日兩國潛消窺伺之心，誠如聖

（註一）清朝續文獻通考卷三六二。又清史稿交通志一有相似的記載。

論，係爲自强起見。"(註一)同時，劉坤一也同意劉銘傳的看法，他說，"臣以鐵路火車之有裨益，別項雖未深知，至于徵調轉輸兩端，可期神速，實爲智愚所共曉。中國幅員遼濶，自東徂西，幾萬餘里，均與俄界毗連。加以英在緬甸，法在越南，時虞窺伺。沿海數省，則爲各國兵船往來。倘有風鶴之驚，殊虞鞭長不及。如得辦成鐵路，庶可隨時應援。臣前過天津時，曾與李鴻章論及。茲劉銘傳所請，適與臣意相符。"(註二)此外，馬建忠于光緒七年（一八八一）撰鐵道論，也像劉銘傳那樣强調鐵路與國防的關係，他說，"中國自軍興以來，製造之局幾遍直省，一切槍礮兵器漸仿外洋爲之，而于外洋致富致强最要之策，如火輪車一事，反漠然無所動于中。……而吾以爲火輪車……惟中國當行，而不容稍緩。何也？……中國數萬里之疆域，焉能處處防禦？所貴一省之軍，可供數省之用，一省之餉，可濟數省之師，首尾相接，遲邇相援，爲邊圉泯覬覦，爲國家設保障，惟鐵道爲能。此所以當行而不容稍緩者也。"(註三)以上各人提倡鐵路的修築，其理由雖然並不以鞏固國防爲限，但國防實力的增强却是其中一個最重要的理由。

　　上述李鴻章、劉銘傳等人，因爲對鐵路與國防的關係有深刻的認識，都是甲午戰爭以前中國鐵路建設的先驅者。李鴻章被任爲直隸總督後，便成立開平礦務局，仿效西法利用機器來開採河北唐山（或開平）的煤礦。煤是重量體積特別大而價值特別小的物品，必須有便利而低廉的交通運輸，纔能因運費負擔的低廉和運輸能力的增大而擴展銷路。由于這種需要的迫切，李鴻章不顧吳淞鐵路被人拆毀所表現的頑固守舊的勢力，而以直隸總督的資格奏准與修長約七英哩的唐胥鐵路（自河北唐山至胥各莊），以便把在唐山（或開平）煤礦中挖出的煤運往能與通往北塘（河北省的一個港口）河流連絡的運河。爲着要緩和保守派人士的反對，這條鐵路于開始建築時，曾經聲明只以騾馬而不以火車頭來拖曳車輛。可是，到了一八八一年（光緒七年）開平礦務局工程司英人金達（C. W. Kinder）却利用舊鍋爐改造成一個火車頭，名"中國火箭"(Rocket of China)，代替騾馬來拖拉，故騾馬車路便變成火車行走的鐵路。其後海軍衙門成立，

（註一）　李文忠公奏稿卷三九妥議鐵路事宜摺（光緒六年十二月初一日）。
（註二）　劉坤一劉忠誠公奏疏卷一七議覆籌造鐵路利弊片（光緒七年）。
（註三）　清朝續文獻通考卷三六二。

以鐵路事務劃歸海軍衙門辦理，而以醇親王奕譞總理海軍事務，李鴻章則爲會辦。由于醇親王與李鴻章的支持，唐胥鐵路向西南展築至大沽口，再展築至天津，稱津沽鐵路，于一八八八年（光緒十四年）完成。在唐胥鐵路以北，唐山至山海關一段也于一八九一年（光緒十七年）開始修築，而于一八九四年完工。（註一）這一條短短的唐胥鐵路，所以延築爲自天津至山海關的鐵路，卽關內鐵路，原因固然有種種的不同，但國防方面的理由却是其中特別重要的一個。例如唐胥鐵路初時所以要向南修築至大沽口，再向西修築至天津，據李鴻章的記載，主要是因爲“唐山煤礦出產旣旺，銷路亦暢，北洋兵商各船及各機器局無不取給于此”（註二）的原故。至于這條鐵路所以要向南北延長修築，而且又要由海軍衙門負責主持，又由于牠與當日北洋海防有特別密切關係的原故。關于這點，主持海軍衙門的醇親王等曾上奏摺說，“直隸海岸七百餘里，雖多淺灘沙磧，然小舟可處處登岸。輪船可以泊岸之處，除大沽、北塘兩口外，其餘山海關至天津、河口一帶，佔百數十里，無不水深浪濶。大沽口距山海關約五百里，夏秋海濱水阻泥淖，礮車日行不過二三十里，且有旱道不通之處。猝然有警，深虞緩不濟急。且南北防營太遠，勢難隨機援應，不得不擇要害，各宿重兵，先據必爭之地，以張國家閫外之威。然近畿海岸自大沽、北塘迤北五百餘里之間，防營太少，究嫌空虛。若鐵路相通，遇警則朝發夕至，此一路之兵，足抵數路之用，而養兵之費亦因之節省。今開平礦務局于光緒七年創造鐵道二十里，後因兵船運煤不便，復接造鐵路六十五里，南抵薊運河邊閣莊爲止。此卽北塘至山海關中段三（東華續錄作之）路運兵必經之地。若將此鐵路南接至大沽北岸，北接至山海關，則提督周盛波所部盛字軍萬人，在此數百里間，馳騁應援，不啻數萬人之用。……此等有關海防要工，卽或商股一時不易多集，不妨官爲籌措，並調兵勇幫同作工，以期速成。且北洋兵船用煤，全恃開平礦產，尤爲各師命脈所繫。開平鐵路若接至大沽，則出礦之煤，半日可上兵

(註一)　Stanley F. Wright, 前引書，p. 654；吳鐸津通鐵路的爭議，中國近代經濟史研究集刊第四卷第一期（國立中央研究院社會科學研究所，民國二十五年五月）；淺鴻助中國鐵路概論（國立編譯館，民國三十九年十二月）頁一至三，二三九至二四〇；拙著清季鐵路建設的資本問題，社會科學論叢第四輯。

(註二)　李文忠公海軍函稿卷三海軍照章定議並籌津通鐵路（光緒十四年九月初九日）。

船。……"(註一)當唐胥鐵路在李鴻章的主持下擴展修築成津沽鐵路，以至于關內鐵路的時候，劉銘傳在臺灣充任臺灣巡撫，也在那裏修築臺灣鐵路。這條鐵路于光緒十三年（一八八七）春開始建築，自臺北府附近的大稻埕起，于十七年秋築至基隆，于十九年築至新竹，共長六十二英哩，約合一百八十華里。(註二)劉銘傳所以要急于修築這條鐵路，主要由于"臺灣四面皆海，……防不勝防。……若鐵路既成，調兵極便，何處有警，瞬息長驅，不慮敵兵斷我中路。"(註三)按臺灣曾于同治十三年（一八七四）爲日本侵擾，于光緒十年（一八八四）中、法戰爭時爲法人攻佔基隆砲臺，國防問題非常嚴重，故劉氏要建築鐵路來增強防衛的力量。

　　我們在上文中已經屢次提到，中國在同治、光緒之交開始工業化的時候，由于客觀環境的需要，採用西洋機器所生產的貨物與勞務，大部份都和國防或軍事有密切的關係。這裏我們還要補充一下，當日機械化的生產雖然置重點于國防，可是並不以有關國防的工、礦、交通的建設爲限；因爲到了國防工業已經建設得差不多的時候，朝野上下自然要注意到民用工業的建設，即仿效西法使用機器來生產各種消費品，以滿足人民生活的需要。早在光緒二年（一八七六），當左宗棠在蘭州任陝、甘總督的時候，看見當地羊毛生產相當豐富，已經着手購買德國機器，成立甘肅織呢總局，而于光緒五年（一八七九）開始織造毛呢。(註四)在棉紡織工業方面，鄭官應有鑒于"進口之貨，……以紗布爲大宗，……銀錢外溢，華民失業"，故在李鴻章的倡導之下，從事上海織布局的創立。經過多年的籌備，這個織布局共招到商股銀五五四、九〇〇兩，擁有紡機三萬五千錠，織機五百三十臺，其中一部份機器于光緒十六年（一八九〇）

(註一)　王彥威輯清季外交史料卷七〇軍機處奏試辦天津等處鐵路以便商買而利軍用摺（光緒十三年二月二十二日）；光緒朝東華續錄卷八一光緒十三年二月庚辰條。又參考清史稿交通志。這一篇討論關內鐵路與北洋海防關係的奏摺，雖然由"醇親王奕譞等"或"總理海軍事務衙門"出名，事實上因爲李鴻章是海門衙門會辦，當然與李氏有關。故李氏說，"光緒五六年間，……鴻章盱衡北洋形勢，以大沽爲京師外戶，其北塘至山海關各處口岸皆爲大沽旁門，一處有警，全局震動。設防患其難偏，徵調愚其不靈，非鐵路不能收使臂使指之效。"(李文忠公海軍函稿卷三評陳創修鐵路本末，光緒十五年四月二十日) 又說，"鐵路係爲徵調，朝發夕至，屯一路之兵，能抵數路之用。於直隸七百里海岸，尤爲相宜。"(同書卷三議鐵路歐恩相徐尙書原函，光緒十四年十二月二十二日)。

(註二)　吳鏗臺灣鐵路，中國社會經濟史集刊（原名"中國近代經濟史研究集刊"）第六卷第一期（國立中央研究院社會科學研究所，民國二十八年六月）。

(註三)　劉銘傳劉壯肅公奏議卷五擬修鐵路創辦商務摺（光緒十三年三月二十日）。

(註四)　清朝續文獻通考卷三八五；龔駿編中國新工業發展史大綱（商務，民國二十二年一月）頁二六。

裝好，開工生產。到了光緒十八年（一八九二），“每日夜已能出布六百匹，銷路頗暢。”(註一)可是，甘肅織呢總局開工不久，因創辦人左宗棠調職他往，廠務便告停頓；(註二)新創立的上海織布局，業務正要開展，不料在光緒十九年（一八九三）“九月初十日，該局清花廠起火，適值狂風，施救不及，廠貨被焚。”(註三)甲午戰爭以前中國民用工業這種辦理不良，發展遲滯的情況，和甲午以後，尤其是歐戰以後的突飛猛進情況比較起來，可說是一個相反的對照。因此，甲午以前中國雖然有民用工業的建設，其建設的規模着實遠不如國防工業那麼大。

（四）

中國因受世界性的工業化運動的影響，而在同治、光緒之交開始工業化的時候，由于外患之不斷的威脅，以國防爲重點來從事機械化的生產，大致已如前述。可是，當日的經濟建設雖然以自強運動爲號召，却沒有達到自強的目的，故在光緒十至十一年（一八八四至一八八五）的中法戰爭，光緒二十至二十一年（一八九四至一八九五）的甲午戰爭，和光緒二十六年（一九〇〇）的庚子事變，中國都相繼失敗了。尤其是甲午戰爭，過去以“天朝”自居的中國，爲小國日本所敗，失敗得更爲慘痛。由此可見，清季一開始便置重點于國防的工業化運動是失敗的。

中、法戰爭以後，滿清政府曾檢討失敗的原因說，“自海上有事以來，法國恃其船堅礮利，橫行無忌。我之籌劃備禦，亦嘗開立船廠，創立水師；而造船不堅，製器不備，選將不精，籌費不廣。”(註四)甲午戰爭以後，盛宣懷曾把中、日雙方所用武器作一比較說，“甲午之戰，日本快槍快礮，器利而子準。我軍槍隊，亦有時可與對抗。而彼之快礮，往往先踞高阜，見我隊到，羣子如飛。軍士以血肉當之，莫不洞穿胸腹，而一遁無不遁矣。”(註五)由此可知，雖然經過同、光之交自強運動的經濟建

(註一)　嚴中平中國棉業之發展(商務，民國三十二年九月)頁七三，七五至七六，九一；李文忠公奏稿卷七七重整上海織布局片（光緒十九年十月二十六日）；Stanley F. Wright, 前引書，p. 611.

(註二)　與上頁註四同。又光緒朝東華續錄卷一四四載光緒二十四年四月乙未，張之洞奏，“故大學士左宗棠前在甘肅開設織呢局，費銀百餘萬兩。旋經後人廢棄，鉅欵盡付東流。”

(註三)　李文忠公奏稿卷七七重整上海織布局片。

(註四)　光緒朝東華續錄卷七〇光緒十一年五月丁未上諭。

(註五)　盛宣懷愚齋存稿卷三遵旨具陳練兵籌餉商務各事宜摺（光緒二十五年十月）。

設，在對外作戰的時候，中國的武裝配備仍然敵不過外國的船堅礮利，故陷于失敗的命運。

同、光之間以自強為目標的工業化運動，為什麼得不到完滿的結果？原來當日側重于國防方面的經濟建設，既然與國家安全有關，在國民所得微薄，一般人民除消費以外並沒有多少儲蓄(註一)的情況下，政府自然只好負起籌集資金的責任。因此，清季在各地創辦的製造局或造船廠，都由政府投資，以"官辦"為特點。可是，在當日國民所得微薄的情況下，政府的財政收入到底有限，故所籌措的經費並不能夠滿足現代工業對于大量的固定資本的需要。政府經費既然有限，各製造局或造船廠的機器設備便只好因陋就簡，以致不容易得到大規模生產的利益。這樣一來，如果再加上技術人才的缺乏，以及管理與組織的不健全等因素，工業官辦的效率自然非常低下了。關于此點，在甲午戰爭的創痛以後，朝野上下已經看得很清楚。例如順天府府尹胡燏棻于光緒二十一年（一八九五）閏五月上疏說，"中國各省設立製造、船政、槍礮、子藥等局，不下十餘處，向外洋購買機器物件不下千百萬金，而于製造本源並未領略。不聞某廠新創一槍一礮，能突過泰西；不聞某局自製一機器，能創垂民用。一旦有事，件件仍須購自外洋。豈真華人之智不及西人哉？推其病源，厥有三故。各廠之設也，類依洋人成事。而中國所延洋匠，未必通材，往往僅曉粗工，不知精詣，襲迹象而遺神明。其病一。廠係官辦，一切工料資本，每歲均有定額；即有自出心裁，思創一器者，而所需成本，苦于無從報銷。且外洋一器之成，如別色麻 (Bessemer) 之鋼，克鹿卜 (Krupp) 之礮，或法經數易，或事更數手，成本費數十萬金，然後享無窮之利，垂久大之業。今中國之工匠，既無堅忍之力，國家又別無鼓舞之途，遂事事依樣葫蘆，一成不變。其病二。外洋各廠之工頭匠目，均係學堂出身，學有本源，而其監督總理之人，無不曉暢工藝，深明化、重、光、電、算學之學，故能守法創法，精益求精。今中國各局總辦提調人員，或且九九之數未諳，授以礦質而不能辦，叩以機括而不能名。但求不至偷工減料，已屬難得。器械利鈍，悉聽工匠指揮，茫無分曉。其病三。竊謂中國欲藉官廠製器，雖百年亦終無起色！"(註二)因為官辦成績不

(註一) 拙著清季鐵路建設的資本問題，社會科學論叢第四輯。
(註二) 沈桐生輯光緒政要卷二一。

良，故有人提議改爲商辦。例如給事中褚成中曾經奏請招商承買各省船械機器等局，其理由爲，"中國製造、機器等局，不下八九處，歷年耗費不貲。一旦用兵，仍須向外洋採購軍火。平日工作不勤，所製不精，已可概見。福建船廠歲需銀六十萬，鐵甲兵艦仍未能自製。湖北槍礮、鍊鐵各局廠，經營數載，糜帑已多，未見明效。如能仿照西例，改歸商辦，弊少利多。"(註一)由此可見，當日的官辦工業，因爲缺乏私人創業的精神 (private initiative)，效率非常低下，故有人主張改爲商辦。

在甲午以前由政府創辦的各種新式工業中，製造槍礮或彈藥的機器局或製造局，因爲政府經費困難，不能籌措充足的資本來盡量擴充機器設備，故雖然採用西法來生產，和西洋同類工廠比較起來，可說是小巫見大巫。這種情形，李鴻章早就感覺到，例如他說，"津、滬機器局巨費，在各國視若毫芒。近日粵東、山左、湖南踵行之，各沾沾自喜，坐井而不知天大！莫如歸併一局，分濟各省，或可擴充，以抵西洋之一小局。愈分愈多，則愈不足以成事。"(註二)可是，李氏提議把各個小規模的製造局合併成一個大規模的製造局的計劃，由于事實上的困難，並沒有見諸實行。因此，後來張之洞也深深感覺到各製造局生產規模的狹小，以致影響到效率的低下。他于光緒二十一年上疏說，"天津、江南、廣東、山東、四川原有製造局，所造軍需水陸應用各件頗多，而所成槍礮甚少；或止能造槍礮彈，而不能造槍礮；或能造槍，而汽機局廠尚小。……金陵(製造)局規模頗小，機器未備，所出槍礮無多。"(註三)在各個製造局中，"上海機器局(卽江南製造局)爲各省製造最大之廠"，可是由于資本的缺乏，機器設備的簡陋，牠的產品總是不能跟着時代走，而落在時代之後，以致和西洋新製產品比較起來往往相形見拙。(註四)除却資本不足，以致機器設備簡陋之外，管理和組織的不完善，也是當日官辦製造局的缺點。例如負責設立四川機器局的"四川總督丁寶楨，不諳機器，私虧庫欵"，以致"所設機器局，……製造未能精良。"(註五)又如漢陽槍礮廠

(註一)　光緒朝東華續錄卷一二八光緒二十一年六月庚寅上諭。
(註二)　李文忠公朋僚函稿卷一七復劉仲良中丞 (光緒三年五月十九日)。
(註三)　清史稿兵志一一。又光緒政要卷一光緒元年十月山東巡撫丁寶楨奏設機器局疏，也說他 "設立製造機器局，……因經費難籌"，設備比較簡陋。關于四川機器局，光緒朝東華續錄卷一五〇也載光緒二十四年十月乙已文光奏，"臣查川省機器局雖經設立多年，惟以機器無多，可能推廣製造。"
(註四)　拙著清季的江南製造局，集刊第二十三本。
(註五)　光緒朝東華續錄卷二六光緒五年二月上諭。

的辦理情況，連創辦人張之洞也不滿意，他說，"又聞槍礮廠亦因工匠太少，不敷分撥，以致諸事遲延。查各廠委員司事月糜薪水不貲，各廠日用不少，而實在作工，能造槍礮，安機器，出鋼鐵之工匠，總不肯多雇，實屬不解！"(註一)故在甲午戰爭正在進行的時候，關于武器的供應問題，張氏只好說，"湖北槍礮廠（卽漢陽槍礮廠）初造，不能多出，難應急需。戰事方殷，惟有向外洋訂購，可多可速。"(註二)

　　除槍礮及彈藥的製造以外，同、光之間官辦的造船工業，其情況更是令人失望；因爲無論是江南製造局，或是馬尾船政局造出的船，都被李鴻章認爲性能太差，速度太慢，式樣太舊，無法在海洋上和堅利的西洋軍艦作戰。(註三)故早在同治十一年（一八七二），李鴻章已經寫信給人家說，"閩船創自左公，滬船創議曾相，鄙人早知不足禦侮，徒添糜費。今已成事，而欲善其後，不亦難乎？"(註四)不久，他又上一奏摺說，"左宗棠創造閩省輪船，曾國藩飭造滬局輪船，皆爲國家籌久遠之計。豈不知費鉅而效遲哉？惟以有開必先，不敢惜目前之費，以貽日後之悔。該局至今已成不可棄置之勢，苟或停止，則前功盡棄，後效難圖，而所費之項轉成虛糜，不獨貽笑外人，亦且浸長寇志。"(註五)根據李氏的話，我們可以判斷，當日官辦造船工業的成績的確不好，可是如果要停辦，那末，過去曾經花費鉅額資金來設置的機器和廠房便不能盡量利用，又未免覺得可惜。不過，這兩個造船廠自官辦後雖然有欲罷不能的趨勢，事實上江南製造局的造船業務自光緒二年（一八七六）以後便漸漸停頓(註六)，而光由馬尾船政局(或福州船廠)來製造輪船。

　　說到馬尾船政局的辦理情況，事實上在創辦不久而由沈葆楨負責主持的一段時期內，也很講究效率。例如監察御史陳璧于光緒二十二年上疏說，"沈葆楨在船政先後十年，廉以持己，嚴以率屬。取廠中一草一木者，立按軍法，令行禁止。其取材多用

(註一)　張之洞張文襄公全集卷一四六（電牘二五）致武昌蔡道臺（光緒二十一年五月二十六日已刻發）。
(註二)　同書卷七七（電奏五）致總署（光緒二十一年二月初一日）。
(註三)　與上頁註四同。
(註四)　李文忠公朋僚函稿卷一二復王補帆中丞（同治十一年正月二十一日）。
(註五)　李文忠公奏稿卷一九籌議製造輪船未可裁撤摺（同治十一年五月十五日）。
(註六)　江南製造局自同治七年（一八六八）至光緒二年（一八七六），差不多每年平均造成輪船一艘；可是自此以後，除在光緒十一年（一八八五）有一艘輪船下水外，便再也沒有製造新船了。參考拙著清季的江南製造局，集刊第二十三本。

士人，成效必獲信賞。人無異念，咸有競心。”(註一)可是，偌大的一個具有現代機器設備的造船廠，並不是純粹用軍法可以辦理得好的；如果要想發揮造船的效率，還要倚賴現代化的技術人才來與之配合。福州船廠在最初開辦的時候，因爲中國人還不知道怎樣使用機器來製造，故“閩廠創始，係由日意格、德克碑 (d'Aiguebelle) 定議立約。”可是，“該二人素非製造輪船機器之匠，初不過約略估計。迨開辦後，(經費)逐漸增多，勢非得已。其造未及半，而用數已過原估。”(註二)換句話說，因爲船廠所聘用的外國人才，本來並不是造船專家，再加上這種新工業在創辦後所遇到的出乎意料之外的困難，故造船成本要遠在原來估計之上，而造出的船則遠不如理想中那麼好。對于這些外國技術人員的工作成績，當時朝野上下都表示不滿意。例如光緒六年（一八八〇）六月上諭中說，“總理各國事務衙門奏……稱：船政局所雇洋人，藝亦平常，所造之船多係舊式。……洋匠恐成船太速，不能久食薪俸，往往派華匠造器，寬其限期。如有先期製成者，必以不中式棄之。華匠相率宕延，遂成錮習。”(註三)又不久以後劉錫鴻說，“如福建船廠所造輪船，舉不堪用。美國暨日本談及，有責洋監督日意格之無良，有爲日意格原諒其難者。”(註四)當日在船廠工作的外國技術人才既然不完全靠得住，故福州船廠特地派遣學生出洋學習造船方法(註五)。可是，當這些留學生學成歸國的時候，却因爲船廠經費困難，不能擴充機器設備，以致所學非所用，不能以個人專長來爲船廠服務。關于這點，總理各國事務衙門在甲午戰爭後所上的奏摺中說得很清楚，“近十餘年來，泰西（輪船）製造日精日新。閩廠出洋同華學生，雖不無穎悟之資，能自出圖製樣，而財力短絀，既不能添機拓廠，又不能製料儲材。……即得有更新之法，亦因無機無廠，不能如法更製。……于是製造日稀，人多閒曠。……聞船政學生學成回華後，皆散處無事，饑寒所迫，甘爲人役。上焉者或被外國聘往辦事；其次亦多在各國領事署及各洋行充當翻譯。”(註六) 由船廠培植出來的造船人才，

(註一)　光緒政要卷二二光緒二十二年六月條。
(註二)　與上頁註五同。
(註三)　光緒朝東華續錄卷三五光緒六年六月甲辰條。
(註四)　王延熙王樹敏編輯皇朝道咸同光奏議卷一三劉錫鴻奏陳中西情形種種不同火車鐵路勢不可行疏（光緒七年正月）。
(註五)　李文忠公奏稿卷二八閩廠學生出洋學習摺（光緒二年十一月二十九日）。
(註六)　光緒朝東華續錄卷一三四光緒二十二年六月壬午條；清朝續文獻通考卷二三四。

只能替外國領事署或洋行當翻譯，而不能學以致用，當日福州船廠辦理的腐敗情況可想而知。故光緒十六年（一八九〇）上諭說，"福建船政……近年弊竇叢生，虛糜甚巨。"(註一)又光緒二十一年（一八九五）諭旨說，"福建船政興辦已久，近年來製造日稀，難免濫支濫用情弊。"(註二)

　　自然，福州船廠辦理的成績所以這樣不好，我們不應該完全歸罪于日意格等外國人，因爲除此以外，還有其他因素，也是不容忽視的。例如輪船——尤其是鐵甲船——的製造，以鋼鐵爲主要原料，故爲着原料取給的便利，船廠附近最好能夠開採鐵礦，把鋼鐵工業建立起來。福州船廠所以選擇馬尾作廠址，一方面固然因爲那裏和海邊距離很近，他方面又因爲附近有鐵礦，可以開採來煉鐵製鋼的原故。關於此點，我們可以拿李鴻章開採福建古田鐵礦的計劃來作證明，他說，"至議及仿造鐵甲船與碰臺船，鐵甲須先令內地產鐵倍旺，方可動手，洵探原之論。擬將（福建）古田鐵礦粗胚帶出外洋，用別色麻新法 (Bessemer Process) 試煉；可否再雇匠設鑪自煉，足供廠（福州船廠）需，以求節省。"(註三)可是，鋼鐵工業的建立，鐵礦的開採固然是一個重要的因素，但却不是唯一的因素；因爲鋼鐵工業在由鐵砂煉成生鐵，再煉成鋼的生產過程中，要消耗大量的焦煤作燃料纔成，故煤礦資源的豐富與否更是其中一個重要的因素。(註四)就福州船廠所在的福建來說，煤——尤其是可以煉焦的煤——礦資源本來非常缺乏，並不足以滿足現代鋼鐵工廠對于燃料之大量的需要，故就是開採鐵礦，鋼鐵工業也不能與造船工業配合起來從事大量的生產。關于這種情形，我們可以引用船政大臣沈葆楨的奏疏來作證明，他說，"福建古田等處，產鐵甚旺。洋人用之，皆以爲鐵質勝于西洋。第地不產煤，以松木鎔之，近山松盡，鐵礦亦廢。且不通水路，運致殊艱。煤價每擔僅千餘文，而運費加倍。雖稍加價值，亦不能源源而來。"(註五)

　　除福建以外，同、光之間其他地方的煤、鐵礦也由政府派人去試探開採，因爲除福州船廠之外，像江南製造局和其他新興的與國防或軍事有關的工業，都要消耗大量

（註一）　大清歷朝實錄德宗朝二八四光緒十六年四月乙丑上諭。
（註二）　清季外交史料卷一一九旨寄邊寶泉福建船政製造稀而支用濫着查覆電(光緒二十一年十一月初七日)。
（註三）　李文忠公朋僚函稿卷一六復吳春帆京卿（光緒二年九月十四日）。
（註四）　拙著清末漢陽鐵廠，社會科學論叢第一輯。
（註五）　皇朝道咸同光奏議卷一六沈葆楨覆奏洋務事宜疏。

的煤、鐵纔能從事機械化的生產。可是，有如上文所說，當日在各地試探煤礦的結果，經過長時期的努力，只有河北開平煤礦的開採得到一些具體的成績。至于鐵礦，只有大冶鐵礦發見得較早，在甲午以前已經被開採來滿足漢陽鐵廠在原料方面的需要。可是，漢陽鐵廠初時製煉出來的鋼、鐵，品質不好，成本又高，成績着實不好；而且，漢陽鐵廠雖然在光緒十六年（一八九〇）已經創辦，但其中的化鐵爐到光緒二十年五月纔升火開煉，(註一)而同年六月中、日甲午戰爭便打起來了。

我們在上文中已經說過，甲午以前側重于國防的工、礦建設，不足以解決當日特別嚴重的國防問題。我們又曾經說過，同、光之交朝野上下所致力的機械化的生產，不獨生產貨物，而且還生產勞務；換句話說，除採用西洋機器來製造槍、礮、輪船，開採煤、鐵礦以外，還要建築鐵路，以滿足國防——尤其是北洋海防——上的需要。可是，經過多年的努力，到了甲午戰爭的時候(一八九四至一八九五)，中國領土上的鐵路長度，據估計不過只有二百英哩(註二)至二百五十英哩(註三)左右；這和孫中山先生要建築長達十萬英哩的鐵路網計劃比較起來，可說相差得非常之遠。因此，甲午以前中國的鐵路建設，不過是建設的開端，其對于國防實力增强的貢獻自然是非常有限的。

（五）

在本文中，我們曾經把中國在同治、光緒之交因受世界工業化潮流的影響而開始的工業化運動作一考察。這個一開始便以國防爲着重點的工業化運動，雖然使工業生產的統計數字增大，對于一般人民的生活並沒有多大的補益；因爲利用西洋機器生產出來的軍事工業品，都是用來在戰場上消耗，而不是拿來供應人民日常生活消費之用的。自然，如果因爲國防工業的建設而增强了國防方面的力量，使國家不至于因爲對外作戰失敗而向外國納貢，或爲外國所奴役，那末，政府就是因此而開支鉅額的經費，也是值得的。可是，當日朝野上下花費這樣龐大的代價而建設起來的國防工業，因爲以官辦爲主，缺乏私人創業的精神，效率非常低下，故生產出來的武器仍舊敵不

(註一)　與上頁註四同。

(註二)　C. F. Remer, The Foreign Trade of China, Shanghai, 1928, p. 111.

(註三)　R. H. Tawney, Land and Labour in China, London, 1932, p. 196.

過外國船堅礮利的武力，以致國家仍然不免陷于對外作戰失敗的命運！

　　自然，在甲午以前側重于國防的經濟建設，雖然因為不注意消費品工業的生產而無補于人民生活的改善，但這到底是接受西洋工業文明的開端，就長期來說，對于人民生活水準的提高也是有好處的。比方煤、鐵等礦產的開採，鋼鐵工業的建立，最初固然着眼于與國防工業的配合，但在建設成功以後，也是可以用來製造機器或其他生產工具，以增大人民的生產力的。同樣，鐵路的建築初時固然着眼于國防方面的考慮，但由于運輸能力的增大，全國勞務的產額因此而激增，礦產資源因此而開發，對于人民生活的改善也是要發生良好影響的。可是，有如上文所說，中國煤、鐵等礦產資源的開發，鋼鐵工業的發展，在時間上比製造局或造船廠的設立都要晚得多，而且成績也不很滿意，故無論在國防方面，或是在民生方面，在當日都沒有多大的貢獻。至于初時雖然側重于國防的觀點，到後來將有益于民生的鐵路，雖然建築起來了，但直至甲午戰爭的時候，築成的鐵路只有二百至二百五十英哩左右，和全國土地面積比較起來，長度未免太短，故對于人民生活或資源開發的貢獻，都非常有限。

　　不獨如此，十九世紀下半的中國因為生產力低下，國民所得非常微薄。在這種情況之下，政府既然以租稅或其他方式把鉅額的國民所得轉變為國家經費，以從事國防工業的建設，社會上自然沒有多少餘資來發展輕工業，製造消費品，以滿足人民生活的需要了。故經過了甲午以前三十年的工業化運動，每人平均的國民所得，或每人平均享受的貨物與勞務，並沒有顯著的增加，反而因為戰時軍費開支的激增，及戰敗後鉅額賠欵的負擔，而越來越貧窮。越來越貧窮的結果，甲午以後民族資本不足，外資便乘虛而入，在工業、礦業、鐵路及其他方面都躍居一個重要的地位。

出自第二十五本（一九五四年六月）

明史宰輔表初校

吳 緝 華

壹、緒　言

清汪輝祖以元史之紀、傳、表、志互相檢對比照，成元史本證一書，以其人之矛攻其人之盾，取材本書，無待他求，其疵病卽顯然可見，法至善也。近人陳叔陶爲新元史本證，多證柯書乖謬，亦倣汪氏之作。清修明史，自順治二年開史館，歷時百餘年，參預修史者達數百人。其時名史學家萬斯同病唐以後史館分修之失，辭史局而就總裁聘，實總持其事，潛研堂文集萬斯同傳述其語云："吾所以辭史局而就館總裁所者，惟恐衆人分操割裂，使一代治亂賢姦之迹，暗昧而不明耳"。康熙時入史館者已多名家，如尤侗朱彝尊施閏章毛奇齡等，皆其著者也，復得萬氏主持其間，其稿之佳自不待言。萬氏旣卒，中經王鴻緒之刪潤，刊爲明史稿。其後史館重開，張廷玉爲總裁，就王氏史稿，增損排比，始告成書。以修撰時間之久，執筆名家之多言之，宋元諸史均非其匹，新唐書而後允推獨步矣。然緝華近讀明史，覺其中亦頗多缺誤，不盡如人之所稱譽，乃上法汪氏，近效陳氏，考證明史本書中自相牴牾者。首以宰輔表與紀、傳、志互證，復以王氏明史稿爲明史所自出，遂亦兼及，蓋居今日而治明史，二書實不可偏廢焉。故本文體雖本證，而名則曰初校。且緝華私意欲先就明史本書中自相矛盾處，予以爬梳董理，以樹立研究明史之基礎·，本證旣畢，再求之於實錄文集諸書。以程序言之，是固爲其初步也。緝華譾陋不學，妄議前修，殊覺慚悚；糾謬

拾遺，願俟明達。

二

今以明史紀、傳、志及明史稿宰輔表校證明史宰輔表，發見其誤訛缺異者甚多，略分之可爲十五類，兹分別例述如下：

（一）　人名之誤　　如侯至善 侯元善之誤。明史 卷一〇九宰輔表一云："二年（洪武）己酉，侯至善十一月任。（參知政事）"按明史列傳無名侯至善者，明史卷一三五楊元杲傳云："帝（太祖）嘗曰，文臣從渡江掌簿書文字勤勞十餘年，無如楊元杲、阮弘道、李夢庚、侯元善、樊景昭者……元善全椒人，歷官參知政事"。楊元杲傳言侯元善爲洪武初人，亦官參知政事。表載至善，傳作元善，必有一誤。（"元"雖係太祖諱，而明人初不避之，至崇禎三年，始有旨令人避太祖廟諱。）

（二）　地名之誤　　如明史宰輔表一云："十二年（洪武）己未，廣洋十二月謫海南，賜死"。按明史卷二太祖紀二洪武十二年云："十二月汪廣洋，貶廣南，賜死"。明史卷一二七汪廣洋傳云："十二年十二月，中丞涂節言劉基爲惟庸毒死，廣洋宜知狀。帝問之，對曰，無有。帝怒，責廣洋朋欺，貶廣南"。紀、傳皆言貶廣南，表作海南，史書前後紀載理應劃一，廣南與海南之稱，必有一誤。

（三）　官職之誤　　如胡惟庸左丞誤爲右丞。明史宰輔表一云："四年（洪武）辛亥，胡惟庸右丞正月任"。按明史汪廣洋傳云："善長以病去位，遂以廣洋爲右丞相，參知胡惟庸爲左丞"。明史卷三〇八胡惟庸傳云："洪武三年拜中書省參知政事，已代汪廣洋爲左丞"。明史稿卷一〇二宰輔表一云："洪武四年辛亥，胡惟庸左丞正月任"。汪廣洋傳、胡惟庸傳及史稿表皆言左丞，表作右丞，誤也。

（四）　晉官迭出　　如許國晉吏部尚書於萬曆十五年十七年迭出。明史卷一一〇宰輔表二云："十五年（萬曆）丁亥，國二月晉吏部尚書建極殿大學士"。按表十七年云："國八月晉太子太師吏部尚書"。據明史稿卷一〇三宰輔表二云："十五年丁亥，國二月晉建極殿"。史稿表於十五年未載吏部尚書，而於十七年云："國八月晉太子太師吏部尚書"。史稿表言晉吏部尚書在十七年，表於十五年十七年並載晉吏部尚書，乃迭出也。

（五）　致仕罷官之誤　　如萬安致仕罷官之誤。明史宰輔表一云："二十三年（成化）丁未，……安七月晉少師，十月罷"。按明史卷一六八萬安傳云："恩直前摘其牙

牌曰，可出矣。始遣邏索馬歸第，乞休去"。明史稿宰輔表一云："二十三年(成化)丁未……安七月晉少師，十月致仕"。傳、史稿表言乞休致仕，表書罷，必有一誤。

（六）　衍文　如劉鴻訓罷官後，尋遣戍。明史宰輔表二云："崇禎元年戊辰，鴻訓……十二月罷，尋遣戍"。依表例罷官已離內閣，以後之事不應贅述，表言尋遣戍，衍文也。

（七）　缺書　如洪武十三年胡惟庸稱亂被誅，太祖廢相。明史宰輔表一自是至建文四年，二十三年中代替宰輔諸官員之任免遷調均缺而不載。其時名義上之宰相雖廢，而事實上當宰輔之任者，則未嘗無人，表不書，殊失諸缺略，擬另爲文補之，本文中不復贅及。

（八）　載事之誤　如徐達建築北平誤爲出征。明史宰輔表一云："四年(洪武)辛亥，達正月出征北平，十二月還京"。按明史太祖紀二洪武四年云："正月……丁亥……魏國公徐達練兵北平……十二月徐達還"。明史卷一二五徐達傳云："明年(四年)帥盛熙等赴北平練軍馬，修城池，徙山後軍民實諸衞府，置二百五十四屯，墾田一千三百餘頃。其冬召還"。據紀、傳太祖令達練兵、修城、置屯、墾田，乃建築北平，表言出征，誤也。

（九）　入閣誤爲晉官　如王家屛入閣誤爲晉官。明史宰輔表二云："十七年(萬曆)己丑，家屛四月還朝，晉禮部尙書"。按明史卷二一七王家屛傳云："服甫闋，詔進禮部尙書，遣行人召還"。傳所言進禮部尙書在還朝前，明史卷二〇神宗紀一萬曆十七年云："四月己亥，王家屛復入閣"。紀言十七年四月復入閣。據紀、傳所書晉禮部尙書當在還期前，表於十七年四月不應書晉禮部尙書，當作入，乃入閣誤爲晉官也。

（十）　晉官之月誤　如王錫爵於萬曆二十二年晉吏部尙書建極殿大學士在二月和五月，所載不同。明史宰輔表二云："二十二年（萬曆）甲午，錫爵二月晉少傅兼太子太保吏部尙書建極殿大學士，五月致仕"。按明史卷二一八王錫爵傳云："爲出內帑錢，建醮祈愈，錫爵力辭，疏八上，乃允。先累加太子太保，至是，命改吏部尙書進建極殿。賜道里費，乘傳行人護歸"。明史稿宰輔表二云："二十二年甲午，錫爵二月晉少傅，五月致仕，晉吏部尙書建極殿"。表言二月錫爵兼吏部尙書建極殿大學士，乃在五月致仕之前，傳與史稿表皆作五月致仕之時，必有一誤。

（十一）　晉官之年誤　如張位於萬曆二十四年載晉太子太保，又載於二十二

年。明史宰輔表二云：“二十二年（萬曆）甲午，位二月晉太子太保”。按明史稿宰輔表二云：“二十二年甲午，位”。史稿表又云：“二十四年丙申，位三月晉太子太保”。明史卷二一九張位傳云：“二十四年……以甘肅破賊敍功加太子太保”。表言位晉太子太保在二十二年，史稿表與傳皆作二十四年，必有一誤。

（十二）　表與傳之異　　如張孚敬表言兼官太子太保吏部尚書武英殿大學士，傳作太子太師華蓋殿大學士。明史宰輔表二云：“十三年（嘉靖）甲午，孚敬正月晉少師兼太子太保吏部尚書武英殿大學士”。明史卷一九六張璁傳云：明年（十三年），進少師兼太子太師華蓋殿大學士”。表言太子太保吏部尚書武英殿，傳作太子太師華蓋殿，乃表傳互異也。（張璁即張孚敬，璁因避世宗原熜諱，於嘉靖十年二月乃改名孚敬。）

（十三）　表與史稿表之異　　如胡惟庸任參知政事表言在正月，史稿表作四月，明史宰輔表一云：“三年（洪武）庚戌，胡惟庸正月任（參知政事）”。按明史稿宰輔表一云：“三年（洪武）庚戌，胡惟庸四月任”。表與史稿表所載互異。

（十四）　書法未審　　如應熊召罷兩年之事載於一年。明史宰輔表二云：“十五年（崇禎）壬午，應熊十一月召。明年九月至，未任，罷”。依表例，載述事蹟皆依年排比，何以崇禎十六年之事載於十五年內？當是書法未審。

（十五）　體例不一　　書入閣體例之不一，自燕王即皇帝位 始簡翰林 官直文淵閣，此時入閣者有黃淮等，明史宰輔表一云：“黃淮編修八月入，十一月晉侍讀”。其時載入閣祇書入字。迄洪熙元年楊溥等入閣，則云：“楊溥太常卿兼學士閣七月同治內閣事”。宣德元年張瑛入閣，又云：“張瑛三月晉禮部左侍郎兼華蓋殿大學士”。此時注明殿閣，而不書入，體例為之一變。至正統五年如馬愉等入閣，則云：“馬愉翰林院侍講學士二月入”。書入又不注殿閣，筆法類洪熙前所載，自此歷景泰、天順、成化、弘治逮正德四年，書入閣之體例皆如是。由正德五年曹元等入閣，體例又異，則云：“曹元二月太子少保兵部尚書晉吏部尚書兼文淵閣大學士入”。此時入閣，注殿閣，且書入，體例清晰縝密，書法即此固定。由正德五年至十六年宰輔表一終，宰輔表二自嘉靖、隆慶、萬曆、泰昌、天啓至崇禎諸朝，皆因循正德五年以後之體例，未嘗變更。

觀夫宰輔表書入閣之體例逐漸演變，流宕不定之體例多在表一，表二則始終沿習注殿閣，書入，之嚴謹筆法，表二之體例可謂較表一完善。

　　表二書入閣之體例優於表一，旣如上述。然表二屢載一人同一之事蹟於兩年，乃表一所未嘗見之誤訛。一人之加官或兼職有在他年重出者，如表二云：“十五年(萬曆)丁亥，錫爵二月晉太子太保武英殿大學士”。又於十六年云：“錫爵六月晉太子太保”。至萬曆二十七年以後，此類誤訛尤甚，如載一人之事蹟兩年完全重出者，表二云：“二十七年(萬曆)己亥，一貫四月晉少保吏部尙書”。表二又云：“二十八年庚子，二貫五月晉少保吏部尙書”。此類誤訛於萬曆年間不可勝擧，此表二之不及表一處也。

　　世傳明史諸表皆用萬斯同稿，以宰輔表考之，其可議者不一而足，則其說果可信否，殊爲疑問？吾人今日得讀萬氏所著歷代史表，其謹嚴精密，豈明史諸表所可同日而語？其非萬氏之作必矣；縱出萬氏，亦恐是未定之稿。疑明史諸表或出明史館臣之手，而修者又非一人，秉筆之態度因亦不同，或審愼，或疎忽，又未能篤守一定條例，遂致前後書法有逐漸改變之異，記事亦有詳略之別。拙文旣已條擧其誤，至於撰述果出何人，則當待異日詳加考索，以究其謎，姑誌所疑於此，以爲息壤耳。

貳、宰輔表校證一

洪武二年己酉。

　　達十一月還京。

　　　按明史宰輔表一云：“三年庚戌，達正月北征，十一月還京，改封魏國公晉太傅”。明史卷二太祖紀二洪武二年云：“九月辛丑，召徐達湯和還”。又洪武三年云：“十一月壬辰，北征師還”。紀載達於洪武二年九月還京，又三年十一月還京，表於洪武二年三年並載達十一月還。

　　侯至善十一月任(參知政事)。

　　　按明史列傳無名侯至善者，明史卷一三五楊元杲傳云：“帝(太祖)嘗曰，文臣從渡江掌簿書文字勤勞十餘年，無如楊元杲、阮弘道、李夢庚、侯元善、樊景昭者……元善全椒人，歷官參知政事”。楊元杲傳言侯元善爲洪武初人，亦官參知政事。表載至善，傳作元善。(“元”雖係太祖諱，而明人初不避之，至崇禎三年始有旨令人避太祖廟諱。)

洪武三年庚戌。

汪廣洋左丞月任，六月免，未幾復除左丞，十一月封忠勤伯。

按明史太祖紀二洪武三年云："十一月……乙卯，封中書右丞汪廣洋忠勤伯"。明史卷一二七汪廣洋傳云："三年，李善長病，中書無官，召廣洋爲右丞，時左丞楊憲專決事"。紀、傳皆言右丞，表作左丞。表言汪廣洋左丞月任，紀、傳亦未書右丞任於何月，月上蓋脫字，據明史稿宰輔表一作"汪廣洋右丞相正月任"。

胡惟庸正月任（參知政事）。

按明史稿宰輔表一云："胡惟庸四月任"。表與史稿表所載互異。

洪武四年辛亥。

達正月出征北平，十二月還京。

按明史太祖紀二洪武四年云："正月……丁亥……魏國公徐達練兵北平……十二月徐達還"。明史卷一二五徐達傳云："明年（四年）帥盛熙等赴北平練軍馬，修城池，徙山後軍民實諸衛府，置二百五十四屯，懇田一千三百餘頃。其冬召還"。據紀、傳太祖令達練兵、修城、置屯、懇田，乃建築北平，表言出征，誤也。

胡惟庸右丞正月任。

按明史汪廣洋傳云："善長以病去位，遂以廣洋爲右丞相，參知胡惟庸爲左丞"。明史卷三〇八胡惟庸傳云："洪武三年拜中書省參知政事，已代汪廣洋爲左丞"。明史稿宰輔表一云："胡惟庸左丞正月任"。傳及史稿表皆言左丞，表作右丞，誤也。

洪武五年壬子。

至善月罷。

按明史稿宰輔表一云："至善八月罷"。表月上蓋脫字，史稿表作八月。

洪武九年丙辰。

按明史稿宰輔表一云："九年丙辰，八月罷平章官"。表未載。

洪武十二年己未。

廣洋十二月謫海南，賜死。

按明史太祖紀二洪武十二年云：“十二月汪廣洋貶廣南，賜死”。明史汪廣洋傳
云：“十二年十二月，中丞涂節言劉基為惟庸毒死，廣洋宜知狀。帝問之，對
曰，無有。帝怒，責廣洋朋欺，貶廣南”。據紀、傳皆言貶廣南，表作海南，
廣南與海南之稱，必有一誤。

建文四年壬午，秋七月燕王即皇帝位，仍稱洪武三十五年，始簡翰林官直文淵閣。

胡廣侍講九月入，十一月晉侍讀。楊榮修撰九月入，十一月晉侍講。楊士奇編修
九月入，十一月晉侍講。金幼孜檢討九月入，十一月晉侍講。胡儼檢討九月入，
十一月晉侍講。

按明史卷五成祖紀一建文四年云：“八月壬子，侍讀解縉，編修黃淮入直文淵
閣。尋命侍讀胡廣，修撰楊榮，編修楊士奇，檢討金幼孜胡儼，同入直並預機
務”。紀言八月入，表作九月，所載互異。

胡儼檢討九月入，十一月晉侍講。

按明史卷一七四胡儼傳云：“以解縉薦授翰林檢討，與縉等俱直文淵閣，遷侍
講，進左庶子”。傳言進左庶子，表未載。

永樂二年甲申。

廣四月晉右庶子。

按明史卷一四七胡廣傳云：“成祖即位，廣偕解縉迎附，擢侍講，改侍讀，復
名廣，遷右春坊右庶子”。傳言右春坊，表未載。

永樂五年丁亥。

縉二月黜為廣西布政司右參議。

按明史卷一四七解縉傳云：“明年（五年）縉坐廷試讀卷不公，謫廣西布政司參
議”。表言右參議，傳作參議，而未書右。

榮十一月晉右春坊右庶子。

按明史卷一四八楊榮傳云：“尋進右庶子，兼職如故”。表未載兼職。傳未書右
春坊。

士奇十一月晉左春坊左諭德。

按明史卷一四八楊士奇傳云：“五年進左諭德”。傳未言左春坊。

永樂八年庚寅。

廣。

按明史胡廣傳云：“帝北征，與楊榮、金幼孜從”。表未書扈從。

榮。

按明史楊榮傳云：“八年從出塞，次臚朐河，選勇士三百人爲衞”。表未書扈從。

幼孜。

按明史卷一四七金幼孜傳云：“七年，從幸北京，明年北征，幼孜與廣榮扈行”。表未書扈從。

永樂十一年癸巳。

廣。

按明史楊榮傳云：“明年（十一年）復與廣幼孜從北巡”。表未書扈從。

榮。

按明史楊榮傳榮從北巡，表未書扈從。

幼孜。

按明史楊榮傳幼孜從北巡，表未書扈從。

永樂十四年丙申。

廣四月晉文淵閣大學士，仍兼坊學。

按明史胡廣傳云：“十四年進文淵閣大學士，兼職如故”。據表云：“永樂五年，廣十一月晉翰林學士，兼左春坊大學士”。表於十四年應書兼左春坊大學士。

永樂二十二年甲辰，八月仁宗卽位。

榮八月晉太常卿。

按明史卷八仁宗紀永樂二十二年云：“八月……己未……進楊榮太常寺卿”。明史卷七四職官志三云：“太常寺卿一人，正三品”。表當言太常寺卿。

洪熙元年乙巳，六月宣宗卽位。

按明史胡儼傳云：“洪熙改元，以疾乞休。仁宗賜敕獎勞進太子賓客，仍兼祭

酒致仕”。傳言胡儼於洪熙元年兼祭酒致任，表未書。

幼孜正月晉禮部尙書。

　　按明史卷一四七金幼孜傳云：“洪熙元年進禮部尙書，兼大學士，學士如故”。
　　表未書兼大學士。

淮正月晉少保戶部尙書。

　　按明史卷一四七黃淮傳云：“明年(元年)，進少保戶部尙書，兼大學士如故”。
　　表未書兼大學士。

楊溥太常卿兼學士，閏七月同治內閣事。

　　按明史卷一四八楊溥傳云：“宣宗卽位，弘文閣罷，召溥入內閣”。明史卷九
　　宣宗紀洪熙元年云：“閏月……乙丑楊溥入直文淵閣”。據傳乃入內閣，紀入直
　　文淵閣，依表例當書閏七月入。表言太常卿，據職官志應書太常寺卿。

權謹三月以考行由光祿丞授文華殿大學士，九月以通政司左參議致仕。

　　按明史卷二九六權謹傳云：“宣宗嗣位，以疾乞歸，改通政司右參議，賜白金
　　文綺致仕”。明史稿宰輔表一云：“宣德元年丙午，謹六月以通政司左參議致
　　仕”。表、史稿表言左參議，傳作右參議，互異。表載以通政司左參議致仕在
　　洪熙元年九月，史稿表作宣德元年六月。

宣德元年丁未。

張瑛三月晉禮部左侍郎兼華蓋殿大學士。

　　按明史宣宗紀宣德元年云：“二月……癸丑，行在禮部侍郎張瑛兼華蓋殿大學
　　士直文淵閣”。表載禮部左侍郎，紀作行在禮部侍郎。紀言文淵閣，表未書。

宣德二年丁未。

陳山二月晉戶部尙書兼謹身殿大學士。

　　按明史宣宗紀宣德二年云：“二月癸亥，行在戶部侍郎陳山爲本部尙書，兼謹
　　身殿大學士直文淵閣”。紀載直文淵閣，表未書。

宣德五年庚戌。

榮四月晉少傅。

　　按明史稿宰輔表一云：“五年庚戌，榮四月陞少傅，尙書，大學士”。明史楊榮

　　　　傳云：“五年進少傅，辭大學士祿”。史稿表所云尚書大學士語費解，恐有脫
　　　　誤。

宣德九年甲寅。

　　　　按明史稿宰輔表一云：“九年甲寅，瑛九月仍直文淵閣”。表未載。

榮。

　　　　按明史宣宗紀宣德九年云：“九月……丁酉，至洗馬林閱城堡兵備”。明史楊榮
　　　　傳云：“九年，復從巡邊，至洗馬林而還”。表未書扈從。

溥八月晉禮部尚書，仍兼學士。

　　　　按明史稿宰輔表一云：“十年乙卯，正月英宗即位。溥正月復入文淵閣，丁憂
　　　　起復，晉禮部尚書，至是復入”。明史楊溥傳云：“九年，遷禮部尚書，學士，
　　　　值內閣如故”。溥晉禮部尚書，復入文淵閣，史稿表言在宣德十年，表傳作宣
　　　　德九年。

正統元年丙辰。

　　　　按明史稿宰輔表一云：“正統元年丙辰，瑛十月卒”。表未載。

正統十年乙丑。

　　　　鼐十月晉吏部左侍郎。

　　　　按明史曹鼐傳云：“十年，進吏部左侍郎，兼學士”。表未載兼學士。

　　　苗衷侍讀學士十月晉兵部右侍郎入。

　　　　按明史卷十英宗前紀正統十年云：“十月戊辰，侍讀學士苗衷為兵部侍郎，侍
　　　　講學士高穀為工部侍郎並入閣預機務”。表言右侍郎，紀作侍郎。

正統十四年己巳，九月景皇帝即位。

　　　　鼐八月歿於土木。

　　　　按明史卷一六七曹鼐傳云：“十四年七月，也先入寇，中官王振挾帝親征……
　　　　鼐與張益以閣臣扈從……八月辛酉次土木……寇騎蹂陣入，帝突圍不出，擁以
　　　　去，鼐益等俱及於難”。表未書七月扈從。

　　　穀八月晉工部尚書兼學士。

　　　　按明史卷一六九高穀傳云：“景帝初，進尚書兼翰林學士，掌閣務如故”。表言

轂晉工部尚書在八月，傳作景帝初，（景帝九月卽位）表、傳所載互異。

張益侍讀學士五月入，八月歿於土木。

按明史曹鼐傳書七月扈從，表未載。

商輅修撰八月入。

按明史卷一七六商輅傳云："以陳循高轂薦入內閣參機務……其冬進侍讀"。表未載進侍讀。

景泰元年庚午。

江淵刑部侍郎兼學士八月入，九月晉戶部右侍郎。

按明史卷一六八江淵傳云："由侍讀超擢刑部右侍郎……遂以本官兼翰林學士，入閣預機務。尋改戶部侍郎兼職如故"。明史卷十一景帝紀景泰元年云："八月……辛卯，刑部右侍郎江淵兼翰林學士直文淵閣預機務"。表載刑部侍郎，紀傳作刑部右侍郎。表言九月晉戶部右侍郎，傳作戶部侍郎。傳載兼職如故，表未書。

景泰二年辛未。

循十二月晉少保戶部尚書兼文淵閣大學士。

按明史卷一六八陳循傳云："二年十二月，進少保兼文淵閣大學士"。傳未言戶部尚書。

王一寧禮部侍郎兼學士十二月入。

按明史景帝紀景泰二年云："十二月庚寅，禮部左侍郎王一寧、祭酒蕭鎡兼翰林學士直文淵閣預機務"。紀載禮部左侍郎，表不言左。

景泰三年壬申。

鎡二月晉戶部右侍郎，四月晉太子少師。

按明史陳循傳附蕭鎡傳云："明年（三年），進戶部右侍郎兼官如故……加太子少師"。表未載兼官如故。

景泰四年癸酉。

文正月召至，二月晉吏部尚書兼學士，五月丁憂，九月起復。

按明史稿宰輔表一云："王文二月晉太子太保吏部尚書兼學士，五月丁憂，

— 91 —

尋起復”。明史景帝紀景泰四年云：“五月……己巳王文起復”。表載九月起

復，史稿表言尋起復，紀作五月起復，所載各異。

景泰七年丙子。

　　文五月兼謹身殿大學士。

　　按明史卷一六八王文傳云：“再進謹身殿大學士，仍兼東閣”。表未載兼東閣。

景泰八年丁丑，正月壬午英宗復皇帝位，改天順元年。

　　按明史江淵傳云：“英宗復位與陳循等俱謫戌遼東，未幾卒”。依表例當書淵戌

遼東。

徐有貞正月兵部尙書學士入。三月封武功伯兼華蓋殿大學士，掌文淵閣事。六月

下獄，降廣東右參政。七月復下獄，宥死，發雲南金齒衞爲民。

　　按。表言七月復下獄，宥死，發雲南金齒衞爲民等文，依表例離閣後之事跡，

不應贅述。

許彬正月晉禮部右侍郞兼學士入，七月調南京禮部左侍郞。

　　按明史卷一六八許彬傳云：“英宗復位，進禮部左侍郞兼翰林院學士入直文

淵閣，未幾爲石亨所忌，出爲南京禮部右侍郞”。明史卷十二英宗後紀天順元

年云：“春正月壬午……太常寺卿許彬，大理寺卿薛瑄爲禮部侍郞，兼翰林學

士入閣……七月……庚午李賢復入閣，改許彬南京禮部侍郞”。表載晉禮部右

侍郞，調南京禮部左侍郞，傳作禮部左侍郞，調南京禮部左侍郞，紀皆不言

左，所載各異。

李賢二月禮部侍郞兼學士入，三月晉吏部尙書，六月下獄，降福建右參政，尋留

爲吏部右侍郞，七月復任。

　　按明史卷一七六李賢傳云：“因陳邊備廢弛狀，于謙請下其章，屬諸將轉吏部

……英宗復位命兼翰林學士入直文淵閣，未幾，進尙書……謫賢福建參政，未

行王翺奏賢可大用，遂留爲吏部左侍郞，踰月，復尙書直內閣如故”。明史英

宗後紀天順元年云：“二月……癸卯，吏部侍郞李賢兼翰林學士，入閣預機務

……六月……甲辰，復李賢爲吏部侍郞”。表載二月禮部侍郞兼學士入，紀、

傳皆作吏部侍郎，必有一誤。表載降福建右參政，傳作福建參政不言右。表言留吏部右侍郎，傳作左侍郎，紀不言左右。

呂原六月通政司左參議兼翰林院侍講入，十二月晉學士。

按明史卷一七六呂原傳云："天順初，改通政司右參議，兼侍講……入內閣預機務"。明史英宗後紀天順元年云："六月……庚子，通政司參議，兼侍講呂原入閣預機務"。表載通政司左參議，傳作右參議，紀不言左右。

彭時九月太常寺少卿翰林院侍讀入，十二月晉學士。

按明史稿宰輔表一云："時九月太常寺少卿，兼翰林院侍讀入。十二月晉學士"。明史卷一七六彭時傳云："仍命入閣兼翰林院學士"。明史英宗後紀天順元年云："九月甲子太常少卿彭時兼翰林學士，入閣預機務"。據紀、傳、史稿表所載，表應書兼翰林院侍讀入。又表言翰林院侍讀入，十二月晉學士，紀作兼翰林學士入閣，不言晉學士，紀表互異。紀言太常少卿，缺書寺字。

天順七年癸未。

陳文二月晉禮部右侍郎兼學士入。

按明史卷一六八陳文傳云："英宗既復位……召爲詹事，乞終不允，入侍東宮講讀………七年二月，進禮部右侍郎兼學士入內閣"。傳言入侍東宮講讀學士，表未書。

成化元年乙酉。

彭時十月晉兵部尚書。

按明史彭時傳云："成化改元，進兵部尚書，兼官如故"。表未書兼官如故。

成化二十三年丁未，九月孝宗即位。

萬安七月晉少師，十月罷。

按明史卷一六八萬安傳云："恩直前摘其牙牌曰，可出矣。始遽遽索馬歸第，乞休去"。明史稿宰輔表一云："安七月晉少師，十月致仕"。據傳、史稿表言乞休致仕，表書罷，必有一誤。

弘治七年甲寅。

徐溥八月加少傅吏部尚書謹身殿大學士。

　　按明史卷一八一徐溥傳云：“弘治五年劉吉罷，溥爲首輔，屢加少傅太子太
　　傅”。傳未載吏部尚書謹身殿大學士，表不書太子太傅，傳、表所載互異。

　　健八月晉太子太保兼禮部尚書武英殿大學士。

　　　　按明史卷一八一劉健傳云：“累加太子太保改武英殿”。傳未載兼禮部尚書。

弘治八年乙卯。

　　李東陽二月禮部左侍郎兼翰林院侍讀學士入。

　　　　按明史卷十五孝宗紀弘治八年云：“二月……乙丑，禮部侍郎李東陽，少詹事謝
　　　　遷，入閣預機務”。明史卷一八一李東陽傳云：“擢東陽禮部右侍郎兼侍讀學士
　　　　入內閣，專典誥敕。八年以本官直文淵閣參預機務”。表載禮部左侍郎，傳作
　　　　右侍郎，紀不言右。表言兼翰林院侍讀學士入，傳未書翰林院。

弘治十一年戊午。

　　健二月加少傅兼太子太傅戶部尚書謹身殿大學士。

　　　　按明史劉健傳云：“十一年春，進少傅兼太子太傅，代徐溥爲首輔”。傳未載戶
　　　　部尚書謹身殿大學士。

弘治十八年乙丑，五月武宗卽位。

　　東陽七月加少傅，兼太子太傅，八月加柱國。

　　　　按明史稿宰輔表一云：“十八年乙丑，東陽七月加少傅，兼太子太傅”。明史李
　　　　東陽傳云：“武宗立，屢加少傅，兼太子太傅”。表言八月加柱國，傳與史稿表
　　　　皆未載。

　　遷七月加少傅兼太子太傅，八月加柱國。

　　　　按明史稿宰輔表一云：“十八年乙丑，遷七月加少傅，兼太子太傅”。明史卷一
　　　　八一謝遷傳云：“武宗嗣位，屢加少傅，兼太子太傅”。表言八月加柱國，傳
　　　　與史稿表皆未載。

正德元年丙寅。

　　王鏊十月吏部左侍郎兼學士入，十二月加戶部尚書文淵閣大學士。

　　　　按明史卷一八一王鏊傳云：“以本官兼學士與芳同入內閣，踰月，進戶部尚書
　　　　文淵閣大學士”。表言十月入閣，十二月加戶部尚書文淵閣大學士，相距二月，

傳作踰月，表傳所載互異。

正德二年丁卯。

　　楊廷和八月南京戶部尙書入，十月改戶部尙書兼文淵閣大學士。

　　　　按明史卷一九〇楊廷和傳云：“正德二年由詹事入東閣，專詔勑，以講筵指斥
　　　　佞幸，忤劉瑾，傳旨改南京吏部左侍郎。五月遷南京戶部尙書。又三月召還，
　　　　進兼文淵閣大學士參預機務”。明史卷十六武宗紀正德二年云：“十月丙戌，南京
　　　　戶部尙書楊廷和爲文淵閣大學士預機務”。傳言廷和入東閣在正德二年五月前，
　　　　五月改南京戶部尙書，又三月召還，表書八月入，蓋以召還之日爲入閣之日，
　　　　失也。紀云十月以南京戶部入文淵閣，表云十月改戶部尙書兼文淵閣大學士，
　　　　而不言南京，傳書五月改南京戶部尙書，所載各異。

正德四年己巳。

　　廷和。

　　　　按明史楊廷和傳云：“明年(四年)，加光祿大夫柱國”。表未載。

正德五年庚午。

　　曹元二月太子少保兵部尙書晉吏部尙書兼文淵閣大學士入，八月致仕，尋黜爲民。

　　　　依表例曹元八月致仕，已離內閣，以後之事不應贅述，表書尋黜爲民，蓋衍文
　　　　也。

正德七年壬申。

　　儲十月晉少保兼太子太傅謹身殿大學士。

　　　　按明史稿宰輔表一云：“七年壬申十月，加少傅兼太子太傅謹身殿大學士”。
　　　　明史卷一九〇梁儲傳云：“屢加少傅太子太傅，進建極殿”。表載晉少保，傳、
　　　　史稿表皆作少傅。傳載進建極殿，明史卷七二職官志一云：“世宗時三殿成，
　　　　改華蓋爲中極，謹身爲建極”。傳於武宗時稱建極殿，誤也。

　　宏十月晉太子太保武英殿大學士。

　　　　按明史卷一九三費宏傳云：“加太子太保武英殿大學士，進戶部尙書”。傳言
　　　　進戶部尙書，表載費宏自七年入閣，迄九年五月致仕，未見書戶部尙書。

正德十年乙亥。

儲。

　　按明史梁儲傳云：“十年楊廷和遭喪去，儲爲首輔，進少師太子太師華蓋殿大

　　學士”。表未載。

正德十六年辛巳，四月世宗卽位。

　　冕正月加少傅謹身殿大學士。

　　按明史卷一九〇蔣冕傳云：“加少傅兼太子太傅，戶部尙書，謹身殿大學士”。

　　表未載戶部尙書。

費宏四月召，十月加柱國少師。

　　按明史費宏傳云：“世宗卽位遣行卽家起宏加少保入輔政”。傳未載加柱國少

　　師，而作加少保入輔政，表傳互異。

叁、宰輔表校證二

嘉靖四年乙酉。

宏六月加少師兼太子太師。

　　按明史費宏傳云：“及廷和等去位，宏爲首輔，加少師兼太子太師吏部尙書謹

　　身殿大學士”。表未載吏部尙書謹身殿大學士。

嘉靖六年丁亥。

珤八月致仕。

　　按明史卷一九〇石珤傳云：“奸人王邦奇訐楊廷和誣珤及宏爲奸黨，兩人遂乞

　　歸”。明史卷一九六張璁傳云：“明年（六年）二月與王邦奇獄，構陷楊廷和等，

　　宏及石珤同日罷”。表於六年云：“宏二月致仕”。明史卷十七世宗紀一嘉靖六

　　年云：“二月……癸亥，費宏石珤致仕”。明史稿宰輔表二云：“六年丁亥，

　　珤二月致仕”。紀、史稿表言致仕皆在二月，表書致仕在八月。表、紀、史稿

　　表書石珤致仕，張璁傳言罷，石珤傳言乞歸。傳、紀、表、史稿表所載各異。

嘉靖十三年甲午。

孚敬正月晉少師兼太子太保吏部尙書武英殿大學士。

　　按明史張璁傳云：“明年（十三年），進少師兼太子太師華蓋殿大學士”。表

載武英殿大學士，傳作華蓋殿大學士。（張璁卽張孚敬，璁因避世宗原熜諱，於嘉靖十年二月改名孚敬。）

嘉靖十五年丙申。

夏言閏十二月少傅太子太師禮部尙書兼武英殿大學士入。

按明史卷一九六夏言傳云："四郊工成，進言禮部左侍郎，仍掌院事。踰月，代李時爲本部尙書……十五年……初，加太子太保進少傅，兼太子太傅。閏十二月遂兼武英殿大學士，入參機務"。明史稿宰輔表二云："十五年丙申，夏言閏十二月少傅太子太傅禮部尙書兼武英殿大學士入"。傳與史稿表皆書太子太傅，表作太子太師，必有一誤。

嘉靖十八年己亥。

鼎臣正月晉少保兼太子太保武英殿大學士。

按明史卷一九三顧鼎臣傳云："尋加少保太子太傅，進武英殿"。表載太子太保，傳作太子太傅。

嘉靖二十三年甲辰。

許讚吏部尙書九月兼文淵閣大學士入。

按明史卷一八六許讚傳云："母先卒，服未闋，詔以爲吏部尙書……屢加少保兼太子太保……嵩以讚柔和易制，引之，詔以本官兼文淵閣大學士參預機務"。表未載少保兼太子太保。

嘉靖二十七年戊申。

言正月削奪保傅以尙書致仕，十月棄市。

按明史夏言傳云："二十七年正月，書奪言官階，以尙書致仕"。依表例致仕已離內閣，以後之事跡不應贅述。表載十月棄市，衍文也。

嘉靖二十九年庚戌。

嵩八月加上柱國。

按明史卷三〇八嚴嵩傳云："言嘗加上柱國，帝亦欲加嵩。嵩及辭曰，尊無二上，上非人臣所宜稱，國初雖設此官，左相國達功臣第一，亦止爲左柱國。乞陛下免臣此官，著爲令典，以昭臣節。帝大喜，允其辭"，傳言世宗欲加嵩

上柱國，嵩辭而未受，表應書辭而未受。

嘉靖三十六年丁巳。

本七月晉柱國，八月加太子太傅。

按明史稿宰輔表二云：“三十六年丁巳，本七月晉階光祿大夫勳柱國。八月加太子太傅”。表言晉柱國，史稿表作光祿大夫勳柱國。

嘉靖四十年辛酉。

袁煒十一月加太子太保戶部尚書兼武英殿大學士入。

按明史卷一九三袁煒傳云：“踰月(四十年三月)，遷禮部尚書加太子少保仍命入直……其冬，遂命以戶部尚書兼武英殿大學士入閣”。明史卷一八世宗紀二嘉靖四十年云：“冬十一月甲午，禮部尚書袁煒爲戶部尚書，兼武英殿大學士預機務”。表言四十年十一月加太子太保，傳載四十年二月加太子少保，紀未載太子太保或太子少保。

嘉靖四十一年壬戌。

嵩五月罷。

按明史卷十八世宗紀二嘉靖四十一年云：“五月壬寅，嚴嵩罷”。明史嚴嵩傳云：“帝降旨慰嵩，而以嵩溺愛世蕃，負睿倚令致仕”。明史稿宰輔表二云：“四十一年壬戌，嵩五月致仕”。表與紀載嵩罷官，傳與史稿表作致仕。

嘉靖四十四年乙丑。

李春芳四月晉禮部尚書兼武英殿大學士入。

按明史卷一九三李春芳傳云：“代訥爲禮部尚書……尋加太子太保。四十四年命兼武英殿大學士與訥並參機務”。表未載加太子太保。

嘉靖四十五年丙寅，十二月穆宗卽位。

郭朴三月晉吏部尚書兼武英殿大學士入。

按明史卷二一三高拱傳附郭朴傳云：“吏部尚書歐陽必進罷，卽以朴代之。越二年以父喪去……帝起朴故官，朴固請終制，不許。尋以考績，加太子太保。四十五年兼武英殿大學士，入預機務”。明史世宗紀二嘉靖四十五年云：“三月己未吏部尚書郭朴兼武英殿大學士，禮部尚書高拱兼文淵閣大學士預機務”。據

傳朴於四十五年前已晉吏部尙書，紀於四十五年述及吏部尙書，而未書晉，傳言加太子太保，紀表皆未書。

高拱三月晉禮部尙書兼文淵閣大學士入。

按明史高拱傳云："進禮部尙書召入直廬撰齋詞賜飛魚服。四十五年拜文淵閣大學士預機務"。傳言拱於四十五年前已晉爲禮部尙書，表於四十五年作晉禮部尙書。

隆慶元年丁卯。

拱二月晉少保兼太子太保，四月晉少傅兼太子太傅，五月罷。

按明史稿宰輔表二云："隆慶元年丁卯，拱二月晉少保，四月晉少傅兼太子太傅，五月致仕"。明史高拱傳云："階康坐黜，於是言路論拱者無虛日，南京科道至拾遺及之，拱不自安，乞歸。遂以少傅兼太子太傅尙書大學士養病去，隆慶元年五月也"。史稿表與傳皆言致仕，表作罷，必有一誤。表載二月少保兼太子太保，史稿表未書兼太子太保，傳則皆未書。

隆慶二年戊辰。

春芳正月加少師兼太子太師建極殿大學士。

按表隆慶四年云："春芳六月晉少師，十二月加中極殿大學士"。表於二年四年言少師迭出。明史卷一九三李春芳傳云："累加少師兼太子太師，進吏部尙書改中極殿"。傳言吏部尙書，表未載。

以勤正月加少傅兼太子太傅。

按明史卷一九三陳以勤傳云："累加少傅兼太子太傅改武英殿"。表未載武英殿。

隆慶三年己巳。

趙貞吉八月禮部尙書兼文淵閣大學士入。

按明史卷一九三趙貞吉傳云："尋遷南京禮部尙書，既行，帝念之，仍留直講。三年秋命兼文淵閣大學士參預機務"。明史卷一九穆宗紀隆慶三年云："八月……壬戌，禮部尙書趙貞吉兼文淵閣大學士預機務"。表與紀皆言禮部尙書，傳作南京禮部尙書。

隆慶四年庚午。

　　以勤七月致仕，加太子太師。

　　　　按明史陳以勤傳云：“力引疾求罷，遂進兼太子太師吏部尚書，賜敕馳歸”。
　　　　表未書吏部尚書。

　　居正十二月晉太子太傅吏部尚書柱國，又晉少傅建極殿大學士。

　　　　按明史卷二一三張居正傳云：“加柱國太子太傅，六年滿，加太傅吏部尚書建
　　　　極殿大學士”。表載少傅，傳作太傅。

　　貞吉十一月致仕。

　　　　按明史卷一九三趙貞吉傳云：“高拱張居正名輩出貞吉後，而進用居先，咸負
　　　　才好勝不相下，競齟齬而去”。明史卷十九穆宗紀隆慶四年云：“十一月……
　　　　乙酉，趙貞吉罷”。表言貞吉致仕，傳載齟齬而去，史稿表作罷。

隆慶六年壬申，六月神宗即位。

　　居正正月加少師兼太子太師，八月加柱國中極殿大學士。

　　　　按表萬曆四年云：“居正十月晉左柱國太傅，俸如伯爵”。表九年云：“居正十
　　　　一月晉太傅左柱國”。表於隆慶六年言加左柱國，於萬曆四年、九年又言晉左
　　　　柱國太傅，所載迭出。

　　呂調陽六月禮部尚書兼文淵閣大學士入。八月晉太子少保武英殿大學士。

　　　　按明史稿宰輔表二云：“呂調陽六月禮部尚書兼文淵閣大學士入”。史稿表未載
　　　　晉太子少保武英殿大學士，與表互異。

萬曆六年戊寅。

　　調陽二月晉建極殿大學士，七月以病回籍。

　　　　按明史稿宰輔表二云：“六年戊寅，調陽七月以病回籍”。史稿表不言二月晉建
　　　　極殿大學士。

萬曆十年壬午。

　　居正六月晉太師，尋卒。

　　　　按明史卷七二職官志一云：“其後文臣得加三公惟張居正，萬曆九年加太傅，
　　　　十年加太師”。明史張居正傳云：“及病革，乞歸，上復優詔慰留，稱張太岳先

生"。明史卷二十神宗紀一萬曆十年云："六月丙午，張居正卒"。表、職官志、皆言居正於十年晉太師，傳、紀未載。

四維六月晉太子太師，九月晉少師。

按明史卷二一九張四維傳云："居正卒，四維始當國，累加至少師吏部尚書中極殿大學士"。表言張四維自三年入閣迄十一年丁憂去，未載吏部尚書中極殿大學士。

時行六月晉太子太保，九月晉少保。

按明史稿宰輔表二云："十年壬午，時行太子太保武英殿，九月晉少保"。史稿表言武英殿，表未載。表言六月晉太子太保，史稿表未載六月晉。

萬曆十一年癸未。

時行九月晉少傅兼太子太傅吏部尚書建極殿大學士。

按明史稿宰輔表二云："十一年癸未，時行九月晉少傅建極殿太子太傅柱國吏部尚書"。表未載柱國。

萬曆十二年甲申。

國九月晉少保太子太保武英殿大學士。

按明史稿宰輔表二云："十二年甲申，國十月晉少保武英殿"。表言九月晉職，史稿表作十月。表言太子太保，史稿表未載。

王家屏十二月以吏部侍郎兼東閣大學士。

按明史神宗紀一萬曆十二年云："十二月甲辰，……吏部侍郎王家屏東閣大學士預機務"。明史卷二一七王家屏傳云："十二年，擢禮部右侍郎，改吏部，甫踰月，命以左侍郎兼東閣大學士，入預機務"。表、紀皆言吏部侍郎，傳作左侍郎。

萬曆十五年丁亥。

國二月晉吏部尚書建極殿大學士。

按表十七年云："國八月晉太子太師吏部尚書"。表於十五年十七年均載吏部尚書，明史稿宰輔表二云："十五年丁亥，國二月晉建極殿"。史稿表於十五年未載吏部尚書，而於十七年云："國八月晉太子太師吏部尚書"。

　　錫爵二月晉太子太保武英殿大學士。

　　　　按表十六年云：“錫爵六月晉太子太保”。表於十五年十六年言晉太子太保迭

　　　　出。明史稿宰輔表二云：“十五年丁亥，錫爵二月晉太子少傅武英殿”。又云：

　　　　“十六年戊子，錫爵六月晉太子太保”。據史稿表十五年晉太子少傅，十六年晉

　　　　太子太保，表於十五年十六年皆書太子太保，所載互異。

萬曆十六年戊子。

　　錫爵六月晉太子太保。

　　　　按表十六年十五年載錫爵晉太子太保重出，考證見前。

　　家屏十二月服闋召。

　　　　按明史王家屏傳云：“服甫闋，詔進禮部尙書，遣行人召還”。表、傳所載互異。

萬曆十七年己丑。

　　國八月晉太子太師吏部尙書。

　　　　按表十五年云：“國二月晉吏部尙書建極殿大學士”。表於十五年十七年兩言晉

　　　　吏部尙書，考證見前。

　　家屏四月還朝，晉禮部尙書。

　　　　按明史王家屏傳所載，於十六年服甫闋，已詔進禮部尙書，乃遣人召還，明史

　　　　神宗紀一萬曆十七年云：“四月己亥，王家屏復入閣”。據傳、紀所載，表於十

　　　　七年四月不應書還朝晉禮部尙書，當作入。

萬曆十九年辛卯。

　　時行三月加太傅，九月致仕。

　　　　按明史稿宰輔表二云：“十九年辛卯，時行九月致仕”。史稿表未載加太傅。

　　趙志皋九月禮部尙書兼東閣大學士入。

　　　　按明史卷二一九趙志皋傳云：“十九年秋，申時行謝政，薦志皋及張位自代，

　　　　遂進禮部尙書兼東閣大學士，入參機務”。明史神宗紀一萬曆十九年云：“九月

　　　　……丁丑，吏部侍郎趙志皋爲禮部尙書，前禮部侍郎張位爲吏部侍郎，並兼東閣

　　　　大學士預機務”。明史稿宰輔表二云：“十九年辛卯，趙志皋禮部尙書東閣九月

　　　　命”。明史卷二一九張位傳云：“拜吏部左侍郎兼東閣大學士與趙志皋並命”。

史稿表書禮部尙書東閣命，張位傳言吏部左侍郎兼東閣命，表、趙志皐傳、紀皆作禮部尙書兼東閣入。

張位九月吏部侍郎兼東閣大學士。

按明史神宗紀一萬曆十九年云："九月……丁丑，……前禮部侍郎張位爲吏部侍郎，並兼東閣大學士預機務"。明史張位傳云："以申時行薦，拜吏部左侍郎兼東閣大學士與趙志皐並命"。表於二十年云："位四月入"。紀言張位晉吏部侍郎，傳作晉吏部左侍郎，表未書晉左二字。傳載十九年張位與趙志皐並命，表於十九年未言命或入，而於二十年書位四月入。

萬曆二十二年甲午。

錫爵二月晉少傅兼太子太保吏部尙書建極殿大學士，五月致仕。

按明史卷二一八王錫爵傳云："爲出內帑錢，建醮祈愈，錫爵力辯，疏八上，乃允。先累加太子太保，至是，命改吏部尙書進建極殿，賜道里費，乘傳行人護歸"。明史稿宰輔表二云："二十二年甲午，錫爵二月晉少傅，五月致仕，晉吏部尙書建極殿"。表言錫爵兼吏部尙書建極殿大學士在二月，傳與史稿表皆作五月致仕之時，必有一誤。表與傳言太子太保，史稿表未載。

志皐二月晉少保兼太子太保戶部尙書。

按明史稿宰輔表二云："二十二年甲午，志皐"。史稿表未載晉官與兼官。

位二月晉太子太保。

按明史稿宰輔表二云："二十二年甲午，位"。又云："二十四年丙申，位三月晉太子太保"。明史張位傳云："二十四年，……以甘肅破賊敍功，加太子太保"。表言位晉太子太保在二十二年，史稿表及傳皆作二十四年，必有一誤。

沈一貫五月禮部尙書兼東閣大學士，十一月入。

按明史卷二一八沈一貫傳云："二十二年起南京禮部尙書，復召爲正史副總裁，協理詹事府，未上。王錫爵趙志皐張位同居內閣，復有旨指舉閣臣……乃召以尙書兼東閣大學士與陳于陛同入閣預機務"。明史神宗紀一萬曆二十二年云："五月南京禮部尙書沈一貫並兼東閣大學士預機務"。紀、傳皆言南京禮部尙書，

　　　　表作禮部尚書。

萬曆二十三年乙未。

　　　于陛十月晉太子太保。

　　　　　按明史稿宰輔表二云：“二十三年乙未，于陛”。又云。“二十四年丙申，于陛
　　　　三月晉太子少保文淵閣，八月晉太子太保，十月卒”。明史卷二一七陳于陛傳
　　　　云：“以甘肅破賊功，加太子少保”。據明史張位傳言甘肅破賊在二十四年。史
　　　　稿表於二十三年未載晉官，其言晉太子少保在二十四年。傳與史稿表皆書於二
　　　　十四年晉太子少保，表作二十三年。

　　　一貫十月晉太子少保。

　　　　　按明史稿宰輔表二云：“二十三年乙未，一貫”。又云：“二十四年丙申，一貫
　　　　三月晉太子少保文淵閣”。史稿表於二十三年未載晉太子少保，其載晉官在二
　　　　十四年，表作二十三年。

萬曆二十四年丙申。

　　　志皋三月晉少傅兼太子太傅建極殿大學士。

　　　　　按明史稿宰輔表二云：“二十四年丙申，志皋三月晉少保吏部尚書武英殿”。
　　　　史稿表載志皋於二十四年晉少保吏部尚書武英殿，表未載。史稿表云：“二十
　　　　五年丁酉，志皋三月晉少傅建極殿”。明史卷二一九趙志皋傳云：“累進少傅
　　　　，加太子太傅，改建極殿，時兩宮災”。明史神宗紀一萬曆二十四年云：“三月
　　　　乙亥，乾清坤寧兩宮災”。紀、傳、表所載志皋之晉少傅兼太子太傅建極殿大
　　　　學士在二十四年，史稿表作二十五年，而不言太子太傅。

　　　于陛八月晉太子太保，十二月卒。

　　　　　按明史稿宰輔表二云：“二十四年丙申，于陛三月晉太子少保文淵閣，八月晉
　　　　太子太保，十一月卒”。明史陳于陛傳云：“乾清坤寧兩宮災，請面對不報，乞
　　　　罷，亦不許。其秋二品三年滿，改文淵閣進太子太保”。傳言其秋改文淵閣進
　　　　太子太保，史稿表作三月晉太子少保文淵閣，表祇載八月晉太子太保，未言文
　　　　淵閣，所載各異。表言于陛十二月卒，明史神宗紀一萬曆二十四云：“十二月

乙亥，陳于陛卒"。紀與表言十二月卒，史稿表作十一月，必有一誤。

萬曆二十五年丁酉。

位五月晉少保太子太保吏部尚書武英殿大學士。

按明史張位傳云："復以延璣功，進少保吏部尚書，改武英殿"。傳未言太子太保。

一貫五月晉太子太保戶部尚書武英殿大學士。

按明史稿宰輔表二云："二十五年丁酉，一貫三月晉 太子太保戶部 尚書武英殿"。表言一貫五月之晉官，史稿表作三月。

萬曆二十七年己亥。

志皋養病，四月晉兼太子太師中極殿大學士。

按明史稿宰輔表二云："二十七年己亥，志皋養病"。史稿表未載四月晉兼官。

一貫四月晉少保吏部尚書。

按表二十八年，"一貫五月晉少保吏部尚書"。明史稿宰輔表二云："二十七年己亥，一貫"。又云："二十八年庚子，一貫晉少保吏部尚書"。表於二十七年二十八年載晉少保吏部尚書迭出，史稿表載晉少保吏部尚書在二十八年。

萬曆二十九年立丑。

志皋養病，九月卒。

按明史稿宰輔表二云："二十九年辛丑，志皋養病，七月晉少師，九月卒。"表未載七月晉少師。

萬曆三十年壬寅。

一貫七月晉少傅兼太子太傅。

按明史稿宰輔表二云："三十年壬寅，一貫"。又云："三十一年癸卯，一貫四月晉少傅中極殿左柱國"。史稿表言一貫晉少傅在三十一年，表作三十年，所載互異。

賡四月入，七月晉太子太保。

按表三十二年云："賡十月晉太子太保文淵閣大學士"。表於三十年三十二年迭

載晉太子太保，明史稿宰輔表二云：“三十年壬寅，賡入”。又云：“三十二年甲辰，賡十月晉太子太保文淵閣”。史稿表言晉太子太保在三十二年。

萬曆三十二年甲辰。

鯉十月晉少保文淵閣大學士。

　　按明史卷二一七沈鯉傳云：“三十二年敍皮林功，加太子太保，尋以秩滿，加少保改文淵閣”。表未載加太子太保。

萬曆三十三年乙巳。

一貫十月晉少師兼太子太師。

　　按明史稿宰輔表二云：“三十三年乙巳，一貫晉少師”。史稿表未書兼官。

鯉十月晉少傅兼太子太傅。

　　按明史稿宰輔表二云：“三十三年乙巳，鯉十月晉少傅”。史稿表未書兼官。

賡十月晉少保兼太子太保。

　　按明史稿宰輔表二云：“三十三年乙巳，賡十月晉少保”。史稿表未載兼官。

萬曆三十五年丁未。

賡三月晉戶部尚書武英殿大學士。

　　按明史稿宰輔表二云：“三十五年丁未，賡三月晉武英殿”。史稿表未載晉戶部尚書。

于慎行禮部尚書五月加太子太保東閣大學士，十一月入，尋卒。

　　按明史稿宰輔表二云：“三十五年丁未，于慎行禮部尚書東閣六月命，十一月入，尋卒”。明史神宗紀二萬曆三十五年云：“五月戊子，前禮部尚書于慎行，及禮部侍郎李廷機，南京吏部侍郎葉向高並禮部尚書兼東閣大學士預機務……十一月壬子，于慎行卒”。明史卷二一七于慎行傳云：“廷推閣臣七人，首慎行，詔加太子少保兼東閣大學士，入參機務”。表言五月加太子太保東閣大學士，史稿表書禮部尚書東閣六月命，紀載五月並禮部尚書兼東閣大學士，入預機務，傳作詔加太子少保兼東閣大學士入，所載各異。

李廷機五月晉禮部尚書兼東閣大學士入。

　　按明史稿宰輔表二云：“三十五年丁未，李廷機禮部尚書東閣六月命”。史稿表

作六月命，表言五月入，明史神宗紀二於萬曆三十五年五月亦載禮部尙書兼東閣入，所載各異。

葉向高五月晉禮部尙書兼東閣大學士，十一月入。

按明史稿宰輔表二云："三十五年丁未，葉向高禮部尙書東閣六月命，十一月入"。明史卷二四葉向高傳云："三十五年五月擢向高禮尙書兼東閣大學士，與王錫爵于愼行李廷機並命，十一月向高入朝"。表與傳言晉職在五月，史稿表作六月命。

萬曆四十一年癸丑。

方從哲九月晉禮部尙書兼東閣大學士入。

按明史神宗紀二萬曆四十一年云："九月壬申，吏部左侍郎方從哲，前吏部左侍郎吳道南並禮部尙書兼東閣大學士預機務"。明史卷二一八方從哲傳云："四十一年拜禮部尙書東閣大學士與吳道南並命"。表言從哲九月入，紀載九月參預機務，傳與史稿表皆作九月命，所載各異。

吳道南九月晉禮部尙書兼東閣大學士入。

按明史卷二一七吳道南傳云："父喪歸，服闋，卽家拜禮部尙書兼東閣大學士預機務，與方從哲並命，三辭不允，久之始入朝"。明史稿宰輔表二云："四十一年癸丑，吳道南禮部尙書東閣九月命"。表於四十三年云："道南五月入"。傳與史稿表皆於四十一年言命，又表於四十三年言入，蓋表於四十一年當書命。

萬曆四十四年丙辰。

從哲十二月晉太子太保文淵閣大學士。

按表四十五年云："從哲十二月晉太子太保文淵閣大學士"。表於四十四年四十五年迭載從哲晉太子太保文淵閣，明史稿宰輔表二云："四十四年丙辰，從哲十一月晉太子太保"。又云："四十五丁巳，從哲十二月晉太子太保文淵閣"。史稿表四十四年四十五年所載亦迭出。

萬曆四十五年丁巳。

從哲十二月晉太子太保文淵閣大學士。

按表於四十四年亦言晉太子太保文淵閣大學士，考證見前。

萬曆四十八年庚申，八月光宗卽位，九月崩，熹宗卽位，八月以後爲泰昌元年。

從哲八月晉少保戶部尚書武英殿大學士，十月晉少師兼太子太師吏部尚書中極殿大學士，十二月致仕。

按明史稿宰輔表二云：“四十八年庚申，……從哲八月晉少保戶部尚書武英殿。十月晉少師太子太師吏部尚書中極殿”。又云：“天啓元年辛酉，從哲正月免”。明史卷二一八方從哲傳云：“從哲力求去，疏六上，命進中極殿大學士，賚銀幣蟒衣遣行護歸”。明史神宗紀二萬曆四十八年云：“十二月辛酉，方從哲致仕”。表與紀言從哲致仕在四十八年十二月，史稿表作天啓元年正月。又史稿表言免，表、紀、傳皆作致仕。

史繼偕八月晉禮部尚書兼東閣大學士。

按明史稿宰輔表二云：“四十七年己未，史繼偕禮部尚書東閣十二月命”。又云：“四十八年庚申……繼偕八月召在籍”。表天啓元年云：“繼偕十月入晉太子太保文淵閣大學士”。史稿表於四十七年書命，表未載。史稿表言四十八年召，表未書召。表於天啓元年書入，於萬曆四十八年當書召。

沈㴶八月晉禮部尚書兼東閣大學士。

按明史稿宰輔表二云：“四十七年己未，沈㴶禮部尚書東閣十二月命”。又云：“四十八年庚申……㴶八月召”。明史卷二一八沈㴶傳云：“神宗崩，光宗立，乃召㴶爲禮部尚書兼東閣大學士，未至”。表天啓元年云：“㴶七月入”。史稿表於四十八年書召，表未書召。表於天啓元年七月書入，於萬曆四十八年書召。

何宗彥八月晉禮部尚書兼東閣大學士。

按明史卷二十一光宗紀萬曆四十八年云：“八月……甲子，禮部侍郎何宗彥劉一燝韓爌爲禮部尚書兼東閣大學士預機務”。明史卷二四〇何宗彥傳云：“神宗崩，光宗立，卽家拜禮部尚書兼東閣大學士，天啓元年夏還朝”。明史稿宰輔表二云：“四十八年庚申……何宗彥八月召”。表天啓元年云：“宗彥六月入”。紀言何宗彥於四十八年參機務，史稿表於四十八年作召。傳書天啓元年還朝，表於天啓元年書入，表於四十八年當書召。

天啓元年辛酉。

向高六月晉中極殿大學士十月入。

　　按明史稿宰輔表二云："天啓元年辛酉，向高十二月入"。明史卷二二二熹宗紀
　　天啓元年云："十月……壬辰，葉向高入閣"。表與傳皆言向高入在十月，史稿
　　表作十二月。

爌六月晉少保吏部尚書武英殿大學士，又晉少傅兼太子太傅建極殿大學士，九月
晉中極殿大學士，十月晉少師兼太子太師。

　　按明史稿宰輔表二云："天啓元年辛酉，爌六月晉少保吏部尚書武英殿，十月
　　晉少傅太子太傅建極殿"。明史卷二四〇韓爌傳云："兩大婚禮成，加少保吏部
　　尚書武英殿大學士，廕一子尚寶司丞，未幾以貴州平苗功加少傅太子太傅建極
　　殿大學士"。表言天啓元年九月晉中極殿大學士，十月晉少師兼太子太師，傳
　　與史稿表皆未載。表三年云："爌正月晉少師太子太師中極殿大學士，七月加
　　晉，十一月晉左柱國"。明史稿宰輔表二云："三年癸亥，爌正月晉少師太子太
　　師中極殿，十一月左柱國"。表與史稿表於三年皆言晉少師太子太師中極殿，
　　表於元年所載之中極殿大學士少師兼太子太師，重出也。

潍七月入，九月晉太子太保文淵閣大學士，十月晉少保武英殿大學士。

　　按明史稿宰輔表二云："天啓元年辛酉，潍七月入。十月晉太子太保文淵閣"。
　　又云："二年壬戌，潍七月致仕，加少保"。表言九月晉太子太保文淵閣大學士
　　在九月，史稿表作十月。表言元年十月晉少保，史稿表作二年七月加少保。明
　　史卷二一八沈潍傳云："尋加太子太保進文淵閣，再進少保兼太子太保戶部尚
　　書武英殿大學士"。傳言戶部尚書，表與史稿表皆未載。表、傳所載武英殿
　　大學士，史稿表未書。

宗彥六月入。九月晉太子太保文淵閣大學士。十月晉少保武英殿大學士。

　　按明史稿宰輔表二云："禮部尚書東閣六月入。十月太子太保文淵閣。十二月
　　宗彥國祚潍俱改武英殿"。表言九月晉太子太保文淵閣，十月晉少保武英殿，
　　史稿表言太子太保文淵閣在十月，改武英殿在十二月。

國祚六月入，九月晉太子太保文淵閣大學士，十月晉少保武英殿大學士。

　　按表天啓三年云："國祚正月晉少保兼太子太保戶部尚書，四月致仕"。明史卷

二四〇朱國祚傳云 : "天啓元年六月還朝,尋加太子太保進文淵閣……三年進
少保太子太保戶部尚書,改武英殿"。明史稿宰輔表二云:"三年癸亥,國祚正
月晉少保戶部尚書武英殿,四月致仕"。傳與史稿表皆言晉少保在三年,表作
元年三年重出。表言九月晉太子太保文淵閣,史稿表云:"天啓元年辛酉,
國祚……十月晉太子太保文淵閣"。表言九月,史稿表作十月。

天啓三年癸亥。

向高正月晉中極殿大學士,七月晉左柱國,十一月晉上柱國,十二月晉少傅。

　　按明史稿宰輔表二云 : "三年癸亥,向高正月晉中極殿,七月晉左柱國,十一
月晉上柱國太傅"。明史卷二四〇葉向高傳云:"以時事不可爲,乞歸,已二十
餘疏,至是請益力,乃命加太傅,遣行人護歸"。表言十一月晉上柱國,十二月
晉少傅,史稿表作十一月晉上柱國太傅,傳書加太傅在致仕之時,所載各異。

宗彥正月晉少保兼太子太保戶部尚書,七月晉少傅兼太子太傅,十一月晉太子太
師。

　　按明史稿宰輔表二云 : "三年癸亥,宗彥正月晉少保,七月晉少傅太子太傅,
十二月晉少師太子太師"。明史何宗彥傳云:"天啓元年夏還朝,屢加少師,兼
太子太師吏部尚書建極殿大學士。四年正月卒官"。表言兼太子太保戶部尚書,
史稿表與傳皆未載。傳與史稿表言晉少師,表未載。表言十一月晉太子太師,
史稿表作十二月晉少師太子太師。

國祚正月晉少保兼太子太保戶部尚書,四月致仕。

　　按表載國祚晉少保與天啓元年迭出,此年又當書武英殿大學士,考證見前。

顧秉謙禮部尚書正月兼東閣大學士入,七月晉太子太保文淵閣大學士,十一月晉
少保太子太保。

　　按明史稿宰輔表二云 : "三年癸亥,秉謙正月入,七月晉太子太保文淵閣,十
一月晉少保太子太傅"。明史卷三〇六顧秉謙傳云:"七月秉謙晉太子太保改文
淵閣,十一月晉少保太子太傅"。表於七月十一月重書晉太子太保,史稿表與
傳皆作七月晉太子太保十一晉太子太傅,所載各異。

朱國禎正月晉禮部尚書兼東閣大學士六月入，七月晉太子太保文淵閣大學士，十月晉少保兼太子太保。

　　按明史稿宰輔表二云：“三年癸亥，國禎六月入，七月晉太子太保文淵閣，十月晉少保太子太傅”。明史卷二四〇朱國祚傳附朱國禎傳云：“累加少保兼太子太保”。史稿表言十月晉太子太傅，表與傳皆作太子太保。

朱延禧正月晉禮部尚書兼東閣大學士入，七月晉太子太保文淵閣大學士，十一月晉少保兼太子太保。

　　按明史稿宰輔表二云：“三年癸亥，延禧正月入，七月晉太子太保文淵閣，十一月晉少保太子太傅”。表言十一月晉少保兼太子太保，史稿表作晉少保太子太傅。

承宗出鎮，正月晉少保兼太子太保文淵閣大學士，七月晉少傅兼太子太傅，十一月晉太子太師。

　　按明史稿宰輔表二云：“三年癸亥，承宗出鎮，七月晉少保太子太傅，十一月晉太子太師”。史稿表未書正月晉少保兼太子太保文淵閣大學士。

天啟四年甲子。

爌十一月致仕。

　　按明史稿宰輔表二云：“四年甲子，爌十月致仕”。明史卷二二熹宗紀天啟四年云：“十一月己巳，韓爌致仕”。表紀皆言爌十一月致仕，史稿表作十月。

天啟五年乙丑。

秉謙正月晉少傅兼太子太師吏部尚書建極殿大學士，九月晉左柱國少師中極大學士。

　　按明史稿宰輔表二云：“五年乙丑，秉謙正月晉少傅太子太師吏部尚書建極殿，九月晉少師中極殿”。明史顧秉謙傳云：“五年正月晉少傅太子太師吏部尚書改建極殿，九月晉少師”。表言晉左柱國，史稿表未載，傳亦未載左柱國及中極殿大學士。

廣微正月晉少保兼太子太傅吏部尚書建極殿大學士，八月致仕，晉少傅兼太子太傅。

按明史顧秉謙傳附魏廣徵傳云：“廣徵卒不自安，復三疏，乞休，六年九月許
之去。廣徵先已加少保太子太傅，改吏部尙書建極殿大學士。至是復加少傅太
子太師，廕子中書金人，賜白金百、坐蟒一、綵幣四表裏、乘傳行人護歸”。
明史稿宰輔表二云：“五年乙丑，廣徵正月晉少保太子太傅吏部尙書建極殿，
九月致仕晉少師”。表言廣徵五年八月致仕之時晉少傅兼太子太傅，傳言六年
九月致仕加少傅太子太師，史稿表作五年九月致仕晉少師，所載各異。

周如磐禮部尙書八月兼東閣大學士入，尋晉太子太保文淵閣大學士，十一月致
仕。

按明史稿宰輔表二云：“五年乙丑，周如磐禮部尙書東閣八月入，尋晉太子太
保文淵閣，十二月致仕”。表言周如磐致仕在十一月，史稿表作十二月。

馮銓八月晉禮部侍郎兼東閣大學士入，九月晉禮部尙書文淵閣大學士。

按明史稿宰輔表二云：“五年乙丑，馮銓禮部侍郎東閣八月入，九月晉尙書太
子太保”。明史卷二十二熹宗紀天啓五年云：“八月……戌子……馮銓爲禮部右侍
郎，並兼東閣大學士預機務”。表與史稿表皆言禮部侍郎，傳作禮部右侍郎。
表言九月晉禮部尙書文淵閣大學士，史稿表言晉尙書太子太保，未載文淵閣。

承宗出鎭，正月晉少師兼太子太師，九月晉左柱國中極殿大學士，十月致仕。

按明史稿宰輔表二云：“承宗出鎭正月晉少師太子太師，十月致仕”。明史卷二
五〇孫承宗傳云：“承宗求去益力，十月始得請。先已屢加左柱國少師太子太
師中極殿大學士”。表與傳言晉左柱國中極殿大學士，史稿表未載。

天啓六年丙寅。

立極四月晉少保兼太子太保戶部尙書武英殿大學士，十一月晉少傅兼太子太傅吏
部尙書建極殿大學士。

按明史稿宰輔表二云：“六年丙寅，立極十月晉少保太子太保戶部尙書武英殿，
十一月晉少傅太子太傅吏部尙書”。表言四月晉少保兼太子太保戶部尙書武英
殿大學士，史稿表作十月。表載十一月建極殿大學士，史稿表未載。

紹軾四月晉少保兼太子太保戶部尙書武英殿大學士，尋卒。

按明史稿宰輔表二云："六年丙寅，紹軾四月晉少保太子太保戶部尚書武英殿，五月卒"。表言紹軾尋卒，史稿表作五月卒。

施鳳來七月晉禮部尚書兼東閣大學士入，十月晉太子太保文淵閣大學士，十一月晉少保兼太子太保戶部尚書武英殿大學士。

按表七年云："鳳來三月晉少保兼太子太保戶部尚書武英殿大學士"。表言鳳來晉少保兼太子太保戶部尚書武英殿大學士，六年七年迭出，但言晉官月異。明史稿宰輔表二云："六年丙寅，施鳳來禮部尚書東閣七月入，十一月晉少保·太子太保武英殿"。又云："七年丁卯……鳳來三月晉少保太子太保戶部尚書武英殿"。史稿表所載亦六年七年迭出，但於六年未書戶部尚書，言晉官亦月異。表於六年十月書晉太子太保文淵閣大學士，史稿表未載。

張瑞圖七月晉禮部尚書東閣大學士入，十月晉太子太保文淵閣大學士，十一月晉少保兼太子太保戶部尚書武英殿大學士。

按表七年云："瑞圖三月晉少保兼太子太保戶部尚書武英殿大學士"。表於六年七年均載晉少保兼太子太保戶部尚書武英殿大學士。明史稿宰輔表二云："六年丙寅，張瑞圖禮部尚書東閣七月入，十一月晉少保兼太子太保戶部尚書武英殿大學士"，又云："七年丁卯，……瑞圖三月晉少保太子太保戶部尚書武英殿"，史稿表亦重出。

李國橉七月晉禮部尚書東閣大學士入，十月晉太子太保文淵閣大學士，十一月晉少保兼太子太保戶部尚書武英殿大學士。

按表七年云："國橉三月晉少保兼太子太保戶部尚書武英殿"。表於六年七年載晉少保兼太子太保戶部尚書武英殿迭出，明史稿宰輔表二云："六年丙寅，李國橉七月晉禮部尚書東閣入，十一月晉少保太子太保戶部尚書武英殿"。史稿表書晉少保太子太保戶部尚書武英殿乃在六年，疑表於七年言國橉之晉職，爲衍文。表載十月晉太子太保文淵閣，史稿表未書。

天啓七年丁卯，八月莊烈帝即位。

立極三月晉少傅兼太子太傅吏部尚書建極殿大學士，八月加左柱國晉少師兼太子太師中極殿大學士，十月晉太保，辭免，十一月致仕。

按明史稿宰輔表二云："七年丁卯……立極三月晉少傅太子太傅吏部尙書建極殿，七月晉少師太子太師中極殿，十二月免"。明史顧秉謙傳云："十一月，立極乞休去"，表言十月晉太保辭免，史稿表未載晉太保，辭免，其載立極免在十二月，表載致仕傳言乞休皆在十一月。表言八月加柱國晉少師兼太子太師中極殿大學士，史稿表作七月。表言八月加柱國，史稿表未載。

鳳來三月晉少保兼太子太保戶部尙書武英殿大學士，八月晉少師兼太子太師中極殿大學士，十月晉左柱國吏部尙書。

按明史稿宰輔表二云："七年丁卯，八月莊烈帝卽位，鳳來三月晉少保太子太保戶部尙書武英殿，七月加太子太傅吏部尙書建極殿，八月晉少師太子太師"。表與史稿表言晉少保太子太保戶部尙書武英殿與六年所載相迭出，考證見前。史稿表言七月加太子太傅吏部尙書建極殿，表未載。表言八月晉中極殿大學士，十月晉左柱國吏部尙書，史稿表皆未書。

瑞圖三月晉少保兼太子太保戶部尙書武英殿大學士，八月加少師兼太子太師中極殿大學士，十月晉左柱國吏部尙書。

按表六年云："張瑞圖……十一月晉少保兼太子太保戶部尙書武英殿大學士"。表六年七年所載迭出，考證見前。明史稿宰輔表二云："七年丁卯……瑞圖三月晉少保太子太保戶部尙書武英殿，八月加少師太子太師中極殿"。表言十月晉左柱國吏部尙書，史稿表未載。

來宗道太子太保禮部尙書十二月兼東閣大學士入。

按明史稿宰輔表二云："來宗道太子太保禮部尙書東閣十月入"。明史卷二三莊烈帝紀一天啓七年云："十二月，前南京吏部侍郎錢龍錫，禮部侍郎李標，禮部尙書來宗道，吏部侍郎楊景辰，禮部侍郎黃道登（黃當爲周之誤），少詹事劉鴻訓俱禮部尙書兼東閣大學士預機務"。表與紀皆言來宗道入在十二月，史稿表作十月。

楊景辰十二月晉禮部尙書兼東閣大學士入。

按明史稿宰輔表二云："七年丁卯……楊景辰太子太保禮部尙書東閣十月入"。明史莊烈帝紀一天啓七年載景辰入在十二月，表與紀言楊景辰入在十二月，史稿

表作十月。史稿表言太子太保，表未載。

周道登十二月晉禮部尙書兼東閣大學士入。

　　按明史稿宰輔表二云：“七年丁卯……周道登禮部尙書東閣十一月命”。明史莊
　　烈帝紀一天啓七年十二月載道登禮部尙書兼東閣大學士預機務，表於崇禎元年
　　云：“道登六月任，七月晉太子太保文淵閣大學士”。表於天啓七年言道登十二
　　月入，崇禎元年六月任，史稿表作天啓七年十一月命，紀書七年十二月預機
　　務，所載各異。

錢龍錫十二月晉禮部尙書兼東閣大學士入。

　　按明史卷二五一錢龍錫傳云：“復得周道登劉鴻訓並拜禮部尙書兼東閣大學士，
　　明年六月龍錫入朝”。表於崇禎元年云：“龍錫六月任，七月晉太子太保文淵閣
　　大學士”。明史稿宰輔表二云：“七年丁卯，錢龍錫禮部尙書東閣十一月命”。
　　明史莊烈帝紀一天啓七年云：“十二月前南京吏部侍郎錢龍錫……俱禮部尙書
　　兼東閣大學士預機務”。表於天啓七年載龍錫十二月入，崇禎元年六月任，
　　史稿表言天啓七年十一月命，紀書天啓七年十二月預機務，傳言拜官後，明年
　　（崇禎元年）六月入朝。表、史稿表、紀、傳所載各異。

李標十二月晉禮部尙書兼東閣大學士入。

　　按明史稿宰輔表二云：“七年丁卯……李標禮部尙書東閣十一月命”。明史莊烈
　　帝紀一天啓七年十二月云：“李標禮部尙書兼東閣大學士預機務”。明史卷二五
　　一李標傳云：“莊烈帝嗣位，卽家拜禮部尙書兼東閣大學士，崇禎元年三月
　　入朝”。表於崇禎元年云：“標二月任，七月晉太子太保文淵閣大學士”。表於
　　天啓七年載李標十二月入，崇禎元年二月任，史稿表作天啓七年十一月命，紀
　　書天啓七年十二月預機務，傳言崇禎元年三月入朝。表、史稿表、傳、紀所載
　　各異。

劉鴻訓十二月晉禮部尙書兼東閣大學士入。

　　按明史稿宰輔表二云：“七年丁卯……劉鴻訓禮部尙書東閣十一月命”。明史卷
　　二五一劉鴻訓傳云：“莊烈帝卽位，拜禮部尙書兼東閣大學士參預機務，遣行
　　人召之，三辭不允，崇禎元年四月還朝”。表於崇禎元年云：“二月任，七月晉
　　太子太保文淵閣大學士”。表於天啓七年十二月言入，崇禎元年二月任，史稿

　　　　表作天啓七年十一月命，傳載崇禎元年四月還朝。表、史稿表、傳所載各異。

崇禎元年戊辰。

　　　鳳來三月致仕，晉太傅。

　　　　按明史稿宰輔表二云："鳳來四月致仕"。明史莊烈帝紀一崇禎元年云："三月…

　　　　…癸未，施鳳來張瑞圖致仕"。明史顧秉謙傳云："乃以瑞圖宗道與顧秉謙馮銓

　　　　等坐贓徒爲民，而立極鳳來景辰落職閒住"。表與紀言三月鳳來致仕，史稿表

　　　　作四月。表言晉太傅，史稿表、紀、傳皆未載。

　　　瑞圖三月致仕，晉太保。

　　　　按史稿表云："崇禎元年戊辰，瑞圖四月致仕"。明史顧秉謙傳言瑞圖宗道等坐

　　　　贓徒爲民，明史莊烈帝紀一載瑞圖三月致仕。表與紀言三月致仕，史稿表作四

　　　　月致仕。

　　　國楨四月晉太保，五月致仕。

　　　　按明史稿宰輔表二云："崇禎元年戊辰，國楨五月致仕"。史稿表未言四月晉太

　　　　保。

　　　宗道四月晉少保兼太子太保戶部尚書文淵閣大學士，六月致仕，晉少傅兼太子

太傅。

　　　　按明史稿宰輔表二云："崇禎元年戊辰，宗道六月免"。表言六月致仕，史稿表

　　　　作六月免。史稿表又未載四月晉少保兼太子太保戶部尚書文淵閣大學士，及六

　　　　月晉少傅兼太子太傅。

　　　景辰四月晉太子太保文淵閣大學士，六月致仕，晉少保。

　　　　按明史稿宰輔表二云："崇禎元年戊辰，景辰六月免"。史稿表未載四月晉太子

　　　　太保文淵閣及六月晉少保。

　　　標二月任，七月晉太子太保文淵閣大學士。

　　　　按明史稿宰輔表二云："崇禎元年戊辰，標三月入朝"。表載二月任，史稿表

　　　　作三月。表書七月晉太子太保文淵，史稿表未載。

　　　鴻訓二月任，七月晉太子太保文淵閣大學士，十二月罷，尋遣戍。

　　　　按明史劉鴻訓傳云："崇禎元年四月還朝"。表言二月任，傳作四月還朝。表言

十二月罷，尋遣戍，依表例，表言尋遣戍，蓋衍文也。

崇禎二年己巳。

道登正月致仕。

按明史稿宰輔表二云："道登十月致仕"。表言正月致仕，史稿表作十月。

崇禎三年庚午。

標二月晉少保兼太子太保戶部尚書武英殿大學士，三月致仕。

按明史稿宰輔表二云："三年庚午，標二月加少保，三月致仕"。明史李標傳云："三年正月，爌罷，標復爲首輔，累加至小保兼太子太保戶卻尚書武英殿大學士"。表與傳言兼太子太保戶部尚書武英殿大學士，史稿表未載。

崇禎五年壬申。

延儒二月晉少傅兼太子太傅吏部尚書建極殿大學士。

按明史稿宰輔表二云："五年壬申，延儒三月晉少保"。表與史稿表所載互異。

體仁二月晉少保兼太子太保戶部尚書武英殿大學士。

按明史稿宰輔表二云："五年壬申，體仁"。史稿表未書晉官與兼官。

宗達二月晉少保兼太子太保戶部尚書武英殿大學士。

按明史稿宰輔表二云："五年壬申，宗達"。史稿表不言晉官與兼官。

崇禎六年癸酉。

延儒六月罷。

按明史卷三〇八周延儒傳云："六年六月引疾乞歸，賜白金綵緞，遣行人護行"。明史莊烈帝紀一崇禎六年云："六月……庚辰，周延儒致仕"。傳、紀言乞歸致仕，表作罷。

體仁十一月晉少傅兼太子太傅吏部尚書建極殿大學士。

按明史稿宰輔表二云："六年癸酉，體仁十一月晉少傅吏部尚書建極殿"。史稿表未載兼太子太傅。

宗達十二月晉少傅兼太子太傅吏部尚書建極殿大學士。

按明史稿宰輔表二云："六年癸酉，宗達十一月晉少傅太子太傅吏部尚書建極殿"。表言十二月晉官，史稿表作十一月。

中研院歷史語言研究所集刊論文類編（歷史編・明清卷）

光啓七月晉太子太保文淵閣大學士，十月卒。

　　按明史稿宰輔表二云："六年癸酉，光啓七月晉太子太保文淵閣，九月卒"。

　　明史莊烈帝紀一崇禎六年云："十月戊辰，徐光啓卒"。表與紀言徐光啓卒在

　　十月，史稿表作九月。

錢士升九月晉禮部尚書兼東閣大學士入。

　　按明史錢龍錫傳附錢士升傳云："六年九月召拜禮部尚書兼東閣大學士參預機

　　務，明年春入朝"。表言九月入，傳作九月召。

崇禎七年甲戌。

　　按明史稿宰輔表二云："如寵去年七月召，今年三月准辭"。表於七年未書如寵

　　三月准辭。

體仁二月晉少師兼太子太師中極殿大學士。

　　按明史稿宰輔表二云："七年甲戌，體仁"。史稿表未書晉官與兼官。

宗達二月晉少師兼太子太師中極殿大學士。

　　按明史稿宰輔表二云："七年甲戌，宗達"。史稿表未言晉官與兼官。

士升二月晉太子太保文淵閣大學士。

　　按明史稿宰輔表二云："七年甲戌，士升"。史稿表未載晉官。

崇禎八年乙亥。

　　應熊九月罷。

　　按明史卷二五三王應熊傳云："應熊乃屢疏乞休去，乘傳賜道里費，行人護

　　行"。明史莊烈帝紀一崇禎八年云："九月……壬申，王應熊致仕"。傳紀皆言

　　應熊致仕，表作罷。

文震孟七月晉禮部侍郎兼東閣大學士入，十一月閒住。

　　按明史卷二五一文震孟傳云："七月，帝特擢震孟禮部左侍郎兼東閣大學士入

　　閣"。明史莊烈帝紀一崇禎八年云："秋七月甲辰，少詹事文震孟，刑部侍郎

　　張至發俱禮部侍郎兼東閣大學士預機務"。表與紀皆言晉禮部侍郎，傳作左侍

　　郎。

張至發七月晉禮部侍郎兼東閣大學士入。

按明史卷二五三張至發傳云："八年春，遷刑部右侍郎兼東閣大學士與文震孟同入直。"明史莊烈帝紀一崇禎八年云："刑部侍郎張至發俱禮部侍郎兼東閣大學士預機務"。表與紀皆言晉禮部侍郎兼東閣大學士入，傳未書禮部侍郎。

崇禎九月丙子。

林釬禮部侍郎正月兼東閣大學士入，六月卒。

按明史稿宰輔表二云："九年丙子，林釬禮部尙書東閣正月入，六月卒"。

明史徐光啓傳附林釬傳云："九年由禮部侍郎入閣"。明史莊烈帝紀一崇禎九年云："正月……丁卯，前禮部侍郎林釬以原官兼東閣大學士，預機務"。表、傳、紀皆言禮部侍郎，史稿表作禮部尙書。

崇禎十年丁丑。

體仁正月晉左柱國，三月晉太保俱辭免，六月致仕。

按明史稿宰輔表二云："十年丁丑，體仁六月罷"。明史莊烈帝紀一崇禎十年云："六月戊申，溫體仁致仕"。表言三月晉太保俱辭免，紀、史稿表未書晉官及辭免。紀、表言致仕，史稿表作罷。

至發三月晉少傅兼太子太傅戶部尙書。

按明史稿宰輔表二云："十年丁丑，至發三月晉太子太傅"。史稿表未載晉少傅兼戶部尙書。

士俊三月晉少傅兼太子太傅戶部尙書。

按明史稿宰輔表二云："十年丁丑，士俊三月晉太子太傅"。史稿表未言少傅戶部尙書。

逢聖三月晉少傅兼太子太傅戶部尙書。

按明史稿宰輔表二云："十年丁丑，逢聖三月晉太子太傅"。史稿表未載晉少傅戶部尙書。

薛國觀八月晉禮部侍郎兼東閣大學士入。

按明史莊烈帝紀一崇禎十年云："八月己酉……僉都御史薛國觀爲禮部侍郎兼東閣大學士預機務"。明史卷二五三薛國觀傳云："明年(十年)八月拜禮部左侍郎兼東閣大學士，入參機務"。表與紀言晉禮部侍郎，傳作禮部左侍郎。

崇禎十一年戊寅。

　　至發四月罷。

　　　　按明史張至發傳云：“大理寺副曹荃發應恩賕請事，詞連至發。至發憤，連疏
　　　　請勘。帝優旨褒答，而下應恩獄。至發乃乞休，自引三當去，未嘗稱疾也。忽
　　　　得旨，回籍調理”。明史莊烈帝紀二崇禎十一年云：“四月戊申張至發致仕”。
　　　　表言至發罷，傳、紀作乞休致仕。

　　士俊正月罷。

　　　　按明史張至發傳附黃士俊傳云：“崇禎九年入閣，累加少傅。予告歸，父母俱
　　　　在堂，錦衣侍養，人以爲榮”。表言罷，傳作告歸。

　　逢聖三月罷。

　　　　按明史卷二六四賀逢聖傳云：“十一年，致政”。明史莊烈帝紀二崇禎十一年云：
　　　　“三月戊寅，賀逢聖致仕”。表言逢聖罷，傳致政，紀言致仕。

　　貞運六月罷。

　　　　按明史張至發傳附孔貞運傳云：“貞運言，所下諸卷說多難行，景昌與辯，退
　　　　卽上疏劾之，帝雖奪景昌俸，貞運卒引歸”。明史莊烈帝紀二崇禎十一年云：
　　　　“六月……壬寅，孔貞運致仕”。表載罷，傳、紀作引歸致仕。

　　冠六月晉文淵閣大學士，八月罷。

　　　　按明史稿宰輔表二云：“十一年戊寅，傅冠八月罷”。史稿表未言晉職。明史
　　　　賀逢聖傳附傅冠傳云：“有章奏發自御前，冠以爲揭帖，援筆判其上，既知
　　　　悞，惶恐引罪，帝卽放歸”。明史莊烈帝紀二崇禎十一年云：“八月……癸丑，
　　　　傅冠致仕”。表與史稿表皆言冠罷，傳書引罪放歸，紀作致仕。

　　方逢年六月晉禮部尙書兼東閣大學士入，十二月閒住。

　　　　按明史稿宰輔表二云：“十一年戊寅，方逢年禮部侍郎東閣六月入，十一月閒
　　　　住”。明史莊烈帝紀二崇禎十一年云：“六月乙卯，……禮部侍郎方逢年，工部
　　　　侍郎蔡國用俱禮部尙書……並兼東閣大學士預機務”。表與紀皆言晉禮部尙書，
　　　　史稿表作禮部侍郎。

　　范復粹六月晉禮部侍郎兼東閣大學士入。

按明史莊烈帝紀二崇禎十一年云：“六月……乙卯……大理少卿范復粹爲禮部侍郎，並兼東閣大學士預機務”。明史程國祥傳附范復粹傳云：“拜禮部左侍郎兼東閣大學士”。表與紀言禮部侍郎，傳作禮部左侍郎。

崇禎十二年己卯。

國用六月晉太子太保戶部尚書文淵閣大學士。

按明史程國祥傳附蔡國用傳云：“十一年六月，廷推閣臣，國用望輕不獲與，特旨擢禮部尚書入閣辦事。累加少保，改吏部尚書武英殿。十三年六月卒”。傳言加少保改吏部尚書武英殿，表未載。表言晉太子太保戶部尚書文淵閣大學士，傳未書。

姚明恭五月晉禮部尚書兼東閣大學士入。

按明史程國祥傳云：“明年（十二年）五月，與姚明恭魏照乘俱拜禮部尚書兼東閣大學士。……明恭加太子太保，進戶部尚書文淵閣”。傳言明恭加太子太保進戶部尚書文淵閣，表未載。

魏炤乘五月晉禮部尚書兼東閣大學士入。

按明史程國祥傳云：“明年（十二年）五月，與姚明恭魏照乘俱拜禮部尚書兼東閣大學士……照乘加太子少傅進戶部尚書文淵閣”。傳言照乘加太子少傅戶部尚書文淵閣，表未載。表書炤乘，傳作照乘，明史莊烈帝紀二崇禎十二年云：“五月甲子，禮部侍郎姚明恭張四知，兵部侍郎魏照乘俱禮部尚書兼東閣大學士預機務”。紀亦作照乘，雖炤可通照，或因避諱改字，然史書前後紀載理應劃一。炤乘與照乘之稱，必有一誤。

崇禎十三年庚辰。

明恭五月罷。

按明史程國祥傳云：“帝自卽位，務抑言官，不欲以其言去，大臣彈章愈多，位愈固……明恭甫一載，鄉人詣闕訟之，請告歸”。明史莊烈帝紀二崇禎十三年云：“五月……庚戌，姚明恭致仕”。表言罷，傳書告歸，紀作致仕。

謝陞四月晉太子少保改禮部尚書兼東閣大學士入，八月晉少保兼太子太保吏部尚書武英殿大學士。

按明史稿宰輔表二云：“十三年庚辰，謝陞太子少保禮部尚書東閣四月入”。
史稿表未載八月晉官與兼官。

陳演禮部侍郎四月兼東閣大學士入。

按明史莊烈帝紀二崇禎十三年云：“四月……己卯，禮部侍郎陳演以原官並兼東
閣大學士預機務”。明史卷二五三陳演傳云：“卽拜禮部左侍郎兼東閣大學士
與謝陞同入閣”。表與紀言禮部侍郎，傳作禮部左侍郎。

嗣昌督師，九月晉太子少保。

按明史稿宰輔表二云：“十三年庚辰，嗣昌督師”。明史卷二五二楊嗣昌傳云：
“嗣昌先以勦賊功，進太子少傅”。表言嗣昌晉太子少保，傳作太子少傅，史稿
表皆未載。

崇禎十四年辛巳。

演。

按明史陳演傳云：“明年（十四年），進禮部尚書改文淵閣”。表缺載進禮部尚
書改文淵閣。

嗣昌三月卒於軍。

按明史稿宰輔表二云：“嗣昌二月卒於軍”。明史楊嗣昌傳云：“聞洛陽已於正
月被陷，福王遇害，益憂懼，遂不食，以三月朔日卒”。明史莊烈帝紀二崇禎
十四年云：“三月丙子朔，楊嗣昌自四川還至荊州卒”。表、紀、傳言三月卒，
史稿表作二月。

崇禎十五年壬午。

逢聖六月罷。

按明史賀逢聖傳云：“十四年再入閣，明年再致政”。明史莊烈帝紀二崇禎十
五年云：“六月戊申，賀逢聖致仕”。傳、紀言致政致仕，表作罷。

四知五月晉太子太保，六月罷。

按明史程國祥傳附張四知傳云：“四知加太子太保，進吏部尚書武英殿……四
知降於我大清”。明史莊烈帝紀二崇禎十五年云：“六月癸丑，張四知致仕”。
傳言進吏部尚武英殿，表未載。表言六月罷，傳書降於清，紀作致仕。表、

傳、紀所載各異。

炤乘三月罷。

　　按明史稿宰輔表二云：“十五年壬午，炤乘四月罷”。明史莊烈帝紀二崇禎十
五年云：“三月……丁丑，魏炤乘致仕”。表言三月罷，史稿表作四月，紀書三
月致仕，所載各異。

應熊十一月召，明年九月至，未任，罷。

　　按明史稿宰輔表二云：“十六年癸未，應熊未任，罷”。依表例，表不應於十
五年書明年九月至，未任，罷，表當於十六書九月至，未任，罷。

崇禎十六年癸未。

演五月晉太子少保戶部尙書武英殿大學士。

　　按明史陳演傳云：“十五年，以山東平盜功，加太子少保改戶部尙書武英殿。
被劾乞罷，優旨慰留。明年(十六年)五月，周延儒去位，遂爲首輔。尋以城守
功，加太子太保”。表於十六年言晉太子少保戶部尙書武英殿大學士，傳書於
十五年。傳於十六年所載加太子太保，表未書。

德璟五月晉太子少保戶部尙書文淵閣大學士。

　　按明史稿宰輔表二云：“十六年癸未，德璟”。史稿表未載五月晉官。

景昉五月晉太子少保戶部尙書文淵閣大學士，九月致仕。

　　按明史稿宰輔表二云：“景昉八月致仕”。明史卷二五一蔣德璟傳附黃景昉傳
云：“明年(十六年)，並加太子少保，改戶部尙書文淵閣”。明史莊烈帝紀二
崇禎十六年云：“九月……己亥，黃景昉致仕”。表紀言晉太子少保戶部尙書文
淵閣大學士，史稿表未載。表、紀言景昉九月致仕，史稿表作八月。

甡三月督師未行，五月晉太子少保戶部尙書兼兵部尙書文淵閣大學士，尋罷。

　　按明史稿宰輔表二云：“十六年癸未，甡三月督師未行，罷”。史稿表未言五
月晉官。

魏藻德五月擢少詹事兼東閣大學士入。

　　按明史卷二五三魏藻德傳云：“五月，驟擢禮部右侍郎兼東閣大學士入閣輔
政”。明史莊烈帝紀二崇禎十六年云：“五月……丙午，修撰魏藻德爲少詹事兼

東閣大學士預機務”。 表與紀皆言擢少詹事，傳作禮部右侍郎。

李建泰吏部右侍郎十一兼東閣大學士入。

　　按明史稿宰輔表二云：“李建泰禮部尚書東閣十一月入”。 明史莊烈帝紀二崇禎十六年云：“十一月……辛亥，吏部侍郎李建泰，副都御史方岳貢並兼東閣大學士預機務”。 明史魏藻德傳附李建泰傳云：“十六年五月擢吏部右侍郎，十一月以本官兼東閣大學士與方岳貢並命”。 表與傳皆言吏部右侍郎，紀書吏部侍郎而不言右，史稿表作禮部尚書。

方岳貢右副都御史十一月兼東閣大學士入。

　　按明史莊烈帝紀二崇禎十六年云：“十一月……辛亥，吏部侍郎李建泰，副都御史方岳貢並兼東閣大學士預機務”。明史卷二五一方岳貢傳云：“即起擢左副都御史……命以本官兼東閣大學士，時十六年十一月也”。 明史稿宰輔表二云：“十六年癸未，方岳貢禮部侍郎東閣十一月入”。表言右副都御史，傳書左副都御史，紀載副都御史不言左右，史稿表作禮部侍郎，所載各異。

崇禎十七年甲申三月莊烈帝崩，明亡。

演二月免，未行，死於賊

　　按明史稿宰輔表云：“十七年甲申……演二月免，未行，降賊被殺”。 明史莊烈帝紀二崇禎十七年云：“二月……戊子，陳演致仕”。明史陳演傳云：“十七年正月考滿，加少保改吏部尚書建極殿，踰月罷政，再踰月都城陷，遂及於難”。 表與史稿表言演於二月免，未行，死於賊，紀言二月致仕，傳書加少保改吏部尚書建極殿，踰月罷官，所載各異。據傳所載，表與史稿表未書加少保與改官。依表例，演二月免以後之事不應贅述，表書未行，死於賊，蓋衍文也。

德璟三月免。

　　按明史稿宰輔表二云：“十七年甲申，………德璟正月免”。明史蔣德璟傳云：“帝雖旋罷練餉，而德璟竟以三月二日去位”。明史莊烈帝紀二崇禎十七年云：“三月……壬辰……蔣德璟致仕”。表言三月免，史稿表作正月免，傳言三月去位，紀作三月致仕，所載各異。

藻德二月晉兵部尚書文淵閣大學士，死於賊。

按明史稿宰輔表二云："藻德二月晉禮部尚書文淵閣，降賊，刑死"。明史魏藻德傳云："十七年二月詔加兵部尚書兼工部尚書文淵閣大學士"。表書藻德晉兵部尚書，史稿表言禮部尚書，傳作兵部尚書兼工部尚，所載各異。

范景文工部尚書二月兼東閣大學士入，三月殉節。

按明史稿宰輔表二云："十七年甲申……范景文禮部尚書東閣正月入，三月殉節"。明史莊烈帝紀二崇禎十七年云："春正月……丙辰，工部尚書范景文，禮部侍郎邱瑜並兼東閣大學士預機務"。明史卷二六五范景文傳云："十五年秋，用薦召拜刑部尚書，未上，改工部……十七年二月命以本官兼東閣大學士，入參機務"。明史方岳貢傳附邱瑜傳云："十七年正月以本官兼東閣大學士，同范景文入閣"。表紀與范景文傳皆言工部尚書，史稿表作禮部尚書。表與范景文傳言二月入，史稿表、紀、邱瑜傳皆作正月入，所載互異。

邱瑜禮部侍郎二月兼東閣大學士入，死於賊。

按明史稿宰輔表二云："十七年甲申……丘瑜禮部尚書東閣正月入，四月被賊刑死"。明史莊烈帝紀二崇禎十七年云："正月……丙辰，范景文禮部侍郎邱瑜並兼東閣大學士預機務"。明史方岳貢傳附邱瑜傳云："歷禮部左右侍郎……十七年正月以本官兼東閣大學士，同范景文入閣"。表、傳、紀皆言禮部侍郎，史稿表作禮部尚書。表載二月入，史稿表、紀、傳皆作正月入，必有一誤。

本文承董彥堂師勞貞一師指導，復蒙陳槃庵王叔岷李光濤黃彰健諸先生賜閱斧正，受益良多，謹此誌謝！

明季朝鮮『倭禍』與『中原奸人』

李　光　濤

　　當一五九二年第十六世紀之末，朝鮮之突遭倭禍幾致亡國，此時明朝兩次仗義出師，再造東國，實爲當時東方震耀古今之第一大事（據朝鮮宣祖實錄：自閞闢以來，未聞于載籍者）。此段大事，姑舍中國的著錄不計，但只據朝鮮諸書之記載，如宣祖實錄（附記一），如宣廟中興誌（附記二），如柳成龍懲毖錄（附記三），須爲長編記之，始能明瞭其首尾情節。現在本文旣只以『中原奸人』爲題，不妨縮小範圍，就事論事，備舉此『中原奸人』所有前前後後之歷史，彙述于後。此外，還有一點，必須先爲說明，卽本文的討論雖曰縮小範圍，其實有了此一堆史料，百分之百的足以證明所謂朝鮮倭禍的內幕，也只是許多中原的叛民在那裏活動罷了。

　　至於此輩漢奸歷史，說起來話長，總因他們只知自身的利益而忘却了國家和民族，所以才常常爲海上之患，同時也就是東方之一大害。遠者不必說，現在只說說明朝的倭患，謝肇淛五雜組地部四：

> 倭之寇中國也，非中國人誘之以貨利，未必至也。其至中國也，非中國人爲之嚮導告以虛實，未必勝也。今吳之蘇松，浙之寧紹溫台，閩之福興泉漳，廣之惠潮瓊崖，駔儈之徒，冒險射利，視海如陸，視日本如隣室耳。往來貿易，彼此無閒，我旣明往，彼亦暗來，尚有一二不逞，幸災樂禍勾引之至內地者，敗則倭受其儍，勝則彼分其利，往往然矣。

明史日本傳記嘉靖中倭寇有云：

> 大奸若汪直徐海陳東麻葉輩，素窟其中，以內地不得逞，悉逃海島爲主謀，倭聽指揮，誘之入寇，海中巨盜遂襲倭服，飾旗號，並分艘掠內地，無不大利，故倭患日劇。

日本國志五記中國奸人勾倭之狀云：

海寇巨魁汪直毛海峯陳東等，皆與潛結，勢益張，寇皆習倭服，飾旗號，船幟
題八幡大菩薩五字。八幡者，應神帝號也，人呼曰八幡船。

　右引各史料，有倭人，有大奸，又更益之以海中的巨盜，三者併而為一，於是乎中國
的海上才無安靜之日。但，這些大奸和巨盜，則猶以為貽害本國為未足，於是又更常
常勾結日人生事於朝鮮，據朝鮮實錄（宣祖以前之各朝實錄），可以常常見到，如『此唐人
支派不明，專類倭人。』如『與販唐舡往來日本，絡繹不絕。』如『唐人憤怒我國，
而有發百船之語。』如『邊將屢見挫於唐船。』如『彼稱唐舡漂流失路者，皆有心于
寇叛者也。』如『唐船堅緻異常，多備火炮，所向無敵。』如『唐人若與日本國又相
交通而為海賊，則其患甚矣。』如『若倭人交通唐人，傳習銃筒，而能盡其妙，則誠
非細故。』如『唐人與我國人交通而為水賊。』如『福建人交通倭奴，既給兵器，又
教火炮，此上國與我國皆是不利之事也。』如『大明商船引率日本人求利者，不知其
數，皆日本大賊黨也。』如『唐人之潛居彼土，與倭同謀同利者，亦是中國之叛賊。』
如『今之來寇者，亦必有中原之人也。』如『倭賊非前世之比，中原奸人淵藪于彼，
教以中國奇謀。』如『中原閩浙等處邊氓，交通倭賊，叛入倭國，廣占聚落，至竊王
號。』此類情節甚多，悉備錄于後，以資研究朝鮮倭寇者之參考。

　（一）　世宗實錄記云：

元年（永樂十六年）七月甲子，上命今東征所獲漢人，凡百三十餘名，依被虜逃回
人例，給衣笠鞋布，解送遼東。

乙丑，左議政朴訔啓：左軍節制使朴實對馬島敗軍時，所獲漢人宋官童等十一
名，備知我師見敗之狀，不可解送中國，以見我國之弱。右議政李原及卞季良
許稠等皆曰：宜解送，以全事大之禮。（卷四葉二六）

二十四年壬戌（正統六年）十二月庚寅，左贊成河演禮曹判書金宗瑞啓本：今唐人
與倭人同舟而來，今若解送上國，則上國必知與倭交通之狀，無乃有後患乎？
且此唐人，不知漢語，專類倭人，其繼母妻子，俱在倭國，支派不明，請勿解
送。上曰：太宗時亦有如此之人，大臣皆請勿解送，太宗特命解送。今雖不解
送，後若有如此之人，則上國必知之矣。予欲決意解送，其與議政府更議以
聞。（卷九八葉二一）

三十年戊辰 (正統十二年) 六月壬戌，有唐人柴江等二人，隨日本國使來，欲以日本朝貢中國之事，請于本國。(卷一二〇葉二八)

(二)　世祖實錄記云：

四年(天順二年)十月丙寅，御思政殿，引見日本國使者盧圓柴江等十三人。其書契曰：日本國源義政奉書朝鮮國王殿下，祖宗以來，率以善鄰爲國寶焉，故今差盧圓通事，賣不腆之土宜，以修前好，幸采納。先是天龍禪寺求興復之助於大明國行人，事頗不軌，然而聖恩寬宥，特屈刑章，及歸國日，以加囚禁。來歲必聘專使於大明之庭，揚對天之闊休，仰無前之偉績，兼謝前時之罪者也。伏閒上國之於大明，疆域連接，聘問交繁，請爲我先容，以通夙夜之心，亦善鄰之謂也，幸甚。上覽之曰：予悉書意。汝等本漢人，何故奉日本書契而來？對曰：昔被虜日本，國王憐愛之，故奉使而來。命饋之。(卷一四葉一二)

(三)　中宗實錄記云：

三十九年 (嘉靖二十三年) 七月庚申，下忠淸道水使書狀于政院曰：……此唐人漂向倭地，則其火炮器具，倭人必賴而傳習。……前者欲以唐舡有勿歸倭地之議，其言甚爲有理。然興販唐舡往來日本者，必前後相望，倭奴之傳習火炮，恐或終不能防閑也。(卷一〇四葉一一)

辛酉，傳于兩相曰：泰安漂流唐人處置之事，欲待其上來後議之，招卿等入來，故言之。今觀大明律，則私自下海之罪輕，而持軍器之罪重，故唐人取招之時，若以此語而磨鍊文書，則恐此唐人畏其被罪，而解送之時，必有死心，其於我國護還之意，豈不有乖乎。(卷一〇四葉一三)

丙辰，傳于政院曰：……永樂年間漂到唐人，雖或移咨遼東，而今到唐舡，則放炮拒戰，或奪衣糧，或殺軍人，而人數亦多，不可以此而只咨于遼東，以千秋使而兼奏聞，……遣使官收議大臣。(卷一〇四葉九)

八月辛未，傳于政院曰：唐舡漂到馬梁之時，予恐邊將妄殺，故下諭諸道，勿射，生擒。而且此唐舡，本爲行販日本而來於我國，初不相干，若使追捕，則軍卒必有死亡，故又令該曹勿爲追捕。而承旨安玹啓云：唐人今以火炮幸傳日本，則其禍大矣。故予亦以爲然，下諭全羅道，勿使過越他境，而瞭望生擒

矣。今更料之，則唐人通行日本者，非但此輩，其火炮傳習之事，終難防禦。
（卷一〇四葉二八）

戊寅，下于政院曰：今見唐人書辭，則唐人憤怒我國，而有發百船之語。此雖
不足取信，今若出入諸島作耗於鮑作舩，及濟州往來之舩，則其害必大，今將
何為而可耶？（卷一〇四葉三六）

九月甲辰，以判中樞府事宋欽上疏下于政院，……其疏曰：……今聞邊將，屢
見挫於唐舩，果如臣之所料，請以臣之所聞，及平日所料者獻焉。被稱唐舩
者，雖曰漂流失路，而皆有心于寇賊者也。若無心于寇賊，則何以多備火炮，
而動輒傷人乎？若真漂流之人，則何以無乞憐之意，而有恐動之言乎？且聞其
舩堅緻異常，四面皆以板為屋，又其中寬濶，可容百餘人，其他器械，無一不
整，故所向無敵，戰則必勝。我國則異于是，沿邊要害之地，別無戰艦之備，
雖多有公私舩隻，而率皆狹隘，四面皆虛，無有蔽障，且火炮年久，藥力無
效，視彼唐人之炮，真兒戲耳。其他器械，亦皆殘弊而不鍊，其遇敵必敗，勢
之使然也。臣又有一慮焉，我國之邊將，遇一敵舩，猶狼狽而不敢抗，萬一島
倭掃境內之舩，分道入寇，則又將何以能支乎？（卷一〇四葉四七）

（四）　明宗實錄記云：

乙巳（嘉靖二十四年）七月丙戌，下全羅道觀察使沈光彥啓本于政院，……啓本
云：今月十九日，荒唐舩三隻，自大洋中逢風致敗，泊于興陽縣境。縣監蘇連
以為倭人，即馳書求助于鉢浦呂島蛇渡等鎮，仍多率軍急往其所而結陣。陣既
成，則鉢浦萬戶安止及到矣。所稱倭人等，見其發軍謀捕之狀，皆下陸奔逃，
或有登山欲避者。蘇連安止一時掩擊，斬獲九十一級，蛇渡權管吳世雄呂島萬
戶馮繼亭，亦因此別加搜討於諸鎮賊路可疑處，且追且斬，凡前後斬獲並一百
八級。左道水軍節度使金世幹，因興陽牒報，二十日平明馳往親審之，則毛髮
形體，殊非賊倭，總是唐人。（卷一葉二四）

八月壬辰，全羅道觀察使沈光彥啓本內：七月二十一日，唐舩依泊於鹿島外
面，萬戶張明遇，謂是倭人，即發軍馳到，斬獲九十二名，後因其哀乞，又擒
得二百八十二名。前縣監喪人柳忠貞以取槨板事，亦到此處，被奪衣糧，同力

相戰，栗峴權管姜偉，乘舡追斬唐人十三名，柳忠貞所斬亦三十六名。斬一百四十八名，擒二百八十二名，總四百餘名云。(卷一葉三六)

甲午，濟州牧使金胤宗啓本：七月十八日沒時，荒唐舡一隻，自東大洋中來泊于大靜縣界，臣卽整齊兵馬馳到，結陣待變，十九日早朝，荒唐人等數多下陸奔竄，重圍急捕，先誘致一人而討問之，則總是唐人，以貿販往來日本，而逢風敗舡者也。凡降者三百二十六名，有或書示曰：若由陸路還歸本國，不如伏死于此，願給舡隻。其言極爲綢繆，孤單絕島中，久滯未便，處置極難云云。卽命議于三公。

兵曹禮曹同啓曰：此漂流唐人，並與陽被擒者而計之，則凡六百餘人。今若一一遣還奏聞，則雖於事大之禮得矣，而以我疲困人馬，一一解送，弊實不貲。然反覆審其順逆，則勢不得不爾。答曰：啓意可矣，速令禮曹措置。

禮曹與大臣兵曹備邊司議啓曰：濟州漂泊唐人，先自下陸者十三人矣，止此而已，則固當解送，若一舡之人盡數下陸，則解送多弊。請下書濟州，令州官開諭入送，令其下人如以其意言曰，你輩當解送中原云，則彼必憚其解送，自相遁去。遁去之際，仍使初下十三人並遁，則甚爲便當。答曰：如啓。(卷一葉四〇)

丙申，領議政尹仁鏡……議啓曰：臣等亦非不料憲府之啓也，但反覆計之，事勢爲難，故定議解送也。自濟州送之，則於除弊則果有之，然我國自前至誠事大，豈以一時之弊，而敢爲不慊於事大之事乎？彼若感再生之恩 (則) 已矣，若與日本國又相交通而爲海賊，作百般之計，則其患甚矣。況此人于中國亦叛民也，持銀鐵貿賣于他國，則其不畏中國之法可知，尤不可聽其言而自濟州送之也。況濟州今年凶荒甚矣，救之亦艱，何暇造唐舡而給之乎？且其舡體制亦異，不可造給明矣，此臣等所以百爾思之，而不得已，自國都送之。答曰：勢固如此，不得已，如大臣之議可也。(卷一葉四二)

庚子，全羅道觀察使沈光彥啓本，有唐舡一隻，依泊於馬島，以書二紙結水邊木。其一曰：予乃大明商舡，直來日本買賣，不知貴津何處，今欲進港，預先問報，伏乞貴字同知。其二曰：予先年躬在日本買賣，稟天公道，一也。今來貴津，不知汝國人其心如何？欲直進港，望一二人來面會爲妙，可以進港買

賣。今無可爲奉，聊備士儀一事，伏乞笑納。

禮曹啓曰：此荒唐舡，亦必是唐人，前日下陸者數多，解送爲難。須開諭勿令下陸事，請議大臣下諭。且不無作賊之患，亦請令兵曹防備。傳曰：如啓。
（卷一葉四五）

庚子，諫院啓曰：今此漂流唐人，交通日本，持貨牟利，違禁下海，自是上國之罪人，不可以平人漂來之流待之也。憲府所啓，合於權宜，請廣收廷議，折衷處置。答曰：啓意致當，前日以憲府所啓，廣議大臣，不得已解送事已定，改之爲難。（卷一葉四六）

辛丑，領議政尹仁鏡……啓曰：馬島荒唐舡，必是唐人前往日本買賣，爲風漂到，不得發去，欲與我士人買賣，疑無作賊之患，若下陸則解送多弊，使邊將驅逐，勿令許接。今雖未及驅逐，下陸接語，則邊將自以其意言曰：你輩奏于朝廷，則解送當如前日李章云。則彼必憚其解送，自相遁去，以此意下書何如？答曰：如啓。（卷一葉四八）

十一月丁卯，以全羅兵使書狀下于政院曰：觀此書狀，頗爲詳盡。若倭人交通唐人，傳習銃筒，而能盡其妙，則誠非細故。今日傳習于唐人放炮後，言于兵曹，使兵水使處備細知之，盡力傳習。（卷二葉八七）

元年丙午 (嘉靖二十五年) 四月乙酉，侍讀官尹仁恕曰：……鐵丸火炮，唐人之所作，用之水戰甚便，破敵尤妙。請令軍器寺詳究制度造作，藏諸沿邊各官，以備不虞，何如？（卷三葉六六）

七月庚午，慶尙道監司狀啓：唐倭未辨舡，來泊酒島。傳曰：遣譯官問之，若唐舡，則給糧給水而送。（卷四葉七）

三公與備邊司議啓曰：見慶尙道啓本，則唐人無疑矣。前者備邊司公事內，若有荒唐船見形，則嚴示兵威，勿令下陸云。若下陸，而叔掠於民，則固當捕擒，不然，則不須窮逐。事知譯官宜速下送，以辨別唐倭語音。的知其唐人，然後逐語其徒曰：初不知爾等之爲何人，則爲邊將者當卽捕擒，而爾等以唐人稱之，故不卽捕虜耳。但汝迷路而偶至此乎？則不必擒汝，汝宜卽還，若欲下陸，則當給糧，仍解送云。則彼必不肯下陸，自然還去矣。且給糧給水事，如

此興販之舶，往來之際常泊我境，以希望給糧之例，則勢難堪支，不須給糧，而亦勿令下陸，任其所歸爲當。答曰：知道。譯官下去時，詳言之可也。不給糧與水似當，但示以兵威，而卽走去則已矣。唐人若漂流而至於困窮，則旣不給糧，而且不給水者，於救活人命，何如？

间啓问：此非漂流而至此也，其不至於困窮之狀已著矣。近年以來，中朝法禁解弛，故商舶往來日本，絡繹不絕，若許其到泊我境以應其求，則其患難當。可以絕其路，而只以上國之人，未敢爲嚴絕之舉，後弊恐未堪也，但給水則猶可爲之。(卷四葉七)

壬申，傳曰：今觀全羅道兵使狀啓，唐舶致敗於鹿島，登山致書曰：本以二百五十四人，被風漂流，死者一半，餘存者百五十餘人云。免死者，以陸路解送可也。(卷四葉七)

乙亥，傳於政院曰：今觀全羅右水使啓本，則此亦唐人漂到者也，譯官斯速下送。(卷四葉九)

乙巳，禮曹啓曰：唐人等別饋事，已敎之厚待上國之民，可謂差矣。然此非王人之例，乃中國商賈之徒，而且持兵器，私自違禁下海，漂流而來，乃上國罪人也。如此供饋而送之，其恩旣爲重矣。今若別饋，一依宣醞，則糜費旣多，違禮亦大，極爲未便，取稟。傳曰：以彼等見之，如此足矣，然上國之民漂到我境，各別護恤厚饋而送，非爲此入，乃尊上國也，於國體亦恐無妨也。(卷四葉三〇)

二年丁未，(嘉靖二十六年)二月乙未，三公仍啓曰：前者豐川椒島被捉之人，厥數不多，且創屋設砧云，故疑其水賊而推問矣。雖曰唐人，與我國人交通而爲水賊，則不可不問，故以此而刑訊矣。今見黃海道監司啓本，白翎島大青島等處被捉人，則厥數甚多，安知其不爲唐人乎？已知其唐人，而刑推似難。刑曹所推郭繼宗及白翎等島被捉之人，皆移咨于遼東，使之轉達于皇帝爲當。(卷五葉一九)

四月庚子，領議政尹仁鏡右議政鄭順朋啓曰：……福建人交通倭奴，旣給兵器，又敎火炮，此上國與我國皆是不利之事也。每欲奏聞而無使，今次水賊人

解送，正其機也。（卷五葉四七）

八月癸巳，全羅兵使林千孫啓本內：靈光郡馳報大船一隻，泊于海中，別乘小舮，向水軍金弼家前下陸。金弼率其鄉人，追捕一人，餘皆走而乘舡。其被捉者，問其姓名居住，則曰黃三，大明潮州人，今向日本而買賣，遭風漂到云。（卷六葉一一）

五年庚戌（嘉靖二十九年）二月辛酉，傳于政院曰：唐舡來泊於豐川地椒島，造家留住，斫木造船，屠殺牧場馬，如入無人之境。爲監牧者所當登時起軍，相機截殺，而平日防備疎虞，去來專不聞知，至爲驚愕。府使金舜仁先罷後推，以治防備不謹之罪。（卷一〇葉九）

七月壬寅，……大臣議……對馬島書契內：大明商船引率日本人求利者，不知其數，皆日本大賊黨也，悉可殺戮云。此書契，禮曹修答時，以義答之。答曰：知道。（卷一〇葉五四）

七年壬子（嘉靖三十一年）七月癸未，領相李芑右相沈連源議……濟州之變，……臣意來犯濟州境者，只一大船，而人數不多，爲賊者恐不如是？前者福建商舡通日本者，正當夏秋間，漂泊我境，非止一再，今所謂賊變者，無乃商倭往來福建等處者，舡破計窮，因與邊將相戰，不能自降以就殲滅乎？（卷一五葉五〇）

八年癸丑（嘉靖三十二年）閏三月丙辰，對馬州太守平朝臣宗盛長謹言上朝鮮國禮曹大人足下：……近年者，西戎蜂起，與唐商合力同心，戰于大明，奪取州郡之珍寶，剽掠貴人之子孫，每歲雖陳此旨，以臣等之言爲譸張，慚愧也。……業聞今年亦西戎數千艘赴大明也，……今日本所望，悉賜許容，則臣快心守島，鎮西海，可抽忠節者也。

禮曹答之曰：……所示西戎通結大明商人作耗於上國南界，亦旣聞之矣。縱有漂犯我疆者，豈可必知賊于大明之舡也，亦安知非中間托此而爲變者乎？如斯姦賊，豈曰常有，亦豈曰常無，當其無也，勿譸張以挾要，及其有也，當通報而捍禦，此貴島事大以誠之道也。（卷一四葉三六）

六月丁亥，全羅道珍島南桃浦，倭船一隻來泊，……倭人書小紙掛于岩石間木末，其辭曰：日本國奉差山口大內殿使臣正賴，前去進貢大明國，船至半江，

不幸遇風，忽入貴港寄泊，未知島嶼何名，是以泛此小艇前來問息，並無姦僞
之情，幸指示，可前進有階，庶得進貢，勿以小邦而見棄，四海之內，皆兄弟
也。亮詧。（卷一四葉六八）

六月壬寅，推鞫黃海道作賊倭人于義禁府。承旨兪絳以委官意啓曰：今倭人之
供招，與在黃海道時所供，大同而小異，前年之倭，則作耗於我國，故我國處
置矣，此倭乃係關上國，恐別有處置之事，請廣議爲之。傳曰：如啓。

> 倭人供曰：吾等居于博多州東門外，退居數年間，唐人百餘名率妻子來于
> 博多州，或借家，或造家，或娶倭女居生。今二月十二日，唐人十名及吾
> 等三十八人，一時乘船泊于南京吾祖住，貿唐物，六月初三日廻船，南風
> 大吹，因此漂流。

領議政沈連源……議：生擒倭人三甫羅古羅等招辭，雖曰：與唐人同舟，買賣
于南京，中路漂風而來。其言固所難信，而以近年赴京書狀官聞見事件，與對
馬島書契比而觀之，則薩摩州等處倭人與唐人來居其地者，同謀作賊于上國沿
海地方，灼然無疑。其招亦曰：曾聞石見州人作賊于寧波府者，雖不直輸其
情，亦莫敢其情姑諉之他人也。且年前㫌義縣來泊倭船之敗，所棄銃筒上有刻
記嘉靖戊申軍門鑄發前所等字樣，分明是作賊摽掠所得，則近日漂到我境諸
船，安知非作賊奔敗者，未暇占候風汛，以致漂散。而唐人之潛居彼土，與倭
同謀同利者，亦是中國之叛賊，王法所必誅。以此見之，前後未擒之倭，並其
軍器，具由奏達朝廷，於事大之道甚當。皇朝若因嚴加措置，痛絕奸民，交通
蕃賊爲地方之害，則非但中國地方賴以安靜，我國亦無備禦奔走之勞矣。（卷一
四葉七五）

九年甲寅（嘉靖三十三年）正月壬戌，上迎勅于慕華館。皇帝勅諭朝鮮國王姓諱：
邇者倭夷侵擾海瀕浙江等處，已命驅逐出境，其餘寇奔逸，方行沿海地方嚴加
戒備。茲王奏稱：陪臣賀節回國，傳聞倭逆搶攘，卽便整㮣兵船，預肅隄防，
及擒獲漂流餘孽銃牌等器，差賀至陪臣李澤等，管押解獻。有王奉藩赤忠，朕
甚嘉悅，特降勅褒諭，仍賜白金紋錦彩段，以答忠勤。（卷一六葉八）

十年乙卯（嘉靖三十四年）五月壬子，全羅道觀察使啓本云：倭人謂李德堅曰：汝

國與我等相交甚厚，近來三四年間，多殺我國無罪之人，今爲仇讐云。

傳曰……倭寇結怨已久，欲爲復仇大舉而來，至發要到京城之語，恐動我國，國家之辱，莫大於此。……近年以來，倭船過海者輒擊而殺之，其怨深矣，故邊警至此，此不可以常例處之。……且其書契要到京師官家等語，皆中原所用語也，今之來寇者，亦必有中原之人也，不然，則此倭必慣行中國者也。且倭人不奉嘉靖年號，而今稱嘉靖三十四年，尤可疑也。(卷一八葉四二)

十一年丙辰 (嘉靖三十五年) 三月壬午 ，全羅道監司李潤慶啓本：唐倭未辨船十隻，於三月初七日出平山浦，指羅老島。

傳于政院曰：倭船出來，不無窺覘，防備諸事，極力措之，唐倭舡與我國水賊與否，詳察馳啓事，下書于八道監司兵水使，此啓本下于備邊司與兵曹大臣同議以啓。(卷二〇葉二六)

四月己丑朔，禮曹啓：與倭人調久(原註：對馬島主所送來報賊變者也)問答之辭 ， 問曰：何地倭人欲作賊乎？曰：四州及五幸山等處人也。問曰：此言從何得聞乎？曰：今正月往博多州，則有赤間關薩摩州等人來言之耳，有中原人稱五峰者，將領賊倭入寇大明矣。問曰：汝見五峰乎？曰：於平戶島見之，率三百餘人，乘一大船，常著段衣，大概其類二千餘人。又問曰：彼因見擄而在彼乎，抑自投賊中乎？曰：始以買賣來日本，仍結賊倭來往作賊。……又曰：受職倭人居博多州者甚多，雖聞賊變，一不來通，而吾獨再來告之，願受賞職。(卷二〇葉二八)

十二年 (嘉靖三十六年) 二月壬寅，領議政沈連源議……臣久在禮曹，考見舊籍，參以所聞，則其國政令不一出，統御無常制，所謂諸島互酋者，各自爲號令，不專係屬於國王，故國王號令不專係行於諸島。左贊成安玹議：……倭賊之鴟張，非前世之比，中原奸人淵藪于彼，敎以中國奇謀，治兵造船，千百爲艍，由西島出入中原。(卷二二葉二九)

十四年己未 (嘉靖三十八年) 六月丙午，傳于政院曰：近日倭船現形於全羅慶尚淸洪黃海道……賊將所騎大船，不能勦滅，徒傷我國之人，可爲怜惻。

備邊司大臣領府事同議啓曰：下諭監司當曰：今者各道分泊倭船，雖似因風漂

到，現形非一二處，而至于下陸相戰，搶殺人民，予甚惻然。馬島之通書報
變，固非虛矣。況于全羅道仇助島相戰逃躲之船，則建龍大旗，善放鐵丸，機
械非常，體樣異凡，雖遇我國戰船，略無驚懼之色，下碇拒戰。右水使崔希孝
不能措捕，軍官嵩工，亦逢鐵丸立死，以致賊船西走大洋，此必賊將所騎之
船，豈宜尋常措置而捕獲乎？……其曰賊船高大堅實，雖放天地字銃筒，未易
衝破，鐵丸亦能貫徹眞木（橡樹）防牌，予甚怔焉，未信其然也。朴茂所騎舩，
眞木防牌則牢厚，故鐵丸未得貫穿云，其所穿破者，必是不堅厚而然也。……
戰船左右前後排設天地玄字銃筒，整備器械，人伏板屋之下，不露形體，而疾
棹直進，迫近賊舩，隨其高下，一時齊發，則豈有不破之理，亦豈有人被鐵丸
之患乎？將士等違越節制，捍禦器械，殊未整設，習成懦怯，臨時無勇之所致
也。(卷二五葉四四)

六月戊辰，諫院啓曰：聞被擄唐人，其數甚多，冬至使之行，並爲奏聞解送京
師，於我國事大之誠，甚得其宜。但中原一路，凋弊已極，車輛馬匹，辦出甚
難，我國使臣單行之時，亦多留滯，況此唐人數多，一時帶行，則前行尤難，
未必及節日，其中又有叛民，路中意外之變，亦不可不慮，請令該曹更爲商
確。

答曰：被擄唐人奏聞事，我國以小事大，事無巨細，皆以至誠，若不奏聞，則
非徒於義不當，去年唐人泛然交割於遼東，故入歸之際，多致餓死，豈有我國
家以誠待上國之人敬事天朝之意乎？況今年則其中又有叛民，中原豈不欲捕治
如此之人乎？當不計小弊，無遺奏聞，予意不過如此，不可不奏聞。(卷二五葉
五二)

七月辛未，禮曹啓曰：黃海道所捕賊倭船，被擄唐人應解送者，前後二百五十
餘名，冬至使之行，使帶率而去。原帶人物卜駄外，加以唐人，則抄發車子，
當不下五十餘輛，中原沿路館舖人馬，盡爲達子搶殺，又因饑餓流散，驛路凋
殘，滿目蕭然。非但不得趁時發車之爲可憂，被擄人中中原叛民自知必死，日
謀逃躲者有之，過關以後，監禁不嚴，逃死路逸，難保其必無。既不可棄之中
路而先去，冬至節日亦不可不及，諫院所啓，亦如臣等之宿料。中原閩浙等處

邊氓，交通賊倭，叛入倭國，廣占聚落，至竊王號，嚮導島夷，反噬中國，焚
蕩搶掠，久爲天朝腹心之虞。今者唐人適爲我國之擒，數過累百，叛民頗衆，
解送奏聞，豈惟中朝上下疾怒之情得以少洩，其叛民卽吾叛民，疾惡之心，彼
我何異。……前者曾見聞見事件，有一朝士請令朝鮮通諭日本，禁侵上國，而
事不果行，今者解送奏聞，使中朝以爲我國易於擒倭，則不無意外之患，此亦
不可不慮。然若不得已奏聞，則有一前例可據而行之者。乙巳年，被擄唐人安
容等六百名，其年九月，令譯官先送交割於湯站，其年十一月，進賀兼謝恩使
入送時奏聞。今亦當以解送之數極多，一時率來，未免遲滯中路，恐或未及節
日，故前後被擄人中，擇解事解語且知被擄首末者各一名，先率來，其餘則交
付遼東而來云云。如此，則多發車輛之弊，不及節日之慮，叛民路逸之患，皆
非所虞。以此議諸三公及領府事，皆以爲便當，但事關事大，敢稟。傳曰：啓
意當矣，如啓。(卷二五葉五三)

十九年甲子 (嘉靖四十三年) 九月庚申，禮曹啓曰：頃日黃海道瓮津縣所捕唐人推
問事議于三公，則以爲是上國邊民，與我國沿海逋氓交通，掘穴于海島中，而
近日廷議，皆以此爲憂，未得蹤跡，若推問此人，則可得端緒，不可不詳悉推
鞫。……傳曰：如啓。(卷三〇葉四三)

參實錄史料，可見中國奸民之附倭，自來就是『不知其數。』明承宋元之後，海運與
火器皆極進步，沿海奸民以之授倭，於是遂爲海上之大禍。朝鮮本爲屏國，武備墮
窳，於是若輩之將欲爲害於朝鮮者，更是勢所必至。觀明宗朝領議政尹仁鏡所啓『唐
人若與日本國又相交通而爲海賊，則其患甚矣。』等語，也就不難明瞭。明宗之後，
接着便是宣祖李昖，所以關于壬辰年的『倭禍，』雖曰『關白作難，』其實也是完全
由于中國叛民的勾引，日本外史卷十六：

明主嘗與足利氏修好，而韓兩屬其間，常奉朝貢於我(附記四)。及足利氏衰，我
西南海盜數侵明境，明韓皆與我絶，而海賈互市不絶。我對馬島距韓甚邇，島
主宗氏世置吏于韓釜山浦，至豐臣氏時，明民或有來投者，秀吉聞明主朱翊鈞
失政，武備不具，益思窺之。

此所云，秀吉之窺韓，實由明民之來投，假若沒有許多漢奸的指教，秀吉又從何窺

起。而這些漢奸的姓名，先不必多舉，只就明史日本傳言之，如云：

> 秀吉……欲侵中國滅朝鮮而有之。召問故時汪直遺黨，知唐人畏倭如虎，氣益
> 驕，益大治甲兵，繕舟艦，與其下謀，入中國北京者，用朝鮮人爲導，入浙閩
> 沿海郡縣者，卽用唐人爲導。

又宣祖修正實錄二十四年辛卯 (萬曆十九年) 五月記云：

> 許儀後者，福建人也，被擄入倭國薩摩州，爲守將所愛，久留國中。熟聞關白
> 將入寇，潛遣所親米均旺投書于浙省曰：(明史朝鮮傳作：中國被掠人許儀所寄內地書) 關
> 白平秀吉並吞諸國，惟關東未下，庚寅正月，集諸將，命率兵十萬征之。且戒
> 曰：築城圍其四面守之，吾則欲渡海侵大明，遂命肥前州太守造舡。越十日，
> 琉球國遣僧入貢，關白賜金百兩，囑之曰：吾欲遠征大唐，當以汝琉球爲引
> 導。旣而召曩時汪五峯之黨問之，汪五峯者，以中原人嘗導犯江浙者也。對
> 曰：吾等曾以三百餘人自南京刼掠橫行，下福建，過一年，全甲而還，唐畏日
> 本如虎，滅大唐如反掌也。關白曰：以吾之智，行吾之兵，如大水崩沙，利刀
> 破竹，何城不摧，何國不亡，吾帝大唐矣。但恐水兵嚴密，不能蹄歷唐地耳。

> (卷二五葉一三)

此條內之汪五峯，前文所引明宗實錄亦見之，其情節且比此爲詳。考朝鮮之所以如此
注意中國奸人者，蓋因朝鮮於中國，嘗自比『同胞』之例，又云『兩國一家，休戚是
同，』故實錄內亦斥中國奸人爲叛民。而其仇視叛民之極，固嘗曰：『其叛民卽吾叛
民，疾惡之心，彼我何異。』(見前) 蓋朝鮮之海防與明固休戚相關也。此輩叛民如不貽
害于中國，卽謀洩憤于朝鮮，所以關于日本外史所記『窺』字的內容，依我的意見，
應當改爲奸人教倭，助倭，勾倭，引倭，庶幾比較乎合事實些，因爲日本之侵入朝
鮮，實以華人爲嚮導，宣祖實錄 (簡稱宣錄) 卷二八葉一五，壬辰七月丙寅條記兵部咨有
云：

> 倭奴狡譎異常，華人多爲嚮導。

萬曆實錄十九年八月癸巳科臣王德完題：

> 倭奴煽禍，皆私販爲外援，惡少爲內應。

這些嚮導和私販的來源，明淸史料內證據也很多，今只檢乙編葉六○五舉例於後：

閩越三吳之人，住於倭島者不知幾千百家，與倭婚媾長子孫，名曰唐市。此數
千百家之宗族姻識潛與之通者，蹤踪姓名，實繁有徒，不可按覈。其往來船，
名曰唐船，大都載漢物以市於倭，而結連崔苻出沒澤中，官兵不得過而問焉。

此一史料，天啓實錄內也有，作五年四月戊寅朔福建巡撫南居益題。由此『閩浙三吳
之人與倭婚媾長子孫』的史料，更參以事實推之，則易代之後，自不外如朝鮮實錄所
云：『支派不明，專類倭人』(見前) 的了，『專類倭人』者，既如是之無數，因而其時
的明人又指關白也是中國的亡命，五雜俎地部四：

倭酋關白，亦吳越諸生，累不第，而入海。

其初朝鮮亦有此傳說，如懲毖錄卷一，有記平秀吉一條云：

平秀吉者，或云華人，流入倭國，負薪爲生。一日國王出過於路中，異其爲
人，招補軍伍，勇力善鬭，積功至大官，因得權，竟奪源氏而代之。或曰：源
氏爲他人所弒，秀吉又殺其人而奪國云。用兵平定諸島，域內六十六州，合而
爲一，遂有外侵之志。

宣錄卷三五葉四〇：

(李) 德馨曰：陳信出來于提督軍中，謂臣曰……所謂關白，浙江之人，有罪而
逃入，或曰南方之人，娶於日本，托姓於平氏云矣。

當時國王自聞此說之後，因而又要想追問秀吉的究竟，同書卷九三葉九：

丁酉 (萬曆二十五年) 十月庚申備忘記傳于朴承宗曰：此降倭 (福田勘介)，疏漏問之
矣。饋以酒飯，誘以言語，凡賊情及……秀吉來歷出自何處？皆問之。

此一問題，只緣宣錄的記事往往總是有些『見首不見尾，』所以關于秀吉來歷究出自
何處，朝鮮也無法考定 (日人玄蘇遺朝鮮金光書亦曰：『近來有平秀吉，始不知何名？』見宣錄卷一七一葉
一八)。總因唐人倭人相混已久，故易有此傳說也。中國之有此輩『專類倭人』之漢
奸，據朝鮮的眼光觀之，則有曰：『此上國與我國皆是不利之事也。』(見前)『壬辰倭
禍』爲倭賊嚮導者，宣錄中記的也很多：

甲午三月壬午，備邊司啓曰：清正往來書信，乃是大段機關，……而所謂康王
湖者，似是中原之人。(卷四九葉五)

乙未三月丁酉，章都司……接伴官都總府都事金義直自倭營入京，書啓一路事

情……去二月二十八日到慶州……三月初二日…… (都司) 發行，到箭灘邊，則
清正差副將喜八及唐通事康宗麟，率馬十九匹，率倭五十餘名，先到岸上打起
小帳，酒三巡後，進入倭營，日已暮矣。(卷六一葉二二)

二月癸丑，陳遊擊接伴使李時發書啓：正月十二日早，隨遊擊自楡川起身，過
密陽，泊金海竹島營……有林通事稱名人，以行長差遣，伺候于遊擊，乃浙江
溫州人，年十三被擄于日本，有妻子住活云。(卷六〇葉一六。按，李時發的啓本，全文
很長，約八千多字，啓本的末段，附有問答十餘條，記日本的事情甚悉，其最末了有云：『已上洪通事
問答。』又小注：『洪通事浙江人，萬曆乙亥被擄』)

六月丙寅，接待都監啓曰：卽刻正使(東封正使李宗城)差官李恕自熊川來，問彼中
消息，則十九日有行長所送通事稱號浙江人五名，來言行長到關白處，請暇
(假)祭祖。(卷六四葉三二)

丙申四月乙巳，接待都監啓曰：正使管家李恕云。……前月二十三日倭通事浙
江人自日本出來，言倭情不好。(卷七四葉一八)

十二月癸未，通信使黃愼回自日本國書啓：……游府標下王千總者，謂臣愼
曰：前日在沙蓋時……關白使身邊張文來謂老爺 (遊擊沈惟敬) 曰：…… (卷八三葉
二〇)

這些記事，太零碎了，不必多記，現在只檢大批的記之：

戊戌五月丙戌，經理接待都監郎廳以右議政意啓曰：……浙江福建近處被擄人
留在倭營者，其數甚多。(卷一〇〇葉五)

又朱應昌復國要編(附記五)卷八葉四四亦云：

方今倭中，閩浙人頗多。

由此『甚多』『頗多』的記事，則可見倭營中固又無處不有中原的叛民了。按『被擄』
二字，應當加以解釋，例如前面所引自稱被擄之許儀後，其居倭國薩摩州，雖曰爲守
將所愛，其實卽爲關白平秀吉所愛，見東西洋考福建巡撫許孚遠疏，疏中有『許儀後
(由薩摩州)隨關白去名護屋地方』一條。據此，則其爲倭中所重可知。以如此資格，而
乃投書內地，則其投書情節，爲倭而不爲明又可知。宣錄卷六九葉二，記許儀後爲倭
之事有云：

萬曆二十三年乙未十一月朔己巳，天使接伴使金睟小錄曰：……臣等告曰：亂

初，有浙江人許儀後在倭中上本……近無如此人上本者乎？天使曰：許儀後卽

江西醫者，今居日本薩摩州，與朱君聖同志上本，君聖自來，而彼人所言，

多有乖違，君聖亦走之，不知去處。臣等告曰：今聞老爺分付，始知是江西

人，而又知是醫者。聞上年巨濟倭疫之際，儀後來治之，必是醫者云云。

所謂『多有乖違』云者，據宣祖脩正實錄卷二五葉一三，卽『儀後所言我國情形甚

誣』的行爲。其詳情，也不必多說，現在只論儀後之爲倭治疫，此項治法，其在大明

與朝鮮，當然又皆爲不利之事。而朝鮮所嘗稱：『唐人之潛居彼土，與倭同謀同利

者，亦是中國之叛賊，王法所必誅。』揆之許儀後之行藏，最合事實。所以關于許儀

後『被擄』之說，是否眞情，抑或甘心投日本？均可不論。但如眞正被擄者，其心理

應與常人同，應該不忘本土，應該自日本逃囘才是。凡此逃囘者，其類亦甚多，據世

宗實錄，舉例于左：

戊戌九月丁卯（永樂十六年），大明浙江人陳宗等男婦六人，自倭山逃來。遣制司

譯院事張洪守送于遼東。（卷一葉二二）

十一月丁卯，漢人彭善才等男婦十三人，自日本逃來。上厚慰之，遣僉知司譯

院事趙宗佐解送遼東。（卷二葉一九）

十二月乙巳，被擄漢人李阿謹等五人，自倭山逃來。遣人解送遼東。（卷二葉四〇）

元年己亥（永樂十七年）正月戊午，慶尙道觀察使報：倭賊所擄逃囘漢人金得觀等

二名，到晉陽。言倭賊造戰艦，要於三月作耗中國沿海之地。上王命驛召得觀

等。（卷三葉四）

己巳，遣司譯院注簿趙翁押金得觀馳赴遼東。又有漢人彭亞瑾等一十六名，自

倭島節次逃囘。遣司譯院判官吳義押解遼東。（卷三葉七）

二月丁亥，就差進獻使通事全義管押被倭擄掠逃囘漢人賈三等男婦共六名，解

送遼東。（卷三葉一三）

五月辛酉，被擄漢人宋舍佛，自倭船逃囘。遣譯者金希福押解遼東。（卷四葉六）

此處於被擄逃囘的漢人所以詳記如是者，蓋爲證明其他留在倭國不肯逃囘之漢人決非

『被擄』之比，旣非被擄，則當爲『始以買賣來日本，仍結賊倭來往作賊』之類，如

汪五峯，如許儀後，皆是。且此種解釋，更有奸細林小鳥亦可以爲證，據前面所記的林通事，卽指林小鳥而言，此林小鳥本來也是自稱幼年『被擄』的，但查宣錄卷八四葉一七，丁酉正月甲寅條，則又在『林小鳥』三字下加注小字云：

> 以中原人而曾投日本者也。

據此，我們可又得到一個好例子，就是說，凡屬甘心投日本的人，他們本來又都可以自美其名曰『被擄』。甘心投『倭』者旣如是之多，自然他們都是不要祖宗而都是甘心作『倭』的人了。宣錄卷一〇一葉一，戊戌 (萬曆二十六年) 六月乙卯記當時日本行長的使者云：

> 梁 (祖齡) 布政招問朱元禮 (行長的使者)：你是何地方人？答曰：浙江人，萬曆十二年被擄。布政曰：浙江乃文獻之地，人知禮義，爲天下最，汝何生於其地甘爲俘擄，敢背本國爲？元禮曰：旣已未死，奈何奈何。布政曰：你今甚勾當來？答曰：爲講和也。布政曰……旣欲講和，則其主意所在云何？答曰：朝鮮國王遣重臣於日本自數其罪，又令朝鮮人輸給米布於日本人，朝貢時，通路於朝鮮，則關白何爲而不撤兵乎？

日本無緣無故的破壞了人家的國家，不知殺害了朝鮮許多的父兄，姦淫了朝鮮許多的妻女，發掘了朝鮮許多的祖墳？還要令朝鮮向他輸物遣使自數其罪，可見朱元禮也已變爲『毒種』了。當時的『毒種』旣然這麼多，所以關于他們的毒計，也是兇得很，宣錄卷七六葉四四，丙申 (萬曆二十四年) 六月壬戌：

> (金) 應南曰：晉城陷城時，飛樓爲之後陷城云云矣。上曰：中原人敎之矣。今若更動，則必學大礮矣。

按，晉州陷城，日本外史卷一六作淸正之事，麕六萬人。淸正慣發無益實用的大言，外史於淸正尤爲誇張了不得，今讀宣錄，我們才知道淸正的一套原來還是中原人敎他的。假使晉城之陷，當時沒有中原人敎淸正做飛樓，則淸正於晉城未必攻得下。

又淸正除學會飛樓攻城之外，又嘗厚遺福建姦人恐動正使，破壞議和，淸正聞正使李宗城出走，心甚欣喜，頗以爲得計，見宣錄卷七四葉三〇及葉三四。至於所謂福建人，關于其人的姓名，據同書卷七五葉一，作郭參軍，且云：『以福建之人，在於賊中久矣。』再淸正嚇走正使之事，日本外史作沈惟敬主使，又記惟敬語副使楊方亨

曰：『舉我大明，奉承日本而已，汝慎記之。』考李宗城出走之日，惟敬尙留日本未歸，安能有唬走正使的行爲？據此，可知日本外史記事之失實。

　又，『淸正於營裏，書天將姓名，某營將領兵若干云云。』(宣錄卷九九葉一八) 所以淸正對于明朝的大將和兵馬的數目，更無一不知。(卷八七葉四) 這種情形，自然又是華人敎他的了。

　以上的一些記事，尤其關于倭營內所有華人的記事，都是些踪跡最分明，都是些可以一一『按覈』的，已然的那麼多，至於還有許多因爲踪跡不明而『不可按覈的』我們現在也無法去考。大抵不外一句話，不外宣錄所稱『華人實爲嚮導』的話，總是當時的信史，正宗實錄卷一九葉二二，九年，卽乾隆五十年二月甲午：

　　謝恩正使朴明源……狀啓曰……西明阿蕭 (嘗奉勑封朝鮮世子，至是復命) 於正月十七
　　日至圓明園……皇上御勤政殿東暖閣，召見西明阿蕭……問倭子近日如何耶？
　　明季倭子常欺擾朝鮮，今時如何？阿蕭奏：明季……倭寇，顯係漢奸海賊從中
　　生事。

此西明阿蕭，旣然曾經到過朝鮮國，則是關于他奏對淸帝之言，當然也是由朝鮮採輯而來的了。以此觀之，則記事中所謂『明季倭子常欺擾朝鮮』以及『顯係漢奸海賊從中生事』的話，自然也都是朝鮮百餘年來民傳的實錄，由此實錄，可見其時的漢奸和海賊之在朝鮮，比之日本的『倭子』尤爲可怕啊。

附　記

一

　宣祖實錄凡一百十六本，又宣祖脩正實錄凡八本，共一百二十四本，其中記倭禍却有八十餘本之多。又宣祖自隆慶元年卽位，至萬曆三十六年薨，凡四十一年，而壬辰倭禍僅七年，七年間之記事，便佔去其全部實錄三分之二，可見是書實爲研究朝鮮『壬辰倭禍』者之基本史料。

二

　中興誌，又名中興錄，朝鮮傳抄本，凡二卷，約十萬餘言，不載撰人姓名。此書之來源，係由韓人兪鎭泰氏寄贈張溥泉先生的，其致張氏函云：『辱惠書，蒙詢以敝

邦數百年間關係明清大事，僅錄宣廟中興錄……奉上。中興錄皆壬辰前後事……此外尚有他書可參閱者，然卽此而大者已具，故先焉。』中興誌之價值，試舉例言之，如卷二戊戌五月，倭將木下金吾撤兵還去一條云：『金吾與平秀嘉等二十餘將撤兵歸國，惟清正行長義弘義智甲斐守等十餘壁留屯沿海。平秀吉盡屬其營將而告之曰：朝鮮之事，迄未結束，何也？源家康等皆曰：朝鮮大國也，衝東則守西，擊左則聚右，縱使十年爲限，了事無期。秀吉泣曰：公等以我爲老矣，我之少也，以天下爲無難事，今老矣，死亡無幾，與朝鮮休兵議和，如何？其下皆曰，幸甚。』按，宣祖實錄所云：『賊退專倚天兵，』卽此。至明史朝鮮傳日本傳兩傳的記載，都以爲：『自倭亂朝鮮七載，喪師數十萬，糜餉數百萬，中國與屬國迄無勝算，至關白死而禍始息。』與中興誌所言，完全相反。

三

懲毖錄有二種，一爲朝鮮刻本十六卷，凡七本，一爲日本元祿八年乙亥(康熙三十四年)翻刻本四卷，凡四本，此二種，中央圖書館俱有之，承該館屈翼鵬先生出以示余，故得借錄之。考日本之有懲毖錄，其初朝鮮聞之，曾爲驚駭之辭，據肅宗實錄三十八年壬辰 (康熙五十一年) 四月甲戌，校理吳命恒啓曰：『聞信使(日本通信使趙泰億)所傳故相臣柳成龍所撰懲毖錄，流入倭國云。事極驚駭。今宜嚴立科條，別樣禁斷。上令廟堂酌定科條，嚴加禁斷。』按，日本之四卷本，卽朝鮮原刻本之一二兩卷，有元祿乙亥芒種後學筑前州貝原篤信爲之序。

四

日本外史記事，往往只持一端之見，而不究始終，其謂朝鮮『常奉朝貢於我』之說，然否？姑不論。惟是既稱朝鮮常奉朝貢於日本，何以日本於朝鮮乃更有奉表稱臣之事？據高麗史恭讓王三年，卽洪武二十四年十月甲戌有一條云：『日本國遣僧道本等四十餘人來獻土物，稱臣奉表。』又記道本等言曰：『中國嘗責日本以不稱臣之故。我國對曰：天下者天下 (人) 之天下，豈一人之天下，終不稱臣。今乃稱臣於大國，乃慕義也。』日本既嘗稱臣於朝鮮，於是朝鮮實錄記日本使臣之來，輒書曰：『日本來朝。』同時又更卑視日本人，如世宗實錄卷五一葉九，記野人倭客等參衛會條，則其班次，野人在前，倭客在後。又成宗實錄卷二六二葉一七，二十年壬子，卽

弘治五年二月壬戌有云：『倭野人來肅拜，火刺溫兀狄哈爲堂上職者，坐于倭人之上。
倭人大怒曰：我豈居兀狄哈之下乎？將欲還去，不肯就坐。上使注書金麟厚慰諭之，
別設一聽以饋之。』考朝鮮之令野人坐予倭人之上，亦自有故，如成宗實錄卷一九六
葉一，又記成化丙午六月關于日本上書大明國禮部尙書閣下云：『昔肅愼氏獻楛矢，
傳記書之，美周德及乎遠也。吾雖不足以下擬肅愼氏，今之所遠及，其庶幾乎？』
按，日人既自稱不足以下擬肅愼氏，則其坐次，自當在于野人之下。日本於朝鮮既如
此，其對於大明更可知，而高麗史內雖載有日本使臣道本『終不稱臣』之說，然此僅
爲一時之失，旋卽後悔之，如朝鮮世宗實錄卷四六葉一六，十一年戊申，卽宣德三年
十二月辛巳載：『上謂左右曰……日本國王語朴瑞生等曰：欲繼父王之志，服事上
國，恐以前日之事，祇被留拘，請歸告國王，俾達吾志于上國。爲遠夷霑聖化，此意
甚美，蓋小國不能自達於大國，必賴藩屛之臣導達誠意，自古而然。今不奏達，則是
沮其遷善之心，且非我國，則實無憑藉之處，宜將其意轉奏上國。』又世祖實錄卷三
三葉四一，更記日本通使大明，請朝鮮作保的一條。又中宗實錄卷五四葉八，載日本
來書比前更卑遜，其辭云：『日本國王源義晴書啓……進貢大明國……伏冀陛下預達
大明上皇之清聽而示諭，則不啻不朽之恩霑。』凡此情節，其見於朝鮮各朝實錄者甚
多，不必盡舉。總之，日本國之所爲，據明宗實錄卷二二葉一七有論斷曰：『倭奴之
貪毒，甲于羣蠻，而詐譎倍之，觀其所安，唯利是急。其力足以制人，則朝吾納欵而
夕犯我邊境矣，其力不足以制人，則蹴爾與之，亦必搖尾而求食矣。』所以關于壬辰
年的倭禍，其情亦如此而已。

五

　　復國要編，宣錄卷一〇一葉一九，嘗記爲復高要編，如戊戌二月丙子條：『上御
別殿，引見大臣……右議政李德馨曰：宋應昌做成一書，名曰復高要編，有曰，倭賊
踰全羅慶尙黃海平安等路，然後抵中原地，終必無是理。此則非但一時發諸口，至於
書諸簡策，將欲誤天下人也。』又卷八六葉六，更記應昌尙有東征紀事一書，丁酉二
月己亥：『上御別殿……上曰：聞楊布政出來……布政與宋應昌相切乎？領事金應南
曰：看其序應昌東征紀事，極其褒揚，似是相切。』又葉一二，同月壬寅：『上御別
殿……上曰：楊布政何如人？尹根壽曰：臣入朝時望見於軍門外，不與接談，其製宋
經略東征紀事序文，似文選，其好矣。』

— 334 —

記李如松留於東國朝鮮之後裔

李　　光　　濤

　　李如松，字子茂，號仰城，成梁長子，世授鐵嶺衞指揮僉事。成梁積功至寧遠伯，年九十卒。弟成材參將，子如松、如栢、如楨、如樟、如梅皆總兵官，如梓、如梧、如桂、如楠亦皆至參將。當一五九二年，卽萬曆二十年壬辰，朝鮮突遭倭禍，大明出兵援韓，如松以提督頭銜率師東征，十二月二十五日渡鴨綠江，二十一年癸巳正月，攻平壤克之，進向王京，遇敵於碧蹄，與戰不利(並非大不利，只「死傷相當」而已)，遂無進勦之意 (後來還是水兵南海之戰，才將日寇逐出朝鮮境外)。十月班師，以平壤功，陞爲太子太保。三十年丁酉四月，土蠻寇犯遼東，如松率輕騎搗巢，中伏，力戰死。三十六年癸卯，朝鮮國王李昖 (後來稱爲宣祖的) 以如松嘗有功於本國，特命建祠于平壤府以祀之。(小華外史李如松傳)

　　考李如松東征之役，所率部隊本分爲南北兩軍，北軍爲騎兵，南軍爲砲手，又稱「嘗倭兵」。自碧蹄戰後，北兵之於倭，力主持重，南兵則以爲戰爭之事必以全勝爲期，故力主勦滅 (碧蹄之役，如松事前並未知會南兵，僅領家丁千餘人輕進爲倭所乘才致不利的)。由是南北不和，南兵以李如松怯於進取，至斥如松有「鬆達子」三字之稱，見朝鮮宣祖實錄卷四四葉七。按李如松之有這一「達子」的名詞，據明史本傳，則爲「高祖英自朝鮮內附」之故。然檢朝鮮正宗實錄所引李氏譜冊，另外再參正宗以前各朝實錄，如太祖實錄，如世宗實錄，如文宗實錄，如宣祖實錄，其於李氏之淵源，均有比較詳細的記載。例如文宗實錄記李氏始祖有所謂「商山君敏道」者，則曰「自中國避地而來」。又宣祖實錄載李如松面語李恒福之言，則云：「吾是你國人也，五代祖有罪逃入中國」。又記如松謂其弟如梅則曰：「汝知與國王同姓乎？吾先祖世居豆滿江，以干淫事，移居東寧衞矣」。及正宗實錄記李如松裔孫行護軍李源世系，則又有曰：「提督之先，系出我國，而公孫反本而東來，此亦異矣」。總上所述，都與「尋繹民族融和」的

問題有關，同時又爲明史所不詳，所以凡係有關的著錄，均應依據朝鮮實錄一一轉錄之，以爲憑考之地。而且這一辦法，也正是根據朝鮮的舊例爲之，就是說，朝鮮向例往往討論到某一個問題的話，必須要「取考謄錄」才肯相信的。有此原因，於是乎作者也就本了有見必錄的常識來一個歸類的記錄，以獻於當初號稱「寧遠伯」而今成爲「眞韓人」的李氏許許多多的後裔，作一質證之資而已。

一、太祖實錄：

（1）四年乙亥（洪武二十八年）三月壬寅，商山君李敏道卒。敏道，中國河間人，元慶元路總管公埜之子，以父死事，授同知涿州事。元朝多難，寓居外家明州，前朝使臣成准得回自張士誠所，敏道請與俱來。以醫卜見稱，往往有驗，授書雲副正，遷典醫正，以至慈惠府司尹兼判典醫寺事。當上潛邸之日，陰有推戴之意，陳說歷代沿革，及上即位，得與功臣之列，官至商議中樞院事，賜號推忠協贊開國功臣，以妻鄉尙州，封商山君，年六十卒，贈門下侍郞贊成事，諡直憲。子蓁。（卷七葉七）

二、世宗實錄：

（2）丁卯（正統十二年）九月丙申，中樞院副使李蓁上書曰：臣本家世孤寒，幸以先考臣商山君敏道，獲際太祖日月之末光，登名開國勳臣之列，進秩崇班。及至臣身，又蒙太宗聖上罔極之恩，位至樞府，仰惟聖恩，昊天難踰。第以愚陋之材，絲毫無補，日夜私自兢惕，臣年甫十七，先臣辭世，臣艱難孤寡，用是不能謹始，曹於禮經，急於治生，爰娶卒宰臣金先致之女。初雖不識其家世，後被臧獲之訟，徧閱家藏之籍，乃知母與外家皆庶室，且年將五十，尙無嗣息，而又嬰癲疾。歲庚戌，娶崔安海之女，生一女一男，獲承先臣之緖。頃者臣之女壻內禁衞守副司正元矩，欲赴親試武科訓練觀，以妻父並畜二妻見咎，不錄姓名，以此女子見棄於其夫，臣之不幸，至於如此，涕泗交頤。臣本孤臣之子，常恐辱先，小心律己，夙夜戰兢，豈於文明之代，敢干邦憲，並畜二妻也。今之門母與外家皆人之妾，以其子女爲主婦，不啻卑身，抑亦卑先臣而輕宗祀也，將何顏並立於士林間乎？何顏入於家廟乎？何顏見先臣於地下乎？但哀其無所歸而留之以養疾耳。其實本非適也，用是崔

之門女爲主婦，而承小臣之宗祀，歲在辛酉，已受夫人之牒，**伏望聖慈下燭**衰臣愚戇，繼臣後裔完娶女壻，俾先臣感聖恩於地下，此臣所日夜之望也，伏維聖慈。(卷一一七葉一六)

（3）壬子，司憲府啓：中樞院副使李蓁，以糠糟之妻金氏詐稱爲妾，後娶崔氏，謀欲奪嫡，冒受爵牒，實爲奸詐。續刑典，節該：有妻娶妻者痛懲離異，子孫爭嫡者，以先爲嫡。崔氏及所生子女依成憲以正名分，追奪爵牒，又治蓁罪以戒後來。從之。但蓁勿論。(卷一一七葉二一)

三、文宗實錄：

（4）庚午(景泰元年)九月戊辰，初，卒中樞李蓁以先妻金氏愚騃，且無繼嗣，更娶崔氏，並畜一家，積有年紀，至丁卯秋，崔氏女壻欲赴武擧訓練觀，不許赴試，蓁上言訟之。國家論定，以金爲嫡，以崔爲妾，而離異之。其後蓁上言，以不欲離崔之意，世宗優而許之，使崔與金同居如初。蓁疾病垂死，乃通書于金之外伯姑洪仁信之妻曰：妻金氏，全仰大母。答曰：雖病人，無棄別之書，而率來未可。蓁不得已，成棄別之書，並奴婢文卷而送之，未幾而蓁卒。原蓁之意，非惡金氏而棄之也，特欲嫡其崔而用子孫之計耳。金氏姪尙安，援其歸宗之說訟于憲府。憲府啓：蓁欲使妾產通于仕路，輕棄糟糠之妻，曾命復合，而垂死更黜，使之糊口族親，死且有罪。今宜令金氏復還蓁家，使妾子奉養，然蓁已死，無由復合，還之於義絕之夫家，實爲不便。妾子培仁，以金爲收養嫡母，托父遺言，欲奉養於家。然金斥以非收養，且蓁以已棄之妻，遺言於子，使之奉養於家，不合情理。金尙安當金與蓁同居之時，常不進退和睦，今已見黜，年老無後，濱於死域，而托於孝養相爲爭訟，其貪利無恥，欲得奴婢財物之計灼然，雖例當歸宗，不可如其意給付，以遂其欲。仁信之子，陽於金氏爲異姓疏屬，素無親睦之意，而乘夜携去，置諸農莊，以待自斃之日，本府欲致于京而問之，尙且托故不肯率來，陰誘老婦如制嬰兒，其爲陰譎莫甚。今本府遣女醫問情願於金，則凡日用之事，不得分明開說，蓁之姓名存沒亦且不知。以此觀之，則其仍居陽家之言，非金之情願，實出於陽之陰誘也。臣等以爲貪利之徒，謀奪田民，蜂起爭訟，

士風不美，有關人倫風俗，金氏既有奴婢土田，不必寓於族家，請送於奴婢所在尙州。上令議政府六曹承政院集賢殿議之。議政府議……刑曹判書趙惠議：金氏未見棄之時，養育蓁之妾子培仁以爲己子，分與田民，欲奉其祀，宜付培仁，以正蓁嫡妾紊亂之弊，何如？……承旨李師純……議：……蓁父敏道遭太祖，得參開國功臣之列，位至宰輔，然自中國避地而來，蓁專籍(蘛)金氏蒼赤以立門戶，故雖娶崔氏而不能去也。今金氏爲路人，則蓁之門戶將至於不振矣。(卷三葉五二)

四、宣祖實錄：

（5）癸巳 (萬曆二十一年) 三月丙寅，上引見備邊司及三司，……李恒福曰：提督云：吾是你國人也，五代祖因有罪逃入中國，來時所持弓子，至今猶存。仍以其弓出示之，曰：願依此樣造弓以惠。吾是一品官，見你國王敬謹不忘，以此也。自稱獨魯江人。所謂獨魯江，卽江界地也。(卷三六葉二〇)

（6）已卯，接伴使韓應寅啓曰：提督昨昏招差備通事秦孝男及其弟李如梅入房內相語，仍謂如梅曰：汝知與國王同姓乎？吾先祖世居豆滿江，以干淫事，移居東寧衞矣。(卷三六葉四五)

五、肅宗實錄：

（7）三十一年乙酉 (康熙四十四年) 六月壬寅……(閔)鎭厚……又言：李如梅壬辰以欽差義州鎭守參將，隨提督如松而來，兄弟俱有再造之勳，其孫成龍，遼河之戰，來托我國，冀朝家之念其先庇護之也。今我聖上克明大義之日，宜加撫恤其宗孫，世付司勇一遞兒，衆孫中，一人隨才錄用，則似有光於樹風聲之政矣。……上悅從之。(卷四二葉六)

六、英宗實錄：

（8）十四年戊午(乾隆三年)十二月辛卯，江華留守權禰上疏，略曰：昔在壬辰之亂，天將李如松、如栢、如樟、如梅、如梧兄弟，一時東征，再造藩邦，其豐功偉烈，至今照人耳目，誠有百世不可忘者。戊午深河之敗，如梅之孫成龍，以都督劉綎麾下，漂轉吾東，托身於故玉城府院君張晩幕府。後有刷還之舉，晩又建議伏匿，使居湖西，娶妻生子，其名曰翻，得武科，官止武。

兼其子東培，因故判書兪得一言，除邊將，監南海縣。東栽子葹，以宗孫少孤貧，見方流落於本府甲串津邊，雖有諸臣之建白，連有錄用之命，而到今饑寒切骨，若使此人餓死此土，則將何以有辭於天下後世哉？臣願聖明念其先烈，亟施特恩，以光先朝大報之義。……上慰諭答之，仍飭銓曹並皆甄用。(卷四七葉四九)

(9) 十六年庚申(乾隆五年)三月癸丑，上行晝講，講春秋。筵臣以上不忘尊周之思贊揚之，又以春秋之義仰勉之。上嘉納。親製感皇恩詩二絕及小序命刻，懸于宣武祠曰：皇朝再造之恩，何可忘也。命問皇朝人出來者，校理徐命臣以李如松有子孫爲對。上命搜訪之。(卷五一葉一四)

(10) 四月庚寅，命天將李如梅後孫立如梅神主，且令不祧。上聞如梅後孫之在國中，問其神主有無？右議政兪拓基曰：未嘗立主，而其祭也，以皇明總兵指揮使書榜而行祭云矣。上遂有是命。(卷五一葉二〇)

(11) 十七年辛酉(乾隆六年)四月辛亥，有李著者，以寧遠伯李成樑之後，隨使臣入彼中，得寧遠伯像而來。上聞之，命持入觀之，曰：其貌似謹愼吉人者。仍召見著之弟別軍職薰，問畫像購來之由，薰對甚悉。上曰：今見畫像，心焉多感，寧遠伯子孫之在彼者，衣冠殊制，而爾等不改乃祖之冠服，須念爾祖，毋墜先業，以事國家也。(卷五三葉二二)

(12) 九月丙子，命江華府建皇明總兵李如梅廟，給復助其祭。……初如梅後孫葹居江華，上特命造如梅神主，定爲不遷之位，葹貧不能建廟，……遂下是命。(卷五四葉二一)

(13) 二十七年辛未(乾隆十六年)五月丙午，特拜衞將李葹爲同中樞，葹卽皇朝提督李如松之後也。(卷七三葉二一)

(14) 二十九年癸酉(乾隆十八年)二月乙卯，上御明政殿，設文科殿試……上曰：李葹至今生存乎？對讀官成天柱曰：昨年已作故矣。上曰：李葹之言甚悲，以其族娃爲康熙之壻，涕泣而言之，其人頗善，而官止同知，可憐矣。其孫尙幼乎？天柱曰：年纔十餘歲云矣。上曰：其家有畫像乎？天柱曰：如梅之父寧遠伯李成樑有畫像矣。命李如梅奉祀孫待闋服，付司勇祿，待年滿調用。(卷七九葉一四)

七、正宗實錄：

(15)五年辛丑 (乾隆四十六年) 七月辛亥 ，知中樞府事具善復上疏曰：……壬辰再造，專由於天朝提督李如松平壤之勳 ，而皇明之淪喪也，提督之孫脫身東來。今其後孫，或以武舉，世之待之反不若鄉曲之登第者，臣謂如松……之孫，擇其可用者用之……(卷一二葉八)

(16)癸丑，敎曰：李提督後孫，俄於兵判入侍，既已召見，而特以無薦之故，不卽調用。大抵近來宣薦，惟循渠輩顏私，殊極駭然。嚴飭宣傳官廳，此後此等地處，無論中朝人我朝人，如有遺珠，秦薦行首副行首宣傳官，當嚴勘。
(卷一一葉九)

(17)十年丙午 (乾隆五十一年) 三月丙寅，御丹楓亭，設抄啓文臣課講及春等試射。訓練大將具善復啓言：聞前縣監李萱之言，則其先祖提督祠版未成，雖蒙朝家享祀之恩命，而子孫未得供奉香火云矣。上詢兵曹判書徐有隣，對曰：李提督還歸中國而卒 ，香火已闕於中國 ，宜從厚許施。 事下禮書(曹)。禮曹啓：往在庚申，右議政兪拓基以李如梅事奉筵敎，退問於李萱，則言其從兄莅奉祀，而初無立主之事，祭時以皇明總兵指揮使府君書紙榜行祭，今蒙特敎定爲不祧，當問于知禮者立主云。上曰：使之立主可也。今李提督親盡之後，始請立主，既遠於始喪立主之義，又近於始祖立廟之嫌，但總兵立主，既因先朝特敎，則況提督之功，尤有重焉，而不敢輕議，請上裁。敎曰：既有先朝受敎，當依聖敎遵行矣。(卷二一葉三〇)

(18)六月壬辰，領議政鄭存謙啓言：李提督既蒙不祧之恩，其家更爲造主，而奉祀孫李萱病廢家貧云。其子宣傳官光遇，今都政若差一縣，俾得以官享，則在朝家崇報之道，庶得無憾矣。從之。(卷二一葉六〇)

(19)十二年戊申 (乾隆五十三年) 十一月甲子，命戶曹購給李提督家。敎曰：李提督致祭才有下敎，而聞其孫斗屋升庭，不蔽風雨，受祭苟艱。我朝功臣，猶且賜第，況提督之功績軒天地，皎日月，而使藏主無所，豈非大欠事？尹忠貞節士也，先朝猶命贖還其第，況提督家乎？遂有是命。(卷二六葉二五)

(20)十三年己酉 (乾隆五十四年) 十二月壬戌，敎曰……李提督孫行副護軍李源擢授

兵閒，古人猶愛壁間之蜘蛛，蛛與朱之音似，愛之乃爾，況提督之先，系出我國，而公孫反本而東來，此亦異矣。年前購得譜冊於燕肆，給其家，仍使造主妥靈，亦豈不奇哉？(卷二八葉六三)

(21)十四年庚戌 (乾隆五十五年) 三月辛丑，敎曰：開國功臣商山君李敏道，隴西人也，佐我國初，名在元勳，而其墓地近始推尋，親撰祭文，令道伯致祭，仍命詞臣撰碣。而更思昨年得隴西譜冊於燕肆，今又撰商山君之墓道，延安之李，系出隴西云 ，事屬稀貴 。判府事李福源撰進，檢校直閣李晚秀書進。(卷二九葉五二)

(22)十八年甲寅 (乾隆五十九年) 十一月乙酉朔，禁衞大將李漢豐啓言：李提督贈劍葵氏事，見於武藝通志矣，今聞葵氏子孫自巨濟上來云。旣知提督之血孫，而仍令湮沒，有非仰體酬功之聖意，故敢達。敎曰：先自卿營別爲付料，着意勸獎，年前以共事實，特編於武藝通志矣。今聞卿言，可謂事若有待，卿是何家之人，雖欲泛忽於勸獎得乎？(卷四一葉二九)

(23)二十一年丁巳(嘉慶二年)三月己未 ，命慶興府使李孝承內移 ，待閫帥有窠移入。孝承，皇朝提督李如松之後也。(卷四六葉二五)

(24)二十二年戊午(嘉慶三年)七月癸未 ，敎曰……曾聞寧遠伯七分之摸 ，寄在江都，而翊爽酣戰之姿 ，尙令人蕭敬云 。其祠有額號否乎？下諭守臣撫實啓聞。寧遠之家，總管李源之子孝承遭難，而適因兼帶之別軍職，雖給軍監之散料，料與祿體段各異，所受散料，換作軍喎祿。閟服間，權給前府使李宗徹，卽總兵之七代孫，而居則在於影堂所奉之地，卽令御將李漢豐作闕，其營中軍，以宗徹擬入。(卷四八葉六)

(25)二十四年庚申 (嘉慶五年) 四月庚寅，敎曰：武科前宣傳官李熙章，提督忠烈公之後也，提督東來時，特聘我國士族之女，生丈夫子，仍留東土，爲熙章之所自出，而流落海阪且數百年，始有科名，豈不奇哉？令該曹總府經歷加設擬入，明日肅拜，同爲謝恩，而鍾儀南音，不忘本也。此後如熙章家人之登文武科者，於放榜日，以花牌拜于宣武祠及提督祠宇，著以爲式。(卷五四葉二)

(26)壬辰，敎曰：提督孫李熙章紅牌，有年號云，安寶之承宣何其固陋乎？抱此

牌拜其祠，彼固識薆，雖不知其額之有泚，想惟如水在地之提督，英靈其果夷猶於來拜之時乎？紅牌一張，卽爲改書安寶，招致李承孝給之，仍令宣武祠郎官率往更拜，亦令更拜其家祠宇。似此之人，紅牌與敎旨，依此例令吏曹兵曹詳載謄錄。(卷五四葉三)

八、純宗實錄：

(27)十二年壬申 (嘉慶十七年) 六月辛亥， 領議政金載瓚……又啓言 ： 壬辰再造之恩，嗚呼可忘，而使三京收復，八路獲全，卽李提督之力也。甲申之後，遺孫東來，而朝廷不得如意酬答，久爲志士之齎嗟。先朝擢其孫李薲爲閫帥亞將，使地部買給祠宇，別遣內部鼓吹致酹于其廟。李薲父子身故之後，祀孫貧窮，香火未繼，薲之孫熙章曾經守令，一斥不復云。請令都政守令特除，俾奉其歲時之享。從之。(卷一六葉一〇)

由實錄史文，以考所謂「寧遠伯」李氏家世的淵源，尤其是傳於東土者之一支，略附意見如下：

(一)第一條記云：「商山君李敏道，中國河間人，元慶元路總管公埶之子，以父死事，授同知涿州事，元朝多難，寓居外家明州，前朝使臣成准得囘自張士誠所，敏道請與俱來」。 此李敏道之來到東土，由李氏世系計之，當爲第一世的始祖，也就是中國河間李氏傳到朝鮮的之一支。而這一李氏之傳到東國，參正宗實錄卷四九葉十二所記「中州之難，士多浮海而東」之說，當然正是一囘事，所要附加說明的，李敏道之外，當有更多的避難者都和他同一情形同時而東的。又，所謂「明州」，卽今浙江鄞縣，明清皆爲寧波府治。所謂「張士誠」，參明史本傳，卽初則自稱誠王，僭號大周，建元天祐，後又自立爲吳王的(至正二十三年七月)。「當是時，士誠所據，南抵紹興，北踰徐州達於濟寧之金溝，西距汝潁濠泗，東薄海， 二千餘里 ，帶甲數十萬」。據此，則明州一區，正是張士誠的轄地，同時又爲海舶來往駐泊之所，而中州難民之由此出海，更是自昔以來首屈一指的舊道。大約大海之中，只須一帆風順，便可「高枕無憂」，何況「東方君子國」又皆來者不拒，以此「士多浮海而東」也就成了一個自然而然之勢，不待細說的。此外記事內還有關于「前朝」二字的解釋，這一名稱，乃是李氏朝鮮指王氏高麗而說的。高麗使者亦嘗出使於張士誠處，此尙係初見，這是値

得加以注意的。

（二）　第二條記云：「中樞院副使李蓁，先娶宰臣金先致之女，因無嗣息，又娶崔安海之女，生一女一男」。又第四條記云：「蓁父敏道，位至宰輔，然自中國避地而來，蓁專藉金氏蒼赤以立門戶」。又云：「金氏未見棄之時，養育蓁之妾子培仁以爲己子」。又云：「今金氏爲路人，則蓁之門戶將至於不振矣」。又第五條記云：「提督云：吾是你國人也，五代祖因有罪逃入中國」。又第六條記云：「先祖世居豆滿江，以干淫事，移居東寧衛矣」。　總上各條，合而言之，河間李氏傳於朝鮮者世系的次序：第一代祖李敏道，第二代祖李蓁，第三代祖李培仁，第四代祖不詳，第五代祖當卽明史所說的「高祖」李英。假如這一次序而是另由「公埜」爲始，卽敏道之父，則當改爲：(一)李公埜，(二)李敏道，(三)李蓁，(四)李培仁，(五)李英。二者相較，或許後者是對的，因記事內曾經說到「五代祖因有罪逃入中國」，及「以干淫事，移居東寧衛矣」等語，揆之所謂「今金氏爲路人，則蓁之門戶將至於不振矣」之說，正可合而爲一，也就是說只因早先李蓁犯了重婚罪糾纏不清於是乎才轉而累及後世子孫的。不過這一問題也無關大體，最重要的莫如李蓁幸而再娶崔安海之女爲妻，生女又生子，由是才有後來的「寧遠伯」與夫所謂「反本而東來」乃至眞正「韓化」的李氏許許多多的後裔。萬一當日李蓁不知以「嗣息」爲重而只知以倚恃金氏相終始的話，則李氏一族又從何而傳布了那些的後裔還不是到李蓁的本身便截止了。據此，可見一事之是非，本無定論，總之，貴乎折中取義而已，不可「膠柱鼓瑟」而徒執一端之見的。

（三）　第七條記云：「李如梅壬辰……隨提督如松而來，兄弟俱有再造之勳，其孫成龍，遼河之戰，來托我國」。又第二十五條記云：「提督來時，特聘我國士族之女生丈夫子，仍留東土」。據此，則寧遠伯之後裔留在東土者凡兩支，而前者李如梅的一支姑不論，試專就李如松的一支計之，參第二十四條有云：「李宗徹，卽總兵之七代孫」。此一記事時期，乃清朝之嘉慶五年，西曆一八〇〇年，去萬曆壬辰李如松東來之時，卽西曆一五九二年，凡二百〇八年，而這二百〇八年的中間，李如松的子孫已傳至七代之多，卽平均每傳一代凡三十年。再由一八〇〇年往下推之，一直推到現在的一九五六年，歷時又已一百五十六年，如依三十年爲一代的公式計之，至少又當經過五代了，那，連前者的七代合而計之，凡共十二代，這是李如松的一支最少是

如此。以此爲例，則李如梅的一支自然也同一情形，至少也有十二代，這是無可懷疑的。例如四川南溪縣李莊的張姓，他們的始祖也不過夫婦二人在明朝萬曆末年才由安徽桐城遷湖北孝感，再由孝感遷到李莊的，其時期比之李如松正不相上下，也是三百多年，而現今張姓的後裔，僅李莊和南溪一帶，差不多已有十五六代，人口已有四五千以上。清明和至冬都是祭祖節，而李莊一區之張姓族人不約而至者，遠望之直如人潮一般，這是民國三十二年我在李莊時所親見的。此外，更有些蔓於慶符、宜賓以至遠及成都的。由此類推，則可見李如松李如梅的兩支遺裔滋生於東土，三百多年來自然也很相當地繁盛了。

（四）　第二十六條記云：「提督孫李熙章紅牌，有年號云，抱此牌拜其祠……提督英靈其果夷猶於來拜之時乎」？按，所謂「年號」，係指清人的年號而言，朝鮮曾稱明朝爲「同胞」，爲「父母之邦」，明亡之後，特撰「尊周錄」一書，以示不忘明朝之意。其與清國往來，只因「國小力弱」拒之不能，所以不得不虛與周旋而已。提督孫之留於東土者，正見其爲中華血性男子不墜先人之志才至「不樂從胡」而留於東土的。有如第十四條所記：「李葂之言甚悲，以其族姪爲康熙之壻，涕泣而言之」。卽爲痛恨清人之證。國王有感於此，於是乎特下敎旨「不用清人年號」以正之。

美洲白銀與十八世紀中國物價
革命的關係

全　漢　昇

一

　　現代世界各國的白銀，以西半球的美洲爲最主要的產地。(註一)在美洲的各重要銀礦中，于一四九二年哥倫布發見新大陸後，最先被大規模開採來利用的，爲中美洲的墨西哥 (Mexico)，和南美洲的祕魯 (Peru) 與玻璃維亞 (Bolivia) 的銀礦。尤其重要的，是西班牙人于一五四五年在上祕魯 (Upper Peru，今玻璃維亞) 的波多西(Potosí)發見非常豐富的銀礦，同時銀的採煉技術也大爲改進。結果，銀的生產激增，一五七二年世界銀產量約爲一四九六年的六倍。(註二) 由于這些銀礦的大量開發，今日全世界銀的供給，約有四分之三來自墨西哥和祕魯。(註三)

　　因爲哥倫布的發見新大陸是由西班牙政府派遣去的，故在那裏開採得來的白銀，每年都一船一船的大量運囘西班牙。對于這個問題，現任美國支加哥大學經濟史教授哈密爾登 (Earl J. Hamilton) 曾于一九三四年發表他的大著一五○一至一六五○年美洲金銀與西班牙物價革命的關係(註四) 來加以研究。 根據西班牙官方的統計數字，由一五○三至一六六○年自美洲運囘西班牙的白銀共約一六、八八六、八一五、三○

(註一)　例如在一九三三年全世界的銀產量中，墨西哥佔六九、一○○、○○○盎斯，美國佔二一、四○○、○○○盎斯，加拿大佔一五、四○○、○○○盎斯，南美洲 (以秘魯及玻璃維亞爲主) 佔一三、五○○、○○○盎斯，其他國家佔四三、六○○、○○○盎斯。見 Herbert M. Bratter, "Silver," in Edwin R. A. Seligman, ed., Encyclopaedia of the Social Sciences, New York, 1934.

(註二)　G. N. Clark, The Wealth of England from 1496 to 1760, London, 1946, p. 58.

(註三)　小竹文夫自明至清中葉外國銀的輸入中國，支那研究 (上海) 第二十九號。

(註四)　Earl J. Hamilton, American Treasure and the Price Revolution in Spain, 1501-1650, Cambridge, Mass., 1934.

三公分，黃金共約一八一、三三三、一八〇公分。(註一) 這不過是官方記載的數字，私人走私的數目還不包括在內。因爲當日流通的貨幣主要用銀來鑄造，故由于美洲白銀的大量輸入，西班牙的物價便激劇上漲，在十七世紀的頭十年內約爲一百年以前的三・四倍，此後西班牙的物價便長期停留在遠較過去爲高的水準之上。這些自美洲流入的白銀對于物價的影響，並不以西班牙爲限，因爲運銀的船隻，在橫渡大西洋的時候，有不少是給其他歐洲國家以海盜的方式掠奪去的。就是能够平安運抵西班牙的白銀，也不能全部長期停留在西班牙國境內。其中屬于國王所有的，要用來償還過去向德意志及意大利債主舉借的鉅額借欵和利息，以及支付在國外（例如在荷蘭及比利時一帶）作戰的軍事費用。至于爲私人所有的銀子，因爲西班牙的物價水準遠較其他歐洲國家爲高，從而銀在西班牙的購買力遠較在他國爲小，故多半由于對外貿易的長期大量入超而流入其他國家。根據最保守的估計，由于美洲金銀（以銀爲主）的輸入，歐洲金、銀的數量自十六世紀初至十六世紀末約增加十倍。(註二)跟着這些白銀的大量流入，其他歐洲國家的物價自然也要激劇上漲。例如法國在十六世紀最後二十五年內的物價，約爲最初二十五年的二・二倍。荷蘭在一五八〇年的物價，約爲一五二〇年的三倍，以後在一六二〇年仍然繼續上漲。英國的食物價格，在一五〇〇至一五四〇年間上漲百分之六四，以後在十年內又再加倍，其一六〇〇年的一般物價約爲一五〇〇年的二・六倍。在十六世紀，阿爾薩斯 (Alsace) 的物價增加了一倍，意大利也將近加倍，瑞典到了一六二〇年則增加一倍有多。總之，就西歐及中歐各國來說，一六〇〇年的物價約爲一五〇〇年的兩倍至三倍。(註三)如果以一八〇〇年的物價爲基數，歐洲的物價指數在一五〇〇年爲三五，一六〇〇年爲七五，一七〇〇年爲九〇，一八〇〇年爲一〇〇。(註四)

　　哈密爾登教授關于美洲白銀與物價波動的關係之研究，以歐洲（尤其是西班牙）爲限。事實上，在哥倫布發見新大陸後的長期間內，美洲白銀對于物價的影響是具有世界

(註一)　同書，p. 42.

(註二)　Edward Eyre., ed., European Civilization: Its Origin and Development, New York, 1937, p. 406.

(註三)　Earl J. Hamilton, 前引書，pp. 139-306; 又參考 Herbert Heaton, Economic History of Europe, New York, pp. 247-251.

(註四)　Frederick L. Nussbaum, A History of the Economic Institutions of Modern Europe, New York, 1937, pp. 98-99.

性的。換句話說，美洲白銀的大量輸出，不濁在大西洋對岸的歐洲要引起物價革命，就是在老遠的中國，其物價也要因感受到影響而發生激劇的變動。不過，因爲在地理位置上，中國和美洲的距離較遠，銀的直接自美洲經太平洋，或間接自美洲輾轉經歐洲大量運至中國，從而物價因受到影響而引起的波動，也不像歐洲各國那樣發生于十六七世紀，而遲至十八世紀始特別明顯的表現出來。現在爲行文方便計，先敍述十八世紀中國物價的變動情況，然後進而討論美洲白銀和當日中國物價變動的關係。

二

中國在十八世紀，包括了康熙(1662-1722)末葉，雍正 (1723-35)，乾隆 (1736-95)，及嘉慶 (1796-1820) 初葉，大體上相當于滿清的全盛時代。因爲貨幣與物價有密切的關係，在討論當日物價變動之前，我們先要明瞭清代貨幣制度的大概情況。清代貨幣制度的最主要特點是銀兩和制錢並用，兩者都具有無限法償的資格。可是，因爲兩者本身價值大小的不同，在市場上流通時，"銀與錢相爲表裏，以錢輔銀，亦以銀權錢，二者不容畸重。凡一切行使，大抵數少則用錢，數多則用銀。其用銀之處，官司所發，例以紋銀。至商民行使，自十成至九成八成七成不等，遇有交易，皆按照十成足紋遞相核算。蓋銀色之不同，其來已久。"(註一) 因爲當日流通的白銀，成色各有不同，故在使用時以十成紋銀或足銀爲標準，而由官方規定銀一兩等于制錢一千文。可是，事實上，這種銀、錢的法定比價，人民在市場上交易時，並不完全遵守；因爲除銀以外，主要以銅鑄造的制錢，其成色、重量以及流通量也因時而異，故銀、錢的市場比價也就跟着發生變化。現在根據各種記載，把清中葉以前的銀、錢市場比價列表如下：

第一表　清中葉以前銀、錢市場比價

年　　　　代	每兩銀換錢數(文)	根　　據　　材　　料
康熙年間(1662-1722)	700	彭蘊章歸樸龕叢稿卷四錢幣策
康熙二十三年(1684)	800-900	宋澄之等皇朝掌故彙編內編一·九
康熙六十年(1721)以前	880	大清會典事例卷二二〇

(註一)　清朝文獻通考卷一六。

康熙六十年(1721)	780	同上
雍正七年(1729)	1,000	同上
約乾隆初年(1736)	700(+)-900	賀長齡輯皇朝經世文編卷五三郭起元廣鑄錢及陳廷敬杜制錢銷毀之弊疏
乾隆二年(1737)	800	皇朝掌故彙編內編一九
乾隆十八年(1753)	830-870	十朝聖訓卷一〇五乾隆十八年三月乙酉上諭
乾隆二十六年(1761)以前	780-790	汪輝祖病榻夢痕錄卷下
乾隆五十一年(1786)	1,000(-)	同上
乾隆五十七年(1792)	1,300	同上
乾隆五十九年(1794)	1,440-1,450	同上
乾隆六十年(1795)	900	歸樸龕叢稿卷四錢幣策
嘉慶二年(1797)	1,020-1,030	汪輝祖夢痕錄餘
嘉慶四年(1799)	1,080	同上

由上表看來，我們可知中國在十八世紀末葉（乾隆末年至嘉慶初年）以前，銀、錢的市場比價多半在法定比價之下，卽每兩銀在市場上換不到錢一千文，發生所謂“錢貴”的現象。反之，約自十八世紀末葉，或乾隆末年開始，每兩銀在市場上却換到一千文以上。清代的制錢主要以銅來鑄造，在乾隆大部分時間及乾隆以前，成色及重量都相當的高，如果銷燬制錢，把銅取出來製造銅器出售，可賺取鉅額的利潤。因此，政府的造幣廠儘管鑄錢，人民却普遍的秘密把錢銷燬，以致錢的流通量減小，造成“錢貴”的現象。(註一)隨着錢的價值的增貴，人民發見私鑄成色及重量較低的錢，可獲厚利，故到了乾隆“季年，私鑄益多，四川、雲、貴爲淵藪，流布及江、浙。”(註二)乾隆末葉私錢流通增加的結果，錢的價值自然激劇下跌，故在當日白銀供給增加(註三)的情形下，每兩銀在市場上仍然可換錢一千文以上。

明瞭了清中葉以前銀、錢的市場比價以後，我們對于當日某些以錢表示的物價便可按照上表來把牠換算爲以銀表示的物價，以便互相比較來觀察牠的變動情況。

三

中國的物價水準，到了十八世紀，尤其是乾隆時代(1736-95)，和從前比較起來，

(註一)　十朝聖訓卷一〇四乾隆十年正月辛巳上諭；史料旬刊（北平故宮博物院文獻館出版）第十四期范時綬摺（乾隆十七年九月二十八日）。又參考張德昌近代中國的貨幣，人文科學學報（昆明，民國三十一年）第一卷第一期。

(註二)　清史稿食貨志五。又汪輝祖病榻夢痕錄卷下也說浙江蕭山一帶，在乾隆五十七年(1792)，“私錢充斥，法禁不能止。”在嘉慶元年(1796)，“民間小錢愈熾。”

(註三)　詳見下。

有長期上升的趨勢。關于這種物價長期變動的趨勢，當日人們已經深深感覺到。例如乾隆十三年(1748)，湖南巡撫楊錫紱上陳明米貴之由疏(註一) 說，"臣生長鄉村，世勤耕作，見康熙年間(1662-1722)稻穀登場之時，每石不過二三錢。雍正年間(1723-35)則需四五錢，無復二三錢之價。今則必需五六錢，無復三四錢之價。"又乾隆三十七年(1772) 十月，乾隆帝的上諭說，"米糧價值……日增，……且不必以遠論，自乾隆三年(1738)至今，亦已三十餘年，當時之所謂貴價，卽係邇來之所謂賤價。黃童白叟，當亦無不共知。……況天下無不食米之人，米價既長，凡物價、夫工之類，莫不準此遞加。"(註二) 又乾隆五十八年 (1793)，洪亮吉說，"聞五十年以前，吾祖若父之時，米之以升計者錢不過六七 ，布之以丈計者錢不過三四十。……今則不然 。……昔之以升計者，錢又須三四十矣；昔之以丈計者，錢又須一二百矣。"(註三) 由此可見，自十七世紀後半至十八世紀，卽自康熙經雍正以至乾隆年間，中國的米糧及其他物品的價格，有越來越上漲的趨勢。

　關于十八世紀中國物價上漲的趨勢，我們可先拿米價來作一說明。自唐、宋時代以來，中國最重要的米產地為長江三角洲，過去有 "蘇、常(一作湖)熟，天下足" 之稱。位于長江三角洲的蘇州，是清中葉以前重要米市的所在地。在那裏集中的米，除產于長江三角洲外，又有不少自湖廣（湖南、湖北）及江西沿長江東下運來的。這些米集中在蘇州以後，除由當地人口消費外，有一部分由政府往北沿運河運往首都北京，另外一部分則由商人運銷于浙江南部及福建等地。(註四)因為蘇州是全國米糧的重要集

（註一） 載賀長齡輯皇朝經世文編卷三九。按楊錫紱，江西淸江人，文中說他生長的故鄉，當卽指此而言。參考淸史稿列傳九五楊錫紱傳。

（註二） 乾隆東華續錄卷七六乾隆三十七年十月癸未條。

（註三） 洪亮吉卷施閣文甲集卷一生計篇。按洪氏此文撰于乾隆五十八年，見呂培等編洪北江先生年譜。

（註四） 例如乾隆東華續錄卷二七載乾隆十三年五月乙酉上諭說，"浙南一帶地方所產之米，不足供本地食米之半，全籍江西、湖廣客販米船，由蘇州一路接濟。" 又皇朝經世文編卷四四載蔡世遠與浙江黃撫軍請開米禁書云，"福建之米，原不足以供福建之食，雖豐年多取貲于江、浙。亦猶江、浙之米，原不足以供江、浙之食，雖豐年必仰給于湖廣。數十年來，大都湖廣之米輳集于蘇郡之楓橋，而楓橋之米，間由上海、乍浦以往福建。故歲雖頻稔，而米價不騰。" 又同書卷四七載江寧布政使晏斯盛上制府論布商易米書說，"查江(西)、(湖)廣米船，開江東下，其口岸有三：棕陽、蕪湖、蘇州是也。" 又文獻叢編第三〇輯載李煦奏報蘇州米價騰貴摺（康熙四十五年三月）說，"蘇州地方……米價忽然騰貴，……臣煦留心打聽，蓋因各行家有攬福建人買米，每石價銀一兩八錢，包送至乍浦出海，以致本地米價頓貴。" 又同書第三一輯載李煦奏報太倉夥賊供有一念和尙給籤惑衆摺(康熙四十六年十二月)說，"至于蘇、松米價騰貴，……因湖廣客米到少，……"

散地，在那裏米市成交的價格，對全國許多地方的米價，當然具有影響的力量，故我們可以從這個地方米價漲落的趨勢來觀察當日全國米價變動的 大概情形 。 關于 十八世紀的蘇州米價，很幸運的，我們根據藏于北平清故宮懋勤殿的李煦奏摺，可以找到不少有價值的資料。李煦在康熙朝的後半，卽十七八世紀之交的三十年內，任蘇州織造員外郎，因爲他是皇帝的親信，故每年都經常直接上奏摺給皇帝，報告江南地方政治、社會及經濟各方面的動態。這些奏摺約共數百件，在抗戰以前由國立北平故宮博物院文獻館加以整理，以蘇州織造李煦奏摺作總標題，先後分別刊印于該館編輯的文獻叢編各輯中。奏摺的時間始于康熙三十二年(1693)，終于康熙末年(1722)，其中有不少部分爲報告蘇州一帶(有時連揚州也包括在內)米價的文件。以這些材料爲基礎，再加上其他有關此時期以前及以後的蘇州米價的記載，我們可以把自康熙四年(1665)至乾隆五十一年(1786)的蘇州米價列表如下：

第二表　清中葉以前蘇州每石米價(兩)

年　　　　　　　　代	上米價格	次米價格	根　　　　據　　　　材　　　　料
康熙四年(1665)	0.80-0.90	0.60-0.70	曹允源等修吳縣志 (民國廿二年) 卷四四載康熙四年韓世琦疏
康熙三十二年(1693)七月	0.90-1.00	0.70	文獻叢編第二九輯李煦奏報蘇州已得甘霖其價亦平摺 (康熙三十二年七月)
同年十月	1.00		同上李煦奏報秋收米價摺 (康熙三十二年十月)
康熙三十七年(1698)十一月	1.00(+)	0.80-0.90	同上李煦請安並報秋收米價摺 (康熙三十七年十一月)
康熙四十五年(1706)三月	1.35-1.43		同書 第三〇輯李煦奏報蘇州米價騰貴摺 (康熙四十五年三月)
康熙四十六年(1707)八月	1.20-1.47		同上李煦奏報蘇州得雨人心業已安寧摺 (康熙四十六年八月)
同年十月	1.10-1.20		同書第三二輯李煦奏報蘇屬民田收成分數摺 (康熙四十六年十月)
同年(1708)十二月	1.60-1.70		同書第三一輯李煦奏報太倉穀賊供有一念和尚給割惑衆摺 (康熙四十六年十二月)
康熙四十八年(1709)三月	1.30-1.40		同書第九輯江寧織造通政使司通政使曹寅奏報米價及熊賜履行勤並進詩稿摺 (康熙四十八年三月)
康熙五十一年(1712)八至十二月	0.80	0.70	同書第三四輯李煦奏報米價摺 (康熙五十一年八月初八日)，奏報米價摺 (同年十月

			初四日），及奏天氣晴和並報米價摺（同年十二月十一日）
康熙五十二年(1713)正月	0.80	0.70	同書第三五輯李煦奏多雪已降並報米價摺（康熙五十二年正月十三日）
同年閏五月	1.00	0.90	同上李煦奏報督催各竈戶趕緊煎鹽以供捆運並報米絲價目摺（同年閏五月二十三日）
同年六月	1.10	1.00	同上李煦奏報督催煎鹽並報米價摺（同年六月初九日）
同年七月	1.00	0.90	同上李煦奏引鹽陸續出場將次運到儀眞並報米麥價目摺（同年七月初五日）
同年八月	1.00-1.06	0.90-0.96	同上李煦奏報已赴儀眞秤掣商鹽並報米麥價目摺（同年八月初六日），及奏報早稻已割晚稻現正刈穫並報米麥價目摺（同年同月二十一日）
同年十至十二月	1.00	0.90	同上李煦奏報米麥價目摺（同年十月初六日），奏報多雪已降及米麥價目摺（同年十一月十二日），及奏報米價摺（同年十二月初九日）
康熙五十三年(1714)正月至四月	1.00	0.90	同書第三六輯李煦奏報米價摺（康熙五十三年正月初十日），奏春雨時降並報米價摺（同年三月十一日），及奏四省重運糧船過揚北上並報米價摺（同年四月十一日）
同年六月	1.10	1.00	同上李煦奏雨澤缺少並報米絲價目摺（同年六月初九日）
同年七月	1.14-1.15	1.05-1.06	同上李煦奏甘霖連降今秋仍望豐收並報米價摺（同年七月十三日）
同年八月	1.04-1.06	0.90(+)	同上李煦奏產鹽地望雨心切並報米價摺（同年八月二十一日）
同年九月	1.10	1.00	同上李煦奏刈稻將完並報米價摺（同年九月二十日）
同年十月	1.04-1.05	0.92-0.93	同上李煦奏報米價摺（同年十月初六日）
康熙五十四年(1715)三月	1.10	1.00	文獻叢編二十六年第一輯李煦奏報雨水調勻及米價摺（康熙五十四年三月初十日）
同年五月	1.16-1.18	1.05-1.07	同上李煦奏報米價並御種稻子已浸秧插薄摺（同年五月十六日）
同年六月	1.15-1.17	1.06-1.08	同上李煦奏插秧分數並報米絲價目摺（同年六月初六日）
同年七至九月	1.20	1.10	同上李煦奏雨水米價並報張鵬翮審撫臣已完摺（同年七月初七日），奏春夏雨多並報米價摺（同年八月二十日），及奏報米價並今秋輪值解送龍衣進京摺（同年九月初十日）

康熙五十五年(1716)二月	1.00	0.90	同書二十六年第二輯李煦奏報米價並進晴雨錄摺（康熙五十五年二月十八日）
同年三月至六月上半	1.10	1.00	同上李煦奏報天時米價並進晴雨錄摺（同年三月初四日），奏報御種稻子插秧情形及米價並進晴雨錄摺(同年閏三月十二日)，奏報麥子收成情形及米價並進晴雨錄摺（同年四月初九日），奏報米價絲價並進晴雨錄摺(同年五月十二日)，及奏報天時米價並進晴雨錄表（同年六月十五日）
同年六月下半至七月	1.10	0.90	同上李煦奏報御種稻子收割情形及米價摺（同年六月二十五日），及奏報米價並進晴雨錄摺（同年七月初四日）
同年八月	1.10	1.00	同上李煦奏報天時米價並進晴雨錄摺（同年八月初三日）
同年九月	1.10	0.95	同上李煦奏報米價及御種稻子現已收割並進晴雨錄摺（同年九月十六日）
同年十月	1.15	1.00	同上李煦奏報米價並進晴雨錄摺（同年十月初二日）
同年(1717)十二月	1.14-1.15	1.04-1.05	同上李煦奏報江都儀真二縣設立粥廠情形及蘇揚二州天時米價並進晴雨錄摺（同年十二月初八日）
康熙五十六年(1717)正月	1.10	1.00	同書二十六年第三輯李煦奏報米價摺（康熙五十六年正月二十二日）
同年三月	1.16-1.17	1.07-1.08	同上李煦奏御種稻子已分發並報米價雨水摺（同年三月十一日）
同年四月	1.15-1.16	1.04-1.05	同上李煦奏報雨水米價摺(同年四月初十日)
同年五至六月	1.10	1.00	同上李煦奏報雨水米價摺（同年五月初六日），及奏報雨水米價絲價摺（同年六月初三日）
同年八月	1.10	0.95	同書二十六年第四輯李煦奏報雨水米價摺（同年八月初九日）
同年九月	1.00	0.90	同上李煦代僧廣明進呈奏摺並報雨水米價摺（同年九月初九日）
同年十月	0.90	0.80	同上李煦奏報御稻已收訖摺（同年十月十一日）
同年十一至十二月	0.95	0.80	同上李煦進晴雨錄摺(同年十一月初七日)，及進呈晴雨錄摺（同年十二月初七日）
康熙五十七年(1718)四月	1.00	0.90	同書二十六年第五輯李煦奏報米價並進晴雨錄摺（康熙五十七年四月二十五日）
同年五月	1.05	0.95	同上李煦奏報米價並進晴雨錄摺（同年五月十七日）
同年六至八月	1.00	0.90	同上李煦奏報米價絲價並進晴雨錄摺（同

			年六月十六日），奏報米價並進晴雨錄摺（同年七月初五日），及同書二十六年第六輯李煦奏報米價並進晴雨錄摺（同年八月初八日）
同年閏八月	0.90-0.95	0.70-0.85	同上李煦奏報米價並進晴雨錄摺（同年閏八月初九日）兩件，及奏報雨水米價摺（同年閏八月二十二日）
同年十至十一月	0.85	0.65	同上李煦奏報雨水米價並進晴雨錄摺（同年十月初五日），及奏報米價並進晴雨錄摺（同年十一月十六日）
康熙五十八年(1719)四至六月	0.95	0.75	同書二十六年第七輯李煦奏報雨水米價並所種御稻情形摺（康熙五十八年四月二十六日），奏報雨水米價並進晴雨錄摺（同年五月初六日），及同上摺（同年六月初十日）
同年六至九月	0.87	0.73	同上李煦奏報絲價米價摺（同年六月二十四日），奏報雨水米價並進晴雨錄摺（同年七月初八日），同上摺(同年八月初七日)，及奏報收割早稻及米價並進晴雨錄摺（同年九月初十日）
同年十至十二月	0.80	0.70	同上李煦奏報米價並進晴雨錄摺（同年十月初八日），同上摺（同年十一月十三日），及同上摺（同年十二月初十日）
乾隆十三年(1748)	(註一) 2.00		吳縣志卷七九引吳門補乘
乾隆三十五年(1770)	(註二) 4.46		同書卷五二上引采訪冊
乾隆五十一年(1786)	(註三) 4.30(+)		痀瘍夢痕錄卷上

為着便于觀察當日蘇州米價的變動，我們可以根據第二表，把蘇州上米的每年平均價格及指數計算出來，作成第三表。

第三表　清中葉以前蘇州上米價格指數(基期：康熙五十二年，卽1713年)

年　　　　代	每石上米價格(兩)	指　數	年　　　　代	每石上米價格(兩)	指　數
康熙四年(1665)	0.85	86	康熙三十二年(1693)	0.98	99

(註一)　原文說米每升賣錢十七文，卽每石一千七百文。據第一表，當日每兩銀約換錢八百三十至八百七十文。由此計算，乾隆十三年蘇州米價，如以銀表示，爲每石二兩。

(註二)　原文說米每斗值三百五十文，卽每石三千五百文。據第一表，當日銀一兩約換錢七百八十至七百九十文。由此計算，可知當日以銀表示的米價爲每石四兩四錢六分左右。

(註三)　原文說，"無錫……市米價，一石四千三百錢。"無錫和蘇州距離不遠，米價當甚接近，故拿這一數目來代表當日蘇州米價。又據第一表，當日銀一兩換錢一千文少點。由此計算，知當日以銀表示的米價爲每石四兩三錢以上。

康熙三十七年(1698)	1.00	101	康熙五十四年(1715)	1.17	118
康熙四十五年(1706)	1.39	140	康熙五十五年(1716)	1.10	111
康熙四十六年(1707)	1.25	126	康熙五十六年(1717)	1.05	106
康熙四十七年(1708)	1.65	167	康熙五十七年(1718)	0.96	97
康熙四十八年(1709)	1.35	136	康熙五十八年(1719)	0.86	87
康熙五十一年(1712)	0.80	81	乾隆十三年(1748)	2.00	202
康熙五十二年(1713)	0.99	100	乾隆三十五年(1770)	4.46	451
康熙五十三年(1714)	1.05	106	乾隆五十一年(1786)	4.30(＋)	434

資料來源：見第二表。

　　由第三表觀察，我們可知在十七八世紀之交的數十年內，蘇州米價雖然也有漲落，但漲落的幅度不大，大體上還算平穩；可是到了十八世紀後半，米價水準却遠較十七八世紀間為高，而且長期停留在較高水準之上。爲着便于表示這種物價長期變動的趨勢，我們還可以根據第三表繪成清中葉以前蘇州上米價格指數圖。

　　除蘇州以外，位于長江和運河交叉點的揚州，交通便利，商業發達，在那裏成交的米價也對國內其他地方的米價具有影響的力量。這裏的米價也和蘇州一樣，在十八世紀下半要比過去高漲得多。關于揚州的米價，除如上述利用文獻叢編各輯刊印出的蘇州織造員外郎李煦的奏摺以外，我們又可利用江寧織造郎中曹寅的奏摺及其他記載來作成第四和第五兩表，及清中葉以前揚州上米價格指數圖。

第四表　清中葉以前揚州每石米價(兩)

年　　　　　　　　代	上米價格	次米價格	根　　據　　材　　料
康熙三十六年(1697)十月	0.80(＋)	0.70(＋)	文獻叢編第十輯江寧織造郎中曹寅奏撥運賑米到准情形摺（康熙三十六年十月二十二日）
康熙四十八年(1709)二月	1.20-1.30		同上江寧織造通政使司曹寅奏繕婿移居並報米價摺（康熙四十八年二月初八日）
康熙五十一年(1712)八至十二月	0.80	0.70	同書第三四輯李煦奏報米價摺（康熙五十一年八月初八日），同上摺（同年十月初四日），及奏天氣晴和並報米價摺（同年十二月十一日）
康熙五十二年(1713)正月	0.80	0.70	同書第三五輯李煦奏多雪已降並報米價摺（康熙五十二年正月十三日）
同年閏五月	1.00	0.90	同上李煦奏報督催各鹽戶起緊煎鹽以供捆運並報米絲價目摺（同年閏五月二十三日）

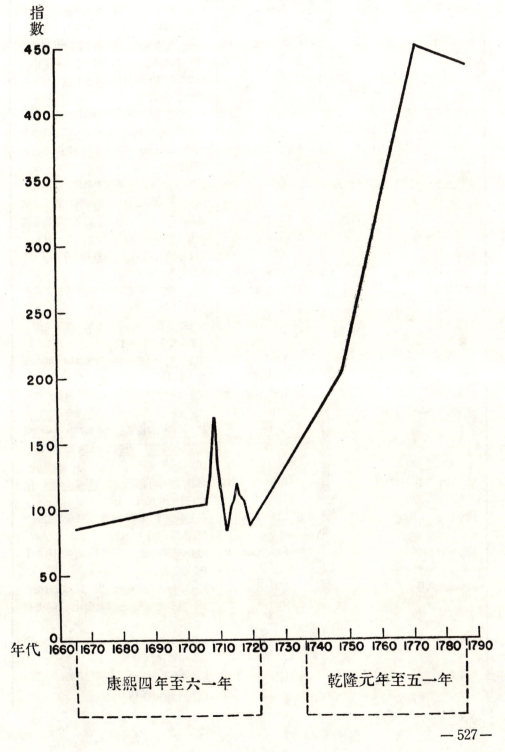

第一圖　清中葉以前蘇州上米價格指數

（基期～1713年）

同年六月	1.10	1.00	同上李煦奏報督催煎鹽並報米價摺（同年六月初九日）
同年七月	1.00	0.90	同上李煦奏引鹽陸續出場將次運到儀眞並報米麥價目摺（同年七月初五日）
同年八月	1.00-1.06	0.90-0.96	同上李煦奏報已赴儀眞秤鹺商鹽並報米麥價目摺（同年八月初六日），及奏報早稻已割晚稻現正刈穫並報米麥價目摺（同年八月二十一日）
同年十至十二月	1.00	0.90	同上李煦奏報米麥價目摺（同年十月初六日），奏報冬雪已降及米麥價目摺（同年十一月十二日），及奏報米價摺（同年十二月初九日）
康熙五十三年(1714)正月至四月	1.00	0.90	同書第三六輯李煦奏報米價摺（康熙五十三年正月初十日），奏春雨時降並報米價摺（同年三月十一日），及奏四省重運糧船過淮北上並報米價摺（同年四月十一日）
同年六月	1.10	1.00	同上李煦奏雨澤缺少並報米絲價目摺（同年六月初九日）
同年七月	1.14-1.15	1.05-1.06	同上李煦奏甘霖連降今秋仍望豐收並報米價摺（同年七月十三日）
同年八月	1.04-1.06	0.90(+)	同上李煦奏產鹽地望雨心切並報米價摺（同年八月二十一日）
同年九月	1.10	1.00	同上李煦奏刈稻將完並報米價摺（同年九月二十日）
同年十月	1.04-1.05	0.92-0.93	同上李煦奏報米價摺（同年十月初六日）
康熙五十五年(1717)十二月	1.10	1.00	文獻叢編二十六年第二輯李煦奏報江都儀眞二縣設立粥廠情形及蘇揚二州天時米價並進晴雨錄摺（康熙五十五年十二月初八日）
康熙五十六年(1717)正月	1.10	1.00	同書二十六年第三輯李煦奏報米價摺（康熙五十六年正月二十二日）
同年三月	1.16-1.17	1.07-1.08	同上李煦奏御種稻子已分發並報米價雨水摺（同年三月十一日）
同年四月	1.15-1.16	1.04-1.05	同上李煦奏報雨水米價摺（同年四月初十日）
同年五至六月	1.10	1.00	同上李煦奏報雨水米價摺（同年五月初六日），及奏報雨水米價絲價摺（同年六月初三日）
同年八月	1.10	0.95	同書二十六年第四輯李煦奏報雨水米價摺（同年八月初九日）
同年九月	1.00	0.90	同上李煦代僧廣明進呈奏摺並報雨水米價摺（同年九月初九日）

同年十月	0.90	0.80	同上李煦奏報御稻已收訖摺（同年十月十一日）
同年十一至十二月	0.95	0.80	同上李煦進晴雨錄摺(同年十一月初七日)，及進呈晴雨錄摺（同年十二月初七日）
康熙五十七年(1718)五月	1.05	0.95	同書二十六年第五輯李煦奏報米價並進晴雨錄摺（康熙五十七年五月十七日）
同年六至八月	1.00	0.90	同上李煦奏報米價絲價並進晴雨錄摺（同年六月十六日），奏報米價並進晴雨錄摺(同年七月初五日)，及同書二十六年第六輯奏報米價並進晴雨錄摺（同年八月初八日）
同年閏八月	0.90	0.70-0.75	同上李煦奏報米價並進晴雨錄摺（同年閏八月初九日），及奏報雨水米價摺（同年閏八月二十二日）
同年十至十一月	0.85	0.65	同上李煦奏報雨水米價並進晴雨錄摺（同年十月初五日），及奏報米價並進晴雨錄摺（同年十一月十六日）
乾隆五十一年(1786)	4.80(+)(註一)		病榻夢痕錄卷上

第五表　清中葉以前揚州上米價格指數(基期：康熙五十二年，卽1713年)

年　　代	每石上米價格(兩)	指　數	年　　代	每石上米價格(兩)	指　數
康熙三十六年(1697)	0.80(+)	81	康熙五十五年(1716)	1.10	111
康熙四十八年(1709)	1.25	126	康熙五十六年(1717)	1.05	106
康熙五十一年(1712)	0.80	81	康熙五十七年(1718)	0.95	96
康熙五十二年(1713)	0.99	100	乾隆五十一年(1786)	4.80(+)	485
康熙五十三年(1714)	1.05	106			

資料來源：見第四表。

　　如果把上述康熙和乾隆兩朝蘇州和揚州的米價細加分析，我們可以發見，這兩個同樣位于長江下游的重要商業中心，其米價變動的趨勢大體上完全一致。換句話說，在十七八世紀之交的康熙年間，蘇州和揚州的米價雖然也有起伏，但大體上還算平穩；可是到了十八世紀下半的乾隆時代，兩地的米價却都激劇上漲，遠較十七八世紀間爲高。以蘇州和揚州爲中心的長江三角洲，正是全國重要穀倉的所在地，那裏米價的變動當然要影響到全國其他許多地方。因此，由于蘇、揚兩州的米價在十八世紀一

（註一）　原文說，"丹陽米價更昂，每石四千八百。" 丹陽位于揚州以南，和揚州的距離很近，兩地的米價當然不會相差太遠，故我們可以拿乾隆五十一年丹陽的米價來代表當日揚州的米價。又據第一表，當日的銀、錢市場比價爲每兩銀換錢一千文少點。依照這個比價來把每石四千八百文的米價換算爲以銀表示，我們可知當日米價約爲每石四兩八錢以上。

第二圖　清中葉以前揚州上米價格指數

（基期～1713年）

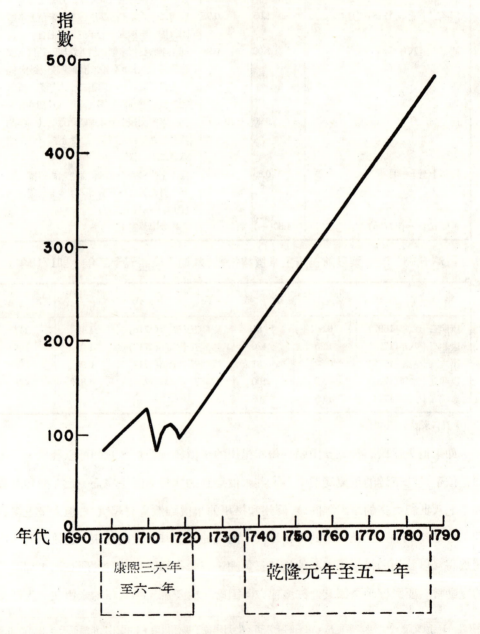

致上漲的趨勢，我們可以推知當日國內其他許多地方的米價也一定會發生相似的波動，
雖然由于各地的特殊情況，波動的程度並不完全一樣。關于此點，我們可以舉出浙江

和江西米價的變動來作證明。

現在讓我們先看看浙江的米價。說到浙江米價的變動，我們可以舉出蕭山（屬紹興府）的米價來做代表。在蕭山生長的汪輝祖，于乾隆、嘉慶間撰有病榻夢痕錄上下兩卷，及夢痕錄餘一卷，書中常常提及他的故鄉的米價，故我們可以根據他的著作，再加上其他有關的記載，來研究十八世紀蕭山米價變動的情況。現在我們先把這些資料，依照原文所用以表示米價的貨幣單位，列表如下。

第六表　清中葉以前蕭山每石米價

年　　　　　代	價　　　　格	根　　據　　材　　料
康熙三十五年(1696)	銀0.50兩	彭延慶等修蕭山縣志稿（民國廿四年）卷五引乾隆舊志
康熙五十二年(1713)	銀1.30-1.40兩	文獻叢編第三五輯李煦奏報浙江衢州府等處旱災摺（康熙五十二年九月初二日）
約乾隆六年(1741)至十二年(1747)	錢900-1,000文	病榻夢痕錄卷下（汪輝祖十餘歲時）
乾隆十三年(1748)	錢1,600文	同上
乾隆二十一年(1756)	錢3,000文	同書卷上
乾隆五十七年(1792)	錢2,800-3,100(+)文	同書卷下
乾隆五十九年(1794)	錢3,300-3,400文	同上
嘉慶元年(1796)	錢3,300-3,400文	夢痕錄餘

為着便于比較，我們現在根據第一表，把第六表中以錢表示的米價改算爲以銀表示，並計算出米價指數，作成第七表，及繪成清中葉以前蕭山米價指數圖。

第七表　清中葉以前蕭山米價指數(基期：康熙五十二年，卽1713年)

年　　　　代	每兩銀換錢數(文)	每石米價(兩)	指　　數
康熙三十五年(1696)		0.50	37
康熙五十二年(1713)		1.35	100
乾隆六至十二年(1741-47)	800-900	1.12	83
乾隆十三年(1748)	830-870	1.89	140
乾隆二十一年(1756)	780-790	3.82	283
乾隆五十七年(1792)	900-1,300	2.68	199
乾隆五十九年(1794)	900-1,450	2.85	211
嘉慶元年(1796)	900-1,300	3.05	226

資料來源：見第六表。

復次，讓我們看看江西的米價。在康熙五十年(1711)五月，江西"省城米價每石

第三圖　清中葉以前蕭山米價指數
（基期～1713年）

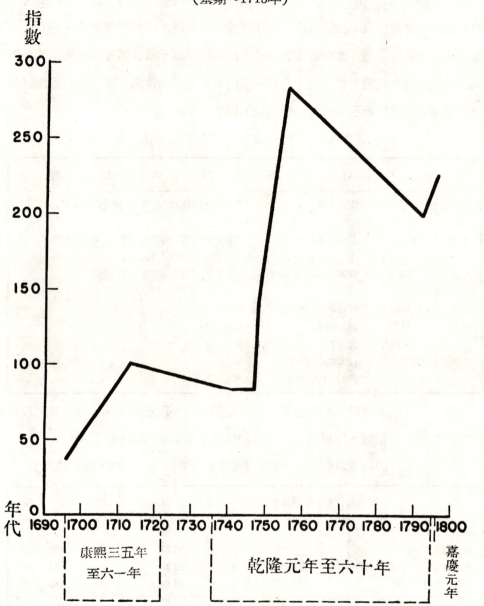

賣銀八錢至八錢三四分不等，各府亦相去不遠。"(註一)可是，到了乾隆十六年(1751)，
"江西之廣信府米價貴至四兩以外。"(註二)

（註一）　文獻叢編第一二輯江西巡撫郎廷極奏報護送西洋人傅聖澤進京摺（康熙五十年五月十六日）。
（註二）　史料旬刊第十五期浙江巡撫永貴奏覆杭城旗民鬭毆情形摺（乾隆十六年）。

　　由此可見，無論是在浙江，或是在江西，到了十八世紀下半的乾隆時代，米價也和蘇、揚兩州那樣要比十七八世紀間的康熙時代高漲得多，雖然高漲的程度並不絕對相同。根據這些觀察，我們可以判斷，當日以蘇州和揚州爲中心的長江三角洲的米價上漲趨勢是具有全國性的，在整個十八世紀大約上漲四倍以上。

　　我們在上文討論十八世紀中國物價上漲的趨勢，偏重于米價方面。事實上，除米價以外，當日其他各種物品的價格也一樣的向上升漲，不過上漲的程度各有不同而已。茲就其他物品的價格分述如下：

　　（1）絲價　　在乾隆時代，除由國內消費以外，絲是對外貿易的重要輸出品，其輸出價值只次于茶。當日"外洋各國夷船到粵，販運出口貨物，均以絲貨爲重，每年販買湖絲並紬緞等貨自二十萬餘斤至三十二三萬斤不等。統計所買絲貨，一歲之中，價值七八十萬兩，或百餘萬兩。至少之年，亦買價至三十餘萬兩之多。其貨均係江、浙等省商民販運來粵，賣與各行商，轉售外夷，載運回國。"(註一) 到了乾隆二十四年(1759) 前後，絲價特別昂貴，有些人歸咎于出口過多所致，(註二) 故政府下令禁絲出口。(註三) 可是，"自禁止出洋以來並未見絲斤價平，"同時英國商人又要求准許出口，故政府于乾隆二十七年(1762) 規定，"每船准其配買土絲五千斤，二蠶湖絲三千斤。"(註四) 到了乾隆二十九年(1764)，因爲前任浙江巡撫莊有恭"體察杭、嘉、湖三府民情，以絲斤弛禁爲便，"政府對絲的出口遂完全弛禁。(註五) 茲將淸中葉以前廣州絲價指數列表及繪圖如下。

第八表　　淸中葉以前廣州絲價指數(基期：康熙四十三年，卽1704年)

年　　　代	每擔絲價 (兩)	見于 H. B. Morse 書的卷數及頁數	指　　　數
康熙三十八年(1699)	127-137	vol. I, p. 90	132

(註一)　同上李侍堯請將本年洋商已買絲貨准其出口摺 (乾隆二十四年)。
(註二)　例如同書第一八期李兆鵬摺(乾隆二十四年)云，"臣見近年以來，南北絲貨騰貴，價值較往歲增至數倍。……查絲之出產，各省俱有，而以江、浙爲最多。顧因地近海洋，……民間商販，希圖重利出賣，洋艘轉運，多至盈千累萬，以致絲價日昂。"
(註三)　大淸會典事例卷二三九載乾隆二十七年上諭云，"前因出洋絲斤過多，內地市價翔踊，是以申明限制，俾裕官民織紝。"(乾隆東華續錄卷五五略同) 又 H. B. Morse, The Chronicles of the East India Company Trading to China 1635-1834, Oxford, vol. V (1929), pp. 87, 100 也說中國于 1760 及 1761 (乾隆二十五及二十六年) 禁絲出口。
(註四)　大淸會典事例卷二三九，乾隆東華續錄卷五五，王之春國朝柔遠記卷五。
(註五)　乾隆東華續錄卷五九乾隆二十九年三月辛未上諭。

康熙四十一年(1702)	132	vol. I, p. 123	132
康熙四十二年(1703)	140	vol. I, pp. 121, 124	140
康熙四十三年(1704)	100	vol. I, p. 136	100
康熙六十一年(1722)	150	vol. I, p. 172	150
雍正元年(1723)	142-145	vol. I, pp. 176-177	144
雍正二年(1724)	155	vol. I, p. 180	155
雍正九年(1731)	155	vol. I, p. 203	155
乾隆十五年(1750)	175	vol. I, pp. 288, 291	175
乾隆二十年(1755)	190-195	vol. V, p. 24	193
乾隆二十一年(1756)	192.50	vol. V, p. 47	193
乾隆二十二年(1757)	225-250	vol. V, p. 60	238
乾隆二十四年(1759)	198	vol. V, p. 69	198
乾隆二十八年(1763)	240-250	vol. V, p. 108	245
乾隆三十年(1765)	269	vol. V, p. 124	269
乾隆三十二年(1767)	265	vol. V, p. 130	265
乾隆三十三年(1768)	265-294	vol. V, p. 137	280
乾隆三十五年(1770)	300	vol. V, p. 150	300
乾隆三十六年(1771)	265-275	vol. V, p. 160	270
乾隆三十八年(1773)	272.50	vol. V, p. 178	273
乾隆三十九年(1774)	272.50-277.50	vol. V, pp. 188-189	275
乾隆四十一年(1776)	275	vol. II, p. 8	275
乾隆四十二年(1777)	265	vol. II, p. 28	265
乾隆四十五年(1780)	265	vol. II, p. 53	265
乾隆四十八年(1783)	275	vol. II, p. 90	275
乾隆四十九年(1784)	310	vol. II, p. 96	310
乾隆五十年(1785)	290	vol. II, p. 110	290
乾隆五十二年(1787)	280	vol. II, p. 138	280
乾隆五十八年(1793)	255	vol. II, p. 198	255
嘉慶三年(1798)	288	vol. II, p. 315	288
嘉慶四年(1799)	270	vol. II, p. 324	270

資料來源：H. B. Morse, 前引書，vols. I, II (1926), V (1929).

（2）木棉花價及布價　　除絲以外，木棉花（卽草棉，或原棉）也是紡織工業的重要原料。關于木棉花的價格，汪輝祖在病榻夢痕錄卷下記載乾隆五十七年(1792)浙江蕭山一帶，“木棉花一斤，制錢八十餘文。賤不過三四十文一斤。自（乾隆）五十六年歉收，價至百文。時已少殺，不知何日得復舊也！”木棉花的價格既然高漲，用牠作原料來織成的棉布自然也要跟着漲價，故上引洪亮吉卷施閣文甲集卷一生計篇說乾隆五十八年(1793)的布價要比五十年前高漲好幾倍。

（3）人參價　　汪輝祖夢痕錄餘在嘉慶三年(1798)項下記載，“讀查初白愼行敬

業堂集，有謝揆副憲惠人參一斤詩云：'十金易一兩，又苦雜贗眞。投之湯劑中，日
飲僅數分。'味其言，若甚慍然。今則參每株重一錢餘者，十金不能易二分矣。其重
二三分者，亦非二十七八金不能得一錢，況一兩耶？且有高麗、昌平、東洋諸產，以

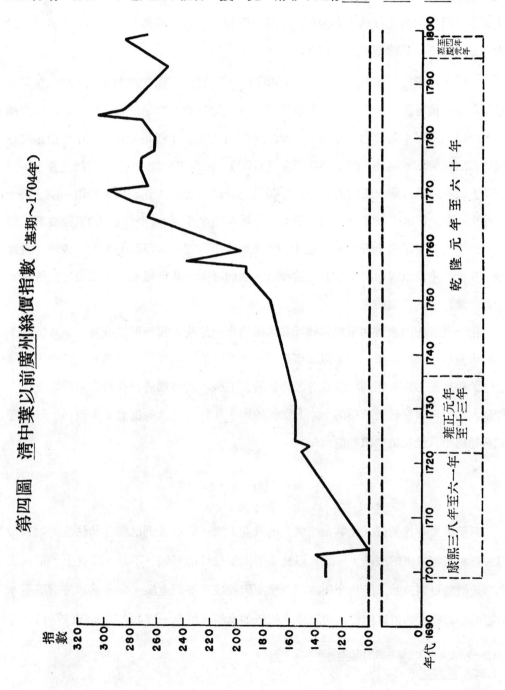

第四圖　清中葉以前廣州絲價指數（基期～1704年）

僞亂之。往歲己卯（乾隆二十四年，1759），徐頤亭爲余治病，前婦捆擋衣飾，質錢十千，易參一株，重一錢一分。不過四十年，價昂若此。使初白翁在，不知當作何語！"按查慎行詩原文見于他的敬業堂詩集卷四三副相揆公惠寄人參一斤賦贈，作于康熙五十三年(1714)。由此可見人參的價格，自康熙經乾隆以至嘉慶初葉，卽在十八世紀的大部分時間內，是繼續不斷上漲的。

（4）田地價　在乾隆十三年（1748），楊錫紱說，"國初地餘于人，則地價賤。承平以後，地足養人，則地價平。承平旣久，人餘于地，則地價貴。向日每畝一二兩者，今至七八兩；向日七八兩者，今至二十餘兩。"(註一) 這是十八世紀中葉田地價格較前高漲的情形。其後，到了嘉慶四年（1799），汪輝祖也說，"余少聞故老言，……爾時上田不過畝直銀十三四兩，每兩作制錢七百文或七百四五十文，計田一畝止錢十千餘文。今上田畝直制錢三十五六千文，有增至四十千者。（浙江蕭山）東鄉較賤，然亦自二十七八千至三十千文。"(註二) 按汪輝祖生于雍正八年(1730)，其 "少時" 當卽指十八世紀中葉以前而言。根據他的記載，我們可知十八世紀末年浙江田地的價格，約爲中葉以前的三四倍左右。

把十八世紀的米價和上述其他物品的價格作一比較，我們可以發見，十八世紀下半物價激劇上漲的趨勢，並不以米價爲限，就是其他物品的價格也都向上升漲，雖然上漲的程度並不完全相同。當日各種物價激劇上漲，而長期停留在較高水準之上的大變動，和哈密爾登教授所稱的十六七世紀的西班牙物價革命並沒有多少差異，故作者試稱牠爲十八世紀的中國物價革命。

四

對于乾隆時代物價（尤其是米價）的長期上漲，當日人們已經開始注意，並試加以解釋。通常米價的漲跌，一般人以爲主要由于收成的好壞。不過，事實上，這只能解釋米價的短期波動；因爲今年米價雖然要因收成不好而上漲，假定其他情形不變，只要明年豐收，米價自然會回復至原來較低的水準。可是，有如乾隆九年(1744)二月

（註一）皇朝經世文編卷三九楊錫紱陳明米貴之由疏。
（註二）夢痕錄餘。

癸酉的上諭所說，"米價之貴，原非一歲驟長，自不能一歲驟平，"(註一) 可見當日米
價的波動是長期的。這種長期的米價波動，絕不能拿某地或某年的歉收來加以解釋。
關于此點，乾隆帝已經注意到，例如他于乾隆八年（1743）四月己亥說，"朕臨極以
來，重農貴粟，……直省地方宜乎糇粱充裕，價值平減，閭閻無艱食之虞矣。乃體察
各處情形，米價非惟不減，且日漸昂貴，不獨歉收之省為然，卽年穀順成，並素稱產
米之地，亦無不倍增于前。……若以為年歲不登，則康熙、雍正間何嘗無歉收之歲？"
(註二) 其後，到了乾隆五十一年(1786)，他更注意到各省米糧收成良好，可是價格還要
上漲的現象。例如是年六月甲戌上諭，"據閔鶚元奏到江蘇省四月分糧價清單內開，
蘇、常兩屬米、麥價，……俱比上月加增等語。……本年蘇、常等屬，前據該撫等奏
報春雨霑渥，麥收約計十分。當此民食充裕之時，一切米、麥等項市價自當漸就減落；
卽或未能頓減，應亦不過照前，斷無轉比上月加增之理。……似此有增無減，伊于胡
底！"(註三) 又同年八月己酉上諭，"本日據何裕城奏到七月分糧價單，（江西）各府屬
縣分開註價貴者居多。本年江西省收成尙屬豐稔，卽鄰近各省，亦俱雨水調勻，並
未有前赴該省糶運糧米之事，何以各屬米、麥、豆價轉昂？"(註四) 又同年十一月丁
丑上諭，"適閱所開九月分糧價單內，（奉天）米、穀、豆、麥等項，俱較上月昂貴。
該處上年及本年收成俱屬豐稔，況九月正屬收成之候，新糧入市，何以價值轉增？"
(註五)

　　米糧收成的豐歉，既然只能解釋米價的短期波動，而不足以說明乾隆年間米價長
期上漲的趨勢，當日人們便另外拿人口增加的理由來加以解釋。根據官方的記載，中
國人口在康熙四十九年(1710)只有二三、三一二、二〇〇口，及乾隆五十七年(1792)
激增至三〇七、四六七、二七九口；換句話說，在十八世紀的八十二年內，中國人口
增加十三倍有多。(註六) 這種人口增加的速度，當然過于誇大。因為在康熙五十一年
(1712)以前，政府向人民課徵丁稅，人民因要逃稅而瞞報口數，故康熙四十九年官方

（註一）　乾隆東華續錄卷一九。
（註二）　同書卷一七。
（註三）　高宗純皇帝實錄卷一二五六。
（註四）　同書卷一二六二。
（註五）　同書卷一二六八。
（註六）　乾隆東華續錄卷一一八乾隆五十八年十一月戊午上諭；清史稿食貨志一；盦正盦癸巳類稿卷一二。

統計的人口數字，不過是當日繳納丁稅的人數，顯然比實際人口數字要少得多。到了康熙五十一年，康熙帝規定此後丁稅以康熙五十年丁冊定爲常額，新增人丁稱爲"盛世滋生人丁"，永不加賦。隨着丁稅負擔的減免，人口隱匿不報的流弊纔漸漸糾正過來，從而官方統計的人口數字纔漸漸比較可靠。(註一) 因此，在乾隆末葉中國人口已超過三萬萬之說，是比較接近事實的。撇開康熙年間的人口數字不說，我們可以拿清代以前的人口來和乾隆五十七年的人口作一比較。在清代以前，中國人口的數字在北宋大觀四年 (1110) 達到最高峯。根據宋史地理志的記載，是年全國戶數爲二〇、八八二、二五八戶；如以每戶平均五口的比率來推算，是年全國人口應爲一〇四、四一一、二九〇口。(註二) 由此我們可以推知，中國在十八世紀末葉的人口，雖然並沒有在短短的八十二年中增加十三倍有多，至少要爲清代以前人口最多時的三倍左右。因此，乾隆時代人口激增之說，仍然是一件事實。

關于人口增加與米價高漲的關係，在乾隆年間有不少人提出來討論。約在乾隆十三年 (1748) 左右，朱倫瀚說，"夫米穀之產于各處也，雖其地土之肥瘠，收穫之多寡不等，而一年所入只有此數。……何況盛世滋生，人口日衆，歲時豐歉，各處難一。以有限有則之田土，供日增日廣之民食，此所以不能更有多餘。以無多餘之所出，而欲供各處盡力之搬運，此所以米穀日見其不足，價值日見其增長。……臣少年隨任江西，往來外省各處。及補授浙江糧道十餘年，督率糧艘，前赴江、淮。又署任湖廣驛鹽道。合此數省觀之，其米穀之價，俱加倍于從前矣。"(註三) 又楊錫紱說，"臣伏查水旱偏災，與囤戶居奇，雖亦足致米穀之貴，然尙非所由貴之源也。臣竊以米穀之貴，由于買食者多。……戶口繁滋，則聖諭謂自康熙年間以來，休養生息，便應逐漸加增，何至一時頓長？以臣觀之，實亦未嘗不係漸增。臣生長鄉村，世勤耕作，見康熙年間稻穀登場之時，每石不過二三錢。……今則必需五六錢，……蓋戶口多則需穀亦多，雖數十年荒土未嘗不加墾闢，然至今日而無可墾之荒地者多矣。則戶口繁滋，足

(註一)　參考羅爾綱太平天國革命前的人口壓迫問題，中國社會經濟史集刊（國立中央研究院社會科學研究所，民國三十八年一月）第八卷第一期。

(註二)　這當然不是一個絕對精確的人口數字，但鑒于中國過去 "五口之家" 的事實，我們以五乘戶數來推算當日全國人數，應當是比較接近實際數字的。參考加藤繁支那經濟史概說，東京，昭和十九年，頁一四至一五。

(註三)　皇朝經世文編卷三九朱倫瀚截留漕糧以充積貯劄子。

以致米穀之價逐漸加增，勢必然也。"(註一) 又乾隆東華續錄卷三三載乾隆十六年(1751)
"閏五月戊辰，大學士等議覆：……卽如人生日用，最急者莫如食米一項。今謂意在
恤民，而欲官爲立制，務使市價損之又損，閭閻皆得賤食。意則美矣，欲其行之于
事，能乎不能乎？國家休養生息百有餘年，戶口繁衍，自古希逢之盛會。人庶則用
廣，用廣則價昻，此一定之理。……" 又同書卷五〇載乾隆二十四年(1759)十月丁酉
上諭，"國家承平百有餘年，民生不見兵革，休養滋息，于古罕有倫比。而天地生財
止有此數，生齒漸繁，則食貨漸貴。比歲民數穀數，奏牘瞭然。" 又同書卷七六載乾
隆三十七年(1772)十月癸未上諭，"米糧價值嬴縮，固視乎歲收豐歉。及閱歲旣久，
生齒日繁，則用物廣而需值日增，乃係一定之理。卽各省買補倉糧，屢請增價，可知
矣。" 又同書卷七八載乾隆三十八年(1774)十二月戊子上諭，"見今海寓戶口繁滋，
難以數計。如各省糧價有增無減，卽可爲滋生繁庶之徵。" 又同書卷一〇五載乾隆五
十二年(1787)五月甲申上諭，"國家重熙累洽，生齒日繁，百物價值勢不能不較前增
貴。卽如從前一人之食，今且將二十人食之；其土地所產，仍不能有加。是以市集價
值，不能不隨時增長。" 綜括這些議論，我們可知乾隆時代人口激增對于米價昻貴的
影響，是當日一般人士公認的事實。

　　從理論上說，人口增加對于米糧價格長期上漲的影響，當然有密切的關係。人口
多了，對糧食的需要增大。爲着要滿足這種需要，除原來比較肥美的耕地以外，農業
須利用報酬激劇遞減的磽瘠土地來生產，以增加糧食的供應。(註二) 這樣一來，農業
生產成本便要增高，從而米糧等農產品的價格便要激劇上漲。(註三) 根據這種說法，
我們可知乾隆年間朝野人士對于人口激增與米價長期高漲關係的認識，是很有道理
的。

　　可是，我們在這裏要注意，人口增加要促使物價長期波動的說法，只能應用于最
易受報酬遞減定律支配的米糧等農產品的價格，如果應用于並不怎樣受同一定律支配

(註一)　同上楊錫紱陳明米貴之由疏。
(註二)　例如上引楊錫紱疏說，"數十年荒土未嘗不加墾闢。"這些在過去不從事耕種的荒土，從經濟學的觀點
　　　　來說，當然是報酬遞減的土地。
(註三)　參考英國劍橋大學經濟史教授浦士坦(M. Postan)在第九屆國際史學會(IXe Congress International
　　　　des Sciences Historiques) 宣讀的論文 (引自 J. Blum, "Prices in Russia in the Sixteenth
　　　　Century," in The Journal of Economic History, June 1956, vol. XVI, No. 2).

的其他商品(例如許多工業品或非農產品)的價格，是不很妥當的。(註一) 因此，對于十八世紀中國物價長期波動的解釋，除人口的增加以外，我們有再尋找其他因素的必要。

<h1 style="text-align:center">五</h1>

　　如上述，乾隆年間我國人士討論當日長期波動的物價問題，只從人口增加方面來加以解釋。可是，在乾隆五十八年 (1793)，隨同英國使臣馬戛爾尼(Lord Macart-ney) 來華的副使史當登 (Sir George Staunton)，因爲旁觀者清，却把當日中國物價長期高漲之貨幣的原因觀察出來，他說，"在過去一世紀（卽指 1793 年以前的一百年）內自歐洲流入中國的白銀，曾使各項消費品價格激劇上漲，而且改變了政府中一些官吏的固定薪金收入和他們的經常開支的比例。從前傳教士在他們的報告中曾說那時中國的生活費用非常低廉，可是現在那裏許多生活必需品的價格並不比英倫低廉多少。"(註二) 這些大量流入中國，因而促使中國物價高漲的白銀，雖然大部分直接來自歐洲，事實上間接來自美洲；因爲如上文所述，在新大陸發見以後的長期間內，自墨西哥、秘魯及玻璃維亞銀礦中開採出來的白銀，曾經長期大量流入歐洲，使歐洲白銀的供給激劇增加。

　　美洲白銀之直接或間接流入中國，並不始于十八世紀，在明朝中葉以後，或在十六七世紀間，卽已開始。關于這個問題，友人梁方仲先生曾于抗戰時期撰有明代國際貿易與銀的輸出入(註三) 一文，內說，"歐人東航以後，銀錢及銀貨大量地由歐洲人自南、北美洲運至南洋，又轉運來中國。關于這方面的數字，雖然亦缺乏不堪，但根據前面所說，由萬曆元年至崇禎十七年 (1573-1644) 的七十二年間，合計各國輸入中國的銀元，由于貿易關係的，至少遠超過一萬萬元以上。……由此我們亦可以知道一條鞭法得以用銀普遍的繳納的緣故。"

　　明亡以後，便是清朝。在清初的四十年內，由于東南沿海在軍事上的特殊形勢，

(註一)　同上。

(註二)　Sir George Staunton, An Authentic Account of an Embassy from the King of Great Britain to the Emperor of China, London, 1797, vol. II, p. 496.

(註三)　發表于中國社會經濟史集刊第六卷第二期。

中國的海外貿易大受限制。這時鄭成功以臺灣爲根據地來和滿清對抗，在東南海上非常活躍，自山東以南至廣東，沿海都有"國姓"的商船往來。滿清的兵威，在大陸上雖然能够戰勝敵人，但對于海上的鄭氏，在積極方面却無攻打的能力，故只好在消極方面採取堅壁清野的政策。例如在順治十八年(1661)，開始實行大規模的海禁，自山東至廣東沿海的居民，連沿海各島的居民包括在內，都要向內地遷徙。(註一) 在這種情形之下，海外貿易自然要長期停頓，從而國家經濟自然要因白銀不能大量流入而大受影響。關于此點，我們可以舉出在海禁實施二十年後慕天顏所撰的請開海禁疏來作證明。他在該文中說，"自遷海旣嚴，而片帆不許出洋矣。生銀之……途並絕，則今直省之所流轉者，止有現在之銀兩。凡官司所支計，商賈所貿市，人民所恃以變通，總不出此。而且消耗者去其一，堙沒者去其一，埋藏製造者又去其一。銀日用而日虧，別無補益之路。用旣虧而愈急，終無生息之期。如是求財之裕，求用之舒，何異塞水之源，而望其流之溢也。豈惟舒裕爲難，而匱詘之憂，日甚一日，將有不可勝言者矣。由今天下之勢，卽使歲歲順成，在在豐稔，猶苦于穀賤傷農，點金無術。……于此思窮變通久之道，不必求之天降地出，惟一破目前之成例，曰開海禁而已矣。蓋礦磺之開，事繁而難成，工費而不可必，所取有限，所傷必多，其事未可驟論也。惟番舶之往來，以吾歲出之貨，而易其歲入之財。歲有所出，則于我毫無所損，而殖產交易，愈足以鼓藝業之勤。歲有所入，則在我日見其贏，而貨賄會通，立可以祛貧寡之患。銀兩旣以充溢，課餉賴爲轉輸，數年之間，富強可以坐致。……猶記順治六七年間，彼時禁令未設，見市井貿易，咸有外國貨物，民間行使，多以外國銀錢，因而各省流行，所在多有。自一禁海之後，而此等銀錢絕跡不見一文。卽此而言，是塞財源之明驗也。可知未禁之日，歲進若干之銀，旣禁之後，歲減若干之利。揆此二十年來所坐棄之金錢，不可以億萬計，眞重可惜也！"(註二) 由此可知，在順治十八年(1661)開始海禁以後的二十年內，由于海外貿易停頓，國外白銀不能流入，在國內曾經發生經濟蕭條及物價低落等現象，對于國計民生至爲不利，故慕天顏要請開海禁。

　　到了康熙二十二年(1683)，滿清政府平定臺灣，翌年開海禁，中國的對外貿易遂

(註一)　參考張德昌淸代鴉片戰爭前之中西沿海通商，淸華學報 (國立淸華大學，民國廿四年一月) 第十卷第一期。

(註二)　皇朝經世文編卷二六慕天顏請開海禁疏 (約康熙二十年)。

進入一個新的階段。中國與西方的貿易，自十五六世紀開始，主要由葡萄牙及西班牙的商人操縱把持。及十六世紀末葉，荷蘭商人打破了葡萄牙人在東方獨佔的局面，而開始在東方貿易中佔居重要的地位。約在同一期間，英國商人組織成東印度公司，也逐漸在東方奠定基礎，其後到了十七世紀下半更進而奪取荷蘭商人的專利的地位。故在十八世紀前後中國與西方的貿易中，英國商人扮演了很重要的角色，其他歐洲國家的商人都趕不上他們。至于中國對外貿易的港口，在乾隆二十四年(1759)以前，除廣州以外，廈門、寧波等港口也開放貿易，自乾隆二十四年起，則集中于廣州。(註一)

十八世紀中國的對外輸出，以茶、絲爲主，其國際市場擴展得非常之快。英國商人從事茶的貿易，始于十七世紀下半，但茶被運到英國以後，英國人很快便養成喝茶的風氣，無論在咖啡店或在家庭中都普遍喝起茶來。結果，中國茶的輸出大增。東印度公司由中國運茶至英，在一七一一至一七一七年不過一、三七六、一七一一磅，及一七四八至一七五七年却增加至二九、二四一、五八五磅。(註二) 到了十九世紀的最初十年內，每年華茶在英平均賣出二千四百萬磅，其中多時一年賣出二千七百萬磅，少時也有二千二百萬磅。(註三) 除茶以外，絲也是很重要的出口商品。絲分兩項，一爲原料的絲觔(卽絲斤，或生絲)，二爲絲織品，在歐洲的銷路也很好。上引乾隆二十四年(1759) 的奏摺曾說，"外洋各國夷船到粵，販運出口貨物，均以絲貨爲重，每年販買湖絲並紬緞等貨自二十萬餘斤至三十二三萬斤不等。統計所買絲貨，一歲之中，價值七八十萬兩，或百餘萬兩。……" 這許多茶、絲的出口，大都由歐洲商人經營，而以歐洲爲主要市場。此外，在由中國商人經營的海外貿易中，船也是出口商品之一，主要運銷于南洋一帶。例如康熙五十六年 (1717) 上諭，"蘇州船廠每年造船多至千餘，出洋貿易，其同來者不過十之五六。其餘皆賣在海外，賣銀而歸。海船桅木龍骨，皆中國所產，海外無此大木，故商人射利偷賣。"(註四)

(註一)　張德昌前引文。

(註二)　Bal Krishna, Commercial Relations between India and England (1601 to 1757), London, 1924, p. 195.

(註三)　C. N. Parkinson, Trade in the Eastern Seas, 1793-1813, Cambridge University Press, 1937, p. 96.

(註四)　明清史料 (中央研究院歷史語言研究所) 丁編第八本康熙五十六年兵部禁止南洋原案。

　　可是，當中國的茶、絲等出口貿易日益擴展的時候，歐洲商人輸入中國的商品，却不易打開銷路。自歐洲運來中國的貨物，以鉛的銷路爲最好。至于製造品，除少量的技術品如時錶及千里鏡以外，以毛呢織品爲重要貨物。可是，當日的中國人士還沒有養成穿西服的風氣，故毛呢的銷路非常之壞。(註一) 歐洲商人運來中國的貨物，其價值既然遠不如自中國出口的貨物那麼大， (註二) 故每年來華貿易的各國船隻，都要輸入大量白銀來支付貨價。例如一七〇二年東印度公司派兩艘船來厦門貿易，輸入毛呢、鉛及其他貨物共值銀七三、六五七兩，另外輸入白銀一五〇、〇〇〇兩，故輸入貨與銀的比例爲貨一銀二。(註三)又如一七三〇年東印度公司派五艘船赴廣州貿易，運入銀五八二、一一二兩，貨物則只值一三、七一二兩，故輸入的百分之九十九以上都是白銀。(註四) 在十八世紀的中國對外貿易中， 有好些年中國出口值的三分之二以上都由外商以銀元及銀條來支付。(註五)

　　關于十八世紀中國因貿易出超 而自國外輸入 白銀的數量， 清朝文獻通考（修于乾隆末年）的作者在卷一六乾隆十年 (1745) 項下說，"福建、廣東近海之地，又多行使洋錢。……閩、粵之人稱爲番銀，或稱爲花邊銀。凡荷蘭、佛郎機諸國商船所載，每以數千萬圓計。……而諸番向化，市舶流通，內地之民咸資其利，則實緣我朝海疆清晏所致云。"因爲像這裏所引用的中國方面的記載，只是很含混的說外國商船載銀來華，"每以數千萬圓計，"並沒有確實的數字，故我們現在有利用外國方面的記載或研究來加以補充的必要。

　　在十八世紀和中國貿易的西方國家中，英國最爲重要。英國東印度公司于一七〇八至一七五七年輸往中國的白銀將達六百五十萬鎊。現在以十年爲一期，列表如下。

(註一)　張德昌前引文。

(註二)　例如東印度公司十六艘船于一七九二年自英國輸入廣州的貨物價值，將達一百萬鎊；于一七九四年自中國運英的貨物價值，却在一百五十萬鎊以上。其他歐洲國家輸入廣州的貨物價值約二十萬鎊，她們自廣州的輸出值則達六十萬鎊以上。參考 Sir George Staunton, 前引書，vol. II, p. 616. 按每鎊于一六一九至一八一四年間在廣州等于銀三兩，或銀元四元。事實上，東印度公司在廣州支付薪水及其他用費時，每一百鎊等于銀元四一六‧六七元。參考 H. B. Morse, 前引書，vol. I, XXii.

(註三)　H. B. Morse, 前引書，vol. I, p. 123.

(註四)　同上，p. 200.

(註五)　S. R. Wagel, Finance in China, Shanghai, 1914, p. 97.

第九表　一七〇八至一七五七年英國白銀輸入中國數量(鎊)

年　　　　代	數　　　量	年　　　　代	數　　　量
1708–17	623,208.64	1738–47	731,966.62
1718–27	991,070.21	1748–57	2,684,702.30
1728–37	1,454,379.58	總　　共	6,485,327.35

資料來源：Bal Krishna, 前引書，pp. 20

十八世紀中葉以後，隨着中國出口的激增，英國東印度公司運銀往中國的數量更要加多。在由一七七六至一七九一的十五年中，光是把有銀數記載的七年的數量加在一起，便達三百六十七萬鎊以上。

第十表　一七七六至一七九一年英國白銀輸入中國數量(鎊)

年　　　　代	數　　　量	年　　　　代	數　　　量
1776	88,574	1788	469,408
1785	704,253	1789	714,233
1786	694,961	1791	377,685
1787	626,896	總　　共	3,676,010

資料來源：Sir George Staunton, 前引書，vol. II, p. 625.

根據以上兩表，我們可知十八世紀英國東印度公司的對華貿易，由於中國茶、絲等物品的大量出口，除運來貨物以外，每年還要輸入大量的白銀來彌補貿易差額。隨着貿易差額的增大，當日英國輸入的白銀，有越來越增加的趨勢。除英國以外，歐洲其他國家的商人派船來華購運茶、絲等物出口，也因貿易差額的彌補而大規模把銀運來中國。到了十八世紀末葉，除歐洲各國以外，美國在獨立後也開始派船來廣州貿易，直接自美洲運銀到那裏去。現在根據有關記載，考查出十八世紀中葉以後各國（連英國包括在內）每年輸入廣州的銀數，作成第十一表。表中所用的單位，依照原來的記載，以箱 (chest) 來計算，每箱內載銀四千元。(註二)

(註一)　原書只列舉各年代英國東印度公司輸往整個東方的金、銀的數量，可是說明在一七〇八至一七一七年的輸出量中有百分之一六運往中國，此外一七一八至一七二七年有百分之一九，一七二八至一七三七年有百分之二九，一七三八至一七四七年有百分之一四，及一七四八至一七五七年有百分之三五，都運往中國。故我們可以根據這些比例，計算出輸入中國的銀數。又東印度公司原來記載輸出的，是 bullion, 含有金、銀的意義。可是，根據 C. N. Parkinson (前引書，p. 76) 的研究，東印度公司使用這一個字，指的是銀，如果用于對華輸出的記載，尤其只能解釋作銀。

(註二)　H. B. Morse, 前引書，vol. II, 135.

第十一表　一七七一至一七八九各國輸入廣州銀數(箱)

年　　　　代	國　　　　別	數　　量	見于 H.B. Morse 書的卷數及頁數
1771	英、荷、法、丹麥、瑞典	260	vol. V, p. 155
1772	同上	536	vol. V, p. 170
1774	同上	324	vol. V, p. 191
1776	同上	597	vol. II, p. 12
1777	同上	366	vol. II, p. 29
1778	同上	352	vol. II, p. 35
1779	英、荷、丹、瑞、奧	387	vol. II, p. 40
1780	同上	168	vol. II, p. 50
1781	英、丹、瑞	147	vol. II, p. 61
1782	丹、瑞	250	vol. II, p. 74
1783	英、法、丹、瑞、奧、西班牙、普魯士	680	vol. II, p. 84
1786	英、荷、丹	912	vol. II, p. 119
1787	英、荷、法、丹、瑞、普	1,378	vol. II, p. 136
1788	英、荷、瑞、美	998	vol. II, p. 152
1789		459	vol. II, p. 172
總　　　共		7,814	

資料來源：H.B. Morse, 前引書，vols. II, V.

根據第十一表，我們可知，在十八世紀中葉以後，光是就有紀錄可查的十五年來說，西方各國輸入廣州銀數已達七、八一四箱，或銀三一、二五六、〇〇〇元。換句話說，在這十五年中，各國每年平均輸入廣州的銀元在二百萬元以上。這不過是就各國商船抵達廣州時正式申報的數目說的；如果把未申報的數目都計算在一起，數字當然更要大得多。當日各國輸入廣州銀數較多的年份，除表中的數字以外，如果把未申報的數目加在一起，一七八六年廣州共約輸入銀元四百萬元以上，一七八七年共輸入五百五十萬元以上，一七八八年約輸入四百五十萬元。(註一)

歸納了上述各國每年輸入廣州的銀數，再加上其他有關的資料，摩爾斯 (H.B. Morse)曾經估計，在由一七〇〇至一八三〇年的一百三十年中，光是廣州一個港口，淨輸入白銀約在九千萬鎊至一萬萬鎊左右。(註二)如果每鎊作四元或四元多點計算，廣

(註一)　H.B. Morse, 前引書，vol. II, pp. 119, 136, 152.

(註二)　H.B. Morse, The International Relations of the Chinese Empire, Shanghai, etc., 1910, vol. I, p. 202.

州在十八世紀至十九世紀初期的一百三十年中，約共輸入銀四萬萬元左右。根據上述美洲白銀大量流入歐洲的記載，我們可以說，這些輸入廣州的銀，大部分都產于美洲，不過先在歐洲各地流通，然後輾轉東來而已。

　　自十五六世紀間，哥倫布發見新大陸，麥哲倫(他本人在菲列濱被殺)繞航世界一週以後，墨西哥和菲列濱曾經長期成爲西班牙帝國的一部分，故在十七八世紀前後，有不少白銀直接自墨西哥運往菲列濱，再轉運來中國。(註一)依照德科民 (De Comyn) 的估計，由一五七一(明隆慶五年)至一八二一年(清道光元年)，自墨西哥運往馬尼剌 (Manila) 的銀約四萬萬元，其中約有四分之一(一萬萬元)流入中國。(註二) 至于中國對外貿易的港口，在乾隆二十四年(1759)以後固然以廣州爲限，在此以前厦門等港口也有外國商船前來貿易，從而把白銀輸入。例如 "乾隆三年(1738)，六年(1741)，及十二年(1747)，呂宋之船來厦(門)貿易，曾有三次。" 其後到了乾隆二十年(1755)，呂宋商船又來厦門，"所帶米糧貨物之外，尙有番銀一十五萬圓，欲在內地置買綢緞等物。"(註三) 如果除經由歐洲輾轉運來以外，再加上直接經太平洋運來的美洲白銀，除輸入廣州以外，再加上輸入其他港口的白銀，那末，在由一七〇〇至一八三〇年的一百三十年中，中國約共輸入銀五萬萬元左右。(註四)

　　銀是當日中國的主要貨幣，故銀的長期大量輸入，要影響到中國貨幣流通量的激劇增加。隨着貨幣流通量的激增，根據費休 (Irving Fisher) 的貨幣數量學說，(註五) 物價水準自然要較前高漲。

　　不特如此，由于當日中國貨幣使用的特殊情況，十八世紀外國白銀大量流入的結果，中國貨幣流通的數量和速度都較前特別增加，故物價更特別高漲。當日自外國輸

(註一)　例如梁廷枏粵海關志卷二四米時哥國條說，"米時哥 (Mexico) 亦呂宋屬國，其地多鑄花邊錢，無物產。海舶至粵者，惟載銀錢而已。"

(註二)　J. B. Eames, The English in China, p. 63. 原書未見，茲引自小竹文夫關于清代銀、錢比價的變動，支那研究（上海，昭和五年五月）第二十二號。

(註三)　史料旬刊第一二期鐘音摺（乾隆二十年）。又同書第一八期李有用摺(乾隆二十年)也說，"茲又據報，有夾板夷商到口，均係呂宋之船……船中舵水貨客共一百三十九人，載來食米、貨物、銀兩，實係來厦貿易，並無他故。當卽准其入口。……該番船載來……番銀十餘萬兩，……現在交商貿易。"

(註四)　H. B. Morse, China and the Ear East (Clark University's Lecture). 原文未見，茲引自小竹文夫前引文。

(註五)　Irving Fisher, The Purchasing Power of Money, New York, 1911.

入的白銀，除紋銀 (Sycee) 外，以銀元（一作圓）爲主。銀元又名叫洋錢，番銀，或洋銀，都是在各國造幣廠中鑄成的銀幣。當日自西方各國輸入的銀元，由于國別不同，種類甚多，其中尤以西班牙銀元爲最重要。因爲中國貨幣以銀兩爲單位，這些外國銀元在中國市場上被用來償付貨價時，都要按照成色及重量折算成銀兩來支付。當外國銀元源源不斷的流入中國的時候，中國在貨幣方面正在實行銀兩與制錢並用的制度，卽兩者都是無限法貨，不過因爲本身價值的大小各有不同，故買賣大的多半用銀，小的多半用錢來作交易媒介。可是，當日的銀兩，（１）形式不統一，（２）名稱太複雜，（３）成色有高下，（４）重量難計算，（註一）故在市場上交易使用時，人們往往感到折算的煩難。至于制錢，一來因爲本身價值太小，旣不便于遠路携帶，又不便于鉅額支付；二來因爲私鑄盛行，以致在各地市場上，除政府正式鑄造的制錢以外，還有各種私錢的流通，使用起來非常不便。這種不便的情況，在商業幼稚，交易稀少時，人們還可以忍受得住；可是，到了十八世紀下半的乾隆時代，當人口激增，商業發達，交易頻繁的時候，情況却要變爲越來越嚴重了。在這種情勢之下，外國銀元的大量流入，正好彌補這個缺憾，而適應當日客觀的經濟需要。當日輸入中國的外國銀元，形式比較統一，名稱比較簡單，同時成色與重量也比較一致，在交易時計算與授受都比較簡便，故大家都樂于使用。大家對銀元的需要旣然增大，其成色雖然沒有像紋銀或庫銀那樣高，市價反而要在後者之上。例如汪輝祖在嘉慶元年(1796)記載浙江蕭山一帶，"每番銀一圓，直制錢一千七八九十文。市肆交易，竟有作錢一千一百三四十至七八十者，杭州尤甚。銀價因之日減。……錢旣杂錯，用者不便，乃計所易之錢折受番銀，故番銀之價昂于庫銀。……今錢法不能畫一，而使番銀之用廣于庫銀，……不知其流安極！"(註二) 又林則徐于道光十二至十六年 (1832-36) 任江蘇巡撫時，追述過去外國銀元流通的情形說，"從前洋錢流入內地，其成色比紋銀爲低，其價值原比紋銀爲賤。因小民計圖便利，日漸通行，未幾而洋銀等于紋銀，又未幾而洋價浮于銀價。"(註三) 他又說，"夫以色低平短之洋錢，而其價浮于足紋之上，誠爲輕重倒置。

(註一)　魏建猷清代外國銀圓之流入及其影響，東方雜誌（重慶，民國三十四年九月）第四十一卷第十八號。
(註二)　病榻夢痕錄卷下。據第一表引夢痕錄餘，嘉慶二年銀每兩不過換錢一千零二十至三十文；可是每枚重量不過七錢二分，而成色又不如紋銀的外國銀元，在嘉慶元年却換錢多到一千一百餘文。由此可見當日外國銀元因需要大而市價昂貴的情形。
(註三)　林則徐林文忠公政書甲集江蘇奏稿卷八禁費禁給洋錢摺。

……無如閭閻市肆久已通行，長落聽其自然，恬不爲怪。……臣等詢諸年老商民，僉謂百年以前，洋錢尚未盛行，則抑價可也，卽屬禁亦可也；自粵販愈通愈廣，民間用洋錢之處轉比用銀爲多，其勢斷難驟遏。蓋民情圖省便，尋常交易應用銀一兩者，易而用洋錢一枚，自覺節省，而且無須彈兌，又便取攜。是以不脛而走，價雖浮而人樂用，此係實在情形。"(註一) 和紋銀比較起來，銀元的市價旣然相對的高昂，故輸入同樣數量或重量的銀元，在市場上折算出的銀兩，要比同樣數量或重量的紋銀爲大。這樣一來，外國銀元的大量流入，自然更要影響到中國貨幣流通量(以銀兩表示)的特別增多了。何況這些銀元 "價雖浮而人樂用，" 其流通速度又因大家樂于互相授受而增大呢？中國貨幣流通的數量與速度，旣然要因外國銀元的大量流入而特別增大，物價自然要向上升漲，而長期停留在較高水準之上了。

六

綜括上文，我們可知，自新大陸發見後，在那裏銀礦中生產出來的白銀，其對于物價的影響，是具有世界性的。這些白銀大量流入西班牙及其他歐洲國家的結果，固然要促使那裏的物價向上升漲；就是在老遠的中國，當美洲白銀直接經太平洋，或間接經歐洲輾轉流入以後，物價也同樣發生波動。不過因爲中國和美洲的距離較遠，故美洲白銀的輸入中國，在明朝中葉以後，或在十六七世紀間，雖然已經開始，大規模的流入中國，事實上比流入歐洲要晚得多；因此，中國的物價並不像歐洲那樣早在十六七世紀便已開始上漲，而遲至十八世紀纔發生激劇的變動。不特如此，十八世紀的中國，除如歐洲過去那樣受美洲白銀的影響以外，又要受人口增加的影響，故物價波動得特別利害，就米價來說，在整個十八世紀約上漲四倍有多。這和十六世紀西班牙物價上漲將近三倍半比較起來，可說有過之而無不及。假如十六七世紀西班牙的物價變動可以像哈密爾登敎授那樣稱爲 "物價革命" 的話，十八世紀中國物價的大變動，當然更可以當之無愧了。

現在我們要問：當中國在十八世紀因對外貿易出超而大量輸入白銀，從而物價長期波動的時候，國計民生要受到什麼影響？關于這個問題，我們可以試從兩方面來加

(註一)　同書卷一會奏查議銀昻錢賤除弊便民事宜摺。

以探討。在乾隆時代，當物價上漲的時候，凡是貨幣收入增加的速度能够趕得上物價的人，生活都可以過得去。例如汪輝祖記載乾隆五十九年（1794）浙江蕭山的情形時說，"夏間米一斗錢三百三四十文。往時米價至一百五六十文，卽有餓莩。今米常貴，而人尙樂生。蓋往時專貴在米，今則魚、蝦、蔬、果，無一不貴，故小販、村農俱可餬口。"(註一) 除小販、村農以外，做大買賣的商人，當物價波動的時候，更可以乘機大發其財，從而資金的累積便越來越大。例如就兩淮的鹽商來說，"向來山西、徽、歙富人之商于淮者百數十戶，蓄貲以七八千萬（兩）計。"(註二) 這些為一百幾十家鹽商所擁有的七八千萬兩的資本，着實是一宗很大的財富。偌大的一個漢陽鐵廠，在光緒十六至二十二年(1890-96)的官辦時代，也不過投資五百多萬兩而已。(註三) 因為民間蓄積了這樣大的財富，政府的稅收自然旺盛，故乾隆時代人民租稅的負擔雖然沒有加重，政府的開支雖然越來越大，戶部銀庫積貯的銀兩仍然激劇增加。例如乾隆東華續錄卷七六載乾隆三十七年(1772)十一月癸卯上諭，"方今國家當全盛之時，左藏所儲，日以充積。乾隆初年戶部銀庫止三千三四百萬，而今已多至七千八百餘萬，奚翅計倍而贏！"又同書卷九四載乾隆四十六年(1781)九月丁卯上諭，"朕卽位初年，戶部銀庫計不過三千萬兩。今四十餘年以來，仰荷上蒼嘉佑，年穀順成，財賦充足，中間普免天下地丁錢糧三次，蠲免天下漕糧兩次。又各省偏災賑濟，及新疆、兩金川軍需所費，何啻萬萬！而賦稅並未加增，……見在戶部尙存銀七千餘萬兩。"又同書卷一〇四載乾隆五十一年(1786)閏七月庚寅上諭，"朕卽位初年，戶部銀庫計不過三千餘萬兩。……去年江南等處賑費亦至千餘萬。然見在戶部庫銀尙存七千餘萬，較之卽位初年，已多一倍有餘。"(註四)

　　可是，在另外一方面，當十八世紀中國物價長期波動的時候，人口又特別增加，以致有許多人因為貨幣收入遠落在物價之後而生活水準降低。例如乾隆五十八年(1793)洪亮吉說，"四民之中，各有生計。……除農本計不議外，工商買所入之至少者日可

(註一)　病榻夢痕錄卷下。
(註二)　汪喜孫從政錄（汪氏叢書）卷二姚司馬德政圖跋。
(註三)　拙著清末漢陽鐵廠，社會科學論叢（國立臺灣大學法學院，民國三十九年四月）第一輯。
(註四)　又高宗純皇帝實錄卷一二六一，清史稿食貨志二，皇朝經世文編卷二六阿桂論省兵籌餉疏（乾隆四十六年），許楣鈔幣論通論七，及王慶雲石渠餘紀卷五都有相似的記載。

餘百錢，士傭書授徒所入日亦可得百錢。是士、工、商一歲之所入，不下四十千。閒五十年以前，吾祖若父之時，米之以升計者錢不過六七，布之以丈計者錢不過三四十。一人之身，歲得布五丈卽可無寒，歲得米四石卽可無饑。米四石爲錢二千八百；布五丈爲錢二百。是一人食力，卽可以養十人。卽不耕不織之家，有一人營力于外，而衣食固已寬然矣。今則不然。……昔之以升計者，錢又須三四十矣；昔之以丈計者，錢又須一二百矣。所入者愈微，所出者愈廣。于是士、農、工、賈各減其值以求售，布帛、粟米又各昂其價以出市。此卽終歲勤動，畢生皇皇，而自好者，居然有溝壑之憂，不肖者逐至生攘奪之患矣。"(註一) 又如汪輝祖說嘉慶四年 (1799)，"食用百物，俱比往歲更昂。余少聞故老言，中人之家，有田百畝，便可度日。……近年租入較絀，田百畝，……十餘口之戶，支給不易。況不能百畝者乎？"(註二) 當日這許多人因物價高漲而生活艱苦的情況，和清中葉以後各地大規模的暴亂有什麼關係，着實是值得我們研究的一個問題。

　　附記：文中各圖的繪製，曾蒙同事潘實君先生及國立臺灣大學經濟研究所研究生
　　　　　王業鍵君給予幫助，特此誌謝！

（註一）　卷施閣文甲集卷一生計篇。
（註二）　夢痕錄餘。

出自第二十八本下（一九五七年五月）

箕　子　朝　鮮

——朝鮮實錄論叢——

李　光　濤

　　當殷之亡周之興也，箕子受武王之命，而封於朝鮮，是爲後朝鮮之始祖，傳四十一代，享國九百年左右。考箕子於朝鮮，既有後朝鮮始祖之稱，則是箕子的朝鮮，當然也和中華爲一事，這在朝鮮宣祖實錄內曾經大書而特書，如二十五年壬辰(萬曆二十年)十月庚寅，禮曹判書尹根壽面啓國王有曰：「駱恭將(尚志)待我國人甚厚，常曰：箕子汴梁人也，汝等同是中國人也」。(卷三十一葉三)這一啓辭，可謂親切之至。而同時朝鮮第十四世國王李昖的看法，則以爲朝鮮於中華，等於春秋列國的諸侯。凡此史料，拙著「朝鮮國表文之研究」曾記其大槃，專爲表揚朝鮮尊崇箕子之文獻，見院刊第二輯下册。今本文既以「箕子朝鮮」爲言，當然應仍就朝鮮實錄內關于所有尊崇箕子的條文再轉錄一次，以見朝鮮史籍內往往以「箕子之邦」或「嗣守箕東」等名詞爲題的原來在朝鮮都是些「于國有光」的記述。不過，院刊中已有著錄的現在這裏也不再更記，但將若干尙未利用的史料全皆錄出之，俾與院刊合而觀之，庶幾益足明瞭所謂「箕子朝鮮」在東方史上實爲震耀中韓之第一大事。

　　一、成宗實錄：

　　十九年戊申(弘治元年)三月丁卯，遠接使許琮馳啓曰：新安館設天使慰宴時……正使曰：箕子之墳與廟在乎？吾等欲拜焉。答曰：墳則遠在城外，今不可到，廟則在城內矣。曰：然則當謁廟矣，卽詣箕子廟行拜禮。出廟門，指檀君廟曰：此何廟乎？曰：檀君廟也。曰：檀君者何？曰：東國世傳唐堯卽位之年甲辰歲，有神人降於檀木下，衆推以爲君，其後入阿斯達山，不知所終。曰：我固知矣，遂步至廟，行拜禮。入廟中，見東明王神主，曰：此又何也？曰：此

高勾麗始祖高朱蒙也。曰：檀君之後，何人代立？曰：檀君之後，即箕子也。傳至箕準，當漢之時，燕人衞滿逐準代立，箕準亡入馬韓之地更立國，所都之地，今猶在焉。檀君、箕子、衞滿，謂之三朝鮮。曰：衞滿之後，則漢武遣將滅之，在漢史矣。即還館。(卷二一四葉三)

二十四年癸丑(弘治六年)十二月壬午，下書平安道觀察使李則曰：箕子墓垣墻丁字閣等高低長廣，備細尺量，圖畫上送，垣墻則燔磚改築。又墻內布磚，丁字閣則整齊改搆，以人契幾名幾日畢役，所入物件，詳悉錄啓。(卷六五葉一四)

二十五年甲寅(弘治七年)正月辛亥，平安道觀察使李則承敎，圖箕子墓塋內物像祠宇制度馳啓。(卷二八六葉一七)

二、仁祖實錄：

十一年癸酉(崇禎六年)十月戊辰，平壤幼學楊懿元等上疏曰：我太師箕子，尹茲東土，敎以八條，彝倫攸敍，免於夷狄之鄉，得爲禮義之邦。其功其德，極天罔墜，而至治之澤，尤在此地，景慕之誠，切於羹墻。……(卷二八葉四一)

十七年己卯(崇禎十二年)正月丁亥……同知經筵李景奭曰……安邦俊鮮于浹皆留意學問上，乃一國之善士也。上問鮮于浹何地人？對曰：平壤人，箕子之後也，尤當錄用，聞其易學通明，蓋非凡儒。(卷三八葉六)

三、肅宗實錄：

五年戊午(康熙十七年)十二月辛丑，日前上講書洪範，感箕子事，欲別遣近侍祭其廟，令禮曹問于大臣，大臣皆以合於尊道慕聖之義爲對。上命都承旨往祭，祭文令大提學製進。禮曹又以爲五禮儀祀典，歷代始祖，載於中祀，祭用小牢，文宣王亦載中祀，而以牛代羊，饌品多寡亦懸殊。今箕子在歷代始祖之列，則當用小牢，而自上別遣近侍致祭，意在尊道慕聖，則與古之太牢祀孔者同，似當特用太牢。上可之。(卷八葉五十)

八年辛酉(康熙二十年)二月丁未，知事金錫胄……又言：近來充定軍役者，多有冒稱先賢子孫……以韓爲姓者，皆曰箕子後裔，冒僞之迹，有不可掩者。今後箕子子孫，則只許鮮于氏勿爲定役。……上許之。(卷十三上葉十六)

二十三年丁丑(康熙三十六年)六月丁酉，領中樞府事南九萬上劄曰……至於遼左，

初是箕子受封之疆，而開原縣乃古扶餘國，高勾麗始祖朱蒙發迹之地，今之蓋平縣，乃辰韓故境，亦我三韓之一也。曾在高勾麗盛時，遼東一帶，及女眞之屬，大抵皆是封內，以此爲海東强國。及至末季，君臣失道，地蹙於隋唐，民遷於江淮，剪焉傾覆，無復餘燼之可尋。興亡盛衰之際，併吞分裂之迹，俱載障中，亦足爲慨然興歎，怳然思懼之具矣。(卷三一葉三六)

二十六年庚辰(康熙三十九年)八月辛未，平安道儒生等，摸箕子畫像，建祠於成川百靈洞而奉安之，上疏請宣額。上下其疏，禮曹言：箕子卽東方聖君，下同書院頒賜恩額，事體未安，宜令本道監司從便守護，以爲永久奉安之地。上從之。(卷三四下葉二)

三十五年己丑(康熙四十八年)九月戊寅，御晝講，上曰：箕子八條之敎，實爲東方之大功，其祠在平壤，曾遣近侍致祭，而歲月已久矣，今又遣承旨致祭。(卷四七葉三九)

四十年甲午(康熙五十三年)七月癸亥，黃海道長淵儒生金景游等上疏，請廟享箕子畫像於本府。其略以爲元順帝潛藏，遠遊於我東也，箕聖畫像來自中國，奉安於文殊庵，民到今傳說昭昭，而歲久泯沒，莫知在處，今者得諸鶴林寺，則遺像宛爾。又有箕子像三字於其上，數椽茅屋，姑以權安大聖人遺像，何所拘而不以之廟饗哉？上下其疏，禮曹覆奏，以爲景游等當初請建朱子書院不許，又云得箕子畫像，其言不可準信，事係重大，請令本道查報。上允之。(卷五五葉十九)

四、英宗實録：

七年辛亥(雍正九年)六月丁未，行召對………又令擇鮮于氏中俊秀者，使奉崇仁殿祀，修箕子墓，遣承旨祭其廟，皆用(副司果李)宗城之言也。(卷二九葉四十)

三十七年辛巳(乾隆二十六年)十二月癸未，上親製箕聖廟祭文，命重臣致祭。上命中官持御笠以來，曰：此起敬處也。仍整坐，命書傳敎曰：漢高過曲阜，以大(太)牢祀孔子，此爲漢之四百年基業也。噫；箕聖非徒孔聖稱仁，我東禮樂文物侔擬中華者，實箕子之遺澤也。昔年取箕子志，命繪寫而粧焉，予於侍謁時，仰視而欽慕，今命讀東史，於箕聖紀，不覺瞵然。七星門外雖七閣象設儀

然，何日奠酌，若不歛懷，獨不愧於漢高乎？致祭於箕聖墓祭文製下，以判尹余陽澤差遣。(卷九八葉三六)

四十三年丁卯(乾隆三十二年)六月己未，內局入侍，敎曰：頃者飭白衣之時，或曰箕聖之來朝鮮也，其亦衣白，此我東風俗云。予則曰不然，噫，彼箕子逢聖人陳洪範，來朝鮮敎民八條，有仁賢之化，後之人不體箕聖之訓，只慕其衣，豈不迂哉？須看禮記月令，其色各隨四時，況朝鮮東方也，以此推之，尙靑乎，尙白乎？……而予之慨然者，勿論儒武皆以淺淡服造備者，此後爲儒者着淺淡服入場中者，分付四館所停擧。(卷一〇九葉四)

四十六年庚寅(乾隆三十五年)正月乙未，司直金應淳上疏，略曰：我東文獻以訛傳訛，今不可徵，箕子以前，雖存而勿論可也。由箕子逮于箕準爲四十二世，其間事蹟傳之宜詳，而不傳者居多。自厥後沿革，始終不一其號，至若朝鮮之稱，見於中國史者，以有汕水，故曰朝鮮，載於東史，則曰東表日先明，故曰朝鮮。國號易知也，猶未詳如此，況他可疑者乎？(卷一一四葉六)

總上稱述箕子記事，當李氏朝鮮之初期，卽已言之多矣，例如世宗實錄有云：「吾東方文物禮樂侔擬中國，迨今二千餘禩，惟箕子之敎是賴」。又云：「箕子……在朝鮮作八條，政敎盛行，風俗淳美，朝鮮之名聞於天下」。又云：「箕子者武王之師也，武王不以封於他方而于我朝鮮，朝鮮之人朝夕親炙，君子得聞大道之要，小人得蒙至治之保，其化至於道不拾遺，此豈非天厚東方，畀之仁賢以惠斯民，而非人之所能及也耶」？又云：「箕子之德，不可得而讚也」。(卷四〇葉七)凡此尊崇之辭，再參前引史文，可知朝鮮只因有了一個箕子然後才「侔擬中國」的，然後才是「免於夷狄之鄉」，以及「得爲禮義之邦」的。所以李氏的東國，當其建國之始，便以「朝鮮」的稱號，請封於大明，有「切惟昔在箕子之世，已有朝鮮之稱」語。同時朝鮮之儒者，言及朝鮮華化的歷史必先言箕子，不先言箕子則不能了解朝鮮的華化是怎樣地才和中華爲一體的，有如「小華外史」一書，便是「朝鮮之名聞於天下」之第一巨著。

再說箕子的朝鮮，傳位既有四十餘世之多，享國又近乎千年之久 (肅宗實錄卷六葉二載右議政許穆上劄言東事有曰：論其治，則檀君淳厖之治，箕子八條之敎各千年)，則是箕子後裔之無數，必蔓及於朝鮮之全境。而前引仁祖和肅宗實錄內大槩以爲當初箕子建都於平壤之故，

於是乃竟硬性的指定平壤之鮮于氏才是箕子的子孫，這一說法，是不足爲訓的。例如享國八百年的周朝王室，其建都地雖只曰鎬洛二京，然而周室的子孫並非只傳於鎬洛二邑，而乃是遍及中國各地的。何況箕子的朝鮮有國幾及一千年，比之周室更多一百餘年，則其子孫之繁衍，我想，最少也當與周室比美並稱，決非僅僅只得平壤境內鮮于氏之一族而已。至於所謂「以韓爲姓者」是否出于箕子後裔之冒僞？姑不辨，不過韓姓在朝鮮，實爲朝鮮之一巨族，而指韓姓爲箕子之子孫的，這在朝鮮早年實錄中卽已嘗見之，甚至於有人說朝鮮當初的三韓也正是箕子之後。凡此云云，其眞正原始的史籍已不可考，卽如本文所述的箕子其人其事，也只是全憑朝鮮李氏歷朝實錄之記錄而說的，因爲這部實錄，說到箕子之事又都是「有典有則」的，如所謂「箕子之邦」及「嗣守箕東」一類的名詞，此在當年東國人士的眼光觀之，正是一種極端自尊自信之美稱而已。不過史之是非尤其是古史，原無定論，比如東國近來就有些學者，大約由于古今看法之不同，對于該國所有二三千年來稱述不絕之箕子，似乎好像是採取了所謂「疑古之論」，乃又異其口號不惜否認箕子的傳說，參大陸雜誌十四卷十二期(民國四十六年六月三十日出版)所載胡秋原先生「寰遊觀感」一文，其中有一條特別談到韓國的史學就曾這樣說：

> 在史學上，民族主義抬頭，這是新興國之通例。他們研究院院長是一位最知名的史學家，他否認箕子傳說，肯定檀君傳說，他說甲骨文中並無箕子的記載。我說甲骨文現只發掘了一部份，縱全部出土，甲骨文裏也不應有箕子記載。因箕子是殷末周初之人，而甲骨文早得多了。中韓自是不同民族，箕子之傳說，不過說明中韓文化血統之交流，至少始於殷末周初而已。

按，箕子史事，其眞實性究竟如何？乃係另一問題，姑不論。獨是我們所該注意的，卽爲關于歷史之研究無論上古和中古，總應以記載爲憑(傳說也是記載之一種)，有如中國古史罷，當甲骨文未出土之前，所有中國史籍記載殷商之史事，如關于殷商君王之稱號，大抵都是得之於古籍的，及甲骨文出土之後，則所謂古籍也都由甲骨文而加以證實了。以此爲例，我們再就朝鮮的古籍而言，其記載箕子之事自有其淵源，自然也很值得加以研究的。就說古代文獻罷，如甲骨文金文之類埋沒地下者其數甚多，像箕子史事，本爲中韓一大事，將來也許會被發見的，有了發見，則所謂大事也只須一言而

決的，茲不必贅論。而我們現在所談的箕子，惟有根據東國的正史，蓋曰箕子於朝鮮享國那麼久幾乎一千年，至有「後朝鮮始祖」之稱，而朝鮮一些史籍又皆言之鑿鑿，當然並非憑空之談，當然是有根據的。果如韓國學人所云「否認箕子傳說」的話，則是該國「東國通鑑」一書尤其是箕子王朝的「後朝鮮」享國千年之一史事將須完全抹去，同時又更須再物色另一王朝以補其闕，否則不免在所謂「前朝鮮」的檀君王朝之後迄於三韓之世，其間歷史便將中斷一千年？這一問題，我們現在也大可不必爲之關心，反正有胡秋原先生所說的甚麼「中韓自是不同民族，箕子之傳說，不過說明中韓文化血統之交流，至少始於殷末周初而已」之一意見，是很值得注意的，由學術觀點而言，也正是所謂「中庸」之論而已。

此外，作者也有一個說法，就是說，關于朝鮮之「慕華」，據該國史籍所載，總是一個百分之百的眞情實事。如東國通鑑嘗記新羅自以爲少昊金天氏之後，故姓金氏。而高勾麗亦自稱高辛氏之後，始高氏。又引古史曰：「百濟與高勾麗同出扶餘……秦漢亂離之時，中國人多竄海東，則三國祖先，豈其古聖人之苗裔耶」？此又直以三國的祖先，亦擬爲中國古聖人之苗裔？然此猶爲想像之辭，現在不妨置而不論，我們再據成宗實錄卷二十葉四談談當初東國所受箕子的影響：「吾東方自箕子以來，敎化大行，男有烈士之風，女有貞正之俗，史稱小中華」。此一史文，可以說，是爲「箕子朝鮮」之一定論，同時也很可意味着所謂「史稱小中華」云者，最足證明東國一般民族性的華化究竟是怎樣地一個淵源了。

本文討論古籍之處，有陳榮厂及高曉梅二先生意見在內，並承屈翼鵬先生賜讀一過，謹此誌謝。

出自第二十九本下（一九五八年十一月）

上海在近代中國工業化中的地位

全　漢　昇

一

　　工業化的意義可能有種種的不同，其中最重要的一點可說是自手工生產改爲機器生產的經濟上的變化。這種變化最先開始于十八九世紀間工業革命的英國，因爲英國人在那時發明了不少重要的機器，以便用低廉的成本來生產大量的貨物與勞務。到了十九世紀中葉左右，由于英國的影響，世界其他國家也或先或後的從事工業化。中國自雅片戰爭(1840-42)後，由閉關改爲開關，自然而然的也受到這種世界性的工業化潮流的影響，而開始採用機器來生產。雖然中國工業化的成績遠不如其他許多國家，但給雅片戰爭打開的五口之一的上海，却由于種種的機緣，漸漸成爲全國工業化成績最好的一個城市，在抗戰以前其人口不過約佔全國的一百五十分之一，每年却生產全國二分之一左右的工業品。在本文中，作者擬先對上海在近代中國工業化中所佔的地位作一估量，然後進而探討上海達到這種地位的經過和原因。

　　作者在另一文(註一)中曾經說過，在中、日甲午戰爭(1894-95)以前的三十年中，當朝野上下提倡自强運動的時候，中國最初工業化的重點爲國防或軍事工業的建設。最先從事這種工業建設的地方是上海，在那裏的江南製造局，于同治四年(1865)成立，採用西洋機器來製造鎗礮、彈藥和輪船，李鴻章在當日認爲是"各省製造最大之廠。"(註二) 由此可見，當中國剛剛開始工業化的時候，上海卽已佔有比較重要的地位。爲着要對此後上海在中國工業化中的地位作一估量，我們可先把歷年上海和全國(天津除外)僱用三十名工人以上的工廠家數作一比較。

(註一)　拙著甲午戰爭以前的中國工業化運動，中央研究院歷史語言研究所集刊第二十五本 (民國四十三年六月，臺灣臺北市)。
(註二)　拙著清季的江南製造局，集刊第二十三本 (民國四十年十二月)。

第一表　抗戰前上海在全國工廠總數中的百分比(1911-1933)

年　　　　　代	全國工廠總數(家)	上海工廠總數(家)	上海在全國總數中的百分比
1911	171	48	28.1
1913	245	70	28.6
1920	673	192	28.7
1925	1,099	316	28.8
1926	1,223	381	31.2
1927	1,347	449	32.7
1928	1,542	540	34.8
1929	1,747	648	37.1
1930	1,975	837	42.4
1933	2,435	1,186	48.7

資料來源：R. H. Tawney, *Land and Labor in China*, London, 1932, pp. 196, 199; 劉大鈞工業化與中國工業建設，上海商務，民國三十五年，頁四〇。劉氏聲明一九三三年的工廠家數以華商工廠爲限，外商工廠不包括在內；但是年的全國工廠總數，包括天津在內。

　　根據第一表，我們可知在抗戰以前的二十餘年內，在全國的工廠總數中，上海初時只佔三、四分之一，其後却佔到將近二分之一左右。其次，在抗戰後的情況，我們可把一九四七年上海及全國（東北除外）的工廠家數，僱用人數，及動力加以比較。

第二表　抗戰後上海在全國工業中的地位(1947)

名　　　　稱	全　　　　國	上　　　海	上海在全國總數中的百分比
工　廠　總　數　(家)	12,818	7,738	60.4
工　人　總　數　(人)	666,989	406,371	60.9
動　　　力　(馬力)	557,276.4	325,268.2	58.4

資料來源：National Economic Commission, *Industrial Survey of Principal Cities in China, Preliminary Report*, Nanking, 1948. 原書未見，茲據 Yuan-li Wu, *An Economic Survey of Communist China*, New York, 1956, p. 34 所引計算而成。

　　根據第二表，可知戰後上海無論是在全國的工廠總數中，僱用工人人數中，或是在工業所用的動力中，都佔百分之六十左右。

　　在近代中國機械化生產的新興工業中，以棉紡織業最爲重要，無論在資金、產值、工人或動力方面，在各種工業中都佔有特別重要的地位。中國近代採用機器來製造的棉紡織業，以在上海設立，而于光緒十六年（1890）開工生產的上海織布局爲最早。(註一) 自此以後，上海棉紡織業的機器設備在全國總額中都佔有很大的百分比。

(註一)　嚴中平中國棉業之發展（中央研究院社會科學研究所叢刊第十九種），重慶商務，民國三十二年，頁七五。

茲就歷年上海及全國各紗廠的紗錠設備以及抗戰前後上海及全國棉紡織業的設備及生產狀況，分別列表比較如下。

第三表　抗戰前上海及全國紗廠的紗錠設備(1895-1937)

年　　　　代	全國紗錠數(枚)	上海紗錠數(枚)	上海在全國總數中的百分比
1895	174,564	144,124	82.6
1897	400,892	309,972	77.3
1913	838,192	491,032	58.6
1918	1,154,498	713,658	61.8
1924	2,986,530	1,581,290	53.0
1925	3,429,922	1,914,294	55.6
1927	3,658,962	1,985,678	54.3
1928	3,795,576	2,071,560	54.6
1930	4,016,036	2,240,634	55.8
1937	5,071,122	2,125,762	41.9

資料來源：嚴中平中國棉業之發展，頁一一七，一二九；方顯廷中國之棉紡織業，上海商務，民國二十三年，頁一五至一六；楊大金編現代中國實業誌，上海商務，民國二十七年，上冊，頁六四至七二。關于一八九七及一九一三年的紗錠數，嚴氏後來據中國棉業之發展改寫成的中國棉紡織史稿(1955)，頁一五一，略有修改；如照修改後的數字計算，則一八九七年上海紗錠佔全國總額的百分之七五‧九，一九一三年佔百分之五八‧五。又關于一九三七年左右的紗錠數，楊氏書中(頁七二)聲明，"乃採自上海華商紗廠聯合會之報告製成，惟所舉各廠，現亦有倒閉者，亦有出售者，亦有新開者。"

第四表　抗戰前後上海及全國棉紡織廠的設備與生產狀況

年　　　　代	名　　　稱		全　國　總　數	上　海　總　數	上海在全國總數中的百分比
1931	紗	廠(家)	130	61	46.9
1931	紗	錠(枚)	4,183,139	2,268,658	54.2
1931	線	錠(枚)	261,264	236,532	90.5
1931	布	機(臺)	31,952	18,833	58.9
1931	工	人	255,256	131,038	51.3
1931	用	花(擔)	8,839,690	4,925,563	56.3
1931	出　紗	線(包)	2,380,671	1,260,095	52.9
1931	出	布(疋)	16,179,844	11,586,114	71.6
1932	紗	廠(家)	128	61	47.7
1932	紗	錠(枚)	4,351,706	2,387,582	54.9
1932	線	錠(枚)	345,574	289,278	83.7
1932	布	機(臺)	36,503	20,347	55.7
1932	工	人	261,127	128,249	49.1
1932	用	花(擔)	9,152,892	4,746,025	51.9
1932	出　紗	線(包)	2,283,898	1,140,991	50.0
1932	出	布(疋)	20,233,710	13,303,548	65.7
1933	紗	廠(家)	133	61	45.9
1933	紗	錠(枚)	4,611,357	2,550,216	55.3
1933	線	錠(枚)	408,560	355,648	87.0
1933	布	機(臺)	30,564	22,482	73.6
1933	工	人	257,568	119,074	46.2
1933	用	花(擔)	8,706,019	3,937,526	45.2
1933	出　紗	線(包)	2,332,684	1,031,119	44.2
1933	出	布(疋)	20,121,900	11,922,625	59.3

1947	棉紡織廠(家)	236	72	30.9
1947	紗　　錠(枚)	4,157,452	2,136,462	51.4
1947	線　　錠(枚)	478,886	372,280	77.7
1947	布　　機(臺)	56,559	26,543	46.9

資料來源：楊大金前引書，頁四一至四三；朱斯煌編民國經濟史，上海，民國三十七年一月，頁三四二。

　　根據第三、四兩表，我們可知自十九世紀末葉以來，上海各紗廠的紗錠，大部分時間都佔全國二分之一以上；除紗錠以外，上海棉紡織廠的其他機器設備，僱用工人，消費原料，和生產紗、布的數量，在抗戰前後，也約佔全國二分之一左右，或多些。至于各紗廠的資本，以民國十九年（1930）為例，全國總共有二八八、三二八、一三八元，其中上海佔一五九、三四九、三〇四元，即約佔全國百分之五五。(註一)

　　除棉紡織業外，其他較大規模的工業，上海在全國中也佔重要的地位。例如在一九三二至一九三三年全國麵粉廠八十三家中，上海佔四十一家；全國烟廠六十家中，上海佔四十六家。(註二)上海的工業，不獨工廠家數眾多，而且規模較大，故在全國工業總產值中佔很大的百分比。現在我們可把民國二十二年（1933）上海及全國工廠總產值比較如下。

第五表　　上海及全國工廠總產值(1933)

名　　　　　稱	全國總產值(千元)	上海總產值(千元)	上海在全國總產值中的百分比
紙製品(紙盒、咭片)製造工廠	1,240	1,240	100.0
人造脂工廠	3,864	3,864	100.0
橡膠製品製造業工廠	35,460	31,767	89.6
翻砂工廠	2,048	1,819	88.8
玻璃製造工廠	3,958	3,513	88.7
雜項物品（牙刷、牙粉、鏡子、熱水瓶、熱水瓶膽、陽傘）製造工廠	5,201	4,503	86.6
燭、皂製造工廠	10,881	9,288	85.4
搪瓷製造工廠	5,643	4,513	80.0
飾物儀器製造廠	5,611	4,320	77.0
絲織工廠	41,826	31,206	74.6
船舶修造廠	9,017	6,668	74.0
服用品製造工廠	37,481	27,310	72.9
製牛膠工廠	252	179	71.0

(註一)　方顯廷前引書，頁二五八。

(註二)　Rhoads Murphey, *Shanghai: Key to Modern China*, Cambridge, 1953, p. 166.

鋸木工廠	7,550	5,292	70.1
雜項飲食品（罐頭、餅乾、調味品及其他）工廠	12,950	8,980	69.3
製棉(軋花、彈廢花)工廠	11,395	7,500	65.8
清涼飲料(汽水、氷)製造工廠	5,386	3,516	65.3
製革廠	8,531	5,468	64.1
碾米工廠	12,126	7,561	62.4
印刷工廠	45,278	27,370	60.4
塗料工廠	7,581	4,473	59.0
陶瓷製造工廠	2,276	1,187	52.2
土石(石粉、石子、石棉繩、煤球)製造工廠	4,410	2,232	50.6
棉織工廠	85,500	42,704	49.9
造紙工廠	12,077	5,667	46.9
毛紡織工廠	25,098	11,149	44.4
麵粉廠	186,136	74,172	39.8
機器製造廠	19,341	7,180	37.1

　　資料來源：巫寶三主編中國國民所得(1933年)（中央研究院社會科學研究所叢刊第二十五種），上海中華書局，民國三十六年，頁一五六，八一，一二四，三五，五七，一六五，七七，七九，一六二，一〇四，四九，一一四，一二三，三〇，一五〇，八八，一四七，一一九，一二六，一六〇，八一，五九，六三，九七，一五一，一〇六至一〇七，一二八，及三七。

　　第五表比較上海及全國工廠的總產值，並不把所有各種工業都包括在內，不過是根據一時能夠找到的資料，很粗疏的作一比較而已。可是，就是根據這種不完備的比較，我們也可大略看出上海在全國工業生產中所佔地位的重要。此外，如果就所有各種工業來說，依照劉大鈞的估計，在一九三二至一九三三年，上海的工業生產總值約佔全國百分之五一左右。(註一)

二

　　開關以前的上海，曾經長期成爲棉紡織手工業的中心。例如在清康熙年間(1662-1722)，靑藍"布疋出在上海縣，民間于秋成之後，家家紡織，賴此營生，上完國課，下養老幼。"(註二) 上海及附近各地紡織出來的布疋，及在那裏集中的茶葉等貨物，每年都由海道運往華北和東北，而自東北輸入大量的豆、麥。在嘉慶九年(1804)，包世

(註一)　Liu Ta-chün, *The Growth and Industrialization of Shanghai*, Shanghai, 1936. 原書未見，玆引自 R. Murphey, 前引書，pp. 166.

(註二)　文獻叢編（國立北平故宮博物院文獻館編輯）第三二輯載蘇州織造李煦請預爲採辦靑藍布疋摺（康熙三十四年九月）。

臣說，"自康熙廿四年（1685）開海禁，關東豆、麥每年至上海者千餘萬石，而布、茶各南貨至山東、直隸、關東者，亦由沙船載而北行。"(註一) 當牠的經濟基礎建立在棉紡織手工業和沿海貿易之上的時候，上海並不是全國最繁榮富庶的城市，其人口遠在長江中下游的其他城市之下。例如在一八四三年，上海只有人口二十七萬左右，可是那時漢口的人口却多至一百萬，南京　蘇州及寧波也各有人口五十萬左右。(註二) 這種情況，自十九世紀中葉以來，發生激劇的變化。自此時起，當其他城市的人口停滯或甚至減少的時候，上海的人口却長期間保持着激劇增加的趨勢。在一九一〇年，上海的人口已達一、一八五、八五九；到了一九三〇年，增加至三、一一二、二五〇。(註三) 及二次大戰結束，在一九四五年，上海的人口據估計爲五百五十萬至六百萬左右。(註四) 因此，遠在二次大戰以前，上海早已發展爲全國最大的城市；從前比牠大得多的城市，如果和牠再比較一下，簡直是小巫見大巫。例如在一九三一年，上海的人口多至三、二五九、一一四，可是漢口只有人口七七七、九九三，南京只有六三三、四五二，蘇州只有二六〇、〇〇〇，寧波只有二一八、七七四。(註五)

　　爲什麼自十九世紀中葉以後，當其他城市陷于停滯或衰落狀態的時候，上海却能够自只有二十餘萬人口的城市，成長爲數百萬人口的大都會？對于這個問題，答案可能有種種的不同，但上海自沿海貿易擴展爲對外貿易，自手工生產改變爲機器生產，當是其中最重要的因素。

　　在閉關時代，廣州是中國對外貿易的唯一港口，佔出口價值最大部分的茶、絲都要先集中在那裏，然後纔能出口。可是，事實上，除附近有蠶絲出產以外，廣州和茶、絲重要產區距離很遠，陸路交通不便，運費昂貴，故出口貿易大受限制。反之，自開關以後，上海因爲距離茶、絲重要產區較近，水道交通較便，運費較廉，故在各

（註一）　包世臣中衢一勺卷上（安吳四種卷一）海運南漕議（嘉慶九年）。關于上海的沿海貿易，林則徐江蘇奏稿卷五（林文忠公政書甲集）蘇省並無洋銀出洋摺也說，"浙江、閩、粵海船携帶洋銀來至上海擇買蘇、松貨物者，往往有之。"

（註二）　Robert Fortune, *A Journey to the Tea Countries of China*, 1852, vol. I, pp. 97-98. 原書未見，茲引自 R. Murphey, 前引書，p. 66. 按 Robert Fortune 爲英國植物學家，曾于一八四三及一八四八年旅居上海，又曾于一八五三至一八五六年，及一八六一至一八六二年在長江流域旅行。

（註三）　羅志如統計表中之上海（中央研究院社會科學研究所集刊第四號），南京，民國二十一年，頁二一。

（註四）　R. Murphey, 前引書，p. 21.

（註五）　H. G. W. Woodhead, ed., *The China Year Book 1935*, Shanghai, p. 3.

地生產出來的茶、絲，自然而然的先在那裏集中，然後運輸出口。上海是在一八四三年開放爲通商口岸的，在一八四四年自那裏出口的茶爲一百萬磅；此後出口激增，到了一八五五年出口多至八千萬磅，佔是年全國茶出口總額的百分之五八；其後在一八六四年，其出口量更佔全國的百分之六四。(註一) 由于上海茶出口貿易的發展，全國茶的出口總額激劇增加，自十九世紀三十年代初期每年出口的五千餘萬磅，增加爲一八五六年的一三〇百萬磅。(註二) 上海絲的出口，在一八四四年爲六、四三三包，及一八五五年增爲九二、〇〇〇包，佔全國出口總額的百分之六十以上，以後在一八六四年也佔百分之六四。(註三) 隨着茶、絲出口的激增，再加上牠是擁有二萬萬人口的長江流域的天然出口，在東部沿海方面又是南北交通要衝，故上海的出入口貿易越來越發展，在全國對外貿易中擁有特別重要的地位。在一八四六年，上海的出口貿易約佔全國的七分之一，及一八五一年，增加到佔全國出口貿易的二分之一左右。(註四) 就洋貨輸入，土貨出洋來說，上海自一八六五至一九三〇年每年的直接對外貿易貨值，及其在全國對外貿易貨值總數中所佔的百分表，約如第六表所述。

第六表　上海歷年直接對外貿易貨值表(1865-1930)

年　　　　　　　代	上海直接對外貿易貨值(海關兩)	上海佔全國對外貿易貨值總數的百分比
1865	61,003,051	55.55
1870	78,108,105	65.64
1875	76,670,680	56.08
1880	92,225,309	58.68
1885	87,070,958	56.83
1890	98,993,486	46.21
1895	168,839,947	53.60
1900	204,129,362	55.16
1905	336,343,009	54.27
1910	373,958,182	44.32
1915	399,652,164	45.76
1920	577,712,938	44.31
1925	738,073,279	42.81
1930	992,409,356	44.64

資料來源：羅志如前引書，頁九〇。

(註一)　R. Murphey, 前引書， p. 109.

(註二)　John King Fairbank, *Trade vnd Diplomacy on the China Coast: The Opening of the Treaty Ports 1842-1854*, Cambridge, 1953, vol. I, pp. 288-289.

(註三)　R. Murphey, 前引書，p. 117.

(註四)　C. F. Remer, *The Foreign Trade of China*, Shanghai, 1928, p. 30.

　　上海對外貿易的飛躍發展，一方面直接養活了不少人口，他方面又因爲影響到上海的工業化，故人口激增。這可說是商業革工業的命。關于這種變化，我們可以從下述兩點來加以討論：(1)上海出入口商品之開始機械化的生產；(2)因對外貿易而引起的資本積蓄對于工業化的影響。

　　如上述，上海最初建立的大規模生產的工業，固然是由政府創辦而與國防有關的江南製造局；但除此以外，在甲午戰爭以前，由于對外貿易的發展，在那裏的中外人士已經漸漸開始試用西洋新式機器來從事工業生產。上文說過，自開關以後，上海絲的出口有越來越增加的趨勢。可是，當日出口的絲，用土法生產，品質不一致，不足以滿足國外消費的需要，故須試用機器繅絲來加以改良。楊大金說，"據光緒七年(1881)海關報告，在同治元年(1862)，卽有人在上海試百釜之機器繅絲工場，試驗失敗，于同治五年 (1866) 卽行倒閉。同年又有人在上海設立十釜繅絲工場，亦于數月後關閉。考當時設立絲廠之動機，完全爲外商在吾國試驗性質，因吾國輯里絲條份不均，不合彼國之用，故利用吾國工價低廉，成本減輕。幾經失敗，迄未成功。至光緒四年(1878)，法人卜魯納于上海試二百釜之新式繅絲機場，名曰寶昌絲廠，始辦有成效，是爲吾國新式繅絲工業之先導。迨光緒六年(1880)間，意商運繅絲鐵機來華，在上海建築廠屋，招工授以機製廠絲方法，是爲上海繅絲廠之始。"(註一) 由此可知，上海的繅絲廠，最初由外人投資創辦，其技術及機器也自外國輸入。其後，到了光緒七年 (1881)，"始有湖（浙江湖州）人黄佐卿者，首建繅絲廠于上海蘇州河岸。絲車僅一百部，廠名公和永。同時怡和、公平兩洋行，接踵而起，各建一廠，每廠計有絲車一百零四部，均以行號爲廠名，各項機件，均購自意、法兩國。三廠建築，均于是歲告厥成功。光緒八年(1882)，同時開工。是時運用繅絲機器，尙無相當人才，三廠乃共延意人麥登斯爲工程師，指導廠務。當時繅絲女工，都無充分訓練，繅工不良，絲質遂劣。且所出貨品，須直接運往歐洲銷售，輪運需時，週轉爲難。故自光緒八年至十三年(1887)，營業失敗，三廠資本，耗損殆盡。公平絲廠乃更易股東，改名旗昌。

（註一）　楊大金前引書，上册，頁一一〇至一一一。又參考 H. G. W. Woodhead, 前引書，p. 575; G. C. Allen and Audrey G. Donnithorne, *Western Enterprise in Far Eastern Economic Development*, London, 1954, pp. 64–66.

公和永與怡和兩廠，則盡力維持，悉仍其舊。十三年後，絲廠事業，漸見發達，公和永絲廠遂大加擴充，絲車自一百部增至九百部。"(註一) 由此可見，上海的中外人士，在創辦繅絲廠的期間內，由于技術工人的缺乏，和資金週轉的不靈，曾經遭遇到很大的困難。可是，經過相當時期，當基礎鞏固以後，上海的繅絲廠便要變為有利可圖的工業了。例如光緒十三年李鴻章說，"用機器繅絲，精潔易售，較中土繅法尤善。洋人爭購，獲利可豐。……鴻章曩在上海，親見旗昌、怡和各洋行，皆設有機器繅絲局，募千百華人婦女于其中，工賤而絲極美。嘉、湖絲買，無人仿辦，利被彼奪。"(註二) 又光緒二十一年 (1895) 張之洞說，"上海向有華、洋絲廠，……獲利頗豐。絲廠利三分，……"(註三)

甲午戰爭以前上海各繅絲廠的設立，是出口商品開始用機器來生產的表示。復次，當日入口的商品，如棉紡織品，也開始在上海利用新式機器來製造。中國自雅片戰爭後，對外貿易大部分時間都大量入超。造成入超的原因固然有種種的不同，但由新式機器製造出來的洋紗、布，因比土紗、布價廉物美，大量進口，當是其中一個重要的因素。因此，為着要減少洋紗、布的入口，以免利權外溢，中國有仿效西洋採用機器來紡紗織布的必要。最先感覺到有這種迫切需要的地方，是當日中國最大的對外貿易中心的上海，故在那裏有我國近代第一家棉紡織廠的設立。這一家棉紡織廠名叫上海織布局，"經營十餘年，尚未就緒，"(註四)至光緒十六年 (1890) 始開工生產，(註五)及光緒十八年 (1892)，"每日夜已能出布六百疋，銷路頗暢。"(註六) 關于上海織布局設立的動機，我們可以從李鴻章、鄭觀應(一作鄭官應)等創辦人的言論來加以考察。李鴻章說，"奏為招商在上海試辦機器織布局，以擴利源，而敵洋產，恭摺仰祈聖鑒事。……溯自各國通商以來，進口洋貨日增月盛，核計近年銷數價值，已至七千九百餘萬兩之多。出口土貨，年減一年，往往不能相敵。推原其故，由于各國製造均用機

(註一)　上海市社會局編上海之機製工業，上海中華，民國二十二年，頁一六〇。
(註二)　李鴻章李文忠公海軍函稿卷三條覆四事 (光緒十三年正月初十日)。
(註三)　張之洞張文襄公全集卷七八 (電奏卷六) 致總署 (光緒二十一年七月十八日辰刻發)。
(註四)　同書卷二六 (奏議卷二六) 擬設織布局摺 (光緒十五年八月初六日)。
(註五)　Stanley F. Wright, *Hart and the Chinese Customs*, Belfast, 1950, p. 611.
(註六)　李鴻章李文忠公奏稿卷七七重整上海織布局片 (光緒十九年十月二十六日)。

器，較中國土貨成于人工者，省費倍蓰，售價旣廉，行銷愈廣。自非逐漸設法仿造，自爲運銷，不足以分其利權。蓋土貨多銷一分，卽洋貨少銷一分，庶漏卮可期漸塞。查進口洋貨以洋布爲大宗，近日各口銷數至二千二三百萬餘兩。洋布爲日用所必需，其價又較土布爲廉，民間爭相購用，而中國銀錢耗入外洋者實已不少。……臣擬遴沂紳商在上海購買機器，設局仿造布疋，冀稍分洋商之利。"(註一) 又鄭觀應說，"進口之貨，除煙土外，以紗、布爲大宗。向時每歲進口值銀一二千萬，光緒十八年增至五千二百七十三萬七千四百餘兩，內印度、英國棉紗值銀二千二百三十餘萬兩，邇來更有增無減。以致銀錢外流，華民失業。如棉花一項，產自沿海各區，用以織布紡紗，供本地服用外，運往西北各省者絡繹不絕。自洋紗、洋布進口，華人貪其價廉質美，相率購用，而南省紗、布之利，半爲所奪。迄今通商大埠，及內地市鎮城鄉，衣大布者十之二三，衣洋布者十之八九。嗚呼！洋貨銷流日廣，土產運售日艱，有心人能不惄然憂哉？方今之時，坐視土布失業，固有所不可，欲禁洋布不至，亦有所不能。于無可如何之中，籌一暗收利權之策，則莫如加洋布稅，設洋布廠。……尤須自織洋布以與之抗衡。"(註二) 根據這些言論，我們可知上海織布局的設立，主要目的在效法西洋用機器來紡紗織布，以免外國棉紡織品大量進口，造成銀錢外流、華民失業的現象。在這裏，我們可以看出當日國外貿易對于上海工業化的影響。可是，不幸得很，這個經過長時期的籌備，而使用大規模的機器設備（紗錠三五、〇〇〇枚，布機五三〇臺）來生產的棉紡織廠，在光緒十九年(1893)九月初十日，因爲淸花廠起火，全部被焚。(註三) 有鑒于棉紡織業在中國的迫切需要，李鴻章命令津海關道盛宣懷前往上海，一面辦理善後，"一面招徠新股，仍就織布局舊址，設立機器紡織總廠，名曰華盛。"到了光緒二十年三月，李鴻章說，"上海華盛總廠，及華新、大純、裕源數廠，現已購機建廠，先行開辦。"(註四) 因此，到了光緒二十一年(1895)，上海各紡織廠已經有紗錠一四四、一二四枚。(註五)

(註一)　同書卷四三試辦織布局摺（光緒八年三月初六日）。
(註二)　鄭觀應盛世危言卷四紡織。
(註三)　李文忠公奏稿卷七七重整上海織布局片；嚴中平中國棉業之發展，頁七五至七六。
(註四)　李文忠公奏稿卷七八推廣機器織局摺（光緒二十年三月二十八日）。
(註五)　見第三表。

　　棉布為一般人衣服的主要原料，是日常生活的必需品，在國內有廣大的市場，故較早採用機器來生產。除此以外，開關以後自外國輸入的機製麵粉，因品質優良，為人民所喜歡食用，也有很好的銷路。隨着銷路的增加，上海遂有麵粉廠的設立；和繅絲廠一樣，在甲午戰爭以前上海的麵粉廠也最先由外人來創辦。徐珂說，"上海所用麵粉，自通商以後，固悉購之于海外也。德商某，見我國北部農產，以小麥為最富，而麥食亦最多，雖麥質不若美產之色白而味厚，然以國人購用國貨，且機粉較磨粉，色澤已較舊為佳，無慮其不發達。于是購機設廠，命名增裕，而上海始有麵粉廠矣。厥後營業日上，歲有盈餘。"(註一) 按德國商人在上海創設增裕麵粉廠，事在光緒十二年(1886)。(註二)

　　以上是甲午戰爭以前，由于對外貿易的發展，上海出入口的商品，漸漸開始自手工生產轉變為機器製造的情形。復次，開關以後因對外貿易而引起的資本積蓄，對于上海工業化的影響也非常之大。工業化以機械化的生產為主要特點，而大規模的機器設備有賴于鉅額的投資，故大量資本的積蓄為工業化的必要條件。在開關以前，上海由于沿海貿易的發展，有些商人因為經營得法，已經相當富有。(註三) 可是，事實上，當日沿海貿易的規模，絕對趕不及開關後的對外貿易那麼大，故資本的積蓄到底有限。及開關以後，隨着對外貿易的發展，在那裏從事出入口貿易的商人，自然可以賺取鉅額的利潤。同時，上海的外國商人，因為語言或風俗習慣的不同，在和中國人交易時，需要通事或買辦居中作媒介，故這些人也乘機大發其財。不特如此，上海自開關後，外人在那裏開關的租界，因為比較安全，自國內各地移居到那裏去的有錢人越來越多，故無形中自國內各地吸收到不少資金。而且，隨着人口的增加，商業的發展，上海的地價激劇上漲，故地主收入激增的結果，也有助于資本的積蓄。

(註一)　徐珂清稗類鈔，上海商務，第十七册，製麵粉。又政治官報第一九五號（北京，光緒三十四年四月十五日）湖廣總督趙爾巽奏推廣農業種棉織布情形摺說，"上海麵粉公司，初本一家，贏利甚厚。"

(註二)　H. G. W. Woodhead, 前引書，p. 580; G. C. Allen, etc., 前引書，p. 174.

(註三)　例如錢泳履園叢話(道光五年)卷四說，"今查上海、乍浦各口，有善走關東、山東海船五千餘隻，每船可載二三千石不等。其船戶俱土著之人，身家殷實，有數十萬之富者。每年載豆往來，若履平地。"又應寶時等纂同治上海縣志卷二一說，"王文瑞，字蟬庭，生一歲而孤。……七歲……習索絢業。……比長，聚所絞索為肆。或告以朽索雜新廠，利可倍。堅不肯，曰，'海船御風，全賴此。輕人命以獲利，不為也。'貨者踵至，業稍裕。販渤海、遼、薊間，多億中，家累鉅萬。……道光十三年(1833)，邑人議建總節孝坊祠。文瑞……獨力捐學宮西地房改建焉。"

　　關于開關以後上海商人因從事對外貿易而獲利的情況，我們可舉經營絲業的人來作例證。上文說過，上海自開關爲通商口岸後，因爲地近江、浙等蠶絲產區，絲的出口貿易發展得非常之快。在這種情形之下，上海經營絲業的人，自然可以賺到不少的錢。例如吳馨等纂上海縣續志（民國七年）卷二一說，"陳煦元，原名熊，字竹坪，烏程人。咸豐(1851-1861)初來滬，業絲起家。"又說，"施善昌，號少欽，浙人。原籍震澤，避亂來滬，營絲業。……光緒 (1875-1908) 初直、晉饑，辦義振。……先後十六年，助振十三省，募欵至二百餘萬金。傳旨嘉獎者七次，賞給心存濟物扁額。"施氏所以能够募捐鉅欵來辦理慈善事業，當然是因經營絲業獲利的原故。此外，下述的葉成忠、嚴信厚及經元善等人，也都在開關以後的上海，經商獲利，變成富翁。

　　在雅片戰爭以後抵達上海做買賣的外國商人，一方面由于語言習俗的不同，他方面因爲不明白中國商人的購買力或金融狀況，故不易和中國商人直接交易，而須通事或買辦從中介紹，並負責擔保中國商人如期交貨(出口貨)，及不拒納定購的貨物（入口貨）。通事或買辦旣然提供這些勞務，在買賣成交後自然可以抽取佣金來作報酬。隨着上海對外貿易的發展，買辦階級的佣金收入自然要激劇增加。例如王韜瀛壖雜志（同治十年）卷一說，"滬地百貨闐集，中外貿易，惟憑通事一言。半皆粵人爲之。頃刻間，千金赤手可致。西人所購者，以絲、茶爲大宗，其利最溥。其售于華者，呢毛、羽毛等物，消亦不細。"又姚公鶴上海閒話（上海商務，民國六年）卷上說，"滙豐(銀行)開辦，某英人任大班，黃(槐庭)任買辦。數年之間，黃逐積資至數十萬。而黃槐庭爲第一任滙豐之買辦，聲名乃亦洋溢于滬上矣。"按滙豐銀行設立于一八六六年，(註一)故買辦黃氏的大發其財，當是此後數年間事。

　　上海自開關爲商埠後，爲着要替英國商人找尋一塊可以經營商務和建築房屋的地方，英國第一任領事巴富爾 (George Balfour) 便與中國官方洽商出一個"永租"的辦法，在黃浦江邊選擇一片爲上海人棄置不顧的泥灘，由英國商人租借來建屋居住；其後漸漸擴充，便發展成爲租界。(註二)在租界中，英國領事對于居民掌有最高管轄權，

　(註一)　C. F. Remer, *Foreign Investments in China*, New York, 1933, p. 318.
　(註二)　徐公肅、丘瑾璋合著上海公共租界制度（中央研究院社會科學研究所專刊第八號），南京，民國二十二年，頁三；彭澤益中英五口通商沿革考，中國社會經濟史集刋（中央研究院社會科學研究所，民國三十八年一月）第八卷第一期。

故每當國內戰亂發生的時候，因爲比較安全的原故，許多人民——尤其是有錢人——都移居到那裏去。例如上海閒話卷上說，"及咸豐三年（1853），劉麗川踞城（上海縣城）爲亂，時則太平軍亦已佔有南京，劉與英領阿法暗通。觀上海道吳健章之不死于難，此中消息，頗費推詳。而太平軍之發難，其初外人亦嚴守中立，故租界因得圈出戰線之外。于是遠近避難者，遂以滬上爲世外桃源。當太平軍偪近上海之際，某寓公名租界爲四素地。蓋界內藉外人之勢力，以免兵禍，所謂素夷狄、素患難者是；而流寓之中，貧富貴賤相率偕來，則所謂素富貴、素貧賤者是。此爲上海市面興盛之第一步。"又同書卷下說，"適值洪（秀全）、楊（秀清）舉事，內地受兵，商人藉經商之名，爲避兵之實，既連袂而偕來；即內地紳富，亦以租界處中立地位，作爲世外桃源。商人集，則商市興；紳富集，則金融裕，而領袖商業之金融機關，乃次第開設矣。"由此可知，當太平天國革命（1850–1864）的時候，在國內各地的商人和紳富，因爲上海租界比較安全，多到那裏去避亂。因此，上海租界的中國居民在一八五二年本來只有五百人，及一八五四年增加到二萬人，其後在一八六四年更激增至五十萬人。(註一) 在這些新移入的人口中，既然有不少爲內地紳富及商人，上海的資金自然要因爲他們的來臨而激劇增加了。

　　由于人口的激增，和對外貿易的發達，上海的地價自十九世紀中葉開始有長期高漲的趨勢。例如劉坤一說，"查上海通商以來，商賈雲集，市肆日興，附近洋場馬路地方，地價每畝自數千金至百餘金不等。"(註二) 又張之洞說，"查沿江沿海各租界，……商務一興，地價驟漲。上海一畝之地，且有值至萬餘金者。"(註三) 上海租界地價的飛漲，約始于咸豐三年(1853)，當劉麗川領導三合會佔據上海縣城，與在南京的太平天國互相呼應，從而有大量人口自各地移入上海租界避亂的時候。在一八五二年，上海租界的地價，不過平均五十鎊一英畝；及一八六二年，平均一萬鎊一英畝。(註四) 其後繼續長期上漲，有如第七表所述。

（註一）　R. Murphey, 前引書，p. 10.
（註二）　劉坤一劉忠誠公奏疏卷三二查覆許賡書清丈參觀片（光緒二十五年十二月）。
（註三）　光緒東華續錄卷一七六光緒二十八年十月癸丑條。
（註四）　R. Murphey, 前引書，p. 10.

第七表　上海公共租界歷年地價表(1869-1899)

年　　　　代	地　皮　估　價　(兩)		
	英　租　界(共值)	虹　口　租　界(共值)	合　　　　　計
1869	4,707,584	561,242	5,268,826
1874	6,138,354	1,355,947	7,494,301
1876	5,443,148	1,493,432	6,936,580
1880	6,118,265	1,945,325	8,063,590
1882	10,340,660	3,527,417	13,868,077
1882-89	10,310,627	3,680,299	13,990,926
1890	12,397,810	5,110,145	17,507,955
1896	18,532,573	10,379,735	28,912,308
1899	23,324,176	14,320,576	37,644,752

資料來源：羅志如前引書，頁一六。

根據第七表，我們可知，在甲午戰爭剛結束不久的一八九六年，上海公共租界的土地價值約爲一八六九年的五倍半，在一八九九年約爲七倍多點。由于地價的長期上漲，上海的地主或地產投機者，自然可以獲取暴利，從而累積成鉅額的財富。例如清史稿孝義傳三楊斯盛傳說，"楊斯盛，字錦春，江蘇川沙人，爲坊者至上海。上海既通市，商于此者咸受廛焉。斯盛誠信爲儕輩所重，三十年後稍稍有所蓄，乃以廉值市荒土營室。不數年，地貴利倍蓰。善居積，擇人而任，各從所長，設肆以取贏。迭以助賑敍官。光緒二十八年，詔廢科舉，設學校，出資建廣明小學、師範傳習所。越三年，又建浦東中小學、靑墩小學。凡糜金十八萬有奇。"

這些在上海開闢爲商埠後發了大財的商人、買辦、地主，及自內地移居的有錢人，對于上海資本的積蓄，都有很大的貢獻。上海工業化所需的資本，除如江南製造局爲官辦工業，由政府投資以外，多半來自日益增加的商業利潤和地租收入，及自內地移入的資金。說到此點，我們可以先拿上海織布局來作例子。上海織布局最初爲純粹私人資本的企業，其後始加入官股。關于這家棉紡織廠的投資人物，上海申報曾記載說，"戴子輝(恒)太史爲京口望族，其尊甫富而好善。龔君(壽圖)係藕仁(易圖)廉訪之介弟，亦八閩殷宦。李君(培松)久業淮鹺，蔡君(鴻儀)業宏滬、甬，均當今之巨室。香山鄭君陶齋(官應)，上虞經君蓮珊(元善)，久居滬上，熟諳洋務商情。"(註一) 文中說蔡鴻儀"業宏滬、甬，……今之巨室，"可見他是在上海、寧波大發其財的富戶。

(註一)　光緒六年(1880)十月十六日申報載書機器織布招商局章程後。原文未見，玆引自嚴中平中國棉紡織史稿，頁一五六。

鄭官應及經元善都"久居滬上，熟諳洋務商情，"可見他們都是上海的買辦。此外，戴恒、龔壽圖及李培松原來都是內地紳富或鹽商，他們投資于上海織布局，可說是上海吸收內地資金的例證。在這些股東中，經元善不特投資于上海織布局，同時又是電報局的大股東。上海縣續志卷二一說，"經元善，上虞人。……光緒戊寅（1878），直、豫、秦、晉旱災，集捐鉅萬，辦急賑。滬地有協賑公所，自此始。嗣後歷辦各省賑捐，募欵達數百萬，傳旨嘉獎者十有一次。辛巳（1881），李鴻章創辦電報，檄元善任其事，南路線通。次年，改歸商辦，首認巨股。"除經元善等人外，葉成忠及嚴信厚也因在上海經商發財，積蓄了鉅額的資金，故能够分別創辦繅絲、火柴、紡織、麵粉及榨油等工廠或公司。關于葉成忠的事業，清史稿孝義傳三葉成忠傳說，"葉成忠，字澄衷，浙江鎮海人。……爲農家傭，苦主婦苛，去之上海。掉扁舟江上，就來舶鬻雜具。西人有遺革囊路側者，成忠守伺而還之。酬以金不授，乃爲之延譽，多購其物。因漸有所蓄。西人製物以機器，凡雜具以銅、鐵及他金類造者，設肆以鬻，謂之五金。成忠肆虹口數年，業大盛，乃分肆遍通商諸埠，就上海、漢口設廠繅絲造火柴，資益豐。"又辜鴻銘張文襄幕府紀聞卷下葉君傳說，"葉氏名成忠，字澄衷，……至上海時，海禁大開，帆船、輪舶麕集于滬濱。成忠自黎明至暮，掉一扁舟往來江中，就番舶以貿有無。外人見其誠篤敦謹，亦樂與交易，故常獲利獨厚。同治元年（1862），始設肆于虹口。……數年間，肆業日益遠大，乃推廣分肆，殆遍通商各埠。又在滬北、漢鎮創設繅絲、火柴諸廠，以興工業，且以養無數無業遊民。既饒于資財，自奉一若平素，絕無豪富氣象。……光緒己亥（1899）十月……卒，年六十。"(註一) 其次，關于嚴信厚的事業，上海縣續志卷二一說，"嚴信厚，字筱舫，（浙江）慈溪人。由貢生入李鴻章幕，隨蘇軍攻復湖州。……信厚當從軍日，已留心商務。至是在滬及其原籍設機器麵粉、榨油等公司，又設各省滙號。"嚴信厚既然早在襄助李鴻章平定太平天國革命的時候已經留心經營商業，自然可以因獲利而積蓄資本，從而在後來設立機製麵粉及榨油等公司了。

　　自然，甲午戰爭以前上海工業化所需的資本，並不完全來自上述的暴發戶，因爲

(註一)　又參考清稗類鈔第十七册葉成忠爲滬上商雄。

除此以外，當日在上海貿易的外國商人非常有錢，(註一) 對于上海工業化的資本的積蓄，也有很大的貢獻。上文說過，上海的繅絲廠及麵粉廠，最初都是由外人投資創辦的。根據專家的估計，在甲午戰爭以前，及在俄國入侵東北，在那裏建築中東鐵路以前，上海的外人投資額將近佔全國外資的一半。(註二)

根據以上的討論，我們可知上海初期的工業化，和上海在開關後對外貿易的飛躍發展，最有密切的關係。在那裏最先採用機器來生產的工業，除製造鎗礮、彈藥及輪船的江南製造局以外，以繅絲、紡織及麵粉等工廠爲主。絲是當日出口貿易的重要商品，棉布及麵粉在進口貿易中也佔重要的地位，故最先仿效西法來製造。不特如此，由于對外貿易的發展，上海的商人及買辦賺到不少的錢，地主的收入因地價上漲而增加，同時因爲租界的安全，和投資前途的有利，國內外的資金多被吸收到那裏去；因此資本積蓄增加，可以滿足初期工業化的需要。

三

約自十八世紀中葉開始的英國工業革命，到了十九世紀中葉左右大體上已告成功。那時中、英已經簽訂南京條約(1842)，上海已經開放爲通商口岸 (1843)，故隨着對外貿易的激劇發展，上海便漸漸因受到英國工業革命的影響而開始工業化。如上述，上海的工業化，在初時進行得非常緩慢；可是，到了甲午戰爭前夕，其速度已經漸漸增大。在戰後不久，倫敦東方報于一八九六年六月五日報導說，"查上海自五十年前通商以來，實爲各國來貨及土貨出口總滙之區，近今五年又變爲製造各廠聚集之所。此固租界地勢相宜使然也。又查一八九〇前，所有設在租界內及鄰近工廠衹五處，今計五十三處，或已完工，或將告成，皆紡紗、繅絲、織布各廠也。"(註三) 根據這個報導，我們對于上海工業化過程的研究，約略可以拿甲午戰爭作爲分期的標準。關于甲午以前上海的工業化，我們在上文已經說過，現在請進而探討甲午以後的情況。

(註一) 李鴻章李文忠公朋僚函稿卷四復曾沅帥(同治二年九月十九日)說，"此間(上海)止洋商最富。其華商稍有資本，則影射洋人名下。"

(註二) C. F. Remer, *Foreign Investments in China*, p. 73.

(註三) 時務報第一册（上海，光緒二十二年七月初一日）滬瀆繁庶。

　　工業化以機械化的生產爲主要特點，而機器的運轉有賴于動力的消耗，故動力產額的大小成爲工業化進展程度的指標。上海工業製造使用的動力，初時以蒸汽力爲主，如上海織布局裝有五百疋馬力的汽爐，爲美國所造。(註一) 除蒸汽力外，電力也漸被使用，其後更構成上海動力的最重要的部分。近代中國第一家發電廠位于上海，在一八八二年爲一家德國商行所建立。三年後，該廠對上海街道電燈供應電力。一八九三年，該廠爲上海公共租界工部局所買，以後便由工部局電氣處來經營。到了一九二九年，該廠售予美國及外國電力公司 (American and Foreign Power Company)，而經由上海電力公司來經營。(註二) 這是上海最大的電力公司，在一九二五至一九三四年每年的售電度數，爲整個上海售電總額的百分之八三，其他三個電力公司的規模都遠在上海電力公司之下。(註三) 由于上海電力公司在上海動力供應中所佔地位的重要，我們可以根據牠歷年的發電設備及營業狀況，來測量上海工業化進展的程度。

第八表　上海電力公司歷年營業及工程狀況(1893-1937)

年　　　　代	電廠容量(瓩)	最高負荷(瓩)	發電度數	售電度數
1893	197	—	—	—
1894	234	—	—	—
1895	234	—	—	—
1896	298	—	—	—
1897	298	—	—	—
1898	301	—	—	—
1899	377	—	—	—
1900	576	292	—	—
1901	576	320	—	—
1902	576	444	—	—
1903	1,600	580	—	—
1904	1,600	858	—	1,189,480
1905	1,600	1,090	—	1,721,731
1906	1,600	1,411	—	2,222,445
1907	3,600	1,630	—	2,663,852
1908	4,400	2,500	—	4,426,073
1909	4,400	3,100	—	5,697,980
1910	4,300	3,240	—	6,530,643
1911	6,400	4,007	—	7,919,841
1912	6,400	6,000	—	11,680.068
1913	10,400	8,100	—	19,928,446
1914	14,900	11,190	—	32,633,671
1915	19,600	13,909	62,291,443	49,787,397
1916	19,600	18,617	77,560,684	62,160,796
1917	29,600	20,187	96,921,287	78,490,442

(註一)　嚴中平中國棉業之發展，頁七五。

(註二)　G. C. Allen, etc., 前引書，p. 145.

(註三)　R. Murphey, 前引書，pp. 188–189.

1918	31,360	21,222	106,045,021	86,275,659
1919	38,600	27,553	128,884,547	102,338,137
1920	38,600	35,380	179,679,458	144,539,032
1921	84,600	41,047	226,418,958	185,364,746
1922	83,400	51,340	275,069,325	232,457,361
1923	125,400	62,903	327,876,613	272,265,861
1924	121,000	63,459	361,361,250	307,307,401
1925	121,000	72,930	356,058,848	294,343,905
1926	121,000	86,100	484,960,455	408,245,810
1927	121,000	86,025	470,195,058	400,343,385
1928	121,000	95,250	527,779,842	458,360,215
1929	161,000	111,582	620,908,546	535,787,562
1930	161,000	118,860	626,743,000	575,648,000
1937	183,500	—	—	

資料來源：1893 至 1930年的數字，據羅志如前引書，頁六六；1937年的數字，據 G. C. Allen, 前引書，p. 145.

　　根據第八表，我們可知上海電力公司的發電設備，在甲午以後至抗戰以前的發展過程中，歐戰或第一次世界大戰(1914—1918)是其中一個比較重要的關鍵。在歐戰開始的一九一四年，上海電力公司的電廠容量約爲一八九四年的六三·六倍；可是，在歐戰開始以後的長期間內，由于發電設備的大量擴充，一九二九至一九三〇年的電廠容量却爲一八九四年的六八八倍，到了一九三七年更擴充到爲一八九四年的七八四倍。隨着電廠容量的擴充，上海電力公司的發電度數及售電度數自然也約略作同比例的增加。因爲發電量的大小是工業化程度高低的指標，故我們根據上海最大電力公司歷年發電設備及發電量的變動情況，對于甲午以後抗戰以前上海工業化的經過，可以拿歐戰作標準而分開兩個時期來討論，卽自甲午以後至歐戰爲一個時期，自歐戰以後至抗戰前夕爲另一時期。現在先說前者。

　　甲午戰爭結束，中、日于光緒二十一年（1895）簽訂馬關條約。條約中規定日本人民得"在中國通商口岸，任便工藝製造；各項機器，任便裝運進口，只交進口稅。"(註一) 根據最惠國條款，其他國家也相繼取得在華設廠的權利。本來在甲午以前，在上海的外國商人已經投資于繅絲、麵粉等工業，可是因爲沒有條約的根據，各項機器不能任便進口，故規模並不很大。到了甲午以後，各國既然根據條約取得在華設廠的權利，外人投資自然要激劇增加，而當日全國最大的通商口岸的上海，更自然而然的成爲外人在華設廠的最主要地方。例如一八九七年五月二十一日倫敦東方報載美國

　（註一）　清朝續文獻通考卷三五八。

領事的報告說，"自該約章（馬關條約）兩國（中、日）御批後，滬濱及鄰近各處之
軋花廠、織布廠、繅絲廠，紛紛創設，局面爲之一新，其興旺氣象，殆有變爲東方洛
活爾（Lowell，係美國紡紗織布廠最多之地）之勢。上年年初，滬上紡紗廠已有五
六家，其已動工之錠子凡十萬五千枚，其裝工未竣之錠子凡三萬餘枚。此外西商公司
招股設廠者，計英公司三，德公司一，共用錠子十四萬五千枚。另有日商紡紗廠二家，
議成而中止。"(註一) 這裏說的三家英公司中，在一八九七年已有兩家完工開車。一家
爲老公茂紡織局，資本七一五、八〇〇兩，紗錠三〇、五四八枚；另一家爲怡和紡織
局，資本一、五〇〇、〇〇〇兩，紗錠五〇、〇〇〇枚。德公司于是年完成的紗廠
爲瑞記棉紗廠，資本一百萬兩，紗錠四〇、〇〇〇枚。此外，美商也完成鴻源紡織
局，其資本及設備與瑞記同。因此，在一八九七年，外商在上海開設了四個大廠，紗
錠達一六〇、五四八枚，約爲是年上海紗錠總數的百分之五一・八。其後更加擴充，
到了一九一三年，連日商在內，外商紗廠的紗錠共達三三八、九六〇枚，約佔上海紗
錠總數的百分之六九。(註二) 除棉紡織業外，外商又在上海建立紙煙工業。英美烟公
司 (British-American Tobacco Company) 于一九〇二年成立，牠在上海浦東的工
廠，採用英、美機器來製造，于一九〇六年每日生產香烟八百萬枝。廠中僱用中國員
工約二千五百人，外籍人員約三十人。(註三) 根據專家的研究，上海的外資總額，在
一九〇二年爲一一〇百萬美元，及一九一四年更增加至二九一百萬美元。(註四)

　　當外商因馬關條約的簽訂而在上海大規模開辦工廠的時候，國人在上海經營的工
業，却因外廠資本的雄厚，機器設備的精良，和管理技術的優異，而遭受到劇烈的競
爭，以致危機重重。關于此點，我們可以拿盛宣懷督辦的華盛紗廠及其他紗廠的虧折
情形來作例證。盛宣懷愚齋存稿卷五上海華廠紡織虧累招商接辦摺（光緒二十八年八
月）說，"竊光緒十九年（1893）上海織布局廠機被焚，北洋大臣李鴻章以洋貨進口，
紗布實爲大宗，應在上海號召華商，另設機器紡織廠，以土產敵洋貨，力保中國商民

（註一）　時務報第三二册（光緒二十三年六月十一日）中國紡織繅絲情形。
（註二）　嚴中平中國棉業之發展，頁一一〇至一一一，一二九。但據嚴氏的中國棉紡織史稿，頁一五一，一八
　　　　　九七年外商紗錠佔上海紗錠總數百分之五三・五，一九一三年佔百分之七〇・五。
（註三）　G. C. Allen, etc., 前引書，p. 169.
（註四）　C. F. Remer, *Foreign Investments in China*, p. 73.

自有之利權。其時臣在津海關道任內，當奉奏派赴滬，將前局結束，分籌資本規復，一方設法擴充。嗣經招徠新股，就織布局舊址設立華盛廠，另在上海激勸華商，招股分設華新、大純、裕源、裕晉等廠。先收股分一半，次第開辦。布置年餘，廠屋造竣，機器到齊。未幾而日本釁生，馬關約定，商股觀望，未交之欵，招之不來。機錠已開，勢無中止。商董竭蹶籌欵，力已難支。而洋商得在口改製土貨之條，急起直追，來與我角。怡和、瑞記、公茂、鴻源各洋行，運機造廠，先後開辦。花價因爭買而益漲，工價因爭僱而益昂。在上海華洋商廠皆聚于楊樹浦一隅，互相傾軋，無不虧本。而華商魄力太微，與各洋廠馳逐于咫尺之地，不待智者而策其必敗矣。裕晉廠見機獨早，稟請將全廠售歸德商。裕源廠亦稟請另招洋商入股。大純、華新均岌岌自危，不可終日。華盛機器倍多，虧折愈甚。茲據華盛廠商董稟稱：該廠原奏係承接布局，冀以土產抵拒洋貨，故購辦紡紗機器至六萬五千錠之多，織布、軋花機器俱全，所用資本二百八萬餘兩。甫經收集商股八十萬兩，卽遭甲午之變，洋廠紛來，華廠裹足。而機廠各價，不能不付，乃由商董籌借息債，支持危局七年之久。截至光緒二十六年（1901）十二月止，將原股八十萬虧完之外，並將應給各債項利息酌量豁除，尚虧墊銀十六萬餘兩。所有息借各欵，紛紛催逼，補救無方。經各股商會議，不願再添資本，祇得將該廠地基、房屋、機器等項，悉照原價，全盤售與集成公司，計價銀二百十萬兩。該廠機器、房屋已舊，而集成華商允照原價承受，實因前廠息借各欵，已無現銀可收，不得已添湊股本，受此呆產，喫虧亦鉅。………”又同書卷二八寄李傅相（光緒二十三年八月初六日）說，“上海楊樹浦華盛紗廠，商股只有八十萬，頗虧折。現今楊樹浦一帶，洋廠林立，華廠獨受其擠，月須虧折數千金，斷難持久。”又卷三四寄峴帥（光緒二十五年三月十七日）說，“上海祇有華盛、華新、大純、裕源、裕晉五紗廠，皆係商本商辦。（光緒）十九年，李中堂奏明，由宣懷督其成。馬關條約准開洋廠，乃有怡和、瑞記、公茂、鴻源四洋廠，互相爭軋，虧折甚鉅。洋商力足，華商難支。裕晉華廠，已改協隆洋廠。現在僅止四廠，勢甚危殆。”又劉坤一劉忠誠公電奏卷一復總署（光緒二十五年五月十七日）說，“商疲力困，洋商益肆擠排。現在……盛宣懷督辦之華盛、大純、華新、裕源、裕晉五商廠，勢甚危殆。其餘商辦絲、紗等廠，虧折資本閉歇，或售抵洋商改牌”。又昌言報第一冊（上海，光緒二十四年七月初一日）

譯一八九八年七月一日倫敦報說，"上海一處，已有紗廠十一所。一千八百九十七年，有紗廠五家，著有成效。……紡紗一事，若歸華人辦理，終于無利可圖。緣經理諸人，素不講求紗務，而詡詡然自以爲是。是以有紗廠數處，虧本甚鉅。"紗廠是當日國人在上海經營的資本最大、機械化程度最深的一種工業，可是在馬關條約簽訂以後，却由于外廠的劇烈競爭而大虧其本，或甚至爲外廠所吞併。當日國人在上海舉辦工業所遭遇的危機，可說是非常嚴重！

　　對于因馬關條約而引起的工業上的危機，滿清政府曾經設法加以補救。例如張之洞說，"溯自馬關定約以後，臣在署南洋通商大臣任內，欽奉（光緒）二十一年閏五月十三日電旨，飭令招商多設織布、織綢等局，廣爲製造。臣當卽宣布德意，廣爲勸諭招徠。中國商民知外人得來內地設廠造貨，莫不感慨奮發，思有以防內蝕外漏之患。而又深悉朝廷恤商輕稅之章，其議集股分，圖佔先着者，頗不乏人。"(註一) 在甲午戰爭期間，政府因爲戰費支出激增，而財政收入有限，曾經向商人舉債來滿足需要。及戰爭結束，政府歸還債欸及利息的時候，張之洞乃設法鼓勵商人利用這些欸項來興辦工業。他規定，"凡有移此項官還息借欸開廠者，係屬遵旨振興商務，無論製造何項洋貨，及仿洋式販運出洋之土貨，如洋式磁器之類，當奏明第一年准將稅釐全免，第二年後仿照紗布廠章程，只完一正稅通行各省，以示鼓勵。"(註二) 他又說，"各廠除絲廠外，大約仍以設上海爲便。願設他處者，亦聽之。黃道（上海道臺）已在上海法租界以南覓有工廠地一段，擬修馬路，地基合宜。"(註三) 自此以後，政府還有種種措施來獎勵工業。爲鼓舞人心，于光緒二十四年（1898）五月，經總理衙門遵諭議定振興工藝給獎章程十二條，以世職、實官、虛銜、專利或匾額頒給創廠各商；爲便利工商各業周轉金融，于二十四年四月開設中國通商銀行于上海；爲統轄全國工商各政，職有專司，于二十九年七月設立商部；爲使各商有軌可循，于二十九年十二月由商部奏頒商律之公司一門，並訂商標試行章程二十八條；至三十二年四月，又頒商律之破產一門；爲獎勵華商踴躍投資，又于三十三年七月再頒華商辦理農工商實業爵賞章程

（註一）　王彥威輯淸季外交史料卷一二三鄂督張之洞奏華商用機器製造貨物請從輕加稅並改存儲關棧章程摺
　　　　　（光緒二十二年九月十三日）。
（註二）　愚齋存稿卷二四署江督張香帥來電（光緒二十一年十一月十九日）。
（註三）　張文襄公全集卷一四七致蘇州趙撫臺鄧藩臺（光緒二十一年七月十六日戌刻發）。

十條，及改訂獎勵華商公司章程。(註一) 在政府多方獎勵的情況下，上海的華商工業雖然因爲馬關條約而受到不少的挫折，終于能够站立得住，而繼續向前發展。不特如此，馬關條約既然便利了外資的大量輸入，上海各種工業製造的機器設備自然激劇增加，從而幫助了上海工業化的進展。

　　國人在上海舉辦的工業，因馬關條約而遭受挫折，從而政府不得不設法補救，已如上述。復次，甲午以前，我國在自强運動聲中，側重于軍事或國防工業建設的政策，(註二) 到了甲午戰爭失敗以後，自然而然的引起了朝野上下的檢討。大家覺悟到偏重軍事工業建設的政策，並不能够解決國防問題，反而給日本打敗，向日本賠償鉅欵，故須大加修改，從而民用工業或消費品工業便較前得到更大的注意。上海的民用工業，本來已經有了一些基礎，故甲午以後，由于客觀形勢的要求，更加向前發展。在甲午以後的長期間內，對于上海民用工業的建設最有貢獻的，我們要推祝大椿。政治官報第一〇一號（光緒三十四年正月初九日）載農工商部奏獨力出資興辦實業照章獎勵摺說，"茲據上海商務總理四等議員分部郎中李厚祜等稟稱：職會議董，(無)錫、金(壇)商務分會總理，花翎道衔祝大椿，在滬經商有年，獨資合資興辦實業機器各廠公司，計源昌機器碾米廠，資本銀四十萬元；源昌機器繅絲廠，資本銀五十萬元；源昌機器五金廠，資本銀十萬元。此皆獨出資本，自行經理，並無他商附股。又華興機器製造麵粉公司，自出資本銀二十萬元，招集二十萬元；公益機器紡織公司，自出資本銀六十七萬元，招集六十七萬元；怡和源機器皮毛打包公司，自出資本銀十四萬元，招集十四萬元。此係合資公司，而該議董祝大椿資本實居其半。統計獨立機廠三處，合資公司三處，先後成立，均開設于上海，資本一律繳足，共數二百一萬元，男女傭工共數四千餘人。並經周歷各廠各公司，詳加考察，洵皆布置妥洽，工作精良，確著成效。……" 奏上後，農工商部于光緒三十三年 (1908) 十二月二十三日奉旨，"祝大椿著賞給二品頂戴，欽此！" 祝大椿能够一個人在上海獨資開設三大工廠，與人合資開設三大公司，投資總額在二百萬元以上，他對于上海工業化的貢獻當然是很大的。

(註一)　光緒東華續錄卷一四五，一四六，一八一，一八五，一九〇，二〇〇，二〇八及二〇九；嚴中平中國棉業之發展，頁一一四。

(註二)　拙著甲午戰爭以前的中國工業化運動，集刊第二十五本。

　　甲午以後歐戰以前上海工業發展的速度，由于種類的差異而各有不同。就資本最大及機械化程度最深的紗廠來說，上海各紗廠在一八九五年只有紗錠一四四、一二四枚，及一九一三年共有四九一、〇三二枚，即增加三倍有多。(註一) 就麵粉工業來說，甲午以前上海只有一家由德國商人開設的麵粉廠，可是到了光緒三十四年(1908)，趙爾巽說，"上海麵粉公司，初本一家，贏利甚厚。殆陸續添至七廠，原料以競買而昂，出貨以過多而賤。"(註二) 在這新添的六家麵粉廠中，有一家爲上述祝大椿與人合資開設的華興機器製造麵粉公司，資本四十萬元；另一家爲由直隸候補道孫多森創辦的阜豐機器麵粉公司，集股一百萬元。(註三) 因此，一九〇八年上海的麵粉廠，就家數來說，約爲一八九五年的七倍。此外，上海較早興辦的繅絲廠，在一八九五年只有十二家，及一九一三年增加至四十九家，即增加四倍多點；如果就繅絲機數來說，一九一三年將近爲一八九七年的兩倍。其詳細情形，請參考第九表。

第九表　　上海歷年絲廠數及絲機數(1890—1913)

年　　代	繅絲廠數	繅絲機數	年　　代	繅絲廠數	繅絲機數
1890	5		1902	21	7,306
1891	5		1903	24	8,526
1892	8		1904	22	7,826
1893	9		1905	22	7,610
1894	10		1906	23	8,026
1895	12		1907	28	9,686
1896	17		1908	29	10,006
1897	25	7,500	1909	35	11,058
1898	24	7,700	1910	46	13,298
1899	17	5,800	1911	48	13,737
1900	18	5,900	1912	48	13,292
1901	23	7,830	1913	49	13,392

　　資料來源：羅志如前引書，頁六五。

　　除上述外，上海其他工業，在甲午以後至歐戰開始的期間內，也有新廠的設立。例如在造紙工業方面，上海機器造紙公司經過三年的籌備，于光緒三十三年(1907)五月開工造紙。該公司總理爲二品銜候補四品京堂龐元濟，他于是年呈報農工商部，報

（註一）　參考第三表。
（註二）　政治官報第一九五號湖廣總督趙爾巽奏准廣農業種棉織布情形摺。
（註三）　政治官報第四四四號（光緒三十四年十二月二十七日）農工商部奏華商集股創辦公司振興實業照章請獎摺。按阜豐機器麵粉公司于一八九六年設立，華興機器製造麵粉公司于一九〇二年設立，見 H. G. W. Woodhead, ed., 前引書，p. 580.

告創辦經過說，"……于是年（光緒三十年）六月就上海籌集股本，勘定廠地。九月前往東洋，考察紙廠情形。……又以機器造紙，中國尚無熟手，當卽委訂日本工程司一人，購定機器。于十一月回滬，籌商紙樣，繪圖建廠，鳩工庀材，費用浩大。……綜計機器廠屋成本，除收官商股銀四十四萬兩外，約計廠務需費殷繁，尚不敷銀二十餘萬兩。……力為挪借，竭三年之況瘁，免九仞之功虧，至本年（光緒三十三年）五月間，全廠始獲告成，開工造紙。"(註一) 其次，在羊毛紡織工業方面，商人樊芬、葉瑝等曾創設日輝織呢廠（一作上海日暉毡呢廠）。(註二) 該廠配備有毛紡錠一、七五〇枚，織呢機四十部，織厚呢機四部，及其他各種自紡、自織、自染的毛織附屬機械。(註三) 此外，在機械工業方面，上海縣續志卷八說，"光緒三十年，邑人朱開甲，字志堯，于南市機廠街創設求新機器廠。數年以來，成績燦然。……供各處之利用，定購者日多。"隨着工業機器設備的擴充，上海電力的消耗自然增大。在一九一〇年，上海公共租界工務局電氣處出售作工業用的電力不過四三三、九〇八度，及一九一一年增加爲七六一、七二四度，一九一二年增加爲二、三〇七、四八二度，一九一三年更增加至六、九三四、〇五一度。(註四)

四

根據上述，我們可知，在歐戰或第一次世界大戰爆發的前夕，上海的工業化已經有了長久的歷史。可是，歷史雖然長久，工業化的速度事實上並不很大，因爲我國自開關時起便喪失關稅自主權，從而工業先進國的製造品可以長期大量輸入，予我國新興的工業以嚴重的打擊。這種情勢，由于歐戰的爆發而發生變化。

自開關以後，到歐戰前夕，由于協定關稅及其他原因，中國對外貿易在大部分時間內都鉅額入超。可是，歐戰發生以後，西方各工業先進國家，因爲忙于參戰，自然不能够像過去那樣把大量工業品運至我國來銷售。因此，中國對外貿易的入超總值，自

(註一)　政治官報第八三號（光緒三十三年十二月十三日）農工商部奏造紙公司具報開工懇請獎勵摺。又參考光緒東華續錄卷二一三光緒三十三年十二月條。
(註二)　政治官報第三五三號（光緒三十四年九月二十五日）兩江總督端方奏上海日輝廠所出毡呢完納正稅免繳厘金案。
(註三)　上海市社會局前引書，頁一八七至一八八。
(註四)　羅志如前引書，頁七一。

一九一四年的二一三、〇一四、七五三海關兩，激減爲一九一五年的三五、六一四、五五三海關兩，及一九一九年更激減至一六、一八八、二六四海關兩。(註一) 外貨入口的銳減，予我國工業以發展的大好機會。例如在棉紡織業方面，中國在一九一四至一九二五年，一共新設立了八十七家紗廠，在一九二五年全國紗錠已將達三百五十萬枚。(註二) 這些新紗廠有不少設于上海，故上海的紗錠在一九一三年只有四九一、〇三二枚，及一九二五年激增至一、九一四、二九四枚。(註三) 歐戰于一九一八年結束以後，中國工業雖然要漸漸開始遭遇困難，但因爲戰時已經奠定好了基礎，故仍然能够站立得住而向前繼續發展。全國（天津除外）僱用工人三十名以上的工廠，在一九二〇年共有六七三家，及一九三〇年增加至一、九七五家，卽在十年內增加工廠一、三〇二家。在這些新開的工廠中，有六四五家設于上海。上海于一九一三年只有工廠七〇家，及一九三三年增加至一、一八六家，約爲二十年前的十七倍左右。(註四)

自歐戰時期開始上海的工業化所以能够加速進行，除由于歐戰本身以外，我們還可從鐵路交通、抵制外貨及關稅自主三方面來加以討論。上海初時的工業化，雖然側重于江南製造局的製造軍械，和繰絲廠的繰製出口生絲，其後採用大規模機器設備來製造的工業品，却以棉紗、棉布、麵粉及其他各種消費品爲主，以滿足國內市場的需要。位居長江下游，而在東部沿海方面又是南北交通要衝的上海，由于水道交通的便利，其工業產品只要負擔很便宜的運費，便可大量運銷于各地。這種天然水道交通的便利，當加上鐵路交通的發展以後，對于上海工業品之國內市場的開拓，當然更爲有利。說到中國的鐵路，經過多年或斷或續的修築，到了甲午戰爭時期，只有二百至二百五十英哩左右。(註五) 及甲午以後，鐵路的建築較前積極，故到了宣統三年(1911)，中國領土內已有將近六千英哩的鐵路。(註六)在這些新修的鐵路中，滬寧路（後稱京滬

(註一)　楊大金前引書，上冊，頁二三。
(註二)　G. C. Allen, etc., 前引書，pp. 175-176. 但此書說一九二五年中國的紗錠已經超過三百五十萬枚，與本文第三表略有不同。
(註三)　參考第三表。
(註四)　R. H. Tawney, 前引書，p. 127. 又參考第一表。
(註五)　拙著甲午戰爭以前的中國工業化運動，集刊第二十五本。
(註六)　拙著清季鐵路建設的資本問題，國立臺灣大學法學院出版社會科學論叢第四輯（臺北市，民國四十二年九月）。

路）長一九三英哩，于一九〇八年通車，滬杭路長一一八英哩，于一九〇九年通車，(註一) 對于上海與各地間交通的貢獻當然很大。此外其他鐵路雖然不直達上海，但因直達沿海港口或長江沿岸的城市而經由水道與上海作密切的連繫，故也能够幫助上海工業品在國內各地擴展銷路。產品的銷路旣然隨着鐵路交通的發展而較前擴大，上海各種工業自然可以乘機發展了。

由于愛國心的驅使，我國人民對于列强的壓迫，往往發動大規模的抵制外貨運動來加以報復。因爲被抵制的外貨多半爲過去大量輸入的工業品，其銷路的銳減，正予我國同樣工業以發展的機會。上海是我國最大的工業中心，那裏的企業家自然要把握住愛國運動的大好時機來興辦國貨工業。例如在歐戰的第二年，即民國四年(1915)，日本向我國提出二十一條，國人憤慨，大規模的抵制日貨。日貨旣被抵制，上海的化學工業，如家庭工業社、永和實業公司及香亞公司，都乘機開辦，以滿足國內市場的需要；至于已經成立的搪瓷廠、製傘廠及鈕扣廠，也因此而得到發展的機會。(註二) 又如民國十四年(1925)，由于五卅事變，國人發起抵制外貨運動，國貨工業乘機發展。南洋兄弟煙草公司于民國五年在上海設立分廠，于民國八年擴充範圍，改爲股份有限公司，資本增加至一千五百萬元。到了民國十四年，因爲五卅事變，英美煙公司的出品被國人抵制，南洋兄弟煙草公司乘機大賺其錢，盈餘額在一萬二千萬元以上，翌年更超過二萬萬元。(註三) 因爲紙煙業在抵制外貨的時候有利可圖，故五卅事變發生後上海紙煙廠數激劇增加，有如第十表所說。

第十表　上海歷年紙煙廠數(1905—1932)

年　　　代	廠　　　數	年　　　代	廠　　　數
1905	2	1910	1
1906	1	1911	1
1907	1	1912	2
1908	1	1913	2
1909	1	1914	2

(註一)　淩鴻勛中國鐵路志，臺北市，民國四十三年，頁二一三，二一六。
(註二)　上海市社會局前引書，頁一一。
(註三)　楊大金前引書，頁二〇，七九〇。

1915	4	1924	14
1916	7	1925	51
1917	8	1926	105
1918	9	1927	182
1919	9	1928	94
1920	9	1929	79
1921	9	1930	65
1922	9	1931	64
1923	10	1932	60

根據資料：實業部工業司實業部工業施政概況，南京，民國二十三年，頁四八。

　　五卅事變後不久，國民革命軍北伐成功。國民政府成立後卽努力于關稅自主權的恢復，到了一九二九年便開始關稅自主。自此以後，由于入口稅率的提高，我國工業因得到保護而較前發展。例如各類棉布入口稅率提高的結果，向來高踞入口貨第一位的棉布，如以一九三〇年的入口量指數爲一〇〇，則一九三六年爲一〇·五，卽在六七年內將近跌落了百分之九十。如就絕對數量來說，一九三六年中國棉布的入口量，要比一九三〇年減少四萬萬碼以上。(註一) 關稅自主權的恢復，既然給中國紡織業增闢四萬萬碼以上的棉布市場，擁有全國紗錠的一半左右的上海，自然可因國內市場的擴大而較前發展了。這雖然只就棉紡織業來說，其他工業想也有相似的情形。因此，工商部于一九三〇年四月起，以四個月的時間，對上海八三七家工廠作一調查，發見這些工廠中，以在開始關稅自主的一九二九年成立的爲最多。請看第十一表。

第十一表　工商部調查上海各年成立工廠數 (1911-1930)

年　　代	廠　　數	年　　代	廠　　數
1911及以前	48	1922	40
1912	15	1923	41
1913	7	1924	40
1914	18	1925	54
1915	11	1926	65
1916	10	1927	68
1917	14	1928	91
1918	19	1929	108
1919	26	1930	62
1920	24	未詳	37
1921	39	總共	837

根據資料：羅志如前引書，頁六三。

(註一)　嚴中平中國棉業之發展，頁一九五至一九六。

由于上述歐戰、鐵路交通、抵制外貨及關稅自主等原因，上海在兩次世界大戰間工業化的速度較前增大。上文說過，一九一三年上海只有七〇家工廠，及一九三三年却有一、一八六家工廠，約爲二十年前的十七倍。不特如此，新開設的工廠往往採用較大規模的機器設備，故消耗的動力也特別增大。在一九二五至一九三四年售電度數佔上海售電總額百分之八三的上海電力公司，其發電廠在一九二九年以前爲上海公共租界工部局電氣處所經營。現在把一九一三至一九二八年工部局電氣處出售工業用電度數，及其在出售電力總度數中所佔的百分比，列表如下。

第十二表　　上海公共租界工部局電氣處歷年供給工業用電度數(1913-1928)

年　　　　　代	出售工業用電度數	佔售電總度數的百分比
1913	6,934,051	34.8
1914	15,230,639	46.7
1915	30,633,455	61.5
1916	42,042,853	67.6
1917	57,182,340	72.8
1918	66,024,895	76.5
1919	79,622,548	77.8
1920	116,839,147	80.8
1921	154,898,657	83.5
1922	198,549,509	85.4
1923	234,419,732	89.8
1924	267,043,809	86.9
1925	255,682,586	87.2
1926	364,085,143	89.2
1927	350,526,355	87.6
1928	401,812,884	87.7

資料來源：羅志如前引書，頁七一。

根據第十二表，我們可知一九二八年上海公共租界工部局電氣處出售工業用電度數，約爲一九一三年的五十八倍。自一九二九年起，工部局電氣處的發電廠，改歸上海電力公司經營。上海電力公司有兩個發電廠，其中一個爲楊樹浦電廠，于一九三〇年發電四五〇百萬度，大于英格蘭任何一個發電廠的發電量。上海電力公司和其他三個電力公司于一九三〇年在上海發出的電力，大于除倫敦以外英國任何一個城市的發電量。在中國方面，上海于一九三六年發出的電力，約佔全國發電量的百分之五八。(註一) 電力是近代機械動力中最重要的一種，故由于兩次世界大戰間上海發電量的激劇增加，我們可以探知當日上海工業化加速進展的消息。

(註一)　R. Murphey, 前引書，p. 189.

　　說到上海工業化的情況，我們可以先就上海各主要工業的資本及動力來加以考察。劉大鈞曾把一九三一及一九三三年上海十二類主要工業的資本及動力加以統計，現在根據這些資料分別列表如下：

第十三表　上海十二類主要工業的資本統計

類　　　別	工　　廠　　數		每廠平均資本 (元)	
	1931	1933	1931	1933
紡　　　　紗	27	29	1,405,638	1,693,706
火　　　　柴	2	4	720,027	830,000
紙　　　　煙	44	45	479,811	422,281
麵　　　　粉	14	15	461,706	416,281
化　　　　學	60	78	156,371	194,878
橡　膠　品	29	41	86,969	98,144
棉　　　　織	61	69	73,329	61,984
繅　　　　絲	66	9	42,100	23,881
針　織　品	96	52	32,127	65,913
絲　　　　織	251	115	19,101	35,016
機　　　　器	289	162	13,632	47,681
鑄　　　　造	35	20	5,006	8,050

　　資料來源：Liu Ta-chün, 前引書。原書未見，玆引自谷春帆中國工業化通論，上海商務，民國三十六年，頁一七七至一七八。

第十四表　上海十二類主要工業的動力統計

類　　　別	工　　廠　　數		每廠平均動力 (馬力)	
	1931	1933	1931	1933
紡　　　　紗	29	29	2,133.3	1,550.2
麵　　　　粉	15	15	815.7	779.4
橡　膠　品	29	41	168.6	145.5
紙　　　　煙	45	46	63.5	60.5
棉　　　　織	34	70	61.7	61.9
化　　　　學	47	77	61.5	55.3
火　　　　柴	2	4	53.9	71.0
機　　　　器	280	169	26.0	14.9
絲　　　　織	249	122	24.0	11.7
繅　　　　絲	66	49	23.4	20.2
針　織　品	43	50	16.4	19.2
鑄　　　　造	34	21	2.7	4.8

　　資料來源：Liu Ta-chün, 前引書。原書未見，玆引自谷春帆前引書，頁一八一。

根據第十三、四兩表，我們可知上海在兩次世界大戰間特別發展的工業，以消費品工業爲主，至于機器工業，廠數雖然很多，但規模都非常之小，不以製造機器爲主要業務，只是修理機器零件而已。在各消費品工業中，無論就資本或動力來說，紡紗工業都佔有特別重要的地位，其次爲麵粉、火柴、紙煙及其他工業。

上海工業因爲機械化而消耗的各種動力，以電力爲最重要。在一九二五至一九三四年售電佔上海售電總額百分之八三的上海電力公司，其出售電力中的百分之七八都售給工業用戶。而在這些出售的工業用電中，有百分之七八售給棉紡織廠；百分之七售給麵粉廠；百分之二售給橡膠品工廠；百分之二售給其他各種紡織廠；百分之一一售給其他各種工業，但每種工業都佔不到百分之一。（註一）

關于上海各種工業的比重，劉大鈞還有一個估計。根據這個估計，在一九三二至一九三三年，上海紡織業一共僱用上海全體工業工人的百分之五〇至六〇，生產上海工業總產值的百分之四〇至五〇。在紡織業中，棉紡最爲重要，其次爲繅絲、棉織、毛紡及毛織等。次于紡織業，而在上海工業中居第二位的，爲食品工業，共僱用上海工業工人的百分之一〇至一五，生產上海工業總產值的百分之三〇至三五。在食品工業中，麵粉業最爲重要，其次爲紙煙業。次于紡織及食品工業，爲服裝業，居第三位，其產值爲上海工業總產值的百分之三至百分之五。皮革業及橡膠品業各居第四位，其產值各佔上海工業總產值的百分之二至百分之三。此外，造紙及印刷業居第五位，化學工業居第六位，機器工業居第七位。（註二）

在歐戰開始後工業化加速進展的過程中，上海產生了不少的企業家。如上述，棉紡織業既然成爲當日在上海發展成績最好的一種工業，在這方面自然有大企業家的出現。這裏我們可以提出榮宗敬的創辦申新紡織無限公司，作爲例證。榮氏因經營麵粉廠獲利，于歐戰開始後創辦申新第一廠，裝紗錠一二、三四六枚，布機二五〇臺。那時參戰的工業先進國家，不能夠像過去那樣以價廉物美的棉紡織品大量運銷于中國，故申新第一廠營業甚佳，自一九一五至一九二一年實際盈利達四、〇三〇、〇〇〇元。隨着盈利的增大，申新遂積極擴充，到了一九三一年共有九個紗廠，其中七個在上

（註一）　R. Murphey, 前引書，p. 189.
（註二）　R. Murphey, 前引書，p. 167.

海。光是就紗錠來說，申新在一九一六年只有一二、九六〇枚，及一九三一年增加至五二六、八四八枚，到了一九三六年更增加至五六七、二四八枚，即爲二十年前的四三‧八倍。(註一)

　　可是，我們不要過于樂觀！在歐戰開始後上海加速工業化的過程中，像榮宗敬等民族資本家固然曾經扮演過重要的角色，但在另外一方面，外國資本家的控制也有越來越大的趨勢。和上海工業化關係非常密切的上海電力公司，其發電廠原由上海公共租界工部局電氣處經營，是在一九二九年由美國及外國電力公司以八一百萬兩的代價收買過來的。(註二) 就上海工業中最重要的棉紡織業來說，外國——尤其是日本——的投資，在歐戰後增加得非常之快。在華的日商紗廠，在歐戰前的一九一三年，只有紗錠一一一、九三六枚，布機八八六臺；及一九三一年，却共有紗錠一、七一五‧七九二枚，布機一五、九八三臺。(註三) 戰後新開的日商紗廠，以在上海設立爲多，故在第二次世界大戰以前的數年內，以日商爲主的外商紗廠，在上海棉紡織業中擁有過半數的機器設備，有如第十五表所述。

第十五表　　上海中外紗廠的機器設備 (1931及1936)

年　　　代	廠　　籍	紗　　　　錠		布　　　　機	
		枚　　　數	在上海總數中的百分比	臺　　　數	在上海總數中的百分比
1931	華　　廠	1,005,328	41.9	6,914	34.0
1931	日　　廠	1,221,644	51.0	10,742	52.8
1931	英　　廠	170,610	7.1	2,691	13.2
1936	華　　廠	1,114,408	41.8	8,754	29.1
1936	日　　廠	1,331,412	49.9	17,283	57.5
1936	中 外 各 廠	2,667,156	100.0	30,058	100.0

　　資料來源：嚴中平中國棉紡織史稿，頁二三七。

　　外人在上海的投資，當然並不以電力及紡織工業爲限，此外在其他方面也有鉅額的投資。上海的外資總額，在一九一四年爲二九一百萬美元，及一九三一年增加至一、一一二‧二百萬美元。(註四)

(註一)　嚴中平中國棉紡織史稿，頁一八六、二〇四、三五二。
(註二)　C. F. Remer, *Foriegn Investments in China*, p. 287.
(註三)　嚴中平中國棉業之發展，頁一四七。
(註四)　C. F. Remer, *Foriegn Investments in China*, p. 73.

五

　　在上文中，我們對于上海在近代中國工業化中所佔地位的重要，及其達到這種地位的經過，已經分別加以研究。現在我們還要探討的，是上海能够達到這種重要地位的原因。

　　上海是在開關以後，因爲有機會與西方工業文明接觸，纔漸漸工業化起來的。可是，中國自開關後相繼開放的通商口岸，並不以上海爲限，爲什麽其他口岸工業化的成績不能够像上海那樣好呢？我們在上文中曾經指出，上海因爲有租界，由外人管轄，比較安全，投資前途有利，故能够自國內外吸收到不少的資金，以促進工業化的成功。可是，外人在華的租界，不僅在上海設立，在其他商埠也有，爲什麽其他有租界的商埠不能够像上海那樣工業化呢？由于這些考慮，我們對于上海在近代中國工業化中佔有重要地位的原因，有作進一步的探討的必要。

　　上海所以能够在近代中國工業化中佔有重要的地位，主要由于牠與國內外各地交通的便利。上海位于長江三角洲，而長江是中國最重要的河流，其流域面積約共七十五萬方英哩。自長江江口至漢口，長約六百英哩，五千噸的輪船可以終年通航，在夏季水長時一萬噸的船也可通航。再往西至重慶，距海約一千四百英哩，二千噸的船可以航行。自重慶往西至敍府（宜賓），較小的輪船也可通航。綜計由上海用船到達內地的水道，包括長江及其支流在內，將近長達三萬英哩，沿線約有二萬萬人口。(註一)在東部海岸方面，上海又是南北交通要衝，由海道前往南北各海港都很方便。此外，除直達上海的鐵路以外，上海又可經由水道而與直達各海港或長江沿岸城市的鐵路連繫起來。

　　在對外交通方面，上海和日本長崎的距離不過四百五十海浬，比自上海至威海衞（四百八十海浬）或廈門（六百海浬）還要近得多。在中國沿海，沒有其他港口像上海那樣靠近日本，或像上海那樣有利的位于西太平洋重要輪船航線（一赴北美，一赴歐洲）之上。在一九三一年，進入上海港口的船舶達二千一百萬噸，與日本大阪相等，居世

(註一)　R. Murphey, 前引書，p. 48.

界第七位。(註一)

　　由于國內外交通的方便，上海工業只要負擔低廉的運費，便可自國內外各地運入大量的原料和燃料來從事製造，從而生產成本比較低廉。同時，由于河流與海道運輸的便利，上海製成的工業品，只要負擔低廉的運費，便可大量運往長江流域及沿海各地出售，而且因爲售價的低廉，又可在各地創造更廣大的市場。因此，由于與國內各地交通的便利，上海工業的國內市場非常之大。

　　說到這裏，讀者也許要問：上海各工廠旣然要自國內外運入大量的原料和燃料纔能加工製造，由于運費的負擔，牠們的生產成本不是要大于原料產區的工廠，從而製成的產品在市場上的競爭能力不是不如後者的產品了嗎？對于這個問題，我們可以從上海工業發展的特點來加以解答。如上述，上海工業的產品，大部分爲棉紡織品、麵粉、紙煙以及其他消費品，以滿足國內廣大市場的需要爲主。這些工業品有一共同的特點，卽在由原料製造成工業品的生產過程中，原料重量的損耗非常之小。這些工業品的重量旣然並不比未加工製造時的原料減輕多少，就是不在原料產區製造，而改在上海製造，牠們在市場上出售的價格也不至于因負擔原料運費而昂貴；因爲上海製成這些工業品後，和在原料產區製造的工業品比較起來，由于接近市場，只要負擔較低的運費，便可在廣大的市場上出售。

　　在上海因工業化而大量運入的各種原料和燃料中，煤可說是重量最大的一種。和工業動力及燃料最有密切關係的煤，在抗戰以前，每年約輸入三百九十萬噸左右。這些煤在一九三一至一九三六年每年平均有百分之三七‧五來自開灤（河北），百分之二三‧一來自山東，百分之一〇‧八來自日本，百分之九‧五來自撫順（遼寧），百分之九‧二來自安徽，百分之五‧三來自海防（安南），百分之四‧六來自山西。(註二) 把這些煤變爲動力或用作工業燃料來製成的各種工業品，並不把煤原來的重量加在製成的工業品身上；換句話說，煤在工業生產過程中是要失去重量的。從理論上說，如果工廠設于各煤礦產區，就地用煤來從事工業生產，那末，煤的重量旣然不附加在製成的工業

（註一）　G. B. Cressey, *China's Geographic Foundations*, New York, 1934, pp. 304-305; 羅志如前引書，頁五一。

（註二）　R. Murphey, 前引書，pp. 185, 188.

品身上，把較輕的工業品運往市場上出賣，自然可以節省運費。可是，事實上，把煤運往上海的海內外各地，和上海的距離雖然很遠，但因爲大部分都經由海道或河流來運輸，運費非常低廉，故不至于影響到上海工業生產成本的特別提高。何況在上海製成的工業品，因爲比較接近市場，運往國內各地出售所負擔的運費，要比在各煤礦產區製成的工業品爲低呢？自然，這只是就消費煤較少的工業來說，至于消費煤特別多的工業，例如鋼鐵工業，在煤礦產區興辦自然要比在上海興辦經濟得多。故在上海特別發展的工業，以消費品工業或輕工業爲主，像鋼鐵、機械等重工業是沒有什麼地位的。

上海因爲交通便利，那裏的工廠只要負擔低廉的運費，便可大量集中各種工業原料與燃料來從事生產，已如上述。復次，上海因工業化而集中大量的人口，每年要消費大量的糧食，而糧食的供應與價格又要影響到工資水準的高下，從而對工業生產成本也發生影響，故我們對于上海糧食的供應狀況也要加以探討。上海位于長江三角洲，而長江三角洲在過去一千年都是全國的穀倉，在宋代（960-1279）"蘇（州）、常（州）熟，天下足"的諺語已經普遍流行。(註一) 根據海關及本地稅關的記載，上海于一九二五至一九三〇年每年平均輸入米七八〇百萬磅。假定每年將近有一〇〇百萬磅米自附近運入，沒有正式登記，則上海每年售米量約可估計爲八六〇百萬磅左右。這些米的百分之八〇以上都產于長江三角洲，由水道運入上海。(註二) 由于米糧供應的充裕，上海雖然集中大量的人口，糧價並不昂貴。而且上海工業製造的消費品，在當地出售的價格比較便宜，故上海生活費用比較低廉。例如在民國二十二年(1933)長江下游及東南區各城市每人平均的生活費，廣州爲七六・二八元，杭州爲七一・〇六元，南京爲六六・三五元，武昌爲五七・八三元，上海爲五二・九七元，福州爲五二・三六元。(註三) 上海每人平均的生活費既然比較低廉，工資水準自然不會太高。由于大量而便宜的勞力的供應，上海工業自然可因生產成本的降低而發展起來。

我們在上文中說，上海因爲在長江及西部太平洋等交通線上佔有最優良的位置，故能控制海內外的工業資源，擁有廣大的國內市場，從而工業化的成績非常之好。這

(註一) 宋陸游渭南文集卷二〇常州奔牛閘記。參考拙著南宋稻米的生產與運銷，集刊第十本，民國三十七年。
(註二) R. Murphey, 前引書, pp. 143, 146, 148.
(註三) 巫寶三前引書，上冊，頁一六三。

是就上海一般工業來說的。因爲棉紡織業是近代上海各種工業中最重要的一種，故我們還要研究上海棉紡織業特別發展的原因。在抗戰以前，中央研究院社會科學研究所曾對民國二十一至二十二年（1932-1933）上海及其他地方華商紗廠棉紗的生產成本作一比較研究，結果發見上海要比其他商埠及內地便宜得多。例如十支紗的每包成本，上海爲一八‧八一二元，他埠及內地爲二七‧七二一元；十二支紗的每包成本，上海爲二四‧二四〇元，他埠及內地爲三三‧四九〇元；十六支紗的每包成本，上海爲三〇‧六三一元，他埠及內地爲四四‧三五七元；二十支紗的每包成本，上海爲三八‧二八八元，他埠及內地爲五二‧九三四元。這裏說的他埠及內地，都以江蘇、浙江、安徽、江西、湖北、湖南及山東七省爲限。(註一) 除却這些地方以外，我們又可以把上海及天津華商紗廠的效率加以比較。在一九三〇年的上海紗廠中，紡十支紗的紗錠，在二十四小時內每枚平均產紗二‧二〇磅，天津只產一‧七七磅；上海紡十四支紗的紗錠，每枚平均產一‧五〇磅，天津只產一‧一三磅；上海紡十六支紗的紗錠，每枚平均產一‧一〇磅，天津只產〇‧九〇磅；上海紡二十支紗的紗錠，每枚平均產〇‧九六磅，天津只產〇‧七〇磅；上海紡四十二支紗的紗錠，每枚平均產〇‧三八磅，天津只產〇‧二六磅。(註二) 爲什麼上海紗廠紡紗的生產成本要比其他地方爲低，效率要比其他地方爲高，從而在近代中國的棉紡織業中長期佔有最重要的地位？對于這個問題的解答，除却上述影響一般工業發展的有利因素以外，我們現在還要指出上海潮濕氣候與棉紡織業特別發展的關係。

在由棉花紡成棉紗的生產過程中，棉絮的纖維因錠子轉動而抽紗時發出靜電，需要水分以資中和，纔不至于中斷，同時紡成的紗也可靭度較大。如果濕度不够大，或氣候過于乾燥，那末，在紡紗的過程中，有許多纖維便要脫離機器而變成廢物；如脫離的太多，更要阻塞着機器，以致後者不能靈活運轉。英國蘭開夏 (Lancashire) 的濕度很大，以波爾敦 (Bolton) 爲例，每年平均的相對濕度爲八一‧九，故能够長期成爲世界棉紡織業中心。(註三) 上海的濕度，差不多有波爾敦那麼大，故特別宜于棉紡

(註一)　王鎭中七省華商棉紡織工廠的成本，社會科學雜誌（中央研究院社會科學研究所，民國二十四年）第六卷第一期。

(註二)　方顯廷前引書，頁一〇七。

(註三)　A. P. Usher, *An Introduction to the Industrial History of England*, Boston, 1920, pp. 263-264, 267.

織業的發展。關于上海潮濕氣候對于棉紡織業的影響，清乾隆年間（1236-1295）上海
人褚華已經有很銳敏的觀察，他在所著的木棉譜中說，"吾邑（上海）以百里所產（棉
布），常供數省之用，非種植獨饒，人力獨稠，抑亦地氣使然也。蓋北方風日高燥，
棉維斷續不得成縷，縱能成布，亦稀疏不堪用。南人寓都下者，朝夕就露下紡，或遇
日中陰雨亦紡，不則徙業矣。肅寧（在河北省中部）人穿地窖數尺，作屋其上，檐高于
平地二尺許，穿牖以透陽光。人居其中，借濕氣紡之，始能得南中什之一二。"根據
一八七三至一九三〇年上海歷年相對濕度（空氣濕度與飽和濕度之比）的紀錄，我們可
以算出在這個時期內上海每年平均的相對濕度為八〇・二。(註一) 由此可知，上海的相
對濕度差不多有世界棉紡織業中心的蘭開夏那麼大，這和上海紗廠效率的提高，或棉
紡織業的特別發展，當然有密切的關係。

<h1 style="text-align:center">六</h1>

　　近百年來，上海由二十餘萬人口的城市，發展成為數百萬人口的大都會，在近代
中國經濟史中着實是一件大事。上海所以能夠發展成為數百萬人口的大都會，原因固
然有種種的不同，但牠能夠自我國廣大的經濟落後地區中，首先工業化成功，每年生
產全國二分之一左右的工業品，當是其中一個非常重要的因素。

　　上海工業化的速度，大約在開始時比較遲緩，以後越來越快，自歐戰開始以後，
因為參戰的工業先進國家無暇東顧，速度更為增大。促進上海工業化成功的因素，因
時而異，但從長時期的觀點來看，上海在重要交通線上佔有最優良的位置，當是其中
一個最重要的因素。由于交通的便利，上海能夠控制國內外廣大的工業資源，其工業
產品能夠擁有廣大的國內市場，故每年的工業產額約佔全國的一半，在近代中國工業
化中佔有非常重要的地位。

　　在大部分地區都仍舊處于經濟落後狀態中的中國，上海工業化的成功，對于中國
人民生活水準的提高自然有良好的影響。可是，在另外一方面，上海的工業，除由國
人投資經營以外，有不少由外人投資。隨着外資的增加，中國經濟自然免不了要受到
外人的控制。不特如此，因為工業生產設備集中于上海，當第二次世界大戰爆發，上

(註一)　羅志如前引書，頁八。

海及附近地區為敵人佔領的時候，我國只能利用經濟落後的廣大地區作根據地來從事抗戰，結果生產銳減，經濟逆轉，不得不走上惡性通貨膨脹的道路。這些流弊，顯然是我國在近代工業化的過程中，沒有注意到各地的均衡發展，而過份偏重上海的結果。

明代的海陸兼運及運河的濬通

吳 緝 華

一、引 言

明代開國後，明太祖重視的地區是經濟重心的江淮，因此把政治重心的京師就建立在金陵。這時北方祇是成爲邊防上的軍事區域，所以明代初年江淮的經濟藉海運抵達北方，僅支持北方軍事需要罷了。到洪武晚年，國家逐漸走上安定階段，等到北方的屯田得到成效時，原有的南北海運，也在洪武三十年(一三九七)罷去。到明成祖簒位後，北方的地位重新提高。明成祖把北方看得異常重要，他感到國家的昇平就繫於北方的安寧上，當他在金陵卽皇帝位後，就開始向北方發展。發展的背後，少不了江淮經濟的支持，故此南北轉運工作又重新建立。這時所建立的轉運工作，在史籍上稱爲「海陸兼運」，而「海陸兼運」着實支持了明成祖向北方的發展。到永樂十三年(一四一五)，是明代轉運工作大變動的一年，運河濬通，南北轉運工作由運河來承擔，「海陸兼運」藉此廢止。所以這篇文章的命題，稱做「明代的海陸兼運及運河的濬通」。

在這篇文章裏，我想首先把「海陸兼運」建立的原因做一推論；再分析其「海陸兼運」中的海運和陸運的情況；然後把「海陸兼運」的數量，和運河的濬通與「海陸兼運」的廢止，加以論證。

過去，我曾寫過一篇明成祖向北方的發展與南北轉運的建立，發表於大陸雜誌第十三卷第九期。我在那篇文章裏曾說過，由於明成祖向北方的發展，纔有南北轉運的

重新建立。本文是把當時的「海陸兼運」以及運河的濬通，詳加考證。爲了全文完整的緣故，仍把「明成祖向北方發展」的那段文字，重新增加一些史料，作爲本文的第二節，藉此可以瞭解明代「海陸兼運」的建立及運河濬通的前因後果。

二、南北轉運重新建立的原因

1. 北方重要地區租稅的免除

　　明成祖在金陵卽了皇帝位，就開始建設北方。首先把北方幾個重要地區的租稅免除，給當地一大蘇息。我們從戶部左侍郎古朴的奏言裏，可以見到這些事實。永樂二年（一四〇四）八月，明實錄太宗永樂實錄卷三十：

　　　戶部左侍郎古朴奏：「北京順天等八府州縣已蠲免稅三年，而以江西、湖廣及直隸、蘇州等府糧儲，漕運北京。近江西、湖廣等處俱澇，轉運艱難，而北京所屬郡縣，今歲甚豐，宜發鈔三百萬錠，分令各府州縣，不拘黍、粟、豆、麥，增時價三分糴之，就彼權貯。俟農隙，令軍民運至北京，充官軍俸糧。」從之。

永樂三年（一四〇五）正月，明成祖又提出一項免稅的事實，他認爲數年來的用兵，北京、順天、永平、保定供給特勞，可免租二年。永樂三年正月，明實錄太宗永樂實錄卷三十一：

　　　　上諭戶部臣曰：「數年用兵，北京、順天、永平、保定供給特勞，非休息二、三年不能復舊，可免三府田租二年」。

明成祖在北方免去北京順天等八府的三年租稅，復又免北京、順天、永平、保定租稅二年，自然可減輕當地的負擔。但是北方經濟上的需要是不會有一刻的停息，顯然的，北方租稅的免除，便造成江淮經濟供應加重，所以南北轉運工作是不能缺少的。

2. 北京的建設與政治重心的北移

　　明成祖卽位之初，雖然把政治重心的京師依然留在金陵；但由於實行了削藩政策，把明太祖封於保衛北方邊疆的寧王等內移，釋諸王的兵權，軍事要地的北方，便異常空虛。因此他便打算把明太祖建立在金陵政治重心的京師，遷到北方軍事邊緣的北平去，以鎮守北邊的安寧。政治重心的北移，便促使着北平急遽的建設起來。所以明成祖早在永樂元年（一四〇三）的正月，已把北平改爲北京。明史卷四十地理志一：

永樂元年正月，建北京於順天府稱行在。二月罷北平布政使司，以所領直隸北京行部。

北平改爲北京，自然增高北方的地位。永樂二年九月又徙山西民一萬戶以實北京。明實錄太宗永樂實錄卷三十一：

徙山西、太原、平陽、澤、潞、遼、沁、汾民一萬戶，實北京。

永樂四年(一四〇六)閏七月，文武羣臣以備巡幸的理由，請建北京宮殿。於是明成祖命軍民各地採木及工匠燒製磚瓦，每月都發給錢糧。明實錄太宗永樂實錄卷四十四：

壬戌，文武羣臣淇國公丘福等，請建北京宮殿，以備巡幸。遂遣工部尚書宋禮詣四川，吏部右侍郎師逵詣湖廣，戶部左侍郎古朴詣江西，右副都御史劉觀詣浙江，右都僉史史仲成詣山西，督軍民採木，人月給米五斗，鈔三錠。命泰寧侯陳珪，北京行部侍郎張思恭，督軍民匠造磚瓦，人月給米五斗。命工部徵天下諸色匠，依在京諸衞，及河南、山東、陝西、山西都司，中都留守司，直隸各衞，選軍士；河南、山東、陝西、山西等布政司，直隸、鳳陽、淮安、揚州、廬州、安慶、徐州、和州選民丁，期明年五月俱赴北京聽役，率半年更代，人月給米五斗。其徵發軍民之處，一應差役及開辦銀課等項，悉令停止。

北京的宮殿準備興建，動員了各地的人力物力，自然這是經濟上的一筆大開支。永樂七年（一四〇九）閏四月，在北京又設立和南京同樣的寶鈔提舉司抄紙印鈔局。明實錄太宗永樂實錄卷六十二：

設北京寶鈔提舉司抄紙印鈔局，官制如南京。

永樂九年(一四一一)二月，以南京例又在北京增加國子監的學官，皇明大政記卷九：

增北京國子監學官，如南京例。

國子監學官的增加，是由於生徒增多。永樂九年二月，明實錄太宗永樂實錄卷七十四：

北京國子監言：「比歲生徒增益，而監官未備。請如南京國子監例，置博士四員，助教十三員，學正九員，學錄六員，掌饌一員。」從之。

永樂十年（一四一二）三月，陞順天府爲正三品，官制和應天府同。明實錄太宗永樂實錄卷八十二：

甲寅，陞順天府爲正三品，官制視應天府。陞知府張貫爲府尹，同知嚴節爲府

丞，通判王勉爲治中。

永樂十三年（一四一五）二月，又開始在北京擧行會試，選拔全國優秀人才，以備治

國之用。皇明大政記卷九：

　　　二月丁丑，始會試擧人于北京，修撰梁潛王英爲考試官。

據上文的引證，如北平改爲北京，遷山西民以實北京，動員各地的人力物力做興建北

京的準備，在北京又有寶鈔提擧司抄紙印鈔局的設立，北京國子監學官的增加，陞順

天府和應天府官制相同，會試在北京擧行等措施，都顯示着北京漸漸建設起來，北方

的政治地位，一天一天的在提高。

　　在準備興建北京聲中，明成祖的幾次北巡，又是政治重心逐漸北移的一個鐵證。

明成祖第一次北巡，是在永樂七年三月抵北京。明實錄太宗永樂實錄卷六十二：

　　　三月壬戌，車駕至北京，於奉天殿丹階設壇告天地，遣官祭北京山川城隍諸

　　　神，上御奉天殿，受朝賀。

第一次北巡在七年三月到北京，於八年（一四一〇）十一月纔囘南京。明實錄太宗永

樂實錄卷七十三：

　　　十一月……甲戌，車駕至京師，遣官祭告天地太廟社稷孝陵承天門及京都祀典

　　　旗纛等神。上御奉天殿，受朝賀，大宴文武羣臣。

明成祖第一次北巡，用去的時間將近一年半。第二次北巡，又在永樂十一年（一四一

三）四月到達北京。明實錄太宗永樂實錄卷八十八：

　　　永樂十一年……夏四月己酉朔，是日車駕至北京。

第二次北巡在永樂十一年四月到達北京後，經過永樂十二年、十三年，到永樂十四年

（一四一六）的十月，纔由北京囘到金陵。明實錄太宗永樂實錄卷一〇三：

　　　永樂十四年冬十月……癸未，車駕至京師。

明成祖第二次北巡，用去的時間從十一年四月到十四年十月，已近三年半，比起第一

次北巡一年半的時間，已延長了兩年。

　　明成祖在第二次北巡囘到金陵時，工部奏請擇日興工營建北京，明成祖以營建事

重恐傷民力，有了遲疑，又命文武羣臣復議。明實錄太宗永樂實錄同上卷：

> 永樂十四年十一月……壬寅，復詔羣臣議營建北京。先是，車駕至自北京，工
> 部奏請擇日興工。上以營建事重，恐傷民力，乃命文武羣臣復議之。

當時公侯伯及都督等認爲，營建北京爲子孫帝王的基業；並且南北河道疏通，漕運日
廣，（按明代運河在永樂十三年完全濬通，請參閱本文第六節）財貨及良材巨木可由
運河抵達北京，北方不會再因轉運不便而遭到資源上的困乏，明實錄太宗永樂實錄同
上卷：

> 於是公侯伯五軍都督及在京都指揮指揮等官上疏曰：「臣等竊惟北京河山鞏固，
> 水甘土厚，民俗淳朴，物產豐富，誠天府之雄，地（地館本作帝）王之都也。皇上
> 營建北京，爲子孫帝王萬世之業。比年車駕巡狩，四海會同，人心協和，嘉瑞
> 駢集，天運維新，實兆於此。矧河道疏通，漕運日廣，商賈輻輳，財貨充盈，
> 良材巨木，已集京師。天下軍民樂於趨事，揆之天時，察之人事，誠所當爲，
> 而不可緩。」

六部尙書及都御史等也上疏主張營建北京，並且說當明成祖卽位之初，已陞北平爲北
京，而且早已答應羣臣的奏請建北京宮殿，同時已到各地採木及燒製磚瓦，做了營建
北京的準備；況於今運河已通，「儲蓄充溢，材用具備」。所以六部及都御史都一直盼
望明成祖及早決定擇日興工。明實錄太宗永樂實錄同上卷：

> 六部、都察院、大理寺、通政司、太常寺等衙門、尙書都御史等官復上疏曰：
> 「伏惟北京，聖王龍興之地。北枕居庸，西峙太行，東連山海，南俯中原，沃
> 壤千里，山川形勝，足以控四夷，制天下，誠帝王萬世之都也。……陛下嗣太
> 祖之位，卽位之初，嘗陞爲北京，而宮殿未建，文武羣臣合詞奏請，已蒙兪
> 允。……陛下重于勞民延緩至今，臣等切惟宗社大計，正陛下當爲之時；況今
> 漕運已通，儲蓄充溢，材用具備，軍民一心，營建之辰，天實啓之。伏乞早賜
> 聖斷，勅所司擇日興工，以成國家悠久之計，以副臣民之望。」上從之。

明成祖於是接受羣臣的復議，便決意擇日興工營建北京。同時從羣臣這次的奏疏裏，
又流露出北京地位的重要，如「北枕居庸，西峙太行，東連山海，南俯中原，」而建
都於此，便「足以控四夷，制天下」。也是明成祖卽位後所以向北方發展以及把政治
重心由金陵遷往北京的原因。

第三次北巡是在永樂十五年（一四一七）五月，明實錄太宗永樂實錄卷一○六：

> 永樂十五年五月丙戌朔，車駕至北平(平應作京)。

在這裏我們要注意，明成祖從永樂十五年第三次北巡後，就不再南返。這時明代的政治重心，可以說已移到北方。到永樂十九年（一四二二）元旦改北京爲京師，皇明大政記卷九：

> 永樂十八年九月……北京宮殿將成，命夏原吉召皇太子期十二月終至北京。……
> 丁亥，諭禮部明年元旦定北京爲京師，去行在之稱。

永樂十八年(一四二一)，明成祖召皇太子由江南的金陵到北京。永樂十九年元旦正式宣佈改北京爲京師。這祇是明代政治重心由江南遷往北方最後的一個形式罷了。實際上，北京的建設，和政治重心的北移，早在明成祖卽位後逐步在實現。在這些事實實現的背後，自然都需要大量江淮經濟的支持纔可以成功，所以明史卷七九食貨志漕運說：

> 時駕數臨幸，百費仰給，不止餉邊也。

食貨志指出明成祖屢次的北巡，百費皆需要江淮經濟的接濟。明史卷八十五河渠志三運河上：

> 明成祖肇建北京，轉漕東南，水陸兼輓，仍元人之舊，參用海運。

海道經：

> 太祖(祖應作宗)文皇帝肇建北京，江淮糧船，一由江入海出直沽口白河運至通州；一由江入淮入黃河至楊武縣(楊應作陽)，陸運至衞輝府，由衞河運至通州。

明史河渠志和海道經又明確的告訴我們，北京的興建，轉運東南的經濟來接濟，在陸地上有河陸車船轉輸的陸運，在海上有海運。所以在政治上來說，必須要有大規模轉運工作，纔能應付這些大量物資的北上，以支持北方發展的需要。因此南北轉運工作大規模的建立。也是必然的事實。

3. 北邊軍事的進展

自明成祖篡了惠帝位後，實行削藩政策，在軍事勢力空虛的北方，不得不再做一番部署，明史卷九十一兵志三邊防：

> 建文元年，文帝起兵襲陷大寧，以寧王權及諸軍歸。及卽位，封寧王於江西，

而改北平行都司爲大寧都司，徙之保定。調營州五屯衛於順義、薊州、平谷、香河、三河。以大寧地界兀良哈。自是遼東與宣大聲援阻絕。又以東勝孤遠難守，調左衛於永平，右衛於遵化，而墟其地。先是興和亦廢，開平徙於獨石，宣府遂稱重鎭。然帝於邊備甚謹，自宣府迤西迄山西緣邊，皆峻垣深濠烽堠相接。隘口通車騎者，百戶守之；通樵牧者，甲士十人守之。武安侯鄭亨充總兵官，其敕書云：「各處烟墩增築高厚，上貯五月糧及柴薪藥弩，墩傍開井，井外圍牆與墩平，外望如一重門」。禦暴之意，常凜凜也！

明成祖對北方邊防這樣重視，緣邊「峻垣深濠烽堠相接」，官兵晝夜防備，經濟上的資源更是迫切的了。我們看當時運糧至宣府的實例。永樂十二年（一四一四）正月。明實錄太宗永樂實錄卷九十一：

> 辛丑，發山東、山西、河南，及鳳陽、淮安、徐、邳民丁十五萬，運糧赴宣府。其運民丁，悉給行糧及道里費，仍免差徭一年。

宣府是防守北方邊疆上的重鎭，糧運到宣府，自然像血脈般輸送到邊疆上所需要的地方。

當明代開國時，明太祖雖然把元朝追擊到塞外，竟沒有把他們澈底的征服，於是明成祖對北方異常重視，他認爲北邊的安寧就是國家的安寧。隨即又決意率大軍親征北方，而造成明成祖五次親征北方的事跡。

明成祖第一次親征是在永樂八年。事情是這樣發生的，當明成祖永樂七年三月第一次由金陵北巡後的六個月，卽七年的九月，甘肅總兵官右軍都督府左督丘福，在邊疆上打了敗仗，明成祖便決定親征塞外。明實錄太宗永樂實錄卷六十六：

> 甲戌，丘福麾下將士多有歸者，其言福等及虜戰敗績事。上歎曰：「福不從吾言，以致於此，而將士何辜！此朕不明知人之過」。遂命五府六部臣曰：「醜虜背德，罪大惡極。朕來春決意親征，爾等其議所當行之事，速行之」。

這是明成祖親征塞外最後的一個決定。

我們看明成祖第一次出征所準備的兵力。永樂七年九月，明實錄太宗永樂實錄卷六十六：

> 己丑，勅永康侯徐忠等選練南京各衛及睢陽、歸德、武平、鎭江等二十五衛步

騎三萬，寧陽伯陳懋選練陝西屬衛，及慶、秦二王府護衛步騎萬九千，江陰侯
吳高選練山西及普王府護衛步騎萬千；仍命中都留守司，河南、湖廣、山東都
司，周、楚二王府，護選步騎四萬五千，臨洮、河州、岷州、西寧、平涼諸衛
選善戰士兵五千，各賜鈔給行糧，皆以來年二月至北京隨征。

明成祖在親征的頭一年，卽永樂七年九月下令各衛所備的兵力，總計步騎十萬零五千
人，及善戰的土兵五千。在下令備兵力的後一個月，永樂七年十月，又命戶部尙書夏
原吉計劃北征餽運的事。皇明大政記卷八：

十月乙亥朔，召諸將諭親征之策，命夏原吉議北征餽運。

餽運以支持北征，也是必然的事實。等到親征的人力物力俱已齊備，在永樂八年二月
明成祖由北京出發北征了。當時隨明成祖出征的金幼孜著有北征錄說：

永樂八年二月初十日，上親征北虜，是日師出北京，駕出德勝門，幼孜與光大
胡公由安定門出。兵甲之雄，車馬之盛，旌旗之衆，耀于川陸；風淸日和，埃
塵不興，鐃鼓之聲，訇震山谷。

明成祖在永樂八年二月率着大軍激昂的出發了。這次親征塞外，至斡難河以北，俘獲
而還。明史卷六成祖紀二說：

八年……二月……丁未，發北京。癸亥，遣祭所過名山大川。……五月丁卯，
更名臚朐河曰飲馬。甲戌，聞本雅失里西奔，遂渡飲馬河追之。己卯，及於斡
難河大敗之，本雅失里以七騎遁。丙戌還，次飲馬河，詔移師征阿魯臺。丁
亥，囘囘哈剌馬牙殺都指揮劉秉謙，據肅州衛以叛，千戶朱迪等討平之。六月
甲辰阿魯臺僞降，命諸將嚴陣以待；果悉衆來犯，帝自將精騎迎擊，大敗之，
追北百餘里；丁未，又敗之。己酉，班師。

這一場出征的軍事行動，經過五個多月的時間，到八年的七月纔囘到北京，北征錄：

七月……十六日，發龍虎臺，晚次淸河，上令幼孜三人先入城，十七日駕入北
京。

明成祖親征歸來後，在這年冬天十一月裏，結束第一次北巡，由北京返囘金陵。明成
祖南返後，到永樂十一年四月由金陵又囘到北京，這是明成祖第二次北巡。在第二次
北巡到北京的後一年，永樂十二年三月，又開始第二次親征塞外了。後北征錄：

　　　永樂十二年三月十七日庚寅，上躬帥六師往征瓦剌、胡寇、里巴、馬哈木、太
　　　平、把禿孛羅等。馬步官軍五十餘萬。

二次親征，明成祖率了官軍五十餘萬，在十二年三月初十日出發。在出征的行列裏，
皇太孫也參加了。明實錄太宗永樂實錄卷九十一：

　　　庚寅……車駕發北京，皇太孫從行。

皇太孫，即後來的明宣宗。明史成祖紀二記二次出征的經過說：

　　　十二年……三月……庚寅發北京，皇太孫從。夏四月甲辰朔，次興和大閱。己
　　　酉，頒軍中賞罰號令。庚戌，設傳令紀功官。丁卯，次屯雲谷，孛羅不花等來
　　　降。五月丁丑，命尚書光祿卿給事中爲督陣官，察將士用命不用命者。六月甲
　　　辰，劉江遇瓦剌兵，戰於康哈里孩，敗之。戊申，次忽蘭忽失溫，馬哈木帥衆
　　　來犯，大敗之，追至土剌河，馬哈木宵遁。庚戌，班師，宣捷於阿魯臺。戊
　　　午，次三峯山，阿魯臺遣使來朝。己巳，以敗瓦剌詔天下。秋七月戊子，次紅
　　　橋，詔六師入關。

二次親征也費去五個多月的時間，在十二年的八月間到北京。後北征錄：

　　　八月初一日早晴，文武百官迎駕由安定門入。上陞殿，羣臣稱賀；上平胡表，
　　　呼謝而退。

從永樂八年到十二年之間，前後兩次大規模的親征，幾乎用去將近一年的時間。第一
次和第二次親征，都在永樂十三年運河濬通前所發生的事。明成祖後三次親征，全
在永樂時代的晚年。如第三次親征是在永樂二十年（一四二二）的三月，第四次是在
永樂二十一年（一四二三）七月，第五次是在永樂二十二年（一四二四）的四月，最
後明成祖就死在第五次親征途上——榆木川。可以說明成祖後三次的親征是在運河暢
通後的事。明成祖的第一次和第二次親征，不但在運河濬通前，也在北京的建設和政
治重心逐漸北移的時期中。因此由江南轉運到北京的糧，除了支持北京建設及政治
上的需要外，還得供給邊疆軍事上的需要。清人撰續文獻通考，對這件事曾有解釋。
續文獻通考卷三十一國用考漕運：

　　　臣等謹按明會典載漕運又載邊餉，凡漕粟北京給官廩食外，皆邊餉也。

所以在軍事上來說，南北轉運工作也必須要大規模的建立起來。

　　自從明成祖覺得北方地位重要後，北方纔有新的改變和新的建設。由上文可見，明成祖卽位後做的種種表現：如北方幾個重要地區租稅的免除，給當地的蘇息；北京的建設與政治地位一天一天的提高，以及政治重心逐漸由江南的金陵移於北京；北邊軍事上的進展，如明成祖在北方大規模的親征。這些都是要靠江淮經濟的支持，纔能成功。明成祖永樂時代向北方的發展這樣大，北方經濟上的需要，自然是大量的，是急迫的，南北轉運工作不得不大規模而迅速的建立起來。

　　在這個時代下最初所建立的轉運工作，是「海陸兼運」。關於明成祖時代的「海陸兼運」，明史卷八十六河渠志四海運說：

　　　　四年，定海陸兼運。

「海陸兼運」雖定於永樂四年（一四〇六），我們不能認爲明成祖時代的「海陸兼運」就起於這時，早在明成祖卽帝位後的永樂元年（一四〇三），已有「海陸兼運」的轉運工作了。永樂元年三月，明實錄太宗永樂實錄卷十七：

　　　　戊子，命平江伯陳瑄及前軍都督僉事宣信俱充總兵官，各率舟師海運糧餉。瑄
　　　　往遼東，信往北京。

陳瑄和宣信在永樂元年由海道北上，這是明成祖時代海運的開始。在海運開始的這一年，陸運也相繼開始了。明史卷七十九食貨志三漕運：

　　　　永樂元年，納戶部尙書郁新言，始用淮船受三百石以上者，道淮及沙河抵陳州
　　　　潁岐口跌坡，別以巨舟入黃河抵八柳樹，車運赴衞河輸北京，與海運相參。

在明成祖向北方發展的要求下，明代的「海陸兼運」在永樂元年已建立了。由於「海陸兼運」支持的北方發展，不斷的在成功，當「海陸兼運」不能滿足北方的需要時，到永樂十三年又有運河的濬通。這些南北轉運工作的建立，可以說都因爲明成祖向北方發展的需要所促成的。

三、海陸兼運中的海運

1. 海 運 的 基 礎

　　「海陸兼運」，在永樂元年已開始了，我們首先要問，這時海運基礎是怎樣建立的？爲了明白這一個問題，不得不把當時督海運的人物，作一考證，然後再來談海運

基礎的建立。明史卷六成祖紀二：

　　(永樂元年)三月戊子，平江伯陳瑄都督僉事宣信充總兵官，督海運餉遼東北
　　京，以為常。

明成祖時代，海運開始時的督運者，是陳瑄和宣信。我們從明實錄中隨時可以見到他
們督海運的事跡。如永樂二年(一四〇四)三月，明實錄太宗永樂實錄卷二十七：

　　命平江伯陳瑄充總兵官，前軍都督僉事宣信充副總兵，帥舟師海運糧儲往北京。

永樂三年(一四〇五)二月，明實錄太宗永樂實錄卷三十二：

　　命平江伯陳瑄充總兵官，前軍都督僉事宣信充副總兵，帥舟師海道運糧赴北
　　京。

永樂四年(一四〇六)六月，明實錄太宗永樂實錄卷四十三：

　　先是，命平江伯陳瑄督海運詣天津衞，所部海舟必約日同登，不得先後，違者
　　治本舟部運官罪。至是瑄遣人奏，三十餘艘違約五日方行，雖同日俱達，亦無
　　所損，然違同發之約，應罪各舟部運官，以戒後來。

陳瑄在這次督運中，並上奏三十餘海船違約五日方行，請治罪。由此可看出當時督運
規則的嚴格。永樂六年(一四〇八)正月，明實錄太宗永樂實錄卷五十五：

　　命平江伯陳瑄總率官兵，前軍都督僉事宣信為副，海道運糧赴北京。

永樂七年(一四〇九)正月，明實錄太宗永樂實錄卷六十一：

　　命平江伯陳瑄充總兵官，都督宣信副之，督餉赴北京。

永樂七年十二月，明實錄太宗永樂實錄卷六十七：

　　甲寅，命遣平江伯陳瑄充總兵官，前軍都督僉事宣信充副總兵，率領舟師海運
　　糧儲赴北京。

永樂九年(一四一一)三月，明實錄太宗永樂實錄卷七十五：

　　命平江伯陳瑄充總兵官，都督宣信充副總兵，帥舟師海運糧儲赴北京。

永樂十年(一四一一)二月，明實錄太宗永樂實錄卷七十五：

　　勅平江伯陳瑄充總兵官，都督宣信副之，率舟師海運糧餉赴北京。

永樂十年十月，明實錄太宗永樂實錄卷八十五：

　　初，平江伯陳瑄言：「蘇州府嘉定縣瀕海之墟，正當江流衝會，海舟停泊之所，

其地無大山高嶼，漕舟於此，或值風觸堅膠淺，輒致傾覆，乞於縣之青浦築土
爲山，立堠表識」，從之。命有司徵軍夫，令瑄督其役，仍勅瑄曰：「若工難
成，且速餽遣（遣應作運），無失風候，俟農隙爲之」。至成是（應作至是成），
方百丈，高三十餘丈，賜名寶山，上親製碑文紀之。

陳瑄在嘉定縣瀕海的地方，立有高達三十餘丈的堠表，堠表的上面，有明成祖親自撰
的碑文。這樣在海上有了標誌，減去許多海船傾覆的危險，這是陳瑄在督海運時做出
的另一功績。永樂十一年（一四一三）正月，陳瑄和宣信依然在督運北上。明實錄太
宗永樂實錄卷八十七：

乙卯，命平江伯陳瑄充總兵官，都督宣信充副總兵，帥海舟運糧赴北京。

由上文的引證，陳瑄和宣信的督運，在明成祖時代的海運時期中，屢次可以見到。但
我們不是在說，這個時期的督海運者就是陳瑄和宣信，而沒有其他的人。然而陳瑄和
宣信却是這時代督海運的主要人物，他們在明成祖時代的海運時期中，佔了重要地
位，是毫無疑義的。

關於陳瑄的事跡，明史卷一五三陳瑄傳：

建文末，遷右軍都督僉事。燕兵逼，命總舟師防江上；燕兵至浦口，瑄以舟師
迎降，成祖遂渡江。既即位，封平江伯，食祿一千石，賜誥券世襲指揮使。永
樂元年，命瑄充總兵官，總督海運。

陳瑄是建文時代江防的武將，永樂元年明成祖便用這位武將充總兵官來督海運。

我們再看宣信的事跡。宣信是明太祖時代洪武晚年督海運主要的人物。（請參看本
所集刊第二十八本，拙著元朝與明初的海運）洪武二十九年（一三九六）三月，明實
錄太祖洪武實錄卷二四五：

命中軍都督府都督僉事朱信，前軍都督府都督僉事宣信，總神策橫海蘇州太倉
等四十衛將士，八萬餘人，由海道運糧至遼東，以給軍餉。

宣信是洪武晚年督海運的名將，到了永樂時代，又擔任副總兵仍舊做督海運的工作。

我們要知道，永樂時代的開始，畢竟和明太祖時代相去不遠。從洪武三十年廢海
運起，經過建文時代，到永樂元年明成祖行海運時，不過隔了五年多的時間。明成祖
原來已目睹明太祖時代海運的成效，到他恢復海運，仍用明太祖以武將督海運的基

礎，把海運的基礎建立在武將身上。甚至於明成祖又直接用了明太祖時代督海運的武
將宣信，來做永樂時代的督海運官。明成祖所以毫不遲疑的這樣做，完全因爲北方需
要江淮大量經濟的接濟，而恢復海運，比較容易爲力的事。

2. 海運量漸增與天津露囤的增設

海運從永樂元年開始後，自此每年不斷的由武將率舟師北運。當時運往北京的
糧，是把江南蘇松浙江的糧餉，由太倉劉家港出發，北航到達直沽。西園聞見錄卷三
十七漕運前：

> 今太倉，即平江劉家港，元人海運開洋之處。永(樂)初，蘇松浙江歲糧俱輸納
> 于此，裝運入海，以達直沽。

永樂初年的海運，因循元朝海運開洋之處而出發的。按元朝海運航路有幾次改變，後
來千戶殷明略又重開海運新航路，而廢止朱清等主張的航路，元史卷九十三食貨志一
海運：

> 千戶殷明略又開新道，從劉家港入海，至崇明州三沙，放洋向東行入黑水大
> 洋，取成山轉西至劉家島，又至登州沙門島，於萊州大洋入界河。當舟行風信
> 有時，自浙西至京師，不過旬日而已。

自此，元朝一直沿襲這一航路。

海運到了直沽，再用三板划船裝運到達通州等地交卸，纔算結束一次海運的任
務。大明會典卷二十七漕運：

> (永樂)二年，令海運糧到直沽，用三板划船裝運至通州等處交卸。海船囘還，
> 又以水路淺遲悞。

海船到直沽，以三板划至通州，當海船囘航時有遲悞。明成祖見到這一弊病，曾下令
海運到直沽後，把江南運來的糧，放於當地倉中，別以小船轉運北京，這是海運工作
一個有益的改變。又設天津衞於直沽，古今治平略卷八國朝漕運：

> 又設天津衞于直沽上，以直沽海運舟舶往來之衝，宜設軍隊；且海口田土膏
> 腴，命調沿海諸衞軍士築城戍守，建百戶以儲運糧，別以小船轉北京。

同時又在天津等衞，設置露囤，預備儲蓄運來的糧。永樂二年十一月，明實錄太宗永
樂實錄卷三三：

辛酉，上以海運糧船止抵直沽，欲於直沽置倉儲糧，別以小船轉運北京，命戶
部會議，皆以爲便。復請於天津等衞，多置露囤，以廣儲蓄，從之。

這次天津等衞露囤的設置，大明會典又具體說出設囤的數目。大明會典漕運：

二年……令於小直沽起蓋蘆囤二百八座，約收糧一十萬四千石；河西務起蓋倉
囤一百六十間，約以糧一十四萬五千石。轉運北京。

露囤建成，能容納的糧，約爲二十四萬九千石。然而北方經濟上的需要不斷的增加，
海運不停的北航，運到北方的糧也一天一天的增多，於是明成祖在永樂三年七月又命
陳瑄在天津衞增建露囤一千四百所。明實錄太宗永樂實錄卷三十六：

命平江伯陳瑄於天津衞城北，造露囤千四百所儲糧。

永樂三年造露囤一千四百所，比起永樂二年在小直沽蓋蘆囤二百八座，及河西務設倉
囤一百六十間，已增多不少的數目了。藉此可以儲藏由江南運來日趨增多的糧。所以
由於海運量漸增，而天津露囤也不斷的在增設。

3. 海運的數量

關於當時由江南海運達到北方的數量，舉幾次運糧數字爲例，可見當時運糧數量
的一般。永樂元年海運的數量，國朝典彙載有四十餘萬石。國朝典彙卷九十七漕運：

永樂元年，平江伯陳瑄總督海運糧四十萬餘石，赴北京及遼東。

這是國朝典彙載永樂時代海運僅有的一次數量。關於永樂元年海運數量在明實錄中也
有紀載。永樂元年八月，明實錄太宗永樂實錄卷二十一：

乙丑，平江伯陳瑄總海運糧四十九萬二千六百三十七石，赴北京遼東，以備軍
儲。

上文國朝典彙載永樂元年海運四十餘萬石，明實錄更明白的說出運糧的日期是在永樂
元年的八月，數量是四十九萬二千六百三十七石，國朝典彙及明實錄所載相合。但續
文獻通考對四十九萬餘石的運糧數字，另有解釋。續文獻通考國用考漕運：

臣等謹按萬曆會計錄，是年（永樂元年）令江南民糧悉運太倉州，於平江劉家
港用海船遶出登萊大洋以達直沽，歲六十萬一千二百三十石，而本紀云，四十
九萬餘石，殆如宋尚書禮所稱海運艱阻輒多漂沒，故據運到遼東北平之數而紀

　　之也。

續文獻通考把萬曆會計錄所載歲運六十萬一千二百三十石，當做由江南起運的數量，又把四十九萬餘石當做在海上經漂沒後到達北方的實在數量。但由上文可知，明實錄載永樂元年海運不僅一次，如永樂元年三月陳瑄宣信督運北上，這次並沒有載所運的數量；又一次是永樂元年八月，這次北運，並且很清楚的說出是四十九萬餘石。縱然萬曆會計錄所載的六十萬一千二百三十石，是在一年內運往北方的糧，但我們根據明實錄的紀載，在永樂元年內有兩次海運，由此可以斷定續文獻通考把兩個不同的數字，當做一次海運，如六十萬一千二百三十石算起運之數，四十九萬餘石當做運抵北方的實數，不能使我們相信。

　　同時續文獻通考國用考漕運所載：「而本紀云，四十九萬餘石」有誤，按明史成祖本紀祇說：「三月戊子，平江伯陳瑄都督僉事宣信充總兵官，督海運遼東北京，歲以為常。」本紀並沒有說出海運的數量。然而在明史河渠志海運裏却說：「永樂元年，平江伯陳瑄督海運糧四十九萬餘石。」我認為續文獻通考所載的「本紀云，四十九萬餘石。」當為明史河渠志海運所載之誤。

　　我們從史籍中，還可見到永樂年間其他的海運數量。如永樂五年海運六十五萬餘石。罪惟錄志卷十四漕志：

　　　　永樂五年，海運六十五萬石零。

又如永樂六年的海運數字，春明夢餘錄卷三十七：

　　　　永樂六年，海運糧六十五萬一千二百二十石於北京。

孫承澤在春明夢餘錄中說，永樂六年運糧是六十五萬一千二百二十石，但我們從其他的史籍中所見到的這年運糧數字，與這個數字有了差異。如大明會典會計漕運：

　　　　六年，令海運船運糧八十萬石於京師。

皇明世法錄卷五十四漕政：

　　　　六年，海運糧八十萬石于京師。

通漕類編卷二：

　　　　六年，海運糧八十萬石于京師。

大明會典、皇明世法錄、通漕類編所載皆為八十萬石，較春明夢餘錄所載的六十五萬

一千二百二十石，已多出十四萬八千七百八十石。按大明會典、皇明世法錄、通漕類編都是明朝當代的作品，春明夢餘錄是孫承澤在清代初年的作品，在這裏我們要以明朝當代的作品，比較可信。姑且以永樂六年海運八十萬石爲確，而對春明夢餘錄的紀載加以懷疑。

從皇明世法錄中又可見到永樂十二年海運四十八萬四千八百一十石，皇明世法錄漕政

十二年，海運糧四十八萬四千八百一十石于通州。

再把以上所舉有關永樂時代海運的數量，列表如下：

<h3 style="text-align:center">海 運 數 量 表</h3>

年　　代	運　　　　　糧	根　　　　　據
永 樂 元 年	49,2637(石)	明實錄、明史河渠志
〃 〃 〃 〃	60,1230	萬曆會計錄 (續文獻通考引)
永 樂 五 年	60,5000(+)	罪惟錄
永 樂 六 年	65,1220	春明夢餘錄
〃 〃 〃 〃	80,0000	大明會典、皇明世法錄、通漕類編
永 樂 十二年	48,4810	皇明世法錄

由此可知，永樂初年的海運數量，有時已超出明初洪武時代歲運的七十餘萬石，(關於洪武時代海運量，請參閱拙著元朝與明初的海運。)有時又低於洪武時代的七十餘萬石，沒有固定的數量。但明漕運志說：

永樂初，北京軍儲不足，以瑄充總兵，帥舟師海運歲米百萬石。

明漕運志所載永樂初海運歲米百萬石，這祇是一個約數，我們不能相信永樂時代海運每一年中都有百萬石。並且我們認爲永樂時代的海運量，正如上文所述，有時八十萬石，有時低到四十餘萬石，沒有定量，這是可以相信的，因爲我們不能忘記，永樂時代除了海運之外，還有陸運，海運少了，陸運可以補海運的不足。皇明世法錄漕政：

海運不給，於是陸運以濟之。

所以永樂時代海運數量的多寡，不能直接影響北方發展的需要。同時從海運的數量裏，也不能看出北方需要南方經濟上的接濟多寡。關於當時「海陸兼運」由江南運到北方糧餉的總數，請參閱本文第五節「從海陸兼運的運糧數量看北方在經濟上的需要」。

4. 海運進行中對倭寇的征討

在永樂時代海運的進行中，海上倭寇對海運是否有什麼影響？我們知道明太祖時代海上的倭寇，已被當時的武將擊潰。明史卷九十兵志三海防：

> (洪武)二十三年，從衞卒陳仁言，造蘇州太倉衞海舟，旋令濱海衞所，每百戶及巡檢司皆置船二，巡海上盜賊。後從山東都司周彥言，建五總寨於寧海衞，與萊州衞八總寨，共轄小寨四十八。已復命重臣勳戚魏國公徐輝祖等分巡沿海，帝素厭日本詭譎，絕其貢使，故終洪武建文世不爲患。

海上倭患雖在洪武末年及建文時代已消失了，這是暫時的，到永樂初年，海上又有倭寇的掠奪了。永樂二年五月，明成祖曾下令清遠伯王友沿海捕倭。明通鑑卷十四：

> 五月壬寅……又命清遠伯王友充總兵官，帥舟師沿海捕倭。

永樂二年五月，明實錄太宗永樂實錄卷二十九：

> 命清遠伯王友充總兵官，都指揮僉事郭義充副總兵，帥舟師往海道巡哨，如遇寇賊，就行勦捕。仍戒友等，遇番國進貢船，不得擾害。

倭寇爲患，自然對海運是不利的，因此永樂時代督海運的武將陳瑄，雖然督運北上，一面又要負征討倭寇的使命。如永樂四年陳瑄督運遼東，在歸途上擊敗倭寇於沙門。明史紀事本末卷五十五沿海倭亂：

> 四年冬十月，平江伯陳瑄督海運至遼東。舟還，值倭於沙門，追擊至朝鮮境上，焚其舟，殺溺死者甚衆！

陳瑄這次大敗倭寇，是明代著名的「平江伯陳瑄擊倭於沙門之役」。由此又可印證明成祖承襲明太祖時代用武將督運的意義。

海運不停的北上，所以陳瑄督運及征討倭寇的事跡，隨時可以見到。永樂六年十二月，陳瑄和柳升、李彬等率舟師分道沿海捕倭。明史卷六成祖紀二：

> 是月，柳升、陳瑄、李彬等，率舟師分道沿海捕倭。

永樂六年十二月，明實錄太宗永樂實錄卷六〇：

> 十二月辛卯，命安遠伯柳升充總兵官，平江伯陳瑄充副總兵，率舟師緣海巡捕倭寇……命豐城侯李彬充總兵官，都督費瓛充副總兵，率官軍自淮安抵沙門島，緣海地方勦捕倭寇。

在陳瑄、柳升、李彬分道捕倭寇的這個月裏，明成祖又遣使諭日本，勸日本國王應該
承其父的遺志，發兵捕倭寇。明實錄太宗永樂實錄卷六〇：

　　　遣使賫勅諭日本國王源義持曰：「往者，海寇出沒，爾父恭獻王能敬承朕命，

　　　發兵殄之。今海盜復作，王宜繼承父志，發兵捕戮，以光恭獻王之功！」

從明成祖給日本的勅諭中，知這時日本對倭寇並不加以捕捉，倭寇的掠奪，自然更甚
於往日了。倭寇雖猖獗日甚，但明成祖的武將却能保持對倭寇征討的勝利。如永樂十
年三月，柳升擊敗倭寇於青州，陳瑄又追至金川，唐鑑等也追倭寇於朝鮮境上，這又
是一次大勝利！明實錄太宗永樂實錄卷六十二：

　　　壬申，總兵官安遠伯柳升奏：「率兵至青州海中靈山，遇倭賊交戰，賊大敗及

　　　溺死無算，遂夜遁。卽同平江伯陳瑄追至金川白山島等處；浙江定海衞百戶唐

　　　鑑等亦追至東洋朝鮮國義州界，悉無所見」。上勅升等還師。

明成祖感到倭寇的侵犯對海運有害，又曾下令陳瑄海運糧舟出發時，以安遠侯柳升等
率兵護衞，遇寇勦殺。永樂七年三月，明實錄太宗永樂實錄卷六十二：

　　　勅總兵官平江伯陳瑄等曰：「海運糧舟發時，必會合安遠侯柳升等，令以兵

　　　護；或遇寇至，務協力勦殺，毋致踈虞」。

海運回航時，明成祖曾令陳瑄及將士勦殺倭寇。永樂七年七月，明實錄太宗永樂實錄
卷六十七：

　　　勅平江伯陳瑄等，率運舟師同還，遇倭寇，就便勦除。若將士能斬賊首一級

　　　者，賞銀五十兩；臨敵畏怯者，卽斬以徇。

永樂九年正月，又命李彬陳瑄勦海寇。明實錄太宗永樂實錄七十四：

　　　命豐城侯李彬充右副總兵，平江伯陳瑄充參將，率領浙江福建官軍勦捕海寇。

據上文的引證，明成祖永樂時代，海上是不安寧的，督海運的武將，一面督運，一面
又負有征討倭寇的責任。然而倭寇終於慘敗，倭寇一次掠奪遼東，被總兵官劉江澈底
殲滅。明史卷九十一兵志三海防：

　　　（永樂）十七年，倭寇遼東，總兵官劉江殲之於望海堝。自是倭大懼，百餘年

　　　間，海上無大侵犯。

這裏所載的劉江，實是劉榮，因劉榮初冒父名爲劉江，明史卷一五五劉榮傳。

劉榮，宿遷人，初冒父名江……十七年六月，瞭者言：「東南海島中舉火。」江
急引兵赴堝上，倭三十餘舟至，泊馬雄島登岸奔望海堝。江依山設伏，別遣將
斷其歸路，以步卒迎戰，佯却，賊入伏中，礮舉伏起，自辰至酉，大破賊，賊
走櫻桃園空堡中。江開西壁縱之走，復分兩路夾擊，盡覆之，斬首千餘級，生
禽百三十人。自是倭大創，不敢復入。

明成祖時代海上的倭寇，被劉江大敗後，自此無大的侵犯了，倭寇竟斂跡百餘年。所
以我們敢肯定的說，永樂時代海上的倭寇，雖然不斷的侵犯，並沒因倭寇的侵犯，而
阻止當時的海運。但海運在永樂十三年（一四一五）停止了，海運的停止，是因運河
的濬通，南北轉運可由運河來承擔，故此海運纔廢止了。關於運河的濬通，將於本文
第六節「運河的濬通與海陸兼運的廢止」詳加考證。

四、海陸兼運中的陸運

1. 陸運的建立及陸運的路程

「海陸兼運」中的海運，已如上述。我們知道明代開國太祖時代的海運，祇是供給
北方一部分軍事需要，海運的規模不大；明成祖承襲了這一個不大的規模，所建立的
海運，自然不能滿足他在北方大發展的要求，而陸運在海運開始後的三個多月，即永
樂元年七月，也開始了。

陸運的成功，我們毫不遲疑的要想到明初整理邦賦和定召商開中法的經濟專家郁
新，這位戶部尙書郁新對永樂時代經濟上的轉運工作，提出新計劃。永樂元年七月，
明實錄太宗永樂實錄卷二十：

丙申，戶部尙書郁新等言：「淮河至黃河多淺灘，跌坡餽運艱阻。請自淮安用
船可載三百石以上者，運入淮河沙河至陳州潁岐口跌坡下，復以淺船可載二百
石以上者，運至跌坡上，別以大船載入黃河，至八柳樹等處，令河南車夫運赴
衞河轉輸北京。」從之。

明成祖接受了郁新的陸運計劃，永樂時代的陸運纔開始了。郁新的新計劃，是撇開已
淤塞的會通河故道，把江淮的糧，從淮河過沙河，運到陳州潁岐口跌坡下，以淺船運
往跌坡上，再用大船入黃河，黃河做了運道，從黃河一直往上流航去，到新鄉八柳樹

等地方，這時纔以河南等地的車夫轉運入衞河。衞河，按名山藏河漕記：

> 衞河舊名御河， 出輝縣蘇門山北泉， 東北流經濬、大名、舘陶諸縣 ， 下流會
> 洪、漳諸水，過臨漳分爲二：其一北出經大名至武邑，以入滹沱；其一東流經
> 大名東北，出臨清至直沽，會白河入海。

陸運入了衞河，東流經大名，出臨清至直沽，再從白河轉輸北京。由上文我們所見到
陸運的陸路路程，是河南等地的車夫，從黃河八柳樹等地，把糧運到衞河岸旁的一段
距離。

　　我們要問 ， 郁新何以要主張這一條陸運的運道 ？ 因爲元朝開鑿南北轉運的會通
河，在明太祖時代洪武二十四年(一三九一)，黃河在原武的一次決口，把會通河淤塞
了。明史卷八十五河渠志三運河上：

> 會通河者，元轉漕故道也，元末已廢不用。洪武二十四年河決原武，漫安山湖
> 而東，會通盡淤。

已淤塞的會通河故道，南接黃河，北入衞河，黃河和衞河的上流又逐漸接近。顯然的，
郁新陸運的計劃 ， 在河流上繞了大灣子， 躱開已淤塞會通河的故道，從黃河上流航
去，直到接近衞河水源的地方，由黃河八柳樹等處車運到衞河，再從衞河達白河轉運
北京。郁新的計劃雖然在水上航程增加不少的長距離，而陸地上車運的距離却短了，
所以減去許多陸路的痛苦。水上的航行畢竟是省力的，在當時來說，再找不出比這條
更簡便的路線了，這是郁新主張這條運道的理由，也是郁新的卓見，因此明代在永樂
時代的陸運，纔建立起來。

　　關於陸路車夫轉運實際的里數 。 在永樂元年， 軍士唐順曾請開衞河黃河間的陸
路，他說衞河接近黃河的陸路是五十里。皇明大政記卷八：

> 永樂元年三月戊寅，軍士唐順請開衞河，去黃河凡五十里開之，距黃河百步置
> 倉轉輸。下部議，俟民力稍甦行之。

明史河渠志和明史紀事本末，又說出唐順主張開衞河，衞河與黃河的距離是五十里。
但沒有明白指出這五十里，從什麼地方到什麼地方。明史卷八十七河渠志五衞河：

> 永樂元年，瀋陽軍士唐順言：「衞河抵直沽入海，南距黃河陸路纔五十里。若
> 開衞河，而距黃河百步置倉厰，受南運糧餉，至衞河交運，公私兩便。」乃命

廷臣議，未行。

明史紀事本末卷二十四河漕轉運：

> 瀋陽中屯衞軍士唐順言：「衞河之原(源)，出衞輝府輝縣西北八里大行蘇門山
> 下。其流自縣城北，經衞輝城下，大名濬縣界，迆邐抵直沽入海。南距黃河陸
> 路五十里」。

唐順說的五十里，可能是衞河河源到黃河最短的距離。我們要注意，這五十里恐怕不
是當時陸運所走的陸路。因爲名山藏說，陸運從黃河到衞河車夫轉運的距離，是一百
七十里。名山藏河漕記：

> 乃令江南之運，皆入高寶諸湖，渡淮達黃河，陸運百七十里入衞河。

名山藏祇是約略的說出黃河至衞河車運的距離是一百七十里，也沒有說出何處到何
處，但在明史紀事本末裏却說出車運距離的地點。明史紀事本末河漕轉運：

> 令江南糧，一由海運；一由淮入黃河至陽武，陸運至衞輝，仍由衞河入白河至
> 通州，是爲海陸兼運。

皇明世法錄和大學衍義補也說出車運的地點，皇明世法錄漕政漕河職掌：

> 永樂初，江南糧餉，一由江入海出直沽，由白河運至通州；一由江入淮，由淮
> 入黃河至陽武縣，陸運至衞輝府，由衞河至通州。

大學衍義補卷三十四漕輓之宜：

> 太宗皇帝肇造北京，永樂初，糧道由江入淮，由淮入黃河，運至陽武，發山西
> 河南二處丁夫，由陸運至衞輝下御河，水運至北京。

據明史紀事本末、皇明世法錄、大學衍義補所載永樂初年陸運的陸路，是從陽武到衞
輝，但沒說出距離的里數。我們從明史河渠志又可得到一個證明，從陽武到衞輝，恰
是名山藏所說的陸運一百七十里。明史河渠志三運河上。

> 永樂四年，……一仍由海；而一則浮淮入河至揚武(揚應作陽)，陸輓百七十里
> 抵衞輝，浮於衞，所謂陸海兼運者也。

陽武到衞輝是一百七十里。至於郁新在永樂元年計劃的陸運陸路，是由黃河新鄉八柳
樹等處到衞河，我們雖不敢斷定郁新計劃陸運的陸路，就是從陽武到衞輝府的一段路
程，(按新鄉縣與陽武相鄰)但是永樂時代，陸上車夫轉運常走的路程，無可疑義的是

陽武到衞輝府的一百七十里。

　　關於「海陸兼運」中陸運主要的目的地。據上文的引證，如明實錄、明史紀事本末、皇明世法錄、大學衍義補等所載，陸運由淮河入黃河，再經過陸運達衞河，由衞河入白河運至通州而達北京。然而通漕類編卷二說：

> 成祖遷都於燕，百官衞士仰需江南。於是始議立運法，派爲二道，一由江入海，出直沽口，由白河運至通州，謂之海運；一由江入淮黃河至陽武縣，陸運至衞輝府，由衞河運至薊州，謂之河運。

通漕類編說出陸運的目的地是薊州，而與上文所述的北京，有了差異。但通漕類編卷二又說：

> 永樂元年，令於淮安用船可載三百石以上者，運糧入淮河沙河，至陳州潁岐口跌坡下，用淺船可載一百石以上者，運至跌坡上，別以大船載入黃河至八柳樹等處，令河南車夫赴衞河轉輸北京。

通漕類編同上卷又說：

> 十二年，海運糧四十八萬四千八百一十石；又衞河償運糧四十五萬二千七百七十六石于北京，所謂海陸兼運者也。

這裏又說出陸運的目的地是北京。通漕類編所載陸運的目的地，一說是北京，一說是薊州，前後有了矛盾。但我們據前文的考證陸運的目的地爲北京是可信的，對於薊州之說，當予以懷疑。

　　當時又以會通河衞河相轉運。皇明世法錄漕政：

> 六年，海運糧八十萬石于京師，其會通河衞河以淺河船相兼。

大明會典也有這樣的紀載，大明會典漕運：

> 六年，令海運船運糧八十萬石於京師，其會通河以淺河船相兼轉運。

由前文的考證，會通河已於洪武二十四年淤塞，當時除了海運外，在陸上的轉運，是由淮入黃河，再由衞河至白河，運至北京。如果在會通河沒有濬通前，卽是會通河還能夠轉運，恐怕也是極艱苦，極少數的輸送罷了。

　　永樂時代轉運工作，除了海運和淮河起運經黃河衞河運輸外，明史食貨志又說臨清倉儲河南山東粟，也輸往北京。明史食貨志三漕運：

淮海運道凡二，而臨淸倉儲河南山東粟，可以輸北京，合而計之，爲三運。臨淸在淤塞的會通河北端，卽衞河的東岸。山東河南的糧儲於臨淸倉，可以直接由衞河經白河轉北京，這條運道，也是由江淮連糧經黃河抵衞河達北京的運道。所以由上文的考證，可知陸運的運道了。

2. 明成祖對陸運困苦的體恤

永樂初年的三運，海運是用官運，淮河及臨淸倉的轉運是民運。明史食貨志三漕運：

> 惟海運用官軍，其餘則皆民運云。

陸上車船轉搬的民運，自然是異常艱苦，明成祖對這艱苦的工作，曾加以體恤。如北方冬季天寒河水結成厚氷，河船不能航行了，設遞運所，以附近之民及犯徒備車牛充遞運夫，以減轉運之苦。如永樂六年十二月，明實錄太宗永樂實錄卷六一：

> 北京行部言：「山東德州至北京良鄉縣，陸路未設遞運所，冬月河凍，載楫不通，上供之物，俱從陸路發民間車牛載運，不免煩擾。宜設遞運所，以附近之民及犯徒流罪者，備車牛充遞運夫。而山東靑山樂安等遞運所，河道不通者，悉宜革罷。」從之。

因輸送之苦，凡參加輸送之民免差役一年，並給行糧及鈔錠。如永樂八年(一四一〇)正月，明實錄太宗永樂實錄卷六八：

> 壬辰，上以濟寧迤南至京師，水陸輸運軍需甚艱，命免輸運之民差役一年。命北京行部尚書郭資率所屬民丁萬人，隨軍餽運；人賜鈔五錠，仍給行糧。

民夫有死者和凍傷手足者，也加以懷恤。如永樂八年二月，明實錄太宗永樂實錄卷六八：

> 勅戶部運糧民夫死者，人與鈔十錠，復其家一年；凍傷手足，亦復一年。

這些都是明成祖對轉運民夫的體恤。

3. 陸運的督運者

關於陸運督運的人物，明史河渠志三運河上說：

> 永樂四年，成祖命平江伯陳瑄督轉運，一仍由海，而一則浮淮入河至揚武（揚應作陽），陸輓百七十里抵衞輝，浮於衞，所謂陸海兼運者也。

根據這段紀載，似乎陳瑄督海運又在督陸運。明漕運志又說：

> 四年，秋七月，命平江伯陳瑄兼督江淮河衛轉運……永樂初，北京軍儲不足，
> 以瑄充總兵，帥舟師海運。

明漕運志也說出陳瑄督江淮河衛的轉運，及北京軍儲不足，又督海運。但據前文的考證，陳瑄從永樂元年督海運開始後，一直不斷為海運努力，他在永樂時代的海運時期中佔了重要地位，並且他在督海運時，又做了征討倭寇的能將。所以陳瑄在督海運期間又兼督陸運，當是不常見的事。

關於永樂時代陸運的督運者，從明實錄中還可見到幾位。如永樂四年姚旺等率官軍督運北上，明實錄太宗永樂實錄卷四一：

> 戶部奏：「府軍等衛千戶姚旺等率官軍漕運，至河南遇暴風壞舟，漂溺糧萬三
> 千三百七十餘石，宜責其償，且請付法司治其不慎之罪。」上曰：「倉猝風水
> 之險，非人力所及，其宥之」。

由此可知，姚旺等在永樂四年曾督陸運。永樂七年十一月，後軍都督僉事吳庸也曾督運德州糧至北京。明實錄太宗永樂實錄卷六七：

> 丙辰，命後軍都督僉事吳庸運德州所儲糧赴北京；命戶部給賜運糧指揮千百戶
> 衛所鎮撫旗軍鈔，如衛河漕運之例。

永樂九年正月，都督費義曾督運。明實錄太宗永樂實錄卷七四：

> 命都督費義率舟師，運衛府所儲粟三十三萬四千四百石，赴北京。

永樂十年正月，都督費義尚書宋禮共同督運。明實錄太宗永樂實錄卷八一：

> 勅都督費義尚書宋禮，領舟師運糧赴北京。

在十年的五月，費義運衛輝府舘陶倉粟到德州。明實錄太宗永樂實錄卷八三：

> 辛丑，都督僉事費義，督運衛輝舘陶倉粟三十萬一千四百五十餘石，赴德州。

由此可知，永樂時代陸運的督運者，如姚旺、吳庸、郭資、費義、宋禮等人，都是常見的人物。

到永樂九年會通河濬通，河運的次數增加，海運減到三年兩運，河運增到一年三次，以補海運一年的數量，皇明世法錄漕政漕河職掌：

> 九年，濬元會通河，宋禮奏三年海運二次，于徐州濟寧州置倉收糧，造淺船五

百隻，撥附近衞軍領駕，從會通河儹運，每年三次，以補海運一年之數。

會通河暢通，河運增加　海運減少，自然河運的重要更加重了。因而朝廷又決議陳瑄仍爲董理漕運，於是陳瑄造淺船，在河上行大量的轉運，明史陳瑄傳：

> 宋禮旣治會通河成，朝廷議罷海運，仍以瑄董漕運；議造淺船二千餘艘，初運二百萬石，寖至五百萬石，國用以饒。

宋禮治會通河成，陳瑄又把江淮間的淸江浦鑿通，運河暢流，（參見本文第六節）南北經濟上的轉運工作完全由運河來承擔，可以說陳瑄在這時繞算督河運的主要人物。後來仁宗宣宗時代，陳瑄始終在爲轉運工作而努力，一直到宣德八年（一四三三）死去爲止。由上文的考證，陳瑄在明朝「海陸兼運」時期，他的大貢獻是在督海運，到運河濬通後，又是督河運的主要人物。若以明朝整個的轉運工作來說，陳瑄却是卓越的人物。

五、從海陸兼運的運糧數量看北方在經濟上的需要

海運不能充分應付北方的需要時，而以陸運來補足。所以要想知道南北轉運的總數字，絕不能僅以海運或者是陸運單方面來衡量；同時要想看出南方的經濟所支持北方的發展，在經濟上的接濟是多是寡，不得不再把「海陸兼運」運糧的總數，加以考證。

名山藏漕運記：

> 文皇作都於燕，初仍海運之故，爲一運；別起淮儀歷黃衞水陸灌輸遞抵都下，爲一運；其北則德倉所儲，爲一運。三運歲合二百五十萬石有奇。

「二百五十萬石有奇」的數字，可以說衹是一個約數，並不是每年運糧數字都如此。試舉明實錄中載「海陸兼運」的數字爲例，如永樂七年，明實錄太宗永樂實錄卷六七：

> 是歲……餉運北京糧一百八十三萬六千八百五十二石。

永樂七年運糧數字，比名山藏所載歲運二百五十餘萬石；尚有六十六萬三千一百餘石之差。

永樂八年的運糧數字，據國朝典彙卷九七漕運：

> 八年三月，命湖廣、浙江、江西都布二司，各運赴北京，備官運俸糧。湖廣一百三十萬石，浙江一百五十萬石，江西三十萬石。

永樂八年三月，明實錄太宗永樂實錄卷六九：

> 壬申……命湖廣布政司運糧百萬石，都司三十萬石；浙江布政司運百二十萬
> 石，都司三十萬石；江西布政司運十萬石，都司二十萬石，赴北京，備官軍俸
> 糧。

國朝典彙和明實錄太宗永樂實錄卷六九已說出命湖廣、浙江、江西三處共運糧三百一
十萬石。明史紀事本末又說因漕運舊額不足國用，而有此令。明史紀事本末河漕轉
運：

> 八年，以舊額漕運二百五十萬石，不足給國用，特令江、浙、湖廣三省各布都
> 官自行督運，共三百萬石有奇。

因北方的需要，在永樂八年曾命令江西、浙江、湖廣三省運糧三百一十萬石，可能是
事實。但命令祇是命令，是否這三百一十萬石的糧全數運抵北京，不能不有所懷疑。
因爲在會通河濬通前，明成祖卽位後急遽中所建立的海險陸費的南北轉運工作，是異
常艱難的，當時漕運額似不會達三百一十餘萬石的數字，如永樂七年轉運額爲一百
八十三萬六千八百五十二石，就是一個例子。同時大明會典祇說永樂八年命令湖廣、
江西、浙江轉運，而不載轉運的數字。大明會典卷二七漕運：

> 八年，令湖廣、江西、浙江三處倉糧，除本處支用，其餘糧，本部差官督各該
> 司府起運

但從皇明大政記和明實錄太宗永樂實錄卷七三却能看出永樂八年運糧往北京的數字，
而不是三百一十萬石。皇明大政記卷八：

> 丁卯，浙江、江西、湖廣運糧二百十萬石，赴北京，備糧俸。

皇明大政記說出浙江、江西、湖廣運糧是二百十萬石。明實錄太宗永樂實錄卷七三又
說：

> 是歲（八年）……餽運北京糧二百一萬五千一百六十五石有奇。

皇明大政記載二百十萬石，與明實錄太宗永樂實錄卷七三載二百一萬五千一百六十五
石，雖有少許的不同，但皆爲二百餘萬石，這個數字，似可以相信。因爲在會通河濬
通前，幾年來的運糧數量，都在二百萬石左右，姑且以皇明大政記和明實錄太宗永樂
實錄所載歲運糧二百餘萬石，較爲可信。這個數字雖比永樂七年的運糧數目增加，但

比名山藏所載歲運二百五十萬石，尚差不少的數字。

　　永樂九年的運糧數字，明實錄太宗永樂實錄卷八○：

　　　　是歲……餉運北京糧二百二十五萬五千五百四十三石。

永樂九年運到北京的糧，是二百二十五萬五千五百四十三石，仍比名山藏的二百五十萬石，差了二十四萬四千四百五十七石。永樂十年，明實錄太宗永樂實錄卷八六：

　　　　是歲……餉運北京糧二百四十八萬七千一百八十八石。

永樂十年運糧二百四十八萬七千一百八十八石，又比九年的運糧數字多出二十三萬一千六百四十五石。這時的運糧，已和名山藏載的二百五十萬石相近了。永樂十一年，明實錄太宗永樂實錄卷九○：

　　　　是歲……餉運北京糧二百四十二萬一千九百七石。

永樂十一年運糧二百四十二萬一千九百七石，比永樂十年的運糧數字少了六萬五千二百八十一石。永樂十二年，明實錄太宗永樂實錄卷九四：

　　　　是歲……餉運北京糧二百四十二萬八千五百三十五石。

永樂十二年的數目，是二百四十二萬八千五百三十五石，比永樂十一年的數目多出六千六百二十八石。

　　據上文的考證，當明成祖向北方發展，所需要江淮經濟上的接濟，由「海陸兼運」運往北京的糧，逐漸在增加。自永樂十年到十二年，每年都是二百四十餘萬石，但沒達到二百五十萬石。然而到永樂十三年「海陸兼運」合計的總數有了大變動。永樂十三年，明實錄太宗永樂實錄卷九九：

　　　　是歲……餉運北京糧六百四十六萬二千九百九十石。

永樂十三年南北經濟上的轉運量，突然增到六百四十六萬二千九百九十石。這是一個驚人的數字。但是根據其他的紀載，這年的運糧數字祇是三百餘萬石。皇明世法錄漕政和通漕類編卷二都同樣的說：

　　　　先是，遣平江伯陳瑄往湖廣、江西等處造舟二千艘，以從河運。瑄建言平底淺
　　　　船甚稱便焉，歲可運三百餘萬石至京。

這裏說出陳瑄造平底淺船二千艘，歲可運三百餘萬石。國朝典彙漕運又說：

　　　　十三年三月，命平江伯陳瑄於湖廣、江西造平底船二十（十應作千）艘，以從

　　河運，歲運三百餘萬石。

國朝典彙說出，歲運三百餘萬石。明史紀事本末河漕轉運：

　　十三年三月，罷海運糧，命平江伯陳瑄於湖廣、江西造平底淺船三千艘，以從

　　河運，歲運三百餘萬石。

明史紀事本末載陳瑄造平底船三千艘，而與皇明世法錄、通漕類編、國朝典彙所載二千艘，有了差別。但是他們所紀載的永樂十三年運河濬通這年，歲運爲三百餘萬石，却完全相同。我們先不問這三百餘萬石和六百餘萬石那一個數字較爲可信。然而却敢斷言，永樂十三年由南方運往北京的糧，已比十三年前不滿二百五十萬石的數字，增多不少的數目了。

海陸兼運運糧數字表

年　　代	運　糧　數　字	根　　　　　　　　　據
永　樂　七　年	183,6852(石)	明實錄太宗永樂實錄
永　樂　八　年	201,5165	明實錄太宗永樂實錄
〃　〃　〃　〃	210,0000	皇明大政記
永　樂　九　年	225,5543	明實錄太宗永樂實錄
永　樂　十　年	248,7188	明實錄太宗永樂實錄
永　樂　十一年	242,1907	明實錄太宗永樂實錄
永　樂　十二年	242,8535	明實錄太宗永樂實錄
永　樂　十三年	300,0000(＋)	國朝典彙、皇明世法錄、通漕類編、明史紀事本末
〃　〃　〃　〃	646,2990	明實錄太宗永樂實錄

　　明成祖時代，南北轉運工作的「海陸兼運」，在永樂元年開始後，由江淮的經濟所支持的北方發展，不斷在擴張，所以經濟上的需要量，也不斷的增加。如永樂十三年運糧數字所以突然的增加，這是在北方大發展的需要下，而明代南北經濟上的轉運工作，又起了轉變。永樂十三年正當運河完全濬通，而影響到運糧數字的突增。

六、運河的濬通與海陸兼運的廢止

　　由於「海陸兼運」，國家的經濟纔得到暢流，有不少發展事業都在北方成功了，（參看前文「南北轉運重新建立的原因」）這是「海陸兼運」的功績。然而明成祖的看法和計劃，決不是短暫的。他把政治重心遷往北方軍事的地區裏，他覺得北方穩固了，子

孫的基業就不會動搖，因此現有海險陸費的「海陸兼運」，絕不能使他滿足，所以經過一段時期，已有餘力再爲南北轉運工作重新開闢一條暢流而省力的運道。會通河的重濬，就是當前要解決的大事。

關於會通河，通漕類編卷一漕運：

> 至元中，以壽張縣尹韓仲暉等言，自安民山開河，北至臨清，凡二百五十里。引汶絕濟直屬漳御，建閘三十有一，度高低，分遠近，以節蓄洩，賜名會通河。

明史卷一五三宋禮傳：

> 會通河者，元至元中以壽張尹韓仲暉言，自東平安山鑿河至臨清，引汶絕濟屬之衞河，爲轉漕道，名曰會通。然岸狹水淺，不任重載，故終元世海運爲多。明初輸餉遼東北京，亦專用海運。洪武二十四年，河決原武絕安山湖，會通遂淤。

會通河是元世祖至元時代鑿通的河道，這條河道，岸狹水淺不能通大量的航運，所以元朝經濟上的南北轉運工作，始終以海運爲主。（請參閱拙著元朝與明初的海運）這一條會通河，到明太祖時受了大破壞，洪武二十四年（一三九一）黃河在武原決口，會通河因而被淹沒淤塞絕航了。到明成祖時代感到「海陸兼運」不能滿足北方發展的需要時，會通河的價值又被重視，於是到永樂時便決意重新修濬了。春明夢餘錄卷三七漕河：

> 洪武中，會通河故道猶存，迨河決原武漫安山湖而南，而會通之迹始湮。今海險陸費，而會通河故道淤者三之一，宜可濬以漕，漕成而南北之運通，則無窮利也。於是天子命工部尚書宋禮、刑部侍郎金純、都督周長董其事。

明實錄更詳細的說出會通河從淤塞到修濬的史實，明實錄太宗永樂實錄卷七四：

> 己未，開會通河，河自濟寧至臨清舊通舟楫。洪武中沙岸衝決，河道淤塞，故於陸路置八遞運所，用民丁三千，車二百餘輛，歲久民困其役。永樂初屢有言開河便者，上重民力未許。至是濟寧州同知潘叔正言：「會通河道四百五十餘里，其淤塞者三之一，浚而通之，非惟山東之民免轉輸之勞，實國家無窮之利。」乃命工部尚書宋禮、都督周長往視。禮等還，極陳疏浚之便，且言天氣和霽，宜及時用力。於是遣侍郎金純發山東及直隸徐州民丁，繼發應天鎮江等江（江

應作府）民丁，併力開浚。

明成祖接受了濟寧州同知潘叔正的建議，又把修濬會通河的責任，交到宋禮金純等手裏，讓他們及時用民力開工。這一偉大的工程，竟發動數省的人力，到永樂九年六月，會通河的工程告成。明實錄太宗永樂實錄卷七七：

> 乙卯，會通河成，河以汶泗爲源，汶水出寧陽縣，泗水出兗州府，至濟寧州而合，置天井閘以分其流，南流達于淮，而河則（館本則作自）其西北流也。由開河過東昌府入臨淸縣，計三百八十五里，深一（館本一作二）丈三尺，廣三丈二尺。役軍夫三十萬，用工（館本工作二）十旬，罷租稅百一十萬二千五百有奇。自濟寧至臨淸置閘十五，閘置官立水，則以時啓閉，舟行便之。

會通河可以通航，委實給明代轉運工作帶來轉變！於是宋禮提出海運的險阻，河運的利益，主張撥鎭江、鳳陽、淮安、揚州及兗州糧，合計爲一百萬石，從河運至北京，因此海運減到三年中祇有兩運了，明史宋禮傳：

> 禮還言：「海運經歷險阻，每歲船輒損敗，有漂沒者。有司修補，迫於期限，多科歛，爲民病，而船亦不堅。計海船一艘，用百人，而運千石；其費可辦河船，容二百石者二十，船用十人，可運四千石，以此而論，利病較然。請撥鎭江、鳳陽、淮安、揚州及兗州糧，合百萬石，從河運給北京。」其海道，則三歲兩運。

會通河在永樂九年六月暢通後，海運改爲三年兩運。這時從江淮等地運來的糧，不必在河上及陸上繞大灣子，由會通河直接可運到衞河，經白河達北京。所以由上文可知，在會通河沒修通前，「海陸兼運」的數量，總計是二百萬石上下；正在會通河修濬這年，卽永樂九年，運糧總數是二百二十餘萬石；到會通河濬通的第二年，卽永樂十年，「海陸兼運」的總數已增至二百四十餘萬石。從永樂十年後，經十一年，十二年，「海陸兼運」的運糧數字，一直都在二百四十萬石以上，這時運糧數字的增加，無疑的是受會通河的影響。

我們知道會通河雖然在元朝被開通，但在當時所修濬的會通河「岸狹水淺」不能通大量的航運，所以元朝始終以海運爲主，每年藉河運不過數十萬石而已。古今治平略卷八唐宋漕運附元：

　　自至元二十六年，因壽張尹韓仲暉言，自東平州安山開河，北至臨淸二百五十

餘里，引汶絕濟直屬衞河……河成，賜名會通河。然河道初開，岸狹水淺，

不能負重載，容大舟。又絕江淮遡泗水，呂梁彭城古稱險處，每歲運不過數十

萬石，終不若海運之多。

明成祖時代重新把會通河濬通，這時已比元朝每年僅能運數十萬石糧的會通河不同

了，明代藉着重新濬通的會通河，每年由江淮運達北京的糧餉，已在二百四十餘萬石

以上。成都龍氏敷文閣聚珍版天下郡國利病書卷四十說：

　　蓋會通之業，自我朝收其全功，而利十倍於勝國矣。

後來，每年由會通河運往北京的糧，又曾到三百萬石，甚至於又達到四百萬石以上，

明代在北方的政治重心和軍事重心所需要江淮經濟的接濟，可充分的經會通河運抵

北方。所以會通河於明成祖時代重新濬通，在南北轉運上所發生的成效，已勝於往日

了。

　　會通河暢通，海運立卽不像往年的頻繁，但海運絕沒有因會通河的暢通而完全廢

止。海運所以未廢止的原因，因會通河以南，江南漕舟抵淮安，又要過壩而達於淸河

口，運道依然艱難，整個的運河還不算全通！於是陳瑄訪故老得知宋喬維岳開沙河舊

渠，遂請開淸江浦。永樂十三年五月，陳瑄發軍民開河置閘，按時啓放。明實錄太宗

永樂實錄卷九六：

　　五月乙丑，開淸江浦河道，凡漕運北京，舟至淮安，過壩渡淮以達淸河口，挽

　　運者不勝勞。平江伯陳瑄時總漕運，故老爲瑄言，淮安城西有管家湖，自湖

　　至淮河鴨陳口僅二十里，於淸河口相宜（宜應作直），宜鑿河引湖水入淮以通漕

　　舟。瑄以聞，遂發軍民開河置四閘，曰移風、曰淸江、曰福興、曰新莊以時啓

　　閉，人甚便之。

涵芬樓影印崑山圖書館藏稿本天下郡國利病書淮備錄：

　　十三年，平江伯陳瑄疏邗溝，引舟自大江歷揚州，至淮安，以通漕運。詢山陽

　　耆民，得宋轉運使喬維岳所開沙河之故道，引水自管家湖之馬家嘴至鴨陳口，

　　入沙河，易名淸江浦，就湖築隄，以便牽挽。倣宋洪澤閘制，創新莊、福興、

　　淸江、移風四閘，遞互啓閉。

陳瑄把清江浦鑿通，這時南北運河完全暢通了。運河濬通，雖然是在明成祖向北方發展時代下促成的，而宋禮和陳瑄等對運河修濬的功績，也不能遺忘。明史紀事本末河漕轉運說：

　　　　凡漕渠在齊魯間者，宋禮功爲多；在江淮間者，陳瑄功爲多。

運河暢通了，就在運河暢通這年，上文已考證過，運糧數字有了突增。自然因江淮間清江浦鑿通後，運河暢通，所得到的效果。

　　永樂十三年運河暢通，從江淮地區運到北京在經濟上的接濟，完全可以在運河上航行，原有的陸運，已不必要了；同時自永樂九年會通河濬通後，所保留的三年兩運的海運，也在永樂十三年罷去。明史宋禮傳：

　　　　九年，命開會通河……已而，平江伯陳瑄治江淮間諸河功亦相繼告竣，於是運
　　　　河大便利，漕粟益多，十三年遂罷海運。

永樂九年會通河濬通，十三年清江浦開鑿成功，南北運河完全暢通後，海運纔罷去，這是不可否認的事實。然而明史河渠志三運河上說：

　　　　逮會通河開，海陸並罷。

我們知道會通河的修通是在永樂九年，明史河渠志載「海陸兼運」的罷去，是因會通河的濬通，是不能相信的。大明會典漕運說：

　　　　十三年，濬復會通河，奏罷海運。

讀史方輿紀要卷一二九漕河：

　　　　十三年，會通河成，海運始廢。

明會要卷五六引三編：

　　　　十三年，會通河既濬，漕運大通，遂罷海運。

永樂九年會通河濬通，此後，海運尚保留三年兩運，到十三年江淮間清江浦鑿通，運河暢通，始罷海運。所以大明會典、讀史方輿紀要和明會要引三編的紀載，永樂十三年會通河濬通，也不能使我們贊同。

　　明代的運河，在永樂十三年完全濬通，這條運河南自長江，北到大通橋，長達竟有三千餘里。明史卷八十五河渠志三運河上：

　　　　逮會通河開，海陸竝罷，南極江口，北盡大通橋，運道三千餘里。

自運河濬通後，「海陸兼運」罷去，却是明代轉運工作一個重大的進展。這時，在運河沿途築倉，置舍建閘，漕運可直達通州。明史河渠志運河上：

> 是時，淮上徐州濟寧臨清德州皆建倉轉輸。瀕河置舍五百六十八所；舍置淺夫，水澀舟膠，俾之導行。增置淺船三千餘艘。設徐沛沽頭金溝山東榖亭魯橋等閘。自是漕運直達通州，而海陸運俱廢。

運河的暢通，北方所需要經濟上的接濟，可盡量由運河輸送到北方。北方經濟上的需要，再不會因轉運的路程不便而遭到困乏。於是明成祖在北方的發展事業，絕不會因經濟不足而受到阻礙。所以大明會典漕運說：

> 國朝自永樂定都於北，軍國之需，皆仰給東南。

涵芬樓影印崑山圖書館藏稿本天下郡國利病書揚備錄又說：

> 成祖擇天下形勝都北平，京師百司庶府衞士編氓，仰東南漕粟為最急。永樂中，用濟寧州同知潘叔正言罷海運，復元會通河故道。又徙河故道，自開封北循魚臺塌場口入會通河，南與淮會。於是運河跨江絕淮，經河越濟，兼四瀆之水為漕用，而邗溝為其員官，(按：本所藏天下郡國利病書舊抄本、璧碧樓藏抄本皆作「員官」；而成都龔氏敷文閣聚珍板本及慎記書莊石印本，「員官」二字又皆作「要」。)視唐宋時益重矣。

運河的暢通，可以說給明朝的國運帶來劃時代的轉變，明成祖向北方的發展，藉運河的支持得到成功；明朝的京師由金陵逐漸遷往北京，無疑的，運河又支持了明代在北方所建立的政治重心。這時的運河對明代的影響，却是「視唐宋時益重矣」。

七、結　論

自從明成祖覺得北方地位重要以後，便決意向北方發展。因此在永樂元年，竟不顧一切的困難，令陳瑄和宣信等把明太祖晚年已停止的海運，迅速的恢復了。明成祖時代的海運，所以能重新建立，是因循明太祖時代舊有以武將督運的基礎而建立的。然而明成祖向北方發展是大規模的，海運不能應付北方大量經濟上的需要，因此除了海運外，在陸上又建立起車船轉輸的陸運，以補海運的不足。

由於北方的需要，藉「海陸兼運」運往北京的糧餉，以永樂七年運糧一百八十三

萬六千八百五十二石來說，比起明太祖時代的海運，一年中最高額僅有的七十餘萬石，已多出一百餘萬石。無疑的，明成祖向北方的發展，已比明太祖在北方僅以軍事鎮守的時代不同了。我們再看，元世祖亡宋朝後，建都於燕京，國家的經濟仰仗江南，在元世祖一朝中，由海運達北方的糧，最高額是在至元二十七年(一二九〇)，在這一年中由海運抵達北方的糧是一百五十一萬三千八百五十六石，而永樂七年由「海陸兼運」運往北京的糧，比元世祖時代的最高額，尚多出三十餘萬石。(請參閱拙著元朝與明初的海運)由此可知明成祖卽位後，向北方發展規模之大了。

由「海陸兼運」運往北方的數量，雖然如此之多，也並不能滿足明成祖向北方發展的實際要求，所以當海險陸費的南北轉運，已逐漸不能應付北方的需要，到永樂九年，明成祖已有餘力，再爲南北轉運工作開闢一條更簡便的運道，這是會通河的濬通。在會通河暢通的第二年，卽永樂十年，運糧數字立卽增到二百四十餘萬石。從永樂十年到十二年，運糧數字一直在二百四十餘萬石以上。這時比永樂七年的運糧數字又增多六十餘萬石。所以明成祖向北方的發展逐漸在擴張，在經濟上的接濟也逐漸在增加。

會通河雖通，整個的運河還不算暢通。等到永樂十三年，陳瑄把江淮間的清江浦鑿通，這時，從長江北到大通橋，長達三千餘里的南北運河完全暢通。在這一年內，運往北京的數糧有了突增，據國朝典彙、皇明世法錄、通漕類編、明史紀事本末等的紀載是三百餘萬石，甚至於明實錄又說是六百餘萬石。我們敢斷言，這時運糧數字的突增，是受到運河暢通的影響。運河暢通，北方在經濟上的需要，可盡量由運河輸送到達；祇要運河不發生變故，明代在北方的政治重心和軍事重心，絕不會因經濟來源不足而遭到困乏。

運河之所以濬通，是因時代需要而促成的。永樂初年，由於明成祖向北方發展，因海運不足，又有陸運的建立。「海陸兼運」支持了明成祖向北的發展，當「海陸兼運」不能滿足北方的需要時，又有運河的濬通。所以「海陸兼運」在明代轉運工作上來說，又奏了承前啓後的功效。

在歷史上，因時代的不同，往往地理環境上的重要性也因之改變。如唐宋時代的政治重心在關中洛陽和汴州臨安等地，明代永樂以後的政治重心又移到北京，因而

聯繫經濟、政治、軍事幾個重心的運河，也有了不同，會通河就是唐宋時代所沒有的一段運河。然而明代的運河對明代的影響，正如唐宋時代的運河支持了唐宋的强大一樣；從十五世紀初葉以後，中國史上的運河又起了大作用，明代的國防和國運，也繫於這條綿長的運河上。

本文插圖「明代海運及運河圖」，曾參考明嘉靖年間刊清嘉慶年間修補本之廣輿圖，及明嘉靖年間刊金聲玉振集本之海道經等繪製。這篇文章寫成後，先承全漢昇先生教正，後又蒙王叔岷、屈翼鵬、勞貞一諸師賜教和指正；繪圖時請黃慶樂兄相助，在這裏謹向他們致虔誠的謝忱！

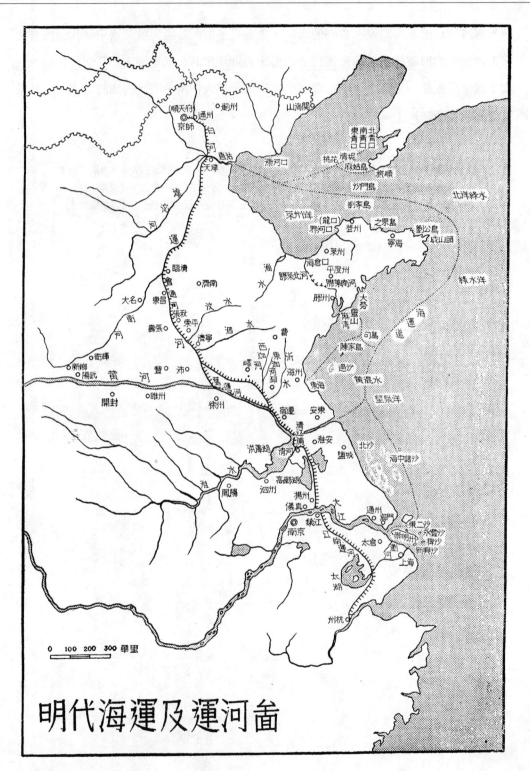

明代海運及運河圖

出自第二十九本下（一九五八年十一月）

平 心 論 高 鶚

林 語 堂

（甲） 立 論 大 綱

1. 本文立論主旨，計十三點。

(一)曹雪芹有時間可以續完紅樓夢全書，且必已續完。 因爲此書至八十囘中止，只有「風月繁華」，而無沉痛故事。其時寶玉尙未提親，騙局未成，黛玉未死，故事尙未轉入緊張關頭(黛死、釵嫁、玉瘋)；中心主題尙未發揮（寶玉斬斷情緣，賈府繁華，成爲幻夢）；全盤結構（賈府敗落，各人下場），尙未寫出；初囘伏線，未見呼應。倘使草蛇灰線，只有伏筆，而不見於千里之外，則紅樓夢一書，不能成其偉大。假使曹雪芹所寫僅是風花雪月，吃蟹賞菊，飲酒賦詩之事，而無世情變化沉痛經驗，雪芹之才，只見一半(閨閣閑情之細致描寫)，未見匠才（結構之大，伏線之精），難稱爲第一小說大家。書中主人翁，也不過是一個永不成器，縱情任性的多情茜紗公子而已，無甚足觀。(詳下第四十七節)

(二)胡適早已推定雪芹所作必不止八十囘，必有八十囘以後的「殘稿」。 最清楚確定的事實有二：

(a)在一七五四年（甲戌）已有脂硯齋重評石頭記，最少有二十八囘，（可能已成四十囘或八十囘）。

(b)在一七五六年（乾隆二十一年，丙子）五月初七日，紅樓夢已有謄正本，「對清」至七十五囘(見庚辰本七十五囘前單頁)。雪芹逝世之時（一七六三，癸

未除夕，據周汝昌考定）去甲戌是九年，去丙子五月是七年又七個月。在這八九年期間，雪芹非續完全書故事，成後四十囘不可。在一七六〇年（庚辰），寫稿至少當有一百囘，所以庚辰本第四十二囘前總評說「今書至三十八囘時已過三分之一有餘」。若僅一百囘，後來因故事收場方面太大，伏線太多，以二十囘寫出黛玉之死及賈府之敗和各人下場，定然不够，故必延長至一百二十囘。但是此批附四十二囘之前，所說釵黛二人悉捐前嫌，又正是四十二囘之事，而原稿作三十八囘，故以四十囘爲「三分之一」，則全稿應是一百二十囘。又一七六二年壬午三月畸笏批書，確已見過「末囘情榜」，是全書初稿已成之證。高本作僞之最重要證據，倒不在張問陶一句話中之一「補」字，而在另一事實。就是我們所見一百二十囘程本未出以前的各鈔本，僅有八十囘。八十囘以後殘稿之說出，作僞之說，根本動搖。（詳下第八，第十二節）。

(三)甲戌抄本已有「披閱十載，增刪五次」字樣，時是書已有五種書名：a. 石頭記，b. 情僧錄，c. 紅樓夢，d. 風月寶鑑，e. 金陵十二釵。退一步說，以一七五六年五月初七日已對清七十五囘爲起點計算，雪芹也有七年半工夫，可以寫成以後四十五囘之未定稿。一七六二年那年壬午九月，雪芹似乎還忙於披閱增刪，似乎索還借閱批稿甚迫。由於甲戌以後傳鈔譌誤迷失之經驗，雪芹似已學乖。八十囘以後之稿，未更校正，不肯隨便傳鈔。後四十囘旣是散稿，雪芹一死，家中更無心進行書稿之轉閱，總是家藏舊稿，經過相當長的時間，才慢慢傳佈出來。且凡編小說，初囘各人性格未清，布局未定，下筆每或游移不定，（今本事實最混亂的是未入大觀園以前之頭二十二囘）。及至故事收場成急轉直下之勢，正如驥馬下坡，欲罷不能，故寫作必愈速(詳第八節)。況且細玩冊文，各人下場早已定好了。

(四)雪芹陸續成書，屢次增刪改易，「書未成淚盡而逝」。所留的是適之所謂「殘稿」。旣有殘稿，必有囘目。此後數十囘殘稿，脂評屢屢說到（「後三十囘」「後半部」等等）。其中有已迷失者，有易稿中自行刪去者。畸笏在雪芹死後四年批書時所見已迷失了五六稿（第二十一囘庚辰本眉批云，「余只見有一次謄清時，與獄神廟慰寶玉等五六稿，被借閱者迷失，嘆嘆，丁亥——一七六七——夏，畸笏」）。

畸笏是雪芹的家裏人，連他所藏的都迷失一部分，而這迷失部份(獄神廟，射圃)。却成了高本的罪過。程偉元所得兩三種殘稿，有迷失者仍然迷失，有正文迷失而爲畸笏所未見者(懸崖撒手)復爲程氏所得。(詳下第三十四至四十一節)

(五)迷失諸稿，或屬前八十回，或屬後四十回(獄神廟，及射圃文字)，無法可考。但「情榜」文字，確應屬後四十回，(其中榜上寶玉是「情不情」，黛玉是「情情」)，高本缺。此節及十獨吟爲可以確指高本缺漏或未備唯一的兩段文字。(詳三十四至四十一節)

(六)高本四十回大體上所有前八十回的伏線，都有極精細出奇的接應，而此草蛇灰線重見於千里之外的寫作，正是紅樓夢最令人折服的地方。在現代文學的口語說來，便是結構上的嚴密精細。這是評高鶚者(適之平伯魯迅)所公認。(詳第四十八至五十六節)

(七)高本人物能與前部人物性格行爲一貫，並有深入的進展，必出原作者筆下。(詳第五十九至六十二節)

(八)高本作者才學經驗，見識文章，皆與前作者相稱。(詳第六十三節)

(九)高本文學手眼甚高，有體貼入微，刻骨描繪文字，更有細寫閨閣閒情的佳文，似與前八十回同出於一人手筆。(詳所引佳文，第五十二節「强歡笑」，五十五節「雙美護玉」，第六十二節「五兒承愛」等)

(十)程偉元所得的殘本，確是雪芹原作的散稿抄本。得之並不算稀奇。畸笏脂硯所謂已經迷失文字，不可强其復得。並不得據以爲作僞不接應之證。(詳第十三、四節)

(十一)裕瑞開漫罵之風，周汝昌繼之(第十七、八節)。俞平伯攻高本故事收場應如此不應如彼，全是主觀之見，更以「雅俗」二字爲標準，不足以言考證。天地之大，人猶有所憾，平伯喜歡不喜歡紅樓結局，與書之眞僞無干。平伯除有成心外，又犯曲解事實，掩滅證據，故事舖張的毛病。(詳第十九至三十三節全段)胡適依正當的考據材料疑高本之僞，皆可於以上第四及第十項求解答。(詳下第三十四至四十四節)

(十二)時人傳說，只有張問陶後四十回「俱蘭墅所補」一句話，此「補」字出了不少

毛病。高鶚所作，係「修補」「補訂」之「補」，而非「補續」「增補」之「補」，更非「補作」「續作」之「補」，更非「作」，更非「作僞」。胡適明言，「因爲高鶚不諱他補作之事，故張船山直說他補作後四十回的事」（中國章回小說，大連版，二二九頁）。張氏所言，正是程乙本高序所自述，是當時公開事實。兪樾不察，未見過程乙本，遂引爲高氏補續之據。換言之，高氏之補，是因爲「坊間繕本，及諸家所藏秘稿，繁簡歧出，前後錯見……此有彼無，題同文異」，乃「廣集核勘，準情酌理，補遺訂訛」的工作，「至其原文，未敢臆改」。「至其原文，未敢臆改」八字不確，其餘是實。高鶚補前八十回與補後四十回的功夫相同，（依汪原放校讀記，前八十回，改一五，五三七字；後四十回，改五，九六七字）。愚意第一回至第二十二回還應多「補」幾下。因爲經過此次「補訂」工作之後，今日通行本之前二三十回錯見差謬之處，仍然很多，而後四十回除了平伯不喜歡黛玉死，不喜歡寶玉拜別其父一類所謂「俗」處之外，倒沒有前二三十回的紕謬。我們可以推知，平伯認爲寶玉出家，途上遇其父親，將永遠訣別，連看都不一看，才是「雅人」。（詳下第四十三節）

(十三)續紅樓夢書是不可能的事。這是超乎一切文學史上的經驗。古今中外，未見過有長篇巨著小說，他人可以成功續完。高鶚是個舉人（後成進士），舉人能當編輯，倒不一定能寫小說。除非我們見過高鶚有自著的小說，能有相同的才思筆力外，叫他于一二年中續完四十回，將千頭萬緒的前部，撮合編纂，彌縫無跡，又能構成悲局，流雪芹未盡之淚，嘔雪芹未嘔之血，完成中國創造文學第一部奇書，實在是不近情理，幾乎可說是絕不可能的事（詳下戊全段第四十五至六十三節）

2. 高鶚是否作僞，今本後四十回是否雪芹原著，這問題是中國文學史上一重公案。魯迅中國小說史已取胡說，說後四十回是高鶚所「續」，雖然「所補或俱未契于作者本懷，然長夜無晨，則與前書伏線不背」（二五二頁）。譚正璧中國小說發達史也說，「其後四十回爲高鶚所作」，連補字丟開。很多人未能檢覆證據，聞其僞而未知何所指而爲僞，覺其眞，又未敢言其眞。謂雪芹第一才子之筆，竟不能自完其書，只能寫風花雪月的散品，而不能成體大思精的巨著，未免冤枉，故不敢不辯。再者，中國

小說名著，若三國，水滸，向來弱於結構，金瓶梅稍有緊湊的布局。這樣一講，最富於匠心經營的紅樓夢，也是沒有能力寫完了。

3. 適之首發後四十回高氏僞作之論，而始終能保持存疑客觀態度。他得甲戌脂硯齋重評本後，修改前案，斷定雪芹所作斷不止八十回，又因爲看見在雪芹未去世之前九年（雪芹卒年，脂硯誤記爲壬午，周汝昌考當在下一年癸未，九年應作十年）已有此重評本，成書二十八回，或四十回，他嘗發出一個重要疑問。在考證紅樓夢的新材料（一九二八）一文中，他發疑問：「如果甲戌以前雪芹已成八十回書，那麼，從甲戌到壬午這九年之中雪芹做的是什麼書？難道他沒有繼續此書嗎？如果他續作的書是八十回以後之書，那些文稿又在何處呢？」（胡，二八六頁）。（以下是講必有八十回後的散稿）。這一疑問，讀者不甚注意，於我却有極大影響。這一動疑，是我論據的出發點，始終不相信，八九年中雪芹不能或者不曾續完四十回書之說。

雪芹此書，「字字看來皆是血，十年辛苦不尋常」。其靈魂深處，無限的抱恨，無限的啼痕，無限的血癥所寄托，皆在八十回後黛玉已死與未死者無可奈何的哀痛。我們對于雪芹這種還淚之債，應當愼重鑒別，才不負他十年辛苦之用心。

（乙）　紅樓夢之寫作評閱及流傳情形

4. 曹雪芹——雪芹是一位談笑風生，神采奕奕的人，不是多愁善病，萎靡慵憫的人。他能詩能畫，好飲如狂，（敦誠敦敏詩），且高聲濶談（敦敏懋齋詩鈔「隔院聞高談聲，疑是曹君」）。在逝世之前一年，猶與敦誠縱飲作長歌，似非病體纏身者。且據裕瑞棗窗閒筆，雪芹自謂作書不難。『又聞其嘗作戲語云：「有人欲快覩吾書不難，惟日以南酒燒鴨享我，我卽爲之作書云」』。裕瑞去雪芹未遠，雖未見其人，亦不詳其家世，但他曾記，「聞前輩姻戚有與之交好者（言），其人身胖頭廣而色黑，善談吐，風雅遊戲，觸景生春。聞其奇談，娓娓然令人終日不倦。」想見其爲人，精神飽滿，是能續完自己的書的人。紅樓夢作者批者，處處言「字字皆是血」，「一把辛酸淚」，有意要寫樹倒猴猻散的大收場。雪芹既然於一七五六年已寫完八十回，假定他在此後八九年間，後四十回仍然不能交卷，那麼，我就不得不把雪芹小說家的身分貶低了。因爲他竟寫不出來，而所寫的，只是一本沒有緊張關頭，沒有故事焦點的小說。

　　5. 作書與評閱——考證紅樓夢歷史，必明其評閱轉鈔情形，因為考證真偽的材料，一大部分是出於所謂「脂批」，卽「脂硯齋」，「畸笏叟」的夾批眉批。這些批書人所見的是真本，所以他們材料極為重要。這種材料，前人考證甚詳（胡適跋庚辰本一文及其他，周汝昌紅樓夢新證等等）。我們按跡尋踪，比較方便。我由適之處借來甲戌本，並由錢階平先生借得北平影印的庚辰本，用以對照俞平伯編的脂硯齋紅樓夢輯評。我發覺輯評這書，庚辰本抄錄甚好，而甲戌本材料，却靠不住，或以無為有，或以有為無，有全條遺漏者，有甲戌文異而以為同者，有回末認為開始總評者，全失其本來面目，不足為學問工具。這是因為編書人無原書，所據的甲戌評語，是過錄在己卯本上的，也不能怪他。紅樓夢作者與評者之關係，胡周諸書俱有詳論。我只舉出一例，可以看出當日作書人一面寫，評書人一面評的情景。第二十七回末葬花詩後，甲戌本有硃批，輯評一書全然未錄，而所錄庚辰評本原脫「有客曰」三字，最關重要。茲錄甲戌本原文如下：

　　『余讀葬花吟，至再至三四，其淒楚感慨，令人身世兩忘，舉筆再四，不能下（庚辰作加）批。有客曰（庚辰無此三字），「先生身非（庚辰脫非字）寶玉，何能下筆？卽字字雙圈，批詞通仙，料難遂顰兒之意。俟看玉兄之後文再批」。噫唏，阻余者，想亦石頭記來的（庚辰作「化來之人」），故停（庚辰作擲）筆以待。』

這是雪芹叫批書人暫時勿批詩，等看下回。第二天，第二十八回初頁乃又批一段：

　　『不言鍊句鍊字，詞藻工拙，只想景，想情，想事，想（庚辰脫第四想字）理，反復追求，悲傷感慨（庚辰作悲感），乃玉兄一生天性。真顰兒不（庚辰作之）知己，則實無再有者（庚辰作玉兄外實無一人）。昨阻余（庚辰作「想昨粗」，輯評改正為「想昨阻」）批葬花吟之客，嫡是玉兄之化身無疑。余幾（庚辰作「幾作」）點金成鐵之人，笨甚（庚辰作「幸甚幸甚」）！』

由此可以明明看出雪芹寫成第二十七回時，批者欲批，雪芹勸他勿批，及第二天才續批的情形。因此種密切關係，我們不得不認凡脂批所言所見後部文字皆係真本。其中零零碎碎關於作者的材料非常重要。

　　6. 脂硯齋是何人——脂硯齋是何人的筆號？我相信如周汝昌所考，是史湘雲本

人。此人很好玩，看他評二十六囘末黛玉嘗閉門羹一段：「須得批書人唱大江東（去）的喉嚨嚷着『我是林黛玉』方可……看官以爲是否？」。又因爲甲午淚筆一條說：

> 「今而後，惟愿造化主再出一芹一脂，是書何本（語按：當作「何幸」），余二人亦大快遂心於九泉矣」

可知脂硯不可能是雪芹本人。但是脂硯齋可能是雪芹湘雲共用的筆號（見下第七節）。至於脂硯是史湘雲，周汝昌所考，理由頗充足，難以致辯。他是女人，又是史家人，又是自幼喪母，又受嬸娘欺負，又自幼與雪芹親近等等，都與湘雲身世相符。最清楚的是第三十八囘一條批，「余則將欲補出枕霞閣中十二釵來」。枕霞閣當然是史家，又同囘用「枕霞舊友」筆名作詩的是史湘雲。讀者可就周氏原書檢閱一下，茲不贅。脂硯之意，周氏以爲「此人定當是用胭脂研汁寫字」（周：五〇三頁）。我以爲圖章之石有名鷄血者，亦可爲硯。但是更好的解說，是「硯上常見到脂痕」（見下節f）。我們只好盲猜。「脂硯重評」後來成爲石頭記眞本招牌，故庚辰本每冊目錄上寫「脂硯凡四閱評過」，而書名仍題爲「脂硯齋重評石頭記」，他是再評，三評，四評，與紅樓夢相終始，出「庚辰秋定本」的人。

　　7. 畸笏叟及其他——又一重要批書人，署名「畸笏叟」，「畸笏老人」。此批書人名，據有年月可考者，最早爲壬午（一七六二），而脂硯所批有年月可考者，最晚的一條在己卯（一七五九），除了甲午一條記雪芹逝世，非批書，不算。因此情形，周汝昌疑畸笏亦卽湘雲之化名。「畸笏」之義，周汝昌解爲「簪笏名門」的「畸零之人」，稍牽强。我想甄士隱解好了歌之詩中，有「當年笏滿床」之句，是指世代做朝官情形，後來曹家史家衰落，此批書人在家裏檢得一枝畸零的朝笏，不勝今昔之感，故用爲號。（敦誠家園中有五笏庵，蓋敦誠始祖爲英親王，祖父爲定庵公，故亦有此物。事見四松堂集其兄敦敏所作小傳。又敦誠答養恬書文中，有「與一二枯衲子作十笏中談吐也」，語見四松堂集卷三頁十七。）我相信畸笏是另一人，所批的好幾處有長輩口氣，是雪芹至親長輩。最清楚一條，是十三囘末，爲天香樓事，「老朽」（畸笏常自稱如此）「命芹溪刪去」。閒當專論畸笏，脂硯及各種書批的內容，茲不贅。

　　我極注意諸批有年月可考的材料，而這些材料，除二條見於甲戌本外，餘盡見於庚辰本眉批。嘗將此本眉批分別年月研究，得以下結果。此項統計，包括庚辰全本八

十回的眉批，但鑑堂，梅溪等所批數條，及脂硯見於雙行批註者不列入。甲戌本僅有的二條（甲午及丁亥春）並列入於此。

	無年月	1759 己卯	1762 壬午	1765 乙酉	1767 丁亥	1774 甲午	共計
畸笏	10	0	11	1	24	0	46
無欵	77	23	30	0	3	0	133
脂硯	0	1	0	0	0	1	2
共計	87	24	41	1	27	1	181

茲僅將重要各點列舉如下：

a．無欵識之批中，丁亥三條確應算爲畸笏所批，而壬午之卅條，大牛也是畸笏所批，因爲這兩年所批未見過他人署名，而常見的署名就是畸笏。所以畸笏所批爲七十九條。

b．丁亥所批起自第一回，壬午所批起自十二回，己卯所批起自二十回。三項皆止于二十八回。二十八回後多條，係不記年月的。

c．除以上所說甲午記雪芹逝世事知確爲脂硯所記一條外，署名脂硯的批，係見於庚辰本雙行夾註中。這些當是根據他本抄入雙行批註的。甲戌本的行旁夾註，本無欵識，常抄入庚辰本的雙行批註，而加「脂硯」字樣於末。庚辰本初十回全無批註，而甲戌本又是殘本，兩本可以參校的，是十三至十六回，又廿五至廿八回。此項加上脂硯字樣於雙行註中，有可參照的註，大牛可見於甲戌本的夾批，總計庚辰本批註署「脂硯」的：

　　　　十六回　　十三條
　　　　十七十八回　　無
　　　　十九回　　五條
　　　　二十至四十三回　　無
　　　　四十四回至五十三回　　十一條

d．脂硯重評是當時眞本的招牌。故庚辰本八冊，每冊十回目錄下題，「脂硯齋凡四閱評過」，而後四冊又加「庚辰秋定本」，或「庚辰秋月定本」，但是全書却仍題爲「脂硯齋重評石頭記。」

e．據甲戌及庚辰兩本，常有最重要最長的評語，並不在上列的眉批，而在雙行夾註中或總評。裏頭好幾條，是作者自批的，說他用心用意所在，而是作者的口氣。最清楚的如：

續莊子事（二十一、二十二回）寫了四條（輯評頁三五三，三五六，三七〇，三七六），並有「余何人耶，敢續莊子？」之語。

平兒理粧事（四十四回，輯評頁五一二），說作者「特為此費一番筆墨，故思及借人發端，然借人又無人」悉合條件，「故思及平兒一人方如此」。

香菱入園事（第四十八回，輯評頁五二三），「欲令入園，終無可入之際，籌畫再四」云云。

f．史湘雲當然甚合許多條條件，若說及史家事，又一讀人家自幼喪母，即不禁慟哭，及遭人白眼事等等。但是我的看法，脂評也有雪芹寫的，也有湘雲寫的，二者實分不清。我甚至猜想「脂硯」是二人共用的齋名，所以脂評二字可貴，可為真本招牌。若第十八回說梨香院事雙行批註，批者謂「三十年目覩身親之人」，又謂「余歷梨園子弟廣矣」，固不必咬定是湘雲所批。所以「脂硯」二字解釋，不是「研胭脂汁寫字」，乃硯上常見脂痕也。凡己卯冬夜所批多是作者口氣，想是作者自批的。以上所舉續莊子事，便是一例。

8. 寫書及評書年表——雪芹起稿年月最難推定。我們所確知的起點，就是甲戌年已有重評本，至少二十八回。我傾向於相信一七五四年，雪芹已成書四十回，已有初評；一七五六年，已成八十回；一七六〇年大約已成書約一百二十回；一七六二年，確定已寫完全書（詳見本節年表各年下事）。又一七五四年，已有四十回後初稿；一七五六年，已有八十回後初稿。雪芹稿是這樣陸續寫成的，中經披閱十載，增刪五次之多。茲將可以推知的寫書評書進行之經過年代，列表如下，以便對照。

一七五二年，壬申——最遲大約此年已有初評的二十八回，因為後二年，已有重評。

一七五四年，甲戌——有「脂硯齋甲戌抄閱再評」本，胡適藏。此本為各本中之最早者，雖係抄本而非底本，却有庚辰本好幾條「凡四閱」的批語尚未見於此本，可見較早。庚辰本是脂硯第四次重新整理評閱的，所以同一條批語，過錄時自己修正，文字有時比甲戌所批的較通順。

一七五六，丙子——此年至少已成書對清至七十五囘。庚辰（八十囘）本中第七十五囘前單頁甚重要。「乾隆二十一年五月初七日對清。缺中秋詩。俟雪芹。」這是所有有關材料中記年月日最清楚確定，而最難得的材料。此條居然抄上後四年的庚辰本。

一七五九，己卯——本年冬夜爲脂硯最忙於批閱之時，大槪是一芹一脂正在一同整理下一年庚辰「凡四閱評過」的定本。

一七六〇，庚辰——本年不但出「庚辰秋定本」，而且由評語中屢次言及情榜事，可以推知全書末囘大約已經寫就。

（ａ）「情榜」是書末總評書中各人人品高下的榜文。庚辰本第十八囘妙玉出場後批曰，「處處引十二釵，總未的確，皆係漫擬也。至末囘警幻情榜，方知正副，再副，及三四副芳諱。壬午季春，畸笏。」這條在考證上最爲重要，有年月可考，證明在曹氏去世之前一年，在一七六二年三月，批書人確已看過曹氏原稿的末囘。但是我們推想，在一七六〇年，大約已經有這末囘情榜。因爲書中屢見引用「情榜」的評語，可惜這幾條沒有記年月。第十九囘有批，「後觀情榜評曰，『寶玉情不情，黛玉情情』。」第二十七囘有批，「了却情情之正文」指黛玉。第二十八囘有批，「情情哀腸，本來面目也」，也指黛玉。第三十一囘總評，謂晴雯撕扇，「所謂情不情」；又曰，「故顰兒謂『情情』。」所以我推想這些條，可能見於庚辰底本。至少我們可以推知，自此年起至雪芹去世（一七六〇——六三）三年間，雪芹正在忙於八十囘後的稿（見下年事）。最末囘的情榜，當是今本第一百二十囘空空道人復出，携玉到青埂峯下時，甄士隱復遇警幻仙姑所見的事，後來遺失或刪去。末卷末頁破失，是抄稿常有的事。（庚辰本二十二囘末硃筆眉批，「此後破失俟再補」。）此條輯評未錄。

（ｂ）此本四十二囘有關於全書分量在一百囘以上的重要批語。（見本文第一節第二項），大約一百二十囘。平伯假定是一百一十囘，囘可有大小，相差不遠。

（ｃ）甲戌殘本缺第二十二囘。庚辰本二十二囘有重要批語：

　　　　　　「暫記寶釵製謎。

朝罷誰携兩袖煙（詩略，全文見今本）

此回未成而芹逝矣。嘆嘆。丁亥夏。畸笏叟。」

又本回末行硃筆眉批謂「此後破失俟再補」，可見在一七六〇年脂硯四閱之時，此回仍待補。甲午一條所謂「壬午除夕書未成，芹爲淚盡而逝」參照此文，可以證明所謂「未成」，係指未有完善抄就的定稿，非謂全書初稿尚未寫完，正如此回僅短少一段而已。該條所記詩謎，係射更香，有「焦首朝朝還暮暮，煎心日日復年年」之句，今本歸黛玉所作，甚合。今本寶釵另一詩謎，射竹夫人，有「恩愛雖濃不到冬」之句，亦合。

（d）本年秋有四閱評過的定本，書中却無記明本年年月的批語。又次年辛巳，也全無批，當是定本出後休息情形。

一七六二，壬午——

（a）本年初見有記年月署名畸笏的評語。

（b）壬午去雪芹逝世時一年。本年所批可考的至四十一條之多。又由春，季春，夏，孟夏，夏雨窗，重陽，以至九月，記得非常清楚。那年九月，雪芹似乎大忙起來，有索還批閱稿甚急情狀，可見正忙於修改全書。庚辰本第二十一回眉批，記一條極有趣的事件。此條眉批，先抄一段關于杜子美祠堂被毀事，然後說：「固（因）改公茅屋爲秋風所破歌數句……（詩略）濆（讀）之令人感慨悲憤，心常耿耿。壬午九月因索書甚迫，始誌於此，非批石頭記……」推想此條或爲雪芹所作，其歌乃其友所作，雪芹改之；或係畸笏所記，雪芹作此歌，而畸笏改之，又因雪芹催批閱之紅樓書稿甚迫，遂書於書眉上，連書奉還。杜子美毀祠和秋風破屋略有關係，故抄上。總之，情狀似甚忙迫。

（c）是年壬午季春畸笏確已見到全書最末情榜一回，在百回以上。看到末回，就是看到全書。這等於說該年雪芹已成書，約一百二十回。

一七六三，癸未除夕，雪芹卒。按陳垣推算，當實在公曆一七六四年二月。（見胡適考證紅樓夢的新材料第二節所引關於壬午除夕之推算）。甲午一條脂批，作前一年壬午除夕，經周汝昌考證，當係批者記錯，證據甚明。書未成淚盡而逝，是指全書稿，尤其後數十回稿，尚在刪改中。

一七六五，乙酉──畸笏批一條。

一七六七，丁亥夏──

（a）畸笏批可考者多至二十七條，亦多感慨語。（適之所考僅二十六條，所差或係
　　因我加入刪天香樓有「老朽」字樣一條）

（b）最重要一條，見第二十二回，如下：

「鳳姐點戲，脂硯執筆事，今知者聊聊（寥寥）矣。不怨夫？」（胡考：應作「寧
不悲乎」，蓋寧字脫而怨字誤。）

此條無欵識年月，但下行緊接一條：

「前批書（知）者聊聊（寥寥），今丁亥夏，只剩老朽一物，寧不痛乎？」

意思是說，以前能知道脂硯爲鳳姐執筆點戲的人本無多，現只剩畸笏一人。畸
笏常自稱「老朽」，故此地又自稱「朽物」。

一七六九，己丑──戚蓼生中進士。此年左右得一鈔本，是爲戚本。後爲狄平子所
得，石印刊出，題爲「國初抄本原本紅樓夢」，八十回，是爲有正書局本。批註
已經狄氏刪改，情形較亂，亦已失本來面目。有正本回前的詩，類皆佛語。第十
九回（輯評頁三二九）「凡我衆生」尤明。又第十三回回末，（輯評頁二一四）竟有
「情之變態」四字。

一七七四，甲午──本年八月脂硯記雪芹去世之事，並謂「余嘗哭芹，淚亦待盡，每
意覓青埂峯，再問石兄，余（奈）不遇獺（癩）和尚何？悵悵！」下言願造化主再生
一芹一脂「是書何本（幸）」。所謂幸者，八十回後殘稿未盡訂正修改，二人再生
即可「補」完也。

一七九一，辛亥──程甲本一百二十回出（詳下第十三節）。

一七九二，壬子──程乙本出。

9. 雪芹生卒及紅樓本事年表──雪芹生年，胡適考定爲一七一七年；周汝昌考
定爲一七二四年，相差七年。大觀園初年，大某山民推算爲壬子，寶玉十五歲；周汝
昌移後四年，寶玉僅十三歲。卒年一七六三，依胡適推算，當爲四十六歲，依大某山
民推算壬子年入大觀園時十三歲，當爲四十五歲；又依周汝昌考，當爲正四十歲。按
周氏原據敦誠詩「四十年華付杳冥」，「四十年華」詩句，不必死看。

　　ａ．據胡周二人所推算，雪芹生年最早爲一七一七，最遲爲一七二四，總在此七年之間。

　　ｂ．大某山民據第八十六囘元妃生辰八字推算，又據元妃册文所言「虎兎相逢大夢歸」之語，推定元妃死於甲寅與乙卯之會。元妃死於大觀園第三年末，甲寅，故大觀園第一年爲壬子，卽一七三二年。黛玉死在乙卯年初，死時名爲十七，實未滿十六歲。

　　ｃ．細看本書故事，周汝昌定寶玉於十三歲黛玉於十二歲入大觀園，黛玉死時才十四歲足，又寶玉初試雲雨時方八歲，皆不合理。八歲試雲雨甚難，（見周書第一七六頁），因此非兒戲，見第六囘第一頁，襲人「伸手與他繫袴帶時」所見便知。我傾向于相信大某山民所推算。

　　ｄ．本書初二十二囘時間最爲矛盾混亂（詳下四十三節第八事）。依大某山民細查，黛玉來府至入大觀園爲四年，周氏則爲六年。

　　ｅ．毛病專在第三囘黛玉來賈府，而該囘末「次早」便緊接薛家將進京消息，薛家也於數月後卽來，與後囘不鬬榫。（詳下第四十三節ｆ條）。只此二字，各人歲數大亂，「次早」二字，高鶚應「補」爲「一日」。若自寶釵來府計算至搬入大觀園，比較淸楚。自第七囘至十八囘省親，經過三個冬天，當是三年。第一冬天在薛家談冷香丸，適大雪；第二冬天，秦氏病，賈瑞在大寒夜被鳳姐惡作劇；第三年秋冬之交秦氏出殯；是年林如海病，應作夏秋之間；如海九月病故，年底賈璉和黛玉同府；同年大觀園已修造將竣，過春正月十五元妃省親。自黛玉六歲來賈府，去寶釵來時，應當相差幾年。書中緊迫爲差幾個月之事。（詳下第四十三節ｇ條），此大觀園人物歲數之所以矛盾混亂原因之一，叫高鶚無法補訂，詳見第四十三節。

　　ｆ．茲依大某山民計算寶玉於十五歲時壬子入園居住，倒推生年當爲一七一八，雖未確定，料相差不遠。假定第三囘末「次早」王夫人得金陵來信之「次早」二字，改爲「一日」，便比較銜接。其中入學，與秦鍾私情，及初試雲雨等節，爲十一歲至十四歲年間事，比較合理而無矛盾。茲列表如下：

紅樓夢所記十九年事（自寶玉一歲至十九歲）

一七一八年戊戌————寶玉生，一歲。

一七一九年己亥————黛玉生，一歲。

一七二四年甲辰————黛玉六歲來賈府。

一七二八年戊申至 ⎫　　寶釵來賈府，時十三歲，寶玉十一歲。此首尾四年爲紅樓
一七三一年辛亥 ⎭　　夢第四回至十七回事。

一七三二年壬子————姊妹入大觀園。時寶玉十五歲，黛玉十四歲。紅樓夢第十
　　　　　　　　　八回至五十三回事在此一年。

一七三三年癸丑————紅樓夢五十四回至六十九回事。

一七三四年甲寅————紅樓夢第七十回至九十五回事。是年年末元妃薨。

一七三五年乙卯————紅樓夢九十六回至一百○七回事。是年正月黛玉死，時十
　　　　　　　　　七歲。又寶玉完婚，賈府抄家。

一七三六年丙辰————紅樓夢第一百○八回至一百二十回事。寶玉出家，時十九
　　　　　　　　　歲。

10.　鈔本情形——我們可以推知的六條，可以用最簡單形式舉出如下。

(一)雪芹著書，屢經增刪，有一部分在八十回中，確經雪芹自己刪去的。第十三回
　　天香樓秦氏淫事，由畸笏發大慈悲，爲秦氏留情，「因命芹溪刪去」，是明顯的
　　例。又原書有良兒篆兒竊物事，皆不見今本，並未見庚辰本。關於此節，第二十
　　七回有極重要眉批二條相接：

　　　「姦邪婢豈是怡紅應答者（語案：答字應係容字之誤），故卽逐之。前良兒，後
　　　篆兒，便是却（確）證。作者又不得可也（語案：可字當作已字）己卯冬夜。」

下又一條：

　　　「此係未見抄沒獄神廟諸事，故有是批。丁亥夏，畸笏。」

由此二條可知：

　　ａ．五十二回正文所言良兒竊玉事，確已被刪去。

　　ｂ．五十二回所言良兒竊玉，墜兒竊金，皆怡紅院內事，而篆兒變爲墜兒，疑雪
芹所改（詳見下第四十一節）。

　　ｃ．畸笏言，前己卯冬夜所批言及紅玉應當被逐，係尚未見到獄神廟一回文字，
故有此言，同同甲戌本有批，「且紅玉後有寶玉大得力處」，故謂前批未免冤枉紅玉

（卽小紅）。

(二)原批者脂硯以外尚有他人，甲戌本第二囘脂批，「且諸公之批，自是諸公眼界。
　　脂齋之批，亦有脂齋取樂處。」（輯評頁五八）

(三)原本評註有被刪去者。甲辰本十九囘批，「原本評註過多，未免旁雜，反擾正
　　文，刪去以俟觀者凝思入妙，愈顯作者之靈機也」（輯評二九七頁）。按今存甲
　　戌本，實有此種情形。幸用硃筆，不然更亂。

(四)書爲借閱者所迷失者有五六稿。獄神廟一囘在其中。庚辰本二十囘眉批，「茜
　　雪至獄神廟，方呈正文。襲人正文標昌（胡考，當作「標目日」）『花襲人有始有終』。
　　余只見有一次謄淸時，與獄神廟慰寶玉等五六稿，被借閱者迷失，嘆嘆！丁亥
　　夏，畸笏叟」（輯評三三二頁）。衞若蘭射圃一囘文字亦已迷失。庚辰，甲戌二本
　　第二十六囘眉批，「惜衞若蘭射圃文字迷失無稿，嘆嘆，丁亥夏，畸笏叟」（輯評
　　四三六頁）。

　　　讀者應注意，所言迷失各條，皆指雪芹死後四年（丁亥）家裏的藏稿。

(五)雪芹八十囘後未定稿，有與今本（卽高本）絕合者；如襲人出嫁（見輯評三三五
　　頁），寶玉娶寶釵，夫婦「無舊話可談」（輯評三三九頁），有黛玉死事（輯評
　　五〇三頁）。此外甚多。高本應前評的是正常，不應的是例外。但是也有評中所
　　言囘目，未見於今本前八十囘或後四十囘的，如「花襲人有始有終」（輯評三三五
　　頁，大槪對茜雪諸人事），「王熙鳳知命强英雄」（輯評三四三頁）。也有評書人說
　　未見的懸崖撒手文字，只見囘目，今本反有。

(六)雪芹於逝世時，八十囘以後稿尚未定，或屢經改易，但是畸笏老確已看到末囘
　　的情榜。也可能不是末囘，而是很近書末的一囘。前言家藏已迷失五六稿，若射
　　圃獄神廟等節，或可在前八十囘，或可在後四十囘。但情榜應在書末。

(七)所謂「書未成，芹爲淚盡而逝」一語，由以上情形已可槪見。應當解爲作者去
　　世時，有未定散稿，非謂這部小說尚未寫完也。

　　11.　各抄本錯誤百出——抄本常有錯字脫字情形。例如第五囘黛玉曲文，甲戌本
作，「如何心事終□化」，後經塗改，墨筆改爲「終虛話」。庚辰本作「虛化」，戚本作
「虛花」，程本仍作「虛話」。元春冊文，甲戌及戚本俱作「三春爭及初春景」，庚辰本

作「三春好」，程本仍作「三春景」。又探春冊文，前三本皆作「才自精明志自高」，獨程本作「才自清明」。精明較貼合探春性格，而清明文句較順。寶釵曲文，前三本俱作「都道是金玉良姻」，程本作「金玉良緣」較叶韻。此係有意改作。甲戌本史湘雲曲文，「從未將兒女私情略縈心上」，甲辰本作「從來將」，顯係鈔錯。諸如此類，不勝枚舉。庚辰抄本，七十二回末頁，有一條有趣的例。雙行夾註如下：

「妙文又寫出賈老兒女 ｜ 寫賈老則不然又若不如此寫

之情細思一部書總不 ｜ 則又非賈老」

抄本無當中橫畫，這是我所加的。若照註念下去，簡直不成話。原因是橫畫之處，是底本行末，誰想抄的人會這樣鈔法？又同頁有相反的例，是這樣的：

第一行末　　　賈政 這是使 卻是大

第二行開始　　想不到之文賈政 家必有之事

若將此註念完兩半截的右行，再續念兩半截的左行，自然文義甚明。但誰想會看到這種異想天開的抄法？影印的庚辰本塗改增字，添字行旁，每頁觸目卽是，讀者隨便翻閱便知。甲戌本鈔的整齊，但仍有錯字及偶然塗改處。再如庚辰本八十回中，只有第十一至二十八回有硃批；其第一冊，第一回至第十回，全然無批註，當是抄時未得脂評之初十回做底本。又庚辰本缺六十四回及六十七回，正如高序所言「卽如六十七回，此有彼無」的情形。可見當時各種鈔本，極不一致，且多漫漶舛謬，實有釐剔補正之必要。

12. 曹氏有後三十回本，俞平伯由戚本眉批看出，其說最早（一九二二）。主張曹氏八十回外尚有殘稿最有力最堅定的是胡適之。茲引胡氏考證紅樓夢的新材料一文（得甲戌本後一九二七所作）的重要詞句：

「如果甲戌本已有八十回稿本流傳于朋友之間，則他以後十年間續作的稿本必有人傳觀抄閱，不至於完全失散⋯⋯但我仔細研究脂本的評註，和戚本所無而脂本獨有的『總評』及『重評』，使我斷定曹雪芹死時，他已成的書稿，決不止現行的八十回。雖然脂硯齋說：『壬午除夕，書未成，芹為淚盡而逝』，但已成的殘稿確然不止這八十回書」。（二八七頁）

13. 傳抄與刊印——前八十回何以傳鈔？因為大家爭閱，有人肯出重金購買。程

序謂「好事者每傳鈔一部，置廟市中，昂其值得數十金，可謂不脛而走矣。」故同樣情形，後四十回亦必如此傳鈔流傳，必有鈔本。說不定嗜酒如狂酒常賒之曹雪芹，自己抄一本易數十金還酒債亦難說。雪芹朋友中，有敦誠弟兄，親戚中有脂硯（史湘雲），雪芹弟棠村（疑即梅溪），松齋（敦誠朋友），（由庚辰本第十三回二人所署名眉批，可知為親閱「三春去後諸芳盡」而感慨的親人）。這些人便是借鈔傳閱人之一部分。適之謂可惜此殘稿，雖已流傳，現已遺失，只是臆斷語。以當日情形而論，不可能完全遺失。當日就有人見及「後三十回」、「後半部」（脂硯就是其中之一）。又當時有二事。

(一)倪鴻桐陰清話卷七引樗散軒叢談云，「紅樓夢實才子書也……巨家間有之；然皆抄錄，無刊本。乾隆某年，蘇大司寇家，因是書被鼠傷，付琉璃廠書坊裝訂，坊中人藉以抄出，刊板刷印漁利」。所謂乾隆某年，惜未言明，或者「蘇大司寇本」即程偉元所得轉鈔之一本；刷印漁利，即程偉元其人。不然，又是程刊本外，另有刊本。照這樣講，當時確有書坊刻本，但除程刊本外，我們尚未發見有更早的刊本。或者刻蘇大司寇本者，便是程偉元，很有可能。若不是程偉元便是其同時人，而那人得書刊書情形，與程序所言求書得書的情形相同。

(二)魯迅中國小說史引蔣瑞藻小說考證引續閱微草堂筆記云，「戴君誠夫見一舊時眞本，八十回之後，皆與今本不同，……寶釵亦早卒。寶玉無以爲家，至淪于擊柝之流，史湘雲則爲乞丐，後乃與寶玉成夫婦……聞吳潤生中丞家尚藏有眞本。」此即所謂吳潤生家藏本。程偉元若非作僞，則其所據數種不全的逸稿，亦如蘇大司寇本、吳潤生本。不得謂蘇本吳本必有，而程據本必無；吳本必眞，程所得本必僞也。所以訂其眞僞，惟有審察其內容而已。

總而言之，當日鈔本極多，但大都只有八十回（如今流傳之戚本，庚辰本）。曹氏八十回後之殘稿，則傳錄見者比較少，但是我們無理由可以說必完全散失，因爲雪芹死後，諸親友尚在，而脂硯本人，至少尚活十年，才能寫甲午（一七七四）那條重要批語。

14. 在當日傳鈔盛行情形之下，程偉元覓得殘稿，是合於情理。不得謂如何「奇巧」至不可相信。世上每見有「踏破鐵靴無覓處，得來全不費功夫」之巧事。程偉元

求書，或者爲漁利，或者爲通常讀者欲窺全豹之好奇心，或者是特具眼光，留心文獻，欲爲曹氏功臣，以覓得全書爲己任。動機難說，而求書之熱誠，則是眞正的。曹氏旣有殘本，必有回目，而程氏又有此求稿的熱誠，則其得書於雪芹卒後二三十年間，甚合情理。不得因假定商人牟利動機，故其所得必僞，而吳本蘇本必眞。

以近人二事爲證。胡適嘗謂程序詳述求書恰得四十回經過，卽爲程氏作僞之「鐵證」。「後四十回是高鶚補的，這話自可無疑。我們可約舉幾層證據如下：……第三，程序說先得二十餘卷，後又在鼓擔上得十餘卷。此話便是作僞的鐵證，因爲世間沒有那麼這樣奇巧的事。」（胡，二二九頁）。適之此話，係說於一九二一年，在未得敦誠四松堂集付刻原鈔底本，及甲戌脂硯齋重評之海內孤本之前。

但是次年一九二二，跋紅樓夢考證文中，適之有一段驚人文字如下：

「今年四月十九日，我從大學回家，看見門房裏桌子上擺着一部退了色的藍布套的書，一張斑剝的舊書牋上，題着「四松堂集」四個字！我自己幾乎不信我的眼力了，連忙拿來打開一看，原來是一部四松堂集的寫本！這部寫本確是天地間唯一的孤本。因爲這是當日付刻的底本，上有付刻時校改，刪削的記載……」驚嘆號爲胡氏原文所有。尾云，「我尋此書近一年多了，忽然三日之內兩個本子一齊到我手裏！這眞是『踏破鐵鞋無覓處，得來全不費工夫了。』十一五，三。」

時爲一九二二年，去敦誠作詩贈雪芹時，約已一百六十年。

誰知道過了五年，有更奇巧之事發見，卽適之購得現存最古最早海內孤本甲戌脂硯齋重評石頭記。時爲一九二七年，去甲戌共一百七十三年。適之可得殘本於一百七十年後，程氏自亦可得殘本於曹卒二三十年後。但是誰也不能引此爲胡適作僞之證。「奇巧」之論不能成立。

15.　綜觀紅樓夢初出時流傳情形及時人記述，皆不能成立程氏作僞之證。

ａ．唯一的記載，是張船山贈其妹夫高鶚詩注之一補字。此補輯之事，高鶚並不諱言，而是當時公開的事實。俞樾未見到程乙本的高序，遂引張語以爲高鶚續書之證據。後人不察，遂謂高氏所作係續補，而非補輯工作。

ｂ．曹氏確已寫完全書，但尚未定，尚在刪易中而逝，而因爲雪芹逝世，家中存

留舊稿，後四十回出較晚，流傳較少。但是脂批諸人確看見「後半部」，「後三十回」「後數十回」稿本。又言四十二回爲全書三分之一有餘。且批書人已經於曹氏未逝世之前一年（壬午）看到「末回情榜」。此本必有人輾轉抄閱，收爲秘藏。

　　c. 程偉元以二十年苦心，求紅樓全書，果然求得。時去曹未遠，由鼓擔上或由私藏求得後四十回散稿，乃合理合情可信之事。故欲知高鶚是否作僞，抑係僅負釐剔補輯修改之任，當完全由後四十回之內容去求解答。

（丙）　攻高鶚主觀派之批評

　　16. 以文字考證內容而言，主要問題爲後四十回與前八十回，文字是否均稱，故事是否吻合，人物性格是否一貫，寫情寫景，能否有雪芹游龍莫測之筆。不應作爲標準的是，作者所寫故事之下場，是否合於所謂批評家之脾胃。可惜攻高鶚者，除適之外，都犯這毛病。比如黛玉焚稿焚手帕以至於絕粒而死，俞平伯認爲「使人肉麻討厭，沒有悲惻憐憫的情懷。」這是平伯好人之所惡，而惡人之所好，何足爲高鶚作僞之證？平伯又見到寶釵嫁後數月，見寶玉與五兒調情，露出不穩，又看他終日鬱悶想念已死的黛玉，乃首次與其夫團圓，以爲移花接木之計。這一遭，平伯又認爲這是「獻媚」，是「汚衊閨閣了」，是「不應如此不堪」，是使寶釵成爲「庸俗的中國婦人」。這是平伯個人的歪見，不必以平伯見識，測雪芹之高深，更不必強雪芹與平伯一般見識，尤斷斷不能以爲雪芹須與平伯一般見識，其書才叫做「眞」，不然便是「僞」。我認爲寶釵與其夫團圓之一段，輕描淡寫，不但爲後來有孕應有之伏筆，而且欲其夫絕情於已死的黛玉，正是寶釵所應有的心理，是合於人倫大端，也正是雪芹深懂婦人心理之妙處。平伯認爲寶釵凝重，「此事更爲情理所必無」，應請女讀者評判。此等處何可罵別人「笨拙」「惡拙」？豈以爲不庸俗而非中國的婦人便無此心理見識哉？平伯在一九五〇年的紅樓夢研究，「中國婦人」改爲「舊式婦人」，餘同。可惜平伯之批評都是這類的，攻高鶚的批評，也都是這類的。眞正討論矛盾或前後不應接者寥寥幾條，留下段（丁）討論。

　　因爲這個情形，所以要討論攻高之證據，必須牽涉到後四十回內容正面之意義及匠心經營（詳下戊段）。這便引入文學的批評。倘使作者之命意，甚至文章主題，看

不清楚，何足以談考證？況且平伯硬要黛玉不死，寶玉不瘋，鳳姐不毒，寶釵不俏，因而生氣，爲什麼曹氏不依兪氏的意見去編下半，因而連黛玉之死也看不下去，主見一入，所見皆非。但是這三角戀愛，應如何下場，平伯始終說不出來。三人合體自然合某種人脾胃，無奈脂批卷廿六後總評早已說過，「倘三人一體，固是美事，但又非石頭記之本意也。」凡批評文學美術，不應問作者的解決是否合我個人脾胃，只應問何者爲作者之本意，本意發揮得出否，方是正經。

以上不過是隨舉一條例，看出這種考據的膚淺，不科學。實在後四十囘迷失無稿者也有幾件，却有相當解釋或理由。但我們須先談這主觀派的批評。這主觀派的批評，以個人之好惡，定書之眞僞，或强作者同其私意完成某種故事，是最低級最靠不住的批評。北平諸公，攻擊平伯，自身却犯此毛病，必欲寶玉及雪芹都變成被壓迫階級反抗封建社會之代表，而要寶玉學北平諸公做頌聖詩，寫黨八股。你想寶玉這種人眞會看得起這些嗎？

攻高最力者共四人。一、棗窗閒筆作者裕瑞，二、周汝昌，三、兪平伯，四、胡適之。裕周二人，罵高鶚無理可言，故一人一段可以了結。平伯攻高最可代表主觀式考證之可笑，及一般所謂證據之薄弱。適之所攻係高本與八十囘正文及脂批不符之處，這才是眞正的考證工作。茲依次討論。

17. 裕瑞惡罵高鶚僞作爲「一善俱無諸惡備具之物」見周汝昌書四三七至四三九頁，讀者可以覆校。裕瑞所言，無一條不是脾胃問題。大概他不喜後四十囘悲劇之「忍心害理」，認爲「大殺風景」。所舉後四十囘（一）敍甄寶玉與李綺結婚，則「同賈府儼成二家，嚼蠟無味」；（二）賈母爲忙辦姻事，遂忘黛玉，重病至死，永不看問……（此不符事實，請查九十七囘）「此豈雪芹所忍作者」？以下一直不忍作下去。「王夫人因惜春非親生女，有忙事遂將惜春略過云云，又豈雪芹所忍作者？賈政……不善管長隨，遂至聲名狼籍……又豈雪芹所忍作者？和尙送通靈玉來……甚覺貪俗可厭，黛玉屢寫病垂危不起……妙玉走火入魔，瀟湘鬼哭等處，皆大殺風景。結束，賈雨村歸結紅樓夢，愈蛇足無謂。嗚呼………似此惡劣者多不勝指。」原來這就是高鶚作僞之「證據」。裕瑞名爲不忍，實只不喜大殺風景，只配讀有情人皆成眷屬的小說。

在此我要舉出一點，是所有批評紅樓夢的人應注意的，就是關於雪芹書中人物性

格之描寫。裕瑞、平伯諸人沒有明白這點，心目中常有才德十全的人物的觀念，遇見不合這觀念的，便說「情理之所必無」。 本節裕瑞認定雪芹不忍這個，不忍那個，王夫人不應該聽惜春爲尼，賈母不應該冷淡黛玉，以下幾節平伯論黛玉不應該妬寶釵，以金玉姻緣之拆散爲幸，罵爲「毫無心肝」，寶釵不應該「籠絡」其夫，望寶玉囘心轉意，不要留戀忘情於巳死之黛玉，罵爲「汚衊閨閣」，都是這類尖酸的批評，以道學之岸貌評人情之有無。所以結論黛玉不該如此，寶釵不該如彼……雪芹之大成功，正在於描寫性格，各人有各人之長處，也有他的短處。脂評中最常見的，就是「最恨」當時小說寫出來都是才如子建，貌似潘安那些十全十美的人物。第四十三囘脂評有一段最重要的話：

> 「尤氏亦可謂有才矣。論有德比阿鳳高十倍，惜乎不能諫夫治家，所謂人各有當也。此方是至理至情。最恨近之野史中惡則無往不惡，美則無一不美，何不近情理之如是也？」

紅樓夢寫來，黛玉、晴雯、寶釵、襲人都有短處，不是十全十美的人，而其所以成爲活潑潑的人物，就在此點。其中大觀園諸姊妹及丫頭，行爲人品都有可佩服之處，但同時各人也有私心，襲人爲襲人自己打算，探春爲探春自己打算，紫鵑爲紫鵑自己打算，惜春爲惜春自己打算。結果，雪芹寫來，紅樓夢無一壞人。魯迅最有見地的評語說：「或謂作者本以書中無一好人，因而鑽刺吹求，大加筆伐。但據本書自說，則僅乃如實抒寫，絕無譏彈，獨於自身，深所懺悔，……此足見人之度量相去之遠，亦曹雪芹之所以不可及也。」所以結果他寫來，無一全德之人，或其所作之事雖惡，而其人仍可明白了解也。這是第一流小說家若托爾斯泰、休謨所同臻的境地。惜春說一句話，我最佩服（第七十四囘）：「我看如今人一概也是入畫一般，沒有什麽大說頭兒。」這是說世人也沒有十分全德或十分习惡的人，你我都是一樣。這是悲天憫人的情懷。明此點，就不會再作尖酸道學的議論去評書中人物了。

18. 周汝昌在紅樓考證，獲新材料，整理之勤，用心之細，自有他的地位。周書確有很多寶貴材料，有新收穫。但是周是不配談高鶚的人，因爲他是裕瑞一系統來的，只是惡罵，不講理由，而所惡罵，又完全根據平伯，不加討論的。第八章四節云：

「有人讚揚過高鶚保持了全書悲劇結局的功勞，但我總覺得我們不該因此便饒恕高鶚這傢伙；先不必說他技巧低劣，文字惡俗；單就他假托『鼓攤』淆亂眞偽的卑鄙手段一層來說，這傢伙就不可饒恕，更不用說什麼讚揚不讚揚了。而況他保持了的『悲劇結局』又是怎樣呢？不是『沐天恩賈家延世澤』〔平伯語〕嗎？不是賈寶玉中了高鶚想中的『舉人』，披着『大紅斗蓬』雪地裏必定要〔平伯語〕向賈政一拜之後才捨得走的嗎？看他這副醜惡的嘴臉充滿了『祿蠹』〔平伯語〕（賈寶玉平生最痛恨的思想）『禮敎』（平伯語）（在賈寶玉思想中全部瓦解的東西）的頭腦！他也配續曹雪芹的偉大傑作嗎？現在是翻身報仇雪寃的時代，曹雪芹被他糟蹋的够苦了；難道我們還要爲了那樣一個『悲劇結局』而欣賞這個敗類嗎？我們該痛罵他，把他的偽四十囘趕快從紅樓夢裏割下來扔進字紙簍去，不許他附驥流傳，把他的罪狀向普天下讀者控訴，爲蒙寃一百數十年的第一流天才寫實作家曹雪芹報仇雪恨！」（頁五八三——四）

這那裏是考證，這是鬥爭大會鬥爭高鶚的文章。所以緊接上文之下段便開頭說：「離開曹雪芹的眞紅樓夢，我們就不屑爲罵高鶚的偽紅樓夢而多費筆墨……我們要撇開這敗類給我們的混淆印象」所以到了要寫全書結末，要做黨八股，說曹雪芹是「能背叛自己的階級站在被壓迫者的立場去看事情」的人之時，又得開口惡罵「高鶚是我們該深惡而痛絕的東西」。此種文章甚類「親愛的鋼」一派的頌聖詩。雖然未必如高鶚之「惡劣」，倒也是無甚足觀了。

周之態度如此，可知與辯是無用的。假使高鶚生於今日，周汝昌必是在鬥爭大會附和羣衆喊着「把這敗類活活打死」的一個人。奇怪的，乃兄周緝堂在該書跋最後一句，仍然脫離不了「禮敎」的遺毒。乃兄說，現書要出了，「惟有父親母親竟不加等待，先後溘然謝世；只有囑作者以一冊爲獻，在墳前焚化了。」這情景頗像賈寶玉披着大紅斗蓬在大雪中必定要向賈政一拜才捨得走的情景。未知曹雪芹在已經爬上代表被壓迫階級反對禮敎的立場上，應否鼻子裏哼一聲，罵周緝堂爲「敗類」的「傢伙」否？

人類是可憐的。吠影吠聲，人類也是不能免的。胡適愈平伯倘保存學者就事論事態度，斥其作偽，却同時稱讚高鶚補作之極端細心審愼。到了周汝昌，又變成了高鶚一味糟蹋曹雪芹到不可收拾田地。將來考證之考證，也必很有趣的。

19. 攻高鶚文章之中心是俞平伯紅樓夢辨一書。攻一說易，立一說難。以前淸朝作家，看見那裏後人增竄一二句，便說全書是僞。譬如莊子，「學者」以爲內篇七篇以外，「多不可靠」，並沒有證據。只有田成子弒齊君獨立，去莊子幾世，後代抄手加了幾世，便認爲全書是僞託，但若秋水昉篋之佳文，不是莊子寫的，是誰做的，連討論也不討論，就此交眜。此風之長甚快甚盛。因說僞爲雅事，有人說僞之後再說眞的人便俗。淸朝風氣委實如此。譬如所謂古文尚書僞作稱爲「定讞」，然而古文作僞出於何手，却不易成立。起初是說東晉梅賾所作，後來越考越糊塗。閻若璩說作僞罪人是東晉梅賾，丁晏便認爲西晉已有，而作僞者是王肅，且謂孔安國未嘗作傳。到了魏源，連馬鄭之注都懷疑起來，且謂孔安國自身卽今文一派中人。結果今古文之界限愈辯愈糊塗，而「定讞」仍然是「定讞」。治紅樓夢也是攻人易，立說難。俞平伯攻紅樓後四十回結局，以已意揣作者本意，結果還是嘆着黛玉不應該死，雖有死之可能。「八十回中的黛玉還好好活着」，不必後人起死囘生哩！

20. 我們只能舉平伯因爲不合俞意而認爲僞的幾項大題目。據平伯自己總括裔本所未能悉合俞意編書者有五條。（上卷一〇五頁）

「A. 寶玉不得入學中舉。

B. 黛玉不得勸寶玉讀時文。

C. 寶釵嫁後，不應如此不堪。

D. 鳳姐賈母太毒，且鳳姐對於黛玉無害死她的必要。

E. 寶玉出家不得寫得如此神奇」

讀者一目了然，這五條全是關於故事應當如何收場才合私意的問題，不是狹義的「考證」問題。平伯評書毛病全在此。以上五條是平伯所舉他所謂不合理處二十條中之「最大毛病」。其餘十五條中，十條平伯合併討論，是言四十囘中多鬼怪，如除妖、見鬼、鬼哭、鬼附身，等事。剩下五條：一、寶玉最後不應在雪中拜別賈政，謂「不在情理之中」；二、賈府沐皇恩，延世澤，有背作者原意；原意是兩家「自殺自滅，一敗塗地」；三、七十四囘已說鳳姐因爲見過字條多，頗識得幾個字，故不應說他不識，而爲已認三千多字已會看列女傳（第九十二囘）的巧姐所哄得來；四、鳳姐之死不應讖語；五、巧姐的年紀忽大忽小。從這些條，可以看出俞平伯所指出續書毛病的

大概性質。茲先就平伯所認為大毛病者，分別討論。

21. A. 中舉人問題——這問題是平伯所認為他最有深見的，由此可以看出續書者與原作者性格不同。後來若周汝昌一般人攻高鶚，也是以此為中心，說寶玉是「祿蠹」，是有功名思想，有禮教遺毒。由這問題，可以看出平伯不但存心取鬧，歪曲事實，而且沒有看到作書之本意，硬要栽他祿蠹的罪名。至其說後四十回，預備應試的文字占了六回，更是粉飾事實，他只算回目，但他何嘗不知道這六回中每回十幾頁只有兩三頁寫預備應試之事？這更是治學者所不應該有的。

平伯說：

「(1)寶玉向來罵這些談經濟文章的人是『祿蠹』，怎麼會自己去學做祿蠹……謬一。

「(2)寶玉高發了，使我們覺得他終於做了舉人老爺……有何風趣。這是使人不能感動。謬二。

「(3)雪芹明說『一技無成，半生潦倒』『風塵碌碌』『獨自己無才不得入選』等語，怎麼會平白地中了舉人呢？難道曹雪芹也和那些濫俗的小說家一般見識，因自己的落薄，寫書中人大濶特濶，以作解嘲嗎？既決不是的，那麼高氏補這件事，大反作者底原意……謬三。」

平伯斷定這是高鶚「不知妄作」，是一件「蠢事」。但請看他如何掩滅證據，故意曲解原書。平伯何以見得好好的寶玉成了「祿蠹」呢？他舉出，「(寶玉對王夫人說)『只有這一入場，用心作了文章，好好的中個舉人出來……便是兒子一輩子的事也完了。』他明明說道，只要中一個舉人，一輩子的事就完了。這是什麼話？他把這樣的胸襟，來續紅樓，來寫賈寶玉，安得不糟，又豈有不糟之理！」

紅樓為曹氏自傳小說，然而自傳小說，又非為自己做傳，不必逐事認眞適合作者身世，此條且不必講，單說他故意曲解歪纏。雪芹為寶玉想出一條路，顧到公私兩全，中舉後即出家；至少賈寶玉入場應舉之心地環境，高本寫得十分清楚。高本所寫的事實如下。寶玉那時早已決意逃禪，是極冷的人。他老早做一準備，借入場離家，于出考場時，就此混入衆人隊中，溜掉出家。後來朝廷遍求此舉人之踪跡而不得。他的再入學，是賈政命令的，回來還向黛玉發牢騷，罵做八股是「誆功名混飯吃」。所以他

決意於出家之前混一功名，完全是了却對父母養育之恩作一次還報，是盡人子對父母之孝道，然後五根清淨，各自管各自的了。這是寶玉由極熱轉入極冷之時，是他要找和尚，推倒襲人而不顧，襲人紫鵑兩人死力才抱住之時，亦正是他讀南華經之時。曹氏何曾要寫寶玉不孝？何曾要寫他始終不成器，要和女人打交便打交，一日不遂心意，便匆匆忙忙，什麼也不顧，逃出家來也不告別，就此下場？這便是一副花花公子的形相，眞眞不能得我們的同情了。曹氏既不曾，也無意，寫寶玉這樣一團糟，這就是曹氏用心，使想得公私兩全之唯一出路，至少高本的寫法，確是如此。寶玉主意既定，口裏不說，讀者卻甚清楚，他一時治時文，學八股，都非出於本心，不是他看得起功名，只是略盡人子之道，冀以遮過他以前的荒唐。這是高本寫來最清楚的事實。人家要遁入空門了，還要說人家熱中名利；又從而舖張揚厲，說寶玉是「福壽全歸」，是全賈府「最是全福」的人。連他有遺腹子，也算在寶玉的眼上。人家棄妻抛子，背鄉離井去做和尚，還要罵他祿蠹，還不許他路上相逢對父親一拜，作一長別，才是完人。這是不是窮秀才的酸文章？

且看高本原文：「待王夫人說完，走過來，給王夫人跪下，滿眼流淚，叩了三個頭，說道，『母親生我一世，我也無可報答。只有這一入場，用心作了文章，好好的中了舉人，出來那時，太太喜歡，便是兒子一輩子的事也完了，一輩子的不好也都遮過去了。』」這取功名爲報母恩，再清楚沒有。當日一人得了功名，社會的確認爲可把一切不孝的罪過都遮過了。平伯把上下文勾掉，再引時，把「兒子一輩的事完了」，刪爲「一輩子的事完了」，（卽暗指自身的事），遮過之語也不提了，然後問「這是什麼話」？這是眞正看不懂，或者是有意曲解？

22. 這條是紅樓一書主人翁下場出路之總收束，關係至大。曹氏之書，不是僅談風花雪月的小品消遣讀物，乃是寄托一人由色入空，斬斷情緣之大經驗，是故事中心人物性格演化的焦點。故紅樓是一部情書，也是一部悟書，是描寫主人翁由痴而愁，由愁而恨，由恨而悟之過程。嘗謂是書可分爲八段：一至十五同爲無猜時期，十六至三十五爲定情，三十六至五十四爲快意，五十五至六十九爲縱情，七十至八十一爲新愁，八十二至九十八爲長恨，九十九至一〇九爲苦觖，百一十至百二十爲悟禪。在此過程中，寶玉的心理大大改變，由古今來對女子第一溫柔的寶玉，變爲看破紅塵的寶

玉。其反應之烈，正足見其愛黛玉之情之深。所以紅樓夢遂成爲感人甚深，敍述情變的小說，絕與他書不同。這時候，他那裏有什麼功名利祿思想？他看不起功名，鄙棄八股，說得舉人不值一文錢，曾爲此事發生兩次口角，一與黛，一與釵。在此辨論中，寶玉厭惡功名的意念，更加顯然，看下節便明白。

23.　B．黛玉勸讀時文問題——這條是平伯最有把握，自謂立在最穩田地，欲起高鶚于泉下而問之，料定高鶚必無法囘答的一條。這也是平伯讀書粗心最不知而作的一條。

平伯原文說：

「(15) 黛玉贊美八股文字，以爲學舉業取功名是清貴的事情。」（上卷頁九一）

又云：

「這節文字，謬處且不止一點。(1)黛玉爲什麼平白地勢慾薰心起來？(2)黛玉何以敢武斷寶玉要取功名？八十回中，黛玉幾時說過這樣的話？(3)以寶黛二人底知心恩愛，怎麼會黛玉說話，而寶玉竟覺得不甚入耳，在鼻子眼裏笑了一聲？在八十回中曾否有過這種光景？(4)寶玉旣如此輕蔑黛玉，何以黛玉竟能忍受？

「這些疑問，如高鶚再生，我必要索他底解答；爲高氏作辯護士的人，也必須解答了這些疑問，方能自圓其說。如有人以爲紅樓夢原有百二十回的，也必須代答一下才行。如不能答，便是高鶚無力續書的證據，便是百二十回不出於一手的證據。」

平伯是這樣的自信的。讀者須明原來所謂高鶚作僞的證據，就是這一類尋章摘句的推敲。

我先解答，再論其餘。這是八十一回的事。事情是這樣的。那年夏天賈政囘家，秋後又迫寶玉再入家塾，親自帶寶玉到賈代儒處，面囑代儒敎他放棄詩詞，專「讀書講書」（卽四書），以爲前途發達之正路，並囑「認眞」管敎他，不可有名無實。那時父命不可不從，寶玉成爲「野馬上了籠頭了」（賈母戲語）。頭一天早放學，寶玉趕緊來瀟湘館。請看曹氏妙文，我加圈點。

「剛進門口，便拍手笑道，『我依舊囘來了。』猛可裏倒嚇了黛玉一跳。黛玉道，『我恍惚聽見你念書去了。這麼早就囘來了。』寶玉道，『啊呀，了不得！

我今日不是被老爺叫了念書去了麼』？」……云云。後來

「黛玉微微的一笑，因叫紫鵑，『把我的龍井茶給二爺泡一碗。二爺如今念書了，比不得頭裏。』紫鵑笑着答應去拿茶葉，叫小丫頭泡茶。寶玉接着說道：『還提什麼念書，我最討厭這些道學話，更可笑的，是八股文章，拿他誆功名混飯吃也罷了，還要說代聖賢立言！好些的，不過拿些經書湊搭湊搭也罷了。更有一種可笑的，肚子裏原沒有什麼，東拉西扯的牛鬼蛇神，還自以爲博奧。這那裏是闡發聖言的道理？目下老爺口口聲聲要我學這個，我又不敢違拗。你這會子還提念書呢。』黛玉道，『我們女孩兒家，雖然不要這個，但小時跟着你們雨村先生念書，也曾看過。內中也有近情近理的，也有清微淡遠的。那時候雖不大懂，也學得好，不可一槪抹倒。況且你要（語案：意思「你如要」）取功名，這個也淸貴些』。（語案：比祖蔭或捐衒淸貴，是眞考場考出來的）寶玉聽到這裏，覺得不甚入耳。因想黛玉從來不是這樣人，怎麼也這樣勢慾薰心起來？又不敢在他跟前駁回，只在鼻子眼裏笑了一聲。』

正說着秋紋來了，此段話至此收束。

24. 我們看這段話：（1）寶玉憎厭八股憎厭經濟文章與前是一貫的。入學是聽父命不敢違拗的。（2）作書人眞看不起八股文字，並看不起科擧。早時人習擧業，所看的書極有限，甚有未聽見公羊傳名字的。這確是事實，給雪芹說穿了。同時八股文中也有淸微淡遠文字，不可一槪抹殺，這是最公平之論。誰也不能否認作者見識。所以後來寶玉對寶釵說其實取功名「並不難」，也是眞話。（3）寶玉眞不想誆功名混飯吃。（4）黛寶二人時已十六七歲，各人已長大，見面雖若知己，却也稍存體統，沒有像小時之一味厮纏。這是最令人佩服之一點。若於此時與寶黛兩小無猜時同一寫法，才眞無謂。（5）黛玉在此時看見寶玉已受父命，不得不從，想再助紂爲虐，明知無益，應該安慰他幾句。作者順便借黛玉口中，替八股說兩句公道話。淸貴二字，是謂功名未必都淸貴。科甲出身，比世襲祖蔭，令人看得起。賈珍父子之流，雖有功名，並不淸貴；賈珍是世襲，賈蓉是托太監捐衒的，士人看不大起。黛玉父親林如海，第二回說他，「更從科甲出身，雖係世祿之家，却是書香之族」，便是此意。雪芹作書，用心良苦，遣詞用字，極爲精細，亂加批駁，是無用的。在賈家，寶玉原不必讀書，才得功名。第七十五回本文，賈赦明明說，「想來咱們這樣人家，原不必塞窗螢火……可以

做得官時，就跑不了一個官兒的。何必多費了工夫，反弄出書獃子來？」這是黛玉「清貴」二字的註脚。願意懂的人，自然可懂。(6)黛玉怎樣會勢慾薰心，是作書人先問的。因明知是勸慰語，不復駁下去，是省筆處，亦是看得起讀者，不都是低能，不必細細分說。想不到眞有人以爲黛玉眞勢慾薰心起來。(7)寶黛兩位寃家吵嘴，前八十回多至不可勝數。此時各人長大，各應自制，只鼻子眼裏一笑而止。寶玉不入耳是事實，因他並非「祿蠹」。起雪芹於地下而問之，亦是如此解答。

　　須知黛玉此歲數時，最爲可愛，雖然是妒，却聊存體統。這段中有極可愛極含蓄文字：

　　　　黛玉道：「你上頭去過了沒有？」
　　　　寶玉道：「都去過了」。
　　　　黛玉道：「別處呢？」（這是留心寶釵）
　　　　寶玉道：「沒有。」
　　　　黛玉道：「你也應該去瞧瞧他們去。」

這是極含蓄，耐人尋味的文章。記淸這是高本的文字，要歸功於高鶚，便不得不承認高氏之善體會兒女閨情，不在雪芹之下。除非使我看過高鶚自著小說有此奇文，有此筆力，有此含蓄，我不相信他會杜撰出來。作書難，續他人書更難，續具想像力之創造文學爲尤難。此千古所未有之異才，而高鶚竟有之，則其才必又在雪芹之上。上天既生霑，使作紅樓，又不使作完，而又生鶚，使具一副同樣天才同樣眼光同樣筆力而後續之，何苦來！天地之大，人猶有所憾。紅樓巨著，讀者或者以不合己意而引爲憾。然因不合己意而憾，可也。因憾而斥其僞，何其不自量耶？此豈評書人所應有之態度？

　　25. 且眞舉人才看不起舉人，眞博士才看不起博士。寶玉做和尙，說者無可非議，因前部伏筆甚明。雪芹欲使寶玉出家之前，旣改愛紅之癖，又聊補背父母教育之恩之過，使入場應舉，與寶釵約，「只此一次而止」，明明並非因慕功名而圖享富貴，遂得評者掛以「祿蠹」之罪名。評書人未免把中舉一事看得太重，作書人不如此也。寶玉雖中舉，而棄家做和尙去，遁入空門，普通說來，仍不能不說是悲劇下場。同樣的，賈氏曾沐皇恩，延世澤，且亦是曹頫確做過主事事實，結局仍是樹倒猴猻散，固不必曲解，令人得後半部樹不倒而猴猻不散之印象，以爲賈府眞又享「榮華富貴」。

後四十回書俱在，何必强拉皇恩世澤，爲作者前後矛盾不應接之罪？又何必兩家「自殺自滅，一敗塗地」而後始符作者原意？

絕想不到平伯居然除曲解之外，還會造謠。他說：「他（高）以爲一個人沒有中舉而去做了和尚，實在太可惋惜了。我們只看寶玉一中舉後便走，高氏的心事眞是路人皆見了。高氏除寫十二釵還有些薄命氣息，以外便都是『福壽全歸』的。最是全福的是寶玉了。他寫寶玉底結局，括舉三項：(1)寶玉中第七名舉人，(2)寶玉有遺腹子，將來蘭桂齊芳。(3)寶玉超凡入聖，封文妙眞人。他竟是富貴神仙都全備了。神仙長生不老，壽考是不用說的了。高氏寫賈氏，亦復如此，雖抄了家，依然富貴榮華，全然不脫那些小說團圓迷的窠臼，大謬於作者底本意。」（上卷一一四頁）

這是後四十回的事實嗎，是我們讀者的印象嗎？其實賈府之敗作者寫得恰到好處，這是作者本領。賈府裏面好收場的，只有一個李紈寡婦之子賈蘭，這是合理而應該的，但並非十二釵「有些薄命氣息」而已。大概使平伯滿意很難，因爲雪芹對這種批評，實在沒法。平伯對於全書的態度，是處處代作者設心處慮，某人應該如此，某人又應該如彼，如何如何才「最愜我意」（寶玉做乞丐，此非誣，有原書可證）。假使後四十回果如平伯意寫得賈府「自殺自滅」「一敗塗地」，又如平伯所指示，應該注意「運終數盡」之「終」字「盡」字，眞殺得片甲不留，（兪：下卷，一六頁）那時平伯又可不滿意，如評黛玉焚稿斷痴情一節，說是寫得「太露」了，旣「討厭」而「肉麻」。我們對這種窮秀才的議論，眞是沒有辦法。平伯聽適之談「悲劇」遂附和之，以爲必一敗塗地，而終而盡，而做乞丐，才叫做悲劇。我疑心平伯未眞懂得西洋文學之所謂悲劇。

26. C. 寶釵是否庸俗中國婦人問題——此問題有語病，婦人就是婦人，中國西洋一樣。平伯在一九五〇年修訂本，把「中國」二字，改爲「舊式」，意思是新式婦人，便不會想法使丈夫移轉愛情到自己身上。寶釵爲新婦數月始與其夫初次敦倫。書中只說他想寶玉「是個癡情人，要治他的病，少不得仍以癡情治之」，輕描淡寫，並沒有說他淫浪。平伯遂謂「寶釵不應如此不堪」，豈西洋或新式婦人便皆坐床褥談哲學談上帝哉？推平伯之意，西洋或新式婦人之所以不庸不俗，因爲他們並沒有想計「籠絡」其夫。殊不知婦人欲保恩愛，中外原無二理。寶釵一賢婦也，不得因他看見寶玉

倘想念已死的黛玉，「恐他思鬱成疾，不如假以詞色，使得稍覺親近，以爲移花接木之計，」而斷他思死者之心，遂謂其「庸俗」，遂謂其「汚鱶閨閣」。此亦是窮秀才酸見，不足以論深知人情世故之曹雪芹。以平伯意，必使寶釵於夜闌人靜之時，見寶玉有所動心，遂起而推之於閨門之外，又從而鎖之，隔窗「端凝」的與其夫談曹大家故事，而後不汚鱶閨閣，而後不庸不俗而成其「雅」。

此話原可不再說下去了。但恰巧曹雪芹却曾現身說法，專論此事，不要讀者爲書所欺，以爲寶釵、襲人都是以「女君子」自居。庚辰本二十囘寶玉爲麝月篦髮，麝月說全屋子就是晴雯「磨牙」。正巧晴雯跑來簾外，麝月在鏡中向寶玉示意。晴雯潑辣起來，責問麝月，「我怎麼磨牙了？嗒們到得說說。」在這一段有雙行的註，是作者極痴愛晴雯的口氣。註中說：

> 「自古及今愈是尤物，其猜忌妒愈甚，若一味渾厚大量涵養，則有何可令人憐愛護惜哉？然後知寶釵襲人等行爲，並非一味蠢拙古板，以女夫子自居。當綉幙燈前，綠窗月下，亦頗有或調或妒，輕俏艷麗等說。不過一時取樂買笑耳，非切切一味妒才嫉賢也，是以高諸人百倍。不然，寶玉何甘心受屈於二夫子哉？看過後文則知矣。故觀書諸君子，不必惡晴雯，正該感晴雯（爲）金閨綉閣中生色方是。」

此雪芹之所以爲雪芹，而不爲笨伯乎？

後四十囘之寶釵……確有賢德，有膽識，與前一貫，血脈相通，確是曹氏手筆。寶釵處境最難。七十八囘早已避嫌出園，這是何等眼光！因家長主婚，嫁給一個心愛黛玉之半瘋半儍的夫婿，叫她如何做人？但「心裏只怨母親辦事糊塗，事已至此，不肯多言」，這是何等大方？那時大家倘對寶玉瞞着黛玉已死消息，恐怕他的病轉劇，獨寶釵違賈母王夫人的意旨，冒大不韙，把他說穿，因此引起寶玉昏倒做夢。當時賈母王夫人倒爲此焦慮，後來才知寶釵見識超人一等。這是寶釵之識力，與前八十囘一貫。後來「不堪」一段，亦是寶釵之所以爲寶釵，而不是迎春邢夫人一班糊塗東西。

27. 因上節寶黛論八股，順便在此也引釵玉二人論功名一段，一以見寶釵性格長於議論，與前一貫，曹氏筆力議論，一點不減從前；一以重新肯定，後四十囘並沒有把寶玉寫成「祿蠹」。

　　我引原文，請讀者讀此時注意，是否與前八十回寶釵議論口調完全一致。這已是一百十八回的事了。寶釵看見寶玉看秋水篇看得入神，心裏着實煩悶，因引出以下的議論來。「寶釵道，『你我既爲夫婦，你便是我終身的倚靠，却不在情慾之私。論起榮華富貴，原不過是過眼煙雲。但自古聖賢，皆以人品根底爲重。』寶玉也沒聽完，把那書本擱在旁邊，微微的笑道，『據你說，人品根底，又是什麼古聖賢。你可知古聖賢說過不失其赤子之心（略），我們生來，已陷溺在貪嗔痴愛中，猶如汚泥一般，怎麼能跳出情網？』寶釵道，『你既說赤子之心，古聖賢原以忠孝爲赤子之心，並不是遁世離羣，無關無係，爲赤子之心……堯舜禹湯周孔時刻以救民濟世爲心。所謂赤子之心，原不過是不忍二字。若你方才所說的，忍於抛棄天倫，還成什麼道理？』寶玉點頭笑道，『堯舜不强巢許，武周不强夷齊……』寶釵不等他說完，便道，『你這個話，益發不是了（中略），況你自有生以來，自去世的老太太以及老爺太太，視如珍寶，你方才所說，自己想一想，是與不是？』寶玉聽了，也不答言，只有仰頭微笑。寶釵因又勸道，『你既理屈詞窮，我勸你從此把心收一收，好好的用功，但能博得一第，便是從此而止，也不枉天恩祖德了。』寶玉點頭，嘆了口氣說道，『一第呢，其實也不是什麼難事。倒是這個從此而止，不枉天恩祖德，却還不離其宗。』」於是寶玉收起參同契，元命苞等書，專心看語錄時文名稿，其預備應舉的動機，「只此一第，從此而止，不枉天恩祖德」，爲盡孝道，不是爲功名利祿，至此更明白了。

　　28. D. 黛玉之死及鳳姐之毒——黛玉之死一段動人文章，是全書之頂點。第九十六，九十七二回，是全書寫來最精采最動人一段，尤其是從黛玉聽到傻大姐透露消息，說「我要去問寶玉去」，一直到回來未至瀟湘嘔血昏倒一段，令人不忍卒讀。這都不必引例，單看他利用傻大姐無心失言（以前拾香囊那一位），就看見草蛇灰線貫穿之細。平伯不喜歡，不覺有「悲惻憐憫的情懷」，而認爲「肉麻」，是平伯好惡與人不同罷了，沒有什麼可辯。所可辯者，是「鳳姐之毒」及賈母之冷。

　　此地我只引平伯幾處怪論，如下：

（一）關于黛玉之病死。

　　a. 黛玉不應死，應活着——「就事論事，寶走黛死，都是高氏造的謠言。雪芹只有暗示，並未正式說到的。而百年來的讀者，都上了高氏這個大當。……他們（續

紅樓夢諸人）可惜不知道原本只有八十囘，而八十囘中黛玉是好好的活人……高鶚這個把戲，可謂坑人不淺。」（上卷，一一九頁）

　　b．黛玉之死於情，寫得肉麻——「黛玉心事寫得太顯露過火了，一點不含蓄深厚，使人只覺得肉麻討厭，沒有悲惻憐憫的情懷。」（上卷，九四頁）。按：此指黛玉之病及焚稿斷痴情事。

　　c．「寫黛玉做夢，寫她絕粒，都是毫無風趣的文字。」（九六頁）

　　d．「黛玉以拆散金玉爲樂事。這樣的幸災樂禍，毫不替寶玉着急，眞是毫無心肝。又豈成爲黛玉？」（九六頁）

　　e　「黛玉臨死一節……只用極拙露的話頭來敷衍了結。」（同上）

這幾條已很够代表平伯的批評及論斷，而且委實很「够」了。我們無須再辯。但只一端，可見平伯之偏狹，及故意曲解事實。以上（d）條是指九十五囘事。何以高鶚會寫到黛玉要以拆散金玉良緣爲樂事，幸災樂禍，而毫無心肝呢？高鶚何至如此惡劣？原來是海棠花妖，寶玉失玉，由是高本有寫兒女柔情極曲致的文字：

　　　「黛玉先自囘家，想起金石的舊話來，反自歡喜。心裏說道，和尙道士的話，眞信不得。果眞金玉有緣，寶玉如何能把這玉丟了呢？或者因我之事，拆散他們的金玉，也未可知。想了半天，更覺安心，把一天的勞乏，竟不理會，重新倒看起書來，……黛玉雖躺下，又想到海棠花上，說這塊玉原是胎裏帶來的，非比尋常之物，來去自有關係。若是花主好事呢，不該失這玉呀！看來此花開的不祥，莫非他有不吉之事，不覺又傷心來。又轉想到喜事上頭，此花又似應開，此玉又似應失。如此一悲一喜，直想到五更方睡着。」

那是失玉初日，寶玉尙未瘋。黛玉那夜一則以喜，一則以悲；喜者是爲自己，悲者是爲寶玉。這是如何入情入理，描寫閨女私情的好文字。想到花開應是喜事便喜，想到玉失應是不利於寶玉便悲。何嘗「不替寶玉着急」？又暗想因自己婚事未定，又無父母可出主意，未知到底天從人願與否。如道士金玉之緣的話不可信，自然在情場上自己是勝利了，「更覺心安」，這是兒女常情，與幸寶玉之災何涉？何嘗是「毫無心肝」？這也是裕瑞一派，所謂雪芹必「不忍作」，而要求雪芹寫出「一味渾厚大量涵養」，而爲雪芹所最恨十全十德的美人來。這種責人以求全之毀，古文裏倒常看見。這是魯迅

所謂「人之度量相去之遠。」雪芹碰見這種讀者，實在無話可說了。

29. (二)至於鳳姐之毒，平伯似無讀悲劇文章之腸胃。原來賈政將要出門，須急急完成寶玉婚事。是釵是黛，早應決定。在作者之意，鳳姐是大奸雄，是笑裏藏刀敢作敢爲不亞男子的女人，亦卽是賈府敗落之媒介。大家主意旣屬意寶釵，對於黛玉甚難處置，惟一妙計出於「瞞」。迫不得已，唯出此策，而且不但瞞黛玉，且須瞞寶玉。但是鳳姐何嘗如平伯所言，存心要「害死黛玉」？說他「無害死黛玉之必要」是刻薄的話。賈母雖心疼黛玉，到了此種關頭，要寶釵做媳婦來冲喜，自然要對不住黛玉，但也是心裏清楚，無可奈何之事。當時社會大家兒女，不容有私情的，如有私情，當做羞辱門楣的天大事情，所以賈母難免有在旁責黛玉傻情的話。其時實無爲釵黛兩全之計；看薛家林家門第家風，也斷無使釵黛之中一人屈爲簉室之理。賈母明知屈了黛玉，所以到了聽見黛玉之死，自責曰，「是我弄壞了他」。後來去瀟湘看靈，托王夫人道：「你替我告訴他的陰靈，並不是我忍心不來送你，只爲有個親疏。你是我的外孫，是親的了。可是寶玉比你更親些。倘寶玉有些不好，我怎麼見他父親呢？」說着又哭起來。如此說來，賈母也能自圓其說。平伯乃斷爲「情理所必無」(九一頁)。未知平伯爲賈母設身處地，應如何才可打出難關？

30. E. 巧姐歲數問題——平伯之論調，已可概見。我此地只再舉一項，頗費平伯筆墨的，就是後四十囘中巧姐之歲數，平伯以爲忽大忽小。歲數混亂，本是全書的毛病。但巧姐忽大忽小，完全是平伯故意曲解，不是作者的荒謬矛盾。原來作者一百十七囘，說「巧姐兒年紀也有十三四歲了。」平伯先舉出一〇一囘的話，「大姐哭了。李媽很命的拍了幾下，向孩子身上擰了一把。那孩子哇的一聲大哭起來了。」就在這些話上頭做文章。他先加上「巧姐被擰，連話都不會說」的推想，然後評曰，「巧姐被擰，連話都不會說，只有大哭的一法，看這光景他不過三歲，最多亦以四歲爲限。若在四歲以上，決不至於被擰之後，連話都不說的。況且巧姐能說話，婆子決不敢平白地擰他一把，可見巧姐確是不會說話的。」這眞叫做歪纏。我所加圈的幾句，更加是鬼話。誰家十一二歲的小姐被老嬤狠命的拍了幾下(時鳳姐大病)，又在身上擰了一把，會不哇的一聲大哭起來？又誰家小姐必先說話而後等一、二、三、而後哭哉！何必咬定巧姐是不會說話以證明他「最多四歲」，然後從而罵高鶚荒謬，寫得使巧姐「長

得奇，縮得更奇，長得更快，縮得更快，這又算怎麼一回事？」(上卷，一○三頁)，然後慨嘆除了平伯，「沒有一人敢提出來加以疑惑」，有之自平伯始。

　　如此無事生非，那一本書那一頁上，不可以請繩夾二歪繩下去？更顯明的，如第二十回寶玉奶媽已經告老退休，龍鍾老態，第七十五回賈環突然做起詩來，都可以照樣批駁，而斥其僞。但是要如平伯做法，不必這些顯然錯誤，任何一頁，我可以照樣加以己意歪繩，八十回中，我可以做出一百條。我倒想貢獻一點私見：如此讀書方法，紅樓一書，讀之固好，不讀更佳。

　　31. 總之，我所要證明的是平伯所引爲高鶚作僞的證據的性質。一般承認後四十回爲高鶚僞作，都是因爲平伯這些話頭，(如周汝昌便是一例)，應該用一次功夫，研究此說之所本，證據之所在，屬何性質，能否成立。他所反對的是後四十回之謬與俗，而把俗看得比謬更重。這是把辨僞看做雅人的雅事，拜別父親也俗，夫婦敦倫也俗，兒女妬忌他人姻緣也俗，可以自由隨處指斥。這是平伯方法上的錯誤。

　　　「且高作之謬，還在其次，因爲謬處可以實在指出；最大毛病是『文拙思俗』。拙是不可說的，俗是不可醫的。至於怎樣的拙和俗，我也難以形容，讀者自己去審察罷。」(上卷頁八九)

　　平伯所以認爲高本是俗人所作的，因爲有三種偶像：

　　　「(1)功名富貴的偶像，所以寫『中舉人』，『復世職』，『發還家產』，『後世昌盛。』(2)神仙鬼佛的偶像，所以四十回中布滿這些妖氣，(3)名教偶像，所以寶玉臨行時必哭拜王夫人，既出家後，必在雪地中拜賈政。」

這便是高鶚之所以「俗」。平伯既然說不出，敎讀者去體會，所以上節我寫長一點，引出原文，使讀者體會，原來罵寶玉爲「祿蠹」，不過這麼一回事。雪芹又罵八股爲誆功名混飯吃(寶玉)，又謂八股不可一概抹倒(黛玉)，正如莎士比亞寫來，各人有各人意見，使你看不出莎士比亞自己是那一派主義。原來功名思想，出於名教——第三偶像。但是四十回有名教思想，也不足辨其僞。因爲雪芹，雖不想在廟堂上吃冷豬肉，到底還是知道中國社會上確有名教的忠孝思想，寶玉有，寶釵有，一家人都有，當時讀者也都有。所以這點不足證其不出於雪芹之手。又寫寶玉出家時拜父母作訣別，亦是古今中外爲人子者之至情，不足爲作僞之證。說是「名教」，其實西洋女子要

去做尼姑，離別父母兄弟時，才哭得利害呢。喜歡不喜歡這一拜作長別是由你，或者
高明不俗排脫名教思想之平伯，以爲寶玉要與父母永訣，連拜別都不必，路上相逢，
連看都不一看，連淚也不流，才是寶玉的眞本色，才够得上「雅」。這是平伯之自由，
但這與書之眞僞無關。平伯謂「寶玉臨行時必哭拜王夫人……必在雪中拜賈政」，是
清楚的說，寫他不如此行爲，才文不「拙」而思不「俗」，而寶玉遂成一個平伯心目
中所認爲愜意貴當的「雅人」了。 由寶玉之拜，成其「庸俗」，遂可證明四十回之僞
了。寫到此地，忽憶秦鍾臨死時對寶玉的贈言：

> 「『以前你我見識，自謂高過世人。我今日才知自誤了。以後還應該立志功名，
> 以榮顯達爲是。』說畢便長嘆一聲，蕭然而逝了。」

俞平伯周汝昌應當據此證明曹雪芹未能排脫禮教思想，眞是俗人。 否則甲戌本，庚
辰本，有正本有此第十六回文字， 可以證明確是僞本，而高本刪去此節，可算眞本
了。

32. 至於第二偶像，神仙鬼佛，平伯也不喜歡。因爲平伯寫此，是在新潮時代，
表示他非常前進。以上他綜括第五條寶玉出家後，拜別賈政不應如此「神奇」，也應
屬此。但也與辨僞無關。不信佛不一定雅。全書寶玉出路是做和尙，談佛談禪。第二
十二回，「聽曲文寶玉悟禪機」，早已談得利害，爲後四十回伏筆。此何足怪？妖呢？
第廿五回，「魘魔法叔嫂逢五鬼，通靈玉蒙蔽遇雙眞」，馬道婆就妖的利害。海棠花祟
七十七回早有伏線。鬼呢？第十三回，秦氏之鬼，就能發大道理；第十六回，秦鍾還
跟鬼爭辨。不但有小鬼，且有鬼判。第七十五回，也有中秋聞鬼哭。仙呢？開頭空空
道人，及第五回警幻仙姑就是。依平伯意，都應刪掉，四十回有此四者，不足爲作僞
之證。若癩道人，空空道人之重出，都與八十回有呼應，不是閑文。若要前進，前八
十回後四十回全刪好了。至於後四十回賈家失敗，死亡病疾相繼而來，見鬼自然也是
敗家之兆。若賈赦大觀園除妖，正所以見其淒涼，與往日作反襯。瀟湘聞鬼哭更顯得
大觀園之蕭條，及寶玉撫今追昔之情懷，都是可有而應該有的文章。

33. 平伯之評後四十回，純以自己的聰明，亂加批駁。這種在書本上亂鑽，吹毛
求疵的工作（卽魯迅所譏「鑽刺吹求大加革伐」，見上第十七所引），以個人之好惡，
定出書之眞僞，必然找到許多似是而非的論斷。有的是：

　　　　成心之言（黛玉之死肉麻討厭）；有的是

　　　　曲解原文（黛玉幸災樂禍，巧姐歲數）；有的是

　　　　無知妄作（黛玉說科甲出身比捐官或世襲清貴，是勢慾薰心）；有的是

　　　　掩滅證據（寶玉應試是爲自己一輩子大事）；有的是

　　　　故事舖張（買府長享榮華富貴，後嗣昌盛，十二釵只有些薄命氣息）；有

　　　　的是

　　　　造謠生事（鳳姐無害死黛玉之必要）；有的是

　　　　含血噴人（寶玉是祿蠹）；有的是

　　　　無理取鬧（寶玉拜別買政，巧姐應先說話再哭）；有的是

　　　　道學尖酸（寶釵污衊閨閣，黛玉毫無心肝）。

這些毛病，總其名謂之歪纏。

　　　紅樓夢辨一書，專爲辨僞而作。一人做了一部十三萬七千言的書，來證高鶚作僞，結果還沒有什麼了不得的證據，只見平伯之謬與俗而已。但是我們不能因爲辨者之謬與俗，遂謂其書必眞。請看下文丁戊兩段。

（丁）　客觀疑高鶚之批評

　　34. 後四十囘，雖與前八十囘本文沒有不銜接處，而夾註眉批中確有直指後半故事文字，與今本不合。這些是眞正考據的材料，是胡適之所專注意的問題。適之文章，實事求是，一句是一句，兩句是兩句，倒沒有長篇灝論去討論那些喜歡不喜歡結局的主觀意見。

　　脂硯所見，自然是眞本，有不合處，應該討論。概括說起來，在故事之發展上及人物之一貫上，高本大體上與前八十囘吻合。若沒有脂評多出的材料，看不出什麼不對準的地方；矛盾錯雜者，還是未入大觀園之初廿二囘多。脂硯所見高本未見的，適之指出六條。（A）衞若蘭射圃文字。（B）獄神廟一大段文字（或卽「正文標目」「花襲人有始有終」此一大囘）內有關小紅諸人事。因爲小紅初囘寫得特別出色，不應以後寂寂無聞，適之特別注意這條。（C）香菱不應識，未被金桂折死。（D）鳳姐之死只有一半應識，其謎不可解。（E）史湘雲倒底不知是寡，或是「白首雙星」。此外尙有（F）「誤窃玉」一段事件，未見後四十囘。

以上(Ａ)(Ｂ)是稿已迷失，(Ｃ)(Ｄ)似乎不應識，(Ｅ)前八十囘湘雲又有守寡又有「白首雙星」之暗示，自相矛盾。毛病在前八十囘一個囘目未經整理，不在後部。(Ｆ)「誤竊玉」事，早於前八十囘被作者刪去。有未刪踪跡可尋。

35. 這些問題，都有合理的解答，不必多費筆墨。據本文第十二，十三節所言八十囘以後殘稿未定傳鈔的情形而言，我們可以斷定程偉元手中所得原非完物，是兩三種章囘不全的散稿所補湊而成的，殘缺情形，悉如今甲戌本及己卯本。脂批所言看見的後半部之事，今本後四十囘所有的，便是此高本所據之抄本所有。此項材料甚多，如樹倒猢猻散，榮寧抄沒等等(詳下第五十節)。幸而有高本，不然紅樓下半只有模糊暗示。我們知賈府敗，而不知其衰敗的情形，知鳳姐死，而不知她怎樣死，只能暗中摸索而已。脂批所曾見而後迷失者，程刻所據殘本，可能仍然迷失，而所迷失之段(獄神廟及射圃)，可能應在前八十囘中，倒不一定在後四十囘。脂批所未見而曾見到囘目的(懸崖撒手)，幸而爲高本所有，也許脂硯齋所迷失未見，復爲程氏所得。脂批所見囘目若「王熙鳳知命强英雄」，後四十囘有其事，而無其目。最重要一點，就是無論脂硯齋見與未見，言其迷失或未言迷失，雪芹五易其稿，在易稿中必常自己刪去一部分。這是作小說的人十九常有的事。尤其在全部寫成之後，顧到各方面，認爲可刪的，便毅然刪去。譬如小紅與芸兒事，後來芸兒骨子裏不大成器，遂成僵局。小說作家下筆，每見故事人物不由自主，神機所到，自然發揮，與起稿時計劃不同。於是中途改易原意。如鳳姐之啞謎，香菱之不卽死于金桂，拖病兩年，始死於難產，及柳五兒之在後部異軍突起爲重要角色，這些都是好例。推想五兒，雪芹本有意安插，却想不到寫後半部時，五兒之妖嬌動人，甚似晴雯，信手拈來，自成佳妙，遂奪出在小紅之上。這都是編小說者常有的經驗。如果高本四十囘大體上與前八十囘故事人物的發展不衝接，這便是僞作的正經證據，而這些小不衝接處，誠足爲高氏贗作的附證。如果高本四十囘能充分的有精采的發揮小說之主題(寶玉斷情緣之內心經驗)，各人的下場又能處處與前部遙遙相應，無微不至，那麼，這些不衝接處，就應如以上的解法，或是脂硯所謂迷失，仍然迷失，或者作者自行刪去。

36. (Ａ)衞若蘭射圃帶金麒麟——若蘭或者就是史湘雲之夫，因爲他與金麒麟有關係。(百〇六囘正文中只有稱湘雲之夫爲「新姑爺」，沒有名字。衞若蘭在射圃佩金

麒麟事，迷失無稿，見甲戌本廿六回末總評，在庚辰本是眉批，加「丁亥夏，畸笏」。
庚辰本三十一回末又一條曰，「後數十回，若蘭在射圃所佩之麒麟，正此麒麟」。所謂
「後數十回」可在第五十六十，或七十回，不一定在八十回後。這是一段佚文，可能
有倪二馮紫英、柳湘蓮、蔣玉函諸人在場。按第十四回秦氏出殯，衛若蘭名列在諸王
孫公子之最後一名，與馮紫英名相近。這一段文字大概是二十回庚辰本眉批畸笏丁亥
夏所言被借閱者所迷失五六稿中之一。射圃文字有金麒麟，但若蘭與湘雲關係，全是
我輩推測的話。「白首雙星」不一定指與若蘭白頭偕老。因為寶玉也有金麒麟，引起
黛玉之妒。是否雪芹如現代偵探小說作家，故意令人疑神疑鬼，不得而知了。

　　37.（B）獄神廟一大回文字——獄神廟確有其稿。甲戌本一條，說小紅要見世
面，出於本心本意，於獄神廟回內方見。甲戌批照例無款識年月。庚辰本眉批關於獄
神廟一回有三條。廿回言被借閱迷失，廿六回說有紅玉「一大回文字」，迷失無稿，
廿七回言及「抄沒獄神廟」，並謂紅玉冤枉。三條都是丁亥夏畸笏所批。這是雪芹死
後四年所批的。此節也無法證明，被借閱者迷失，是在八十回之前或後。但就小紅而
論，紅樓後文，無小紅「大得力」之事，是一缺憾。小紅不但心高，而且甲戌本二
十七回前脂批明說「且紅玉後有寶玉大得力處，此于千里外伏線也。」關於小紅（即紅
玉）我認為作者確有此種疏忽處。例如惜春畫圖，自從四十回講起，經過四十二回，
四十八回，五十回冬天尚在畫圖，以後便全不提起，也不知何時畫完了。我們想，畫
完時應有大家圍觀共賞一段文字。小紅之事，不但八十回後不見有所作為，從大觀園
開始於花生日給鳳姐看上調用以後，都不見有何動靜。凡鳳姐大事，只有平兒出頭而
已。說起來趙姨娘事，比小紅事還多。可能的，此故事人物實多，應接不暇。然作
者每於忙中帶閒筆，而小紅連幾行點綴，都不點綴。這是八十回中情形，不僅八十
回後而已。直到八十八回才見小紅與芸兒做婢僕眉來眼去的調情，已非什麼出色人
物了。

　　38.（C）香菱不應識——香菱在太虛夢境的冊文，是「自從兩地生枯木，致使香
魂返故鄉」。枯木兩地，自然是指金桂之桂，應被金桂折死。第八十回，香菱正在受
金桂磨折，幸虧寶釵營救，跟了寶釵，脫離薛蟠，暫得安身。在此故事發展之過程
中，既有寶釵領了照顧，自然可以不死。但八十回仍寫她「今復加以氣怨傷肝，內外挫折

不堪，竟釀成乾血之症，日漸羸瘦，飲食懶進，請醫服藥不效。」八十回所述至此而止。香菱因為有乾血之症，日漸羸瘦，醫藥無效，自八十回甲寅年秋，拖了兩年，至丙辰年冬（一百二十回）難產而死，實亦因身體過弱所致。說她被金桂磨折為致死之由，也可以通。又一說：香菱此時，既有了寶釵照應，本可以不必卽死。或者作者念甄士隱是清貧自好的士人，頗像自己光景，而且對他父女兩人，一向非常敬意，並無一字譏彈。於是憑作者生死予奪之權，敎香菱不卽死，而於金桂服毒自盡以後，順其自然，使他扶正。這也是可有的事。這也是雪芹易稿時，應當十分躊躇的情景，而正文旣改，冊文未遑改易。此說亦通。高鶚校書時那樣細心，此條算為與冊文矛盾，當然見到，惟不欲刪改冊文，留其本來面目。

39.（D）鳳姐的讖語是應了。曲文「機關算盡太聰明，反算了卿卿性命」，是鳳姐的評。高本相符。但其冊文明明是拆字。「凡鳥偏從末世來，都知愛慕此生才。一從二令三人木，哭向金陵事更哀，」第三句猜謎，至今無人猜出，是一微憾。但也不是高鶚作偽之什麼大證據。（或曰二令為冷，人木為休，寓冷休意，頗近，但又漏「一從」及「三」字）。這條只算懸案。至於「哭向金陵事更哀」，確是鳳姐臨死時情景。

40. 史湘雲之謎——史湘雲的曲文，有「終久是雲散高唐，水涸湘江」之句，暗示孀居，或拆散，或夭折。冊文謂「展眼弔斜暉，湘江水逝楚雲飛」，畫的是「幾縷飛雲，一灣逝水」，都注重飛字，逝字，涸字。總是晚途淒苦離散之象。三十七回湘雲詠白海棠詩句，「自是霜娥偏愛冷」，脂批說，「又不脫自己將來形景」，宜應孀字，寓守寡意。高本湘雲早寡，不算不符。但以曲文而論，散、苦、離、這是無疑，孀居倒不一定。怪的是第三十一回回目，「因麒麟伏白首雙星」。白首雙星，便是白頭偕老。這是八十回本身之矛盾，又要拆散，又要偕老，是不可能的事。此雪芹書所以謂「未成」而逝者歟？雪芹易稿旣未遑改其回目，而高鶚校書時，這個矛盾當已看見，姑存其眞罷了。我想湘雲寡後，躱在脂硯齋中與雪芹話舊，脂痕與墨瀋交錯，便應白昔雙星。

41.（F）誤竊玉事——此外有一小事，適之提出來，第八回脂批有「誤竊玉」一段，不見後文。脂批云：（襲人）攛玉一段又為「悮竊」一回伏線。適之案：「悮竊玉事，今本無有，當是殘稿中的一部分。」我想五十二回文曾指此事。墜兒偷平兒所失金鐲，平兒對麝月道，「寶玉是偏在你們身上留心用意，爭勝要強的。那一年有個良

兒偷玉。剛冷了這二年，閒時還常有人提起來趁願。這會子又跑出一個偷金子的來。而且更偷到街坊家去了。偏是他（指寶玉）這樣，偏是他的人打嘴。」平兒這段話是告訴麝月勿聲張出去，於寶玉不好看。上囘竊玉就是寶玉院中的人偷本院的東西，後來偷金子，又是出於怡紅院的人，但偷到別人家院子去了。這明明指怡紅院竊玉事，可能就是這段悞竊玉文字，後被作者刪去，只留此良兒竊玉數語未刪的痕跡。這明白與高本無關，不必鬧到高本上頭也。

42.　以上看出，高本的眞僞問題，衡以通常考證的標準，都未有什麼眞正破綻。歸結起來，若說百二十囘是雪芹定稿，則若蘭小紅二事之遺漏，可謂美中不足之微疵。若說雪芹殘稿本來未定，而高本所據是兩三種散稿，那麼這二節，可眞散逸，就在丁亥年畸笏所見本已被借閱者迷失，雪芹旣死，無法補上，不可復見了。所以程偉元求得的抄稿，也沒有這些段，本不足怪。以後小紅之於寶玉，如何有大得力處，我們不得而知。小紅從二十七囘以後作者似已丟在旁邊，並不是八十囘以後才這樣。衛若蘭射圃文字情形相同，可能是八十囘中的文字，也遺失了。大概是和馮紫英這班人彎弓射箭的事，今已無可考。此二節皆是畸笏評書見過一次謄淸時，已經「迷失」的，（共有「五六稿」），所以程偉元所得殘稿中也沒有，不必强其必有。高鶚當然看過脂評，但也無法補上。香菱因受金桂磨折，致成乾血痼疾，身體虧損，日漸羸弱，過兩年而死，可謂應讖。鳳姐的讖語也應了，只有「一從二令三人木」一語，可算是悶啞謎。大概指高本所寫夫妻反目冷休情景。湘雲應如何下場，八十囘自相矛盾，與高本眞僞無涉。高本湘雲守寡，總算合冊文曲文了。

43.　前八十囘之矛盾錯謬多於後四十囘——平心而論，前八十囘，雖經高鶚補訂之後，矛盾燕雜混亂紕謬之處，比後四十囘更多更甚。這只足證明，曹氏陸續寫稿，前後刪改，及鈔手抄錯，展轉脫漏的情形。至少前二十二囘是未經仔細編過的。我們不得因此便說前二十二囘諸人尙未搬入大觀園一大段，是某人僞作，擅自增竄補入，是「蹧蹋」曹氏……。同時可以注意，後四十囘雖然或有遺漏，也沒有謬到如此。我們前後標準應該一致。八十囘中謬處前人指出不少。

a．十二囘云，「這年冬底林如海病重」。十四囘又云，「九月初三沒」。昭兒囘來，謂黛玉賈璉趕年底囘來，還要帶大毛衣服。護花主人眉批所謂「作者不顧前後如

此，吾不能爲之原諒也。」

　　b．十七回七月大開杏花。護花主人原諒之曰，「前後時令不合。此等處，不以辭害意，可也。」平伯應於此等處咬定，大斥其僞方是。高本却不曾如此也。

　　c．自十八回正月十五日元妃省親起，至二十三回二月二十二日諸姊妹搬入園中止，此六回中安插之事，無論如何安排不下。大某山民評：「最不合理，是鳳姐大姐兒種痘，賈璉獨睡半月後數語」，認爲「此三四日之中便云賈璉在外半月，何作者荒謬乃爾。」詳見二十一回後總評。

　　d．第八回護花主人批寶玉奶媽年紀。「寶玉時方十二歲，而李奶媽如此龍鍾，於理似不甚合。」

　　e．三十九回，劉姥姥自稱七十五歲。當時賈母將慶八秩，約七十八歲。賈母反謂「劉姥姥比我大好幾歲呢。」此正平伯所謂「長得奇，縮得更奇也。」眉批云，「此等處，作者殊欠檢點。」

　　f．我想最奇的，是第三回。黛玉初到賈府那一天的「次早」，王夫人便已得金陵來信，說及薛蟠命案，欲喚取薛家進京。如此推算，過幾月薛家已經來京。上回云，賈雨村不上兩月授順天府，是此時不但尚未得差，尤未上任。且後二十回末寶玉謂黛玉曰，「偺們兩個，一桌吃，一牀睡，自小兒一處長大的。他（指寶釵）是才來的。」然則寶釵不應於黛玉到府數月內卽已來寓府中。

　　g．同f一條，可看出另一矛盾。賈府在南在北，原不明言。乃第二回，賈雨村道，「去歲我到金陵……那日進了石頭城，從他老宅門前經過。街東是寧國府，街西是榮國府。」明指賈府在金陵。乃於第三回說，次早王夫人在賈府中所拆的是來自金陵的信，要喚取薛家「進京」。賈府在南在北，原不相干，但兩回之間，不應如此矛盾太露。

　　h．以外大觀園各人歲數矛盾重重，至今無法整理。取此必棄彼，取彼必背此。護花主人假定大觀園初年寶玉十五歲，周汝昌假定爲十三歲，都是勉强折衷定的。大某山民依八十六回元妃生於甲申年及於寅卯之交逝世推算，定大觀園初年爲壬子（一七三二），而元妃沒於第三年甲寅（一七三四）。周汝昌移後四年，以一七三六丙辰爲初年。這且不去討論。單說黛玉六歲來賈府（見第二回），到了四年或六年後壬子自

已說她十五歲了（四十五囘）。況且她少寶玉一歲（第三囘），則寶玉當已十六。但寶玉在同年說看來只十二三歲（二十三囘）。寶釵又大寶玉兩歲，應是十八了！事實又不如此簡單，因第二十二囘寶釵只明說只十五歲，若依第四囘薛蟠已有十五歲，到了壬午薛蟠應是廿一歲，而第四囘明說寶釵少他只兩歲，寶釵便應十九歲！周謂「少兩歲」不定之辭，不應死看，但亦不應將七歲之不同，說「少兩歲」。但事不止此。六十三囘大家算寶釵襲人晴雯香菱四人是同庚。晴雯歲數最明，見七十八囘芙蓉誄，死時十六歲。此時爲大觀園第三年，初年應是十四歲。寶釵旣是同庚，又應只是十四歲。襲人與晴雯寶釵同庚，也只十四歲。若說襲人大寶玉兩歲（據第六囘），寶玉應縮同十二歲。但又不然，因第十九囘，襲人姨妹已十七歲，則襲人至少也十七。寶釵與之同庚，又應十七。薛蟠若比寶釵大兩歲，又變十九。若依薛蟠來府時只十五歲（第四囘），寶釵又須縮囘爲十三。後四十囘高本（曹氏殘稿）第九十囘賈母又說黛玉少寶玉兩歲，不是少一歲，高本也亂在一起。其餘英蓮賈蘭賈蓉各人歲數都有矛盾。可見高鶚校書時對此等處，也眞無辦法，姑存其本來面目。

44. 以上所舉前後差錯，雖近考證之眞正材料，但我不相信便可拿來做頭二十二囘是贗作之證。我所以舉此，乃指明曹氏全書經過十年披閱，五次增刪，陸續寫來，不免有淆亂遺漏之處。要做眞僞之研究，須看前半後半，命題之發揮，人格之描寫，故事之穿插，人物之一貫，想像之眞切，及敍事如見其事，言入如見其人之文學上眞本領。

（戊）　高本四十囘之文學技倆及經營匠心

45. 反面的文章寫完，我們可以在正面上平心看後四十囘的文學本領，及高本作者之學識筆力，文藻才思，是否與前八十囘作者相同。這等於說高本作者是否有雪芹之天才手腕。這是出一個文學上第一難題給高本作者，而衡以最高的標準。這也等於說，前八十囘幾百條草蛇灰線伏於千里之外的，此時都須重出，與前呼應，人物故事，又須順理成章，貫串下來，脈脈相通，而作者學識經驗文字才思，又皆足以當之。如眞可合此標準，又是第二曹雪芹了，又是另一位小說大家了。由以下研究，我不相信高鶚有此本領，不但一二年間做不出，假以五年恐怕未必做得出。若說用功做

編輯彙訂，補纂整理的功夫，是可以做到的。

46. 在此我須先鄭重表示，程高二氏都是十分審愼愛好紅樓的人。（1）高鶚之修補，是極細心愼重之工作，這點適之，頡剛，魯迅，平伯都明白承認。尤重要的，（2）程偉元旣出甲本，又因「初印時不及細校，間有紕謬」，再用極細功夫，從頭全本校訂一番，又肯於一年中出修正版。這在現在的紐約倫敦及本國書局，都是決不會做不肯做的。記得亞東書局曾作此事改排程乙本，爲適之所贊嘆。若純以牟利而言，甲版銷路旣好，便可聽之。況且所改正的又是在字句上一二字之差，使通順便閱，不必急急改正，待二三年後，或三五年後再出再修訂不遲。木刻改版，又須毀版，非亞東排活休字版可比。所以程高二人在全書補正，及二次補訂的功夫上，絕對不是率爾操觚潦草了事的人，是負責的，有責任心的，是愛好這部紅樓的人，盡人力使盡美盡善。再囘來看程序所說留心文獻，細心搜求的話，似乎可以相信了。

47. 此地最要先說故事人物前後呼應問題，再說及高本作者的學識經驗文字才思。因爲他成功，所以足以亂眞，所以百年來的鑑賞家，都以爲是曹氏原著。又因爲高鶚自己沒有編過細膩閒致的小說給我們看，所以我相信，高本作者是曹雪芹，補正者才是高鶚。

老實說，紅樓夢之所以成爲第一流小說，所以能迷了萬千的讀者爲之唏噓感涕，所以到二百年後仍有絕大的魔力，倒不是因爲有風花雪月詠菊賞蟹的消遣小品在先，而是因爲他有極好極動人的愛情失敗，一以情死一以情悟的故事在後。初看時若說繁華靡艷，細讀來皆字字血痕也。換言之，紅樓夢之有今日的地位，普遍的魔力，主要是在後四十囘，不在八十囘，或者說是因爲八十囘後之有高本四十囘。所以可以說，高本四十囘作者是亙古未有的大成功。這就是說，這本小說，不但能爲少數雅人一時所賞識，而能爲百代後世男婦老幼所共賞，是因爲有高本。周汝昌提議，將後四十囘割掉，扔入紙簍，請他把自己一部割起，看八十囘成什麼東西。沒有高本四十囘，我們看得出紫鵑人品的高貴嗎？沒有後四十囘，看得出賈母的心裏，不是表面上僅知享樂的聰明老太婆嗎？能看到鳳姐也有悔禍之一天，而比較可以同情，不但是能幹善謔的一個奸險少婦嗎？紅樓夢之魔力，正在此而不在彼。沒有後四十囘，寶玉豈不僅是愛吃女兒胭脂任情縱性，謗僧罵孔，永不成器的一個多情公子嗎？還不是情迷中的一

塊頑石而已？嘗謂看到八十回，想寶玉這種人，不讓他逐心滿意，完娶黛玉，就會自殺，再不然於情場失意之後，就會縱情任性，沉湎酒色，墜入烟花巷中。那就糟了，但也是常人很普通的反應。由高本四十回可以看出寶玉性格之高超，所以能配有這通靈寶玉，就是他有特具的慧根靈性，能透視一切，由熱而冷，由沉迷而排脫，由混濁而清高，在百無聊奈無可如何之日，尚能想出一條兩全之計，博一功名以榮家族，以盡孝道，然後赤條條無牽掛削髮爲僧，跳出情網，一塵不染，還他本來的眞性。這不關信佛不信佛。儒敎亦言良知良能，求其放心。凡是宗敎，都是說人有靈性慧根清白的本性（明明德），求得本性，便是證道。我們可以不贊成他的信佛，但他至少不做花花公子，而能得我們的同情。寶玉處境與人不同，其陷也特深，故其自拔也特難。這是寶玉所以雖好吃口紅而仍能得我們同情的緣故。紅樓續夢等書，自生自滅，而高本獨能吸住二百年來讀者，必要看到大觀園諸人的究竟而唏噓感嘆。然則作此高本四十回者，雪芹乎？高鶚乎？我想不但高鶚續雪芹續不來，即使易地而居，讓高鶚作前八十回，定了曲文冊文讓雪芹去續，雪芹也續不來。

48. 且看胡適俞平伯如何恭維高鶚。雖說他作僞，不能不承認其妙文。

胡適紅樓夢考證結論末段說：「以上所說，只是要證明紅樓夢的後四十回，確然不是曹雪芹做的。但我們平心而論，高補的四十回，雖然比不上前八十回，也確然有不可埋沒的好處。他寫司棋之死，寫鴛鴦之死，寫妙玉之被刼，寫鳳姐的死，寫襲人的嫁，都是很有精采的小品文字。最可注意的是這些人都寫作悲劇的下場。……」（胡、二三一頁）。以下胡最恭維的，是他保存了悲劇下場的毅力。俞平伯紅樓夢辨上卷第三章初引顧頡剛的信說：

「最初顧頡剛是極賞識高鶚的。他說，『我覺得高鶚續作紅樓夢，他對於本文曾經細細地用過一番功夫，要他的原文恰如雪芹底原意。所以凡是末四十回的事情，在前八十回都能找到他的線索……我覺得他實在沒有自出圭意，說一句題外的話，只是爲雪芹補苴完工罷了。』他的話雖然有些過譽，但大體上，也是很確的。高鶚補書，在大關節上實在是很仔細，不敢胡來。即使有疏忽的地方，我們也應當原諒他。（二八頁）。

又中卷第七章說：

「高鶚使寶玉中舉，做仙做佛，是大違作者底原意的。但他始終是很謹慎的人，不想在紅樓夢上造孽的。我很不敢看輕他底價值，正因他已竭力揣摩作者底意思，然後再補作那四十回。決不敢鹵莽滅裂自出心裁。我們已很感激他這番能尊重作者底苦心。……」（三六頁）

胡兪顧三人同聲稱贊高鶚用心謹慎，不自出心裁，也都稱贊他敢寫下悲劇的下場。敢是敢而已，是膽識問題。問題是，這悲劇下場，以小說而論，是寫來成功不成功呢？還是僅有零斷可愛的小品文字？像鳳姐之死，襲人之嫁，是僅文字之美，或是有小說佳文應有親切入微的體會和刻骨的描寫？上已引適之所佩服幾段節目。平伯佩服是：——

　　　　第八十一回，四美釣魚一節

　　　　第八十七回，雙美聽琴一節

　　　　第八十九回，寶玉作詞祭晴雯及見黛玉一節

　　　　第九十、九十一回，寶蟾送酒一節

　　　　第一百九回，五兒承錯愛一節

　　　　第一百十三回，寶玉和紫鵑談話一節

這是平伯以爲「後四十回中較有精采，可以彷彿原作的。」「以外較沒有毛病的，如妙玉被刼（第一百十二回），襲人改嫁（第一百二十回）這幾節文字，但也草率得很。」這「彷彿原作」四字的考語，就不能隨便講，等於說他才思筆力等於曹雪芹，足以亂眞。平伯在同節說他是「從模倣來的」，因爲情節較似前八十回之某段，所以有法模倣。

這話是不可能的。譬如五兒承錯愛，我認爲是全書最妙文章之一段，其情節有似襲人不在家時，晴雯與麝月鬧夜一段（五十一回）。但晴雯自是晴雯，五兒自是五兒。寶玉對兒女之情意同，而二女行徑性格各自不同，事情又是不同。況且五兒是新起之秀，無從模倣。必有其才思（卽想像力）才寫得出，不是可以如法泡製得來。我以爲五兒承錯愛之小說技倆及情趣，還在晴雯鬧夜一段之上。其中不同，便是晴雯無邪，而五兒却說不定了；晴雯爽直調皮，五兒却另有婉約精謹之處。餘適之所引各段，亦是費一樣才思始寫得來。其實能「彷彿原作」，目送神飛，是極不容易的事。寫出閨媛

－371－

私情，尤其是<u>紅樓</u>特色。<u>中國</u>章回小說，未見有他本可以媲美的。

49. 以上(丙)(丁)兩段集中於攻<u>高</u>者證據之薄弱，因此我們專注意到一些小節，如<u>高</u>本與前部不符之幾處，或<u>脂</u>批中所謂已經散佚的幾段。這又非所以論<u>高</u>本之眞價值。我們須注意公平的檢察評論後四十回全面大事，及重重人物之發展，然後能明白<u>高</u>本作者之用心經營及文學造詣，然後可以對<u>高</u>本作文學上的眞評價。

現先談前後呼應的問題，卽草蛇灰線之復見。<u>高</u>本對故事之穿插，線索之安排，人物之發揮，能否處處合於前作？大家知道<u>高</u>本是細心之作，是有處處照應的，我們所將看到的，是這些線索之呼應如何的巧妙精細，出色，如何有出人意料之點綴。譬如說，<u>賈府</u>之敗的原因，大家知道<u>高</u>本是精細準合的，但進一步的問題，是其寫敗落失意中人的心理成功與否。

這些問題，可分爲關於故事之穿插(以下ＡＢ)及關於人物之進展(以下ＣＤ)兩層。由此二項，可以看出<u>高</u>本作者有驚人之成績。

50. Ａ、故事之穿插　第一──<u>賈府</u>之敗落。這是後部之第一件大事。這線索呼應先有八十回讀者所不注意之兩件事：

a．<u>賈璉</u>到<u>平安州</u>(第六十六回)

b．<u>賈赦</u>買<u>石獃子</u>扇(第四十八回)

這兩件事是<u>賈赦</u>交通外官倚勢凌弱得罪下獄之原。

c．<u>秦氏</u>冊文「漫言不肖皆榮出，造釁開端實自寧」的話(第五回)應了。其次是<u>鳳姐</u>所召來之禍：

d．放利──最清楚的是第三十九回<u>平兒</u>向<u>襲人</u>談話中所透露出來。她的刁鑽，見第三十六回爲補<u>金釧</u>事收銀不少。

e．<u>張華</u>事──見第六十四、六十八二回强迫<u>張華</u>退婚，後一百〇四及〇五兩回<u>張華</u>告狀報復，罪名爲强占良民妻女。

f．鞭僕招怨──此爲<u>高</u>本八十八回<u>賈璉</u>鞭<u>鮑二何三</u>事，爲後來何三引盜入室之新伏線。

g．<u>賈芸賈環</u>內應──應第二十四回<u>脂</u>批「此人(芸兒)後來榮府事敗必有番作爲」語。<u>賈芸</u>人格，甚似善做頌聖詩之<u>郭沫若</u>。

h. 賈雨村——第一○三囘雨村復出補京兆尹。第一○七囘末賈府被參時由雨村

負恩「狠狠的踢了一脚」。

八十囘中伏線都被高本作者搜羅無遺。尤出我們意料，但甚合理者爲——

i. 北靜王出力營護賈府，所以榮府不至全部爲衞兵所蹂躪。賈府之被抄又成

j. 鳳姐致死之伏線，從此自怨自艾，遂成不起之症。從此又引起了以前一條伏

線——

k. 尤二姐鬼及「邪魔悉至」（第一百十三囘）。這些邪魔中，應有鳳姐在鐵檻寺

弄權害死的張金哥及守備公子之寃魂。

51. 賈府經此一波浪，勢不復振，絕非平伯所謂長享「榮華富貴」，「後嗣昌盛」。

在本書開端，冷子興已說「古人有言，百足之蟲，死而不僵……如今外面的架子，雖

未甚倒，內囊却也盡上來了。」到了七十二囘家計已經日絀，窮相畢現，所以賈璉要

向鴛鴦求情偷出金銀器去押當，才能過賈母壽辰。到此經過抄家一打擊，以後連要當

金銀器，也沒有了。

尤重要者是，高本寫賈府中人在不如意事踵至叠來之時，寫出各人不良的情緒。

其中賈璉在倒霉時應接不來的情景，寫得最親切逼眞。最成功的是第一○八囘强歡笑的

寶釵生日情景。湘雲來府，同賈母商量，借做生日，熱鬧熱鬧一下，而越要熱鬧，越引

起傷感，終於大家無話可說。那時鳳姐「連模樣兒都改了，說話也不伶俐了」，大家無

精打采的過去。「賈母着急道，『你們到底是怎麼着？大家高興些才好。』湘雲道，『我

們又吃又喝，還要怎樣？』鳳姐道，『他們小的時候兒都高興。如今都碍着臉，不敢

混說，所以老太太瞧着冷淨了』。寶玉輕輕的告訴賈母道，『話是沒有什麼說的。再說

就說到不好的上頭來了』。」。這是極體會入微的文字，是小說中的佳文。這篇因各人

之强歡笑，更顯出各人之心事（如尤氏，惜春等），是最成功之寫作。

最後是樹倒猢猻散，應了第五囘飛鳥各投林曲文：

「爲官的家業凋零（榮寧二府，而寧尤甚）

富貴的金銀散盡（薛家在內，一○八囘，史湘雲所謂「六親同運」）

有恩的死裏逃生（巧姐）

無情的分明報應（鳳姐，趙姨娘，夏金桂）

　　　欠命的命已還(迎春，鴛鴦等)

　　　欠淚的淚已盡(黛玉)

　　　寃寃相報豈非輕(雨村，賈環，何三，鮑二之流)

　　　分離聚合皆前定(探春，湘雲，寶釵，襲人)

　　　欲知命短問前生(香菱，元春)

　　　老來富貴也眞僥倖(賈母)

　　　看破的遁入空門(寶玉，惜春，紫鵑)

　　　痴迷的枉送性命(秦氏，賈瑞)

　　好一似食盡鳥投林，

　　落了片白茫茫大地眞干淨(寶玉赤條條無牽掛雪中拜父而別)

「自殺自滅」本來是探春因王善的媳婦氣憤的話。不必自相殘殺，已寫到此種境地，這是中國文學史空前的大成功。這時賈府已成死而不僵之蟲了，說什麼長享富貴榮華？人已做和尙去了，還編派他什麼祿蠹。這是不公之論。

　　53. B. 故事之穿插第二——寶玉失玉與參悟。通靈寶玉之失而復得，乃是全書的主要線索，是前後呼應問題中之最重要問題。這問題就是此主人翁，如何以茜紗公子之身分，跳出情網，斬斷情緣(看破世情)之內心經過。上節所言賈府敗落，還不過是看破世情之一助而已。這無疑的是雪芹原意，亦高本四十囘最聚精會神最成功表出之線索。但這條線索是兩股夾在一起。一股是失玉得玉，一股是黛玉之死及寶玉之抱恨終天。如何將失玉與黛玉之死勾串起來，相當複雜。這種匠心經營，眞出了讀者意料之外，恐怕除雪芹本人以外，無此手眼。他人續作，決想不到。失玉之義，許多人不懂其何必先失後得，評者亦議論紛紜。說者以為寶玉未成婚，通靈寶玉必先逃去，使寶玉本人失了眞性，剩一軀殼。玉去而黛死矣。其復來，所以附寶玉復其本性，使其悟空，還他本色。這是後四十囘他人要續書最難下筆之處。高本做得光煥奪目，由花妖而失玉，由失玉而寶玉痴獃，由痴獃而成鳳姐騙局，金玉之緣遂成，而黛玉同日怨憤而死。然後由黛玉之死致使寶玉抱恨無窮，冷看寶釵和襲人，所以雖有寶釵之妻，麝月之婢而不爲所動。到了空空道人現身說法，一說卽合，重遊太虛，了悟仙緣，而寶玉不得不出家矣。其中又以看破紅塵最早之惜春，處處點綴，又以欲潔何曾潔之妙

玉思凡走魔，終於被呪爲反襯，事情遂熱鬧起來。現把此大段的線索消息排列出來，以見高本四十囘之苦心經營，及其吻合八十囘之原意。共有由 a 至 n，十四事：

a. 海棠花妖——應第七十七囘海棠之死，以爲大事將臨之兆。

b. 通靈走失——應初囘含玉而生。此玉代表寶玉本性，失玉爲一切變動之導線。

c. 寶玉瘋顚——應二十五囘寶玉中邪及五十七囘一次大病。

d. 傻大姐拾春囊——見七十三囘，引起下囘抄檢大觀園，由抄檢大觀園而引起七十八囘寶釵避嫌搬出園外。卽以傻大姐爲鹵莽直向黛玉透露消息之人。雪芹似原有此意，而高本得之，若信手拈來之易。寶玉旣瘋，寶釵又出園，遂成——

e. 鳳姐騙局——應前八十囘鳳姐之奸險。卽以鳳姐爲害黛玉之罪魁，安插最爲相宜。

f. 賈母贊寶釵——第八十四囘賈母贊釵貶黛，接應第三十五囘伏線。又應八十囘中寶釵大方得體處處得賈母之歡心。娶寶釵之意旣定，則於三角戀愛之中，釵黛二人中必犧牲一人，在所不免。賈母問病，黛玉道，「老太太，你白疼我了」（第九十七囘）卽此意。

g. 賈政除郎中赴任——此爲第八十五囘之新伏線，以催婚期。加以欲冲喜却病，故迫成急急完禮。

h. 黛玉癆病——此爲前八十囘早伏之線。
黛玉旣死，寶玉抱恨無窮，此爲看破紅塵之總根由，及至和尙送玉，一說卽合，引起——

i. 重遊太虛，證悟仙緣——第一百十六囘事應第五囘初遊太虛。從此至賈雨村甄寶玉之重出收場，爲此小說結構上必有之呼應。然後使讀者由太虛幻境下看塵凡中此重風流公案，更得超然境界。其中——

j. 和尙送玉——（見第一百十五囘）失玉之意，便是失了人之眞性慧根，得玉便是還眞。空空道人之出現，應第一囘空空道人所說「到那時，只要不要忘了我二人，便可跳出火坑」之語。

k. 寶玉悟禪——第九十一囘寶黛二人參禪，遙應前二十二囘寶玉談禪，而更深

入。按第二十二回，寶釵因點魯智深醉臥五台山一曲，引起寶玉作禪詩（「無我原非你，從他不解伊」云云）。寶釵道，「明兒認眞起來……豈不是從我這支曲子起？」

1. 寶玉改過，留意孔孟——第五回警幻仙姑敎以雲雨之事，將別時勸寶玉，「而今後萬萬解釋，改悟前情，留意于孔孟之間」。此條原不甚主要，因近人以爲曹作必須非孔謗儒，故表出之。

m. 情欲與淸淨之爭——此爲寶玉決定將來之一大關鍵，亦卽全書總題。第一百十八回表出。襲人妨五兒，怕寶玉旣（表面上）絕和尙，又與女兒打交，說「二爺自從信了和尙，才把這些姊妹冷淡了。如今不信和尙，眞怕又要犯了前頭的舊病呢？」

n. 斬斷情緣，雙美護玉——這是第一百十七回寶玉斬斷情緣推倒襲人最親切動人的文字。應第二十一回脂評「情極之毒」本意。

55. 我在此地引出雙美護玉一節，一以表此寶玉的重要轉變，一以見高本文字的本色。此中插入紫鵑于搶玉之間抱住寶玉，將平日私慕寶玉之情，畢露出來，文筆婉約而不太露。

　　「襲人聽說，卽忙拉住寶玉道，『這斷使不得的。那玉就是你的命。若是他拿去了，你又要病着了。』寶玉道：『如今我不病了。我已經有心了。要那玉何用？』摔脫襲人便要想走。襲人急得趕着說道：『你囘來！我告訴你一句話。』寶玉囘過頭來道，『沒有什麼話說的了。』襲人顧不得什麼，一面趕着跑，一面喊道，『上囘丟了玉，幾乎沒有把我的命要了。剛剛的有了，你拿了去，你也活不成了。你要還他，除非是叫我死了。』說着趕上一把拉住。寶玉急了道，『你死也要還。你不死也要還。』（按此語甚冷，甚毒。）很命的把襲人一推，抽身要走。無奈襲人兩隻手繞着寶玉的帶子，不放鬆，哭喊着坐在地下。裏面丫頭聽見，連忙趕來瞧，見他兩個人的神情不好，只聽見襲人哭道，『快告訴太太去！寶二爺要把那玉去還和尙呢！』那丫頭飛報王夫人。那寶玉更加生氣，用手來撕開了襲人的手。幸虧襲人忍痛不放鬆。紫鵑在屋裏，聽見寶玉要把玉給人，這一急，比別人更甚，把素日冷淡寶玉的主意，都忘在九霄雲外了。連忙跑出來，幫着抱住寶玉。那寶玉雖是個男人，用力撑住，怎奈兩個人

死命的抱住不放，也難脫身。嘆口氣道，『為一塊玉，這樣死命的不放。若是我一個人走了，又待怎麼樣呢？』」

這就是曹氏游龍莫測的文筆，亦卽是寶玉已經絕情的話。

56. 庚辰本第二十一回寶玉讀莊子，夾註說「情極之毒」，正指此事。

「此意却好，但襲卿不應如此棄也。寶玉之情，今古無人可比，固矣。然寶玉有情極之毒，亦世人莫忍為者。看至後半部，則洞明矣。此是寶玉三（當作「之」）大病也。寶玉（有）此世人莫忍之毒，故後文方能（有）『懸崖撒手』一回。若他人得寶釵之妻，麝月之婢，豈能棄而（為）僧哉？玉一生偏僻處。」

又庚辰本第二十一回前總評說：

『然今日之襲人之寶玉，亦他日之襲人，他日之寶玉也。今日之平兒之賈璉，亦他日之平兒，他日之賈璉也。何今日之玉猶可箴，他日之玉不可箴耶？……箴與諫無異也，而襲人安在哉？寧不悲乎？……」

我們細看以上兩段評語，見於二十一回，明指後雙美護玉的一段文字。又可看出，續書人雖有前八十回可作依據，寫來却不是那麼容易。「情極之毒」是極無精采的囫圇字樣，續書人須憑此寫出以上雙美護玉極生動的文字來。

57. 現成兩個待補題目——作偽續書，不是文字問題，是匠心才思問題，不是牽此補彼的補苴工作，是用想像力創造文學的工作。現成有兩個極好題目讓人來續。（1）獄神廟事，內有小紅，茜雪，襲人，並可加入小佳蕙。襲人慰寶玉，小紅伶俐口才，都有「依據」可以「模倣」。（2）衛若蘭射圃佩金麒麟事。若蘭是個才貌仙郎，又有馮紫英，醉金剛倪二，蔣玉函，柳湘蓮諸人可以隨意加入，而都有依據可考。大家可以設身處地，預備做高鶚「補」去，因為北京琉璃廠程偉元書局懸賞徵文，每題美金一千元，每篇字數約等紅樓夢一回，限五年交卷。惟一條件是文筆足以亂真。請大家努力做去。

高本之成功，不僅在前呼後應，血脈相通，而在寫來親切逼真。單寫賈府敗落是不夠的，是要寫到忽喇喇似大廈將傾，昏慘慘似燈將盡情狀。寶玉斬斷情緣，不但要寫其斬斷情緣，是要寫到「肆行無碍憑來去，茫茫著甚悲愁喜，紛紛說甚親疏密」的心景。雙美護玉一段確能表出此情此景，所以高本出而以前各本絕，良有以也。

58．C．人物性格之一貫——續經濟文章易，續創造文學難。故事之穿插，猶可按圖索驥，獨人物之描寫須口吻笑貌，居心行事，各人與前書所寫正合。訐高鶚者，說他疏漏則有之，但沒人說過高本所寫之鳳姐非前之鳳姐，高本之賈璉，非前本之賈璉，高本之襲人，寶釵，紫鵑，寶玉，非前本之襲人，寶釵，紫鵑，寶玉。有之，惟俞平伯一人。事異景異，而人同一人也。又因故事之演進，已由榮華富貴縱情作樂時代，轉入倒霉沒趣災病相連時代，又須另寫各人人格在臨難時見高下之一層。凡人居富貴易，處患難難。賈母評寶釵、黛玉、鳳姐在處患難時的話最確，又可見賈母之所以為賈母。第一百〇八囘，她對湘雲道，「我看這孩子(指寶釵)倒是個有福氣的。你林姐姐，那是個最小性兒又多心的，所以到底不長命。鳳丫頭也見過些事，很不該略見些風波，就改了樣子。他若這樣沒見識，也就是小器了。」所以衡燕慶生辰的那一席，賈母叫衆姊妹在抄家之後「喒們今兒索性灑脫些」，要大家如前放心「熱閙熱閙」一下子。這又可使我們對賈母之認識，又加深一層了。不然他豈不僅是一位賢明能幹專能享福的老太婆嗎？

59．現將十二釵姊妹之應冊文曲文讖語，和他們在高本中性格行事要點，點出排列出來。其餘人物甚多，若賈政之板而廉，仍然是板而廉（第九十九囘因做清官被參）；賈赦怯而傲，仍然是怯而傲（看他第一百〇二囘驅邪一段）；雨村狡而達，仍是狡而達（見第一百〇七囘）；以至於焦大之強硬罵人，老氣橫秋（見第一百〇五囘）；賈環之幸災樂禍，勾結匪類（見第一百十七囘）等，俱與以前各人的性格密合。恐文長，不備舉。

60．十二釵正冊十二人，加副冊香菱一人，又副冊襲人晴雯二人，共十五人。除晴雯、秦氏已死外，實得十三人。

（1）　寶釵　應曲文——「縱然舉案齊眉，到底意難平。」

性格——仍是淡泊明志，舉止大方。第九十八囘「心裏只怨母親辦得糊塗，事已至此，不肯多言。」又逆賈母王夫人意，直告寶玉黛玉之死耗，「使其一痛決絕，神魂歸一」。後來長輩始折服其膽識。第一百十八囘她說「論起榮華富貴，原不過是過眼烟雲」，還是她原來本色。

（2）　黛玉　應曲文——「想眼中能有多少淚珠兒，怎經得秋流到冬，春流到夏？」

性格——仍是多心（第八十三回，聽園中婆子罵孫事）。但已是長大模樣兒，不肯
　　　隨便見寶玉（第九十五回「如今見了他（寶玉），反覺不好意思」）。這
　　　是黛玉最可愛時期，不像以前摔性，是第八十七回中思鄉想吃南方菜找
　　　舊手帕的黛玉。

（３）　元春　應冊文——「虎兔相逢大夢歸」。元春之死在甲寅與乙卯之交，大觀園第
　　　　　　　　　　三年末。

　　　性格——第八十三回賈母到宮裏問病，元妃眼眶兒一紅，止不住流下淚來……含
　　　　　　淚道，「父女弟兄，反不如小家子，得以常常親近。」又問寶玉近來如
　　　　　　何，合省親時關心寶玉弟。

（４）　探春　應冊圖——一片大海，一隻大船……
　　　　　　應冊文——「告爹娘，休把兒掛念……各自保平安，奴去也，莫牽
　　　　　　　　　　連。」

　　　性格——才自清明志自高。最早看出賈家必敗。故第一百○二回遠嫁時，毫無弱
　　　　　　女態。「探春放心，辭別家人，竟上轎登程，水舟陸車而去。」

（５）　湘雲　應冊文曲文——「展眼弔斜暉，湘江水逝楚雲飛」；「斯得個才貌仙郎……
　　　　　　　　　　　　終久是雲散高唐，水涸湘江」。（按冊文曲子全無湘雲做乞
　　　　　　　　　　　　丐字樣，平伯引湘雲做乞丐舊本，何必認定是舊時「眞
　　　　　　　　　　　　本」？眞得太容易，僞也僞得太容易。）

　　　性格——英豪闊大。本是賈母至親，在第一百○八回與賈母夜談，仍是較他人親
　　　　　　近。夫婿只稱新姑爺，是南方人，但未舉出名字（第一百○六回）。後成
　　　　　　癆病死。湘雲之寡，應冊文曲文，但前八十回中第三十回回目有「白首
　　　　　　雙星」字樣，與冊文自相矛盾，不關高本。或者雪芹易稿時刪去，未及
　　　　　　刪改回目。

（６）　妙玉　應曲文——「可歎這青燈古殿人將老，孤負了紅粉朱樓春色闌，到頭來，
　　　　　　　　　　依舊是風塵骯髒違心願。」

　　　性格——第一百○九回，來看賈母病時，仍是打扮的妖嬌，不像姑子一派「……
　　　　　　淡墨畫的白綾裙，手執塵尾念珠，跟着一個侍兒飄飄拽拽的走來」。思

凡走魔(第八十七回)是雪芹史筆，最合心理變態的研究。後來被刼，水
月庵的姑子說，聽說「妙師父跟了人去了」；又說，「妙師父的爲人怪
癖，只怕是假惺惺罷。」還是應前四十一回所寫怪癖。賈母遊園，諸人
去後，寶玉挖苦他，要叫幾個小么兒河裏打幾桶水洗地。妙玉答道，
「這更好了。只是你囑咐他們抬了水，只擱在山門外牆頭根下，別進門
來。」

（7）迎春　應冊文曲文——「作踐了公府千金似下流，嘆芳魂艷魄，一載蕩悠悠。」

　　　性格——此位專看太上感應篇之蒲柳弱質姑娘，實係無甚話可說。高本更寫出孫
家可惡，在賈府被抄後，卽趕來討賬。這也是極好點綴。

（8）惜春　應冊文曲文——「可憐綉戶侯門女，獨臥青燈古佛旁」。

　　　性格——惜春在八十回中，年紀尙小，八十回後，性格才完全描寫出來。其看破
凡塵最早，而出家念頭最堅，後欲爲尼，至以死爭。但其斬釘截鐵性
格，第七十四回已寫出來。後四十回中惜春倒比較重要，因「三春」已
盡也。

（9）鳳姐　應曲文——「機關算盡太聰明，反算了卿卿性命。」

　　　性格——鳳姐事敗，自有應得，但到了後來氣餒，亦是可憐。辦賈母喪事一節，
傭人調動不來，正好與鐵檻寺弄權秦氏出殯一段，遙遙相對。這是極好
文字，令人有今昔之感。又後來病，賈璉進來，倒不甚睬。第一百十三
回，賈璉「近日並不似先前的恩愛。本來事多，竟像不與他相干的。」
「鳳姐心裏更加悲苦。賈璉回來，也沒有一句貼心的話。鳳姐此時，只
求速死」。這種體會眞切，却是高本作者想出來的一副夫妻反目圖畫也。
這是第二十一回脂批所謂强不起來之時。「此日阿鳳英氣何如是也？他
日之强，何身微運蹇，展眼何如彼耶？」

（10）巧姐　應圖讖——「一座荒村野店，有一美人在那裏紡績」。

　　　應冊文——「偶因濟劉氏，巧得遇恩人」。

　　　應曲文——「幸娘親，幸娘親，積德陰功……休似俺那愛銀錢忘骨肉的奸舅兄」。

　　　按王仁圖謀拐賣巧姐，爲高本事。

性格——第九十二回寫她慕賢良，但年紀尚小，約十二三左右。只是聰明嬌養而膽怯。

(10A)(附平兒)　平兒才德在大觀中爲第一等人，惜無副冊文。在王仁母舅圖謀拐賣巧姐時，幸虧平兒有主張，偕逃到劉姥姥家。這倒是平兒大出色一幕，與以前平兒做人行事相合。又第一百十四囘，賈璉連家費沒有，還是平兒拿出自己珠寶去當賣。其處處週到，溫柔忠厚，實在可人，高本寫得出。

(11)　李紈　應冊文——「桃李春風結子完，到後誰似一盆蘭？」又曲文「氣昂昂，頭戴簪纓」等語，是因子蘭中舉而貴。曲文言其短命，「黃泉路近……只是虛名兒，與後人欽敬。」冊文亦言，「枉與他人作笑談」。此是作者原意無疑。但作者說故事至寶玉拜別乃父，遁入空門，戛然而止。看來不應再寫下去把故事拖長，故無法寫入以後做夫人榮貴而逝一段；並非漏筆。

性格——單舉一事最妙。即將爲賈母做出殯時（第一百十囘），李紈說，「車也是借得的麼？」又「底下人的只得雇，上頭的車也有雇的麼？」又「嘆息道『先前見有咱們家兒的太太奶奶，坐了雇的車來，咱們都笑話。如今輪到自己頭上了……』」這種逼眞的點綴，眞虧高本作者想得出來。高本之所以成功在此。又黛玉臨死時，全園家人忙於寶玉完禮事，獨李紈以寡婦稍避，而成爲來看黛玉之唯一親人，千合萬合。也是虧作者想得到。此等處使我懷疑高鶚不會於一年半載之間續完紅樓夢。

(12)　香菱　應副冊冊文——「自從兩地生孤木，致使香魂返故鄉」。上文第三十八節已經指出，香菱因受氣遭打，致成乾血不治之症。後雖歸寶釵以避金桂，而於金桂死後扶正，但拖延二年，死於難產，仍是體魄羸虛所致。與冊文對照，並無大謬。鳳姐血漏之症，亦拖三四年。

性格——香菱本甄家之女英蓮。因一生遭遇，未能見出其才，但總是能忍和順，爲寶釵黛玉及薛夫人所賞識，前後並無不同。

(13)　襲人　應冊文——「枉自溫柔和順」，又「堪羨優伶有福」。後嫁蔣玉函，才看見

自己手製寶玉所贈之松花綠汗巾，遙應千里外之伏線（第二十八囘）。

性格——襲人出嫁一段，完全爲雪芹手筆，入情入理，體會入微。胡兪皆承認爲滿
　　意。第一百二十囘說，「襲人本來老實，不是伶俐牙齒的人。薛姨媽說
　　一句，他應一句。囘來說道，『我是做下的人，姨太太瞧得起我，才和
　　我說這些話。我是從不敢違拗太太的』。薛姨媽聽他的話，好一個柔順
　　孩子，心裏更加喜歡」。正是原來襲人本色。行文至此，讓我指出襲人
　　是雪芹描寫最成功的一個人物。此與道學惡他「不死」無關係，是說雪
　　芹寫得非常的眞。因爲他有好處，也有壞處，因爲他實害晴雯，且也不
　　利於黛玉，但其所以眞在此。我們所求於小說家者，在此眞個性。不是
　　要找一十全十德的美人。同時我們雖知他有弱點，自己問心，自己性格
　　行事，能比得上襲人，已是不錯。

　　61. 以上列表點出數語，見出高本作者不但能將各人下場與前八十囘互相照應，
並且能體會入微，寫出各人之性情品格居心行事，與前若合符契，眞是難能可貴。因
有高本四十囘，今日讀者始有明瞭的印象。不然黛玉如何憤死，賈府如何敗落，等等
千頭萬緒，只有些模糊的暗示而已，絕難想像出來。若謂高本作者是高鶚，便是他能
以八十囘之一半文字，只用原作者十年辛苦十分之一的時間，目顧神飛，撮合編纂
起來，神乎其技，天衣無縫，成了中國五千年來的第一部小說，又打破了古今中外未
有續長篇創作小說之例。我們崇拜曹雪芹，更應當崇拜高蘭墅了。

　　62. 人物之新發展——八十囘中本有人物，處賈府衰敗之時，應看出各人之另
一方面，上文第五十八節已經說到。茲再舉數例，以明高本作者，不但一味摹倣前
作，且能使我們對一些人物有新認識，使這些人的人格更深入化。這節可以指出高本
對於紅樓夢全書，有重要的貢獻，不僅是收拾未了事而已。

（1）賈母，鳳姐，鴛鴦——賈母不但能散財明大義，並且在最後對全家人說話時，
　　有一段重要的自白：「你們打諒我是享得富貴，受不得貧窮的人哪。不過這幾
　　年看你們轟轟烈烈，我落得不管，說說笑笑養身子罷了」云云。同囘鳳姐也有悔
　　禍知過之心，向賈母謝罪，要改頭換面，願當賈母的「粗了頭」。這雖未必是眞話，
　　且足以言知過。至於辦理喪事，帶病盡力，至昏倒吐血，至爲鴛鴦所誤會，此時之

鳳，反覺可憐。這是最好小說應有之一筆。就是寫到書中的好人，有時也失檢，有時也頑固，也自私。而壞人也有良心發現之時，也有醒悟自己的痴妄，叫人可以理會，可以同情，你我大家一樣。以前的人做史論，常犯責人太嚴的毛病。鴛鴦之死，早在第四十六回指天畫地當衆宣誓，可以對照。話雖如此，至此果然也不嫁人，也不爲尼，轟轟烈烈殉賈母而死，也給人極深的印象。

（２）　岫煙薛蝌——這兩位是在前部不甚足注意之人，在後部才特寫出來。第九十回寫岫烟因家窮在園中受侮辱，及薛蝌避金桂寶蟾，都引起人的同情。後來，這一對倒成了紅樓全部最理想的一對夫妻。這是前八十回所未啓示的。

（３）　紫鵑——後四十回最出奇之人物進展，一爲紫鵑，二爲五兒。紫鵑雖愛寶玉，，却因黛玉之死，永不原諒他。這一轉太好了，使我們看見紫鵑是何一等人，所謂家敗出孝子，國亂出忠臣也。須有這一遭，忠臣孝才見得出來。在第一百十三回寶玉找紫鵑，紫鵑不許入房，兩人隔窗夜話，遂成爲紅樓全書最佳文字之一段。

（４）　五兒——柳五兒在後四十回，是突起之秀，且其描寫生動，略可媲美晴雯。這是脂批中所常講「無意得來」之筆，是出人意表的發展。做小說的人常有經驗，到某一段，書中人物活現出來，作者反心不由主，憑其書中人物爲其所不得不爲之事，說其所不得不說之言，所謂水到渠成也。第一百〇九回候芳魂五兒承錯愛，是一篇絕妙文章，甚至勝於第五十一回晴雯鬧夜一段。晴雯摔性瞎鬧，而五兒溫柔處又晴雯所不及也。其攀高之心，同於小紅，而才反足取小紅而代之。當是作者行文時，神機一動，遂聽五兒自由發展罷了。讀者試讀那一段文字，才看得出高本作者寫情寫景文學工夫之頂點，尤其應注意次晨五兒之掩飾及寶釵之致疑。

63. E. 高本作者之才識經驗文章——稱曹雪芹者，常謂紅樓一書包羅萬象。醫卜星算，琴棋書畫，以至酒令雅謎，奇花異卉，珍饈美味，無一不通，無一不曉。這因雪芹爲曹寅之孫，淵源有自，不足爲怪。續紅樓者，必也有一樣的才學與經驗，同見過世面，如省親大典，始能寫得秩序井然，絲毫不亂。這又是評後四十回眞僞者所應當注意之一件。高本作者在這些上頭，又與雪芹相同，略無愧色。

（一）　朝廷儀注，官場內幕——高本所敍有（ａ）賈母等人到宮中問病，及元妃薨後，宮中守靈諸禮（第九十四，九十五回）（ｂ）賈府被參，長史傳旨等等（第一

百〇五、六、七回)。（c）賈政回家見皇上及內閣大人(第一百〇四回)；（d）賈政在外，淸官做不得的實情(第九十九回)。

(二)醫卜星相，扶乩道術——紅樓夢三十八至四十二回五回相繼，似作者有意作見才學的文字。三十八至四十回寫詩，酒，行令；四十回寫妙玉品茗；四十一回寫寶釵論畫一篇，文長二千餘字。也常在各處講醫理。可謂作者無一不通。高本四十回中談醫理者，見第八十三回醫生診脈，說得頭頭是道；談八字的，見八十六回，什麼「申字內有正官祿馬」，什麼「辛金爲貴」「飛天祿馬」，說得天花亂墜；第一百〇二回，毛半仙起掛，更是洋洋大文，鬼話連篇；同回道士作術驅邪，十分輝煌，眞是聞所未聞，見所未見；第九十五回，說岫煙與妙玉扶乩占失玉之吉凶。可見高本作者也是無所不通的。

(三)琴理、禪理——第八十六回黛玉爲寶玉說琴理琴法，評者以爲「論得琴理透澈，一望而知其爲能手」。(高蘭墅，能琴不能，頗有疑問，普通舉人，不大會的)。第九十一回寶黛二人又談禪，更見深懂禪理。其時寶玉盤腿閉眼合手而坐，黛玉考他禪理。先有一段妙文如下：

> 黛玉道：「寶姐姐和你好，你怎麼樣？寶姐姐不和你好，你怎麼樣？寶姐姐前兒和你好，如今不和你好，你怎麼樣？今兒和你好，後來不和你好，你怎麼樣？你和他好，他偏不和你好，你怎麼樣？你不和他好，他偏和你好，你怎麼樣？」

> 寶玉呆了半響，忽然大笑道：「任憑弱水三千，我只取一瓢飮。」
> 黛玉道，「瓢之漂水奈何？」
> 寶玉道，「非瓢漂水，水自流，瓢自漂耳。」
> 黛玉道，「水止珠沉，奈何？」
> 寶玉道，「禪心已作沾泥絮，莫向東風舞鷓鴣。」
> 黛玉道，「禪門第一戒，不許說誑話。」
> 寶玉道，「有如三寶。」

這眞是像讀禪宗語錄了。

(四)八股詩文——後四十回寶黛談八股時文，最爲中肯，上文第二十八節已經引

過。八十二回寫代儒叫寶玉講書，出了「後生可畏」及「吾未見好德如好色」二
題，自是有趣。詩文之見于後四十回者，有八十九回祭晴雯事，寫得縹縹閃閃，
極有閒情逸致。又其祭詞，有「東逝水，無復向西流。想像更無懷夢草，添衣還
見翠雲裘」之句，緊應補裘之事。做詩最怕敷衍字面，這樣高本作者的詩才也不
壞了。又第八十七回有寶釵所作琴操四解，及妙玉和寶玉竊聽黛玉低吟四首，當
係黛玉所作。內多寄懷感慨之語。

　　由此可看高本作者之才學經驗見識，也足與前八十回作者相稱。其談琴理禪理，
尤似雪芹之作，並非任何人可以率爾操觚的。

（己）　結　　論

　　64.　由上述各項研究，我相信高本四十回係據雪芹原作的遺稿而補訂的，而非高
鶚所能作。　綜括一句話，　雪芹既有十年時間可以補完此本小說之重要下部，使成完
璧，豈有不補完之理？黛玉一生何事，乃絳珠仙草為還淚而來也。淚未還，小說尙未入
主題，豈容停筆？十二釵各人下場，早已在曲文冊文安排好了。雪芹既然胸有成竹，
首末備具，必發為文章，淋漓盡致吐之而後快，又豈有十年停筆之理？況且一七五六
年五月初七日明明已經「對清」到七十五回，這一七五六至一七六三除夕，八年中他眞
寫不出剩下的四十五回嗎？況且去世前一年，一七六二年三月，有人看見他的末回情
榜。若據初回自白的話，十年披閱，增刪五次，而結果十年中只成八十回稿，平均一
年只寫八回，而高鶚反而會於一年間成書四十回，下筆之快竟勝於雪芹五倍，寫來又
是那樣精心結撰之作。故折衷公評，當以高鶚所補係雪芹舊稿，較近情理。

　　近常披閱第五回曲文，念得爛熟，逐戲擬一闋如下，以表此意。

〔枉凝眉〕　嘆一枝仙筆生花，偏生得美玉有瑕。若說沒續完，萬千讀者迷着他。若說
有續完，如何學者說虛話？這猜謎兒啊，敎人枉自嗟呀，令人空勞牽掛。一個是泮宮
客，一個是傲霜花。想此人能有幾枝筆桿兒，怎經得秋揮到冬，春揮到夏？

　　又一闋：

〔終身誤〕　都道文字因緣，俺只念十載辛勤。空對着奇冤久懸難昭雪，終惹得曲解歪
纏亂士林。嘆人間是非難辨今方信。縱然糊塗了案，到底意難平。

　　　　　　　　　　　　　　　　　　　　　　　　　　一九五七、七月九日

細　　目

出自第二十九本下（一九五八年十一月）

讀　皇　明　典　禮

黃　彰　健

　　皇明典禮二冊，半頁十行，行二十字，史語所所藏係影鈔本，其刊本則抗戰勝利之年藏於華北交通公司。是書首有建文二年春正月初吉御製序，當卽是年頒行。余考成祖實錄卷一至卷九，記靖難事迹，未記建文此書之頒，而余所見明人野史，記建文朝事，亦未有言及是書者。明成祖卽位，革建文君所定制度，故明會典於建文所定，皆略而不書。及易代修史，自不能闕而不述，今以此書與明史職官禮與服儀衞藝文諸志相校，卽有可補正史志者，而野史之誤，亦賴是書匡正，是此書亦罕見可珍矣。

　　明史職官志記東宮官制云：

　　　詹事府詹事一人。……詹事掌統府坊局之政事，以輔導太子。……(洪武)二十
　　　五年，定詹事秩正三品，春坊大學士正五品，司經局洗馬從五品，雖各有印，
　　　而事總於詹事府。二十九年增設左右春坊清紀郎、司諫、通事舍人。建文中，
　　　增少卿寺丞各一人，賓客二人。又置資德院：資德一人；資善二人；其屬贊讀
　　　贊書著作郎各二人；掌典籍各一人。成祖復舊制。

　　按詹事掌統詹事府左右春坊司經局之政事，其官署不名爲寺，建文中何得增置寺丞？
今檢皇明典禮官制門記東宮官制云：

　　　東宮文職：

　　　　少師一員，少傅一員，少保一員，皆正一品。

　　　　賓客二員，正二品。以上皆用朝廷大臣兼其職，非碩德望重者不預。

　　　　資德院：資德一員，正五品；資善二員，正六品。職比翰林學士任。

　　　　屬官：贊讀二員，正七品，職比侍讀；贊講二員，正七品，職比侍講。

　　　　　　　贊書二員，正七品，職比侍書；著作郎二員，正八品，職比史官，
　　　　　　　專紀太子之政令，兼掌璽。掌籍一員，正九品，職比典籍。

　　首領官：典簿一員，從九品，專掌案牘。

是東宮官無所謂少卿寺丞也。東宮官品級較賓客高者，爲少師少傅少保，史志所謂增置少卿寺丞各一員，當爲增置少師少傅少保各一員之誤。明黃光昇昭代典則建文元年春正月更定官制條：「改太僕寺卿爲太僕卿，……增少卿寺丞各一人。詹事府增少卿寺一丞各一人，賓客二人」，此「詹事府增少卿寺丞各一人」，疑原本作增少師傅保各一人，以涉上文少卿寺丞而誤，而明史則沿襲野史刊本之誤也。賓客爲二品，少師少傅少保爲正一品，以文理言，亦當先敍增置少師少傅少保，少卿寺丞乃小官，不得先敍也。

　　少師少傅少保爲東宮官，此與洪武及永樂以後制皆異。明史職官志云：

太師太傅太保爲三公，正一品；少師少傅少保爲三孤，從一品，掌佐天子理陰陽，經邦弘化。……太子太師、太子太傅、太子太保，並從一品，掌以道德輔導太子，而謹護翼之。太子少師太子少傅太子少保，並從二品，掌奉太子以觀三公之道德而教諭焉。……洪武元年，太祖……慮太子監國，別設宮僚，或生嫌隙，乃以朝臣兼宮職，李善長兼太子少師，徐達兼太子少傅，常遇春兼太子少保。

據典禮，少師少傅少保爲東宮官，則建文時官制，仍有太師太傅太保三公官以佐天子，惟三公官須碩德望重者始授，是時恐無人任此職耳。少師少傅少保既係東宮官，則太子太師太子太傅以至太子少保，當已廢棄不設，此史志所未言，可補史志之闕者也。明史徐達傳：子輝祖，「建文初，加太子太傅」，其事或在典禮頒佈之前，其根據亦待考。典禮乃可信之原料，不得據輝祖傳而疑之也。

　　典禮所載東宮官署有資德院，顧無詹事府、左右春坊、司經局，則府坊局已合併改組爲資德院，此又史志所未言者也。

　　資德院屬官有贊讀贊講贊書各二人，史未言設贊講，當據典禮增補。

　　典禮言，資德院設掌籍典簿各一員，史志作「掌典籍各一人」，亦當據典禮改正。

　　明史職官志記王府官制云：

王府長史司左右長史各一人，正五品。其屬典簿一人，正九品。所轄審理所審理正一人，正六品；副一人，正七品。典膳所典膳正一人，正八品；副一人，

從八品。奉祠所奉祠正一人，正八品；副一人，從八品。典樂一員，正九品。
典寶所典寶正一人，正八品；副一人，從八品。紀善所紀善二人，正八品；良
醫所良醫正一人，正八品；副一人，從八品。典儀所典儀正一人，正九品；副
一人，從九品。工正所工正一人，正八品；副一人，從八品。伴讀四人，從九
品。教授無定員，從九品。引禮舍人三人。倉大使副使各一人。庫大使副使各
一人。……<u>建文</u>中增置，親王：賓輔二人，伴讀伴講伴書各一人，長史三人。
郡王：賓友二人，教授一人，記室二人，直史一人，左右直史各一人，吏目一
人，典印典祠典禮典饌典藥五署官各一人，典儀二人，引禮舍人二人，儀仗司
吏目一人。其賓輔三伴賓友教授，進見時侍坐，稱名而不稱臣，禮如賓師。<u>成
祖</u>初，復舊制。

按<u>典禮</u>記親王府官制云：

文職：

　賓輔二員，<small>正三品，職比東宮賓客。</small>伴讀一員，<small>從七品，職比侍讀。</small>

　伴講一員，<small>從七品，職比侍講。</small>　　伴書一員，<small>從七品，職比侍書。</small>

　紀善二員，<small>正八品，職比史官，專紀王之政令。已上皆輔導之職。</small>

　長史司，<small>專掌王府庶事。職比朝廷六曹之任。</small>

　　長史一員，<small>正五品。</small>左右長史各一員，<small>從五品。</small>

　　首領官：典簿一員，<small>正九品。</small>

　　審理所，<small>專理王府刑訟。</small>審理一員，<small>正六品；</small>副審理一員，<small>從七品。</small>

　　典寶所，<small>專掌王寶。</small>典寶一員，<small>正八品；</small>副典寶一員，<small>從八品。</small>

　　奉祠所，<small>專掌王府祭祀。</small>奉祠一員，<small>正八品；</small>奉祠副一員，<small>從八品。</small>

　　典儀所，<small>專掌王府禮儀。</small>典儀一員，<small>正八品；</small>副典儀一員，<small>從八品；</small>引禮舍人三
　　　員，<small>未入流。</small>

　　典膳所，<small>專掌王府飲膳。</small>典膳一員，<small>正八品。</small>副典膳一員，<small>從八品。</small>

　　良醫所，<small>專掌王府醫藥。</small>良醫一員，<small>正八品。</small>副良醫一員，<small>從八品。</small>

　　工正所，<small>專掌王府造作。</small>工正一員，<small>正八品。</small>工副一員，<small>從八品。</small>

　　倉庫，<small>專掌王府出納。</small>大使各一員，<small>未入流；</small>副大使各一員，<small>未入流。</small>

武職：

　　護衛指揮使司：指揮使一員，正三品。同知二員，從三品。僉事二員，正四品。衛

　　　　鎮撫一員，從五品。

　　經歷司：經歷一員，正七品，係文職。

　　千戶所：正千戶一員，正五品。副千戶一員，從五品。所鎮撫一員，從六品。百戶

　　　　十員，正六品。

　　儀衛司：儀衛正一員，正六品。儀衛副一員，從五品。典仗六員，正六品。

內官：

　　承奉司：專掌王府營辦出納之事。承奉一員，正六品。副承奉一員，正七品。

　　司寶一員，正八品。司膳一員，正八品。司服一員，正八品。

　　司乘一員，正八品。司門一員，正八品。

典禮記郡王府官制云：

　　文職：凡有封土者設此員數，無封土者，止設教授一員。

　　賓友二員，職比王府賓輔。

　　教授一員，正八品。記室二員，正九品，專紀王之言行，職比紀善。以上皆輔導之職。

　　直史司：職比王府長史司。

　　　　直史一員，正六品。左右直史各一員，從六品。

　　　　首領官：吏目一員，未入流。

　　典印署：典印一員，正九品。職比典寶。

　　典祠署：典祠一員，正九品。職比奉祠。

　　典禮署：典禮一員，正九品。職比典儀；引禮二員，未入流。

　　典饌署：典饌一員，正九品。職比典膳。

　　典藥署：典藥一員，正九品。職比良醫。

　　武職：凡有封土者設此；無封土者，止於本王府撥人侍從。

　　儀仗司：儀仗正一員，正五品。儀仗副一員，從五品。司仗十員，正六品。吏目一

　　　　員，未入流，係文職。

　　內官：凡有封土者設此。無封土者，止於本王府撥人侍從。

應奉司，職比承奉司。應奉一員，正七品。副應奉一員，正八品。

以典禮校史志，親王府伴讀四名，建文中減爲一員。史志言建文中增置伴讀一員，誤也。惟洪武時伴讀係從九品，而建文所定者係從七品，此其異耳。

史志言建文中增置長史三人，以典禮校之，僅增置長史一人。

史志言，郡王府官，建文中增置典儀二人。以典禮一書校之，典儀乃親王府官，非郡王府官。郡王府官署名皆異於親王府者，此所以辨等威，明貴賤。親王府旣設有典儀，郡王府何得有之。史志所言，當據典禮刊正也。余檢明王圻續文獻通考，其書記建文時改易王府官制，文與史志同，史志卽沿其誤也。

典禮記建文時東宮親郡王府內官官制，此史志所未載。親王府長史司所轄審理正典膳正奉祠正典寶正良醫正典儀正，建文時官銜無正字，此亦史志所未言者也。郡王府官制，洪武時無定制(註一)，志所言增置數，亦不盡正確也。

明史職官志云：

王府護衞指揮使司，設官如京衞。王府儀衞司：儀衞正一人，正五品；儀衞副二人，從五品；典仗六人，正六品。……建文中改儀衞司爲儀仗司，增置吏目一人。成祖初，復舊制。

據典禮，親王府所設者乃儀衞司，非儀仗司。儀仗司乃郡王府所設。親王府官名與郡王府所設者異，郡王府旣曰儀仗司，則親王府官其後焉得改而同之，史志所言又誤也。

親郡王府所設賓輔賓友，坐而論道，陳對稱名而不稱臣，其諸輔導之臣，亦加禮貌，此見於典禮所載典禮通例，而明方孝孺遜志齋集卷十四送伴讀朱君之慶府序亦言之。其文曰：

聖天子稽古圖治，嘉惠九族，念親王勸講輔德之官未備，無以成藩屏之材也，乃二年春三月，詔增立賓輔一人，佐講讀及書各一人，進對皆稱名而不稱臣，坐論道德，用賓師之儀。甫定，適慶王奏薦名士三人，請補府僚之缺，於是天子以王所舉爲必可任也，俱授以官，而檇李朱君仲湯爲伴讀。……惟昔太祖高皇帝，以雄才神略，戡定萬方，懲前代宗室寡弱之弊，衆建支庶，羅列海內，

(註一)　參看皇明祖訓及永樂實錄洪武三十五年八月丙子條。

宮室服用，下天子一等，朝之大臣，雖三公大將軍皆趨拜殿庭，以至親處權寵之隆，古莫與論，何其盛哉！然而諸藩德業可擬古之賢王者，雖間有之，而未之屢見，豈非處尊崇之極，而驕泰易滋，左右之臣，位下勢卑，不能矯其失故耶？天子慨然爲深長之思，增立輔臣，重其職位，俾咸知尊賢取友，以成令德，其爲宗室謀，可謂遠矣。

方文言設官之意甚悉。方文謂增立賓輔一人，據典禮，當作賓輔二人；其言賓輔係建文二年三月詔增，「三月」二字亦當據典禮御製序改爲正月。方文，靖難後藏之者，罪至死。其集由後人輯刻。其有誤字，不足異也。

由方文及典禮二者證之，王府賓輔伴講等官，乃建文二年春正月始置。然則明黃光昇昭代典則繫此事於建文元年春正月，明姜清姜氏秘史繫此事於建文二年六月丙午，其所繫年月，均不可信也。

明成祖卽位，詔復洪武舊制。於時吏部卽有二疏，舉建文所改易者，謂宜遵詔復舊。建文所改易者甚多，豈二疏所能詳，卽詳言，而實錄亦不能盡載。凡實錄所已載者，明史卽據以入職官志；其實錄所未言，或言之不詳者，明史轉據他書，故不免訛誤也。

皇明典禮一書，分目十有六，曰封爵，品級，冠服制度，冊寶，儀仗，粧奩，食祿，官制，賞事，儀注，冠禮，婚禮，喪禮，祭禮，樂章，及典禮通例。取與會典校，則建文所定，已多與太祖所定者異，而成祖新定，亦有部份參酌建文所定者。禮文繁瑣，今不能詳論也。此書典禮通例云：

> 凡親王支子封郡王者，止食其祿，而不實居其土，所以富貴其身，而不勞之以事也。其親王雖有封土，而於軍民政事，亦未嘗干預，蓋此意也。居宅則臨時從便區處，如特命往居其土者，不拘此例。

此所謂親郡王「富貴其身，不勞以事」，實與太祖洪武二十八年所定之皇明祖訓不同。太祖所定祖訓，如「鎭守兵旣得御寶文書，又得王令旨，始得發兵」，「有警急，其鎭守兵，護衞兵，俱從王調遣」，「新天子卽位，……如朝廷循守祖宗成規，委任正臣，內無姦惡，三年之後，親王仍依次來朝。如朝無正臣，內有姦惡，則親王訓兵待命」，典禮卽無此條欵。成祖之起兵誅齊黃，卽藉口祖訓。然其卽位後，其於宗藩，事實上

仍採行典禮「富貴其身，不勞以事」之政策也。

　　明成祖卽位，詔革建文所定，故典禮所記，會典皆不錄。明史禮與服儀衞志之作，自據實錄會典。此書爲實錄會典所不載，故此書所記可補史志之未備。明史職官志既據實錄諸書書建文時官制，則典禮所記，明史禮與服儀衞志亦自應酌書。禮文繁瑣，如何補書，此將來修新明史者當考慮及之，今不必詳論也。

　　明史儀衞志云：

　　親王儀仗：洪武六年定，宮門外、設方色旗二，青色白澤旗二，執人服隨旗色，並戎服；殿下、絳引旛二，戟氅二，戈氅二，鎗氅二，皆校尉執；殿前、班劍二，吾杖二，立瓜二，臥瓜二，儀刀二，鐙仗二，骨朵二，斧二，響節八，皆校尉執；殿門、交椅一，脚踏一，水罐一，水盆一，團扇四，蓋二，皆校尉執；殿上、拂子二，香爐一，香合一，唾壺一，唾盂一。十六年詔，親王儀仗內，交椅盆罐用銀者，悉改用金。建文四年，禮部言，親王儀仗，合增紅油絹銷金雨繖一，紅紗燈籠紅油紙燈籠各四，魠燈二，大小銅角四，從之。永樂三年命工部，親王儀仗內紅銷金繖仍用寶珠龍文。凡世子儀仗同。

此又記有建文定制。此係建文四年定，事在建文二年頒皇明典禮之後。史志所記建文時親王儀仗，與典禮不合，此雖可疑，然其事在後，不能據典禮駮正。今檢成祖實錄，則此乃成祖洪武三十五年十一月戊子所新增，乃成祖所定，非建文所定也。

　　史志所錄洪武六年定，建文四年定，永樂三年詔，皆見實錄。今檢會典卷一百四十一儀仗門，則會典於親王儀仗，載有洪武二十六年定，及永樂三年增定，而祖訓更載有洪武二十八年定。此三者不同，而當以永樂三年增定者爲有明一代定制。今史志未據會典錄洪武二十六年定，及永樂三年增定，僅由史志以觀，則似明代親王儀仗，爲洪武六年定外加建文四年所定者，而其實明代親王儀仗固不如是也。

　　儀衞志敍郡王皇妃東宮妃以下儀仗，已自言依據會典，而會典同卷所記親王儀仗，乃摒而不錄，亦可異矣。

　　典禮一書，既可補正明史職官禮與服儀衞諸志，則似修明史時，或未見及此書。然以明史藝文志儀注類考之，則皇明典禮固曾著錄，惟僅云係「萬曆中頒」，而不知是書係建文所定耳。

明史藝文志儀注類云：

> 皇明典禮一卷，萬曆中頒。

考黃虞稷千頃堂書目云：

> 皇明典禮一卷，萬曆三十四年三月初三日封皇太子才人頒。

此當爲藝文志所本。考實錄書此事云：

> 萬曆三十四年三月庚午，命賜內閣禮部皇明典禮書各一冊。上以皇明典禮書
> 內，皇太子正妻皆封妃，次皆稱才人，禮部擬元孫生母爲皇太子嬪，或皇太子
> 夫人，皆不合，因出書賜閣部，存備查考。

實錄所謂皇太子正妻封妃，次皆稱才人，不見於大明集禮皇明祖訓及會典，僅見於建
文帝所頒皇明典禮封爵門，其言云：

> 皇太子、親王、皇太孫、皇曾孫、王世子、王世孫、郡王、郡王世子，正妻皆
> 封妃，次皆稱才人。

是神宗之議禮，固據建文所頒此書也。

　　史語所藏抄本王國典禮八冊，係明周藩宗正朱勤美(註一)所著。其書記明代宗藩制
度，即引有皇明典禮，然未見出此本之外者，朱書凡例云：

> 皇明典禮，定自建文，然近多行之，則亦國章也，故亦採錄。

朱書之成，據書首萬曆四十二年乙卯序，知已在萬曆三十四年頒皇明典禮之後。其
云，「近多行之，則亦國章也，故亦採錄」，亦當指神宗之封才人事。建文所定，已爲
成祖革除，故會典不錄，今神宗議禮，乃復援據，且賜閣部「存備查考」，故朱氏亦
採錄耳。實錄所記，與藝文志所著錄之皇明典禮，其即建文所頒，蓋無疑矣。

　　於萬曆三十四年時，任大學士者係山陰朱賡，而李廷機則以禮部侍郎署部事。朱
賡朱文懿公奏疏卷七有回奏聖諭擬封皇貴妃及選侍封號揭，回奏聖諭封貴妃才人揭，
謝賜皇明典禮揭；李廷機李文節公文集卷三有謝賜皇明典禮疏，均言封才人及賜皇明
典禮事，可與實錄相參證。以文繁不能備錄，今錄朱氏回奏聖諭封貴妃才人揭於下：

> 今日該文書官劉用，實出禮部壹本。爲欽奉聖諭事，口傳聖旨：「冊封皇貴

（註一）　朱勤美之美字，應有五行偏旁。明制，宗室命名，其下一字須具五行偏旁，蓋取五行相生之意。南宋
　　　　時，朱子之父名松，朱子名熹，其子名鑑，其命名即有五行偏旁也。

妃，日期迫近，錢糧尙未造辦，何以成禮？且查覽皇明典禮書內，皇太子正妻
皆封妃，次皆稱才人，如何部擬不合？着另擇吉期，再議封號具奏，先生每，
出旨來，欽此！」臣等聞之，不勝欣服。欣維皇上，具聰明睿知之資，爲禮樂
綱常之主，不惟祖述憲章，盡倫盡制，而且徧觀博集，至精至詳，天縱聖人，
眞非臣下所能及也。除遵奉擬旨外，惟是皇明典禮一書，閣中無存，恐禮部未
必有之，當令其搆(購)覔一部，藏之部中，以備查考，庶嗣後議禮，有所憑據
而不差也。謹具揭同奏以聞。萬曆三十四年三月初二日。

朱揭謂此書「閣中無存」，余考正統間楊士奇所編文淵閣書目，及萬曆三十三年孫能
傳所編明內閣藏書錄，正未著錄皇明典禮一書。其謂「禮部恐未必有之」，而李廷機
謝賜皇明典禮疏，固亦謂此係人間未見之書也。使此書爲神宗所敕定，則閣部何致無
之？惟此書曾遭禁，故閣部乃可無有，此亦可反證此書爲建文所定也。

　建文所定，已遭革除，故會典不錄，而神宗議禮，乃予援用，此事亦當研究。按
明熹宗生於萬曆三十三年十一月，係皇太子第一子，而爲帝之元孫。熹宗生母王氏爲
皇太子下欽命選侍。皇太子正妃無出。明制，帝位承襲，有嫡立嫡，無嫡立庶長，故
熹宗爲將來皇位繼承人(註一)。母以子貴，故神宗以熹宗之生，擬進封皇太子生母恭妃
王氏爲皇貴妃，而命禮部「查照典禮」擬元孫熹宗生母封號(註二)。當時臣工行事，未
有不先查照舊制者，既有帝命，則部擬熹宗生母封號爲「皇太子嬪」「皇太子夫人」，
亦必於舊制有所依據也。淸毛奇齡彤史拾遺記云：

　　宣宗繼后孫氏，永樂八年選入宮，十三年爲皇太孫嬪，二十二年改稱皇太子
　　嬪，得服妃冠服。宣德改元，冊貴妃。

明史后妃傳宣宗孝恭孫皇后傳云：

　　宣宗婚，詔選濟寧胡氏爲妃，而以孫氏爲嬪。宣宗即位，封貴妃。

則部擬進封皇太子下選侍王氏爲皇太子嬪，當係援據永樂洪熙時舊制也。明仁宗即

(註一)　滿儒以明之亡，禍基於熹宗之寵信魏忠賢，有謂神宗當立鄭貴妃子而不當立恭妃子（光宗）者。蓋子
　　　以母貴，亦春秋之義也。按明制，帝位承襲，係有嫡立嫡，無嫡立庶長，不再分別孰爲貴妃之子，孰
　　　爲妃之子。若子以母貴，則母之貴非固定，此將起爭端。昔人立制，固有其深意也。
(註二)　語見朱文懿公奏疏卷七回奏聖諭擬封皇貴妃及選侍封號揭。與禮部上諭，係朱氏所擬。此典禮二字，
　　　非指皇明典禮。

位，冊封李氏爲賢妃、趙氏爲惠妃，冊文言昔年「選嬪春宮」；而冊王氏爲昭容，誥文則言，「早膺愼選，侍朕春宮」(註一)，選侍之稱，恐不始於光宗之王選侍李選侍也。冊文所謂「選嬪春宮」之嬪，卽堯典「嬪於虞」之嬪。仁宗冊妃張氏爲皇后，亦用一嬪字。其用字之不同，卽顯示其地位之高下。由彤史拾遺記及部擬進封欽命選侍王氏爲皇太子嬪觀之，疑永樂洪熙時，皇太子妻室，妃以下固有嬪及選侍二級也(註二)。

　　熹宗生母爲太子選侍，而太子元妃健在，自不能並嫡封妃。部擬封皇太子嬪，實與舊制相合。而帝之不從者，或以嬪字與帝之皇嬪之嬪字相同。蓋東宮正妻稱妃，此下天子一等，以示其尊貴。至其嬪御名號，則當與帝別，以別等威，明貴賤。考之前史，固多如是也。

　　部擬封號皇太子嬪，旣不合帝意，遂改擬「皇太子夫人」。按禮部志稿卷十五第七頁請封生母條：

　　　　洪武二十五年議准，王妃以下有所出者，稱夫人。

　　　　弘治四年定，親王庶子受封，其母始封爲夫人。

親王之妻爲妃，其妾媵有子者，必其子受封爵，始推恩封其生母爲夫人。熹宗爲將來皇位之繼承人，尙未冊立，卽封其生母，此因其爲皇位繼承人故。部擬封其生母爲皇太子夫人，亦以其母爲太子妾侍耳。

　　漢書外戚傳云：

　　　　漢興，因秦之稱號，……嫡稱皇后，妾皆稱夫人。

則王妃以下有所出者稱夫人，固亦無不可。而帝之所以不欲者，蓋以明制言之，親王庶子受封，其母卽可封爲夫人；宗室中鎭國將軍，如嫡母不存，其生母亦可封爲夫人；文武官一二品正妻卽可封爲夫人。夫人之稱，未顧及帝與宗室臣庶之別，不足以尊帝室，此帝之所以議用才人封號也。

　　皇明典禮謂，皇太子親王正妻封妃，次皆稱才人。其冊寶門云：

　　　　皇太子妃、親王妃、皇太孫妃、皇曾孫妃、王世子妃、並公主，冊同親王，俱不用寶。

(註一)　冊文誥文，俱見明仁宗實錄永樂二十二年十月己酉條。
(註二)　李光濤先生言：朝鮮制度，多仿明制。以係王爵，故其制下天子一等。朝鮮國王正妻不稱后而稱妃，世子妻不曰妃，而曰嬪。由世子妻稱嬪，亦可證永樂洪熙時，東宮妃下有嬪一級也。

郡王妃、王世孫妃、郡王世子妃，冊同郡王。

鎮國將軍等命婦，並郡主縣主以下，各照夫之品級給誥。

此僅言冊封妃，未言冊封才人，蓋以別嫡庶。明神宗封元孫生母爲才人，實錄萬曆三十四年四月甲子條載有誥文，不稱爲冊文，亦嚴嫡庶之別也。

明代帝與東宮嬪御稱號之變遷，此會典及明史后妃傳所未詳言者。按明太祖實錄云：

> 洪武五年六月丁酉，定內命婦冠服制。先是外命婦冠服之制已定，惟內命婦未有其制，至是復詔議之。禮部言：唐制，貴妃一品，昭儀二品，婕妤三品，美人四品，才人五品，冠服並用花釵翟衣；寶林六品，御女七品，采女八品，冠服同尙宮等，並鈿釵禮衣。宋內命婦，貴妃一品，大儀二品，婕妤三品，美人四品，才人五品，貴人無視品，冠服並用花釵翟衣；自國夫人縣君，及充司簿司賓者，並賜霞帔。今內命婦增設貴人一等，才人二等，參酌唐宋之制，自三品以上，宜用花釵翟衣，貴人視四品，才人視五品，並同尙宮等，用山松特髻大衫以爲禮服。於是，詔以貴人爲三品，以后妃燕居冠及大衫霞帔爲朝會禮服，珠翠慶雲冠、鞠衣褙子、緣襈襖裙、爲常服。

禮部言增設貴人一等，才人二等，而詔文則僅言貴人爲三品，似未設才人一級，未全依部議也。明解縉天潢玉牒，記太祖諸子生母等級，有后、妃、皇貴嬪、皇貴人、皇美人、五級(註一)，亦似無所謂才人也。太祖時，懿文太子所娶者爲常妃呂妃，妃以下等級，此史所未詳。其所謂皇太子正妻封妃，次皆稱才人，疑係建文時新定。皇太子妃以下，次皆稱才人，其稱號當與帝之嬪御不同，而帝之嬪御稱號，亦可能有更易也。明成祖卽位，革建文所定，成祖嬪御等級，則后以下有貴妃、妃、昭容、昭儀、婕妤、美人，見永樂七年二月實錄，其等級與解縉玉牒所記者異，而成祖所定者則當爲後來所沿用也。至皇太子妻室，則妃以下有嬪，有選侍，已見前考，與皇明典禮所定者異。至若親王妻室，其正妻固稱妃，而妃以下等級，據禮部志稿卷十五第十五頁所載玉牒冊式：

> 第一子某某，年月日，母妃某氏嫡生。……第二子某某，年月日母妃內助幾妾

（註一）　貴妃位於衆妃之上，此洪武時已如是。憲宗以後，更有皇貴妃，位貴妃之上。

　　　嫡庶生。……

而所謂內助，據朱勤羡王國典禮卷六選取內助條：

　　　第一妾曰內助，

是親王次妻亦不用才人封號也。

　　以禮而言，其身份不同，則其稱號亦宜異。明史后妃傳：

　　　孝烈皇后方氏，世宗第三后也。……帝卽位且十年，未有子。大學士張孚敬言：
　　　「古者天子立后，並建六宮，三夫人、九嬪、二十七世婦、八十一御妻，所以
　　　廣嗣也。……宜博求淑女，爲子嗣計」，從之。十年三月，后與鄭氏王氏閻氏
　　　韋氏沈氏盧氏沈氏杜氏，同冊爲九嬪，……蓋創禮也。

此所謂九嬪，蓋世宗倣古制增設，其位下妃一等，與太祖時之皇貴嬪同。世宗嬪御旣
增嬪一級，則皇太子妻室等級卽當避用嬪字，以彰等威，明貴賤。考世宗時皇太子，
哀冲太子幼殤；莊敬太子行冠禮甫數日卽薨；穆宗於卽位前，未冊立爲皇太子；神宗
雖曾立爲皇太子，然其卽位，時方六齡，部臣議禮，自無由及此。及光宗於萬曆二十
九年立爲皇太子，其妻室等級，卽未見皇太子嬪名色。明史后妃傳云：

　　　康妃李氏，光宗選侍也。時宮中有二李選侍，人稱東西李，康妃者西李也，最
　　　有寵，嘗撫視熹宗及莊烈帝。光宗卽位不豫，召大臣入。帝御煖閣，凭几，命
　　　封選侍爲皇貴妃。選侍趣熹宗出曰，「欲封后」，帝不應。禮部侍郎孫如游奏
　　　曰，「今兩太后及元妃才人謚號俱未上，俟四大禮後舉行未晚」。旣而帝崩，選
　　　侍尙居乾淸宮，外廷恟懼，疑選侍欲聽政。

光宗以萬曆四十八年八月卽位，其年九月薨，其元妃郭氏才人王氏俱已前卒。光宗欲
封李選侍爲皇貴妃，需俟兩太后（神宗孝端皇后王氏，光宗生母皇貴妃王氏）及元妃
才人謚號已上，始可舉行，部臣所言，自係正禮。由部臣此言觀之，光宗爲皇太子
時，其妻室固僅妃才人選侍三級也。元妃才人旣前卒，故光宗妻室已無人位李選侍
上，故熹宗立，外廷疑選侍欲垂簾聽政也。熹宗生母爲王才人，本爲選侍，以生熹宗
進封。則在未進封前，光宗妻室，避嬪之稱，恐只有妃及選侍二級。以舊制本爲三
級，故禮部援舊制，擬其封號爲皇太子嬪。嬪字與皇嬪字複，故不爲帝所同意，卒依
帝意，改稱才人耳。

　　當時禮部所擬，自不如帝之所擬者。惟是皇明典禮一書，既經成祖革除，則後世臣工自不敢援用，故內閣禮部俱未藏有此書。其能「徧觀博探」，援用及之，亦只帝有此權力也。明沈德符野獲編卷三東宮妃號條論及此事云：

　　萬曆丙午春三月，上以皇太子第一子生，其生母爲欽命選侍王氏，未有封號，命內閣及禮部擬議進呈。初擬皇太子嬪、不允。又擬皇太子夫人，亦不當上意。乃下聖諭進封爲才人，且賜閣部皇明典禮各一部。書內皇太子正妃封妃，次皆拜才人，開載甚明。上命存留備考。時揆地爲四明歸德山陰，而署部則侍郎李晉江也。諸公皆大儒，不宜疏陋至此。然典禮亦非僻書，館閣名公亦宜家置一帙，而待欽賜耶？按漢太子宮中，自妃而下，有良娣，有孺子，凡三等。晉惠帝在東宮，謝才人生子遹，進拜淑媛，俱載在史，而此後蓋不勝紀。諸公何不詳考具奏，而以臆對，知不滿聖主一哂耳。

沈氏斥當時部臣疏陋，未先事購藏，即不知此書定自建文，非部臣議禮之所得依據，其持論即失之苛，而不明當日之情事矣。

　　於時李廷機以禮部侍郎署部事，封號事重，部擬封號疏應出其手，而李氏文集中未載，此或編集時佚失，或以其未當上意，故編集時削去，亦未可知也。然要之，部擬封號，據前所考，亦依據帝命，查照舊制，固未可徑斥之爲臆對也。

　　此書內閣無存，禮部亦無有，故勞帝賜。余檢明劉若愚酌中志啓禎間內板經書紀略載有：

　　皇明典禮一本，九十五葉。

孫承澤春明夢餘錄卷十二附記內府刊刻書目，與劉書所載相同。竊疑此九十五葉本皇明典禮，當係萬曆三十四年封才人以後所刊刻。此九十五葉本，與此本九十葉者異。影鈔本係九十葉，外加書首建文御製序一頁，首尾完具。此書華北交通公司藏有刻本，惜未見，據前輩張菀峯先生昔年函告，謂係明初刊本。意者萬曆後內府所刻皇明典禮，或削去建文御製序，或未削而於其前加神宗封才人紀事，故閱者或不知此書係建文所定，或一時疏忽，僅翻首頁，遂僅謂其係「萬曆中頒」，史志著錄此書，僅云「萬曆中頒」，或以此耳。史志既著錄此書，而未能援據此書以言建文朝事，前引沈氏野獲編亦似不知此書係建文所定，其故或均在此，惜不得九十五頁本以證成余說矣。

沈氏謂皇明典禮非僻書，此書啓禎間內府旣有板，則自非僻書。惟在其前，則李廷機疏固謂，此係人間未有之書。人間固亦有收藏者，然必流傳甚少，究不可謂其非罕見僻書也。

　　皇明典禮一書，經神宗援用。余考明朱勤美王國典禮凡例云：

　　　　皇明典禮，定自建文，然近多行之，則亦國章也，故亦採錄。

此言「近多行之」，則所行必不止封才人一事。其所行者爲何，亦論皇明典禮時所應考論者也。考朱書之成，至遲在萬曆四十二年乙卯。今檢實錄，萬曆三十四年四月封才人後，至萬曆四十二年年終，部臣論宗藩事，未見有援據皇明典禮者。惟實錄萬曆三十四年八月丁酉詔准宗室三將軍三中尉應擧入仕，朱書節引禮部覆議疏，而於疏文之前，朱氏引有皇明祖訓及皇明典禮。按皇明祖訓云：

　　　　凡郡王子孫，有文武材能，堪任用者，宗人府具以名聞。朝廷考驗，換授官
　　　　職，其陞轉如常選法。

又皇明典禮云：

　　　　凡鎮國將軍以下，其中有文武之才堪備任用者，量才授職，不拘原定職名品
　　　　級。

　　　　奉國中尉子孫，才堪任用者，或文或武，朝廷量才擢用。

是祖訓本不禁宗室入仕，後來種種苛例，蓋亦靖難後防範宗室使然耳。神宗之許宗室入仕，蓋以宗室生齒日繁，宗祿不繼，不得不有此變通耳。祖訓旣不禁宗室入仕，則當時部議開禁，必援用祖訓爲說，不必援用皇明典禮，而朱書此節附論，亦正如是也。雖不必援據皇明典禮，然典禮此二條旣與祖訓意同，則謂典禮此二條亦近時行之，固亦無不可也。

　　朱氏王國典禮卷一玉牒條：

　　　　凡王府每歲將宗支奏報于朝，仍令長史司呈報宗人府，奏聞賜名，編入玉牒。
　　　　及凡有婚姻，將所定之家，與某爲親，亦令長史司開報宗人府，庶別親疏。其
　　　　冠喪之事，俱報宗人府知會。

　　　　宗人府專掌宗支玉牒，及勸善懲惡，具實上聞，仍錄事蹟以備修史。其犯惡逆
　　　　者，除其名，別籍。凡諸行移之事，皆從本府轉達。（朱氏自註云：「此條今不

行，俱皇明典禮）」

朱書自註云，「此條今不行」，則上一條當係近時行之者。考成祖曾詔革建文所定，則典禮後來何得援用。今考典禮此條，中有「仍令」二字，則是此條雖見於皇明典禮，仍係洪武朝舊制，不在革除之列，故後來仍沿用耳。成祖實錄記：

> 洪武三十五年九月乙巳，大理寺少卿虞謙自陳，建文時爲杭州知府，嘗建言，天下僧道每人止令蓄田五畝，……當時從臣所言，臣當坐改舊制之罪。上笑曰：「此秀才關老佛也。已在赦前」。命以奏牘付科復之。初，有旨：凡在建文中改舊制者，悉令面陳，至是視謙有戰慄之色，遂命自今不必面陳，悉以奏牘送科復之。

是當時之復舊制，固雷厲風行。建文所定之皇明典禮，自在革除之列也。

明史蹇義傳云：

> 時方務反建文之政，所更易者悉罷之。義從容言曰：「損益貴適時宜，前改者固不當，今必欲盡復者，亦未悉當也」。因舉數事陳說本末。帝稱善，從其言。

蹇義所舉陳數事，今已無考。由實錄證之：

> 永樂元年正月甲辰，設普安安撫司，以土酋慈長爲安撫。時慈長來朝，言建文時於其地置貢寧安撫司，以故父者昌爲安撫。近吏部遵舊制，奏罷安撫司。然本境地濶民稠，……乞仍設安撫司，督治爲便。上曰：「祖宗大經大法，萬世不可改，其他若時有不同，當因時損益以便民，豈可執一。……」命吏部仍置安撫司，改貢寧爲普安。

安撫司之設，與吏部有關，而其言因時損益，措辭有近似處，蹇義時任吏部尙書，其舉數事陳說本末，或卽在此時，惟實錄此條歸美於上，蓋亦善則歸君，實錄書事，固多如斯也。此安撫司疆界，雖仍建文之舊，然已易名，以示革除，而非沿襲建文之政矣。成祖旣革建文所定，然則朱書玉牒條自註云，今行之，就典禮此條言，固後世所行；就典禮全書言，則固詔革，蓋所從言之異，言各有當，不得據朱書自註而疑實錄也。

武宗實錄記：

> 正德元年五月丁酉，以皇明祖訓及皇明典禮二書賜潘王庶長子銓鉦，從其請也。

正德三年十一月庚子，賜襄垣王府鎮國將軍仕坯祖訓條章皇明典禮洪武禮制各
一部，從其請也。

正德三年十二月丙子，潘王幼㙫爲其姪遼山王銓鈇乞書籍，以皇明祖訓皇明典
禮二書賜之。復爲其子宿遷王銓鏘乞御製盤龍詩，不與。

其以此書賜宗藩，亦非謂此書係當時行用，蓋以其書可勸諭宗室，不妨以賜宗藩耳。
朱勤㷆王國典禮凡例云：

祖訓乃高皇帝所以垂憲萬世者。累朝熙洽之後，較之經綸草昧，時勢既異，卽
不必一一舉行，而勸諭大指，固千古如新也。敬備書之，以揭率由之準。

武宗之以皇明祖訓皇明典禮賜宗藩，其意或亦同於此。

此書武宗時曾以賜宗藩，此亦明史藝文志所不載，謹附識於此。

　　　　　　　　　　　　一九五七年四月十六日於南港舊莊。

清雍正年間(1723-35)的米價

全 漢 昇　王 業 鍵

一

在一個社會中，物價的變動被認為一種極為重要的經濟指標 (Economic barometer)，它可以顯示貨幣購買力的升降、工商業的動態，以及人民的生活狀況等等。而在一個近於自給自足的農業社會中，糧食價格又是物價中最重要的一種，糧價的變動甚至足以代表一般物價的情況；因為糧食為人人所必需，在一個以農業為主的社會中，其產品大部分都是糧食，一般物價也都隨着糧價而升降。乾隆帝曾經說過：「天下無不食米之人，米價既長，凡物價、夫工之類莫不準此遞加。」(註一) 現在我們打算就清雍正年間 (1723—35) 我國各地米價作一番統計觀察；可是，由於資料的限制，我們探討的範圍只能及於中南部各省，卽江蘇、浙江、安徽、江西、湖北、湖南、福建、廣東、廣西、雲南、貴州及四川等十二省。

由於統計方法的應用，現在我們已經能夠對一個時間數列 (Time series) 分別作長期趨勢 (Secular trend)、季節變動 (Seasonal variations) 及循環變動 (Cyclical movements) 的解析。可是循環變動 —— 一般稱為經濟循環 (Business cycle)——還只是西方工商業社會的產物，對于我國清初以農業為主的社會，而時間又只有十三個年頭的雍正朝，自然不宜于做這種研究。同時，因為資料的欠缺不全，卽使對於季節變動及長期趨勢兩項，本文也無法就當時各地米價分別求出季節指數 (Indices of seasonal variations) 及趨勢值 (Trend values)。因此，我們在這裏只能以列表及圖示的方法作一種近似的觀察與說明。

二

本文所根據的材料是當時各省總督、巡撫、布政使等向雍正帝奏報的米價；可

(註一)　乾隆東華續錄卷七六乾隆三十七年十月癸未條。

是，因爲那時朝廷對於有關的技術事項沒有嚴格劃一的規定，所以我們現在作統計的時候不免要發生好些問題。這些問題如果不首先予以解決，統計便很難進行，因此在列表、作圖以前，我們必須先行交代一下。

　　(一)斗石問題：物品價格所依據的度量衡如果不一致，那末，物價的同時異地及同地異時的比較，便要成爲不可能。當時各省地方官奏報米價所用的單位並不完全一律，計有斗(石)、倉斗(石)、京斗(石)、市斗(石)等的不同，我們必須尋求這些單位相互間之量的關係，纔能够使問題簡單化。據清朝文獻通考卷三十二市糴考一，清初曾先後於順治五年(1648)、十二年(1655)及康熙四十三年(1704)三次劃一斗斛，規定以通州鐵斛爲準，並依式鑄造若干具分發各省及倉場使用，通稱倉斛(斗)（按一斛等於五斗）；康熙帝且明令天下「以部（按卽戶部）頒度量衡法爲準，通融合算，均歸劃一」(註一)。由此可知，清代至少在康熙 (1662—1723) 以後，量的法定單位爲倉斛(斗、石)；各省地方官奏報每石或每斗的米價，大抵是指每倉石或每倉斗來說的。其次，京石(斗)可能有兩個解釋：一爲盛京金石，一爲京倉(註二)所用之石(斗)。可是，盛京金石已於康熙四十三年(1704)明令停用(註三)，而京倉和各省倉庫所用的斗斛都以戶部鐵斛爲準，因此京石(斗)和倉石(斗)大致沒有什麼分別。至於市石(斗)的大小，各地就相差很大。例如「(四)川省市斗……每一石較浙省倉斛合二石三斗有零」(註四)，因爲「四川產米頗多，價值甚賤，故斗斛之大倍於他省」(註五)。又如貴州「每一市斗……折倉斗有一斗五升」(註六)。有些地方市斗與倉斗究竟怎樣折算，我們還不清楚。如湖北「市斗……比倉斗較大」(註七)，但究竟大多少，我們並不知道。有些地方官按市石奏報米價，根本就沒有提到市石與倉石相互間之量的關係。因此，關於按市石(斗)奏報的米價，如果是在有明確折算率的地方，我們一概換算爲倉石(斗)價

(註一)　轉引自吳承洛中國度量衡史（民國二十六年，上海）第二五七至二五八頁。

(註二)　清史稿食貨志二倉庫：「京師及各直省皆有倉庫……」；又硃批諭旨第十八册劉柟奏：「奉上諭，以京通各倉積粟充盈……」。可見京倉就是京師的倉庫。

(註三)　清朝文獻通考卷三十二市糴考一。

(註四)　硃批諭旨第四十册雍正五年五月十一日李衞奏。

(註五)　同註四。

(註六)　硃批諭旨第十三册雍正四年九月十二日何世璂奏。

(註七)　硃批諭旨第十九册雍正九年十二月六日王士俊奏。

格；如果是在找不出折算率的地方，這些數字便只好割愛。幸而這種情形很少，對我們影響不大。

　　(二)米穀折算問題：我們所要知道的是各地的米價數字，可是有些奏摺，只有穀價，而沒有米價，於是又發生米、穀如何折算的問題。當時官方都以「一米二穀」折算(註一)，卽二份穀換一份米，但市場上實際交換價格稍有不同，大概一米總要易二穀有餘。因爲那時稻穀品種未經改良，「粒大而殼厚，每穀一石碾米五斗，卽屬好穀」(註二)，而將穀碾成米，須加上一些勞務費用，所以米價都在穀價二倍以上。如「臺灣……現今穀價每石三錢五六分，米價每石八錢二三分」(註三)，可知米價爲穀價的二‧三二倍；又如廣西「現在三府（柳州、慶遠、思恩）一州（賓州）所屬地方，新穀每倉斗一石價銀二錢三四分至二錢七八分不等，紅白糙熟各色新米每石價銀五錢至六錢內外不等」(註四)，可知米價約爲穀價的二‧一六倍。我們現在估定以二‧三倍折算，雖然和實際並不完全符合，但出入之處大約是很微小的。

　　(三)米的等級問題：在當時各省官吏的奏摺中，米的等級最多的分爲三級，卽上米、中米、下米，或稱白米、次米、糙米；其次分爲二級，卽上米、次米，或稱細米、粗米。可是大多數都沒有分級，只說米價每石銀若干。我們如果要把米價在時間上及地區間加以比較，那末，各種價格的米的等級必須一致，否則便將失去意義。因爲當時大多數奏報米價都沒有區分等級，我們也就以此爲準；遇有報兩個等級或三個等級米價的奏摺，我們便取各級米價的平均數爲代表，列入表中。不過，關於蘇州一地的米價，因爲奏摺中幾乎同時都有上米及次米價格，所以我們也就予以分列，而且在圖上分別以兩條曲線來代表。

　　(四)取代表值問題：統計學上在一羣數值中取代表值的方法有五：卽算術平均數 (Arithmetic average)、幾何平均數 (Geometric mean)、調和平均數 (Harmonic mean)、中位數 (Median) 及衆數 (Mode)。此外，又有加權 (Weight) 之法。這些

(註一)　硃批諭旨第十六册雍正五年五月十一日法敏奏；第四十五册雍正四年六月十九日高其倬奏；第五十一
　　　　册雍正七年八月初二日史貽直奏。

(註二)　硃批諭旨第三十二册雍正七年七月初四日田文鏡奏。

(註三)　硃批諭旨第四十七册雍正二年六月十五日禪濟布、丁士一奏。

(註四)　硃批諭旨第四十七册雍正三年十一月十四日喬丁瀛奏。

方法各有其利弊及適用範圍。雍正年間各省地方官所報米價，有些是寫通省或某地米價每石自幾錢幾分至幾錢幾分不等，在這種情形下，我們只知道一省或一地米價之最高價格和最低價格，因此只好將其最高價格及最低價格予以平均，而取其中位數為代表值。有些是將省內各府州米價一一奏報，如果我們能够知道各府州的生產量或消費量，而予以加權平均，所得通省米價的代表值自較合理；可是，事實上，生產或消費的數字無從求得，所以只好取各地米價的算術平均數為代表值。有些是奏報省內米價自幾錢幾分至幾錢幾分者若干處，自一兩幾錢至一兩幾錢者若干處，……，這時我們便以處的數目為權數，而求出各地米價的加權算術平均數為一省米價的代表值。不過，東南沿海的蘇、浙、閩、粵四省，我們分別以蘇州、杭州、福州、廣州的米價為代表，因為這幾個城市的米價資料要較通省米價資料為多。自然，我們有時也採用通省米價來加以補充。如福建米價以漳、泉兩地為最貴，臺灣最低，福州大致居中；廣東米價以惠、潮一帶為最貴，高、雷、廉、瓊等府最廉，廣州通常居中；因此我們有時也將閩、粵通省米價的代表值作為同時福州、廣州的米價。又如蘇州人煙稠密，工商業繁盛，物價當較江蘇省內其他地方為高，有時我們就取江蘇通省米價的最高價格為蘇州米價。這是因為資料不足而採用的權宜辦法。

此外，各省官吏奏報米價，往往沒有確定時、地。關於時間，我們只能根據具奏人就任日期和他前後的奏摺來加以推定。關於地點，如總督或巡撫奏稱目下米價若干，有時使人不明白他所報究竟是通省的米價，或是省城所在地的米價。鑒於一省之內各地米價互異，米價通常以一個距離 (Range) 來表示，就是說每石價自幾錢幾分至幾錢幾分不等；而一地米價就很確定，報價卽使有以距離表示的，其間差額也一定很小。因此在地點不確定時，報價如果以前一種形式來表示，我們便認為是通省米價；如果以後一種形式來表示，我們便認為是具奏人衙署所在地的米價。舉例來說，雍正十年 (1732) 七月初十日署理廣東巡撫楊永斌奏：「現在米價每倉石自五錢四五分起至八錢一二分不等」(註一)。雍正元年 (1723) 五月初四日鎮海將軍署理江蘇巡撫何天培奏：「目今米價白米每石一兩零五分，次白米每石一兩」(註二)。前者是指廣東通省的

(註一)　硃批諭旨第五十二册。

(註二)　硃批諭旨第八册。

米價來說，後者是指蘇州一地的米價來說，大約沒有多大的疑問。

為着便於比較及減省計算上的麻煩起見，我們現在以蘇州雍正元年(1723)五月的次米價格(銀一兩)為基期，將中南部各省的米價指數分別列表及繪圖於後：

表一　清雍正年間(1723—35)蘇州米價指數　　基期：雍正元年五月次米價

年　月 (雍正)	上　米		次　米		見於硃批諭旨冊數、奏摺日期及其奏人	備　　考
	每石價格(銀兩)	指數	每石價格(銀兩)	指數		
元年五月	1.05	105	1.00	100	第八冊雍正元年五月初四日何天培奏。	
元年七月	1.14	114	1.05	105	第八冊雍正元年七月初七日何天培奏。	
二年一月	1.22	122	1.13	113	第八冊雍正二年元月二十七日何天培奏。	
二年二月	1.22	122	1.13	113	第八冊雍正二年二月二十四日何天培奏。	
二年閏四月	1.25	125	1.15	115	第八冊雍正二年閏四月初六日何天培奏。	
二年五月	1.25	125	1.12	112	第八冊雍正二年五月十九日何天培奏。	
二年六月	1.25	125	1.16	116	第三十四冊雍正二年六月初十日高其位奏。	高其位時任江南提督，任所在松江府，但松江與蘇州相距不遠，且同屬太湖流域，兩地米價應當約略相同。
二年九月	1.32	132	1.25	125	第八冊雍正二年九月初九日何天培奏。 第三十四冊雍正二年九月二十四日高其位奏。	〃
二年十一月	1.32	132	1.25	125	第八冊雍正二年十一月二十五日何天培奏。	
三年三月	1.28	128	1.22	122	第八冊雍正三年三月二十九日何天培奏。	
三年四月	1.33	133	1.24	124	第三十四冊雍正三年四月二十四日高其位奏。	
三年五月	1.38	138	1.32	132	第十二冊雍正三年五月初六日張楷奏。	
四年四月	1.10	110	0.96	96	第五十冊雍正四年四月初八日高斌奏。	
四年六月	1.05	105	0.92	92	第五十冊雍正四年六月初十日高斌奏。	
四年九月	0.98	98	0.88	88	第五十冊雍正四年九月初二日高斌奏。	
四年十二月	1.30	130	1.20	120	第五十冊雍正四年十二月十三日高斌奏。	
五年一月	1.35	135	1.26	126	第五十冊雍正五年二月初一日高斌奏。	按二月初一日所奏應當為一月價格。
五年三月	1.30	130	1.20	120	第五十冊雍正五年三月初四日高斌奏。	
五年九月	1.10	110	1.00	100	第五十冊雍正五年九月初二日高斌奏。	
五年十一月	1.00	100	0.87	87	第八冊雍正五年十一月十七日何天培奏。	這是常州米價，但常州與蘇州相距不遠，且同屬太湖流域，米價應當約略相同。
七年五月	1.08	108	0.92	92	第六十冊雍正七年五月二十九日尹繼善奏。	
七年九月	0.80	80	0.70	70	第六十冊雍正七年九月初六日尹繼善奏。	原奏：「現在米糧價值每石六錢至八錢」。依此估定上、次米價格。
九年十一月	1.20	120	1.14	114	第三十五冊雍正九年十一月初三日喬世臣奏。	原奏：「目下……米價……自一兩一錢四五分至二錢以上不等」。依此估定上、次米價格。

十一年春	1.65	165	1.45	145	第三十五册雍正十一年四月十五日喬世臣奏。	
十一年四月	1.45	145	1.35	135	第三十五册雍正十一年四月十五日喬世臣奏。	原奏：「民間所買常餐……見今不過一兩三四錢」。依此佔定上、次米價。
十二年三月	1.35	135	1.25	125	第五十七册雍正十二年三月十五日趙弘恩奏。	取通省米價之高限爲蘇州上米價，以上米價減一錢爲次米價
十二年七月	1.40	140	1.30	130	第五十七册雍正十二年七月二十一日趙弘恩奏。	〃
十二年十月	1.30	130	1.20	120	第五十七册雍正十二年十月初六日趙弘恩奏。	〃
〃十二月	1.20	120	1.10	110	第五十七册雍正十二年十二月二十日趙弘恩奏。	〃
十三年四月	1.00	100	0.90	90	第五十七册雍正十三年四月十八日趙弘恩奏。	〃
〃閏四月	1.00	100	0.90	90	第五十七册雍正十三年閏四月十八日趙弘恩奏。	〃
十三年五月	1.30	130	1.20	120	第五十七册雍正十三年五月十二日趙弘恩奏。	〃

表二　清雍正年間(1723—35)杭州米價指數　　　基期：雍正元年五月蘇州次米價

年　　月 (雍正)	每石米價 (銀兩)	指數	見於硃批諭旨册數、奏摺日期及具奏人	備　　考
元年三月	1.30	130	第十三册雍正元年四月初一日李馥奏。	按四月初一日所奏應當爲三月米價。
元年十二月	1.45	145	第十三册雍正元年十二月十九日李馥奏。	
二年四月	1.45	145	第七册雍正二年四月黃叔琳奏。	奏摺日期由筆者推定。
二年六月	1.45	145	第七册雍正二年六月黃叔琳奏。	〃
三年八月	1.15	115	第十册雍正三年八月二十九日福敏奏。	
三年十月	1.00	100	第十册雍正三年十月二十四日福敏奏。	
四年四月	1.20	120	第十三册雍正四年四月初八日何世璂奏。	原奏：「浙江米價一兩二錢」。
四年五月	1.08	108	第四十七册雍正四年六月初一日孫文成奏。	按六月初一日所奏應當爲五月米價。
四年十二月	1.20	120	第四十七册雍正五年正月初一日孫文成奏。	按正月初一日所奏應當爲上年十二月米價。
五年閏三月	1.40	140	第四十册雍正五年五月十一日李衞奏。	
七年七月	1.00	100	第十八册雍正七年七月二十五日蔡仕舢奏。	浙東諸郡米價。
十年十二月	1.66	166	第四十七册雍正十年十二月十七日性桂奏。	杭州府屬富陽縣米價。
十一年春	1.75	175	第三十五册雍正十一年四月十五日喬世臣奏。	
十一年四月	1.75	175	第五十五册雍正十一年五月初一日郝玉麟 趙國麟奏。	五月初一日所奏應當爲四月米價。
十一年六月	1.75	175	第五十五册雍正十一年六月廿七日〃	
十一年十一月	1.40	140	第五十二册雍正十一年十一月程元章奏。	奏摺日期由筆者推定。
十二年春	1.30	130	第五十二册雍正十二年春程元章奏。	〃

表三　清雍正年間(1723—35)福州米價指數　　　基期：雍正元年五月蘇州次米價

年　　月 (雍正)	每石米價 (銀兩)	指數	見於硃批諭旨册數、奏摺日期及具奏人	備　　考
元年三月	1.00	100	第七册雍正元年三月初六日黃國材奏。	
元年五月	0.95	95	第七册雍正元年五月十四日黃國材奏。	
元年十一月	0.90	90	第七册雍正元年十一月初九日黃國材奏。	

二 年 一 月	0.85	85	第七册雍正二年正月二十五日黃國材奏。	
二 年 三 月	0.85	85	第七册雍正二年三月二十六日黃國材奏。	
二 年 閏 四 月	0.95	95	第七册雍正二年閏四月十三日黃國材奏。	
二 年 十 月	0.85	85	第七册雍正二年十月十五日黃國材奏。	
四 年 二 月	1.50	150	第六册雍正四年二月初四日毛文銓奏。	
四 年 五 月	1.80	180	第四十五册雍正四年六月十九日高其倬奏。	
			第十三册雍正四年七月初六日索琳奏。	
四 年 六 月	2.00	200	第四十五册雍正四年七月十八日高其倬奏。	
四 年 七 月	1.65	165	〃	
四 年 九 月	1.50	150	第四十五册雍正四年九月初二日高其倬奏。	
四 年 十 月	1.35	135	第四十五册雍正四年十月十三日高其倬奏。	
四 年 十一 月	1.20	120	第六册雍正四年十一月初九日毛文銓奏。	
五年一、二月	1.65	165	第五册雍正五年正月二十八日陳時夏奏。	陳奏:「臣訪得閩省米價至一兩八錢。」
			第四十六册雍正五年二月初十日高其倬奏。	高奏:「各府及沿海各島澳米價自一兩三錢至二兩不等」。福州米價據此約略估定。
五 年 閏 三 月	1.28	128	第四十六册雍正五年四月初四日高其倬奏。	
五 年 十 月	1.21	121	第十三册雍正五年十月二十五日常賚奏。	
六 年 一 月	1.30	130	第十五册雍正六年正月初八日沈廷正奏。	
六 年 三 月	1.35	135	第十三册雍正六年三月二十二日常賚奏。	
六 年 四 月	1.25	125	第十三册雍正六年四月十二日常賚奏。	
六 年 七 月	1.15	115	第十二册雍正六年七月初六日朱綱奏。	
六 年 十二 月	1.45	145	第四十六册雍正六年十二月二十八日高其倬奏。	
七 年 一 月	1.19	119	第四十六册雍正七年正月二十日高其倬奏。	取高奏與劉奏米價的平均數。
			第十四册雍正七年正月二十五日劉世明奏。	
七 年 六 月	1.10	110	第十四册雍正七年六月十六日劉世明奏。	
七 年 閏 七 月	1.10	110	第五十一册雍正七年閏七月二十四日史貽直奏	
七 年 九 月	0.95	95	第十四册雍正七年九月初六日劉世明奏。	
七 年 十二 月	0.75	75	第五十一册雍正七年十二月二十四日史貽直奏	
八年多—— 九 年 三 月	1.00	100	第四十七册雍正九年五月潘體豐奏。第五十一册雍正九年三月十九日趙國麟奏。	潘奏日期由筆者推定。
九 年 四 月	1.20	120	第四十七册雍正九年五月潘體豐奏。	〃
九 年 六 月	1.00	100	第二十一册雍正九年六月初八日張起雲奏。	原奏:「閩省……米價九錢一兩不等,最貴之處亦不越一兩二三錢」。依此估定福州米價。
九 年 十 月	1.04	104	第四十七册雍正九年十月潘體豐奏。	奏摺日期係筆者推定。原奏係穀價每石四錢五分,今折成米價。
十一 年 四 月	1.05	105	第五十五册雍正十一年四月初五日郝玉麟趙國麟奏。	取閩省米價高低兩極限的中位數。
十一 年 九 月	0.90	90	第五十五册雍正十一年九月初二日 〃	〃
十一年十一 月	0.88	88	第五十五册雍正十一年十一月十八日 〃	〃
十二 年 五 月	0.95	95	第五十五册雍正十二年五月二十二日 〃	〃
十二 年 六 月	0.90	90	第五十五册雍正十二年六月十二日 〃	〃
十二 年 九 月	0.95	95	第五十一册雍正十二年九月二十五日趙國麟奏	〃

表四　清雍正年間(1723—35)廣州米價指數　　基期：雍正元年五月蘇州次米價

年　月(雍正)	每石米價(銀兩)	指數	見於硃批諭旨冊數、奏摺日期及具奏人	備　　考
元年五月	0.85	85	第六冊雍正元年五月十三日楊琳奏。	
二年六月	0.75	75	第三冊雍正二年六月初七日孔毓珣奏。	
二年十月	0.82	82	第三冊雍正二年十月初九日孔毓珣奏。	
三年三月	0.85	85	第三冊雍正三年四月初一日孔毓珣奏。	四月初一日所奏應當為三月米價。
三年十一月	0.85	85	第三冊雍正三年十一月十五日孔毓珣奏。	廣東通省米價。
三年十二月	1.00	100	第四冊雍正三年十二月初一日楊文乾奏。	
四年四月	2.00	200	第三十八冊雍正四年四月初八日際萬端奏。	
四年七月	1.00	100	第三十八冊雍正四年七月二十四日際萬端奏。	通省米價。
四年十一月	1.45	145	第三冊雍正四年十一月十五日孔毓珣奏。 第四冊雍正四年十二月十八日楊文乾奏。	取孔、楊所奏價格的平均數。
五年二、三月	2.85	285	第十三冊雍正五年五月二十日官達奏。	原奏：「省內米價騰至二兩七八錢、三兩不等。」
五年五月	1.20	120	〃 第十三冊雍正五年五月二十四日常賚奏。	
五年八月	1.55	155	第三冊雍正五年八月十九日孔毓珣奏。	
五年九月	1.45	145	第三十四冊雍正五年九月十一日王紹緒奏。	
五年十一月	1.25	125	第三冊雍正五年十一月十六日孔毓珣奏。	
六年五月	1.10	110	第四冊雍正六年五月四日石哈禮奏。 第四冊雍正六年五月二十四日楊文乾奏。	取石、楊奏價的平均數。
六年六月	0.90	90	第三十四冊雍正六年六月二十四日王紹緒奏。	
六年十月	1.09	109	第十九冊雍正六年十月初八日王士俊奏。 第三冊雍正六年十月二十日孔毓珣奏。	取王、孔奏價的平均數。
六年十一月	1.15	115	第十冊雍正六年十一月初二日傅泰奏。	
七年四月	0.84	84	第十九冊雍正七年四月二十日王士俊奏。	
七年六月	0.85	85	第十九冊雍正七年六月十一日王士俊奏。	
七年八月	0.70	70	第三十四冊雍正七年八月初六日王紹緒奏。	
七年九月	0.70	70	第十九冊雍正七年九月十五日王士俊奏。	
八年二月	0.63	63	第十九冊雍正八年二月十六日王士俊奏。	
八年四月	0.63	63	第十九冊雍正八年四月十一日王士俊奏。	廣東通省米價。
八年十月	0.60	60	第十九冊雍正八年十月十一日王士俊奏。	
八年十一月	0.59	59	第二十三冊雍正八年十一月二十日蔡良奏。	
九年一月	0.56	56	第五十六冊雍正九年正月十二日鄂彌達奏。	通省米價。
九年五月	0.47	47	第十九冊雍正九年五月初六日王士俊奏。	〃
十年二月	0.70	70	第三十五冊雍正十年二月二十八日焦祈年奏。	
十年四、五月	1.10	110	第三十九冊雍正十年六月初六日柏之蕃奏。	
十年六月	0.83	83	〃	
十年冬	1.45	145	第五十六冊雍正十一年三月十二日鄂彌達 楊永斌奏。	
十二年四月	0.83	83	第五十六冊雍正十二年四月初八日鄂彌達奏。	
十二年六月	0.95	95	第五十二冊雍正十二年六月二十五日楊永斌奏	

十二年十一月	0.90	90	第五十二册雍正十二年十一月初八日楊永斌奏	
十三年三、四月	0.82	82	第五十六册雍正十三年四月初六日鄂彌達奏。第五十二册雍正十三年三月二十九日楊永斌奏	

表五　清雍正年間(1723—35)安徽米價指數　　基期：雍正元年五月蘇州次米價

年　月(雍正)	每石米價(銀兩)	指數	見於硃批諭旨册數、奏摺日期及具奏人	備　　考
元年六月	1.15	115	第三十四册雍正元年六月二十五日高其位奏。	
二年六月	1.21	121	第三十四册雍正二年六月初十日高其位奏。	
二年九月	1.29	129	第三十四册雍正二年九月二十四日高其位奏。	
三年四月	1.28	128	第三十四册雍正三年四月二十四日高其位奏。	
四年六月	1.03	103	第三十七册雍正四年六月初八日魏廷珍奏。	取所奏各處米價的加權算術平均數。
四年十一月	0.95	95	第三十七册雍正四年十一月二十六日魏廷珍奏	〃
五年十一月	1.13	113	第三十七册雍正五年十一月十九日魏廷珍奏	〃
六年十一月	0.93	93	第三十七册雍正六年十一月十八日魏廷珍奏	〃
七年六月	1.00	100	第三十七册雍正七年六月三十日魏廷珍奏。	〃
				又第一册雍正七年六月十七日范時繹奏，上下江米價自六錢二分至九錢不等。採其中位數當爲七錢六分，與魏奏各縣米價的加權算平(一兩)相距頗遠。查范氏爲江南總督，任所在江寧，而魏氏爲安徽巡撫，所奏甚詳，故范奏米價此處不予採用。
七年十月	0.89	89	第三十七册雍正七年十月二十五日魏廷珍奏。	取所奏各處米價的加權算術平均數。
八年三月	0.80	80	第十七册雍正八年三月二十六日伊拉齊奏。	〃
九年三、四月	1.23	123	第五十二册雍正九年三、四月間程元章奏。	奏摺日期由筆者推定。
十二年六月	1.20	120	第五十七册雍正十二年七月初一日趙弘恩奏。	七月一日所奏應當爲六月米價。
十二年十月	0.95	95	第五十七册雍正十二年十月初六日趙弘恩奏。	
十二年十二月	1.05	105	第五十七册雍正十二年十二月二十日趙弘恩奏	
十三年四月	1.00	100	第五十七册雍正十三年四月十八日趙弘恩奏。	
十三年閏四月	1.00	100	第五十七册雍正十三年閏四月初十日趙弘恩奏	
十三年五月	0.95	95	第五十七册雍正十三年五月十二日趙弘恩奏。	

表六　清雍正年間(1723—35)江西米價指數　　基期：雍正元年五月蘇州次米價

年　月(雍正)	每石米價(銀兩)	指數	見於硃批諭旨册數、奏摺日期及具奏人	備　　考
元年六月	0.71	71	第七册雍正元年六月二十日裴㴤度奏。	
元年九月	0.89	89	第七册雍正元年九月二十六日裴㴤度奏。	
元年冬	0.84	84	第七册雍正二年三月二十八日裴㴤度奏。	
二年三月	0.84	84	〃	

二年六月	0.86	86	第七册雍正二年六月二十四日裴律度奏。	
二年九月	0.83	83	第七册雍正二年九月二十八日裴律度奏。	
三年六月	0.93	93	第七册雍正三年六月二十日裴律度奏。	
四年四月	1.00	100	第十三册雍正四年四月初八日何世璂奏。	
四年七、八月	1.01	101	第七册雍正四年七月初三日裴律度奏。 第十八册雍正四年八月初一日汪漋奏。	取通省各府米價的算術平均數。
五年三月	0.95	95	第五十三册雍正五年三月十九日邁柱奏。	
六年四月	1.15	115	第七册雍正六年四月初三日 十八日布蘭泰奏。	取通省各府米價的算術平均數，及兩次報價的平均數。
六年九月	1.20	120	第十八册雍正六年九月李蘭奏。	奏摺日期由筆者推定。
七年春	1.02	102	第十八册雍正七年春李蘭奏。	奏摺日期由筆者推定。 取南昌米價。
七年六月	0.76	76	第一册雍正七年六月十七日范時繹奏。	
七年閏七月	0.63	63	第三十九册雍正七年閏七月初十日陳王章奏。	取南昌米價。
八年十月	0.70	70	第三十五册雍正八年十月十七日謝旻奏。	按所報穀價折成米價。
九年八月	0.76	76	第三十五册雍正九年八月初八日謝旻奏。 第十八册雍正九年八月初八日樓儼奏。	取所報各府米價的算術平均數，及謝、樓二氏所奏米價平均數的平均數。
十一年三月	1.25	125	第三十五册雍正十一年三月十六日謝旻奏。	取南昌米價。
十二年十二月	0.80	80	第五十七册雍正十二年十二月二十日趙弘恩奏	
十三年五月	0.80	80	第五十七册雍正十三年五月十二日趙弘恩奏。	

表七　清雍正年間(1723—35)湖南米價指數　　基期：雍正元年五月蘇州次米價

年　月(雍正)	每石米價(銀兩)	指數	見於硃批諭旨册數、奏摺日期及具奏人	備　考
元年四月	0.73	73	第二册雍正元年四月二十日楊宗仁奏。	
元年六月	0.72	72	第三十七册雍正元年六月二十八日魏廷珍奏。	
元年九月	0.76	76	第三十七册雍正元年九月初六日魏廷珍奏。	取通省各處米價的加權算術平均數。
元年十一月	0.67	67	第三十七册雍正元年十一月二十五日魏廷珍奏	
二年閏四月	0.88	88	第三十七册雍正二年閏四月十九日魏廷珍奏。 第二册雍正二年閏四月二十二日楊宗仁奏。	取所奏米價的中位數。
二年六月	0.76	76	第二册雍正二年六月二十五日楊宗仁奏。	
二年七月	0.75	75	第十二册雍正二年七月十三日朱綱奏。	取通省各處米價的加權算術平均數。
二年八月	0.83	83	第二册雍正二年九月初一日楊宗仁奏。	九月初一日奏報米價當爲八月價格。
二年九月	0.77	77	第十二册雍正二年九月初五日朱綱奏。	取通省各處米價的加權算術平均數。
三年二月	0.95	95	第三十六册雍正三年二月初三日王朝恩奏。	
三年六月	0.74	74	第三十六册雍正三年六月二十五日王朝恩奏。	
三年九月	0.76	76	第三十六册雍正三年九月十三日王朝恩奏。	
四年四月	0.85	85	第十三册雍正四年四月初八日何世璂奏。	
四年六月	0.81	81	第六册雍正四年六月二十二日布蘭泰奏。	
四年九月	0.80	80	第六册雍正四年九月十二日布蘭泰奏。	
四年多	0.85	85	第六册雍正五年正月二十五日布蘭泰奏。	

年月	每石米價(銀兩)	指數	見於硃批諭旨冊數、奏摺日期及具奏人	備考
五 年 一 月	1.09	109	第六冊雍正五年正月二十五日布蘭泰奏。	
五 年 二 月	1.09	109	第十冊雍正五年二月二十日福敏奏。	
五 年 四 月	1.21	121	第十冊雍正五年四月二十一日福敏奏。	
五 年 五 月	1.20	120	第六冊雍正五年五月十六日布蘭泰奏。	
五 年 六 月	1.29	129	第六冊雍正五年六月十八日布蘭泰奏。	
五 年 秋	0.98	98	第六冊雍正六年七月十四日布蘭泰奏。第十七冊雍正五年秋王國棟奏。第十冊雍正五年九月二十二日福敏奏。	由三氏所奏米價平均而得。王氏奏摺日期係筆者推定。
五 年 冬	1.10	110	第十七冊雍正五年冬王國棟奏。	奏摺日期由筆者推定。
六 年 春	1.07	107	第十七冊雍正六年春王國棟奏。第五十三冊雍正六年二月初三日邁柱奏。	取王、邁二氏奏價的平均數。王奏日期由筆者推定。
六 年 四 月	1.05	105	第十七冊雍正六年四月王國棟奏。第五十三冊雍正六年四月初八日邁柱奏。	〃
六 年 五 月	1.00	100	第十七冊雍正六年五月王國棟奏。	奏摺日期由筆者推定。
六 年 六 月	0.90	90	第十四冊雍正六年六月二十二日劉世明奏。	
六 年 七 月	0.90	90	第五十三冊雍正六年七月初九日邁柱奏。	
六 年 八 月	0.80	80	第十七冊雍正六年八月王國棟奏。	奏摺日期由筆者推定。
六 年 九 月	0.74	74	第五十三冊雍正六年九月初八日邁柱奏。	
七 年 二 月	0.88	88	第五十四冊雍正七年二月初九日邁柱奏。	
七 年 四 月	0.84	84	第五十四冊雍正七年四月二十一日邁柱奏。	
七 年 六 月	0.94	94	第十七冊雍正七年閏七月王國棟奏。	奏摺日期由筆者推定。
八 年 二 月	0.76	76	第五十七冊雍正八年二月初四日趙弘恩奏。	
八 年 三 月	0.75	75	第五十四冊雍正八年三月二十七日邁柱奏。	
八 年 五 月	0.84	84	第五十四冊雍正八年五月十一日邁柱奏。	
十 年 二 月	0.85	85	第五十四冊雍正十年二月二十四日邁柱奏。	
十 年 六 月	0.63	63	第五十七冊雍正十年六月二十七日趙弘恩奏。	
十 年 七 月	0.71	71	第五十四冊雍正十年七月初四日邁柱奏。	
十 年 十 二 月	1.00	100	第五十四冊雍正十年十二月十七日邁柱奏。	
十 一 年 二 月	0.84	84	第五十七冊雍正十一年二月初十日趙弘恩奏。	
十 一 年 五 月	0.91	91	第五十四冊雍正十一年五月初六日邁柱奏。	
十 一 年 七 月	0.80	80	第五十四冊雍正十一年七月初九日邁柱奏。第五十七冊雍正十一年七月初二日趙弘恩奏。	
十 一 年 十 一 月	1.00	100	第五十四冊雍正十一年十一月初九日邁柱奏。	
十三年閏四月	0.87	87	第五十四冊雍正十三年閏四月十三日邁柱奏。	
十 三 年 七 月	0.86	86	第五十四冊雍正十三年七月十五日邁柱奏。	

表八　清雍正年間(1723—35)湖北米價指數　　基期：雍正元年五月蘇州次米價

年月(雍正)	每石米價(銀兩)	指數	見於硃批諭旨冊數、奏摺日期及具奏人	備考
元 年 四 月	0.78	78	第二冊雍正元年四月二十日楊宗仁奏。	
二年閏四月	0.95	95	第二冊雍正二年閏四月二十二日楊宗仁奏。	

年　　月	每石米價	指數	見於硃批諭旨册數、奏摺日期及其奏人	備　　考
二 年 六 月	0.93	93	第二册雍正二年六月二十五日楊宗仁奏。	
二 年 八 月	0.98	98	第二册雍正二年九月初一日楊宗仁奏。	九月初一日所奏應當爲八月米價。
三 年 四 月	0.95	95	第二册雍正三年四月初九日楊宗仁奏。	
三 年 六 月	0.95	95	第二册雍正三年六月十七日楊宗仁奏。	
三 年 九 月	0.80	80	第十六册雍正三年九月初六日法敏奏。	
四 年 四 月	0.85	85	第十三册雍正四年四月初八日何世璂奏。	
四 年 五 月	0.86	86	第二十二册雍正四年五月初四日鄭任鑰奏。	
五 年 二 月	0.95	95	第十册雍正五年二月二十日福敏奏。	
五 年 四 月	1.28	128	第十册雍正五年四月二十一日福敏奏。	
五 年 七 月	1.10	110	第十册雍正五年七月二十六日福敏奏。	
五年十月至六年一月	1.05	105	第五十三册雍正六年二月初三日邁柱奏。	
六 年 二 月	1.08	108	第十二册雍正六年二月十七日馬會伯奏。	
六 年 四 月	0.96	96	第十二册雍正六年四月二十二日馬會伯奏。第五十三册雍正六年四月初八日邁柱奏。	取馬、邁奏價的平均數。
六 年 六 月	0.90	90	第十四册雍正六年六月二十二日劉世明奏。	
六 年 七 月	0.80	80	第五十三册雍正六年七月初九日邁柱奏。	
六 年 九 月	0.80	80	第十二册雍正六年九月初四日馬會伯奏。第五十三册雍正六年九月初八日邁柱奏。	二氏所奏米價相同。
七 年 二 月	0.86	86	第五十四册雍正七年二月初九日邁柱奏。	
七 年 四 月	0.90	90	第十二册雍正七年四月二十九日馬會伯奏。第五十四册雍正七年四月二十一日邁柱奏。	二氏所奏米價相同。
八 年 三 月	0.88	88	第五十四册雍正八年三月二十七日邁柱奏。	
十 年 二 月	0.85	85	第五十四册雍正十年二月二十四日邁柱奏。	
十 年 七 月	0.77	77	第五十四册雍正十年七月初四日邁柱奏。	
十年十二月	1.00	100	第五十四册雍正十年十二月十七日邁柱奏。	
十一年二月	1.00	100	第五十四册雍正十一年二月二十一日邁柱奏。	
十一年五月	0.88	88	第五十四册雍正十一年五月初六日邁柱奏。	
十一年七月	0.93	93	第五十四册雍正十一年七月初九日邁柱奏。	
十一年十一月	1.00	100	第五十四册雍正十一年十一月初九日邁柱奏。	
十三年四月	0.86	86	第五十一册雍正十三年四月吳應棻奏。	奏摺日期由筆者推定。
十三年閏四月	0.83	83	第五十四册雍正十三年閏四月十三日邁柱奏。	
十三年七月	0.94	94	第五十四册雍正十三年七月十五日邁柱奏。	

表九　清雍正年間(1723—35)廣西米價指數　　基期：雍正元年五月蘇州次米價

年　　　月（雍正）	每石米價（銀兩）	指數	見於硃批諭旨册數、奏摺日期及其奏人	備　　　　考
元 年 五 月	0.79	79	第三册雍正元年五月初九日孔毓珣奏。	取桂林府米價。
元 年 七 月	0.63	63	第三册雍正元年七月十六日孔毓珣奏。	〃
元 年 九 月	0.62	62	第三册雍正元年九月二十八日孔毓珣奏。	
元年十二月	0.46	46	第十一册雍正元年十二月初三日韓良輔奏。	
二年閏四月	0.70	70	第三册雍正二年閏四月初九日孔毓珣奏。	取韓奏桂林米價，及孔、韓二氏奏價的

年　月	每石米價	指數	見於硃批諭旨冊數、奏摺日期及具奏人	備　考
			第十一冊雍正二年閏四月十七日韓良輔奏。	平均數。
二年六月	0.55	55	第十一冊雍正二年六月十四日韓良輔奏。	
二年七月	0.55	55	第八冊雍正二年七月初三日李紱奏。	
二年九月	0.49	49	第十一冊雍正二年九月初八日韓良輔奏。 第八冊雍正二年九月二十八日李紱奏。	取韓、李二氏奏價的平均數。李奏取九府米價的平均數。
二年十月	0.70	70	第三冊雍正二年十月初九日孔毓珣奏。	
三年十一月	0.58	58	第三冊雍正三年十一月十五日孔毓珣奏。 第十一冊雍正三年十一月十四日韓良輔奏。	取二氏奏價的平均數。
四年四月	0.98	98	第三冊雍正四年四月二十二日孔毓珣奏。	取所報桂林等五府米價的平均數。
四年五月	0.95	95	第十八冊雍正四年五月二十五日汪漋奏。	取所報桂林等六府米價的平均數。
四年十一月	0.80	80	第三冊雍正四年十一月十五日孔毓珣奏。	
五年四月	1.01	101	第十一冊雍正五年四月初八日韓良輔奏。	取所報各府米價的平均數。
五年八月	1.06	106	第十一冊雍正五年八月初九日韓良輔奏。	〃
六年一月	1.10	110	第四十八冊雍正六年正月二十九日阿克敦奏。	
六年八月	0.90	90	第四十九冊雍正六年八月二十四日郭鉷奏。	
六年九月	1.00	100	第三冊雍正六年九月十一日孔毓珣奏。	
六年十一月	0.90	90	第四十九冊雍正六年十一月初十日郭鉷奏。	
七年六月	0.94	94	第二十七冊雍正七年六月十八日鄂爾泰奏。	
七年九月	0.60	60	第四十九冊雍正七年九月二十四日金鉷奏。	
七年十一月	0.65	65	第二十七冊雍正七年十一月初七日鄂爾泰奏。	將穀價折成米價。
八年四月	0.69	69	第二十八冊雍正八年四月二十日鄂爾泰奏。	〃
八年五月	0.70	70	第四十九冊雍正八年五月初八日金鉷奏。	
十年四月	0.90	90	第四十九冊雍正十年四月十六日金鉷奏。	將穀價折成米價。
十二年九月	0.68	68	第四十九冊雍正十二年九月初九日金鉷奏。	〃

表十　清雍正年間(1723—35)貴州米價指數　　　基期：雍正元年五月蘇州次米價

年　月 (雍正)	每石米價(銀兩)	指數	見於硃批諭旨冊數、奏摺日期及具奏人	備　考
元年四月	0.81	81	第四十五冊雍正元年四月初五日高其倬奏。	取通省米價高低兩極限的中位數。
元年五月	0.80	80	第四十五冊雍正元年五月十二日高其倬奏。	〃
二年二月	0.75	75	第四十五冊雍正二年二月二十九日高其倬奏。	〃
三年八月	0.50	50	第四冊雍正三年八月初三日石哈禮奏。	〃
四年四月	0.50	50	第十三冊雍正四年四月初八日何世璂奏。	〃
四年九月	0.55	55	第十三冊雍正四年九月十二日何世璂奏。	〃市石折成倉石價格。
五年十一月	0.75	75	第二十六冊雍正五年十一月十一日鄂爾泰奏。	取通省米價的中位數。
六年九月	0.90	90	第十五冊雍正六年九月十三日沈廷正奏。	〃
六年十一月	1.10	110	第十五冊雍正六年十一月初六日沈廷正奏。	〃
七年九月	0.51	51	第二十七冊雍正七年九月十九日鄂爾泰奏。 第四十八冊雍正七年九月十六日張廣泗奏。	取通省米價的中位數。取二氏奏價的平均數。
七年十一月	0.50	50	第二十七冊雍正七年十一月初七日鄂爾泰奏。	取通省米價的中位數。市石折成倉石價格。
八年六月	0.55	55	第四十八冊雍正八年六月初八日張廣泗奏。	取通省米價的中位數。
八年九月	0.50	50	第四十八冊雍正八年九月十八日張廣泗奏。	〃

表十一　　清雍正年間(1723—35)雲南米價指數　　基期：雍正元年五月蘇州次米價

年　月(雍正)	每石米價(銀兩)	指數	見於硃批諭旨册數、奏摺日期及具奏人	備　　考
元年四月	1.02	102	第四十五册雍正元年四月初五日高其倬奏。	取通省米價的中位數。
元年五月	1.04	104	第二册雍正元年五月十一日楊名時奏。 第四十五册雍正元年五月十二日高其倬奏。	取通省米價的中位數。又取二氏奏價的平均數。
二年二月	1.03	103	第二册雍正二年二月初四日楊名時奏。 第四十五册雍正二年二月二十九日高其倬奏。	〃
二年九月	0.80	80	第四十五册雍正二年九月十二日高其倬奏。	取通省米價的中位數。
四年九月	1.00	100	第二十五册雍正四年九月十九日鄂爾泰奏。	〃
五年十一月	0.85	85	第二十六册雍正五年十一月十一日鄂爾泰奏。	〃
七年十一月	0.80	80	第二十七册雍正七年十一月初七日鄂爾泰奏。	〃

表十二　　清雍正年間(1723—35)四川米價指數　　基期：雍正元年五月蘇州次米價

年　月(雍正)	成都 每石米價(銀兩)	指數	重慶 每石米價(銀兩)	指數	見於硃批諭旨册數、奏摺日期及具奏人	備　　考
元　年　秋			0.87	87	第二十一册雍正元年秋蔡珽奏。	市石折成倉石價。奏摺日期由筆者推定。
五年春、夏			1.20	120	第二十二册雍正五年十二月十三日任國榮奏。	任奏上米價三兩，折成倉石價爲一兩三錢，減一錢估定爲米價。
五年秋、冬			0.86	86	〃	上、中、糙米價平均。自市石價折爲倉石價。
五年十二月			0.80	80	第二十一册雍正六年二月初六日管承澤奏。	自市石價折爲倉石價格。
六年八月	0.55	55			第三十四册雍正六年八月二十六日憲德奏。	
八年八月			0.68	68	第二十二册雍正八年九月初一日任國榮奏。	上、中、下米價平均。自市石價折爲倉石價。九月初一日所奏應當爲八月米價。
十年八月	0.45	45			第五十九册雍正十年八月十七日黃廷桂奏。	上、次米價平均。
十一年九月	0.35	35			第三十四册雍正十一年九月初六日憲德奏。	

圖一：　清雍正年間(1723－35) 我國東南沿海各地米價指數

雍正元年五月蘇州次米價1.00=100

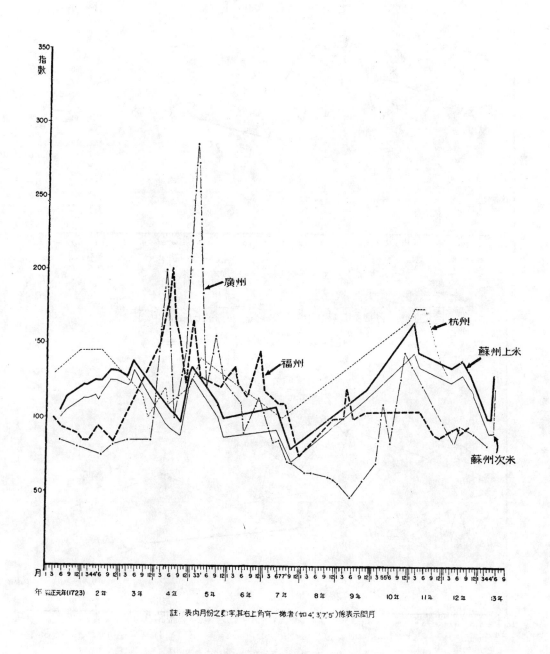

註：表內月份之見 字其右上角有一撇者(如 4′, 3′, 7′, 5′)係表示閏月

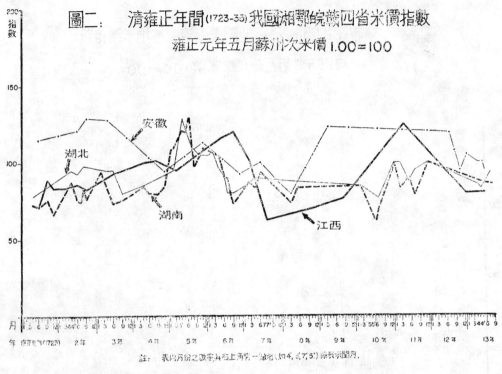

圖二：　清雍正年間(1723-35)我國湘鄂皖贛四省米價指數
雍正元年五月蘇州次米價1.00＝100

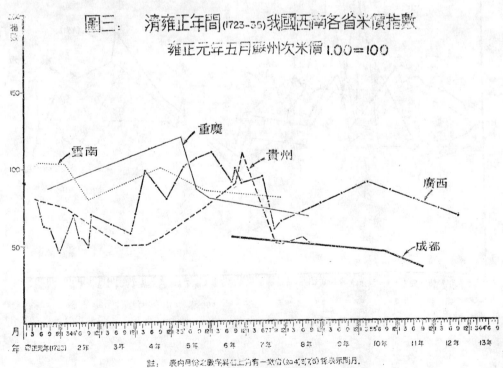

圖三：　清雍正年間(1723-35)我國西南各省米價指數
雍正元年五月蘇州次米價1.00＝100

三

　　前面我們已經把清雍正朝各省米價作過一番整理與圖示，可惜因爲數字資料的不足，不容許我們作時間數列的統計分析，而只能作一種大致的觀察。現在就已有的材料來看，在這一期間（1723—35）內我國中南部各省的米價變動是否有季節性？是否有不斷上升或下落的趨勢？各地區之間的米價及其變動是否有明顯的差異存在？

　　(一)季節性：計算季節指數必須有逐年逐月的數字爲依據，就是作季節性有無的觀察，也總得每年或大多數年份中要有三幾個數字，而且不能集中於一個季節內。但就我們現在所整理出來的資料看，不但沒有一個地方能有逐年逐月的數字，而且很多地方常常一年中連一個數字都沒有，或只有一、二個數字。如蘇州地方，雍正六年(1728)、八年(1730)和十年(1732)都沒有資料，雍正九年(1731)只有一個數字，雍正三年(1725)、十一年(1733)及十三年(1735)的數字又集中在春末夏初，稻穀收成後的米價也不見于記載，無從比較。杭州則更爲殘缺，除了雍正四年(1726)和十一年(1733)各有三、四個數字外，其餘各年或全缺，或只有一、二個數字。其他如皖、贛、雲、貴等省情形相似，四川資料尤缺。像這樣七零八落的資料，在長期間用來觀察長期趨勢還勉強可以，可是，要想從這裏看出季節變動的情形，是十分困難的。幸而福建、兩粵及湖廣等地資料稍多，還能對我們常識的判斷給予一個肯定的證明。

　　我國向來有所謂「春耕，夏耘，秋收，冬藏」及「靑黃不接」等俗語，明顯地表示農村社會的糧食供求之季節性。我國南方的農作物以稻米爲主，每年春季下種，夏秋之間收成。一年收穫兩次的地方（如廣東），早稻於六月間收成，晚稻於九月間收成。所以每年秋季通常都是糧食供應最充裕的時間，其次便是冬天，這些時候的米價也比較低廉。同時，由於我國耕種方法一直沒有多大改良，土地生產力不大，前一年生產的糧食到第第二年春夏之間就消耗得差不多了，因此在這個時期米價往往騰貴。當然，有時因爲歉收的緣故，秋冬米價可能比同年春夏之間更爲昂貴；或者由于其他的原因，季節性也可能受到干擾。如一地收成之後，米價本當下跌，可是若遇外省商販陸續大量將米糧搬運出境，這時供給雖然增加，需求增加更甚，米價反而上漲。經濟現象是非常複雜的，如果我們發現有若干例外情形，自也不足驚異。我們必須儘量擴大視域，多方面尋求解釋。

　　現在讓我們就資料較多的福建、廣東、廣西、湖南四省作一番實地的考察。我們

— 173 —

只要看圖上分別代表這四省的米價指數曲線，便不難發現這樣一種情形，那就是這幾條曲線的尖峰頂點絕大多數都是在春、夏之間，間有少數在冬月，在秋季者絕少，而低窪之點則大多數都在秋冬兩季或夏末。這種變動情狀顯然證明各省米價有季節性存在。為着獲得一個更清楚的印象起見，我們把以上四省有資料的年份中米價最高與最低的月份列在下面，然後把它們彙為一次數表。

表十三　福建省（福州）

年別（雍正）	元年	二年	三年	四年	五年	六年	七年	八年	九年	十年	十一年	十二年	十三年
米價最高月份	三月	閏四月		六月	三月	十二月	一月		四月		四月	五月（九月同）	
米價最低月份	十一月	十月（一、三月同）		十一月	十月	七月	十二月		六月(1.00) 十月(1.04)		十一月	六月	

表十四　廣東省（廣州）

年別（雍正）	元年	二年	三年	四年	五年	六年	七年	八年	九年	十年	十一年	十二年	十三年
米價最高月份		十月	十二月	四月	三月	十一月(1.15) 五月(1.10)	六月(0.85) 四月(0.84)	二、四月		多		六月	
米價最低月份		六月	三十	七月	五月(1.20) 十一月(1.25)	六月	八、九月	十月(0.60) 十一月(0.59)		二月		四月	

表十五　湖南省

年別（雍正）	元年	二年	三年	四年	五年	六年	七年	八年	九年	十年	十一年	十二年	十三年
米價最高月份	九月(0.76) 四月(0.73)	閏四月	二月	四月、多		春(1.07) 四月(1.05)	六月				十二月	十一月	
米價最低月份	十一月	七月(0.75) 六月(0.76)	六月(0.74) 九月(0.76)	六月(0.81) 九月(0.80)	秋	九月	四月				六月	七月	

表十六　廣西省

年別（雍正）	元年	二年	三年	四年	五年	六年	七年	八年	九年	十年	十一年	十二年	十三年
米價最高月份	五月	閏四月		四月		一月	六月						
米價最低月份	十二月	九月		十一月		八、十月	九月						

註：以上各表中括弧內的阿拉伯數字都是米價（單位：銀兩）。

表十七　清雍正年間閩、粵、湘、桂四省^{最高}_{最低}米價月份次數表

月　　　份	次		數	
	最　　高　　米　　價		最　　低　　米　　價	
一　　　月	4		1	
二　　　月	5		1	
三　　　月	3		2	
四　　　月	12		2	
五　　　月	4		1	
六　　　月	6		8	
七　　　月	0		5	
八　　　月	0		3	
九　　　月	2		7	
十　　　月	3		5	
十　一　月	5		8	
十　二　月	5		2	

註：閏四月次數歸入四月計算。
　　最高最低米價月份以春、夏、秋、冬等季節表示者，該季所包括各月各計一次。

　　根據表十七，我們就中國南部的閩、粵、湘、桂四省，作一個綜合的觀察，發現米價最高時期大概總在十一月至次年六月間，而自六月至同年十一月間正是米價最低的時期，於是六月和十一月成了二個轉捩點，卽從新穀登場的六月起米價開始下跌，到冬季的十一月起米價回升。其中四、五月正是青黃不接時期，往往是一年中米價最貴的期間，所以表中四月份最高米價次數特別突出，達十二次之多。可是，像表十七所顯示，爲什麽米貴時期多在四月，而不在五月？如果不是因爲這裏資料太少，使五月的相對重要性沒有充分顯示出來的話，那便是由于受到其他因素干擾的緣故。這裏說的干擾因素，筆者以爲不外兩點：其中一點爲天然的：江南一帶除以稻米爲主要作物外，間有種植小麥，以補糧食之不足。例如福建「山海交錯，田畝無多，卽當豐歲，猶賴二麥、油菜接濟」(註一)；其他如兩廣、湖廣、江蘇、浙江……等都或多或少的栽植小麥。而小麥收穫大致是四月，四月以後市場上既然有或多或少的糧食增加進來，雖然數量極爲有限，不能使糧價顯著下跌，至少可以暫時阻止糧價的上漲。另外一點是人爲的：清初倉儲制度頗爲完備，「京師及各直省皆有倉庫，……其由省會至府州縣俱建常平倉或兼設裕備倉，鄉村設社倉，市鎮設義倉，東三省設旗倉，近邊設

(註一)　硃批諭旨第十三册雍正六年三月二十二日常賚奏。

營倉，瀕海設鹽義倉，或以之便民，或以給軍。」（註一）其中尤以常平倉和平民的關係最為密切，因為常平倉穀或用於平糶，或用於賑濟，自康熙三十四年(1695)起規定，倉穀「每年以七分存倉，三分發糶，並著為通例。」（註二）這些儲備的倉穀，各地方「照例於青黃不接之時糶賣三分，秋收買補。」（註三）有時本地倉穀仍感不敷，地方官更多方籌措，或委員向外省採購米石，或請他省接濟。由於這些人為力量的調劑，常使米價得以平抑，因此雖然還沒有到逆收成時日，米價也不致繼續上漲，甚至往往還能稍為下落。

　　雍正時期江南米價之季節性的變動，已如上述。我們相信如果能够獲得更多的資料的話，這種變動情況一定更為明顯。此外，我們在這裏還要指出，圖上有幾個特別高聳的尖峰點，如廣州在雍正四年(1726)四月的米價（每石二兩），及五年(1727)二、三月間的米價（二兩八錢五分），福州在雍正四年(1726)五月、六月的米價（各為一兩八錢，二兩），及五年(1727)一、二月間米價（一兩六錢五分），蘇州在雍正十一年(1733)春間米價(一兩六錢五分)，以及杭州自雍正十年十二月至次年六月(1733)的米價(一兩六錢六分至一兩七錢五分)，這些時間米價之所以特別騰躍，不僅由于季節變動的因素，實多由於不規則變動 (Irregular variations) 的因素所致。這種不規則變動的因素，最主要的是天災，有時再加上人為因素的影響。因為我國東南沿海數省人口眾多，糧食不足，在豐收的年頭還要倚賴隣省接濟，一遇災歉，糧價便幾乎無可避免地會發生劇烈的波動，這種情形尤以閩、粵兩省為甚。現在先就廣州來說，雍正四年(1726)四月米價高昂，是由於「去歲秋收歉薄」（註四），「春天雨水過多，商販稀少」（註五）。這年（四年）秋天又先後發生兩次水災，晚禾歉收，於是到五年春天情形便越來越嚴重（註六）。幸而後來有廣西積穀三十萬石接濟（註七），情勢才緩和下來。但五年

（註一）　清史稿食貨志二倉庫。
（註二）　同註一。
（註三）　硃批諭旨第十七册雍正八年三月二十六日伊拉齊奏。
（註四）　硃批諭旨第三册雍正四年四月二十二日孔毓珣奏。
（註五）　硃批諭旨第四册雍正四年四月初三日楊文乾奏。
（註六）　見硃批諭旨第十三册雍正五年四月十二日官達奏；第三册雍正四年十一月十五日孔毓珣奏；第十三册雍正五年二月初十日常賚奏。
（註七）　見註六，常賚奏。

五、六月間若干地方又復雨水過多，晚禾遲遲不能栽插，因此廣州米價到八、九月間仍舊停留在較高的水準上（註一）。再說福州，當時福建巡撫毛文銓把雍正四年（1726）夏米貴的原因解釋得很清楚，他說：「閩省上年被水，收成歉薄。今歲春夏之交雨水過多。……而江西一省，……民間遏糶，不容來閩。廣東潮州又日至泉、漳搬運。以致米價騰貴。」（註二）本地收成既缺，鄰省產米之區又禁止米穀出境，缺米之區更日來搬運。加以「有穀之家，見此光景，顧慮缺乏，不肯糶賣。……五月盡六月二十日以前又復缺雨，早稻將秀，不得滋潤，晚稻待種，不能插薄。又通省倉穀大半存價實貯者止有三四分，……」（註三）。在這種情形之下，目前糧食供求之間的差額既然這樣懸殊，將來的預期收成又很難望，因此「在在米貴，民情惶惶，」（註四）殺官、搶米之事層出不窮。（註五）幸而六月二十日後福建各屬普獲甘霖，又得到江西、臺灣的米運來接濟，（註六）秋冬米價纔逐漸下落。但這一年（四年）閩省各屬又大半收成不足，（註七）可充作平民糧食的地瓜也因早寒隕霜而不長發，（註八）因而到五年一、二月間米價又再騰升。至於蘇、杭一帶在雍正十一年春米價特別貴的原因，也是由於上年災歉，遭到風潮、冰雹及蟲傷的緣故。（註九）

（二）長期趨勢：研究長期趨勢，像雍正時代十餘年的期間，似嫌過短；但若有顯著的長期趨勢存在，我們仍然不難觀察出來。如臺北市零售物價指數，以民國三十八年六月十五日為基期（＝100），至四十二年為四八八·八七，至四十六年六月為六四九·三七，（註十）九年之間上升至六倍餘，足見臺北市物價在此期間內有逐漸上漲的長

（註一）　硃批諭旨第三冊雍正五年八月十九日孔毓珣奏。
（註二）　硃批諭旨第六冊雍正四年五月十四日毛文銓奏。
（註三）　硃批諭旨第四十五冊雍正四年七月十八日高其倬奏。
（註四）　同註三。
（註五）　見硃批諭旨第四十五冊雍正四年六月十九日高其倬奏。
（註六）　見硃批諭旨第六冊雍正四年七月十八日毛文銓奏；第四十五冊雍正四年十一月二十八日高其倬奏。
（註七）　同註六，高其倬奏。
（註八）　硃批諭旨第六冊雍正四年十一月二十八日毛文銓奏。
（註九）　見硃批諭旨第十六冊雍正十一年三月初六日喬世臣奏；第五十五冊雍正十一年三月初二日郝玉麟、趙
　　　　　國麟奏；第五十二冊雍正十一年夏署元章奏。
（註十）　中華民國年鑑（民國四十六年十二月臺北市出版）第三二六頁至三二七頁。

期趨勢存在。可是，我們通觀雍正年間中南各省米價變動曲線圖，實在看不出有這種情形。其中成都、重慶、雲南、貴州等地，因爲資料太少，不予論列。其餘各地區在此期間的米價變動，雖然緩急各別，但我們根據任何一條曲線的變動情況，都沒有辦法配成一條逐漸上升或下落的趨勢線。而且除閩、粵二省以外，其餘各省米價變動大致都相當平穩。蘇、杭二地自雍正七年(1729)秋至十一年(1733)春似乎有漸漸上升的趨勢，但我們在前面說過，十一年春這兩個地方米價之所以高昂，實有它們的特殊原因，應屬不規則的變動。而在此以前，上溯到七年秋，却因資料奇缺，我們只好勉强將其連綴起來，實際上的變動情況當然與此有別。而且，卽使如圖上所顯示的，這幾年蘇、杭米價有逐步上升的趨向，而到十一年夏以後又漸漸下落到數年前的水準上。因此，就整個雍正時期看來，實無長期上漲的因素存在，這幾年頂多也僅僅是一種特殊情形而已！閩、粵二處米價波動劇烈，但若將其中不規則變動因素剔除，則也不過在某種水準之間變動而已。中部湘、鄂、贛、皖各省，就整個期間看，其長期趨勢如果能夠畫出一條直線來代表的話，那幾乎就是一條水平線。所以，我們可以說，雍正年間我國中南部米價是沒有長期上升或下降的趨勢存在的。

　　爲着要進一步證明這種觀察結果的正確性，我們現在可把雍正初期和末期我國人口與耕地之間的比例作一番考察。在一個與國外沒有多大貿易關係的國家中，糧食需要的大小決定於人口之多寡，糧食的供給在一定的技術水準之下則決定於耕地面積之廣狹。因此兩者比較，如人口相對的多，則糧價必長；如耕地相對的多，則糧價必跌。根據清朝文獻通考卷十九戶口考一及同書卷三田賦考三，雍正二年（1724）我國人口數爲二五、二八四、八一八，田畝數爲六、八三七、九一四頃二七畝有奇。(註一)又據清史稿食貨志一人口，雍正十二年(1734)人口數爲二六、四一七、九三二，(註二)但同年的田地畝數並沒有資料，東華錄所載又不能採用(見註一)，我們只好根據前後的數字來推計。據清朝文獻通考卷四田賦考四，乾隆十八年(1753)我國田畝數爲七、

(註一)　據雍正東華錄卷五所載，雍正二年十二月我國人口數爲二五、五一〇、一五五，田地山蕩畦地八、九〇六、四七五頃二十四畝有奇，其人口數與清朝文獻通考所載同年人口數相差不大，但田畝數因包括山蕩畦地，相差甚遠。我們所以不採用東華錄的數字，是因爲維持人口的土地以耕地(卽田地)爲主，至于山蕩畦地的重要性，遠不如田地，決不能與田地等量齊觀。

(註二)　雍正東華錄卷二十五所載雍正十二年人口數同。

〇八一、一四二頃八八畝，和二十九年前的雍正二年比較，計增加二四三、二二八頃六一畝有奇，每年平均約增加八、三八七頃，如此則雍正十二年田畝數應爲六、九二一、七八四頃餘。查當時政府獎勵開墾，並責成地方官吏切實辦理勸墾，而且沒有重大的天然或人爲的事故阻擾這種政策的推行。所以當日耕地的逐漸增加，應該是沒有疑義的。因此，我們可以判斷，這一估計數字的相對正確性大約不會有多大問題。茲將雍正二年及十二年全國每人平均耕地面積列表計算如下：

表十八　清雍正年間我國每人平均耕地面積表

年　　　別	每人平均耕地面積	人　　口	土　　地
雍　正　二　年	0.271頃	25,280,000	6,840,000頃
雍　正　十　二　年	0.262頃	26,420,000	6,920,000頃

資料來源：見上。
註：千位以下數字四捨五入。

由上表可見，雍正初期和末期全國每人平均的耕地面積相差極微，雍正二年(1724)每人平均得二七‧一畝，雍正十二年(1734)每人平均得二六‧二畝，前後相差還不到一畝，耕地的增加與人口的增殖幾乎平頭並進。因此，這一時期我國各地區的米價變動，只表現出季節性及不規則變動，長期趨勢並不存在。

上面的事實已經給予我們觀察的結果以一個最爲有力的證明。但是談到物價，便使人想到貨幣的因素。清代幣制，可說是一種銀、錢並用的複本位制，銀、錢的比價至少在乾隆中葉以前是相當穩定的。(註一) 這就是說，貨幣沒有干擾物價，它在當時的作用是中性的。這一點認識，使我們對觀察結果的正確性更是無可置疑了。

(三)各地區之間的差異：就以上所列資料及圖示來考察，我們認爲雍正時期我國中南部各省的米價水準及其變動情況，大致可依地區的不同而區分爲三種：其一爲東南沿海地區，包括蘇、浙、閩、粵四省。這一地區的米價水準最高，波動也最大（尤其是閩、粵兩地）。例如，杭州每石米價從沒有低於一兩的，廣州米價曾高達二兩八錢五分。其一爲中部地區，包括湘、鄂、贛、皖四省。此地區米價水準居中，其中除

(註一)　全漢昇美洲白銀與十八世紀中國物價革命的關係，中央研究院歷史語言研究所集刊第二十八本，民國四十六年五月，臺北市。

安徽省外，米價在大多數期間內都在七錢至一兩之間，所以波動的幅度不大。其一爲西南地區，包括川、桂、滇、黔四省。其米價水準最低（如成都每石米價最低時只值三錢五分），波動的幅度也不大。現在我們要問，爲什麼各地區之間會有這種差別？對于這個問題，我們可從兩方面來尋求解釋：第一是由於各地人口與耕地面積比例的不同；第二是由於各地人民購買力的差異。

先說第一點，現在將各省人口與土地概數及比例數字列表于後：

表十九　　清雍正二年我國中南各省每人耕地面積表

省　　別	每人平均耕地面積(頃)	人　　　　口	耕 地 面 積 (頃)
湖　　北	1.200	450,000	540,000
湖　　南	0.912	340,000	310,000
四　　川	0.512	410,000	210,000
貴　　州	0.500	20,000	10,000
雲　　南	0.400	150,000	60,000
廣　　西	0.400	200,000	80,000
江　　蘇	0.255	2,670,000	680,000
安　　徽	0.243	1,360,000	330,000
廣　　東	0.237	1,310,000	310,000
江　　西	0.221	2,170,000	480,000
浙　　江	0.167	2,760,000	460,000
福　　建	0.091	1,430,000	130,000 (註一)

資料來源：清朝文獻通考卷十九戶口考一，同書卷三田賦考三。(註二)
註：千位以下數字四捨五進。

根據表十九，可知浙江、福建人口相對的多，糧食缺乏，米價較貴；四川、湖廣土地相對的多，糧食充裕，米價較賤。不過，在這裏還要略加修正。第一是廣東需米不下於閩、浙，如雍正五年二月廣東巡撫楊文乾奏稱：「廣東一歲所產米石，卽豐收

(註一)　按清朝文獻通考卷三田賦考三所載雍正二年福建田畝數爲三〇五、二七六頃六十四畝有奇，與同年湖南田畝數完全一樣，顯有錯誤。據同書卷四田賦考四載乾隆十八年福建田畝數反銳減爲一二八、二七〇頃八七畝，足見雍正二年福建田畝數錯誤。今以乾隆十八年數字作爲雍正二年數字。

(註二)　又見安部健夫米穀需給の研究——「雍正史」の一章とにみた，東洋史研究第十五卷第四號，昭和三十二年三月，日本京都。安部健夫先生所引用的資料，以雍正大清會典等書爲主，其中人丁概數項，四川爲一五〇、〇〇〇，廣東爲一、一四〇、〇〇〇，與筆者根據清朝文獻通考所引數字不符，尤以四川人丁數相去甚遠。但雍正大清會典原書未見，今以清朝文獻通考所載數字爲準。

之年，僅足支半年有餘之食。」(註一) 所以每年都要仰賴鄰省（尤其是廣西）接濟。查雍正二年(1724)全國每人平均耕地爲二‧七一畝，（見表十八），而廣東每人平均僅二‧三七畝，田地原屬不足。而且，「廣東一省，務末而賤農者多」(註二)，「人惟知貪財重利，將地土多種龍眼、甘蔗、煙葉、靑靛之屬。」(註三) 因此糧食更加缺乏，「卽豐收而乞糴於(廣)西省者猶不下一、二百萬石。」(註四) 第二是江西省產米之鄉，因境內有鄱陽湖，土地肥沃，出產豐富，所以每年都有很多米輸往鄰省。如雍正四年六月初四日江西巡撫裴㳂度奏：「贛境接壤閩、粵兩省，運去米穀甚多。」(註五) 又雍正九年正月二十四日江西巡撫謝旻奏：「查運漕各省，惟江西、湖廣產米尤多。向來鄰省每於江、楚糴買，江、楚之民亦賴糴賣米石，得價資用。」(註六) 雍正十一年(1733)三月十六日謝氏又奏：「江省上年原屬有收，近緣江(蘇)、浙兩省米價騰貴，商販絡繹，以致江省米價日增。」(註七) 還有一點須要解釋的，就是湖廣土壤既然肥沃，每人平均田地面積又大，當地米價爲什麼不比西南各省爲低，甚至一般說來還要略高一些？最主要的原因是，湖廣當長江中游，市場很大，漢口且有船碼頭之稱。(註八) 本地所產米穀，可以藉長江水路大量輸出，那末，由于需要的增大，米價水準自然不致特別低落。如雍正八年四月二十日雲、貴、廣西總督鄂爾泰說：「湖廣全省向爲東南諸省所仰賴，諺所謂『湖廣熟，天下足』者，誠以米旣充裕，水又通流之故。」(註九) 正足爲這一點的確切說明。

　　綜括起來，大致可以說，東南沿海地區是食米最缺乏的區域，所以米價高出於其他地區；而湖廣、江西、四川都是膏腴之地，糧食有大量的輸出，廣西也因人口相對的少，所產糧食除本省消費外，尙可接濟廣東。江蘇太湖流域產米雖亦豐富，但因爲

(註一)　雍正東華錄卷十雍正五年二月乙丑條。
(註二)　硃批諭旨第二十八冊雍正八年四月二十日鄂爾泰奏。
(註三)　雍正東華錄卷十雍正五年二月甲申條。
(註四)　同註二。
(註五)　硃批諭旨第七冊雍正四年六月初四日裴㳂度奏。
(註六)　硃批諭旨第三十五冊雍正九年正月二十四日謝旻奏。
(註七)　同註六雍正十一年三月十六日謝旻奏。
(註八)　黃卬㮊錫金識小錄卷一。
(註九)　同註二。

蘇、杭一帶人煙稠密,需要特別大,所以仍然供不應求。不過孤懸於東南海上的臺灣島(當時屬福建省,稱臺灣府),却是米糧充裕,「一年豐收,足供四、五年之用,」(註一)每年例應碾米八萬三千餘石運濟閩省,(註二)民間販運的還沒有計算在內,可見這也是一個有剩餘食米輸出的地方。

其次,我們認爲當日我國東南沿海,尤其是蘇、杭一帶,米價之所以較其他地區爲高,是因爲當地人民購買力較大的緣故。我國自南宋時代以來,蘇、杭地區就非常繁榮,有所謂「上有天堂,下有蘇、杭」的諺語。到了清代,江蘇的棉紡織業很發達,其產品銷售於全國各地。如賀長齡輯皇朝經世文編卷二八載欽□□松問:「松(江)有勞紝之利,七邑皆是。捆載萬里,……。冀北巨商,挾資千億,岱、隴東西,海關內外,券驢市馬,日夜奔馳,驅車凍河,泛舸長江,風餐水宿,達於蘇、常。標號監莊,非松不辦。斷壟坦途,旁郡相間。吾聞之蘇賈矣,松之爲郡,售布於秋,日十五萬焉,利矣!」又鄭光祖一斑錄雜述卷七載:「常、昭兩邑,歲產布疋,計值五百萬貫。通商販鬻,北至淮、揚,及於山東,南至浙江,及於福建。」又包世臣中衢一勺卷上海運南漕議說:「自康熙廿四年(1685)開海禁,關東豆、麥每年至上海者千餘萬石,而布、茶各南貨至山東、直隸、關東者,亦由沙船載而北行。……上海人往關東、天津,一歲三四至。」江蘇棉布的銷路,既然這樣廣大,成爲棉紡織業中心的蘇州便分外繁榮,「客商輻輳,……染坊、踹布工匠,……總計約有二萬餘人。」(註三)這種情形,如果和「地無三尺平,人無三兩銀」的貴州比較起來,它的優越的程度,眞不可以道里計!在經濟繁榮的地區,人民購買力大,物價水準當然要比較貧瘠落後的地區爲高。至於杭州一帶,蠶絲特盛,「民間多以育蠶爲業,田地大半植桑。」(註四)絲是一種重量輕、體積小而價值大的物品,能够負擔得起較高的運費,所以除供國內消費外,更大量輸出國外。如李侍堯奏請將本年洋商已買絲貨准其出口摺說:「外洋各國夷船到粵,販運出口貨物,均以絲貨爲重,每年販買湖絲並紬緞等貨自二十萬餘

(註一) 硃批諭旨第四十五册雍正四年七月二十六日高其倬奏。

(註二) 硃批諭旨第五十一册雍正七年八月初二日史貽直奏。

(註三) 硃批諭旨第四十八册雍正元年四月初五日胡鳳翬奏。參考全漢昇雅片戰爭前江蘇的棉紡織業,清華學報新一卷第三期,民國四十七年九月,臺北市。

(註四) 硃批諭旨第五十二册雍正十一年秋程元章奏。

斤至三十二三萬斤不等。統計所買絲貨，一歲之中，價值七八十萬兩，或百餘萬兩。至少之年，亦買價至三十餘萬兩之多。其貨均係江、浙等省商民販運來粵，賣與各行商，轉售外夷，載運回國。」(註一) 這是乾隆二十四年(1759)的奏摺，雍正時期和它相去不遠，情況大概也相差不多。不特如此，由於外國競爭購買，我國出口的絲及絲織品日多，價格亦漸次提高。康熙三十八年（1699）廣州每擔絲價爲一二七至一三七兩（銀），(註二) 康熙六十一年(1722)爲一五〇兩，(註三) 雍正二年(1724)爲一五五兩，(註四) 乾隆十九年(1754)爲一五五兩至二二二兩之間。(註五) 乾隆二十四年李兆鵬奏：「臣見近年以來，南北絲貨騰貴，價值較往歲增至數倍。……查絲之出產，各省俱有，而以江、浙爲最多。顧因地近海洋，……民間商販，希圖重利出賣，洋艘轉運，多至盈千累萬，以致絲價日昂。」(註六) 這樣一來，當地人民的收入，自然會愈來愈增加，他們的購買力也就隨着提高了。

四

根據以上的觀察與探討，我們對於清雍正年間的社會經濟狀況可以得到幾點很有意義的印象。

第一、因爲當時各地米價，沒有長期趨勢存在，換句話說，各地米價沒有不斷上升的情況，所以我們可以說，當日沒有全國性的缺米現象。可是，由於各地米價水準及其變動情況的差異，在東南沿海地區的閩、粵、浙、蘇等省，却常常發生局部性或地方性的缺米現象。解決這種地方性的糧食問題，主要倚賴產米豐富的省分接濟。大致四川、湖廣、江西的米沿長江順流東下，運到東南沿海；江西的米有一部分從陸路分運閩、粵；廣西的米藉西江水路接濟廣東；臺灣的米賴海運接濟福建，有時更有一

(註一)　史料旬刊（北平故宮博物院文獻館出版）第十五期。

(註二)　H. B. morse, The Chronicles of the East India Company Trading to Chnia 1635-1834, Oxford, Vol. 1, p. 90.

(註三)　同註二 p. 172.

(註四)　同註二 p. 180.

(註五)　同註二 Vol. V, p. 19.

(註六)　史料旬刊第十八期李兆鵬摺。

部分轉運到浙江和廣東。不過，閩、粵兩省缺米的情況非常嚴重，而本地又沒有他其產業可以容納許許多多過剩的人口，因此人民很多都渡海到臺灣及南洋各地謀生。如皇朝經世文編卷八四臺灣知府沈起元條陳臺灣事宜狀（雍正年間）說：「漳、泉內地無藉之民，無田可耕，無工可傭，無食可覓，一到臺地，上之可以致富，下之可以溫飽，一切農工商買，以及百藝之末，計工授直，比內地率皆倍蓰。」又同書卷八四趙翼平定臺灣述略說：「其地肥饒，穀歲三熟，閩、粵人爭趨之，日富庶。……六十餘年以來（按自清朝於1683年平定臺灣時算起），地大物齋裕，日益淫侈，……會漳、泉二府人之僑居者，各分氣類，械鬥至數萬人。」又梁廷枏粵海關志卷二四呂宋國載：「閩人以其地富饒，商販者數萬人，往往久居不返，至長子孫。」又同書同卷噶喇巴國載：「國朝初年，噶喇巴始與呂宋、蘇祿等通商閩海。閩、廣閒人浮海爲業者，利其土產，率潛處番地，逗遛不返。」由此可見閩、粵二省移民海外的衆多。今天臺灣居民所以多爲閩南人及廣東客家，以及東南亞各地所以有很多華僑，主要由於自清初以來日趨嚴重的閩、粵兩省糧食問題所促成。

　　第二、由於當時各地區米價水準的差異，我們可以想見，各地區人民的所得及生活水準有高低的不同。大體上說，東南沿海地區的蘇、杭一帶，人民的所得最大，生活水準最高，長江流域中部次之，西南最低。蘇、杭地區人民所得之所以特別高，是因爲當地有絲、棉的出產，以及紡織和其他工業的發達，同時商業也跟着發展。換句話說，當我國其他地區在雍正年間大部分尚在農業會社狀態的時候，蘇、杭地區却已進入農工商業社會狀態，所以人民所得高，購買力大，從而米價水準也較高。

　　第三、由於當日各地米價沒有長期趨勢存在，我們可以想見，十八世紀初葉的中國，社會經濟相當穩定。如前所述，在一個近似封鎖經濟（Closed economy）的農業社會中，糧價的變動足以代表一般物價的變動，而物價的變動又是一種極爲重要的經濟指標。我們經過一番探討後，既然認爲當時米價只有季節性的週期變動，而沒有不斷上升或下落的長期趨勢存在，這自然是社會經濟穩定的象徵。這種穩定局面的造成，主要由於耕地能够隨着人口的增加，亦步亦趨。其次，當日沒有發生嚴重的全國性的天然災害，算得上是個收成良好的時期。同時，自康熙二十二年（1683）平定臺灣後，一直到整個雍正時期終了爲止，互半世紀，人民不知兵革之患，在多亂的我國歷

史上，是一個難得的太平時期。但是，這種經濟上的穩定局面，到乾隆(1736—95)時代便漸漸消失。我們看蘇州米價，作爲比較的標準之次米價格指數（雍正元年五月＝100），到雍正十三年(1735)四月及閏四月不過九〇，同年五月不過一二〇；上米價格指數（雍正元年五月＝105)在十三年四月及閏四月爲一〇〇，同年五月不過一三〇，但到乾隆十三年(1748)却上升到二〇〇，乾隆三十五年（1770）更上升至四四六，乾隆五十一年（1786）爲四三〇。(註一)這種米價之長期性的上升，固然和貨幣的因素有關，(註二)但當日人口與耕地的比例發生了顯著的變動，却是我們不能忽視的事實。我國每人平均的耕地面積，有如前述，在雍正年間約爲二十六七畝，可是到了乾隆十八年（1753）却減少到只有三・八六畝，再後到了乾隆三十一年（1766）更只有三・五六畝。(註三)每人平均的耕地面積旣然銳減，耕作技術又依然如昔，人多地少，全國性的糧食缺乏現象於是呈現，糧價升騰，社會經濟也發生很大的變動。雖然清朝初葉我國人口與耕地的統計數字很有問題，但無論如何每人平均的耕地面積，雍正時期要比乾隆時期（至少在乾隆中葉以後）大得相當的多，是不致有什麼疑問的。

(註一)　全漢昇美洲白銀與十八世紀中國物價革命的關係。根據此文，乾隆十三年、三十五年、五十一年的蘇州上米價格各爲二兩，四・四六兩，四・三〇兩。今以雍正五年蘇州次米價一兩爲基期，計算爲指數，則各爲二〇〇，四四六，四三〇。

(註二)　同註一。

(註三)　羅爾綱太平天國革命前的人口壓迫問題，中國社會經濟史集刊第八卷第一期，民國三十六年中央研究院社會科學研究所出版。

出自第三十本上(一九五九年十月)

記清代的暹羅國表文

李　光　濤

　　當清國繼明之後而入主中國，其對于「四方諸國」之往來，一切多承明之舊規。而暹羅之遣使清國，始於順治九年（西曆一六五二，佛曆二一九五）十二月，自是之後，暹羅即爲清人的「與國」，兩國之間「禮文往來」凡二百餘年。而且這類往來彼此俱以「信義」爲重，所以才得如此「耐久」共樂太平，不似近世邦交「競尙詐僞」結果才致世界紛紛多事的。至所謂清承明之舊規，其舊規如何，當然也就是不外對待疆外的諸國，第一，不倚中國富强，第二，不貪其疆界，第三，不無故興師以及致傷人命而已。有如乾隆五十三年清國於安南，由于安南自中之亂向清請兵，這一戰役，因爲清人以爲此只是安南本國之事，用兵但求適可而止，故乃「隨宜收局」而安南的疆土終歸於安南，此與明朝宣德年間之區處安南，正可謂先後媲美也是惟以和平爲務的。再如乾隆三十一年關于緬甸之役，清國在緬甸境內前後作戰數年，及至達到勝利之後，清兵便全部撤退，而緬甸的「疆域截然」依舊如故，所謂「尺寸之士，中國無取焉」。還有這一戰役，實始于緬甸之無故興師先向清國尋釁的，於是清國爲自衞計不得不出兵直入緬甸以伐其罪，後來清兵雖曰勝利了，但如勝利的收穫，也只是僅僅贏得邊境從此「息事寧人」保持長期的和平而已。此因乾隆之世中國「地大物博」國家富庶，根本也毋須向「四方諸國」希圖發展或乘勝掠人之國的。不過緬甸之役，由當時的暹羅言之，似乎是又大有意義了，因爲暹羅其初固嘗爲緬甸的暴力所併而失其國，後來緬甸乃又恃强更侵及清國，結果卒因清國「國大人衆」而非暹羅之比，清兵一出，「緬甸調征暹羅軍自救」，於是恃强之緬甸竟困于清國。當此之時，暹羅的華裔鄭昭就把握了這一機會奮而與緬兵戰，「乘其疲敝擊破之」而復其國。鄭昭爲暹羅復國始末，清史稿暹羅傳記之甚詳，特轉錄一段如下，以見華裔於暹羅曾經有過很大的貢獻。

　　（乾隆）三十一年………頃之，兩廣總督李侍堯奏，暹羅爲花肚番所破……花肚

番，卽緬甸也。當共時，緬甸攻暹羅，進圍共國都阿由提亞（光濤按，阿由提亞爲暹羅舊都，據日人山口武原云：其地距湄南河口北約八十哩，位於湄南平原之中央。或又有云：曰現今之縊谷約五十哩河上）三月，陷之，殺共王，暹羅遂亡。緬甸酋懵駿旣破暹羅，恃强侵雲南邊，高宗疊遣將軍明瑞大學士傅恒將軍阿桂阿里袞等征之，緬甸調征暹羅軍自救。阿由提亞之陷也，暹羅守長鄭昭方率軍有事柬甫寨，聞都城陷，旋師赴援，疊與緬甸戰，搆兵數年，旣以緬甸困于中國，鄭昭乘共疲敝擊破之，國復。昭，中國廣東人也，父賈于暹羅，生昭，長有才略，仕暹羅，旣破緬軍，國人推昭爲主，遷都盤谷，鎭撫綏輯，國日殷富。四十六年，鄭昭遣使朗丕彩悉呢霞握撫突等入貢，奏稱：暹羅自遭緬亂，復土報仇，國人以詔裔（光濤按，暹羅的汰人曾自稱與唐時雲南的南詔爲一事，故有詔裔二字之稱）無人，推昭爲長，遵例貢獻。帝嘉之。宴使臣於山高水長，所貢方物，收象一頭，犀角一石，餘物准在廣東出售，與他貨皆免稅，特賜國長蟒緞珍物如舊制。四十七年，昭卒，子鄭華嗣。

自古復仇雪恥，必賴隣援，暹羅邊境，幸與中國爲隣，因中國有事於緬甸，而暹羅卽賴以乘機興復，「時勢造英雄」，鄭昭之攘臂崛起光復暹羅，原不足異。所可異者，莫如鄭昭以華裔而爲暹羅立此不朽之勳，建國稱王，毋怪乎鄭昭沒世之後迄于今茲，共豐功偉烈猶爲該邦人士所樂道。（編者按鄭華並非鄭昭之子，乃共塔批御克里，且有篡弒之嫌。鄭昭事蹟參見李光濤：「明清兩代與暹羅」，載四十七年二月中華文化出版事業委員會中泰文化論集。）

　　此下再就內閣大庫殘餘檔內，將所有凡關暹羅的事件尤共是禮文之類，借此作一記錄。檔案本來是殘之又殘爲數無多，可是這類殘餘的文件，原係由八千麻袋也就是十五萬斤爛字紙中整理出來的，所以眞正說起來，像這些遠年的文件，如暹羅的史料，就是片紙隻字罷，其在今日視之，每一文件的價值都是具有重要性的。然當乾隆以前，卽自康熙三年（順治年不算）至雍正十三年，暹羅於清國，一共只往來九次，中間有逾限十餘年至二十餘年不等，此不過由于暹羅道路險遠，所謂「梯山航海」不是一件輕而易舉的事。凡此九次，本文姑置之，但自乾隆元年起以迄于道光十七年止（咸豐五年十二月有雲貴總督恆春暹羅記事，從略），所有暹羅使者之往來中國，凡係見於檔案者，挨順年月，錄之如次：

（ 1 ）　乾隆元年六月初三日，據禮部題本。

（ 2 ）　乾隆十四年七月二十一日，據禮部題本。

（ 3 ）　乾隆十八年三月三十日，據禮部題本。

（ 4 ）　乾隆二十二年四月十八日，據禮部移會。

（ 5 ）　乾隆二十六年五月，據譯出暹羅國王進貢表文。

（ 6 ）　乾隆二十七年六月十九日，據禮部殘題本。

（ 7 ）　乾隆三十一年四月十五日，據禮部奏本。

（ 8 ）　乾隆四十六年九月初八日，據禮部奏本。

（ 9 ）　乾隆四十九年八月二十一日，據上諭。

（10）　乾隆五十一年五月初八日，據譯出暹羅國表文（表文即咸書的意思）。

（11）　乾隆五十三年五月初九日，據暹羅國自譯黃紙漢字表文。

（12）　乾隆五十四年八月二十七日，據上諭。

（13）　乾隆五十五年八月初二日，據上諭。

（14）　嘉慶元年正月二十四日，據禮部題本。

（15）　嘉慶十四年十月十七日，據內閣抄出兩廣總督百齡等奏本。

（16）　嘉慶十七年十月二十七日，據內閣抄出兩廣總督蔣攸銛等奏本。

（17）　嘉慶二十年十月初八日，據禮部奏本。

（18）　嘉慶二十四年十一月初一日，據兼署兩廣總督康紹鏞題本。

（19）　道光二年十月二十日，據兩廣總督阮元題本。

（20）　道光六年五月十四日，據兩廣總督阮元殘題本。

（21）　道光九年正月二十四日，據兩廣總督李鴻賓題本。

（22）　道光九年八月二十七日，據兩廣總督李鴻賓殘題本。

（23）　道光十四年八月二十三日，據兩廣總督盧坤等奏本。

（24）　道光十七年七月二十八日，據上諭。

以上凡二十四條，這在檔案中僅爲一殘餘的記錄，但由此記錄，可以看出暹羅差出使
价的次數。據大清會典，定例，暹羅是三年通使一次的，然會典所載，是不足爲據
的。試以右列記錄言之，如乾隆五十一年至乾隆五十五年，共五年，在這五年內，暹

羅遣出的使价凡四次之多，尤其是五十三年以次三年中，都是每年遣使一次的，使者如是之繁，當然都是些隨事遣出之使，易言之，也正是所謂「有事之使」而已。

　　再，右錄二十四條所記的年月，其年月的用途如下：（一）乾隆五十一年及五十三年關于譯成漢字的兩表文（此只據例而言，倘有多件這裏不必盡舉，且待後文再論），是爲暹羅使臣自本國出發的日期。（二）凡關兩廣總督的本章，則係報告暹羅使臣由廣東起程赴京的日期。（三）禮部的本章和上諭，有的是說暹羅使臣抵達北京的日期，有的是說使臣出京的日期，有的是爲說明某年某月某日據兩廣總督報告暹羅遣使到廣的日期。諸如此類，不消細說，總之，每一日期，都爲證明暹羅使臣之來有過這麼一次的。大抵言之，凡是研究過去的文件，最常注意的，第一「姓名詳」，第二「記日確」，今本文所錄，取義即在於此，再說一句罷，也就是爲討論暹羅史事者之一「確證」而已。這些「確證」，特別是乾隆五十一年（西曆一七八六年，佛曆二三二九年）五月初八日及乾隆五十三年（西一七八八年，佛曆二三三一年），五月初九日譯成漢字的兩文件（此兩文件俱關暹羅鄭王之事），即在今日的泰國言之，假使當年他們的檔案都有謄錄可資取考的話，則彼此之間正可兩相互證一下的。現在爲了取考謄錄起見，特再就前面二十四條的記錄，拈出其有關值得加以考證的，即依記錄編號次序申論如次：

　一　參原件，首書：「管理禮部事務，和碩履親王臣允祹等謹題，爲暹羅國具表進貢方物事。禮科抄出暹羅國王參立拍照廣拍□嘩六坤司尤提雅菩埃奏前事，內開」等字樣。此一字樣，是乃出于禮部所說的而並非表內的原文，今參乾隆二十六年五月一表文，當改爲：「暹羅國王臣森密拍照廣勒拍馬嘩陸坤司尤提雅普挨謹奏爲貢獻方物以修臣職事」。如下文所錄，其頭辭即係依據這一字樣而寫的。又表文原件，因無「現證」可據故其原來的程式究竟如何，現在本文也不便妄加擬定，惟有採取禮部題本內所錄的程式「依樣葫蘆」書出之，至於最後的年月日及「跪進」字樣，則係依照一般表文的程式書寫的（後面表文，只在證明禮部所錄的程式，應加標點及符號一律從略，下同）：

　　暹羅國王臣森密拍照廣勒拍馬嘩陸坤司尤提雅普挨謹

　　奏爲

　　貢獻方物以修臣職事伏以

　聖世雍和萬方咸被化口

洪仁普博千秋永戴殊恩

　中外雖分

　覆載無異臣甫踐藩封輸誠入

　貢前蒙

聖慈垂念遠隔重洋賷送不易嗣後束香洋布等免進

　　共十件

　內宮亦如所免

勅命煌煌永著爲例仍又格外加恩

欽賜扁額奇珍駝馬騾驢且准使等觀光

　上國

恩賞國帑千金舉國頌

聖德於無疆鄰封聞

特容之大典涓浹莫報刻骨難酬臣遠處遐方不能躬

　　親叩

闕特遣朗三立哇提爲正貢使朗曝理哇振爲副使

　　坤史璘吥者哪爲三貢使坤新黎喠呂七通事

　　柯漢文備足邁底辦事賷金葉表文代伸拜舞

　　恭祝

皇圖永固

聖壽無疆外有衷曲未敢擅陳令昭丕雅大庫呈明

　　大部懇爲轉奏萬有意外之事亦令使臣呈明

　　併面聖時奏達

宸聰付猥庸屬國得以㐂全皆籍

皇仁高厚萬里拜瞻伏望

容鑒臣臨表不勝誠惶誠恐之至（圖版壹）

　　雍正拾叄年閏四月日表跪進

乾隆元年五月二十四日奉旨

　　覽王奏遣使航海遠來進貢方物具見悃誠知道了該部知道餘著議奏原表併發

右錄表文，再另參圖版壹，其中有些抬頭的字樣，如：「聖世」、「聖慈」、「聖德」、

「聖壽」等等名辭，都是關于稱「聖」的一類，但是，有抬三格的，有抬二格的，欵

式似欠一致。這一情形，其表箋原件是否卽如此寫法，抑或由于禮部題本轉錄之誤？

現在也不必爲之辨別。不過現在我們有一個看法，就是看過了這一表文的程式，關于

有清一代所謂公文的體例尤其是像外國表文之一類，多少總可由此看出一個大槩的。

　　又，隨表恭進方物，亦據禮部題本附錄於後：

（一）　御前方物：馴象一隻，龍涎香一斤，上沉香二斤，幼鑌石一斤，犀角三

　　　　對，象牙三百斤，荳蔲三百斤，膰黃三百斤，降香三百斤，大楓子三百

　　　　斤，烏木三百斤，蘇木三千斤，蓽撥一百斤，土桂皮一百斤，樹膠香一百

　　　　斤，兒茶皮一百斤，樟腦一百斤，上檀香一百斤，硫磺一百斤，翠鳥皮六

　　　　百張，孔雀尾十屏，潤紅布十疋，大和蘭氈二領，上冰片一斤，中冰片二

　　　　斤，冰片油二十瓢，薔薇露六十罐，共二十七件。又於定例之外，加進金

　　　　緞二疋，花幔一條。

（二）　內宮前方物：龍涎香八兩，沉香一斤，幼鑌石八兩，犀角三個，象牙一百

　　　　五十斤，荳蔲一百五十斤，膰黃一百五十斤，降香一百五十斤，大楓子一

　　　　百五十斤，烏木一百五十斤，蘇木一千五百斤，蓽撥五十斤，土桂皮五十

　　　　斤，樹膠香五十斤，兒茶皮五十斤，樟腦五十斤，上檀香五十斤，硫磺五

　　　　十斤，翠鳥皮三百張，孔雀尾五屏，潤紅布五疋，上冰片八兩，中冰片一

　　　　斤，冰片油十瓢，薔薇露三十罐，共二十五件。又定例之外，加進大和蘭

　　　　氈一領。

又，禮部題本內，更有該部看議一段，因與前者爲一事，亦當一併錄之如次：

　　　　該臣等議得暹羅國王參立拍照廣拍馬嘑六坤司尤提雅菩換差陪臣朗三立哇提等

　　　　奉表進貢前來，與例相符，除馴象一隻，先經臣部奏明交送蠻懷衞收養外，所

　　　　有貢物共五十一件，並例外方物三件，相應交送總管內務府照數查收。其金葉

　　　　表文一頁，表筒一個，黃絹褾一個，錦緞袋一個，繩上拴金鈕三個，金圈七

　　　　個，螺鈕盒一個，紫花緞套一個，上錠金圈八個，黃花緞套一個，上錠金圈八

個，貼金盒子一個，黃花緞套一個，俱交總管內務府查收。該國王奏稱，外有衷曲，未敢擅陳，令照丕雅大庫呈明禮部，懇爲婉奏之處，臣部另行繕摺具奏可也。臣等未敢擅便，謹題請旨。乾隆元年陸月拾叁日。

現在再就國王所進表文內 (包括禮部看議) ，檢查其情節， 凡應說明者今爲說明如下：(一)由雍正十三年閏四月跪進 (表文發出日期) 至乾隆元年五月二十四日奉旨 (表文到京後由禮部錄呈御前之第二日) ，所有經過的時期，凡共一年零一個月。(二)免進貢物：檢檔案內有「暹羅國貢物擬免十件」一紙，其名目計載：「束香三百觔，安息香三百觔，胡椒三百觔，紫梗一百觔，織金頭白袈裟六疋，織金頭桃紅袈裟六疋，織金頭白幼布十疋，幼花布六疋，花幼幔天十條，潤幼花布六疋」。 又載：「其進上中宮方物亦照此減免」。 此減免一事，參清史稿暹羅傳(簡稱本傳)雍正七年條：「常貢內有速香、安息香、袈裟、布疋等，帝以無必須之物，免其入貢，著爲例」。(三) 欽賜扁額以及恩賞千金等情，參本傳亦指雍正七年事而言，如載云：「時貢使呈稱：京師爲萬國景仰，國王欲令觀光上國，徧覽名勝，歸國陳述，以廣見聞。帝命賢能司官帶領遊覽，並賞銀一千兩，遇所喜物購買」。又載：「使臣復稱：本國產馬甚小，國王命購數匹帶歸。允之，命馬價向內庫支給。復賜國王御書『天南樂國』扁額，緞二十五，玉器八，琺瑯器一，松花石硯二， 玻璃器二， 瓷器十四。 貢使赴廣採買京弓銅線等物，復詔賞給」。(四)關于「外有衷曲未敢擅陳」之處，參本傳乾隆元年六月載使臣言：「昔賜蟒龍袍藏丞恩寺上，歷世久遠，難保無虞，懇再賜一二襲。帝特賞蟒緞四疋」。又載：「禮部奏暹羅照丕雅大庫呈稱：伊國造送寺需銅，懇弛禁。議弗許，帝特賞八百斤」。

　　另外，檔案內又查出乾隆元年七月初五日禮部一奏本，其封面有粘簽一紙，書：「召見暹羅貢使事例」等字樣，這一事例，爲清史稿暹羅傳所不載，自當借此傳布於世，俾資研究暹羅史事者便於檢查之用：

　　　　管理禮部事務，和碩履親王臣允裪等謹奏，爲請旨事：暹羅國王參立拍照廣拍馬嘩六坤司尤提雅善換差貢使朗三立哇提等四員，奉表進貢來京。臣部以該貢使等應否召見之處具奏，奉旨：俱着進見。欽此。查雍正元年朝鮮國差密昌君李橝進表慶賀來京時，當經總理事務王大臣等議奏內稱：太宗皇帝平定朝鮮，自該國王李倧投順之後，年年恪恭朝賀，已經百年，凡差來朝鮮國王之族人議

衛稱君者，遇皇上陞殿，在右翼輔國公之下賜坐賜茶在案。今朝鮮國王差伊叔祖密昌君李橞，理宜令其瞻仰聖顏，皇上陞乾清宮寶座，將朝鮮國密昌君李橞，禮部引進丹墀上行禮，禮畢，進乾清宮內，在右翼輔國公之下賜坐賜茶，議政大臣入內大臣班內坐，免吃茶。等因具奏。奉旨：依議。欽此。嗣後琉球安南暹羅等國來使召見，遂俱照朝鮮國來使召見之例，相沿在案。但臣等伏思朝鮮國來使召見，賜坐賜茶，原因其係該國王族稱君者，與我朝內大臣等位次尚不甚相懸，故相待如此之優。至琉球安南暹羅等國差來，若係該國王兄弟世子來朝者，自應如朝鮮之例，若尋常貢使，乃伊國陪臣，與我朝內大臣等位次相去懸遠，則召見儀注，似不宜照朝鮮國稱君者來使召見之例。復查聖祖仁皇帝時亦有召見各國使臣者，不過於便殿召見，如引見官員之例，只侍衛等侍立，令其跪聆慰問畢，即引出，賞賜茶飯，並無御前賜坐賜茶。今臣等酌議得暹羅國貢使朗三立哇提等召見之日，皇上御乾清宮寶座，應入班之內大臣侍衛等照例排班侍立，臣部堂官二員引該國來使等穿伊國公服，隨帶通使一員，由乾清門西門入，至丹墀下西邊，行三跪九叩頭禮。禮畢，臣部堂官由西堦引至乾清宮中門外跪，通使在來使西邊稍後跪，臣部堂官二員兩旁侍立，皇上慰問畢，臣部堂官引出，候旨賜茶或賜飯畢，引至午門外謝恩。其議政大臣等齊集坐班賜坐賜茶之處，似應停止。嗣後琉球安南等國來使，如蒙召見，俱照此例遵行。臣等愚昧之見，是否有當，伏乞皇上訓示，爲此謹奏請旨。等因，乾隆元年七月初五日奏，本日奉旨：此奏雖是，此次仍照世宗憲皇帝召見例召見。欽此。

　二　乾隆十四年七月二十一日禮部題本原件，於抗戰期內，連同其他重要檔案兩大箱，原存於北平北海公園內之蠶壇，中間曾經一再遷徙。及抗戰勝利史語所復員還都後，前項檔案於三十六年由平運回南京時，所有兩大箱已經改裝數小箱，點查原件頗多散失，如乾隆五十六年七月十六日「譯出緬甸國謝恩表文」，如乾隆二十六年五月「譯出暹羅國進貢表文」，還有現在這裏所說的禮部題本，說起來都是些重要而又好看的文件，不意於十五萬斤爛字紙中整理出來之後，竟又復重遭遺失，這眞是一件極爲痛心之事。所幸譯出的暹羅國表文及乾隆十四年七月禮部一題本，當初均錄有副

本，故原件雖曰不能再見，但如副本所錄的史料，現今本文尚可充分加以利用，也總算是一點小小的安慰。茲特據抄件，卽乾隆十四年七月二十一日禮部一題本，將其全文悉轉錄於後，這一史料，讀者幸千萬珍重視之。

禮部尚書臣王安國等謹題，爲暹羅國具表進貢方物事：乾隆十四年七月十六日禮科抄出暹羅國王森密拍照廣勒馬嘑陸坤司尤提雅普挨奏前事，內開：

竊謂循禮報忠，朝廷之鉅典，獻琛修職，臣子之微忱。恭惟皇帝陛下英明神聖，文武容聰，帝德高深，鴻功彌於宇宙，皇仁溥博，恩澤遍及滄溟。是數百代太平天子，千萬載挺出神靈，八荒賓服，四海來王。緣以暹區荒陬僻壤，竄處西陲，久荷姘嶸，恩深覆載。恭遵聖祖仁皇帝承天御極以來，百有餘載，歷奉世宗憲皇帝天朝正朔久矣，恭順向化。欽遵復思天恩浩蕩，聖德昭明，每懷卿結之忱，時切涓埃之報，緣以梯山航海，阻隔重險波濤。原於乙卯歲，臣等已經遣貢使人員虔修貢儀勘合，深入重洋，上貢龍天鳳闕，深蒙皇恩寵賚，藩錫下頒。臣等遠處天南，遙瞻北闕，叩謝天恩，俾彈丸蕞爾微邦，咸沾聖朝雨露，汗顏感激無地。遙想歷代相沿，例應朝貢，劬修厥職，少展葵忱。茲此戊辰歲，臣敬合造正副貢船二艘，遣朗呵派呱提爲正貢使，朗扒里千叨耶爲副貢使，坤申尼嘑備郎爲三貢使，坤樂七呱喳邁墀呱增爲通事，文勃集納備問辦事，大小貢使人員，虔賫方物勘合到粵，奉貢皇朝，凜遵國典，物愧不豐，聊由芹獻。俯叩宸聰容鑒優加撫恤，格外垂仁，憐其荒陬頑蠢，未諳上國規儀。仰冀聖明日月乾坤，帝德淵涵，俾貢使人員得趁早潮順帆回國，共高厚恩澤，下逮邊疆之功，永垂奕禩矣。臣雖處天南，只有瞻天仰聖祝我清之皇圖鞏固，帝道遐昌，金甌永奠，玉燭常調。臣等下情不勝悚慄，無任瞻依之至。

恭進御前方物：馴象二隻，龍涎香一斤，犀角六顆，沉香二斤，象牙三百斤，降眞香三百斤，土璇石十一兩二錢，大楓子三百斤，荳蔻三百斤，蘇木三千斤，澄黃三百斤，榔椒花一百斤，桂皮三百斤，烏木三百斤，樾僕一百斤，鹵舌皮一百斤，樟腦一百斤，檀香一百斤，硫黃一百斤，翠毛六百張，孔雀尾十屏，上冰片一斤，冰片二斤，冰片油二十瓢，紅布襪十疋，賀南邌二領，共二十六件。

恭進內宮前方物：龍涎香半斤，沉香一斤，土磺石四兩八錢，犀角三顆，象牙一百五十斤，大楓子一百五十斤，澄黃一百五十斤，降眞香一百五十斤，蘇木一千五百斤，烏木一百五十斤，桂皮一百五十斤，荳蔻一百五十斤，豳舌皮五十斤，樟腦五十斤，硫黃五十斤，檳榔五十斤，孔雀尾五屛，檀香五十斤，上冰片半斤，翠毛三百張，胡椒花五十斤，冰片一斤，冰片油十瓢，紅布襪五疋，賀南氊一領，共二十五件。乾隆十三年四月奏。

十四年七月十六日奉旨：覽王奏，遣使航海遠來進貢方物，具見悃誠，知道了。該部知道。原表併發。欽此。欽遵，抄出到部。

該臣等議得暹羅國王森密拍照廣勒馬嘩陸坤司尤提雅普埃差陪臣朗呵派呱提等奉表進貢來京，所有馴象二隻，先經臣部奏明交送鑾儀衛收養外，其餘貢物，御前二十五件，皇宮前二十五件，相應交送總管內務府照數查收。其金葉表文一頁，表筒一個，黃絹褙一個，錦緞袋一個，上拴金鈕三個，金圈七個，螺鈿盒一個，紫花緞套一個，上拴金鈕三個，金圈八個，紫花緞套一個，上錠金圈八個，貼金盒子一個，錦緞套一個，俱交送總內管務府查收。臣等未敢擅便，謹題請旨。乾隆拾肆年柒月貳拾壹日。（銜名從略）

此次暹羅遣使進貢，由表文所記的乾隆十三年四月，再參乾隆十四年七月初一日禮部移會內閣典籍廳一文件，記暹羅表文及方物「於乾隆十四年六月二十九日齎送到部」，兩者日期，其間相距凡歷一年兩月有餘，比之乾隆元年使臣之行（見前），時期更多耽擱。以此爲例，可見暹羅每次使行，僅就一個單程言之，也須年餘之久了。其實有時尙不止此，卽如右錄一表文，表文發出的日期，依據表文末端所書年月，雖爲乾隆十三年四月之事，然查乾隆十三年十二月十六日禮部另一題本（原本失，今只存抄件），則暹羅此次進貢，貢船凡正副二隻，其副貢船一隻遠在乾隆十二年六月二十九日便已入口了。本內更引廣東巡撫具報正貢船未能同時入口原因有云：「副貢船止載馴象二隻，其表文方物在正貢船上，茲正貢船被風收入安南修整，俟明年四月間始得開行來廣」。由此原因，又可看出這次暹羅具表入貢，本擬於乾隆十二年由廣齎送到京的，只因正貢船在洋遭風受損，勢須加以修整，於是乎才又延至十三年四月，而表文上的日期也許就是照着這樣改寫的。凡此之類，日期雖有先後，但如究竟言之，似乎無關大體，

　　反正「貢期三年一次」，在共時已然是一定之規，卽縱有逾期，也是「不加詰責」的，這在題本內，也有明白的記述。同時本內記事，更又兼及其他情節甚多，凡一千八百多字，在現在看起來都是些新鮮的史料，而且像這類文件為數無多，與共長此沒沒使之無聞，不如藉此篇幅公布於當代中泰兩國人士之前，以資取材之用。

　　太子少保、內大臣、禮部尚書、暫行署理戶部尚書、兼管三庫事務、內務府總管、兼管樂部、太常寺、鴻臚寺事務、降二級留任臣海望等謹題，為恭報暹羅進貢，仰祈睿鑒事：禮科抄出廣東巡撫岳濬題前事，內開：該臣看得暹羅國王向化輸誠，遣使押駕正副貢船及護貢船隻，賫捧表文方物馴象龍涎香等項前來入貢。先據虎門副將楊啓忠稟報，副貢船於乾隆十二年六月二十九日入口。等情。經前署撫臣策楞檄行布政司移行文武各官加謹防護進省，仍飭令廣州府親詣該船查驗去後。嗣據前署布政司納敏詳報，副貢船止載馴象二隻，其表文方物在正貢船上，茲正貢船被風，收入安南修整，俟明年四月間始得開行來廣。等情，轉請咨部。准部覆，馴象二隻留粵喂養，俟正貢船到廣，驗明表文方物，列冊請題。續據虎門副將楊啓忠稟報，正貢船於乾隆十三年閏七月初三日入口，據正貢船商馬國寶報稱，本船於去年因貢來廣被風，收入安南，今春駛回暹羅，復奉國王重造新船，遣使賫捧表文並進龍涎香等物進獻。等語。又據報，護貢船商坤雙末里方永利等於七月三十日入口。等由。經臣先後檄行布政司移行文武加謹防護，並委員點驗，列冊通詳。隨據正貢船護貢船先後入抵省河，表文方物，照例行令廣州府兼同南番二縣驗明，起送驛館供奉。復經該司道親驗相符，其壓倉貨物，委員起清分貯行內，封固在案。茲據廣東布政使司布政使赫慶查明，造冊詳請先行具題前來。查暹羅國進貢，船不過三，人不過百，今正護二船人數內，除貢使跟役人等四十八員名，實商梢一百八十六名，均與每船人不過百之例相符。又唐梢未據携眷回籍之處，據稱在暹居住年久，各有親屬家室在暹，未有携眷回籍，情願同暹。等語，應照例聽從其便。其進京員役，向係二十六員名，已據造冊呈送，餘留在粵看守貢船，至護貢方永利船隻，應於奉旨准貢員役進京之日，飭令先行回國。馴象二隻，向例一隻，今多進一隻，應准其一齊進京。至所帶紅銅製造器皿，俱係盤碗等項，並無違

禁物件，似應准其製造帶回，嗣後不得援以爲例。其正副二船，及上年副貢船隻所帶壓倉貨物，應否免稅，相應照例一並題報，統聽部議。所有賚捧表文方物貢使通事等各員役，需用夫馬船隻廩糧，並壓倉貨物，梢目姓名，俱列明册內送部查核外，謹題請旨。等因。於乾隆十三年十月十六日題，十一月二十六日奉旨：該部議奏。欽此。欽遵，抄出到部。

該臣等議得廣東巡撫岳濬疏稱：暹羅國王輸誠向化，遣使賚捧表文方物馴象入貢，先於乾隆十二年經前署撫臣策楞杏准部覆，暹羅正貢船因風收入安南修整，其先到副貢船裝載馴象二隻，應暫留粵喂養，壓倉貨物滲漏潮濕，難以久貯，亦令先行發賣，其稅餉應否徵免，俟正貢船到廣，驗明表文方物，於題報疏內聲明。等因。隨將副船人役分別遣發囘國去後，茲又據報，副船護送正貢船隻先後入省，驗明表文方物，起送驛館，壓倉貨物，起貯行內封固，幷上年副貢一船順載貨物，應否免稅，統聽部議。其進貢員役，向係二十六員名赴京，照例造册呈送，餘留在粵看守貢船。至護貢船梢，俟准貢員役進京之日，飭令先行囘國，所有唐梢人等，向在暹居住年久，各有親屬家室，應照例聽其囘暹居住。再該國貢使，自帶紅銅五百斤來粵，製造器皿，雖係奉禁，與內地貨物者有閒，且查所造係銅盤銅碗蠟臺等項，並非違禁物件，似應准其製造帶囘，幷申明該通事人等，嗣後不得援以爲例。等因，具題前來。查會典內開，暹羅國貢期三年一次，又康熙二十二年題准，暹羅進貢員役，准共二十六員名赴京。等語。案查該國自康熙三年至雍正十三年，計入貢九次，有逾限十餘年至二十餘年不等，皆蒙聖祖仁皇帝世宗憲皇帝念其貢道險遠，不加詰責，以示柔恤之意。今該撫疏稱，暹羅國王輸誠向化，遣使入貢，應准其所請，令該國使臣賚捧表文方物，照依册開二十六員名，委員伴送赴京進貢，並將馴象二隻解送來京，護貢船梢，應令先行囘國。其船梢人等，先於雍正二年奉旨：暹羅來船梢目，住居該國歷經數代，各有親屬妻子，實難勒令遷歸，著仍囘該國居住。欽此。該撫既經欽照遵行，毋庸另議。又該撫疏稱，今歲所到正護二船，及上年副貢一船順帶壓倉貨物，應否徵稅，統聽部議。等語。查會典內開：暹羅貢船不許過三隻，每船不許過百人，壓倉貨物，貢使願自出夫力帶來

京城貿易者聽，如欲在廣東地方貿易，著該督撫委賢能官員監看，共交易貨物數目及監看官員職名，另冊報部，壓倉貨物，停其徵稅。今該撫所報暹羅貢船及船梢人數，均與船不過三人不過百之例相符，其壓倉貨物，應照例聽便貿易，停共徵稅，仍令該撫查明交易貨物數目，另造清冊報明戶部查核。至所稱該國貢使自帶紅銅來粵，製造器皿，與內地貨買者有間，且查所造係盤碗等項，並非違禁物件，似應准其製造帶囘。等語。應如該撫所請，准共在粵製造帶囘，嗣後不得援以爲例可也。臣等未敢擅便，謹題請旨。乾隆拾叁年拾貳月拾陸日。(銜名從略)

按乾隆朝，關于暹羅之遣使入貢，以次數的先後言之，當以乾隆十三年才算第一次，其前面所記的乾隆元年，應該列入雍正朝，也就是雍正十三年(見前引表文日期)。這一分別，檢右錄題本，也曾提出有所說明的，如其辟始則曰「案查該國自康熙三年至雍正十三年計入貢九次」，繼之又有曰「今歲所到正護二船」，而這後者所說的「今歲」，即乾隆十三年，當然也正是證明暹羅於乾隆卽位後之初次來朝。再查清史稿暹羅傳所載的「乾隆元年六月國王遣陪臣朗三立哇提等齎表文及方物來貢」，這一乾隆元年，並非眞正的「貢期」，而只是記注進貢使臣到達北京的時期，至於其眞正的「貢期」，觀禮部題本內所記的「計入貢九次」，當爲這「九次」中最後之一次，也就是雍正十三年「例貢」之一次。這一細節，說來也很話長，總因清史稿暹羅傳於此並未交代清楚，所以現在這裏實有說明之必要，俾得藉此不難了解暹羅在淸國所有來貢的次數無論前朝後代說起來總有個區別而已。又清史稿暹羅傳記乾隆朝該國來貢之年更有一誤，亦當乘便加以改正，如記云「十三年入貢方物」，又記云「十四年國王遣陪臣朗呵派提等入貢」。今參右錄禮部兩題本，則可見清史稿所說的十三年和十四年實際都是一囘事並非是兩次，這一改正，今幸有禮部題本爲證，否則這一錯誤自然也就永遠地無從校正的了。

此外禮部於乾隆十四年六月二十九日又另有奏本一件 (封面粘簽書：爲暹羅國文書土儀仍交貢使帶囘由)，與申明「體制」有關，合之前者兩題本，都正是同一使臣之事，而且也是清史稿所不載的，今應備載於後，以補清史之闕。

太子太保、內大臣、禮部尚書臣海望等謹奏，爲奏明事：本年六月二十七日據

暹羅國貢使朗呵派呱提等齎捧表文到部。另呈臣部文書一角，內開：暹羅國昭
丕雅拍埕區沙爲額叩鴻慈等事。備陳聖恩浩蕩，向化輸誠，懇乞指示威儀，叩
觀天顏，外具不腆土儀，少伸蟻悃。等語。臣等查閱文內姓名，與國王不同，
隨詢問通事王國楨，據稱：昭丕雅拍埕區沙係該國陪臣職銜，附致土儀，申達
大部。等情。臣等伏查向來朝鮮琉球等國進貢，隨表具咨臣部，俱該國王鈐用
頒發印信，備給來使齎達。咨內所稱，皆述表內詞語，與各省督撫題本隨具揭
帖達部無異，臣部照例收存，俟奉諭旨咨覆，從無外國陪臣具文臣部，更致土
儀之理。今暹羅國來文，係伊陪臣職銜，又用照會字樣，既於體例未合，且附
致土儀，有違禁令。臣等伏思該國遠隔重洋，未諳中華文移體式，又不知屬在
陪臣，無上交天朝大臣之禮，是以冒昧陳獻。若請旨詰責，則事屬細微，該國
王未有文書到部，亦不便由臣部行文申飭。查該國進貢，由廣東督撫具題，臣
等擬將所備土物，仍交貢使帶回。其該國陪臣來文，由臣部移交該督撫發回該
國王，並諭令嗣後恪遵入貢常典，毋任該國陪臣擅越，具文陳獻，致違體制。
所有來文及土物單，一併抄錄，恭呈御覽，伏候聖諭。爲此謹奏。乾隆十四年
六月二十九日奏，本日奉旨：知道了。欽此。

　三　參題本原件，是爲暹羅例貢一事，其例進方物，與前者（乾隆十三年）所送禮物大
致相同，卽送與皇帝的計馴象等項，共二十七件，比前者多一件，送與皇后的計龍涎
香等項，共二十五件。再檢題本封面粘籤所書「暹羅國王懇賜內監一語，尤爲冒昧等
情」，則又與「違制」有關，所以其後國王不免大遭詰責，甚至表文原件亦被發還。
由此題本，可見有清一代之於屬國，是怎樣地一個「天朝體制」了。此類文件，由殘
餘檔案中清查出來的凡兩件，其一爲題本，另一爲奏本，今只將題本錄如下，以明所
謂「體制」之一實事而已。

　　太子太保、文淵閣大學士、兼工部尚書、兼管禮部事務、加一級臣陳世倌等謹
題，爲暹羅國具表進貢方物事：乾隆十八年二月十八日據暹羅國王森密拍照廣
勅馬哷陸坤司尤提雅普埃，遣使朗損吞呱沛等齎捧表文進貢來京。臣部接閱表
文具奏一摺，內開：竊惟獻琛納貢，既輸向化之忱，具表陳詞，宜守恪恭之
義。本年二月十九日據暹羅國王遣使朗損吞呱沛等齎捧表文到部，臣部接閱表

內，有懇賜人參、纓牛、良馬、象牙、并通徹規儀、內監等語。伏思暹羅向風慕義，久列藩臣，蒙我世宗憲皇帝異數特恩，有加無已，我皇上復鑒其誠悃，錫予頻繁，無非厚往薄來之意。誠以隆恩出於聖主，非可邀求，表文來自藩臣，當遵體制。今閱該國王表文，所懇牛馬象牙等項，已屬支離，並有懇賜內監一語，尤爲冒昧。是以臣等不敢上瀆聖聽，當卽發還使臣，并向該使臣等嚴行申飭，令伊等歸國後，明切曉諭該國王，嗣後惟當恪守規制，益勵敬恭。至其所進物件，并一切筵宴賞賚加恩之處，恭候皇上諭旨遵行。所有臣等辦理緣由，除行文該督撫轉行該國王知照外，理合繕摺奏聞，伏祈聖訓。等因具奏，奉旨：知道了。所進方物，照例收受，其筵宴賞賚，著加恩照上次之例行。欽此。欽遵到部。該臣等議得暹羅國王遣使朗損吞呱沛等進到御前方物：馴象二隻，龍涎香一斤，沉香二斤，土礦石十一兩二錢，犀角六顆，象牙三百斤，荳蔻二百斤，澄黃三百斤，降眞香三百斤，大楓子三百斤，烏木三百斤，蘇木三千斤，胡椒花一百斤，桂皮一百斤，檳樸一百斤，齒舌皮一百斤，樟腦一百斤，檀香一百斤，硫磺一百斤，翠毛六百張，孔雀尾十屏，紅布幔十疋，賀蘭氊二領，上冰片一斤，中冰片二斤，冰片油二十瓢，薔薇露二十罐，共二十七件。西洋金花緞番袍一件，金花緞夾褲一件，西洋金緞帶三件，共五件。另有番書並金字佛號共四本。皇后前方物：龍涎香半斤，沉香一斤，土礦石四兩八錢，犀角三顆，象牙一百五十斤，澄黃一百五十斤，降眞香一百五十斤，大楓子一百五十斤，烏木一百五十斤，蘇木一千五百斤，胡椒花五十斤，桂皮五十斤，檳樸五十斤，齒舌皮五十斤，樟腦五十斤，檀香五十斤，硫磺五十斤，翠毛三百張，孔雀尾五屏，紅布幔五疋，賀蘭氊一領，上冰片半斤，中冰片一斤，冰片油十瓢，薔薇露三十罐，共二十五件。所有馴象二隻，先經臣部奏明交送鑾儀衞收養，其餘貢物，相應遵旨照例交送總管內務府查收，其番書二本，金字佛號二本，交送內閣進呈。至所進金葉表文一道，漢字表文一道，一并發還該貢使齎回可也。臣等未敢擅便，謹題請旨。乾隆拾捌年貳月叁拾日。

（銜名從略）

四 叁原件，爲暹羅國王森密拍照廣勅馬嘑陸坤司尤提雅普埃進到表文，計開：金

葉表文一道，金筒一個連蓋，小金絲袋一隻，小金圈七個，小黃紬墊一個，螺鈿木匣
一個，螺鈿座一個，黃錦袋一個，小金圈八個，黃織線袋一個，小金圈八個，用印黃
紙漢字表文一道，小金絲袋一個，大木筒一個，黃紬大袋一隻，三層金葫蘆二個。

　　按，此次暹羅所遣使臣，乃朗嵩統呵沛等，其表文於乾隆二十二年四月十八日賫
送到部，事畢之後，於乾隆二十二年六月初九日自京起程，於八月二十八日送至廣
東省城，交與巡撫周人驥料理回國。

五 乾隆二十六年五月「譯暹羅國王進貢表文」，此一原件，於抗戰期間，不幸在
北平遺失，其原因前文已經述及，茲不贅。凡此表文，其在今日的價值，都是些第一
等的原始史料，而且這在外面都是不易看到的，特據當初所錄的副本轉布於左：

　　暹羅國王臣森密拍照廣勒拍馬嘩陸坤司尤提雅普埃謹奏，爲貢獻方物，以修臣
職事：切謂循禮效忠，朝廷之鉅典，獻琛供職，臣子之微忱。恭維天朝皇帝陛
下道恭孔孟，德並唐虞，神威鎮山河，正一元而奠六合，聖明同日月，蓋中國
而撫四夷，是數百代太平天子，億萬載挺出神靈。稽古二帝三王，歷代聖賢，
或疆宇未豐，猶俟車書之一統，或人民未席，常鮮玉帛之來同。未有我天朝聖
清皇帝承席光烈，寅紹丕基，炎服九州，撫綏萬國。登蒼生於袵席之上，物阜
民安，躋宇內於春臺之中，河清海宴，是誠覆載無私，華夏咸濡者也。臣暹區
荒陬僻壤，阻隔重洋，自臣世代以來恭順輸誠，傾心向化，歷奉天朝正朔，欽
沐化育深仁，淪浹肌膚，鏤銘萬世。屢遣使臣入貢，俱蒙列聖洪慈，念臣遠邦
納欵，航海抒誠，深荷聖恩格外懷柔，不限貢期。臣承此天高地厚深恩，畢生
難酬萬一，惟有銘記國史，以誌聖朝加恩屬國。臣身在天南，心傾朝北，原於
丙子年經遣使臣朗嵩統呵沛等，賫賫金葉表文勘合，入貢天朝，復送原頒舊
篆，赴部交銷。深蒙聖德如天，恩膏匝地，頒賞倍加，仙錦奇珍，不啻天家華
翠，新賜御篆，龍文鳳彩，無異雲漢天章。臣率舉國臣工郊迎天詔，崇奉金
臺，切念受此殊恩浩蕩，亙古稀聞。茲於辛巳年，特遣朗備彩呱提爲貢使，朗
扒里呵沛爲副貢使，坤加叻耶備扒爲三貢使，文扒里申尼嘩爲四貢使，坤備集
勃千納、王國政爲通事，文武使臣人等，恭賫金葉表文馴象方物，航海赴粵，
入貢天朝皇帝御前，聊展片誠，厥修臣職。自愧國僻乏儀，少效野人芹獻，褺

瀆之愆，仰懇聖慈寬宥，天量汪涵，恩賜使臣得覲天顏，代申拜舞。恭祝聖母

萬壽，如天久照，應地無疆，伏願天朝皇帝萬年，金甌永奠，玉燭常調，俾天

南末國，永沾聖朝雨露之栽培。臣等感激下情，無任瞻依之至，謹奉丹表奏

聞。乾隆貳拾陸年伍月日表跪進。

此一表文，是爲乾隆二十六年辛巳暹羅遣使入貢之事，檢清史稿暹羅傳根本卽無乾隆

二十六年之記事，幸而檔案內查出了譯本的表文，否則研究暹羅文獻者又將少却一件

重要的資料了。又表文內所說的「丙子年遣使入貢」，卽指乾隆二十一年，是年暹羅

使臣之行，以向例推之，使臣由該國啓行之年，自然是乾隆二十一年丙子，而使臣於

抵達北京以及其事畢啓程同國之時，則應在乾隆二十二年，是年史事，據表文，尙有

「新賜御篆」一則亦爲清史稿暹羅傳乾隆二十二年下所不載，如表文之言有云：「丙

子年經遣使臣入貢天朝，復送原頒舊篆赴部交銷」。並云：「新賜御篆，龍文鳳彩，

無異雲漢天章」。按，乾隆朝關于中外「新賜御篆」一舉，在當初實視爲一大事，而

其時朝鮮使臣之至北京者，且以馳啓於國王，參朝鮮正宗實錄丙申（乾隆四十一年）八月

丁巳載陳奏正使金致仁等馳啓曰：「乾隆十三年因太（大）學士傅恒等所奏，中外印信

俱以清書篆字改鑄改頒，而外藩則留俟該國承襲之時改鑄，頒發於封勅之行，所有舊

印，該勅同時使之收還事已成定例。故今番勅行，新鑄金印當爲賫往云」。據此，則

乾隆二十二年暹羅使臣賫捧同國之「新賜御篆」，當然也正是這一「改鑄改頒」之印

信，再觀乾隆五十一年十二月十九日禮部奏本所說的「乾隆二十二年頒給清漢篆印」

（見後），兩者互證，都是不謀而合之一事實。這種事實，清史稿暹羅傳既漏而未收，

故本文特備述於此。同時讀者更當注意，凡此類漏而未收之史料，由清史稿暹羅傳言

之，其情當不止此，如上云云，只不過僅爲其中之一例證而已。

　　六　內有乾隆二十七年六月十九日禮部殘題本，爲暹羅國來使朗備彩呱提等，照例

在臣部筵宴二次，回至廣東，筵宴一次遣同等因。　　按，使臣之行，除正式筵宴外

（禮部的二次筵宴，據朝鮮實錄，卽所謂上馬宴下馬宴之事），其平時的招待，在京則由光祿寺逐日

供給，在外則由各該地方官妥爲照料，據光祿寺報銷黃冊，使臣每人日給全羊一隻，

雞若干隻，豬肉若干斤，他如油鹽之類，逐日俱有記錄（使臣以下，其供給數量依次遞減）。這

一類的黃冊，由殘餘檔案中整理出來的凡三百〇六本，當民國二十三年夏歷史語言研

究所在北平時，連同其他報銷冊總計二千三百七十九本，全部移交本院社會所作爲研究之用。如上面所述供給暹羅使臣之處，已不能詳記，僅憶其大概是如此而已。

　　七　乾隆三十一年四月十五日禮部奏本，爲暹羅國王遣正貢使丕雅嵩統呵沛、副貢使朗備彩申尼嘩、三貢使坤勃千納備問、四貢使文備集申尼嘩，并通事一名，從入十六名進貢，於四月十四日到京，安置宣武門內會同館，應派章京一員，驍騎校一員，兵丁十名看守（即保護的意思），臣部照例行文兵部，派出看守。　　按，暹羅使臣此次囘程之行，參乾隆三十四年七月初五日禮部另一奏本，關于清帝賞賜該國的禮物：（一）國王：上用粧緞四疋，補緞四疋，蟒紗四疋，補紗四疋，緞十八疋，羅緞八疋，紗十二疋，官用錦八疋，羅十八疋。（二）王妃：上用蟒緞二疋，補緞二疋，蟒紗二疋，補紗二疋，緞六疋，紗六疋，羅緞四疋，羅六疋。（三）加賞國王：蟒緞一疋，蟒襴緞一疋，片金一疋，閃緞一疋，錦緞二疋，大卷八絲緞四疋，玉器一件，黃瑪瑙器一件，石硯二方，玻璃器十三件，磁器一百四件。以上一批禮物，由使臣丕雅嵩統呵沛等賷帶囘國。嗣因該國已被花肚番（緬甸）攻破，國王已故，於是原物仍由使臣賷囘廣東轉交禮部收貯，其使臣則於乾隆三十三年十月三十日搭船囘國。自是之後，暹羅不通中國者凡十餘年，直至「鄭氏王朝」，即乾隆四十六年，仍依照舊例遣使往來如故。

　　八　乾隆四十六年九月初八日禮部奏本，爲暹羅國長鄭昭遣使臣朗丕彩悉呢霞喔撫突等具表進貢到京。　　按，此暹羅國長鄭昭，據清史稿本傳載，是爲暹羅「鄭氏王朝」之第一世君主，也就是以華裔而稱王於暹羅的。至所謂「國長」一名詞，說來亦有其故，蓋因清代的屬國，凡關繼世之君，在清帝未曾賜封之前，其在本國雖居「國王」之實，然如行文「天朝」，則又不得以「國王」二字自稱以避僭號之嫌。有如康熙五十九年朝鮮國王李昀，在未受封之前，不稱「朝鮮國王」而只稱「權署國事」，以及乾隆五十四年安南國王阮光平未准封前，不稱「安南國王」而只稱「安南國小目臣」等情節，再參這裏所說的「暹羅國長」，合而觀之，都是同一意義的。又按本傳載，暹羅自鄭氏建國後，其王位承襲者世系如下：第一世鄭昭，第二世鄭華，第三世鄭佛，第四世鄭福，第五世鄭明，一曰蒙格克托。然考其他暹羅史籍，則暹羅之「鄭氏王朝」，實際只僅僅「鄭昭」之本身而止，其第二世鄭華，與鄭昭並無父子關係，

而乃是鄭昭之婿，後來鄭華之繼鄭昭而嗣位，也正是憑藉了子婿的資格而相爲承襲的。這樣承襲也是情之可通，講來也很合乎自然之理，由是鄭華於清朝更一本正經地自稱爲鄭昭之子，於是乎也就堂堂正正地具奏「天朝」懇賜封號了。凡此舉動，不問其內情如何，總而言之，無非向其時中國的「天朝」不外特別表示彼此正如一家而已，此觀後來關于暹羅使臣之來往頻煩，便是這種表示一個絕好的證明。以上所述，是皆後來鄭華之事，初與鄭昭無開，不必細表，現在但就乾隆四十六年九月初八日禮部奏本將鄭昭遣使情節錄如下：

　　禮部謹奏，爲奏聞事：九月初六日，接准尙書公福字寄，內開：九月初二日奉上諭：巴延三等奏，據暹羅國長鄭昭預備正貢一分，具表懇請代奏，并備象牙犀角洋錫等物，以爲副貢。等語。該國長輸誠納貢，備具方物，所有正貢一分，自應照例送京收納，至所備副貢，若槩令賚回，致勞往返，轉非所以體邮遠人。着巴延三等於副貢內，祇收象牙犀角二項，同正貢一幷送京交禮部，於照例賞給之外，查例加賞，以示厚往薄來之意。其餘所備貢物，准其在廣省自行覓商變價，將伊等壓倉貨物，均一體免其納免，將此幷諭禮部堂官知之。欽此。欽遵，寄信前來。臣等謹一面行文兩廣總督、廣東巡撫，將應進貢物，卽行照例送京，俟交收後，所有應行賞給幷加賞物件，臣部另行開單進呈。其餘備貢，曁該陪臣等隨帶貨物，幷令該督撫等一幷遵旨妥協辦理。所有臣等接奉諭旨緣由，理合先行奏聞，伏祈皇上睿鑒。謹奏。

此次暹羅入貢，據淸史稿本傳：「所貢方物，收象一頭，犀角一石，餘物准在廣東出售，與他貨皆免稅，特賜國長蟒緞珍物如舊制」。按，所謂「舊制」，卽係奉旨着照三十一年之例賞給的，見乾隆四十六年十二月二十七日禮部另一奏本。

　　九 乾隆四十九年八月二十一日上諭。　　按，此道上諭，原係乾隆五十年十二月初五日兩廣總督富勒渾題本內附載其時「廷寄」之文件。諭旨內容，專爲申述暹羅國長鄭華備具表文方物，乞恩請封之事。而這請封原委，據當時朝鮮使臣報告，大概不外由于「奏文大違程式」，於是乎廷議以爲不可，故其結果「只收其禮幣與方物，厚賞其國長及使臣而遣之」。此段情節，淸史稿本傳根本卽未著錄，但記「五十一年華遣使入貢……並請封」，今據題本先將上諭來源錄如下，其於研究暹羅歷史者正可爲

拾遺補闕之用：

都察院右都御史、總督廣東廣西等處地方軍務、衆理糧餉、兼署廣東巡撫印務臣富勒渾謹題，爲恭報暹羅貢使開船回國日期，仰祈睿鑒事：據廣東布政使司布政使許祖京會同廣東按察使司按察使姚棻詳稱，奉暫署兩廣總督印務廣東撫院孫士毅札開，乾隆肆拾玖年玖月初玖日承准協辦大學士尚書和珅字寄廣東巡撫孫士毅：

乾隆肆拾玖年捌月貳拾壹日奉上諭：據孫士毅奏：暹羅國長鄭華備具表文馴象等物，差陪臣帕史滑里那突等懇求入貢，並稟請乞恩請封。因其未遵前檄，自行具表懇求，是以將來使安頓公所，貢品敬謹驗收，俟奉到諭旨，卽委員伴送起程。等語。鄭華遵伊父舊規，虔備職貢，其未遵前檄，具表請封，閱來稟及該陪臣稱，恐自行越分干求，致遭斥責，未敢冒昧聲敘，尙屬恭順小心，自應准其納貢輸忱。著傳諭孫士毅，卽派委員將該國陪臣及貢品，照例伴送進京，其懇賜封號之處，俟該使臣到京後再降諭旨，將此由肆百里傳諭知之。

此次暹羅使臣向禮部報到的日期，據向例，大約不外於乾隆四十九年十二月下旬卽封印前到達北京的。到達之後，使臣等在京約需盤桓兩月左右，其回程日期，據題本，貢使於乾隆五十年二月初一日由京起身，四月十三日抵廣東省城。至于由廣回帆日期，則因阻風之故，在廣就延多月，直至乾隆五十年十二月十六日才乘風信順利，所有「正貢」船始解纜回國，又正貢船之外，還有甚麼「探貢」船也是陪着「正貢」船一同由粵開行的。按，使臣等此行所需時日，姑自乾隆四十九年八月二十一日上諭起，迄乾隆五十年十二月十六日由廣回國止，凡計一年四月有餘，此外如再加上暹羅與廣東之間往返的航程，則時日更多，可不必細算。茲再說所謂「探貢」的船隻，這「探貢」一名詞，揆其意義，似乎是爲着「貢使」而說的，再進而言之，也就是爲了特別重視使臣此行所負「請封」的使命相當的重大，同時又好像多少有些懷疑「請封」之事不知准封不准封，而另一用意則當爲迎護「貢使」並駕齊航回國而已。所以「探貢」也者，其初並非與「正貢」同時出發的，而乃是遲至乾隆五十年七月二十七日始抵廣東省城的。

　再，「探貢」之行，如就貿易言之，又正是一件有利可圖之事，蓋「探貢」船隻

所有的「壓倉貨物」得照例「免徵稅餉」，免稅之外，即如伙食一項也不須自備，據
題本，有「梢目水手口糧應請照例支給」語。並又有云：「請以該船到省之日起支，
解纜回國之日住支，併移明督糧道，俟歲底彙册報銷」。據此，則所謂「探貢」也許
是常有之事，例如當鄭昭初次遣使進貢之時亦有「探貢」之舉，參題本，即「乾隆四
十七年暹羅國長差遣船商曾子聲駕船前來探貢」。而這一記錄最值注意的，莫如所說
的「曾子聲」，不消說，當然是華裔，當係在暹羅土生的華裔，其在暹羅或許已有數
世之久，或許這曾子聲的先世和國長鄭昭當初的先世都是些由于「因親及親，因友及
友」的關係而相率來到暹羅的。有了這些淵源，可見這曾子聲在暹羅當非尋常船商之
比，所以到了鄭華嗣位之後，關于「探貢」之行，據題本，其所差遣的又爲「船商曾
子聲」，一遣再遣，前後都是委之「曾子聲」，而且都是爲了「探貢」而來，則是當
初信託之重即此可知。這類的信託，如試就國長鄭華的口氣言之，當有曰：「此曾子
聲，乃是我父王前所差遣者，故今再遣之」。總之，無論如何，這曾子聲之一來再
來，一言以括之，無非以其具有華裔的資格不外希圖藉此更加取信於中國。一面又可
說，這曾子聲於抵廣東後，以情理推之，又常替國長鄭華關于「子承父位」的故事不
免也要大事宣傳一番的，由是而有清時代所有遠近相傳之暹羅「鄭氏王朝」甚麼一世
以迄於五世也就是這樣的載於信史了。當然，還有堂堂正正的國書（表文）也是一確
證。

以上所述，情節說來都很複雜的，是否完全合乎史實，不妨置而不論。現在再說
暹羅國長鄭華所進的表文及方物，這是不見前項題本的，恰巧當初暹羅使臣之來，適
爲朝鮮使臣即謝恩正使朴明源副使尹承勳書狀官李泰永等差不多都是同時到達北京
的，因之朝鮮使臣得見暹羅的表文，並錄其全文，以啓於國王。而朝鮮使臣每一使行
其於探訪中國文獻有所謂「聞見別單」云者，即此之類。不過在中國境內探訪文獻如
暹羅國表文一些的文件，這在當時禮部都是有人負責保管，外方一切人等不得隨意入
內縱觀或謄錄的，然而「有錢能使鬼推磨」，大約朝鮮使臣當必花費了若干銀兩買通了
禮部序班之類，於是所謂暹羅表文才得轉錄之，而且於今又更傳布於世，見朝鮮正宗
實錄九年乙巳（乾隆五十年）二月甲午條。我想，假如其初朝鮮使臣不知注意這一文件，
那，這件表文自然還不是永遠歸於烏有了。以此類推，凡一般的原始史料，其情都通

皆如是而已。今爲紀念朝鮮使臣起見，特據正宗實錄將暹羅表文再轉錄一次，以介於讀者：

漢字表文。暹羅國長鄭華叩首叩首，上貢大皇帝陛下萬歲萬歲萬萬歲：伏以皇帝浩蕩，澤及遐荒，聖德宏敷，光臨海隅。念故父任政暹羅，遣使朝貢，業蒙容納，不勝榮幸。何期更邀隆遇，格外加恩，懷遠屬國，無微不照，使華感激無地，補報無門。茲華繼嗣父業，當續父志，供奉貢典，不敢少忽，聿修厥職，永効忠誠。但華僻處海隅，遐荒粗定，今備方物來朝，貢禮誠難合式，俯思鴻慈鑑華悃忱，必沾涵育。茲虔備：金葉表文，公象一隻，母象一隻，龍涎香、外一斤、內八兩，金鋼鑽、外七兩、內三兩，沉香、外二斤、內一斤，冰片、外三斤、內一斤八兩，犀角、外六介、內三介，孔雀尾、外十屏、內五屏，翠皮、外六百張、內三百張，西洋氈、外二張、內一張，西洋紅布、外十疋、內五疋，象牙、外三百斤、內一百五十斤，獐腦、外一百斤、內五十斤，降眞香、外三百斤、內一百五十斤，白膠香、外一百斤、內五十斤，大楓子、外三百斤、內一百五十斤，烏木、外三百斤、內一百五十斤，白荳蔻、外三百斤、內一百五十斤，蓽撥、外一百斤、內五十斤，檀香、外一百斤、內五十斤，甘蜜皮、外一百斤、內五十斤，桂皮、外一百斤、內五十斤，藤黃、外三百斤、內一百五十斤，蘇木、外三千斤、內一千五百斤。特差貢使帕史滑里那突朗喎汝悉呢霞喔撫突朗扶察那丕汝知突汝丕巳澇遮辦事，匍赴恭進金闕，懇蒙容納。華不勝感激榮幸之至。冐呈。(卷十·九葉十七　圖版貳)

同書三月辛未又載謝恩書狀官李泰永進別單曰：

……暹羅國在南海中，距廣東水路萬餘里，自廣東距燕京陸路五千里，其國長新立，遣使請封，貢使卽三品官，從者五十餘人，進京納貢。表文名曰金葉表，橫寫字行，恰似梵書，全不可解，使廣東通事僅僅翻漢以奏。皇帝使九卿會議，閣老阿桂以爲請冊重事，不用品高大臣，只送年少微官，殊欠尊敬之義。且其表文大違程式，不可依準。皇帝則特以柔遠之意，欲爲許施，而羣議不一，故只收其禮幣與方物，厚賞其國長及使臣而遣之。

又云：

臣每於班行，見其容貌，無異常人。冠服極其詭異，剃其頭髮，項垂金珠，所着帽子鍍金爲之，高幾尺餘，上漸尖細，若牛角然，而末懸眞珠一枚。衣則金絲織布，雜以紅色，繡以花紋，狹袖長裙，腰繩大帶，所着甚薄，不甚寒逼。雖有言語，亦不能盡解。（卷十九葉四十四　圖版叁）

由右錄史料，再參兩廣總督富勒渾的題本，試爲論之如次：（一）漢字表文，其中大意固在於懇求入貢，但於措辭之中，實寓乞封之意，如云：「繼嗣父業，當續父志」。這正是言外請賜封號之一種表示。此種表示，旣未明言乞封之事，其於當時體例，實有不合。由陪臣之言觀之，雖曰：「恐自行越分干求，恐遭斥責，未敢冒昧聲敍」（見前引上諭）。終以格於廷議，而曰：「表文大違程式，不可依準」。卽皇帝於此，亦不得獨執己見，故其「欲爲許施」之處，結果還是勉從衆意而便隨時打消了。由此一點，正可見卽使皇帝之尊，只須頭腦淸楚，凡干大事之措施，也是不敢違背多數意見的。（二）表文內所說的內外，卽內指皇后外指皇帝而言，其呈於皇后的貢物只有皇帝的半數，實際這些貢物到達禮部後，都是由該部行知內務府等衙門照數查收。不過有時皇帝也要「逐件檢些須呈覽」的。（三）關于「厚賞其國長及使臣」一情節，參題本，當乾隆五十年正月十九日禮部奏本有一黏單開載如下：賞暹羅國長：錦捌疋，織金緞捌疋，織金紗捌疋，織金羅捌疋，紗拾貳疋，緞拾捌疋，羅拾捌疋。賞國長之妻：織金緞肆疋，織金紗肆疋，織金羅肆疋，緞陸疋，紗陸疋，羅陸疋。賞來使肆員：織金緞各叁疋，緞各捌疋，羅各伍疋，絹各伍疋，裏各貳疋，布各壹疋。賞通事壹名：緞伍疋，羅伍疋，絹叁疋。賞從人貳拾壹名：絹各叁疋，布各捌疋。賞伴送官貳員：彭緞袍各壹件。按，這類賞物，照例由禮部行文內務府移取，在午門前賞給。同時更由該部移會內閣撰入勅書內，交來使齎囘。（四）關于使臣冠服參於班行之一記事，此所謂冠服，當然也就是伊國的公服，檢前面第一條附錄乾隆元年七月初五日禮部奏，曾經述及引見暹羅使臣儀注一節，有甚麼「該國來使等穿伊國公服」語，正可爲彼此兩相參證之用。

　十　參原件，是爲暹羅國長鄭華正式具表「伏懇皇恩勅贈封號」之一文件，本件全文只存下段，上段缺，然此一殘件，價值實非尋常之比，乃暹羅國整個「鄭氏王朝」請封史事中現在僅存的獨一無二之文件，同時也正是一般治暹羅史者不可不知之史

事，特據原件程式，錄其殘文於左(圖版肆)：

（上缺）

　封以彰民望必 (約缺數字)

恩恤是以不避恐懼虔備方物朝貢□□□□□雅

　　　史滑里遜通那突帕喎汶悉呢霞喔撫突朗

　　　抆察那丕汶知突汶丕匹涝遮辦事等匍赴

　金闕伏懇

皇恩勅贈封號錫予印綬無疆

聖德彌天極地沐恩之下實出望外犬馬之報常延

　　　及於子子孫孫矣華誠惶誠恐不勝慄悚瞻

　　　依之至謹奏

　　　虔備

　　　金葉表文一張書遷字

　　　公象一隻

　　　母象一隻

　　　龍涎香　　　外一觔　　　內八兩

　　　金剛鑽　　　外七兩　　　內三兩

　　　沉香　　　　外二觔　　　內一觔

　　　犀角　　　　外二觔　　　內一觔

　　　孔雀尾　　　外十屏　　　內五屏

　　　翠皮　　　　外六百張　　內三百張

　　　西洋氊　　　外二領　　　內一領

　　　西洋紅布　　外十疋　　　內五疋

　　　象牙　　　　外三百觔　　內一百五十觔

　　　樟腦　　　　外一百觔　　內五十觔

　　　降眞香　　　外三百觔　　內一百五十觔

　　　白膠香　　　外一百觔　　內五十觔

大楓子	外三百觔	內一百五十觔
烏木	外三百觔	內一百五十觔
白荳蔻	外三百觔	內一百五十觔
蓽撥	外一百觔	內五十觔
檀香	外一百觔	內五十觔
甘蜜皮	外一百觔	內五十觔
桂皮	外一百觔	內五十觔
藤黃	外三百觔	內一百五十觔
蘇木	外三千觔	內一千五百觔

恭進

金闕懇蒙容納華 不勝感激榮幸之至冒呈

　　乾隆五十一年五月初八日

此道表文，關于書寫程式前後亦不歸一，如所謂「金闕」二字一名詞，前者抬二格書之，而後者則書于極行共抬三格，這一「上下其手」之處，當然也不關甚麼「體例」一問題，可說全是由于書寫者之錯誤。以此為例，再觀首條乾隆元年禮部題本內所錄暹羅表文的程式於同一名稱或高抬或低抬之一情節，不消說，自然也是出于禮部之錯誤。凡此之類，說起來都是些細節虛文無關大體，然如眞正嚴格論之亦有不合，所以有些本章封面上所批的旨意往往指出本內的錯誤而大加申飭的，卽此之類也。

　　再說上面表文於進呈御前後，當時奉有旨意云：「覽國長奏：遣使航海遠來進貢方物，具見悃忱，所有請封事宜，著察例具奏。該部知道。原表併發」(見後)。此道旨意之外，更有清史稿本傳亦可參合觀之：

　　(乾隆) 五十一年，華遣使入貢，御前方物：龍涎香、金鋼鑽、沉香、冰片、犀角、孔雀尾、翠皮、西洋氈、西洋紅布、象牙、樟腦、降眞香、白膠香、大楓子、烏木、白荳蔻、檀 (香)、甘蜜皮、賸黃、外馴象二。中宮前無象，物半之，並請封。十二月戊午，封鄭華為暹羅國王，如康熙十二年之例。制曰：我國誕膺天命，統御萬方，聲敎覃敷，邇爾率服。暹羅地隔重洋，向修職貢，自遭緬亂，人民土地悉就摧殘，實堪憫惻。前攝國長事鄭昭，當舉國被兵之

後，收合餘燼，保有一方，不廢朝貢。其嗣鄭華克承父志，遣使遠來，具見悃忱。朕撫綏方夏，罔有內外，悉主悉臣，設暹羅舊王後嗣尚存，自當擇其嫡派俾守世封。茲聞舊裔遭亂淪亡，鄭氏攝國長事旣閱再世，用能保其土宇，輯和人民，闔國臣庶共所推戴。用是特頒朝命，封爾鄭華爲暹羅國王，錫之誥印，尚其恪修職事，愼守藩封，撫輯番民，勿替前業，以副朕懷柔海邦與廢繼絕之至意。

本傳所記乾隆五十一年准封暹羅國王史事僅共三百零七字，不免過於簡略，其實尚有若干曲折，如頒誥，如賜印等節目，此在當時視之，俱與暹羅「鄭氏王朝」首次封王大典有關，茲檔案內查出乾隆五十一年十二月十九日禮部奏本一件，特彙錄於後，俾資注意暹羅斯時史事者更可多一瞭解。

禮部謹奏，爲遵旨查例具奏事：查暹羅國長鄭華遣使來京朝貢，具表請封，奉旨：覽國長奏，遣使航海遠來進貢方物，具見悃忱，所有請封事宜，著察例具奏。該部知道。原表併發。欽此。臣等伏查康熙十二年暹羅國王請封，臣部議照封安南國王之例，撰擬誥命，鑄造駝鈕鍍金銀印，遣正副使各一員賫捧往封。奉旨：冊封暹羅國王，渡海道遠，風濤有懼亦未可定，誥印應否交付進貢官，爾部再行察例具奏。欽此。隨經遵旨議准，遣封暹羅國王，航海隨去官兵甚多，又需月日，且該國迎送勞苦，應不必遣官，俟誥印製造完備，傳該貢使赴午門前行禮祗領賫回在案。今暹羅國長鄭華具表請封，奉旨著臣部察例具奏，應請照康熙十二年之例，交內閣撰擬誥命，臣部鑄造駝鈕鍍金銀印，其應用印匣黃絹等物，由戶工二部取用，於來京貢使起程回國之先製造完備。起程前期，臣部設几案于午門前恭陳誥印，帶領該貢使行三跪九叩頭禮祗領恭賫回國，並咨行該國王令於該國境上恭迎，伏候命下臣部遵奉施行。所有例賞該國王及王妃幷貢使等項，臣部照例具奏辦理。爲此，謹奏請旨。

夾片：臣等查暹羅曾于乾隆二十二年頒給淸漢篆印，詢據來使稱：緣前此該國被花肚番擄掠，舊印遺失無存。等語。若另行咨查，恐往返需時，且查該國現賫副表內並未有用印文，是舊印遺失，似可憑信，但恐將來舊印別出，無從辨識。臣等謹擬將篆文內印字篆法，稍爲區別，所有新舊印模，一倂粘簽恭呈御

覽，伏候欽定。謹奏。等因。于乾隆五十一年十二月十九日奏，本日奉旨：知
道了。欽此。

鄭氏暹羅遣使請封，通觀上文記述，前後凡兩請，一爲乾隆四十九年，一爲乾隆五十
一年，歷時幾及三年之久，而後者卒得蒙恩准封，且於使臣之囘，旣頒以「天朝誥
命」，復賜給「篆文寶章」，同時於國王王妃以及使臣等，又更賞以多珍，凡此恩寵，
其在暹羅自是「國之大慶」，誠所謂將藉此寵榮「光之奕世」了。

　　按，賜封故事，參暹羅現代史，暹羅於英國亦嘗有受封之事，如佛曆二千四百五
十七年，卽西曆一千九百一十四年，英王晉封第六世暹大君主爲英國陸軍上將，同時
第六世暹大君主亦賜封英皇爲暹羅之陸軍上將。此與淸國之賜封都是同樣的光榮，所
不同的，後者是雙方相互並行之事，就是說「你封我，我也封你」，而前者之頒給誥
印乃只是淸國賜封於暹羅，其暹羅則固未能同樣施之於淸國，這也是由於今古時勢不
同，所謂「彼一時，此一時」，都是「各行其是」而已。何況鄭華於淸國，更嘗自稱
爲「前王」(鄭昭) 之子，這種關係，說起來當然也正是「中國之光」，其與中國的關
係，當然不外更是表示共「親切」。實則我在前文曾經指出鄭華原非鄭昭之子，而乃
是鄭昭之婿，此亦無關輕重不必爲之分別，總之，無論爲子爲婿，反正前王後王都是
相承而來，而後王的基業又正是前王所手創，史貴眞實，是固不待煩言而喩的。衆之
中國於「四方諸國」，自明朝以來便是一個「厚往而薄來」的 (旺以前不論)，同時「四
方諸國」之樂於與中國「禮文往來」，這也正是一個重要的原因。有如近代韓國人士
論及這類史事就曾這樣公開地說：「外有服屬之形，內敦兄弟之愛」。又說：「國有
大小之殊，而志忘壞地之睽」(見史語所集刊第十八本第四八四葉)。其實中國與暹羅關于「昆
弟之愛」也是不分彼此的，試觀近今泰國各地的華裔，寄籍者無數，彼此無忤，可見
其正是所謂「傳流有自」的了。

　　十一 乾隆五十三年五月初九日，暹羅國自譯表文。　　　　　按，此一表文，據內閣典
籍廳登記簿，也就是所謂「用印黃紙漢字表」，又嘗稱之曰「謝恩表」，卽係專爲「勑
賜封號」而謝恩的。這種文書，其價值比之故宮所藏「書暹字」的金葉表文 (民國二十
一二年我在北平時參觀故宮古物得見之) 不可同等而論，因爲前者漢字表爲一般人士所能一見
卽知的資料，而後者金葉表只足供參觀者之一覽而不能令人有所了解的 (除非習暹羅文的

才能了解）。再進而言之，卽前面所記若干譯出的表文，在檔案中雖爲「僅此一本」可珍可貴的文件，然如擬之暹羅自譯漢字表，則兩者之間也是一樣不可相提並論的。要之，暹羅國自譯黃紙漢字表之在今日，其爲舉世稀有之文件，當係事實。特是這一稀有之表文，我們回憶當初之在檔案中被發見，說起來也是一種奇蹟，不妨試述如下。當民國四十四年我爲大陸雜誌所寫的「記內閣大庫殘餘檔案」（第十一卷四至六期）一文，在這一文內我曾報導檔案一些濕爛的情形，繼之又更談到有所謂八百多蔴袋的賀表。而這一批賀表們，大概計之濕爛的也佔多數，可是像這一堆又濕又臭的爛字紙，最後竟會發見了若干珍貴的文件，如現在這裏所記的暹羅國自譯漢字表文，便是其中一個極有價值的收穫。不過這種收穫，我還須再加以說明，就是說這八百多蔴袋賀表，在整理之始本來也經過詳細地檢查了一番，而且也檢出了一些普通的賀表以及一大堆比較所謂「好看的」甚麼黃綾封之一類，在這樣地檢查之後，其餘的當然都視爲廢紙所以仍被裝入蔴袋中而別置一隅。但，管理這項工作，我自初就是一個負責人（同事尹子文先生也是一個負責者），我當時心中總認爲在這一批「黃的清一色」的蔴袋中，多少也許可以再找出若干重要的文件，所以我當全部十多萬斤檔案初步整理剛剛結束之際，而便將被視爲廢紙的八百多蔴袋賀表，專由我個人獨自地一一倒出來再小心翼翼似的複查一次。比如有些糟成一團的爛紙，剛一着手便穢氣撲鼻，這在衞生方面說，當然令人受不了，然而我的全付精神和興趣只在尋求重要的文件，穢氣也罷，不衞生也罷，一切都不顧，所以結果奇蹟也就有了，如崇禎三年給朝鮮國王李倧勿「媾倭欸奴」一勅諭，如暹羅國的黃紙漢字表，都是在這樣工作情形之下被發見的。發見之後，因爲他們的本身太過於糟爛，所幸史語所當初爲了整理檔案之需要曾經特別有所謂「裱褙室」的設備，於是前項文件其時卽在我監視之下而加以裝裱終於成了一個極端好看而又極其重要的文件。像這樣情形，由整理檔案的目的言之，可以說，眞是一件莫大的快慰，但是讀者要知道假如其初那八百多蔴袋賀表不再加複查的話，則上述文件尤其是後者暹羅國用印的表文，自然也就永遠不得與世人相見了。（多年以來凡參觀史語所明清檔案的，看到暹羅國自譯表文，都很特別地表示滿意）今茲爲滿足讀者的了解起見，謹依原表書式，錄呈於中泰兩國當世君子之前，其於中泰兩國文化交流之史事，我想，只要看到這一「現證」的表文，自然而然便會興感於這一史事淵源的（圖版伍）。

　　　　上言」

大皇帝陛下萬歲萬歲萬萬歲」

　　　　伏以」

帝德覃敷遐方仰日月之照」

皇仁周洽海隅沐雨露之施赫聲濯靈方夏之撫柔無遠弗屆承先繼志屏藩之職斁儉□□□

　　　□臣忝任邦□薄德□」

　　　　材旣創修之無術偏隅蕞爾亦矩範之多慚前遣貢使匍赴

　　　　金闕進貢請封不惟幸荷容納且蒙」

皇恩勅賜封號寵頒誥印」

天語煌煌宣示屬國重於泰山龍章燦燦昭鎮夷邦光之奕世使臣奉」

　　　詔回國舉國歡呼臣華謹北面拜受刻骨銘心雖效犬馬難報萬一敬承睿訓敢不益加乾惕

　　　　愼守藩封撫輯士民以仰副」

聖天子宣德懷柔之至意乎」

皇恩浩蕩有加無已復蒙益賜臣妻彩幣等物拜命之下倍相感激今特遣使臣帕史滑里遜□

　　　亞排那赤突唧喎汶」

　　　　悉呢霞喔無突坤鼻職迵事等虔備方物恭齎表章達切念之誠 (約缺數字)」

九重之聰聽雖區區薄物烏足以伸酬報而欵欵微衷□頂祝 (約缺數字)」

　　　聞」

　　　　　　虔　備

　　　金葉表文一張書遞字

　　　公象一隻

　　　母象一隻

　　　象牙四百五十觔　　外三百觔　　內一百五十觔

　　　荳蔲四百五十觔　　外三百觔　　內一百五十觔　　折冰片

　　　沉香三觔　　　　　外二觔　　　內一觔

　　　孔雀尾十五屛　　　外十屛　　　內五屛

　　　翠毛九百張　　　　外六百張　　內三百張

　　　棚香一百五十觔　　外一百觔　　內五十觔

　　　藤黄四百五十觔　　外三百觔　　內一百五十觔　　折龍涎香

　　　犀角九個　　　　　外六個　　　內三個

　　　恭進

金闕伏乞容納臣不勝感激榮幸之至謹呈

　　　乾隆五十三年五月初九日

此表文正文自「上言」二字起至「聞」字止，計共十五行，其每行字數因爲並無一定之規，故於每行最末一字特加」號以記之。有如「皇仁周洽」之一行，平行四十三字一行，連抬頭三字共四十六字一行。次如「詔回國」之一行，平行四十五字一行，連抬頭二字共四十七字一行。又次如「皇恩浩蕩」之一行，平行則只四十二字一行，連抬頭三字才共四十五字一行。此種書法，檢檔案內所有各外國表文觀之，實爲「最不如式」之一文件。試究其故，大槪不外「鄭王」於暹羅立國未久，一切俱無舊章可循，即如該國前朝一般文物，參乾隆五十一年禮部奏本（見前），當然還不是由于花肚番之擄掠，又皆遺失無存。職此之故，所以表章體例，始無謄錄可據，惟在辭以達意而已。此如表文中有所謂「敬承虜訓」句，其「虜訓」二字例應特書而且更須抬寫二格或三格的，今表文內則係連書之，同時並將應該正寫的「容」字而又書作「虜」，諸如此類，如出于常初朝鮮表文之所爲，那，便要大遭清國詰責的，拙著「朝鮮國表文之研究」（院刊第二輯下册）記之多矣。蓋因朝鮮自明初以來迄於有清，立國數百年，其於「事大文書」（指表文）之研究，直視爲該國之第一先務，而其早期之違例，本屬常有之事，後來則因全力講求「表箋之學」，於是乎朝鮮的表章才得稱譽於當時。例如乾隆五十五年七月十六日朝鮮慶賀清帝八十萬壽的使臣報導在熱河行宮關于大學士和珅稱美該國表咨之一故事，參朝鮮正宗實錄記使臣馳啓之言有曰：「和珅……又以表咨示安南國王阮光平曰：字畫整齊，紙品精潔，朝鮮事大之節，敬謹如此，可作他藩之法」。此所云「可作他藩之法」，當然「他藩」二字也包括暹羅在內，不過「鄭氏暹羅」乃一方興之國家，其於「表箋之學」亦無暇講求，即令培植人才也不是短期內所可成就，基於這些原因，則可知暹羅表箋之不能如式，似乎也正是理之當然，即其時清人於此，也不至於加以詰責的。何況表文內第一要義，一則曰「承先繼志」，再則

曰「屏藩之職獻，輸誠恐後」（輸誠恐後四字尤其是後者三字，乃作者憑經驗所得以意補其闕文）由「輸誠恐後」四字推之，則暹羅之「事大以誠」卽此可知，而所謂「表箋之學」自然也就不足道而爲末事了。

又表文內最後之大年號月日上用印一顆之處，如依朝鮮表箋言之，當曰「安寶其上」，此一「寶章」，乃淸漢字篆書「暹羅國王之印」六字，前面已經說過，也就是乾隆五十一年「勑賜封號」時所頒給的。再觀檔案內關于一般外國如朝鮮、琉球、安南等國的表文，其年月上所用的「寶章」，說起來亦有其沿革，這一沿革，姑單舉朝鮮而言：（一）明朝的「帝賜大寶」，其文曰「朝鮮國王之印」，係篆書（圖版陸）。（二）淸朝的欽賜「寶章」，印文與前同，當係仍明之舊，所不同者，卽「寶章」文字乃是淸漢字兼用的，漢字爲篆書，而淸字則係用所謂「本字」書之（圖版柒），此在乾隆十三年以前一般印文都是這樣頒行中外的。及至乾隆十三年因大學士傅恒所奏，於是乎「中外印信」其淸字書法亦一律也都改用所謂「篆書」（圖版捌）了。以上所述，是爲說明「朝鮮國王之印」之一史事，一朝鮮如此，餘者可以類推，而如所謂暹羅「寶章」的史事當然也不會例外，據淸史稿本傳：（一）「順治九年十二月，暹羅遣使請貢，並換給印勑勘合，允之，自是奉貢不絕。」（二）「康熙十二年冊封暹羅國王，賜誥命及駝紐鍍金銀印」。由上二則記事，我們可以看出淸國的暹羅在乾隆年以前卽已有過兩次的賜印（也許兩者爲一事，這與本題無關不必深究），而這兩次記事尤其是前者順治九年所說的「換給印勑」一情節，使人又想到了朝鮮的故事，因爲像這種交換的「印勑」，其「印勑」二項，卽指明朝之舊物，而這二者關于「印」之一種，試以朝鮮爲例，自然也正是明朝之「帝賜大寶」文曰「暹羅國王之印」。這一「大寶」其式如何？今檔案中因無「現證」可據，未便加以臆斷。所幸明朝的朝鮮尙有一二「安寶其上」的表文，參圖版陸，不妨以此「大寶」的樣式爲一樣本，以見明代的暹羅之所謂「帝賜大寶」究竟是怎樣地一個「寶章」，我想，多少總可據此以爲憑考之地，縱使感覺有若干不同之處，那，最多也只「朝鮮國王之印」關于「朝鮮」二字而改爲「暹羅」二字罷了。凡此情事，作者有一深意，不外假此「寶章」之一小史，希望引起一般讀者對于明朝「與國」的暹羅也加以精密地注意而已。

再，所謂「謝恩表」，還有關于使臣一行，亦應拈出記之如下：在乾隆五十三年

九月十三日有一諭旨給<u>兩廣總督孫士毅</u>：「著卽派員護送使臣及貢品趲程進京，務趕年班瞻覲」。這道旨意，不外希望使臣要參加保和殿除夕筵宴的。殘餘檔案中曾經查出「保和殿除夕筵宴坐次圖一張」，而圖內「黃幕」南面最遠的右方，便是「外國使臣」的席次。至於此次使臣賫來的貢物，其中象隻據表文開載雖爲二隻，實則只進到母象一隻，如<u>乾隆五十三年</u>十二月二十五日<u>禮部</u>有一奏本云：「<u>暹羅國</u>所進馴象一隻，於本月二十四日到京，當卽照例交<u>鑾儀衞</u>收養，其行至 (<u>安南</u>) 洋面倒斃之雄象，前經該撫 (<u>廣東巡撫</u>) 具題在案。今據該貢使將象牙耳尾呈驗，臣等照例將象牙送交<u>內務府</u>，象耳象尾移交<u>武備院</u>」。此奏本內其中有二事須特別提出加以說明：（一）關于<u>鑾儀衞</u>的職掌，本爲皇帝專管儀仗的，茲者象隻旣交<u>鑾儀衞</u>收養，則象之一種自然亦列於儀仗之屬，此在<u>乾隆四十五年朝鮮</u>使臣的伴儻<u>朴趾源</u>所著<u>熱河日記</u>曾錄其事，如象房一目載云：「象房在<u>宣武門</u>內西城北墻下，有象八十餘頭，凡大朝會<u>午門</u>立仗，及乘輿鹵簿皆用象，受幾品祿。朝會時，百官入<u>午門</u>畢，則象乃交鼻而立，無敢妄出入者」。此與<u>清</u>代掌故有關，故附錄之。其記象房內所集之象多至八十餘頭之處，不消說，當然有很多都是來自<u>暹羅</u>的了。（二）由此奏本，可以估計<u>暹羅</u>使臣出國以來實已經過了七個半月之久，卽自<u>乾隆五十三年</u>五月初九日(見表文)起，至十二月二十四日到京(見奏本)，這只是一個單程，日期已然這麼多，及至抵達<u>北京</u>後，其勾留時間據前述<u>光祿寺</u>供給<u>暹羅</u>使臣日食報銷冊，往往又總在一兩個月以上。還有回程，如果也是需要七個半月的話，則是使臣一行總共所費的時日，幾幾乎要一載有半的了。可見<u>暹羅</u>使臣之往來<u>清國</u>，說起來眞不是一件易事。反之，如由<u>清國</u>言之，其所費也不在小，這在<u>朴趾源熱河日記</u>中關于<u>清國</u>爲<u>朝鮮</u>使臣開支之狀可以見之，如云：「今此使行所持方物，不過紙席，而<u>中國</u>賜賚，供給留館員役，常費 (銀) 十餘萬 (兩) 云」。以此爲例，則<u>暹羅</u>使行員役的供給自然也是同一情形的。如入京員役例定二十六人，每人俱有賞賚，而國王王妃的賞賚當然又另係特賜。再如使臣赴京程途所有來往的盤費，以及沿途地方之一切接待，計算起來，也是一筆很大的開支。此外還有留在<u>廣東</u>的貢船兩隻或三隻，每船例定百人，其日食供給，則由地方官照例支付。凡此種種，俱與所謂「懷柔」的政策有關，其在當年自稱「堂堂天朝」的<u>清國</u>都是在所不計的。

　　十二<u>乾隆五十四年</u>八月二十七日上諭：「(<u>兩廣總督</u>) <u>福康安</u>等奏，<u>暹羅</u>貢使現已到

粵，所有年貢，令於年底到京。其齎送萬壽貢物之使臣，令在粵居住，俟明年夏間，再行委員伴送到京。等語。暹羅遠道入貢，情殷葵向，深可嘉獎，但該國使臣於明年夏間始起程進京，未免在粵多耽時日，福康安可向其諭知，如該使臣久住粵東或有稽候，卽所齎萬壽貢使，不妨令其一併於年底到京，俟新正頒詔時，同伸叩祝，已足以展其祝嘏之誠，俾及早囘國。如該使臣必欲於明歲詣闕，屆期慶祝，仰瞻玉會之盛，亦聽其便，祗須扣算日期，令於七月二十以外到京，方爲妥善，將此由五百里諭令知之」。　　　按，所謂年貢，卽三年一次的例貢。而另一使行關于萬壽的貢物，殆指慶祝乾隆八十大慶而言，卽五十五年八月十三日，乃這批禮品竟提前了一年與五十四年年貢好像都是同時而來。此一使行 (萬壽貢使)，揆其動機不外是試貢而已，其意以爲淸國可以破例賞收的，賞收之後，到了五十五年眞正稱慶之年，正可再備辦方物一批遣使賚進，「禮多人不怪」，而且以感情言之，更可因此增進很多的親密，此有後文所錄乾隆五十五年暹羅又有萬壽貢使之行可一見而知。今將上諭內所說的年貢及萬壽貢物，據乾隆五十四年十月二日廣東巡撫郭世勳題本(圖版玖)，分錄於後。由此禮物，最可看出乾隆之世，正是淸國一個全盛的時代。

一、年貢：

　　恭進皇上方物：番字金葉表文壹道 ， 漢字表文壹道， 表文亭壹座， 龍涎香拾兩，金剛鑽柒兩，沉香貳斤，上冰片壹斤，中冰片貳斤，孔雀尾拾屏，翠皮陸百張，犀角陸個，象牙叄百斤，白荳蔻叄百斤，藤黃叄百斤，大楓子叄百斤，白膠香壹百斤，樟腦壹百斤，檀香壹百斤，蓽撥壹百斤，甘蜜皮壹百斤，土桂皮壹百斤，西洋毯貳領，西洋紅布拾疋，烏木叄百斤，蘇木叄千斤。

　　恭進皇宮方物：龍涎香伍兩，金剛鑽叄兩，沉香壹斤，上冰片捌兩，中冰片壹斤，孔雀尾伍屏，翠皮叄百張，犀角叄個，象牙壹百伍拾斤，白荳蔻壹百伍拾斤， 藤黃壹百伍拾斤， 大楓子壹百伍拾斤，降眞香壹百伍拾斤， 白膠香伍拾斤，樟腦伍拾斤，檀香伍拾斤，蓽撥伍拾斤，甘蜜皮伍拾斤，土桂皮伍拾斤，西洋毯壹領，西洋紅布伍疋，烏木壹百伍拾斤，蘇木壹千伍百斤。

二、萬壽貢物。

　　恭進皇上萬壽方物：壽燭拾對，沉香拾斤，紫膠香伍拾斤，冰片貳斤，燕窩拾

斤，犀角玖個重拾斤，象牙玖枝重貳百斤，通大海壹百斤，哆囉呢肆疋。

三、方物用夫名數：

年貢：表亭上架用夫捌名，表亭下架用夫肆名，龍涎香、沉香、冰片、金剛鑽、犀角、用大箱貳個夫肆名，西洋毯叁領、用大箱壹個夫貳名，孔雀尾拾伍屏、翠皮玖百張、用小箱壹個夫壹名，象牙肆百伍拾斤、用大箱肆個、小箱壹個夫玖名，西洋紅布拾伍疋、用大箱壹個夫貳名，降眞香肆百伍拾斤、用大箱肆個、小箱壹個夫玖名，檀香壹百伍拾斤、用大箱壹個、小箱壹個夫叁名，樟腦壹百伍拾斤、用大箱壹個、小箱壹個夫叁名，白膠香壹百伍拾斤、用大箱壹個、小箱壹個夫叁名，大楓子肆百伍拾斤、用大箱肆個、小箱壹個夫玖名，白荳蔻肆百伍拾斤、用大箱肆個、小箱壹個夫玖名，蓽撥壹百伍拾斤、用大箱壹個、小箱壹個夫叁名，甘蜜皮壹百伍拾斤、用大箱壹個、小箱壹個夫叁名，桂皮壹百伍拾斤、用大箱壹個、小箱壹個夫叁名，藤黃肆百伍拾斤、用大箱肆個、小箱壹個夫玖名，烏木肆百伍拾斤、用夫玖名，蘇木肆千伍百斤、每百斤用夫貳名，共用夫玖拾名。

萬壽貢品：燭貳百斤、用大箱貳個夫肆名，沉香拾斤、冰片貳斤、犀角玖個、用小箱壹個夫壹名，燕窩拾斤、哆囉呢肆疋、用小箱壹個夫壹名，紫膠香伍拾斤、用小箱壹個夫壹名，象牙貳百斤、用大箱貳個夫肆名，通大海壹百斤、用大箱壹個夫貳名。

以上共用大箱叁拾伍個，每個用夫貳名，小箱拾伍個，每小箱貳個用架壹副，每副用夫貳名，共用夫捌拾伍名，烏木、蘇木共夫玖拾玖名，表亭上下架共夫拾貳名，通共夫壹百玖拾陸名。

四、使臣等應用夫馬船隻及廩給口糧：

正貢使丕雅史滑里遜通那突，副貢使帕窩沒悉呢嚷喔撫突，叁貢使朗拔察那丕汝知突，肆貢使汝丕匹涛遮，辦事正通事官謝上金，番書記乃司，漢書記鍾英，番醫生乃英，番吹手乃甋、乃美挨、乃孔、乃發、乃美，番漢跟役乃春、乃永、乃嗎、乃律、乃汝、乃坎民、乃里、王成，以上共貳拾壹員名。貢使通事官伍員，每員行李衣箱貳擡，共計拾擡，每擡夫貳名，共夫貳拾名。貢使肆

員，通事壹員，共伍員，每員廩給壹分，每分銀壹錢，共廩給伍分。每員坐馬壹匹，共馬伍匹。番書記、漢書記、番醫生、番吹手伍名，番漢跟役捌名，共壹拾陸名，每名口糧壹分，每分銀伍分，每名馬壹匹。以上計廩給伍分，口糧壹拾陸分，馬貳拾壹匹。水路共用河船柒隻，每隻水手肆名，夫捌名，共用水手貳拾捌名，夫伍拾陸名。廣東伴送貢官貳員，夫拾陸名，馬肆匹。

十三 乾隆五十五年八月初二日，內閣奉上諭：本日據(廣東巡撫)郭世勳奏稱：暹羅國王遣使進貢祝釐，於七月十一日正貢船甫到，副貢船尚未抵粵。等語。該國王情殷祝嘏，恭進方物，閱其表文歡欣踴躍，具見悃忱。但現屆八月初句，該國貢使抵粵較遲，□□□□□期到京，隨班慶祝，自毋庸即令償緊□□□□□勳將該國前後抵粵貢使人等，俱酌量令其綏程行走，於年底到京，隨入宴賞，以示朕體恤遠人至意。

按，此次使行所持方物，據乾隆五十五年九月二十二日廣東巡撫郭世勳有一題本，計開：

番字金葉表文壹道，漢字表文壹道，表文亭壹座，壽燭拾對，金剛鑽壹斤，冰片貳斤，燕窩拾斤，沉香貳拾斤，犀角貳拾斤，孔雀尾伍拾屏，翠鳥皮伍百張，檀香壹百斤，降眞香壹百斤，砂仁米壹百斤，紫梗壹百斤，象牙貳百斤，荳蔻貳百斤，胡椒貳百斤，藤黃貳百斤，和囒呢貳領。

又疏冊開關于使臣此行用夫名數云：

表亭上架用夫八名，表亭下架用夫四名，壽燭貳百斤、用大箱貳個夫肆名，沉香、犀角、冰片、金剛鑽、用小箱壹個夫壹名，燕窩拾斤、和囒呢貳領、用小箱壹個夫一名，象牙貳百斤、用大箱貳個夫肆名，孔雀尾伍拾屏、翠鳥皮伍百張、用小箱貳個夫貳名，荳蔻貳百斤、用大箱貳個夫肆名，砂仁米壹百斤、用大箱壹個夫貳名，胡椒貳百斤、用大箱貳個夫肆名，藤黃貳百斤、用大箱貳個夫肆名，檀香壹百斤、用大箱壹個夫貳名，降眞香壹百斤、用大箱壹個夫貳名，紫梗壹百斤、用大箱壹個夫貳名。以上共用大箱拾肆個，每個用夫貳名，小箱肆個，每小箱貳個，用架一副，每副用夫貳名，共用夫叁拾貳名，表亭上下架共夫拾貳名，通共夫肆拾肆名。正貢使拍簪令思遠那末蚋刹禿，副貢使唎疏越理買抵屋八禿，正通事官王天秩，副通事官胡德欽，番書記乃疏羅，漢書

記王成，番醫生乃寸，番吹手乃孔捘、乃英、乃損、乃將、乃唱，番漢跟役乃
蒐、乃孔內、乃巧、乃蠻、乃歷覽、乃歷巧、乃元、乃孔巧、李斗，以上共貳
拾壹員名。貢使通事共肆員，每員行李衣箱貳擡，共計捌擡，每擡夫貳名，共
夫拾陸名。每員廩給壹分，每分銀壹錢，每員坐馬壹匹，共馬肆匹，番書記、
漢書記、番醫生、番吹手伍名，番漢跟役玖名，共壹拾肆名，每名口糧壹分，
每分銀伍分，每名馬壹匹，以上共計廩給肆分，口糧壹拾肆分，馬貳拾壹匹。
水路共用河船伍隻，每隻水手肆名，夫捌名，共用水手貳拾名，夫肆拾名。廣
東伴貢官二員，夫拾陸名，馬肆匹。

檔案內記這次暹羅使臣來朝，除上引廣東巡撫題本不述外，其後該撫又有一奏本，於
乾隆五十五年十一月初三日奉硃批，同年十二月二十日禮部亦進奏本一件，總此兩文
件，其大意是在說明右錄方物，係由正貢船載來的，另外尚有副貢船載馴象二隻，
「因風色不順，未知收泊何處」？大抵言之，應俟抵境後奏明辦理。而上面所錄的貢
品，於乾隆五十五年九月二十二日自廣東省起程（即廣東撫臣具題之日），同年十二月十九
日到京，這段行期，算起來也幾及三月之久，參前後所記，大約這也是一定的限期，
俾得如期（年底）向禮部報到，隨入年班一同慶賀和參加保和殿除夕筵宴的。

十四 嘉慶元年正月二十四日禮部題本：「為循例進貢事：上年十二月內，據暹羅
國王鄭華差來正使呸雅梭挖粒巡叚押撥萊昭突等恭進該國例貢方物前來。該臣等查得
定例內開：暹羅國三年一貢，無定額，或有加進之物，聽其隨宜進獻，俱准收受。等
語。今該國王鄭華恭進例貢方物，臣部已於上年十二月內奏交內務府照數查收，理合
照例分晰繕寫清單，恭呈御覽」。

十五 嘉慶十四年十月十七日內閣抄出兩廣總督百齡等奏本：「竊照暹羅國王遣使
賫貢祝嘏，於八月初間到粵緣由，經奴才奏奉諭旨：暹羅國王因萬壽慶節特遣使臣，
情殷叩□，□於至誠，自應准令來京，着照例委員伴送，於十二月抵京，令其於元旦
令節隨班慶賀………奴才等……遵即傳知該使□□□感鼓舞，敬恪遵行。茲謹將收貯
公所各□□□金葉表文，漢字表文，仍交該貢使拍簪彎史藩攋挖哪車突嘟史滑厘邁知
捉不突等領賫，遴委惠州府知府和瑋額、連陽營遊擊恒仁伴送，於九月二十八日由粵
起程，計算程期，行走八十餘□，□□二月中前後可以抵京」。

十六 嘉慶十七年十月二十七日內閣抄出兩廣總督蔣攸銛等奏本：「爲遵旨酌令暹羅國貢使由粵起程，恭摺奏明，仰祈聖鑒事：竊照暹羅國遣使拍唎抝哩巡叚亞排哪車突等來廣入貢，恭謝天恩。經臣等先將該貢使賫貢到粵緣由具奏，茲于本年九月十五日欽奉諭旨：着于奉到諭旨後，計算廣東到京日期，酌令起程，俾該貢使于封印後到京，以便年底瞻覲，新正一體宴賚……欽此。遵卽督同藩臬兩司，遴委雷州府知府雷學海、署連平州事候補通判黃錡、督標前營參將張光寧三員伴送。併將收貯公所各貢品及金葉表文漢字表文，謹交該貢使領賫，于九月二十五日由粵□□□□□粵到京程途，水陸行期約需八十餘日。已飭各委員等□□□□送，並照料貢品，小心行走，俾該貢使于封印後到京，不致遲悮」。　　按，奏內所云「暹羅國遣使入貢恭謝天恩」一語，參清史稿暹羅傳，當指鄭華之子鄭佛嗣封王位之事而謝恩，如傳云：「嘉慶十四年秋，鄭華卒，世子鄭佛繼立，遣使入貢請封。十五年，封鄭佛爲暹羅王，給誥命、駝紐鍍金銀印，交使賫回」。考鄭佛受封經過，檔案內查出嘉慶十五年十月二十八日禮部移會一件，爲嘉慶十五年十月二十四日內閣抄出兩廣總督百齡廣東巡撫韓崶奏摺，摺內有「嘉慶十五年九月初十日暹羅國賫貢使臣抵粵」字樣，同時更于摺末附一片奏云：

> 臣百齡、臣韓崶跪奏：再臣等查閱暹羅大庫另稟內稱：該國王鄭華自蒙恩勅賜寶瑞，迄今二十八年，上年七月內，鄭華因病服藥罔效，授位于嗣子鄭佛權理國政，以候天朝誥命恩封，伏乞代爲轉奏。等情。並恭閱繹出鄭佛所進表文內，亦有嗣臣未奉聖旨，未敢擅便之語。此次該國使臣賫貢遠至，雖非專爲請封，而該國之歸順天朝，尊崇勅命，察其詞意，實係出于至誠。伏查乾隆五十二年該國王鄭華受封時，因鄭華聲明伊父鄭昭將印遺失，故蒙重頒勅印，交該國使臣領賫回國。今鄭佛旣表稱鄭華已將天朝寶瑞受領，恭候聖旨應否特頒勅諭一道？查照勅封鄭華之例，交此次使臣賫回，以彰天寵，而惠藩封，伏候聖裁。除將鄭佛乞恩表文，隨進貢表文呈覽外，謹將附片具奏，伏乞睿鑒。謹奏。

讀清史稿暹羅傳，須再檢查檔案，始能究出事之眞實性，比如本傳記鄭佛受封時，旣給予誥命一道，又更頒賜鍍金銀印一顆，其實並非如是。蓋「鍍金銀印」一項，卽奏

內所說的「寶瑞」，而「寶瑞」之用，只係專用於所謂「事大文書」，也就是藩國關于父子相承時之「傳世之寶」，原非每一賜封之役都有一次賜印的。此觀奏內所述鄭佛表文之詞可以爲證，如云：「今鄭佛旣表稱鄭華已將天朝寶瑞受領，恭候聖恩應否特頒勅諭一道」？據此，則清史稿關于「給誥命駝紐鍍金銀印」之所云云，當然又係出于修史者之錯誤。凡此錯誤，就本文前後所論亦記之多矣，「盡信書不如無書」，書冊所載，誠有難乎其爲信史之言也。

又，鄭佛於受封之後，嘗有謝恩表文一道，卽當初所謂譯出之件，在民國二十二年前，作者嘗於北平午門城上歷史博物館陳列室得見之，並錄一副本保存至今，譯本爲一殘件，因之年月亦亡失無可據。不過參殘件最後有所謂「誥封遙頒，錫帶礪於遐方」等語，其意義固極明顯，正是爲了「勅賜封號」而說的，因其如此，於是乎奏本內(指前者嘉慶十七年十月二十七日兩廣總督蔣攸銛奏本)所說的「遣使入貢恭謝天恩」又更是事之常然。這一常然，自然不外全係乎史料之相互配合而成，所以表文雖曰一殘件，但共關于對證史事的要點，則其價值之所在卽引常語所說甚麼「一字值千金」的話也不爲過。今謹將暹羅國王鄭佛謝恩表文轉錄如下，是亦作者特別爲暹羅文獻傳布史料之一微意也。

> 臣暹羅國王鄭佛，誠惶誠恐，稽首叩首百拜，恭爲遵例貢大皇帝陛下萬歲萬歲萬萬歲：伏以帝德巍峩，達乎雕題鑿齒，皇仁浩蕩，施於北狄東夷。文則右召左周，武亦方叔召□，□□□□□□會，正河清海晏之時。□□□大皇帝智由性產，勇自天生，治□□□唐虞，道德宗諸文武。繼離明而照四國，恩罩海滋山陬，握乾坤以撫萬邦，澤遍中華異域，宜乎保民如同保赤，允矣乃聖無異乃神。臣地處偏隅，躬居僻壤，有社有稷，祧幸承自先人，爲翰爲屏，符寶受於帝眷。慶梯航於萬國，誥封遙頒，錫帶礪於遐方(下缺)

十七 嘉慶二十年十月初八日禮部奏本：「爲請旨事：暹羅國王鄭佛遣使補進嘉慶十八年例貢來京，又該國王遣使齎帶方物備補到粵，奉旨作爲二十一年例貢，所有兩次賞賜物件，前經臣部具奏，奉旨着照例賞。欽此。(中缺) 臣等謹將現擬 (賞賜物件) 等項分繕清單，恭呈御覽，伏候命下臣部行文各該衙門預備，屆期送至午門前，臣等驗看現在所開名日，分別頒給。其兩次賞賜國王王妃物件，臣部開單移送內閣撰入勅

書，交該使臣敬謹賚囘 。 使臣照例在臣部筵宴， 遣令囘國， 仍行文兩廣總督廣東巡撫，於使臣到省時，幷留粵之使臣一併筵宴一次。」

十八嘉慶二十四年十一月初一日兼署兩廣總督 ……康紹鏞題本 ：「爲……嘉慶二十四年暹羅國王鄭佛遣使呸嗹唛㵽里巡叚呵叭臚車突等 ， 齎捧表文 方物來 盧恭進例貢，經臣恭摺具奏， 遴委文員廉州府知府何天衢、廣州府海防同知鍾英、署潮州鎮右營遊擊事瓊州鎮右營都司常永，於九月間伴送起程。今於九月十六日奉到硃批：知道了。欽此。轉行遵照，茲據廣東布政使魏元煜會同兼署按察使盧元偉詳稱：暹羅國恭進表文方物，敬謹安置懷遠驛館，已於九月十一日恭驗，其正副貢船二隻壓倉貨物，亦據起貯行內，造冊呈繳前來。該貢使等遵於嘉慶二十四年九月二十六日，恭捧表文方物在廣東起程， 委員伴送赴京， 所有進京員役二十六員名 ， 沿途需用夫馬船隻廩糧，照例填給勘合應付。遴委廉州府知府何天衢、廣州府海防同知鍾英、署潮州鎮右營遊擊事瓊州鎮右營都司常永伴送貢使赴京，據報，於嘉慶二十四年九月二十六日自廣東省城起程，相應造冊詳請察核具題。併聲明正副二貢船來廣壓倉貨物，應請照例均免其徵稅。等由前來，臣覆核無異，除冊送部查核外，臣謹題請旨」。

十九道光二年十月二十日兩廣總督阮元題本 ：「爲……道光二年暹羅國王鄭佛遣使呸雅梭挖里巡叚呵排臚車突等，齎捧表文方物來廣恭進例貢，竝遣使臣預期恭齎貢物候祝癸未年萬壽……」。　　　　按，萬壽貢物，據阮元道光三年五月二十九日另一題本，記之如下：

> 暹羅國恭進萬壽貢方物：漢字表文壹道，番字金葉表文壹道，表□亭壹座，大壽燭伍對，每對肆拾斤，小壽燭伍□，每對貳拾斤，冰片貳斤，金剛鑽壹斤，沉香貳拾斤，燕窩壹拾斤，犀角貳拾斤，啒嚕毯貳領，檀香貳百斤，降眞香壹百斤，荳蔲貳百斤，砂仁貳百斤，胡椒貳百斤，翠毛伍百張，孔雀鈴(鈴字誤)伍拾屛，象牙貳百斤，藤黃貳百斤，紫梗貳百斤。

又另件內有道光四年正月初三日題本一殘件准禮部咨關于所有例賞緞疋等項云：

> 計黏單一紙內閞：賞國王：敕書壹道，錦捌疋，字緞捌疋，蟒紗肆疋，蟒襴紗肆疋，羅緞捌疋，紗拾貳疋，緞拾捌疋，素春紬拾捌疋。賞王妃：字緞肆疋，蟒紗貳疋，蟒襴紗貳疋，羅緞肆疋，緞陸疋，紗陸疋，素春紬陸疋。賞貢使貳

員：羅緞各叁疋，緞各捌疋，素春紬各伍疋，棉紬各伍疋，素紡絲各貳疋，布

各壹疋。賞通事貳名：緞各伍疋，素春紬各伍疋，棉紬各叁疋。賞從人十七

名：棉紬各叁疋，布各捌疋。賞伴送官叁員：彭緞袍各壹件。

是行使臣所有由廣東進京關于打一個來回的日期，以月計之，幾及八個月之久，據殘
本，卽於道光三年四月二十六日自廣東省城赴京，道光三年九月初一日自京起身，道
光三年十二月二十日囘抵廣東。參前記每一使臣之行，其所需日期大抵都是如此這般
的，以日言之，也就是二百三十多天。而眞正用於在沿途上行走的日期，以單程計
算，不外八十餘日或者只僅八十日而已，如道光三年九月初一日由京起身，同年十二
月二十日囘抵廣東，便是八十天（中間如逢一個小月，又當只有七十九天）。再合雙程計之（卽一
個往回的行期），當爲一百六十餘日，這是專就行路而言。至于使臣等在京盤桓的時間，
大約也正是我在前面所說的不外要在一兩個月以上，例如由此行的二百三十餘日，除
去走路一百六十日，其餘便是在京住居的日期，卽七十多天，易言之，也就是兩個多
月的了。像這一類的日期之分析，只爲說明每一暹羅使臣在中國境內所需的時日是如
此。如再就在大洋中之一來一往的航程，卽自暹羅本國和廣東之間的這一段的航程，
由今日言之，似乎也不能作一實在的估計，總因大洋中假使風帆不順（遭風失事的尤爲海
上常有之事），則時日更多，試以乾隆五十三年五月初九日之一使行爲例（見前），卽約共
歷時十七個月，除去假定在中國境內通常都是需要八個月的話，那麼，則下餘的八九
個月當係全都飄流于大洋之上了。這些史事，由暹羅言之，都是所謂當時的大事，都
是當年暹羅使臣爲了「禮文往來」不憚「梯山航海」的艱險同時還負着一個重要使命
的大事。這些大事，現在已無人注意及之，所以本文前面旣已一再論其大概，茲更詳
述於此，以見當日暹羅是怎樣地「切切在心」集其全部精神以與中國交好而已。

　　二十 封面記有「道光六年五月十四日下禮」字樣關于兩廣總督阮元殘題本：「爲
……道光伍年暹羅國遣使來廣入貢，並請敕封，貢船在洋遭風，所載貢品方物盡行沉
失，並淹斃水手人等多名，僅有貢使同通事跟役人等抵省，內有貳貢使染患瘴疾，經
臣會同撫臣成格恭摺具奏」。又道光伍年拾壹月貳拾陸日禮部奏本：「爲奏聞事：竊
照暹羅國世子鄭福遣使丕雅梭挼里巡艮呵排臟車突等恭進例貢，並請敕封，該國貢船
在洋遭風，業經奉旨令該使臣毋庸來京。應否照例頒給賞件？臣部於本月拾陸日具

奏。奉旨：照例頒賞。欽此」。　　　　　按，此照例頒賞一事，其物件及數目，據阮元殘本載禮部黏單一紙內開：

> 賞暹羅國王王妃及使臣員役物件單：賞國王及王妃誥敕貳道。賞國王：錦捌疋，蟒緞肆疋，蟒襴緞肆疋，蟒紗肆疋，蟒襴紗肆疋，羅緞捌疋，紗拾貳疋，緞拾捌疋，紡絲拾捌疋。賞王妃：蟒緞貳疋，蟒襴緞貳疋，蟒紗貳疋，蟒襴紗貳疋，羅緞肆疋，緞陸疋，紗陸疋，紡絲陸疋。賞貢使肆員：羅緞各叁疋，緞各捌疋，紡絲各柒疋，絹各伍疋，布各壹疋。賞通事壹員：緞伍疋，紡絲伍疋，絹叁疋。賞從人捌名：絹各叁疋，布各捌疋。

二十一　道光玖年正月貳拾肆日兩廣總督李鴻賓題本貼黃：「爲恭報暹羅國貢使開船回帆日期，仰祈聖鑒事：該臣看得道光柒年暹羅國遣使丕雅沾煖舒攀哪叭臘車突等，恭賫表文方物來廣，赴京進貢謝恩，經臣會同前撫臣成格恭摺具奏，欽奉諭旨准貢。遵於道光柒年玖月初六日委員伴送赴京，緣貢船壞爛，不能駕駛回國，所有貢船商梢水手人等，權在省河停泊，俟下年貢使京旋，另議回帆，又經題明飭遵在案。嗣准禮部咨，具奏暹羅國使臣等到京日期，奉旨：知道了。欽此。又准禮部咨，具奏暹羅國恭進謝恩貢物，請賞收，奉旨：交內務府伺候呈覽。欽此。又准禮部咨，具奏賞賜暹羅國王王妃及來使員役緞疋等物，併令到省時筵宴壹次，奉旨：知道了。欽此。又准禮部咨，暹羅國貢使員役自京起身，移咨轉行粵海關照例免稅。又准禮部咨，暹羅國貢使員役，定於貳月初玖日，令其起程。等因，均經轉行遵照。茲據布政使阿勒清阿會同署按察使耿維祜詳稱：據廣州府詳，據南海番禺貳縣轉據貢使丕雅沾煖舒攀哪叭臘車突等稟報：使等於道光捌年貳月初九日在京起身，伍月初玖日回抵廣東省城，安頓懷遠驛館，業蒙照例筵宴。其貢船因值壞爛，現已修整完好，使等擬於道光捌年拾貳月拾玖日恭齎敕書及御賜物件回國。等由到司，除委員監看回帆貨物，併移行護送出境外，所有道光柒年暹羅國貢使丕雅沾煖舒攀哪叭臘車突等，乘坐原船開行回國日期，相應詳請察核題報。等由前來，除揭報部科查核，併行文暹羅國王知照外，臣謹題請旨。

二十二　兩廣總督李鴻賓殘題本：「爲……暹羅國王遣使具表補進例貢，竝另表叩賀天喜，現已行抵粵東經由一摺，今於玖年捌月貳拾柒日奉到硃批：另有旨。欽

此。同日，准軍機大臣字寄兩廣總督李鴻賓、廣東巡撫盧坤，道光玖年捌月初捌日奉上諭：李鴻賓等奏暹羅國王遣使具表補進例貢，竝另表叩賀天喜一摺，暹羅國王上年屆常例貢之期，遣使入貢，因船隻在洋遭風，貢品沉失，茲復備具表文方物，遣使補貢，竝因擒獲張逆，具表叩賀，情詞恭順，甚屬可嘉。所有應修貢船，著准其先行囘國修整，其壓艙貨物，照例免稅。該貢使現已行抵粵東，著卽飭令按程行走，如年內不能到京，卽遲至明年正月，亦無不可，將此諭令知之。欽此」。

二十三 兩廣總督盧坤等奏本：「爲……道光十四年八月二十三日奉到上諭：盧坤等奏，暹羅國本年屆常例貢之期，該國王鄭福如期遣使恭賫表文方物入貢，並謝上次賞賜如意緞疋之恩，現已行抵粵東。等語。暹羅國王恪共藩服，如期遣使入貢，誠慇可嘉。該貢使現已抵粵，著卽派委妥員伴送使臣，令其於本年封印前到京，其帶來壓艙貨物，照例免稅。至該國大庫所請將貢船先行囘國修整之處，着照所請行，將此諭令知之。等因，欽此。臣等遵卽督同藩臬兩司，遴委高州府知府王貽桂、連山綏猺同知李雲棟、調署潮州鎮中軍遊擊事南韶連鎮中軍遊擊拴住三員伴送，並將收貯公所各貢品及漢字表文金葉表文，謹交該貢使等領賫，於九月初十日由粵省起程。計算由粵至京，水陸程期八十餘日，封印前儘可到京，已飭各委員等一路妥爲伴送，迅速行走。臣等仍先行移咨經由各省督撫臣轉飭沿途地方官照例撥護，務期及早抵京，不致遲誤。除飭令該國大庫將貢船先行囘國修整，其壓艙貨物，照例免稅外，所有委員伴送貢使起程日期，理合會摺具奏」。

　　由第21一文件，再連同第22及第23兩文件，共計是三件，這三件都因原本過長，本文爲篇幅所限不便錄其全文，而只摘要記之。但由此摘要合而觀之，作者具有若干意見，特拈出分析如下，一則不外爲著借題發揮，一則應卽作爲本文的結論：(一)暹羅每一使臣之行，僅就當時清國內外所行的文書，如爲每個使臣都編纂「使行錄」的話，當可集成一巨帙。例如道光九年正月二十四日兩廣總督一題本，所述禮部咨便有五次之多，實際咨文之外，更有許許多多上達的奏本和題本(每一題本奏本所附的副本及揭帖俱不計)，這是無法估計的，這都是禮部一些應辦的文書。廣東地方則係接待使臣之第一站，其總督巡撫等衙門文書之繁，更是勢所必然。其他還有沿途經過各省的地方，關于使臣之一來一往，照例都有文書報告的，自府縣以至於督撫，差不多每個官兒都

有文書上達的，那也就是府縣達於督撫，督撫達於朝廷之類。同時又有朝廷歷次下達的上諭，說起來都是含有重要性的。凡此種種，特只就當時每一使行的文書而言，其數量之煩，是固不難想像而知的。至於有時有些使臣往往將一路見聞之事自成一書的，如乾隆四十五年朝鮮朴趾源所撰「熱河日記」(凡六册，約共二十餘萬字，最近已刋入中華叢書行之丁世) 一書，便是一例。我想，像這類的日記，一般外國使臣只要一入中華境內多多少少都該有的，暹羅使臣也不會例外，多少當有著錄，只是歷時久遠現在也無從加以查考罷了。(二) 貢品在洋遭風沉失的，跟着又再補送一分，其名曰「補貢」，凡此「補貢之使」在整個清代二百多年中究竟有過多少次，姑不論。總而言之，就算照例的三年一次罷，試以使者的行期計之，比如我在前面所說的每屆使臣往回既然都須一年半，那，又該這樣說上屆的使臣剛剛歸到本國，而下屆的使臣必須接着就要出發的，關于往回也是一年半，二者共計正合乎三年一次的規定，這是專指例貢而說的。例貢之外，往往又常有隨事遣送之使，如慶祝萬壽及慶賀大捷(題本內所說的叩賀擒獲張逆，係指道光七年平定回部張格爾之役) 等等不一而足，都是「有事之使」之一類。這些使臣，再包括例貢之使在內，則有清一代關于暹羅所有使价之行，大概言之，似乎不外「前者未還，而後者繼，循環絡繹，無有休息」之一情形的。這都是過去的史事，所謂清史稿暹羅傳都是略而不談的，茲者所述，僅據殘餘檔案內所見若干有關的例證作一研究之資而已。(三)暹羅貢使關于每行所有運來運去的「壓倉貨物」，可以得到四次「照例免稅」的優待：第一次，貢使來時隨帶的貨物 (暹羅土產)，第二次，貢船「先行回國修整」時運去的貨物 (中國土產)，第三次，貢船於修整完好後復又駛至中國以接回貢使爲名時携來的貨物 (暹羅土產)，第四次，貢使在中國事畢登船返國所有隨船附帶的貨物 (中國土產)，總上四次運來運去的貨物，都稱之曰「壓倉貨物」，而且每一使行都是這樣的運法，都是例定的四次「壓倉貨物」從來不徵一稅的。凡此情形，由清國言之，當然也正是所謂「厚往而薄來」以待「與國」而已。然由暹羅言之，其於該國的經濟實有莫大的利益，一面又很可以看出暹羅於清國關于「禮文往來」的使者「前後相望」之一史事，換言之，還不是爲了「往來貿易」以及中國的特別厚待罷了。

附　　記

本文於寫成之後，由檔案中復又查出康熙十二年四月十五日禮部題本一殘件，本

內具題情節，與證明「賜印」之事有關，自應附此一說。檢前文所述清史稿，暹羅於清初，卽在乾隆年以前，曾經有過兩次的賜印，一爲順治九年，一爲康熙十二年。可是這兩次賜印，由于作者不無懷疑之處故加小註云：「也許兩次賜印爲一事，這也無關大體，不必深究。」此一小註，現在更須申明一下，就是說，前者之順治九年暹羅雖有請印之舉，但請而未給，直至康熙十二年大約由于暹羅之一請再請，於是乎才允共所請查例鑄給的。今讀康熙十二年禮部殘題本，足證作者小註之意見完全爲事實，再由此題本，又可校出清史稿之記事，往往有些於應當說明處而不爲說明，是眞所謂誤後人不淺也。茲特據題本將其全文錄出，以爲質證之資：

（上缺）表文內未敢瑣凟請給印，俟再來進貢，題請勅印。等語。其勅印之事，相應俟該國王題請之日再議。等因具題，奉旨：依議。欽遵在案。康熙柒年拾壹月內，臣部爲暹羅國□官握耶大庫達部咨呈，內開：本國王吩咐，明季舊頒勅印，因天□火變，供奉勅印宮殿，盡爲煨燼，以致勅印無存，當大國鼎新之後，先經尙差使臣具貢呈報在案。至於懇頒新勅印，此在大國洪恩寵錫，本國仰瞻聖德，欽賞勅印文憑，便於入京朝貢。等語。但該國王未□題請勅印，不便據伊國陪臣之言遽議，應俟該國王題請之日再議。等因具題，奉旨：依議。遵行在案。會典開載，洪武拾年遣人齎詔暹羅國及印往賜之。又查康熙伍年伍月內，安南國黎維禧懇請封王之時，已經照洪武例，封黎維禧爲安南國王。今暹羅國王奏表內稱：明季舊頒勅銀印，卑國以憑進京朝貢，□因宮殿火煨無存，今進京朝貢，無可爲憑，伏望□恩頒賜勅銀印，以光屬國。按古例：貢船叁隻到□，貢使捧表進京朝貢，其船置辦國需，隨汛回國。等語。查康熙柒年拾壹月內，臣部爲海禁森嚴，嗣後進貢來船，如有往返接探者，永着停止。等因具題，奉旨：依議。已經欽遵在案。除船隻緣由無容再議外，至於暹羅國王森烈□臕照古龍拍臕馬嘷陸坤司由提呀菩埃，誠心向化，航海請封前來，應照安南國王例封行可也。臣等未敢擅便，謹題請旨。康熙拾貳年貳月貳拾日題，本月貳拾貳日奉旨：依議。欽此。欽遵，於貳月貳拾叁日到部。案查康熙伍年伍月內，安南國黎維禧爲懇請封王，臣部照洪武時例，封安南國王，給與誥命駝紐塗金銀印封行在案。該臣等議得暹羅國王森烈拍臕照古龍拍臕馬嘷陸坤司

由提呀菩埃，誠心向化，航海請封前來，應照封安南國王例封行。等因具題，奉旨：依議。今暹羅國王照安南國王例，誥命內閣撰擬，駝紐塗金銀印臣部鑄造，至於遣封前往官員人等坐去船隻及應行事宜，再議具題可也。臣等未敢擅便，謹題請旨。康熙拾貳年叁月初捌日題，本月初拾日奉旨：依議。欽此。欽遵，於本月拾壹日到部。該臣等議得冊封暹羅國王照封安南國王例，誥命內閣撰擬，駝鈕塗金銀印臣部鑄造，至於遣封官員人等坐去船隻及應行事宜，再議具題。等因具題，奉旨：依議。欽此。今遣封正使壹員，副使壹員，齎捧誥命及印往封，係航海而去，其正副使官跟役人等，及護送官兵，人數甚多，須用堅固好船貳隻，相應請勅工部查□，若有見存可以航海大船，卽行具題，如□聽工部勅限速行置造新船，俟造完具題到部之日，臣部開列職名請旨遣往。其見在暹羅國貢使等，如留邊候封時方遣，糜費錢糧甚多，臣部將貢使人等俟賞賜筵宴畢，照例先遣發回伊國。其遣封官員不知海道如無暹羅國人指引，難以前往，應移文該國王，特遣伊國人至廣迎接誥印及遣封官員，引路同往可也。臣等未敢擅便，謹題請旨。康熙拾貳年叁月貳拾柒日題，肆月初壹日奉旨：冊封暹羅國王，渡海道遠，風濤有慼，亦未可定，這誥印應否交付進貢官，爾部再行察例議奏。欽□。欽遵，於本月初貳日到部。查會典開載：古里大國西洋諸番之會，永樂叁年，其長沙米的遣使朝貢，封爲古里國王，給印誥。滿剌加國，永樂叁年，其長拜里迷蘇剌遣使奉金葉表文朝貢，封爲國王，給印誥。蘇門答剌國，國濱海，永樂叁年，其長宰奴里阿必丁遣使朝貢，封爲國王，給印誥。

該臣等議得故明永樂時，古里等國遣使朝□，各給誥印，並未開載遣人往封字樣。今遣封暹羅國，航海隨去官兵甚多，又需月日，暹羅國迎送勞苦，相應不必遣官，令來使齎捧前往，□皇上柔遠至意，得以遠被外國。應將誥印卽速撰造完備，並□用印匣黃絹等物，於該部移取，俟貢使照例賞賜筵宴畢，臣部堂司官員及鴻臚寺官，穿朝服，在午門前恭設几案，將貢使等，鴻臚寺官引行三跪九叩頭禮，跪領誥印。臣部移咨該國王，□王親身出城恭迎誥印可也。臣等未敢擅便，謹題請旨。康熙拾貳年肆月拾伍日。經筵講官，左侍郎、加壹級臣

常進 (以下銜名甚多，從略)。

作者白：本文在寫作時 (1958)，承美國洛氏基金會資助，特此致謝。

出自第三十本下(一九五九年十月)

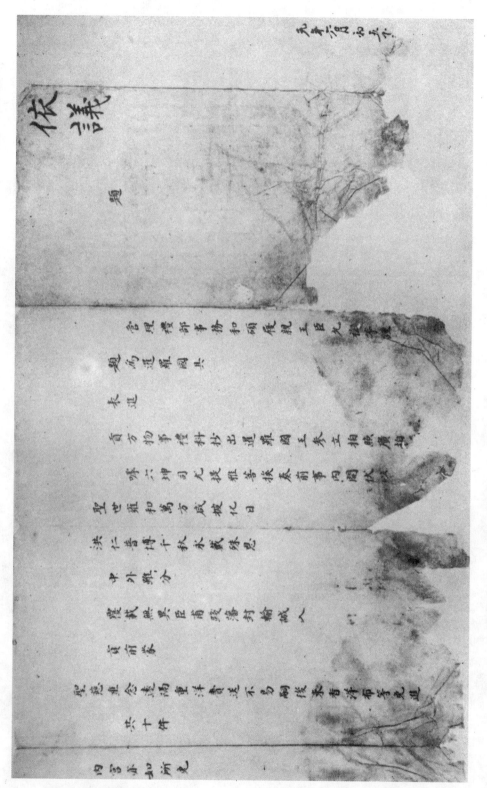

乾隆元年（一七三六）八月初三日禮部題本〔郵地〕：縱二五.二公分，橫二三一.○公分（每面六行，橫一一九公分）。

衛前方物列象

石一斤　犀角三對　象牙三百斤　上蓋蠡三百斤　勝

黃三百斤　降香三百斤　大楓子三百斤　烏木三

百斤　蘇木三千斤　草撥一百斤　文桂皮一百斤　等

樹脂香一百斤　兒茶皮一百斤　棹蠡一百斤　上

檀香一百斤　硫磺一百斤　翠鳥皮六百張　孔雀

尾十屏　毛潤紅布十丈　大和蘭禮二頃　上水片一

斤　中水片二斤　水片油二十觔　甞葉藏雲六十瓶花

共二十七件　又於定例之外加進金彈二尺花

帳一條恭進

內容前方物龍涎香八兩　沉香一斤　物　祭不八兩

犀角三個　象牙一百五十斤　上蓋蠡一罾五十斤

膝黃一百五十斤　降香一百五十斤　大楓子一

百五十斤　烏木一百五十斤　蘇木一千五百斤　草

撥五十斤　土桂皮五十斤　樹脂香五十斤　兒茶

皮五十斤　棹蠡五十斤　上檀香五十斤　硫磺五

十斤　翠鳥皮三百張　孔雀尾五屏　潤紅布五丈

上水片八兩　中水片一斤　水片油二十觔　蓄藏容

三十瓶　茶二十五件　又定例之外加進大和蘭

慶萬春延祖孫兩舉千叟宴史策饒他莫並肩○漢字表文暹羅國長鄭華叩

乙巳

正宗大王實錄卷之十九

十七

首叩首上貢大皇帝陛下萬歲萬萬歲萬萬歲伏以皇恩浩蕩澤及遐荒聖德宏

敷光臨海隅念故父任政遣羅遣使朝貢業蒙容納不勝榮幸何期更遘遇邊

格外加恩懷遠屬國無微不照使華感激無地補報無門茲華纘嗣父業當續

父志供奉貢典不敢少忽事修厥職永效忠誠但華僻處海隅遐備

方物來朝貢禮誠難合式俯思鴻慈鑑華悃悅必沾涵育茲謹虔備金葉表文

公象一隻毋象一隻龍誕香外一斤內八兩犀角外六介內三兩沈香外二

斤內一斤冰片外三斤內一斤八兩金剛鑽外七兩內三兩沈香外二

象牙外三百斤內一百五十斤獐腦外一百五十斤降真香外三百斤內

屏翠皮外六百張內三百張西洋氈外一張西洋紅布外十疋內五疋

一百五十斤白膠香外一百五十斤白荳蔲外三百斤內一百五十斤烏

木外三百斤內一百五十斤檀香外一百五十斤甘蜜皮外三百斤內一百斤蘇木外三千斤內一千五百斤特

斤內五十斤藤黃外三百斤內一百五十斤桂皮外一百斤內五十斤大楓子外三百斤內一百五十斤草撥外一百斤

斤內五十斤檀香外一百斤內五十斤甘蔲皮外三百斤內一百斤

差貢使帕史滑里那突朗唱汶悉呢霞壁撫突朗扶寮那丕汶知突汶丕匹洿

遮辦事喃赴恭進金關懇蒙容納華不勝感激榮幸之至冒呈○謝恩正使朴

朝鮮正宗實錄內之暹羅國表文。

致有作亂之舉皇帝即命安置勤爾謹以李侍堯代為總督美上年夏間回部酋長田五等又作亂命陝隴諸路起兵討平分開兩路使男女各立男丁則盡數坑殺婦女則分給軍兵而亦有執致京師者又以侍堯之不善禁戢抑沒家產仍囚於甘肅地方一遷羅國在南海中距廣東水路萬餘里自廣東距燕京陸路五千里其國長新立遣使請封貢使即三品官從者五十餘人進京納貢表文名曰金葉表橫寫字行恰似梵書全不可解使廣東通事僅僅翻漢以奏皇帝使九卿會議閣老阿桂以為請冊重事不可依准皇帝則特以柔遠之意欲為許施以尊敬之義且其禮幣與方物厚賞其國長及使臣而遣之臣每於班行見其容貌無異常人冠服極其詭異剃其頭髮項垂金珠兩著帽子鏤金為之高幾尺餘上漸尖細若牛角然而末懸真珠一枝衣則金絲織布雜以紅色繡以花紋狹袖長裙繫大帶兩著甚薄不勝寒逼雖有言語亦不能盡解一吏部尚書和珅去年陞為軍機大臣子尚皇女女配皇孫權勢日隆皇帝且遣內侍輪番其第勢焰薰天搢紳趨附惟閣老阿桂勳伐既盛而清謹自持為珅敬

朝鮮正宗實錄內之暹羅國使臣。

譯乾隆五十一年五月初八日□□緬國表文。紙地:縱二五·一公分,橫二四五·三公分(每面六行,橫一一·七公分

西洋紅布　外十疋　内五疋

象牙　外三百斤　内一百五十斤

樟腦　外一百斤　内五十斤

降真香　外三百斤　内一百五十斤

白膠香　外一百斤　内五十斤

大楓子　外三百斤　内一百五十斤

烏木　外三百斤　内一百五十斤

白荳蔻　外三百斤　内一百五十斤

蓽撥　外一百斤　内五十斤

檀香　外一百斤　内五十斤

甘蜜皮　外一百斤　内五十斤

桂皮　外一百斤　内五十斤

藤黃　外三百斤　内一百五十斤

蘇木　外三千斤　内一千五百斤

恭進

全閩感念榮寵賚納幣布不勝感激涓茲榮幸之至昌呈

乾隆五十一年五月初八日

圖版五之一

乾隆五十三年五月初九日暹羅國王鄭華自譯黃紙繕寫漢字表文。紙地：縱三二.八公分，橫一五二.二公分。

圖版伍之二

順治年頒給的滿漢字「朝鮮國王之印」。樣本：縱、橫俱各一○·四公分。其他外國（包括暹羅）印文式樣同。此特指滿字而言，至漢字尤其是「國王之印」四字，則當以圖版陸為定式，有如安南琉球等國的現證，皆是。

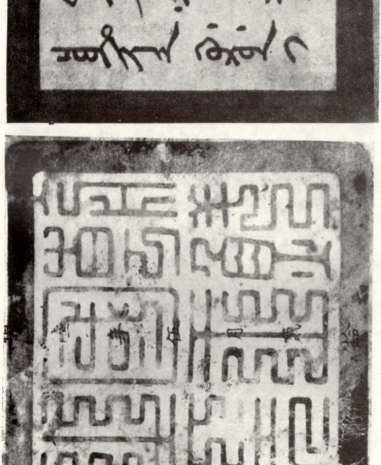

明代頒給的「朝鮮國王之印」。樣本：縱、橫俱各一○·○公分。至明初頒給暹羅的，其印文當與此式同，所不同的只朝鮮二字之異而已。

圖版別之二

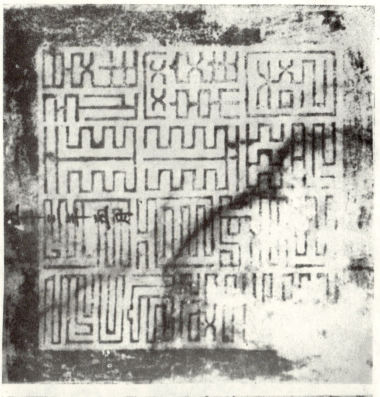

乾隆年改鑄改頒的滿漢字篆書「暹羅國王之印」。樣本：縱、橫俱各一一.一公分。

圖版別之一

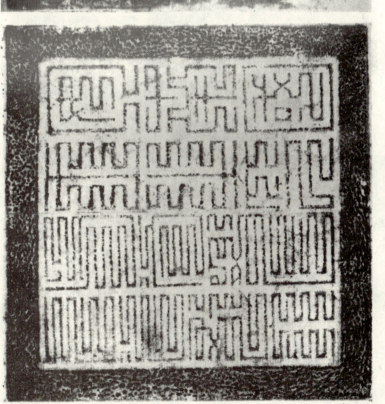

乾隆年改鑄改頒的滿漢字篆書「安南國王之印」。樣本：縱一一.三公分，橫一一.五公分。朝鮮所球暹羅印文同。

乾隆五十四年十月初二日廣東巡撫郭世勳題本。紙地：縱二三·六公分，橫五七二·八公分，（每面六行，積一一·八公分）。

因心義心優念怡恩咸鑊難名使等敬還遣

将旨

萬壽貴物慶同王員儀於乾隆伍拾肆王玖月貳拾

陸日一件起程赴剳副正明朝

同共底記

跟之抌至現在進京員役賣共貨橋壹員名徐雷在

粵當守貨船侯使等京赴一同回國所有起程

日期理合禀之觀詳等情到縣理合造用轉請

題報事由運用鐵府憚此設廣州府知府張遣原

慶核限詳備造各用其方物用內屬恭進

皇上方物番字走筆表文壹道漢字拜之壹道遣彖文

亭壹至龍涎香拾兩金剛鑽珠甫沉香貳斤上

水片壹斤中水片貳斤孔准鹿拾屛犀戊陸百

張犀角侗象牙叁百斤白荳蔻叁百斤藤黃

叁百斤大楓子叁百斤隆真香叁百斤丁膠香

壹百斤樟腦壹百斤檀香壹百斤軍機壹百斤

甘蜜皮壹百斤土桂皮壹百斤西羊參貳兩西

洋紅布拾戊烏木叁百斤蘇木叁千斤恭進

皇宮方物請進香伍兩金剛鬱壹兩沉香壹斤上水

片測兩中水片壹斤孔准尾伍屛犀戊叁百羔

犀角叁侗象牙壹百伍拾斤白荳蔻壹百伍拾

恭進

暹羅國進

報

恭進 裝護安置驛館已案於玖月貳拾

肆日恭齎其正貢方物亦經起貯行內

呈進用前來本司等伏查暹羅國進

貢定例船不過叁人不過百名正貢船內聽

夾帶外商貨物玖拾玖名夥到查該國進

貢原屬正副貳船修整起程其副貢船隻因風收泊新

寧縣屬海面船身損壞現需修葺尚未到省該

正貢使等陸續

諭旨祗領

為進貢起程共貳船員名一年底到京得缺

新正朝

恭展祝賀

限文牘其進京員役共貳拾壹員名分聽進用呈送

除飭在省等候貢船王副貢船隻俟催令修整

完竣於旬日之內再行備造高桅姓名夥令貨物

各用另詳咨報外仍照例先令回國所有貢

京員役貳拾壹員名需用夫馬船隻應禮照例

頃裕封存應付詳交廣州府同知照隆祥醫標

前營守備莊鵬飛伴送貢使赴京儀報於乾隆

伍拾肆年玖月貳拾陸日自廣東省城起程相

具會伏緣詳用速遠應

物貨含歷隻營名船員副員正員進國羅暹詹再遝

例

其免例限詔應物貨倉歷船舶藏副正令稅免請爾

役星令應等人曰稿舶貨于爲厚番有所稅徵

一之省於外事異使言侯注別許毋隻船舊樵

物貨倉歷回員國回及期日團回國舶員副文國回同

到由等明聲伴合送咨請詳用造行另明查侯

史雍王使遝華勅王國羅暹遝得看臣該沈情懐臣

樺蘭等炎那遝遝里馮

祝恭及物方員年文耆

奏禮會等臣經廣來物貢壽萬

奉欽閱

使貢壽萬其向可日時貶多免未京到貢于貢年專到使貢羅暹司謙

伸臣使該時詔頒正新侯京到忐年於伴一仿不知謙

示會宣

承傳等王經遝遝欽此敕國回早及俸跟祝

霞禮恭情等京進伴一王玉於遝昌恩

暹進國羅暹遝諭衙

員貢國羅暹遝稿詳語諭衙

使綾梭使院司會宗京詔許使敵有事寶傳玄臣案任臣奉

驗恭日肆拾貳歲玖於巳家已置安謹敬物方文本
羅遷查伏內行貯是亦物食倉並船於船正其
進屬國
使貢除內船正令今過不人叁過不船於例定貢
新泊此風因隻船貢因副彙東正副蔵船屬原貢
謹等使貢該省到未句算修需現面海屬縣寧
遷

論曰勅準

與得京到底年詞托程起井一貢年同噝叩貢尊萬

新正朔

貢恭展貺

遞呈星用並遞嘯分名貢壹拾貳共役貢本其祝之服
句他役況修俟隻船貢彙副王貢字有多粵注詔除
寇咨詳号用名食倉座歷名注物商造備行再
貢本壹拾貳蔵役貢京遞貢百州回國令先例照需
詳付應合劾拾治況照例隻船孫馬夫用需名
花磚社備予誊前句符祥票表初同府州廣東委

貳日玖年辣拾伍遷乾於報榛京起赴農貢遞拾
貳拾賷貢貢到正用明年聲拜井程起兆筑省東廣日陸拾

本咨請照例免其查驗花字由江門許該貢具

慶前未至覆核無異所司安員廉州府同知馮筆

祥督標前營守備壯鷹飛伴送遷轟國正貢使

正准使葯里速通那宋副貢使柏篤汝恋呢陵

慶德爻奎貢使兩次察那盂汶知夫肆貢使汶

王匹冬進辦事通事補上全筆員戾覲屋進京

日期相應恭疏

慶報除將送訖吾核介至種會同南寧總局至福

康安合詞具

題伏乞

皇上睿鑒敕部議覆施行謹會

題請

旨

論明史所記四輔官事

—— 附論明初殿閣大學士之設置，及東宮官屬之平駁諸司啓事 ——

黃　彰　健

　　研究明代歷史，自然要根據實錄。實錄記事有忌諱及疏略，自然應根據野史家乘訂補。但實錄畢竟係根據檔案修成的，其所記某事得旨年月，自屬可信。排比實錄所記，也最可以看出當時的情勢。野史的無稽，家乘之溢美，也只有利用實錄予以訂正。清初黃宗羲所說：「國史取詳年月，野史取詳是非，家史取詳官歷」，這幾句話在現在看來仍然是很不錯的。

　　明史的作者，自然也知道這一方法。不過，以明代史料之浩繁，要想一一考訂精審，自不容易。現存的明史，如果以實錄及其他可信的原料來審核，仍可發現明史所記有許多地方可以商榷。本文論明史所記四輔官事，卽其中的一個例子。

　　明史記四輔官事，僅寥寥數處。明史太祖本紀記其設置與廢罷：

　　洪武十三年九月丙午置四輔官，告於太廟，以儒士王本杜佑龔斅杜斅趙民望吳源爲春夏官。

　　洪武十五年七月辛酉，罷四輔官。

明史職官志記其設官沿革：

　　先是，太祖承前制，設中書省，置左右丞相(正一品)。(洪武……)十三年正月誅丞相胡惟庸，遂罷中書省。九月，置四輔官，以儒士王本等爲之，(位列公侯都督之次)尋亦罷。十五年倣宋制，置華蓋殿武英殿文淵東閣諸大學士；又置文華殿大學士，以輔導太子，秩皆正五品。

而四輔官王本等人事迹，則附見於明史安然傳。今錄傳文於下：

安然，祥符人，徙居潁川，(註一)。元季以左丞守萊州。明兵下山東，率衆歸附。累官山東參政，撫綏流移，俸餘悉給公用，帝聞而嘉之。洪武二年召爲工部尙書。出爲河南參政，歷浙江布政使，入爲御史臺右大夫(註二)。十三年，改左中丞，坐事免，未幾召爲四輔官。先是胡惟庸謀反伏誅，帝以歷代丞相多擅權，遂罷中書，分其職於六部。既又念密勿論思，不可無人，乃建四輔官，以四時爲號。詔天下擧賢才，戶部尙書范敏薦者儒王本杜佑龔斅杜斅趙民望吳源等。召至，告於太廟，以本佑龔斅爲春官，杜斅民望源爲夏官，秋冬官闕，命本等攝之。位都督次。屢賜敕諭，隆以坐論之禮。命協贊政事，均調四時。會立冬，朔風釀寒，帝以爲順冬令，乃本等功，賜敕嘉勉。又月分三旬，人各司之，以雨暘時若驗其稱職與否。刑官議獄，四輔官及諫院覆覈奏行，有疑讞，四輔官封駁。居無何，斅等四人相繼致仕，召然代之。本後坐事誅。諸人皆老儒，起田家，惇朴無他長，獨然久歷中外，練達庶務，眷注特隆。十四年八月卒，帝念然來歸之誠，親製文祭之。繼然爲四輔者，李幹何顯周。幹出爲知府，佑顯周俱罷去，是官遂廢不復設。本不詳其籍里。佑，安邑人，嘗三主本布政司鄉試，稱得人。龔斅，鉛山人，以行誼重於鄉。致仕後，復起爲國子司業，歷祭酒，坐放諸生假不奏聞免。杜斅，字致道，壺關人，擧元鄉試第一。歷官臺州學正，歸家教授，通易詩書三經。源，莆田人，亦再徵爲國子司業，卒於官。民望，藁城人。幹，絳州人。顯周，內黃人。

明史所記，其可以商榷處，現在看來，約有下列幾點：

王本之卒是在安然死後，但由明史安然傳看來，很容易使人認爲王本之死是在安

（註一） 安然係潁州人，見大明一統志。實錄安然本傳說，然，祥符人，「徙居潁川」，考宋歐陽忞輿地廣記卷九：潁州，……秦爲潁川郡地，……後魏置潁川郡，隋亦爲潁川，……唐爲潁州。則實錄作潁川，當係用古地名。實錄書事自不宜用古地名，不過實錄本傳可能係據行狀碑誌，而用古地名記事，這正是文人的結習。正史行文，自然也不應用古地名，今檢王鴻緒明史列傳稿安然傳，即作潁州，而非潁川。王稿爲今本明史所自出，明史此處可能係改依實錄，也可能係傳鈔刊刻致誤。

（註二） 實錄安然本傳作左大夫。按實錄：「十二年九月甲辰，以御史臺右大夫丁玉爲左御史大夫，浙江布政使安然爲右御史大夫」，則本傳作左大夫，誤。

然之前。四輔官安然係以憂懼喪生，此應據明太祖文集刪除實錄忌諱，但明史此處却誤據實錄。實錄未記李幹何顯周曾任四輔，亦未書四輔係何時廢罷，此應據實錄審核他書，但明史此處却誤據一統志及野史，於實錄未曾深考。

　　爲了考訂何顯周是否曾任四輔，及推測四輔官係何時廢罷，文中又曾討論四輔之職權及品秩，以及這一制度之承先啓後處。明初殿閣大學士之設立，東宮官屬之平駁諸司啓事，以討論四輔官問題，遂亦附帶有所討論。文中所論，或亦有前賢所未言處。今謹論列於下。

（一）

　　明史安然傳於「王本坐事誅」之後，始述安然之卒，及杜佑李幹何顯周之罷，這很容易令人認爲王本之死是在安然之前。今檢太祖實錄：

> 洪武十四年八月庚辰，四輔官安然卒。……
>
> 九月乙巳，夜有大星，起自八穀，西北行，光有尾，至四輔沒。又有星赤色，自婁宿西北行，至壁宿沒。
>
> 丙午，上謂四輔官王本等曰：天道福善禍淫，不言而見。君有德，則降祥以應之；不德，則降災以警之。故天之於君，猶父之於子。子不善而父警之，安敢不懼？蓋警懼無違，猶慮有非常之災；若恣肆不戒，豈能免當然之禍？朕與卿等，皆當愼之。

安然卒於八月，而是年九月丙午實錄有「上謂王本等」之記事，則王本之死，自在安然死後。

　　明史安然傳說：「本後坐事誅」，此不見於實錄。今檢明太祖高皇帝御製文集卷七諭四輔官王本母陪祭勅：

> 祀神之道，非會人也。古法刑喪不預。禱祭之期在邇，卿極刑，母列班！

則王本確死於非命。徐乾學憺園集修史條議說：

> 太祖所殺大臣，有罪狀可指者，實錄皆直書其事，如張昶楊憲李善長胡惟庸陳寧開濟郭桓詹徽余熂輩是也。其非罪見殺者則諱之，如程徐陶凱薛祥滕德懋陳敬趙珝王惠廸麥至德徐鐸輩，皆死於非命。……

王本之死，實錄不載，這可能死非其罪，故史臣爲太祖諱。

（二）

　　明史安然傳說：安然任四輔，帝眷注特隆，安然死，帝親爲文以祭，這很容易令人認爲太祖與安然相處甚善，其實事實眞相並不如此。明史這兒可能上了實錄的當。實錄記：

> 洪武十四年八月庚辰，四輔官安然卒。……上念其來歸之誠，親製文，遣官祭之。其略曰：爾中土之士，當元季從事義旅，效力於元。及元運既終，我師長驅齊魯，是時爾守齊東，祖宗丘墓在潁，是以棄胡歸我，其來甚誠。朕甚爾嘉，數授重位。嘗干於法，朕特釋之。昨爲朝臣無耆舊，復召爾來。所望加誠事朕，何期遽以疾終。朕思初歸之義，以牲醴致奠。爾其享之。

祭文中說，「昨爲朝臣無耆舊」，復召安然來，這可見王本等人出身田家，不練達政務，故再召舊臣安然爲四輔了。安然卒，帝親爲文以祭，這可見帝對安然眷注特隆了。明史所述，卽根據實錄此處推衍。

　　今檢太祖集，則實錄於祭文已有改易。太祖集卷十八祭四輔官安然文云：

> 爾中土之士，昔當元末，從事義旅，效力於元，職掌兵夫。及元運終，大將軍長驅齊魯，爾爲中土之士，祖宗丘隴在焉，所以棄胡歸我，其來甚誠。朕甚爾嘉，是以數授之以重任。每臨方面，累有極刑之犯者三，朕嘗釋之。前年爲坐胡惟庸陳寧爲惡，意已同姦，朕思來歸之美，仍前釋之。昨爲朝無人用，復召爾來。想必加誠事朕。何期鬼神鑒焉，爾懷自愧之疾，遽然幽往。朕觀所以，必有究乎。然朕尙思初歸之意，猶加牲醴之奠。

祭文說，「何期懷自愧之疾，遽然幽往」，則安然顯係以憂懼喪生。祭文辭氣，不甚和平。祭文說，「朕觀所以，必有究乎」，則太祖本還要追究，因安然已死，遂作罷論。

　　祭文說，安然係胡黨，此在實錄則刪去。這可見事出羅織，史臣也不直太祖所爲。君臣相處不善，此究非帝王美德，而且這恐怕也是太祖的過失，因此史臣爲太祖諱，就將祭文原文加以潤色改易了。

　　與其據實錄曲筆附會引伸，使人認爲太祖與安然相處甚善，不如據太祖集祭文，

明白直捷的說，安然係以憂卒。

　　皇明法傳錄卷七(明刊本第五十五頁)：

　　　旣而王本犯極刑，召前御史中丞安然代之。然以憂卒。

皇明法傳錄也說安然係以憂卒，幸虧明太祖文集現時仍存，否則我們對皇明法明錄的記載就不敢輕信了。皇明法傳錄說，安然代王本爲四輔，這自屬錯誤，這可參看前條所論。實錄記太祖戒諭王本，這其中固然可能也有曲筆，但在十四年九月丙午，王本仍活着任四輔，這應該可信的。

(三)

　　明史安然傳說：安然死後，繼安然爲四輔者有李幹何顯周，而李何之任四輔，實錄不載。野史所載二人任職年月，如以實錄核之，也覺可疑。

　　李何二人任職年月，據雷禮國朝列卿紀：

　　　李幹，山西絳州人。故元編修。洪武十四年任四輔官。本年調蘇州府知府。

　　　何顯周，直隸內黃人。洪武初，薦舉耆儒。十五年任四輔官。本年致仕。

雷書有其裔孫文熳等增訂本。增訂本則說李幹係以洪武十三年任四輔，與雷書原本不同。明談遷國權則說：

　　　洪武十四年九月己酉任李幹何顯周爲四輔。

則何李二人又係同年任爲四輔了。

　　雷書增訂本載有洪武十三年六月太祖召李幹勅書，今按這一勅文見於實錄，係十三年六月癸酉事。雷書增訂本可能是見召勅在十三年六月，遂認爲李幹之任四輔，應在十三年，而非十四年。由實錄所載勅書看來，李幹並非以四輔召。實錄也載有召王本吳源勅書，也未說以四輔召。太祖遣使召王本，據實錄，事在洪武十三年五月己未；召吳源，事在十三年五月丙辰。王本吳源之至京，史未載其確期，而王本吳源之受任四輔，據實錄則係十三年九月丙午事。依道里遠近說，太祖旣於十三年六月遣使召李幹，李幹如應命，如無其他特殊事故，則李幹之抵京似應在是年九月丙午以前。而實錄記十三年九月丙午任王本等六人爲四輔官，並無李幹在內，則李幹之任四輔，是不能因有十三年六月召勅，而卽認爲是在十三年的。

李幹之任四輔，由實錄看來，卽覺雷書增訂本十三年任四輔說之可疑。至何顯周之任四輔，由實錄看來，則問題更多。實錄記：

> 洪武十五年十月己亥，以耆儒劉堉爲諫院左司諫兼左春坊左庶子，關賢爲右司諫兼右春坊右庶子，趙肅爲諫院左正言兼左春坊左諭德，何顯周爲右正言兼右春坊右諭德。

實錄文例，凡初入仕的，需書明其資格出身，其後有陞遷降調，則書以某官某爲某官。實錄此處說何顯周以耆儒任，則在此以前何顯周自未受太祖官職。前引談遷國権說「洪武十四年九月己酉任李幹何顯周爲四輔」，這樣看來，是不可信的了。

明史太祖紀說，「洪武十五年七月辛酉罷四輔官」，則明史安然傳說何顯周任四輔，何氏之任四輔自應在十五年七月辛酉以前。明史的作者可能卽忽略了實錄十五年十月己亥條所記，因此在安然傳中卽沒有提何氏後任右正言，旣忽略實錄此條所記，因此也就沒有覺察到何顯周在十五年七月辛酉以前任四輔是可疑的了。

雷氏國朝列卿紀說，何氏「十五年任四輔，本年致仕」，雷書增訂本則說：

> 何顯周，內黃人。洪武十五年以薦舉任右正言兼右春坊右諭德。尋進四輔官。賜坐，講論治道。命工圖其像。賜待漏院記及誥命以旌之。

雷書增訂本說，何氏以薦舉任右正言，此自據實錄。其說何氏任四輔，賜坐，繪像，賜誥命等，則據天順朝所修的大明一統志。實錄旣說，何氏以耆儒任，則在此以前自未受太祖官職，其任四輔自在後。其任右正言在十五年十月己亥，已去年終不遠，因此增訂本就說，何氏「任右正言，……尋進四輔官」。何氏任四輔旣已在十五年十月己亥以後，因此四輔之罷卽不在十五年七月辛酉。雷書增訂本就沒有提「洪武十五年七月辛酉罷四輔官」，不知是有意的省略，還是不知道有這一說法。總之，他沒有因四輔官廢罷年月而懷疑何氏曾任四輔。他相信何氏曾任四輔，這因爲何氏之任四輔係見於大明一統志。

謂何顯周任四輔，其最早的記載，據我所知，仍係明天順朝所修的大明一統志。大明一統志卷四：

> 何顯周，內黃人。洪武初爲四輔官。賜坐，講論治道。命工圖其像。賜待漏院記及誥命以旌之。

大明一統志雖係官書，但其記明代事，可能據各省採訪清冊。這其中難免無誤。明王

世貞史乘考誤曾指摘大明一統志的錯誤，今選錄二則於下。

一統志載：陳德文，始興人。洪武中，以北平按察使使西域，至撒馬兒罕。按前使撒馬兒罕者給事中郭驥傳：有陳誠者以吏部員外郎使西域，載其風土甚詳。十二年又稱，永樂古麻剌國王哇來頓本親率其臣來朝，至福州卒，諡曰康靖，勅葬閩縣，有司歲時致祭。考之史。乃其國曰吉麻剌朗，王曰幹剌義亦敦奔，來朝，賜賚甚厚，還至福州始卒，賜葬閩縣。一統志修自內閣諸公，而與史牴牾者，當時只遣人於各省採事實，而不知考國史也。（明刊本弇州史料後集卷63第七頁）。

遼東破倭之捷，莫重於廣寧伯諡忠武劉榮。遼東志以爲劉江。水東日記載其事，而疑其姓名。考之國史，蓋榮父名江，卒於戍，仍父名補伍，累功至右都督，嘗奏捷之日尚名江，及封伯而後具其事，始名榮也。……成化間修史（實錄）者，於其孫安傳謂，劉榮封廣寧伯，子江襲，可謂鹵莽之甚。一統志則又承其誤(註一)，而云：劉江，桃源人，燕山中護衞百戶，靖難有功，累陞中府左都督。又云：劉榮，宿遷人，襲父職，靖難有功，進封廣寧伯，不知左都督之劉江，卽榮舊名也。其孟浪乃爾。

我自己再補充一例，如大明一統志卷四十五：

趙俶，山陰人。博通經史。爲文遒健。洪武初，以儒士薦，爲國子司業，名重當時。

今按宋濂翰苑別集卷十送趙待制致仕還鄉詩序說：

洪武九年冬十一月丙申，皇上御奉天門。御史左大夫汪公，右大夫陳公，以國子博士趙先生本初年踰七十，踧而奏曰：博士臣俶，以詩經施教成均者四年。其弟子爲方嶽重臣，及持節各部者，往往有之。是不爲無功。以筋力寢衰，而精神不完，願放還山中，以盡其餘齡。制曰可。且加其官爲翰林待制，勅銓曹給誥命。越三日戊戌，俶具朝服，詣闕謝。上詔之使前。……昔唐國子司業楊巨源以能詩訓後進，一旦以年滿七十，白丞相，去歸其鄉，丞相愛而惜之，奏爲都少尹，又爲歌詩以勸之；京師長於詩者，屬而和之，當時以爲榮，其事若

（註一）　據李晉華明代勅撰書考，一統志成於天順朝，王氏似不得云一統志承襲成化實錄之誤。

與今相類，然而聖天子優老養賢之意，有非唐之所可及。七十而客致事，同
矣，天子召見，親加玉音而勞問焉，則無之也；陞之以官，俾爲鄉人榮，同
矣，出內藏之錢，從而賜焉，則無之也。

由宋濂送行序，可知趙係任國子博士，而非國子司業。明初國子學祭酒係正四品，司
業正五品，博士正七品，其官品不同。特以宋濂送行詩序，以唐國子司業楊巨源事爲
喩，因此就有官國子司業的誤傳了。

明史趙俶傳：

> 俶，……洪武六年徵，授國子博士。……九年……請賜骸骨，於是以翰林院待
> 詔致仕。賜內帑錢治裝。宋濂率同官暨諸生千餘人送之。

趙俶係以翰林院待制致仕，待詔之詔字應改爲制，這一點明史考證攟逸已提到。趙俶
初任國子助教，此見實錄及貝清江集，其陞任博士自在後。明史說，六年徵，授博
士，此恐因宋濂文盛傳於世，致僅據宋集，而於趙氏官歷亦未曾據實錄深考。

大明一統志記明代事，並沒有核之實錄。其記何顯周事，不知何氏曾任右正言，
可證其也沒有核之國史。在天順朝時，國史藏於內閣，閱讀翻檢，自不容易，一統志
作者沒有核對實錄，這不足深責。以實錄審核一統志，這是後代治史者的責任了。

四輔非小官，實錄未書李幹何顯周曾任四輔，這一點畢竟可注意。今日明初載籍
已多不傳，以實錄有忌諱，有疏略，論明初事，已有文獻不足之感。今日明初載籍雖
多不傳，惟就實錄看來，何氏以耆儒任右正言兼右春坊右諭德，係洪武十五年十月己
亥事，在此以前，是不曾任四輔的。在十月己亥以後，實錄未記何顯周事。在十月己
亥以後，何氏是否曾任四輔，這一問題畢竟與四輔廢罷年月有關，因此明史太祖本紀
所說，「洪武十五年七月辛酉罷四輔官」，也應該追究史源，審核其可信與否了。

（四）

明史太祖本紀說：「洪武十五年七月辛酉罷四輔官」，這不見於實錄。明史既據實
錄書四輔官之設置，則自亦應書四輔官之罷。實錄既未書何時罷，於是明史就根據別
的書來補書。明史這一條根據的甚麼書，我還沒有查出。明史可能是根據野史。修明
史的人所見到的野史，自然有許多是現在人看不到的。明許重熙國朝殿閣部院大臣年

表說：

十五年七月，王本論斬，……李幹降知府，革四輔官。

此僅言七月罷四輔，而沒有辛酉兩字，則仍非明史所本。

實錄未書四輔官何時罷，這自是纂修史臣的疏忽，但這也可能是因忌諱而有缺略。實錄有忌諱及疏略，這自應據野史訂補。但以野史訂補，却仍得注意所訂補的是否與實錄中其他可信的記載牴觸，是否與實錄所記當時的情勢相脗合？要覺察明史所書四輔官廢罷年月與實錄是否牴觸，自然又得對四輔官之職權品秩及其設官之意先有所了解，今據實錄，試論四輔官之職權品秩及其設官之意於下：

實錄記：

洪武十三年九月丙午，始置四輔官。告太廟，以王本杜佑龔斅爲春官，杜斅趙民望吳源爲夏官。勑曰：昔之耕莘者爲政，社稷永安。築巖者在朝，君仁民康。……故召爾等來朝，命爲四輔官，兼太子賓客，位列公侯都督之次。必欲德合天人，均調四時，以臻至治。……

戊申，勑諭四輔官王本等曰：「…人主以一身統御天下，不可無輔臣，而輔臣必擇乎正士。……卿等受斯重任，……佐理贊化。……昨爲庶民，今輔朕以掌民命。出類拔萃。於戲，盛哉」！

十月戊午，勑四輔官王本等曰：「自胡惟庸不法之後，特召天下賢才，而有司又多泛舉，尙書范敏獨能薦卿等以輔朕，朕視卿等皆年高篤厚，故九月告於太廟，議立四輔，以王本杜佑龔斅爲春官，杜斅趙民望吳源爲夏官，秋冬官缺，以本等攝之。是年自春徂秋，天災疊見。維秋之暮，天氣嘗暄。嘗諭本等，沐浴致齋，精勤國務，以均調四時。本等奉命盡誠，逮立冬，朔風釀寒，以成冬令。嗚呼！天其兆吉人乎！感應之機，如響斯答。古者三公四輔，論道經邦，理陰陽，順四時。其或乖戾，則公輔失職。蓋人事有不齊，則天應之有如此者。……卿等尙當竭盡忠誠，以勤厥職，庶幾感格天心。……」

辛酉，遣使召儒士張叔廉陳貞宋訥，……用四輔官王本等薦也。

十四年正月乙巳，命吏部，凡郡縣所舉諸科賢才至京者，日引至端門廡下，命四輔官諫院官與之論議，以觀其材能。

是月，……命刑官聽兩造之辭，果有罪驗，正以五刑，議定然後入奏。既奏，錄其所被之旨，送四輔官諫院官給事中覆覈無疑，然後覆奏行之。有疑讞，則四輔官封駁之，著爲令。

三月丙午，召前御史中丞安然爲四輔官。然爲中丞時，坐事免官還鄉，至是復召用之。

辛亥，起致仕四輔官龔斅爲國子學司業。勅諭之曰：……官以四輔，卿廼告老，遂命還鄉。今……司業員缺，……卿其爲朕一來。……

八月庚辰，四輔官安然卒。上……親製文，遣官祭之。……

九月丙午，上謂四輔官王本等曰：……（文已見前引）

四輔官初任事時，勅書舉伊尹傅說爲說，欲其「理陰陽」，「均調四時」，「佐理贊化」，則四輔官之職掌很像漢丞相陳平所說的「宰相者，上佐天子，理陰陽，順四時」。太祖文集卷四有中書左右丞相誥，誥文說，冢宰之職，係「出納王命」，「進退庶職」，使「陰陽和而四時序」，「均調玉燭，海內晏然」，則明初中書丞相之職掌，就理陰陽這一點說，是與四輔官相同。

其職掌雖相同，但四輔官之權力恐遠遜於明初之中書省丞相。實錄記：

洪武十四年正月，命刑官，……議定……入奏，錄其所被之旨，送四輔官諫院官給事中覆覈……。有疑讞，則四輔官封駁。……

既得旨，而始命四輔覆覈封駁，則刑官章奏未事先關白四輔。其時六部常已不隸於四輔，這與其前胡惟庸任丞相時，六部隸屬於中書，就大不同了。

當胡惟庸爲中書省左丞掌省事時，卽以劉基之子劉璉奏事不先關白中書，而怒劉基劉璉。實錄劉基本傳記其事云：

初，基言於上曰：「甌括間有隙地，曰談洋，……宜設巡檢司以鎮其地」，上從之。及設巡檢司，民以其地屬溫州，實民業，非隙地，拒不予。適茗洋亡卒作亂，處宿吏持郡縣事，匿不以時聞。基令長子璉赴京，徑詣上前奏之。時胡惟庸爲左丞，掌省事，與基有宿憾，以璉不先白中書，怒之。及刑部逮至，所奏宿吏因訴基始圖談洋爲墓地，民弗予，故建議設巡檢司，實欲逐民以規取其地。惟庸具言於上，上以基勳舊，赦其罪弗治，但令奪其祿。省部猶欲送璉

獄，上時已勅璉歸，竟弗問。

實錄本傳這一段話係根據黃伯生所撰劉基行狀，行狀說：

（胡惟庸）乃使刑部尙書吳雲訹老吏訐公：

這更明說老吏之攻訐劉基，係胡惟庸主使。當胡惟庸掌中書省事時，刑部隸屬於中書，因此刑官得依中書之意議獄。而此在設四輔時，則刑官議定，得旨後始交四輔封駁，刑官不必仰四輔鼻息了。

劉璉奏事，未先關白中書，爲胡惟庸所憾。而實錄記胡惟庸之罪狀，也說：

惟庸總中書之任，以上信任之重也，專肆威福，生殺黜陟，有不奏而行者。內外諸司封事入奏，惟庸先取視之。有病己者，輒匿不聞。

也正因其時內外諸司封事入奏，經由中書，由中書擬議取旨，章奏始達於御前，因此凡不利於己的，惟庸可匿不上聞，生殺黜陟，有時還可不奏而行。而此在設四輔時，則章奏已達於御前，有旨交議，始可封駁擬議。四輔要想專權壅蔽，不奏而行，是不可能的了。

明太祖最痛恨大臣專權壅蔽。實錄記，洪武九年十一月辛巳帝與侍臣論古女寵宦官外戚權臣之禍。侍臣說，「權臣之專，始於蒙蔽」，帝曰：「上下相維，小大相制，防耳目之壅蔽，謹威福之下移，則無權臣之患」。而胡惟庸之得罪下獄，也正以其蒙蔽太祖。實錄記：

十二年九月戊午，……占城國王阿答阿者遣其臣陽頒文旦進表及貢象馬方物，中書省臣不以時奏，內臣因出外，見其使者以聞。上亟召使者見之，嘆曰：「壅蔽之害，乃至此哉！」……

胡惟庸之得罪下獄，卽在此時。太祖囚中書禮部敕文，具載御製集。實錄所載，有爲太祖諱處，這裏不必討論了。

在胡惟庸洪武十二年得罪下獄前，太祖已設通政使司，以防中書省之壅蔽。實錄記：

洪武十年六月丁巳，上諭中書省臣曰：「淸明之朝，耳目外通；昏暗之世，聰明內蔽。外通則下無壅遏，內蔽則上如聾瞽。國家治否，實關於此。朕常患下情不能達上，得失無由知之。其令天下臣民，凡言事者，實封直達御前」。

甲申，置通政使司。設通政使一人，正三品。……掌出納諸司文書敷奏封駁之
事。時官制初立，上重其任，……遂命（曾）秉正爲通政使。……上諭之曰：
「壅蔽於言者，禍亂之萌；專恣於事者，權奸之漸。故必有喉舌之司，以通上
下之情，以達天下之政。昔者虞之納言，唐之門下省，皆其職也。今以是職命
卿等。官以通政爲名。政猶水也，欲其常通，無壅遏之患。卿其審命令以正百
司，達幽隱以通庶務，當執奏者無忌避，當駁正者無阿隨，當敷陳者無隱避，
當引見者無留難，毋巧言以取容，毋苛察以邀功，毋讒間以欺枉，公淸直亮，
……庶不負委任之意。」……

太祖令臣民實封言事，直達御前，卽所以通下情，防中書之壅蔽。而通政司卽爲掌收
受臣民實封而設。通政司此時已掌諸司文書的進御，惟其時六部仍隸屬於中書，則內
外諸司封事自仍經由中書，則太祖眞要防中書專權壅蔽，也只有靠臣民實封言事，及
太監校尉在外私訪了。

實錄記：

洪武十一年三月壬午，上謂禮部臣曰：周書有言，「人無於水監，當於民監」。
人君深居獨處，獨能明見萬里者，良由兼聽廣覽，以達民情。胡元之世，政專
中書。凡事必先關報，然後奏聞，其君又多昏蔽，是致民情不通，尋至大亂，
深可爲戒。大抵民情幽隱，猝難畢達，苟忽而不究，天下離合之機係焉，甚可
畏也。所以古人通耳目於外，監得失於民，有見於此矣。爾禮部其定奏式，申
明天下。

明初之政由中書，凡事應先關白中書，此自係因襲元制。太祖十一年三月壬午這一上
諭，正係洪武十年六月丁巳命令的補充，仍要臣民實封言事，直達御前，不過劃一其
奏文格式而已。明史太祖本紀說：「十一年三月壬午，命奏事勿關白中書省」，這好像
說，內外諸司奏事也不必關白中書。這恐怕誤解實錄文義了。

實錄記：

十三年正月己亥，胡惟庸等旣伏誅，上諭文武百官曰：「朕自臨御以來，十有
三年矣。中間圖任大臣，期於輔弼，以臻至治。故立中書省以總天下之文治，
都督府以統天下之兵政，御史臺以總天下紀綱。豈意奸臣，竊持國柄，枉法誣

賢，操不軌之心，肆姦欺之蔽。……賴神發其姦，皆就殄滅。朕欲革去中書省，陞六部，倣古六卿之制，俾之各司所事，更置五軍都督府，以分領軍衞，如此則權不專於一司，事不留於壅蔽，卿等以爲何如？」御史許士廉對曰：「歷朝制度，皆取時宜。況創制立法，天子之事。旣出聖裁，實爲典要。但慮陛下日應萬幾，勞神太過。臣愚以爲宜設三公府，以勳舊大臣爲太師太傅太保，總率百僚庶務。其大政如封建發兵銓選制禮作樂之類，則奏請裁決；其餘常事，循制奉行。庶幾臣下絕奸權之患，主上無煩劇之勞」。上然之。

在胡惟庸任中書省丞相時，丞相權重，可專權壅蔽。及誅胡惟庸，太祖遂擬廢丞相不設。以事出創舉，故太祖乃徵詢廷臣意見。許士廉所說：「但慮陛下日應萬幾，勞神太過」，這正是歷代設立丞相一職最重要的理由之一，而許士廉却以此主張設立三公府。許士廉建議設三公府，實錄僅說「上然之」。這一三公府究竟是否設立，後世史家於此有不同的說法。明王世貞三孤表序（史料前集卷二）說：

　　洪武十三年罷中書省。采御史言，欲特置三公府，竟不果，而僅設四輔官，位尙書上。

這是說未設三公府，而潘力田國史考異（卷二頁二十九）則說：

　　丞相府卽中書省，後爲三公府。今西華門內，門北爾而堂南鄉者，是已。

潘氏又主張有三公府。明史職官志於置三公府事一字不提。

今按成祖實錄：

　　永樂元年四月庚申，……上命駙馬儀賓及隨侍各王來朝宴於三公府；四品以上文武官，諸學士，及在京僧道官，大龍興寺住持，侍宴奉天殿；在京各衙門堂上六品以上官，近侍官，修史官，宴於中左門；在外進表官，四夷朝貢土官，宴於中右門；餘文武官宴於丹墀內。

　　永樂六年八月乙未，……上親饗麻那惹加那乃於奉天門，賜其妃以下宴於舊三公府。

　　永樂十年九月戊申，宴浡泥國王遐旺等于奉天門，賜王之母宴前三公府。

成祖自視甚高。在永樂朝，臣下未有加三公銜的，因此永樂元年四月庚申條所說的三公府，必非成祖所創，而當爲太祖時所設立，因此在成祖實錄中提到三公府，有些地

方就加一「舊」字，或用一「前」字。

　　在太祖時，此三公銜亦不輕以授人，僅開國功臣功勞最大的李善長徐達常遇春有此榮譽。李爲太師，徐爲太傅，而常則死後追贈爲太保。當太祖殺胡惟庸時，常已前卒，徐每年往鎭北平，不與聞中書省事，而李則已老耄。徐卒於洪武十八年，李於洪武二十三年被殺，自此以後至太祖之死，臣僚也未有任三公的，因此在洪武二十八年所修的洪武京城圖誌，圖中繪當時京師各官署位置，即無三公府。此三公府雖事實上已廢，但房舍仍存，因此在明成祖時可在此饗臣僚了。

　　成祖實錄中所提到的三公府，正可與太祖實錄所說的「設三公府」相印證。這一三公府也絕非明建文帝所創設。假若僅是建文所設，那成祖起兵，以恢復祖制爲藉口，成祖即位後，一定會革除，而三公府的名稱也都不會保留了。

　　明建文時官制，據皇明典禮所記，有少師少傅少保以輔導太子，則其時官制也可能規定有太師太傅太保以輔導天子。不過在建文時恐怕也沒有人任三公。明史職官志說，「建文永樂間罷三公」，其實這只是不以此銜授人，並不需在官制上廢除這一級。三公之設也正係太祖時的制度，係祖制，成祖不能廢罷，而且太祖成祖也沒有明令廢罷，因此在明仁宗時就又可以三公銜授人了。

　　此三公府之設，太祖實錄中僅含糊的說「上然之」。其設立恐即去許士廉的建議不久。許士廉的建議在十三年正月己亥，而數日後癸卯太祖下詔廢中書，陞六部，詔書只說「五府六部詳審共事，務稱厥職」，並未提到三公的職權爲何。太祖既惡中書專權，自亦不願有一三公如舊日丞相一樣的處理政事。這一三公銜，在廢丞相前，既已授與李善長徐達，自不能無原無故的取銷。中書省宏大漂亮的辦公廳也不宜閒廢，所以乾脆就改中書省爲三公府，不過不給予實權而已。太祖實錄記，「洪武十六年五月戊午，廣東都指揮使狄崇王臻言，妻阮氏等封淑人已歿，仍乞封次妻何氏等爲淑人。詔下廷臣議。太師韓國公李善長及禮部等官議曰：……不可許。上從之」。在這時四輔官當已廢，次妻封贈，也係小事，太師以位尊班首主議而已。

　　就廢中書陞六部詔來說，三公府的三公應無權。但就政務處理來說，一日二日萬幾，帝一人處理之，其精力實有限。因此備顧問，貢獻意見，以協助帝之裁決，以便利政務之推行，這一種輔佐人主的官員實不可少。當十三年正月太祖殺胡惟庸，於時

黨禍株連，大肆殺戮。是年五月雷震謹身殿，太祖雖以此下詔罪已，但詔中仍申述丞相胡惟庸等之罪狀。明王圻續文獻通考說，太祖因雷震謹身殿，是年遂設四輔。就太祖之迷信天象及事件發生之先後說，王氏這一說法也許可以成立。而太祖在是年九月丙午任王本等六人為四輔，明史安然傳說，係「帝念密勿論思，不可無人」，而此在實錄所載勅書也說，「治天下，不可一日無輔臣」，這自然是設立四輔最主要的原因。

在洪武十三年九月丙午時，既已有李善長徐達任三公，而又設四輔。在同年十月太祖嘉獎四輔官王本等，勅書說：「古者三公四輔，論道經邦」，則太祖之設三公四輔又當係模倣古制。禮記文王世子篇：

記曰：虞夏商周有師保，有疑丞。設四輔及三公，不必備，唯其人。

在洪武十三年九月時，即無人任太保，而四輔亦僅設春夏官，秋冬官係令王本等人兼攝，這正是設官不必備，唯其人了。

太祖嘉獎王本等人，勅書說：

嘗諭本等，沐浴致齋，精勤國務，以均調四時。本等奉命盡誠，逮立冬，朔風釀寒，以成冬令。古者三公四輔，論道經邦，理陰陽，順四時，其或有乖戾，則公輔失職。……卿等尚當竭盡忠誠，以勤厥職，庶幾感格天心。

太祖既設三公四輔，而僅諭四輔「精勤國務」，均調四時，且以冬令之順，為四輔之功，這可見是時三公僅係具員，並無實權。這一勅書提到三公四輔，這可見三公府之設置應在設四輔之前了。

太祖之設三公四輔，此正因廢秦漢以來之丞相制，中樞最高行政組織無近例可援，故只好取法乎古。禮記文王世子篇正義引尚書大傳：

古者天子必有四鄰，前曰疑，後曰丞，左曰輔，右曰弼。天子有問無以對，責之疑；可志而不志，責之丞；可正而不正，責之輔；可揚而不揚，責之弼。其爵視卿，其祿視次國之卿。

金履祥通鑑前編「帝舜元載」注引尚書大傳：

古者天子必有四鄰，前曰疑，後曰丞。……天子中立而聽朝，則四聖維之。是以慮無失計，舉無過事。故書曰：「欽四鄰」，此之謂也。（據陳壽祺尚書大傳輯本轉引）

大戴禮記保傅篇：

> 明堂之位曰：篤仁而好學，多聞而道愼，天子疑則問，應而不窮者謂之道。道
> 者，導天子以道者也，常立於前，是周公也。誠立而敢斷，輔善而相義者謂之
> 充。充者，充天子之志也，常立於左，是太公也。絜廉而切直，匡過而諫邪者
> 弼。弼者拂天子之過者也，常立於右，是召公也。博聞而强記，接給而善對者
> 謂之承。承者承天子之遺忘者也，常立於後，是史佚也。故成王中立而聽朝，
> 則四聖維之，是以慮無失計，而舉無過事。

尙書大傳及大戴禮所言，皆天子親政聽朝之事，此正可供太祖不「責任中書」而大小
政務皆親決者之參考。其倣古制而設四輔，是不無道理的。考明制，章奏得旨後之封
駁，此本給事中之權力，今議刑得旨，而命四輔官封駁，此因「可正而不正，責之
輔」，這正是四輔官所應爲的。天子疑則問，則其命四輔與人論議，以觀應薦者之才
能，也無足異。「天子中立而聽朝」，「天子有問無以對，責之疑」，「天子疑則問，應
而不窮謂之導」，則四輔一官，固應「精勤國務」，備顧問，有所擬議，以供帝之裁決
了。中書擬議，此相當於古之疑；門下審覆，此相當於古之輔。國家權力根源，既在
帝王，而帝王復非生知上聖，則其需人擬議審覆，協助處理，集思廣益，糾正錯誤，
使其措施合宜，不妨害帝室及人民的利益，這正是古今一致的。帝王設官分職，固可
損益隨時，但其設官分職之意，總有相因不變之處。四輔一官，就其貢獻意見，以便
帝裁決而言，此與中書丞相無異。所不同的，中書於章奏可不待天子有疑交議，而卽
擬議上呈，於大事可取旨，小事可逕決，而四輔一官，則僅備顧問，待帝交議，似無
逕決之權力。

　　這一四輔，就其燮理陰陽而言，係宰相之職。就諸司不隸於四輔而言，則其權力
實遠遜於明初之丞相。章奏由通政司進御，凡事先經帝裁決，在必要時，始交四輔封
駁擬議，則政務之處理既不致爲四輔蒙蔽，亦不致草率或積壓。這一辦法可以說是有
舊日丞相制之利，而無丞相制之弊。明代後來的內閣制度，章奏也是先經帝乎，然後
發交內閣擬議的。這一措施正解決了歷代君權與相權的衝突。在從前，每有人譴責太
祖之廢丞相，認爲漢丞相權力大，漢制最合理想。其實丞相權力大，將使其爲操莽，
這與君主專制政體欲家天下萬世一系的目的相牴觸，因此，在君主專制政體下，明制

似最合帝王的理想。在明代後期，大學士權重，但因章奏先達御前，無法壅蔽帝之耳目，他最多只能援引私人爲通政司使，有彈章至，先傳遞消息，以爲應付的準備而已。

明代的亡國，並非因其廢除丞相，而明代的內閣制度，也正爲清代所因襲。這一制度，在君主政體下，是有其好處的。後人論政，見君主多昏庸誤國，恨不得君主無權，宰相有權。須知君主無權，內閣首相有權，這已經不是帝王專制政體了。要君主無權，這也只有民主政體才辦得到。

在明太祖時，太祖命四輔官精勤國務，並以冬令之順，爲四輔官之功，則四輔固受帝委寄。明史安然傳說：

> 命協贊政事。……會立冬，朔風釀寒，帝以爲順冬令，……賜勑嘉勉。又月分三旬，人各司之，以雨暘時若驗其稱職與否。

其賜敕嘉勉，已見前引實錄，至「月分三旬，人各司之」，則實錄不載。今按明雷禮國朝列卿紀卷六：

> 太祖諭曰：古以三公四輔論道經邦，理陰陽，順四時。然當是時，間有陽順陰乖，陰順陽戾者有之，是由逆理而使然也。且任三公，職四輔，非數人不居。凡數人使居是任，豈不善惡半之？善雖格天，惡能違帝，是故人事不齊，天亦如之而應，此其所以陰陽駁雜也。當陰陽駁雜之時，所當理者三公四輔，冢宰既多，各無司定節序，期其時而究，將問誰？假使上帝以一賢之善，不致斑駁其時，則惡人偷光飾已(己？)，又小人效之，所以斑駁其時，雖在上帝，不得不如是也。其天道人事，疾如影響如此也。朕今設四輔，恐上帝難分善惡，累時序之不常，特以四季均職於四輔，又以上中下三旬，人各司之。假若上帝福善禍淫，□易爲殃着所司者，比之混淆，豈不利哉？特以四輔所司，明述於後。

此所謂太祖諭，不見於實錄及御製集，以文章風格論，似仍出太祖御製。在明代朱國楨著皇明大訓記時，朱氏卽說，他所見的太祖御製文多爲刊本御製集所不載。太祖集傳世不止一種本子，我不知別的本子是否有，不過雷書所載這一上諭，其眞實性是應無問題的。在洪武十三年時，太祖旣以冬令之順，嘉勉王本等之盡職，又爲了使上帝

不「覈分善惡」，及帝亦易於據時令之調和乖戾而施獎懲，因此又令四輔月分三旬，每人各司一旬了。每人各分十日，這可以防久任專權。但政事之擬議審覆，究有資於熟手。每人分司十日，這畢竟非爲治之善策。這一種辦法自僅可嘗試於一時，不足以垂之永久。

在四輔任事時，章奏旣先進御，天子有疑，始交擬議，則時令之乖，照道理說，應帝負責，不可以責之四輔。但四輔職司燮理陰陽，本無所不統，旣言「可正而不正責之輔」，則帝之措施乖方，以致時令不調，四輔未能匡正於前，似亦不能無咎，不過，在太祖操生殺大權，果於誅戮之時，而要四輔犯顏强諫，這就不合理，而且强人之所難了。

太祖廢丞相後，設立三公四輔。就章奏先經帝手，及六部不隸於三公四輔言，這一措施是成功的。至其以時令乖違考核四輔是否盡職，這一措施畢竟荒謬。這也可以說是無良法美制可以模倣，暗中摸索，也就不能不有一些可訾議的措施了。後來他廢四輔，也許他已察覺到他所定的辦法窒礙難行罷！

四輔官之職權及其設官之意，已分析如上。今再論其品秩。實錄未記四輔官品秩，僅說四輔「位列公侯都督之次」。此所謂位，自指朝會位次。明代朝會位次，自依品級排列，所謂「朝廷尚爵，鄉黨尚齒」，這恐怕是自古以來皆如此的。明初都督係正一品，六部尚書係正三品。洪武十三年正月甲辰更定都督及六部尚書爲正二品，同月甲午又「更立五軍都督府秩正一品」，那就是說，左右都督正一品，都督同知從一品，都督僉事正二品。四輔官位次公侯都督，則其位當在都督同知都督僉事六部尚書之上。四輔官的品秩應係正一品，惟位仍在公侯都督之次。

太祖任命王本等人爲四輔，實錄所載勅書係「位列公侯都督之次」，而太祖集則作「位列公侯都府之次」。都府爲都督府之簡稱。太祖集卷十五建言格式序：「勅中書都府御史臺」，卽其一證。如勅書原本確作都府，則位列公侯都府之次，似可以解釋爲位列公侯都督府官之次，那也就是說「位列公侯左右都督都督同知都督僉事之次」，如這一種解釋爲對，那四輔將係正二品，但仍位在正二品六部尚書上。

明王圻續文獻通考卷八十六及皇明法傳錄卷七俱說四輔係正三品，可能係因太祖集勅書作「位列公侯都府之次」，他們見都督僉事係正二品，遂作此臆測。他們心目

中可能認爲尙書其時仍係正三品，而忽略在洪武十三年九月設四輔以前，尙書就已由三品改爲二品了。

在明代初年，左右都督都督同知都督僉事有時可泛稱爲都督。此處舉一例：如實錄洪武元年十二月丁卯條，徐達曰：

> 北平孫都督總六衞之師，足以鎮禦。

按實錄洪武元年八月癸未條：

> 上以元都既克，……別留兵三萬人，分隸六衞，令都督副使孫興祖僉事華雲龍守之。

則孫興祖的官銜僅爲都督副使，而非都督。檢宋濂鑾坡前集卷四孫忠愍侯墳記，孫興祖一生根本未作過左右都督，則實錄十二月丁卯條稱之爲都督，這有點像我們現在人對上將中將少將俱尊稱爲將軍了。實錄所載勅書，「位列公侯都督之次」，這一督字不知係勅書原本如此，抑史官有所改易？不知僅指左右都督，抑係泛稱都督府官？就四輔官任命時來說，勅書舉伊傅爲言，而且復告太廟，可以說鄭重其事。其品秩不會低。在這裏可能還是不作泛稱解爲好。

實錄記，「十三年正月甲午更立五軍部都督府，秩正一品」，此正一品事實上是五軍都督府左右都督的品秩。太祖集勅書所說「位列公侯都府之次」，如勅書原文係作府，那也可能是只指五軍都督府左右都督而說的。

明太祖以武力統一中國，需籠絡建有功勳的武臣，其重武輕文，毫不足異。故在京則都督僉事位六部尙書上，在外則都指揮使位布政使上。但就中書丞相與公侯都督來說，則李善長係文官，仍位冠百僚。功臣位次，李位列第一。明官制尙左，李爲中書左丞相，而徐達則爲右丞相。所加三公銜，李爲太師，而徐爲太傅。朝會位次，李在徐上，那是不成問題的。其後胡惟庸繼爲中書左丞相，忠勤伯汪廣洋爲右丞相。胡朝會位次，史無明文。就其爲左丞相言，其位次可能襲李之舊，惟就實錄所記「丞相儀從准侯例」言，則共位次又似在公下，而其在伯與都督之上，則是無問題的。及胡惟庸誅，罷丞相，而設三公四輔，三公李徐位冠百僚，其位次自無問題，至四輔則乃儒生新進，自不宜遽位公侯勳臣之上，因此特命其「位列公侯都督之次」了。

明制朝班序立，皆依品級。據洪武二十年所頒禮儀定式，朝參序立，首公侯，次

尉馬都尉，次伯，次一品以下文武官。其時尙書位次在都督僉事之下。建文中，陞六部尙書爲正一品，有人建議，朝會位次，尙書不宜在都督之下，（見中央圖書舘藏王文安集卷六），是官品雖同，其位次仍需分辨高低。由這一道理看來，四輔「位居公侯都督之次」，那四輔也應係一品官了。

（五）

　　四輔官任命時，曾告太廟。勅書中以伊尹傅說相比，其職則「理陰陽」，其位則居公侯都督之次，這可以說是國家的重臣了。實錄記四輔官事，止於前所引洪武十四年九月丙午「上謂王本」條，以後卽不再提到四輔，然則四輔官之廢是否卽在十四年九月，抑或眞的如野史所說係在洪武十五年七月呢？現在且分析實錄所記十四年九月丙午以後史事，以推測四輔官係在何時廢罷。

　　實錄記：

　　　　洪武十四年冬十月癸丑，命法司論囚，擬律奏聞，從翰林院給事中及春坊正字司直郎會議平允，然後覆奏論決。

按實錄，十四年正月命刑官論囚，議定入奏，錄其所被之旨，送四輔官諫院官給事中覆覈無疑，然後覆奏行之。有疑讞則四輔封駁。而現在則不要四輔覆覈封駁，而改命翰林院及春坊官。翰林院官春坊官受帝委寄，這一點頗可注意。

　　實錄記：

　　　　洪武十四年十二月丁巳，命翰林院編修檢討典籍，左春坊左司直郎正字贊讀，考駁諸司奏啓以聞。如平允，則署其銜曰：「翰林院兼平駁諸司文章事某官某」，列名書之。

按實錄，太祖曾命王本等精勤國務。今諸司奏啓，却令翰林院官春坊官平駁，這時是否有四輔，這是很可懷疑的。

　　實錄記：

　　　　洪武十五年二月丁巳，賜六部尙書馬。勅曰：「禮，君賜車馬，所以禮重臣，示優寵也。今尙書侍郞，古六卿之職。朝夕贊襄庶政，非羣有司比。而騎乘不具，……其各賜馬，以稱吾優禮重臣之意」。

尚書侍郎以朝夕贊襄庶政，被稱爲重臣，而受帝優禮，亦始於此，這一點也是可注意的。

實錄記：

> 洪武十五年三月丁卯，詔更定官員相遇及公參禮儀。凡五軍都督府左右都督都督同知駙馬都尉遇公侯於路，引馬側立；都督僉事六部尚書遇公侯，引馬却避；品級相等者，分路而行。

> 金吾等衛指揮遇公侯，引馬却避；遇左右都督都督同知駙馬都尉，引馬側立；遇都督僉事六部尚書，分路而行。

> 六部侍郎，各衛指揮使及同知，通政使，太常卿，光祿卿，太僕卿，京府尹三品官，遇公侯左右都督都督同知駙馬都尉，引馬却避；遇都督僉事六部尚書，引馬側立；品秩相等者，分路而行。

> 各衛指揮僉事左右通政太常少卿國子祭酒四品官，遇公侯左右都督都督同知駙馬都尉都督僉事六部尚書，引馬却避；遇六部侍郎通政使太常卿光祿卿太僕卿，引馬側立；品級相等者，分路而行。

> 六部郎中員外郎欽天監令太醫院令都府經歷斷事官大理寺卿通政司參議左右春坊庶子諭德五品官，遇公侯以至三品官，引馬却避；遇四品官，引馬側立；品級相等者，分路而行。六品以下官倣此。

> 翰林學士尚寶司卿少卿，遇公侯左右都督都督同知駙馬都尉，引馬却避。遇二品官，引馬側立。遇三品四品官分路而行。尚寶司丞侍講以下官，照品級倣此。

> 承勅郎給事中中書舍人監察御史，遇公侯以下至二品官，引馬却避，遇三品官引馬側立；四品以下官，分路而行。……

實錄此條記更定官員相遇禮儀，所舉朝廷重臣，有公侯都督都督同知駙馬都尉都督僉事六部尚書，而無奉諭「精勤國務」地位較都督同知都督僉事駙馬都尉六部尚書爲高之四輔，則這時朝中已確沒有人任四輔官了。明史太祖本紀所說：「洪武十五年七月辛酉罷四輔官」，前引明許重熙國朝殿閣部院大臣年表說：「十五年七月王本論斬，李幹降知府，革四輔官」，均與實錄此條記事牴觸，因此不可輕信。

於洪武十五年三月丁卯，已可確定無四輔一官。而王本之坐事誅，由實錄十四年
九月丙午上謂王本條看來，當在洪武十四年九月丙午以後。考太祖文集諭四輔官王本
母陪祭勅：

> 祀神之道，非會人也。古法刑喪不預。禡祭之期在邇，卿極刑，毋列班！

禡祭謂出師祭旗。考實錄，十四年九月丙午上諭王本之後，至十五年三月丁卯更定官
員相遇禮儀前，實錄提到命將出師，僅有兩處：

> 十四年九月丙午，……四川水盡源通塔平散毛諸洞長官作亂，命江夏侯周德興
> 移兵討之。仍命汝南侯梅思祖都督僉事張銓為之副(註一)。時德興率師征五溪
> 蠻，蠻人散走。及是，命復討諸洞。未幾，皆平之。

> 十月己卯，衢處溫三府山寇吳達三葉丁香等連結作亂，命延安侯唐勝宗右軍都
> 督僉事張德總兵討之。

周德興在京奉詔帥師征五溪蠻，據實錄係十四年五月事。觀實錄九月丙午條，似梅思
祖張銓仍可由京奉詔另率京衛前往，今不能臆定，要之，王本之誅，當去十四年九月
丙午不遠。我想，與王本同任四輔官的，其罷免當即在誅王本之時，或去此前後不
久，因此，在這一年十二月丁己就有翰林院官平駁諸司章奏的命令了。

四輔官之廢，去十四年九月丙午不久，因此實錄在此以後即不復提四輔官，而有
委寄翰林院官及六部尚書被稱為重臣等記事。成祖實錄永樂五年七月乙卯條引仁孝皇
后曰：

> 今皇上所與共圖理道者，六卿翰林之臣數輩。

這一趨勢卽始於洪武時。太祖實錄記：

> 洪武十五年三月乙亥，上諭六部察院諸臣曰：朕觀書以元首喻君，股肱喻臣，
> 自古君臣本同一體。若君獨用則臣職廢，臣不任則君事勞。君臣之間，貴在一
> 德一心，以共濟天下。朕所以懇懇與卿等言者，以六部為朕總理庶務，察院為
> 朕耳目，日與內外諸司事體相關。當思盡心贊輔，共成理道，以安生民！

這一條已在三月丁卯更定品官相遇禮儀之後。玩實錄這一段語氣，在這個時候也不像
有一四輔官在朝廷「精勤國務」。野史所記十五年七月罷四輔官，是與實錄所記當時

(註一)　張銓，明史有傳。北平圖書館本明實錄此條作詮，疑誤。

情勢不合的。

　　任命四輔時，太祖曾告太廟。而罷四輔，這只要不再命人卽可，不需再下明詔。野史所記十五年七月辛酉罷四輔官，並不一定有明詔爲其依據。

　　王本之死，去十四年九月丙午不遠。據實錄看來，王本之死及四輔官之廢，當與天象有關。實錄記：

　　十四年九月乙巳，夜有大星，起自八穀，西北行，光有尾，至四輔沒。又有星赤色，自奎宿西北行，至壁宿沒。

　　丙午，上諭四輔官王本等曰：天道福善禍淫，不言而見。君有德，則降祥以應之；不德，則降災以警之。故天之於君，猶父之於子。子不善而父警之，安敢不懼？蓋謹懼無違，猶慮有非常之災；若恣肆不戒，豈能免當然之禍？朕與卿等，皆當愼之。

太祖戒諭王本，提到天人感應，這自然與頭一天晚上四輔星象有關。王本等之任四輔在十三年九月丙午，而在十四年九月丙午頭一天晚上四輔星象卽有異，這在迷信天象的明太祖看來，那正是天象示警。太祖迷信天象，雷震奉天門，卽避正殿省愆，天象有異，卽勅戒諸王大臣，這種例證在實錄中多得很。他的兒孫明成祖明仁宗也都和他一樣的。明太祖殺李善長，解縉曾代王國用上疏訟冤。明史李善長傳說，李善長下獄，「獄具，會有言星變，其占當移大臣，遂並其妻女弟姪家口七十餘人誅之。……明年，虞部郎中王國用上言，『善長勳臣第一，而今謂其欲佐胡惟庸者，則大謬不然。……若謂天象告變，大臣當災，殺之以應天象，則尤不可』」。李善長之被殺，原因當然很複雜，而天象有異，也是其中一個主要的因素。

　　四輔之職掌係燮理陰陽，這本與漢制有關。在漢代，丞相有因災異免官，也有因災異而自殺的，太祖既然以順冬令嘉王本，自然也可因星象有異而殺王本。所以我前面什說，實錄所記十四年九月丙午戒諭王本，這其中可能還有忌諱曲筆。王本之遭遇不幸，說不定就在九月丙午這一天。

　　開元占經卷六十九：

　　四輔星占二：（此條承陳槃庵先生檢示）

　　甘氏曰：四輔四星，抱北極樞。郗萌曰：四輔去，君臣失禮，輔臣有誅者。

實錄所記天象，恐怕與占經所記仍不合。明太祖所見到的天文書，已多不傳。對這一問題，現在無法深論。不過，由太祖平素行事看來，王本之死，及四輔之廢，與天象有關，我這一假設是應該可以成立的。前引王圻續文獻通考曾說太祖以雷震謹身殿而設四輔，而四輔之廢也與天象有關，這一點王圻就沒有說了。

太祖殺王本，廢四輔，雖然可因天象示警，但處理政務，畢竟須人輔佐。明初翰林院官本掌制誥修史文翰，考議制度，訂正文書，以備天子顧問。在明初翰林院官本亦有參與謀議的，（如陶安），因此當丞相四輔相繼廢罷，可備天子諮詢顧問的就只剩了翰林院官。明太祖於十四年十二月丁巳命翰林院官平駁諸司章奏，這也正是事態合理的發展。

在這時，章奏係先達御前，因此不患平駁者之壅蔽。翰林院編檢等官，人多，品級亦低，也不敢專權，而其時政事又可在朝會中與尚書等大臣廷議親決，而四輔一官也就無再除授的必要了。明太祖以翰林院官考駁章奏，此即明內閣制之起源。明成祖即位，命解縉黃淮等參預機務，這些人也都是翰林院官。

明史職官志說：「太宗時，入內閣者，皆編檢講讀之官。不置官屬，不得專制諸司，諸司奏事不得相關白」。今據實錄所記四輔官事，則四輔官即未置官屬，不轄六部，諸司奏事亦不得關白。惟四輔乃輔臣位尊，非太宗時翰林院官入閣辦事者可比，這一點不同而已。

明初的中書丞相，置有官屬，可專制諸司，諸司奏事得相關白。這一點與四輔迥然不同。明代中樞最高行政組織，其演進的過程係由中書而四輔而內閣，四輔官之設，正是過渡時期的制度。

（六）

四輔之罷，據前節所考，係去洪武十四年九月丙午不久。據實錄，何顯周係以十五年十月己亥以耆儒任右正言兼右春坊右諭德。國朝列卿紀增訂本說：何氏於任右正言兼右春坊右諭德之後，「尋進四輔官，後以疾致仕」，然則四輔官是不是可能於十四年罷後，十五年十月己亥以後又復設，復設不久又罷呢？

對這一問題，我的答覆是，實錄沒有說何顯周曾任四輔，也沒有說四輔官罷後復

設。如欲補實錄之所未備，仍得注意所增補的是否與實錄中其他可信的紀事牴觸，是否與當時的情勢胳合。據實錄，太祖命翰林官春坊官平駁諸司奏啓在洪武十四年十二月，而殿閣大學士之設在十五年十一月戊午，要覺察靁書增訂本所說，何顯周在十五年十月己亥以後任四輔，是否與實錄牴觸，是否與當時的情勢相合，就得對當時翰林官春坊官之平駁諸司奏啓，及殿閣大學士之所以設立，有一正確的了解。今據實錄及其他可信之原料，試論之於下：

　　太祖是在洪武十四年十二月丁巳命翰林院編修檢討典籍考駁諸司章奏，實錄記：

　　　　洪武十四年九月癸未，命翰林院……爲正五品。翰林院學士一人，侍講學士二人，侍讀學士二人，孔目一人。屬官：侍講二人，侍讀二人，五經博士五人，典籍二人，侍書二人，待詔六人。史官：修撰三人，編修四人，檢討四人。

則在洪武十四年十二月丁巳時，翰林院官品級比編修高的有學士講讀學士侍講侍讀修撰。太祖爲甚麼不令官品較高的平駁？由當時情勢看來，可能是因爲殺胡黨，朝廷衙署幾乎一空，翰林院官有許多空缺未補。實錄記：

　　　　洪武十四年十月辛酉，給事中鄭相同言：國初之制，凡啓事東宮，惟東宮官屬稱臣，朝臣則否。蓋尊無二上之意。今一體稱臣，於禮未安。詔下羣臣議。翰林院編修吳沈等奏曰：東宮國之大本，所以繼聖體而承天位者也。臣子尊敬之禮，何得又異？相同之言非是。請凡啓事東宮者，稱臣如故。從之。

考議制度，係翰林院的職掌。在那個時候的翰林院，比編修大的官可能出缺未補，因此就由編修吳沈領銜覆奏了。實錄記，「十四年四月癸丑召山西右布政使趙新爲翰林院修撰」，但在這一年九月己酉，趙新卽致仕。

　　實錄記：

　　　　洪武十五年正月丙戌，命翰林院侍講火原潔等編類華夷譯語。……至是乃命火原潔與編修馬沙亦黑等以華言譯其語。

火原潔馬沙亦黑非漢人，通曉夷語，在翰林院恐只掌譯字。考議制度，自然用不着他們。

　　明初吳元年設翰林院學士正三品。洪武二年置學士承旨正三品，改學士爲從三品。明初任學士承旨者有宋濂詹同，皆極一時之選，這一缺是不輕易授人的。十四年

九月定學士爲正五品，革承旨，十五年五月始陞國子學助教宋訥爲翰林學士。(註一)

太祖在十五年十一月戊午設殿閣大學士。實錄記：

十五年十一月戊午，倣宋制置殿閣學士，以禮部尙書邵質（劉仲質）爲華蓋殿大學士，翰林學士宋訥爲文淵閣大學士，檢討吳伯宗爲武英殿大學士，典籍吳沈爲東閣大學士(註二)。仲質尋以事降試監察御史。

這四個殿閣大學士，其中吳伯宗原任翰林院檢討，吳沈原任翰林院典籍，實錄十四年十二月命翰林院編修檢討典籍考駁章奏，則吳伯宗吳沈在升任殿閣學士以前正係從事考駁章奏。劉仲質在任殿閣大學士以前係任禮部尙書，實錄記，「洪武十五年二月甲戌，以翰林典籍劉仲質爲禮部尙書」，則劉之超授禮部尙書，也當因其考駁章奏稱旨。太祖文集卷三有文淵閣大學士宋訥誥文，華蓋殿大學士劉仲質誥文。今錄誥文於下：

文淵閣大學士宋訥誥文。（原注：翰林典籍吳沉勅文同）

朕觀古今實能者，遇君有遲速，名彰有先後。奈何時運之不齊，壯衰之相臨。何謂？蓋壯志貞而名未出，君將知而暮年垂，雖有實能，爲斯所艱。然昔望於磻溪，亦老而已，猶有非熊之兆，而乃興周八百。爾某年雖高邁，特授某官，宜往欽哉！

華蓋殿大學士劉仲質誥文。（原注：武英殿大學士吳伯宗誥文同。又與東閣大學士吳沉誥文同）。

朕閱宋書，見尙文之美，崇儒之道廓焉。且當時諸儒，皆本實之德，所以輔景運三百有奇。未嘗文辱君命，事體滯行。可見文華君子之賢，君子行文之盛。今特倣宋制，以諸殿閣之名，禮今之儒，必欲近侍之有補，民同宋樂，文並歐蘇。然久未得人，朕甚歉焉。邇來朕觀前某官某，才頗稱任，授以某殿某閣大學士，奉議大夫。爾吏曹速爲施行，毋怠，往，欽哉！

劉仲質誥文說，「未嘗文辱君命，事體滯行」，「以諸殿閣之名，禮今之儒」，則劉之改授華蓋殿大學士，也還是因他以前任典籍的功勞。吳伯宗吳沈及劉仲質之授殿閣大學士，由實錄及誥文看來，係因其撰擬詔敕，考駁章奏稱旨，而翰林學士宋訥之升任，

(註一)　見實錄洪武二十三年二月丁酉宋訥本傳。

(註二)　吳沈，太祖集方孝孺集作沉，明史曰錄作沈，傳作沉。

其原因可能也在此。按宋制，觀文殿大學士資政殿學士係以曾任宰執者出任，則倣宋制而授以殿閣學士銜，正是一種優禮。

　　這些殿閣大學士，地位雖較翰林院官爲尊，但共職掌則仍相同。實錄洪武二十三年二月丁酉所附宋訥本傳：

　　　　洪武十五年……十一月改文淵閣大學士。訥在位頗以年老怠事。嘗塞附火，火燎脅下衣。……上聞之，製文警訥曰：「脅者協也，豈爾居內相，不能協助仁（人）主爲政，致神怒若此耶」？……

此謂宋訥爲內相。考實錄十五年十一月壬申擢翰林院典籍李翀爲侍講學士，太祖集卷八有翰林侍講學士李翀勅文，其文曰：

　　　　治天下之美，非賢何以治民，非文何以昌化？所以文助志士，志士行文之理。……昔唐之有天下，時和歲豐，無乃弘文館之設有方。任館內之事者，必內相之慮勤，以致遐邇來庭，……家給人足。朕聞之，心踴躍而欲肩之。……今特命爾某爲翰林侍講學士。

這一勅文取與劉仲質誥文比較，其職掌未見有何不同。而李翀勅文固亦視翰林院官爲內相。

　　方孝孺遜志齋集卷十九有御賜吳大學士畫像贊，其文曰：

　　　　洪武十五年冬十月一日，皇上以萬機之暇，召侍從儒臣，訪論古道，今東閣大學士金華吳公沉實預在列。上嘉其德業文學之美，命善工繪其像賜之。……明年，某至京師，獲拜而寓目焉。因言曰：昔之明臣，獲畫像於王庭者，……惟唐太宗爲學士十八人畫像，當其尙存方任之時，……時未嘗得受賜而藏於家也。今皇上優禮儒臣，遠同於太宗，而公忠藎密勿，文足以忠一世，學足以貫古今，使與虞姚諸子並生，當不出其下，而官爲學士，職在論思，皆與之同，又獲賜像而藏於家，豈非間世奇遇，尤爲可羨也哉？

方氏說，大學士「藎忠密勿」，「職在論思」，今考實錄洪武三十年正月陞翰林院修撰張信爲侍讀，編修戴彝（戴德彝）爲侍講，太祖卽諭之曰：

　　　　官翰林者，雖以論思爲職(註一)，然旣列近侍，旦夕在朕左右，凡國家政治得

（註一）　明史戴德彝傳引此文「論思」二字作「文學」。史語所所藏各本明實錄，皆作「論思」。

失，生民利病，當知無不言。昔唐陸贄崔羣李絳之徒，在翰林皆能正言讜論。……爾等當以古人自期。……

則翰林官亦正職在論思。

據實錄，這些大學士也侍帝左右，編書進講，而這也正是翰林院官的職掌。

殿閣大學士的職掌與翰林院官相同，而這四人任殿閣大學士的時間也都很短。據實錄，劉仲質「尋以事降試監察御史」，宋訥以洪武十六年正月壬戌改官國子祭酒，吳沈以八月丙戌降爲翰林院侍書，這一年冬吳伯宗也坐事降翰林院檢討，(註一)。在洪武十八年三月太祖始又以翰林院待詔朱善爲文淵閣大學士，而是年九月，朱善卽卒。自此以後，終洪武之世，殿閣大學士卽未再除授，這因爲有職掌相同的翰林院官在。

實錄記：

> 洪武十八年三月丁丑，命吏部定翰林院官制。翰林院正官：學士一人，秩正五品；侍讀學士二人，侍講學士二人，從五品。首領官：孔目一人，未入流。屬官：侍讀侍講各二人，正六品；五經博士五人，正八品；典籍二人，從八品，侍書二人，正九品；待詔六人，從九品。史官：修撰三人，從六品；編修四人，正七品；檢討四人，從七品。又定華蓋殿武英殿文淵閣東閣文華殿五大學士正五品。

翰林院正官係翰林學士，則殿閣大學士當然不是翰林院官。殿閣大學士雖非翰林院官，但多由翰林官升充，其關係本密切，因此在十八年三月又牽連更定其品秩了。殿閣大學士之設在十五年十一月，實錄未書初設時品秩，其初設時品秩可能較高，而就是爲正五品時，據會典諸書所記，其地位也在翰林學士之上。此殿閣大學士本由翰林院官升充，因此在明成祖時，簡解縉胡廣等入閣，胡廣以永樂五年陞翰林學士，十四年晉文淵閣大學士，其授以文淵閣大學士，正因襲洪武時舊制。殿閣大學士在永樂時僅係翰林官的加銜，因此在明嘉靖以前，諸司文移仍稱內閣爲翰林院。明史職官志

（註一）　吳伯宗以十六年冬坐弟仲寔爲三河知縣薦舉不以實，降爲翰林院檢討，見實錄洪武十七年四月乙未所附本傳。明史吳伯宗傳同。今按，涵芬樓秘笈本明譯天文書係影明內府刊本，書首有洪武十六年五月辛亥翰林院檢討臣吳伯宗序，是吳氏在是年冬以前已降爲檢討，與實錄本傳異，俟考。

說，「內閣本翰林職」，這句話是對的。

　　洪武十四年十二月太祖命翰林院編修檢討典籍考駁諸司奏啓。依常理說，考駁諸司奏啓，也應在禁中平駁，不能携出於外。湖南文徵卷四十三劉三吾撰戶部員外郎許公克謙墓志銘中有「予日所直文淵閣」一語，劉文作於洪武二十二年，時任翰林學士。以永樂朝簡翰林官入直文淵閣參預機務一事逆推，我想洪武時翰林院官之平駁章奏，亦可能卽在文淵閣中平駁，因此太祖乃倣宋制，增設文淵等殿閣大學士以優禮那些有功勞的翰林儒臣了。

　　在洪武時，翰林儒臣入直文淵閣，這在解縉文集中還有一證據。解文毅公集卷十四資善大夫戶部尚書郁公神道碑：

　　　洪武戊辰歲，予以年少擢進士，爲中書舍人。直翰林，日侍講華蓋殿中。時時引選官居前，講官不避，卽顧問可否，輒以直對。一日見鳳陽郁公於儕衆中，姿貌魁偉，音吐洪暢，威儀整齊，心異之。上果賜名新，卽命戶部度支主事。度支掌內帑賜予，內直所與文淵閣相邇也。

此文淵閣很明顯的是翰林儒臣入直之所。解縉在太祖時直翰林，欽承顧問，曾以直對，此見於解文毅公集卷十五寄具川董倫書。這一封信說：

　　　縉……數上封事萬言，有分封勢重，輔導體輕，萬一不幸，有屬長吳濞之虞。邠哈尤來歸之時，欽承顧問，宜待之有禮，疑則勿任，任則勿疑，稻乍機權，其徒必二。此類非一。後皆億中。封事留中。

由這封信可見翰林官入直被顧問，所問的有很重要的政務。實錄記，懿文太子死，太祖欲立燕王爲太子，以學士劉三吾之言作罷，此卽其另一例證。翰林官本與聞朝政，因此在建文時，建文帝所寵任的黃子澄方孝孺卽係翰林院官了。

　　在洪武時，翰林官入直文淵閣，備顧問，撰擬詔勅，考駁章奏，然而明人典籍則皆說內閣卽文淵閣，內閣係成祖時所肇建。如明楊士奇三朝聖諭錄序卽說：

　　　太宗皇帝初正大統，故翰林之臣不及十數人。詔吏部及翰林舉文學行誼才識之士，授職其中，士奇首膺簡擢。……肇建內閣，簡七人專典密務，皆進官，士奇與焉。

楊士奇所說「簡七人專典密務」，此七人爲解縉黃淮胡廣楊榮楊士奇胡儼金幼孜。今

按成祖實錄：

洪武三十五年七月丙戌，陞翰林院侍講王景爲本院學士，擢吳府審理副楊士奇
爲編修。

辛卯，擢儒士曾日章爲翰林院侍讀。陞國子助教鄒緝爲侍講，改給事中金幼孜
王洪及桐城縣知縣胡儼俱爲檢討。

己亥，陞翰林院待詔解縉爲本院侍讀，修撰胡靖侍講，編修吳溥楊子榮修撰。
……特改楊子榮名榮。

八月戊午，陞中書舍人黄淮爲翰林院編修。

則其時翰林院官固不止解縉等七人。翰林學士王景較解縉地位高，卽未入閣。曾日章
鄒緝王洪吳溥等四人，楊士奇也沒有說他們入閣。翰林官在洪武時本入直文淵閣，而
現在有人入直，有人不入直，於是對那些不入直的翰林官而言，那就眞正有一內閣係
成祖所肇建的了。

在洪武時，翰林院官皆有入直備顧問的資格。翰林院典籍待詔，品級雖低，太祖
亦不輕以授人。太祖文集卷七有命王珪職翰林典籍勅：

昔者哲王，善由賢出，智由能生，所以禮賢待儒，正欲論道經邦。前者御史吳
興宗，以爾王珪學問優長，德行兼備，內外如一。朕允所奏，差人詣舍，以禮
來朝。珪今至斯，年已六十有八。比呂望之與周未老，較之公孫弘助漢正壯。
然朕觀珪之精力，若與之同遊論道，登眺佳景，遊目騁懷，則決不能同往；若
職以翰林典籍，坐院中，有宣則至，或問則答，是其宜也。珪職雖小，朕命東
宮賜坐。閒中講道，悉爾丹衷，沃我儲嗣，於斯可乎？果如朕命，汝往欽哉。

由這一勅文卽可看出明初翰林官與永樂以後的翰林官不同。「有宣則至，或問則答」，
明初的翰林官，侍帝左右，與帝同遊，有備顧問的資格，而在永樂以後卽不如是。明
成祖卽位初雖也曾問王景葬建文帝禮節，但明成祖所親信的仍然是那七位入直文淵閣
的翰林官，賞賜這七人的冠服卽與正二品尚書相同，而那些不入閣的翰林官就眞正的
成爲閒曹了。

明成祖簡翰林官七人入直文淵閣，這可能是因爲與聞機密的人不宜太多，政務的
處理應資熟手。而且有些翰林官受詔編書，也不宜分心。其專命七人典機密，這一措

施也是很合理的。

　　明太祖在洪武十四年十二月命翰林院編修檢討典籍左春坊左司直郎正字贊讀考駁諸司奏啓。按明制,奏事於帝曰奏,稟東宮諸王曰啓。當時既命翰林院官平駁章奏,而又命春坊官平駁諸司啓事,這因爲其時皇太子已與聞國政。明太祖爲了訓練儲君,在洪武十三年廢丞相以前,卽已命儲君與聞國政。實錄記:

　　　　洪武五年十二月辛巳,命省府臺臣,今後百司所奏之事,皆啓皇太子使知之。

　　　　六年九月乙卯,命諸司今後常事啓皇太子,重事乃許奏聞。

　　　　十年六月丙寅,命羣臣自今大小政事皆先啓皇太子處分,然後奏聞。

但太祖不久又覺其不當,又行親理,十年十二月丙午,上諭太師韓國公李善長等曰:

　　　　前者令皇太子竊聽朝臣啓事,欲其練習國政。恐聽覽之際,處置或有不當。自

　　　　今諸司政務啓于東宮者,卿等二三大臣更爲參決可否奏聞。(註一)

太子生長深宮,非生知上聖,自然需人輔導參決了。

　　丞相廢後,更需要皇太子與聞國政,以減輕皇帝政務的負擔。太祖於洪武十四年十二月命翰林院編修典籍檢討、左春坊左司直郎正字贊讀考駁諸司奏啓,春坊官係東宮官屬,於是也受命考駁啓事了。

　　太祖於洪武十五年四月丙申「更定春坊爲左右春坊,置左春坊左庶子一人正五品;左諭德一人從五品;左中允二人正六品;左贊善二人,左司直郎二人,俱從六品。右春坊官制並同左春坊」。實錄記:

　　　　洪武十五年十月己亥,以者儒劉埾爲諫院左司諫兼左春坊左庶子,關賢爲右司

　　　　諫兼右春坊右庶子,趙肅爲諫院左正言兼左春坊左諭德,何顯周爲右正言兼右

　　　　春坊右諭德。

何顯周等四人兼東宮官,自然也輔導皇太子。

　　實錄洪武十年十月卷說「文華殿,東宮視事之所」,東宮既於文華殿聽羣臣啓事,因此在洪武十五年十一月太祖又擬設文華殿大學士。實錄記:

(註一)　太祖集卷七諭太師韓國公李善長等勅卽這一上諭的原文,實錄於原文已有改易。勅文說,「近者朕恐事不穩當,又行親理,已數日矣」,實錄卽刪去此數句。這幾句話似有失懿文太子顏面。太祖實錄係建文時初修,此處可能係初修時刪去的。成祖時再修三修,似不致爲懿文諱。

十五年十一月辛酉，耆儒鮑恂等四人被徵至京。先是禮部主事劉鋪舉鮑恂余詮張紳張長年皆明經老儒，達於治體，可備顧問，遣使驛召之。至是恂詮長年三人先至京。恂年八十餘，詮長年亦皆七十餘矣。上見之，喜甚，賜坐顧問。一日，上召三人，命爲文華殿大學士，恂等力以老疾辭，上諭之曰：「以卿等年高，故授此職，煩輔導東宮耳。免卿早朝，日晏而入，從容侍對。不久當聽卿等致仕，……卿何辭焉」。恂等復固辭，翌日，放還鄉里。紳後至，授陝西鄠縣儒學教諭。

是鮑恂余詮張長年並未受職。實錄記：

洪武十六年四月戊子，賜文華殿大學士兼左中允全思誠致仕歸鄉里。……

全氏蒞任年月，實錄不載，當不能早於十五年十一月戊午。明史吳伯宗傳說，全思誠以洪武十六年徵，十七年致仕，其致仕年份與實錄不合，這是不對的。

自全思誠後，終洪武之世，文華殿大學士一職卽未再除授。其時輔導太子的有董倫，董倫以洪武十五年十一月甲子任右春坊右贊善，於洪武二十五年懿文皇太子死的頭一天，以左春坊大學士出爲河南布政司參議。董後坐事謫雲南，建文初召還，授禮部侍郎兼翰林學士。董的官銜雖以禮部侍郎爲尊，而職則以翰林學士爲重。董倫因爲輔導過建文帝的父親，建文帝對他自然「禮遇甚厚」。

此文華殿大學士職司輔導皇太子，而輔導皇太子的有春坊官，因此文華殿大學士一職可設，也可不設。明仁宗卽位，宣宗爲皇太子，需監國於南京，仁宗命權謹爲文華殿大學士，這正是援用洪武時舊制。明宣宗卽位，其時皇太子未生，因此權謹又改官通政司參議。其後英宗生，立爲皇太子，但幼弱不能與聞國政，而文華殿大學士也就無除授的必要了。英宗以後，皇太子不與聞政事，因此文華殿大學士一職也就不再除授，僅萬曆三十五年十月武英殿大學士朱賡曾進銜爲文華殿大學士(註一)。於時光宗爲皇太子，事實上不裁決國政，所以這一進銜實與慣例不合。朱賡不久卽卒，朱氏死後，終明世，內閣大學士也就不再進銜爲文華殿大學士了。文華殿大學士雖然也係殿閣學士，但在明初，其職權是與華蓋武英等殿閣學士不同的。

據實錄，洪武二十二年四月丙寅，帝「以東宮官屬詹事未設，衆務無所統領，兵

（註一）　朱賡之授文華殿大學士，見神宗實錄及朱賡朱文懿公奏疏，明史宰輔表失載。

部尙書唐鐸爲人謹厚有德量，遂以鐸兼詹事，仍食尙書之祿」。明永樂二年四月辛未簡東宮官屬，成祖以吏部尙書蹇義兼詹事府詹事，陞工部右侍郎金忠爲兵部尙書兼詹事。其以尙書兼詹事，卽倣洪武時制度。在這一年四月所定東宮朝儀有下列二欵：

一，應啓事務，在京諸司止用奏本。在外諸司，奏本之外，仍具啓本。其詹事府主簿錄事，同春坊司直郎淸紀郎司諫，分爲六科，於司禮監關揭帖，開寫逐日諸司所啓事，及令旨所發落大略奏進。六科給事中亦具題帖奏進。

一，詹事府主簿錄事，同左右春坊司直郎淸紀郎司諫等官，遇啓事，各紀皇太子令旨，如所啓事或差訛，隨卽糾駁。啓事畢，同詹事府官詳審事之可否，可行者，令該司批所得令旨，或事不可行，及啓本內與說帖不同，不問事之大小，悉以奏聞。

由這二欵很可以看出當時皇太子是怎樣的處理政務。在這二條中並沒有提太子太師太子太傅，則在其時洪國公邱福兼太子太師，成國公朱能兼太子太傅，太子太師太子太傅僅只是虛銜，眞正輔導皇太子裁決庶務的，還是詹事及春坊官。

其時兼春坊官的有黃淮楊士奇等人，因此在永樂七年成祖北巡，輔太子監國於南京的，就有蹇義金忠黃淮楊士奇。也正因其時皇太子與聞國政，宮僚需協助太子處理政務，因此在永樂時，漢趙二王陰謀奪嫡，仁宗宮僚卽有因輔導有闕而下獄死的了。

在永樂八年，成祖北征本雅失里，命戶部尙書夏原吉輔皇長孫瞻基留守北京。夏原吉「每旦入佐太孫，參決庶務。朝退，諸曹郎御史環請事，原吉口答手書，不動聲色，北達行在，南啓監國，京師肅然」(註一)，帝還，賜鈔幣鞍馬牢醴，慰勞有加。也正因爲夏原吉曾輔導宣宗參決庶務，其關係不同，因此當仁宗死，宣宗還未由南京回到北京，太后以夏爲東宮舊輔，凡軍國重事，悉命夏裁處。而宣宗卽位，漢庶人「移檄誣輔相奸邪亂政」，也就以夏爲首了。(註二)

皇明名臣經濟錄卷三引楊士奇所撰夏忠靖公遺事：

上（宣宗）尤以心腹託公，不時獨召公，密切顧問，或袖中出小帖子親付公手，公亦或有所呈於上。凡中外所進章疏專命公。批未及，命携出條旨。許用小票

（註一）　據明史夏原吉傳。
（註二）　據楊士奇所撰夏忠靖公遺事。

墨書，帖各疏面以進，中易紅書批出。或未批，多命公傳旨處分。

又王鏊文恪公集卷二十三夏忠靖公傳：

> 每朝罷，必呼公等二三大臣近御展前，或隨至便殿，面議政務。凡內外所進章
> 疏，命擬旨，公擬旨多云某部知道。或以問公，公曰：予奪之柄，非臣下所敢
> 專，故付之六部，定其可否而復取上裁，則事有所分而權不下移也。

明代票擬之制及章奏上批「某部知道」，即始於此時。夏所擬旨，多云某部知道，這
也非常合理。本來六部各有專責，有許多事自然應該先徵詢主管部的意見，所以夏擬
旨多云「某部知道」。及主管部覆奏，皇帝再交議，這時再定其可否，以收上裁，這
樣既無攬權之嫌，同時自己也省好多事，也容易將事情處理得妥當。

　洪武時，命翰林儒臣考駁諸司章奏，而票擬之制乃始於宣宗。在此以前命翰林官
考駁章奏，御便殿面議政務，傳旨處分，這些辦法自都不如票擬旨意的簡明省事，這
也可以說是處理章奏的技術較以前為進步。 不過，命大臣擬旨再由宮內易紅批出，
以章奏太多，皇帝為了省事，遂又交與太監批紅。這樣就得增立文書房，使太監好批
紅；增立內書堂，使太監好讀書識字。這兩機構即係宣德朝所設立(註一)。而太監批紅
對明代政治的影響是實在太大了。

　明宣宗信任夏原吉，但蹇義楊士奇楊榮皆元老重臣，自然也蒙信任。明黃佐翰林
志說：

> 宣廟時，始令內閣楊士奇輩及尚書兼詹事蹇義夏原吉，於凡中外章奏，許用小
> 票墨書，貼各疏面以進，謂之條旨，中易紅書批出。上或親書或否。及遇大事
> 大疑，猶命大臣面議，議定即傳旨處分。

黃氏所說自然也是事實，但票擬這種辦法，畢竟由夏原吉開始，如果始於楊士奇，則
夏不過援例，未見有何恩榮，而楊士奇撰夏原吉遺事時也就不會提到了。

　蹇義楊士奇是輔導明仁宗的，蹇的官為尚書， 本較楊士奇的官大。 所以仁宗即
位，晉蹇為少師，楊為少傅，而夏則僅晉少保。及蹇義卒，尚書所加的三孤銜，即比

(註一)　明史職官志：宣德四年特設文書房，命大學士陳山專授小內使書。健按，陳山之專授小內使書，在宣
　　　　德四年。實錄宣德元年七月甲午改行在刑部主事劉翀為行在翰林院修撰，仍給主事祿，令專授小內使
　　　　書，則內書堂之設，當在宣德元年。

內閣首輔所加的要低了。

明宣宗時已令閣臣票擬。及英宗卽位，以年幼不能處理國政，其時章奏處理自主要靠內閣票擬。而此到後來遂成爲例。章奏雖先到帝手，如果皇帝已有所決定，仍得示意內閣票擬。如不經票擬而中旨徑下，那多半是向太監營求而得，將爲清議所不許了。

考駁章奏，本係內閣的職權，而蹇夏之可以從事票擬，這因蹇夏在仁宗宣宗卽位前卽已參決庶務。後來的六部尙書自不能援蹇夏爲例。六部尙書各有部務待理，旣不能代擬旨意，則其權勢地位自不能與內閣相頡頏了。

明初，翰林學士本係正三品，與尙書品級相同。其後升尙書爲正二品，而殿閣大學士翰林學士則定爲正五品，其用意就在不使翰林官壓制六部諸司。但最後演變所及，殿閣大學士所加的三公銜非尙書所及，尙書仍得承望內閣風旨，這可以說是非太祖始料所及的了。

明代的殿閣大學士考駁章奏，職司票擬，職掌與丞相同，不過無丞相之名而已。太祖於洪武二十八年曾下詔，後嗣不得立丞相，因此明殿閣大學士當其權位事實上已冠於百僚，有時仍不敢以宰相自居。其修會典，內閣職掌卽未列於六部之前，而附於翰林院職掌內。清人入關，多襲明制，但以無立丞相禁令，因此清會典述內閣職掌，卽可列在宗人府後，六部之前，而不必附在翰林院職掌內了。

明代殿閣大學士之設立，及東宮官屬之平駁諸司啓事，均始於洪武時。東宮官屬平駁諸司啓事，這一措施的重要性明史未曾論及。而殿閣大學士之所以設立，明史所見又與拙文有異。明史職官志說：

> 二十八年，勅諭羣臣，國家罷丞相，設府部院寺以分理庶務，立法至爲詳善，以後嗣君其毋得議置丞相，臣下有奏請設立者，論以極刑。當是時，以翰林春坊詳看諸司奏啓，兼司平駁，大學士特侍左右，備顧問而已。成祖卽位，特簡解縉胡廣楊榮等直文淵閣，參預機務，閣臣之預務自此始。

明史職官志說：殿閣大學士僅備顧問，而章奏則由翰林春坊官詳看，而我這篇文章則認爲殿閣大學士係由考駁章奏的翰林官升任，其升任後的職權也似乎沒有變更。明史之所以這樣說，可能因見內閣係成祖所肇建，遂認爲成祖時之殿閣大學士與洪武時殿

閣大學士之職權有此差異，但據本文所分析，則明代翰林儒臣入直文淵閣，此在洪武時已經如是，所不同的，成祖專命解縉等七人入直而已。

由明史職官志看來，好像在洪武二十八年仍有殿閣大學士，其實殿閣大學士在洪武十八年九月朱善死後卽未再除授，其又以授人，已在永樂朝。

對於明初殿閣大學士之設立，因所見明初文獻不多，還有待於進一步的研究。我這裏僅因泛論明洪武十四五年時的政治情勢而附帶論及。其論及永樂洪熙宣德時的內閣及東宮官，這也似係必要，因爲不了解後來的情形，則對洪武時的政治情勢也未必能了解。也正因爲洪武十四年十二月已命翰林官考駁章奏，十五年十一月又優禮這些翰林儒臣而設殿閣大學士，這使我覺得在此一段時期內似不致再設四輔。而且據本文上節所考，王本之誅，四輔之廢，均與天象有關，我不相信迷信天象的明太祖會不顧天象而再設四輔。國朝列卿紀增訂本說，何顯周於洪武十五年任右正言兼右春坊右諭德之後，尋進四輔官，這不過是想調和實錄一統志與列卿紀，使一統志列卿紀所記與實錄不牴觸。他沒有據實錄審核一統志，也沒有據實錄詳考四輔官係何時廢罷，而且也未顧及當時的政治情勢。他只是以意綜合，未必有甚麼可信的原料爲其依據。

一統志所記，儘管錯誤，但總應有其致誤之由。由當時的情勢看來，何顯周之任右正言兼右春坊右諭德，係職司輔導皇太子。當時同任命的還有劉堉關賢趙肅，這四人在其時春坊官中品級最高，需協助皇太子處理政務，其所擔任的職務也很重要。黃佐翰林記說，時人稱此四人爲商山四皓（註一）。既係四皓之一，職司輔導皇太子，因此也就可能誤傳爲任四輔了。

一種錯誤的記載，其錯誤的原因有時很不容易找出，而我上面所推測，自然也只是一種假設。假若不知道當時皇太子與聞國政，與東宮官屬以平駁諸司啓事而爲朝廷中重要的官吏，則對我這一假設未必能欣賞。

（七）

以上論明史記四輔官事，其中第一二兩節論王本之死在安然之後，及安然係以憂卒，這問題比較簡單；而三四五六諸節論四輔官之廢罷，及何顯周之未任四輔，則

（註一）　見翰林記卷三擢用耆俊條。

轉灣抹角，比較複雜。而其實簡單說來，我的主要依據仍在實錄。因爲實錄洪武十五年三月丁卯更定品官相遇禮儀條未提到四輔，所以我懷疑四輔係以是年七月罷；因爲實錄十五年十月己亥條書何顯周以耆儒任，所以我懷疑何顯周曾任四輔。

　　或許有人會問，你旣係依據實錄，焉知實錄十五年三月更定品官相遇禮儀條不脫漏了「四輔」兩字，又焉知十五年十月己亥條「以耆儒任」，實錄所記不誤？

　　對這兩個問題，我的答覆是：在洪武十五年三月丁卯時，如果還有人任四輔，則訂這一條文的人，旣列舉朝廷重臣，決不會遺漏四輔不舉。如果說纂修史臣或傳抄實錄的人抄掉了四輔兩字，則羌無實證。而且由當時委寄翰林官及六部尚書這一情形看來，這一時期也不似有四輔，所以這兩個字決不可說牠脫漏而胡亂臆補。

　　實錄記何顯周以耆儒任，此自係依據檔案。如果說實錄有錯，也得根據較實錄更原始的可信的材料，不能根據後出的野史。國榷說，洪武十四年九月己酉任李幹何顯周爲四輔，國榷係明末清初人的著作，不能根據國榷以駁實錄。國榷說，何氏以九月己酉任，九月己酉已在九月丙午上諭王本之後，由於王本之誅與天象有關，我很懷疑太祖在天象示警之後，會再任人爲四輔。

　　明史記四輔官事，除依據實錄外，復取材於一統志及野史。徐乾學修史條議論及明初尚書事，曾說：

> 明初之尚書，責之至重，視之實至輕。如一部而官設數人，一人而歲更數任，致史不勝書。今就洪武一朝考之。大僚三品以上者，共得三百餘人。徧搜諸書，其人得立傳者不過三四十人，又率寥寥數語，本末不具。豈其人皆無紀述，大率爲太祖所殺，故國史不爲立傳，而其子孫亦不敢以誌狀請人，遂爾湮沒不傳。今當廣搜各郡志書，及各郡志名宦傳，以補其闕略。不得但采獻徵錄開國臣傳分省人物考諸書，致有疏漏。

四輔位尚書上，明史紀尚書事，已需廣搜郡志，則其紀明初四輔事，自亦需採及郡志與一統志了。

　　明史安然傳說：安然「撫綏流移，俸餘悉給公用」，此二語卽據大明一統志濟南名宦傳。一統志未記趙民望杜佑李幹事；其記吳源杜斅事，則爲明史所本。一統志不知龔斅曾任四輔，說龔氏「陞祭酒，卒於官」，明史則說，龔氏任四輔，「歷祭酒，坐

放諸生假不奏聞免」。明史卽據實錄，不從一統志了。

　　明史記何顒周事，未能據實錄以訂正一統志，此因忽略實錄十五年十月已亥條何顒周係以耆儒任。旣忽略實錄此條，因此也就沒有覺察到野史所書四輔官廢罷年月是不可信的了。

　　平心而論，明史記四輔官事，如取與朱國楨開國臣傳傅維麟明書這一類著作比較，那自然明史好。野史讕言，明史已有許多地方不採。其書四輔廢罷年月，這可以說是一時失察；其忽略實錄十五年十月已亥條，這也不足怪。實錄未附人名索引，這一種疏忽是在所難免的。

一九五七年十二月初稿

一九五九年六月九日改定

後　　記

　　最近得見國立北平圖書館藏明刊本夏忠靖公集的 microfilm copy，後附有夏忠靖公遺事。遺事說，「文貞博古守正」，文貞係楊士奇的謚，因此遺事一書決非楊所作。皇明名臣經濟錄節引遺事，謂係楊所作，我因未見遺事原書，致據晚出誤書立說。這一點是應該修正的。

　　拙文據皇明名臣經濟錄引遺事，謂宣宗時，命夏原吉携出條旨，許用小票墨書，貼疏面以進。以遺事原書審核，這一條不錯。

　　拙文引王鏊所撰夏忠靖公傳，今以遺事核之，則王氏所言亦係根據遺事，今錄遺事這一段原文於下：

> 每朝罷，必親呼公等二三大臣近御展前，或隨至便殿，面議政務畢，方囘宮。遇有急務，賜手敕訪公□凡內外諸司所進章疏，多命公先條進其旨，而後從中批出。或謂：公所條進旨，多云某部知道而不斷者何，也？公曰：予奪之柄，非臣下所敢專，故付之六部，定其可否而復取上裁，庶事有所分而權不下移也。

遺事這一段上下文皆記仁宗時事，則夏之條旨當在仁宗時，因此王鏊撰夏忠靖公傳就將遺事所記宣宗時條旨事略去。拙文引黃佐翰林記，說票擬之制始於宣宗，黃氏所記

也係根據遺事，黃氏似不信遺事所記夏在仁宗時卽已條旨。二說不同，謹錄於此，以俟詳考。

　　遺事跋文說：

　　　　今所行於朝廷者，尙仍公條進批答之舊，曰某部知道。……在當日不以爲奇，

　　　　而今日始悟其見之遠也。

代皇帝擬旨而擬「某部知道」，這一辦法自然很好，但在軍情緊急時，則嫌公文旅行，遲緩誤事。在明末卽有人對此嘖有煩言，而在淸代遂有軍機處的設立了。

　　最近又得見北平圖書館藏明刊本杜斆拙庵集的 microfilm copy。其書卷一載有太祖均職制諭，與拙文引雷禮國朝列卿紀卷六所載太祖諭文相同。杜集所載制諭末尾有這幾句話：

　　　　春三月。李祐，司春季三月，皆中旬十日。

　　　　　　龔斅，司春季三月，皆下旬十日。

　　　　夏三月。杜斆，司夏季三月，皆上旬十日。

　　　　　　吳源，司夏季三月，皆中旬十日。

　　　　　　趙民望，司夏季三月，皆下旬十日。

文中未提到春季三月上旬十日係何人所司，這一點頗可詫異。按實錄，其時任四輔者係王本杜佑龔斅杜斆吳源趙民望等六人。王本，據拙文所考，在洪武十四年九月丙午以後坐事誅。杜集所載制諭不提王本，或係故意省略。此六人之名，實錄作杜佑，而拙庵集作李祐，當以實錄爲正。雷禮國朝列卿記據杜集遂誤作李祐了。

　　杜斆拙庵集載有杜氏任四輔後所上謝表。謝表說，「叨官四輔，備顧問於紫宸」。拙文謂，四輔之職權係備顧問，凡事待帝交議，並無逕決之權力，謝表所說，正可爲拙文佐證。

　　　　　　　　　　　　　　　　　　　　　　一九六○年一月十日

出自第三十本下（一九五九年十月）

甲午戰爭以前的中國鐵路事業

王　業　鍵

一、前　言

　　中國自鴉片戰爭 (一八四〇至一八四二) 以後，政治經濟發生了很大的變動。由於歷次對外戰爭的失敗，外人勢力侵入中土，朝野人士目覩艱危，紛陳濟時之策，於是有同治(一八六二至一八七四)、光緒(一八七五至一九〇八)年間自強運動的產生，鐵路事業也就在這種環境下開始萌芽。但在一個具有數千年文化傳統且素來卑視四夷而以天朝自居的我國，對於外國各種科學技術起初非但不願虛心學習，且目之爲「奇技淫巧」。一般人深閉固拒，守舊成性，因此對於像鐵路這樣一種新興事業羣相阻難，其反對勢力之強烈實爲近世各國歷史所僅見。現在擬就我國鐵路初期(自同治初年至光緒十九年)(註一)的歷史作一番考察，以就敎於先進。

　　中國鐵路事業的興起，可以說是受外、內兩種因素影響的結果。前者爲外人欲擴張其在華商業利益的企圖，後者則主要爲國人自強之要求。(註二)不過事實上在初期成效甚微，一直要到甲午戰爭 (一八九四至一八九五) 以後，它們才變成有力的影響因素。清季自同治初年至宣統三年的四、五十年間，中國領土上共築成了將近六千英里 (九、五

(註一)　吳經津通鐵路的爭議，中國近代經濟史研究集刊第四卷第一期 (國立中央研究院社會科學研究所，民國二十五年五月，南京)。

(註二)　E-Tu Zen Sun, "The Pattern of Railway in China," in The Far Eastern Quarterly, vol. XIV, no. 2, Feb. 1955, Pennsylvania State University.

三三公里）長的鐵路，而在甲午戰爭以前將近三十年期間內，不過築成二百餘英里，其餘五千餘英里都是在甲午以後十餘年時間內修築成功的。(註一)從這裏便不難想見我國鐵路事業初期的阻滯情況。

二、外人企圖的失敗

自五口通商以來，外人在華取得了商業根據地，尤其上海一隅，地處東南富庶之區，且位於流貫中部各省的長江口，開埠以來，商務日盛。同治二年(一八六三)該地就有二十七家外商 (大多數為英商) 向江蘇巡撫李鴻章請願，要求給予自上海至蘇州的八十英里長的鐵路建築權。此一要求當卽為李氏峻拒。李氏謂鐵路只有由中國人自己興築以及在國人自己管理之下才能有益於中國，並率直表示反對外人在華獲取非份權益乃為其職責，因此更拒絕將此一請求轉達清廷。(註二)這是外人在華築路所遭遇到的初次失敗。

次年 (一八六四) 英國鐵路專家史蒂芬孫 (Sir Macdonald Stephenson) 應在中國的英商邀請，來華研究修築鐵路。他建議以漢口為中心，向東至上海，向西經四川、雲南遙印度，向南達廣州。另一路由鎮江北上達天津、北京。一路由上海經寧波至福州。一路由廣州至雲南，連接印度鐵路。(註三)此一鐵路計劃橫亙東西，伸展南北，且將沿海幾個具有商業中心地位的條約港口 (treaty ports) 聯繫起來。史氏雖曾表示其目的在使中國避免世界上其他各國鐵路凌亂發展、資本浪費的覆轍，但其擴張商業利益的企圖至為明顯。尤其計劃中將北京與印度相連，更使國人疑懼。因此清廷未予理會。然而他這個計劃卻成了日後英人在華攫取路權的藍本，這一點是值得注意的。

雖然經過二次嚴重的挫折，外人想在中國築路的念頭仍未消失。而且為圖作一客觀的示範，使中國人思想更新，乃更從事新的努力。同治四年(一八六五)英商杜南特於

(註一) 全漢昇清季英國在華勢力範圍與鐵路建設的關係，社會科學論叢第五輯 (國立臺灣大學法學院，民國四十三年十月，臺北)。全師謂中國在甲午戰爭前僅造成二百至二百五十英里左右的鐵路。今據予撫拾所得，當為二百六十餘英里，請參看拙文。

(註二) Percy Horace Kent, Railway Enterprise in China, 1907, London, p. 2.

(註三) P. H. Kent, 前引書，pp. 5-6; 凌鴻勛中國鐵路志 (民國四十三年七月，臺北) 頁五。

北京宣武門外鋪設小鐵路里許，試行小火車，蓋欲藉此宣傳。但此一表演使京師官民駭異，終由步軍統領衙門勒令拆除。(註一) 同年上海若干英商組織吳淞路公司 (Woo-sung Road Company)，擬自上海至吳淞修築一條鐵路，使上海與長江取得更便捷的聯繫。旋以資金不足，暫作罷論。直到光緒二年(一八七六) 才再着手修建。中國領土上於是築成了第一條鐵路。(註二)

　　這是一條大約九英里長的窄軌(二‧五英尺)鐵道。行車伊始，也一樣使官民驚惶不置。公司方面曾因上海道台馮焌光的壓力被迫停工一月。重開不久，忽有一士兵被輾斃，地方譁然，民情憤激，政府乃與英方交涉，在南京訂立購路條欵，規定以規平銀二十八萬五千兩買斷此路，價欵分三期付清，在未付清前鐵路仍歸公司繼續經營。光緒三年(一八七七)九月，最後一期價欵付清，鐵路由我收回拆毀，這條小鐵道於是成了曇花一現。(註三)十九世紀下半葉正是世界先進各國築路運動十分蓬勃的時期，如英國在一八五〇年鐵路線長還不過六、六二一英里，到一八七〇年就增加到一五、五三七英里，(註四)而美國在一八七一年整一年時間內就築成七千英里以上的鐵路，一八八二年及一八八七年更分別築成一一、五〇〇英里及一二、九〇〇英里的鐵路。(註五)但我國卻連僅有的一條不足十英里長的小鐵路都要拆毀，讀史至此，不禁令人擲卷長歎！

　　以上幾件事還只是限於外國商人方面所作的嘗試。此外，各國政府早於同治六年(一八六七) 趁與我交涉修約的機會，就曾對鐵路有所要求，而為總理各國事務衙門所拒絕。(註六)至中法戰爭末期(一八八五) 及戰事結束後，西方對中國投資興趣極濃，美、德

(註一)　凌鴻勛前引書，頁二；王開節我國鐵路發展簡史 (民國四十三年一月，臺北) 頁二。

(註二)　全漢昇清季鐵路建設的資本問題，社會科學論叢第四輯 (國立臺灣大學法學院，民國四十二年九月，臺北)。全師於此文中謂：「同治五年 (一八六六) 七月，在中國領土上第一條鐵路 (自上海達寶山江灣鎮) 即已修築成功。」(根據東華續錄光緒十二「九月甲戌」條) 然據 P. H. Kent，前引書第九頁至第十二頁，及王開節前引書第二頁所述，均謂當時僅購買沿路土地，資本即已所剩無幾，事情乃停頓，直到光緒二年 (一八七六) 才再着手修建，完成自上海至吳淞鐵路。凌鴻勛前引書第二頁，H. B. Morse, The International Relations of the Chinese Empire, 1918, London, Vol. III, pp. 75-76，亦有類似記載。又見清朝續文獻通考卷三六二；三水梁燕孫先生年譜上第六頁。

(註三)　清朝續文獻通考卷三六二。

(註四)　Arthur Birnie, An Economic History of the British Isles, 1935, London, p. 273.

(註五)　H. F. Williamson, ed., The Growth of the American Economy, 1946, New York, p. 533.

(註六)　凌鴻勛前引書，頁五；H. B. Morse, 前引書第二卷，頁二〇六。

駐華公使曾分別向總理各國事務衙門呈送鐵路說略，謂鐵路利益甚多，可使國富兵強；某國且曾以一具鐵路、火車頭及車廂獻給慈禧太后，希望能引起當政者的興趣。(註一)但都沒有產生什麼結果。

這樣看來，在甲午戰爭以前無論外國政府或私人欲在中國築路的企圖都是完全失敗的。但是這些事實對於我國鐵路的興起卻不能說沒有影響。筆者以爲，這至少是一種誘力，它使國人對於新事物的認識大爲增進，識見旣廣，權衡利害，以往反對的人就漸漸地覺得今是而昨非了。譬如就吳淞路來說，其初北洋大臣李鴻章就想收回自辦，以洋商要求先行承辦十年而未果。輳駑行人事件發生後迄價欵付淸前不久，上海、江灣、吳淞三處商民以沿途地價大增，商務繁興，就曾公稟兩江總督沈葆楨，請求准予將鐵路繼續經營，雖未獲准，亦足見人民對鐵路已發生興趣。(註二)而且，甲午以後政府及各省紳民的築路熱忱，也未始不是由於在此一時期中對於鐵路的利益已有充分的認識所使然。

三、國人倡議的挫折

清季國防問題嚴重，有識之士都認爲，自強之道在乎師夷之長技以制夷。然初以風氣未開，一般人尚抱卑視態度。迨太平天國平定後，朝野對於西洋的槍、礮、輪船才獲得新的認識。甲午戰爭以前的三十年內所提倡的以採用西法建設國防工業爲重點的自強運動，主要是這一新認識的產物。可是一般士大夫對於鐵路一端，則仍極力排斥，雖有少數明達之士悉力提倡，無如衆議難排，事功鮮獲進展。所以日人馬場鍬太郎稱此時期爲「鐵路布設妨礙時代」。(註三)

鐵路之利，尤其和國防的關係，我國少數人士似乎很早就有所認識。同治十一年(一八七二)李鴻章在致友人書中說：「中土若竟改驛遞爲電信，土車爲鐵路，庶足相持。……俄人堅拒伊犁，我軍萬難遠役，非開鐵路，則新疆、甘、隴無轉運之法，卽

(註一)　海防檔（中央研究院近代史研究所編，民國四十六年，臺北）鐵路篇，頁三至頁七；P H. Kent, 前引書，頁三〇。

(註二)　李文忠公譯署函稿卷五論滇案並吳淞鐵路(光緒二年四月初四日)；凌鴻勛前引書，頁二；P.H.Kent, 前引書，頁十五。

(註三)　吳鐸前引文，頁六八，腳註一。

無戰守之方。俄窺西陲，英未必不垂涎滇、蜀。但自開煤鐵礦與火車路，則萬國踏伏，三軍必皆踴躍；否則日蹙之勢也。」但「聞此議者，尟不咋舌。」(註一)足見當時風氣之閉塞。十三年(一八七四)海防議起，李氏卽上奏章說：「軍情瞬息變更，倘如西國辦法，……有內地火車鐵路，屯兵於旁，聞警馳援，可以一日千數百里，則統帥尙不至於誤事。」(註二)他又向主持總理衙門的恭親王奕訢「極陳鐵路利益」。然而在一個守舊且充滿儒學氣息的朝廷之中，他的奔走陳說，終是徒然。(註三)光緒三年，連已經修成的吳淞路都遭拆毀，馴至以後數年間，朝中無人敢再言築路。但出使英國大臣郭嵩燾，眼見歐西各國鐵路建設的利益，嘗剴切陳詞。光緒三年，他致函李鴻章謂，治國之要莫切於急圖內治，以立富強之基；而欲樹此根基，則趕辦鐵路實可以立國千年而不敝。次年(一八七八)復有直隸知州薛福成向淸廷提出一修築鐵路的計劃，力陳便於商務、便於轉運、便於調兵幾項利益，反駁當時一般朝臣的迂論。(註四)他們雖大聲疾呼，卻一樣沒有發生作用。

　　光緒六年(一八八〇)因與俄交涉還伊犁事，情勢緊張，前直隸提督劉銘傳應召陳言，建議速造鐵路，以圖自強。劉氏感慨時艱，語多激切，因此在朝廷中掀起一場空前的大論戰。他在奏摺中說：『中國自與外國通商以來，門戶洞開，藩籬盡撤，自古敵國外患未有如此之多且強也。……自強之道，練兵造器，固宜次第舉行；然其機括，則在於急造鐵路。鐵路之利於漕務、賑務、商務、礦務、釐捐、行旅者，不可殫述；而於用兵一道，尤為急不可緩之圖。中國幅員遼濶，北邊綿亙萬里，毗連俄界，通商各海口又與各國共之。畫疆而守，則防不勝防；馳逐往來，則鞭長莫及。惟鐵路一開，則東西南北呼吸相通，視敵所驅，相繼策應；雖萬里之遙，數日可至；雖百萬之衆，一呼而集；無征調倉皇之過，無轉輸艱阻之虞。……若鐵路造成，則聲勢聯絡，血脈貫通，裁兵節餉，併成勁旅，十八省合為一氣，一兵可抵十數兵之用。……査中國要道，南路宜開二條：一條由淸江經山東，一條由漢口經河南，俱達京師。北

(註一)　李文忠公朋僚函稿卷十二復丁雨生中丞（同治十一年九月十一日）。

(註二)　李文忠公奏稿卷二四籌議海防摺（同治十三年十一月初二日）。

(註三)　李文忠公朋僚函稿卷十七復郭筠僊星使（光緒三年六月初一日）；淸史稿交通志一。

(註四)　凌鴻勛前引書，頁五；按淸史稿列傳卷二三三薛福成傳，光緒初年薛氏爲直隸知州。

路宜由京師東通盛京，西通甘肅。惟工費浩繁，急切未能並舉，擬請先修清江至京一路。……事關軍國安危大計，……若輾轉遷延，視爲緩圖，將來俄局定後，築室道謀，誠恐臥薪嘗膽，徒托空言，則永無自強之一日。』(註一)此議一發，學士張家驤力陳鐵路三弊：（1）恐洋人侵入內地，借端生事；（2）恐民不樂從，徒滋紛擾；（3）恐虛糜帑項，賠累無窮。此外，侍講張楷言九不利，御史洪良品言五害。通政司參議劉錫鴻更奏稱：『火車實西洋利器，而斷非中國所能仿行也。臣竊計勢之不可行者八，無利者八，有害者九。』又謂：『此人挾鐵路之說以禍中國，萬萬不可聽從。』(註二)惟李鴻章獨排衆議，贊同劉氏論旨。他說：『各國所以日臻富強而莫與敵者，以其有輪船以通海道，復有鐵路以便陸行也。……中國與俄接壤萬數千里，向使早得鐵路數條，則就現有兵力，儘敷調遣；如無鐵路，則雖增兵增餉，實屬防不勝防。蓋處今日各國皆有鐵路之時，而中國獨無，譬猶居中古以後而屏棄舟車，其動輒後於人也必矣。』進而他一方面力陳鐵路九利，卽便於國計，便於軍政，便於京師，便於民生，便於轉運，便於郵政，便於礦務，便於招商輪船，便於行旅；一方面將當時反對派的理由逐一駁斥。他更感慨地說：『大抵近來交涉各務，實係創見之端。士大夫見外侮日迫，頗有發奮自強之議。然欲自強，必先理財，而議者輒指爲言利；欲自強，必圖振作，而議者輒斥爲喜事。至稍涉洋務，則更有鄙夷不屑之見橫亙胸中。不知外患如此其多，時艱如此其棘，斷非空談所能有濟。我朝處數千年未有之奇局，自應建數千年未有之奇業。若事事必拘守成法，恐日卽於危弱，而終無以自強。』(註三)此外，兩江總督劉坤一也深感於各國環伺，『倘有風鶴之驚，殊虞鞭長莫及。如得鐵路辦成，庶可隨時應援。』因而亦贊成築路。(註四)馬建忠更撰鐵道論，謂『中國數萬里之疆域，焉能處處防禦？所貴一省之軍，可供數省之用；一省之餉，可濟數省之師。首尾相接，遲邇相援。爲邊圉泯覬覦，爲國家設保障，惟鐵路爲能。此所以當行而不容稍緩

（註一）　劉壯肅公奏議卷二籌造鐵路以圖自強摺（光緒六年十一月初二日在京發）。
（註二）　清史稿列傳卷二二八張家驤傳；李文忠公奏稿卷三九議覆張家驤爭止鐵路片（光緒六年十二月初一日）；清朝續文獻通考卷三六二；吳鐸前引文。
（註三）　李文忠公奏稿卷三九妥議鐵路事宜摺（光緒六年十二月初一日）；同註二，李奏議覆張家驤爭止鐵路片。
（註四）　劉忠誠公奏疏卷十七議覆籌造鐵路利弊片（光緒七年）。

者也。』(註一)但終以『廷臣諫止者多，詔罷其(劉銘傳)議。』(註二)

這一次論爭，在中國鐵路發展史上影響很大。因爲如果當時清廷採納劉氏建議，下詔造路，則至甲午戰爭爲止中國領土上絕不僅二百餘英里的鐵路；而且如果很多要路我已自築，則甲午以後外人攫取路權代我而築之事必不致如是其甚！惟其由於守舊派的獲勝，才使得這一時期的鐵路事業，崎嶇曲折，進展十分遲緩！

四、開平煤礦與唐胥路

清季建路運動的先驅者，都特別強調鐵路在國防上的重要性，而且初期的鐵路建設，主要也是藉海防而推行。但是中國自築的最早一條鐵路卻與英國鐵路的起源甚相類似。同治十一年(一八七二)輪船招商局成立，近代北洋海軍亦先後創立。新式輪船，對於煤的需要很大。此時遠東市場上主要爲日本煤，中國雖屬煤藏豐富，然開採者甚少，有之亦用古法開挖，產量很少，至多只能供應地方的需要。光緒二年，招商局總辦唐廷樞受直督李鴻章之命，勘察開平煤礦，發現煤藏極豐，隨後乃有開平礦務局的設立。但開平礦區位於大沽口及山海關之間的海岸平原上，離海尚遠，運輸若全恃人力獸力，成本既高，運輸量又小。唐氏於是建議由礦區至澗河口一百里之間修築一條鐵路。後因鑒於吳淞路被拆毀的命運，改變原來計劃，請由礦區至北塘河上的蘆台興建一條以騾馬拖行的車道 (tramway)。(註三) 正籌辦間，清廷又惑於守舊派之阻撓，謂鐵路足以損壞風水，震動帝闕，下令停辦。既然連修車道都受阻，礦務局便打算在此二地間開一運河。但經勘測結果，認爲由唐山煤場至胥各莊間，地勢陡峻，不宜開河，仍須築路，方能解決運輸。於是請由蘆台至胥各莊修一運河，由胥各莊至煤場築一條短短的車道，這才勉獲允准。光緒六年(一八八〇)九月議定修河、築路後，工程旋即開始，至次年(一八八一)均已先後完成，唐山煤場也開始出煤。唐胥路長約六英里

(註一)　清朝續文獻通考卷三六二。

(註二)　清史稿交通志一。

(註三)　開平礦務招商章程（光緒三年版）頁一至八，光緒二年九月二十九日唐廷樞稟察勘開平煤鐵礦務並呈條陳情形節略，原書未見，茲引自孫毓棠編中國近代工業史資料第一輯下冊，頁六一七至六二二；

　　　　Ellsworth C. Carlson, The Kaiping Mines (1877-1912), Harvard University Press, 1957, pp. 9-10, 17-18.

半，每英里用欵約三千英鎊 ， 軌距爲四英尺八英寸半 ， 成爲我國此後築路的標準軌距。(註一)

　　唐胥路的完成，可說爲中國的鐵路事業長出一點幼苗。但是以騾馬拖車，遠不足以適應運輸上的需要。受命負責築路的英籍工程師金達 (C. W. Kinder) 對於此點尤所深悉，所以他利用廢舊鍋爐改造成一個火車頭，牽引力約百噸，準備隨時備用。這一個火車頭於一八八一年六月九日(光緒七年五月十三日)適爲火車發明人司梯芬遜(George Stephenson) 百年誕辰之日，正式命名爲中國火箭 (Rocket of China)。以火車頭代替騾馬行駛之後，運輸能力陡增。可是不久北平御史連章劾奏，謂機車震動東陵帝王陵寢，且噴出黑煙，有傷禾稼。朝廷因此下命勒令停駛。後經礦務局籌辦人多番解釋，數星期後才照准開行。次年(一八八二)又從英國購到機車兩輛，參與運輸。到一八八三年一月，有三部從英國進口的二等及三等客車，一部在開平製造的一等客車，和五十部載重能力自十二噸至五十噸不等的煤車。每天自唐山至胥各莊之間來回六次，這時中國火箭號已走了六萬英里。客運收入足供此路每日營業支出。(註二)可見這條短短的鐵路已產生相當效用。

　　開平煤礦開採後，煤產極旺，可惜與鐵路相連的運河有幾個重大的缺點，不能滿足運輸上的需要：第一，運河容易淤塞，且冬季冰凍時，全然無用；第二，當時運河使用一種駁船，此種駁船在水量較大的北塘河上可用拖船拖帶，但在運河裏面拖帶便很困難；第三，開平煤質輕鬆，運河運輸顯然不宜。(註三)因此，延長鐵路的需要至爲明顯而迫切。礦務局非常希望能將鐵路展至蘆台，但在當時朝野反對鐵路的氣氛下，不敢提出請求。一直到中法戰爭(一八八四至一八八五)以後才顯出轉機。

(註一)　路長見 Commercial Reports from Her Majesty's Consuls in China (1880 年分，天津) pp. 128-129, 引自孫毓棠編前引書第一輯下冊，頁六四二；用欵見鐵道年鑑 (民國二十一年，鐵道部編) 第一卷，頁二；軌距見淩鴻勛前引書，頁三，Kent 前引書，頁二十五。

(註二)　淩鴻勛前引書，頁三；王開節前引書，頁四；Commercial Reports from Her Majesty's Consuls in China (1882 年分) 第三篇，pp. 88-92，開平煤礦記，引自孫毓棠編前引書第一輯下冊，頁六五○；North China Herald (Nov. 15, 1882) 29:531 & (June 27, 1884) 32:737, 引自 E. C. Carlson 前引書 pp. 18-19.

(註三)　North China Herald (Dec. 10, 1884), 33:646-647, 引自孫毓棠編前引書第一輯下冊，頁六五五；同註二，開平煤礦記。

　　光緒十二年(一八八六)，金達得天津稅務司德璀林(Detring)之介紹，謁見李督，面陳現行鐵路過短，運煤不便，實有展延之必要。李督深以爲然(註一)同年七月間，「開平煤礦局以新開運河歷年淺阻，原修鐵路止二十里，運煤遲滯，恐誤各兵船之用。……稟請從胥各莊至閻莊沿新河南岸接修鐵路六十五里。」李氏鑒於鐵路所經之地都是礦局昔年價買民間空地，並無墳墓廬舍；築路資本由紳商籌集，不動官帑，不借洋債；且欲藉此漸開風氣，於是『批准令其試辦，擬俟有成效，再行奏陳。』(註二)後成立開平鐵路公司，離礦務局而獨立，招集商股二十五萬兩，其中將近一半由礦務局吸收，作爲收買唐胥路及購買民地的代價。展築工程於是年十月自胥各莊開始，次年(一八八七)四月修至閻莊。所花費用包括一輛美國製火車頭及四十部十噸重的煤車，計共十三萬五千元(？)(約等於三萬四千英鎊)。路長連唐胥段合計八十五里(約合二十八英里)。(註三)。

　　這二段完全爲運煤而設的鐵路，其在經濟上所產生的利益是顯而易見的。第一，開平煤很快就獲得了天津市場，非但足以源源供給北洋兵商各船及機器局之用，而且可運銷於其他各地。第二，此路除運煤以外，其他客貨運輸也諸多便利，營業頗爲不惡。計自光緒十三年四月唐胥路展至閻莊後，至次年三月津沽鐵路完成以前，連閏共十三個月，全路總收入爲銀五四、八九三・九五兩，總支出爲三五、一九五・一三兩，計獲餘利銀一九、六九八・八二兩，除提公積金與花江銀五千兩外，餘銀一四、六九八兩有奇，攤給股東，可得長年股息百分之六。(註四)

(註一)　Kent 前引書，頁二十七。

(註二)　李文忠公海軍函稿卷二議覆李福明條陳並擧西礦產附擬覆奏底(光緒十二年十月十六日)。這裏有二點值得我們注意：(1) 礦局以「運河歷年淺阻，……運煤遲滯，恐誤各兵船之用。」因爲當時只有以軍事需要爲理由，才可能杜反對者之口。(2) 李鴻章在羣疑衆阻之秋，未經奏陳，即行批准延展唐胥路，可謂膽識特大。然至此時，臣工奏請造路者已不乏人，延議頗有擇地試行之意；中樞復有總理海軍衙門醇親王奕譞支持，李氏敢於先行批准，然後奏陳，殆本乎此。

(註三)　淩鴻勛前引書，頁四；Kent 前引書，頁二七至二八；Carlson 前引書，頁二三。資金一項，據Kent, Carlson, 均爲＄250,000, 然據吳鐸津通鐵路的爭議，中國近代經濟史研究集刊第四卷第一期(民國二十五年五月，南京，中央研究院社會科學研究所出版)，爲銀二十五萬兩。按以前開平礦務局及以後中國鐵路公司集股均以兩計，Kent, Carlson 所記，或有錯誤。Kent 所記築路購車費用＄135,000，或亦爲十三萬五千兩之誤。鐵路長度見清朝續文獻通考卷三六三，Carlson 前引書，頁十八。

(註四)　吳鐸前引文。

五、海 防 與 鐵 路

　　我國歷代外患多在西北，東南沿海一帶，可說是最安全的地區。但是自從近代海洋交通發展以後，西洋新興各國憑其槍礮、輪船，一再陷我海疆，侵逼堂奧。如鴉片戰爭、英法聯軍（一八五七至一八六〇）、中法戰爭等等，敵人都是從東南海上而來。於是如何鞏固海洋，尤其是京師所在地的北洋海防，成爲當時朝野最爲迫切的問題。我國鐵路事業也就在這種環境下獲得了一個推廣的機會。

　　光緒十一年(一八八五)中法戰爭後，朝廷念海防不可弛，詔各臣工切籌善後。左宗棠、李鴻章、曾紀澤相繼陳言，請急造鐵路，以禦外敵。是年總理海軍衙門成立，以醇親王奕譞爲總理，李鴻章則爲會辦，李氏因奏請將鐵路事務劃歸海軍衙門辦理，鐵路與海防乃發生密切聯繫。後適有天津司道營員聯函請修津沽鐵路，光緒十三年(一八八七)海軍衙門因上奏稱：『直隸海岸亙七百里，雖多淺灘沙磧，然小舟可處處登岸。輪船可以泊岸之處，除大沽、北塘兩口外，其餘山海關至洋河口一帶，沿岸百數十里，無不水深浪濶。大沽口距山海關約五百餘里，夏秋海濱，水阻泥淖，礮車日行不過二、三十里，且有旱道不通之虞。猝然有警，深慮緩不濟急。且南北防營太遠，勢難隨機援應，不得不擇要害，各宿重兵，先據必爭之地，以張國家閫外之威。然近畿海岸，自大沽、北塘迤北五百餘里間，防營太少，究嫌空虛。如有鐵路相通，遇警朝發夕至，屯一路之兵，能抵數路之用，而養兵之費亦因之節省。今開平礦務局於光緒七年創造鐵道二十里，後因兵船運煤不便，復接造鐵路六十五里，南抵薊運河邊閣莊爲止。此即北塘至山海關中段之路，運兵必經之地。若將此路南接至大沽北岸，北接至山海關，則提督周盛波所部盛字軍萬人，在此數百里間，馳騁援應，不啻數萬人之用。若慮工程浩大，集資不易，請將閣莊至大沽北岸八十餘里鐵路，先行接造，再將由大沽至天津百餘里之鐵路，逐漸興辦。若能集欵百餘萬兩，自可分起告成。津沽鐵路辦妥，再將開平迤北至山海關之路，接續籌辦。此等有關海防要工，卽或商籌一時不能多集，似應官爲籌措，並調兵勇幫同工作，以期速成。且北洋兵船，用煤全恃開平礦產，尤爲水師命脈所繫。開平鐵路，若接至大沽北岸，則出礦之煤，半日可上兵船。若將鐵路由大沽接至天津，商人運貨最便，可收取洋商運貨之資，藉充養路之

費。』(註一)這一次的倡議築路，以海防爲理由。朝廷由於中法戰爭的教訓，痛定思
痛，亟需謀戰守之具，立場也很堅定。所以雖有御史文海、太僕寺少卿延茂、左都御
史奎潤等反對於前，太常寺卿徐致祥諫阻於後，仍未得逞，清廷終於批准海署奏議。
(註二)以築路圖自強的運動，經過十餘年的艱苦奮鬥，至此才產生了一點點的果實。

　　海軍衙門擴展鐵路的計劃獲得批准後，便立刻進行工作。將開平鐵路公司改組爲
中國鐵路公司，擴大資本額爲銀一百萬兩。一面招股，一面向外國招標路軌及零件。
路工則於次年(一八八八)三月修至塘沽，七月通至天津，共用銀一百三十萬兩，(註三)其
中絕大部分是由借洋債而來(見後)。擴展路線計長一百七十五里，連閻莊至唐山段合稱
唐津鐵路，全長共計二百六十里(約合八十一英里)，構成了關內鐵路(北京至山海關)的中間
一段。至於自唐山至山海關及自天津至北京這二段各約八十英里長的鐵路，(註四)是分
別在甲午戰爭前後展築而成的。

　　這裏須要特別指出的，就是這條鐵路的完成幾乎全賴李鴻章一人的努力。因爲唐
胥和胥閻二段鐵路的興建，是李氏以直隸總督的影響力付諸實施的；津沽鐵路的修築
雖屬由海軍衙門出面奏請，實際上也是由李氏策劃主持的。以後這條鐵路更向兩端展
築而成京奉鐵路(即北寧鐵路)，亦多出於李氏的努力。當時朝中諸大臣中還幸而有一位
李鴻章在那裏孤軍奮鬥，爲中國初期的鐵路事業拼出一點成績，這是筆者所深致敬仰
的。

六、津通鐵路的爭議

　　津沽鐵路的築成，象徵着李鴻章等主張建設鐵路人士勢力的抬頭。但這也只是反
對派鋒芒之稍歛，其勢力實仍冥頑不化，只要一有機會，他們便會從半山裏殺將出
來。光緒十四年(一八八八)底，由於議修津通鐵路，在朝廷中又掀起一場極爲激烈的論
爭。

(註一)　海防檔鐵路篇，頁一七至一九。
(註二)　吳鐸前引文。
(註三)　麥鴻勛前引書，頁一七三；Carlson 前引書，頁二四；Kent 前引書，頁二九；海防檔鐵路篇，頁三
　　　　九。
(註四)　海防檔鐵路篇，頁三九；Kent 前引書，頁三一。

　　按照海軍衙門的計劃，津沽鐵路完成後，接着便往唐山以北接造至山海關，這是
北洋海防的起碼要求，也是主張積極推廣鐵路人士心目中的第一件事。但是隨着津沽
鐵路而俱來的，便是一個相當沉重的財政包袱；路成之後，幾乎立刻顯得無法負擔。
因為津沽路絕大部分是靠借洋債完成的，利息負擔很重；唐津路所經路線又大半僻處
海濱，營業並不十分繁盛。只要我們稍為考察此路的營業收支，就不禁要引以為憂。
唐津鐵路每月收搭客運貨腳價銀大約一萬兩上下，按年計算不過十二萬兩；而每月行
車養路經費必須用銀九千兩，每年營業支出最省也須銀十萬八千兩。出入相抵之後，
每年僅餘銀一萬二千兩。以之抵付洋債利息，尚不敷銀四萬餘兩，商股股息亦無從給
付，洋債還本更無着落。(註一)這樣一來，已成的鐵路都要無法維持，進一步的接造更
何所賴？

　　但是，唐山至山海關段鐵路必須接造，然後北洋海防纔能收使臂使指之效。倡
議築路人士更不容就此作罷，貽笑中外。於是海防當局和倡議者面臨着三個迫切的問
題：①如何籌備當前海防？②如何推廣鐵路？③如何解決鐵路的財政危機？最適於解
決這三個問題的辦法，便是修築自天津至北京附近通州的鐵路。因為唐山以北，路僻
人稀，招股不易；如借洋債舉辦，路成後更要無法維持。若修津通鐵路，情形就迥然
不同。天津扼海河之口，為北洋重鎮，通州緊鄰京師，兩地間交通極繁。如築鐵路，
則由於獲利很有把握，招股容易；路成之後，生意必旺，前此的鐵路財政危機可應刄
而解；隨後亦可有力將鐵路推廣至唐山以北，完成北洋的海防線。真是一舉數得！因
此，當鐵路公司股商稟請接造津通鐵路時，海軍衙門便於光緒十四年十月連同驗收津
沽鐵路情形一併上奏：『現在新舊鐵路，首尾銜接，輪車通行。並據……司道轉呈鐵
路商人廣東陳承德等公稟一件。大致謂，現造鐵路出息，抵用養路經費則有餘，抽還
造路借本則不足。如接造天津至通州鐵路，既可抽還造路借本，並可報效海軍經費，
公私利益，不止一端……臣等公同商酌，擬請准如所稟辦理。』(註二)旋奉旨依議。隨
卽着手進行測量招股等務。正當李鴻章積極籌備的時候，朝中守舊大臣，紛紛諫阻。
光緒十四年十二月，御史余聯沅奏陳修路五大害：一害舟車，一害田野，一害根本，

(註一)　李文忠公海軍函稿卷三詳陳創修鐵路本末 (光緒十五年四月二十日)。

(註二)　海防檔鐵路篇，頁三九至四一。

一害國俗，一害財用，請朝廷毅然停止。同月十八日，御史屠仁守、吳兆泰會奏：鐵
路非其人不可開，非其地不可開，至密邇京都的通州，更萬萬不可開，請速停此舉。
同日，御史張炳琳、林步青、給事中洪良品會奏：鐵路一開，則近畿險要盡失，雖有
百利，不能償此一害。御史徐會灃、王文錦、李培元、曹鴻勛、王仁堪、高釗中等會
奏，請停止津通鐵路，改在山東的德州、濟寧造路，以通南北運河。尚書翁同龢謂，
鐵路可試行於邊地，不可遽行於腹地。禮部尚書奎潤與九卿講官等二十三人會奏稱，
津、通百姓呈訴鐵路侵害廬舍墳墓者已達二、三百起，事關國本民心，即使利多弊
少，亦當立予停止，以維國本，順輿情。內閣學士文治更奏稱，修路有六害，應請降
旨停修，並永遠不准臣工再言鐵路。此外大學士恩承、尚書徐桐、侍郎孫毓汶亦皆專
摺諫阻。(註一)對於以上反對各點，李鴻章雖曾逐一駁斥，朝廷方面雖亦認為『在廷諸
臣於海防機要，素未究心，語多隔膜』，類『多似是而非之論』，(註二)然鑒於當時反對
派聲之浩大，亦不能不謹慎將事，更求諸第三者的公斷。光緒十五年(一八八九)正月，
慈旨將此議撥交沿江沿海各將軍、督、撫按切時勢，詳議奏聞。結果贊成與反對者各
有人在。前者以劉銘傳最為積極，後者則有卡寶第、陳彝、奎斌等人。兩廣總督張之
洞則另闢蹊徑，提出了一個折中的辦法，終於結束了這一場紛爭。

　　張氏認為鐵路是利國利民的事業，當此強鄰環伺之際，如無鐵路，實在是防不勝
防，費不勝費。但他以為『宜先擇四達之衢，首建幹路，以為經營全局之計，以立循
序漸進之基。』因此，他建議緩辦津通，改建蘆漢幹路(自北京附近的蘆溝橋至湖北的漢口)。
(註三)結果為清廷所採納。

　　這次爭議的結果，津通鐵路雖因而擱置，卻促成了日後蘆漢鐵路的興修，這是很
值得欣慰的。但是，這次爭論在中國鐵路史上還產生了更重要的成績：第一，清廷已
一掃已往的游移政策，積極宣佈鐵路為自強要務。『但冀有益於國，無損於民，定一
至當不易之策，即可毅然興辦，勿庸築室道謀。』(註四)從此建築鐵路無須再諮詢臣工

(註一)　吳鐸前引文；李文忠公海軍函稿卷三議駁京僚諫阻鐵路各奏(光緒十四年十二月二十八日)；李文忠公
　　　　海軍函稿卷三議鐵路駁恩相徐尚書原函 (光緒十四年十二月二十二日)。

(註二)　清朝續文獻通考卷三六三。

(註三)　張文襄公奏議卷二十五請緩造津通鐵路改建腹省幹路摺 (光緒十五年三月初三日)。

(註四)　海防檔鐵路篇，頁五二至五三。

的意見，守舊派的反對言論也就無用武之地了。中國的鐵路事業至此乃步出阻礙橫生
之境，此後便只有如何築路而不是應否築路的問題了。第二，清廷且更進一步，命戶
部每年籌撥有著欵項二百萬兩，作爲鐵路建設的經費。(註一)

七、李鴻章的關東鐵路計劃

　　唐津鐵路向南端展築的計劃既受阻，中國鐵路公司接造津沽路所借洋債，一部分
已由海署請准撥官欵償還。(註二)光緒十五年(一八八九) 乃開始向北展築。次年延至古冶
後，公司資本告竭，便無法繼續了。(註三)適此時因俄國在我屬邦朝鮮和我國東北邊陲
圖謀日亟 ，局勢可慮，李鴻章提出了一個關東鐵路計劃 ，於是不久路工又再往北延
伸。

　　先是中、俄原以大興安嶺爲界，自經一八五八年的璦琿條約和一八六〇年的北京
條約，俄國將我黑龍江以北和烏蘇里江以東之地奪取以去，東北從此多事。(註四)一八
八八年的韓、俄新訂陸路通商條約，俄國復取得圖們江沿岸的自由航行權，及在咸鏡
道慶興府一處的通商租地建屋權。(註五)這樣一來，非但侵蝕朝鮮，且對我東北形成三
面包圍的形勢。清廷感到事態日益嚴重，非亟謀應付方策不可。光緒十六年 (一八九〇)
二月李鴻章與總理衙門商議結果，認爲應以興辦東三省鐵路爲先。隨後乃決定緩辦蘆
漢鐵路，先造關東鐵路。(註六)李鴻章計劃從營口經瀋陽、吉林至中、俄邊界的琿春，
每年儘部欵二百萬兩，造路二百里，逐節前進。(註七)是年三月，李氏派吳昌熾率同工

(註一)　海防檔鐵路篇，頁六八至七〇。
(註二)　李文忠公海軍函稿卷三詳陳創修鐵路本末(光緒十五年四月二十日)；李文忠公電稿卷十一覆醇邸 (光
　　　　緒十五年四月十八日巳刻) ；海防檔鐵路篇，頁五四；李文忠公海軍函稿卷四籌辦長春鐵橋 (光緒十
　　　　六年七月初四日)。
(註三)　Kent 前引書，頁三九。
(註四)　請參閱蔣廷黻最近三百年東北外患史 (原載清華學報八卷一期，中央日報重印單行本，民國四十二
　　　　年，臺北)。
(註五)　吳湘相俄帝侵略中國史 (民國四十三年，臺北)，頁九〇至九一。
(註六)　大清歷朝實錄德宗朝卷二八一(光緒十六年二月乙亥條，同年閏二月辛亥及乙丑條)；清朝續文獻通考
　　　　卷三六三。
(註七)　李文忠公海軍函稿卷四豫估關東路工(光緒十六年三月十九日)；李文忠公電稿卷十二覆醇邸 (光緒十
　　　　六年閏二月二十八日巳刻)。

程師金達，秘密前往勘察。勘路人員返囘天津後，對李氏原來計劃提出兩點修正意見。第一，將計劃中的鐵路起點改爲直隸之林西，與關內已成鐵路相接。主要的理由是，從關內已成鐵路接續造辦，比較不驚外人耳目（特別指俄國）；且由津、沽東展至瀋陽，則關內外一氣貫注。第二，將計劃中的鐵路暫以吉林爲終點。因鐵路造至吉林，足攬奉、吉、黑三省之全局，其勢已呑俄、韓之邊境；且經費可節省一千萬兩，當此籌欵艱難之際，尤爲切實。(註一)此意見當經李氏及海署採納。次年(一八九一)正月作過第二次勘查後，又發現鐵路出關以後，如先至牛莊，後抵瀋陽，地多窪下，種種不便。不如經錦州、廣寗、新民廳至瀋陽，以達吉林；再由瀋陽建枝路，以至牛莊、營口，地勢較高，工程較易。(註二)於是路線最後決定由林西接造幹路至吉林，另由瀋陽造枝路至營口。光緒十七年(一八九一)三月，淸廷派李鴻章爲關東鐵路督辦，同時著戶部將原議每年籌撥之二百萬兩，自本年起移作關東鐵路專欵。(註三)

　　路線、事權及經費確定以後，李氏卽於山海關設立北洋官鐵路局，開始積極籌辦。這樣一個重大計劃的實施，當然要引起各國的注意。西方列强爲擴展商務，自從同治初年以來，一直想在中國築路，已見前述。當他們得到我國舉辦關東鐵路的消息後，由於利益的衝突，卻彼此態度各別。第一，英國是至感愉快的。因爲關東鐵路最主要的目的，在於抵制俄國，這對於當時在國際政治中處處與俄國對立的英國，當然是非常有利的；其次，英國又是旣得利益者，築路的工程師是英人金達，路軌也是向英國購辦的。(註四)第二，法國則積極謀求承辦鐵路工程，甚至援引光緒十一年中、法和約第七欵『日後若中國酌擬創鐵路時，中國自向法國業此之人商辦』，往復力爭。李鴻章則以同欵但書『彼此言明，不得視此條係爲法國一國獨受之利益』，以爲反駁。最後我國答應鐵橋及貨車所需鐵料，由法商承辦。(註五)第三，德國見法國進行甚亟，也曾要求利益均霑。(註六)第四，俄國非常嫉忌。一方面在北京力圖阻止關東路的進

(註一)　李文忠公海軍函稿卷四覆議造路借欵（光緒十六年十一月十八日）及委員勘路說帖(附)。
(註二)　李文忠公海軍函稿卷四論關東鐵路（光緒十七年二月十二日）。
(註三)　海防檔鐵路篇，頁九八。
(註四)　海防檔鐵路篇，頁一一一。
(註五)　海防檔鐵路篇，頁八七，頁九一，頁九三至九六，頁一一一。
(註六)　海防檔鐵路篇，頁一二六。

行，一方面立刻興工築造擬議多時的西伯利亞鐵路，東段從海參崴起，北至伯力，爲烏蘇里江線，於是明顯地形成中、俄間在亞洲東疆的實力競爭。(註一)

關東鐵路在李氏主持下，路工於光緒十八年(一八九二) 築至灤州，十九年春展至山海關，並繼續向錦州方面推進，同時在歐洲定購大量材料，二十年(一八九四) 推展至山海關外約四十英里的中後所時，中、日甲午戰爭爆發，路工就此中止。(註二)計自十七年開辦至此，經過三年餘的時間，築成的鐵路尚不及一百二十英里。非但李氏的計劃沒有完成，且遠不及原來預定每年造二百里的數字。而俄人之築西伯利亞鐵路則着着前進，至甲午戰爭時，東段自海參崴至伊瑪約四一三公里已經通車，西段已往東修至外貝加爾湖。(註三)甲午之役後，我國國勢一落千丈，俄人勢力就像利刃一般侵入滿洲。

八、臺 灣 鐵 路

敍述甲午戰爭前的中國鐵路事業，還有一點絕不能忽略的，便是臺灣鐵路。遠在光緒二年(一八七六) 冬丁日昌被任爲福建巡撫時，爲籌議臺防，即曾倡修臺灣鐵路。後並請准將拆毀的吳淞路軌運至臺灣，改建自臺北至臺南的鐵路。此時中朝反對鐵路情緒正高，然臺灣以孤懸海中，處地僻遠，向被視爲化外，所以請求築路沒有遇到什麼阻力。但終以經費無着，無法進行。(註四)一直等到中法戰爭 (一八八四至一八八五) 法軍礮擊基隆，以及主張築路最力的劉銘傳氏被任爲臺灣巡撫以後，這一計劃才被實現。

中、法一役，清廷始深切認識臺灣地位的重要，感到必須及早建省設防。光緒十一年(一八八五) 九月詔改臺灣爲行省，授劉銘傳爲臺灣巡撫 (劉氏原於光緒十年以巡撫銜督辦臺

(註一)　H. B. Morse, The International Relations of the Chinese Empire, Vol. III, London, 1918, pp. 80-81；吳湘相前引書，頁九二至九四；Kent 前引書，頁四一。

(註二)　凌鴻勛前引書，頁一七三；Kent 前引書，頁四二至四三；李文忠公電稿卷十四寄譯署慶邸 (光緒十九年三月二十日辰刻)。

(註三)　外交報 (譯報第三類) 第十期論西伯利亞鐵道之工程，第十二期續論西伯利亞鐵道之工程；王芸生輯六十年來中國與日本 (民國二十一年，天津) 第三卷，頁九八。

(註四)　吳鐸臺灣鐵路，中國社會經濟史集刊第六卷第一期 (國立中央研究院社會科學研究所出版，民國二十八年六月，昆明)；李文忠公朋僚函稿卷十七復郭筠僊星使 (光緒三年六月初一日)；海防檔鐵路篇，頁二〇。

灣軍務；旋補授福建巡撫，仍駐臺督辦防務）。(註一) 劉氏奉旨後，一意經營臺灣，諸政並舉，而於交通建設尤爲重視。

劉氏認爲開拓臺灣，須興商務，乃命已革道員張鴻祿等專函往南洋各地，招致僑商。旋得閩商陳新泰、王廣餘等復信，均表示願到臺合辦商務。鴻祿等乃招集商股，訂購輪船二隻，先行開辦。然以交通閉塞，內山貨物難以運出。且安平、旗后兩口，海湧沙飛，自春至秋輪船難以近泊；滬尾一口又日形淤淺，輪船須候潮出入，就誤時機；基隆一口泊船雖便，但因距淡水旱道六十里，運貨殊難。乃認爲非修鐵路，商務無法繁興。因擬自基隆至臺南修路六百里 (估計需工本銀一百萬兩)，並議立章程，官督商辦，稟請劉氏核辦。劉氏則認爲鐵路不獨有益商務，且於海防裨益甚大，乃於光緒十三年(一八八七) 三月二十日上奏稱：『臣查臺灣一島，孤立海中，現在建省設防，截然爲南洋屏蔽。必須開濬利源，使經費不難自給，南北防勇，徵調可以靈通，方能永保巖疆，自成一省。……臺灣四面皆海，除後山無須辦防外，其餘防不勝防。……如遇海疆有事，敵船以旱隊猝登，隔絕南北聲氣，內外夾擊，危迫將不忍言！若修鐵路既成，調兵極便，何處有警，瞬息長驅，不虞敵兵斷我中路。』(註二)奏上後，海軍衙門即加以贊成，該署於奉旨議覆奏摺中謂：『臺灣孤懸海外，物產蕃盛。非興商務，不足以開利源。非造鐵路，不足以興商務。該島南北相距千里，海口紛歧，兵力餉力，斷難處處設守。若修成鐵路，調兵靈捷，無虞敵人窺犯，尤屬海防百世之利。』(註三)清廷於是批准。

劉氏計劃獲准後，即開始籌備興工。承辦商務委員在兩個月間已招股七十萬兩，及現銀三十餘萬兩；他方面向英、德廠商購辦路軌、橋樑及客貨車，又議購快船二隻，以輔鐵路之不足。但是動工以後，因淡水、基隆之間，山河夾雜，穿山渡水，工程艱巨；原定由官派營勇幫同工作，又因修築炮台、剿番剿匪，無暇顧及，須由商局僱夫興辦；以致到光緒十四年下半年，僅將起自基隆修造路基六十里，舖成鐵條三十里，而工價橋樑已費銀十九萬兩。這樣一來，原估工費斷不敷用，鐵路商股乃觀望不

(註一)　劉壯肅公奏議卷首清史本傳；同書卷六遵議臺灣建省事宜摺 (光緒十二年六月十三日)。

(註二)　劉壯肅公奏議卷五擬修鐵路創辦商務摺 (光緒十三年三月二十日)。

(註三)　海防檔鐵路篇，頁二〇。

前，所需經費只得由官陸續借支。加以不久承辦委員或死或病，乏人督促。劉氏又不忍工程就此中輟，乃於是年十月奏請將鐵路改歸官辦，並奏准將閩省每年協餉自當年秋季至十七年春季止共一百零四萬兩，原備充建造臺灣省城經費者，挪作路工用欵。(註一)築路工事始免於停頓。光緒十七年(一八九一)基隆、臺北段完成，臺北以南之路也築成二十英里。是年劉氏辭歸故里，繼任巡撫邵友濂視事後接續修造，至十九年(一八九三)築至新竹。自基隆至新竹，共長六十二英里。時以省庫支絀，路工乃停。甲午戰爭以前，臺灣的路鐵就築到新竹爲止。新竹以南的鐵路是在臺、澎割讓後由日人完成的。(註二)

九、結　論

根據前面的陳述，我們知道，自同治初年至甲午戰爭爲止的三十年期間內，中國領土上只築成了約二百六十餘英里的鐵路（計唐山至天津段約八十一英里，唐山至中後所約一百二十英里，臺灣鐵路六十二英里）。那麼，成績爲什麼會這樣壞呢？其中最主要的原因，便是守舊份子的勢力太大，阻碍了新事業的發展。其次，便是資金的缺乏。前一種原因是這一個時期所特有的，後一種原因則不限於這一時期，且不限於鐵路一端，甚至可以說是近代中國工業化失敗的一大因素。

現在就第一點來說，在甲午戰爭以前興築鐵路之議，無論出於外人的發動或國人的自發，多遭失敗，其中如光緒三年吳淞路的拆毀，光緒六年罷劉銘傳議，光緒十五年罷津通路之議等，都是極爲顯著的事例。然而爲什麼會有這麼多人反對？其反對的理由何在？這是值得我們追究的。關於這點，我們必須求之於中國的文化傳統及當時的社會環境。中國素來閉關自守，視異域爲化外，不許外人到國內經商或旅行，更不想去瞭解外國，因此對於世界上其他國家的情況一般人毫無所知。鴉片戰爭以後，外人到中國來的也只限於沿海幾個城市，他們更無緣與朝臣士大夫接觸，所以當時朝臣瞭解世界情勢及認識外人新事物者寥寥無幾。尤其我國社會數千來年承襲儒家傳統，貴仁義，輕功利，治國崇道不崇術，因而一般士人對西洋各種進步的科學技術早有成

(註一)　劉壯肅公奏議卷五鐵路改歸官辦摺（光緒十四年十月十六日）。
(註二)　吳鐸臺灣鐵路。

見，認爲不屑去學習。在這種環境下，如果有人提倡仿傚外洋，自不免如陽春白雪，曲高和寡。後來由於外人的歷次侵犯，國人幾經敎訓，對於西洋的槍、礮、輪船才獲得較深切的認識，同、光兩朝於是有各種機器局及造船廠的設立。然而對於鐵路，初仍鮮有認識，一般人未明其利，而先睹其害，所以反對特甚。至其反對的理由，大致可歸納爲以下數點：

①擾民廬墓：我國社會素來崇敬祖先，注重居宅、田產，尤其重視風水。但鐵路所經，沿途勢必破壞若干田、廬、墳墓及山川地形。這不但使受害人民極端反對，士人囿於傳統觀念，更大加詰難。如光緒六年劉銘傳請修鐵路以圖自强時，張家驤力陳鐵路三弊，其中一點就說到興築鐵路有碍田、廬、墳墓。(註一)通政司參議劉錫鴻所陳不可行者八，其一爲：

『西洋專奉天主耶穌，不知山川之神。每造鐵路而阻於山，則火藥焚石而裂之，洞穿山腹如城闕，或數里或數十里，不以陵阜變遷鬼神呵譴爲虞。阻於江海，則鑿水底而鎔巨鐵其中，如磐石形，以爲鐵橋基址，亦不信有龍王之宮河伯之宅者。我中國名山大川，歷古沿爲祀典，明禋旣久，神斯憑焉。倘驟加焚鑿，恐驚耳駭目，羣視爲不祥，山川之靈不安，卽旱潦之災易召。』(註二)

這段文字，現在看來眞要令人發噱，然而在當時卻正代表了一般朝士大夫以至於庶人的觀念。劉錫鴻前曾出使西洋，尙且如此，其餘可想而知。再就光緒十四年的津通路爭議來說，大臣文治奏稱：

由津至通，田、廬、坟墓多被殘毀。田、園、廬舍縱能以價償之，已非民情所樂；至於墳墓，無故强令遷移，仁人孝子之心其何以堪？是有傷於朝廷之治化。(註三)

此外，朝臣中如游百川、余聯沅、徐會灃、屠仁守、吳兆泰、奎潤等都以此爲反對築路的理由。這是我國鐵路發展初期的一種獨特情形。

②失險資敵：劉銘傳倡修鐵路，其主要目的在鞏固國防。然而很多人卻持相反的

(註一)　李文忠公奏稿卷三九議覆張家驤爭止鐵路片（光緒六年十二月初一日）。

(註二)　清朝續文獻通考卷三六二。

(註三)　引自吳鐸津通鐵路的爭議。

看法，認爲鐵路一開，轉便敵人來犯之途。因爲鐵路若被外人控制，則敵兵進逼甚易，我陸路險要將完全喪失，其害處眞是不堪設想！對於這一點，李鴻章曾極力駁斥。他說：

『各國之有鐵路，皆所以徵兵禦敵，而未聞爲敵用，何也？鐵路在我內地，其臨邊處皆有兵扼守，彼豈能憑空而至？萬一有非常之警，則壞其一段，扣留火車，而路亦無用，而全路皆廢。數十年來各國無以此爲虞者，客主順逆之勢然也。』

(註一)

無如附和者少，反對的言論煙霧彌漫，一點點的火花也就顯得微弱無力了。津通路的爭議，以這一點爲反對理由者更多。如御史余聯沅奏稱，鐵路一開，由津至京，長驅直入，毫無阻碍，失王公設險之意，憫重門擊柝之防，是有害根本。御史屠仁守等奏，自京至津，若置鐵路，盡撤藩籬，洞啓門戶。御史洪良品則謂，一設鐵路火車，是爲敵人施縮地之方。內閣學士文治更形容修路爲「開門揖盜」。(註二)對于這些論調，李鴻章力闢其非，斥這斑人『徒誦設險守國之陳言』(註三)劉銘傳於覆疏中且辯稱，京師的眞正門戶爲塘沽，首都的安危實繫於塘沽之能否保持，因而贊成鐵路直開至京師。(註四)但是他們一點都不能扭轉當時一般朝臣的觀念。反對勢力這樣大，使李氏不得不停止正在積極進行的津通築路工作。這一點恐怕也是中國所特有的情形。

③奪民生計：只有這一點與英國最初修鐵路時的情形相似。英國最初修築鐵路時，由於鐵路運輸量大，速度又快，很多依賴舊式交通工具(馬車)爲生的人感受失業的威脅，曾羣起反對。中國於光緒六年底劉銘傳請造鐵路時，反對者亦謂，『鐵路一開，則中國之車夫、販豎將無以謀衣食，恐小民失其生計，必滋事端。』(註五) 津通之議，守舊諸臣更一致以此爲反對築路的理由。津、通一帶，交通頻繁，有許多船戶、車夫等人賴以爲生；如鐵路一開，這些人的生活一時自不免要受到影響。因此，大學士恩

(註一)　李文忠公奏稿卷三九妥議鐵路事宜摺（光緒六年十二月初一日）。

(註二)　李文忠公海軍函稿卷三議致京僚諫阻鐵路各奏（光緒十四年十二月二十八日）。

(註三)　李文忠公海軍函稿卷三海軍衙門軍機處會奏底（光緒十五年正月十四日拜遞附）。

(註四)　劉壯肅公奏議卷二覆陳津通鐵路利害摺（光緒十五年二月八日臺北府發）。

(註五)　同註一。

承等說，『鐵路一開，舟車盡廢，水手、車夫、客店、負販、食力之人，終歸餓莩！』(註一)余聯沅稱，『天津至京，車幾三千輛，舟幾數萬隻，飯秣給於旅店，饘粥資於市廛。鐵路一開，數十百萬衆絕無生計，非填溝壑，即聚山林。』(註二)屠仁守、吳兆泰更謂：『操舟挽車之徒，羣憂失業，奔走呼籲，環官府而訴者日數百人。』(註三)他們只知道鐵路會奪民生計，而不明瞭鐵路會帶給人民更多的工作機會。當時風氣閉塞，一般人目光短淺。如果他們明瞭了英、美各國鐵路發展的情形，這種反對理由無疑地是會消失的。

　　當時朝臣反對築路的理由固不止此，他如興築鐵路，須向外洋購買路軌材料及聘用外國技術人員，利權外溢；怕洋人侵入內地，敗壞風俗，甚至以利啗人，他日民情不可恃等等，(註四)不一而足，此處例舉者不過其犖犖數端而已。

　　再就第二點資本問題來說，我國自漢代以來，重農抑商幾成為相沿不替的政策，商業資本無法抬頭，農業經營又始終限於小農制度的範疇，加上家族析產制度，資本原就無由大量累積。(註五)至清季人多田少，又時常發生災荒與戰亂，人民往往連消費都不足，作為資本來源的儲蓄自然非常微薄。當時我國信用機構又不健全，不能擔負起滙集民間零星儲蓄而成為巨額資本轉供投資的任務。(註六)加以風氣未開，人民對於近代的公司組織不明瞭，對政府倡興的事業又多不信賴。由於這些原故，當日籌集資本非常困難。然而鐵路建設正是需要大量資本的事業，資本難籌，事業自然無法推進。我們只要看津沽鐵路的資金來源，便可瞭解這一問題的嚴重性。津沽鐵路所用資金約銀一百三十餘萬兩，其中百分之八十以上是由息借洋債而來的。當初鐵路公司擬招集商股一百萬兩，幾經努力，結果「舌敝唇焦」只招得商股銀十萬八千五百兩。商股不足，只好借公帑；又不足，便只好借洋債。於是向天津海防支應等局借撥銀十六萬兩，又以年息五厘向英商怡和洋行借銀六十三萬七千餘兩，德商華泰銀行借銀四十三

(註一)　李文忠公海軍函稿卷三議鐵路駁恩相徐尙書原函（光緒十四年十二月二十二日）。

(註二)　李文忠公海軍函稿卷三議駁京僚諫阻鐵路各奏（光緒十四年十二月二十八日）。

(註三)　引自吳鐸津通鐵路的爭議。

(註四)　同註二；淸朝續文獻通考卷三六二。

(註五)　請參考翁之鏞中國經濟問題探原（民國四十五年，臺北）第六章。

(註六)　全漢昇淸季鐵路建設的資本問題。

萬九千餘兩，才將路修成。(註一)國人資力之薄弱，可以想見。此外，丁日昌的臺灣築路計劃爲什麼不能進行？蘆漢路與關東路爲什麼不能同時並舉？又關東鐵路進展爲什麼如此遲緩？都可以從這一點去解釋。當時府庫支絀，民無餘力，這是一般人士所深悉的。在甲午戰爭以前，對於借洋債一事，朝臣中連李鴻章亦深懷顧忌；然而造津沽一百七十五里的鐵路仍不得不向洋商告貸巨額資金，足徵本身之困難情形。

因此，在甲午戰爭以前的三十年內，中國的鐵路事業雖有很多外商及少數明達臣工悉力提倡，但終以守舊勢力太大，以及本身資本的缺乏，成績徵不足道。

甲午戰後，此種頑固的反對力量雖然消失，而資本問題卻依然存在。更由於政治情況的演變，外人對我國築路事業的誘力一變而爲壓力，於是外資大量流入。自此至清亡，鐵路事業較諸前期進展良多，然比之他國仍然望塵莫及，資源並未大量開發，而利權則喪失很多，是否得不償失，宜有待於史家的考究。

(註一)　李文忠公海軍函稿卷三詳陳創修鐵路本末（光緒十五年四月二十日）。

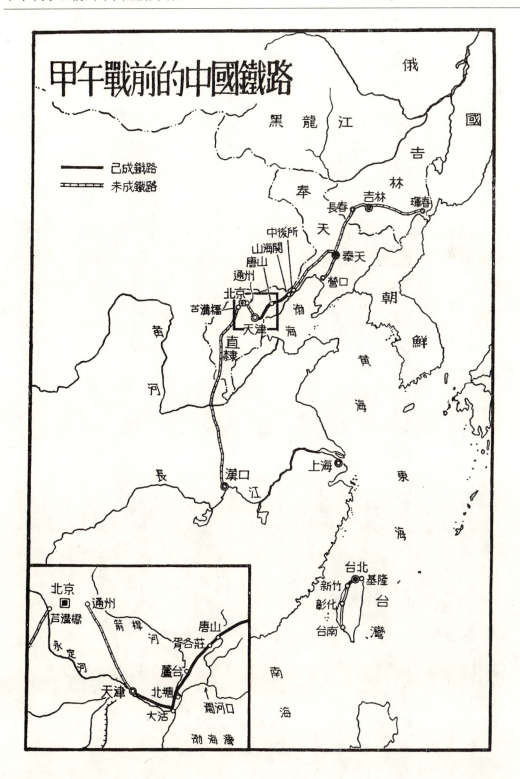

出自第三十一本（一九六○年十二月）

明仁宣時內閣制度之變與
宦官僭越相權之禍

吳　緝　華

一、引　言

　　歷史上許多重要史蹟的產生，往往受到偉人的啓發和影響。我們要解決明代仁宗宣宗時內閣制度之變，以及明代宦官僭越丞相實權專政之禍的問題，首先須注意這時偉人的事蹟，才能對這個問題的研究，更容易獲得瞭解。

　　明太祖於洪武十三年（一三八〇）罷去丞相，輾轉又設殿閣大學士，大學士初設僅備顧問，朝政大權握於皇帝手中，至此中國史上的丞相廢而不立。由於明太祖專治而產生這一不健全制度，因之明代內閣制度不斷在演變中。如開國後太祖開創事業過去，經過建文時代，又是明成祖重新開拓時期。在明成祖即位後，有楊士奇楊榮等入閣輔政，到宣宗即位時又有楊溥入閣。雖然楊溥入閣較晚，其早已為成祖仁宗時的宮僚。史家稱楊士奇、楊榮、楊溥為『三楊』，『三楊』輔政確有其貢獻，自明成祖永樂後，接着就是仁宣治平時代，也是明代鼎盛時期。然而在『三楊』輔政時，明太祖廢相後所定的不健全制度，有了改變，如內閣大學士雖無丞相之名，而有丞相之實權。在這種名實不符的情況下，又公然解除對宦官不許識字的禁令而設內書堂，宦官又

可參預內閣條旨與皇帝批答的中間，於是宦官有了握丞相實權的機會，而演成明代宦官僭越丞相實權之禍。

　　在這篇文章裏，把明太祖廢相設了不健全制度之後，到仁宣時『三楊』輔政內閣制度之變，及宦官僭越丞相實權專政之禍，加以論證。

二、三楊輔政內閣制度的改變

1. 閣臣以尚書三孤官為尊

　　由於『三楊』的輔政，內閣大學士地位提高。當明太祖在洪武十三年(一三八〇)殺丞相胡惟庸，廢中書省後，設立四輔官、四輔官廢後又設立殿閣大學士，而殿閣大學士初設，僅備顧問而已。案明刊本國朝列卿紀卷八內閣諸學士序云：

　　　　然大學士之職階不過五品，特以崇重文儒，備顧問而已。況國朝監前代壅蔽之
　　　　禍，革中書省，罷丞相，使政歸六卿分理，不相混壓，所以垂之祖訓者甚嚴。

明太祖廢相後，大權握於自己手中，皇帝親自處理朝政，殿閣大學士備顧問，使政歸六部分理，這是太祖認為滿意的制度。所以到洪武二十八年（一三九五）太祖曾勅諭文武羣臣，以後嗣君不得議置丞相，臣下有奏請設立者，必全家處死。案明刊本皇明祖訓首章云：

　　　　自古三公論道，六卿分職，並不曾設立丞相，自秦始置丞相，不旋踵而亡，漢
　　　　唐宋因之，雖有賢相，然其間所用者，多有小人專權亂政。今我朝罷丞相，設
　　　　五府六部都察院通政司大理寺等衙門，分理天下庶務，彼此頡頏不敢相壓，事
　　　　皆朝廷總之，所以穩當。以後子孫做皇帝時，並不許立相；臣下敢有奏請設立
　　　　者，文武羣臣即時劾奏，將犯人凌遲全家處死。

由此形成明代沒有丞相的制度。

　　到明成祖即位後，復舊制，以翰林官直文淵閣，又稱內閣。這時有楊士奇、楊榮及解縉、胡廣、黃淮、金幼孜、胡儼等入閣。案明刊本皇明泳化類編卷六〇云：

　　　　洪武壬午秋七月，始開內閣于東角門，抑文淵閣。命吏部及翰林院文學行誼材
　　　　識之士直贊襄，時得待詔解縉、修撰胡靖（廣）、編修楊榮、吳府審理副楊士
　　　　奇、侍書黃淮、給事中金幼孜、桐城知縣胡儼，入居閣中。

這時閣臣不但備顧問，並可參預機務。案明刊本明政統宗卷七云：

時上念機務殷重，欲廣聰明，措天下於理也，乃開內閣於東角門，簡諸臣爲耳目。復每日百官奏事退，內閣臣造膝前密勿謨畫，率漏下數十刻。諸六部大政，咸共平章，秩五品，恩禮賜賚，率與尚書並。蓋內閣預機務，自此始。

閣臣楊士奇等人在明成祖時代，可以參機務，平章大政，恩禮賜賚已與尚書並。案明實錄太宗永樂實錄卷三二又云：

> 永樂二年……十二月……甲午立春，上御奉天殿，文武羣臣行賀禮，賜宴。賜六部尚書侍郎金織文綺衣各一襲，特賜翰林學士解縉、侍讀黃淮胡廣、侍講楊榮楊士奇金幼孜衣與尚書同。縉等入謝，上曰：『朕於卿等非偏厚，代言之司，機密所寓。況卿六人且夕在朕左右，勤勞助益，不在尚書下，故於賜賚必求稱其事功，何拘品級』。

這時閣臣可參機務，恩禮賜賚與尚書同，雖然是一個演變。但是終明成祖永樂時代，閣臣地位沒有超出正五品官階，明太祖初定大學士爲正五品的地位還沒有打破。

案閣臣楊士奇楊榮等最初以翰林院修撰編修入閣。明史卷一〇九宰輔年表一云：

> 建文四年壬午秋七月，燕王即位，仍稱洪武三十五年，始簡翰林官直文淵閣。黃淮編修八月入，十一月晉侍讀。胡廣侍講九月入，十一月晉侍讀。楊榮修撰九月入，十一月晉侍講。解縉侍讀八月入，十一月晉侍讀學士。楊士奇編修九月入，十一月晉侍講。金幼孜檢討九月入，十一月晉侍講。胡儼檢討九月入，十一月晉侍講。

楊榮爲從六品修撰，楊士奇爲正七品編修入閣外，其他入閣的閣臣如解縉和胡廣爲侍讀侍講皆正六品，黃淮爲正七品編修，金幼孜胡儼爲從七品檢討。所以明成祖即位時入閣的閣臣，最高官階僅爲正六品，最低者爲從七品。但在明成祖永樂一朝中，閣臣達到最高地位者，楊士奇晉爲正五品翰林學士，楊榮晉爲正五品文淵閣大學士，及金幼孜晉爲文淵閣大學士。案明實錄太宗永樂實錄卷一〇四云：

> 永樂十五年……二月……陞左春坊左諭德兼翰林院侍講楊士奇爲翰林院學士，仍兼諭德。

明實錄太宗永樂實錄卷一一六云：

> 永樂十八年……閏正月……丙子，上命行在翰林院學士兼右春坊右庶子楊榮、

翰林院學士兼右春坊右諭德金幼孜，並爲文淵閣大學士兼翰林院學士。所以在明成祖時代閣臣地位，仍舊沒超出明太祖所定正五品的官階。

但明成祖死去後，仁宗即位，閣臣地位有了大變動。最顯明的例子，在永樂二十二年（一四二四）八月仁宗即位時，陞文淵閣大學士楊榮爲太常寺卿，金幼孜爲戶部右侍郎，楊士奇爲禮部左侍郎，黃淮爲通政司，兼職如故。案明實錄仁宗洪熙實錄卷一下云：

> 永樂二十二年 八月……巳未……陞文 淵閣大學士 兼翰林院學士 楊榮爲太常寺卿，金幼孜爲戶部右侍郎 ，俱兼前職 ；左春坊大學士楊士奇爲禮部左侍郎兼華蓋殿大學士；陞前右春坊大學士兼翰林院侍讀黃淮爲通政使司通政使兼武英殿大學士；榮、幼孜、士奇、淮俱掌內制，不預所陞職務。

明刊本翰林記卷二又云：

> 永樂二十二年八月仁宗繼統，以文淵閣大學士楊榮等輔導東宮積有年勞，於是陞榮爲太常寺卿，金幼孜爲戶部右侍郎，俱兼前職；楊士奇爲禮部左侍郎兼華蓋殿大學士 ；起前左春坊大學士黃淮爲通政使兼武英殿大學士 。 四人俱掌內制，不預所陞職務，內閣帶三品官銜始此。

閣臣楊榮楊士奇等人竟陞至太常寺卿及侍郎等三品官，官銜雖然至太常寺卿及侍郎，但仍掌內閣事，而不參預所陞職務。過了一個月，到永樂二十二年九月後，閣臣的地位又有改變。案明實錄仁宗洪熙實錄卷二下云：

> 永樂二十二年 九月……丁酉 ， 進……禮部左侍郎 兼華蓋殿大學士楊士奇爲少保，俱兼職如故。太常寺卿兼文淵閣大學士翰林院學士楊榮爲太子少傅謹身殿大學士。

明實錄仁宗洪熙實錄卷五下云：

> 永樂二十二年十二月……甲寅……加太子少傅兼謹身殿大學士楊榮工部尙書。勑曰……特陞卿爲工部尙書，前官如故，三俸俱支。

明實錄仁宗洪熙實錄卷六上云：

> 洪熙元年春正月……丙子……陞通政使兼武英殿大學士黃淮爲少保戶部尙書，仍兼武英殿大學士。加少傅兼華蓋殿大學士楊士奇兵部尙書。

在仁宗時代，楊士奇竟晉少保及兵部尙書 ， 楊榮陞至太子少傅及加工部尙書 。 這時

閣臣超出正五品大學士地位，居然達到從一品的三孤官，及正二品的尚書官階。這是閣臣官階一大改變，也是打破明太祖定制大學士為正五品的地位，自此增高明代內閣閣臣地位，開創後來閣臣必加尚書三孤官為尊的制度。

　　閣臣的地位已超出正五品大學士，而閣臣皆因所陞之官為尊，於是明代內閣大學士為一兼職。故明刊本大明會典卷二吏部京官云：

> 中極殿大學士，舊為華蓋殿大學士；建極殿大學士，舊為謹身殿大學士，洪熙年初設；文華殿大學士；武英殿大學士；文淵閣大學士；東閣大學士。以上初專設，後皆以師保尚書等官兼任。

雖然明代內閣大學士官銜至三孤及尚書等地位，但閣臣不參預所陞的職務，其職權仍在內閣，而內閣大學士為一兼職。當然這是受明太祖不許立丞相而定大學士為正五品的影響，也是明代與清代內閣制度不同的一點。

　　閣臣的地位提高，其職權也漸重。案續通志卷一三五職官略六云：

> 仁宗登極，始以東宮舊臣入閣辦事，擢楊士奇為禮部侍郎加少保兼華蓋殿大學士，楊榮為太常卿兼內閣辦事。由是閣權漸重，無異宋遼金元三省長官，而六部皆稟受內閣風旨而後行。

由於閣臣楊士奇楊榮等地位提高，雖無丞相之名，已無異宋遼金元三省長官，這時內閣大學士比起明太祖初設的殿閣大學士已不同了，我們不能不承認這是閣臣制度的改變。案國朝列卿紀卷八內閣諸學士序亦云：

> 至洪熙初年，以東宮舊臣特加超擢，又添設謹身殿大學士，於是楊士奇陞禮部侍郎兼華蓋殿大學士，楊榮陞太常寺卿兼謹身殿大學士，黃淮陞通政使，金幼孜陞戶部侍郎，俱兼武英殿大學士，楊溥陞太常寺卿，仍兼翰林院學士。緊後委任日隆，置三公三孤之官，又加至三孤領尚書職，隱然有鈞衡之重，禮與百僚殊矣，自此官制一變。

所以明代內閣大學士以三孤及尚書等地位高之官兼任，隱然有鈞衡之重，禮與百僚殊，這一內閣制度之變，乃自閣臣『三楊』等輔政時期開始了。

　　明代閣臣地位的改變，並不是『三楊』等陰險奪取的，乃『三楊』等同心輔政，造成國家的昇平所致。案國朝列卿紀卷八云：

　　　楊士奇贊政二十餘年，上守祖訓，下軫民瘼，凡事以正道倡之，而楊榮楊溥亦

　　　協心一德。故洪熙宣德及正統初，海內奠安，號稱太平。

此處言『楊士奇贊政二十餘年』頗有疑問，案楊士奇之入閣，由明成祖即位到英宗正

統九年死去，在內閣中有四十餘年之久。閣臣『三楊』輔政，無可疑義的促成仁宣及

英宗正統初年的治平時代，我們不得不承認這是歷史上的事實。可以說閣臣地位的提

高，乃由『三楊』輔政，因其多年的功績而促成的。同時仁宗為太子時，這些內閣舊

臣，又是東宮師傅，並且仁宗即位又尊師重傅，閣臣地位在短短一年中增高了。閣臣

地位提高，也造成內閣職權的加重。

2. 內閣條旨產生及面議漸廢

　　　因閣臣地位在仁宗時代已達到尚書及三孤官銜，到宣宗時代閣臣地位雖沒有超

出三孤及尚書官，然而其職權依然在變動中。

　　　上文曾引證過，當明成祖即位後，楊士奇楊榮等人入內閣，已可參預機務。明成

祖當每日百官奏事退，必與閣臣『造展前密勿謨畫』，有時至『漏下數十刻』，無疑的

明成祖而與閣臣不斷面議，乃親自處理朝政。(參閱上文引明政統綜之文)到仁宗時與

閣臣面議外，當退朝還宮，而遇有機務計議，必以親筆識御寶或御押封出，使閣臣規

畫；而閣臣計議條對，也用文淵閣印封入，君臣往來諭奏，外人尚不得聞。案翰林記

卷二云：

　　　仁宗繼統……上每退朝還宮，遇有幾務須計議者，必親御翰墨書榮等姓名，識

　　　以御寶，或用御押封出，使之規畫。榮等條對用文淵閣印封入，人不得聞。

然而『三楊』輔政到宣宗時代，凡中外章奏集於內閣，俱用小票墨書貼於疏面以進，

這是明代閣臣條旨的開始。案續通典卷二五職官云：

　　　宣德三年，敕宰臣楊士奇等，卿等春秋高，尚典繁劇，可輟所務，朝夕在朕左

　　　右討論至禮，職各俸祿悉如舊……是時帝亦屢幸內閣，凡中外章奏，宰相俱用

　　　小票墨書貼各疏面以進，謂之條旨，條旨之名始此。

這時閣臣雖有宰相之權，而無宰相之名，此處續通典言宰相，不能視為明代已公然有

了宰相。當宣宗時，因閣臣地位提高，內閣職權也達到重要地步，原來明太祖廢相

後，集大權於皇帝手中親自處理朝政；以及成祖仁宗仍與大臣面議朝政，召閣臣造膝

密議，人不得與聞的風氣，也有了改變。案翰林記卷二傳旨條旨云：

永樂洪熙二朝，每召內閣造膝密議，人不得與聞，雖倚毗之意甚專，然批答出
自御筆，未嘗委之他人也。宣廟時，始令內閣楊士奇輩及尙書兼詹事蹇義夏原
吉，於凡中外奏章，許用小票墨書貼各疏面以進，謂之條旨。中旨紅書批出，
或親書或否，及遇大事大疑，猶命大臣面議，議既定，卽傳旨處分，不待批
答。

閣臣可以條旨貼於各疏面以進，無可疑義的又提高『三楊』在內閣的職權，事權所在，
內閣職權必然加重。案明人何良俊在四友齋叢說摘抄一曾云：

然各衙門章奏，皆送閣下票旨，事權所在，其勢不得不重。後三楊在閣既久，
漸兼尙書，其後散官加至保傅，雖無宰相之名，而有宰相之實矣。

宣宗時命內閣將中外章奏條旨以進，這是宣宗對閣臣『三楊』的信任及提高了內
閣職權。固然遇有大事大疑，宣宗依然要和大臣面議，但是我們要注意的重點，由於
條旨，皇帝可見條旨而批答，造成不必和廷臣面議的開端。如皇帝不親自聽取廷臣議
事，不親自和廷臣面議保持密切的連繫，自然會發生許多弊病。『三楊』輔政既有『古
大臣之風』，却沒有請宣宗仍舊保持親自面議處理朝政的風氣。由於皇帝見內閣條旨
不必與廷臣面議的制度形成，甚至於後來的皇帝，竟有十年二十年不和廷臣見一面，
因此又影響到明代宦官僭越丞相實權之禍。

三、三楊輔政內閣制度之變對明代宦官僭越相權的影響

明代開國以後，明太祖也見於古代宦官之禍，對宦官壓制甚嚴，曾有嚴禁宦官讀
書識字及不得干預政事的祖訓。案明史卷七四職官志三云：

太祖……又言：『此曹善者千百中不一二，惡者常千百。若用爲耳目，卽耳目
蔽，用爲心腹，卽心腹病。馭之之道，在使之畏法，不可使有功；畏法則檢
束，有功則驕恣』。有內侍事帝最久，微言及政事，立斥之，終身不召，因定
制內侍毋許識字。洪武十七年鑄鐵牌，文曰：『內臣不得干於政事，犯者斬』，
置宮門中。又敕諸司毋得與內官監移往來。

同時明太祖曾敕諭諸司官員，不得與內官往來結交，以免發生弊端。案明實錄太祖洪
武實錄卷一六三云：

洪武十七年秋七月……戊戌，勅內官毋預外事，凡諸司毋與內官監文移往來。

上謂侍臣曰：『爲政必先謹內外之防，絕黨比之私，庶得朝廷淸明，紀綱振肅。前代人君不鑒於此，縱宦寺與外臣交通，覘視動靜，夤緣爲奸，假竊威權，以亂國家，其爲害非細故也。間有發奮，欲去之者，勢不得行，反受其禍，延及善類。漢唐之事，深可歎也。仁者治于未亂，智者見于未形。朕爲此禁，所以戒未然耳』。

大明律例卷二三職制亦云：

交結近侍官員：凡諸衙門官吏，若與內官及近侍人員互相交結，漏泄事情，夤緣作弊，而符同奏啓者，皆斬，妻子流二千里安置。

明太祖對宦官的壓制確是甚嚴。

但宦官出使已見於明初。案明史卷七四職官志三云：

（洪武）二十五年，命聶慶童往河州敕諭茶馬，中官奉使行事，已自此始。

明史卷三〇四宦官傳序亦云：

有趙成者，洪武八年以內侍使河州市馬。其後以市馬出者，又有司禮監慶童等，然皆不敢有所干竊。

宦官雖有出使，在嚴禁下絕不敢有所干竊。到建文時代，對宦官益嚴，稍有不法卽許有司械聞。然而到明成祖篡位，得到宦官之助，宦官卽多所委任。案明史卷三〇四宦官傳序云：

建文帝嗣位，御內臣益嚴，詔出外稍不法，許有司械聞。及燕師逼江北，內臣多逃入其軍，漏朝廷虛實。文皇以爲忠於已，而狗兒輩復以軍功得幸，卽位後，遂多所委任。永樂元年內官監李興奉敕往勞暹羅國王，三年遣太監鄭和帥舟師下西洋，八年都督譚青營有內官王安等，又命馬靖鎮甘肅，馬騏鎮交趾，十八年置東廠令刺事。蓋明世宦官出使專征監軍分鎮刺臣民隱事諸大權，皆自永樂間始。

永樂時宦官已可以出使專征監軍分鎮刺臣民隱事，宦官雖見進用，但在嚴法之下仍不敢肆。案明史卷七四職官志三云：

成祖亦嘗云，朕一遵太祖訓，無御寶文書，卽一軍一民，中官不得擅調發。有

私役應天工匠者，立命錦衣逮治。

雖然成祖也遵太祖訓對宦官嚴加防備，而明太祖不許讀書識字之禁令，到永樂後已不行；宣宗卽位後，正當閣臣『三楊』輔政中外章奏歸內閣條旨以進之時，已公然解除太祖對宦官讀書識字的禁令，設立內書堂，使宦官讀書。案日知錄卷九宦官云：

我太祖深懲前代宦寺之弊，命內官不許識字，永樂以後此令不行，宣德中乃有內書堂之設。

案明實錄載宣德元年（一四三六）曾以翰林院修撰劉翀專授小內使書。明實錄宣宗宣德實錄卷一九云：

宣德元年秋七月……甲午……改行在刑部陝西清吏司主事劉翀爲行在翰林院修撰。翀，永樂中爲給事中，嘗侍上講讀，有言翀之兄嘗被刑，翀不宜侍近，遂改交阯九眞州判官，翀會父喪歸。上卽位，翀服闋來朝，以爲刑部主事。至是禮部侍郎張瑛薦其才，遂改修撰，仍給主事祿，令專授小內使書。

到宣德四年（一四三九）又命內閣大學士陳山專授小內使書。案明實錄宣宗宣德實錄卷五九云：

宣德四年冬十月……庚寅……命行在戶部尚書兼謹身殿大學士陳山專授小內使書。

自宣德四年陳山授小內使書後，明代皆以編檢等官專授小內使。案春明夢餘錄卷六云：

內書堂敎習內官，始於宣廟初，以大學士陳山後，皆以編檢矣。

故此明史卷七四職官志三又云：

宣德四年，特設文書房，命大學士陳山專授小內使書，而太祖不許識字讀書之制，由此而廢。

此後宦官入內書堂讀書遂成爲明代定制，明太祖嚴禁宦官讀書的祖訓完全廢止。

明初宦官可以出使專征監軍等，其影響不大，因爲宦官那時還不能走上僭越丞相實權專政之路。然而到『三楊』輔政在宣宗時公然把明太祖對宦官讀書識字的禁令解除，而設立內書堂，此後宦官公然可以通文墨曉古今，逞其智巧逢君作奸。再加上『三楊』輔政內閣制度有了改變，如上文所論宣宗時內閣可以條旨天下章奏以進，皇帝可

見條旨批答不必與大臣面議，而連繫閣臣與皇帝中間的條旨和批答，又少不了宦官。司禮監中的秉筆隨堂太監，乃專掌章奏文書照內閣條旨批硃。案明史卷七四職官志三云：

> 司禮監，提督太監一員，掌印太監一員，秉筆太監，隨堂太監……無定員……掌印，掌理內外章奏及御前勘合。秉筆、隨堂，掌章奏文書照閣票批硃。

在宣宗時閣臣『三楊』輔政，內閣有條旨產生，而皇帝與廷臣面議漸廢，宦官又有掌章奏文書照閣票批硃的實權，因此造成宦官僭越丞相實權專政的機會。案明史卷三〇四宦官傳序云：

> 初，太祖制內臣不許讀書識字，後宣宗設內書堂，選小內侍令大學士陳山教習之，遂為定制。用是多通文墨曉古今，選其智巧逢君作奸。數傳之後，勢成積重，始於王振，卒於魏忠賢。考其禍敗，其去漢唐何遠哉！

固然宦官專政，多由於幼主童昏，但是公然設立內書堂，使宦官能讀書識字，通文墨曉古今，而司禮監之秉筆及隨堂太監又有掌章奏照內閣條旨批硃之權，宦官可以參預批答，自然造成宦官僭越相權的條件，更容易走上專政之路。自宣宗以後，宦官專政之患，始於英宗正統時代的王振。趙歐北也曾說明代宦官擅權自王振始。案廿二史劄記卷三五明代宦官亦云：

> 有明一代宦官之禍，視唐雖稍輕，然至劉瑾魏忠賢，亦不減東漢末造矣。初，明祖著令，內官不得與政事，秩不得過四品。永樂中，遣鄭和下西洋，侯顯使西番，馬騏鎮交趾。且以西北諸將，多洪武舊人，不能無疑慮，乃設鎮守之官，以中人參之。京師內又設東廠偵事，宦官始進用。宣宗時，中使四出，取花鳥及諸珍異亦多。然袁琦裴可烈等，有犯輒誅，故不敢肆。正統以後，則邊方鎮守，京營掌兵，經理倉場提督，營造珠池銀礦市舶織造，無處無之……總而論之，明代宦官擅權，自王振始。

英宗正統時宦官王振所以能握有丞相實權，乃『三楊』輔政時內閣制度有了改變。內閣條旨與皇帝批答的往來，中間少不了宦官，又設立內書堂使宦官讀書識字，給宦官留出參預朝政的機會。關於宣宗時設立內書堂，我們很欽佩顧亭林對此事的見解。案日知錄卷九宦官云：

　　昔隋蔡允恭爲起居舍人，帝遣教宮人，允恭恥之，數稱疾。宋賈昌朝爲侍講，
　　以編修資善堂書籍爲名，而實教授內侍，諫官吳育奏罷之。以宣朝之納諫求
　　言，而廷臣未有論及此者，馴致秉筆之奄其尊倅於內閣，而大權旁落，不可復
　　收，得非內書堂階之屬乎！

誠如顧氏所說，宣宗是一位納諫求言之君，而廷臣竟未有言及不可設內書堂者。我們
認爲在閣臣『三楊』輔政時期，未阻止這種事實發生，而『三楊』在這一方面却比
隋之蔡允恭不肯教宮人，宋之諫官吳育奏罷教授內侍，要有遜色了。

　　『三楊』不但不諫宣宗設內書堂，以維持明太祖對宦官嚴禁的祖訓；同時也沒有諫
宣宗要面議朝政，而產生閣臣可以把中外章奏俱用條旨貼各疏面以進，宣宗見內閣條
旨而批答，可以不必與廷臣面議處理朝政。這固然提高內閣的職權，但內閣條旨達於
皇帝面前，皇帝批答達於內閣，中間又離不開宦官。從此以後通文墨曉古今逞其智巧
逢君作奸的宦官，又有參預照閣票批硃的機會，這不能不說給宦官僭越丞相實權專政
之患，鋪出一條平坦的大道。因而造成明代宦官僭越丞相實權專政之禍，似不在漢唐
以下。

　　當「三楊」輔政內閣制度有了改變，宦官又有參預內閣條旨與皇帝批答中間的機
會，造成明代宦官僭越丞相實權專政之禍。固然我們不能不認爲『三楊』沒有『防微
杜漸』之明，春秋責備賢者，『三楊』不能辭助長宦官亂政之咎。但是內閣制度所以
有改變，如再追溯其遠因，可以說明代開國後，太祖罷去丞相，而形成一個不健全制
度所致。黃梨洲在明夷待訪錄置相裏曾云：

　　有明之無善治，自高皇帝罷丞相始也。

黃梨洲所謂無善治，乃明太祖廢去丞相後，而有丞相實權者，爲宮廷中的宦官。案明
夷待訪錄置相又云：

　　或謂後之入閣辦事，無宰相之名有宰相之實也。曰，不然。入閣辦事者，職在
　　批答，猶開府之書記也，其事既輕，而批答之意又必自內授之，而後擬之，可
　　謂有其實乎？吾以謂有宰相之實者，今之宮奴也……故使宮奴有宰相之實者，
　　則罷丞相之過也。

故黃梨洲曾說宦官握有丞相實權專政之禍，乃明太祖罷丞相之過。我們認爲由於明太
祖罷丞相後設了不健全制度，經過一段時期，到仁宣時『三楊』輔政內閣制度有了改

變，宦官可以有僭越丞相實權而參預朝政的機會，因此接踵而來的宦官握有宰相實權專政之禍，也形成了。

四、三楊輔政內閣制度之變與宦官王振專政之禍

宣宗在宣德十年（一四三五）正月死去，英宗九歲卽位，這時正當閣臣『三楊』輔政國家昇平時期。因英宗年幼，廷臣請太皇太后張氏（卽仁宗之皇后，宣宗之母親）垂簾聽政。然而明太祖開國時，曾見於古代有外戚之患，定有不許皇后干政之法，以免外戚之禍。案皇明祖訓云：

> 凡皇后止許內治宮中諸等婦女人，宮門外一應事務，毋得干預。

太皇太后張氏是一位賢明的婦人，而以『無壞祖宗法』的口號，避免專政，於是把國家大政交到內閣，凡事命閣議。孫承澤在春明夢餘錄卷二三內閣一曾云：

> 英宗以九歲登極，凡事啓太后，太后避專，令內閣議行。

這時朝政命內閣閣臣『三楊』與各衙門會議，再具本奏決，因此皇帝與廷臣面議遂廢。由上文可知，在宣宗時代閣臣『三楊』可條旨天下章奏以進，而宣宗雖不與廷臣面議朝政，如遇有大事大疑宣宗仍然要和廷臣面議。但英宗卽位却完全廢止面議。案國朝典彙卷三二輔臣考上云：

> 上嗣位幼冲，面議遂廢。至是始命內閣官與各衙門會議大政，具本奏決。

所以明代內閣大學士，從明成祖卽位楊士奇等人以翰林官入文淵閣參機務算起，到英宗卽位時，才三十餘年，由於『三楊』輔政，內閣重大職權，可以說到這時已形成了。這時與明成祖卽位以翰林官入內閣參機務的情況不同，與明太祖初設殿閣大學士僅備顧問的情況，也早已不同了。

凡事閣議，閣臣『三楊』的職權，自然達到高潮，而『三楊』也以國家大政的責任在自己身上。案明史卷一四八楊士奇傳云：

> 太后推心任士奇榮溥三人，有事遣中使詣閣諮議，然後裁決。三人者，亦自
> 信，侃侃行意。

明會要卷三宰輔雜錄又云：

> 正統初，太皇太后命楊士奇楊榮楊溥議臣民章奏。三人同心輔政，士奇有學行

通達國體，榮謀而能斷，溥有雅操澹謹小心；每議事，士奇引古義，榮出一言
決之，諸大臣爭可否？或有違言，溥舍已從人，略無繫吝，時論賢之，號三
楊。

閣臣『三楊』在英宗正統初年，內得太皇太后支持，他們彼此間又能同心協力輔佐年
幼的皇帝邁進，故正統初年天下依然昇平。案明史卷一四八楊士奇傳云：

正統之初，朝政清明，士奇等之力也。

明代這時的朝廷，凡事由閣議條旨以進裁決，閣臣『三楊』對國家却負有重大任務。
由於他們的努力，而明代仁宣鼎盛時期仍舊延續下來。

當仁宣時代內閣制度改變後，到正統初年『三楊』輔政，天下尚稱昇平時，然而
宦官王振擅權跋扈也在此時期長成。在研究這一問題時，我們首先看看王振這個人。
案明史卷三○四王振傳云：

王振蔚州人，少選入內書堂侍英宗東宮爲局郎……及英宗立，年少，振狡黠得
帝懽。遂越金英等數人掌司禮監，導帝用重典御下防大臣欺蔽，於是大臣下獄
者不絕，而振得因以市權。然是時太皇太后賢，方委政內閣，閣臣楊士奇楊榮
楊溥皆累朝元老，振心憚之，未敢逞至。

由此可知宦官王振就是內書堂出身的，狡黠的王振得到英宗寵信，於是便市權，使大
臣下獄不絕，自此明代宦官便走上專政的路。但明史王振傳所說太皇太后賢明，委政
『三楊』，而王振心有所忌憚未敢逞至，這一段紀載却不能使我們盡信。如果根據歷
史上的事實加以考證，卽可斷定宦官王振擅權是在『三楊』輔政時釀成。

如英宗卽位後，閣臣『三楊』請開經筵，並請愼選宮中侍從內臣。案楊士奇上開
經筵疏云：

伏惟皇上肇登寶位，上以繼承列聖，下以統御萬民，必明堯舜禹湯文武之道，
以興唐虞三代之治，則宗社永安。……自古人君成德必先於學，未有不學而能
成德者。……自古聖賢之君，左右使令必用正人。今皇上富于春秋，凡起居出
入一應隨侍，及使用之人，皆宜選擇行已端莊立心正直者。……伏望太皇太后陛
下皇太后殿下，皆聖心爲皇上愼選左右隨侍及使用之人。如或其人舉動輕佻，
語言褻慢，立心行已不正者，皆宜早去之。若不早去，隨侍既久，情意相洽不

覺非，言聽計從，後來欲去，其勢難矣。

這是一番懇切的話，從這番話的字裏行間，可以看出閣臣『三楊』對宦官王振這類小人主張剷除，以免後患。但事實相反，在閣臣方議開經筵時，宦官王振却導英宗閱武於將臺，王振又僞造詔令以紀廣爲都督僉事。案明史紀事本末卷二九王振用事云：

> 宣宗宣德十年春正月甲戌，帝崩於乾清宮，皇太子方九歲，卽皇帝位……秋七月，命司禮太監王振偕文武大臣閱武於將臺。振矯旨以隆慶右衛指揮僉事紀廣爲都督僉事。振山西大同人，初侍上東宮，及卽位，遂命掌司禮監，寵信之，呼爲先生而不名，振遂擅作威福，時輔臣方議開經筵，而振乃導上閱武將臺，臺在朝陽門外近郊，集京營及諸衛武職試騎射，殿最之。紀廣者，常以衛卒守居庸，往投振門，大見親暱，遂奏廣第一，超擢之，宦官專政自此始。

顯然的，當英宗卽位後，太皇太后把朝政委任『三楊』等人時，宦官王振已開始專政了。

宦官王振專政已成事實，而太皇太后對宦官王振的行爲也知道了，曾賜宦官王振死。案明大政纂要卷二一云：

> 正統三年丁巳春正月朔，太皇太后御便殿召張輔、楊士奇、楊榮、楊溥、胡濙入朝。左右女官雜佩刀劍侍，上東立，輔等西下立。太后召輔五人謂上曰：『此先朝所簡，皇帝凡有行必與之計，非五人贊成不可行也』。上受命。頃間，宣太監王振至，俯伏。太后顏色頓異曰：『汝侍皇帝起居不律，令賜汝死』。女官加刃振頸，上跪爲之請，諸大臣皆跪。太后曰：『皇帝年幼，豈知此輩自古誤人國家多矣。我且聽皇帝泊諸臣留振，此後不得再令干國事』。

宦官王振專政不法，閣臣『三楊』也應當知道，如上文所引楊士奇開經筵疏所說請太皇太后爲英宗愼選左右隨侍及使用之人，如『其人舉動輕佻，語言褻慢，立心行已不正者，皆宜早去之』。又說『若不早去，隨侍旣久，情意相洽不覺非，言聽計從，後來欲去，其勢難矣』。『三楊』這一番話似乎對王振而言，卽不指王振所說，而發覺宦官王振侍英宗不法，已開始專政。當太皇太后賜宦官王振死時，應藉此機會把宦官王振除掉，以免宦官專政禍國之後患。然而閣臣『三楊』却以一種因循態度，也跟着一個年幼不懂事的英宗跪下給宦官王振求情，使太皇太后不殺王振，僅以『此

後不得再令干國事』，寬恕王振，仍侍英宗左右。

宦官王振這類的典型人物會見機行事，在壓力下會有一刻的萎縮，但機會一來，便是伸展勢力的日子。王振掌司禮監專政跋扈的機會太多了，因為『三楊』輔政在仁宣時代內閣制度改變了，內閣可條旨天下章奏以進，司禮監中的秉筆及隨堂太監可掌章奏文書照閣票批硃，宦官可以參預皇帝批答，所以王振的專政跋扈並不會停止。就在正統四年(一四三九)，福建按察僉事廖謨杖死驛丞的事件發生。案明大政纂要云：

> 正統四年乙未……冬十月，降僉事廖模為府同知。模杖死驛丞，楊溥欲坐以償命，楊士奇欲擬以因公致死，不能決，請裁於太后。王振因而進言，溥與驛丞，士奇與僉事各同鄉，皆涉私償命太重，因公過輕，宜對品降僉事為府同(知)，太后韙之。自是振漸撫內閣之過，而權歸掌握矣。

宦官王振藉着這樁事件後，不斷撫內閣之過，裁決一歸於宦官王振。案國朝列卿紀卷十引瑣綴錄亦云：

> 時福建僉憲(事)廖謨杖死驛丞……太后韙之，自是振日拾撫內閣之誤，裁決一歸於振，三楊乃迭請告展省。

在宦官王振僭越相權的跋扈下，反而想去掉『三楊』。我們從楊士奇楊榮和王振的一番談話中可以看出。案明史卷一四八楊溥傳附馬愉傳云：

> 時王振用事，一日語楊士奇榮曰：『朝廷事，久勞公等，公等皆高年倦矣』。士奇曰：『老臣盡瘁報國死而後已』。榮曰：『吾輩衰殘無以效力，當擇後生可任者報聖恩耳』。振喜而退。士奇咎榮失言。榮曰：『彼厭吾輩矣，一旦內中出片紙，令某人入閣，且奈何？及時進一二賢者，同心協力，尚可為也』。士奇以為然，翌日遂列侍讀學士苗衷，侍講曹鼐及愉名以進。

從這一番談話中，可以看出宦官王振專政跋扈，閣臣『三楊』已有無可奈何的情況。閣臣『三楊』為四朝元老，幾代的功臣，並且英宗即位後國家朝政是出於『三楊』的閣議，已知王振跋扈不可為。而『三楊』又認為進一二後生資望甚淺，如六品官侍讀學士苗衷、侍講曹鼐及馬愉的入閣，却覺得『同心協力，尚可為也』，但我們認為這是『三楊』天真的想法。我們知道在宣宗時代內閣制度已有改變，內閣條旨和皇帝批答宦官又可參預，等到宦官王振的勢力長成，確是『後來欲去，其勢難矣』。相反

的在王振專政跋扈下，『三楊』又遭到王振的破壞，而『三楊』的職位已在動搖。案明史卷一四八楊士奇傳云：

> 四年乞致仕，不允，敕歸省墓，未幾還。是時中官王振有寵於帝，漸預外庭事，導帝以嚴御下，大臣往往下獄。靖江王佐敬私饋榮金，榮先省墓歸不之知，振欲備以傾榮，士奇力解之，得已。

閣臣楊士奇已要求致仕歸里了，而沒被朝廷允許。宦官王振的專政，大臣下獄不絕，居然閣臣楊榮也遭到王振的陷害，被楊士奇力解得免。

王振陷害楊榮時，楊榮正在歸省聞報兼程造朝，楊榮在氣憤之下，又觸冒瘴疹而死於還朝途中。案國朝列卿紀卷十引瑣綴錄云：

> 適宗室中有遺東楊土物者，振將發其事，西楊以東楊不在京，辨解之。東楊聞報，兼程造朝，觸冒瘴疹卒於錢塘。以此振權益專，好大喜功，遂因麓川思機發思仁發兄弟讐殺，遂有麓川之征。

楊榮的死，楊士奇楊溥更加孤立。第二年，卽正統六年（一四四〇）宦官王振興麓川之役。案明大政纂要卷二二亦云：

> 正統六年辛酉春正月……命平西伯蔣貴掛平蠻將軍印充總兵官，太監曹吉祥監督軍務，兵部尚書王驥總督軍務，率左右副總兵李安劉聚及郎中侯璡楊寧等，合漢土兵十五萬，討麓川思任發。賜貴蟒龍緋衣，案賜大臣蟒龍衣自此始。時麓川避遠，本不當中國一郡縣，以閹振專政欲立功名，遂大發兵十五萬，轉餉半天下。

麓川在雲南，宦官王振專政欲立功名，遂興麓川之役，結果帑藏耗費，士馬死亡者達數萬。案明史卷一四八楊士奇傳云：

> 榮尋卒，士奇溥益孤。其明年，遂大興師征麓川，帑藏耗費，士馬物故者數萬。

麓川之役，不但出師疲耗國家，因此西南邊方戰亂相煽而起。案國朝列卿紀引瑣綴錄云：

> 遂有麓川之征。遣將出師，疲耗中國，濫費爵賞，所爭荒夷之境，竟何益於國家？乃致九族溪苗獠乘機不靖，兵連禍結，延至葉滿宗鄧七黃蕭養輩相煽而

起。

宦官王振的專政跋扈不斷發生，案明史紀事本末卷二九王振用事云：

> 六年夏四月，太監王振矯旨以工部郎中王佑爲工部右侍郎。振既弄權，佑以諂
> 媚超擢，與兵部侍郎徐晞極意逢迎之……五月兵科給事中王永和劾掌錦衣衞事
> 指揮馬順怙寵驕恣，欺罔不法，不報。順，王振黨也。

正統六年十月三殿工成，宴百官，而英宗破例下令東華開中門，聽王振出入，百官皆
候拜。明武宗時內閣大學士王鏊在震澤紀聞卷上嘗云：

> 世言王振之橫也，公卿皆拜于其門。天子亦以先生呼之。三殿初成，宴百官，
> 故事宦官雖貴寵不預。是日上使人覘王先生何爲，振方大怒曰：『周公輔成
> 王，我獨不可一坐乎』？使以復命，上瞿然，乃命東華特開中門。振至，問何故
> ？曰『詔命公由中出』。振乃曰：『豈可乎』？至門外，百官皆候拜，振始
> 悅。

正統七年（一四四一）太皇太后張氏卒，宦官王振勢益盛。案明史卷一四八楊士奇傳
云：

> 太皇太后崩，振勢益盛。大作威福，百官小有牴牾，輒執而繫之。廷臣人人惴
> 恐，士奇亦弗能制也。

太皇太后死後，內閣尚有楊士奇楊溥和新進閣臣馬愉曹鼐等，這時宦官王振的專政，
閣臣楊士奇楊溥等人『也弗能制』了。案明大政纂要卷二一又云：

> 案是時閣臣協力翊輔天下，稱三楊。政本在內閣，而天下又安。未久而閹振得
> 柄，大社幾搖。蓋自是中書大權與中禁大璫內外相低昂，時爲輕重矣。

由於宦官王振的專政，明代中書大權已與中禁大璫相低昂。王振專政時，條旨（卽票
擬）尚在內閣，但英宗批答多參宦官的意見。案廿二史劄記卷三三明內閣首輔之權
最重云：

> 案明代首輔權雖重，而司禮監之權，又在首輔上。王振竊柄，而票擬尚在內閣。
> 然涂棐疏言，英宗時批答，多參以中官，內閣或不與，則已有不盡出內閣者。

英宗卽位時雖只有九歲，但英宗不能永遠九歲，到太皇太后死去時已有十六歲了，到
閣臣『三楊』最後一位楊溥在正統十一年（一四四六）死去時，英宗巳二十歲了。英

宗在卽位時年幼不和廷臣面議尙可以，但是英宗年長，當和廷臣面議朝政。然而『三楊』輔政在宣宗時已形成中外章奏由內閣可條旨以進，皇帝見條旨而批答可不必與廷臣面議，英宗當然也可以不必與廷臣面議朝政了。內閣條旨與皇帝批答的中間旣有宦官參預，這一制度的形成，自然不能避免像王振這類小人的專政跋扈，英宗的批答參雜王振的意見，也成了事實。英宗受到王振的左右和蒙蔽，自然成了王振的傀儡；而王振藉着英宗的權威，當然變成一個事實上的皇帝。所以王振專政之患，在短短幾年中達到高潮，自此明代開國以來的朝政遭到摧殘。案續通志卷一三五職官略六明官制上又云：

> 臣等又案明初罷丞相，析中書省之政歸六部，殿閣大學士祗備顧問，鮮所參
> 決。仁宣以後，加公孤，參可否，由內閣擬票，而職掌漸崇。然擬票又決於內
> 監之批紅，以致流弊從生云。

續通志所載仁宣以後，閣臣之地位漸高，由於內閣可以條旨章奏以進，職權又漸崇，而皇帝批答又決於宦官，以致流弊從生，亦爲中肯的論斷。

　　宦官王振僭越相權的專政已形成了，但王振的專政極端違背祖訓。我們知道明代開國時太祖對宦官壓制甚嚴，曾鑄鐵碑於宮門內，上書『內臣不得干預政事』。當然宦官王振看來是不順眼的，就在太皇太后死去那一年，王振竟把宮門內那塊鐵碑竊去。案明史紀事本末卷二九王振用事云。

> 七年冬十月，太皇太后張氏崩……太監王振盜去太祖禁內臣碑。洪武中，太祖
> 鑒前代宦官之失，置鐵碑高三尺，上鑄內臣不得干預政事八字在宮門內。宣
> 德尚存，至振去之。

隨着宦官王振的專政，明代朝政也急遽轉變成另一個局面。案明史紀事本末王振用事又云：

> 七年……十二月，太監王振矯旨以徐晞爲兵部尚書，時振權日重，晞以諂見
> 擢。於是府部院諸大臣及百執事在外方面俱擁金進見，每當朝觀日，進見者百
> 金爲恒，千金者始得醉飽出。由是競趨苞苴，乃被容接，都御史陳鑑王文俱跪
> 門俯首焉。振姪千戶山爲錦衣衛指揮同知世襲，尋命侍經筵。八年……王振遂

　　無忌憚，作大第於皇城，又作智化寺於居東以祝釐，自撰碑，始弄威福。時楊
　　榮先卒，楊士奇以子稷故堅臥不出，惟楊溥在朝，繼登庸者，悉皆委靡，於是
　　大權悉歸振矣。

宦官王振的專政，徐晞以諂媚王振見擢，竟做了兵部尚書，於是形成府部院諸大臣及
百執事俱擾金進見的政治風氣。

　　在宦官王振跋扈專政不可制時，『三楊』也逐漸倒下了。楊榮在正統五年死去，楊
士奇在正統八年（一四四三）因子楊稷論死臥病不出，於正統九年死去，楊溥在正統
十一年（一四四六）死去。在楊溥死去之前，楊士奇臥病不出時，楊溥雖仍在內閣，
但這時宦官王振的專政已把內閣權柄完全竊取，同時生殺予奪之權盡在其手了。案國
朝典彙卷三二輔臣考上云：

　　先是太皇太后聽政，三楊，士奇、榮、溥居輔弼，凡朝廷大事皆自閣下處分，
　　數年間政治清明，爲本朝之極盛。王振每承命至文淵閣，三臣與之言，振必立
　　受。自張太后崩，楊榮繼卒，士奇以子稷堅臥不出，溥惟一人當事，亦年老勢
　　孤，繼登庸者皆不能自樹。於是內閣之柄，悉爲王振所攬，生殺予奪盡在其手
　　矣。

　　在宦官王振跋扈專政不可制時，朝廷中不少忠良都死在王振的殺戮下，明史爲此
事略有陳述。案明史卷三〇四王振傳云：

　　侍講劉球因雷震，上言陳得失，語刺振，振下球獄，使指揮馬順支解之。大理
　　少卿薛瑄祭酒李時勉素不禮振，振撫他事陷瑄幾死，時勉至荷校。國子監門御
　　史李鐸遇振不跪，謫戍鐵嶺衞。駙馬都尉石璟嘗叱其家奄，振惡賤已同類，下璟
　　獄。……又械戶部尚書劉中敷侍郎吳璽陳瑺於長安門，所忤恨輒加罪謫。內侍
　　張環顧忠、錦衣衞卒王永心不平，以匿名書暴振罪狀，事發磔於市，不覆奏。
　　帝方傾心嚮振，嘗以先生呼之，賜振敕，極褒美。振權日益積重，公侯勛戚呼
　　曰翁父。畏禍者爭附振免死，賕賂輳集。工部郎中王祐以善諂，擢本部侍郎，
　　兵部尚書徐晞等多至屈膝。其從子山林至廕都督指揮，私黨馬順、郭敬、陳
　　官、唐童等並肆行無忌。

案侍講劉球見於當時朝政腐敗，曾上言十事，考其十事僅爲勸英宗勤學、親政、別賢

否、選禮臣、嚴考覆、愼刑罰、罷營作、定法守、息兵威、修武備等，可以說這是一篇很平凡的奏書。但在宦官王振專政下，已不平凡了，却認爲是諷刺王振，而把劉球支解，這件事發生在正統八年四月。大理少卿薛瑄祭酒李時勉不禮王振，而幾陷害於死，這是在正統八年發生的事。內使張環顧忠等不平以匿名書暴王振罪狀，而磔於市，也是正統八年的事。這些事都是楊溥在內閣，楊士奇未死之前發生的。駙馬石環晉家奄，王振認爲賤其同類，下石環獄，這是正統九年的事。甚至於正在宦官王振跋扈專政不可制時，相反的而英宗賜王振敕諭，對王振倍加褒奬又讚頌其德，這是在正統十一年（一四四六）正月的事。以上這些事情的發生，都在內閣大學士楊溥於正統十一年七月死去之前。故此宦官王振的專政跋扈不可制，內閣之柄以及生殺予奪之權盡操於王振之手，在『三楊』沒有完全離開內閣前早已發生了。所以我們可以說宦官王振專政之禍在『三楊』輔政時已釀成。

　　宦官王振跋扈專政最後便產生『土木之役』。當宦官王振專政時，明代朝政腐敗下來，確是內憂外患，明代北邊瓦剌也先，由通事口中知道中國虛實，專候釁端入寇。在正統十四年（一四四九）二月也先遺使二千餘人進馬，詐稱三千人，王振怒其詐，減去馬價，遂失和，於是在七月也先寇大同。而宦官王振挾英宗率大軍五十萬親征也先，郕王監國。無戰功班師回至土木，旁無水泉，人馬不得水已二日，於饑渴交迫下，又逢敵衝，在一場戰亂中全軍覆沒，宦官王振被亂兵殺死，英宗被虜俘。案明實錄英宗正統實錄卷一八〇云：

　　正統十四年秋七月……己丑……是日虜寇分道刻期入寇。也先寇大同，至猫兒莊，右參將吳浩迎戰敗死；脫脫卜花王寇遼東；阿剌知院寇宣府，圍赤城；又別遺人寇甘州。諸守將憑城拒守，報至遂議親征。……癸巳……上命郕王祈鈺居守，駙馬都尉焦敬輔之。

英宗親征出發後，於正統十四年八月至大同，八月壬戌師潰於土木，英宗被俘。案明實錄英宗正統實錄卷一八一云：

　　正統十四年八月戊申朔，車駕至大同……己酉，駐蹕大同，王振尙欲北行，鎮守太監郭敬密告振曰：『若行，正中虜計』，振始懼。庚戌，車駕東還。……辛酉，車駕次土木……地高無水，掘二丈餘亦不得水；其南十五里有河，已爲虜

所據，絕水終日，人馬饑渴。虜分道自土木旁近麻峪口入，守口都指揮郭懋力
拒之，終夜虜兵益增。壬戌，車駕欲啟行，以虜騎繞營窺伺，復止不行，虜詐
退，王振矯命檄營行就水，虜見我陣動，四面衝突而來，我軍遂大潰。虜邀車
駕北行，中官惟喜寧隨行，振等皆死，官軍人等死傷者數十萬，太師英國公張
輔……等，皆死。

歷史的轉變往往是慘痛的，從明代開國到土木之役，共八十二年，中間經過太祖、惠
帝、成祖、仁宗、宣宗到英宗六朝；在這段時期中，太祖和成祖的開創事業過去，接
着是仁宣及英宗初年的治平時代，這是國家鼎盛時期，這七八十年留下的基業，被宦
官王振專政在幾年中給結束了。土木之役，是明代開國後，國家遭到空前的酷劫。我
們認為明代這一慘痛變局，並不是在正統初年鼎盛時代後，無力抵抗也先，乃宦官王
振專政禍國的結局。

由於上文引證，宦官王振專政跋扈不能制，在閣臣『三楊』輔政時已長成，這是不
得不承認的歷史事實。但是歷史上的紀載多不注意這些史蹟，却說閣臣『三楊』相繼
歿，而後有王振專政跋扈。如趙甌北的廿二史劄記卷三五明代宦官云：

> 然正統之初，三楊當國，振尚心憚之未敢逞，迨三楊相繼歿，而後跋扈不可
> 制。

我們對趙甌北的這一看法，不能贊同。又有紀載云閣臣『三楊』死後，新進閣臣曹鼐
馬愉高穀苗衷等人不能正救其間，宦官王振專政橫恣致有土木之變。案國朝列卿紀卷
八內閣諸學士序云：

> 及曹鼐等才器尋常，不能抗王振之橫恣，致有土木之變，豈能追其責歟。

國朝列卿紀卷九內閣總論又云：

> 蓋自永樂以後，正統以前，宇宙晏然，坐臻太平者，三公不為無力也。三楊
> 物故，王振竊柄，陳芳洲、高文毅、苗文康、馬襄敏、曹文忠、張文僖諸公不
> 能正救其間，遂有巳巳之變。將時運使然歟，抑委任權力殊耶。

此一看法又不可盡信。史家又把『三楊』比成唐代的名臣。如明史卷一四八列傳贊又云：

> 贊曰：成祖時士奇榮與解縉等同直內閣，溥亦同為仁宗宮僚，而三人逮事四
> 朝，為時耆碩。溥入閣雖後，德望相亞，是以明稱賢相，必首三楊，均能原本

儒術通達事幾，協力相資，靖共匪懈。史稱房杜，持衆美效之君，輔贊彌縫，
而藏諸用；又稱姚崇善應變，以成天下之務；宋璟善守文，以持天下正，三楊
其庶幾乎！

這段紀載明稱賢相，首推『三楊』，並且又把『三楊』比成唐太宗時『貞觀之治』的
名相房玄齡及尚書右僕射杜如晦，又比成唐玄宗『開元之治』時名相姚崇和宋璟，
我們不是說史家不能把明代『三楊』和唐代名臣房杜姚宋等相比，我們認爲在相比時，
也不能忘掉『三楊』的善政中，也有對明代影響甚大的秕政。案明史卷一四八楊溥傳
又云：

十一年七月溥卒……後三年，振遂導英宗北征，陷土木，幾至大亂，時人追思
此三人者在，當不至此；而後起者爭暴其短，以爲依違中旨，釀成賊奄之禍，
亦過刻之端也。

明史論王振專政致『土木之變』，『時人追思此三人者在，當不至也』，這也不能使我
們盡信。由上文考證，宦官王振專政跋扈確切在英宗卽位『三楊』輔政時長成，這是
不可否認的事實。當正統七年太皇太后死去，王振勢益盛，百官小有牴牾，卽執而繫
之，廷臣人人惴恐，朝廷充滿恐怖，而楊士奇楊溥等『亦弗能制也』。到正統八年
楊士奇臥病不起時，楊溥尚健在，宦官王振的專政跋扈早已奪取內閣之柄，生殺予奪
盡在其手了。所以卽『三楊』在世，我們相信宦官王振專政橫恣致有土木之變，『亦
弗能制也』。

　　宦官王振專政的下場，雖遭殺身之禍死於『土木之役』，而朝野人士在憤恨之餘，
把王振親族殺盡，藉其家，殺其餘黨。但我們認爲宦官王振專政之禍對明代的影響
却太大了，明代極盛的時代，被王振專政在短短的幾年中結束。明代自此以後便走下
坡路；此後再沒有一朝能和仁宣極盛時代相比；自此邊患不絕，套寇之入侵，邊墻之
修築，國家很少有安定的時期。

　　我們看宦官王振所以能急遽的走上握有丞相實權所謂無善治的道路，竟專政跋扈
不可制，固然『三楊』不能辭其咎；又如前文所述，若溯其遠因，乃明代開國後，明太
祖廢去丞相，定下不健全制度，到仁宣時『三楊』輔政內閣制度有了改變，於是皇帝見
內閣條旨批答而不必與廷臣面議。再加上『三楊』輔政時又解除明太祖對宦官不許識字

的禁令，公然設立內書堂，使宦官讀書，而司禮監中的秉筆隨堂太監，專掌章奏文書照內閣條旨批硃。宦官可以參預皇帝的批答，於是『秉筆之奄其尊侔於內閣』，甚至於高於內閣，因之給明代宦官握有丞相實權專政之禍，舖出一條平坦的大道。由於這個制度的形成，自宦官王振專政開始後，到天啓時宦官魏忠賢專政止，明代宦官僭越丞相實權之禍，層出不盡，竟造成中國史上明代宦官之禍，似不在漢唐以下。

　　本文在付印前，蒙勞貞一師賜閱和指敎，獲益良多，謹於此致虔

誠的謝忱。

太平天國的「都市公社」

陶　天　翼

　　在一年前看到中國共產黨推行人民公社的種種報導，使我有一個很模糊的觀念，就是中共的人民公社和太平天國的某些措施有極類似的地方。這個假設，經一年來的蒐集資料，文獻看得越多，結論就越趨明顯。不僅某些措施如此，太平天國各方面的措施和共黨集團的簡直大同小異。今天我們形容鐵幕後面的許多術語，用來加在太平天國，也眞是恰到好處。假如太平天國的這部份歷史重新整理出來，那麼近代的幾位大獨裁者得引洪秀全爲先進同志，而談到人民公社時，除法國的巴黎公社和蘇俄的戰時共產主義外，還得看看太平天國的先進經驗。卡爾馬克斯在一八四八年二月革命失敗以後，知道無產階級專政不得不寄望於來日，但是出乎意外，在東方的中國却產生了一個太平天國。這引起了他極大的興趣，先後發表過好幾篇評論，他說：「剛巧在全世界正處於寂靜狀態時，中國的革命開始鼓舞大家了」。(註一)又說：「將來促成歐洲起義的因素，目前天朝所進行的事件比現存的任何政治原因，更爲重要」。(註二)尤其在「國際概況」一書中講得更明白，他說：「穩固的中國就遇到了社會危機，而受着强力革命的威脅；而且這些反正的平民中，有些人曾指出貧富之分，曾要求根據他種原則把財產重新分配，曾要求完全消滅私有制。……就讓中國的社會主義和歐洲的社會主義相差吧，可是有一件事終究是值得我們高興的，就是世界最古老最堅固的帝國，已處於社會革新的前夕了。這種社會革新對於文明無論如何應有非常重大的結果。將來會有一天，我們歐洲的反動派向亞洲逃亡時，在中國的萬里長城或將碰到「

(註一)　馬克思資本論第一卷第52頁（一九五六年人民出版社），見馬克斯恩格斯論中國頁161（一九五七年人民出版社）。

(註二)　馬克思中國的和歐洲的革命（一八五三年六月十四日紐約每日論壇報），見馬克斯恩格斯論中國頁22.

中華共和國——自由平等博愛』』。（註一）馬克斯把太平天國稱爲中國的社會主義，下面試根據史料提出更具體的說明。

太平天國「都市公社」的背景

目前中共正在大力試辦都市公社，可是太平天國在百年以前的南京已經很澈底的推行過一次。和中共一樣，太平天國也是先把人民裹脅得無家可歸，不得不以公社爲家。

長毛從金田北出，一路燒殺焚掠，所到地方，裹脅壯丁婦孺，盡毀房屋，斷百姓反顧之心，焚掠一空，絕人衣食之源，同時置之死地，以死相迫。他們指所擄的百姓爲「妖」，是妖當斬，如果不是妖，要他們同去打江山（註二）這種裹脅的「擄人」辦法，是長毛一貫的政策。輔王楊輔清甚至下令說：「此次金陵解圍，須多擄百姓。文弱不堪打仗者，准以銀贖歸」。（註三）所以長毛的兵力像滾雪球一樣，每過一城就越滾越大。最初參與起義的只有四十人，上帝會敎徒在金田會聚以後竄至永安，裹脅日衆。至湖南道州，盡擄州人而行。除沿途逃亡者不計外，所得男女老幼三萬餘人，到長沙擴充爲十萬人，湘岳十五萬人，陷武昌又一次闔城爲俘，全軍達五十萬人，沿長江順流東下至安慶達七十萬人，到江寧第三次闔城爲俘，再加上鎮江揚州新擄男丁，達百八十萬人，婦女三十萬人。建都江寧以後，復分股四出，聲勢之盛，已達三百多萬（註四）。而且三百萬人被迫奉獻其所有的一切，形成一股瘋狂的力量。

榨取人力物力的辦法，就是拆散家庭，劃除私有觀念最基本的根源。最初在金田團營時加入的人，都擧家而來，洪秀全就立刻把家眷分開，男女分別集中居住，母子夫婦都被隔離。同時特別強調分別男女，嚴禁姦淫，切戒女色，犯者稱犯天條。金田時天王詔旨第二項說：「別男行女行」。（註五）到永安，天王又下詔旨：「通軍大小男女

（註一）　馬克思與恩格斯國際概況（馬克斯恩格斯全集俄文第一版第八卷第 210-211頁），見馬克斯恩格斯論中國頁 161-162.

（註二）　張德堅賊情彙纂，見太平天國三册頁44, 273, 293, 296, 326。太平天國一書係「中國史學會」主編，「神州國光社」出版「中國近代史資料叢刊」之第二種，以下簡稱太平天國幾册幾頁，不再詳列全名。

（註三）　李圭思痛記，見太平天國四册頁 471.

（註四）　（ａ）漫浮道人金陵雜記，見太平天國四册頁611.（ｂ）賊情彙纂，見太平天國三册頁 296, 287.

（註五）　天命詔旨書，見太平天國一册頁 63.

兵將，千祈遵天條，茲特詔令各軍各頭領務宜時時嚴查軍中有犯第七條否。如有犯第七天條者，一經查出，立卽嚴拿斬首示衆，決無寬赦」。(註一)韋昌輝石達開二王又誨諭官兵良民切勿干犯規條，其中第一項說：「男行女行最宜分別，間有官兵僱請洗衣縫補者，旣已私相授受，難免眉目傳情，不可不防微杜漸，以做歪風。嗣後如有官兵僱請民婦洗衣縫紉，概斬不留」。第二項說：「娼妓最宜禁絕，倘有習於邪行，官兵民人私行宿娼，不遵條規，當娼者闔家剿洗，明知故犯者斬首不留」。(註二)僱請民婦洗衣卽有死罪，這種對男女之禁的防範，可以說是做到極頂了。同時在原道救世歌、天條詩、十誡、千字詔、太平詔書等天朝對軍民施行思想敎育的文獻裏，處處可以看到特別強調嚴別男女的戒條。例如：「第一不正淫爲首」。(註三)又如「別樣或留邪無留，天條犯七定斬頭」。(註四)第七天條就是十欵中的第七項：「不好奸邪淫亂。天堂子女，男有男行，女有女行，不得混雜。凡男人女人奸淫者，名爲變怪，最大犯天條」。(註五)根據民間的記載，長毛確實嚴格做到「賊禁奸淫其嚴，其黨皆不敢犯」的程度。所以婦女「無逼迫難巳之情，無激烈可傳之行」，「閨秀得以自貞」。(註六)甚至連夫婦相處，也被指爲奸。禁律中就有一條，凡夫妻私犯天條者，男女皆斬。(註七)男子去探望母親妻子，只能在門外相距數步大聲問答，不准入女館。否則輕枷重殺。(註八)天情道理書告誡全軍兄弟姊妹：「有梁郭漆同其妻子韋大妹，不遵天誡，屢次私行好合，……所有不遵天令夫婦私自團聚者，無不被天父指出奉行天法」。(註九)太平軍中位僅次於五王的十侯中就有兩侯因夫婦自圖苟合，而一被革職爲奴，一被斬首示衆。(註一〇)

(註一) 天命詔旨書，見太平天國一册頁 68.

(註二) 賊情彙纂，見太平天國三册頁 225.

(註三) 原道救世歌，見太平天國一册頁 382.

(註四) 天父詩，見太平天國一册頁 487.

(註五) 天條書，見太平天國一册頁 79.

(註六) （a）張汝南金陵省難紀略，見太平天國四册頁698.（b）謝介鶴金陵癸甲紀事略「……逆賊逼奪民女則不犯……」，見太平天國四册頁 653.

(註七) （a）金陵癸甲紀事略，見太平天國四册頁 653.（b）賊情彙纂，見太平天國三册頁 231.

(註八) （a）金陵省難紀略，見太平天國四册頁 715.（b）天情道理書，見太平天國一册頁 384.

(註九) 天情道理書，見太平天國一册頁 389.

(註一〇) （a）金陵雜記，見太平天國四册頁 639.（b）賊情彙纂，見太平天國三册頁 54, 72, 313.

郥連西王韋昌輝父母，也因犯了這一條而被東王西王議決處死。(註一)西王父母尚且如此，其他慘死於這一天條之下的自更數不勝數了。可是全軍三百萬人中，五王却獨例外，不受約束。這就是說，只有五王可以有家室子女，其他卽使侯或丞相，也不許和婦女同處。(註二)例如：天官丞相陳承瑢的天官正丞相衙內住着就不止他一個人，另有秋官丞相陳宗揚，恩賞丞相殿左七檢點蒙得恩殿右十三檢點林某同住一處。夏官丞相衙內同住者亦有檢點指揮侍衛等五六人。(註三)

　　家庭被拆散以後，每一個人就被納入嚴密的組織，集體生活，集體工作，而最嚴密的組織是軍事編制，一切以兵法部勒，要求絕對的服從。太平軍典型編制是每軍置總制監軍各一，其次是軍帥一人，一個軍帥轄五個師帥，一個師帥轄五個旅帥，一個旅帥轄五個卒長，一個卒長轄四個兩司馬，一個兩司馬轄四個伍長，一個伍長轄四個伍卒。一軍合官卒共一萬三千一百五十五人，而以兩司馬爲重要的基層單位。(註四)這種軍事編制，適用於太平天國治下的各種組織。但女營水營等間有變通。(註五)總之整個太平天國就是一個大軍營，每一個人都逃不過長毛嚴密的控制。然後再在這嚴密的控制下，就各人的所長分配工作，集中勞動，於是乃能澈底利用三百萬人的每一滴血汗。

　　其次談到物資。太平軍澈底做到了全軍三百萬人的一切財物完全歸公。「天朝田畝制度」裏說：「凡二十五家中設國庫一，所有婚娶彌月喜事俱用國庫，但有限式，不得多用一錢……收成時兩司馬督伍長，除足其二十五家每人所食接新穀外，餘歸國庫。凡麥豆、苧蔴、布帛、鷄犬各物及銀錢亦然。」(註六)這是天朝建國的最高理想，雖然並未全面推行，但是在太平軍中却實行了一套澈底的廢除私有財產生活全部供給的制度。金田起義時確立聖庫制，參加的人一切財物歸入聖庫，給用也取諸聖庫。同時

(註一)　金陵癸甲紀事略，見太平天國四册頁 668.

(註二)　金陵雜記，見太平天國四册頁 624.

(註三)　金陵雜記，見太平天國四册頁 630.

(註四)　（a）天朝田畝制度，見太平天國一册頁325.（b）賊情彙纂，見太平天國三册頁 106, 107, 81, 82.

(註五)　（a）土營水營及其他匠營的編制請參考賊情彙纂，見太平天國三册頁 138, 139, 141.（b）女營編制請參考賊情彙纂，見太平天國三册頁 110.

(註六)　天朝田畝制度，見太平天國一册頁 322.

澈底嚴禁私藏。「定營規十要」第四條：「不得隱匿金銀器飾。」(註一)永安時天王下詔：
「一切殺妖取城所得金寶綢帛寶物等項，不得私藏，盡繳歸天朝聖庫，逆者議罪」。(註二)
到長沙時，更明定「倘再私藏私帶一經察出斬首示衆」。(註三)有關條文見諸種種文獻，
(註四)據當時人的記載，凡私藏錢十文，銀五兩，金一兩者，皆有死罪。(註五)洪楊對管
理財物的典官防範更嚴，禁律中明文規定：「凡典聖庫聖糧及各典官，如有藏匿盜賣
等弊卽屬反草變妖，卽治以點天燈之罪」。(註六)點天燈是最殘酷的一種死刑，因犯藏
私而見殺的爲數很多。茲舉數例：「去夏有僞疏附監軍某賊船過桐城宗鎮，行刼典舖，
搶得銀錢，自行俵分。因窩內分贓不匀，在江西爲首逆賴漢英知悉，密信來寧知照，
俟此賊回省將其斬首，以其搶得銀錢私入肥己也」。(註七)「賊僞典金官率衆出城……僞
守城官疑搜其身，各懷金數百，乃鎖白東賊，閉城搜各僞典官衙，凡有金者鎖入貢
院。……殺打金匠及各僞衙二百餘人」。(註八)「九月十八日午後來砲船十四號……中元
橋有人買長髮船上貨物，係水手私賣。頭子得知，卽行殺却，抛屍於河」。(註九)英國
軍官吳士禮訪問天京時幾次以金錢私行賞給擡行李的工人，當時雖無頭目在場，但他
們都不敢接受，因爲怕被發覺，卽是死罪」。(註一〇)在刀槍之下，洪揚使三百萬人做
到「人人不受私，物物歸上主，則主有所運用」。(註一一)「物物歸上主」就是物資澈底
被洪揚所有。「主有所運用」就是洪楊能隨心所欲，任意使用。

　　爲達到一個政治目的而要求人民作最大的犧牲，是極權政治共有的特色，太平天
國也不例外，而且做得更趨極端。文獻中很清楚的表示了洪楊確立這套制度的動機，

(註一)　太平條規，見太平天國一册頁 155.

(註二)　天命詔旨書，見太平天國一册頁 65.

(註三)　天命詔旨書，見太平天國一册頁 69.

(註四)　私藏死罪一條請參閱賊情彙纂，見太平天國三册頁 108, 229, 231, 268.

(註五)　(a)金陵雜記，見太平天國四册頁 636. (b)金陵省難紀略，見太平天國四册頁 715.

(註六)　賊情彙纂，見太平天國三册頁 230.

(註七)　金陵雜記，見太平天國四册頁 633.

(註八)　金陵癸甲紀事略，見太平天國四册頁 665.

(註九)　知非著吳江庚辛紀事，記吳江咸豐十年十一年故事，見一九五五年二月，近代史資料第一期。

(註一〇)　吳士禮 (G. L. Wolseley) 著簡又文譯太平天國天京觀察記。

(註一一)　天朝田畝制度，見太平天國一册頁 322.

在要求兄弟放棄財物。詔令說：「現身着衣僅替換，……金寶包袱在所綏，脫盡凡情頂高天，各做忠臣勞馬汗」。(註一)「所得金寶綢帛寶物等項不得私藏，各宜爲公莫爲私」。(註二)在要求兄弟拋棄父母妻子的時候說：「兄弟荷蒙天父化醒心腸，早日投營扶主，多有父母妻子伯叔兄弟舉家齊來，固宜侍奉父母，但當創業之初必有國而後有家，先公而後私……故必男有男行，女有女行」。「海宇澄清，江山一統，我們弟妹，家室團聚，骨肉重圓」。(註三)所以洪楊苛求每一個人「只知有主，不知有身……致身事君，無忝爲臣」。(註四)拋棄身外的一切，光着一個身體，就連這個身體也不能屬於自己，得捨命爲洪楊去「打江山」「立萬萬年之基業」。(註五)

太平天國在南京

太平天國佔領南京先後十一年，這十一年在都市公社的歷史中，具有重大的意義，前此長毛大量的裹脅人民，隨着太平軍流竄各處，這對於社會還沒有太深的影響，但是當長毛定都南京，改名爲天京，把全城的百姓從家裏趕出，推行了一套史無前例的制度，整個社會組織被連根拔起，一切人與人之間的關係也隨而改觀。那次嘗試，我們可以很妥當的給它取個名稱，叫做太平天國的「都市公社」。現在我們根據上面所提出的人力物力兩個線索就南京情形加以說明。

首先我們必須先決定一個問題——南京是否是整個城的家庭全被破壞，全部百姓都被強迫隨營，下面是幾段值得參考的文獻：

「金陵雜記」：「金陵破城之後，欲將闔城之人皆脅爲賊兵，於是東躱西避，直無處藏身。……令闔城男女分別住館，不准私藏在家，東避西趨，無法安身。當三月間大雨之時，縱令羣賊將南門一帶人家婦女趕逐出城，其時跳河投塘者不計其數。賊目又假作仁慈，令其追回，分住女館」。(註六)

(註一)　天命詔旨書，見太平天國一冊頁 68.

(註二)　天命詔旨書，見太平天國一冊頁 65.

(註三)　天情道理書，見太平天國一冊頁 375, 384.

(註四)　太平救世歌，見太平天國一冊頁 245, 247.

(註五)　天情道理書，見太平天國一冊頁 374.

(註六)　金陵雜記，見太平天國四冊頁 621, 622.

「金陵癸甲紀事略」：「賊初入城……壯者則拖去爲聽使……幼童則搶去爲假子，……其時老病置弗問，惟不使男子歸已家，歸則謂與女子私犯天條，當殺，於是男子先分館聚處……男館旣立，賊又趕女子出，不准私住。於是扶老携幼，背行李，悽惶道路，得間投河者無算。賊驅之東，復驅之西，不得哭，哭則爲妖，非鞭卽殺。越日乃分前後左右中五軍女館。……其夫與子尋踪至，雖見而不敢交一言，言則違犯天條，以此受杖及死者甚夥。其時城北幽僻之地尚有百姓潛伏，賊以搜物至其處，乃驚散男子，驅女子赴水漢西門盡殺之」。(註一)

「張繼庚遺稿」：「賊入城後，無論老弱強壯皆迫爲聖兵，無論金銀衣服皆擄入聖庫。又分男女爲二館名爲男營女營。……其不願當兵以及不分館者全殺。以故死者又萬餘人」。「二月十六日賊至，驅迫庚與令親沈姓劉姓者爲聖兵，通街無一免者。……迎年伯母等併屋同住，庚晝則隱於深山，夜始回宅，一月之久，竟未被獲。至三月十九日，賊搜山始被擄去，然女館猶幸無女賊監督也。因照應不便，遂盡室移至漢西門友人處。十日之間，五次播遷。不意二十九日忽被搜查女館，趕散家眷，尋至兩日，始遇家母於右七軍女軍中又遇年伯母於後二軍女軍中。館住虹橋，去庚眷一里有奇，復當迎年伯母同去同住，竟爲女軍所遇，彼此皆不能行」。(註二)

「金陵省難紀略」：「少頃，又傳男行女行之令，男女分館，驅迫卽行，見人家小兒搶去作義子，名曰帶崽。於是父母弟兄妻子立刻離散，家業頓抛，有請緩頰至來日遵行者，遂於夜間或闔室焚燒，或全家自縊，或近河塘牽連投水，紛紛無數。數百萬生靈城初破死者蓋已不下數十萬矣。……次日分拆男女愈急……(婦女)有隱於僻巷未入館者，巡查搜出，近南逐出南門，近北者逐出神策門，婦女見其勢凶惡，刀鞭齊下，懼爲滿婦之續，紛投城濠，死者無數，北賊聞之，傳令勿逐，令歸女館」。(註三)

「賊情彙纂」：「其陷武昌江寧，自好者多伏匿不肯從賊，遂傳令闔城百姓赴何處聽講道理，給予外小腰牌，准其爲民。如一名不到，身無腰牌，見卽斬首。百姓私幸可爲外小，懼無腰牌被殺，無不爭赴。其時數賊目高坐台上，僞言曰『凡外小各報姓

(註一)　金陵癸甲事略，見太平天國四册頁 651, 652.

(註二)　張繼庚遺稿，見太平天國四册頁 760, 761.

(註三)　金陵省難紀略，見太平天國四册頁 695.

名，令先生記簿，按名散給腰牌』。當報名給牌之時，賊又曰『如得腰牌先走者立
斬』。其時已殺一二人，橫屍地下。賊復肆言曰：『天王列王皆天父差下凡間，爲太平
眞主，乃埋（賊中以此二字作救字解）世人，爾等早該投營效力，還待鳴鑼傳集，可
見都是妖魔，本當全殺，姑念俱來聽講，從此要敬拜上帝，練習天情，頂天報國。爾
新封兩司馬五百人，各領二十五人歸館。如一名違拗立卽斬首，此等本是應殺之人，
天父開恩暫留，倘不知悔罪，犯令變妖，定斬不留』。講道理既畢，台下萬人數千人
面面相覷，俯首而隨僞司馬歸館。」(註一)

　　最有力的證據，是東王楊秀淸自己的招供，他在一篇誥諭裏說：「直搗建業，城
破之日……仰承天意，分爲男行女行，不過暫時分離，將來罪隷誅鋤，仍然完聚。在
爾民人以爲蕩我家資離我骨肉，財物爲之一空，妻帑爲之盡散，嗟怨之聲，至今未
息」。(註二)(註三)

　　根據上述幾種記載，我們知道南京失陷以後，最初是脅迫男子隨營，其次是成立女
營，最後全城沒有一戶民家。最初女館還無女長毛管理，各人可以自由住館，自由遷
徙，後期每館設立門牌，每月造名冊送詔書衙，嚴禁過館（遷移他館）(註四)禁律甚至規
定：「外宿別館者斬」。(註五)出城必須持有關憑，才能通行。(註六)行動完全失却自由。
而且初期家眷還能聚居一館，不久就被趕散，一家有十人，必被分住十館，(註七)從此
骨肉離散，甚至永遠失了聯絡。例如：「虎穴生還記」作者就和他兄弟同時被擄，下船
時目送其弟被驅而南，從此不復相見。(註八)又一次東王府下令：「凡姊妹須赴小營聽

(註一)　賊情彙纂，見太平天國三冊頁 266.
(註二)　甲寅四年四月東王誥諭，見開明版太平天國史料頁 133-134.
(註三)　關於南京分別男女，李秀成供狀內有一段值得注意的記載：「……將南京城內男女分別男行女行……
　　　　願隨營者隨營，不願隨營者各歸民家，出城門去者准手力拏，不准擔挑，婦女亦同，……安民者出一
　　　　嚴令，凡安民家安民，何官何兵無令敢入民房者斬不赦……」(見羅爾綱著忠王李秀成自傳原稿箋證
　　　　頁67, 68. 中華書局出版)。根據忠王供辭，南京分男行女行採取自願的方式，而且城內仍有民家，和
　　　　上文所述各種記載顯有出入，此處固且存疑，有待更多史料的佐證。
(註四)　(a)金陵癸甲紀事略，見太平天國四冊頁 655. (b)賊情彙纂，見太平天國三冊頁238之門牌式。
(註五)　賊情彙纂，見太平天國三冊頁 228, 213.
(註六)　金陵癸甲紀事略，見太平天國四冊頁 656.
(註七)　賊情彙纂，見太平天國三冊頁 301.
(註八)　虎穴生還記，見太平天國六冊頁 732.

講道理，到場後令分立四處，有夫與子在城內者立黃旗下，其夫與子打前鋒遠出者立紅旗下，孀婦處女立白旗下，其夫與子變妖逃走者立黑旗下。其時……黑旗下亦有一二千人」。(註一)那時候「有子有孫不能顧，有父有兄不同住，起居飲食各自謀，疾痛苛癢向誰訴，膠庠朋友如寇讎，桑梓情親如陌路」。(註二)一家骨肉被驅散後，洪楊就進一步把他們嚴密的組織起來，放在最嚴密的軍事組織之下，以兵法部勒，要求絕對的服從，然後分配工作，集體勞動。

太平天國「都市公社」的人力控制

壯年男子最倒霉的是被迫爲「聖兵」而四出打仗，男子被裹脅以後，稱爲新兄弟，聚二十餘人爲一館，兩司馬轄之，兩司馬皆湖南北人，由兩司馬至軍帥，是長毛正規的陸營編制，館中五十歲以上，二十歲以下爲牌尾，少壯爲牌面，牌尾留館煑飯打更放馬割草，壯者役使運糧搬物。自十七日北王進城後，下令各軍壯丁出城紮營。十九日，東王楊秀淸進城，便有驅新兄弟入寇鎮江、楊州之說，人皆惶惶求死不得。二月二十七日向榮兵到孝陵衞長毛驅新兄弟出戰，死者甚衆。後驅至楊州，渡黃河死者數十萬，皆湖北、安慶、江寧、等處人。(註三)

第二類男丁是擄去當「聽使」。天朝各種官吏名目繁多，佔民房居住，名曰「打館」，擄人服役多曰聽使，聽使人數多少，視其官事繁簡而定，不必立刻參加作戰，大兵壓境，方出城抵禦。(註四)

第三類男子的去處是天朝制度上很大的一個特色。原來天朝依工作性質成立各種生產團體稱爲「衙」「營」，擄各種匠人分隸各館，由各種典官役使。長毛宣稱：對所擄之人是因材任使，令百工歸行，各效其職，可免兵役。(註五)例如識字讀書的人悉令前赴詔書衙報名，藏匿者斬。然後分赴各館爲書使、書手，稱爲先生。(註六)先生在館內

(註一)　金陵癸甲紀事略，見太平天國四册頁 664.

(註二)　金陵癸甲新樂府，見太平天國四册頁 732.

(註三)　金陵省難紀略，見太平天國四册頁 695, 696, 697.

(註四)　金陵省難紀略，見太平天國四册頁 696.

(註五)　(a)金陵雜記，見太平天國四册頁624.(b)賊情彙纂，見太平天國三册頁 117, 139, 300, 301.

(註六)　(a)金陵癸甲紀事略，見太平天國四册頁654.(b)金陵省難紀略，見太平天國四册頁 696.

頗受尊重。擄得先生，長毛相互道喜，住則揀淸淨寢處，食與館主並坐，而且半年間就能封官作事，常有不次陞遷。(註一)例如揚州閔姓初司筆墨，後爲天王賞識，升爲又副丞相。黨氏初任抬水，後爲秦日綱和陳玉成所重用。(註二)但是對先生防範也特別緊嚴。各處醫生也被一網打盡，分派於朝內軍中各地服務，每月朔望必須至督內醫黃惟悅處點名。醫官名目繁多，增封無定員，品級也無定制，其中位尊者有殿前國醫一人，封眞忠報國補天侯，屬官極多。其他如職同指揮的天朝內醫四人，天朝掌醫（主治外科）四人。職同將軍的內醫四人。職同總制的內醫七人。職同監軍的內醫七人。又有各軍內醫四人，職同總制。各軍內醫十四人，職同軍帥。恩賞檢點督醫將軍一人，掌醫二十五人，職同總制。留朝內診脈醫生九人，分設各街道醫生六十人，並職同軍帥。另設朝內拯危急一人，職同將軍。各軍拯危急，職同監軍。屬官無數，皆治外科，主療受傷之人。太平軍中對將士病者醫治甚勤，藥餌無缺，左右常有服役之人。將士受傷，官稱「能將」，兵稱「能人」，由「功臣衙」收容，由「理能人」照顧。理能人無定額。大小藥店均被封閉，由內醫專管，設有總藥庫在紅紙廊大街。(註三)

　　至於其他各種百工技藝，凡有一技之長紛紛編入各種匠營及百工衙。百工衙各匠營之名稱和職司羅爾綱在「天朝田畝制度的實施問題」一文中曾經詳細論及。(註四)木營之木工，擔任建屋。(註五)土營之水泥匠，協同木營擔任土木工作。(註六)金匠營之金銀首飾匠擔任打造金銀器皿，織營之織機匠，擔任織綢緞布疋。(註七)金韄營之韄匠擔

(註一)　（a）虎穴生還記，見太平天國六冊頁732, 733, 741.（b）賊情彙纂，見太平天國三冊頁 304.

(註二)　揚州張豹屛先生及江都王翰翔先生筆述，見周邨太平軍在揚州頁 41, 48.

(註三)　有關醫官諸文獻請參閱（a）賊情彙纂，見太平天國三冊頁 301, 105.（b）金陵雜記，見太平天國四冊頁 616, 681.（c）金陵癸甲紀事略，見太平天國四冊頁 681.

(註四)　有關工衙匠營的文獻請參閱（a）賊情彙纂僞官制，見太平天國三冊頁 101, 102, 138.（b）金陵雜記僞典官名目，見太平天國四冊頁 613-622.（c）金陵省難紀略賊僞官名，見太平天國四冊頁 708, 709.

(註五)　賊情彙纂，見太平天國三冊頁 61, 139.

(註六)　有關土營文獻請參閱（a）賊情彙纂，見太平天國三冊頁138.（b）金陵雜記，見太平天國四冊頁616.（c）張繼庚遺稿，見太平天國四冊頁 765.

(註七)　（a）金陵癸甲紀事略，見太平天國四冊頁653.（b）金陵雜記，見太平天國四冊頁618.（c）賊情彙纂，見太平天國三冊頁 62, 697.

任製鞋。(註一)繡錦營之畫士男繡匠擔任刺繡和繪畫。(註二)鐫刻營之刻字匠，擔任彫刻詔旨書籍木戳。其他如柴薪衙之由城外供應柴薪。(註三)舂人衙之糧食加工，宰夫衙之養宰牲畜，漿人衙之供應作料小菜收發醬醋，茶心衙之供應糕餅，天茶衙之供應茶葉，豆腐衙製造豆腐，醢人衙製醢，菜園之種菜(註四)典織衙織造絲緞，縫衣衙縫紉衣服，國帽衙製造冠帽，金靴衙製造鞋，梳篦衙製造梳篦，典粧衙供應宮闈脂粉，雜行供應花粉繡線，染行之染工(註五)典木衙經營建築，典油漆匠經營油漆，整輿衙製造轎輿，金龍船衙製造船隻，典天馬專管牧馬，典銅衙製造銅器，典竹衙製造竹器，典石衙製造石器，洋遮衙製造洋傘，鐘錶衙修理鐘錶，風琴衙修理八音盒，典玉局彫刻玉器，鑄錢衙管理鑄錢，刷書衙印刷書籍告示，結彩衙，掛燈結彩，典礮衙製造銅礮，鉛碼衙鑄造鉛彈，典硝衙煎熬硝磺，紅粉衙製造火藥，典鐵衙製造兵器鐵器，戰船衙製造戰船，弓箭衙製造弓箭，旗幟衙製造旗幟，典花衙培植花木，天鳥衙、天獸衙馴養鳥獸，掩埋館埋葬屍體，水龍館救火，功臣衙柢危急之護理傷患，總藥庫之管理藥材。以上所提到的種種匠營，僅僅限於今日文獻可考者，實際上應該遠不止此數。例如金陵雜記說：「另設五十九行匠作製造雜貨，爲僞典粧官」(註六)這五十九行匠作就無從查考。這樣把各類工匠集中一起，從事生產，確實發生了工作效率。「賊情彙纂」在介紹時說：「使被脅百工技藝各有所歸，各效其職役。凡軍中所需咄嗟立辦。」又說：「各儲其材，各利其器，凡有所需，無不如意」。(註七)這種制度，我們可以稱它是早期的國營工場。

年幼的一代：有關嬰孩的記載極少。在一書裏有一段故事說：天京一度盛傳長毛將令女子出城，除有夫與子在城內者以外，其餘將遭殺戮。因此闔城騷動，自殺殺

(註一) 賊情彙纂，見太平天國三册頁 138.

(註二) 繡錦營之匠人賊情彙纂作「男繡匠」，見太平天國三册頁136. 而金陵雜記作「畫士」，見太平天國四册頁 619. 一畫一繡，兩者恐兼而有之。

(註三) 金陵省難紀略，見太平天國四册頁 700.

(註四) （a）金陵雜記，見太平天國四册頁 622. （b）金陵癸甲紀事略，見太平天國四册頁 654.

(註五) 金陵省難紀略，見太平天國四册頁 699.

(註六) 金陵雜記，見太平天國四册頁 618.

(註七) 賊情彙纂，見太平天國三册頁 117, 139.

嬰孩者四五百人。(註一)根據這段文獻，我們可以肯定那時嬰孩是由母親隨身帶在女營的。至於年齡稍長的幼童和未成年的少年，在男館稱爲牌尾，擔任打掃放馬等雜役。有的隨父住館。例如湖北宋姓書吏因館主典砲將軍李俊昌性殘酷毒打其幼子，因此一怒遷往天官丞相處。(註二)但是極大多數的子弟皆被老兄弟擄去作爲義子。長毛最愛幼童，雖然戒律中對擄人子弟定爲斬罪，但是相習成風。(註三)最初是見了就擄，後來是逐館搜索，五、六歲的幼童必被擄去，十一歲至十六歲的亦無不擄盡。孩童追隨長毛作爲義子，呼爲「公子」「小大人」，生得不夠聰明伶俐的由散卒扶養，稱爲「老弟」。侍候各王的稱爲「僕射」，侍候侯相以下的稱爲「伺」。長毛對下一代的教育眞做到靑出於藍而勝於藍。孩童都久而與之俱化，以長毛伍中爲樂土，效其所爲。例如有二孩子被擄數月後，隨長毛過鄰村，鄰居告以父母思子殷切，何不歸省雙親。童子瞪目曰：「你少說妖話，我父母打我罵我，敎我讀書，回家何爲！此中甚樂。我父親（此指義父）是檢點，比學院（此指生父）大多矣。」因此孩童未有能自拔者。有父兄同時被擄，父兄有心逃亡，能携孩童同逃者千萬中僅一二而已。而且孩童殘忍暴虐比長毛更甚。臨陣攻城，用童子爲先鋒，以童子不畏死，無不以號叫跳躍爲樂。陷城以童子爲前驅，入人家搜刮，攀高入暗，志在必得。焚廟宇毀神像，童子最樂爲。屠殺人民搒掠婦女，童子又愛見觳觫之狀，喜聞呼號之聲。盤獲逃人間諜，非刑拷打，童子駁詰最刻。本館搜洋烟犯天條犯令各事，童子亦最認眞。他們因爲久經戰鬥，無所掛念，且受長毛恩育，所以一心事之，雖死不悔，臨陣奮勇，無不以一當十。(註四)「賊情彙纂」「劇賊事略」對天朝後期的柱石陳玉成的介紹，就說當時是十九歲，任殿右三十檢點，嗜殺凶惡，自廣西至江寧，未與軍事，以其年幼。甲寅帶五百人，縋城而上，陷武昌，居首功。攻城陷陣，捨死苦戰，是賊中最可恨者。(註五)陳玉成就是長毛下一代的代表人

(註一)　金陵癸甲紀事略，見太平天國四册頁 664.

(註二)　金陵癸甲紀事略附錄，金陵癸甲摭談補，見太平天國四册頁 681.

(註三)　賊情彙纂，見太平天國三册頁 228.

(註四)　有關長毛擄童子的記載，請參閱(a)賊情彙纂，見太平天國三册頁 300, 307. (b)金陵雜記，見太平天國四册頁 623, 624. (c)金陵癸甲紀事略，見太平天國四册頁651. (d)金陵省難紀略，見太平天國四册頁 695.

(註五)　賊情彙纂，見太平天國三册頁 66.

物。共產國家的少年先鋒隊亦不過如此。

　　衰老的一輩：老年人是最慘的一輩，從家裏被趕出以後，失掉了唯一的依靠，既老且病，孤苦無援。六十以上可免打仗，住在各館的稱爲牌尾，擔任打掃放馬等雜役。無館可歸的不另處置，任意殺害。巡查周才大湖南人，請立老民殘廢館，東北兩城設數十館，每館二十五人，自舉一館長，並無長毛老兄弟雜處，每日以拾字紙打掃街道爲事。不久闔城皆有此館，約三千人，逐日發米，每人三四兩。後來長毛知道此館有人藏匿，而且欲老弱者也擔任勞役，老人乃紛紛逃散，所剩的或拉上城頭守城，或擔任拆除西華門城頭和各處廟宇搬運磚石。那些老民館，與中共公社的「幸福院」，沒有太大的分別。(註一)

　　婦女：婦女被迫集中居住於姊妹館，無論老少呼曰新姊妹。聚二十餘人爲一館，由廣西女人老姊妹管轄。(註二)所謂「無論老少」，是說女子不論老幼，全集中在姊妹館，沒有專爲老年婦女設立的「牌尾館」，也沒有長毛擄女孩作爲己有的記載。姊妹館住處甚多，城北由蓮花橋洪武街一帶到花牌樓門樓橋等處；城南在南門大街以至內橋，城東在石橋新廊，武定橋、石壩街……城西在三山街坊口以至陡門橋糯米巷安品街……皆比屋而居，謂之女營。分前後左右中爲五軍，後擴充爲四十軍。(註三)女軍共有十萬人。女營的組織和正規的編制稍有差異。「賊情彙纂」「僞女官」一節說：「女總制軍各一人，女監軍如之。女軍帥統女卒長（一名百長），卒長領四兩司馬，一兩司馬管二十五人。……女營無師帥旅帥，以兩司馬管之，卒長領之，悉隸於監軍總制」。每軍另有女巡查，由廣西男長毛擔任，責權甚重。(註四)婦女一入女營，嚴禁男子入探，夫婦母子止於館外遙相對語。初立女館時，有子在館前探母，爲官所見，輒

(註一)　有關老人的記載請參閱(a)金陵雜記，見太平天國四冊頁 621, 622. (b)金陵癸甲紀事略，見太平天國四冊頁 653, 655. (c)金陵省難紀略，見太平天國四冊頁 717.

(註二)　有關女營的記載請參閱(a)金陵雜記，見太平天國四冊頁 622, 623. (b)金陵癸甲紀事略，見太平天國四冊頁 652. (c)金陵省難紀略，見太平天國四冊頁 695.

(註三)　有關女營人數的記載不一，請參閱(a)金陵省難紀略，見太平天國四冊頁695. (b)金陵雜記，見太平天國四冊頁 619, 623. (c)賊情彙纂，見太平天國三冊頁 310.

(註四)　有關女營組織的記載，請參閱(a)賊情彙纂，見太平天國三冊頁110. (b)金陵省難紀略，見太平天國四冊頁 695. (c)金陵雜記，見太平天國四冊頁 622, 623.

加枷責，誣有姦情。(註一)婦女中有美色者，別立一冊，選入王府。(註二)識字的開女科取士，還入東王府，充任女簿書，主管批答，例如女狀元傅善祥。(註三)會女紅者編入繡錦營。(註四)至於其餘的婦女，悉令放脚劈竹挑磚，負米開溝，肩米負炭，無事不做，稍不如意，輒鞭撻之。例如女官驅女子背米鹽入倉，着童子執鞭驅打，謂之「把卡」。興建天王府，又着女官分領女子萬人抬磚挖溝，每日黎明出黃昏返。天朝宮殿萬人牛載方成。江南江北大營立，長毛急建工事，又使女子兩萬，每日出城開挖濠溝，送竹簽子。東門內外麥熟，又使女子割麥。南京糧荒，又趕女子八九萬出城割稻。甚至東王府山下方池開成，夜半傳令各女館立刻挑水傾於池內，婦女奔走竟夜。(註五)戰局最緊急時，北王府擊鼓七通，姊妹亦須上陣。(註六)加上長毛還累減口糧，每人一日不過二三合，不能一飽。家中有男丁，在城者私自接濟，雖必被枷責，但尚可暗中照應，私送米荣，倘無人照應，性命多難保全。癸丑五月，每人給米四兩，只許吃粥。(註七)因此江南小脚的閨女在這人間地獄裏死亡的，據「金陵雜記」記載，自「去春夏至今約有萬餘」。(註八)但是洪楊對女子的不可用，還大失所望，他們解放婦女勞動力的運動做得雖然澈底，效果終究不如理想。

　　總結上述，整個南京城沒有一戶民家，全體居民重新組織，集體工作，集體生活，而且每個人一無所有，連自己的身體也不能屬於自己，活着只為工作，工作但求活命。勞力是最賤的資本，洪楊能取用不竭。一件工作一動員就是滿山遍野，成千累萬的人。這是一個大的軍營，一個螞蟻王國。太平天國和今日中共走的是同一道路。

(註一)　（a）金陵雜記，見太平天國四冊頁 623.（b）金陵省難紀略，見太平天國四冊頁 695.
(註二)　（a）賊情彙纂，見太平天國三冊頁 111, 267.（b）金陵省難紀略，見太平天國四冊頁 721.
(註三)　金陵癸甲紀事略，見太平天國四冊頁 663, 667.
(註四)　賊情彙纂，見太平天國三冊頁 111.
(註五)　有關女營勞役之記載，請參閱（a）天父下凡詔書，見太平天國一冊頁 50.（b）賊情彙纂，見太平天國三冊頁 111, 164.（c）金陵省難紀略，見太平天國四冊頁 705, 706.（d）金陵癸甲紀事略，見太平天國四冊頁 681, 654, 656.（e）金陵雜記，見太平天國四冊頁622.（f）金陵癸甲新樂府，見太平天國四冊頁 730, 731.
(註六)　金陵雜記，見太平天國四冊頁 632.
(註七)　（a）賊情彙纂，見太平天國三冊頁111.（b）金陵雜記，見太平天國四冊 623.
(註八)　金陵雜記，見太平天國四冊頁 623.

太平天國「都市公社」的經濟控制

以上敍述太平天國「都市公社」關於人力控制的情形，以下再寫經濟控制的情形。

南京整個城沒有一戶民家，當然更沒有私人的經濟活動。一切經濟活動，全由政府壟斷。一切財物都歸天父所有。天朝的經濟政策，可以分三方面來敍述：一是天朝田畝制度所提供的理想，主張不分男女，計口授田，這是土地國有，平均地權。每廿五家由兩司馬監督生產，收成除二十五家一年所食者外，其餘都歸國庫。一切麥布雞犬各物和銀錢也同一辦法。所謂「人人不受私，物物歸上主，主有所運用，天下大家處處平均，人人飽煖」。這帶有很濃厚的共產色彩。二是天朝在佔領區內所推行的政策。天朝因爲種種原因，並不能完全推行上敍理想，事實上它不得不承認私有財產制，士農工商各安生業，甚至它保護地主的利益，幫助地主追田租房租，並以擄掠進貢科派賦稅關權交易等作爲它主要的財源。三是長毛在自己的組織內澈底廢除私有制，一切財物歸公，生活全面供給。後來又把這個制度推行於南京全城，成爲太平天國「都市公社」的特色。

南京百姓從家裏被掃地出門，分入各館時，隨身究竟能帶多少東西？金陵癸甲紀事略說：「機匠旣多，傳僞令，每館要數人出城抬米，及出悉脅使上船至江西。先是稍有資者用銀買入爲機匠，匿勿出，於是搜機匠，並搜銀錢衣物」。(註一)同書又說：「東賊……令女僞官傳僞諭，城中姊妹……各背被一條出聚寶門桑館。……旋於城門口點名，凡有夫與子在城內者，令返館，餘俱令出城，將盡殺之。且得以恣意搜掠女館剩物。僞諭出，闔城譁然。……街市男女往來紛雜，或送衣物於男館，或取衣物於女館。」(註二)金陵省難紀略：「朝中有所謂宰夫衙者，……出示大書進貢免差。其已入軍者，冀得免出兵，雖於驅逐出家之日所帶銀物無多，率皆糾聚進貢，或金銀，或珠玉玩好，無不與收。……婦女亦有徒擲簪鐲者。」(註三)張繼庚遺稿：「女館猶幸無女賊監督也，因照應不便，遂盡室移至漢西門友人處。十日之間，五次播遷，舉凡運米挑

(註一)　金陵癸甲紀事略，見太平天國四册頁 655.

(註二)　金陵癸甲紀事略，見太平天國四册頁 664.

(註三)　賊情彙纂，見太平天國三册頁 696.

行李等件，無僕婢馬頭可以分勞，皆係庚自行挑送。」(註一)「北門橋一帶一度設市，有自藏珠玉求售者」(註二)而且行營規矩有「不許吞騙軍中兄弟行李」(註三)一條。所以根據上述資料，在被驅逐出家時所帶銀物雖然無多，但多少還能帶一點，長毛對這些私藏也默認，所以被裹脅的人還能保有隨身能帶的一點行李和暗中私藏的一些金銀。但這一點並不影響它的公有制，因為人民生活所依的田地房產和工場都已澈底的實行公有了。

關於商業，太平天國甲寅四年，有一位美國公使麥克侖(R. M. Mclane)的隨員，在訪問天京後，在「華北先驅週報」有一段介紹說：「凡所有東西都是共有財產，當然沒有商業，全城沒有商店，沒有商品，亦無船隻轎馬可雇。」(註四)另一位英國軍官吳士禮 (G. L. Wolseley) 於太平天國辛酉十一年訪問天京後也說：「城內各種店舖都不准開設。」(註五)前文已提及許多國營工場的百工衙，諸匠營，現在再可就南京商業所受的遭遇加以補充。「金陵雜記」一書提供了很多的資料。(註六)例如「一、擄來綢緞布疋洋廣京蘇貨物，悉歸偽總典買辦掌管。……其正目現踞狀元境天錦紬莊，狀元境一帶舖面皆歸此賊，其餘各街舖店貨物，均搬運屯於該處。……」「一、擄得各處糧米令偽典入聖糧專司收納，其屯聚處甚多，如復成、虎賁、豐備、添儲等倉皆有。此外漢西門大街民房米店以及水西門內朱狀元巷安品街油市太倉巷糯米巷等處民房，儀鳳門內張宅，南門內英府釣魚臺百花巷會館，南門大街民房，亦屯有米谷。」「一、城內油坊鹽棧以及擄得油鹽船隻……皆係偽總典油鹽經理，現踞漢西門內大街。其有各街坊店存儲油鹽甚多不能搬運者，由該賊分派各賊踞彼看守。」「一、賊匪鑄造砲子鎗子均係偽督鉛碼專辦。……將城中銅鐵搜完。……賊爐現在武定橋下煤炭店中。凡一帶舖面皆為儲銅鐵之所。」「一、通城小菜醬園皆為賊匪封盡，其總館為偽漿人衙，住花牌樓大街，搬取醬菜之類均儲於此。其醬油等類不能移者，則令羣賊在彼看守，謂之分

(註一)　張繼庚遺稿，見太平天國四冊頁 760.

(註二)　金陵省難紀略，見太平天國四冊頁 716.

(註三)　太平條規，行營規矩，見太平天國一冊頁 156.

(註四)　華北先驅週報第 204 號

(註五)　吳士禮著太平天國天京觀察記。

(註六)　金陵雜記，見太平天國四冊頁 613-616.

館。」「一、擄得糖麵糕餅茶食之類堆存數棧，令僞典茶心專管，帶裹脅之茶食舖夥爲作糕餅。……賊館在城守營東三條巷。」「一、賊見茶葉舖封閉，卽派僞典天茶專管，各處擄來茶葉聚於一處。……賊館在宗老爺巷。」「一、賊於藥材亦必擄掠，故城中大小藥店均爲賊封閉，令僞內醫專管。並有僞總藥庫，其藥舖之夥皆爲擄脅以供役使。……此僞藥庫在紅紙廊大街。」「一、擄得馬騾設有僞典天馬專管……賊館在小營一帶。」所以一切工商業，其貨物被擄，舖面被佔，人員被裹脅。同時錢幣的廢除，也是南京城沒有工商業很強的旁證。吳士禮的「太平天國天京觀察記」中說：「他們幾乎要廢去一切貨幣之使用」。(註一)天朝也鑄過錢幣，但是城中絕無交換媒介的需要，城外賣買，民間又不通行，而且私藏十文卽有罪，所以鑄的十餘萬錢，都收於聖庫。(註二)這樣南京全城的財物從此被一網打盡。他們兼併私人資產的手段比中共的公私合營更爲乾脆。

太平天國的生活供給制

　　此外還必須一提的是天朝的生活供給制。生活供給制和廢除私有財產是一件事的兩面。天朝政府組織內澈底廢除私有財產，大小官吏都沒有俸餉，(註三)生活必然須由政府統籌供給，而且應該是全面的供給，像中共人民公社供給制中的所謂「全包」。現在就衣食住行及其他方面加以敘述。但這裏所談的乃是中下級一般的供給情形，至於王公新貴的窮奢極慾自是例外。

　　衣服的供給：下面有幾段文獻可作爲衣服供給的有力證明。在上述太平天國甲寅四年四月華北先驅週報第二〇四號中說：「財物歸入公庫，一衣一食由公庫供給。衣服很好，米糧充足。」(註四)「賊情彙纂」口糧一節中說：「朝內軍中一切衣服皆向典官衙取給。」(註五)而最有力的一項證明是同書記載總典聖庫在計算每月所發放的口糧禮

(註一)　吳士禮太平天國天京觀察記
(註二)　(a)金陵癸甲新樂府鑄大錢一首，見太平天國四冊頁737.　(b)金陵雜記，見太平天國四冊頁 636.
(註三)　(a)賊情彙纂，見太平天國三冊頁277.　(b) Forrest 著天京遊記，見太平天國六冊頁 953.
(註四)　華北先驅週報第二〇四號
(註五)　賊情彙纂，見太平天國三冊頁 277.

拜錢之外，還提到油鹽緞疋布帛。但說不知確數。(註一)「賊情彙纂」引一件平行照會，天官正丞相向殿前丞相天朝總典聖庫領次等袞袍，其中說：「前蒙天父開恩，賜來袞袍甚多，除進奉天王及列王服用外，如有次等袞袍，照發數件，交相尉帶回爲要。」(註二)天朝典官中典袍官一職就是專掌衣服的縫製和供應的機構。同時另有兩件文獻值得注意。「賊情彙纂」說：「擄得金帛，層層轉獻，次等衣物，先提數事獻於先生，餘方自有。」(註三)「虎穴生還記」說：「打先鋒……滿載而歸，所得穀米牛羊館中公用，銀錢衣服各自收藏。」所以晚期打先鋒所擄得的衣服大約可以留作自用。

食物的供給：關於這方面，我們蒐集了較多的史料，所知道的也比較詳細。「賊情彙纂」記載：「每七日兩司馬館開人數單赴典聖庫衙領禮拜錢，典聖糧衙領米油鹽，其尊職大館更領敬天父果品蔬菜，各有定制。」(註四)所以供給的種類有禮拜錢、米油鹽、敬天父果品。其他還有買菜錢及食肉的分配，下面分別加以解釋。

所謂禮拜錢，是每七日一發，用作出城買菜。禮拜錢的數量，有種種記載，一說：「官七日百文，散卒半之。……蓋禮拜錢每人每日七文。」(註五)（按：此係指散卒而言，官當倍之，每日爲十四文。）一說軍帥稟總制爲衙內兄弟請軍中典聖庫領錢一百七十人十五千四百文，逐日買菜，每名十八文。(註六)另一段記載：卒長稟師帥在禮拜日領錢「牌面九十八名，每名二十一文，牌尾三十七名，每名十四文，兩司馬四員，每員俸錢三十五文，卒長本人俸錢七十文。(註七)以上三說同出「賊情彙纂」一書，而內容不同，令人費解，恐怕是因時因地而異，詳情還待考。但是有一句却是值得注意的「禮拜錢……蔬食亦不敷，卑下僞官有以鹽水爲肴者。」(註八)所以另有「買菜錢」這個名目，衙內兄弟不得不向長官另求接濟。總制監軍擄得金銀就隨時散給各館爲買

(註一)　賊情彙纂，見太平天國三冊頁 278.

(註二)　賊情彙纂，見太平天國三冊頁 212.

(註三)　賊情彙纂，見太平天國三冊頁 271.

(註四)　賊情彙纂，見太平天國三冊頁 126.

(註五)　賊情彙纂，見太平天國三冊頁 277.

(註六)　賊情彙纂，見太平天國三冊頁 215.

(註七)　賊情彙纂，見太平天國三冊頁 216.

(註八)　賊情彙纂，見太平天國三冊頁 277, 278.

荣之用。卒長管百人，每月向「功勛」領取買荣錢多至金一二兩，銀首飾數十兩，全數易錢買豬鷄，以供全館享用。

　　米油鹽發放的日期和數量各種記載稍有出入。「賊情彙纂」賊糧一章記載：「每二十五人每七日給米二百斤，油七斤，鹽七斤而已。」(註一)米每人每日約一斤有奇。「金陵省難紀略」：「各館皆具人數，每十日赴典聖糧領米，人一斤，斤不過七合。米不足改給稻，仍一斤，礱米僅四合。稻亦不足，止給半斤，極至四兩，因令人喫粥。然稻四兩得米止合餘，卽作粥亦不飽……東賊借此招募各館人願打先鋒者加米，准喫飯，更於七日禮拜給肉一斤。」(註二)「張繼庚遺稿」：「每日男子發米一升，女子發米三合，其後穀半升。」(註三)「金陵癸甲紀事略」：「賊初入城發糧無數，來取者卽與之。旣有名數可稽，始議每日發米數。男館如泥水匠一斤半，各傉衙一斤四兩，各匠一勛，牌尾半勛，女館湖南以前每名一勛，湖北以前每名六兩……連接湖南北安徽各賊囘書言所到之處，米穀俱無，乃改議發米數，男子牌面每日每名發米半斤，牌尾四兩，女子每日每名湖南以前發米六兩，湖北以下發米三兩，均以稻代，悉令人食粥，否則殺。……另立喫飯館，僞令凡兄弟願打仗者，許自報名歸館。……賊糧不足，於閏七月二十七日趕女人八九萬出城，至鄉圩割稻。……城中男館於閏七月亦不發米，悉使出城割稻自食。」(註四)根據上述各項記載，初期發米量每人每日大約一斤左右，甲寅四五月因上游米缺，初改發稻，後稻又減半，接着又下令喫粥，最後完全停止配給，由各人出城割稻自食。

　　此外，天朝還有分配食肉的制度。天王每日給肉十斤，以次遞減，至總制半斤，總制以下就不列入配給之列。(註五)上述喫飯館，每星期亦給肉一斤。這一切食肉的供應都由宰夫衙經理。(註六)又南京城內每禮拜館主開單赴典茶心衙領果品糕餅，向典天

(註一)　賊情彙纂，見太平天國三册頁 277.

(註二)　金陵省難紀略，見太平天國四册頁 711, 712.

(註三)　張繼庚遺稿，見太平天國四册頁 760.

(註四)　金陵癸甲紀事略，見太平天國四册頁 656, 664, 665.

(註五)　（a）賊情彙纂，見太平天國三册頁 277.（b）金陵省難紀略，見太平天國四册頁 711.

(註六)　金陵省難紀略，見太平天國四册頁 709.

廚衙領海棗以供敬天父之用。其他軍中因物實缺乏不能仿行。(註一)

　　供給制完備的程度，又可以從天朝朝內軍中所設立各種典官之多及其擔任的工作加以推求。例如典聖糧，典聖庫、典買辦、典油鹽、典茶心、典天茶、漿人衙、宰夫衙、春人衙、掌醫、理能人等，都是辦理與日常生活有關配給的官職。至於上述各軍各館各街道所設的內醫，應該是公醫制度的一個開始，也是天期供給制的一個特色。吳士禮在「太平天國天京觀察記」裏有一段記載說：「天朝恢復了上古的族長制，每一個人必屬於一個王，在該王府註冊，天京分幾區，各王所屬都住在王府附近，人民在其下服役，一切衣食從該王府領用。天京有王爺十一位。」(註二)

　　綜合上述各種記載，我們對天朝供給制，可以有一個大概的輪廓，同時對天朝供給制平等的原則亦需要加以注意。天朝的供給制是很不平等的，新貴不必說，卽使一般人的待遇也有差別，館與館之間，因館主的尊卑有差，同屬一館又因工作性質有差，因官職高下有差，因牌面牌尾有差，因參加的前後有差。天朝絕沒有做到「弟兄皆一律，貧富總均勻」(註三)的口號。麥赫斯(W. H. Medhurst)在「華北先驅週報」的報導說：「每一個伍卒的卒長，都預備全體所需，放在桌上的時候，大家平等分享，卽使最高級軍官的盤盌也跟最低級的士兵一樣。」(註四)「太平天國起義記」也說：「全體衣食由公欵開支一律公平」。(註五)這一類的記載，與事實恐怕相去甚遠。

　　談到天朝的平等的理想，事實恰巧是走了另一個極端。天朝具有極深的階級觀念，而且產生了極為刺目的特權階級。諸王要求兄弟姊妹脫盡凡情，而自己却恣情縱慾。

　　以戒色一端而論，天朝以殺戮的手段來澈底隔離家屬，嚴禁男女之間的交往。不准稍有觸犯。但是五個王却是例外。各王府後宮都有千百婦女侍候，除各王本人外，絕對嚴禁男子入內。(註六)天王據說性極好淫，妃嬪在武昌時選四十人，至江寧選一百

（註一）　賊情彙纂，見太平天國三冊頁 262.

（註二）　吳士禮太平天國天京觀察記

（註三）　佚名甲寅山中避亂雜詩：「浪說弟兄皆一律，詎稱貧富總均勻，博施濟衆蠲痼病，哀此捐生受惑民」。

（註四）　華北先驅週報第一七四號

（註五）　太平天國起義記，見太平天國六冊頁 870.

（註六）　（a）金陵雜記，見太平天國四冊頁 624, 627, 630 （b）金陵癸甲紀事略，見太平天國四冊頁 657.

八十人，陸續增添，大約不滿二百人。(註一)各王姬妾約三四十人，但府內女官數千，無一不充下陳，無異媵妾。各王生日又選民女百餘挑十五個以進。(註二)東王尤其好淫，例如沒得志時就與西王的妻子洪宣嬌有私，到南京後更逼取民女，不滿十七歲者三十六人，號稱王娘。每夜八女輪宿。楊賊的目疾失明，就是爲了色慾太重。(註三)這和三百萬人夫婦隔離私會者斬的情形相比較，是一個極端的不平。

又如私藏，天朝雖有嚴禁私藏的禁律，但長毛中領袖們無不私藏。例如嘉興聽王資財就有數十萬，(註四)章王不肯將財物歸入國庫，以固根本。(註五)織營丞相鐘禮芳私藏絲綾緞疋，是長毛中的首富。(註六)而李秀成的家產亦極可觀。天京城危，忠王須助餉十萬，方准出京，忠王就交出了首飾銀兩十萬。(註七)私藏的情形，除上述各王的私蓄以外，另有一個更嚴重的問題。「金陵雜記」有一段「賊擄各處銀錢貨物運回寧城，向有專管各目主守。賊等以爲歸公，在首逆等自然取用不竭，分給羣賊，殊有限制，名雖公，實不公也。」(註八)問題的關鍵在「取用不竭」，假如聖庫中的財物有人能漫無限制的動用，那麼公庫變成一姓的家庫，舉天下人的財富供一二人的享受，其集中和剝削，歷史上沒有一個前例能够與之比擬。事實上諸王的生活確實是窮奢極慾。洪楊等淨桶夜壺，俱以金造，丞相等碗箸亦用金打，後又想打造金桌及金燈台，因爲公庫金已用盡而作罷。(註九)忠王之弟自用文具均極貴重，硯臺玉製，盂是紅石彫成，筆是金製，筆架是一塊大紅珊瑚。……凡各器物可用銀質者皆用銀製。……而王弟手上金鐲銀鐲累累(註一〇)，這和私藏錢十文卽斬的情形相比較，是一個極端的不平。

(註一)　（a）金陵癸甲紀事略，見太平天國四冊頁 667.（b）賊情彙纂，見太平天國三冊頁 310.

(註二)　（a）金陵癸甲紀事略，見太平天國四冊頁 658.（b）賊情彙纂，見太平天國三冊頁 310.

(註三)　（a）金陵雜記，見太平天國四冊頁 628.（b）金陵癸甲紀事略，見太平天國四冊頁 667.

(註四)　沈梓避寇日記

(註五)　洪仁玕自述，見太平天國二冊頁 847.

(註六)　金陵雜記，見太平天國四冊頁 618.

(註七)　（a）天京遊記，見太平天國六冊頁 952.（b）忠王李秀成自傳原稿箋證頁 170.

(註八)　金陵雜記，見太平天國四冊頁 636.

(註九)　（a）金陵雜記，見太平天國四冊頁615.（b）金陵省難紀略「……賊王椀筯皆以金，筯長近尺，沐盆亦以金」，見太平天國四冊頁 714.

(註一〇)　天京遊記，見太平天國六冊頁 952.

　　天朝階級觀念很深，例如禁律中一條：「凡檢點各官轎出，卑小之官兵士……如不迴避或不跪道旁，即有死罪。」(註一)「行營規矩」裏又有一條，令內外兵將不得僭分千名，坐轎騎馬。(註二)而最特殊的一項說明是發現在「太平禮制」(註三)這篇詔令裏，它以政府的法令確定各種稱謂，從天子直到最底層的兩司馬，他們本人和子女妻子，都有特定的稱謂。例如天王的世子稱幼主萬歲，第三子稱王三殿下千歲，長女稱天長金，第二女稱天二金。東世子稱東嗣君千歲，第二子東二殿下萬福，東長女稱東長金，第二女稱東二金。西王南王北王翼王的子女和東王的一式，僅改「東」字為西南北翼字樣。丞相至軍帥之子皆稱公子，但等級仍嚴為分別。丞相子稱丞公子，檢點子稱檢公子，指揮子稱指公子，將軍子稱將公子，侍臣子稱侍公子，侍衛子稱衛公子，總制子稱總公子，以下類推。師帥至兩司馬之子雖皆稱將子，但亦嚴加分別。如師帥子稱師將子。丞相女至軍帥女皆稱玉，但亦嚴加分別，如丞相女叫丞玉。師帥女至兩司馬女稱雪，但亦嚴加分別，如師帥女稱師雪。其次是妻子的稱謂，軍師妻稱王娘，丞相妻稱貴嬪，檢點妻稱貴妼，指揮妻稱貴姬，將軍妻稱貴嬙，總制妻稱貴媼，監軍妻稱貴奶，軍帥妻稱貴嫺，師帥妻稱貴嫻，旅帥妻稱貴婕，卒長妻稱貴姌，兩司馬妻稱貴娌，丞相妻至軍帥妻加稱貞人，師帥妻至兩司馬妻加稱夫人。兩司馬不過是管二十五家的一個小官，相當於今日的保甲長，但是下屬對他妻子得尊稱貴娌夫人，對他子女得尊稱將子，尊稱雪。這種因官卒高下的分明層次，每層次間又各有特定的稱謂，不得混雜，在中國歷史上還是創見。根據這個特殊現象，我們可以下個結論：這種稱謂越繁雜就代表這個社會階級觀念的越嚴重。太平天國都市公社的第三點值得注意的是極深的階級觀念和一個新的特權階級。

思想控制和恐怖統治

　　最後談到太平天國都市公社能夠順利推行的一個必要條件。「賊情彙纂」卷十一擄人一節，提出了一個問題：「今寇盜突如其來，屠殺其父兄，姦擄其妻妾，狎玩其子

(註一)　賊情彙纂，見太平天國三冊頁 230.
(註二)　太平條規行營規矩，見太平天國一冊頁 156.
(註三)　太平禮制，見太平天國一冊頁 103-107.

女，奴役其壯健之身，强奪其金貲器用，……復謾罵挫辱之，囚服鞭撻之，稍拂其意且身首異處。……其深仇至痛有不吐虹貫日刄衣濺血者乎？……乃今之被擄受害者殊不然，甘受其凌辱，甘受其屠割，甘爲奔走，甘遭夏楚虐遇，甘爲力戰效死，甘爲天下萬世罪人。……人卽重利忘義。……見人屠其父母骨肉，猶不足以怒之，然對其人淫其妻妾狎弄其子女，亦必攘臂而裂其眥矣。以勞苦儉積之貲糧，畢生經營之衣飾，亦被擄去，斷無不捨死與賊爭奪者矣。今併此不較，果何說也？」(註一)我的答案是他們經過了一番「改造」，而這改造則得力於威迫和善誘 (Coersion and Persuasion)，就是一套思想控制和一套恐怖統治。

在思想控制方面，洪楊借重於宗敎，他們的上帝敎。宗敎的狂熱能爲一個目的做到極端的克己和犧牲。用宗敎的萬能以建立一個神權政治，達到絕對的獨裁。以宗敎的絕對服從去要求絕對的紀律。同時用宗敎的排他性去澈底淸除異己，貫澈自己的主張。

在恐怖統治方面，洪楊以種種嚴密的組織管制的辦法，束縛每一個人。同時以濫殺酷刑警告人們隨時有被殺的可能。以這種肅殺之威來維持紀律提高效率。又以特務統治使每一個人時時受到被人監視的威脅而瓦解任何反抗的意志。

都市公社這種違背人性的措施必須以狂熱和紀律來支撐它的局面。這是談到這個制度值得注意的第四個問題。

太平天國「都市公社」的殁落

天朝措施所給外人的觀感，由初期的同情轉變爲後期的嫌惡。這原因固然很多，但是他們的指責的確也能反映一部份事實。下面值得引幾篇第三者從旁的觀察：傅雷斯 (Forrest) 天京遊記說：「太平軍欲獲得全中國的統治權，實在是無望的。因爲他們不能統治自己，只不過施用一種令人反對的恐怖政策和手段而已。」他又指責太平軍是强盜性質。(註二)英國特使普羅斯 (Bruce) 在一八六一年給外相的報告裏說：「只知燒殺破壞，別無他事，佔領南京八年，工商被禁，一無興革。……不採安撫百姓的

(註一)　賊情彙纂，見太平天國三册頁 297.

(註二)　天京遊記，見太平天國六册頁 957, 958.

行動，不注意緩慢永固的收入，專靠刼掠，沒有一點永固的因素，亦沒有值得同情之處。……這政權是無希望而且是被嫌惡的。沒有正當的中國人願意和它合作。」美國傳教師羅伯特 (Roberts) 在南京居住十五個月後說，天朝沒有任何政治組織，一切存於軍法，上下就在殺人這條路上走。英國駐寧波領事的報告，也說長毛佔領唯一的結果是破壞，沒有任何建設。軍隊全靠戰利品掠奪過活。又指責裹脅和恐怖，說人頭不比茶頭貴。(註一)馬克斯在一八六二年七月「中國事件」一篇論文裏也轉變了態度說：「中國革命除改朝換代以外，沒有任何任務。他們沒有提出口號，他們給予民衆的惊惶比舊有的當權者更厲害。他們全部使命是破壞，全無建設。因而說那是天災。(註二)

　　長毛確實是不受人民歡迎的。長毛攻陷各地，自殺的人數非常驚人，蘇州就有八萬之多。(註三)又長毛在進攻各城時揚言：如遇激烈的反抗，必以屠城作為報復。但是各地仍有殊死的苦鬥。如金壇人民組織團練，首尾八年，三被圍困，最後一次死守百餘日，長毛精銳死者近萬，城中人民六七萬，城陷後自殺者過半，其餘全被殺戮。(註四)在天京城內，太平軍中曾經有兩次大規模的策動起事(註五)其中一次全城三萬人中參加起事的竟達二萬之多，其中有丞相檢點將軍等高級負責人員，(註六)女營更幾次的企圖謀殺東王楊秀清。(註七)另外更值得注意的是大量的逃亡。

　　長毛稱逃亡為「逃三更」，防範極嚴。每處巡查佈置線民，監視兄弟姊妹的行動，出入城門必須有關憑，(註八)城外各處又遍設卡房。(註九)假如被識破，長毛禁律中有一條就是：「兄弟如有三更逃黑夜被卡房捉拏者，斬首不留。」(註一〇)長毛中就不時

(註一)　馬克斯恩格斯論中國頁 138.

(註二)　馬克斯恩格斯論中國頁 137.

(註三)　太平軍紀事，見太平天國六册頁 939.

(註四)　金壇見聞記，見太平天國五册頁 191, 212.

(註五)　金陵癸甲紀事略，見太平天國四册頁 655, 659-662.

(註六)　張繼庚遺稿，見太平天國四册頁 762.

(註七)　賊情彙纂，見太平天國三册頁 220.

(註八)　金陵癸甲紀事略，見太平天國四册頁 656.

(註九)　金陵雜記，見太平天國四册頁 624.

(註一〇)　賊情彙纂，見太平天國三册頁 229.

有人抬人頭打鑼游街，大呼殺逃走變妖某人示衆。甚至一日竟有數次。(註一)但是仍有冒着生命危險的大量逃亡。男子乘出城到賣買街公差的機會逃亡，(註二)女子不能到賣買街，只能借抬屍砍柴開溝等出城的機會逃逸。(註三)城內另有一個大規模的人口走私集團，有吳偉堂者，一直以販綢緞爲生，南京城陷，幫助東王設立織營，供應綢緞，深得長毛歡心，給與關憑，出入各城。但各門必核對人數，入城人數不符，則謂帶人變妖，吳每贈以黃緞諸物，故出入不稽數，因得不斷送人逃走。後吳又請立柴薪衙，以舟載柴入城，婦孺亦得藏匿舟中，逃出城中；男女逃亡者半藉此力，(註四)而逃亡的人數確實驚人。下面引幾段記載「金陵癸甲紀事略」：「糧少……其時男館在前之人竄上游者半，逃亡者半，新附而來者亦半。」(註五)「金陵雜記」：「賊造房屋，有僞土營泥水匠，僞典木匠，僞典油漆匠，……到處裹脅各行匠人……日夜催工，逃亡已過半矣。」(註六)「織營漸集至一萬四千人……互相逃竄，自夏徂冬，所存只四分之一。……其所以藏身城內者皆緣賊凌虐婦女太甚，不敢抛捨，藉此可以暗中照應也。」(註七)「女館……自去夏至今……陸續逃出者亦有數千」(註八)而甲寅閏七月天京糧缺，趕女子八九萬及男館兄弟出城割稻，逃亡的更各有數萬。(註九)另外有一個嚴重的情形，是老長毛也逃。「金陵雜記」在談到柴薪衙私渡男女逃亡時說，「僞職中携眷逃者亦不少。」(註一〇)「養拙軒日記」記壬戌十二年嘉興的情形：「賊營逃亡日以千計，日日點卯缺額，誅不勝誅，卽大頭子亦許多逃亡。……長毛官員將帥多有私遁者……」。(註一一)這時候

(註一) 賊情彙纂，見太平天國三册頁 305.

(註二) 金陵雜記，見太平天國四册頁 634.

(註三) （a）金陵雜記，見太平天國四册頁 622, 623, 625. （b）金陵癸甲紀事略，見太平天國四册頁 656.

(註四) （a）金陵雜記，見太平天國四册頁618. （b）金陵省難紀略，見太平天國四册頁 699, 700. （c）張繼庚遺稿，見太平天國四册頁 761.

(註五) 金陵癸甲紀事略，見太平天國四册頁 659.

(註六) 金陵雜記，見太平天國四册頁 617.

(註七) 金陵雜記，見太平天國四册頁 618.

(註八) 金陵雜記，見太平天國四册頁 623.

(註九) 金陵癸甲記事略，見太平天國四册頁 665.

(註一〇) 金陵雜記，見太平天國四册頁 618.

(註一一) 沈梓避寇日記

人心已趨渙散，干王洪仁玕在「資政新編」說：「人心冷淡，銳氣減半。」(註一)李秀成供狀也說：「當時各人都有散意。」(註二)楊秀清也體會到情形的嚴重，殺天官丞相曾水源後，他奇怪：「新附者屢叛固無足怪」，何以與他同起粵西者亦復潛逃？(註三)他不知道這是違背人性的制度所必然激起的反抗。

天朝這套制度到晚期再難以殺戮來貫澈，而且成爲離心離德最大的原因。在曾水源被殺後就有人告訴楊秀清說，當初分男女時，允許到金陵登小天堂後夫婦團聚，但是現在仍不准有家。因此下令准老兄弟姊妹夫妻團聚，增設媒官，爲功臣將士分配女子，每人娶婦數名，女子不從自殺者不計其數。(註四)於是大頭目已合法地可帶家眷，但低級官員仍受限制。(註五)甲寅，南京又因缺糧而解散女營，(註六)癸丑十三年天京糧食更起恐慌，一年間放出十三萬人。(註七)各地太平軍因軍紀廢弛，有關姦淫的記載不斷增多。例如「養拙軒筆記」記：嘉興妓船出入的都是長毛和富商，長毛已公然宿娼嫖妓。(註八)「紀縣城失守克復本末」記無錫情形說：「賊入城後……婦女被擄，更迭姦淫，多或十餘人，少或四五人，謂之『打水泡』，死則棄諸道路，其不死者藏諸密室幽而姦之，或據爲妻。」(註九)「虎穴生還記」記咸豐十一年辛酉金山的情形：「我們長毛中都是毛毛呼呼的，見了婦女總要打水泡，那管他死活，卽死了棄諸曠野或埋諸土中，投諸流水，誰爲伸寃。」(註一○)所謂別男女禁姦淫的戒律，至此已完全破壞。

至於嚴禁私藏的情形，也已完全改觀。晚期因軍紀廢弛，下級幹部普遍私藏私蓄。「虎穴生還記」作者在平湖日夜計劃逃亡，同館一丁姓者告以稍待，蓋如攻下松

(註一)　資政新編，見太平天國二册頁 540.

(註二)　忠王李秀成自傳原稿箋證頁 77.

(註三)　(a)杜文瀾平定粵匪紀略(b)王韜甕牖餘談

(註四)　請參閱(a)平定粵匪紀略(b)甕牖餘談(c)李圭金陵兵事彙略(d)金陵癸甲紀事略，見太平天國四册頁 666.

(註五)　(a)沈梓避寇日記(b)虎穴生還記，見太平天國六册頁 736.

(註六)　金陵癸甲紀事略，見太平天國四册頁 665.

(註七)　忠王李秀成自傳原稿箋證頁 185.

(註八)　沈梓避寇日記

(註九)　施建烈紀縣城失守克復本末

(註一○)　虎穴生還記，見太平天國六册頁 736,

江，他們就成了老兄弟，一則可望發財，一則城門出入不甚盤詰，脫身更易。(註一)同書又說：「打先鋒者卽擄掠也……所得穀米牛羊豬雞等則館中公用，銀錢衣服則各自收藏。(註二)各王府典輿馬、侯歷、侯傳、各官資用甚薄，或不免饑寒，故常托出招兄弟賄屬僞王親信，給批赴各郡縣擄掠金帛，盈橐而後歸，否則求出爲守土官或帶兵分擾郡縣，以便於擄掠剝民自肥也。(註三)嘉興桐鄉筱天義鐘某，因抗命不出師赴抗，其城內館子盡被查封，所積資財十不取一，後又被判以通妖及剝削民財之罪。鍾行囊所帶金玉盡以獻出，乃得免刑。(註四)可見私蓄之風已極普遍。不僅私蓄而已，長毛之中有私蓄就有貪汚。例如前面提到恩賞丞相鐘禮芳是長毛中的首富，原因就是他專管織營，私藏絲綾緞疋。李秀成供狀說：「司任保官之部得私肥己」。他的部將陳坤書就用錢買得護王的名義，來抗拒他。(註五)干王「資政新編」也說禁賣官鬻爵之弊。(註六)有私蓄也必有營商聚斂。例如前述「養拙軒日記」是一本極爲難得的文獻，記嘉興地方的情形極詳，關於長毛開店的記載就有好幾段：(註七)「聽王資財數十萬皆入其妻舅汪姓之手，在盛澤開設市肆。」「有盛川人馬姓者，與長毛合作經營『天意絲綢庄』于濮鎮，係長毛出資本而由馬經理。」「所覬者係公行公估莊及與長毛合開之山貨行」「百姓負販沿途必遭覬奪，故經營者，百姓必與長毛會同謀利。」「王店鄉官合長毛開當，四月爲滿，每千按月取息六分，三千以外取息四分。」「烏鎮萊天義何姓盡得冶坊之鐵，……有勸何開設冶坊號曰天章。何又開五分押當及山貨行等店。」長毛的幹部又藏私又貪汚又開店，嚴禁私藏的法令到此已完全破產。

　　南京城內禁絕商業的情形也已改變。最初因物質的缺乏，在城外和商人恢復貿易，令人出城自買，(註八)後因紛紛逃亡，仍令老幹部出城買物，設肆於北門橋，轉賣於各

(註一)　虎穴生還記，見太平天國六冊頁 742.

(註二)　虎穴生還記，見太平天國六冊頁 739.

(註三)　賊情彙纂，見太平天國三冊頁 106.

(註四)　沈梓避寇日記

(註五)　忠王李秀成自傳原稿箋證頁 154.

(註六)　資政新編，見太平天國二冊頁 537.

(註七)　此段請參閱沈梓避寇日記

(註八)　金陵省難紀略，見太平天國四冊頁 716.

館。人有願爲某業者，稟佐天侯給照，赴聖庫領本，貨利悉有限制。有雜貨玉玩綢緞布疋米油茶點海味各店，其店皆有執照，稱天朝某店，不准私賣。漿人衙開漿園，男女均集，後嫌混雜，分男店女店。又有天朝魚行天朝朣行（肉店）。老人館准許開茶肆。(註一)天京已有國營商店。李秀成供狀有一段記載值得注意：「癸开十三年京城惟富豪官兵有食，當時他有銀米，使貧困的人各領銀作些小買賣以救急。」(註二)一八六三年，天京不僅有私人的買賣，而且有貧富之分，南京城裏已恢復了以個人爲中心的家族制度和財產制度。太平天國的都市公社至此已澈底崩潰。

最可注意是後期總攬朝政干王洪仁玕所上奏的「資政新編」。這個「資政新編」曾得天王批閱，每一項目都批有「欽定此策是也」等字樣，而且已旨准刊刻頒行。(註三)與「天朝田畝制度」成爲前後二期的建國經典，但比較一看，天朝的立國精神已有一百八十度的大轉灣。原來「天朝田畝制度」的「物物歸上主」「米穀資本解國庫」，帶有濃厚的共產思想，而「資政新編」却承認私有財產，承認貧富懸殊，承認私人企業的圖利，代表典型的資本主義社會。「資政新編」載：(註四)「一、興銀行。倘有百萬家財者，先將家資契式稟報入庫，然後准頒一百五十萬銀紙，刻以精細花草，蓋以國印圖章，或銀貨相易，或紙銀相易，皆准每兩取息三釐。或三四富民共請立，或一人請立，均無不可也。此舉大利於商賈士民。」「一、興車馬之利。……倘有能造如外邦火輪車，一日夜能行七八千里者，准專其利。」「一、興舟楫之利。……或用火用氣用力用風，任乎智者自創，首創至巧者賞以自專其利。」「一、興器皿技藝。有能造精奇利便者，准其自售，他人倣造罪而罰之。」「一、興寶藏。凡金銀銅鐵錫煤……等貨有民探出者，准其稟報，爵爲總領，准其招民探取，總領獲十之二，國庫獲十之二，探者獲十之六焉。」另有一條規定：「興省郡縣錢穀庫，以司文武官員俸值公費，立司司理，每月報銷。」這顯然改朝內軍中的供給制爲薪給制。太平天國「都市公社」的立法精神至此已連根拔起，這次空前的嘗試不僅在南京已澈底崩潰，在整個天朝的歷史

(註一)　金陵省難紀略，見太平天國四册頁 716.

(註二)　忠王李秀成自傳原稿箋證頁 179.

(註三)　資政新編，見太平天國二册頁 523.

(註四)　資政新編，見太平天國二册頁 532, 533, 534, 535,

上也已成爲過去。

結 論

太平天國「都市公社」的根本精神古今可以列舉不少其他類似的例證。近推中共遠溯嬴秦，和法家的學說也有許多脈絡相通的地方。歷史上一次次的嘗試，使我們對此認識漸趨清楚。一切不顧人性驅策百姓的制度猶如一把利刃，可用以殺人，亦足以置自己於死地。太平天國就是一個例子。當廣西北出，衝向「小天堂」南京，前面有顯明的目標，挾着暴力，帶着狂熱，在短短兩年裏，從四十人邊區的「土匪」，建立起三百萬人問鼎中原的王朝。這時候這套辦法，一時確能發揮力量，威脅清廷。但是，這種力量極難駕御，決不能持久，更不能稍受頓挫稍有鬆弛，必須具備種種條件配合運用，否則，人性的反抗必然成爲致命的威脅。當天朝建都南京，洪秀全藏在深宮安於做南京一城的天王，前面的目標已失，初期的狂熱消沉，加上北伐失敗，南京被困，處處軍事失利，這時候違背人性的制度不能再被容忍。「都市公社」解體之日，太平天國不久也就覆滅。再看商鞅李斯的慘死，秦室二傳十五年而亡，更使我們警惕，天朝的都市公社是極權政治常走的老路——以此而興，以此而亡。

一九六〇年五月二日南港

明 史 纂 誤

黃 彰 健

　　昔楊椿上明鑑綱目館總裁書(註一)，謂明史之誤「不可枚舉」，余初不信其說，頃爲明實錄校勘記，間取明史參證，始信楊說殆不誣。明史之修，本據實錄，而旁參以野史家乘。今觀其誤，有僅據野史家乘，而於實錄失之未考者；明人所著，如弇州史料諸書，亦取材實錄，惟鈔刻有誤，明史據以改撰，未取實錄覆勘，遂亦有因襲其誤者；實錄傳世皆係鈔本，傳鈔時不免字誤，而明史亦有據實錄誤本爲文者；實錄各本岐異，修明史時未能精校一過，史官各據所見實錄而書，紀表志傳遂致互相牴觸，所紀事有未能劃一者。有明一代，史料浩繁，實錄一書，未附人名索引及分類索引，其檢索本不易，明史一書考核有不精，亦無足深責。而當時史官所撰，稿草屢易，抄錄謄正，失於讐對，亦可有誤，此可參拙文明外史考所論(註二)。凡此訛誤，特以實錄諸書尚存，尚易於拈出耳。

　　凡本文所舉實錄與明史異處，多有理由以證明史有誤。如無他佐證，而即就史源學觀點言，此等處亦當據實錄爲正也。

　　今所據實錄爲本所彙校本。本所所藏晒藍本實錄，係據國立北平圖書館所藏紅格本晒藍。此紅格本，所中前輩均言係明史館抄本，其說不誤。紅格本太祖實錄卷一百一第五頁，唐玄宗作唐元宗，蓋避康熙諱。清學部圖書舘善本書目謂係明鈔本，其說恐不可信。此本每冊護頁間題「供事某人對」；史語所藏內閣大庫本明太宗實錄，與此本同一格式，同出於內閣大庫，其書頁闌外題「初三日一舘吳宗泰」，「初四日一舘吳宗泰」，蓋即鈔者所題。分舘抄書，有供事者校對，此亦只有明史舘始能如是，私人無此闊氣也。

（註一）　見楊椿孟隣堂文鈔卷二
（註二）　載本所集刊第二十四本

今存紅格本，旣係史館物，是以明史之誤，卽有與紅格本相合者。當時修史，所抄實錄不止一部(註一)，而史館亦可藏有別本，是以其誤亦有與史語所所藏別本同者。

明史成書，在乾隆四年。乾隆四十年後復開館訂正，倣殿本諸史例，附考證於明史列傳正文後，此卽今存文津閣四庫全書本。今傳世王頌蔚所輯明史考證攟逸，較文津閣本多出十之三四，蓋閣本係定本，與進呈正本同，而攟逸則兼採稿本故也。由攟逸一書觀之，當時訂正明史，於實錄實未能善予利用。明史多原本實錄，而考證反據朱國禎開國臣傳傳維麟明書以校明史。如明史卷一三八周楨傳(註二)「三年九月召爲御史中丞」，此卽據實錄洪武三年九月壬寅條，明史不誤，而考證乃謂，「明書及開國臣傳均作二年刑部尚書世家寶坐黜，復召楨代，三年致仕去，明史作召爲御史中丞，與二書不合」，考證此條，卽可刪芟也。凡明史所記，當探討其出處，以可信據之原料考訂，而開國臣傳一類著作，此萬季野斥爲牴牾疏漏，可以參觀，不足據爲典要者，乃貿然徵引，恃爲典據，其於史料亦可謂不知別擇矣。

明史卷一三一陸聚傳黃彬傳，謂陸黃二人「坐胡惟庸黨死」，考證於此亦據開國臣傳皇明功臣封爵考立說，謂明史所書「不知何據」，則似於錢牧齋太祖實錄辨證一書亦未之見。意者錢書其時或已遭禁矣。

明史所記，多原本實錄，而實錄所書，亦可因所據材料不同，而自相牴觸。凡實錄有忌諱曲筆及自相牴觸處，王世貞錢牧齋諸公所考訂者，明史多已採納，其未論及者，明史自亦可因襲實錄之誤也。

今爲實錄校勘記，深覺實錄一書亦當考證，以竟王世貞錢牧齋潘力田諸公未竟之業。惟茲事體大，非旦夕所可成，且必需俟實錄校本行世，編有索引，再輔以明代文集篇目分類索引，則考證時始較省力。而卽以校訂明史言，此類工具書亦不可少。今爲實錄校勘記，僅能列舉各本異文，勘正其脫誤，尚無力以及此。而本文所錄與明史有關諸條，則草實錄校勘記時之副產品耳。

作實錄考證，作明史纂誤，均非一人之力所能蔵事。若重修明史，或作明史注，更屬太平盛事，非今日所能。本文所記亦去成書尚遠。其所以錄存刊布者，亦正以此

(註一)　說詳拙著明太宗實錄校勘記引據各本目錄。

(註二)　楨，實錄作禎。考證攟逸卽改楨作禎。

事需羣策羣力，故謹以呈政於同好耳。今所錄有關諸條，亦僅健另紙劄記者，其已記入校勘記中者，亦不暇一一迻錄也。

　　所錄諸條，謹依明史原書次第，以便查檢。

　　　　　　　　　　　　一九六〇年三月初八日，謹識於南港舊莊。

明史卷一　　太祖本紀

陷吉安，參將劉齊知府朱叔華死之。

　　按實錄癸卯五月己巳條：

　　　陳友諒知院蔣必勝饒鼎臣等復陷吉安，……執參政劉齊知府朱叔華。……必勝脅降齊等，齊等不屈。必勝又攻破臨江，執同知趙天麟，亦不屈，俱送友諒所。友諒以三人徇於洪都城下。

　　是本紀書法可商，而參將亦當改作參政，以其時官制無參將一級也。明史卷一百三十三趙德勝附傳，卷二百八十九花雲附傳，俱作參政，不誤。惟朱叔華，趙德勝附傳作朱文華，花雲附傳作宋叔華，與實錄不合，當以實錄為正。

　　王鴻緒明史稿太祖本紀仍作參政，北平圖書館藏明史清稿始作參將，蓋謄錄有誤，未必別有所據也。

卷三　　太祖本紀

二十二年，……是年也速迭兒弑其主脫古思帖木兒，而立坤帖木兒。

　　湯斌擬明史稿太祖本紀同。按實錄洪武二十一年十月丙午條：

　　　故元國公老撒，知院捏怯來，丞相失烈門，於耦兒干地，遣右丞火兒灰，副樞以剌哈，尚書答不歹等，率其部三千人至京進馬乞降。命錦衣衛指揮答兒麻失里賚白金綵段往賜之。初，虜主脫古思帖木兒在捕魚兒海為我師所敗，率其餘衆欲遷和林，依丞相咬住。行至土剌河，為也速迭兒所襲擊，其衆潰散，獨與捏怯來等十六騎遁去。適丞相咬住太尉馬兒咱領三千人來迎，又以瀾瀾帖木兒人馬衆多，欲往依之。會天大雪，三日不得發。

也速迭兒遣大王火兒忽荅孫王府官李羅追襲之，獲脫古思帖木兒，以弓弦
縊殺之，並殺其太子天保奴，故揑怯來等恥事之，遂率其衆來降。

是脫古思帖木兒之被弒，據實錄當在洪武二十一年，非二十二年也。

蒙古源流卷五：「特古思特穆爾汗，歲次戊辰，年四十七歲歿」，戊辰即洪
武二十一年，其記脫古思帖木兒卒年與實錄合。新元史卷二十七宗室世表
謂，「脫古思帖木兒，洪武二十年卒。子恩克卓里克圖汗繼立，洪武二十四
年卒」。新元史宗室世表自謂取材蒙古源流，而其所記顧與蒙古源流異，蓋其
疏也。蒙古世系譜卷三謂：

烏薩哈爾汗以庚申年立，是爲洪武十三年，在位十年。恩克卓禮克圖汗以
庚午年立，是爲洪武二十三年。

其說亦不足據。

明史本紀云：也速迭兒弒其主脫古思帖木兒，而立坤帖木兒。按成祖實錄永
樂六年三月辛酉條：

遣使齎書諭本雅失里曰：……夫元運既訖，自順帝之後，傳愛由識里達
臘，至坤帖木兒，凡六輩相代，瞬息之間，且未聞一人遂善終者。

據蒙古源流卷五，順帝卒後，其相繼爲汗者，有阿裕錫哩達喇，特古思特穆
爾，恩克卓里克圖，額勒伯克，琨特穆爾。由順帝至坤帖木兒，適六傳。蒙
古源流並記有諸人在位年數，謂坤帖木兒之立在庚辰，庚辰係建文二年，則
明史本紀謂其二十二年立，其說自誤也。

明史韃靼傳云：

自脫古思帖木兒後，部帥紛挐，五傳至坤帖木兒，咸被弒，不復知帝號。

據蒙古源流，由脫古思帖木兒至坤帖木兒，蓋僅四傳，非五傳也。原明史韃
靼傳之誤，亦自有故。實錄於脫古思帖木兒被弒後，即未書繼立者名號。成
祖實錄謂，「自順帝之後，傳愛由識里達臘，至坤帖木兒，凡六代，無一人
善終」，而太祖實錄未言順帝及愛猷識里達臘被弒，故明史韃靼傳釋成祖實錄
所謂六傳無一人善終，遂自愛猷識里達臘起數，而愛猷識里達臘仍在善終數
內。脫古思帖木兒之遇弒，此太祖實錄有明文，故明史遂謂自脫古思帖木兒

五傳咸被弑矣。蒙古源流未言脫古思帖木兒及思克卓里克圖汗被弑，蓋內大惡諱。脫古思帖木兒之遇弑，自當以太祖實錄所記爲正也。

成祖謂六傳無一人善終，係自順帝起數，未知係行文有誤，抑確有所本。此言既以諭敵國，則亦不得輕易妄言也。代遠年湮，今已不易定其是非矣。

明史本紀此條，當據蒙古源流及明史韃靼傳訂正，此沈曾植蒙古源流箋證已言之，惟其書未徵引實錄，未論明史韃靼傳所記五傳事，故復論列於此。

明史所記雖誤，然其所言仍有本。明沈國元皇明從信錄云：

洪武二十二年七月，虜也速迭兒弑其主脫古思帖木兒而立坤帖木兒。

清夏燮明通鑑考異論及此事云：

也速弑元主事，諸書皆系之二十二年，三編則系之二十一年十月，蓋因藍玉出塞之役牽連並記耳。明史本紀系之是（二十二）年之末，是也。皇明通紀及典彙並系之是年七月下，今從之。

彭健按：沈國元所著書，題「東莞陳建輯，秀水沈國元訂」。余檢本所所藏陳建皇明通紀是年七月下未記元主被弑事，則此條蓋沈國元氏所增，夏氏所見皇明通紀蓋非陳氏原本。清修通鑑綱目三編繫脫古思遇弑事於二十一年十月，自據實錄。明史係官書，三編不能顯言其誤也。夏氏未見太祖實錄及蒙古源流，宜其從明史矣。

坤帖木兒之立在建文庚辰，而野史謂在洪武二十二年，此或因成祖謂「瞬息相代」，故有此誤傳歟？

卷一百　諸王世表一

秦府永興恭憲王志壜，……永樂十九年襲封。

按實錄永樂二十年二月丁未襲封，表作十九年，誤也。實錄北平圖書館本誤作志璞，廣方言館本作志壜，抱經樓本作志壜。

高平懷簡王濟熿，……永樂初封，薨。

按實錄：「永樂五年十一月己未，高平王濟燁薨」。諸王世表例書諸王薨年，此可補史闕。又實錄作濟燁，與表異。

晉府寧化懿簡王濟煥，……永樂八年封。

　　　　按實錄，係永樂二年八月封。

永和昭定王濟烺，……永樂九年封。

　　　　按實錄，「永樂三年十一月甲午，冊蒲州知州王緯女爲永和王濟烺妃」，則濟

　　　　烺之封，非永樂九年也。

周府原武王在鍏。

　　　　按實錄，天啓六年六月王嫡第二子肅湧襲封。表缺肅湧一世，當據補。

萊陽王朝𤤩，……萬曆二十三年襲封，薨。

　　　　按實錄，天啓三年二月戊寅薨。

東會王朝堡薨。

　　　　按，朝堡天啓六年薨，見天啓六年十月實錄。

華亭王在鐥，……萬曆二十七年襲封。

　　　　表未記薨年，按實錄，蓋天啓六年薨，見天啓六年十月卷。鐥，北平圖書館

　　　　本熹宗實錄及史語所藏明內閣進呈熹宗實錄稿作鐥，當從進呈稿。

安吉王在鎣

　　　　按實錄：「天啓六年六月壬午，安吉康和王在鎣嫡一子肅㮮襲封爲安吉王」，

　　　　在鎣卒諡康和，此可補史缺。又表未記肅㮮襲封，亦當據補。肅㮮，北平圖

　　　　書館本及梁鴻志影印本作泉，今從明內閣進呈稿本。

彰德王朝墭，萬曆三十一年襲封。

　　　　按實錄天啓六年六月壬午條，記彰德王在錦事，表缺在錦一世，當據補。

卷一百一　諸王世表二

楚府滎陽靖簡王孟煒。

　　　　按實錄永樂二年四月甲戌條滎作崇，崇陽係楚地，作崇是也。

通山靖恭王孟熶，昭庶六子。

　　　　按實錄，「景泰六年十一月壬辰，楚府通城王孟燦薨。王，楚昭王第七子，

　　　　……永樂二年冊封，至是薨，……諡莊靖」。明史諸王表記楚昭王子封王者，

有庶一子，庶二子，嫡三子，嫡四子，庶五子，庶六子，庶八子，庶九子，

庶十子，顧無第七子，意者史表原稿或有之，而謄正時疏忽遺落耳。王世貞

弇山堂別集卷三十四太祖以下郡王宗系謂：

> 通城莊靖王孟燦，昭第七子，薨，壽六十七；子榮順王季堳嗣，薨，壽七
>
> 十一；子長子均鐲先卒，年四十八，追封僖穆王；子溫惠王榮渡嗣，薨壽
>
> 六十九；長子顯柜先卒，年四十，追封懷簡王；子英焆嗣，薨，壽七十
>
> 二；子今王華堵嗣。

王書所記，可補表缺，惟須據實錄校正耳。

魯府東阿端懿王泰。

> 泰下缺一字，據實錄北平圖書館本作墏。抱經樓本作墊。

蜀靖王友玶。

> 按玶當作堉。

和王悅爁，初封保寧王。

> 按實錄，係永樂二年四月甲戌封。實錄爁作爓。明史諸王傳與實錄同。

遼肅王貴煐，……初封興山王。

> 貴煐，明史諸王傳作貴焌。實錄：「永樂二年四月甲戌封遼王第四子貴焌作
>
> 興山王」。實錄正統六年五月己酉條，北平圖書館本作貴焌，抱經樓本作貴
>
> 煐。抱本他卷又有作貴煐者。修明史者，各據所見實錄而書耳。

宜都王。

> 按實錄永樂五年正月壬申條宣作宜，是也。

卷一百二　　　諸王世表三

慶府壽陽王帥鋆，萬曆四十六年襲封。

> 表未言薨年，按實錄係以天啓六年薨，見實錄天啓六年十月庚戌條。實錄進
>
> 呈稿本作帥鋆，當是也。

寧王盤烒。

　　　　　按盤當作磐。

韓恭王冲𡊺，……永樂八年襲封。

　　　　　按實錄，係永樂九年十月癸卯封。表作八年，誤也。

樂平定蕭王冲炑，憲庶三子，永樂二年封。

臨汾王冲𤎴，憲庶四子，封後薨。

　　　　　按實錄：「永樂元年八月己酉，韓王第三子生，賜名冲𤎴」。冲𤎴以二年四月
　　　　　甲戌封臨汾王，四年九月辛酉薨。四年九月辛酉條亦言其係韓王第三子。冲
　　　　　炑，據實錄：「永樂三年九月丁未，韓王松第四子生，賜名冲炑」，則表作永
　　　　　樂二年封，係憲王第三子者，誤也。檢王世貞弇山堂別集卷三十五，其誤與
　　　　　明史同。

唐靖王瓊烴，永樂十九年襲封。

　　　　　按實錄係永樂二十一年八月辛酉封。實錄北平館本作瓊炷，抱經樓本作瓊
　　　　　烴，廣方言館本與明史同。

安府新野宣懿王，……弘治十一年薨。

　　　　　按係弘治十年五月薨，見實錄。

卷一百三　　　諸王世表四

徐哀王允熙，……永樂二年改封甌寧王。

　　　　　明史諸王傳作謚哀簡，名允熙。按實錄洪武二十四年六月丁卯條，中央圖書
　　　　　館本作熙，他本俱作熙。成祖實錄永樂四年十二月己酉條作熙。允熙卒謚哀
　　　　　簡，見實錄。表作哀，蓋脫簡字。明制，親王謚一字，郡王謚二字，既改封
　　　　　甌寧王，則薨後當謚以二字。表作哀，蓋見其原封徐王，又見上下文親王皆
　　　　　謚一字，遂誤省耳。

卷一百五　　　功臣世表一

懷遠侯常元振。

　　　　　按實錄嘉靖十一年四月辛卯條元作玄。鄭汝璧皇明功臣封爵考所載宗圖與實

　　　　錄同。作元蓋避康熙諱。

曹國公李景隆。

　　　　按，鄭汝璧皇明功臣封爵考一書為明史功臣表所不採。鄭書記明初事多採吾
　　　　學編，自不足據。惟鄭氏曾任吏部驗封司郎中，其書所載宗圖，當源出檔
　　　　案，可供參校。鄭書所載宗圖，李景隆下多出佑蓴二世。按實錄嘉靖十一年
　　　　四月辛卯條，謂臨淮侯李性係文忠七世孫，則功臣封爵考多出二世，是也。

蘄國公康茂才……諡武康。

　　　　按實錄洪武三年八月己未康茂才本傳及明史茂才傳同。宋濂撰神道碑及恭題
　　　　御書賜蘄春侯卷後作諡武義，會典卷九十三功臣廟神位條亦作武義，則作義
　　　　當是也。

武定侯郭昌。

　　　　按功臣封爵考所載宗圖，郭昌係郭珍子，郭鎮孫，明史郭英傳所記同。依史
　　　　表例，當增列鎮珍二世，而移郭昌於珍字下。

樂浪公濮英，洪武二十年閏六月庚申戰歿金山，追封金山侯，諡忠襄，七月進封公。

　　　　按實錄係洪武二十一年七月進封公。表七月上當增「二十一年」四字。

永定侯張銓，洪武二十三年十月甲申封，祿一千五百石，世襲指揮使。

　　　　明史卷一百三十張銓傳同。今按實錄「洪武二十年十二月丙寅，以右軍都督
　　　　府都督僉事張銓子麟為虎賁右衞世襲指揮使」，二十三年十月甲申封銓為永
　　　　定侯，實錄所載誥文云：「今特封爾為開國輔運推誠宣力武臣柱國永定侯，
　　　　食祿一千五百石，子孫世襲」，則張銓所封係世侯，子孫非襲指揮使，實錄
　　　　所載誥文，不應有誤，恐明史所記誤也。竊疑封時本與世襲，其後或有過，
　　　　遂未能世襲耳。明制，誥文雖言世襲，然有過，則亦不得襲，如胡海之子卽
　　　　未襲爵。(註一)

　　　─────────────────────────────────

　（註一）　胡海以洪武二十四年七月卒。實錄本傳云：「訃聞，上輟朝一日，命禮部致祭。」北平圖書館藏明內
　　　　　府精寫本明太祖集卷十一有祭東川侯胡海文，謂海係胡黨，以子(觀)尚公主故宥，則海卒後，未贈公
　　　　　賜諡，蓋以此。錢牧齋太祖實錄辨證見海卒後未贈公賜諡，又見實錄洪武二十六年七月乙丑條，謂海
　　　　　有罪，嘗收其祿田，至是以子尚公主故，復賜其子，遂疑海之得罪與胡黨有關；既有見黃金開國功臣

　　　　　　　　　　　　　　　　　　　　　　　　　　　　　　　　　　　　　　　— 311 —

其追贈封爵，無世系可譜者，別以五等爲次，具列於左。

　　按表所列有疏漏。會典卷九十三功臣廟條有都指揮使郢國公馮國用，實錄洪
　　武二十九年四月甯正本傳，謂正父德成戰歿，詔贈京兆郡侯，表卽未載。
　　表所列郡公郡侯，此亦洪武初年制。宋濂芝園前集卷六毛公神道碑謂，毛騏
　　死，追贈西河郡伯，其後重定封贈例，乃更贈懷遠將軍指揮同知。此重定封
　　贈例當在洪武四年二月追封戴德爲譙郡伯之後。

高陽郡侯王鼎，太原郡侯許瑗。

　　按太祖實錄庚子閏五月丙辰本傳作「追封瑗高陽郡侯，鼎太原郡侯」，明史
　　卷二百八十九花雲附傳與實錄同。

康安郡伯孫虎。

　　按實錄作「康安」，明史卷一百三十三濮英附傳與實錄同。皇明功臣封爵考作
　　樂安。檢中國地名大辭典，有樂安郡，無康安郡，則功臣封爵考此條疑可信
　　也。

洪武實錄所載南昌死事，有許圭……五人；鄱陽湖死事有張志雄……四人，……封爵
無考。

　　按太祖實錄壬寅四月丙寅條作許珪，甲辰四月乙巳條作許圭。明史卷一百三
　　十三趙德勝附傳作許珪，而功臣表作許圭，蓋表傳非一人手筆，各據所見實
　　錄而書也。
　　皇明功臣封爵考謂許圭封高陽郡侯，張志雄封清河郡侯。以郡望言，說蓋可

錄言，當時黨論一興，海獨擺脫家中，一辭莫逮，遂又謂海之得罪與其得免，實錄既不書，而他亦無
可考。蓋內府本太祖文集此一祭文，係坊間通行本所無，此一內府本，錢氏或未之見也。錢氏所擧證
據，僅言海生前曾以罪收祿田，不足以證其罪名必係胡黨，故潘力田國史考異遂謂，海之卒，祭葬如
制，而贈諡不及，蓋以子玉坐藍黨故。不悟藍黨事發，在洪武二十六年初，海卒以二十四年七月，苟
贈諡封公，當去卒後不久，亦不致遲延至二十六年初也。蓋太祖此一祭文，力田亦未之見矣。
張銓之封，在洪武二十三年。二十七年八月甲戌率致仕武臣備倭於廣東，以後實錄卽未書其事。張銓
之卒，實錄未書，其傳則見於二十三年封侯條下。昔人曾歸納太祖實錄書法，謂附傳於卒日之下者爲
正例，不係卒而別見者變例，如傅友德諸人以凶終，史諱其事，其傳卽以變例書之。今張銓之卒，實
錄未書，僅附傳於二十三年封侯條下，未知係疏略，抑係變例也。張銓封侯以後事迹，明史本傳不
書，待考。

信。

清河郡侯李志高。

　　皇明功臣封爵考清河作隴西 。 按史表 ， 李信李繼先俱封隴西郡侯，以郡望

　　言，李志高亦疑應封隴西郡侯也。

安遠侯蔡僊，洪武二年九月追封。

　　按實錄，係三年九月丙午卒，追封安遠侯。二當改爲三。

廬江侯何德，洪武十四年七月卒。追封，諡壯敏。

　　按實錄洪武十四年七月己亥條作諡壯毅 ， 中央圖書館本及 禮王府本作諡莊

　　毅。史表此條應移列次頁汝陰侯高顯後，以高顯之追封汝陰侯，在洪武十三

　　年九月，其事在前故也。

昌樂侯邱廣，洪武十一年以文臣追封。

　　史表以其係文臣封侯 ， 故列於武臣封贈之後。今按邱廣實係武臣 ， 邱應作

　　丘。實錄洪武十一年五月庚子丘廣本傳：

　　　洪武七年……陞大都督府僉事，階鎮國將軍。洪武九年，除燕府左傅，至

　　　是卒。追贈開國輔運推誠宣力武臣，柱國，封昌樂侯。

　　北平圖書館藏登州林先生續集卷三有故鎮國將軍燕府左傅丘公壙誌。明初王

　　府相傅，文武臣皆得任之，其追封亦仍以其有軍功也。明史卷一百二十九楊

　　璟傅：「指揮邱廣」，邱亦應改作丘。

　　又明律有文官不得封公侯條。明初文臣之封公者惟李善長。如劉基汪廣洋則

　　僅封伯。丘廣以係武臣，故可追封侯。

右洪武朝。

　　按實錄：「洪武三年三月庚戌，虎賁衛指揮潘毅卒，……贈……宣忠秉義功

　　臣鎮國上將軍僉大都督事護軍，追封榮陽伯，諡武肅」。明制，武臣歿，有

　　追封伯者，蓋始於此。明史功臣表既載「景城伯馬榮，永樂八年追封」，則

　　潘毅之追封榮陽伯，似不應摒而不錄也。

卷一百六　　　功臣世表二

永康侯徐錫印，天啓元年十月壬申襲。

　　　按北平圖書館本及史語所藏明內閣進呈熹宗實錄作徐錫胤。史表作印，疑避
　　　雍正諱改。

忻城伯趙祖允。

　　　按實錄嘉靖三十七年四月癸未條，四十二年九月癸卯條，允作胤。明功臣封
　　　爵考所載宗圖亦作胤。史表作允，蓋亦避雍正諱改。

忻城伯趙泰修，萬曆六年襲，……二十五年七月甲午卒。

　　　按實錄萬曆二十五年七月乙未條，北平圖書館本作趙泰修，廣方言館本作趙
　　　祖修。檢皇明功臣封爵考所載宗圖亦作祖修，謂祖修係趙武第三子，趙武嫡
　　　二子祖征無嗣，祖修以庶長襲。疑宗支圖所載爲可信也。

平江伯陳允兆。

　　　皇明功臣封爵考所載宗圖作胤兆，其弟名胤徵胤芳。表作允，疑亦避雍正諱
　　　改。

安鄉伯張恂。

　　　史表列張恂張寧於一格內 ， 則二人當爲兄弟 。 今檢實錄弘治六年四月乙卯
　　　條，「命故安鄉伯張寧之子恂襲爵」，則恂係寧子。皇明功臣封爵考所載宗圖
　　　與實錄合，史表當誤也。

遂安伯陳英，永樂九年八月壬辰襲。

　　　按實錄，係永樂八年九月壬辰襲，史表作九年八月，蓋抄寫有誤也。英，明
　　　史卷一百四十六陳志傳作瑛。實錄記陳英事，時或作瑛。檢皇明功臣封爵考
　　　所載宗圖，與瑛爭襲者，係其堂兄弟陳瑄，則似以瑛爲是。俟考。

遂安伯陳鏸，陳澍。

　　　表未載陳鏸卒年，據功臣封爵考係隆慶六年二月初四卒。功臣封爵考所載宗
　　　圖，謂陳澍係陳鏸之嫡長孫，其父惟忠以嘉靖二十九年故，二子，長澍，次
　　　名溥。神宗實錄隆慶六年十月丙辰條僅言陳澍襲遂安伯，未言係鏸嫡孫，故
　　　史表作鏸子。當以宗圖所載爲是。

恭順伯吳允誠，……（永樂）十五年四月卒，贈邠國公。

明史卷一百五十六允誠本傳言，允誠卒「贈國公，諡忠壯」。按皇明文衡卷七十八恭順侯追封涼國公諡忠壯吳公神道碑銘紀吳瑾先世事蹟，未言允誠贈公予諡，永樂實錄十五年四月己卯允誠本傳亦未言。考明制，公侯伯生時立功，歿追晉一等，所謂「生封公，死封王」，是也。允誠係伯爵，無緣晉封公。允誠子克忠於洪熙元年進封侯。克忠卒，追封郯國公，諡壯勇。表於克忠未書贈公，蓋誤書於其父欄內耳。克忠係諡壯勇，見實錄正統十四年八月庚申本傳及李賢撰吳瑾神道碑，明史卷一百五十六吳允誠附傳謂克忠諡忠勇，疑誤。

恭順侯吳瑾，……諡武壯。

實錄天順五年七月庚子瑾本傳同。明史卷一五六吳允誠附傳作諡忠壯，蓋據李賢撰吳瑾神道碑。惜未見神道碑拓本。

卷一百七　　功臣世表三

保定侯梁傳，成化四年五月乙亥襲。

按實錄成化四年五月乙亥條傳作傳。成化十七年正月戊戌條，廣方言本作傳，北平圖書館本作傳。皇明功臣封爵考所載宗圖作傳。

定西侯蔣㪦，正德四年十二月癸卯襲。

檢實錄，正德四年十二月癸卯條作蔣塋，皇明功臣封爵考所載宗圖作㪦。實錄嘉靖十一年正月癸酉條與功臣封爵考同。據功臣封爵考，嘉靖三年六月卒。

茌平伯吳中。

茌，實錄北平圖書館本作茬，抱經樓本作莊，明史吳中傳作茌。按當作茬，中係武城人，屬山東東昌府，茬平亦屬東昌府。漢有茬平縣。其封以茬平伯者蓋以此。東昌府茌平縣，明史地理志茌誤茌。大明一統志及會典作茬，不誤。

右景泰朝。

按李賢撰恭順侯追封涼國公諡忠壯吳公神道碑銘：「叔父克勤，官至左軍都

督府左都督，亦同兄（克忠）歿於陣，追封遵化伯，謚僖敏」。實錄正統十四

年八月庚申條及明史卷一百五十六與允誠附傳所記同。表遺漏未書。

東寧伯焦文耀，嘉靖四十二年四月乙卯襲。

按實錄是年四月乙卯條作燿。功臣封爵考所載宗圖作燿，文燿係嫡長，其弟

曰文炳、文燦、文光、文煥、俱從火旁，則作燿是也。

東寧伯焦夢熊。

按功臣封爵考所載宗圖，文燿係第七世，其第八世列文炳男夢暘，文燦男夢

曦，則史表所載夢熊，宜下文燿一格。

懷柔伯施瓚，一作璜。

皇明功臣封爵考所載宗圖作瓚。

武平伯陳永壽，萬曆五年十二月乙未襲。按實錄時有武平伯陳如松者，萬曆十九年正

月庚戌管理紅盔將軍，世次襲年無考。

按實錄萬曆五年十二月乙未條，北平圖書館本作陳永壽，北京大學本抱經樓

本作陳永祿。檢皇明功臣封爵考所載宗圖，武平伯陳大策長男永爵，永爵子

如栢，大策次男永祿襲伯，而如松為永祿長子，允福允壽允泰則為永祿之

弟。明制，爵位承襲，係以嫡長。長房未能承襲，必因其早卒絕後。永祿以

次子襲爵，則其子如松亦當優先承襲。如松既萬曆十九年正月尚在世，則永

壽絕不可能在萬曆五年襲爵，史表此處蓋據誤本實錄而書耳。

右成化朝。

按實錄：「成化四年六月乙未，賜故後府右都督贈大同伯陶瑾謚武毅」。陶瑾

之追封，史表失載。

卷一百八　　　外戚恩澤侯表

永定伯朱泰，本姓許，正德中以義子賜姓封，十六年除。

安邊伯朱泰，（江）彬弟，與彬同日封，十六年除。

按實錄，正德十三年九月甲寅封江彬為平虜伯，許泰為安邊伯。彬係宣府

人。實錄正德十六年十月癸未許泰本傳，謂泰係「江都人，給事豹房，與彬

深相結」，則泰決非彬弟也。許泰以賜國姓，故表稱朱泰。而表另有一朱泰
原姓許，封永定伯，考之實錄未記此事。檢明功臣封爵考，目錄卷七列永定
伯許太，而卷七正文則作安邊伯許太，蓋即一人。功臣封爵考未言泰係彬
弟，必他書記之，謬說流傳，史表兼收並探而不知其非耳。明史許泰附江彬
傳，亦未言泰係彬弟，及彬弟曾封伯，蓋表傳非一人手筆也。

卷一百十一　　七卿年表一

洪武十六年，陳敬，正月試（吏部尙書），十二月致仕。

　　　　按實錄：「洪武二十三年二月丙辰，以廣東龍川知縣陳敬爲吏部侍郎。敬字
　　　　行簡，河南人。敦實有行義。先爲河南儒學訓導。洪武十六年刑部尙書開濟
　　　　薦，爲吏部試尙書。十七年坐事免歸。後又起爲龍川知縣。至是詣闕，言事稱
　　　　旨，擢今職」，則敬係洪武十七年免，非十六年十二月致仕也。其正月試吏
　　　　尙，及坐事免，實錄洪武十六年十七年卷均未記其事。今檢明許崇熙國朝殿
　　　　閣部院大臣年表所記與明史同，蓋爲明史所本。王世貞弇山堂別集卷四十一
　　　　吏部尙書表云：「陳敬，河南洛陽人，洪武初年舉行義，十六年以侍郎試吏
　　　　部尙書，本年坐累死」。王氏所書，不知何據，其言本年坐累死，則誤無疑
　　　　也。王書謂其以吏侍試尙書，而雷禮國朝列卿紀則謂其以吏部考功郎中試尙
　　　　書，天啓時所修皇明吏部志則更綜合之，而謂敬由考功而侍郎而試尙書，其
　　　　實此等紀載當存疑，不可任意綜合也。鄙意，明史七卿年表書七卿拜罷，當
　　　　一依實錄志其年月；其不依實錄書者，當明著出處。亦正以國史取詳年月，
　　　　而雷禮王世貞許崇熙所著列卿紀及表，訛誤極多，不可盡信故耳。

洪武十八年，趙玲，三月任（吏尙），未幾罪誅。

　　　　表於趙玲誅後，二十三年詹徽兼吏尙前，未書任吏尙者姓名。按實錄，此數
　　　　年內有侯庸以給事中署吏部事，後陞吏部侍郎署部事。表於洪武二十六年下
　　　　既書梁煥以給事中署，則此處亦當據實錄補書。

洪武二十七年，曹銘，九月任（都察院）右（都御史）。

洪武二十八年，銘，九月罪死。　　吳斌，正月任左。王平，二月任右。

按實錄書：「洪武二十七年九月，陞都察院左副都御史曹銘爲右都御史」，「二十八年二月甲戌以都察院左僉都御史王平爲右都御史」，「九月丁酉，都察院左都御史曹銘有罪誅」。明制，都察院設左右都御史各一人，王平既以二十八年二月任右，則曹銘當改左，故實錄於二十八年九月書左都御史曹銘以罪誅也。曹銘既任左，王平任右，則吳斌以是年正月任左，卽屬可疑之事。實錄未書吳斌是年任左，而雷禮列卿紀謂以是年八月任，許崇熙國朝殿閣部院大臣年表謂以□月任，其作八月任，與實錄不合，亦不足信。吾故曰，明史七卿表所書，凡不本於實錄者，當明著出處，不可任意以他書綜合也。

洪武二十九年，鄧文鑑。

按實錄二十九年十一月壬申條鑑作鏗，謂鏗登洪武乙丑進士第。檢進士題名碑錄作鏗，則作鏗是也。太祖實錄記鏗事，有誤作鑑者，史表蓋據誤本實錄而書耳。

卷一百一十五

徐達傳

趨汴梁，……左君弼竹貞等降。

竹貞，實錄洪武元年三月己亥條作竹昌。王世貞史料前集徐中山世家作竹貞。健按，太祖實錄丙午四月辛未條：

左相國徐達克安豐，……竹昌君弼皆走汴梁。至日晡時，元平章竹貞來援，……大敗之，竹貞遁去。

既言竹昌與左君弼走汴梁，則日晡時不得來援。竹昌與竹貞自非一人。竹昌與左君弼同走汴梁，於洪武元年三月降於明，而竹貞則至洪武三年二月始爲李文忠所擒，見實錄洪武三年二月卷。實錄記竹昌事，今撮記於下。癸卯三月太祖率右丞徐達等擊安豐呂珍，廬州左君弼出兵助珍，爲明兵所敗。太祖命移師圍廬州，元將竹昌忻都遂入據安豐。甲辰四月丙午，徐達率兵再攻廬州，左君弼懼不敵，遁入安豐。乙巳七月甲子，太祖遣使致書擴廓帖木兒，

責其遣竹昌忻都率師深入淮地 ， 殺掠人民 。 丙午二月太祖遣使諭徐達，謂
「安豐竹昌糧盡將遁」。四月甲子，太祖復遣使諭徐達，謂「聞元將竹貞領馬
步兵萬餘，自柳灘渡入安豐，其部將漕運，自陳州而南，給其餽餉，我廬州
兪平章見駐師東正陽，宜令遣兵巡邏，絕其糧道。安豐糧旣不給，而竹貞遠
來之軍，野無所掠，與我軍相持，師老力罷。爾宜選劉平章薛參政部下騎卒
五百，並廬州之兵，速與之戰。一鼓可克之。不然，事機一失，爲我後患」，
達聞命，卽率馬步舟師三萬餘攻安豐，其克安豐在四月辛未，去聞命之日僅
八日，及城破而竹貞援兵始至，蓋乘其未至，爲明兵各個擊破也。實錄所記
事本甚明 ， 王世貞撰徐中山世家亦根據實錄 ， 惟貞字誤作昌，明史據以潤
色，未取實錄覆檢耳。夏燮明通鑑卷三考異云，竹貞卽竹昌，畢氏宋元通鑑
誤爲二人。夏氏未見太祖實錄，故從明史耳。

竹昌左君弼走汴梁 ， 實錄洪武十八年二月徐達本傳作祝昌 ， 雖云譯音無定
字，然同一書內，譯名畢竟應畫一也。

明史韓政傳云：

> 攻安豐，……元將忻都竹貞左君弼皆走，追奔四十餘里，擒都，俄而貞引
> 兵來援，與戰城南門，再破走之。

此傳所云竹貞，亦當據實錄改爲竹昌。下文言貞引兵來援，則當據實錄增一
竹字，始與實錄合。

令指揮張勝以兵千人守宮殿門。

> 按實錄洪武元年八月庚午條記此事張勝作張煥，實錄徐達本傳亦作張煥，作
> 煥是也。據實錄，張煥曾佐左君弼守廬州，多智計，人號樓兒張。太祖亦嘗
> 稱其能。克北平後，將萬人西征。及張良臣據慶陽叛，張煥爲良臣所執。此
> 後事跡卽不見於實錄。

擒郯王濟王。

> 濟王，實錄洪武三年四月丙寅條及實錄徐達本傳作文濟王。檢元史諸王表，
> 有文濟王，而濟王則於皇慶中改封吳王，則實錄作文濟王者是也。王弇州史
> 料前集卷十九徐中山世家誤作濟王，明史遂沿其誤。

常遇春傳

進總管都督。

　　　按當時官制，無總管都督一級。實錄書「丙申十月丁未朔，以常遇春爲管軍
　　　總管」，實錄遇春本傳及宋濂撰神道碑同，當從之。進管軍總管，實錄作丙
　　　申十月事，而實錄本傳及神道碑作乙未冬十月事，似神道碑所記爲是也。

攻杭州失利，召還應天。從徐達拔趙普勝之水寨，從守池州，大破漢兵於九華山下，
語具達傳。

　　　按宋濂撰常遇春神道碑記此事云：

　　　　　十有二月攻杭州。庚子夏五月，召還京師。從徐公拔安慶趙普勝之水寨。
　　　　　時僞漢陳友諒揚言援安慶，王策其必攻池州，以羸弱守城，伏銳士於九華
　　　　　山下，明日，友諒兵來攻城，伏兵四合，俘殺萬餘人。

　　　實錄洪武二年常遇春本傳記遇春事多本神道碑，而其記此事則不同。實錄本
　　　傳云：

　　　　　十二月攻杭州。庚子三月召還。四月從徐達破陳友諒兵於池州，俘斬萬餘
　　　　　人。

　　　實錄本傳不書庚子年從徐達破安慶趙普勝水寨。考實錄記：「己亥 九月 乙
　　　未，陳友諒殺其將趙普勝」，則在庚子年，普勝已前卒，實錄本傳不從神道
　　　碑書此事，殆以此。

　　　太祖之召遇春還應天，神道碑作庚子夏五月，實錄繫此事於庚子三月初一。
　　　纂修史臣必有所據，當以實錄爲正。其敗陳友諒兵於池州，神道碑繫於庚子
　　　夏五月，實錄庚子年卷所記事同，而實錄本傳作庚子四月，此實錄自相牴觸
　　　也。

　　　安慶爲趙普勝所據。實錄書與趙普勝爭戰事云：

　　　　　己亥夏四月癸酉，復池州。初趙普勝既陷池州，遣別將守之，而自據樅陽
　　　　　水寨。數往來寇掠境上。元帥徐達患其侵軼，遣院判俞通海等往擊敗之，
　　　　　俘其將趙牛兒等。普勝棄舟陸走，又擒其部將洪錫等，並獲艨艟數百艘，
　　　　　遂復池州。上時在浙東，聞之甚喜，遂陞達爲奉國上將軍同知樞密院事，

通海僉樞密院事。

（己亥）六月，是月僉院俞通海率兵攻趙普勝，不克而還。

（己亥）九月癸巳，奉國上將軍徐達僉院張德勝，率兵自無爲登陸，夜至浮
山寨，擊走趙普勝部將胡總管，敗之于青山，追至潛山界，陳友諒參政郭
泰引兵渡沙河迎戰，復大破之，……遂克潛山縣，以詹元帥守之。

（己亥九月）乙未，陳友諒殺其將趙普勝。

則所謂拔安慶趙普勝水寨，疑卽指樅陽水寨一役而言也。

徐達破趙普勝水寨在己亥四月，考實錄常遇春本傳言：

戊戌十二月，從上取婺州。己亥夏四月，授鎭國上將軍同僉書江南等處引
樞密院事，守婺城。尋命攻衢州，降之。

則是時遇春正從太祖定浙東，未參加己亥四月樅陽水寨一役也。

遇春之攻衢州，據實錄係己亥七月乙巳事；其克衢州，係九月丁未事。則己
亥四月以後，至己亥九月乙未普勝被殺，遇春亦未與普勝交鋒也。

實錄本傳記常遇春事，已參考神道碑。其不從神道碑，必有據。明史此處又
據神道碑敍入，蓋未取實錄深考也。

太祖追友諒於江州，命遇春留守。……進行省參知政事。

按神道碑記此事作「六月友諒入太平，犯龍灣，王共謀擊敗之。已而上整舟
師襲友諒，留王守京師。辛丑春三月拜江南行中書省參知政事」。以實錄證
之，此所謂「上整舟師襲友諒」，卽友諒於龍灣敗後，太祖遣徐達率舟師追
擊，亦追至池州而還，並未追友諒於江州也。實錄書：「上遣徐達馮國勝」，
未書遣常遇春，則遇春正如神道碑所言是時留守京師也。友諒此役旣敗，於
辛丑七月復陷安慶，太祖乃躬率舟師伐之，克江州，其時遇春已從行矣。明
史此處應刪「於江州」三字。

羅友賢據賢山寨，通張士誠。

按實錄壬寅十月戊子條記此事作神山寨，癸卯正月壬寅條及實錄常遇春本傳
並同。考宋濂撰開平王神道碑梁國公趙德勝神道碑亦作神山寨，則作神是
也。明史作賢山寨，蓋涉上賢字而誤。

獲其宗王慶生及平章鼎住等。

　　明史韃靼傳慶生作慶孫。實錄洪武二年六月常遇春本傳作慶生，實錄李文忠
　　本傳作慶王。楊廉明名臣言行錄引董倫撰李文忠神道碑作慶生，皇明文衡卷
　　六十四蘇伯衡撰岐陽武靖王勳德碑作慶王，惜未見神道碑拓本。

卷一百二十六

李文忠傳

得兵三萬。

　　按實錄甲辰十一月己丑條及洪武十七年三月李文忠本傳並作二萬。黃金開國
　　功臣錄李文忠傳作三萬，當以實錄為正。

擒平章竹真。

　　實錄洪武三年二月卷及十七年三月文忠本傳作竹貞，明史韃靼傳亦作竹貞。
　　按此即援安豐為徐達所敗之竹貞。雖譯音無定字，然實錄作竹貞，則仍當劃
　　一，從實錄寫法也。黃金開國功臣錄文忠傳作祝真，蓋據董倫撰神道碑。

指揮使周顯常榮張耀俱戰死。

　　實錄及明史卷一三四曹良臣附傳俱謂常榮係振武衛指揮同知。明史此處當削
　　去使字。

獲其妃及司徒答海等。

　　實錄洪武七年七月甲子條作答海俊，黃金開國功臣錄李文忠傳亦有俊字。

窮追至伯千兒。

　　實錄洪武七年八月丙辰條及實錄文忠本傳作伯干兒。

鄧愈傳

移鎮宣州，以其兵取績溪，與胡大海克徽州，……苗帥楊完者以十萬眾來攻，……破
走之。進拔休寧婺源。

　　實錄洪武十年十一月鄧愈本傳作，「領兵取休寧績溪，乘勝克徽州」。取休寧
　　在取徽州之前。而實錄丁酉年卷記此役經過云：「七月戊寅，元帥鄧愈胡大海
　　取績溪。庚辰，……進兵徽州，拔其城。丙申，元帥胡大海克休寧，進攻婺
　　源。元將楊完者率兵十萬欲復徽州，大海還師戰於城下，大敗之，……完者

遁去。九月癸酉，元婺源州元帥汪同與守將鐵木兒不花不協，詣雄峯奧降。」
則休寧之下，在取徽州之後。以地理形勢論之，實錄丁酉年卷所記爲得其
實，而實錄本傳據朱夢炎所撰神道碑潤色，未取丁酉年卷讐對，故有此誤
耳。由實錄丁酉年卷所記觀之，大海由婺源前線回師救徽州，未必須棄守休
寧。實錄於救徽州之後亦僅書婺源之降，則休寧恐仍在明軍之手。此休寧二
字爲實錄及神道碑所本無，則亦不必臆增之也。

破長槍帥余子貞。

　　太祖實錄戊戌三月丙辰條作余子貞，洪武十年十一月鄧愈本傳作金子琛，朱
　　夢炎撰鄧愈神道碑作金子珍。按太祖父名世珍，故方國珍或稱方谷眞；蜀將
　　丁世珍，諸書珍字作貞，或作眞。實錄戊戌三月丙辰條作貞，疑亦避諱改
　　也。俟考。

遣使說降饒州守將于光，遂移守饒。饒濱彭蠡湖，與友諒接境。數來侵，輒擊却之。
進江南行省參政，總制各翼軍馬。取浮梁，徇樂平餘干皆下。

　　按朱夢炎撰鄧愈神道碑記此事云：

　　　庚子七月，鄱陽院判于光右丞余椿擊走僞漢部將辛同知，取饒州，遂以其
　　　城來附，有旨命王往鎭之。饒城濱彭蠡湖，而僞漢主陳友諒尙據江州，數
　　　遣師來攻城。王斂兵東門外，與余椿于光等連營以拒之，屢殲其衆，賊兵
　　　遂退。辛丑正月，除江南行省參政，（實錄本傳南作浙，誤），仍兼僉書行
　　　樞密院事，總制各翼軍馬。饒之境內，弄兵者尙懷疑阻，王推誠結納，撫
　　　以恩信，於是左丞吳宏等皆請降。八月領兵襲浮梁，僞參政侯邦佐棄城
　　　遁；八月取樂平，擊敗蕭總管五千餘衆，擒萬戶彭壽等六十八人，饒境悉
　　　定。

實錄鄧愈本傳及明史鄧愈傳所記皆源於此。俱謂鄧愈曾守饒州，友諒侵饒
州，爲鄧愈所擊退。今按神道碑所記，與實錄庚子亥丑年紀事不合。據實錄
庚子辛丑年卷所記，則于光雖曾攻下饒州，然未能久據，故僅以浮梁來附，
而浮梁亦旋爲陳友諒參政侯邦佐所據也。實錄記其事如下：

　　庚子七月乙丑，陳友諒守浮梁院判于光左丞余椿與饒州辛同知（神道碑作

辛）有隙，出兵攻之，辛同知走。光等遂遣人以浮梁來降。命光等仍守其地。既而友諒遣其參政侯邦佐復攻陷浮梁，于光等敗走。光獨乘輕騎，謁上於龍江，授行樞密院判官，令戍徽州永平翼。……

辛丑春正月辛酉，以僉院鄧愈爲中書省參政，仍兼僉行樞密院事，總制各翼軍馬。……朱亮祖率兵擊陳友諒平章王溥於饒州安仁之石港，不利而還。

六月丙午，雄峯翼元帥王思義克鄱昜（昜，嘉業堂本作陽）之利陽鎮，擒賊首王文友及其部屬，戮之。遂會僉院鄧愈兵于三洞源，議取浮梁。

七月甲子，樞密僉院鄧愈兵攻浮梁不下，上命理問谷繼先院判劉文旺率兵往助之。

八月甲申，鄧愈克浮梁，陳友諒守將侯邦佐等棄城走。院判于光復攻樂平州，友諒總管蕭明率衆拒戰，光擊敗之，擒其萬戶彭壽第六十餘人，遂克之。

庚寅，上親率舟師伐友諒。……癸卯，我師入江州。

戊申，陳友諒平章吳宏以饒州降，命仍其官守饒州。……

九月辛亥，陳友諒平章王溥降，……俾仍守建昌。

以地理形勢論之，鄧愈由徽州經略饒州，須經浮梁。于光據饒州後，與鄧愈連結，亦需經浮梁。浮梁既復爲侯邦佐所佔，則饒州恐亦爲陳友諒所有。鄧愈由徽州經略江西，至辛丑八月甲申始克浮梁，於時太祖亦躬率師伐友諒，八月癸卯克江州。在此二路攻勢下，吳宏王溥胡廷瑞遂來歸，而饒州建昌及南昌遂爲明有。

神道碑謂，鄧愈奉旨往鎮饒州，實錄庚子年卷不記此事。以其時情事論之，于光爲徐壽輝部將，陳友諒弒壽輝，壽輝所部遂懷貳志。于光既由浮梁攻下饒州，於時友諒都江州，懼友諒之報復，自必歸降於太祖，而太祖命鄧往鎮，協同抵禦，亦情理所可有。惟據實錄庚子年卷，則似不及往授，饒州已陷，而浮梁亦旋爲侯邦佐所佔耳。宋濂撰于光神道碑亦僅言于光以浮梁來附，未言以饒州來附，與實錄所記合。

實錄記明兵征戰，亦間諱敗績不書，今舉二證。太祖渡江，克應天前，其部
將曾爲朱亮祖所敗，此僅見於實錄朱亮祖本傳，而實錄乙未年卷卽不書其
事。實錄洪武十一年八月己巳諭元臣納哈出詔謂「今爾與朕守邊將士，旌旗
相望，略較勝負，彼此相當，矢石之下，罹害者衆」。而太祖集卷二所載原
詔作「今爾與朕守邊將士，旌旗相望，略較勝負，則彼勝我負，已兩經矣。
爲爾所害者，將及八千人，皆無生全，誠可惜哉」！原詔係我負，實錄諱敗
績，改爲勝負相當，然則實錄庚子年卷不書鄧愈往鎭，或亦有所諱。由神道
碑所記，則似曾奉命往援；惟神道碑謂擊退友諒兵，似饒州始終爲明所有，
則與地理形勢及實錄庚子辛丑年卷紀事不合。神道碑係事後追書，侈陳功
伐，此處又當以實錄所記爲正也。

實錄庚子辛丑年卷所記，有年月日，當源出於當時奏報及明初所修大明日
曆，而實錄本傳則據神道碑潤色。爲行文方便計，史官糅雜不同來源之史料
於一書，雖間有考訂，（如實錄常遇春本傳，說見前），然亦有失之不考者，
實錄此處是也。

明史太祖本紀謂，「敗友諒於江州，克其城，分徇南康建昌饒蘄廣濟皆下」。
本紀係編年體，故據實錄庚子辛丑年卷爲文；而明史鄧愈傳則傳記體裁，故
據神道碑及實錄本傳潤色耳。

潘力田國史考異論此事，信神道碑，而不信實錄所記饒州陷沒事，蓋忽略當
時地理形勢。潘氏據黃金開國功臣錄，謂吳宏代鄧愈守饒州。案鄧愈奉令鎭
饒，然不旋踵饒州卽失，及吳宏以饒州降，太祖命宏仍鎭守其地，以鄧愈奉
命在前，則諸書記此自不妨謂吳宏係代鄧愈，然不可據此而謂饒州自于光降
後卽始終爲明所有也。潘氏所見與拙文異，謹誌於此，以俟異日詳考。

攻下牛心光石洪山諸山寨。

按實錄洪武元年閏七月辛酉條光石作光石腦寨。

宣慰何鎖南等皆納印請降。

按實錄洪武三年六月卷及四年正月己丑條，十二年七月戊申條，俱作何鎖南
普。太祖集卷八命中書勞西番指揮何鎖南勑作何鎖南，省普字。實錄洪武二

十九年四月寧正本傳亦作何鎖南。 明史卷三百三十西域傳作鎖南普 ，脫何字。

五年，……又捕斬房州反者。六年，以右副將軍從徐達巡西北邊。

> 按實錄：「洪武六年五月乙巳，房州人段方秀自稱參政，僞立官屬，衛國公鄧愈發兵捕斬之」，則此乃六年事。此事不見於神道碑，自據實錄增入。古人行文，於不關重要事，恆省略其年份，僅於重要史事間或注明，故鄧愈傳此處，亦可以謂其不誤也。古人文辭，不可以編年體史家眼光讀之。苟實錄不存，僅據正史紀傳作編年體史書，則成書不僅費力，卽書成而訛誤亦必多也。

湯和傳

獲千戶四十九人。

> 太祖實錄甲辰三月戊辰條作「擒其千戶劉文興等四十九人」。非四十九人皆官千戶也。

沐英傳

別破閩溪十八寨。

> 閩，程巽隱集黔寧昭靖王廟碑及皇明文衡卷六十四蘇伯衡撰岐陽武靖王勳德碑作閩。明史卷一百三十四繆大亨附傳亦言「下建延汀三州，定閩溪諸寨」。

平朵甘納兒七站。

> 納兒七站，實錄洪武十二年正月甲申條及二十五年六月沐英本傳作納麟七站。明史卷一百三十一金朝興傳，卷三百三十西域西番諸衛傳與實錄同。程本立巽隱集黔寧昭靖王廟碑麟作鄰。明史卷一百三十吳復傳鄰下有哈字。弇州史料前集卷二十一西平王世家作「平朵甘納兒七站之地」，爲明史沐英傳所本。

二十二年，思倫發復寇定邊，衆號三十萬，英選騎三萬馳救。

> 按實錄及明史太祖紀繫此役於洪武二十一年三月，傳作二十二年，誤。

明史卷一百二十七

汪廣洋傳

置正軍都諫司,擢諫官。

> 實錄卷一百二十八汪氏本傳:「己亥,置正軍都諫司,擢都諫官」。此都字義
> 如都御史都給事中之都,似不可省。

明史卷一百二十九

馮勝傳

遣其左丞探馬赤等獻馬。

> 實錄洪武二十年六月丁酉條作劉探馬赤,蓋漢人胡名也。

降納哈出之部將慶國公觀童。

> 慶,實錄洪武二十年六月庚子及八月庚戌條作全,明史韃靼傳與實錄同。明
> 史馮勝傳所記, 與弇州史料前集卷二十三馮宋公傳同 , 蓋據弇州所撰傳潤
> 色,故因襲其誤也。

傅友德傳

降太尉鎖納兒等。

> 實錄洪武五年六月戊寅條記此事作鎖納兒加。八年正月丙子以故元降將鎖納
> 兒加為御史臺治書侍御史。金華叢書本宋學士集卷六十六寄和右丞溫廸罕詩
> 卷序云:「舊嘗賦絕句以寄治書瑣納兒加」,即此人。 實錄傅友德本傳脫加
> 字,實錄馮勝本傳有。明史傅友德傳據王弇州撰傳潤色,故亦脫加字。

楊璟傳

降兩江土官黃英岑伯顏等。

> 實錄洪武元年七月己巳條作黃英衍。黃英衍之名,實錄屢見。明史卷三百十
> 八廣西土司傳與實錄同。

明史卷一百三十

康茂才傳

子鐸……平施壘諸州。

按實錄洪武十五年七月康鐸本傳作「平松壘諸州有功」。實錄德慶侯廖權本傳：「十一年從御史大夫丁玉征松壘等州，克之」。施，實錄作松，是也。

丁德興傳

明史德興傳所記，惟「德興圍平江，卒於軍，由鳳翔衞指揮使贈都指揮使，洪武元年追封濟國公」，見實錄吳元年九月乙亥條。餘所記蓋據黃金皇明開國功臣錄德興傳潤色。今據實錄核之。

下金壇廣德寧國，從平常州，擢左翼元帥。寧國復叛，從胡大海復之。

案實錄，下金壇在丙申四月；下廣德在丙申六月；平常州在丁酉三月。在丁酉三月之前未記下寧國事。實錄所記克廣德寧國事，今節錄於下：

丙申六月乙卯，元帥鄧愈邵成總管湯昌率兵攻廣德路，克之。改為廣興府。置廣興翼行軍元帥府，以鄧愈邵成為元帥。

十二月丙午，寧國路長槍元帥謝國璽寇廣興府，元帥鄧愈擊敗之，禽其總管武世榮，獲兵千餘人。

丁酉三月壬午，（徐達）克常州。

四月丁卯，克寧國路。先是上命徐達常遇春率兵取寧國，長槍元帥謝國璽棄城走。守臣別不華楊仲英等閉城拒守，城小而堅，攻之久不下。遇春中流矢，裹創與戰。上乃親往督師，……仲英等不支，開門請降。……禽其元帥朱亮祖，並得其軍士十餘萬，馬二千四，於是屬縣太平旌德南陵涇縣相繼皆下。

寧國之克在丁酉四月，功臣錄謂在平常州以前即已為明有，實與實錄所記不合。丁酉四月克寧國時，降朱亮祖，而朱亮祖在此以前曾降而復叛，恐即因此事而傳訛，說詳朱亮祖傳纂誤。寧國之克，係由太祖自將，功臣錄云，從胡大海復之，或其時德興隸大海麾下也。

分兵下江陰，取徽州石埭，池州樅陽，攻江州，移兵擊安慶，所向皆捷。復援江陰，略江西傍近州縣。攻雙刀趙，挫其鋒。

據實錄，下江陰係丁酉六月事，取徽州係丁酉七月事，取池州樅陽係己亥四

月事，見前文常遇春傳纂誤所引。「攻江州，移兵擊安慶，所向克捷」，以實錄證之，似指己亥九月克潛山一役。己亥九月徐達張德勝率兵自無爲登陸，夜至浮山寨，擊走趙普勝部將胡總管，敗之于青山，追至潛山界，陳友諒參政郭泰引兵渡沙河迎戰，大破之，遂克潛山縣」，潛山在安慶後方，距江州不遠，攻潛山一役，似本有攻江州，及扼安慶後背之意，惟明兵卒敗囘，而陳友諒憤潛山之敗，殺趙普勝，而次年庚子五月遂有陳友諒攻池州一役也。援江陰，似指己亥十月壬申張士誠犯江陰事。其略江西傍近郡縣，則無考。「攻雙刀趙，挫其鋒」，敍於援江陰之後，據實錄趙以己亥九月爲友諒所殺，則此節敍次恐誤也。

時徐達邵榮攻宜興，久不下。太祖遣使謂曰：宜興城西通太湖口，士誠餉道所由，斷其餉則必破。達乃遣德興絕太湖口，而並力急攻城，遂拔。論功授鳳翔衞指揮使。

　按實錄，下宜興係戊戌十月事 ， 廖永安率舟師乘勝深入被俘 ， 卽在此時。德興傳上文記己亥年事，此忽敍戊戌事，序次顛倒。傳言論功授鳳翔衞指揮使，考罷翼設衞在甲辰三月庚午，去戊戌下宜興已六年，其敍次亦有誤，說詳下。

陳友諒犯龍江，德興軍於石灰山，力戰擊敗之。遂從征友諒，搗安慶，克九江。援安豐，敗呂珍，走左君弼。從戰鄱陽，平武昌。

　陳友諒犯龍江，據實錄係庚子五月事，平武昌係甲辰二月事。上文「論功授鳳翔衞指揮使」應移敍平武昌下。黃金開國功臣錄德興傳所記年月多誤，此不暇一一列舉。明史刪黃書無關緊要紀事，此行文應爾，然不悟黃書所載，敍次有誤，仍需以實錄裁正也。

耿炳文傳

其明年，改永興翼元帥府爲永興衞親軍指揮使司，以炳文爲使。

　按傳上文言李伯昇寇長興，爲常遇春所破，據實錄係辛丑十一月事，則傳文所言「其明年」，當指壬寅年。按實錄甲辰三月庚午條：

　　置武德龍驤豹韜飛熊威武廣武興武英武鷹揚驍騎神武雄武鳳翔天策振武宣武羽林十七衞親軍指揮使司。先是，所得江左州郡置各翼統軍元帥府，至

是，乃悉罷諸翼而設衞焉。

則罷翼設衞乃甲辰年事，非壬寅年事也。實錄甲辰九月甲申條：

> 改長安州爲長興州，永興翼爲長興衞指揮使司，以耿炳文爲長興衞指揮
> 使。

則所改乃長興衞指揮使，非永興衞親軍指揮使。衞從地名，作長興當不誤。
且明制，京衞設親軍，外衞不稱親軍指揮使司，明史作永興衞親軍指揮使，
當誤也。

湖南文徵卷四十二劉三吾撰長興侯耿炳文追封三代神道碑：

> 丁酉，取長興守禦，開長興翼元帥府署，授統軍元帥。甲辰改元帥府爲興
> 武衞親軍指揮使司，就職本衞指揮使。

碑文作興武衞親軍指揮使司，而實錄甲辰三月所置親軍衞正有興武衞。惟外
衞究無置親軍指揮使司之理，此事恐當以實錄所記爲正也。

永興翼，碑文作長興翼，亦與實錄異。

耿炳文以凶終，實錄未立傳。故明黃金開國功臣錄記炳文事，逐據劉三吾撰
追封三代神道碑潤色。黃書謂，甲辰九月改永興翼元帥府爲永興衞親軍指揮
使司，此甲辰九月四字係據實錄，而親軍二字則據劉碑誤增，逐爲明史所
本。

明史費聚傳云：「克武昌，皆從。改永興翼元帥府爲永興衞親軍指揮使司，
仍副炳文爲指揮同知」。克武昌在甲辰二月，傳文敍永興翼改衞在甲辰克武
昌後，不誤，惟作永興衞親軍指揮使司，則其誤與耿炳文傳同。檢黃金開國
功臣錄，則明史費聚傳亦據黃書潤色而成，宜其同誤也。

韓政傳

追封鄆國公。

> 按國立北平圖書館藏林弼登州林先生續集卷三有韓政神道碑，謂政卒，追封
> 鄆國公，諡義安。此可補明史及實錄本傳之缺。

仇成傳

至是以成爲橫海指揮同知，守其地。

傳上文云，廖永忠張志雄破安慶水寨 ， 據實錄係辛丑七月壬申事 ；傳下文
云，從征鄱陽，殲敵涇江口，據實錄係癸卯八月壬戌事。在洪武元年以前，
成所任官見實錄洪武二十一年七月辛巳仇成本傳，其文云：

> 成，……乙未從軍，以功拔充萬戶。繼陞元帥。庚子授秦淮翼元帥府副元
> 帥。乙巳授宿衞鎭撫。丙午陞橫海衞指揮同知。吳元年擢指揮使。

據實錄 ， 甲辰三月庚午始罷翼置衞 ， 則實錄本傳謂成丙午陞橫海衞指揮同
知，其說當不誤。在癸卯八月壬戌已前，成實不可能任橫海指揮同知也。吳良
以守江陰功，封江陰侯 ；王志以守六安，封六安侯。成之封爲安慶侯，自亦
以曾在安慶立功。亦疑有守安慶之事，惟不可云以橫海指揮同知守其地耳。

洪武三年僉大都督府事，鎭遼東。久之，以屯戍無功，降永昌衞指揮使。尋復官。

> 按實錄：「洪武五年十一月壬申，納哈出寇遼東，刼掠牛家莊，燒倉糧十萬
> 餘石，軍士陷沒者五千餘人。 都督僉事仇成失備禦， 降爲永平衞指揮使」。
> 又實錄仇成本傳云：「五年……，以事降永平衞指揮使，……十二年……七
> 月復爲大都督府僉事」均謂成所降爲永平衞指揮使，非永昌衞指揮使。檢實
> 錄及明史地理志 ， 永昌衞之置在洪武十五年二月 ， 在洪武五年時尙無永昌
> 衞，則作永平者是也。實錄本傳「永平衞」，嘉業堂本作永昌衞，明史此處蓋
> 據誤本實錄。明史言成「屯戍無功」，亦當據實錄改爲「失備禦」。

張龍傳

降其守將劉思忠。

> 按實錄洪武三年五月辛亥條及洪武十八年二月徐達本傳作劉思中。

張赫傳

洪武元年，擢福州衞都指揮副使。進本衞同知，復命署都指揮使司事。

> 按實錄洪武二十三年八月甲子張赫本傳敍赫官歷云：
>
> > 洪武元年，授福州衞指揮使。二年率兵備寇於海上。三年陞福建都司都指
> > 揮同知。
>
> 明制，外衞無都指揮副使一官，則明史本傳云任都指揮副使，自誤，而實錄
> 本傳作福州衞指揮使 ， 當是也。福建都司之設 ， 據實錄張赫本傳在洪武三

年，而明史地理志則云：

> （洪武）七年二月置福州都衞，八年十月改福州都衞爲福建都指揮使司。

檢實錄洪武七年二月卷，僅云：

> 七年二月丁巳，陞大同衞指揮僉事曹興爲福州都衞都指揮使。

並未言福州都衞之置始此。考外衞之設都衞，蓋始於洪武三年。實錄書：

> 洪武三年十二月辛巳，陞杭州江西燕山靑州四衞爲都衞指揮使司，以徐司

> 馬濮英等爲各衞都指揮使。

> 壬午，置河南西安太原武昌四都衞指揮使司。

> 四年正月甲午（初十），置建寧都衞指揮使司……。己亥，以建寧衞正千戶

> 宋晟爲建寧都衞指揮同知。

建寧都衞之置在四年正月，則福州都衞之置似不應在七年二月。考實錄書：

「洪武四年正月庚寅（初六）置福州衞指揮使司」。太祖下福建，福州自宜置

衞，實錄張赫本傳卽其一證。當時情形係升衞爲都衞，故竊疑實錄四年正月

庚寅條「州」下當脫一都字。明史地理志作者檢實錄，未見實錄書福州都衞

建置，見實錄云，七年二月丁巳以曹興任福州都衞都指揮使，遂臆謂福州都

衞之置在此時，而不悟其說與實錄張赫本傳所記牴觸也。實錄張赫本傳謂，

赫以三年陞福建都司都指揮同知，亦與前所假定四年正月庚寅設福州都衞指

揮使司相牴觸。鄙意當以實錄四年正月庚寅條爲可信，蓋此條紀事有年月

日，必源於檔冊，而實錄本傳則源出神道碑行狀，係事後追書，其所書年月

日，可能記憶有誤也。凡實錄此類牴牾，錢牧齋多不從本傳，亦正以此耳。

明史卷一百三十一

顧時傳

敗蜀兵於漢川，遂克成都。

> 漢川，實錄洪武十二年十一月顧時本傳及皇明文衡卷七十二劉崧撰神道碑俱

> 作漢州。檢明史地理志，成都府有漢州，作州是也。

陳德傳

獲其同僉忻都等五十四人。

　　　　實錄洪武六年八月癸未條：「生擒同僉興都等七百餘人」。

子鏞襲封……十九年，與靖海侯吳禎城會州。

　　　　按禎卒於洪武十二年，見劉崧撰吳禎神道碑及明史吳禎傳。洪武十九年時，
　　　　禎已前卒，禎子忠已襲爵，故明史陳德傳此禎字當改作忠。實錄二十年六月
　　　　陳鏞本傳作禎，蓋實錄字誤，明史沿襲其誤耳。

金朝興傳

獲元平章劉麟等十八人。

　　　　實錄洪武三年二月乙酉條作荆麟。

葉昇傳

湖廣安福所千戶夏德忠。

　　　　實錄洪武二十二年二月癸亥條，十月辛酉條，夏德忠作夏得忠。明史太祖本
　　　　紀與實錄同。

明史卷一百三十二

朱亮祖傳

太祖克寧國，禽亮祖，喜其勇悍，賜金幣，仍舊官。居數月，叛歸於元。

　　　　實錄洪武十三年九月庚寅亮祖本傳所記同。今按太祖集卷十六永嘉侯朱亮祖
　　　　壙誌云：

　　　　　　亮祖，廬之六安人。元季率鄉里義士禦亂，與諸雄戰，所在出衆，元授以
　　　　　　義兵元帥。未幾，爲諸雄所逼，與諸義兵東越如須，經梁山，渡燕湖江，
　　　　　　放肆掠江東民，與太平州官搆讐。江東會衆攻之，亮祖諸義師頗艱。時朕
　　　　　　夏六月渡江釆石，太平州父老迎之，城降民安。亮祖聞之，亦深懼焉，遣
　　　　　　使入降。朕賜賞以銀帛之類，令不共元授，惟改年從朕。是後數月仍叛入
　　　　　　元。與大軍戰，大軍不利，被其俘囚而亡者四千餘。未幾，復戰寧國之
　　　　　　北，亦爲所敗，俘二千餘。諸將弗克亮祖，時朕急欲拔建業，未暇，姑置
　　　　　　之。明年下建業，又明年東與張士誠戰毘陵，下之。師旋，命大將軍徐達

開平王等爲前隊，愼行伍，進晝夜，圍亮祖於寧國縣，開平王被傷而歸，國公某亦被傷而還。朕來日至。比至之先，援兵已被大將軍敗，已城下獲亮祖。……

則亮祖在叛歸於元以前，係遣使歸降太祖，非戰敗被擒。實錄本傳及明史言擒亮祖，恐不如壙誌可據也。

壙誌云，亮祖「渡蕪湖江，肆掠江東民，與太平州官爲讐」，則亮祖渡江以後疑即據蕪湖。其降太祖，據壙志當在乙未六月太祖下太平州後，丙申三月克建業之前。實錄乙未八月丁丑條：

遣裨將習伯容攻蕪湖縣，克之，置永昌翼，以伯容爲萬戶。

太祖分兵克蕪湖，當以朱亮祖復叛故。壙志所云，與大軍戰，太祖兵被俘四千，復戰於寧國之北，太祖兵又被俘二千，此不見於實錄，蓋諱敗績不書耳。實錄書，乙未七月太祖遣兵攻集慶不克，蓋於時所急欲攻取者乃金陵，故於朱亮祖之叛，遂未續予以攻擊耳。

實錄記：

丙申十二月丙午，寧國路長槍元帥謝國璽寇廣興府，元帥鄧愈擊敗之，禽其總管武世榮，獲兵千餘人。

丁酉四月丁卯，克寧國路。先是，上命徐達常遇春率兵取寧國，長槍元帥謝國璽棄城走，守臣別不華楊仲英等閉城拒守。城小而堅，攻之久不下。遇春中流矢，裹創與戰，上乃親往督師。……仲英等不能支，開門請降。……禽其元帥朱亮祖，並得其軍士十餘萬，馬二千餘匹，於是屬縣太平旌德南陵涇縣皆下。

此所記雖係丙申丁酉事，已可見朱亮祖非寧國主帥，在乙未年未必能據以來歸。竊疑其係據蕪湖降明，其後叛歸入元，蕪湖棄守，遂入寧國，至是乃爲明兵所擒耳。實錄亮祖本傳記亮祖事，已採太祖所撰壙志，其誤書來降爲被擒，蓋因壙志下文言克寧國被擒，遂連想而誤。又見壙志言「復戰寧國之北」，遂以爲亮祖復叛入元以前，其所據地即爲寧國，而未考實錄丁酉四月太祖始克寧國路，壙志固嘗言亮祖係「渡蕪湖江」也。

夏燮明通鑑前編卷一附考異云：

> 明史亮祖傳言，太祖克寧國，禽亮祖。……數月叛歸於元。……紀事本末言，亮祖初爲義兵元帥，太祖克太平來降，尋叛去云云，然則亮祖初次被擒，蓋在克太平時，傳中寧國二字乃太平二字之誤也。亮祖以克太平被擒，……今據紀事本末改正。又傳言，我軍士爲亮祖所獲者六千餘人，按太祖彼時取金陵，兵力强盛，亮祖卽勇悍，不應軍士被獲至六千餘人之多，紀事本末作六十餘人，爲得其實，今從之。

彰健按，亮祖初次降太祖，係在太祖克太平之後，夏燮所言不誤。實錄本傳謂，亮祖初降係由太祖克寧國，此實錄本傳紀事之誤，明史亮祖傳特沿襲其誤耳。亮祖係遣使來歸，非被擒。其敗太祖兵，實錄本傳及明史所述正據太祖所撰壙誌。夏氏未見實錄及太祖集，故所言多誤，其從紀事本末作被獲六十餘人，亦誤也。

張翼傳

以副千戶嗣父職。從征陝西，禽叛寇，擢都指揮僉事。進僉都督府事。

> 按藍玉等以勦陝西叛寇封侯。實錄於洪武十二年十一月甲午封藍玉諸人爲侯之後，卽書：

> > 己亥，以……虎賁右衞指揮同知何德，府軍衞指揮僉事張翼俱爲大都督府僉事。

> 則翼係以府軍衞指揮僉事超授大都督府僉事也。

張溫傳

千戶郭佑被酒臥，……天策衞知事朱有聞爭曰。

> 按實錄洪武三年六月戊申條，佑作祐，有聞作友聞。作友當是也。

卷一百三十三

胡大海傳：養子德濟。

> 德濟係胡大海養子，故明史以德濟附大海傳。實錄無德濟本傳，明史此傳蓋據黃金開國功臣錄德濟傳潤色。北平圖書館藏林釪登州林先生續集卷三有鎮

國大將軍大都督府僉事林公壙誌，林公疑卽德濟。今錄壙誌於下：

公姓林，諱濟峯，世居滁之全椒。少剛勇，善騎射。元季天下大亂，上起
兵淮右，越國公胡大海時在麾下，知公可用，養爲己子。歲乙未，從渡大
江，取太平。丙申入建康，下鎮江。丁酉克常州宣州徽州。戊戌破阿魯灰
院判營，復攻杭州諸縣，進取嚴州金華。己亥取諸暨，圍紹興，克處州。
庚子授金華翼左副元帥，復從胡參政取信州，就守其城。有旨命爲總兵。
辛丑，回金華，五月仍守信州，分兵討陳友諒，獲賊將李明道。壬寅，越
國公調回金華，苗寇叛，越國公遇害，公守完其城，陞昭勇大將軍同僉
江南行樞密院。張士誠兵攻諸暨，公擊敗之。甲辰，陞浙東行省參政。丙
午，領兵駐杭州。吳元年授浙江省左丞，六月征蘇州，丞相徐達命攻胥門。
九月，克之。復攻無錫，降之。進資善大夫，職如故。洪武元年征福建。
二年收山東，移兵守汴，復攻陝西，丞相徐公調往平涼。三年征定西，歸
至鞏昌安定，以慢攻失陷軍士，降爲馬軍，四月克興元，上念其功多，復
授大都督府僉事。四年加鎮國將軍，仍令世襲，復姓林，賜以今名。從總
兵官中山侯湯和征蜀，僞夏主降。八年，授陝西都指揮使。十一年冬遘
疾，敕令回京，命尙醫治之，弗瘳。十二年正月□□日卒於私第。得年四
十有三。上爲之憫悼，命有司給其喪具。祖三府君，贈昭勇將軍指揮使，
祖妣許氏，追封德人；考小六府君，贈鎮國將軍僉大都督府事，妣胡氏，
追封夫人。子曰懋，曰吉祥奴，許出也。曰□兒，次室陳氏出也。女三
人，俱在室。惟公弱冠從軍，東征西討，無役不預，亦古名將之倫也。功
在簡冊，垂於無窮。姑敍其槩，以納諸壙。詳則具於神道碑云。

壙誌僅言林濟峯係胡大海養子，未言其原名德濟。所以知卽德濟者，以其事
迹與實錄所記德濟事合也。

壙誌云：「庚子……從胡參政取信州，就守其城，有旨命爲總兵。辛丑囘金
華，五月仍守信州，獲賊將李明道等」。考實錄書：

庚子五月戊寅，克信州。陳友諒之寇龍江也，上命僉院胡大海出兵擣廣信
以牽制之。大海……爲親率兵攻信州，……遂克之。……以葛俊爲元帥，

周隆爲副元帥守之。

辛丑五月甲戌，以樞密僉院胡大海爲中書分省參知政事，鎭金華，總制諸郡兵馬。陳友諒將李明道攻信州。……

六月丙午，李明道攻信州益急。守將胡德濟以兵少，閉城固守，遣人求援於胡大海。大海卽率兵由靈溪以進，……縱兵夾擊，……擒明道。

壙志云，有旨命濟峯總兵守信州，濟峯曾擒陳友諒將李明道，而實錄正謂胡德濟爲信州守將，擒李明道，此其相合一也。壙志云，「從胡參政取信州」，據實錄則其時大海尙爲樞密僉院，其陞參政係取信州以後事。恐實錄所記是也。

壙志云，「越國公遇害，公守完其城，陞昭勇大將軍同僉江南行樞密院。張士誠兵攻諸暨，公擊敗之」。越國公卽胡大海，鎭金華，爲苗軍元帥蔣英等所害。實錄壬寅二月癸未記：「德濟聞難，引兵奔訃，（朱）文忠亦率師至金華，……民乃安」。「壬寅二月癸丑，張士誠乘蔣英之亂，遣其弟士信率兵萬餘圍諸全，……文忠遣同僉胡德濟往援，……寇兵亂走，自相蹂踏及溺死者甚衆。」實錄卽謂德濟官同僉，敗張士誠兵於諸全。諸全州原名諸暨州，係太祖所改，後降爲諸暨縣，見明史地理志。其相合二也。

壙志云：「吳元年授浙江省左丞……。洪武三年征定西，以慢攻，失陷軍士，降馬軍。四月克興元，上念其功多，復授大都督府僉事」。按實錄云：「洪武三年四月丙寅大將軍徐達率師出安定，駐沈兒峪口。王保保發兵千餘人，從東山下潛趍東南壘，東南一壘皆驚擾，左丞胡德濟倉卒不知所措，達親率兵急擊之，敵乃退，遂斬東南壘指揮趙某及將校數人以狥。……以德濟失律，械送京師」。「乙酉……至京。上念其舊勞，特命宥之。仍遣使諭達曰：邇者浙江左丞胡德濟，臨事畏縮，……正當就軍中戮之。……若送至朝廷，……彼嘗有救信州之功，守諸暨之勞，故不忍加誅。懼將軍緣此緩其軍法，是用遣使諭意」，則德濟其時正官浙江省左丞。壙志言，濟峯以慢攻失陷軍士，而王世貞弇山堂別集卷八十六詔令考載太祖制諭徐達原文，亦正言德濟慢功（攻？），此其相合者三也。壙志云，四月克興元。檢實錄，興元之克在五月辛亥。此當以實錄所記爲得其實。合壙志與實錄觀之，德濟降爲馬

軍後，仍責令從征，以功乃復授爲大都督府僉事耳。

壙志云，（洪武）四年，復姓林，賜以今名。而實錄於洪武三年四月乙酉制諭徐達後，未再記胡德濟事，亦正以其復姓林故耳。壙志云，濟崟「從總兵官湯和伐蜀」，按實錄：「洪武四年十二月辛卯都督僉事林霽崟從克保寧，賞綵緞六表裏」，卽其從伐蜀事，惟霽當據壙志改爲濟耳。實錄記：「洪武八年十月丁亥召西安都指揮使濮英王銘還京，以都督僉事葉昇林濟崟代」，實錄此條作濟不誤，壙志所書，「八年授陝西都指揮使」，與實錄所記亦相合也。濟崟以洪武十二年正月卒，實錄未書其卒，亦未立傳，未言濟崟係德濟賜名，此則實錄之疏略。竊疑林弼所撰壙誌，纂修實錄史臣或未之見也。

明史胡德濟傳係據黃金開國功臣錄潤色，故所記有出壙誌之外者。如言「德濟字世美，不知何許人」，壙誌卽未言其字。壙誌言，濟崟世居隆之全椒，則當係全椒人也。

黃金開國功臣錄卷十五有胡德濟傳，而卷十七又有林濟崟傳。胡德濟傳謂其任陝西都指揮使，旋卒，而林濟崟傳則云：「國初從征討，歷有戰功，官左丞，陞大都督府僉事，洪武初，西安都指揮使缺員，出濟崟往署其事，誥文曰（全文見太祖集，下文濮英傳纂誤已節引）……後數年復爲大都督府僉事」。濟崟傳未言其任左丞以前官歷，蓋其所見材料僅此。林登州集所載壙志，黃金必未之見也。黃金謂濟崟任都指揮使後，復爲大都督府僉事，以壙志證之，恐卽指召回醫治，或又授以都督僉事，而壙志稱之爲都督僉事，疑卽以此，此又明史所未言者也。明史係據黃金開國功臣錄潤色，以濟崟無可稱述，故削其傳，而存胡德濟傳。明史此傳作者，於林弼所撰壙誌或亦未之見，卽見亦未必覺察林濟崟卽胡德濟也。

胡德濟既復姓林，賜名濟崟，則當以其復姓後姓名立傳，如沐英李文忠何文輝皆其著例。故明史胡大海傳傳目下「養子德濟」四字，當改作林濟崟。

擢浙江行省參知政事。

壙志云：「甲辰，陞浙東行省參政」。實錄則書：「癸卯四月乙丑，諸全守將樞密院判謝再興叛，……朱文忠聞亂，遣同僉胡德濟屯兵五指山下以備之。

事聞，上因命德濟爲浙江行省參知政事。德濟遣萬戶王克瑣偵邏敵境，遇士誠兵，被執死之」。實錄繫德濟任參政在癸卯年，與壙志異。

實錄及明史作浙江行省參政，壙志作浙東行省參政。按實錄：「戊戌十二月丙戌置中書分省於婺州。壬寅二月丙申改中書分省爲浙東等處行中書省。丙午十一月克杭州，十二月己未罷浙東行省，開浙江等處行中書省於杭州。」然則實錄及明史本傳作浙江行省參政者誤也。實錄李文忠本傳亦有此誤。

孫興祖傳

次三不刺川。

　　刺，實錄作剌，是也。

濮英傳

積功至西安衛指揮，坐軍政不修，召還詰責，遣葉昇代之。昇更言其賢，令還衛。

　　實錄：「洪武八年十月丁亥，召西安都指揮使濮英王銘還京，以都督僉事葉昇林濟峯代之」。太祖集卷三西安衛都指揮使葉昇林濟峯誥云：

　　西安衛都指揮濮英等，惰事弗勤，不謀怯敵，是致歸者失於勞撫，逃者終不復還，爲斯官不稱任，難居重位，詔令還朝，付法司責問。……特內調都府僉事葉昇林濟峯前往署事。

　　太祖集誥文與實錄所記合，則濮於時係官西安都衛都指揮使，傳僅言西安衛指揮，語意實不明晰也。西安都衛，八年十月改爲陝西都指揮使司。實錄記：

　　洪武十二年七月甲寅，以陝西都指揮使葉昇爲大都督府僉事。

　　十月乙酉，以西安衛指揮使濮英爲陝西都指揮使。

　　則傳所謂還衛，係由都衛都指揮使降爲西安衛指揮使，至十二年十月始復原職也。

洪武十九年，太祖命耿炳文選都司衛所卒備邊，惟英所練稱勁旅，加都督僉事。

　　按實錄：「洪武十二年十一月己亥，以……陝西都指揮使濮英……爲大都督府僉事」，則英在洪武十二年卽已爲都督僉事，不必俟十九年也。實錄記，洪武十三年四月甲申都督濮英練兵西涼，襲虜故元柳城王等二十二人，民一

千三百餘，並獲馬二千餘匹。丁亥，復請略地，開哈梅里之路，五月壬寅兵至白城，獲故元平章忽都帖木兒；進至赤斤站之地，獲故元豳王亦憐眞及其部曲。十九年正月壬午，陝西都指揮使司及都督濮英奏，西寧衞舊城卑狹，不堪戍守，今度城西百二十里許，其地平衍，可以改築，上可其奏，命調鞏昌臨洮平涼三衞軍士築之，未幾復停其役。由實錄所記觀之，則濮英任都督僉事後，復奉命在陝練兵，實錄謂「陝西都指揮司及都督濮英奏」，則英亦未掌陝西都司事。吾學編濮英傳謂英掌陝西都司事，其說不足信也。英在陝職掌練兵，而耿炳文則曾奉詔閱視，及選衞卒聽征，此見實錄洪武十七年七月乙酉及十九年十一月己卯條。

都督濮英，練兵西涼，請開哈梅里之路，事見明史西域哈梅里傳。濮英傳失書。明史此二傳非出一人手筆。

濮英附傳

孫虎克新城桐廬，進海寧衞指揮使。

　　按實錄洪武三年五月丁酉孫虎本傳作「進海寧衞指揮副使」，實錄同條書：「海寧衞指揮副使孫虎獲兵至落馬河，與元太尉買驢戰，死之」，則其死時仍官指揮副使，明史此處脫一副字。明史此處卽據實錄潤色，蓋摘錄膽正時有誤耳。

卷一百三十四

何文輝傳

討新淦鄧仲廉。

　　實錄：「乙巳正月甲戌大都督朱文正遣參政何文輝指揮薛顯等討新淦鄧仲謙」，實錄丙午十二月丙辰條亦作鄧仲謙，明史卷一百三十一薛顯傳與實錄同。

蔡遷傳

　　按明史功臣世表及實錄作蔡僊，實錄丙午四月乙卯條作蔡仙。北平圖書館藏明內府精寫本明太祖集卷十一有祭參政蔡仙文，則作遷殆誤也。蔡僊名，實錄凡數見，惟中央圖書館藏舊鈔本有一處作迁。黃金開國功臣錄有蔡遷傳，

殆據祭文及實錄本傳潤色，或其所見本已誤作遷矣。黃金撰蔡遷傳云，敗友諒八陣指揮於壽昌，祭文及實錄本傳壽作瑞，不誤。明史作壽，殆襲黃金之誤。明史遷傳據功臣錄潤色，而功臣世表則據實錄，故傳作遷而表則作僊也。

從徐達取廣德寧國，遷萬戶。

此文敍取寧國在克常州之前，實錄本傳同。太祖祭蔡仙文云「克廣德宣州，乃授萬夫之長」，（明史地理志云：寧國府，元寧國路，太祖丁酉年四月曰寧國府，辛丑年四月曰宣城府，丙午年正月曰宣州府）殆卽實錄本傳所本。此所謂克宣州，疑係用字之誤，蓋寧國路之克，據實錄係在克常州之後也。實錄洪武二十九年四月甯正本傳云：「進兵擊宣州，正與有功，（父）德成戰沒，詔贈昭勇大將軍中翼元帥副元帥京兆郡侯，以正襲職，代領其衆。從徐達克常州，進階懷遠將軍。攻下宣州江陰」。此亦言宣州之克在克常州後，參上文朱亮祖傳纂誤。

甯正傳

十三年從沐英北征，擒元平章脫火赤知院愛足，取全寧四部。

按實錄及明史沐英傳，十三年命英總陝西兵出塞，……擒脫火赤及知院愛足，十四年英從大將軍北征，克全寧四部。此文混敍作十三年事。

甯正附傳

走賀宗哲詹同於澤潞。

實錄：「洪武元年十一月癸丑，右丞薛顯追及故元詹同脫因帖木兒於石州，大敗之，脫因帖木兒遁去」。據實錄，脫因帖木兒爲王保保弟，官詹事院同知，省稱爲詹同。明史此詹同，當卽詹同脫因帖木兒，正史宜書其名，不宜省作詹同也。

丁玉傳

從傅友德克衡州，以指揮同知鎮其地。復調守永州。……洪武元年，進都指揮使，尋兼行省參政，鎮廣西。十年，召爲右御史大夫。

玉坐胡惟庸黨死。實錄無丁玉傳。明史此傳蓋據黃金開國功臣錄潤色，今以

實錄核之。實錄記：

洪武元年四月丁巳，平章楊璟克永州，……璟調衡州衞指揮同知丁玉守
之。

三年八月丁丑，以永州衞指揮同知丁玉爲廣西行省參政兼廣西衞指揮使。
實錄未言其任都指揮使，僅謂玉以永州衞指揮同知陞廣西參政。永州地屬湖
廣。考實錄，武昌都衞之置在洪武三年十二月，則玉於洪武元年無由任都指
揮使也。實錄記：洪武六年四月癸未置廣西衞都指揮使司，以蘇州衞揮指僉
事王眞爲都指揮使，是始任廣西都指揮使者爲王眞，亦非丁玉。考明初未設
都衞之前，間以事實需要，以一衞統轄數衞。實錄洪武二十五年六月沐英本
傳：「洪武元年，……調守建寧，節制延平邵武汀州三衞軍事」，沐英於時係
任建寧衞指揮使，而建寧都衞之設則在洪武四年正月甲午。丁玉於洪武三年
八月以廣西行省參政兼廣西衞指揮使，此廣西衞指揮使疑亦兼轄南寧柳州等
衞，惟其時究無都衞之稱，不可稱之爲都指揮使也。野史謂其進都指揮使，
其誤或由於此。

玉於洪武六年召爲中書省參政，七年四月陞中書省右丞，九年至延安防邊，
見實錄及明史宰輔表。明史丁玉傳謂，「十年召爲右御史大夫」，則似是年始
內召者，蓋表傳非一人手筆，傳僅據功臣錄潤色，未以實錄審核，故有此疏
略也。

會四川妖人彭普貴爲亂，……指揮普亮等不能克。

實錄十二年四月甲辰有諭四川都指揮音亮勅。七月丙辰，上以勅勞丁玉曰：
「爾之未至四川也，指揮音亮等用師不律，致妖人殺害忠良」。太祖集卷八諭
御史大夫丁玉勅亦作指揮音亮，不作普亮。

郭雲傳

保裕州白泉寨。

按實錄洪武元年四月丁卯條，五月己丑條，八月壬辰條，及七年六月卷本
傳，俱作泉白寨。

用爲溧水知縣，有政聲，……特擢南陽衞指揮僉事，使還鄉收故部曲，就成其地。

按實錄：「洪武二年十二月庚寅，以溧水縣知縣郭雲爲南陽衞指揮使，守禦南陽，兼知南陽府事」，則雲官指揮使，非指揮僉事，而傳亦遺漏知南陽府事未言也。實錄七年六月本傳云：「特陞南陽衞指揮僉事，俾還鄉收故部曲，就戍其地」，此當爲明史所本。實錄本傳載雲子洪授飛熊衞指揮僉事制辭云，「特授（其父）南陽衞指揮僉事」，考太祖集制辭原文作「南陽衞指揮職事」，則實錄本傳所錄制辭，或因其子授飛熊衞指揮僉事世襲，遂誤書其父原官亦爲指揮僉事，致與實錄二年十二月庚寅條牴觸也。

卷一百三十八

吳琳傳

入爲起居注。洪武六年自兵部尙書改吏部。

明史此傳蓋據黃佐南雍志吳琳傳潤色，所敍吳琳官歷，與實錄不合。實錄：「洪武三年七月乙巳，賜吏部尙書吳琳致仕。琳，黃州人，甲辰夏，召爲國子博士，遷浙江按察僉事，轉兩淮都轉運鹽使司同知，入爲起居注，吏部尙書，至是上憫其老，令致仕還鄉里」，則吳琳於洪武三年已任吏部尙書。考王禕忠文公集卷一有吳琳除吏部尙書誥，誥文云：

爾吳琳，學術旣醇，踐履尤正。其事朕由博士陞僉憲司，克振風紀。及貳嵯臺，國課以辦。俾居記注，獻納尤多。茲用陞掌天官，以掌銓衡之重。

誥文所敍吳官歷，與實錄同。考王禕以洪武五年正月奉使雲南，爲梁王所殺，則禕作此誥文，自在洪武五年以前，然則琳之始爲吏部尙書，不在洪武六年，實錄所記當不誤也。南雍志謂，「琳入爲起居注，進兵部尙書，六年改吏部尙書，錫之誥命，有學術旣醇，踐履尤正之褒」，卽忽略實錄本傳所載，且不悟王禕以洪武五年出使，誥文之作非六年事也。

實錄於吳琳致仕後，未再記其事，而黃佐謂琳任兵部尙書，則亦有據。宋濂鑾坡後集卷八辛亥京畿鄉闈紀錄序云：

洪武辛亥（四年）秋八月，浙當鄉貢之期，……上親選兵部尙書吳琳國子司業宋濂，司考文之任。

北平圖書館藏劉崧槎翁集卷十陪祀方丘應制詩序亦謂洪武五年五月「有旨命兵部尙書吳琳」，則琳於三年七月致仕後，蓋復起爲兵部尙書。黃崗志云：「吳琳，任吏部，其卒勅葬」，則後或又由兵部改吏部，文集所載誥文本無年月，南雍志或未知其係再任，故繫誥文之頒於六年也。

誥文謂，其事朕由博士陞僉憲司，而南雍志及明史則謂其始任國子助教，以實錄考之，明史不誤。誥文本不必將其所任官備舉無遺，而實錄本傳所記與誥文同，殆據誥文潤色，未檢前此所記，故自相牴觸耳。明天啓時所修皇明吏部志亦僅謂吳琳洪武六年任吏尙，蓋亦據南雍志，未檢實錄本傳覆勘。

吳琳於明初曾任起居注。明史太祖本紀謂：「吳元年十月甲辰，遣起居注吳琳魏觀以幣求遺賢於四方」，實錄所記同，惟琳字誤作林。明史選舉志記此事作吳林，殆據誤本實錄，未能改正耳。

卷一百三十九

韓宜可傳

時丞相胡惟庸御史大夫陳寧中丞涂節方有寵於帝，……宜可……劾三人，命下錦衣衞獄，尋釋之。九年出爲陝西按察司僉事。

> 按實錄：「洪武十二年正月辛卯，以通政使涂節爲御史中丞。節，江西進賢人。洪武六年由中書省掾累官至通政使，至是拜今官」，則涂節在洪武九年以前未任御史中丞，傳作中丞涂節，誤也。錦衣衞係洪武十五年始置，傳書下錦衣衞獄，亦誤。明史此傳係據雷禮國朝列卿紀宜可傳潤色。雷書所據則俟考。

蕭岐傳

洪武十七年，詔徵賢良，强起之。上十便書，大意謂，帝刑罰過中，訐告風熾，請禁止實封，以杜誣罔，依律科獄，以信詔令，凡萬餘言。召見，授潭王府長史，力辭，忤旨，謫雲南楚雄訓導。岐卽日行，遣騎追還。歲餘，改授陝西平涼。再歲，致仕。

> 按岐字尙仁，實錄：「洪武十五年九月乙卯，以儒士蕭尙仁爲潭王府左長史，尙仁以年老固辭，上命爲平涼府儒學訓導」。周是修芻蕘集正固蕭先生行述

亦云：「洪武壬戌春，詔舉天下賢良，共論治道，有司強起之。」壬戌係洪
武十五年，則明史作十七年徵者，誤也。

由實錄觀之，似蕭岐之除平涼儒學訓導亦在洪武十五年。今以是修所撰蕭岐
行述證之，則明史所言卽本諸行述，行述所言，當得其實。蕭岐上書，言過
切直，實錄爲太祖諱，故略而不書。其書命爲平涼訓導，亦原始要終，牽連
記之耳。

卷一百五十

劉辰傳

（永樂）十四年，起行部左侍郎。

按實錄：「永樂六年九月庚戌，陞前江西布政司參政劉辰爲北京行部左侍
郎」，傳作十四年任，誤也。且辰以永樂十年七月卒，見實錄十年七月丙午
本傳及皇明文衡卷八十八胡儼所撰墓誌。

卷一百五十二

董倫傳

洪武十五年以張以寧薦，授贊善大夫，侍懿文太子。

按實錄：「洪武十五年十一月甲子以儒士董倫爲右春坊右贊善」，則倫官非贊
善大夫。明太祖御製集有宋濂跋，濂結銜題：「翰林侍講學士兼太子贊善大
夫」，然至洪武十五年四月丙申更定春坊官制，實錄記其時所設官，僅左右
庶子諭德中允贊善司直，已無贊善大夫矣。又明史稱倫之任贊善大夫，係以
張以寧薦。按張以寧事迹見實錄及明史文苑傳。張以洪武二年秋使安南，三
年五月四日卒於返國道中，見北平圖書館藏張以寧翠屏集自挽詩附註。董之
任官，去張卒已十餘年，恐非由張薦也。

卷二百八十九

牟魯附傳

洪武五年，其黨羅子仁率衆潛入城，執名善，不屈死。

> 考證擴逸云：「本紀四年八月高州海寇亂，通判王名善死之，此作五年，彼此互異」。健按，實錄四年八月卷記此事，則本紀所載是也。

師勝……峨眉知縣，……洪武十三年率民兵討賊彭普貴，戰死，詔褒恤。

> 據實錄，下詔褒恤，係洪武十二年四月甲辰事。傳謂十三年戰死，誤也。彭普貴之亂，其平定在洪武十二年七月，見實錄洪武十二年七月丙辰條。

附記：本文之寫作，承洛氏基金會之資助，謹此致謝。

清雍正時期(1723—35)的財政改革

王　業　鍵

一

　　一個國家的盛衰常與其財政狀況相爲表裏。蓋國家財政，取之於民，用之於民；且財政爲庶政之母，一切政務的推行，非財莫辦。如果財政充裕，一方面旣足表示人民經濟力量的豐厚；他方面凡國防、治安、恤災、建設等等皆有所資，國家便能在安定中謀發展，於是形成康强盛世。反之，如果財政窘乏，正足以顯示國民經濟之薄弱，政府若仍取用無度，必致苛雜繁興，政務旣脫常軌，人民日漸貧困，結果便造成衰亡之局。

　　有清一代，至乾隆(1736—95)可稱鼎盛時期。當時府庫充盈，文治武功，媲美漢、唐。然盛世非可立致，歷史現象，尤屬因果相聯。溯自滿清入關(1644)，順治朝(1644—61)承明末衰敝之後，復傾全力肅清流寇及前代殘餘勢力，且天災頻仍，所以經濟、財政均無由穩定。惟經康(1662—1722)、雍(1723—35)二朝之經營，於是有乾隆之盛。康熙帝崇尚儉約，且以寬大爲政，務使與民休息，六十年間國力恢復，生產大增，因而奠定清代鼎盛期的經濟基礎。但康熙寬大之餘，不免吏治因循廢弛，弊竇叢生，雍正帝出而淸釐整飭，尤其在財政方面，諸多興革，嚴禁額外需索，飭財稅涓滴歸公，結果成績斐然，奠定了淸代全盛期的財政基礎。所以蕭一山先生說：「不有康熙之寬大，則國脈不得而培植；不有雍正之綜覈，則吏治不得而澄澈；……而乾隆之治，亦正兩朝墾殖之結果耳。」(註一) 日人稻葉君山先生更謂：「譬如農事，康熙爲之開墾，雍正爲之種植，而乾隆得以收穫也。」(註二)

(註一)　蕭一山淸代通史(民國十七年九月初版，上海，商務印書館發行)卷中，頁六。

(註二)　稻葉君山原著，但燾譯訂，淸朝全史(民國十七年九月十一版，上海，中華書局發行)上卷四，頁一二九。

本文之作，卽以雍正時期之財政爲研究對象。首先就淸初的財政制度作一般的考察；其次查察當時的制度在運行中發生什麼弊病？再次考究雍正帝如何實施改革，匡剔積弊？最後看看改革的結果產生何種效果？

二

（一） 財 政 組 織

淸初政制大致因襲明代。中央除皇室財政由內務府管理，以及作爲滿淸發祥地的關外另設盛京戶部掌理當地財政外，總司國家財政的機關爲戶部。據淸朝文獻通考卷八十一載：「戶部掌天下戶口土田之籍，一切經費出入悉統理焉。」可見戶部相當於今之財政部，而範圍稍廣。它一方面旣爲天下財賦總滙，他方面亦爲統籌支出之機關，於是國庫、預算，以及關於賦稅徵課、俸餉頒給的法則等，均爲其職掌。至其組織，設尚書及左、右侍郎，滿、漢各一人，統轄部務；其下分爲山東、山西、河南、江南、江西、福建、浙江、湖廣、陝西、四川、廣東、廣西、雲南、貴州等十四個淸吏司，分別掌理各地賦稅收支考核事宜；並設有三庫（銀庫、緞庫及顏料庫）和寶泉局，前者儲備財用，相當於今之國庫，後者爲鑄造貨幣的機構。此外，還有一個附屬的重要機構——倉場，負責稽收各省運京漕糧，與管理京師及通州各倉廩，由總督倉場侍郎主其事。（註一）

地方財政則以布政使司爲總滙。淸初除直隸外，各省皆設承宣布政使司左、右布政使各一人，至康熙六年（1667）各省布政使改爲一人，以後便成定制。雍正二年（1724）後，直隸亦設布政使。（註二）布政使總司全省錢糧，稽收支出納之數。但實際征收錢糧，則在州、縣，各州、縣每年所征錢糧及雜稅，額定起運及存留之數。起運者均解交布政司庫，聽候戶部撥用：或起運京師，或協濟鄰省，或存本省支用。除布政司以外，漕糧、鹽課及關稅（淸初尙未設立海關，當時所稱的關稅，爲內地貨物稅和船料稅，後人稱之爲常關稅），另設專官管理。

（註一） 欽定大淸會典事例卷十三，卷十九，卷八十四，卷二一四；淸朝文獻通考卷八十一；皇朝掌故彙編（光緖壬寅四月，求實書社藏板）內編卷二。

（註二） 欽定大淸會典事例卷二十四。

我國自漢末經三國(魏、蜀、吳)紛爭及五胡亂華之後，北方經濟衰落，南方則漸被開發而趨於繁榮。以後歷代朝廷爲了國防及政治上的原因，雖然不得不將其首都仍置於北方，但經濟重心則已南移，於是如何將支持軍事及政治力量的經濟重心與作爲政治和軍事重心的首都密切聯絡起來，換言之，如何將南方的物資，尤其是米糧，大量地經常地運到北方？便成爲歷代朝廷非常重大的事情。這種情形到淸代仍未改觀。淸初設漕運總督一人，駐紥淮安，掌理全國漕政，負責督運各省額定運京漕糧。並於各省分設督糧道或糧道，以管理漕運錢糧，凡監察兌糧，督押運艘等事，皆爲其專職。(註一)

關於鹽務，淸初於產鹽各省設巡鹽御史及都轉鹽運使司，康熙(1662—1722)初年以後，漸改由巡撫兼管，或代以驛鹽道或鹽法道。(註二)

關稅之征收，淸初均由中央各部輪替差員管理，康熙初年，一部分委交地方官兼理，至末年以至雍正初年以後，多改由巡撫派員監收。(註三)

(二) 賦 稅 制 度

淸初賦稅，可大別爲地丁、鹽課、關稅及雜稅四類，茲分述如次：

一、地丁：地丁包括田賦及丁銀兩種，稱爲正賦，是政府最大的財政收入。其中前者爲對於田地之課稅，後者大致爲對人之課稅。田賦按畝征課，部分征銀，部分征米、麥、豆等實物，或僅征銀。丁銀則以成丁(十六歲至六十歲)人數爲準，類似人頭稅 (Poll tax)。不過田地種類繁多，按其所屬有民賦田、更名田(註四)、莊田、屯田、土司田……等；按其性質有田、農桑地、葦課地、河淤地、湖地、山、蕩、竈地……等等；同一種田，等則又有高下之別。丁亦有民丁、軍丁、屯丁、匠丁、竈丁、站丁、土丁、漁戶、寄莊丁、寄糧丁等種類。(註五)彼此稅額均有不同，且各地之間差異很大。淸初征收則例係根據明代萬曆年間(1573—1619)所定者爲準。(註六)

(註一)　欽定大淸會典事例卷二〇三；皇朝掌故彙編內編卷二。

(註二)　欽定大淸會典事例卷三十二。

(註三)　欽定大淸會典事例卷二三六。

(註四)　國初以明代各藩所占之田歸民墾種，曰更名田。見欽定大淸會典事例卷一五七。

(註五)　淸朝文獻通考卷十九。

(註六)　王先謙編東華錄順治二十九，順治十四年多十月丙子覈戶部；淸史稿食貨志二。

二、鹽課：鹽為民生日用必需品，我國歷代政府幾乎都以專賣或課稅的方式由此取得大宗收入。清代鹽政，也沿明代制度，行綱引之法。產鹽各地，聽任人民置場製鹽，政府授予商人以收買及運銷之權，而居間課稅。課稅的方法為：戶部根據全國各地供需情形劃定鹽產行銷地區及數額，商人欲以運銷鹽斤為業者，可向管理鹽務機關申請，然後由鹽務機關呈由戶部頒發一種特許證——引票，商人持引而獲得某地銷售一定數額鹽斤之特權。此種商人，稱為引商，其被劃定之銷售地，稱為引地。引商憑引購銷鹽斤，政府則按引徵稅。

三、關稅：清初關稅，即後世所稱之常關稅。政府於全國水陸衝衢商旅輻輳之地設關，以徵商貨之稅，計分正稅、商稅、船料稅三種。正稅按貨物出產地道計數課徵，商稅按貨物價值徵課，船料稅則按船之梁頭大小徵課。

四、雜稅：包括茶課、礦課、牙帖稅及當稅、契稅、落地稅……等。茶課為對於茶之課稅。礦課則為對於開採地下礦藏金、銀、銅、錫、鉛等所徵之稅。牙帖稅近似營業牌照稅；當稅又近似於牙帖稅，為每年對當舖所課之稅。契稅為對於人民置買田地房屋之行為所課之稅。落地稅為地方官在市集鄉鎮對各種貨物所徵之稅，雖與關稅同為貨物稅，但後者為對於行商貨物所徵之通過稅，前者則大致為對於坐商貨物所徵之銷售稅。

由上所述，可見清初賦稅制度為一種複稅制 (Multiple Tax System)。其中第一類地丁為直接稅 (Direct tax)，第二類鹽課及第三類關稅，則為間接稅 (Indirect tax)，第四類中一部分為直接稅，如礦課、契稅、當稅，一部分為間接稅，如落地稅、茶課。但第四類雜稅在清初整個賦稅中所佔的比重微小，第二類之課稅客體 (Object of taxation)——鹽——亦為貨物之一種，所以，清初稅制可說是由地丁及貨物稅所構成之複稅制。

（三）　中央與地方財政收入之劃分

各級政府為施行政務，必須有相當的財政收入，以應付各項必需的支出。查各國關於中央與地方政府收入劃分的方法大致有下列五種：第一，中央集權的國家多行附加法 (Additional taxes)，如法國，賦稅高權 (Sovereignty of taxation) 屬於中央，地方政府得在中央稅上實行附加，以充地方經費；第二，地方分權的國家多採行稅源

劃分法(Separation of sources)，如美國，中央與地方政府各有獨立的稅源；第三，
鈞權制國家採分成法 (Shared revenue)，如威瑪憲法(Weimar Constitution)時代的
德國，全部賦稅收入由中央與地方政府按一定成數分配；第四，有的國家盛行補助金
法(Grant in aid)，如英國，中央以其收入的一部分補助地方政府，以充某種用途；
第五，有的國家亦行特定稅收分配法，如美國聯邦政府和有些州政府對於同一種稅源
——所得——各自征收其所得稅(Income taxes)。不過，以上各種方法僅爲劃分制度
的重心，實際上極少國家實行單一制度，大多數兼採二種或二種以上的方法。(註一)
清代建制，中央權力很大，原則上天下財賦都歸中央，不但鹽課、關稅全歸於戶部，
各省征收地丁也大部分須解交戶部或由戶部支配，地方存留數額很有限，往往不足適
應地方政府各項必需支出，於是附加稅的征收成爲無可避免之事，耗羨一項也就漸漸
地成爲地方財政的主要源泉，所以，當時中央與地方財政收入的劃分，實際上是一種
附加法與分成法兼行的混合制。

三

　　如上所述，清初賦稅大部分由中央支配，因此地方財政基礎薄弱。在這種情形
下，財政上最容易產生的弊病，便是加派和虧空。如果再加上政治風氣不良，這些弊
病就要更爲普遍而嚴重。在雍正帝卽位以前，財政上就呈現着這種不良的現象。

　　關於雍正以前因地方財政基礎薄弱而造成的弊端，我們可以下面三點事實來說
明。首先，在分成法之下，地方政府所能支配的賦稅很有限，且收入缺乏彈性。地方
存留的數額，僅能支應官役俸工等項，其他需要幾乎全無着落。康熙元年(1662)規
定，「州、縣錢糧，先儘起運之數全完，方准存留。」(註二)更使地方財政陷於不穩定
的境地。這樣一來，地方官吏爲籌應各項必需支出，不外採取二種途徑：一爲征收附
加稅及其他需索，其中最爲普遍的方式，便是耗羨的征收。清廷對於耗羨，最初曾嚴

(註一)　李超英著財政學(民國四十七年八月初版，臺北，正中書局發行)，頁一六八至一六九；何廉、李銳合
　　　　著財政學(民國二十七年七月五版，長沙，商務印書舘發行)頁七一至七五；Paul A. Samuelson,
　　　　Economics, New York, McGraw-Hill, 1955, Chapter 7.

(註二)　欽定大清會典事例卷一七〇。

禁征收，(註一)但地方政府別無財源，不得不取給於此，朝廷後來只好默認，終至於認爲「州、縣官止取一分(卽附加百分之十)火耗，此外不取，便稱好官。」(註二) 又由於朝廷沒有規定附加的限額，地方官吏於是得視支出之需要或隨意加增耗羨，以致「稅輕耗重，數倍於正額者有之。」(註三) 或「每歲科派，有較正額賦增至數倍者。」(註四)由此可見加派之嚴重。一爲侵挪正項錢糧，於是形成虧空。關於這一點，康熙帝曾經說：「凡言虧空者，或謂官吏侵蝕，或謂餽送上司，此固事所時有；然地方有清正之督、撫，而所屬官員虧空更多，則又何說？朕聽政日久，歷事甚多，於各州、縣虧空根源，知之最悉。從前各省錢糧，除地丁正項外，雜項錢糧不解京者尙多；自三逆變亂以後，軍需浩繁，遂將一切存留欵項盡數解部，其留地方者，惟俸工等項必不可省之經費，又經節次裁減，爲數甚少，此外則一絲一粒無不陸續解送京師，雖有尾欠，部中亦必令起解，州、縣有司無纖毫餘賸可以動支，因而有挪移正項之事，此乃虧空之大根源也。」(註五) 由這一番話，我們可以明瞭，地方存留的賦稅數額太少，實爲造成虧空的最大原因。每到奏銷的時候，地方官便只好挪新掩舊，虧空之弊，也就愈積愈深。

　　其次，當時官吏俸祿微薄，不足以養廉。例如，中央政府的一品大員，每年俸祿不過銀一百八十兩，米一百八十斛(卽九十石)。(註六) 地方大員如總督爲二品官，他一年的收入計：俸銀一百五十五兩，米一百五十五斛，薪銀一百二十兩，蔬荣燭炭銀一百八十兩，心紅紙張銀二百八十八兩，案衣什物銀六十兩，共計銀八百零三兩，米七十七石五斗。這裏面包括他和他的家屬的生活費用，以及辦公費用。直接與人民接觸的知縣爲七品官，他的一年收入爲：俸銀四十五兩，米四十五斛，薪銀三十六兩，心紅紙張銀三十兩，修宅什物銀二十兩，迎送上司緞扇銀十兩，共計銀一百四十一

(註一)　清朝文獻通考卷一：「順治元年，禁天下毋得正賦外再加以火耗。」又東華錄順治三，順治元年七月癸已：「……火耗……著嚴行禁革，如違禁加耗，卽以犯贓論。」

(註二)　東華錄康熙八十四，康熙四十八年五月乙未。

(註三)　賀長齡輯皇朝經世文編卷二十七，錢陳羣條陳耗羨疏。

(註四)　東華錄康熙七十一，康熙四十二年二月丁亥。

(註五)　東華錄康熙八十四，康熙四十八年十一月丙子諭大學士等。

(註六)　欽定大清會典事例卷二四九。

兩，米二十二石五斗。(註一)如果我們將他的收入按月平均分配，那末他每月為供應
家屬和辦公所能支配的銀不到十二兩，米不及二石。而且順、康之間由於軍需告急，
官吏俸祿又曾遞次裁減，從康熙十四年(1675)起且一連停俸達五年之久。(註二)大小
官員為維持其家庭及在社會上的體面，便只好出之於需索，於是上官索於屬下，屬下
轉而索於民，或索於商，各種私派、陋規，非常盛行。結果下屬既把餽送上司的規禮
銀視為每年的必需支出，上司也把它視為經常收入，陋規便成為常規。例如，江南、
江西總督衙門每年收受江蘇、安徽布政司平規銀各四千兩，江西平規銀四千四百兩，
江安糧道四千兩，兩淮鹽規銀二萬四千兩，小禮銀一千二百兩，江西鹽道口岸引規銀
二千兩，共計四萬三千餘兩，作為公用及日用之費。(註三)貴州素稱貧瘠，而巡撫衙
門每年有節禮銀七千兩和稅規銀三千六百兩，合計一萬兩有餘。(註四)山東巡撫衙門
每年所收屬下規禮及羨餘銀達十一萬餘兩。(註五)下屬為了供應上司和本身的需求，
虧空正項或派累民間(尤其是後者)又成必然之勢。於是造成「私派倍於官征，雜項浮
於正額」(註六)的現象。康熙四十年(1701)監察御史李發甲曾經感慨地說：「上司之誅
求者衆，如之何民力有不竭，庫項有不虧也?!循良之州、縣，出於無奈，勢不能不
派，慮其禍之及己也。在不肖之州、縣，從中射利，固樂於派，以貪緣鑽刺為才能，
以媚媚逢迎為循卓，患得患失，無所不至，廉恥盡喪，官箴掃地。……所以督、撫杖
有司之膽，有司藉督、撫之庇，公然私派，略無忌憚。……每歲民間正項錢糧一兩，
有派至三兩、四兩、五兩、六兩、以至十四，是何名也?!」(註七)當時需索、派累的情
形，由此可見一斑。

　　最後還有一點，便是地方解送各項賦稅至京師，除正額以外，還有所謂部費、平

(註一)　欽定大清會典事例卷二四九及卷二五一。

(註二)　東華錄順治三十六，順治十八年正月丁巳；皇清名臣奏議卷二十一，康熙十八年浙江道監察御史金世
　　　　鑑請復官俸以養廉恥疏；東華錄康熙八十四，康熙四十八年十一月丙子諭大學士等。

(註三)　硃批諭旨第一冊，雍正四年八月二十八日及雍正六年三月十七日署理江南江西總督印務都統范時繹
　　　　奏。

(註四)　硃批諭旨第六冊，雍正二年五月二十九日貴州巡撫毛文銓奏。

(註五)　硃批諭旨第九冊，雍正元年十一月二十二日山東巡撫黃炳奏。

(註六)　東華錄康熙七，康熙六年六月甲戌。

(註七)　皇清名臣奏議卷二十三，康熙四十年協理陝西道事福建道試監察御史李發甲澄清吏治嚴禁科派疏。

餘銀、飯食銀、……等附加輸納。據皇朝經世文編卷二十七朱■戶部平餘案略：「凡有解部錢糧，每千兩隨解餘平銀二十五兩，飯銀七兩。」部費似無定額，但是地方官奏銷錢糧時，「若無部費，雖當用之項，冊檔分明，亦以本內數字互異，或因銀數幾兩不符，往來駁詰，不准奏銷。一有部費，卽糜費錢糧百萬，亦准奏銷。」(註一)因此產生「爲督、撫者……每因部費繁多，以致不能潔己」(註二)的情形。此外，如各省運解錢糧至京，必須若干盤費，卽解費，尤其運解漕糧，南方運糧一石所需運費及公私盤剝，合計需費銀四、五兩，(註三)在在都使地方官吏不得不加派民間。

以上完全就財政制度本身來考察弊病產生的根源。更由於康熙帝寬大爲政，對於虧空、加派的官員往往採取十分寬容的態度，各種弊端便愈演愈烈。例如，康熙二十四年(1685)漕運總督徐旭齡條奏漕糧派索諸弊，九卿會議結果，認爲應將歷年派索官員指名題參，但康熙帝說：「此等弊端，相沿已久，必令指名題參，則後來督、撫難於條奏矣。可著該督、撫嚴加禁飭，務在遵行。」(註四)康熙四十一年(1702)廣西巡撫蕭永藻奏參廣西原任布政使敎化新虧空米穀，認爲應令照數追賠，康熙帝却諭知大學士等：「虧空米穀，若照銀兩之例追賠，則爲官者甚難矣。……爾等酌議，嗣後虧空米穀，另行定例，於事方有裨益。」(註五)康熙五十年(1711)他更向督、撫大吏諭示：「辦事當於大者體察，不可刻意苛求，寬則得衆。……兩淮鹽差官員送人禮物，朕非不知，亦不追求。……」(註六)當政者既如此寬大，不肖官員便無所忌憚，清正官員亦不願多事，於是政治上「因循推諉，習以成風。」(註七)財政上的弊竇也愈加厲害。

由此可見，在雍正朝以前，由於財政制度的內在缺點，加上外在的政治風氣不整肅，以致財政上產生嚴重的加派現象。所謂「今日之農，不苦於賦，而苦於賦外之賦；不苦於差，而苦於差外之差。……今日之商賈，不苦於關，而苦於關外之關；不

(註一)　上諭內閣，雍正元年正月十四日。
(註二)　東華錄康熙八十四，康熙四十八年五月乙未。
(註三)　皇清名臣奏議卷十九，康熙十一年掌江南道事山東道監察御史徐越請飭嚴輔水利疏。
(註四)　東華錄康熙三十六，康熙二十四年九月乙酉。
(註五)　東華錄康熙七十，康熙四十一年十一月壬申。
(註六)　東華錄康熙八十七，康熙五十年三月庚寅。
(註七)　皇清名臣奏議卷十九，康熙十一年巡視西城湖廣道監察御史徐旭齡請飭臣工更新繫刷疏。

苦於稅，而苦於稅外之稅。」(註一) 正是當時的寫照。他方面又產生普遍的虧空現象，上自戶部，下至州、縣，虧蝕纍纍，不可勝數。

　　除了加派和虧空以外，當時財政上還有一大弊病，便是人民賦稅負擔很不平均。鹽課與關稅的課征，使窮人負擔重；加派的負擔，由於紳衿多與胥吏互通聲氣，又大部分落在平民身上。而使得貧富負擔最不公平的一個因素，莫過於丁銀。我國自古有力役之征，隨着貨幣經濟的發達，漸改爲輸納貨幣以代差役，因此宋代有免役錢，明代有一條鞭法的施行。清代大致沿襲明代制度，規定人民按成丁人數或按田地輸納丁銀，(註二) 以代力役。但是對於地方紳衿定有優免之例。(註三) 又因編審人丁制度不健全，鄉紳豪強多與吏胥勾結，因而弊端百出。關於這些弊端，曾王孫在勘明汚縣丁銀宜隨糧行議中曾逐一列舉，他說：「丁差之法，二十上丁(按欽定大清會典事例卷一五七，爲十六歲以上編入丁冊)，六十下丁，今則耄盡不下，强壯不上，其弊一；丁有死絕者開除，古之制也，今則素封之家多絕戶，窮簷之內有賠丁，其弊二；糧多者爲富民，糧少者爲貧民，今富者旣多倖免，承差者俱屬窮黎，或逃或欠，下累里甲，上碍考成，其弊三。」(註四) 此外，還有二點顯著的弊端：(１)「貧人轉賣田產，丁銀仍留本戶，以致抛累無休。」(註五)(２)「百姓將田畝詭寄紳衿貢監戶下，希圖避役。」(註六) 總而言之，清初征課丁銀的結果，形成有田無丁(銀)，無田有丁(銀)，或田多丁(銀)少，田少丁(銀)多等負擔不公平的現象 。 因此， 康熙二十九年(1690)山東巡撫佛倫說：「東省累民之事，第一賦役不均。」(註七)雍正元年(1723)直隸巡撫李維鈞說：「直屬丁銀，偏累窮民。」(註八)同年雲南巡撫楊名時也說 ：「今滇南闔省窮民， 受丁差之苦累者十之六七。」(註九) 足見此一不合理的現象普遍存在，各省皆然。

(註一)　皇朝經世文編卷二十八，康熙十九年給事中許承宣賦差關稅四弊疏。

(註二)　欽定大清會典事例卷一五七編審，康熙五十五年。

(註三)　東華錄康熙四十五，康熙二十九年六月癸酉：「紳衿等優免丁銀，原有定例。」

(註四)　皇朝經世文編卷三十。

(註五)　皇清名臣奏議卷二五，雍正元年巡撫雲南都察院右副都御史楊名時條陳地方事宜疏。

(註六)　東華錄康熙四十五，康熙二十九年六月癸酉。

(註七)　同上。

(註八)　硃批諭旨第五册，雍正元年七月十二日直隸巡撫李維鈞奏。

(註九)　同註五。

四

雍正帝是一位果敢有爲的君主，他到四十五歲才踐帝位，這時思想成熟，識見亦廣，對於財政上種種積弊已有深切的瞭解，所以他卽位以後，能够痛下針砭，實行大刀濶斧的改革。現在讓我們把他在位時的重要財政措施分別敍述於後。

（一）　整頓虧空、清查錢糧

前面已經說過，虧空的弊端到康熙末年已很嚴重。康熙帝就曾諭令戶部行文各省督、撫，要求他們貢獻具體的辦法，「使虧空之弊，永遠清理。」接着各方條奏甚多，主要爲嚴加稽查、隨征隨解；革職留任、責令賠補兩點。最後戶部定議：「應責成督、撫，如虧空未發之先，伊等不盡力防範，虧空已覺之後，伊等不竭力補苴，應將該督、撫嚴加議處，責令分賠完項。」(註一)像這樣一個空洞的辦法，在當時積弊已深，上下敷衍的情況下，各地方官只是把它視爲具文，自然不會產生什麼效果。

雍正帝卽位後，便立刻進行整頓，限令各地虧空於三年內完補清楚。他在康熙六十一年十二月十三日(1723)所特頒的諭旨中說：「自古惟正之供，所以儲軍國之需。當治平無事之日，必使倉庫充足，斯可有備無患。皇考躬行節儉，裕國愛民，六十餘年以來，蠲租賜復，殆無虛日，休養生息之恩至矣。而近日道、府、州、縣虧空錢糧者正復不少。揆厥所由，或係上司勒索，或係自己侵漁，豈皆因公那用？皇考好生如天，不忍卽正典刑；故伊等每恃寬容，毫無畏懼，恣意虧空，動輒盈千累萬。督、撫明知其弊，曲相容隱。及其萬難掩飾之時，又往往改侵欺爲那移，勒限追補，視爲故事，而全完者絕少，遷延數載，但存追比虛名，究竟全無着落。新任之人，上司逼受前任交盤，彼旣畏大吏之勢，雖有虧空，不得不受；又因以啓效尤之心，遂借此挾制上司，不得不爲之隱諱，任意侵蝕。展轉相因，虧空愈甚，庫藏全虛。一旦地方或有急需，不能支應，關係匪淺。朕深悉此弊，本應卽行徹底清查，重加懲治。但念已成積習，姑從寬典。除陝西省外，限以三年，各省督、撫將所屬錢糧，嚴行稽查。凡有虧空，無論已經參出及未經參出者，三年之內務期如數補足，毋得苛派民間，毋得借端遮飾。如有限滿不完，定行從重治罪。三年完補之後，若再有虧空者，決不寬貸。」

（註一）　東華錄康熙一〇六，康熙五十九年七月庚午。

(註一)次年(卽雍正元年，1723)更規定，「嗣後虧空錢糧各官，卽行革職，著落伊身，勒限追還。」(註二) 他認爲虧空官員，革職之後，如獲留任，使他設法彌補虧空，結果必致貽累百姓，所以決不可予以留任。此外，他更對各省督、撫、布政使諄諄告誡，要他們革除此一積弊。到了雍正三年（1725），他所規定的完補虧空三年期限卽將屆滿，又下了一道很嚴厲的諭旨，他說：「今化誨三年，……倘仍然侵蝕，恣意妄爲，不惟國法難宥，情理亦斷斷不容。自雍正四年以後，凡遇虧空，其實係侵欺者，定行正法無赦。」(註三)次年(卽雍正四年，1726)因鑒於弊端已久，各省錢糧未能清楚者尙多，他便再限三年，將完補期限寬展至雍正七年(1729)爲止，嚴責各地督、撫，實力奉行，否則從重治罪。(註四)

以上所舉的僅僅是幾紙命令，如果沒有具體的行動相配合，在因循成習的環境下，各級官吏自亦等閒視之。但是雍正帝決心整頓財政，一方面三令五申，革除弊端，一方面更採取積極的行動，推行他的改革措施。他首先注意到的，便是作爲天下財賦總滙的戶部。當他還是親王的時候，就知道戶部虧空甚巨，卽位以後便命令他的弟弟怡親王允祥總理戶部三庫事務，負責清查，結果查出實在虧空二百五十餘萬兩。最初怡親王認爲數額很大，追補困難，建議以戶部所收雜費，逐年代完。但他覺得歷年經手官員任意侵漁，怎能脫然事外？於是諭令交與原來的戶部尙書孫渣齊辦理，要孫氏查明經手官員，量力派令完補。雍正帝原就責備孫氏，管理戶部造成巨額虧空，有虧職守。孫氏接辦此案後，又「徇情庇護私人」，以致追完之數甚少，雍正帝便於二年(1724)十一月斷然作下列三點處置：（1）孫渣齊革職；（2）與此案有關人員名下應追銀兩，照所派數目作速追完；（3）其餘一百餘萬兩，照怡親王所請，由戶部逐年的雜項收入彌補。(註五)而且鑒於雍正八年(1730)孫渣齊免罪釋放之事實，可知孫氏非但因此案而被革職，且曾坐獄。由此可見，雍正帝的凌厲作風。至於此案的虧空，絕大

(註一)　上諭內閣，康熙六十一年十二月十三日。

(註二)　欽定大清會典事例卷一七五兖追虧空，雍正元年諭。

(註三)　上諭內閣，雍正三年二月二十七日。

(註四)　上諭內閣，雍正四年八月初四日。

(註五)　東華錄雍正一，康熙六十一年十二月丙寅；同書雍正五，雍正二年十一月癸丑；同書雍正十六，雍正八年二月乙未。

部分是由餘平銀彌補的。原來各省解京錢糧，除正額以外，尚有所謂部費、餘平銀、飯食銀，以及其他名色等雜費的輸納，已見前述。雍正帝卽位以後，除了餘平銀、飯食銀外，其他雜費槪行禁革。爲了彌補戶部虧空，怡親王奏准以餘平銀和飯食銀陸續完補，餘平銀較前略爲加重，其數額據載爲「每千兩隨解餘平銀二十五兩，飯銀七兩。」（見前）到雍正八年春，這筆虧空已經將次補足，雍正帝便下令將孫渣齊免罪釋放，各官員名下應追未完銀兩也一律免追。這年冬天虧空欵項已全部完補，他更下令規定，此後各省解部餘平銀減去一半，卽正額錢糧每千兩只加解餘平銀十二兩五錢。（註一）因此，雍正帝在八年之間，一方面將戶部歷來累積的巨額虧空彌補清楚；他方面又革除各項雜費，削減餘平銀，大大地減輕了各省解京錢糧的額外負擔。可見他實施改革的成效。而他處理此案所表現的嚴厲作風，對於整肅官常、剔除痼習，尤具有莫大的示儆作用。

　　其次，讓我們看看他如何整頓全國各省虧空和積欠的錢糧？筆者就上諭內閣、東華錄、硃批諭旨等有關文獻觀察結果，覺得雍正帝所採的處理方法大致是這樣的：首先派員或飭令清查錢糧；清查後發覺虧空，則虧空官員視情節輕重予以免職或革職查辦；虧空之項分有著、無著兩種，前者指虧空銀兩經查明應由誰負責，責任旣明，有關官員自不能逍遙事外，這種虧空均限期責令賠補，後者指責任不明或年久無可著追之虧空，大都以各地正額錢糧所附加的耗羨銀兩彌補。至於各地積欠錢糧屬於民欠部分，則寬限分年帶征，或予以蠲免。茲就當時重要事實列述於後：

　　（１）　直隸等省虧空案：康熙末年，直隸巡撫趙弘燮虧空庫項約四十萬兩。後趙氏病故，朝廷命其姪趙之垣署理巡撫。雍正帝卽位後，將趙之垣解任，令其囘原籍（陝西）清理趙弘燮家產，以完虧項。（註二）至雍正三年（1725），趙之垣控訴「（川、陝總督）年羹堯將清理伊叔趙弘燮虧空銀四十萬兩侵欺入己。」（註三）這一虧空追補案便牽入年羹堯案中。但是後來年氏的九十二大罪中，並未列有此項侵欺銀兩，只有一項

（註一）　東華錄雍正十六，雍正八年二月乙未；同書雍正十七，雍正八年十一月戊子；皇朝經世文編卷二十七，朱■戶部平餘案略。

（註二）　東華錄雍正二，雍正元年四月甲子；同書雍正三，雍正元年七月戊子：「趙弘燮虧空庫銀三、四十萬兩。」

（註三）　東華錄雍正七，雍正三年七月辛亥。

為：「受趙之垣金珠等物，值銀二十萬兩。」(註一) 兩者顯然不是同一回事。年氏被誅後，此案虧空便沒有再追究下去。但是，在另一方面，李維鈞繼趙之垣為直隸巡撫後，查出趙弘燮任內通省虧空共四十一萬三千餘兩，卽設法以通省耗羡銀兩來彌補，計自雍正元年(1723)九月起至二年(1724)六月止，已完補銀二十萬兩，並預計至雍正三年(1725)奏銀時可以清完。(註二)

除此以外，雍正帝對於各地倉儲也很重視。雍正元年(1723)曾「特頒諭旨，令各省州、縣於三年之內將所虧倉穀悉行買補，務期足數，違者重治其罪。」(註三) 此後又屢降諭旨，令各地督、撫嚴飭州、縣及時買補。雍正三年(1725)冬，直隸發生水災，發倉賑濟，發覺虧空甚多。(註四) 次年(1726)經派鄂爾奇、繆沅前往清查結果，發現各州、縣官多有藉借糶倉穀以掩飾虧空的弊端，雍正帝便實行大刀濶斧的改革：第一，將巧稱倉穀出借各官，全部解任，並親自選定候補人員，前往接替。第二，各州、縣借出之穀，命令解任官員自行催還，以一年為限；限內全完者，卽另補官職；逾限不完者，照那移虧空之例治罪。(註五)這樣一來，貪劣官員便無所施其技，接任官員以前車可鑒，也不敢再陷故轍，因而「倉穀漸次清楚」。(註六) 此後雍正帝整頓江西和福建二省的倉穀虧欠，也採取同樣的辦法。不特如此，福建巡撫毛文銓因此而遭免職，江西巡撫裴㟃度、布政使陳安策更因此受到革職查辦的處分。(註七) 由此我們不難想見，他卽位以後整頓虧空的決心，以及他所採此種措施之效果。

（2）　山西、河南、山東三省虧空案：山西一省，虧空甚巨。康熙末期，蘇克濟巡撫任內虧空侵蝕銀至四百萬兩之多。(註八) 雍正元年(1723)諾岷被任為該省巡撫，他到任後立刻作全面的整頓。在人事方面，參革虧空甚著的州、縣官，其餘州、縣官

(註一)　東華錄雍正七，雍正三年十二月甲戌。

(註二)　硃批諭旨第五册，雍正元年五月初六日直隸巡撫李維鈞奏；同書同册，雍正二年八月初六日李氏奏。

(註三)　東華錄雍正十，雍正五年正月乙巳。

(註四)　上諭內閣，雍正三年十二月二十五日。

(註五)　上諭內閣，雍正四年七月十五日。

(註六)　東華錄雍正十，雍正五年六月辛卯。

(註七)　東華錄雍正九，雍正四年十一月乙卯；同書雍正十，雍正五年正月乙巳；同書同卷，雍正五年五月已卯；同書同卷，雍正五年六月辛卯。

(註八)　上諭內閣，雍正五年八月十三日。

通行互調，使其互察倉庫盈虛情況，又另請求中央選派賢能官員至山西補用。在虧空追補方面，除勒令虧空的離任官員賠補外，於雍正二年奏請將通省耗羨銀提解布政司庫，以其中二十萬兩留補無著虧空，其餘作爲各官養廉銀及地方公用之需。（實際上已於雍正元年開始實施）經他這樣實心整頓，二年之後，山西數十年來未清之積案漸漸就緒，財政秩序亦漸步入正軌。尤其提解耗羨之法，公私裨益，隨後其他各省亦紛紛採行。（註一）

　　至於河南、山東二省虧空追補情形，大致與山西相似。河南省自雍正元年(1723)石文焯任巡撫後，着手清理，發現歷年截留漕糧甚多，而實在存倉無幾，於是分別參追，著落前任巡撫楊宗義等賠補。（註二）到雍正三年(1725)二月，只有銀六萬七百八十八兩零，倉穀三萬八千六百六十九石零，還沒有彌補。查河南步山西之後，於雍正二年(1724)實施耗羨歸公，計除酌給各官養廉及各項公用外，每年尚餘耗銀十五、六萬兩，可作爲彌補虧空之用；至此時（三年二月）司庫所存耗銀已有一十四萬一千一百六十八兩零。而前項尚未彌補的銀、米，或因虧空各官已無產可追，或已身故，事實上已成無可著追之項，因此巡撫田文鏡奏准以現存司庫耗銀彌補，虧空各案就此清結。（註三）

　　山東司庫虧空，在康熙末年已經查出，計共銀六十三萬餘兩，且已由原任巡撫李樹德完補過二十三萬七千餘兩，（註四）雍正元年(1723)五月，又完補銀二十五萬一千餘兩，尚有十四萬九千餘兩未完，雍正帝嚴諭將原任巡撫李樹德和原任布政使王用霖的親近家屬發往山東，飭令清完庫帑。（註五）此外，各州、縣錢糧亦多虧空，計自康熙四十八年(1709)起至六十一年(1722)止共虧空地丁銀六十餘萬兩，倉穀九十餘萬石。雍正帝飭巡撫黃炳「竭力督令補苴」。（註六）至雍正二年(1724)六月陳世倌接任山

（註一）　清史稿列傳八十一，諸嶽；上諭內閣，雍正五年九月十五日。

（註二）　硃批諭旨第十一冊，雍正元年六月二十日河南巡撫石文焯奏。

（註三）　硃批諭旨第十一冊，雍正二年三月初三日河南巡撫石文焯奏；同書第二十九冊，雍正三年二月二十四日河南巡撫田文鏡奏請補各案虧空以裕國帑事。

（註四）　硃批諭旨第九冊，康熙六十一年十二月初四日護理山東巡撫印務按察使黃炳奏。

（註五）　硃批諭旨第九冊，雍正元年五月二十四日山東巡撫黃炳奏，以及硃批。

（註六）　同上。

東巡撫後，清查虧空實數爲五十萬五千八十九兩零，經與布政使及各府知府會議，議定自通省耗羨銀兩中每年以二十萬兩彌補虧空，預計三年內可以全完。(註一)事實上，在雍正五年(1727)以前塞楞額署理山東巡撫任內，便已彌補清楚。這一年，雍正帝曾說：「河南、山西拖欠不下數百萬，一得田文鏡、諾岷，盡已完楚。山東虧缺，塞楞額一到，亦俱清晰。」(註二)可見自雍正帝即位後，五年之間便已將這三省累積的虧空一一清理。

（3）江南積欠案：除了官吏虧空庫銀及倉穀外，各省錢糧積欠也所在多有。當時天下財賦，以江南最爲重要，然而江南歷年積欠的錢糧也最多。雍正帝即位以後，對於各省人民遠年舊欠錢糧多予蠲免，如雍正元年(1723)三月二十二日，頒諭蠲免陝西省康熙六十年(1721)以前人民未完銀、米，(但借給種籽的民欠，分年帶征)，雍正二年(1724)六月七日，令戶部將江寧、安徽、福建、陝西四省康熙五十年(1711)以前舊欠銀、米等項察明蠲免。(註三)雍正三年(1725)朝廷任命張楷爲江蘇巡撫，並令清查錢糧，經查出江蘇通省自康熙五十一年(1712)起至雍正元年(1723)止共積欠錢糧八百八十一萬兩有零，當時江蘇全省每年額征銀三百五十三萬兩有零，加上舊欠共達一千二百三十四萬兩之多。張氏認爲這樣龐大的數額勢難一次征完，於是奏請除當年錢糧全完外，舊欠分作十年帶征，自雍正四年(1726)起每年帶征一分；但嘉定一縣，積欠達一百四十餘萬兩，爲數特多，均作十五年分征；又上海、崑山、常熟、華亭、宜興、吳江、武進、婁縣、長洲等九縣積欠達四十萬兩至六十餘萬兩不等，均作十二年分征。張氏這種建議，爲雍正帝所批准。(註四)但實行數年，成績不佳。繼任巡撫陳時夏建議，以舊欠之糧均派於新糧戶內，分年征收，以抵補積欠；然而雍正帝認爲「舊欠自有本人，卽非本人，亦自另有著落，舍此不追，而均派新糧，是刁民因積欠而得利，良民因先輸而倍征，從此人人效尤，誰復輸供正賦？」因而不允其請。同時，他又認爲這種巨額積欠，民欠者固然多，而爲官員侵漁及胥役中飽者亦必不少，

(註一)　硃批諭旨第九册，雍正二年九月初四日山東巡撫陳世倌奏。
(註二)　硃批諭旨第十五册，雍正五年五月二十六日蘇州布政使張坦麟奏摺後硃批。
(註三)　上諭內閣，雍正元年三月二十二日，同書雍正二年六月七日。
(註四)　硃批諭旨第十二册，雍正三年九月初五日江蘇巡撫張楷奏。

所以非徹底清查一番不可。(註一)雍正六年(1728)八月，朝廷命尹繼善署理江蘇巡撫，
(註二)負責清查積欠錢糧。雍正帝以爲此事煩重，非一人心力所能辦理，同年年底特
派戶部侍郎王璣、刑部侍郎彭維新前往江蘇，會同尹氏及巡察御史伊拉齊、布政使趙
向奎總理清查事宜，並分別派大員及候補人員至所屬各府、州、縣，任分查之責。
(註三)爲便利清厘，他又命令將蘇州所屬歷年帶征地丁錢糧一概暫停征比。(註四) 經過
這樣大規模清查的結果，查明自康熙五十一年(1712)起至雍正四年(1726)止，通計
各屬積欠共一千一十一萬六千三百兩零，其中侵蝕包攬者共四百七十二萬六千三百兩
零，實在民欠者五百三十九萬兩零。對於此一巨額積欠，一時自然不能併征。朝廷幾
經斟酌，決定自雍正十年(1732)起，將侵蝕包攬之項分作十年帶征，實在民欠之項分
作二十年帶征；而且規定如能在本年帶征額數外多完若干，次年錢糧即照多完之數豁
免若干，以鼓勵清完積欠。但是官吏侵蝕之項，務於本人名下著追，不得株連他人；
民欠之項，均按各戶花名完納，不得波及兄弟親戚。 如奉行不善，嚴加議處。(註五)
經過這一番整理之後，作爲全國財賦重心的江南，多少年來錢糧混淆不清的積弊才
得改觀。

　　雍正帝整頓虧空，以及清厘積欠，當然不以這幾省爲限。此外，如整頓內務府虧
空；雍正六年(1728)特任田文鏡爲河東總督，整理清查山東錢糧；又特派湖廣總督邁
柱清查湖廣錢糧等，(註六) 都可見他整頓財政的決心。 以上所舉，不過爲其犖犖大者
而已。

(二)　耗羨歸公、禁革陋規

　　耗羨一詞，我們在前面曾經屢次提到，現在不妨加以解釋。清代沿襲明制，貨幣
雖銀、錢並用，但政府征收賦稅，除實物以外，規定納稅人以銀繳納。人民納稅額多

(註一)　東華錄雍正十四，雍正六年十一月丙子；同書雍正十五，雍正七年二月癸未；清史稿列傳八十一，陳
　　　　時夏。
(註二)　東華錄雍正十三，雍正六年八月甲申。
(註三)　上諭內閣，雍正六年十二月二十四日。
(註四)　東華錄雍正十三，雍正六年十一月丙子。
(註五)　上諭內閣，雍正十年二月初二日。
(註六)　上諭內閣，雍正五年六月十九日；同書雍正六年九月二十九日。

寡不一，銀多畸零散碎，負責征收賦稅的州、縣官員，爲便於統計及運送，均將這些
散碎銀兩鎔鑄成重量與形式一定之物，叫做錠。銷鎔成錠的時候，不免有所折耗，所
以州、縣征收錢糧，也就要在正額以外加征一點，以補折耗之額，這種附加征收的部
分，便稱爲耗羨，或稱爲火耗。旣然只是補折耗之額，可見當初爲數必微；但是，有
如前面所說，淸初以來，由於財政制度本身的不健全，以致產生稅輕耗重的情形。同
時，由於官吏薪俸微薄，陋規盛行。州、縣官吏要向上司餽送規禮，只有取之於火
耗。這樣一來，一方面州、縣有所藉口而加征火耗，以肆其貪婪之心，他方面上司旣
受屬官規禮，便不能禁止他們的貪墨行爲，甚至形成以餽送之多寡來定屬官優劣的現
象，其敗壞官常、苦累百姓的情形是可想而知的，所以擺在雍正帝眼前的客觀局面，
實在已到了非改革不可的地步。雍正二年(1724)山西巡撫諾岷奏請火耗歸公，卽將原
由各州、縣所附加征收和支配的耗羨銀兩，完全解交省布政司庫，改由省行政當局統
籌支配，主要爲分給全省大小官吏養廉，以及彌補以往的無著虧空。(註一)這一建議，
最初爲中央內閣所反對。山西布政使高成齡於是據理力爭，將內閣條奏一一反駁。首
先，他指出陋規的弊害，以及將羨耗分給各官養廉之必要。他在奏摺中說：「直省錢
糧，正供之外，向有耗羨，雖多寡不同，皆係州、縣入己；但百姓旣已奉公，卽屬朝
廷之財賦。……今如(內閣)條奏所云，竟以耗羨爲州、縣應得之物，上司不宜提解。
殊不知耗羨與節禮，原屬相因，上司不提解耗羨，屬官必呈送節禮；夫下屬旣送節
禮，以取悅上司，則有所恃，而生其挾制，必至肆行無忌，上司卽有所聞，亦碍於情
面，徇隱不言，損名節、敗官常、朘民膏、虧國帑，實由於此。若禁止餽遺，一概不
許收受，其不肖上司，必將尋隙勒詐，別生事端，恣其無饜之求；卽有淡薄自甘者，
思欲屛絕餽遺，而上司衙門，別無養廉，枵腹辦事，勢實難行。故臣愚以爲，州、縣
耗羨銀兩，自當提解司庫，聽憑大吏酌量分給，均得養廉，洵天理人情之至也。……
又謂公取分撥，非大臣鼓勵屬員之道。殊不知上司卽淸愼褆躬，亦必有請幕賓、養家
口之費，與其暗收餽遺，常懷貪黷之懼，何如明分養廉，共拜聖主之賜；且旣不受餽
遺，則亦無所瞻徇，廉者薦之，貪者劾之，未必非砥礪廉隅之道也。」(註二)其次，他

(註一)　淸史稿列傳八十一，諾岷。

(註二)　硃批諭旨第十三册，雍正二年六月初八日山西布政使高成齡奏。

說明耗羨歸公可以加强省的財政地位，以及減輕人民負擔。他說：「耗羨提解於上，則通省遇有不得已之公費，卽可支應，而不分派州、縣。上司旣不分派，則州、縣無由借端科索里甲，是提解耗羨，亦可禁絕私派，豈非因時制宜之要務乎？……如山西一省，現將州、縣火耗，逐一詳查酌減，較之昔日已減大半。……今旣固封糧櫃，又較定分數，州、縣不能入己，誰肯多征？是提解耗羨，卽禁止濫加，亦撫字之一法也。」(註一)最後，他反駁以存公耗羨彌補虧空會產生假捏虧空的弊病，他說：「今撫臣諾岷將每年存貯耗羨銀二十萬兩，留補無著虧空之處，先經奏明。一遇虧空之員，卽照例參革離任，先於任所、原籍搜查衣物產業，令其自行賠補。如果家產盡絕，逾限不完，將本犯正法之後，方以留貯耗銀補其虧項，仍將補過某人虧空銀兩數目，造冊題報，旣無絲毫假借，又無分匣指染，何至有假捏虧空，希圖冒銀，如從前之弊竇乎？」(註二)因此，他極力籲請朝廷，命令各省「將通省一年所得耗銀，約計數目，先行奏明，歲底將發給養廉、支應公費、留補虧空若干之處，一一具摺陳奏。」(註三)

　　雍正帝看了高氏奏摺後，批交總理事務王大臣會同九卿、詹事、科道等朝廷官員議奏。他們會議結果，建議數點：（1）各省征收耗羨，應酌定分數（卽征收錢糧，除正額之外，附加百分之幾，應酌予規定）；（2）如實行提解耗羨，則各州、縣應得之數，聽其如數扣存，不必解而復撥；（3）照高成齡所奏辦法，先在山西省試行。但是他對於這幾點建議都不以爲然。第一，他覺得征收火耗，原爲一時權宜之計，將來財政充裕之後，應予減輕，以至於完全取消。如果酌定分數，將來竟成定額，必致有增無減。第二，州、縣如果將應得之數扣存不解，難免要發生「額外加增，私行巧取，浮於應得之數，累及小民」的弊端。第三，他認爲天下事惟有可行與不可行兩端，如以爲可行，則可通行於天下，如以爲不可行，便也不當試行於山西。那末，他究竟如何決擇呢？事實上，他深感陋規積弊，必須予以剔除。而且他曾說：「與其州、縣存火耗以養上司，何如上司撥火耗以養州、縣乎？」可見他是贊同提解火耗的主張的。然而他又以爲「火耗原非應有之項，……非可以公言也。」因而覺得朝廷不便對此作

(註一)　硃批諭旨第十三册，雍正二年六月初八日山西布政使高成齡奏。

(註二)　同上。

(註三)　同上。

一種公開而積極的措施。所以，他最後作了一個頗具彈性的決定：「各省能行者，聽其舉行；不行者，亦不必強。」(註一)

提解耗羨的辦法，中央雖然沒有通令全國各省一體實行，但是由於耗羨歸公對於省財政具有莫大的作用，可以一舉而解決官吏養廉、地方公務費用，以及彌補虧空等數項問題，所以自山西開始實施以後，直隸、河南、山東接着採行，隨着其他各省也紛紛仿傚施行。茲將各省實施情形列表於後(廣西、雲南二省的有關資料，筆者尚未找到)。不過表中所列舉的，僅爲大致情形。尤其耗羨收入額，有些是估計的數字；而且由於正額錢糧每年不能全部征完，所以附加的耗羨也隨着實征錢糧而發生或多或少的變動。就是耗羨附加成數，也不是完全不變，如山西耗羨最初實行時以加二(20%)爲率，到雍正四年(1726)減至加一三(卽13%)。(註二)然而無論如何，各省都已先後實行耗羨歸公，則爲當時財政上一件重要的事實。

表一、清雍正時期(1723—35)各省耗羨歸公之實施

省別	開始實施年代	耗羨附加成數(%)	每年耗羨收入額(銀兩)	耗 羨 的 分 配 (銀兩)				資 料 來 源
				養 廉	公 用	彌補虧空	其 他	
直隸	雍正二年(1724)	約11%	230,271	110,271	50,000	60,000		硃批諭旨第五册，頁三六。
山東	〃	18%	540,000	200,000	140,000	200,000		硃批諭旨第九册，頁五四。
河南	〃	11-17%	400,000	245,000(包括公用)		155,000		硃批諭旨第十一册，頁六七；同書第三十二册，頁六〇。
山西	雍正元年(1723)	20%	500,000	300,000(包括公用)		200,000		硃批諭旨第十三册，頁八一至八二。
江蘇	雍正六年(1728)	約10%	341,900	184,300	121,300		餘36,000以上	硃批諭旨第七册，頁七七。
安徽	雍正七年(1729)	10%	198,273	198,273(包括公用)				硃批諭旨第三十七册，頁七七。
江西	雍正五年(1727)	10%	150,000	80%	20%			硃批諭旨第五十三册，頁六四至六五；同書第七册，頁十三。

(註一)　上諭內閣，雍正二年七月初六日。

(註二)　硃批諭旨第二册，雍正四年十月初四日總督管理山西巡撫事務伊都立奏。

省	年代	耗羨率	歸公數	分配一	分配二	備註	資料來源
浙江	雍正六年(1728)	10%以下	140,000	240,000（包括公用，不足十萬兩，撥正額錢糧補足）			硃批諭旨第三十五冊，頁三五；同書第二十二冊，頁四二；同書第四十一冊，頁十七至十八；上諭內閣，雍正五年十月二十七日。
福建		14%	169,200	135,259（其中由稅莊歸公銀撥兩）	74,700 課贏餘及官補銀 42,059		硃批諭旨第二十二冊，頁十五；上諭內閣，雍正七年七月二十八日。
湖北		10%	111,839	70%	30%		硃批諭旨第五十四冊，頁三三；同書第五十七冊，頁十至十一。
湖南		10%	117,952	70%	30%		硃批諭旨第十七冊，頁八九。
四川		30%					硃批諭旨第二十六冊，頁十，硃批。
廣東		13-14%	159,000	約140,000（其中由契補四萬餘兩）	稅溢羨銀撥 65,000		硃批諭旨第四冊，頁六九至七〇；上諭內閣雍正七年十二月十七日。
貴州	雍正三年(1725)	15-20%	10,792	52,300（其中48,4贏餘等項撥）	16兩由稅銀補 4,818	餘2,090	硃批諭旨第四冊，頁十八，及頁二五至二六。
甘肅	雍正三年(1725)以前	15-20%	40,000餘兩 糧63,000石	約66,000兩 糧35,480石（其中稅規撥補約24,000兩）	糧27,000餘石		硃批諭旨第三十五冊，頁三五；同書第十一冊，頁九七。
奉天		10%	3,459	50%	50%（各州縣養廉及公用）（府尹等衙門各官養廉）		硃批諭旨第三十六冊，頁四五。
陝西		20%					硃批諭旨第十六冊，頁九三。

　　上表所列，爲各省耗羨分配概況。此外，耗羨歸公後，大小官員的養廉銀究竟有多少？當亦爲我們所要知道的。茲以河南、貴州、湖南三省爲例，將各官員養廉銀數額列爲一表如下：

表二、清雍正時期河南、湖南、貴州三省官員養廉銀

省別 / 官職	河　南	湖　南	貴　州
巡　　撫	銀 30,000兩	（不詳）	銀 8,500兩
布 政 使	24,000兩	銀 9,000兩	4,500兩
按 察 使	10,000兩	7,000兩	3,000兩
學　　臣	4,000兩		2,000兩

糧　　　　道		4,000兩	2,000兩
巡　　　　道			1,800兩
各　道、　府	3,000—10,000兩	1,700—2,500兩	800—1,300兩
同知、通判	600—1,000兩		300—500兩
各　州、　縣	600—2,000兩	600—1,300兩	400—700兩
資　料　來　源	硃批諭旨第十一册，頁六七。	同書第十七册，頁八九。	同書第四册，頁二五至二六。

　　從以上二個表觀察，我們可將雍正時期各省耗羨歸公的實施情形歸納成以下四點：（1）各省耗羨附加成數，大致在加一至加二之間，其中只有浙江低於加一，四川高達加三；（2）各省歸公的耗羨銀兩，主要用於添給各官員日用及辦公之費，卽爲養廉銀，其次充地方公事之用及彌補虧空；（3）若干省分，地丁錢糧有限，耗羨無多，不足支應，則以其他稅課盈餘或正額錢糧來補充養廉及公事之費；（4）各官養廉銀數額因地而異，可是都比他原來的薪俸多得很多。

　　明瞭了耗羨歸公的實施情形以後，接着讓我們看看究竟產生什麼效果？首先，最爲顯著的一點，便是陋規的革除。因爲以往陋規所以盛行，是由於官吏俸給微薄，不足支應其日常應有的用度，以致卽使清正自持的人，也不得不接受下屬餽送。但是自從各省實施提解耗羨、議定官吏養廉之後，因養廉銀數額遠比薪俸爲多，足敷生活及辦公之用，陋規便沒有繼續存在的理由了，於是各省陋規次第裁革，或歸公而成爲官吏養廉銀的一部分。例如，雍正二年(1724)河南巡撫石文焯奏稱，所有司、道規例及府、州、縣節禮，俱已革除；三年(1725)山東巡撫陳世倌奏稱，所有糧道、驛道、鹽道規禮，均令停送，並未收受；五年(1727)署湖廣總督福敏奏稱，一切陋規盡已革除，僅留武昌廠稅及鹽商小禮銀二項，經前任總督留爲養廉之用；六年(1728)陝西、甘肅布政使孔毓璞奏稱，相沿稅規立卽屛絕，僅留州、縣錢糧平規四千餘兩，作爲養廉；……。(註一) 在另一方面，雍正帝早就對於陋規的積弊知道得很清楚，在朝廷討論耗羨歸公時，他曾說：「此（陋規）從來之積弊，所當剔除者也。」(註二) 可見他早

(註一)　硃批諭旨第十一册，雍正二年正月二十二日石文焯奏；同書第九册，雍正三年五月二十日陳世倌奏；同書第十册，雍正五年三月十六日福敏奏；同書第三十五册，雍正六年二月二十七日孔毓璞奏。

(註二)　上諭內閣，雍正二年七月初六日。

就立意要將它革除。官吏既給養廉，他便斷然不容許它繼續存在。他希望養廉辦法普遍實行，有的省分，耗羡收入無多，不敷官吏養廉所需，他寧願撥稅課贏餘甚至正額錢糧來補足。（見表一）六年（1728）七月，更頒一諭旨，一面命令各省，如有尚未分給養廉之員，應即商酌辦理，一面嚴飭禁革陋規。他說：「自朕即位以來，嚴飭官方禁止私賄，又恐督、撫等官用度不敷，暗中取巧，是以給與養廉之項，俾其公私有賴，俯仰從容，庶可永杜苞苴，以爲澄清吏治之本。……焉有朝廷既給養廉，而仍收受屬員陋規之理？……在地方官，薪水之資，自不可缺。但於屬員之手，接受節禮陋規，則斷乎不可。目今各省內或尚有未分給養廉之員，著各督、撫悉心商酌，一面辦理，一面奏聞。寧可以州、縣應出之項，解至藩庫，從公發給，而不可使其自相授受，廢公議而徇私交，留禮儀交際之名，而長貪婪賄賂之弊也。倘再有私收規禮者，將該員置之重典，其該管之督、撫，亦從重治罪。」(註一) 在這個命令頒發以後，便有二個地方大員被處重刑。同年十二月二十日，「刑部等衙門奏，原任山東巡撫黃炳等，濫收屬員規禮，分別治罪。……奉上諭，黃炳依擬應斬，……著監候，秋後處決。」(註二) 次年(1729)七月四日，「上諭，塞楞額（原任山東巡撫）……負恩之處甚多，既不能禁約屬員，革除陋規，又復縱令家人，索取門包。……山東巡撫朕每年給與數萬金養廉之資，原以供其合家上下衣食之用，使之寬然有餘，自不纔悉取索於屬下。今塞楞額於養廉之外，仍復收受門包。……著將塞楞額仍擬絞，監候。其所得養廉，悉行追出。」(註三) 所以，由耗羡歸公而議定養廉，由議定養廉而禁革陋規，原有其必然之勢；再加上雍正帝這種嚴峻的作風，使全國大小官員知所警惕，數十年來的積弊從此廓清，各省財政也從此步入正軌。

其次，從前各省辦理地方公務，往往「無項可動，上下共相捐應，官、民並受其累。」(註四) 自耗羡歸公以後，由於有一部分割爲公用之欵，所以一切公事，都可動耗羡銀兩辦理，「既不捐於官，又不派及於民，……上下各足，彼此相安。」(註五)

(註一) 上諭內閣，雍正六年七月二十六日。

(註二) 上諭內閣，雍正六年十二月二十日。

(註三) 上諭內閣，雍正七年七月初四日。塞楞額後獲釋，乾隆元年起用，十三年以違制賜自盡。見淸史稿列傳一二五，塞楞額。

(註四) 東華錄雍正二十六，雍正十三年六月乙亥。

(註五) 硃批諭旨第三十一册，雍正六年七月十一日河東總督田文鏡奏。

　　再次，自耗羨提解之後，各省原來的虧空已逐漸彌補，這種情形筆者已在前面說明。各地方虧空一經彌補，財政上混淆不清的現象也隨着消失。不但如此，有些省分非但從此無虧空現象，而且歷年耗羨銀兩除本地公事支用外，還有剩餘，如河南、山東二省到雍正十一年(1733)存庫的耗銀就各有七十多萬兩之多。(註一)這和以前虧空纍纍的情形比較起來，眞不知相去幾何？

　　最後，耗羨歸公實施結果，減輕了人民負擔。如前所述，地方公事用項，不致再派累民間，人民負擔自然減輕不少。又耗羨歸公之後，各省附加成數均有限額，如前所述，大致在加一至加二之間，但是在從前，陝西火耗，每兩有加至二、三錢至四、五錢的，山西各州、縣火耗，每兩有加至三、四錢的，山東所收錢糧，火耗自加二五至加三不等，湖南加耗，每兩加至一錢、二錢、三錢不等。(註二)我們只要將這些數字和表一中的相應數字比較一下，便會立刻發覺，自從提解耗羨實施以後，人民的負擔是大大地減輕了。

　　現在筆者更進一步將當時各地實施耗羨歸公以後的情形列舉數則，以作為以上幾點說明的補充及佐證：

　　（1）　河南的情形：河東總督田文鏡曾將耗羨歸公實施前後的情況作了一個比較。他說：「查耗羨未歸公之時，原係各州、縣所得。上司因其得有耗羨，於餽送節禮之外，恣意勒索，藉名派捐，不但州、縣分文不得入已，往往所入不敷所出，遂至虧空正項，糶賣倉穀，無所不至。及至地方一有公務，仍派里民，小民受累，此耗羨未歸公之情弊也。自耗羨歸公之後，各上司俱得有足用養廉，不敢向州、縣勒索派捐，各州、縣亦俱得有足用養廉，反得實在歸己，日用既足，又不致虧動正額錢糧、倉穀。至於一切公事……動司庫耗羨辦理，既不取捐於官，又不派及於民，數年以來民間竟不知有派欵一事，上下各足，彼此相安，此耗羨歸公之成效也。」(註三)

　　（2）　山西的情形：雍正帝對於提倡耗羨歸公的山西巡撫諾岷曾一再嘉獎，雍正五年(1727)他說：「向來山西虧空甚多，國帑久虛，不能彌補。……諾岷蒞任後，將

（註一）　東華錄雍正二十三，雍正十一年八月甲寅；上諭內閣，雍正十一年六月初十日。

（註二）　東華錄康熙一一〇，康熙六十一年九月戊子；同書康熙三十五，康熙二十四年六月辛卯；硃批諭旨第九冊，雍正元年七月初十日山東巡撫黃炳奏；東華錄康熙九十六，康熙五十四年十一月庚子。

（註三）　硃批諭旨第三十一冊，雍正六年七月十一日河東總督田文鏡奏。

虧空人員盡行參革，酌定以公完公之法，將州、縣火耗重者，嚴行裁汰，酌中量留耗羨，抵補無著之虧空，不使累及民間，而官員亦免承追不力之參罰；又恐官員無以養廉，復酌撥以為日用之資；凡地方公務所需，亦皆取給於此，上不誤公，下不累民，此實通權達變盡善至公之良策也。……諾岷在任二年，……將山西數十年來未清之積案，經理年餘，即漸漸就緒。」(註一)

　　（3）　一般情形：乾隆七年(1742)檢討耗羨歸公時，朝中官員及各省督、撫絕大多數都覺得羨歸公，法制盡善，不宜更易。如大學士鄂爾泰、刑部侍郎錢陳羣、湖廣總督孫家淦等認為：「耗羨之制，行之已久，征收有定，官吏不敢多取，計已定之數，與未定以前相較，尚不逮其半，是迹近加賦，而實減征也。且火耗歸公，一切陋習，悉皆革除，上官無勒索之弊，州、縣無科派之端，小民無重耗之累，法良意美，可以垂諸久遠。」因此乾隆帝特頒諭旨，命令耗羨歸公辦法繼續施行。(註二)

（三）　丁銀攤入地糧的實施

　　雍正時期財政上第三件值得注意的設施，應該算是丁銀攤入地糧的實施。丁銀的意義，以及征收丁銀所形成的負擔不均及征收困難的情形，筆者在前面已有所敍述。實際上丁銀攤征在康熙末期已在四川、廣東等地開始實施，不過到雍正年間才形成一普遍的運動。這一運動的發動者是當時的直隸巡撫李維鈞。雍正元年(1723)他向皇帝奏稱：「直屬丁銀，偏累窮民，若攤入田糧內，實與貧民有益。……但有力之家，皆非所樂，或有阻遏其請者。況部中止知成例，不肯變通，必議不准。仰祈皇上乾斷，允臣所請，則無地貧民，永戴皇仁，而州、縣征收，亦自此較易。臣為縣令、州牧時，確知其弊，曾在山東、江西、四川行之皆善，故敢剴切題請。若推之他省，則利民無窮。」(註三)同年雲南巡撫楊名時起而響應，並稱：「滇南闔省窮民，受丁差之苦累者十之六七，更甚于直隸。……請將通省民丁額征丁銀，攤入田糧完納，……均其偏累。」(註四)次年（1724）山西布政使高成齡亦提出呼籲，他說：「竊惟國家正供，首重地丁錢糧。地糧則計畝征收，丁銀則按戶完納。但地畝之生息有常，而戶

（註一）　上諭內閣，雍正五年九月十五日。
（註二）　東華續錄乾隆十六，乾隆七年十一月乙丑；清史稿食貨志二。
（註三）　硃批諭旨第五冊，雍正元年七月十二日直隸巡撫李維鈞奏。
（註四）　皇清名臣奏議卷二五，雍正元年雲南巡撫楊名時條陳地方事宜疏。

－ 70 －

口之貧富不等，所以地糧易納，丁銀難征。況富室田連阡陌，竟少丁差，貧民無地立錐，反多徭役，以致丁倒累戶，戶倒累甲，甲倒累里。晉省俗例，相沿已久，在民則有苦樂不均之歎，在官則有征收不力之參，官民交累，法宜變通。」(註一) 由此可見，到雍正初年各省大員對於丁銀紛紛發出改革的呼聲，李維鈞並指出朝野對於此一惠及貧民的改革的阻力，希望雍正帝不要受他們的影響，允准施行，並推及他省。

雍正帝接到李氏奏摺後，卽交戶部議覆。戶部議覆：「應如所請，於雍正二年爲始，造冊征收。」(註二) 後又發交九卿商議，他們的意見大致相同。雍正帝於是命令「照戶部議行。」(註三) 從此這一改革運動也如耗羨歸公一樣普遍展開。

丁銀攤入地糧自直隸開始實施以後，其他各省也次第實行。計雍正三年(1725)爲：福建、山東，四年(1726)爲：河南、浙江、陝西、甘肅、雲南等省，五年(1727)爲：江蘇、安徽、江西三省，六年(1728)爲：湖南、廣西，七年(1729)爲湖北省。我國本部十八省中，除四川、廣東二省已在康熙末期實施，以及山西、貴州二省到乾隆年間才實施以外，其他十四省都是在雍正年間完成此一改革的。(註四) 實施的辦法，多以地賦銀爲單位，將丁銀攤入，每地賦銀一兩，攤征丁銀若干。如直隸省每地賦銀一兩，均攤丁銀二錢七厘有奇，浙江省每田賦銀一兩，均攤丁銀二錢四厘五毫有奇。只有湖南省按糧額均攤，每地糧一石，均攤丁銀一毫四絲至八錢六分一厘零不等。(註五) 自此以後，地賦與丁銀不再分別征收，合而爲一，稱爲地丁。

丁隨糧派實施以後，人民負擔比較公平，政府征收也較簡便，這是可以預見的兩點效果。現在也舉出兩個例子，以資佐證。

（1）　湖北等省實施情形：雍正十年(1732)湖廣總督邁柱奏稱：「查丁隨糧派，原屬公平至當之法，此山東、直隸等省皆然。臣於江西亦然。故臣於楚北一省，循例請行，兩年以來，無田者免累，田多者樂輸，行之頗有成效。」(註六)

(註一)　硃批諭旨第十三冊，雍正二年九月十四日山西布政使高成齡奏。
(註二)　東華錄雍正三，雍正元年九月甲申。
(註三)　東華錄雍正三，雍正元年九月戊戌。
(註四)　欽定大淸會典事例卷一五七，丁銀攤征。
(註五)　同上。
(註六)　硃批諭旨第五十四冊，雍正十年七月初四日湖廣總督邁柱奏。

（2）　乾隆三十年（1765）監察御史戈濤的評論：他在請丁銀仍歸地糧疏中說：
「竊見丁銀歸入地糧征收一案，各省遵循已久，該省（山西）獨未盡行。伏思丁、糧合
辦，在無地有丁者，旣免追呼之擾，即有地有丁者，亦省輸納之煩；吏胥不能藉編審
爲奸，小民亦不至以勾稽爲累。其法簡約均平，天下稱便。」（註一）

（四）　其　　　　他

雍正時期，除以上三種重大的財政改革以外，其他方面也諸多興革，且著有成
效。約而言之，有下列數端：（1）設立會考府，革除奏銷積弊：以往各省錢糧奏銷，
均向中央有關各部辦理，中央各部藉此勒索部費。如無部費，往來詰駁；如有部費，
即使糜費錢糧百萬，也准奏銷。又各部院動用錢糧，自行奏銷，往往無可稽考，以致
形成內外通同欺盜虛冒的弊端。雍正帝即位後，即於元年（1723）設立會考府，規定以
後一應錢糧奏銷事務，都由會考府辦理，並派怡親王允祥主持其事。這一衙門到雍正
三年（1725）八月撤銷。（註二）（2）規定各省存留錢糧額，以適應地方經常經費以外的
需用，類似現在的預備金制度。雍正五年（1727）規定：「各省布政司庫存錢糧，應按
地方之遠近，存朕之多寡，酌留數十萬兩，……除直隸近京，無用留儲外，山東藩
庫，留儲十萬兩；山西、河南、湖北、陝西、廣東，各二十萬兩；江蘇、安徽、江
西、福建、浙江、湖南、甘肅、四川、廣西、雲南、貴州，各三十萬兩，封存備用。
每年造入季冊，報部查覈。」（註三）（3）整頓關稅：康熙時代（1662—1722），各省關稅
也和地丁錢糧一樣，侵蝕、虧空，甚爲普遍。雍正帝即位後，於康熙六十一年十二月
（1723）命令「嗣後稅務悉交地方官監收」，（註四）以便就地稽察整頓。接着各地關稅，
便由虧而盈。由於積弊澄淸，雍正末年的各關贏餘額便成爲乾隆年間的準則。乾隆十
四年（1749），乾隆帝諭戶部說：「康熙年間，關差各有專員，恣意侵蝕，不但無贏
餘，並不敷正額。……當時風氣俱視爲分所當然。是以有雍正年間一番清理。凡官侵
吏蝕僕役中飽，舉燭照而數計焉。於是各關之以贏餘報者相屬，而缺額者從未之聞
矣。……夫贏餘……朕意當一以雍正十三年征收贏餘數目爲定，其時正諸弊肅淸之

（註一）　皇朝經世文編卷三十，乾隆三十年監察御史戈濤請丁銀仍歸地糧疏。
（註二）　上諭內閣，雍正元年正月十四日，同年二月二十五日，雍正三年八月十三日。
（註三）　欽定大淸會典事例卷一八三，庫藏留儲。
（註四）　上諭內閣，康熙六十一年十二月初十日。

時，而亦豐約適中之會也。……嗣後……各關贏餘成數，視雍正十三年短少者，該部按所定分數議處。永著爲例。」(註一)由此可見雍正年間整理關稅的成績。(4)整理鹽務：雍正帝將鹽務也多交給總督或巡撫兼管，而李衛整理浙江鹽務，鄂爾泰清理雲南鹽課，尤著有成效。乾隆帝即位後便曾說過：「兩浙鹽務向來廢弛，自李衛爲浙江總督以來，留心整理，諸事妥協。」(註二)鄂爾泰自雍正三年(1725)受命管雲、貴總督事後，將雲南每年鹽課從原來的十六萬八千餘兩，增加到雍正七年(1729)的四十二萬餘兩（包括正額及贏餘。)(註三)(5)蠲免浮糧：江、浙兩省的蘇州、松江、杭州、嘉興四府在明朝初年因張士誠固守不降，太祖將這些地方平定以後，把富民的田沒收爲官田，且按私租爲稅額，所以賦稅特重，每府多至數十萬兩，人民難於輸納。雍正三年(1725)經怡親王允祥奏准，將蘇州府正額銀蠲免三十萬兩，松江府正額銀蠲免十五萬兩；五年(1727)雍正帝又命令將嘉興、湖州二府額征銀各減十分之一，共免銀八萬七千二百兩有奇，均著永爲定例。」(註四)於是四府人民負擔得以減輕。

五

綜上所述，我們可將雍正年間(1723—35)所實施的各種改革，歸納爲兩大成果：一爲整肅吏治，建立財政秩序，另一爲減輕和平均人民負擔。其中任何一種改革的成就，對於清代的强盛都有或大或小的貢獻。耗羨歸公的實施，人民得免重耗及加派之累；丁銀攤入地糧征收，加惠貧民；蠲免浮糧，直接減少江、浙人民的賦稅，結果人民負擔減輕，也間接助長了國民經濟潛力。國民經濟潛力增長，國家才能强盛，所以自古「藏富於民」成爲當政者的圭臬。清初以來，順治朝(1644—61)忙於肅清流寇及前代殘餘勢力，無暇顧及民生。康熙帝嗣位後，勵行節儉，愛惜民力，先後蠲免天下錢糧逹萬萬餘兩，(註五)所以國力大增。雍正帝繼前代長期休息之後，復有以上各種

(註一) 東華續錄乾隆三十，乾隆十四年十一月庚申。
(註二) 欽定大清會典事例卷三二。
(註三) 硃批諭旨第二十五册，雍正五年五月初十日雲、貴總督鄂爾泰奏查明鹽斤所增銀兩疏；同書第二十七册，雍正七年十一月初七日雲、貴、廣西總督鄂爾泰奏報明七年分鹽銅課息事。
(註四) 東華錄雍正六，雍正三年三月丁巳；同書雍正十一，雍正五年十月己酉。
(註五) 東華錄康熙八四，康熙四十八年十一月甲申；皇朝掌故彙編內編卷二二度支二，附陳康祺郎潛紀聞。

減輕人民負擔政策的實施，這對於當時及日後的隆盛有所貢獻，是可想而知的。

　　但是雍正帝對於清代最大的貢獻，實在於建立財政秩序這一點。前面說過，康熙帝務為寬大，以致末年形成吏治因循廢弛的局面，表現在財政上，就造成虧空累累、上下需索的現象。這種現象如果繼續下去，必然會蠹蝕成長中的國本。幸而雍正帝即位後，立刻開始整肅：究追虧空，議定養廉，禁革陋規，嚴懲貪吏，種種措施，雷厲風行，給數十年來積漸而成的弊病投下一服猛劑。數年之後，「各省吏治雖未必能徹底澄清，而公然貪贓犯法及侵盜錢糧者，亦覺甚少。」(註一) 而且「虧缺漸清，帑藏充裕。」(註二) 各省虧空也漸次彌補。吏治整飭，庫藏清楚，財政狀況便步入井然有序的境地。乾隆帝的繼位，正好承受這種整頓的成果。於是一方面收入上升。例如全國鹽課從雍正四年(1726)的三百八十六萬餘兩，增加到乾隆十八年(1753)的五百五十六萬餘兩；(註三) 關稅從康熙中 (三藩亂後) 的二百餘萬兩，增加到乾隆十八年(1753)的四百三十二萬餘兩。(註四) 他方面國庫存欵自然也就跟着上升。康熙六十一年 (1722) 戶部庫存僅八百餘萬兩，雍正年間曾積至六千餘萬兩。後因連續對西北用兵，動支大半，乾隆初年 (1736) 只存二千四百萬兩。(註五) 然而乾隆朝六十年間，先後出兵金川、準噶爾、緬甸、廓爾喀等，所費達一億數千萬兩；又普免天下錢糧四次，普免各省漕糧二次，巡幸江南六次，共計又不下二萬萬兩，而末年戶部存銀還有七千餘萬兩，(註六) 可見財政的充裕。關於這一點，魏源聖武記卷十一武事餘記兵制兵餉說：「康熙六十載之休養，何以部帑止存八百餘萬，不及乾隆七分之一耶？曰耗羨未歸公一也，常例未捐輸二也(捐監、捐封、捐級等每年約三百萬)，鹽課未足額三也，關稅無盈餘四也。是皆雍正十餘載清釐整飭之功，故收效若是。」可見雍正一朝整頓財政的貢獻。固然，乾隆朝所以能臻於極盛，與當時人口的繁衍，農業生產的增加，以及

(註一)　上諭內閣，雍正八年二月十七日。

(註二)　上諭內閣，雍正八年九月十一日。

(註三)　雍正大清會典卷四九，及乾隆大清會典卷十五。原書未見，今引自佐伯富著清代鹽政の研究 (東洋史研究會刊，昭和三十一年)，頁十五。

(註四)　清史稿食貨志六；王慶雲石渠餘記卷三，歷朝田額糧賦總目。

(註五)　皇朝經世文編卷二十六，阿桂論增兵籌餉疏。

(註六)　清史稿食貨志六；魏源聖武記 (道光二十七年刊本) 卷十一，武事餘記兵制兵餉，頁十。

工商業的發達，有着密切的關係；然而如上所述，雍正帝在財政上的種種興革，除弊創新，確立秩序，其重要性尤不可忽視。

    本文寫作期間，承中國東亞學術計劃研究委員會推薦，得哈佛燕京學社之補助特此致謝。

論皇明祖訓錄所記明初宦官制度

黃　彰　健

　　欲論有明一代宦官制度，事固不易，而論明初之制，則以文獻不足，其事尤難。余頃得見國立北平圖書館藏明鈔本皇明祖訓錄小型形捲，始於明初內官制度敢有所論。明內府十二監，其中以司禮監職司最要，其建置沿革及職權之演變，最模糊不明者，亦以得見是書，始有一較清晰之了解。昔人考論明宦官制度者，蓋皆未見此一書也。

　　祖訓錄內官門云：

　　凡各衙門內官，正官皆正七品；佐貳官從七品；奉御淨人，正八品；典簿，正九品。

　　天地壇祠祭署　　　署令　　署丞　　司香奉御

　　神壇署　　　　　　署令　　署丞

　　皇陵署　　　　　　署令　　署丞

　　神宮內使監　　　　監令　　監丞　　典簿　　司香奉御

　　尚寶監。監令丞掌御寶，晝夜常川於內宮門聽候。所掌匙鑰，不許離身。凡有動止，謹護御寶。典簿掌簿籍。

　　　　監令　　監丞　　典簿　　直殿奉御

　　內使監。監令掌冕弁冠帽，丞為之佐。凡造冠帽結棕冠、網巾、鋪翠、穿珠、梳剃諸匠咸屬焉。

　　　　監令　　監丞　　尚冠奉御。

　　尚衣監。監令掌袞袍常服，丞為之佐，凡裁縫匠屬焉。

　　　　監令　　監丞　　尚衣奉御。

　　尚佩監。監令掌佩帶，丞為之佐。

　　監令　　　監丞　　　佾佩奉御。

佾履監。監令掌靴履，丞爲之佐，凡結棕靴捍氊熟皮皮匠咸屬焉。

　　監令　　　監丞　　　佾履奉御　　　涓潔奉御。

御馬司。司正副掌帶鞍轡御馬，晝夜輪流伺候。

　　司正　　　司副　　　御馬奉御。

兵仗司。司正司副掌甲冑戈矛弓箭刀劍，而造弓箭鏃（鏃？）匠打弓弦匠咸屬
　　　　焉。

　　司正　　　司副　　　鋒利奉御　　被堅奉御　　執銳奉御　　彎弧奉御。

典禮紀察司。司正副掌內府一應禮儀，欽紀御前一應文字。凡聖旨裁決機務，
　　　　已未發放，須要紀錄親切，御前題奏，及糾劾內官內使非違不公
　　　　等事，而造筆墨表背匠亦屬焉。

　　司正　　　司副　　　紀事奉御。

繩頑司。司正副掌治內官內使之犯罪者。

　　司正　　　司副

御藥局。局正掌監同御醫，修合藥餌，如法煎調進御。副之爲佐。典簿掌文案
　　　　簿籍，并收支藥餌數目。凡外科接骨等醫咸屬之。

　　局正　　　局副　　　典簿　　　佾藥奉御。

佾酒局。局正副掌造酒供用，凡造紅糟菜豆粉豆腐咸屬焉。

　　局正　　　局副。

佾麵局。局正副掌磨麵供用，洗麵筋者屬焉。

　　局正　　　局副。

佾醋局。局正副掌造醋供用。

　　局正　　　局副。

佾染局。局正副掌染色供用。

　　局正　　　局副　　　織染奉御。

巾帽局　局正　局副。

針工局　局正　局副。

　　皮作局　局正　局副。

　　顏料局　局正　局副。

　　司牧局。局正副掌收養羊鵞雞鴨。　局正　局副

　　司菜局。局正副掌種菜供用。　　　　局正　副局

　　內府寶鈔庫。大使副使掌出納寶鈔。掌事掌文案簿籍收支數目。

　　　　　大使　　副使

　　承運庫。大使掌出納寶貨金銀珠玉段疋紗羅布帛等項，副使爲之佐。掌事掌文

　　　　　案簿籍收支數目。

　　　　　大使　　副使

　　內府庫　大使　　副使

　　廣積庫　大使　　副使

　　甲字庫　大使　　副使

　　乙字庫　大使　　副使

　　丙字庫　大使　　副使

　　丁字庫　大使　　副使

　　戊字庫　大使　　副使

　　執膳奉御。掌監造御膳供進。

　　各門。門正門副掌各本門鎖鑰，晨昏啓閉，關防出入。

　　　　　門正　正七品；　門副，從七品。

　　欲論內官門所記，自需先考定祖訓錄頒行之年代。此書有洪武六年五月御製序，
然其中所記尙衣尙冠尙履三監，據實錄係洪武十二年四月丁巳所置，則此書所記絕非
洪武六年五月時制度也。

　　此書頒行於洪武十四年二月後，十四年十月前，見集刊本冊彰健另一文所考，今
不贅。

　　此書既係洪武十四年頒，則所載亦僅洪武十四年制度耳。欲論吳元年後洪武十四
年以前宦官建置沿革，仍須參照實錄。今錄明史職官志所記於下：

　　吳元年置內史監。設監令正四品，丞正五品，奉御從五品，內史正七品，典簿

正八品。皇門官設皇門使，正五品；副從五品。後改置內使監、御用監。各設令一人，正三品；丞二人，從三品；奉御正六品；典簿正七品。皇門官，門正正四品；副從四品。春宮門官正，正五品；副從五品。御馬司司正，正五品；副從五品。尙寶兼守殿、尙冠、尙衣、尙佩、尙履、尙藥、紀事等奉御，俱正六品。

洪武二年，定置內使監奉御六十人；尙寶一人，尙冠七人，尙衣十人，尙佩九人，尙藥七人，紀事二人，執膳四人，司脯二人，司香四人，太廟司香四人，涓潔二人。置尙酒、尙醋、尙麵、尙染四局，局設正一人，副二人。置御馬、御用二司，司設正一人，副二人。內府庫設大使一人，副使二人。內倉監設令一人，丞二人。及置東宮典璽、典翰、典膳、典服、典藥、典乘兵六局，局設局郎一人，丞一人。又置門官，午門等十三門各設門正一人，副一人。東宮門官，春和門等四門各設門正一人，副一人。

三年，改內使監御用監秩皆從三品。令從三品，丞正四品。皇門官秩從四品。門正從四品，副正五品。春宮門官正副同。

四年，復悉差其品秩，授以散官，乃改內使監爲正五品，皇門官爲正六品。

六年，改御用監爲供奉司，內倉監爲內府倉，內府庫爲承運庫。尋置紀事司，以宦者張翊爲司正，秩正七品。又考前代糾劾內官之法，置內正司，設司正一人，正七品；司副一人，從七品。專糾內官失儀及不法者。旋改爲典禮司，又改爲典禮紀察司，歷其品秩，司正陞正六品，司副陞從六品。

十年，置神宮內使監。設監令正五品，丞從五品，司香奉御正七品，典簿從九品。天地壇、神壇各祠祭署，設署令正七品，丞從七品，司香奉御正八品。甲乙丙丁戊五庫，各設大使正七品，副使從七品；及皇城門官，端門等十六門各設門正正七品，副從七品。

十二年，更置尙衣、尙冠、尙履三監，針工、皮作、巾帽三局；改尙佩局爲尙佩監。

史志所記，全本實錄。今以實錄校之，仍有訛誤。

志言，吳元年定，皇門官門正正四品，春宮門官正正五品。檢實錄吳元年九月丁

亥條：

　　皇門官，秩正四品。門正，正四品；副，從四品。春宮門官正副同。御馬司秩
　　正五品，副從五品。

是春宮門官正與皇門門正品秩同。史志作者未於「同」字絕句，致品秩與御馬司官同
矣。

　　志言，「尚佩九人，尚藥七人」。檢實錄，此係洪武二年八月己巳所定。實錄北平
圖書館本所記與史志同，本所藏廣方言館本抱經樓本「尚佩九人」下有「尚履八人」
四字。考實錄吳元年九月卷，其時所設六尚有尚履，則廣本抱本此條有「尚履八人」
四字當不誤也。實錄二年八月己巳條言，置奉御六十人，計尚寶一人，尚冠七人，尚
衣十人，尚佩九人，尚藥七人，紀事二人，執膳四人，司脯二人，司香四人，太廟司
香四人，涓潔二人，必合尚履八人，始足六十人之數。北平圖書館本余已證明爲明史
館鈔本，史志作者蓋據此誤本實錄，未以他本校正，故所書遂有誤耳。

　　志言，十年置甲乙丙丁戊五庫，庫設大使正七品。檢實錄，此係十年十二月戊申
事。十二年四月丁巳實錄又書置甲乙丙丁四庫。志不書十二年復置，殆以實錄紀事有
誤。其實官制未定型前，此等衙門廢置不常，不能謂實錄紀事一定有誤也。

　　史志所記，以實錄校之，已有訛誤。今以祖訓録內官門校之，則祖訓録所載內府
衙門，如兵仗司繩頑司，史志卽遺漏未書。實錄書：

　　洪武九年八月己亥，置顏料、司苑、司牧、巾帽、針工、皮作六局，兵仗繩頑
　　二司，秩俱正六品，副從六品。

則兵仗繩頑二司蓋九年所置。針工皮作巾帽三局，史志作十二年置，蓋據實錄十二年
四月丁巳條。由實錄九年八月己亥條觀之，蓋九年初置復罷，罷後又復置矣。

　　內府衙門未定型前，其罷置不常，實錄所書已有疏略，故據實錄史志所書內府衙
門建置沿革，開列洪武十四年時內府衙門，仍不能與祖訓録所定者符，此當時纂修實
錄史臣應負其責，不必苛責明史矣。

　　此書所記明內官衙署有典禮紀察司。實錄記其建置沿革云：

　　洪武六年十月壬辰，命考究前代糾劾內官之法，禮部議置內正司，設司正一人
　　秩從七品，司副一人從七品，專掌糾察內官失儀及不法者。

十一月辛亥，更內正司爲典禮司，秩正七品，官制仍舊。……庚申，改典禮司

爲典禮紀察司，陞秩正六品，設司正一人，正六品；司副一人，從六品。

七年十一月壬午，改典禮紀察司爲紀察司，官仍舊制。

則似洪武十四年不應有典禮紀察司。今按實錄書：

洪武十五年三月甲子，禮部尚書劉仲質典禮紀察司副唐壽等以戟氅等制度進

呈，請依古制改作。上命戟氅戈氅儀鍠氅依制改造，餘悉從舊。

又金華叢書本宋學士文集卷十三恭題御賜文集後云：

洪武八年歲次乙卯，春三月壬辰，……上步出宮門，……顧內史張淵曰，汝往

取新刊文集一部，賜學士宋濂，臣謹叩頭謝。淵引臣典禮紀察司，與司副李彬

言，紀臣名氏於籍，始頒受焉。……是月三日癸巳午時具官臣宋濂盥手謹記。

宋濂此文作於洪武八年三月，是典禮紀察司於洪武八年三月壬辰以前已改復舊稱。史

志未書典禮紀察司去典禮二字，固史志疏忽；實錄雖書之，然未書其復舊稱，則仍記

事有疏略也。（註一）

實錄記：

洪武十五年十一月乙丑，孝慈皇后喪百日，……紀察司請御素服黑犀帶行禮。

上素服出陞座，儀禮司官致詞云，……臣等禮當奉慰。

實錄此條所記紀察司，當係典禮紀察司之省稱。猶殿庭儀禮司，實錄此處之省稱爲儀

禮司也。

王世貞弇山堂別集卷八十七詔令考云：

洪武十七年二月二十六日，吉安侯平涼侯南安侯同紀察司官于奉天門欽奉聖旨

說，蠻子每只怕馬，你每到那裏大理，有些銀子，看有多少，就將那銀子買上

一萬馬，放在海子裏，看養操練。……好生撫恤那裏百姓，欽此。

此紀察司亦應係典禮紀察司之省稱也。

詔令考所記「同奉聖旨」，正可與祖訓錄所載典禮紀察司官紀錄聖旨相參證，此

可以見其時此官地位之重要矣。

（註一）　今傳世宋元古畫，有鈐有紀察司半印者。紀察司一名，不見於明史職官志，數年前香港某收藏家曾以

　　　　此函詢董彥堂先生，董先生下問於余，當即據實錄以對。當時未見祖訓錄，故所考亦較簡略。

詔令考又書：

洪武十五年七月二十二日，敕總兵官征南將軍潁川侯西平侯：徐保至京，方知
大軍七月二十八日已圍烏撒。……

洪武十六年正月初三日，紀事奉御徐保傳奉御筆聖旨：軍中要十分仔細，天象
自今年六月至十一月，月犯畢三次，主軍中有大戰，防水中下毒，有奸謀。若
軍下營處，須自穿井吃水。若無糧時，不要守城，聚集大軍，不問蠻子在那
里，直要尋見拏了方守城。

奉御徐保口傳聖旨：一、雲南至畢節立界牌。牌上寫着土官把事名字，教他供
給守禦處糧食。……

徐保係任紀事奉御，此所謂紀事奉御，以十四年所定祖訓錄證之，正係典禮紀察司
官。考實錄書紀事一官建置沿革云：

吳元年九月丁亥，置內使監正四品。……後改置內使監御用監，秩皆正三品。
……尙藥紀事等奉御，秩俱正六品。

洪武二年八月己巳，定置內使監奉御六十人：……紀事二人。

六年八月癸酉立紀事司，秩正七品，以宦者張翊爲紀事司正。

是紀事奉御一官，吳元年已設，而紀事司之罷，當卽在六年十一月庚申改典禮司爲典
禮紀察司時，故典禮紀察司有紀事奉御一官。典禮紀察司蓋係紀事司典禮司二機構合
併而成。實錄及史志謂，改內正司爲典禮司，改典禮司爲典禮紀察司，仍不與當日情
實盡合也。

典禮紀察司之職權，據十四年所定祖訓錄，係「掌內府一應禮儀，欽紀御前一應
文字。凡聖旨裁決機務，已未發放，須要紀錄親切，御前題奏，及糾劾內官內使非違
不公等事，而造筆墨表背匠亦屬焉」。至十七年四月其職權又有更易。實錄書：

洪武十七年四月癸未，更定……內官諸監庫局及外承運等庫局品職，（職，抱
本作秩）。……

內官監，通掌內史名籍，總督各職。凡差遣及缺員，具名奏請。設令一人正六
品；丞二人，從六品；典簿一人，正九品。所掌文籍，以通書算小內使爲之。

神宮監，掌太廟祭器及祭祀洒掃。設令一人正七品；丞一人，（一，嘉本作二）

從七品；奉御一人，正八品。

尙寶監，掌御寶圖書。凡用御寶則奏請，然後付尙寶司官用之，畢則捧入。設令一人，正七品；丞一人，從七品。

尙衣監，掌御用冠冕衣服靴履。設令一人，正七品；丞一人，從七品；奉御四人，正八品。

尙膳監，掌御膳。設令一人，正七品；丞一人，從七品。

司設監，掌御用儀仗輦輅輿帳褵褥張設。設令一人，正七品；丞一人，從七品；奉御四人。

司禮監，掌宮庭禮儀。凡正旦冬至等節，命婦朝賀等禮，則掌其班位儀注，及糾察內官人員違犯禮法者。設令一人，正七品；丞一人，從七品。

御馬監，掌御廏馬匹。……

直殿監，掌各殿洒掃陳設。設令一人，……丞四人，……小內使一十五人。

宮門承制，掌傳奉宣召，設奉御五人，正八品。……

此年司禮監所掌係宮庭禮儀及糾察內官，此與典禮紀察司所掌同，故知司禮監係由典禮紀察司易名。惟是年司禮監之職權，未言紀錄聖旨，竊疑此一職權當已改歸內官監。實錄載是年內官監職掌云：「內史監通掌內史名籍，總督各職。……所掌文籍，以通書算小內使爲之」。此所謂文籍，當不限於內使名籍。實錄洪武十七年七月戊戌條：

勅內官毋預外事。凡諸司毋與內官監文移往來。上謂侍臣曰：爲政必先謹內外之防，絕黨比之私，庶得朝廷清明，紀綱振肅。前代人君不鑒於此，縱宦寺與外臣交通，覘視動靜，夤緣爲奸，假竊威權，以亂國家，其爲害非細故也。間有發奮欲去之者，勢不得行，反受其禍，延及善類，漢唐之禍，深可歎也。夫仁者治於未亂，智者見於未形，朕爲此禁，所以深戒未然耳。

實錄此條內官監三字可有二不同解釋，其一即指此年所置內府九監中之內官監，另一則釋爲內官各監。竊疑當以前一解釋爲妥。蓋內官監令正六品，品秩較他監爲高，又掌文籍題本，故禁其與外官文移往來也。實錄記：宮門承制，掌傳奉宣召，此疑亦典禮紀察司職掌，至是遂另設官耳。明史職官志謂：「洪武十七年鑄鐵牌文曰：『內臣

不得干預政事，犯者斬』，置宮門中，又敕諸司毋得與內官監文移往來」。實錄十七年卷末記鑄鐵牌事，史志此言當本諸野史。實錄僅言「敕內官毋預外事」，非不許其預政務，特禁其與外官交通耳。

內官監及司禮監職權，至洪武二十八年又有更易。實錄書：

洪武二十八年九月，重定內官監司庫局……等官職秩。……

內官監十一：曰神宮，曰尚寶，曰孝陵神宮，曰尚膳，曰尚衣，曰司設，曰內官曰司禮，曰御馬，曰印綬，曰直殿。監皆設太監一人，秩正四品；左右少監各一人，秩從四品；左右監丞各一人，秩正五品；典簿一人，秩正六品。

神宮監掌洒掃太廟殿庭廊廡。

尚寶監掌御寶璽勅符將軍印信。

孝陵神宮監掌洒掃殿庭及栽種果木蔬茱之事。

尚膳監掌供養奉先殿幷御膳與宮內食用之物，及督光祿寺供奉宮內諸筵宴飲食之事。

尚衣監掌御用冠冕袍服履烏靴韈之事。

司設監掌御用車輦床榻衾褥帳幔諸事。

內官監掌成造婚禮粧奩冠烏傘扇衾褥帳幔儀仗，及內官內使貼黃諸造作，幷宮內器用首飾與架閣文書諸事。

司禮監掌冠婚喪祭禮儀制帛，與御前勘合賞賜筆墨書畫，幷（二十八年閏九月所定祖訓「幷」作「管」）長隨當差內使人等出門馬牌等事，及督光祿司供應諸筵宴之事。

御馬監掌御馬及諸進貢，幷典牧所關收牧馬騾之事。

印綬監掌誥券貼黃印信選簿圖畫勘合符驗信符諸事。

直殿監掌洒掃殿庭樓閣廊廡之事。

又設長隨奉御秩正六品。……

此時內官監於內官內使貼黃，恐僅司與營造有關事項，內官監主要係掌營造，故劉若愚酌中志及明史職官志均言內官監職掌係掌營造也。此時內官監已不掌文籍，今傳世皇明祖訓係二十八年閏九月所定，所記宦官職掌與實錄所記同，惟印綬監職掌作：

「掌誥券貼黃印信選簿圖畫勘合符驗文册題本誥勅號簿信符圖本等項」，較實錄所書多
「文籍題本」「誥勅號符圖本」諸字，則是時文籍題本似已由印綬監掌管。實錄書：

> 洪武三十年四月癸巳，戶部上富民籍名。先是，上謂戶部尚書郁新吏部侍郎張
> 迪等曰：人有恒產，則有恒心。今天下富民生長田里之間，周知民事，其間豈
> 無才能可用者？其稽諸戶籍，列名以聞。朕將選用焉。於是戶部奏，雲南兩廣
> 四川不取。今稽籍，得浙江等九布政司、直隸應天十八府州，田贏七頃者萬四
> 千三百四十一戶，列其戶名以進。命藏於印綬監，以次召至，量才用之。

富民籍名卽藏於印綬監，且祖訓所書亦不應有誤也。

　　據實錄及洪武二十八年所定祖訓，司禮監職掌係「管長隨當差內使人等出門馬牌
等事」。今按太宗實錄書：

> 永樂七年十二月戊申，守京城門內使言，城門郎擅離所守。……皇太子曰：城
> 門郎無罪。內使小人縱私，上罔朝廷，下誣無罪之人，豈可復用？命下錦衣衞
> 治之。乃命司禮監榜示，今後內官內使有言事不實及挾私枉人者，悉置重典！

太宗實錄所書實與祖訓錄所記典禮紀察司官「糾劾內官內使非違不公者」合，而二十
八年所定司禮監職掌有管長隨當差一語，此固亦典禮紀察司舊有職掌也。明史職官志
謂：「司禮監官掌刑名及鈐束長隨當差聽事各役」，其辭雖異，其意則無殊也。

　　二十八年所定司禮監職掌有「御前勘合」一項。此亦當與實錄參證。太宗實錄記：

> 洪武三十五年七月壬辰，司禮監請如舊制鑄出入精微印，從之。

按明惠帝喜更易太祖制度，故太宗起兵卽以復祖制為藉口。太宗卽位，詔革建文所
定，命諸司復洪武舊制。是年司禮監請如舊制鑄出入精微印，是此印必洪武末原有，
建文時更易，至是司禮監依詔請復舊制耳。

　　此出入精微印用途，可參考會典。會典卷二百十三兵科門：

> 凡內府各門進出事件，並內官出入，皆有印信大小勘合，填寫關防，本科官編
> 成字號，幷置底簿。小勘合用本科印，大勘合用司禮監精微印。領出，每三日
> 俱給與守衞官員，填寫出入事件。填完，小勘合送內府收，大勘合送本科收，
> 以憑查考。
> 凡南京內官出入公幹，幷皇城四門出入事件，填過精微勘合，將盡，先行具

奏，兵部轉行本科，將該給勘合編完字號，赴司禮監用精微印，并附底簿給
出，發南京兵科給用。

會典此二條正有「出入」「精微」四字，是此印必作是用也。此二條又有「勘合」二
字，此可證實錄及祖訓言司禮監掌御前勘合，所謂勘合亦當指此也。

此勘合用司禮監精微印。劉若愚酌中志卷十六謂明司禮監轄有精微科。考會典則
更載有精微批文精微文簿。今錄於下：

凡行人序班監生，差往王府祭葬報訃，伴送夷人等項，該給內府精微批文，俱
從本科定限，事畢，送科銷繳。（會典卷二百一十三，禮科）

凡法司奏差勘事審錄決囚等項官員，都察院奏差御史巡按，及監生書吏人等赴
各該淸軍刷卷提學巡鹽巡茶巡關等項御史處書辦，各該請給內府精微批文，各
具手本赴本科，照各批文定限，轉發各衙門給付，事完各齎原批赴本科，轉送
內府銷繳。（會典卷二百一十三刑科給事中職掌）

凡工部奏差造墳抽分等項官員，各該請給內府精微批文……（會典卷二百一十
三、工科）

凡刑部都察院問過充軍犯人，送五軍都督府編發者，每五日各開報本司。本司
歷事監生，塡寫精微文簿。塡滿，繳進內府。（萬曆會典卷一百十七）

此所謂精微批文精微文簿，自亦司禮監所掌，惟未知所鈐印文爲何耳。

實錄記永樂二年四月所定東宮朝儀，有此一欵：

應啓事務，在京諸司止用奏本；在外諸司，奏本之外，仍具啓本。其詹事府主
簿錄事，同春坊司直郎淸紀郎司諫，分爲六科，于司禮監關揭帖，開寫逐日諸
司所啓事，及令旨所發落大略奏進。六科給事中亦具題帖奏進。

此言於司禮監關揭帖，則文冊題本此時已爲司禮監所掌，與洪武十四年所定祖訓錄
同，而與二十八年所定皇明祖訓歸印綬監掌管者異。十四年祖訓錄所定，自十七年四
月後屢有更易，至永樂時已復舊，此誠可注意，未知此係太宗卽位後依祖訓錄行事，
抑太祖末年或建文時卽已復祖訓錄初制也。

太宗卽位詔言：「建文以來，祖宗成法有更改者，仍復舊制」，則永樂元二年所
行當依洪武末年所定制度。苟建文所更係復太祖初制，恐亦在革除之列。然則上所論

或仍係洪武末年所更定，惜文獻不足，尙未能確切證明也。

　　司禮監掌一應禮儀。夫昔日帝王以禮治天下，禮之所不許，卽法律所不許，此禮字本有極廣泛之含意。且司禮監旣掌御前勘合，管內使出入公幹，則亦與聞機密，係帝親信，然則其職權由內官監印綬監分割而旋復其舊，此亦事理之所宜有。明劉若愚酌中志謂印綬監職掌誥券貼黃印信圖畫勘合符驗信符，未言掌選簿文冊題本誥勅號簿圖本，其不掌文冊題本誥勅號簿，蓋永樂初已然矣。二十八年所定祖訓印綬監職掌有文冊題本誥勅號簿圖本十字，而實錄所記無之，未必係傳鈔脫誤。太祖實錄係永樂時改修，豈纂修史臣以其不合時制，疑其有誤，遂誤刪此數字歟？

　　典禮紀察司官紀錄聖旨，此僅紀錄之耳。由前引紀事奉御徐保傳御筆聖旨言之，則傳旨亦其職掌，宦官固不能擬旨也。其時奏本所批旨意，據實錄會典及諸司職掌所記，亦非太監批寫，今引於下：

> 洪武六年三月乙巳，定設給事中十二人，秩正七品，看詳諸司奏本及日錄旨意等事。分爲吏戶禮兵刑工等六科。每科二人。凡省府及諸司奏事，給事中各隨所掌於殿庭左右，（嘉本庭作廷），執筆紀錄，具批旨意可否於奏本之後，仍於文簿內注寫本日給事中某欽記相同，以防壅遏欺蔽之弊。如有特旨，皆纂錄付外施行。鑄給事中印一，推年長者一人掌之。置欽錄簿三，中書省一，文職官錄之；大都督府一，武職官錄之；御史臺一，監察御史錄之。……若係邊報及錢糧機密重事，不待朝會合奏聞者，於給事中處報知引奏。省府臺各置銅匭，凡所錄旨意文簿收貯於內，以憑稽考。（太祖實錄）

> 洪武十五年十月庚子，命諸司奏事，凡大政事如選官發兵賑濟賞賜免糧宥罪，奏牘明書所得旨意。其餘錢糧刑名諸常行事，所司如律定擬具聞，止書奏聞訖，不得輒書奉旨。如律所不載，擬有未當，臨時奏請者，則備書所奉旨意。法司訊讞罪人，不許預請，窺旨意所向。俟獄成奏聞。如不知事所從由者，許於所司備錄之。（太祖實錄）

> 洪武十五年定：凡五府六部等衙門所奏事件，各官旣已親奉旨意，奏本明白批寫，囘本衙門自作施行。其通政司入奏在外都司布政司按察司等衙門實封軍機錢糧刑名等事，幷鼓下受詞，及各處差官經奏事件，雖有奉到旨意，承行衙門

無由知會，必合抄出施行。其抄寫人員將抄到旨意，齎從正門入，各該官員起身迎接奉到旨意，止寫某衙門爲某事奏奉，某衙門如奏施行。（明刊本萬曆會典卷七十六第二十三頁）

凡有四方陳情建言，……及告不法不公等事，事重者於底簿內謄寫所告緣由，齎狀奏聞，仍將所奉旨意，於上批寫，送該科給事中轉令該衙門抄行。常事者另置底簿，……連人狀送當該衙門整理，月終奏繳。……（見諸司職掌通政司職掌，職掌係洪武二十六年定）

凡天下臣民實封入遞，或人齎到司，須於公廳眼同開拆，仔細檢看，事干軍情機密，調撥軍馬，及外國來降進貢方物，急缺官員，提問軍職有司官員，并請旨定奪事務，卽於底簿內謄寫節略緣由，當將原來實封御前陳奏畢，就於奏本後批寫旨意，送該科給事中收轉，令該衙門抄出施行。……（通政司職掌）

凡律內該載請旨發落者，本寺具本開寫犯由罪名奏聞，取自上裁。卽將奉到旨意，於奏本年月後批寫訖，就寫某官批，於下押字。其餘有奉旨意者，亦同此批寫訖，同寺立案，備云前項旨意，於平允內開寫，同報於各衙門施行。（諸司職掌內大理寺職掌）

通政司奏事，旣批寫旨意送科，此可證其時奏本非由太監批紅。實錄書：五府六部所奏事件，各官旣已親奉旨意，奏本明白批寫，囘本衙門自作施行，則奏本蓋由各官自行批寫(註一)。考實錄記永樂二年四月所定東宮朝儀云：

其詹事府主簿錄事，同春坊司直郎清紀郎司諫，分爲六科。於司禮監關揭帖，開寫逐日諸司所啓事，及令旨所發落大略奏進。六科給事中亦具題帖奏進。

詹事府主簿錄事，同左右春坊司直郎清紀郎司諫等官，遇啓事，各紀皇太子令旨。如所啓事或差訛，隨卽糾劾。啓事畢，同詹事府官詳審事之可否，可行者令該司批所得令旨，或事不可行，及啓本內與說帖不同，不問事之大小，悉以奏聞。

(註一) 夏言桂洲奏議補遺陳辭尙書霍韜誣奏疏：「霍韜本縁私意，欲以箝制六科，便遠引尙書奏事，侍郎寫旨，以爲太祖定制」，其言侍郎寫旨，當不誤也。

此卽言「令該司批所得令旨」，則非詹事府官代批也。詹事府官春坊官分爲六科，紀錄皇太子令旨，此與六科官紀錄聖旨同。其令六科官紀錄聖旨，卽防詐僞蒙蔽。六科官掌封駁，故洪武六年定六科官需注旨意可否於奏本後，而成祖所定東宮朝儀，亦令東宮官詳審事之可否施行也。當時在外諸司所奏本，承行衙門無由知會，必合抄出施行，則明初章奏已存六科，故六部承行時須自六科抄出。六部所上章奏自亦存科，由科送入內府，故六年所記中書省都督府御史臺皆另有欽錄簿欽錄聖旨，而其時省府章奏亦必自留副本存檔也。

洪武六年三月，六科官紀錄聖旨，諸司批所得旨意於奏本年月後，而其時所設宦官則有紀事奉御。六年八月設紀事司，其職權由祖訓錄所載紀事奉御推之，恐亦係紀錄聖旨。其命之紀錄聖旨，蓋太祖所發放，宮中亦需存底，防作僞，且便帝稽考故也。

會典卷二百十三：

凡內官內使傳旨，各該衙門補本覆奏，再得旨然後施行。

此亦防詐傳聖旨。苟宮中於所傳聖旨，未曾紀錄入簿，則覆奏時，卽無由審核眞僞。且補本覆奏，則章奏之下，又經六科，六科可封駁，糾正違失，此亦其立法之微意也。

明太祖廢中書省，罷左右丞相不設，然處理章奏仍需人輔佐。實錄書：

洪武十四年十二月丁巳，命翰林院編修檢討典籍左春坊左司直郞正字贊讀，考駁諸司奏啓以聞。如平允，則署其銜曰，翰林院兼平駁諸司文章事某官某，列名書之。

此所謂考駁平允，亦僅貢獻意見，便帝裁決，猶大理寺之考駁刑名，非後來票旨之代擬旨意也。實錄書：

洪武十七年九月己未，給事中張文輔言：自九月十四日至二十一日，八日之間，內外諸司奏劄凡一千六百六十，計三千三百九十一事。

此三千餘事，雖有翰林儒臣考駁平允，然皆待帝裁決。章奏浩繁，豈能一一親批，則亦只有傳旨處分，或朝堂論政，各官親奉旨意，自行批寫，囘本衙門自作施行耳。祖訓錄謂，「朝堂論政，衆論稱善，卽與施行」，帝起自寒微，明習世務，裁決庶政，原不感爲難。太宗亦飽經憂患，明習世務，至若仁宗宣宗，生長深宮，則其有賴於臣下

之輔佐者，自較太祖太宗爲甚也。票旨之制，夏崇文夏忠靖公遺事謂起源於仁宗時，黃佐翰林志則謂起於宣宗時 。 就處理章奏而言 ， 票旨實較其前之平駁章奏爲簡明可行。集刊三十本下册拙文論明初四輔官制度已牽連論及之矣。

既票旨，苟依票籤傳旨處分，令各官批寫旨意，則實不如帝自批，令臣下奉行之爲愈。章奏繁多，帝實無法盡批，此所以有司禮監官照閣票批紅之制，而其制亦較其前奉到旨意各官之自行批寫爲佳也。

明初朝堂議政，故君臣之情通。 及有票擬之制， 令太監批紅，而政務卽可推行無阻，寖假君臣遂稀相見。明憲宗神宗卽以不御朝著稱，其不接見臣下，而仍能統治天下者，以有閣臣票擬故耳。

君臣接觸漸少，則太監自日親，故宣宗時司禮監官金英范弘卽蒙賜免死詔，其賜以銀記，則與仁宗之賜蹇夏者同矣。宣宗時司禮監官已居重任，故英宗時遂有王振擅權之禍。三楊依違於宦寺，此御批通鑑輯覽已論之綦詳矣。

就處理政務言，票擬實較朝堂親決者爲善。 蓋票擬時，可從容思考，而朝堂論政，則天威嚴肅，實不易靜定運思，籌畫妥帖，且事固有盤根錯節，非立可裁決者，故票擬之制，其取代朝堂議政之制，實非無故。明憲宗久不接見閣臣，羣臣以爲言，及接見，亦僅山呼叩頭而已。明崇禎帝平台召對，由今觀之，亦無治效可覩。蓋就章奏處理而言，朝堂議政，此僅創業君主可以勝任，不可求之於守成子孫也。

票擬之制，本無可議。欲防太監專權，明人所言不出二途：其一，照閣票批紅，少傳中旨；其二則召見大臣議政。其召見大臣議政，未必如票擬批紅之制簡易可行，說已見前。至若務依內閣票籤，不納宦寺之言，此亦不易辦到。及清人入關，改由內閣學士批紅，而宿弊乃除矣。

明制，章奏先至帝所，而後下內閣票籤，此本防閣臣之蒙蔽。及司禮監批紅，帝不接見臣下，則章奏卽可爲司禮監留中。司禮監官遂可蒙蔽主上。司禮監官以代帝批紅，爲盡忠於帝，自亦可因事效忠，論及政事，故明代後期司禮監組織之大，卽非明初所可比，此讀劉若愚酌中志卷十三本章經手次第及卷十六內府職掌紀略卽可知之，不必詳論矣。

明初以翰林春坊官參與謀議，故翰林儒臣有內相之目。及司禮監在內主持政務，

而司禮監官遂爲內相，內閣大學士反稱爲外相矣。

明制，司禮監太監批紅，此由典禮紀察司官在洪武朝卽已紀錄聖旨。實錄於紀錄聖旨一事，諱而不書。實錄所書者：

　　洪武元年夏四月丙辰，上謂侍臣曰：「吾見史傳所書，漢唐末世皆爲宦官所敗蠹，不可拯救，未嘗不爲之惋歎。此輩在人主之側，日見親信，小心勤勞，如呂强張承業之徒，豈得無之。但開國承家，小人勿用，聖人之深戒。其在宮禁，止可使之供洒掃，給使令、傳命令而已。豈宜預政典兵？漢唐之禍，雖曰宦官之罪，亦人主寵愛之使然。向使宦者不得典兵與政，雖欲爲亂，其可得乎」？

　　十年五月，……有內侍以久事內廷，從容言及政事，上卽日斥遣還鄉里，命終身不齒。遂諭羣臣曰，「自古賢明之君，凡有謀爲，必與公卿大夫謀諸朝廷，而斷之於己。未聞近習嬖幸之人得與謀者。況闍寺之人，朝夕在人君左右，出入起居之際，聲音笑貌日接乎耳目，其小善小信皆足以固結君心，而便辟專忍，其本態也。苟一爲所惑，而不之省，將必假威福、竊權勢，以干與政事。及其久也，遂至於不可抑，由是而階亂者多矣。朕常以是爲監戒。故立法寺人不過侍奉洒掃，不許干與政事。今此宦者雖事朕日久，不可姑息。決然去之，所以懲將來也」。羣臣頓首稱善。

實錄謂只供使令，不與政事，實與祖訓錄所載不合。以實錄證之，此紀事奉御，太祖初年卽已設矣。二十八年所定祖訓未見紀事奉御一官，然其時皇太孫與聞國政，其時東宮內官有紀事奉御，知其時帝宮中亦當有內官司此事也。後世史家未見祖訓錄，不明司禮監建置沿革及其職權之演變，見明代後來宦寺之禍，遂於太祖約束宦官之言，稱道不衰，而不悟委任宦寺，太祖已開其端矣。

　　昔人論此者，惟楊椿惠帝論所言爲精當。今錄於下：

　　實錄言，太祖不許宦官典兵預政，言及朝政者斥之；稗史並言不許宦官識字，而子言「貽謀未善」，何也？曰：太祖實錄洪武二十八年皇親國戚有犯之家，法司毋得擅逮。終明世親王有事，祇遣內官，遵祖訓也。內官之逮燕王同謀，非惠帝過矣。洪武十一年，楊仲名征五開洞蠻，命內臣吳誠詣其軍(在十月)；尋復遣奉御呂玉詣之(在十月)，觀兵閱勝，凡有方略乘機而行，然後遣使來報。則二人雖未命爲監軍，而勢與監軍無異。他若遣使通好於元丞相納哈出(二年四月)，

復通好於元丞相驢兒(十一年十月)。 是以國信使之任畀之矣；諭下烏蒙烏撒東川芒部建昌諸酋長(十四年十二月)，是以經略招討使之權授之矣；陳能弔祭於安南(十一年正月)，趙達朱福祭暹羅故王，慶嗣位者(二十八年十二月)，是外而行禮海邦矣；送高麗流寓人還其國(二年四月)，送元諸降王於耽羅國(二十二年四月)，諭罷中山三王之相攻(十六年正月)，賜磁器於眞臘諸國(十九年九月)，報安定衛入貢者(二十九年十月)，是遠而將命四夷矣；趙成爲朶兒只班所害(九年六月)，是甚而激變諸羌矣；覈天下稅課不如額者，是委之會計矣；梁珉易馬於琉球(十六年九月)，趙成市馬於河州(八年五月)，而聶慶童易馬於番族(二十五年三月)，是命之市矣。皆政所在，帝使之，則安得不預？帝命之言，亦安得不言。十二年九月，占城國入貢，中書省不以時奏，內臣出外見之，帝切責丞相，右丞相汪廣洋以是冬十二月貶海南，至太平賜死，復遣使斬之。明年正月，左丞相胡惟庸族誅，丞相之官，自是不復設。雖汪胡始禍，不止於此，而丞相死生廢置，內臣亦得以一言啓之。蓋十年夏五月，內侍之斥還鄉者，以非上所問，遂言之耳，若問之，未有敢不言者也。監司局庫諸官有常員者數百人，無常員有品秩者，長隨奉御之屬，不可勝數。間考其職之所掌：神宮監圜丘郊社署(俱十年十二月)，則古典司宗祏也；司鑰庫(十七年四月)，則古掌北門之管也；宮門承制(十七年四月)，則古出納帝命也；紀事司(六年八月)，則古記動記言也；御馬監(十七年四月)，則漢奉車駙馬兩都尉，駒驇丞華諸監也；宮城皇城守門官(十年十二月)，則漢兩宮衛尉城門校尉也；內承運庫(十年十二月)，則漢少府水衡都尉也；尚寶監(十七年四月)，則漢尚符璽郎也。何莫非政，何一可不識字爲之者乎？而內官監文籍，以通書算小內史掌之，則焉有不許識字之禁乎？十七年十二月，安南貢閹豎三十人；二十四年三月索閹人二百於高麗，則非獨中國刑餘爲之，且多來自異域者矣。十七年七月，詔內官毋預外事，諸司毋與內官監移文往來；則時非官守，擅用文移者已有之。二十年四月，詔自今內官內使出使者，守門官引奏然後行，則時非上命，矯旨出使者又有之。宦官之橫，奚待惠帝時哉？

楊椿所論，本於實錄，皆信而有徵也。

明史職官志謂：太祖「因定制內臣不許識字」。內臣不許識字，此野史所書，楊椿

已駁斥，今由祖訓錄紀錄聖旨一事論之，亦可以知其非實。而紀事一官固始置於吳元
年九月，而二十八年所定祖訓，東宮內官亦有紀事奉御也。職官志言，內臣奉使外國
等事始於永樂時，此全據王世貞中官考。王書記洪武朝內官制度，亦依據實錄，特其
鈎稽實錄，不如楊椿細密，故其議論即可商榷耳。

　　明史宦官傳亦謂明代之委任宦官自太宗始，蓋亦據王世貞中官考。傳言洪武八年
遣趙成出使河州市馬，職官志則言始於二十五年之遣聶慶童市馬(註一)，蓋志傳非一
人手筆也。

　　明史李文忠傳云：

　　　家故多客。嘗以客言，勸帝少誅僇，又諫帝征日本，及言宦者過盛，非天子不
　　　近刑人之義。以是積忤旨，不免譴責。十六年冬，遂得疾，……明年三月卒。

此所書實與職官志及宦官傳乖迕。文忠卒於洪武十七年，今以祖訓錄及上引詔令考證
之，則其時正典禮紀察司官紀錄聖旨，紀事奉御徐保傳奉御筆聖旨，吉安侯與紀察司
官同奉聖旨，其時宦官正受帝委任也。實錄書：

　　　洪武十五年十月丙戌增設內使三百六十一人。丙申，增設內使七十六人。

　　　二十四年十月乙丑，江西建昌府南豐縣典史馮堅言九事。……六日，減省宦官
　　　以防內權……

則其時宦寺之盛，文忠所言，蓋真實非虛矣。

　　明太祖委任宦官，實不止紀錄聖旨，及楊椿惠帝論所舉。今錄諸司職掌所書於
下：

　　　凡內外官員，考滿侍親致仕丁憂殘疾極刑，考功司勘來付案呈，本部立案作
　　　缺，類寫缺本，赴內府銓注。……（吏部職掌）

　　　其有追奪為事官員，誥勅具本奏繳內府。會同吏科給事中，中書舍人於勘合底
　　　簿內附寫為事緣由，眼同燒燬。（吏部職掌）

　　　凡在京賞賜該用鈔錠，本部量數具奏於內府關支。……其在外如有欽依賞賜官
　　　軍，及賑濟饑民等項，本部……具奏，委官赴內府照數關領。……（戶部職掌）

(註一)　職官志作聶慶童。按實錄：「洪武二十五年三月己丑，遣尙膳太監而聶司禮太監慶童齎勅往諭陝西河
　　　州等衛所屬番族，令其輸馬，以茶給之」。職官志聶上脫而字。

其在京有未對軍人，及未入正伍等項，帶支人數，如遇支糧，……合干上司轉達本部，……明立文案，編給半印勘合字號。……其支過糧數，另於內府糧冊內，明白注銷。……（戶部職掌）

本部將解到金銀錢鈔布絹等物，不動原封，以劄付該庫交收。……將所解物件，……幷勘合，於內府各門照進。（戶部職掌）

凡印造大明寶鈔，將實進鈔錠照數填寫，送赴內府庫收貯。……（戶部職掌）

凡諸番國。……所貢之物，主客部官赴館點檢見數，……關領內府勘合，依數填寫，……照進內府。（禮部職掌）

除授官員，……遇有前項官員到部，須要審取從軍腳色，委官齎赴內府，比對貼黃。……（兵部職掌）

凡除官開寫年籍從軍腳色，赴內府清理明白。……正黃送銅櫃收貯，內外黃各置文簿附貼，亦於內府收掌。遇有陞調襲替官員……奏聞貼揭續附。……以憑稽考。（兵部職掌）

審取故官從軍腳色，一體委官齎赴內府，比對貼黃相同具奏，如是奉旨欽與優給，隨即於御前附寫欽與優給文簿。扣算出納年分，明白開寫……。（兵部職掌）

誥勅，……如犯法得罪，刑部進送內府收貯。（刑部職掌）

凡在內公差人員，係干軍情重務，及有特旨，差遣給驛。水部填給勘合，所差人員轉赴內府關領符驗，給驛前去，事完就便銷繳。

應合充軍者，……注寫明白，一本進內府收照……（刑部職掌）

疏放終身工役，……具手本，差官齎赴內府底冊內，前件項下注銷明白，……引赴御橋叩頭……（刑部職掌）

軍器軍裝……，如法造完，差人進赴內府該庫收貯。（工部職掌）

凡在京鼓鑄銅錢，……差官類進內府司鑰庫交納。（工部職掌）

蓋於時猜忌臣下，故命宦官參司其事也。後漢書宦官傳曰：「君以此始者，必以此終」。明制帝集權於上，以內臣監視外臣，視內臣為親信。明之亡，雖因素複雜，而親近宦官，令宦官居政本，實其主因，然亦不能不溯源於洪武時也。

明史宦官傳序曰：

> 建文帝嗣位，御內臣益嚴，詔出外稍不法，許有司械聞。及燕師入江北，內臣多逃入其軍，漏朝廷虛實。文皇以為忠於己，而狗兒輩復以軍功得幸，既即位後，遂多所委任。

按此所謂惠帝御宦官嚴，以實錄證之，似僅「司禮監請如舊制鑄出入精微印」一事可以比傳。惟就實錄原文推敲，似建文時僅改易舊印形制，非削司禮監權限，令其不掌御前勘合也。論惠帝之委任宦官，亦以楊椿惠帝論所言為精當，今節錄於下：

> 蓋嘗怪明惠帝寬仁慈恕，勤政愛民，夙夜孳孳，求治如不及，乃以君伐臣，以順討逆，不三載而廟祀忽諸。及讀太宗實錄，言帝倚信閹豎，與決大事，進退大臣，參掌兵馬，又未嘗不心疑之。今以帝事見於太宗實錄者觀之，而知其說非無自也。燕王之將反也，帝遣內官逮其同謀，逮者未獲，而布政使張昺，都指揮使謝貴，反為燕王所戮，一也。耿炳文濾沱之師，討逆之始也，內官還朝，炳文逆之郊外，燕王用間往襲，禽左右副將軍參將而下若干人，二也。盛庸敗燕王於東昌，檄南北諸將水陸邀其歸路，燕王幾不得脫，至深州真定，監軍內侍長壽見執乃免，三也。靈璧之敗，內官被獲者亦有四人，四也。燕王既即尊位，文武官內官守城者，俱詔回京。則惠帝時不特內官監軍，而且有鎮守矣，五也。夫名將如唐李郭，以魚朝恩為觀軍容使，尚有相州之敗。唐肅宗代宗信用李郭，程元振魚朝恩譖之，皆俛首而不敢抗；況非李郭，任將未必如蕭代者乎？則雖與決大事，進退大臣，未必如實錄所云，而軍政未有不為其所撓者矣。稗史言，中官出使暴橫，惠帝懲之，因密戴燕王，許為內應，促其引兵直下；實錄言，金川門啓，帝左右惟內侍數人，帝自焚，燕王中使出其屍於火中，是靖難師以宦侍始，以宦侍終。宦侍者，燕王功臣，惠帝之逆賊矣。或曰：「惠帝留心載籍，歷代宦官之禍，豈不知之？胡乃至於此？」曰：「此開國貽謀未善，惠帝仍之未改耳」。……

太祖不罹內官之禍，惠帝受之何也？曰：太祖用法嚴，且出之以斷，故不敢甚肆；惠帝御之以寬，斯禍結不可解矣。且其朝夕密邇於帝側也，帝有舉動，皆得窺之；帝有謀議，皆得聞之。帝既寬之於平日，忽欲嚴之於一時，有不怨且

戆者乎？燕王愛愛焉，誘之以巧言，結之以美利，有不傾心委輸者乎？則其爲帝患，蓋不止監軍鎮守及促燕王南下而已。燕王以其忠於已也，益加委任，子孫奉爲成憲。卽偶有誅謫，而威柄旣遷，不可復收。馴至崇禎末，太監杜之秩開居庸關以納李自成；自成至彰義門，太監曹化淳又納之；愍皇帝遂崩於煤山矣。可不畏哉？可不戒哉？

或曰：惠帝旣任內官，內官亦有忠於所事，不貳心者乎？曰：奉天靖難記云，文皇淸宮三日，內官多誅死，惟得罪於帝者留，則誅死之內官必皆不貳心者也，惜姓名事蹟不可得而考耳。實錄三十五年七月庚戌，太宗賜書寧王權曰：「吾到京，卽遣人將書來迎，不意爲閹豎胡伯顏邀之兗州，虐害不勝，至擊去其齒，焚所齎書；已將閹豎寘之極刑」，則胡伯顏當亦監軍鎮守，在兗州軍中，痛其君已歿，爲此以洩怨毒者耳。稗史未載，特附識之於此。

楊椿所論不誤。余昔年讀周是修芻蕘集，見其所著英將論，文首云「臣聞」，末言「親倖監軍，動多掣肘」，則雖英將亦不能成功。及考之明史，周氏太祖時任周王府奉祀正，建文時改官翰林，曾上書指斥用事者，遂疑英將論蓋亦建文時有感於時事而作。文首云「臣聞」，則其文或曾奏御也。奉天靖難記及太宗實錄所書：「生擒監軍內侍長壽」，由楊椿所舉諸證論之，當係實事。王崇武先生奉天靖難記校注疑其非實，蓋未見楊椿孟隣堂集，遂有此疑耳。

　明太祖統一天下，立綱陳紀，於五府六部通政司大理寺職權，載之於諸司職掌，而宦官職權則著之於祖訓録及皇明祖訓。祖訓之作，蓋戒嗣君諸王，和夷共濟，以免朝廷大位爲他人篡竊。其載天子東宮親王宦官制度，蓋以宦官係天子東宮親王親臣，遂附載耳。建文永樂以後，朝廷猜防諸王，祖訓所定已成廢紙。祖訓不能續修或改撰，故太祖以後，宦官建置沿革，卽無官書以記。會典所記，係以諸司職掌爲主，而益以累朝事例。諸司職掌旣不載宦官制度，故會典亦不書也。明史職官志所書內府各衙門，多不見於祖訓，其始置年月卽有不可考者，蓋亦以會典不書，無書可考耳 (註一)。

(註一)　明時，臣工有建言會典應書宦官職掌者，其不爲朝廷所採納，亦以其與舊例不合故耳。會典之修，需據實錄及檔册，其創稿非易，且實錄所載太祖約束宮官諸言論亦不便載入。宦官之淨身入宮，所欲者權勢富貴。苟其職掌著之會典，則其行事必有不便，此亦非其所樂也。

明史職官志所書內府各衙門及其職掌，蓋據劉若愚酌中志刪潤，其訛誤處，容別為文論之，而史志所載司禮監職掌，照閣票批硃，明非洪武時制；其所載印綬監內官監職掌，亦後期制度，非其初制也。皇明祖訓既不續修，而祖訓錄則流傳更鮮，故明人論明初宦官制度，僅能依據實錄。王世貞著中官考，於實錄之外，別採金英等人墓碑，補實錄之未備，此其貢獻也。劉若愚酌中志則僅敍其及身見聞而已。酌中志卷十六云：

> 皇明祖訓所載，設立內府衙門職掌品級，立法垂後，亦盡善盡美，惟是間有祖訓所未及載，或載而未詳者，謹譜次梗概於左。

酌中志謂祖訓所載有缺漏及未詳者，由本文觀之，則司禮監職權實有變遷。實錄祖訓所載司禮內官印綬三監職掌，苟無祖訓錄參證，亦不易予以解說。本文之所論，或可補前人之未備矣。

　　　　　　　　　　　　　　　　一九六〇年九月十五日於南港舊莊

出自第三十二本（一九六一年七月）

論皇明祖訓錄頒行年代並論
明初封建諸王制度

黃 彰 健

國立北平圖書館藏明鈔本皇明祖訓錄，頃得見其小型影捲，知其書之頒當在洪武十四年二月後，十四年十月前，舊說謂係六年五月初定本，其說非是。是書所記，與洪武二十八年所定皇明祖訓不同，可補實錄會典及明史之未備。明初封建諸王，其制本隨時損益，余因悟六年五月初定本當有異於此，遂鉤稽實錄，而於葉伯巨所上疏作一新解。六年五月初定本已不傳，明史職官志據實錄述明初王府設官沿革，亦多疏漏，因考論皇明祖訓錄，遂亦糾摘及之。其詳僅敍于下：

（一）　論國立北平圖書館藏明鈔本皇明祖訓錄頒行之年代

皇明祖訓錄之編撰，據實錄蓋始于洪武二年。是年四月乙亥「詔中書編祖訓錄，定封建諸王國邑及官屬之制」。六年五月書成。「其目十有三，曰箴戒、持守、嚴祭祀、謹出入、愼國政、禮儀、法律、內令、內官、職制、兵衞、營繕、及供用」。帝親爲之序、並令禮部刊印成書，以傳永久。九年正月癸未，「詔移王相府奉祠所於王傳府典籤司後，良醫所於典儀所前，典儀改正八品，奉祠所設典樂一人，正九品，俱命刊著於祖訓錄」，是祖訓錄又有洪武九年更定本。二十八年閏九月庚寅，詔更定親王歲賜祿米，遂「重定祖訓錄，名爲皇明祖訓，其目仍舊，而更其箴戒章爲祖訓首章」。今史語所及國立北平圖書館藏皇明祖訓明刊本，其首章名祖訓首章，皆二十八年所定本也。

此二十八年所定本，係太祖晚年更定，故此書出，而前此所頒者流傳遂鮮。北平圖書館藏明鈔本皇明祖訓錄，書首有洪武六年五月御製序，繆荃蓀先生清學部圖書館

善本書目及李晉華先生明代勅撰書考均著錄此書，言及此序，而王崇武先生明靖難史
事考證稿（第一〇八頁）遂謂此書相傳係祖訓初定本。王氏撰書時，僻處四川李莊，未
得見皇明祖訓錄鈔本，自無由知舊說相傳之謬。余頃得見此書影捲，以實錄參證，始
悟此書係祖訓錄更定本，其更定當在洪武十四年二月後，十四年十月前，而此一更定
本之頒行則實錄疏略未記者也。

　　所以知非六年五月初定本，此有數證。此書營繕門記：

　　　　豫王府南昌，漢王府安陸，衛王府彰德。

按實錄，洪武十一年正月甲戌封皇子桂為豫王，楧為漢王，植為衛王。其改封豫王為
代王，漢王為肅王，衛王為遼王在二十五年三月庚寅，故二十八年所定祖訓此條即稱
代王肅王遼王。今此本作豫王漢王衛王，則此本當係洪武十一年正月以後所定，而非
六年五月初定本矣。

　　此本法律門記：

　　　　若大臣行姦，不令王見天子，私下傳致其罪，而遇不幸者，到此之時，天子必
　　　　是昏君。其長史司並護衛移文五軍都督府，索取姦臣。都督府捕姦臣，奏斬
　　　　之，族滅其家。

按五軍都督府之設，據實錄在洪武十三年正月。蓋於時廢中書省，以大都督府權重，
遂又罷大都督府，改設五軍都督府以分其事權。今此本既言五軍都督府，則當係洪武
十三年正月以後所定，而非六年五月初定本矣。

　　此本職制門記王府設官，其正官係正五品左右長史，未言有左右相。按實錄記王
府左右相及長史建置沿革云：

　　　　洪武三年正月甲午定王府官制。王相府左右相各一人，正二品；左右傅各一
　　　　人，從二品；參軍司參軍一人，正五品。……

　　　　七年九月乙酉，改王相府參軍為長史。

　　　　九年二月丙戌重定王府官制，王相府設左右相二人，武相一人，文相一人；左
　　　　右傅二人，武傅一人，文傅一人。首領官長史二人，錄事二人。罷王傅府及典
　　　　籤司諮議官并護軍府。……

　　　　十三年正月庚戌定王相府左右相為從二品，（嘉業堂本從作正，疑誤），左右傅

爲正三品。

十月壬戌，罷諸王相府及長史司錄事 。陞長史司爲正五品 。 置左右長史各一
員，典簿一員正九品，更定王府犧牲所倉庫等官俱爲雜職。

是洪武十三年十月壬戌以後，王府官始無左右相，而以左右長史爲王府文官首長。今
此本記王府正官係左右長史，則此本又係十三年十月壬戌以後所定矣。

實錄記：

洪武十三年十月壬戌，更定王府犧牲所倉庫等官俱爲雜職。

十四年二月壬戌，罷王府犧牲所及司醞。

按司醞之設，據實錄在洪武九年二月。犧牲所及司醞之罷在十四年二月。今檢此本祖
訓錄，王府官無犧牲所及司醞，然則此本必洪武十四年二月壬戌以後所定矣。

實錄記，洪武二十五年三月庚寅改封豫王爲代王，漢王爲肅王，衞王爲遼王。今
此本稱豫王漢王衞王，是此本係洪武二十五年三月以前所定。實錄記司禮監之設，在
洪武十七年四月。今此本記其時內官官制無司禮監，然則此本又係洪武十七年四月以
前所定矣。

實錄記：

洪武十四年十月丙辰，革王府伴讀及工正所。

十七年六月己巳，置親王博士。己丑，增設翰林院尙書博士二人，秩從八品。

以儒士饒仲恭孫庸爲之。命仲恭於潭王府說書，庸於魯王府說書。

此本旣係洪武十七年四月以前所定，則所記王府官自無尙書博士。且旣名翰林院尙書
博士，則仍係翰林院官，非王府官也。檢二十六年所定諸司職掌，翰林院及王府均未
置博士，則此官蓋設置不久卽罷也。

十四年十月丙辰，革王府伴讀及工正所。檢二十六年所定諸司職掌，王府官仍無
伴讀及工正所。其復設，據實錄在洪武二十八年六月，故二十八年閏九月所定祖訓卽
有此官。今此本係洪武十七年四月設司禮監以前所定，而有伴讀及工正所，則此本之
頒當在洪武十四年十月丙辰革伴讀及工正所以前也。（參文末所附後記）

今復舉一旁證，以證明其頒行不得晚過洪武十四年十月。此本法律門記：

凡親王所自用文武官吏幷軍士，生殺與奪，從王區處，朝廷毋得干預。

是親王可自用文武官吏，並生殺予奪也。二十八年所定祖訓此條則改作：

> 凡王國文官，朝廷精選赴王國任用。武官已有世襲定制。如或文武官員犯法，
> 王能依律剖判者聽。法司毋得吹毛求疵，改王決治。其文武官有能守正規諫，
> 助王保全其國者，毋得輕易凌辱。朝廷聞之，亦以禮待。

是王府文官，係由朝廷精選任用，而於親王司法權已加限制矣。實錄記：

> 洪武十四年十月壬申，定考劾之法。在京六部五品以下及太常司國子學屬官，
> 聽本衙門正官察其行能，驗其勤怠，定爲稱職平常不稱職。五軍各衛首領官，
> 俱從監察御史考劾，各三年一考，九年通考黜陟。其四品以上及通政使司、光
> 祿司、翰林院、尚寶司、考功監、給事中、承勅郎、中書舍人、殿廷儀禮司、
> 磨勘司、判錄司、東宮官，俱爲近侍，監察御史爲耳目風紀之司，太醫院欽天
> 監及王府官不在常選，任滿黜陟，俱取自上裁。

此所謂王府官任滿黜陟取自上裁，實與二十八年祖訓所載王府文官由朝廷精選任用，
宗旨意趣相近，而與祖訓錄所記親王自用文武官吏，意趣相遠。故鄙意祖訓錄所定，
其頒行當在十四年十月壬申重定考劾法之前。是年十月丙辰革王府伴讀及工正所，
丙辰係初五日，壬申係十一日，此本之頒行自又在丙辰以前，故仍有伴讀及工正所
也。

以實錄參證，此本之頒行既在洪武十四年二月後，十四年十月前，其爲時實去十
三年十月罷王府左右相不遠。十三年正月既廢中書省，罷左右丞相不設，則王府自亦
不宜置左右相。是年十月罷王府左右相，於王府官制有重要更定，則自亦宜重定祖訓
錄以傳永久。此本之頒行在十四年，蓋卽以此耳。

（二）　皇明祖訓錄與皇明祖訓內容之比較

今所見皇明祖訓錄既係洪武十四年頒行，取與二十八年所定皇明祖訓校，則其內
容已有異同。今記之於下。

祖訓錄首章曰箴戒，祖訓則易名祖訓首章，此已見前節所記。

祖訓首章第一條，戒嗣君不許用黥剌腓劓閹割之刑，而此在祖訓錄則言，法輕則
民易犯法，而於漢文帝去肉刑有所訾議，蓋洪武十四年時，帝正以重法懲下，後數年

所頒大誥，即多太祖法外用刑之記載也。

祖訓首章第二條戒嗣君不許立丞相，謂五府六部等衙門，分理庶務，彼此頡頏，事皆朝廷總之，所以穩當。而祖訓錄則無此條。蓋洪武十三四年朝廷正設有四輔，祖訓錄中自不致戒後嗣立丞相也。

祖訓首章第三條言，皇親國戚有犯，輕者與在京諸親會議，重者與在外諸王及在京諸親會議，皆取自上裁，止許法司舉奏，不許擅自拿問，並開列合議皇親魏國公等家于後，而祖訓錄亦無此條。祖訓錄箴戒章戒嗣君不許外戚掌國政，祖訓則刪去。然後來仁宗誠孝皇后不許其弟張昇預國政，即恪遵祖訓錄遺訓也。檢實錄，祖訓首章首三條皆洪武二十八年六月所定。

祖訓錄箴戒章言：「凡臨朝多顧問將軍守士，務要得其心，察其懦弱者，退之勿用。姦狡者斬之。勿謀多士。若顧問文臣，當言守祖法。有乘喜怒言改祖法者，斬之勿疑」。此條祖訓首章刪去。惟祖訓法律門仍戒嗣君遵守祖宗成法；書首御製序亦言：「無作聰明，亂我已成之法」，故成祖起兵，仍可以復祖制為藉口也。

祖訓錄箴戒章言：「凡內使監官，有忠正者察而用之。但任以本等之職，不可委以文武之權。姦狡者斬之。勿謀多士」，此條祖訓亦無有。

祖訓錄持守門第二條：「凡早晚常膳，並東宮親王每日所用，除祭祀外，北羊不過一二十羫，豬不過二三十口，鵝約二百數，雜雞約用二百數，……意在民人省供，兼惜物命」，此條祖訓亦刪去。

祖訓錄嚴祭祀門，「凡朝日夕月，祭周天星辰太歲風雲雷雨師嶽鎮海瀆山川等神」，祖訓無「朝日夕月禁周天星辰」九字。檢明史禮志，朝日夕月及禜星之祭，係洪武二十一年罷，祖訓錄係十四年定，故仍有此九字也。祖訓「山川」二字下有「城隍」二字，而此在祖訓錄則城隍神係傳制遣官代祀，不在太祖親祭之列。

祖訓錄禮儀門言：「凡兄為天子，親王來朝，……天子親率其弟詣奉先殿行禮……致祭」，此條祖訓刪去；蓋洪武二十八年時，懿文太子已卒，皇太孫於秦晉諸王為姪，故祖訓刪此條也。

祖訓錄禮儀門言，帝王生日，於宗廟致祭，敘家人禮，百官不賀。祖訓則改作「百官慶賀，禮畢筵宴」。

　　祖訓錄禮儀門言：「凡朝臣奉使至王府，或因使經過見王，並行四拜禮」。祖訓則增，「使臣道路本經王國，故意迂廻，不行朝王者斬」。

　　祖訓錄禮儀門言：「凡親王朝會，宴于殿上，坐于御座下，御臺上，兩傍東西相向」。祖訓此條作：「凡親王來朝，若遇大宴會，……王並不入席，所以愼防也」。「若欲筵宴，於便殿去處，精潔茶飯，籹家人禮欵待」。

　　祖訓錄禮儀門言：「凡親王來朝，在京公卿大夫及外戚之家，應有酒殽，並不飲食。雖御宴食物，亦令親隨人自造。……留京不過旬日，卽遣還國」。祖訓刪此條。

　　祖訓錄禮儀門：「凡親王常以親信人或王子在京，每日同百官一體入朝。王子須年十七，乃入侍。不以長幼爲先。當驗南北邊境虛實，輪班入侍」。按王子入侍，此可以防親王背叛，而二十八年所定祖訓刪此條，實不可解。太宗實錄記：太祖薨後，『時世子二郡王高煦三郡王高燧皆在京。齊泰曰：「三人在此，宜先收之」。黃子澄曰：「不可。事覺則彼先發有名，且得爲備。莫若遣歸，使坦懷無疑也」。遂遣歸。尋悔，遣人追之不及』。蓋於時祖訓已刪王子入侍之文，故仁宗之歸，朝廷無辭以留之也。宣宗實錄宣德元年八月壬戌條：

　　　　初太祖皇帝召秦晉燕周四府世子及郡王之稍長者，就學京師，高煦與焉。……太祖崩，建文君嗣位，時仁宗皇帝爲世子，太宗皇帝命偕高煦奔訃京師。……既至京，任情恣縱，仁宗屢戒之不悛。舅氏魏國公徐輝祖亦以爲言，不納。一日入輝祖廐中，奪其善馬，不告亦不辭徑歸，輝祖追之，已渡江矣。高煦還至涿州，因小忿擊驛丞幾斃，州以聞于朝，兵部尚書齊泰等遂以其事並緣飾他事爲兵端。

今按高煦所盜馬如僅一匹，則不敷用。竊疑仁宗及高燧係請歸先行，而留高煦于京師，及仁宗行遠，高煦乃逃歸。其盜善馬以行，蓋懼朝廷遣人追之耳。

　　祖訓錄禮儀門言：「凡親王在國，講親親之義，如燕王要見秦晉二王，……許三歲四五歲往來一見，或十年一見。其沿途廩給草料，皆如朝京例」。祖訓刪此條，自懼沿途供應擾民，疑亦防親王勾結。明制二王不許相見，或卽藉口於祖訓之刪此條也。

　　祖訓錄禮儀門，東宮親王位下，各擬名二十字，中列有潭王子孫排行，此在祖訓

則刪去，蓋於時潭王已國除矣。

祖訓錄記諸王宗支排行，僅至魯王位下止。魯王位下後，復列二十字，未言係何王子孫排行，蓋其時蜀王等年幼，故尚未規定耳。

祖訓法律門言：「朝廷凡有宣召，遣親信人員，賫持御寶文書前去，方許起程詣闕」。祖訓遣親信人員作「遣儀賓或駙馬或內官」，而文書下增「幷金符」三字。其增「金符」二字，蓋亦慎重，防詐偽耳。

祖訓錄法律門言：「凡親王自用文武官吏軍士，生殺予奪，從王區處」，祖訓已改易，說見前。

祖訓錄法律門言：「凡王所居國城，及境內市井鄉村人民，敢有違犯及侮慢王者，從王區處。朝廷及風憲官毋得舉問。其一應錢糧詞訟，並屬有司。或有差役造作，止用所居城中市戶，有司卽時差付」。祖訓此條改作：「敢有侮慢王者，王卽拿赴京來，審問情由明白，然後治罪。若軍民人等本不曾侮慢其王，左右人虛張聲勢，於王處誣陷善良者，罪坐本人」。蓋不欲親王臨民，故於親王司法權亦加限制。其刪「有司卽時差付」，亦恐其擾民也。

祖訓錄法律門言：「凡親王及宗室之家，有犯罪者，必歸宗正司取問。若宗正司官有犯罪者，許風憲官奏聞，天子自問，諸衙門不許干預。其或司官與奸臣結黨，欲坐諸王以同謀之事，以爲必得諸王同至，方可事完，若有此奸詞，則諸王止許一人至。似此奸人，諸王遣人奏聞，誅其徒黨」。祖訓刪此條。蓋是時祖訓首章已定，皇親國戚有犯，輕者命在京皇親會議，重者命在外諸王及皇親會議，由上親決。祖訓錄所定由宗正司審問，自宜從刪也。

祖訓內令門言：「凡宮中遇有疾病，不許喚醫入內，止是說證取藥」，而此在祖訓錄則可喚醫士入內，惟需監官局官內使老婦多人會同耳。祖訓所定，蓋嚴男女之防，且求宮禁嚴密，而人命非所重矣。

祖訓錄內令門又定：「宮中婦女出外，至西華門下轎，行至外門上轎，諸官命婦賀等事，乘車轎者，至西華門外下轎，行至裏門上轎，必令守禦人見……」。此條祖訓刪去。

祖訓錄內官門所載內官官制，與祖訓所定者不同，健將另文論之。祖訓錄載，公

主府設家令司，家令從七品，司丞正八品，錄事從九品。祖訓作中使司，司正副俱係雜職。據實錄，家令司之設在洪武七年七月壬午，其改中使司在洪武二十三年三月庚午。

祖訓錄職制門定，皇太子妃親王妃，朝廷授以金冊金寶。祖訓則僅授以金冊。駙馬都尉，祖訓不言係從一品。

祖訓錄職制門謂，親王嫡長子年及十歲，朝廷授以銀冊銀印，祖訓則作授以金冊金寶。檢祖訓錄次條，親王次嫡子年至十歲封郡王，授以鍍金銀冊銀印，不應親王嫡長子反授以銀冊銀印，竊疑祖訓錄上條當傳寫有誤也。

祖訓傳職制門謂，郡王女稱縣主，而郡君縣君鄉君之名，則係祖訓所定。

祖訓錄職制門言，郡主夫稱郡馬，祿秩比從二品；縣主夫稱縣子，比從三品。祖訓則不言其品秩，而郡馬縣子等稱謂則改爲儀賓。實錄記：

> 洪武十二年二月壬子，禮部尙書朱夢炎言：祖訓錄已定公主郡主縣主歲賜祿米之數。其有嫡長子者，今宜從其父之品秩，食祿而不任事。如駙馬從一品，郡主之夫從二品，縣主之夫從三品，其子當食其父之品祿。從之。

似洪武十二年時，尙無郡馬縣子等稱謂也。

祖訓錄職制門言，凡郡王子孫授以官職，子授鎮國將軍三品，孫授輔國將軍四品，以次遞降，至奉國中尉八品，此在祖訓則未言其品級。太宗實錄永樂元年七月己卯條曾引祖訓錄，與此本所記合。

祖訓錄職制門言：「凡王府……文官及首領官，從王於境內選用」。祖訓則改作「文官由朝廷精選任用」，說見前節。

祖訓錄職制門所載王府官，較祖訓所記，惟多司吏典吏名數，此或祖訓省略不書耳。祖訓錄所載王府武官，儀衞司「儀」字與指揮使司「指」字平列，而祖訓則「儀」字與指揮使司屬官百戶所「百」字平列，則儀衞司已改屬指揮使司矣。

祖訓錄兵衞門記宿衞王城之制，與祖訓有異。又祖訓錄記親王入朝，其隨侍官員有「指揮三員，長史或紀善 典寶典儀典服典膳 奉祠承奉儀衞醫正工正牧官之屬各一員」。而此在祖訓則改作「隨侍文武官員，不拘數目」。祖訓錄言，「若王恐供給繁重，斟酌從行者聽」，則祖訓所改仍與祖訓錄意同，惟文意更簡明耳。祖訓錄所謂牧官，

據實錄，當指孳牲所官，以孳牲所本名收正署故。考祖訓錄職制門所列王府官無孳牲所，此因其時革罷，見前節所考，今此條未刪牧官二字，蓋因襲舊文，疏忽未刪耳。

祖訓錄營繕門言：「豫王府南昌，漢王府安陸，衛王府彰德」。祖訓則作代王府大同，肅王府甘肅，遼王府廣寧。此因三王均已改封故。豫王漢王衛王所都地，實錄及明史皆未書，此可補史缺。豫王府南昌，既稱豫王，竊疑昌字或係陽字之誤也。（李光濤先生曰：此豫字或指豫章。）

祖訓錄供用門言：凡親王來朝，隨從軍士校尉廩給，沿途有司供給。祖訓改爲自備。

祖訓錄供用門言：「凡親王每歲支祿米五萬石，在城歲課，馬疋草料每月驗數照例支撥」而此在祖訓則改定親王祿米歲支一萬石，而於郡王郡主祿米亦有削減。郡王諸子原各賜田六十頃，至是亦改支祿米。此及上條之更定，蓋以宗庶繁衍，國家歲入有限，不得不然耳。

以祖訓錄與祖訓校，其中所定實多因時制宜，改易妥貼者。祖訓錄中重要條欵，如：

朝無正臣，內有姦惡，則親王訓兵待命。天子密詔諸王統領鎮兵討平之。

凡朝廷調兵，須有御寶文書與王，並有御寶文書與守鎮官。守鎮官既得御寶文書，又得王令旨，方許發兵。無王令旨，不得發兵。如朝廷止有御寶文書與守鎮官，而無御寶文書與王者，守鎮官急啓王知，王遣使馳赴京師，直至御前聞奏。如有巧言阻當者，卽是姦人，斬之勿惑。

凡王國有守鎮兵，有護衞兵。其守鎮兵有常選指揮掌之，（聽王令旨，凡百征進，若合于理，惟命是聽）。其護衞兵（係本國軍馬），從王調遣。如本國是險要之地，凡遇有警，不分緩急，本國及常選兵馬，並從王調遣。

凡守鎮兵，不許王擅施私恩。其護衞兵，或有賞勞，聽從王便。

此在二十八年所定祖訓卽因襲其舊。凡王國有守鎮兵條，祖訓無括弧中諸字，而文意似更明確。由祖訓錄此諸條款觀之，則明初封建諸王，實防中樞權臣篡弒及邊臣割據也。

實錄記：

洪武二十五年九月丙午，上諭右軍都督府臣曰：「……王府置護衞，又設都司，正爲彼此防閑。都司乃朝廷方面，凡奉旨調兵，不啓王知，不得輒行。有王令

　　旨而無朝命，亦不許擅發。如有密旨，不令王知，亦須詳審覆奏而行。此國家
　　體統如此。

據此，太祖封建諸王，令守鎮兵與護衛兵爲二不同指揮系統，守鎮兵僅有警聽諸王調
遣，不欲諸王兵力過於强大，亦正有防閑王府之意矣。

　　祖訓所定，雖有防閑王府處，然就人情而言，則諸王係子姓，究較羣臣爲親，故
祖訓諄諄戒嗣君及諸王，和衷共濟，以免朝廷大位爲他人所得。祖訓錄及祖訓皆定，
親王遣使入奏，不需經各衙門，此亦由太祖防閑臣下，故有此規定耳。

　　明初封建諸王，既以防中樞權臣及地方割據，則親王所統護衛兵，自宜勤加訓
練，故祖訓錄及祖訓皆有親王練兵不拘遍數之規定。平時既需訓練，自亦需作戰以增
進其戰鬥經驗，故洪武十八年思州蠻叛，卽命信國公湯和爲征虜將軍，江夏侯周德興
爲副將軍，帥師從楚王楨討之；二十三年正月晉王棡燕王棣帥師征元丞相咬住太尉乃
兒不花，征虜前將軍潁國公傅友德等皆聽節制；二十四年四月癸未燕王棣督傅友德出
塞，敗敵而還；二十六年三月馮勝傅友德備邊山西，屬衛將校悉聽晉王燕王節制。二
王軍務，大者始以聞；二十九年復命燕王棣帥師巡大寧；三十一年五月命都督楊文從
燕王棣，武定侯郭英從遼王植備禦開平，俱聽燕王節制。於時親王受朝廷委任，已踰
祖訓所定，其權勢過大，故當太祖崩，遺詔卽命，「王國所在文武衙門官民軍士，今
後一聽朝廷節制，護衛官軍王自處分」也。

　　由祖訓觀之，王國所在布政司都指揮使司實不聽親王節制，都司兵僅有警聽王調
遣。然由遺詔觀之，則似洪武末年，布政司都司亦由諸王節制者。考實錄記：

　　洪武三十年三月癸亥，遣駙馬都尉謝達往諭蜀王椿曰：秦蜀之茶，……邇因邊
　　吏譏察不嚴，以致私販出境，……而馬入中國者少。豈所以制夷狄哉？爾其諭
　　布政司都司，嚴爲防禁，無致失利。

則遺詔所言應不誤也。實錄記：永樂元年四月丁卯，命王府自今不得朝命，不許擅役
一軍一民，斂一錢一物。閏五月甲辰又諭天下諸司，「事干王府者，遵祖訓啓王知之。
有司合行事務，不許一概啓請，推托利害。若王府事有相關，卽遣人馳奏，不待報而
擅承行者，論以重罪」。此所謂「遵祖訓啓王知之」，據皇明詔旨錄所載詔書原文，知
卽指都司奉勅發守鎮兵，須啓請王府。而此制何時廢棄不行，則不可考，疑亦在永樂

時也。

　　祖訓禁王於守鎮兵擅施私恩，此固防閑王府，懼其勾結。然祖訓錄及祖訓仍定，行省文武官朔望朝王，而王有事亦可召見；太祖末年復命燕王節制他鎮兵馬；據遺詔，洪武末年布政司都司官亦聽王節制，則親王與邊臣勾結，圖謀不軌，卽事屬可能矣。

　　明制，親王所統雖僅三護衞，及圍子手二千戶所，然軍衞有舍人餘丁，親王復可私募，復有上賜韃靼降人，故其兵數實不止一萬九千人；且護衞兵又多係精銳撥充，訓練有素，故其兵力實不可輕視；且都司布政司官，位本低下，又多舊屬，苟以利誘之，亦可引以爲助，故太祖崩，諸王多有帝制自爲之意也。王府兵不待徵發，而數萬之兵已集，惟以遺詔，守鎮兵不歸諸王節制，及邊臣仍有效忠朝廷者，故燕王起兵，仍需以計誘執北平都司官，而有奪九門一役也。以一隅之兵，與天下爭，其戰勝自非易事，然逞其陰謀巧詐，仍可成功，故成祖卽位後，於有過諸王卽削其護衞，甚或廢爲庶人，而仁宗封建諸子，遂不授以護衞，蓋亦以諸王擁重兵，實爲亂階故耳。

　　既削有過諸王護衞，新封諸王不授以護衞，則祖訓所載已成廢紙。祖訓既不行，故會典於祖訓所定，多省略不記，而祖訓錄與祖訓之異同，自亦省略不書矣。

三、論祖訓錄洪武六年初定本及九年更定本，並論明史葉伯巨傳葉氏所上疏

　　祖訓錄既與皇明祖訓所定有異同，而今本祖訓錄係洪武十四年所定，其所載亦僅洪武十四年時制度耳。祖訓錄有洪武六年初定本及九年更定本，說見本文第一節。此二年所定，除王府官設有左右相傅外，其他條款亦應與十四年所定者有異同。今六年初定本九年更定本雖不傳，然不妨據實錄所書以推測之也。

　　實錄記：「洪武二年四月乙亥詔中書編祖訓錄，定封建諸王國邑及官屬之制」。三年正月定王府官制，設左右相傅。四月封皇子九人及從孫一人爲王。五年正月設親王護衞指揮使司。同時命選一萬九千人充秦王府護衞軍士。其時秦晉諸王，以年幼仍未之國也。其時任王府相傅者有蔡僎等人。實錄記：「洪武三年九月丙午靖江王相兼廣西等處行中書省參政蔡僎卒」；「四年二月己巳燕府左相淮安侯華雲龍兼北平行省參

政，左傳高顯兼大興左衞指揮使，並給兼官之俸」；「五年九月辛巳以晉府左傳謝成兼太原都衞都指揮使」；「十二月戊子以秦府左相兼陝西行省右丞耿炳文署行都督府事」；「六年八月戊寅冊晉王左傳兼太原衞都指揮使謝成女爲晉王榈妃」；「七年六月召淮安侯華雲龍于北平，未至而卒」。華氏在召返京師前，據實錄，其所任官仍係燕府左相兼北平行省參政，是洪武六年五月刊皇明祖訓錄時，王府相傳多以勳舊充任，而王府官係兼行省官，然則十四年所定祖訓錄，守鎮兵僅有警聽王調遣，王府兵與守鎮兵彼此防閑，疑當係後來所定者矣。

耿炳文以秦府左相兼陝西行省右丞，又署陝西行都督府事，而華雲龍以燕府左相兼北平行省參政，據宋濂撰華雲龍神道碑，華氏復兼都指揮使，「兵民二柄，胥以付之」，是明初王府官兼地方行省官首長，則似其時制度，親王非不臨民。實錄記：「洪武六年九月己酉，以侍御史文原吉爲秦府左相。……太祖諭曰：「王今長，宜朝夕左右，輔成其德。二三年後，遣王之國。……爾等與王言，待臣下則以謙和，撫民人則以仁恕，勸耕耨以省餽餉，禦外侮以藩帝室」，帝之所諭實與其時官制合也。實錄記，九年正月甲子，上以諸王將之國，告祀天地于圜丘，許諸王「祀境內山川，修武事以備外侮」；同月乙丑命宋濂等議王國禮樂，「王府文武官屬每旦候見，省憲都司及府縣官屬朔望候見」；是月甲戌，「以戶部侍郎湯樂爲秦府右傳；僉都督謝成爲晉府左相，致仕湖廣參政陶凱爲右相，太原護衞指揮使袁洪爲左傳，戶部侍郎陳顯爲右傳；燕府左傳費愚爲本府左相，河南參政陳昧爲右相，僉都督丘廣爲左傳，戶部郎中王務本爲右傳；廣西護衞指揮僉事董勳爲靖江府左相，浙江參政李質爲右相，飛熊衞指揮僉事徐禮爲左傳，戶部尙書李泰爲右傳」，則是時王府相傳未兼行省官矣。

是年二月丙戌，命重定王府官制，罷王傳府，惟仍設王府文武相傳。同月又定諸王公主歲供之數，親王歲支米五萬石，而在此以前，據實錄所記，則僅賜秦晉諸王以吳江田，未言歲祿多寡。

九年正月癸未，詔移王相府奉祠所於王傳府典籍司後。設典樂一人，正九品。俱令刊著於祖訓錄。竊疑九年正二月所更定，其見於實錄者，當俱見於九年更定本。

秦晉二王之國，據實錄在洪武十一年三月。是年六月戊子太祖敕諭秦相府官，其原敕載太祖集卷七，今錄於下：

王府設官，本古之道。惟文章之士以匡王之性體，務欲端方。朕封諸子，頗殊古道。內設武臣，蓋欲藩屏國家，備侮禦邊，閒中助王，使知時務。所以出則爲將，入則爲相。因靖江王府官與指揮耿良不和，甚有欺凌指揮之意，於是令武相若有警，出則爲將，護衞指揮副之；歸則不管軍馬錢糧刑名。其軍情事務，文武議之。但則閒中導王以善。其中書省草茅行移，是致錯朕旨意，難爲聽命者，今後如敕施行。

太祖此一敕書，於王府武相傳及護衞指揮之職權作一新規定。由敕書觀之，則在洪武十一年六月戊子以前，王府武相傳遇有警可「出則爲將」。既可「出則爲將」，則行省守鎭兵當亦視事實需要，而命其節制之矣。敕書所謂，「中書省草茅行移」，實錄潤色作，「或中書省文移有乖朕意，爾卽如敕施行」，似有防中書省之意也。

　　洪武九年二月後，王府武相傳已不兼行省官，故十一年敕書僅言，王府武相有警出則爲將，而於武相傳與護衞指揮職權作一新規定。王府文相傳，九年二月以後亦不兼行省官。考桂彥良以洪武十一年三月任晉王右傳，太祖集卷七命桂彥良職王傳敕云：

　　爾旣往而至，其王府之事，所以專者祖訓錄爲規。毋作聰明。毋干有司事。其助王之道，務揚善而使之以由善。……於此常記在心，則王佐之才是矣。

此所謂毋干有司事，以是時武相傳職權相比傳，當屬毋干王府長史司及審理等所事。蓋洪武十一年時，王府相傳職權又當與九年初所定者不同矣。

　　明初王府相傳之職權，據實錄所記凡三變。其始可兼任行省參政，或都指揮使，及洪武九年不兼行省官，十一年則命毋干所屬諸司事。竊疑十四年祖訓錄及二十八年祖訓所定，諸王不預地方民政財政，都司兵僅有警可調遣，此制當始於洪武九年，而六年五月初定本或不如是也。

　　明史葉伯巨傳云：

　　洪武九年星變，詔求直言。伯巨上書略曰：「臣觀當今之事，……分封太侈也。先王之制，大都不過三之一。上下等差，各有定分。所以強幹弱枝，遏亂源而崇治本耳。今裂土分封，使諸王各有分地，蓋懲宋元孤立，宗室不競之弊。而秦晉燕齊梁楚吳蜀諸國，無不連邑數十，城郭宮室，亞於天子之都，優之以甲

兵衛士之盛。臣恐數世之後，尾大不掉，然後削其地而奪之權，則必生觖望，甚者緣間而起，防之無及矣。議者曰：諸王皆天子骨肉，分地雖廣，立法雖侈，豈有抗衡之理？臣竊以爲不然。何不觀於漢晉之事乎？……一削其地，則遽搆兵。……易世之後，迭相攻伐。……援古證今，昭昭然矣。……昔賈誼勸漢文帝盡分諸國之地，空置之，以待諸王子孫，則必無七國之禍。願及諸王未之國之先，節其都邑之制，減其衛兵，限其疆理，以待封諸王之子孫。此制一定，然後諸王有賢且才者，入爲輔相，其餘世爲藩屏，與國同休。割一時之恩，制萬世之利，消天變而安社稷，莫先於此」。

今按，葉氏應詔上書，據明史及方孝孺撰傳，係在星變詔求直言之後。星變，詔求直言，據實錄係洪武九年十月事。葉氏疏云：「洪武紀元，九年於茲」，則葉氏此書當係洪武九年十月至十二月間所上也。葉氏上書時，王府官已不兼行省官，已不轄行省民政財政，則諸王封號雖曰秦王晉王，而實與漢初諸王之連城數十者有異也。明史葉伯巨傳評葉氏所上疏曰：「是時諸王止建藩號，未曾裂土，不盡如伯巨所言」，此所謂未曾裂土，就不轄行省民政財政言，明史所言自不誤，惟鄙意葉氏上疏言事，或針對祖訓錄洪武六年五月初定本，必非憑空逞臆，全無根據也。至若九年二月以後所刊更定本，以其時無邸報，葉氏以庶民而身處鄉邑，自可能不知之也。

夏燮明通鑑云：

洪武三年夏四月，封皇子九人，樉爲秦王，棡晉王，棣燕王，……又封從孫守謙爲靖江王。上懲宋元孤立，乃仍古封建制，擇名城大都，豫王諸子，待其壯遣就藩服，用以外衛邊陲，內資夾輔。諸王皆置相傅官屬及護衛甲士，少者三千，多至一萬數千，皆隸兵部。車服邸第下天子一等。公侯俛伏拜謁。內外大臣，禮無與鈞。唯列爵不治民，分藩不錫土，與周漢制稍異焉。

今按，夏氏此條所書，僅可視爲簡略介紹洪武時封建制度，不可謂洪武三年時即已如此。以實錄證之，護衛指揮使司之設，即在洪武五年正月，不在三年四月也。而洪武初年王府官可兼行省官；其不兼行省官，親王列爵而不臨民，據上文所論，似均始于洪武九年。夏氏未見太祖實錄，其書所繫年月，可商榷者多矣。

祖訓錄洪武六年初定本及九年更定本，今俱不傳，僅能由實錄所記其時史事與以

推測。在洪武六七年時，諸王旣未之國，則似祖訓錄所載，本不必全部施行，而勳臣之任行省官者，亦未嘗不可權宜授以王府相傅盧銜。惟詳玩實錄二年四月乙亥條：「楚封建諸王國邑之制」，中用「國邑」二字；又六年九月太祖諭文原吉，其所言似與其時官制合；復有葉氏所上書作一旁證，故仍提此一新解也。宋濂芝園續集卷四故岐寧衛經歷熊府君墓銘云：

> 君諱鼎。……三年……五月拜晉王相府右傅。……乘傳至晉陽。……四年大興衆築城，作王宮。七月，奉相府賀生辰表詣闕。……數被召問，恩寵有加。……上倚馬，詔以處將帥間協和之道。……君還。會徙沿邊諸雜羌萬餘入內地，護卒弗嚴，道辭奔散。太傅徐魏公達發兵擒殲之。事聞，詔使詰責參政曹興等，併免君官，左遷大同衛知事。五年，召還。

是晉王未之國前，太原已有王相府。墓銘謂：「詰責參政曹興等」，檢實錄洪武四年二月戊午條：

> 晉王相曹興上言三事：一，建晉王府于太原古城。築城之役，請以兵民參之。一，王府鼓手，欲選民間少壯，慮爲動擾，宜于太原等處續報漢軍內選充。（嘉業堂本無續報二字）。一，朔蔚等州俱在邊陲，宜依大同之例，召商納米中鹽，以充邊餉。

是曹興其時以晉王相兼山西行省參政，實掌王府及行省事，其所加王相，非盧銜矣。

今日論明洪武初年封建諸王事，以六年五月初定本不傳，故需據他書所記推測。苟六年五月初定本及九年更定本仍存，則論定之自易，而其可論者又當不止此矣。

四、論明史職官志所記明洪武朝王府官建置沿革

祖訓錄洪武六年初定本及九年更定本，今俱不傳，而今存祖訓錄及祖訓，其所記亦僅洪武十四年及二十八年制度耳。故論洪武朝王府官建置沿革，仍需參照實錄。今錄明史職官志所記於下：

> 洪武三年，置王相府左右相各一人，正二品；左右傅各一人，從二品；參軍府參軍一人，正五品；錄事二人，正七品；紀善一人，正七品；各以其品秩列朝官之次。又置典籤司諮議官。尋以王府武相皆勳臣，令居文相上。王相府官屬

仍與朝官更互除授。是年置王府教授。

四年更定官制，左右相正二品；文武傅從二品；參軍從五品；錄事正七品；審理正正六品，副正七品；紀善正七品。各署典祠正、典寶正、典儀正、典膳正、典服正、工正、醫正，並正七品，副並從七品。牧正正八品，副從八品。引禮舍人省注。

九年改參軍爲長史，罷王傅府及典籤司諮議官，增設伴讀四人，選老成明經慎行之士任之。侍讀四人，收掌文籍，少則缺之。尋改王相府所屬奉祠典寶典膳良醫工正各所並紀善俱正八品，副從八品。

十三年，並罷王相府。陞長史司爲正五品，置左右長史各一人，典簿一人。定王府孳牲所倉庫等官俱爲雜職。

史志所記，全本實錄，今以實錄校之，則史志之誤約有數事：

志言洪武三年置參軍府。檢實錄三年四月卷作參軍司。實錄書：「七年九月乙酉改王相府參軍爲長史」。參軍既隸王相府，則其官署稱司，實錄所書當不誤也。

志言四年更定官制，設典儀正正七品；九年更定官制，改奉祠、典寶、典膳、良醫工正各所並紀善俱正八品，未言典儀是否改正八品。檢實錄，典儀之改正八品，係洪武八年十月辛卯事。志遺漏未言，此其誤二也。

志言四年更定官制，設牧正正八品，副從八品。十三年改王府孳牲所倉庫等官俱爲雜職。據實錄，「洪武七年正月改王相府牧正署爲孳牲所」，「九年閏九月辛丑改孳牲所大使爲正九品」，「十四年二月罷王府孳牲所」。志未言牧正署改孳牲所及其廢罷，此其誤三也。

志言，九年改參軍爲長史。檢實錄，此係七年九月乙酉事，而陞秦相府紀善林溫爲秦相府長史卽在是年九月，是長史之置在七年。志作九年，其誤四也。

志言，九年罷王傅府，此固不誤。然檢實錄九年二月丙戌條，王傅府雖罷，王府仍置左右傅，如丘廣以九年正月任燕王左傅，至十一年五月始卒於任；桂彥良之任晉王右傅，據實錄在十一年三月己丑，此均其證也。志言罷王傅府，未言仍設左右傅，則敍事仍不明晰也。至本文第一節所考，司醞伴讀工正所之設置經過，此又史志所未言者矣。

　　洪武九年以前，旣置王相府，又有王傅府。實錄記：「七年二月改王相府參軍爲長史」，則長史司屬王相府。「九年正月移王相府奉祠所於王傅府典籤司後」，是奉祠等所當隸於王相府，而典籤司則隸王傅府。實錄記：「九年二月罷王傅府典籤司諸議官並護軍府」，是其時又有護軍府。此護軍府之置不知始於何年，其官屬旣名爲府，則似不爲王相府王傅府所轄也。於洪武九年以前，王相府王傅府護軍府之職權如何劃分，此實錄所未詳。而洪武六年所定祖訓錄於此當有規定。今六年所定祖訓錄旣已不傳，已不易言之矣。奉祠等所旣隸于王相府，則王相府當總理國政，王傅府護軍府實如贅疣。九年二月罷王傅府護軍府，其卽以此歟？

　　明初，王府相傅多以勳臣出任，其品秩與行省官同，故可兼行省官。及十三年十月罷王府相傅，王府官文職左右長史係正五品，武職護衞指揮使係正三品，其品秩卽較布政使都指揮使爲低。惟其時親王權重，故朝廷於王府官，仍妙簡人才充任。及其後猜忌諸王，王府官不除京職，不爲淸流，遂不爲朝野所重，此則治明代史事者類能言之，無煩詞費矣。

一九六〇年八月十日於南港舊莊

後　　　記

明朱勤羡王國典禮卷八秩官門記：

（洪武）十六年置

　　　　引禮舍人三員，未入流。

　　典膳所，專掌王府飮饌。

　　　　典膳一員，正八品；副典膳一員，從八品。

　　良醫所，專掌王府藥材。

　　　　良醫一員，正八品，副良醫一員，從八品。

　　工正所，專掌王府造作。

　　　　工正一員，正八品；工副一員，從八品。

　　倉庫，專掌王府出納。

　　　　大使各一員，未入流。副使各一員，未入流。

　　　　武職。

　　　　　護衞指揮使司。

　　　　　　指揮使一員，正三品……

　　　　　儀衞司

　　　　　正儀衞一員，正五品；……典仗六員，正六品。

　　二十八年更定親王府博士。

　　三十五年定：

　　　親王府

　　　文職

　　　　賓輔二員，正三品，職比車宮賓客。

　　　　伴讀一員，從七品，職比侍讀。

　　　　伴講一員，從七品，職比侍講。

　　　　伴書一員，從七品，職比侍書。

　　　　紀善二員，正八品，職比史官，專紀王之政令。巳上皆輔導之職。

　　　　長史司，專掌王府庶事，職比朝廷六曹之任。

　　　　　長史一員，正五品。

　　　　　左右長史各一員，從五品。

　　　　　首領官典簿一員，正九品。

　　　　審理所，專理王府刑訟。

　　　　　審理一員，正六品；副審理一員，正七品。

　　　　典寶所，專掌王寶。

　　　　　典寶一員，正八品；副典寶一員，從八品。

　　　　奉祠所，專掌王府祭祀。

　　　　　奉祠一員，正八品；奉祠副一員，從八品。

　　　　典儀所，專掌王府禮儀。

　　　　　典儀一員，正八品；副典儀一員，從八品。

據此，似工正所洪武十六年復置。惟尋省其文，則王國典禮所記，實有脫誤。此文既

書武職有護衛指揮使司，則十六年置下次行當有「文職」二字；又典膳良醫工正各官之前，皆書其官署名，則「引禮舍人三員未入流」之前，亦脫官署名。今以史語所藏鈔本皇明典禮校之，知上引王國典禮「引禮舍人三員，未入流」，至「典仗六員正六品」止，應移接上引末行「副典儀一員從八品」下，蓋必如是，洪武三十五年所定，王國典禮所記始完整無闕也。此洪武三十五年定，以皇明典禮一書校之，知係建文二年定。朱氏所見皇明典禮蓋係神宗時重刊本，以無建文御製序，又以建文年號已革除，遂臆書三十五年定耳。朱書謂，「洪武二十八年更定親王府博士」，亦以二十八年所定祖訓無此官，遂臆謂王府博士之罷在是年，而不知二十六年所定諸司職掌已無此官矣。朱書既記更定親王府博士，則當書其始置，而朱書顧遺漏未書。考實錄，親王府博士之置在洪武十七年六月，然則上引朱書卷八「十六年置」下當脫「親王府博士」等字。以係十七年六月置，故誤書作十六年耳。

　　王國典禮此卷有脫漏及錯亂，史語所所藏係抗戰前據嘉業堂藏明萬曆刊本傳鈔。嘉業堂本已歸中央圖書館。昨檢視刊本，則刊本之誤與鈔本同。

清 代 的 人 口 變 動

全 漢 昇　王 業 鍵

一

　　因爲統計資料缺乏，以及統計數字的可靠性很成問題，所以研究我國歷代的人口非常困難，清代也不能够例外。如果要求一國的人口統計可靠，首先必須有一套相當完善的人口登記或調查的制度，其次必須當政者認眞督率，切實推行。根據這兩個準則來看，清代的人口數字顯然很多都是值得令人懷疑的。

　　清初人口調查，是實行編審的方法，初定三年編審人丁一次，後改爲每五年一次。編審的目的是要用來作爲征收丁稅的依據。可是，人民因爲要逃避丁稅的負擔，便普遍的併戶減口，隱匿不報，因此有「一戶或有五六人止一人交納錢糧，或有九丁十丁亦止一二人交納錢糧」(註一)的現象，這是編審無法周知天下生民之數的最大因素。其次，編審大都限於土著，客戶人口沒有計入。第三，當時有很多特殊身份的人，如在政府做官或身隸營伍的人，以及地方上的士紳如舉、貢、監、生員等，按例可優免丁額，傭保奴隸也不列於丁。(註二)此外，政府對於邊境貧瘠地區，或遭遇災害的地方，有時免予編審，或停止編審。(註三)這些因素在在都足以影響到清初人口統計失實，過於偏低。到了康熙五十一年(1712)，因爲發覺人口數字隱匿太多，康熙帝曾經下令以五十年 (1711) 丁額作爲常額，以後新增人丁稱爲「盛世滋生人丁」，永不加賦，(註四)希望由此能够確知人口實數。但是編審人丁辦法，依然如故；而且康熙年間地方官除向百姓征收正額錢糧以外，加派私征，甚爲普遍，所以每逢編審的時候，人

(註一)　清朝文獻通考卷十九。

(註二)　賀長齡輯皇朝經世文編卷三〇，張玉書紀順治年間戶口數目。

(註三)　同註一；欽定大清會典事例卷一五七，淸匣丁役。

(註四)　同註一。

民唯恐差徭及身，不敢實報。結果人口大量隱匿的情形仍舊存在，以致康熙帝這一德政，並沒有產生多大的效果。據東華錄康熙卷八八及卷一〇八，康熙五十年(1711)人丁戶口為二四、六二一、三二四，以後逐年或增或減，或無變動，至六十年(1721)突增，也不過二九、一四八、三五九。(註一)雍正時期(1723-35)，由於將丁銀攤入地糧，丁冊失去財政上的作用，戶口編審因而廢弛。所以雍正十年(1732)人丁戶口數字反減為二六、三六四、八五五。(註二)

　　可是，到了乾隆年間(1736-1795)，情形便大為改觀。乾隆帝在即位後的第五年(1740)，即飭令各省督、撫於每年十一月將各府、州、縣的戶口與穀數，具摺奏聞。他說：「政治之設施，實本於此（戶口與穀數）。……朕朝夕披覽，心知其數，則小民平日所以生養，及水旱凶饑，可以通籌熟計，而豫為之備。」(註三)可見他對於戶口的重視。尤其重要的是，原來編審人丁的辦法，已漸為保甲制度所代替。乾隆五年(1740)朝廷即議定利用保甲查報戶口，次年全國人口便突增至一四三、四一一、五五九。(註四)其實這一數字的內容，和以前的人丁數字顯然有很大的差別。以前的數字大致只可以說是成丁男子(十六歲至六十歲)數，甚至只可以說是納稅單位的數目(Tax-paying units)；(註五)至於乾隆六年(1741)的戶口數字則註明「通共大小男婦」，意義上已包括全部人口，因此這一數字要比以前的數字更有意義、更有價值得多。不過在開始實行的時候，辦法並不怎樣週密，不免還有很多遺漏。到了乾隆二十二年(1757)，保甲制度又經過一番改進，其中主要規定紳衿之家與齊民一體編入戶口，各地客戶與土著一體編列，以便儘可能將全部人口納入保甲，於是當年人口達到一九〇、三四八、三二八。(註六)原來的編審辦法，一方面由於攤丁入地，以及滋生人丁，永不加

(註一)　據清朝文獻通考卷十九，康熙五十年直省人丁數為二四、六二一、三三四，六十年為二七、三五五、四六二。

(註二)　東華錄雍正卷二一。

(註三)　東華續錄乾隆卷十二，乾隆五年十一月戊辰諭。

(註四)　東華續錄乾隆卷十四。

(註五)　Ping-ti Ho, *Studies on the Population of China, 1368-1953,* Harvard University Press, Cambridge, Massachusetts, 1959, Chap. 2.

(註六)　據清朝文獻通考卷十九。東華續錄乾隆二十二年沒有記載人口數字。

賦，丁冊已失去它最大的作用，他方面由於人口的調查已經有更完備的制度來代替，到了乾隆三十七年(1772)朝廷便明令廢除。(註一)這樣看來，自乾隆朝開始，尤其是在乾隆二十二年(1757)以後，因爲當政的皇帝注重戶口，以及調查人口的辦法經過重大的改革，所以官方的人口數字比以前來得可靠，也比較接近事實。(註二)

不過，自咸豐元年(1851)起發生太平天國革命，稍後又加上捻匪作亂，一連十餘年間，我國南北各省，處處遭遇兵燹之禍。此後直至清亡，內外多事。因此乾、嘉以來所確立的保甲制度多遭破壞，朝廷也沒有留意整頓戶口，各省逐年人口報告既多殘缺，各種調查和估計數字的可靠性也很成問題。

(註一)　欽定大清會典事例卷一五七，編審。

(註二)　例如，就四川省情形來看，筆者根據兩種方志所載戶口數字，編列爲下表。根據此表，乾隆初年以前，四川各地每戶平均只有一人，或不及一人，顯然令人難以置信。到了乾隆末年及嘉慶年間，每戶平均多在三人四人左右，和以前比較起來，當然更爲接近事實。

清代四川每戶平均人數

地 區	時 期	戶 數	丁 口 數	每戶平均人數	資 料 來 源
成都府	康熙六十年(1722)	120,076	34,416丁餘	0.29	楊芳燦等纂四川通志（嘉慶十五年刊本）卷六四。
重慶府	〃	111,854	14,592丁餘	0.13	〃
松茂道	乾隆元年(1736)	106,610	106,610丁	1	〃
川北道	〃	132,375	132,375丁	1	〃
巴 縣	嘉慶元年(1796)以後，二十一年(1816)以前	75,743	218,779丁	2.9	〃(流寓戶口未計入)
江津縣	〃	47,551	199,115丁	4.2	〃
南溪縣	乾隆六十年(1795)	14,545	62,073丁	4.3	鍾朝煦等編南溪縣志（民國二十六年刊本）卷二食貨。
〃	嘉慶十五年(1810)	34,714	111,593丁	3.2	〃

　　根據以上的論述，本編對於清乾隆朝以前的戶口數字不予採信，(註一)對於乾隆朝
以至道光末年的數字，認為比較可靠，咸豐元年(1851)以後直到清亡(1911)的數字，
則多少保持懷疑的態度。以下擬就清代的人口數字分別作時間的與空間的變動分析，
並提出若干可能的解釋。

二

　　據何炳棣先生的研究，我國人口至十四世紀末(約當明朝初葉)當在六千五百萬以
上，到一六〇〇年左右（明末萬曆中）約為一億五千萬人。(註二)十七世紀中葉，適當
明、清之際，由於戰爭及流寇的殘殺，人口死亡很多。清初人丁戶口數字，過於偏
低，不能表示人口的眞象，已如前述。到乾隆六年(1741)，初次利用保甲編查戶口，
當年人口卽達一億四千三百餘萬。這一數字，仍不免有所遺漏(見前)。我們由此可以
推知，至少在十八世紀上半葉，我國人口已經恢復到一六〇〇年左右的水準。

　　我國的人口數字，據東華續錄所載，乾隆二十七年(1762)已超出二億，到五十九
年(1794)達三一三、二八一、七九五。(註三)又據戶部清冊，至道光三十年(1850)約近
四億三千萬。(見附錄)可見我國人口自十八世紀四十年代至末葉約增加一倍有餘，自
十八世紀末葉至十九世紀中葉約增加三分之一。羅爾綱先生曾就乾隆 (1736-95)，嘉
慶(1796-1820)、道光 (1821-50) 三朝人口加以研究，而算出每年平均人口增加率，
計從乾隆六年至五十九年 (1741-94) 五十三年之間，每年平均增加率為千分之一四・
八五，自乾隆五十九年至道光三十年(1794-1850)五十六年之間，每年平均增加率減

　　(註一)　清初的人丁數字，一般均認為只能代表戶數，因此在估計當日人口的時候，都將官方的數字乘以每戶
　　　　　平均人數。但每戶平均人數究竟多少，中外學者言人人殊。Edward H. Parker 認為每戶平均六人，
　　　　　Jean J. Amiot 及陳長蘅認為每戶五人，根岸佶謂應為五・五人，William W. Rockhill 則以為每
　　　　　家四人較為適當，De Guignes 又以為每戶僅有二人至三人。見王士達近代中國人口的估計（社會科
　　　　　學雜誌第一卷第三期、第四期，及第二卷第一期，北平，民國十九年九月、十二月，及民國二十年三
　　　　　月）及最近十年的中國人口估計（同上第二卷第二期，民國二十年六月）。筆者不願擅斷，現在略舉
　　　　　各家估計，以供讀者參考。
　　(註二)　Ping-ti Ho, 前引書，頁二六四。
　　(註三)　東華續錄乾隆卷五六及卷一一九。

為千分之五·六六。(註一)因此，就十八世紀中葉以後的一個世紀左右的期間來看，我國人口增加率在前半世紀要遠比後半世紀為迅速。自咸豐元年(1851)太平天國革命以後，各省人口報告殘缺不全，全國人口多出自估計，其中由調查而得的數字，究竟有多大的可靠性，也很令人懷疑。宣統二年(1910)民政部舉辦戶口調查，結果統計全國只有三四一、九一三、四九七人。(註二)同年郵政局調查數字，十八省人口為四三八、四二五、〇〇〇。(註三)按全國計，前後兩種調查結果相差超過一億。民政部的調查，有很多遺漏，數字或失於偏低。但即使將郵政局的調查數字和六十年前的道光三十年(1850)比較，人口也沒有什麼增加。

筆者現在根據上列數字以及清代經濟演變的情況，將清代人口變動區分為四個時期，分別予以討論。

(一)恢復時期：這個時期包括十七世紀下半，約近半個世紀的期間。我國自遭明末流寇李自成、張獻忠的破壞，南北各省，滿目瘡痍。如直隸、山東一帶，「極目荒涼」，「有一戶之中止存一、二人，十畝之田止種一、二畝者。」(註四)江南則「兵火彫殘，僅存焦土。」(註五)此外，「湖南、四川、兩廣新定地方，彌望千里，絕無人烟。……成都、重慶、敍州、馬湖各屬，人民僅存百十。」(註六)由此可以想見明末清初人口死亡及土地荒蕪的嚴重情況。滿清入關後，所接收的便是這種地廣人稀的國度。這時自然資源相對的多，人民謀生容易，只要和平秩序恢復，氣候正常，人口必然會很快繁殖起來。可是，順治年間 (1644-61)，因為要肅清流寇和明朝的殘餘勢力，全國各地都或先或後的給戰雲籠罩着。而且「水旱南北同災，直省饑饉並報，……大兵、大旱、大水，並集一時。」(註七)在這種情況下，全國人口就是有所增加，增加的程度

(註一)　羅爾綱太平天國革命前的人口壓迫問題，中央研究院社會科學研究所中國社會經濟史集刊第八卷第一期，南京，民國三十八年一月。

(註二)　王士達清民政部戶口調查，社會科學雜誌第三卷第三期，北平，民國二十一年九月。

(註三)　見前引王士達最近十年的中國人口估計。

(註四)　東華錄順治卷三，順治元年十二月庚申；同書順治卷四，順治二年正月己丑。

(註五)　琴川居士輯皇清名臣奏議卷四，順治八年熊文舉謹述江省情形疏。

(註六)　皇朝經世文編卷三四，順治九年劉餘謨議墾荒興屯疏。

(註七)　皇清名臣奏議卷四，順治九年王永吉請採軍議以濟時艱疏。

也一定是很輕微的。

　　康熙帝即位後，情勢大見改善。第一，全國已經大致安定。尤其是自二十一年(1682)平定三藩，二十二年(1683)降服臺灣以後，全國統一，本部戰爭停止。在飽經半個世紀的戰亂之後，中國重新邁入國史上稀有的太平時期。其次，像順治時期那種普遍而又嚴重的天災，不再發生。這時自然界對人民為害最大的，是黃(河)、淮(河)之患。康熙帝對此特別重視，把河務列為三大事之一，曾先後動國帑數千萬，修治河工，並親自南巡六次。(註一)他又任用靳輔治河，成績卓著。(註二)第三，積極鼓勵墾荒。滿清入據中國後，即力行勸墾，將「荒地無主者，分給流民及官兵屯種；有主者，令原主開墾；無力者，官給牛具籽種。」(註三)康熙帝時期更積極推行此一政策，四川、雲南、陝西、湖廣各省荒地，均着招民開墾。新墾田地，順治初定三年起科(納稅)，康熙時曾經放寬至十年起科。因此田地面積大增，順治九年(1652)全國民田約四百零三萬餘頃（包括田、地、山、蕩），到康熙二十四年(1685)增達六百零七萬餘頃。(註四)第四，政府開支減少，人民負擔減輕。自順治至康熙初葉，天下未靖，國用不敷，兵餉十居其八。(註五)三藩之亂時，政府更不得不增添鹽課及其他雜稅。(註六)三藩亂定後，政府在財政上擺脫了這一耗天下財賦之半的包袱，支出大減，國帑和倉儲，立見充裕。(註七)同時康熙帝「躬行節儉，宮中用度，甚為省約，計明朝一日之

(註一)　東華錄康熙卷四九，康熙三十一年二月辛巳上諭：「朕聽政以來，以三藩及河務、漕運為三大事，夙夜廑念。」又參考同書康熙卷七九，康熙四十六年二月乙巳；同書康熙卷一〇八，康熙六十年九月甲午。

(註二)　東華錄康熙卷七九，康熙四十六年五月戊寅諭九卿等；鄭肇經中國水利史(民國二十八年，長沙)，頁六五至七三。

(註三)　欽定大清會典事例卷一六六。

(註四)　同上；清朝文獻通考卷二；東華錄順治卷十九。清代的田畝數字也很不可靠，何炳棣 (Ping-ti Ho) 前引書第六章有詳細的敍述，讀者可予參考。可是，清代登錄田畝的方法，却沒有像人口調查方法那樣經過重大的變革，大致前後一致；筆者引用這些數字，只在於表示耕地的相對增加程度。

(註五)　皇朝經世文編卷二九，張玉書書紀順治年間錢糧數目；皇清名臣奏議卷十七，康熙六年蕭震請舉行籍田之典疏。

(註六)　東華錄康熙卷二一，康熙十七年三月壬午。

(註七)　魏源聖武記 (道光丁未刊本) 康熙戡定三藩記(上)：「天下財賦，半耗于三藩。」東華錄康熙卷三五，康熙二十四年三月辛巳諭大學士等：「今國帑充足。」同書康熙卷四八，康熙三十年十二月壬午，大學士等奏：「見今倉內儲米……足供三年給放。」

用，足供朕一月之需。」(註一)在這種情形下，政府度支，寬然有餘，康熙帝便進而蠲
免天下錢糧，計自康熙元年（1662）至四十八年（1709），所免錢糧達萬萬兩有餘。
(註二)在康熙帝這種除河患、勸開墾、恤民力的政策之下，再加上和平秩序的恢復，
到了十七、八世紀之交，全國各地便不再是半世紀前的蕭條面目，而現出富庶的景
象。如康熙四十二年（1703）正月，康熙帝曾說：「朕兩次南巡，路經(山)東省，見
民生豐裕。」(註三)同年十二月，他又說：「朕巡幸七省，畿輔、秦、晉，民俗豐裕，
江、浙則較三十八年(1699)更勝。」(註四)根據這些記載，我們可以想像得到，當時人
口一定恢復得很快。雖然我們沒有可靠的統計資料可資證明與比較，但是由於這些有
利因素的存在，這一時期的人口增加率(尤其是三藩之亂以後)很可能要比十八世紀還
來得快。而且，這些有利因素所形成的國民經濟之恢復與繁榮，不但促成此一時期人
口的迅速恢復，更大大地影響到十八世紀長時期人口的迅速上升。

　　(二)人口迅速增長時期：這個時期約從十八世紀初葉開始，至十八世紀末葉為
止。如前所述，大約自十八世紀四十年代開始至十八世紀末葉，半世紀有餘的期間，
人口約增加一倍，每年平均增加率為千分之一四‧八五。雖然據以推算人口增加率的
乾隆六年（1741）的人口數字有些偏低，但是鑒於十八世紀上半，經濟、政治情況良
好，如果我們以這一人口增加率來代表整個十八世紀的增長情形，大概是不會相差得
很遠的。現在我們要問，在這一個世紀當中，我國人口為什麼能夠長時間繼續不斷地
迅速上升呢？對於這個問題，筆者想從三方面來加以解釋：

　　第一，政治方面：自康熙二十二年(1683)克服臺灣以後，直到嘉慶元年(1796)白
蓮教倡亂以前，一百餘年間，中國本部大致可說沒有戰爭，而且君主英明，不但成為
清朝的黃金時代，就是在我國歷史上也是一個稀有的太平盛世。

　　第二，農業方面：田地面積繼續增加。雍正二年(1724)全國人民田地面積達六百
八十三萬餘頃。乾隆三十一年(1766)增達七百四十一萬餘頃；如果連同屯田、官田合

(註一)　東華錄康熙卷八六，康熙四十九年十月戊子。
(註二)　東華錄康熙卷八四，康熙四十八年十一月甲申。
(註三)　東華錄康熙卷七一，康熙四十二年正月辛未諭戶部。
(註四)　東華錄康熙卷七二，康熙四十二年十二月庚寅。

計起來，將近八百萬頃，比較八十年前的康熙二十四年(1685)約增加一百六十萬頃至一百七十萬頃(康熙二十四年，民田、屯田、官莊面積合計，約六百三十萬頃)。(註一)這一增加率自然不如十七世紀下半的田地增加率那麼快，這也正是筆者所以認為十七世紀下半人口增加率可能要比十八世紀來得快的一個重要原因。然而，除此以外，這個時期在農業方面還有一個足以使生產相當增加的因素，不可忽視。那便是農作物的改良與推廣。清代至乾隆中葉，除東北以外，全國優良土地的開墾，可說已經達到飽和狀態。例如乾隆三十一年 (1766) 上諭：「滇省山多田少，水陸可耕之地，俱經墾闢無餘。惟山麓、河濱，尚有曠土。」(註二)雲南素稱偏僻，尚且如此，他省可想而知。在人口與日俱增，沃地均已開闢，而生產技術又不能有所改進的情況之下，如何利用邊際土地，實為朝野同感關切的問題。因此乾隆五年(1740)朝廷即有山頭地角傍溪瀕湖之地，聽民開墾，免納賦稅的規定。到了三十一年(1766)，再申前令，以鼓勵闢地增產，因為「多闢尺寸之地，即多取升斗之儲。」(註三)但是傍山之地，缺乏水利灌溉，濱河之地，又容易遭受洪水的災害，作為人民主要食糧的稻米，事實上不大容易種植。在這種情況下，某些作物的品種改良與推廣，正好彌補了這一缺陷。

　　大約在公元十世紀以前，我國稻穀從插秧至收穫約須一百五十天。至十世紀與十一世紀之交，宋真宗派人自安南南方的占城 (Champa) 輸入新的稻米種子。因為這些新的稻米種子耐旱而早熟，後來便漸次推廣於全國各地。成熟期最初須百日，後遞經改良，有些品種縮短為六十日或五十日。到十八、九世紀，更培養出四十日以至三十日成熟的稻種。(註四)由於成熟期間的縮短，原來一年收穫一次的耕地，如果氣候適宜，一年便可收穫兩次。十八世紀初，江南一帶正在推廣這種年穫兩次的新品種。例如，康熙五十四年(1715)八月二十日蘇州織造李煦奏：「臣蒙賜穀之後，凡蘇州官紳人等，咸知御種穀子，一年可收兩次，無不歡欣羨慕。今臣煦既種有新穀，則此後凡

(註一)　清朝文獻通考卷三及卷四；小竹文夫清代の荒地開墾――耕地增加――に就きて，支那研究第二十四
　　　　號，昭和五年十二月，上海。

(註二)　清朝文獻通考卷四。

(註三)　同上。

(註四)　Ping-ti Ho, 前引書，頁一六九至一七四。

有求種者，俱可徧給。而江南地方，從前止一次秋收，今將變爲兩次成熟。」(註一)這

種改良，對於南方稻米生產的增加自然會有很大的影響。同時，還有一種早熟而耐寒

的「寒占城粘」或「晚占城」(Cold champa or winter champa) 出現，這種改良的

稻種可遲至夏季洪水退去後下種，冬季收穫，因而有許多瀕河之地得以用於耕作。這

對於稻米生產也很有貢獻。(註二)其次，小麥的種植當日也在各省沼澤傍河之地普遍推

廣。例如，雍正十一年 (1733) 湖廣總督邁柱奏：「雍正四年以前，楚省種麥者尚少。

自五年水潦之後，臣甫經到楚，勸民竭力種麥，次年收穫已畢，伏水方至，閭閻大得

麥息之濟，從此種麥者多。……楚北湖地較多，……近年湖北百姓咸知麥熟在伏汛之

前，卽遇大水，二麥先已登場，足食無憂。遂將素未種麥之湖地，遍處種麥。……向

之廢棄湖地，今如膏腴之產，同收地利。」(註三)可見小麥推廣對於湖地利用的功效。

　　除米、麥以外，更爲重要的，便是新作物(玉蜀黍、甘薯、花生等)的推廣。這些

作物都是在哥倫布發現新大陸後，於十六世紀由美洲傳入我國的。(註四)玉蜀黍由海、

陸兩路分別傳入福建及雲南。陸路的傳入可能比海路稍爲早些，最初在雲南種植，隨

後漸及於貴州和四川；到十八世紀末及十九世紀初，玉蜀黍在西南各省山區已被當作

主要的一種食物。在東南沿海一帶 ， 玉蜀黍雖然早就已經傳入 ， 但一直不很普遍。

十八世紀長江下游有人滿之患，東南稠密地區的移民便把它推廣到漢水流域，如陝西

南部、湖北西部及河南西南部。乾隆五十一年(1786)，湖廣總督特成額的奏摺中就有

(註一)　故宮博物院文獻館編文獻叢編 (民國) 二十六年第一輯，蘇州織造李煦奏謝賜御種稻子已分發督撫等
　　　　佈種摺。

(註二)　Ping-ti Ho, 前引書，頁一六九至一七四；Ping-ti Ho, "Early-ripening Rice in Chinese History,"
　　　　The Economic History Review, Second Series, Vol. IX, No. 2, December 1956, London; 浙
　　　　江通志 (民國二十三年商務印書館刋本) 卷一〇四，物產四，頁一八五五；魯曾煜等編福州府志 (乾
　　　　隆十九年刋本) 卷二十五，頁一。

(註三)　硃批諭旨第五十四册，雍正十一年八月二十九日湖廣總督邁柱奏。關於小麥在其他省份推廣情形，參
　　　　考 Ping-ti Ho, 前引書，頁一八〇。

(註四)　見 Ping-ti Ho, "The Introduction of American Food Plants into China," *American Anth-*
　　　　ropologist, Vol. 57, No. 2, April 1955; Ping-ti Ho, 前引書，Chap. VIII. 本文有關自美洲傳入
　　　　農作物及其後在中國推廣的情形，大致取材於何著。對於何先生此種有系統的研究，筆者深致感謝。

「湖北宜昌府屬之鶴峯州，……常平倉向貯包穀（即玉蜀黍）……」的話。（註一）道光元年
（1821）陝安兵備道嚴如熤說，陝南、楚北一帶，「食宜包穀、蕎豆、燕麥，……川、
楚、粵、黔、安徽無業之民，僑寓其中，以數百萬計。」（註二）可見在十八九世紀之
間，玉蜀黍在這一地區也成爲大衆的主要食物。不過在北方，玉蜀黍的大量生產還是
最近一世紀的事。和玉蜀黍的情形一樣，甘薯（或稱番薯）也分別從海、陸兩路傳入
我國。它容易在不能種植稻、麥的瘠地生長，抗旱，產量多，味甜美，因此在米糧不
够的東南沿海（尤其是福建），很快地成爲貧民的主要食物。明末徐光啓在農政全書卷
二七中說：「今番藷撲地傳生，枝葉茂盛。……閩、廣人賴以救飢，其利甚大。」到十
八世紀，朝廷與地方官員都積極鼓勵及教導各省人民種植甘薯。如乾隆五十年（1785）
七月上諭：「據明興奏，陸燿於山東臬司任內，曾刻有甘薯錄一編，頗爲明切易曉，
見飭多爲刊刻，頒行各府、州、縣，分發傳鈔，使皆知種薯之利，多爲栽種等語。所
辦甚好。河南頻歲不登，小民艱食。……即直省迤南各府，今年亦因雨澤愆期，收成
歉薄。番薯既可充食，兼能耐旱。……著即鈔錄寄交劉峩、畢沅，令其照明興所辦，
多爲刊布傳鈔，使民間共知其利，廣爲栽種，接濟民食，亦屬備荒之一法。」（註三）因
此到了十八、九世紀之交，甘薯也成爲北方貧民的主要食物。此外，長江上游各省也
從事推廣，四川更成爲甘薯的主要產地。至於花生，雖然也在十六世紀傳入我國東南
沿海，但在一七〇〇年以前，在我國大部分地區中仍然不是一種普遍而便宜的食物。
大致說來，花生的種植在南方各省要到十八世紀和十九世紀早期才普遍推廣，北方則
遲至十九世紀下半才普遍起來。由於花生的栽種，各省原來廢棄的沙地獲得利用，花
生也成爲一般人民的輔助食物。這樣看來，美洲農作物的輸入與在我國的推廣，使我
國各省乾燥的坡地、山地和沙地成爲可以種植之地，大大地增加了各地的食物生產
量，因而使十八世紀我國人口的迅速增加成爲可能。

　　第三，工商業方面：隨着和平的恢復與持續，以及人口的繁衍，我國在十八世
紀，工商業也發達起來。在沿海方面，自康熙二十四年（1685）開海禁後，「內外市

（註一）　高宗純皇帝實錄卷一二四七，頁二六。

（註二）　皇朝經世文編卷八二，嚴如熤規劃南巴棚民論。

（註三）　東華續錄乾隆卷一〇二，乾隆五十年七月庚辰。

船，往來於江、浙、閩、越(疑為粵)沿岸者，絡繹不絕。」(註一)自康熙二十四年至嘉慶九年(1804)，一百多年中，「關東豆、麥每年至上海者千餘萬石，而布、茶各南貨至山東、直隸、關東者，亦由沙船載而北行。……上海人往關東、天津，一歲三四至。」(註二)蘇州一地，一方面是「商買通販要津」，他方面又是工業中心，其中光是染匠、踹布工匠，就有二萬餘人。(註三)沿長江流域，江、浙商販每年都到江西、湖廣甚至四川大量運米，交易頻繁；而漢口適當各省要衝，形成一繁盛的商業中心，在那裏除米船以外，「鹽商巨艘……尤不可以數計。」(註四)此外，當日漕糧的運輸，對於國內商業的發展也有促進的作用。因為當時規定每隻糧船可携帶各地土產一百擔，頭舵水手人等也准帶二十六擔，統計各省七千隻糧船，約可携帶一百萬擔，所以「南北貨物多於糧船帶運，京師藉以利用，關稅藉以充足，而沿途居民藉此以為生理者，亦復不少。」(註五)這就是說，貫穿南北的運河所經之地，也因漕船的來往，帶給人民很多的就業機會。

　　在礦業方面，例如僻處邊陲的雲南省，自康熙四十四年(1705)盛開銅礦以後，礦產日益旺盛，到乾隆年間每年可出銅千餘萬觔，自京師以至各省鑄錢所需的銅幾乎都仰給於此。乾隆三十一年(1766)雲貴總督楊應琚奏，「滇省近年礦廠日開，砂丁人等聚集，每處不下數十萬人。」(註六)可見當時礦業之盛，養活人口之多。

　　再就國外貿易來說，十八世紀的我國更是一個黃金時代。東西海上通商始於十五、六世紀，最初為葡萄牙人和西班牙人所掌握。到十六世紀末，荷蘭商人崛起。自十七世紀下半開始，英國商人成為一重要角色，到十八世紀更執海上貿易的牛耳。這時西

(註一)　錢基博修訂清鑑 (民國四十八年，臺北，啓明書局出版) 卷九，嘉慶五年六月。
(註二)　包世臣中衢一勺卷上 (吳安四種卷一)，海運南漕議 (嘉慶九年)。
(註三)　硃批諭旨第四二册，雍正八年七月二十五日浙江總督李衞奏；同書第四八册，雍正元年四月初五日蘇
　　　　州織造胡鳳翬奏。
(註四)　硃批諭旨第六册，雍正四年五月十四日福建巡撫毛文銓奏；同書第四十册，雍正四年六月初一日浙江
　　　　巡撫李衞奏；同書第五四册，雍正十年二月二十四日湖廣總督邁柱奏；同書同册，雍正十二年七月初
　　　　八日邁柱奏。
(註五)　硃批諭旨第三五册，雍正九年正月二十四日江西巡撫謝旻奏。
(註六)　清朝文獻通考卷十七。

方對我國的茶和絲很感興趣，需要日增，因此這兩種貨品大量輸出。茶的出口，乾隆六年(1741)在廣州的出口數量爲三七、七四五擔，乾隆十五年(1750)增至七○、八四二擔，乾隆四十一年(1776)增至一六三、四六九擔，嘉慶四年(1799)更達二一五、八六五擔。(註一)絲在廣州的出口量，乾隆時期每年自二十萬餘斤至三十二三萬斤不等，統計外人「所買絲貨，一歲之中，價值七八十萬兩，或百餘萬兩。至少之年，亦買價至三十餘萬兩之多。」(註二)在另外一方面，西方各國却不能提供爲我國大衆所需要的物品，於是只好對我國輸送大量白銀，以爲抵償。例如，當時與我國貿易居首要地位的英國東印度公司，在一七○八年至一七五七年間輸往我國的白銀將近六百五十萬鎊，在一七七六年至一七九一年間，僅把有銀數記載的七年的數量相加，總數便達三百六十七萬鎊以上。(註三)無疑地，大量的出超會刺激一國的生產與就業，再加上白銀大量內流的結果，貨幣流通量增加，物價上升，(註四)更促進國內工商業的繁榮，因而也維持了大量人口的生活。

　　(三)人口增加緩和時期：這個時期約始於十八世紀末葉，而終於十九世紀中葉，即約從一七九四年起，至一八五○年止。在這五十餘年的時間內，中國人口增加率已經從前一時期的千分之一四・八五減低到千分之五・六六。這個時期新作物（玉蜀黍、甘薯、花生等）的推廣，成績仍有可觀，所以能够支持大量的人口。大致說來，到十九世紀上半，甘薯在閩、粵和北方各省，玉蜀黍在長江上游和西南各省，都已經成爲民間的主要食物。（見前）其次，這個時期主要出口產品繼續擴張。茲將自一八○○年至一八三三年間廣州每年平均出口茶、絲數量列表於下：

(註一)　H. B. Morse, *The Chronicles of the East India Company Trading to China 1635-1834*, Oxford, 1926, Vol. I, pp. 282, 292, Vol. II, pp. 12, 322.

(註二)　史料旬刊第十五期，李侍堯奏請將本年洋商已買絲貨催其出口摺（乾隆二十四年）。

(註三)　見全漢昇美洲白銀與十八世紀中國物價革命的關係，中央研究院歷史語言研究所集刊第二十八本，民國四十六年五月，臺北。原資料取自 Bal Krishna, *Commercial Relations between India and England 1601-1757*, London, 1924, pp. 208-209, 及 Sir George Staunton, *An Authentic Account of an Ambassy from the King of Great Britain to the Emperor of China*, London, 1797, Vol. II, p. 625.

(註四)　見前引全漢昇美洲白銀與十八世紀中國物價革命的關係一文。

表一　廣州每年平均出口茶、絲數量 (1800-1833)

年　　　度	茶 (擔)	絲 (擔)
1800–04	284,424	1,187
1805–09	234,249	1,258
1810–14	260,913	1,933
1815–19	296,478	1,956
1820–24	305,389	4,361
1825–29	343,171	5,971
1830–33	328,890	8,082

資料來源：H. B. Morse, *The Chronicles of the East India Company Trading to China 1635-1834*, Oxford, 1926, Vols. II, III & VI. (註一)

由上表可見，茶在廣州的出口量，從一八〇〇年代早期的二十八萬四千餘擔，增加到一八二〇年代後期的三十四萬三千餘擔，不過一八三〇年代早期略見減少。在同一時期，絲在廣州的出口量則從一千一百餘擔，增加到八千擔以上。自南京條約訂立後，上海開埠通商，絲的出口更迅速增加，在一八五〇年約達一六、〇〇〇擔。(註二)除茶、絲以外，南京棉布 (Nankeens) 的出口也很可觀。據 H. B. Morse 記載，從一八一七年到一八三三年的十七年中，自廣州輸出的南京棉布共達一千九百餘萬疋，值銀一千三百餘萬元，平均每年輸出量為一百十餘萬疋，輸出值為銀七十八萬元左右。(註三)這些物品生產及出口的擴充，使得我國東南沿海各省越來越增加的人口有一部分可得到就業或謀生的機會。

不過，這個時期的中國，政治、經濟情況已經遠不如十八世紀了。首先，就維持人口最重要的田地面積來說，乾隆中葉已經接近飽和點，除東北以外，其他各省增加的可能性很小。所以嘉慶十七年(1812)全國田地面積(包括民田、屯田、學田等)只有七百九十一萬餘頃，和四十六年前的乾隆三十一年(1766)比較起來，約略相同。到咸

(註一)　見嚴中平等編中國近代經濟史統計資料選輯，一九五五，頁十六。

(註二)　C. F. Remer, *The Foreign Trade of China*, 1926, Shanghai, p. 28.

(註三)　見全漢昇雅片戰爭前江蘇的棉紡織業，清華學報 (民國四十七年九月，臺北) 新一卷第三期。

豐元年(1851)，田地面積（包括民田及一部分官田）也不過七百七十一萬餘頃，(註一)如果連同屯田合計，恐怕也不會比八百萬頃超出很多。在一個以農業爲主的社會中，生產技術既然沒有什麼改進，田地面積也沒有多大擴張，再加上人口對於土地的壓力已經相當嚴重，(註二)人口增加的速率當然要大爲減低。其次，在這個時期中，我國在國際貿易方面也發生了一百八十度的大變化。如前所述，我國在十八世紀每年都有大量的出超，因此白銀不斷流入。但是到了十九世紀，英商開始大量向我國輸送鴉片，走私進口。有如英國人對我國茶的愛好一樣，我國民間吸食鴉片的風氣漸漸普遍起來，鴉片的進口也就越來越大，接着白銀外流越來越多。因此，進入十九世紀第二個二十五年後，我國在國際貿易上的地位便由順差(Favorable balance)一變而爲逆差 (Unfavorable balance)。鴉片的進口在一八二〇年以前每年多在五千箱以下，此後却急劇增加，一八二四至二五年的一年間達一二、四三四箱，一八三二至三三年的一年間達二一、九八五箱，一八三五至三六年的一年間超過三萬箱，一八三八至三九年的一年間更超出四萬箱。(註三)因此而外流的白銀，據道光十八年（1838）鴻臚寺卿黄爵滋奏：「(廣州一帶自道光)三年至十一年（1823-31）歲漏銀一千七八百萬兩；十一年至十四年(1831-34)，歲漏銀二千餘萬兩；十四年至今(1834-38)，漸漏至三千餘萬兩。此外福建、浙江、山東、天津各海口，合之亦數千餘萬兩。」(註四)這樣一來，我國產品出口價值不足支應，自一八二七年起逆差出現，出入相抵之後，每年自廣州外流白銀淨額約自一二百萬至三四百萬兩。(註五)白銀大量外流的結果，國內銀價高漲。當時我國社會銀、錢並用，小額交易多用錢，而納稅則規定用銀。在這種情況下，一般

(註一)　咸豐元年戶部則例卷五，頁一至五。原資料未見，茲引自李文治編中國近代農業史資料第一輯，一九五七年，頁六〇至六一。十八世紀中葉到十九世紀中葉的一世紀間，由於自美洲傳入的農作物的普遍推廣，我國的種植面積自然有所擴張；但是所增加的種植面積都是那些邊際土地。對於這些邊際土地的利用，乾隆五年曾有山頭地角傍溪瀕湖之地聽民開墾，免納賦稅的諭旨，因此地方官大都不予造報，以致官方統計的全國田地面積在此一世紀間沒有什麼增加。不過無論如何，利用這種山頭地角以及溪湖旁邊的土地所能增加的面積總是很有限的。

(註二)　據羅爾綱前引文，估計維持最低生活，我國平均每人須農田三畝，但在嘉慶十七年(1812)，我國每人平均只有二·一九畝。可見十九世紀初，我國人口問題已很嚴重。

(註三)　M. Greenberg, *Briitsh Trade and the Opening of China 1800-42*, Cambridge, 1951, p. 221.

(註四)　東華續錄道光卷三七，道光十八年閏四月辛巳鴻臚寺卿黄爵滋奏。

(註五)　見嚴中平前引書，頁三三，廣州白銀流出入統計表。其中材料主要取自 H. B. Morse 前引書，卷二至卷四。

人民生活便要遭受到重大的打擊。例如，直隸的寧津縣大柳鎮一地，在一八○○年前後，銀、錢比價還只是銀一兩合銅錢一千文左右，到一八三五年漲至一、四二○文，一八四五年漲至二、○二四文，一八五○年更漲至二、二三○·三文。(註一)這就是說，在半個世紀的期間中，和上漲的銀價比較起來，銅錢的價值下跌一半以上。然而以銅錢計算的農產品和手工業品的價格並沒有跟着銀價上升，如果我們以一八二一年為基期，到了一八五○年，前述大柳鎮的銀、錢比價指數已達一七六·一，而當地農產品零售物價指數僅一一二·二，手工業品零售物價指數僅一二○·七。(註二)因此，當人民以銅錢易銀來繳納賦稅的時候，他們的負擔便要大大地加重。賦稅負擔加重以後，人民維持家庭生活的力量便要減低，人口的繁衍自要受到相當大的影響。何況人民對政府的負擔加重的結果，自己所能支配的所得就要減少，其購買力就要減低，接着社會工商業就要收縮，人民就業量也就跟着減少。因此，人民謀生既然感到困難，人口的增加自然要遭遇到很大的阻力。

除了田地面積有限和國際貿易逆轉的影響以外，這個時期更有積極限制人口的因素，那便是戰爭與水患。我國社會步入十九世紀後，前世紀的昇平氣象已經煙消雲散。從乾隆六十年(1795)貴州苗民叛亂開始，一直到道光三十年(1850)洪秀全起事金田村止，變亂此起彼伏，幾無寧日。其中最為嚴重的是嘉慶元年(1796)發生的白蓮敎之亂，蔓延地區及於湖北、四川、陝西、河南、甘肅等五省，用兵九載，費餉近二萬萬兩，才告肅清。這一役殺死亂民數十萬，而官兵鄉勇的傷亡，和五省人民遭難的，尤不可以數計。(註三)戰禍以外，嘉、道年間又復水患頻仍。黃、運兩河自乾隆中葉以後，已漸不如前。自十九世紀開始，一八○一年運河決，一八○三年黃河溢，一八○八年運河溢，一八一九年黃河北岸河決，一八二二年黃河又決，一八二四年黃河泛濫，一八四一年黃河漫溢，一八四四年黃河堵口復決。還有，直隸的永定河也時常泛濫，見於記載的有一八○一年，一八○五年，一八一○年，一八一九年，一八二三年，一八三四年，及一八四四年。(註四)直隸是京師所在的省份，水利已經這樣失修，

(註一)　嚴中平前引書，頁三七。
(註二)　同書，頁三八。
(註三)　魏源前引書卷十，頁三九；清史稿食貨志六；清鑑卷九。
(註四)　陳高傭編中國歷代天災人禍表 (民國二十八年，上海) 卷九；鄭肇經前引書，頁六至九一；清史稿災異志一。

他省可想而知。長江中游的湖北省，由於漢水上游廣泛伐林和栽種玉蜀黍的結果，泥沙淤塞，到十九世紀也是災情遞見，尤其道光年間，幾乎「無一年不報漫潰。」(註一) 據何炳棣先生統計，漢水的泛濫次數，自一七九六年至一八二〇年爲六次，自一八二一年至一八五〇年更達十六次之多。(註二) 換句話說，在這五十餘年的期間中，漢水約平均二年半就要泛濫一次；如果以這個期間的最後三十年來計算，則平均不到二年湖北便要遭一次水患。由此可見，在十九世紀上半，我國南北各省幾乎都頻遭水災。水災發生，人民的生命財產便要遭受損失，農業生產更要遭受破壞。在這種情況之下，人口自然無法迅速增加。

　　(四)停滯時期：這個時期約自十九世紀五十年代開始，到一九一一年清亡爲止。如前所述，這六十年中我國人口實無增加可言。就整個期間來說，人口增加率如果不是負數，也當接近於零。因爲到了十九世紀上半，我國本部田地已經很少擴充的餘地，同時農作物的改良與推廣，又漸成强弩之末，人口的壓力愈來愈嚴重，於是一步入五十年代，馬爾薩斯 (T. Malthus) 所說的積極的限制 (Positive checks) 便如狂風驟雨般幾乎掃遍了中國大陸。其中最爲狂烈的風暴，當然要算太平天國革命。太平天國自道光三十年 (1850) 洪秀全起事於金田村，至同治三年 (1864) 滅亡爲止，前後歷時十五年，兵烽遍及本部十六省，所至殘破，多少繁華城市，都變成一片焦土，因此而死亡的人口，據比較保守的估計也不下二千萬。(見後)其次有捻匪之亂，咸豐三年 (1853) 起於山東，隨後與太平軍或分或合，竄擾淮、黃流域各地，其聲勢雖遠不如太平軍，而所過地方擄掠殺戮則無遜色，直到同治七年 (1868) 才告平定。復次有西北和雲南的回亂。前者起於同治元年(1862)，戰禍蔓延陝、甘、新三省，至光緒五年(1879)底定；光緒二十年 (1894) 甘肅回民又作亂，旋即平定。後者起於咸豐五年(1855)，回民杜文秀倡亂，佔領大理府城，大殺漢人；隨後戰事擴大至四川及貴州，至同治十二年(1873)才全部肅清。內亂之外，天災又復頻仍。最嚴重的一次是光緒三年 (1877–78) 山西、陝西、河南一帶的旱災，「赤地千里，饑民洶洶。」每日餓斃不止

(註一)　林則徐林文忠公政書乙集，湖廣奏稿二，籌防襄河堤工摺。

(註二)　Ping-ti Ho, 前引書，頁二三〇。

千人，慘象爲二百年來所僅見。(註一)其次爲光緒十三、四年 (1887–88) 的黃河大決，河南全省幾乎都受其害，甚至波及安徽。(註二)此外，光緒十六年至二十年 (1890–94) 直隸一帶又一再被水成災。其他各地大小災害，在清末眞是書不勝書。當日這些災禍所造成的人口死亡，都大得十分驚人。現在讓我們把兩位外人的估計介紹於後：一位是對於我國人口頗有研究的美國公使洛克希爾 (W. W. Rockhill)；一位是久居我國且手創嶺南大學的哈柏 (A. P. Happer)。

表二　洛克希爾的估計(註三)

年　　別	減少人口的原因	死亡人數
1854–64	太平天國之亂	20,000,000
1861–78	回亂	1,000,000
1877–78	饑饉	9,500,000
1888	黃河決口	2,000,000
1892–94	饑饉	1,000,000
1894–95	回亂	225,000
總　　計		33,725,000

表三　哈柏的估計(註四)

減少人口的原因	1880年估計的死亡人數	1883年估計的死亡人數
太平天國之役	40,000,000	50,000,000
回民的變亂	8,000,000	16,000,000
災荒	13,000,000	17,000,000
總　　計	61,000,000	83,000,000

在這些相差得很懸殊的估計中，我們即使依照較低的估計數字來說，十九世紀下半我國死亡人數也不下三、四千萬。因此，即使把其他因素——如田地面積的有限，人民負擔的加重，列強政治、經濟侵略對我國民生的打擊等——置而不顧，上列這些殘酷實事的也足夠使我們明瞭這個期間人口之所以停滯不前了。

三

清代人口在時間上的變遷情況既如前述，現在讓我們來看看這個朝代中我國人口在空間上曾經發生什麼變動。爲着說明的方便起見，今先將清代各省人口變動狀況列

(註一)　清史稿列傳二三五，饒應祺傳；東華續錄光緒卷十九，光緒三年十二月丙戌閻敬銘、曾國荃奏；葛士濬輯皇朝經世文續編卷三二，閻敬銘瀝陳川陝差徭苦累函宜變通恤農疏。

(註二)　東華續錄光緒卷八四，光緒十三年八月戊戌；同書光緒卷八五，光緒十三年九月庚辰；同書光緒卷八六，光緒十三年十月甲辰。

(註三)　見前引王士達近代中國人口的估計一文。

(註四)　同上。

表於後，並選擇變動特別顯著的幾個地區加以繪圖表示。

表四　清代各省的人口變動

人口指數基期：1761年

區域	面積(方英里)	1761 (乾隆二十六年)				1850 (道光三十年)				1898 (光緒二十四年)		
		人口	密度(每方英里)	佔全人口百分比(%)	指數	人口	密度(每方英里)	佔全人口百分比(%)	指數	人口	密度(每方英里)	指數
直隸	115,800	15,222,940	131.46	7.68	100	23,401,000	202.04	5.44	154	?	?	?
山東	55,970	25,180,734	449.90	12.70	100	33,127,000	591.87	7.71	132	37,789,000	675.17	150
山西	81,830	9,768,189	119.37	4.93	100	15,131,000	184.91	3.52	155	11,531,000	140.91	118
河南	67,940	16,332,507	240.40	8.24	100	23,927,000	352.18	5.57	147	22,123,000	325.63	135
江蘇	38,600	23,161,049	600.03	11.68	100	44,155,000	1,143.91	10.27	191	22,390,000	580.05	97
安徽	54,810	22,761,030	415.27	11.48	100	37,611,000	686.21	8.75	165	?	?	?
江西	69,480	11,006,640	158.41	5.55	100	24,515,000	352.84	5.70	223	24,617,000	354.30	224
福建	46,320	8,063,671	174.09	4.07	100	19,987,000	431.50	4.65	248	26,833,000※	579.30	333
浙江	36,670	15,429,690	420.77	7.78	100	30,027,000	818.84	6.98	195	11,900,000	324.52	77
湖北	71,410	8,080,603	113.16	4.08	100	33,738,000	472.45	7.85	417	34,716,000	486.15	430
湖南	83,380	8,829,320	105.89	4.45	100	20,614,000	247.23	4.79	233	21,174,000	253.95	240
陝西	75,270	7,287,443	96.82	3.68	100	12,107,000	160.85	2.82	166	8,592,000	114.15	118
甘肅	125,450	7,412,014	59.08	3.74	100	15,437,000	123.05	3.59	208	?	?	?
四川	218,480	2,782,976	12.74	1.40	100	44,164,000	202.14	10.27	1,587	84,749,000	387.90	3,045
廣東	99,970	6,797,597	68.00	3.43	100	28,182,000	281.90	6.55	415	29,900,000	299.09	440
廣西	77,200	3,947,414	51.13	1.99	100	7,827,000	101.39	1.82	198	?	?	?
雲南	146,680	2,078,802	14.17	1.05	100	7,376,000	50.29	1.72	355	?	?	?
貴州	67,160	3,402,722*	50.67	1.72	100	5,434,000*	80.91	1.26	160	4,859,000*	72.35	143
東北	429,000	668,852	1.56	0.34	100	2,898,000	6.76	0.68	433	5,422,000	12.64	811
新疆	633,800	—	—	—	—	274,000	0.43	0.06	?	?	?	?
合計	2,595,200	198,214,553	76.38	100	100	429,932,000	165.66	100	217	?	?	?

資料來源：中國本部十八省面積據光緒清政府公布，茲引自羅爾綱太平天國革命前的人口壓迫問題（中國社會經濟史集刊第八卷第一期）表二；東北及新疆面積據楊文洵等著中國地理新誌（民國二十九年，昆明），頁八至九。一七六一年人口數字，據說是傳教士 Allerstein 向歐洲介紹的中國民數，茲引自王士達近代中國人口的估計(上)(社會科學雜誌第一卷第三期)。按東華續錄乾隆卷五四，乾隆二十六年(1761)所載民數為一九八、二一四、五五五人，而 Allerstein 介紹之數與此僅相差二人，甚為可信。一八五〇年及一八九八年人口數字，見附錄。

附註：※福建省一八九八年數字缺，今以一八九七年數字代表。

　　*一七六一年數字僅包括奉天。當時東北除奉天以外，其他地區人口更稀。按清朝文獻通考卷十九，乾隆四十一年(1776)吉林人口始見記載，當年人口只有七四、六三一人。一八五〇年及一八九八年數字則為奉天及吉林之和。又一八九八年吉林數字缺，今以一八九七年數字代表。

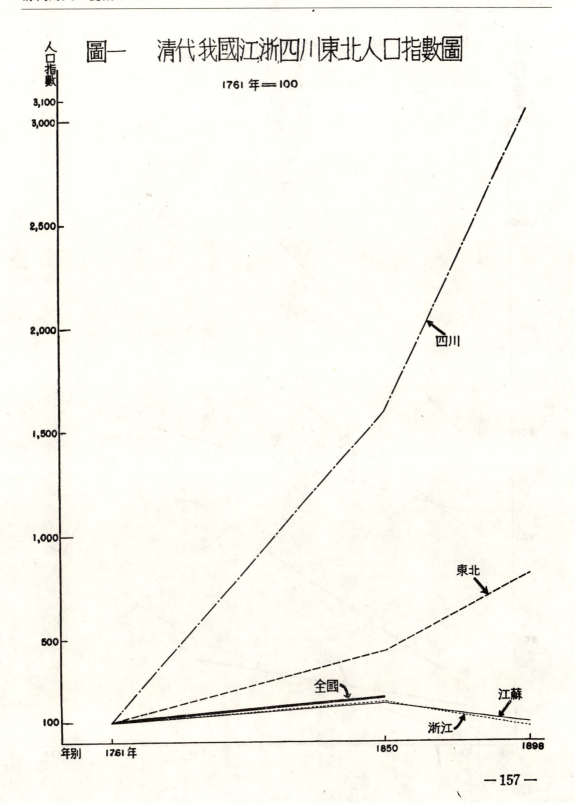

圖一　清代我國江浙四川東北人口指數圖

1761 年＝100

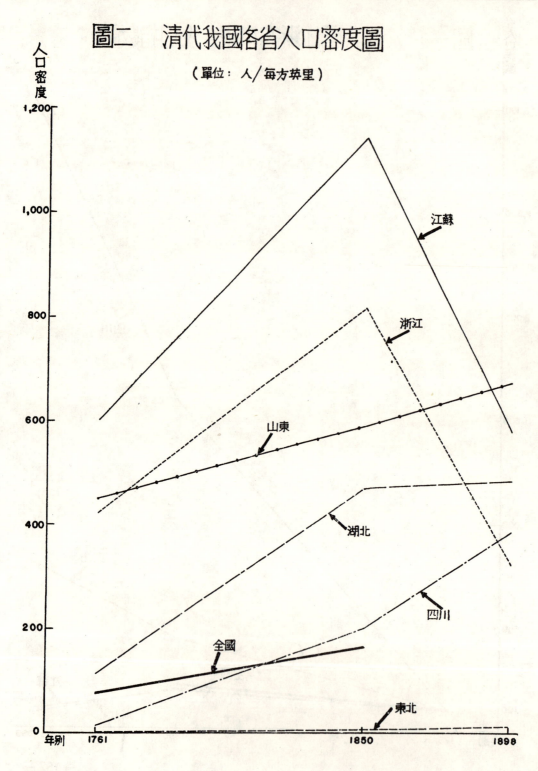

圖二　　清代我國各省人口密度圖

（單位：人/每方英里）

　　我們就表四及圖一、圖二仔細觀察，便可以發現清代我國各省人口變動有幾個特點：

　　第一，我們以一八五〇年作爲一個分界點來觀察，可見中國各省人口在一八五〇年以前普遍增加。一八五〇年以後至十九世紀末，有些省份人口大減，如長江下游的江、浙兩省，其次如黃河流域的晉、陝兩省；有些省份大致停滯，如長江中游的湘、鄂、贛三省；有些仍繼續增加，如四川、東北以及閩、粵等省。這種現象可以給我們前面所述的清代人口變動分期以一個印證。換句話說，我國人口在一八五〇年以前逐漸增加，自一八五〇年至清末，就全國看來，大致接近於停滯狀態。

　　第二，江、浙地區的人口，在十九世紀中葉達到顚峯狀態。一八五〇年江蘇省人口密度爲每方英里一、一四三‧九一人，爲全國之冠；人口總數達四千四百餘萬，與四川約略相等，佔全國人口百分之一〇‧二七，也與四川同居全國首位，可是四川的土地面積却爲江蘇的五倍半以上。浙江省面積狹小，一八五〇年人口密度爲每方英里八一八‧八四人，僅次於江蘇，而居全國第二位。但是到一八九八年江蘇只有人口二千二百餘萬，約較四十八年前減少一半。如果把一七六一年人口數做基期，江蘇的人口指數在一八五〇年爲一九一，但到了一八九八年只有九七。換句話說，清末的江蘇人口反不如乾隆時期那麼多。浙江省在一七六一年人口約一千五百餘萬，一八五〇年超出三千萬，但在一八九八年只有一千一百九十萬。如果同樣以一七六一年爲基期，浙江的人口指數在一八五〇年爲一九五，但到了一八九八年却下降爲七七，可見清末浙江人口約較一百餘年前的乾隆時期將近減少四分之一。

　　十九世紀後半江、浙人口之所以銳減，當然主要由於遭受太平天國革命破壞的緣故。太平天國之亂，長江下游各省受害最烈。我們只要看看當時人士的見聞便可明瞭。例如馮桂芬墾荒議說：「蘇、杭陷，人民死者殆以千萬計矣。……聞皖北三河、運漕一帶有百里無人煙者，江南宜興有十里無人煙者，他郡縣有差。」(註一)又如李鴻章裁減蘇松太糧賦浮額摺說：「自粵逆竄陷蘇、常，焚燒殺掠之慘，遠接宋建炎四年庚戌金阿朮故事，蓋七百有三十年無此大刼。臣鴻章親歷新復各州、縣，向時著名市

────────────────────────────

　　(註一)　宋澄之等編皇朝掌故彙編（清光緒二十八年刊本）內編卷十一。

鎮全成焦土。孔道左右，蹂躪尤甚。……連阡累陌，一片荊榛。…雖窮鄉僻壤，亦復人煙寥落。」(註一)又如左宗棠瀝陳浙省殘黎困敝情形片說：「浙江此次之變，人物彫耗，田土荒蕪，彌望白骨黃茅，炊煙斷絕。」(註二)江、浙地區在受到這樣慘重的戰爭破壞以後，直到一八九八年，雖然太平天國已經平定了三十餘年，却仍然無法恢復昔日的繁盛景況。

　　第三，在清代二百餘年間，四川人口急速增加。一七六一年四川人口不過二百七十八萬餘人，僅佔全國人口百分之一・四；到一八五〇年增達四千四百一十六萬餘人，佔全國人口百分之一〇・二七。在不及一百年的時間中，無論就絕對數，或在全國人口比重中，四川人口均躍居全國首位。其後至一八九八年，增達八千四百七十四萬餘人，其他各省更不能望其項背。如果以一七六一年數字為基期，四川人口指數在一八五〇年上升至一、五八七，一八九八年更升至三、〇四五，足見四川人口增加的迅速。雖然清末四川事實上是否有這麼多的人口，很使人懷疑，(註三)但該省人口在清末居各省的首位，當不成問題。四川人口所以增加得這樣迅速，主要由於外省的大量移民。

　　外省移民入川的最重要的原因，自然是四川地廣人稀，土地資源相對的豐富。四川昔稱天府之國，民殷物盛，可是自遭明末流寇張獻忠的屠殺，幾致民無孑遺，所以清初幾成一片真空地帶。我們看表四，乾隆二十六年（1761）四川人口密度每方英里只有一二・七四人，為中國本部十八省人口最稀少的省份。這時的中國社會已經承平日久，四川人口尚且這樣稀少，乾隆以前可想而知。四川既然地廣人稀，加以土地肥沃，謀生容易，人口較稠密省份的平民自然會紛紛移入；尤其當外省歉收，食糧不足的時候，移民更要加多。例如，雍正六年(1728)二月上諭：「上年聞湖廣、廣東、江

（註一）　吳汝綸編李文忠公奏稿卷三，同治二年五月十一日裁減蘇松太糧賦浮額摺。
（註二）　左文襄公奏稿卷四，同治二年二月初四日瀝陳浙省殘黎困敝情形片。
（註三）　戶部清册所載的清末四川人口數字，很多人都認為過高。如 Wagner 及 Supan 估計該省一八九〇年的人口約四千五百餘萬；日人根岸佶估計清末該省人口約四千萬；Rockhill 估計一九一〇年該省人口五千四百五十萬餘；宣統二年(1910)民政部戶口調查，四川人口也只有五千二百餘萬。見前引王士達近代中國人口的估計及清民政部戶口調查兩文。

西等省之民，因本地歉收米貴，相率而遷移四川者不下數萬人。」(註一)足見移民數量
之多。

　　其次一個重要原因，便是政府的鼓勵：(1) 撥給荒地，聽民墾種，並給予經營資
本。順治十年 (1653) 規定 ，「四川荒地，官給牛、種，聽兵、民開墾，酌量補還價
值。」康熙二十九年(1690)規定 ，「凡流寓願墾荒居住者，將地斷給爲永業。」雍正
六年(1728)規定 ，「各省入川民人，每戶酌給水田三十畝或旱田五十畝。若其子弟及
兄弟之子成丁者，每丁水田增十五畝或旱地增二十五畝。實在老少丁多不能養贍者，
臨時酌增。」(註二)(2)放寬免賦年限。康熙十年(1671)議定招民開墾之例，以五年起科。
雍正九年(1731)規定，四川荒田墾種六年起科，荒地墾種十年起科。(註三)(3) 獎勵招
墾得力官員。康熙十年 (1671) 定四川墾荒升用例，規定「如該省現任文武各官招徠
流民三百名以上，按插得所，墾荒成熟者，不論俸滿卽升。其各省候選州同、州判、
縣丞及舉、貢、監、生有力招民者，授以署縣職銜，係開墾起科，實授本縣知縣。」
(註四)(4)其他優待。康熙二十九年 (1690) 定入籍四川例，「凡他省民人在川墾荒居住
者，准其子弟入籍考試。」(註五)

　　在四川天然條件的吸引， 以及政府政策的鼓勵之下 ， 外省人民便不斷地大量移
入，其中尤以陝西、湖廣人民爲多。例如，康熙五十一年(1712)李先復奏稱：「近有
楚省寶慶、武岡、沔陽等處人民，……携家入蜀者不下數十萬人。」(註六)又雍正五年
(1727)四川巡撫憲德奏：「臣……入川由夔、順二府以抵成都，見沿途居民，原係本
籍者不過十之二三，其餘十有六七，非秦卽楚。」(註七)所以自從淸初以來四川卽成爲
國內移民的最大容納地，這種趨勢至少歷經兩個世紀(1650–1850)而繼續未已。不過
太平天國革命以後，長江下游人口銳減，那裏的水利及土地生產力能够給人民提供更

(註一)　上諭內閣雍正六年二月二十三日上諭。

(註二)　楊芳燦等輯四川通志 (嘉慶二十一年刊本) 卷六二。

(註三)　清朝文獻通考卷二；四川通志卷六二。

(註四)　清朝文獻通考卷二。

(註五)　四川通志卷六四。

(註六)　同上。

(註七)　硃批諭旨第三十四册，雍正五年六月二十四日四川巡撫憲德奏。

優的謀生環境，因此四川便失去了原有的容納移民的領導地位。(註一)

　　第四，除了四川以外，在清代人口增加速率最快的便要算東北了。如表四所示，乾隆二十六年（1761）東北只有六七十萬人，道光三十年（1850）增至將近二百九十萬人，光緒二十四年（1898）更增至五百四十二萬餘人。以指數計（1761＝100），一八五〇年爲四三三，一八九八年爲八一一。又據英國駐牛莊領事荷西(Sir Alexander Hosie)估計，一九〇四年東北人口約一千七百萬人。一九〇七年，據官方調查統計，東北將近有一千五百萬人。(註二)我們即使依照官方的統計，到一九〇七年東北的人口指數上升達二、二四三。可見清代東北人口的增加，絕對數量雖然遠不如四川，增加速率則可與四川相頡頏。尤其是在清末，東北人口增加的迅速，更非四川或國內其他地區所可比擬。和四川比較起來，東北地廣人稀，土壤肥沃，有過之而無不及，因此成爲北方感受人口壓迫各省人民移殖的好目標。尤其是山東、直隸兩省的過剩人口，他們長時期不斷地往東北移殖，或從山海關出口，或渡海至遼東半島。不過在政府政策方面，清廷對於東北却與四川廻然不同，因而也影響到東北的移民與開發。

　　東北爲清室的發祥地，其中奉天一帶在明、清之際也遭受到戰爭的嚴重破壞。順治十年(1653)，「定例遼東招民開墾，至百名者，文授知縣，武授守備；六十名以上，文授州同州判，武授千總；五十名以上，文授縣丞主簿，武授百總。招民數多者，每百名加一級。所招民每名給月糧一斗，每地一晌給種六升，每百名給牛二十隻。」(註三)這種鼓勵移民的政策，雖然一時不見得能够收到多大的效果（因爲當時其他各省也地多人少），但如果一直實行下去，到清末東北人口可能不下於四川。可惜到康熙七年(1668)這一招墾條例就被廢除。(註四)此後清廷對東北改採封禁政策，禁止漢人出關。康熙三十四年(1695)規定，內地人民不許在邊外居住。(註五)乾隆五年（1740）規

(註一)　見 Ping-ti Ho, 前引書，頁一四一至一四二。

(註二)　見 Ping-ti Ho, 前引書，頁一六〇至一六一。

(註三)　劉謹之等纂修欽定盛京通志（乾隆四十九年刊本）卷三五。關於晌的面積，西清纂修黑龍江外紀卷四說：「關外田土以晌計，一晌六畝餘。黑龍江亦然。然廣狹長短，大抵約略其數，非如關內以弓步丈量之準。」

(註四)　欽定盛京通志卷三五。

(註五)　乾隆會典則例卷一一四兵部，茲引自羅爾綱前引文。

定，寄居奉天流民，不情願入籍者，定限十年，陸續遣返本籍。十一年(1746)，申禁民人出山海關。十五年（1750）令奉天沿海地方官，多撥官兵稽查，不許內地流民，再行偷越出口。並令山東、江、浙、閩、廣五省督、撫，嚴禁商船，不得夾帶閒人。又山海關、喜峯口，及九處邊門，皆令守邊旗員，沿邊州、縣，嚴行禁阻，杜絕流民。(註一)清廷封禁東北，主要基於兩點原因：一為經濟上的。東北盛產人參，一向都由滿人專利。如果容許內地人民出關，滿人生計就要受到嚴重損害。一為文化上的。滿人以武力起家，取得中國政權後仍然想要保存他們固有的尚武傳統。如果容許漢人出關，清廷深恐旗人感染到漢族的奢靡習氣，從而失却原來的立國精神。(註二)可是，儘管清廷一再申禁，關內各省人民為着謀生而潛往東北的人數仍然日漸衆多，尤其是在饑荒的年歲。例如乾隆十三年（1746）上諭：「本年山東饑民出口者，幾至數萬。」(註三)到乾隆末年，奉天的金、復、蓋三州各屬「咸為魯人所據。」(註四)既然如此，嘉慶八年(1803)清廷便將禁令部分放寬，規定貧民隻身前往貿易、傭工就食者，由地方官給予證明，到關查驗放行。遇災歉年歲，且可携眷出關，但人數多寡須先報明督、撫，上奏朝廷，取得朝廷的許可。(註五)不過一般說來，嘉慶、道光年間，禁令仍嚴，不許人民私出口外及私墾關外荒地。(註六)東北的完全開放，是在咸豐十年（1860）以後。咸豐十年清廷允許將吉林舒蘭一帶荒地開放人民墾種。(註七)同年黑龍江呼蘭一帶招民墾種。(註八)以後東北各地陸續開放。清廷對於移民至關外墾殖，態度變得愈來愈

(註一)　欽定大清會典事例卷一五八，流寓異地；東華續錄乾隆卷十二，乾隆五年九月丙申；同書乾隆卷二三，乾隆十一年三月甲午。

(註二)　見稻葉君山著（楊成能譯）滿洲發達史(康德七年，奉天市)，頁二八七至二九一。

(註三)　東華續錄乾隆卷二七，乾隆十三年五月己丑。

(註四)　博明鳳城瑣錄，茲引自羅爾綱前引文。

(註五)　東華續錄嘉慶卷十五，嘉慶八年五月乙未。

(註六)　例如欽定大清會典事例卷一五八，流寓異地，嘉慶十六年諭：「著通諭直隸、山東、山西各督、撫，轉飭各關隘及登、萊沿海一帶地方，嗣後內地民人有私行出口者，各關門務遵照定例，實力查禁。」又清朝續文獻通考卷二，道光三十年諭：「(吉林)雙城堡、珠爾山、涼水、夾信溝四處，……毋令流民闌入私墾。」

(註七)　李桂林等纂修吉林通志（清光緒十七年刊本）卷四。

(註八)　徐宗亮纂輯黑龍江述略（光緒十七年刊本）卷四。

積極。據日人稻葉君山所著滿洲發達史的記載，「(光緒四年，1878) 吉林將軍銘安，設置墾務局，公然引導漢人墾種荒地。」而且清廷「給與通過山海關之客人車馬一切費用，大事招徠焉。」(註一)推究清廷所以改變以往的封禁政策，也不外兩個原因：(1)自咸豐開始，因爲與太平軍作戰，中央財政困難，東北各地駐防滿兵俸餉不繼。清廷把荒地開放，可向人民取得一筆代價；荒地墾成熟地後，每年又可收取租金。這樣一來，駐防滿洲官兵俸餉有着，中央財政便可減去一大負擔。(2) 自璦琿條約和中俄北京條約訂立以後，俄人取得黑龍江以北及烏蘇里江以東的廣大土地，清廷開始感到東北空虛，必須改採移民實邊政策，以對付强鄰的侵略野心。咸豐十年黑龍江將軍特普欽奏請招民試墾的時候，便說明其作用在「藉裕度支，兼杜覬伺。」(註二)清廷對東北移民既然改採鼓勵政策，他方面中國本部自咸豐以後，又戰禍日熾，天災頻仍。因此「直隸、山東游民流徙關外者，趨之如鶩。」(註三)不特如此，甲午戰爭(1894-95)以後，中、俄兩國又在東北境內分別趕築京奉鐵路 (在未完成前，稱關內外鐵路) 和中東鐵路，需要大量人力；鐵路築成以後，農、工、商、礦各業跟着發展，更能吸引大量的人民。所以清末的東北人口也就急劇而大量的增加起來。

　　最後，關於清代人口的移動，還有一種很明顯的趨勢，而在表四中沒有顯示出來的，那便是向臺灣和海外的移民。我國東南沿海的福建、廣東兩省，地狹人稠，山多田少，糧食不足自給，(註四)因此人民多向海外發展。藍鼎元鹿州初集卷三論南洋事宜疏說：「閩、廣人稠地狹，田園不足於耕，望海謀生，十居五、六。」閩、廣人民向海外發展的目標，一個方向是臺灣，另外一個方向是南洋羣島。雖然清廷因爲恐怕漢人在海上生聚，以貽後日之患，曾經嚴格禁止或限制人民渡臺或出海，(註五)但是兩省

(註一)　見稻葉君山前引書，頁三五七。

(註二)　黑龍江述略卷四。

(註三)　同書卷二。

(註四)　如硃批諭旨第四十五册，雍正四年六月十九日浙、閩總督高其倬奏：「福建自來人稠地狹，食米不數。」又東華錄雍正卷十，雍正五年二月乙丑廣東巡撫楊文乾奏：「廣東一歲所產米石，卽豐收之年，僅足支半年有餘之食。」

(註五)　參看羅爾綱前引文；李裕纂修台灣省通志稿卷四經濟志綜說篇 (民國四十七年，台北)，頁三三至三七。

人民爲衣食所迫，仍相率偷渡，向海外移殖。關於臺灣方面，沈起元條陳臺灣事宜狀說：「漳、泉內地無籍之民，無田可耕，無工可傭，無食可覓，一到臺地，上之可以致富，下之可以溫飽，一切農工商賈，以及百藝之末，計工授直，比內地率皆倍蓰。」(註一)又趙翼平定臺灣述略說：「其地肥饒，穀歲三熟，閩、粵人爭趨之。」(註二)所以臺灣人口便從十七世紀末的二十萬至二十五萬左右，(註三)增加到一八八七年的三百二十餘萬。(註四)關於南洋方面，梁廷枏粵海關志卷二四呂宋國載：「閩人以其地富饒，商販者數萬人，往往久居不返，至長子孫。」又同書同卷噶喇巴國載：「國朝初年，噶喇巴始與呂宋、蘇祿等通商閩海。閩、廣閒人浮海爲業者，利其土產，率潛處番地，逗遛不返。」到清末僅噶喇巴一地，寄居華僑便不下六十萬人。(註五)根據雷謀 (C. F. Remer) 的估計，我國海外華僑人數，在一八七一年至一八八四年間約二百萬人，一八八五年至一八九八年間增加到四百萬人，一八九九年至一九一三年間更增至七百萬人。(註六)由此可見，有清一代，我國移民臺灣和海外的人數，雖然不像移殖四川、東北那麽多，可是數量也相當可觀。這對於閩、粵二省人口壓力的緩和，是無可懷疑的。

　　清代各地區間的人口移動，當然不限於以上數點。我們看表四的人口指數欄，從一七六一年到一八五○年間，除了四川、東北以外，湖北、廣東、雲南三省人口增加速率都遠較全國人口增加率爲大。一八五○年全國人口指數爲二一七，可是湖北爲四一七，廣東爲四一五，雲南爲三五五，可見這幾省在太平天國革命發生前都很可能從其他地區接納了不少的移民。在湖北方面，漢水流域的開發，更是一件很明顯的事實。(註七)筆者以上所舉數點，不過是特別顯著而持續的趨勢而已。

(註一)　皇朝經世文編卷八四。

(註二)　同上。

(註三)　臺灣省通志稿卷四經濟志綜說篇，頁三三。

(註四)　連橫臺灣通史 (民國四十四年，臺北)，頁一二二。

(註五)　清史稿邦交志七。

(註六)　C. F. Remer, 前引書，p. 220.

(註七)　參看 Ping-ti Ho, 前引書，頁一四九至一五二。

四

　　綜上所述，我們可將清代二百六十多年的人口變動在後面作概括的歸納。在時間方面，大致可以分為四個時期：(1) 從十七世紀中葉至十七世紀末葉為恢復時期。這個時期在大亂之後，地曠人稀，人口可能恢復得相當的快。不但如此，在這個時期的最後二十年間，由於和平秩序完全恢復，與政府勸墾、恤民政策的實行，經濟漸漸復元，遂奠下了次一時期人口長期上升的基礎。(2) 整個十八世紀大致可稱為人口迅速增長時期。這個時期人口增加率平均每年約千分之一四・八五。大概在這個世紀的上半我國人口已恢復到一億五千萬，到了乾隆五十九年(1794)更增加到三億一千三百餘萬人。我國人口在十八世紀所以能夠保持這種長期繼續增加的趨勢，主要由於長期和平與農業生產的增加，而自美洲傳入的農作物如甘薯、玉蜀黍等在我國各地的推廣，對於邊際土地的利用及糧食生產的增加，尤其有莫大的貢獻。此外，工商業的發達也是一個不可忽視的因素。(3) 從十八世紀末葉到十九世紀中葉為人口增加緩和時期。這個時期每年平均人口增加率減為千分之五・六六，但全國人口到道光三十年(1850)已經靠近四億三千萬。我國社會步入這個時期以後，以前的許多有利因素已經消失。田地面積已經沒有多大擴張。國際貿易也由順差轉為逆差。白蓮教之亂歷時九年，地區擴及五省，人民死亡不知其數。黃河、運河、永定河、漢水又一再泛溢成災。在這種情形下，人口增長率當然要大為減低。不過，自美洲傳入的農作物的推廣，成績仍然相當可觀，因此使這個時期的人口增加成為可能。(4) 從十九世紀五十年代開始，到一九一一年清亡為止，為人口停滯時期。在這個時期內，我國天災人禍層出不窮。太平天國、捻匪、回亂，都經過十幾年才平定下來。尤其是太平天國革命，戰禍遍及中國本部十六省，全國精華所在的長江下游，如蘇、浙、皖三省，破壞得非常厲害。這次戰亂死亡的人口，據比較保守的估計，也不下二千萬人。在天災方面，有光緒三年 (1877-78) 的晉、陝大旱和饑荒，光緒十三、四年 (1887-88) 的黃河大決，此外其他較小的災害更不可數計。美人洛克希爾 (W. W. Rockhill) 估計十九世紀下半我國因受戰爭及天災影響而死亡的人口有三千三百餘萬，哈柏 (A. P. Happer) 在一八八〇年的估計更高達六千一百萬，可見人民死亡數量的驚人。因此這個時期的人口增

加率卽使不是一個負數，也當接近於零。

在空間方面，清代的人口移動大致有三大趨勢：一爲移民四川；一爲移民東北；一爲移民臺灣和南洋羣島。在這些區域內，當地土著不多，人口相對的稀少，自然資源相對的豐富，所以能够大量吸收其他地區的移民。而且由於地理形勢的關係，往四川的移民以湖廣（湖北與湖南）及陝西人民爲主；往東北的，以山東、直隸兩省人民爲主；往臺灣和南洋各地的，以福建、廣東兩省人民爲主。

我們在分析清代人口變動的趨勢以後，可以發見十八、九世紀之交的中國，在不變的生產技術和有限的自然資源的情況下，人口的增加顯然已經達到了飽和點。說到這裏，我們如果把同時期在太平洋彼岸的美國的人口變動情形拿來比較一下，中國人口過剩的嚴重情況更可以明顯的表現出來。在一七九〇年，中國人口已經超過三億（見附錄），其後到了一八五〇年更增加到將近四億三千萬人。但土地面積約爲中國三分之二而自然資源遠較中國豐富的美國，在一七九〇年的人口不過三百九十萬人，其後到了一八五〇年也只增加到二千三百萬人而已。(註一)根據這種比較，我們可以想見，馬爾薩斯的陰影，早就籠罩着大部分的中國。

說到緩和人口壓力的方法，主要的約有兩種：一種爲移民；另一種爲工業化。前者可使過剩人口在國內移殖到地廣人稀的省份去開發資源，或到海外去謀生。後者可以改進生產技術，提高各生產因素 (Factors of production) 的生產力，及增加投資數量，以便爲過剩人口創造就業機會，或提高國民所得水準。如上所述，清代有些人口過剩的省份，已經有不少人口移殖到四川、東北、臺灣或南洋各地。這對於當日人口壓力的緩和，當然曾經發生過多少作用。可是，在工業化方面，中國自十九世紀中葉以後雖然已經開始努力，但因爲資本積累的不够，協定關稅的束縛，「官督商辦」政策的影響，以及其他原因，結果並不怎樣成功。因此中國的人口壓力始終存在，其過剩人口並沒有得到較好的就業機會，更談不到所得水準的提高。

(註一) F. A. Shannon, *America's Economic Growth*, New York, 1940, p. 136.

附　　錄

清代乾、嘉、道、咸、同、光六朝人口統計表（1）

1786—1898

單位：千人

地　　區	乾隆51年(1) 1786	乾隆52年(1) 1787	乾隆53年(2) 1788	乾隆54年(2) 1789	乾隆55年(3) 1790	乾隆56年(3) 1791
總　　計	291,103	292,430	294,854	297,718	301,488	304,353
奉　　天	807	811	819	825	831	837
吉　　林	148	150	152	155	156	157
直　　隸	22,819	22,957	23,072	23,272	23,497	23,697
安　　徽	28,826	28,918	29,043	29,205	29,367	29,564
江　　蘇	31,142	31,427	31,732	32,056	32,377	32,710
江　　西	19,008	19,156	19,347	19,683	19,854	20,006
浙　　江	21,473	21,719	21,969	22,233	22,522	22,829
福　　建	12,809	12,020	12,121	12,235	13,298	13,398
湖　　北	18,556	19,019	19,496	19,926	20,401	20,872
湖　　南	16,068	16,165	16,262	16,348	16,450	16,556
山　　東	22,479	22,565	22,759	23,066	23,359	23,599
河　　南	20,907	21,036	21,133	21,255	21,363	21,496
山　　西	13,190	13,232	13,268	13,307	13,346	13,387
陝　　西	8,390	8,403	8,448	8,455	8,461	8,491
甘　　肅	15,159	15,162	15,164	15,166	15,169	15,172
巴里坤烏魯木齊	112	114	117	121	122	124
四　　川	8,429	8,567	8,713	8,926	9,184	9,489
廣　　東	15,923	16,014	16,112	16,218	16,337	16,450
廣　　西	6,294	6,376	6,454	6,531	6,593	6,647
雲　　南	3,413	3,461	3,510	3,565	3,624	3,689
貴　　州	5,151	5,158	5,163	5,170	5,177	5,183

資料來源：(1) 據乾隆52年戶部彙題各省民數穀數清册*（存故宮，原册963號）**。案是年戶部題本不存，而乾
隆52年題本則將是年數目列入以資比對，故得據以載入。本表以下，每週前一年題本不存，即
據後一年題本所列比對之數字以著錄前一年之數字。

　　　　　(2) 據乾隆54年戶部清册，（964號）。

　　　　　(3) 據乾隆56年戶部清册，（965號）。

編者註：*以下簡稱戶部清册，**以下僅寫號數。

清代乾、嘉、道、咸、同、光六朝人口統計表 (2)

單位：千人

地　　區	嘉慶24年(1) 1819	嘉慶25年(1) 1820	道光10年(2) 1830	道光11年(2) 1831	道光12年(3) 1832	道光13年(4) 1833
總　　計	?	?	394,784	395,821	397,133	398,941
奉　　天	1,674	1,730	2,114	2,125	2,135	2,144
吉　　林	330	330	322	323	322	323
直　　隸	?	?	22,063	22,136	21,480	22,200
安　　徽	34,925	35,065	36,891	37,064	37,075	37,103
江　　蘇	39,274	39,510	41,399	41,554	41,605	41,707
江　　西	23,575	23,652	24,463	24,467	24,468	24,478
浙　　江	27,313	27,411	28,071	28,080	28,174	28,301
福　　建	15,942	16,067	17,459	17,573	17,635	17,781
湖　　北	28,807	29,063	31,470	31,614	31,749	31,935
湖　　南	18,892	18,929	19,523	19,535	19,547	19,565
山　　東	29,355	29,522	30,874	30,356	31,124	30,810
河　　南	23,561	23,598	23,661	23,662	23,664	23,665
山　　西	14,325	14,352	14,658	14,678	14,696	14,714
陝　　西	11,963	11,976	11,965	12,021	12,025	11,964
甘　　肅	15,320	15,329	15,365	15,368	15,371	15,374
巴里坤烏魯木齊	182	184	207	205	207	209
四　　川	25,665	26,259	32,172	32,776	33,392	34,034
廣　　東	21,392	21,558	22,662	22,778	22,895	23,019
廣　　西	7,411	7,423	7,515	7,524	7,533	7,542
雲　　南	6,009	6,067	6,553	6,603	6,654	6,688
貴　　州	5,347	5,352	5,377	5,379	5,382	5,385

資料來源：(1) 據嘉慶25年戶部清冊（966號）。
　　　　　(2) 據道光11年戶部清冊（967號）。
　　　　　(3) 據道光12年戶部清冊（968號）。
　　　　　(4) 據道光13年戶部清冊（969號）。

清代乾、嘉、道、咸、同、光六朝人口統計表 (3)

單位：千人

地　　區	道光14年 (1) 1834	道光15年 (2) 1835	道光16年 (3) 1836	道光17年 (4) 1837	道光18年 (5) 1838	道光19年 (6) 1839
總　　計	401,009	403,051	404,601	416,985	409,039	410,853
奉　　天	2,152	2,163	2,173	2,183	2,194	2,203
吉　　林	323	323	323	324	323	323
直　　隸	22,266	22,223	22,405	22,665	22,743	22,589
安　　徽	37,142	37,172	37,186	37,245	37,317	37,359
江　　蘇	41,836	42,016	42,165	42,305	42,445	42,575
江　　西	24,478	24,480	24,482	24,485	24,490	24,493
浙　　江	28,394	28,537	28,661	28,761	28,858	28,932
福　　建	17,873	18,106	18,196	18,348	18,450	18,597
湖　　北	32,139	32,337	32,524	32,697	32,869	33,041
湖　　南	19,601	19,634	19,686	19,727	19,777	19,822
山　　東	31,316	31,435	31,493	31,534	31,649	31,763
河　　南	23,668	23,670	23,671	23,672	23,768	23,769
山　　西	14,730	14,807	14,824	14,841	14,858	14,875
陝　　西	11,871	11,957	11,932	11,941	11,951	11,973
甘　　肅	15,377	15,379	15,392	15,395	15,398	15,402
巴里坤烏魯木齊	212	216	219	222	224	228
四　　川	34,654	35,259	35,868	36,485	37,103	37,712
廣　　東	23,306	23,604	23,904	34,297	24,763	25,203
廣　　西	7,553	7,563	7,575	7,588	7,602	7,617
雲　　南	6,730	6,777	6,526	6,871	6,916	6,971
貴　　州	5,388	5,393	5,396	5,399	5,341	5,406

資料來源：(1) 據道光14年戶部清冊 (970號)。

(2) 據道光16年戶部清冊 (972號)。案是年直隸造報人口爲 20,938 千人，中缺香河等七州縣未造報，至道光20年補報，該七州縣共 1,285 千人，故是年直隸人口實數爲22,223千人。再，是年原冊全國人口總數本爲401,767千人，今將補報之數加上，故實爲403,052千人。以下各年份遇有同樣情形者均如此，不再一一註明。

(3) 據是年戶部清冊。

(4) 據道光17年戶部清冊 (973號)。案是年直隸造報人口爲 21,604 千人，中缺樂亭等五州縣未造報，至道光20年補報，該五州縣共 1,061 千人，故是年直隸人口實數爲22,665千人。

(5) 據道光18年戶部清冊 (974號)。

(6) 據道光19年戶部清冊 (975號)。

清代乾、嘉、道、咸、同、光六朝人口統計表（4）

單位：千人

地　　　區	道光20年 (1) 1840	道光21年 (2) 1841	道光22年 (3) 1842	道光23年 (4) 1843	道光24年 (5) 1844	道光25年 (6) 1845
總　　　計	412,817	413,458	416,120	417,240	419,439	421,345
奉　　　天	2,213	2,222	2,232	2,242	2,458	2,484
吉　　　林	324	324	324	325	325	326
直　　　隸	22,646	22,677	22,769	22,508	22,739	22,859
安　　　徽	37,386	37,407	37,449	37,471	37,500	37,514
江　　　蘇	42,730	42,890	43,033	43,180	43,339	43,476
江　　　西	24,498	24,502	24,505	24,508	24,509	24,510
浙　　　江	28,909	27,539	29,046	29,155	29,257	29,391
福　　　建	18,728	18,925	19,032	19,140	19,272	19,389
湖　　　北	33,196	33,306	33,233	33,303	33,366	33,420
湖　　　南	19,891	19,962	20,032	20,096	20,169	20,360
山　　　東	31,876	31,991	32,077	32,198	32,326	32,448
河　　　南	23,770	23,771	23,771	23,772	23,772	23,773
山　　　西	14,892	14,927	14,946	14,966	14,986	15,008
陝　　　西	11,977	12,011	12,020	12,010	12,020	12,037
甘　　　肅	15,405	15,409	15,412	15,415	15,418	15,421
巴里坤烏魯木齊	232	235	239	242	246	250
四　　　川	38,338	38,951	39,397	39,843	40,618	41,228
廣　　　東	25,744	26,287	26,415	26,613	26,802	27,072
廣　　　西	7,633	7,649	7,668	7,689	7,712	7,735
雲　　　南	7,019	7,061	7,106	7,146	7,185	7,221
貴　　　州	5,410	5,412	5,414	5,418	5,420	5,423

資料來源：(1) 據道光20年戶部清冊 (976號)。

(2) 據道光21年戶部清冊 (977號)。

(3) 據道光22年戶部清冊 (978號)。案是年浙江造報人口爲 27,615千人，中缺鄞縣、鎮海縣、定海廳。至道光23年補報鄞縣、鎮海二縣共 1,431千人，故是年浙江人數除定海廳未補報外共爲29,046千人。

(4) 據道光23年戶部清冊 (979號)。案是年福建臺灣人口未造報。

(5) 據道光24年戶部清冊 (980號)。案是年浙江定海廳、福建臺灣府人口未造報。

(6) 據道光25年戶部清冊 (981號)。案是年浙江定海廳、福建臺灣府人口未造報。

清代乾、嘉、道、咸、同、光六朝人口統計表（5）

單位：千人

地　　　區	道光26年(1) 1846	道光27年(2) 1847	道光28年(3) 1848	道光29年(4) 1849	道光30年(5) 1850	咸豐1年(6) 1851
總　　　計	423,120	425,107	426,928	428,422	429,932	431,896
奉　　　天	2,503	2,520	2,538	2,554	2,571	2,582
吉　　　林	326	326	326	327	327	327
直　　　隸	22,940	23,028	23,270	23,365	23,401	23,455
安　　　徽	37,533	37,553	37,572	37,592	37,611	37,631
江　　　蘇	43,630	43,814	43,966	44,095	44,155	44,303
江　　　西	24,510	24,511	24,512	24,513	24,515	24,516
浙　　　江	29,564	29,796	29,894	29,968	30,027	30,107
福　　　建	19,529	19,644	19,768	19,876	19,987	20,099
湖　　　北	33,475	33,539	33,607	33,674	33,738	33,810
湖　　　南	20,440	20,504	20,540	20,576	20,614	20,648
山　　　東	32,564	32,701	32,847	32,996	33,127	33,266
河　　　南	23,773	23,925	23,926	23,927	23,927	23,928
山　　　西	15,031	15,056	15,078	15,103	15,131	15,693
陝　　　西	12,039	12,071	12,084	12,094	12,107	12,010
甘　　　肅	15,424	15,428	15,431	15,434	15,437	15,440
巴里坤烏魯木齊	255	253	256	264	274	278
四　　　川	41,837	42,454	43,065	43,575	44,164	44,752
廣　　　東	27,312	27,496	27,707	27,899	28,182	28,389
廣　　　西	7,756	7,778	7,799	7,815	7,827	7,823
雲　　　南	7,254	7,283	7,313	7,342	7,376	7,403
貴　　　州	5,425	5,427	5,429	5,432	5,434	5,436

資料來源：(1) 據道光26年戶部清册（982號）。案是年浙江定海廳、福建臺灣府人口未造報。

(2) 據道光27年戶部清册（983號）。案是年福建臺灣人口未造報。浙江造報人口爲29,628千人，中缺定海廳，至道光29年補報168千人，故是年浙江人口實數爲29,796千人。

(3) 據道光28年戶部清册（984號）。案是年福建臺灣府人口未造報。是年浙江造報人口 29,702 千人，中缺定海廳，至道光29年補報共192千人，故是年浙江人口實爲29,894千人。

(4) 據道光29年戶部清册（986號）。案是年福建臺灣府人口未造報。是年甘肅省人口數至咸豐元年始補報。

(5) 據道光30年戶部清册（989號）。案是年福建臺灣府人口未造報。是年甘肅省人口數至咸豐元年始補報。

(6) 據咸豐元年戶部清册（988號）。案是年福建臺灣府人口未造報。又是年人口總數，照各省總和爲431,894千人，而原册上所載總數爲432,164千人，多出27萬人。

清代乾、嘉、道、咸、同、光六朝人口統計表（6）

單位：千人

地　　　區	咸豐 2 年 (1) 1852	咸豐 3 年 (2) 1853	咸豐 4 年 (3) 1854	咸豐 5 年 (4) 1855	咸豐 6 年 (5) 1856	咸豐 7 年 (6) 1857
總　　　計	?	?	?	?	?	?
奉　　　天	2,725	2,737	2,751	2,764	2,776	2,787
吉　　　林	327	328	327	327	327	328
直　　　隸	23,492	22,867	22,940	22,975	22,813	23,032
安　　　徽	37,650	?	?	?	?	?
江　　　蘇	44,494	?	?	?	?	?
江　　　西	24,517	24,519	23,878	23,878	12,376	9,840
浙　　　江	30,176	30,289	30,400	30,469	30,542	30,596
福　　　建	20,211	20,314	20,401	20,509	20,574	20,687
湖　　　北	?	?	?	?	?	?
湖　　　南	?	20,700	20,725	20,754	20,783	20,812
山　　　東	33,406	33,500	33,619	33,685	33,767	34,017
河　　　南	23,928	23,929	23,930	23,930	?	?
山　　　西	15,892	15,921	15,957	15,992	16,016	16,049
陝　　　西	12,038	12,048	12,059	12,064	12,028	12,009
甘　　　肅	15,443	15,446	15,451	15,454	15,458	15,462
巴里坤烏魯木齊	283	288	292	297	302	310
四　　　川	45,341	45,930	46,523	47,115	47,708	48,301
廣　　　東	28,581	28,732	28,890	29,034	29,102	29,139
廣　　　西	7,808	7,785	7,775	7,774	5,164	?
雲　　　南	7,430	7,456	7,488	7,522	?	?
貴　　　州	5,437	5,439	5,441	4,299	4,301	4,302

資料來源：(1) 據咸豐 2 年戶部清冊（991號）。案是年江蘇省人口係至咸豐 5 年始補報。巴里坤烏魯木齊人口係至咸豐 4 年始補報。又是年廣西全州、永安州人口未造報。

(2) 據咸豐 3 年戶部清冊（992號）。案是年福建省人口係至咸豐 5 年始補報。巴里坤烏魯木齊人口係至咸豐 4 年始補報。又是年廣西全州、永安州人口未造報。

(3) 據咸豐 4 年戶部清冊（994號）。案是年福建省人口係據咸豐 8 年補報 5 年份人數所載 4 年份數字著錄。巴里坤烏魯木齊人口係至咸豐 5 年始補報。

(4) 據咸豐 5 年戶部清冊（995號）。案是年貴州人口係至咸豐 7 年補報。福建、巴里坤烏魯木齊人口係至咸豐 8 年補報。

(5) 據咸豐 7 年戶部清冊（997號）。案是年福建人口係至咸豐 9 年補報。巴里坤烏魯木齊人口係至咸豐 8 年補報。廣西、貴州人口係於咸豐 7 年補報。又是年廣西人數，僅係永寧等14州、臨桂等31縣人數，其他各州縣未造報。再是冊載奉天等12省人數共 275,118千人，今案此12省人口總數實為 243,696千人，加上補報的福建等 4 省共為274,037千人，冊載有誤。

(6) 據同上。案是年福建人數係至咸豐10年補報。巴里坤烏魯木齊、貴州人口係至咸豐 8 年補報。又案是年江西人數僅係南昌等29州縣人數，其他州縣未造報。

清代乾、嘉、道、咸、同、光六朝人口統計表（7）

單位：千人

地　　　區	咸豐8年(1) 1858	咸豐9年(2) 1859	咸豐10年(3) 1860	咸豐11年(4) 1861	同治1年(5) 1862	同治2年(6) 1863
總　　　計	?	?	?	?	?	?
奉　　　天	2,798	2,808	2,818	2,827	2,835	?
吉　　　林	328	329	329	330	330	331
直　　　隸	974	979	987	995	995	996
安　　　徽	?	?	?	?	?	?
江　　　蘇	?	?	?	?	?	?
江　　　西	24,486	24,485	?	24,487	24,488	24,489
浙　　　江	30,330	30,399	19,213	?	?	?
福　　　建	20,739	?	20,968	21,074	21,174	21,273
湖　　　北	30,570	30,815	31,063	31,222	31,372	31,526
湖　　　南	20,841	20,867	20,940	20,990	20,992	20,995
山　　　東	34,143	34,292	34,346	34,106	34,117	34,244
河　　　南	23,932	23,932	23,933	23,933	23,933	23,934
山　　　西	16,088	16,123	16,199	16,242	16,286	16,324
陝　　　西	11,968	11,986	11,997	11,973	?	?
甘　　　肅	15,465	15,468	15,470	15,473	15,476	?
巴里坤烏魯木齊	?	?	?	?	?	?
四　　　川	48,894	49,487	50,080	50,673	51,266	51,859
廣　　　東	29,108	29,178	29,204	29,228	29,242	29,261
廣　　　西	?	?	?	?	?	?
雲　　　南	?	?	?	?	?	?
貴　　　州	3,965	?	4,344	4,411	4,085	?

資料來源：(1) 據咸豐8年戶部清冊（998號）。案是年福建人口係至咸豐11年補報。又案是年直隸人數僅係承德一府造報。貴州八寨等21廳州縣未報。再自是年起至光緒24年止，直隸人口均止承德一府造報。

(2) 據咸豐9年戶部清冊(1000號)。

(3) 據咸豐10年戶部清冊(1003號)。案是年福建人口係至同治2年補報。又案是年浙江仁和等29州縣因戰事未造報。貴州都匀、鎮遠2府、八寨18廳州縣亦因戰事未造報。

(4) 據咸豐11年戶部清冊(1004號)。案是年福建人口係至同治3年補報。又案是年貴州都匀、鎮遠2府、八寨17廳州縣因戰事未造報。

(5) 據同治元年戶部清冊（1006號）。案是年福建人口係至同治4年補報。又案是年貴州興義、都匀、鎮遠3府、並普安等22廳州縣、古州等10衛人口因戰事未造報。

(6) 據同治2年戶部清冊(1008號)。

清代乾、嘉、道、咸、同、光六朝人口統計表 (8)

單位：千人

地　　　區	同治 3 年 (1) 1864	同治 4 年 (2) 1865	同治 5 年 (3) 1866	同治 6 年 (4) 1867	同治 7 年 (5) 1868	同治 8 年 (6) 1869
總　　　計	?	?	?	?	?	?
奉　　　天	2,858	2,874	2,888	2,902	2,922	2,937
吉　　　林	331	331	332	333	333	334
直　　　隸	999	715	716		716	716
安　　　徽	?	?	?	?	?	?
江　　　蘇	?	?	?	?	?	?
江　　　西	24,487	24,489	24,491	24,493	24,496	24,498
浙　　　江	?	?	6,378	6,403	6,430	6,453
福　　　建	19,236	19,347	?	19,600	19,745	19,897
湖　　　北	31,667	31,809	31,920	32,026	32,113	32,202
湖　　　南	20,996	20,996	20,997	20,997	20,998	20,998
山　　　東	34,343	34,497	34,598	34,665	34,717	34,780
河　　　南	23,934	23,935	23,935	23,936	23,936	23,937
山　　　西	16,154	16,186	16,218	16,248	16,282	16,309
陝　　　西	?	?	?	?	?	?
甘　　　肅	?	?	?	?	?	?
巴里坤烏魯木齊	?	?	?	?	?	?
四　　　川	52,452	53,045	44,729	45,322	45,915	46,509
廣　　　東	29,286	29,295	29,301	29,311	29,322	29,338
廣　　　西	?	?	?	?	?	?
雲　　　南	?	?	?	?	?	?
貴　　　州	?	3,178	?	?	?	?

資料來源：(1) 據同治 3 年戶部清冊(1010號)。

(2) 據同治 4 年戶部清冊(1012號)。案是年直隸承德府人口及貴州人口係至同治 5 年補報，福建人口係至同治 9 年補報。又案是年貴州人口祇係貴陽 7 府、仁懷等 4 廳、歸化、水城 2 通判、定番等 8 州、永寧等17縣、大塘、羅斛 2 州判民數，其大定等府廳州因職事未造報。

(3) 據同治 5 年戶部清冊(1013號)。

(4) 據同治 6 年戶部清冊(1015號)。案是年福建人口係至同治11年補報。

(5) 據同治 7 年戶部清冊(1017號)。案是年福建人口係至同治11年補報。

(6) 據同治 8 年戶部清冊(1019號)。案是年福建人口係至同治11年補報。

清代乾、嘉、道、咸、同、光六朝人口統計表（9）

單位：千人

地　　　區	同治 9 年 (1) 1870	同治10年 (2) 1871	同治11年 (2) 1872	同治12年 (3) 1873	同治13年 (4) 1874	光緒 1 年 (5) 1875
總　　　計	?	?	?	?	?	?
奉　　　天	2,952	2,969	2,982	3,003	3,019	3,037
吉　　　林	334	335	336	336	337	338
直　　　隸	717	718	719	719	721	721
安　　　徽	?	?	?	?	?	?
江　　　蘇	?	?	?	?	19,823	19,941
江　　　西	24,500	24,502	24,505	24,507	24,509	24,512
浙　　　江	6,468	6,483	6,643	6,982	10,843	11,361
福　　　建	20,053	20,211	20,376	20,636	20,649	21,036
湖　　　北	32,289	32,380	32,469	32,561	32,650	32,754
湖　　　南	20,998	20,999	20,999	20,999	21,000	21,000
山　　　東	34,890	34,985	35,100	35,219	35,338	35,463
河　　　南	23,938	23,939	23,940	23,941	23,942	23,942
山　　　西	16,329	16,392	16,360	16,384	16,394	16,405
陝　　　西	?	?	?	?	?	?
甘　　　肅	?	?	?	?	?	?
巴里坤烏魯木齊	?	?	?	?	?	?
四　　　川	55,454	56,403	57,393	58,344	59,396	60,448
廣　　　東	29,489	29,507	29,523	29,545	29,558	29,572
廣　　　西	?	?	?	?	?	?
雲　　　南	?	?	?	?	?	?
貴　　　州	3,287	3,289	3,292	3,957	4,171	4,484

資料來源：(1) 據同治 9 年戶部清冊(1020號)。案是年奉天人口係至光緒元年補報，福建人口係至同治11年補報。又案是年及同治10年、11年貴州興義、都勻、鎮遠 3 府、八寨等27廳州縣未造報。

(2) 據同治11年戶部清冊(1021號)。

(3) 據同治12年戶部清冊(1022號)。

(4) 據光緒元年戶部清冊(1023號)。案是年貴州興義、都勻、鎮遠 3 府、八寨20廳州未造報。

(5) 據同上。案是年福建人口係至光緒 2 年始補報。又是年貴州都勻、鎮遠 2 府、八寨等16廳州未造報。

清代乾、嘉、道、咸、同、光六朝人口統計表 (10)

單位：千人

地　　　區	光緒2年(1) 1876	光緒3年(2) 1877	光緒4年(3) 1878	光緒5年(4) 1879	光緒6年(5) 1880	光緒7年(6) 1881
總　　　計	?	?	?	?	?	?
奉　　　天	3,054	3,793	4,068	4,134	4,176	4,208
吉　　　林	338	339	340	345	?	342
直　　　隸	723	723	724	724	724	725
安　　　徽	?	?	?	?	?	?
江　　　蘇	20,058	20,188	20,324	20,463	20,644	20,784
江　　　西	24,515	24,518	24,521	24,525	24,527	?
浙　　　江	11,414	11,466	11,500	11,541	11,558	11,572
福　　　建	21,130	21,238	21,439	21,647	?	22,276
湖　　　北	32,859	32,950	33,037	33,122	33,206	33,285
湖　　　南	21,000	21,001	21,002	21,002	21,002	21,002
山　　　東	35,567	35,657	35,731	35,902	35,998	36,095
河　　　南	23,943	23,944	22,114	22,115	22,115	22,115
山　　　西	16,419	16,433	15,557	15,569	14,587	14,349
陝　　　西	?	?	?	?	?	?
甘　　　肅	?	?	?	?	?	?
巴里坤烏魯木齊	?	?	?	?	?	?
四　　　川	61,500	62,451	63,503	64,560	65,611	66,662
廣　　　東	29,592	29,614	29,632	29,651	29,672	29,695
廣　　　西	?	?	?	?	?	?
雲　　　南	?	?	?	?	?	?
貴　　　州	4,487	4,490	4,493	4,608	4,739	?

資料來源：(1) 據光緒2年戶部清冊(1024號)。案是年福建人口係至光緒3年補報。又案是年貴州都勻、鎮遠
　　　　　2府、八寨等14廳州未造報。
　　　　(2) 據光緒3年戶部清冊(1025號)。案是年福建人口係至光緒4年補報。又案是年貴州都勻、鎮遠
　　　　　2府、八寨等7廳州縣未造報，下年度同。
　　　　(3) 據光緒4年戶部清冊(1026號)。案是年吉林、福建人口係至光緒5年補報。
　　　　(4) 據光緒5年戶部清冊(1027號)。案是年吉林、福建人口係至光緒6年補報。又案是年貴州都勻
　　　　　1府、八寨等13廳州未造報。
　　　　(5) 據光緒6年戶部清冊(1028號)。案是年貴州為全省造報人口，以後貴州所造報人口均為全省數。
　　　　(6) 據光緒8年戶部清冊(1029號)。

清代乾、嘉、道、咸、同、光六朝人口統計表（11）

單位：千人

地　　　區	光緒 8 年 (1) 1882	光緒 9 年 (2) 1883	光緒10年 (3) 1884	光緒11年 (4) 1885	光緒12年 (5) 1886	光緒13年 (6) 1887
總　　　計	?	?	?	?	?	?
奉　　　天	4,243	4,284	4,323	4,369	4,409	4,451
吉　　　林	398	402	414	149	448	449
直　　　隸	726	726	725	725	726	727
安　　　徽	?	?	?	?	?	?
江　　　蘇	20,905	21,026	21,161	21,260	21,347	21,409
江　　　西	24,534	24,538	24,541	24,541	24,554	24,559
浙　　　江	11,589	11,606	11,637	11,685	11,691	11,703
福　　　建	22,676	?	23,503	?	24,345	24,740
湖　　　北	33,365	33,438	33,519	33,600	33,682	33,763
湖　　　南	21,003	21,003	21,004	21,005	21,006	21,006
山　　　東	36,248	36,355	36,454	36,546	36,631	36,694
河　　　南	22,116	22,106	22,117	22,117	22,117	22,118
山　　　西	12,211	10,744	10,909	10,793	10,847	10,658
陝　　　西	?	?	8,094	8,277	8,396	8,404
甘　　　肅	?	?	?	?	?	?
巴里坤烏魯木齊	?	?	?	?	?	?
四　　　川	67,713	68,969	70,021	71,074	72,126	73,179
廣　　　東	29,706	29,717	29,753	29,740	29,751	29,763
廣　　　西	?	?	?	?	?	?
雲　　　南	?	?	?	?	?	?
貴　　　州	?	?	?	?	4,804	4,807

資料來源：(1) 據光緒 8 年戶部清册(1029號)。案是年吉林、福建人口係至光緒 9 年補報。

(2) 據光緒 9 年戶部清册(1030號)。案是吉林人口係至光緒10年補報。

(3) 據光緒10年戶部清册(1033號)。案是年吉林、福建人口係至光緒11年補報。

(4) 據光緒11年戶部清册(1034號)。

(5) 據光緒13年戶部清册(1036號)。

(6) 據同上。案是年吉林、福建人口係至光緒14年補報。

清代乾、嘉、道、咸、同、光六朝人口統計表 (12)

單位：千人

地　　　區	光緒14年 (1) 1888	光緒15年 (2) 1889	光緒16年 (3) 1890	光緒17年 (4) 1891	光緒18年 (5) 1892	光緒19年 (6) 1893
總　　　計	?	?	?	?	?	?
奉　　　天	4,490	4,538	4,566	4,617	4,665	4,725
吉　　　林	448	420	480		551	626
直　　　隸	728	729	729	551	731	732
安　　　徽	?	?	?	?	?	?
江　　　蘇	21,472	21,532	21,584	21,643	21,741	21,852
江　　　西	24,567	24,570	24,574	24,579	24,584	24,593
浙　　　江	11,720	11,745	11,774	11,792	11,812	11,825
福　　　建	24,849	24,934	25,007	?	25,159	25,235
湖　　　北	33,836	33,912	33,994	34,112	34,159	34,254
湖　　　南	21,007	21,008	21,008	20,935	21,009	21,009
山　　　東	36,817	36,859	36,984	37,096	37,151	37,279
河　　　南	22,118	22,119	22,119	22,119	22,120	22,120
山　　　西	10,984	11,034	11,059	11,071	?	10,912
陝　　　西	8,405	8,405	8,407	8,413	8,422	8,431
甘　　　肅	?	?	?	?	?	?
巴里坤烏魯木齊	?	?	?	?	?	?
四　　　川	74,231	75,283	76,336	76,336	77,388	78,441
廣　　　東	29,774	29,786	29,800	29,811	29,826	29,839
廣　　　西	7,509	?	?	?	?	?
雲　　　南	?	?	?	?	?	?
貴　　　州	4,811	4,816	4,821	4,827	4,831	4,836

資料來源：(1) 據光緒14年戶部清册(1037號)。案是年吉林、福建、廣西人口係至光緒15年補報。
　　　　　(2) 據光緒15年戶部清册(1039號)。案是年吉林、福建人口係至光緒16年補報。
　　　　　(3) 據光緒16年戶部清册(1040號)。案是年吉林、福建人口係至光緒17年補報。
　　　　　(4) 據光緒17年戶部清册(1043號)。
　　　　　(5) 據光緒19年戶部清册(1044號)。
　　　　　(6) 據同上。是年吉林、福建人口係至光緒20年補報，山西人口係至光緒21年補報。

清代乾、嘉、道、咸、同、光六朝人口統計表 (13)

單位：千人

地　　　區	光緒20年(1) 1894	光緒21年(2) 1895	光緒22年(3) 1896	光緒23年(4) 1897	光緒24年(5) 1898
總　　　計	?	?	?	?	?
奉　　　天	3,082	2,404	?	4,957	4,643
吉　　　林	626	638	632	779	?
直　　　隸	767	836	837	735	736
安　　　徽	?	?	?	?	?
江　　　蘇	21,974	22,085	22,228	22,336	22,390
江　　　西	24,599	24,604	24,608	24,613	24,617
浙　　　江	11,843	11,852	11,866	11,884	11,900
福　　　建	25,630	26,026	?	26,833	?
湖　　　北	34,340	34,427	34,518	34,614	34,716
湖　　　南	21,010	21,011	21,011	21,012	21,174
山　　　東	37,438	37,476	37,593	37,714	37,789
河　　　南	22,121	22,121	22,121	22,122	22,123
山　　　西	11,051	11,104	11,191	11,493	11,531
陝　　　西	8,473	8,495	8,510	8,547	8,592
甘　　　肅	?	?	?	?	?
巴里坤烏魯木齊	?	?	?	?	?
四　　　川	79,493	80,546	82,811	83,780	84,749
廣　　　東	29,852	29,866	29,881	29,897	29,900
廣　　　西	?	?	?	?	?
雲　　　南	?	?	?	?	?
貴　　　州	4,841	4,845	4,850	4,854	4,859

資料來源：(1) 據光緒20年戶部清冊(1047號)。案是年福建人口係至光緒21年補報。

　　　　　(2) 據光緒21年戶部清冊(1049號)。案是年吉林、福建人口係至光緒22年補報。

　　　　　(3) 據光緒22年戶部清冊(1051號)。

　　　　　(4) 據光緒24年戶部清冊(1052號)。

附註：(1) 附錄資料係轉錄自嚴中平等編中國近代經濟史統計資料選輯（一九五五年八月）附錄，頁三六二至
三七四。

　　　(2) 表中道光十七年(1837)廣東人口數字爲 34,297千人，顯然是 24,297千人之誤。如果根據後一數字，
該年人口應共爲 406,985千人。按東華續錄道光卷三六，道光十七年人口爲 405,923,174 人。但缺
直隸樂亭等五州縣未報。到道光二十年補報，該五州縣共 1,061千人，所以道光十七年人口約共爲
406,984,174人。參考羅爾綱太平天國革命前的人口壓迫問題（中央研究院社會科學研究所中國社會
經濟史集刊八卷一期，民國三十八年一月，南京）附錄。

出自第三十二本（一九六一年七月）